EDMUND WHITE

JEAN
GENET

Edmund White

JEAN GENET

Biographie

Mit einer Zeittafel von Albert Dichy

Aus dem Amerikanischen von Benjamin Schwarz

verlegt bei Kindler

Die Deutsche Bibliothek – CIP-Einheitsaufnahme

White, Edmund:
Jean Genet : Biographie / Edmund White. Mit einer Zeittaf. von
Albert Dichy. Aus dem Amerikan. von Benjamin Schwarz. –
München : Kindler, 1993
Einheitssacht.: Jean Genet < dt. >
ISBN 3-463-40216-5

© Copyright 1993 für die deutschsprachige Ausgabe by Kindler Verlag GmbH, München
Titel der Originalausgabe bei Chatto & Windus, London »Genet«
© Copyright by Edmund White 1993
Das Werk einschließlich aller seiner Teile ist urheberrechtlich geschützt
Jede Verwertung außerhalb der engen Grenzen des Urheberrechtsgesetzes ist ohne
Zustimmung des Verlags unzulässig und strafbar
Das gilt insbesondere für Vervielfältigungen, Übersetzungen, Mikroverfilmungen und die
Einspeicherung und Verarbeitung in elektronischen Systemen
Gestaltung und Herstellung: von Delbrück, München
Umschlaggestaltung: Graupner + Partner, München
Umschlagfoto: © Brassaï, Paris
Einbandprägung: Eine handschriftliche Seite aus »Notre-Dame-des-Fleurs«
mit Genehmigung von Albert Dichy und dem Institut Mémoires de l'Édition
Contemporaine, Paris
Texterfassung: Brigitte Apel, Wietze
Filmbelichtung: Appl, Wemding
Umbruch: Ventura Publisher im Verlag
Druck und Bindearbeiten: Spiegel, Ulm
Printed in Germany
ISBN 3-463-40216-5

2 4 5 3 1

*Für Hubert Sorin und
im Gedenken an Bill Whitehead*

INHALT

Zeittafel	9
Einleitung	29
Kapitel 1 bis 21	35
Zitierte Ausgaben	767
Genet in deutschen Ausgaben	771
Anmerkungen	775
Danksagung	855
Personenregister	861

ZEITTAFEL

1910
19. Dezember: Geburt Jean Genets in der Tarnier-Entbindungsklinik, Rue d'Assas 89 in Paris. Seine zweiundzwanzigjährige Mutter Camille Gabrielle Genet ist unverheiratet und gibt als Beruf »Hauslehrerin« an. Der Vater ist unbekannt.

1911
28. Juli: Camille Genet übergibt ihren Sohn dem Pariser Bureau d'Abandon de l'Hospice des Enfants Assistés in der Rue Denfert-Rochereau 74. Von diesem Tag an besteht kein Kontakt mehr zwischen ihr und dem Kind, das zum Zögling der Öffentlichen Fürsorge erklärt und unter der Nummer 192 102 registriert wird.
30. Juli: Die Unterbringungsvermittlung in Saulieu vertraut das Kind der Fürsorge von Pflegeeltern an, einfachen Handwerkern im Dorf Alligny-en-Morvan. Sie heißen Eugénie und Charles Regnier und verpflichten sich, gegen ein kleines Monatsgehalt das Kind bis zum dreizehnten Lebensjahr aufzuziehen.
10. September: Taufe in der Kirche von Alligny; das Kind wird katholisch erzogen.

1916
September: Jean Genet wird eingeschult. Die Schule liegt, nur wenige Meter vom Haus der Pflegeeltern entfernt, in der Mitte des Dorfes.

1919
24. Februar: Im Verlauf einer Grippeepidemie stirbt Camille Genet in Paris im Alter von dreißig Jahren.

1920
September: Während seiner Zeit als Chorknabe begeht Genet die ersten kleineren Diebstähle (Bücher, Bleistifte, Süßigkeiten).

1922
4. April: Eugénie Regnier stirbt, und die Vormundschaft geht auf deren Tochter Berthe über.
4. Juni: In der Dorfkirche von Alligny empfängt Jean Genet die erste Kommunion.

1923
30. Juni: Beim Schulabschluß ist Genet der beste Schüler der Gemeinde. Seine offizielle Ausbildung ist nun beendet, und er hilft den Pflegeeltern in der Landwirtschaft.

1924
Oktober: Aufgrund der guten Abschlußnoten braucht Genet nicht Landarbeiter zu werden, er wird auf die École d'Alembert in Montévrain unweit von Paris geschickt, um eine Druckerlehre zu absolvieren.
3. November: Zwei Wochen nach dem Schuleintritt brennt Genet durch. Er wird am 10. des Monats in Nizza aufgegriffen und später in das Pariser Mündelhospiz in der Rue Denfert-Rochereau überstellt.

1925
April: Von der Öffentlichen Fürsorge wird Genet im Haushalt des blinden Pariser Komponisten René de Buxeuil untergebracht.
Oktober: Nachdem er einen ihm anvertrauten Geldbetrag auf dem Jahrmarkt verjubelt, kommt es zum Bruch mit de Buxeuil. In der Sainte-Anne-Klinik erfolgt eine psychiatrische Untersuchung des Jungen, bei der »Ansätze einer gewissen geistigen Schwäche und Labilität« festgestellt werden, »die besonderer Kontrolle bedürfen«.
Dezember: Genet wird im Hilfswerk für Kinder und Jugendliche untergebracht, einem Beobachtungszentrum für Heranwachsende, und psychiatrisch behandelt.

1926
Februar: Genet rennt beim Hilfswerk weg, wird aber zwei Tage später in Marseille aufgegriffen und zurückgeschickt.
März: Er brennt abermals durch, wird aber an der Gare d'Austerlitz in einem Zug nach Bordeaux bei der Fahrkartenkontrolle entdeckt, der Polizei übergeben und »der Landstreicherei beschuldigt«. Die nächsten drei Monate verbringt er in der Haftanstalt La Petite-Roquette.
Juni: Von der Öffentlichen Fürsorge wird der »zur Bewährung entlassene« Genet auf einem Bauernhof in Abbeville untergebracht, wo er sich nach einem Monat wieder aus dem Staub macht.
19. Juli: Er wird in Meaux vom Schaffner eines Zuges aus Paris geschnappt, weil er weder Fahrkarte noch Geld vorweisen kann, und kommt bis zum 25. August ins Gefängnis der Stadt.
September: Nach fünfundvierzig Tagen Haft wird Genet »bis zur Volljährigkeit« in die »Landwirtschaftliche Strafkolonie Mettray« überstellt.

1927
Dezember: Bei der Landarbeit auf einem privaten Bauernhof, wohin er zur Bewährung versetzt worden war, flieht Genet Richtung Paris, wird aber zwei Tage später in Beaugency arretiert und nach Orléans gebracht. Am 28. Dezember bringt man ihn nach Mettray zurück.

1929
1. März: Um aus Mettray wegzukommen, verpflichtet sich Genet freiwillig für zwei Jahre zum Militärdienst. Er wird zunächst in Montpellier stationiert.
18. Oktober: Beförderung zum Obergefreiten in Avignon.

1930
Januar: Genet läßt sich zu einer Pioniereinheit versetzen, die den Truppen in der Levante unterstellt ist, und wird in Marseille nach Beirut eingeschifft. Elf Monate bleibt er in Damaskus stationiert. Der erste Kontakt mit der arabischen Welt, der er sein Leben lang verbunden bleibt, ist hergestellt.

1931
1. Januar: Entlassung aus dem aktiven Dienst, anschließend möglicherweise erste Reise nach Spanien.
16. Juni: Genet tritt ein zweites Mal der Armee für zwei Jahre bei, schließt sich dem Siebten Marokkanischen Jägerregiment an und schifft sich am 23.

des Monats nach Casablanca ein. In Midelt dient er drei Monate General Goudot als Sekretär.
7. Oktober: Stationierung in Meknès, wo er sechzehn Monate bleibt.

1933
10. Februar: Rückkehr nach Toul. Hier bleibt Genet bis zum Ende der Dienstzeit stationiert.
16. Juni: Nach seiner Entlassung geht Genet nach Paris, besucht André Gide und bereitet eine längere Afrikareise vor.
Dezember: Zu Fuß wandert er bis zur Grenze nach Spanien, das er als Vagabund durchquert, wie er in einem Brief schreibt, »von einem Slum zum anderen«.

1934
24. April: In Montpellier abermalige Meldung zum Militärdienst, diesmal für drei Jahre, Hauptsitz seines Regiments ist Toul.

1935
15. Oktober: Obwohl die laufende Dienstzeit noch nicht beendet ist, verpflichtet sich Genet für weitere vier Jahre beim selben Regiment.
18. Oktober: Versetzung zum Kolonialen Infanterieregiment von Marokko nach Aix-en-Provence.

1936
18. Juni: Beim Wecken wird festgestellt, daß Genet fehlt. Eine Woche später wird er zum Deserteur erklärt.
Juli bis Dezember: Auf der Flucht vor den Militärbehörden beginnt Genet von Nizza aus eine Wanderung kreuz und quer durch Europa. Mit gefälschtem Paß gelangt er über Italien nach Albanien, wo er arretiert und sofort ausgewiesen wird. Weil auch die Einreise nach Griechenland scheitert, begibt er sich nach Jugoslawien. Der Festnahme in Belgrad folgt die Abschiebung nach Italien. Von Palermo aus mißlingt die Einschiffung nach Afrika. Er wird verhaftet und zur österreichischen Grenze gebracht. Zu Beginn des Winters ist er in Wien und abermals in Haft. Nach der Ausweisung sucht er in der Tschechoslowakei Zuflucht.

1937
Januar bis Mai: Festnahme in Brno, Ersuchen um politisches Asyl, Unterstüt-

zung durch die Liga für Menschenrechte. Freundschaft mit Lily Pringsheim und ihrer Familie. Französischunterricht für Ann Bloch.
Mai bis Juli: Auf dem Rückweg nach Frankreich Verhaftung in Kattowitz und vierzehn Tage Haft in Polen. Genet durchquert Nazideutschland und kommt nach einem kurzen Aufenthalt in Belgien nach Paris.
16. September: Festnahme bei einem versuchten Ladendiebstahl im Kaufhaus Samaritaine in Paris. Zwei Tage danach Verurteilung zu einem Monat Gefängnis, doch wird die Strafe ausgesetzt und Genet freigelassen.
21. September: Nach einem Auto- und Schaufenstereinbruch erneute Verhaftung. Genet wird nun als Deserteur erkannt und im November zu fünf Monaten Haft verurteilt.

1938
Januar: Überstellung vom Pariser Santé-Gefängnis nach Marseille zur Aburteilung durch das zuständige Militärgericht.
Mai: Psychiatrische Untersuchung und Militärtribunal: Zwei Monate Gefängnis. Da die Strafe bereits verbüßt ist, Freilassung und offizielle Entlassung aus der Armee.
15. Oktober: Nach illegalem Wiedereintritt in die Armee Festnahme nach einem neuerlichen Diebstahl. Verurteilung zu zwei Monaten Gefängnis und drei Wochen Bunker.

1939
17. Januar: Entlassung und Rückkehr nach Paris.
7. Mai: Verhaftung und Verurteilung in Tonnerre wegen Manipulation eines Bahnfahrscheins.
16. Juni: Drei Tage nach der Haftentlassung Festnahme in Chalon-sur-Saône wegen Landstreicherei. Verurteilung zu vierzehn Tagen Haft wegen Verletzung der Ausweispflicht.
16. Oktober: Verhaftung nach Kaufhausdiebstahl in Paris. Anschließend zwei Monate Haft in Fresnes.
31. Dezember: Vierzehn Tage nach der Entlassung erneute Festnahme nach dem abermaligen Versuch, in einem Kaufhaus Stoff zu stehlen.

1940
April: Verurteilung zu zehnmonatiger Haft, aber nach acht Wochen Entlassung. Im Sommer Bekanntschaft mit Jean Decarnin, der einen Bücherstand gegenüber Genets Hotel führt.

3. Dezember: Verhaftung nach Bücherdiebstahl in der Pariser Librairie Joseph-Gibert, Verurteilung zu vier Monaten Gefängnis.

1941

10. Dezember: Nach neuerlichem Diebstahl mehrmonatiger Gefängnisaufenthalt.

1942

März: Genet führt einen Bücherstand an der Seine und arbeitet an *Notre-Dame-des-Fleurs*.
14. April: Er wird in flagranti in der Pariser Librairie Stock beim Bücherstehlen ertappt und anschließend zu acht Monaten Haft verurteilt. In Fresnes schreibt er das Gedicht »Der zum Tode Verurteilte«, das er im September auf eigene Kosten drucken läßt.
15. Oktober: Entlassung. Gegen Jahresende ist *Notre-Dame-des-Fleurs* abgeschlossen.

1943

15. Februar: Erste Begegnung Genets mit Jean Cocteau, welcher »Der zum Tode Verurteilte« bewundert hatte. Cocteau erkennt schnell die Qualitäten von *Notre-Dame-des-Fleurs* und bemüht sich um einen Verleger für den Roman.
1. März: Genet unterzeichnet seinen ersten Verlagsvertrag mit Paul Morihien, dem Sekretär Cocteaus; die Abmachung bezieht sich auf drei Romane, ein Gedicht und fünf Theaterstücke.
29. Mai: Genet wird auf der Place de l'Opéra verhaftet, weil er eine kostbare Verlaine-Ausgabe gestohlen hat. Nun droht im Fall einer Verurteilung zu mehr als drei Monaten Gefängnis aufgrund des Vorstrafenregisters eine lebenslange Inhaftierung. Cocteau bemüht sich um einen angesehenen Anwalt.
19. Juni: Ein Gerichtsgutachter befindet, daß Genet »nicht geisteskrank« ist, »für zurechnungsfähig gehalten werden« muß, aber zu einer Kategorie von Mensch gehört, »deren moralische Verantwortlichkeit leicht vermindert ist«.
19. Juli: Beim Prozeß sitzen Cocteau, der Genet vor Gericht als »den größten Schriftsteller der heutigen Zeit« bezeichnet, Jean Marais und Paul Morihien in der ersten Reihe. Der Richter verurteilt den Delinquenten zu genau drei Monaten Haft, womit Genet der lebenslangen Inhaftierung entgeht. Im Santé-Gefängnis schreibt er *Wunder der Rose*.
24. September: Bald nach seiner Entlassung wird Genet erneut des Bücher-

diebstahls überführt und am 6. November zu vier Monaten Gefängnis verurteilt.

Dezember: Die von Morihien und Denoël geheim gedruckte Ausgabe von *Notre-Dame-des-Fleurs* zirkuliert ohne Verlagsnennung im Untergrund. Obwohl seine Gefängnisstrafe am 25. Dezember hätte enden sollen, wird Genet aufgrund eines Okkupationsgesetzes ins Pariser Lager Camp des Tourelles verlegt, das von der französischen Miliz unter Kontrolle der deutschen Polizei betrieben wird und als Sammelplatz für KZs gilt. Besuch von Marc Barbezat, dem Herausgeber der Zeitschrift *L'Arbalète* und Jean Decarnin.

1944

15. März: Dank des Einsatzes seiner Gönner kommt Genet frei; es sollte sein letzter Gefängnisaufenthalt gewesen sein.

April: Ein Kapitel aus *Notre-Dame-des-Fleurs* erscheint in der Zeitschrift *L'Arbalète*, der erste offiziell veröffentlichte Text von Jean Genet. Nach einem Besuch in Fontevrault Beendigung der ersten Fassung von *Wunder der Rose*.

Mai: Erste Begegnung mit Jean-Paul Sartre im Café de Flore.

19. August: Genets Freund Jean Decarnin, ein junger kommunistischer Resistancekämpfer, stirbt auf den Barrikaden von Paris.

September: Beginn der Arbeit an *Das Totenfest;* der Roman ist dem Andenken an Decarnin gewidmet.

1945

März: Der Verlag L'Arbalète publiziert eine Auswahl der Gedichte Genets unter dem Titel *Geheime Gesänge*. *Das Totenfest* wird abgeschlossen, die Arbeit an *Querelle* ist bereits fortgeschritten.

1946

März: Bei L'Arbalète erscheint *Wunder der Rose*. Genet schreibt die Lucien Sénémaud gewidmeten Gedichte »Der Fischer von Suquet« und »Ein Liebesgesang«. Arbeit an *Tagebuch eines Diebes* und Abschluß von *Querelle*. Neufassung von *Unter Aufsicht*.

Juli: In Marseille trifft Genet Louis Jouvet, dem er die erste Fassung des Dramas *Die Zofen* vorlegt und der das Stück mit größeren Änderungen inszenieren will.

1947

März: In der Zeitschrift *La Nef* wird *Unter Aufsicht* abgedruckt. Im Pariser

Théâtre de l'Athenée studiert Jouvet *Die Zofen* ein; das Stück erscheint zwei Monate später im Verlag L'Arbalète.
19. April: Premiere von *Die Zofen*. Genet kauft vom Vorschuß für *Querelle* Land bei Cannes, um ein Haus für Sénémaud bauen zu lassen.
Juli: Genet erhält den *Prix de la Pléiade*. Der Buchhändler Jacques Loyau veröffentlicht das Gedicht »Die Galeere«, das Leonor Fini illustriert.
November bis Dezember: Anonyme Veröffentlichung von *Das Totenfest* (Gallimard) und *Querelle* (Morihien). Die neunundzwanzig unsignierten Zeichnungen zu *Querelle* stammen von Cocteau.

1948
Mai: Im Théâtre Marigny in Paris tanzt das Ballett Roland Petit *'Adame Miroir*.
Juli: In einem offenen Brief an den Präsidenten der Republik, den viele Künstler und Intellektuelle mit unterzeichnen, bitten Sartre und Cocteau um eine endgültige Begnadigung Genets, dem noch immer lebenslange Haft droht.
August: Bei L'Arbalète erscheinen Genets *Gedichte*. Er verfaßt für den Rundfunk »Das kriminelle Kind«, doch fällt der Beitrag der Zensur zum Opfer. Das Stück *Splendid's* wird geschrieben, aber weder veröffentlicht noch aufgeführt.
Im Laufe des Jahres zahlreiche Reisen mit dem Freund Java. Gegen Jahresende veröffentlicht der Schweizer Verlag Skira in Genf unter der Hand die erste Fassung von *Tagebuch eines Diebes*.

1949
26. Februar: Am Théâtre des Mathurins Premiere von *Unter Aufsicht*. In seiner Kolumne in *Le Figaro Littéraire* befaßt sich François Mauriac mit dem »Fall Jean Genet«. *'Adame Miroir* und »Das kriminelle Kind« werden von Paul Morihien veröffentlicht, Gallimard druckt *Tagebuch eines Diebes* ohne Verlagsnennung.
12. August: Der Präsident Vincent Auriol stimmt der Begnadigung Genets zu.

1950
April bis Juni: Genet dreht den Film *Ein Liebesgesang*.
Die kurzen Texte »Brief an Leonor Fini« und »Jean Cocteau« entstehen.

1951
Februar: Gallimard beginnt mit der Publikation von *Sämtliche Werke*. Band

Eins, Sartres *Saint Genet, Komödiant und Märtyrer* wird allerdings um ein Jahr verschoben.
Oktober: Der Vertrieb von Genets Werken in den USA wird gesetzlich verboten.

1952
Mai: Das Drehbuch »Die Strafkolonie«, in dem für den römischen Geliebten Decimo eine Rolle vorgesehen ist, entsteht.
August: Nach dem Erscheinen von Sartres *Saint Genet* Krise. Zahlreiche Reisen nach Italien, England, Spanien und Marokko.

1953
Januar: Gallimard veröffentlicht Band Drei von *Sämtliche Werke*.
August: Genet beginnt mit einem ambitionierten Projekt, das alle Gattungen vereinen soll, doch gibt er die Arbeit daran bald wieder auf.
September: Studium der Bilder Rembrandts in Amsterdam.

1954
Januar: Im Théâtre La Huchette Aufführung einer früheren Fassung von *Die Zofen*, die mit der von Jouvet inszenierten und einem Vorwort des Autors von Jean-Jacques Pauvert veröffentlicht wird.
Juli: Die Zeitschrift *Les Temps Modernes* veröffentlicht *Fragments ...*

1955
Nach fünf schweigsamen Jahren folgt eine Phase kreativer Aktivität.
Januar bis Juli: Genet schreibt an den Stücken *Der Balkon* und *Die Neger*, er überarbeitet »Die Strafkolonie«.
Seit dem Vorjahr Freundschaft mit Alberto Giacometti, der neun Porträts von Genet anfertigt.
20. Oktober: Genet wohnt der Aufnahmefeier Cocteaus in die Académie française bei.
November: Auf einer Reise nach Skandinavien entsteht das Stück *Elle*, das erst posthum veröffentlicht wird. Erste Entwürfe zu *Die Wände*.
Mit der Begegnung mit Abdallah Bentaga, einem achtzehnjährigen Akrobaten, beginnt eine der wichtigsten Liebesbeziehungen in Genets Leben.

1956
Januar bis Mai: Fortsetzung der Arbeit an *Die Neger* und *Die Wände*.

Juni: Im Verlag L'Arbalète erscheint *Der Balkon* mit einer Lithographie von Giacometti auf dem Umschlag.
Oktober: Genet übergibt das Manuskript von *Die Neger* an den Verleger Marc Barbezat.
Dezember: Für Abdallahs Hochseilunterricht verkauft Genet die Rechte am Drehbuch »Verbotene Träume«, das zehn Jahre später Tony Richardsons Film *Mademoiselle* zugrunde liegen wird.

1957
Januar: Korrekturen an *Die Neger*. Während der folgenden achtzehn Monate Arbeit an *Die Wände*.
März: Genet schreibt »Der Seiltänzer« und widmet den Essay, der im September in der Zeitschrift *Preuves* erscheint, Abdallah.
April: »Alberto Giacometti« entsteht anhand der Aufzeichnungen Genets während der Sitzungen zu den Porträts. Der Essay wird dann im Juni im Katalog der Galerie Maeght zu einer Giacometti-Ausstellung veröffentlicht. Genet reist nach London, um die Proben zu Peter Zadeks *Balkon*-Inszenierung zu besuchen; Skandal, weil er die Absetzung verlangt. Bei der Premiere am 22. April verweigert die Polizei dem Autor den Zutritt zum Theater.
November bis Dezember: Genet stiftet Abdallah zur Desertion an und verläßt mit ihm Frankreich. Reisen nach Antwerpen, Amsterdam und Kopenhagen.

1958
Januar: Die Neger erscheint im Verlag L'Arbalète. Das ganze Jahr über auf Reisen: Korsika, Türkei, Ägypten, Italien, Österreich, Deutschland, Niederlande, Dänemark, England; ein langer Aufenthalt in Griechenland.
Juni: Beendigung der ersten Fassung von *Die Wände*.
September: Die Zeitschrift *L'Express* veröffentlicht unter der Überschrift »Das Geheimnis Rembrandts« einen Auszug aus dem im Entstehen begriffenen Werk.

1959
April: Abdallah stürzt in Belgien vom Seil und unterzieht sich einer Knieoperation.
Juli bis September: Reise nach Gent. Abdallah steht wieder auf dem Seil. Genet arbeitet intensiv an der Dramenversion von »Die Strafkolonie«. Italienreise.
28. Oktober: Premiere von *Die Neger* in der Inszenierung von Roger Blin am Pariser Théâtre de Lutèce. Genet rüstet sich für einen längeren Aufenthalt in

Khyffisia, Griechenland. Überarbeitung von *Die Wände* und *Die Neger*, Arbeit an *Der Balkon*, er fügt dem Stück eine »Warnung« hinzu.
Dezember: Er begleitet Abdallah nach Amsterdam, wo dieser mit einer von ihm kreierten Drahtseilnummer engagiert wird.

1960
März: Abdallah stürzt in Kuwait erneut vom Seil und kommt zu Genet nach Griechenland. Verzicht einer Reise nach New York, wo *Der Balkon* großen Erfolg hat.
18. Mai: Nach Inszenierungen in London, Berlin und New York wird *Der Balkon* unter der Regie von Peter Brook am Pariser Théâtre Gymnase aufgeführt. In Griechenland arbeitet Genet an »Die Strafkolonie« weiter.
September: Aufenthalt in Trento, Reisen nach Österreich und Deutschland. Rückkehr nach Griechenland.

1961
Januar: Mit Abdallah, der wieder trainiert, in Palermo.
Februar: Im Verlag L'Arbalète erscheint das letzte Hauptwerk Genets, das zu seinen Lebzeiten veröffentlicht wurde: *Die Wände*. Uraufführung des Stücks im Mai unter der Regie von Hans Lietzau in Berlin.
April bis Oktober: Genet versucht in den Dolomiten, in Pergine, seinen Rheumatismus zu heilen. Er liest Nietzsche, schreibt »Comment jouer ›Les Bonnes‹«, überarbeitet *Der Balkon* und *Die Wände* und setzt das Bemühen um »Die Strafkolonie« fort.
4. Mai: Aufführung von *Die Neger* am Saint Mark's Playhouse in New York, wo das Stück vier Jahre lang laufen wird.
Jean-Marie Serreau inszeniert *Die Zofen* am Pariser Théâtre de l'Odéon. Abdallah gibt seine Zirkuslaufbahn auf.
November: Genet überträgt dem amerikanischen Regisseur Joseph Strick die Rechte an einer Filmadaption von *Der Balkon*. Reise nach Marokko.

1962
März: Im Verlag L'Arbalète erscheint eine dritte, gründlich überarbeitete Version von *Der Balkon*; vorangestellt ist »Comment jouer ›Le Balcon‹«.
Juli: Nach zweijährigem Rechtsstreit gibt ein Hamburger Gericht den unbeschränkten Verkauf von *Notre-Dame-des-Fleurs* frei.
Oktober: Mehrmonatiger Aufenthalt in London und Norwich. Arbeit an »Die Strafkolonie« und dem Buch über Rembrandt.

1963
2. *Juni:* Jacky Maglia, Stiefsohn Lucien Sénémauds und Autorennfahrer, der von Genet ebenfalls zur Fahnenflucht überredet worden war, gewinnt im belgischen Chimay den ersten Preis mit einem von Genet gekauften Lotus-Rennwagen.
September: Im amerikanischen Verlag Grove Press erscheint erstmals *Notre-Dame-des-Fleurs.*

1964
Januar: Genet gibt *Playboy* ein ausführliches Interview, das im April erscheint.
12. März: Abdallah wird tot in einem Pariser Zimmer, das Genet bezahlte, aufgefunden. Er hat Schlaftabletten geschluckt und sich die Pulsadern aufgeschnitten.
20. März: Genet nimmt am Begräbnis Abdallahs teil und verläßt dann Frankreich. Reisen nach Italien und Deutschland.
April: Er teilt den Freunden Monique Lange und Juan Goytisolo mit, daß er seine Manuskripte vernichtet hat und nicht mehr schreiben will.
24. August: Abfassung eines Testaments.

1965
Februar: Bei Grove Press in New York erscheinen *Wunder der Rose* und *Tagebuch eines Diebes.* Das Living Theater präsentiert *Die Zofen* in Berlin.
18. Juli: Auf der Solitude-Rennstrecke bei Stuttgart erleidet Jacky Maglia einen schweren Unfall, der das Ende seiner Karriere bedeutet.
September bis Oktober: Auseinandersetzungen mit dem amerikanischen Übersetzer und Agenten Bernard Frechtman, Wechsel zu Rosica Colin in England.
November: Genet wird wegen »sexueller Abweichung« ein Einreisevisum in die USA verweigert.

1966
April: Im Pariser Théâtre de l'Odéon inszeniert Roger Blin *Die Wände.* Dem Skandal folgen gewalttätige Demonstrationen, die Subventionierung der Bühne wird in Frage gestellt. Genets Vorschläge und Notizen für den Regisseur erscheinen als *Briefe an Roger Blin* bei Gallimard.
12. Mai: Tony Richardsons Film *Mademoiselle* wird in Cannes ausgebuht.
November: Anthony Blond veröffentlicht die englische Übersetzung von *Querelle.*

1967
März: Bernard Frechtman begeht Selbstmord.
April: Die Zeitschrift *Tel Quel* veröffentlicht die Texte »L'Étrange mot d'...« und »Ce qui est resté d'un Rembrandt déchiré en petits carrés ...«.
Ende Mai: Bald nach der Abfassung eines neuen Testaments wird Genet in einem Hotelzimmer nahe der italienischen Grenze nach der Einnahme einer Überdosis von Schlafmitteln bewußtlos aufgefunden.
November: Roger Blin inszeniert *Die Wände* in Essen. Genet wohnt einigen Proben bei.
22. Dezember: Längere Genesungsreise nach Fernost, Aufenthalt in Japan.

1968
März: Nach Besuchen Indiens, Pakistans, Thailands, Chinas und Ägyptens Rückkehr nach Paris. Bereits fünfzehn Tage später Aufbruch nach Marokko und Tunesien.
Mai: Die Studentenunruhen locken Genet nach Paris zurück. Obwohl sich Genet den Protesten in der Sorbonne anschließt, will er nicht öffentlich sprechen. Am 30. des Monats erscheint in der Zeitschrift *Nouvel Observateur* sein erster politischer Artikel, eine Huldigung Daniel Cohn-Bendits: »Les maîtresses de Lénine«.
August: Besuch der USA, Einreise illegal über Kanada. Genet soll für *Esquire* über den Wahlkongreß der Demokraten berichten und wird in Demonstrationen und Protestkundgebungen verwickelt.
November: Reise nach Tanger. Band Vier von Sämtliche Werke erscheint bei Gallimard.

1969
Februar: Genet reist nach Marseille.
September: Reisen nach Marokko und Spanien.
November: Zweiter Aufenthalt in Japan, wo Jacky Maglia lebt.

1970
10. Januar: Genet demonstriert mit Marguerite Duras für bessere Lebensbedingungen der Gastarbeiter. Noch in der gleichen Woche nimmt er an einer weiteren Demonstration teil.
25. Februar: Er trifft sich in Paris mit zwei Vertretern der Black Panthers. Er will sofort nach Amerika aufbrechen, um die Organisation zu unterstützen, erhält aber kein Visum und reist am 1. März wieder nach Kanada, von wo

aus er illegal einreist. Zwei Monate lang fährt er durch die USA, er hält Vorträge in Universitäten und spricht vor der Presse zugunsten der Black Panthers.
1. Mai: Wichtigste Ansprache vor fünfundzwanzigtausend Zuhörern in New Haven. Als er vor die Einwanderungsbehörde zitiert wird, verläßt er überstürzt das Land.
7. Mai: Die Zeitschrift *Nouvel Observateur* veröffentlicht ein Interview mit Genet über die Black Panthers.
Juli: In Brasilien, wo er eine Inszenierung von *Der Balkon* durch Victor Garcia besucht, schreibt Genet seinen wichtigsten Text über Schwarze in Amerika, das Vorwort zu »Les Frères de Soledad«.
31. August: In *Nouvel Observateur* erscheint Genets Aufsatz »Angela et ses frères« zur Verteidigung von Angela Davis, die Genet einige Monate zuvor kennengelernt hat.
16. Oktober: Nach der Festnahme von Angela Davis erklärt sich Genet zum erstenmal bereit, vor Fernsehkameras zu sprechen. Etwa zur gleichen Zeit läßt er mit James Baldwin einen Appell zur Freilassung von George Jackson ergehen.
20. Oktober: Nach den Ereignissen des »Schwarzen Septembers« folgt Genet einer Einladung nach Beirut, um von dort nach Jordanien eingeschmuggelt zu werden. Aus dem ursprünglich geplanten Aufenthalt von einer Woche werden Monate.
November: Im Lager Wahdate trifft er Yassir Arafat, dem er verspricht, ein Buch über die palästinensische Revolution zu schreiben.

1971
April bis Mai: Rückkehr nach Paris. Genet schreibt die Bildlegenden für einen Fotoessay über die Palästinenser in der Zeitschrift *Zoom.*
21. August: Nach der Tötung George Jacksons im Gefängnis schreibt Genet den *Nouvel Observateur*-Artikel »L'Amérique a peur«.
September: Reise in den Nahen Osten: nach Beirut, Damaskus und Amman.
November bis Dezember: Nach der Rückkehr Zusammenarbeit mit Michel Foucault und der GIP, der Gruppe zur Information über die Gefängnisse. Spende an das Djilali-Komitee zugunsten arabischer Einwanderer.

1972
Mai bis August: Dritte Nahostreise, auf dem Rückweg Aufenthalt in Griechenland, der Türkei und Italien.

November: Rückkehr nach Jordanien, aber nach einer Warnung rasche Abreise.
Dezember: In Paris beginnt ein zweijähriges aktives Eintreten für die Belange nordafrikanischer Einwanderer. Erste Arbeiten für ein Buch über die Palästinenser und die Black Panthers, das vierzehn Jahre später unter dem Titel *Ein verliebter Gefangener* erscheinen wird.

1974
Mai: Nach einer längeren Schweigepause kehrt Genet auf die politische Bühne zurück: Im Rundfunk stellt er verschiedene marokkanische Autoren und Verleger vor, eine Reihe von Artikeln in *L'Humanité* unterstützt den sozialistischen Präsidentschaftskandidaten François Mitterand.
Juli: Tahar Ben Jelloun beruft sich in einem Artikel in *Le Monde* auf Genets Einstellung zu den Palästinensern.
Genet lernt in Tanger im Sommer Mohammed El Katrani kennen, seinen letzten Gefährten. Nach Sartre schreibt ein zweiter Philosoph ein Buch über Genet, Jacques Derrida: *Glas.*

1975
Januar bis August: Ein Jahr eingeschränkter politischer Aktivitäten. Nach der Ablehnung eines Visums für die USA und Verweigerung der Einreise nach Jordanien lebt Genet mit Mohammed in einer kleinen Wohnung in Saint-Denis. Arbeit an seinem Erinnerungsbuch.
September: Entmutigt stellt er vorübergehend die Arbeit an diesem Projekt ein, weil er keine passende Form finden kann. *Notre-Dame-des-Fleurs* erscheint als Taschenbuch.
18. bis 20. Dezember: Interview mit Hubert Fichte, das im folgenden Jahr in *Die Zeit* erscheint.

1976
März: Nach einer Schaffenspause Arbeit an einem Drehbuch, das Mohammed El Katrani angeregt hat und das später den Titel »Abenddämmerung« erhielt. Zusammenarbeit mit Ghislain Uhry, dem Assistenten des Filmregisseurs Louis Malle.

1977
April: Nach einer Vorauszahlung durch das Centre National du Cinéma Weiterarbeit am Drehbuch.

Mai bis Juni: Zwei Artikel in *L'Humanité* über die Kathedrale von Chartres und über die Ausdauer der amerikanischen Schwarzen.
2. September: Auf der Titelseite von *Le Monde* wird Genets umstrittenster Artikel abgedruckt: »Gewalt und Brutalität«, Teil des Vorworts für einen Band mit gesammelten Schriften der inhaftierten Mitglieder der Baader-Meinhof-Gruppe, der im Dezember im Verlag Éditions Maspero erscheint.

1978
Mai: Genet erfährt, daß er Kehlkopfkrebs hat. Die Chemotherapie schwächt ihn und beeinträchtigt seine schriftstellerischen Aktivitäten der folgenden zwei Jahre.
11. November: Ein Interview mit Tahar Ben Jelloun zugunsten der Rechte Eingewanderter erscheint in *Le Monde*.

1981
Februar: Der verbesserte Gesundheitszustand erlaubt die Arbeit an einem neuen Filmprojekt. Innerhalb von vierzehn Monaten entsteht das Drehbuch »Le Langage de la muraille ...«, in dem Erfahrungen aus Mettray fiktional verarbeitet werden.
Juni: Erster Teil eines gefilmten Interviews mit Antoine Bourseiller in Delphi. Die Fortsetzungen werden in Paris und Rambouillet aufgenommen und im Jahr darauf als Videokassetten der Serie »Témoins« vertrieben.
September: Reise nach Puglia in Italien. Neuerliche Lektüre Dostojewskis.

1982
25. Januar: Filminterview mit Bertrand Poirot-Delpech in Rambouillet. Genet ist mit dem Ergebnis unzufrieden und untersagt die Ausstrahlung zu seinen Lebzeiten.
März: Nach Aufgabe der Filmpläne zu »Le Langage de la muraille ...« geht Genet nach Marokko, wo er während der letzten Lebensjahre hauptsächlich wohnen wird.
September: Mit der jungen Palästinenserin Leila Chahid Reise nach Beirut, kurz ehe die israelische Armee in die Stadt einrückt. Nach den Massakern christlicher Milizen in Sabra und Chatila ist Genet einer der ersten Ausländer, die das Lager am 19. September betreten dürfen. Am 22. September fliegt er nach Paris und schreibt seinen wichtigsten politischen Beitrag »Vier Stunden in Chatila«.
Dezember: Bei den Filmfestspielen von Venedig wird Rainer Werner Fassbin-

ders Adaption von *Querelle* gezeigt, der Regisseur war am 10. Juni in München gestorben.

1983
Juni bis Juli: In Marokko entsteht auf der Grundlage der bisherigen Aufzeichnungen Genets letztes Buch, *Ein verliebter Gefangener*. In Paris inszeniert Patrice Chéreau *Die Wände*, in der Berliner Schaubühne Peter Stein etwa gleichzeitig *Die Neger*.
6. Dezember: Zur Eröffnung einer Fotoausstellung über die Massaker in Sabra und Chatila Reise nach Wien. Interview mit Rüdiger Wischenbart.
In Paris Auszeichnung mit dem Grand Prix des Arts et Lettres.

1984
Frühjahr: Letzte Reise in den Nahen Osten, um die Schauplätze und Menschen des entstehenden Buches wiederzusehen.
September: Aufenthalt in Griechenland, wo ein großer Teil von *Ein verliebter Gefangener* entsteht. Bei der Rückreise kurzer Besuch in Deutschland, um Hamza, eine Hauptperson des Buches, zu treffen. Der Kehlkopfkrebs macht Genet erneut zu schaffen.

1985
Juni: Für das BBC-Fernsehen letztes Interview in London.
August: In Begleitung des Regisseurs Michel Dumoulin Reise nach Rabat, wo eine Neufassung von *Unter Aufsicht* entsteht.
November: Genet überreicht das fertige Manuskript von *Ein verliebter Gefangener* dem Justitiar des Verlags Gallimard, Laurent Boyer, der auch sein literarischer Nachlaßverwalter wird.
Dezember: Die Comédie-Française führt mit *Der Balkon* ihr erstes Genet-Stück auf.

1986
März: Genet korrigiert die ersten Fahnen von *Ein verliebter Gefangener* und kehrt nach Marseille zurück.
April: Wieder in Paris, macht er sich an den zweiten Satz Fahnen seines Buches.
14./15. April: In einem kleinen Pariser Hotelzimmer stirbt Jean Genet. Zehn Tage später wird er in Marokko auf dem alten spanischen Friedhof über Larache in der Nähe des Hauses von Mohammed El Katrani beigesetzt.
26. Mai: Ein verliebter Gefangener wird veröffentlicht.

Und wenn es auch geschähe, daß Gott im Himmel und alle Engel ihm anböten, ihm daraus zu helfen, nein, nun will er nicht, nun ist es zu spät, damals hätte er gern alles dafür gegeben, diese Qual los zu sein, man ließ ihn warten, nun ist es vorüber, nun will er lieber gegen alles rasen, der von der ganzen Welt, vom Dasein ins Unrecht Gesetzte, dem es gerade von Wichtigkeit ist, aufzupassen, daß er seine Qual zur Hand hat, daß niemand sie von ihm nimmt – denn dann könnte er ja nicht beweisen und sich selbst überzeugen, daß er recht hat.

Sören Kierkegaard [1]

EINLEITUNG

Jean Genet verfügte über bemerkenswerte Kräfte der Selbstverwandlung. Von der Kunst der Biographie erwartet man üblicherweise, daß sie den kleinen Schritten nachgeht, die ein Mensch in eine klar erkennbare Richtung einschlägt, aber niemand kann wohl die außerordentlichen Sprünge logisch erklären, die Genet vom Anfang bis zum Ende seines Lebens vollführte. Als Kind wurde er von seiner Mutter verlassen und in einem verarmten Teil Frankreichs von Bauern aufgezogen. Weder die Geschichte seiner Familie noch seine Umwelt erklären ohne weiteres seinen Aufstieg zum Klassenbesten und sein unerschütterliches Gefühl für das, was er wollte und was er nicht wollte. Er wußte, daß er ein Leser und ein Träumer war, und er weigerte sich, körperliche Arbeit für seine Pflegeeltern zu verrichten. Die anderen Kinder bemerkten etwas Dandyhaftes und »Pariserisches« an ihm, obwohl er genau wie sie aufwuchs.

Nachdem er als Halbwüchsiger das Dorf verlassen hatte, wurde er nach mehreren Versuchen, sich den Behörden und Institutionen zu entziehen, als Verbrecher angesehen. Er wurde in eine extrem strenge Strafkolonie für halbwüchsige Jungen gesperrt, in der er sich trotz seiner zarten Gesundheit und seiner literarischen Interessen durchzusetzen vermochte. Er erhielt später so gut wie keinen Unterricht mehr.

Jahrelangem Militärdienst im Nahen Osten, in Marokko und Frankreich folgte ein jahrelanges Vagabundenleben in Spanien, Ost- und Mitteleuropa. In der Tschechoslowakei gab er einer verheirateten Frau, einer jüdischen Emigrantin aus Deutschland, Französischstunden, und später schrieb er ihr sechs lange, sentimentale Briefe. Nichts an diesen Briefen – banal, hochgestochen und schlecht geschrieben – ließ vermuten, daß sich ihr Verfasser nur vier Jahre später zu einem der elementarsten und überzeugendsten französischen Romanciers des 20. Jahrhunderts mausern würde.

Innerhalb von fünf Jahren, zwischen 1942 und 1947, schrieb Genet seine fünf Romane, eine der intensivsten Perioden literarischer Schaffenskraft in der Geschichte. Vier der fünf Bücher fallen in die Kategorie »biographischer Roman«, diese für unser Jahrhundert so charakteristische Mischung verschiedener Genres. Alle fünf Bücher kombinieren zudem eine hochliterarische, fast preziöse Erzähleben mit den gepfeffertsten Dialogen. Man würde solch raffinierte Experimente vielleicht von einem Ästheten des gehobenen Bürgertums wie Proust oder von einem hochgebildeten Arzt wie Céline erwarten, daß aber Genet das hierzu notwendige persönliche und kulturelle Selbstvertrauen hatte, überrascht.

Eine tiefe Traurigkeit, das Gefühl, eine beinahe posthume Existenz zu führen, quälte Genet ständig. Wenn er intensiv an der Arbeit war, konnte er diese Traurigkeit ablegen, aber in den langen depressiven Zeiten dazwischen versank er in düsteren Selbsthaß, wobei er mehr als einmal versuchte, sich zu töten. Auch hier sind seine regenerativen Kräfte erstaunlich. Nachdem er seine Romane geschrieben hatte, durchlebte er sieben Jahre der Depression und des Schweigens, das er schließlich brach, um in einem Zeitraum von nur zwei Jahren seine drei großen Theaterstücke *(Der Balkon, Die Neger* und *Die Wände)* zu schreiben. Die Verherrlichung des Eros in seinem Werk und seinem Leben (die Stücke schrieb er während seiner glücklichsten Liebesbeziehung, nämlich der mit Abdallah, einem Hochseilartisten) wich der bitteren Totenblässe des Thanatos (Abdallahs Selbstmord, der Freitod von Genets Freund und Übersetzer Bernard Frechtman, sein eigener Selbstmordversuch). Die Mitte der sechziger Jahre war auch für Genet eine Zeit künstlerischer Unfruchtbarkeit.

Und doch stieg der Phönix wieder aus der Asche, diesmal in der Gestalt eines politisch Radikalen. Während die meisten Schriftsteller niederer Herkunft diese gern verleugnen, wurde Genet zum Vorkämpfer der Verlorenen dieser Erde. Von den siebziger Jahren bis zu seinem Tode im Jahr 1986 verteidigte er die Rechte von Häftlingen und Gastarbeitern, besonders bewegte ihn jedoch das Schicksal zweier heimatloser Völker, der Schwarzen in den USA, die sich in der Black Panther Party organisierten, und der Palästinenser. Da er sich, von gelegentlichen Zeitungsartikeln und Interviews abgesehen, lange standhaft in Schweigen hüllte, war einen Monat nach seinem Tod das Erscheinen eines dicken Bandes mit »Erinnerungen« um so aufsehenerregender. *Ein verliebter Gefangener* bleibt darüber hinaus Genets letzter Akt der Grenzüberschreitung, denn hier meidet er sowohl den »literarischen Stil« und die Selbststilisierung seiner Romane als auch die quälenden Paradoxe und die komplizierte Rhetorik seiner Theaterstücke. Er schlägt einen neuen, nachdenklichen Ton stiller Aufrichtigkeit an. Zudem bekundet er ein neu erwachtes Interesse an der Welt um sich her: an der Geschichte, an Architektur und Politik, ja selbst an Frauen, denen er in seinen Romanen aus dem Weg gegangen war.

Die Legende Genets, an der zu stricken er sich ziemliche Mühe gab, ist die eines erfolgreichen Verbrechers, eines Außenseiters, der früher Dieb, Strichjunge und Landstreicher gewesen war. Doch wenn man sich sein Leben genauer ansieht, zeigt sich, daß er sehr belesen und hochgebildet war. Er hatte einen Bücherstand an der Seine, und er beschäftigte sich intensiv mit dem griechischen Drama der Antike, wollte unbedingt ein Stück schreiben, das es wert wäre, im Theater von Epidaurus aufgeführt zu werden. Führende Geister seiner Zeit betrachteten ihn als Freund: die Philosophen Sartre, Derrida und Foucault, die Schriftsteller Cocteau und Jouhandeau, Juan Goytisolo und Moravia, die Komponisten Strawinsky und Boulez, der Regisseur Roger Blin, die Maler Leonor Fini und Christian Bérard, der Bildhauer Giacometti und die Politiker Pompidou und Mitterand.

Obgleich er einer Generation in Frankreich angehörte, die sich durch ihren Chauvinismus auszeichnete, entfremdete er sich immer mehr seinem Vaterland, auch wenn er seiner Muttersprache treu blieb. Er reiste kreuz und quer durch die Vereinigten Staaten, wo er nicht nur mit den Panthers Freundschaft schloß, sondern auch mit den Beat-Autoren Allen Ginsberg und William Burroughs sowie dem Filmstar Jane Fonda. Er kannte Deutschland gut und plante irgendwann sogar, ein Buch über dieses Land zu schreiben. Er konnte sich auf deutsch, spanisch, italienisch, arabisch und englisch durchlavieren. Er pflegte Freundschaften mit mehreren arabischen Schriftstellern, so auch mit dem führenden marokkanischen Romancier Tahar Ben Jelloun. Seine letzte große Liebe war ein Marokkaner, und in dessen Heimatstadt Larache liegt Genet begraben.

Jean Genet hat sich nie wiederholt, weder als Schriftsteller noch als Mensch. Er schrieb Gedichte, Theaterstücke, Essays, Romane, Kunstkritiken und viele Drehbücher. Sobald er eine Form zu beherrschen glaubte, gab er sie für gewöhnlich auf. In seinem Privatleben wechselte er von geistlosen, aber hübschen Gangstern zu Männern, die selbst schöpferisch waren. In jeder

seiner wichtigen Beziehungen, ganz gleich, wie lange sie dauerte, gab er sich stets völlig hin.
Trotz seiner Vielseitigkeit sind bestimmte Konstanten durchgängig. Als Schriftsteller besaß er das philosophische Vermögen, sich die Welt neu zu denken, allgemein akzeptierte Vorstellungen zu verwerfen und überkommene Wert- und Bedeutungshierarchien auf den Kopf zu stellen. Als Freund und Liebhaber blieb er unzuverlässig. Mehrere Male im Laufe der Jahre verheiratete er seine Geliebten an Frauen und brachte sie in Häusern unter, die er gekauft und manchmal sogar selbst entworfen hatte. In diesen Häusern reservierte er immer einen Winkel für sich, doch er kam dann selten. Er träumte davon, ein eigenes Haus zu haben, hatte es aber nie; im Gegenteil, selbst wenn er eine Wohnung mietete, gab er sie schnell wieder auf. Er war ein Vagabund, dessen ganze Habe in einem kleinen Koffer Platz hatte. Normalerweise wohnte er in Hotels in Bahnhofsnähe – die Dauergewohnheit des Diebes, immer schnell flitzen zu können. Der Atheist Sartre mag ihn höchst ironisch »Saint Genet« genannt haben, doch Genet selbst erstrebte so etwas wie diesseitige Glückseligkeit. Er lehnte den Materialismus ab, das automatische Karrieremachen, die Verpflichtungen langjähriger Freundschaft, selbst die Eitelkeit künstlerischer Großtaten, um sein Leben exemplarisch zu gestalten. Nur wenige Menschen mögen der Ansicht sein, daß ein sexueller und gesellschaftlicher Außenseiter – ein Mann, den man beschuldigt hat, intime Freunde getötet und den Verrat verherrlicht zu haben, dem man vorwarf, Ärgernis erregt und Pornographie verbreitet zu haben – anderen ein Beispiel sein kann, aber Genets Biographie zeigt, wie eine solche Verwandlung zustande kommen kann. Ein Leben, das so erstaunlich und mannigfaltig wie das Genets ist, erfordert eine Berichterstattung, die ebenso vielgestaltig ist. Ziel dieses Buches ist, das komplizierte Muster aufzuspüren, das Genets Leben beschreibt, und ihm kein simples Raster aufzuzwingen.
Da Genet seine sämtlichen Romane während einer sehr kurzen Periode niederschrieb, könnte ein Biograph die Diskussion seiner Erzählprosa in einem einzigen Kapitel abhandeln, doch das hieße, die biographischen Informationen, die in diesen Büchern stecken, außer acht lassen. Im vorliegenden Fall stützt sich zum Beispiel die Erörterung von Genets Kindheit auf *Notre-Dame-des-Fleurs*, die Darstellung der Besserungsanstalt Mettray auf *Wunder der Rose* und so weiter. Natürlich darf der Biograph dabei nie vergessen, daß Genet Romane, Fiktion, schrieb, keine Autobiographie, weshalb Informationen aus diesen Büchern mit außerliterarischen Quellen abgesichert werden müssen, ehe sie als Tatsachen gelten können.

Seit Genets Tod hat sich sein Ruf wesentlich gefestigt. In Frankreich wurde *Der Balkon* mit Erfolg im Pariser Odéon inszeniert, ebenso eine Dramatisierung seines späten Essays »Vier Stunden in Chatila«. Bisher verstreut erschienene Essays sind in zwei Bänden neu ediert worden, weitere Bände mit seinen unveröffentlichten und nicht produzierten Stücken und Drehbüchern sind geplant. Jahr für Jahr erscheinen neue literaturwissenschaftliche Untersuchungen; nach Proust sind Genet und Céline die meistdiskutierten französischen Schriftsteller des zwanzigsten Jahrhunderts.

In Italien haben in den letzten Jahren in Turin, Reggio Emilia und Parma wichtige Genet-Kolloquien stattgefunden, und eine schwule Theaterkommune hat sich gänzlich der Erforschung von Genets Werk verschrieben. In England wurden in den achtziger Jahren im Londoner Barbican Centre mehrere seiner Stücke neuinszeniert, und in den Vereinigten Staaten kamen *Die Wände* im Tyrone Guthrie Theater in Minneapolis mit großem Erfolg auf die Bühne. Einer der drei Teile von Todd Haynes' amerikanischem Kultfilm *Poison* beruht auf Genets *Wunder der Rose*.

In den sechziger Jahren bedeutete die Veröffentlichung von Genets Romanen in der englischsprachigen Welt und in Deutschland einen wichtigen Schritt im Kampf gegen die Zensur, doch das Anrüchige, das ihm anhaftete, lenkte von seiner literarischen Bedeutung ab. Das Skandalöse, das sich von Anfang an mit Genets Namen verband, hat sich bis heute erhalten. Vielleicht wird Genet in den kommenden Jahren auch im Ausland den Ruhm genießen, den er sich in Frankreich als ein herausragender Romancier von erstaunlichen Gaben längst erworben hat.

KAPITEL 1

In dem Dorf Alligny-en-Morvan, südwestlich von Dijon, liebte Genet es als Kind, stundenlang im Außenklo zu verbringen. Es gab zwei Aborthäuschen, eines nahe dem großen Haus mit dem Schieferdach, das andere zwanzig Schritt entfernt im Gemüsegarten direkt neben der Schulmauer. In eben dieser unbequemeren, ein wenig entlegeneren Zelle verbrachte er träumend und schreibend ganze Stunden.

Die Erinnerung, die mich am meisten schmerzt, ist die an die Toilette des Schieferhauses. Sie war meine Zuflucht. Das Leben, das ich fern und verworren durch ihre Dunkelheit und ihren Geruch hindurch wahrnahm – ein anheimelnder Geruch, in dem der Duft von Holunder und fetter Erde vorherrschte, denn der Abort stand ganz am Ende des Gartens in der Nähe der Hecke –, das Leben gelangte seltsam sanft zu mir, schmeichlerisch, leicht, oder vielmehr erleichtert, der Schwerkraft enthoben. Ich spreche von dem Leben, das die Dinge außerhalb des Aborts besaßen, von der ganzen übrigen Welt, die nicht mein kleiner von Insekten durchlöcherter Bretterverschlag war. Jenes Leben schien ein wenig zu schwanken wie gemalte Träume, wogegen ich, in meinem Loch, wie eine Larve ein friedliches, nächtliches Dasein führte, und manchmal hatte ich das Gefühl, als sinke ich langsam tiefer wie in einen Schlaf oder einen See oder einen mütterlichen Busen oder auch in einen Inzest, in das geistige Zentrum der Erde. Die Zeiten meines Glücks waren niemals Zeiten eines strahlenden Glücks, mein Friede war niemals das, was Literaten und Theologen einen »himmlischen Frieden« nennen, und das ist gut so, denn mein Entsetzen wäre grenzenlos, wenn ich von Gott mit dem Finger bezeichnet, von ihm ausgezeichnet worden wäre; ich weiß sehr wohl, ich würde es nicht überleben, so krank durch ein Wunder geheilt zu werden. Ein Wunder ist unrein: Der Friede, den ich in den Latrinen suchte und den ich in der Erinnerung an sie suche, ist ein besänftigender und süßer Friede.

Manchmal regnete es, ich hörte das Geräusch der Tropfen, die auf das Blechdach prasselten; dann belud sich mein düsteres Wohlbefinden, mein gramvolles Genießen mit einer Trauer mehr. Ich öffnete die Tür einen Spalt, und der Anblick des triefenden Gartens, des zerschlagenen Gemüses machte mich traurig. Ich blieb stundenlang in dieser Zelle hocken, kauerte auf dem Holzsitz, Seele und Körper Beute des Geruchs und der Dunkelheit, geheimnisvoll erregt, weil der geheimste Teil menschlicher Wesen sich eben hier entschleierte wie in einem Beichtstuhl. Ein leerer Beichtstuhl barg die gleichen Wonnen für mich.[1]

Der Außenabort war das Treibhaus seiner Phantasie – ein verträumter, dämmriger Ort, wo er seine eigenen Gerüche einatmen konnte, diese Zeugnisse innerer Verderbtheit (seiner Wirklichkeit), die er später im Gefängnis gierig aus der hohlen, vor die Nase gewölbten Hand einsog, als sei er eine Pythia, die über den Ausdünstungen ihres Körpers hockt und von ihnen inspiriert wird. Für den Jungen war die Latrine eine Zelle der Einsamkeit inmitten des Gedröhns der Außengeräusche, der Allerweltsgeräusche – Zurufe, das Geschrei spielender Kinder, das Knarren von Pferdegeschirren –, der Geräusche, die mit der Halbnacktheit des dort hockenden, nachdenklichen, erotisch zum Bewußtsein erwachten Kindes im Widerstreit lagen. Arthur Rimbaud, ein anderer homosexueller Dichter, der im ländlichen Frankreich aufgewachsen war, hatte in »Les Poétes de sept ans« (»Die siebenjährigen Dichter«) geschrieben:

Er schwitzte vor Gehorsam den ganzen Tag, war sehr / Intelligent; doch schwarzes Zucken und anderes mehr / Schien auf bittere Heucheleien in ihm zu deuten ... / Und gar in Sommerhitze, schlapp, voll Trotz ... fürwahr, / Schloß er sich ein im kühlen Häuschen der Latrine: / Dort sann er nach, die Nase voll, mit stiller Miene.[2]

Genet war ein Kind der Öffentlichen Fürsorge, der *Assistence Publique*. Er blieb, bis er einundzwanzig war, unter der Vormundschaft des Staates. Er, der Frankreich haßte und einer dessen unerbittlichsten Kritiker wurde, kam in einem staatlich subventionierten Krankenhaus zur Welt, wurde vom Staat gekleidet und vom Staat in die Obhut von Pflegeeltern gegeben, die nach sorgsam verfaßten Gesetzen von Staatsbeamten ausgewählt und entlohnt wurden. Jeder einzelne Schritt in Genets frühem Leben wurde von Regierungsbeamten kontrolliert, aktenkundig gemacht und bezahlt. Obgleich er in ein Dorf kam, das am Anfang dieses Jahrhunderts noch bestimmte feudale Merkmale aufwies, war Genet nie lange ohne Verbindung zum zentralisierten Staat, der Dritten Republik (1870–1940), die auf den Ruinen des Zweiten Kaiserreichs errichtet worden war und die letzten kargen Überreste der längst vergangenen vorrevolutionären Ordnung zerstört hatte. Nach 1870 gab es keinen Kaiser mehr, die Macht des Adels war geschwächt, und die Trennung von Kirche und Staat zeichnete sich ab.

Eines der großen Paradoxa von Genets Leben ist, daß er zwar das unverfälschte Produkt des modernen, demokratischen Staates war, aber als ein zum Zeitalter des Feudalismus Zurückgewandter lebte und schrieb. Seine Faszination gegenüber Hierarchien – in der Kirche, auf dem Schlachtfeld, im Gefängnis – und ihren ausschließlich männlichen Bruderschaften ist so feudalistisch wie seine wütende Ablehnung von Werten der Dritten Republik, wie etwa Fortschritt, Reform, Gleichheit, Recht und Ordnung und Familie.

Genet wurde am Montag, dem 19. Dezember 1910 abends um Viertel vor acht geboren. Schauplatz war die Tarnier-Entbindungsklinik in der Rue d'Assas 89 im 6. Arrondissement von Paris unweit des Jardin du Luxembourg. Seine Mutter hatte sich sieben Wochen vor der Niederkunft, am 31. Oktober, in die Klinik begeben, was den Gedanken nahelegt, daß die Schwangerschaft kompliziert gewesen sein könnte – oder daß sie sonst nirgendwo Aufnahme fand.[3]

Camille Gabrielle Genet zählte gerade zweiundzwanzig Jahre. Sie war 1888 in Lyon als Tochter nicht mehr junger Eltern zur Welt gekommen.[4] Die standesamtliche Eintragung von Camilles Geburt in Lyon am 20. Juli, zwei Tage nach dem Ereignis, wurde vom Vater François unterschrieben – die einzige *schriftliche* Hinterlassenschaft, die uns von allen Vorfahren Genets bekannt ist. Drei Jahre später, 1891, war die Familie von François Genet wie vom Erdboden verschwunden, zumindest lebte sie nicht mehr in Lyon. Möglicherweise waren die Familienmitglieder nur Durchreisende, Arbeiter ohne Land oder ohne ein Gewerbe oder irgendwelche besonderen Bindungen an Lyon. Auf den beiden sachdienlichen Urkunden, die es gibt, gab der Vater seinen Beruf einmal als »Arbeiter« und einmal als »Angestellter« an. Die Mutter wurde als »Näherin« geführt. Ein halbwüchsiger Sohn, Gabriel, der sechzehn Jahre alt war, als Camille geboren wurde, war als »Schlosser« eingetragen. Außerdem zählte zur Familie ein neunjähriges Mädchen namens Léontine.

Und Camille? Obgleich sie seine Mutter ist, ist sie die am wenigsten faßbare

Hauptfigur in Genets Leben. Als sie in die Tarnier-Klinik ging (die damals von der Öffentlichen Fürsorge geführt wurde), gab sie als ihre Adresse die Rue Brocca 1 im 13. Arrondissement an, einen kurzen Fußweg von der Klinik entfernt in einer Gegend, die damals als Arbeiterviertel galt.

Camille gab als Beruf »Hauslehrerin« und als Alter einundzwanzig Jahre an, ein Schreibfehler oder eine kleine eitle Anwandlung, denn in Wahrheit war sie zweiundzwanzig. Aus derselben Urkunde erfahren wir, daß ihr Vater, François, bereits tot war. Schließlich schrieb Camille (was entscheidend war), daß sie »alleinstehend« sei.

Elf Tage nach der Niederkunft verließen die Mutter und ihr Baby kurz vor dem neuen Jahr, am 30. Dezember 1910, die Klinik. Sie hatte ihrem Kind den einfachen Namen Jean gegeben. Es war, als habe die Trostlosigkeit ihrer Lage nicht mehr hergegeben als diesen nackten Einsilber.

Genet trieb gern Gedankenspiele mit seinem Namen. Als Jean war er der Evangelist Johannes; sein letztes, postum erschienenes Werk, *Ein verliebter Gefangener*, war seine Apokalypse. Oder er ging auf die Ähnlichkeit ein zwischen seinem Namen und dem von Marie Antoinettes Dienerin und Gefährtin im Gefängnis: Jeanne-Louise Genet Campan.

Im Französischen ist *genêt* der Name des anspruchslosen Besenginsters, dessen gelbe Blüten große Teile der ländlichen Gegenden Frankreichs überziehen. Cocteau und dem Schauspieler Jean Marais erzählte Genet, er sei nach einem Besenginsterfeld benannt, wo seine Mutter ihn ausgesetzt habe. In *Tagebuch eines Diebes* schreibt er:

Wenn ich auf der Heide – und besonders in der Dämmerung, bei der Heimkehr von meinem Besuch der Ruinen von Tiffauges, in denen Gilles de Rais lebte – auf Ginsterblüten treffe, so empfinde ich für sie ein tiefes Mitgefühl. Ich betrachte sie ernst und voll Zärtlichkeit. Meine Verwirrung scheint befohlen von der ganzen Natur.[5]

Er vermutet an der gleichen Stelle, er könne der König des Ginsters sein, sicherlich sein Stellvertreter auf Erden. Ginsterblüten »sind mein natürliches Sinnbild, aber ich habe durch sie Wurzeln geschlagen in jenem französischen Boden, der genährt ist vom Knochenstaub der Kinder, der Jünglinge, vergewaltigt, hingemetzelt und verbrannt von Gilles de Rais.« Der Gedanke, durch seinen Namen mit der Pflanzenwelt *und* mit Gilles de Rais verbunden zu sein, ist typisch für Genets Denken, das Extreme aufspürt und allem dazwischen aus dem Wege geht. Gilles de Rais hatte Sadismus und Teufelskulte, Alchimie und Schwarze Magie praktiziert – und war zudem Waffengefährte der Jeanne d'Arc gewesen. Gilles de Rais war aber auch der letzte Verfechter feudaler Privilegien. Halb aus Scherz sagte Genet einmal, er sei nur an vier Frauen interessiert: der Heiligen Jungfrau, Jeanne d'Arc, Marie-Antoinette und Madame Curie. Merkwürdig ist, daß Genet Wege fand, sich durch seinen Namen mit zwei dieser Gestalten in Beziehung zu setzen: mit Marie-Antoinette und Jeanne d'Arc; in seinem letzten Buch hat er es außerdem geschafft, sich als Christusgestalt der Pietà zur Heiligen Jungfrau zu gesellen.

In einer Fußnote zum *Tagebuch eines Diebes* erwähnt Genet, daß Cocteau ihn seinen »*genêt d'Espagne*« genannt hat, ein temperamentvolles Pferd, wie es »Die drei Musketiere« reiten. (In *Der Balkon* gibt es ebenfalls einen Verweis auf einen spanischen *genêt*). In *Wunder der Rose* denkt sich der Erzähler eine Szene aus, in der ein neunmalkluger Wächter so tut, als verwechsle er Genets Namen mit dem der Plantagenets. Diese waren in der Strafanstalt von Fontevrault begraben, wo der Erzähler »Genet« gerade einsaß.[6] Wieder zeigt die Verknüpfung des kleinen Strafgefangenen mit den Königen von England (Plantagenet benannt nach Geoffroi, dem Grafen von Anjou, der die Ginsterblüte an seinem Helm trug) die Weite und Art von Genets Assoziationen.

Als Jean-Paul Sartre seiner umfangreichen Untersuchung den Titel gab: *Saint Genet, Komödiant und Märtyrer*, hatte er den heiligen Genesius im Sinn, den christlichen Märtyrer aus der Zeit des Kaisers Diokletian. Aber Heiligkeit war kein Begriff, der Genet von Sartre aufgezwungen wurde, sondern vielmehr ein Zustand des Triumphes durch Demut, des Leidens und der Erhabenheit, auf den Genet wiederholt selbst Bezug nimmt. Gegen Ende von *Tagebuch eines Diebes* kündigt er an, daß dies sein letztes Buch sein werde, da »ich darauf warte, daß mir der Himmel aufs Maul fällt. Heiligkeit heißt, das Leiden zu etwas dienen lassen. Heißt den Teufel zwingen, Gott zu sein.«[7] Auch in seinem postum veröffentlichten Buch *Ein verliebter Gefangener* liebäugelt Genet mit der Idee, sich als eine Art islamischer Heiliger zu sehen, dessen Gebeine unter die Palästinenser verteilt werden, ehe man sie wieder einsammelt und am Toten Meer bestattet.

So wie Genet die erhabenen und niedrigen Möglichkeiten seines Namens erkundete, setzte er ein Gesicht nach dem anderen in den leeren Bilderrahmen mit dem Schildchen »Mutter«.

Vielleicht benötigt jedes Leben ein starkes, aber vieldeutiges (eventuell leeres) Symbol, um das es sich drehen kann. Die Säkularisierung der Gesellschaft und der Niedergang der klassischen Bildung haben das Verlangen nach solchen Symbolen nicht abgeschafft, nur deren Verfügbarkeit. Das Fehlen einer allgemein vertrauten Symbolsprache hatte zur Folge, daß Schriftsteller ihr eigenes

Leben in Mythologie verwandeln mußten. Marcel Proust hat gezeigt, daß selbst ein Leben ohne jedes Abenteuer mythologisch interpretiert werden kann. Der Unterschied aber zwischen einer persönlichen und einer in Gemeinschaft und Tradition verankerten Mythologie ist, daß in der persönlichen die Ereignisse nicht von vornherein mit einem leuchtenden Nimbus auftreten, sondern vom Schriftsteller im Verlauf seines Buches in einen Glorienschein gehüllt werden müssen, gewöhnlich mittels Wiederholung, beharrlicher Betonung und gehobener Sprache. Betonung und Wiederholung machen aus einem Motiv ein Leitmotiv. Am Ende ist Prousts Charlus so tragisch wie Hiob oder Ödipus und die Madeleine so geheimnisvoll wie die Hostie; diese Intensität wird jedoch nicht vorgefunden, sondern herausgearbeitet.

Prousts Werk war sehr umfangreich, was hilfreich ist, wogegen Genets Romane von üblicher Länge sind. Genets Prosa vermittelt dennoch den Eindruck großer Dauer, der Grund hierfür sind ihr schmaler Spielraum für poetische Momente, die filmische Montage sich abwechselnder Themen, ihre artifizielle Diktion und ihr eindrucksvolles Figurenarsenal. Genets Welt ist eine Welt schöner, gewalttätiger, hinterhältiger Krimineller, verhätschelter, feiger, nicht sehr intelligenter Zuhälter und heldenhafter, wenn auch hysterischer Transvestiten. Keine langweiligen Alltagsmenschen sind zugelassen, ebensowenig werden die Charaktere geduldig gestaltet, entwickelt, erkundet und durch unkommentierte Handlung dramatisch enthüllt wie im traditionellen Roman. Bei Genet ist jede Figur ein Schauplatz, ein Heiligtum, das immer wieder besucht wird.

Ein solcher Schauplatz ist die Mutter. In den Romanen stellt Genet sich seine Mutter manchmal als Adelige, manchmal als Prostituierte oder Bettlerin vor, an der er auf der Straße vorübergeht. An anderer Stelle »maternalisiert« er Mettray, die Erziehungsanstalt, in der er als Jugendlicher lebte; er erklärt, daß Mettray seine wahre Mutter war. Selbst am Ende seines Lebens, als er *Ein verliebter Gefangener* schrieb, sind die brillantesten Seiten dem Bild der Mutter gewidmet, der jungen Jungfrau der Pietà, während sie den Leib ihres toten Sohnes betrauert, der älter ist als sie (so wie Genet zu diesem Zeitpunkt älter als die Mutter war, die er sich immer vorgestellt hatte). An anderer Stelle in diesem Buch findet Genet in den Black Panthers und den palästinensischen Soldaten etwas Sanftes und Mütterliches; halb im Scherz sagt er zu David Hilliard, einem Panthers-Anführer: »Du bist wie eine Mutter zu mir.«[8] Durch diese Verschmelzung von mütterlicher Sanftheit und hartem schwarzem Männerkörper wird Genets Sehnsucht indirekter, daher ausdrucksvoller. Die zwei Dinge, die den Erzähler in Genets Romanen häufig »anekeln«, sind

Mütter und Wunder – volle Brüste und Frömmigkeit. (»Es würde mich schmerzen, wenn ich sagen müßte, daß Menschen meine Brüder sind. Das Wort ekelt mich an, weil es mich mit einer Nabelschnur mit Menschen verbindet. Es stößt mich zurück in den Mutterleib. Das Wort verbindet uns durch die Mutter.«[9]) Aber sein leiser Abscheu scheint ein tieferes Begehren zu verdecken, da überall zu religiösem Vokabular (wenn nicht gar einer Reihe konventioneller Glaubensvorstellungen) gegriffen wird. Sobald Genet Mutterschaft erwähnt, versucht er, sie zu profanieren, und das grundlegende Porträt einer Mutter in seinem ersten Roman *Notre-Dame-des-Fleurs* ist von mörderischer Hysterie. Doch gleichzeitig werden Frauen auch oft als Beruhigungs- und Trostmittel dargestellt.

Von seiner leiblichen Mutter wußte Genet noch weniger als wir. Zum Beispiel scheint er nicht gewußt zu haben, daß sie am 24. Februar 1919 gestorben ist, als sie gerade dreißig Jahre alt war (und Genet gerade acht). Sie war elf Tage zuvor mit einer Grippe ins Krankenhaus eingeliefert worden (die Spanische-Grippe-Epidemie, die Ende des Ersten Weltkriegs ausgebrochen war, hatte damals ihren Höhepunkt erreicht) und starb im Hôpital Cochin in der Nähe des Friedhofs Montparnasse.

Die Sterbeurkunde, vom Direktor des behandelnden medizinischen Hilfsdienstes am selben Tag unterschrieben, machte sie erneut jünger, als sie war, diesmal um zwei Jahre. Ihr Beruf wurde als Dienstmädchen *(»femme de chambre«)* angegeben. Sie war noch immer unverheiratet. Ihre Adresse war Rue Alésia 3, nicht weit vom Hospital entfernt.

In *Tagebuch eines Diebes* schreibt Genet:

Ich wurde am 19. Dezember 1910 in Paris geboren. Als Zögling der Öffentlichen Fürsorge war es mir unmöglich, mehr über meine Herkunft zu erfahren. Mit einundzwanzig Jahren erhielt ich eine Geburtsurkunde. Meine Mutter hieß Gabrielle Genet. Mein Vater ist unbekannt. Ich bin zur Welt gekommen im Haus Nummer 22 der Rue d'Assas.

»Ich werde also einige Auskünfte über meine Abstammung erhalten«, sagte ich mir und begab mich zur Rue d'Assas. Nummer 22 war die Entbindungsanstalt. Man verweigerte mir jede Auskunft.[10]

Zweierlei an diesem Abschnitt verwundert: erstens, daß Genet die falsche Adresse nennt (Rue d'Assas 22 statt 89), und zweitens, daß er als Vornamen seiner Mutter Gabrielle angibt, statt Camille. Bezeichnenderweise wählte er den reizvolleren Namen, mit dem er auch in *Notre-Dame-des-Fleurs* Gabriel bezeichnet, einen in himmelblaues Tuch gekleideten Infanteristen, einen »Erzengel«.

Hat Genet die Wahrheit über den Namen seiner Mutter mit Absicht verschleiert? Man muß sagen, daß er persönliche Fakten in seinen Romanen, Theaterstücken und Drehbüchern erheblich entstellt hat, wenn auch nicht aus schlichter Zurückhaltung (so bauscht er seine Verbrechen manchmal auf). Diese leichte Korrektur der Wahrheit ermöglichte es ihm, sie geschmeidiger zu machen, sie eleganter in den Text einzufügen. Etwa in der Mitte von *Notre-Dame-des-Fleurs* gesteht Genet, daß sein Verfahren durchweg darin besteht, die Fakten zu beschneiden, besonders solche, die ihn an die wirkliche Welt außerhalb des Gefängnisses erinnern könnten. Wie Vladimir Nabokov, der Biographen verabscheute, die er »Psychoplagiatoren« nannte, lenkte auch Genet Neugierige gern von seiner Fährte ab, was ihm die Freiheit gab, sein Leben auf kunstvolle, ja mutwillige Weise zu verändern. Seine Bücher, die allesamt (mit Ausnahme von *Querelle*) in der ersten Person geschrieben sind, nehmen für sich das Vorrecht der bekenntnishaften Autobiographie in Anspruch. Innerhalb des Werkes kann er dessen Wahrheitsgehalt bestreiten, ja auf dessen Unwahrheit pochen, dennoch fordert das ganze Projekt die Leichtgläubigkeit des Lesers heraus, ja, wird von ihr getragen. Genet ist ein Fachmann in der Kunst, ein Bild von sich selbst zu entwerfen. Er weiß, daß die Übermittlung, ist sie nahtlos, erfolgreich, als die Wahrheit akzeptiert wird, wogegen »Mythomanie, Wachtraum, Megalomanie die Wörter [sind], die man verwendet, wenn es jemandem nicht gelingt, das Bild, das er sich von sich selbst macht, korrekt nach außen zu projizieren ...« Und er setzt hinzu: »Es gibt wahrscheinlich keinen Menschen, der nicht im großen oder kleinen Maßstab eine Legende werden möchte.«[11]

So wie Divine in *Notre-Dame-des-Fleurs* als Mädchennamen »Geheimnis« angibt (*Madame née Sécret*), so wußte Genet wenig von seiner Herkunft, und was er wußte, frisierte er.

Wußte er zum Beispiel, daß er einen Bruder hatte, der immer noch am Leben ist, während dieses Buch geschrieben wird? Offenbar brachte seine Mutter noch einen zweiten Sohn zur Welt, wahrscheinlich nach Jean. Zumindest erklärte die Öffentliche Fürsorge, als sie sich weigerte, ihre Akten über Genet offenzulegen, diese Diskretion habe den Zweck, einen lebenden Bruder zu schützen, der seine Identität nicht preisgeben wolle. Bestimmte Themen in Genets Romanen lassen den Schluß zu, daß er von diesem Verwandtschaftsverhältnis gewußt hat – vor allem die wichtige Rolle der Brüder in *Querelle*.

Als Genet dreißig Wochen alt war, am 28. Juli 1911, wurde er von seiner Mutter verlassen. Sie brachte ihn zum *Bureau d'abandon de l'Hospice des Enfants-Assistés,* was man, wenn es nicht so erschreckend wäre, mit »Aussetzungsbüro des Hospizes für Fürsorgezöglinge« übersetzen könnte, eine Institution in Paris in der Rue Denfert-Rochereau 74, zu Fuß ein paar Minuten entfernt vom Hôpital Cochin, in dem Genets Mutter sterben sollte, und vom Santé-Gefängnis, in dem er später mehrere Haftstrafen absaß.

Die Öffentliche Fürsorge war die moderne, bürokratisierte Form einer uralten französischen wohltätigen Stiftung. Der heilige Vinzenz von Paul (1581 bis 1660) hatte die Betreuung ausgesetzter oder verwaister Kinder institutionalisiert – und sogar die Praxis begründet, sie in Bauernfamilien auf dem Lande unterzubringen. Zehn Jahre nach seinem Tode war durch königliches Dekret das erste Spital für Findelkinder gegründet worden.[12] Dieser Hilfsdienst hatte viele Veränderungen erfahren, bis er 1904 völlig reformiert und säkularisiert wurde (ein Jahr vor dem Gesetz, das Staat und Kirche voneinander trennte). Das neue Gesetz vom 27. Juni 1904 sollte die Belange der Kinder und Heranwachsenden bis zum Alter von einundzwanzig Jahren schützen. Es teilte die Kinder in verschiedene Kategorien ein, und nach diesem System wurde Genet als »verlassenes Kind« eingestuft, also als ein Kind, dessen Mutter oder Vater den Behörden möglicherweise bekannt war, das aber mit keiner Unterstützung irgendeines Angehörigen rechnen konnte.[13]

Dasselbe Gesetz legte fest, daß alle Kinder bis zum Alter von dreizehn Jahren Pflegeeltern auf dem Lande anvertraut wurden; in einer bescheidenen, arbeitsamen Umgebung sollte sich das Kind an die Realitäten des Lebens gewöhnen. Die Öffentliche Fürsorge stellte dem Kind eine Uniform und Holzschuhe, *sabots,* zur Verfügung, und die Pflegeeltern erhielten ein kleines Monatsgehalt. »Einundzwanzig Franc pro Monat für Kinder im Alter von ein bis zwei Jahren, achtzehn Franc für Zwei- bis Vierjährige und siebzehn Franc für Vier- bis Dreizehnjährige. Zusätzlich wird Pflegeeltern eine Summe von fünfzig Franc zugesprochen, wenn das ihnen anvertraute Kind das Alter von dreizehn Jahren erreicht und die Eltern dem Kind mindestens zehn Jahre lang gute Pflege haben angedeihen lassen.«[14] Der Vertrag über die Kinderunterbringung erlaubte es den Pflegeeltern, von den Kindern das Verrichten von Arbeiten im Haus zu fordern.

Während die meisten Babys nur zwei oder drei Tage nach der Entbindung von ihren Müttern getrennt und bei Pflegeeltern untergebracht wurden, hatte Genet das Glück, daß ihn seine Mutter die ersten sieben Monate seines Lebens bei sich behielt. Daß Camille Genet so lange mit ihrem Kind zusammenlebte, kann man verschieden interpretieren. Vielleicht hoffte sie, ihn selbst aufziehen zu können, war aber nach einem mutigen Versuch gezwungen, darauf zu verzichten. Vielleicht wollte sie ihn nur so lange behalten, bis er gefahrlos entwöhnt werden konnte. Vielleicht wollte sie aber auch die Einstandsprämie kassieren, die unverheirateten Müttern gewährt wurde, damit sie ihre Kinder nicht verließen. Ganz gleich, welche Gründe sie hatte, sie behielt Jean. Hätte sie ihn eher verlassen, wäre sie weder verpflichtet gewesen, ihren richtigen Namen in den amtlichen Urkunden zu nennen, noch dem Sohn ihren Familiennamen Genet zu geben. Dank dieser Förmlichkeit wissen wir, wer Genets Mutter war.

Der kleine Jean wurde noch am selben Tag, an dem seine Mutter ihn verließ, definitiv zum Zögling der Öffentlichen Fürsorge erklärt. Er erhielt die Kennzahl 192 102. Alle Verbindungen zu seiner Mutter und ihrer Familie waren von dem Augenblick an gelöst, und die Regierung erhielt »in vollem Umfang die Rechte elterlicher Gewalt«. Genet wurde sogleich von Dr. Variot untersucht und für gesund und frei von ansteckenden Krankheiten erklärt, also für geeignet, bei einer Pflegefamilie untergebracht zu werden. In Genets Gesundheitsmerkbuch, das seinem Mündelbüchlein beigeheftet war, vermerkte der Arzt, seine Gesundheit sei »gut«, er habe eine »Impfnarbe« und sei bereits »Flaschenkind.«[15]

Der Kleine verbrachte eine Nacht im Hospiz für Fürsorgezöglinge. Gleich am nächsten Tag, am Samstag, dem 29. Juli 1911, wurde er in die Unterbringungsvermittlung nach Saulieu geschickt, einem großen Marktflecken etwa hundert Kilometer südöstlich von Paris am nördlichen Rand des Zentralmassivs. Dort untersuchte ihn ein gewisser Dr. Courtois von neuem. Er sollte für die nächsten dreizehn Jahre sein Arzt bleiben und ihn noch oft untersuchen. Auch Dr. Courtois fand Genets Gesundheitszustand »gut«, abgesehen von einem leichten Nabelbruch. Am selben Tag entschied der Leiter der Vermittlungsstelle, daß Genet an Eugénie Regnier übergeben werde, die einen Antrag auf ein Pflegekind gestellt hatte, das aus dem Säuglingsalter heraus sein sollte. Sie wohnte in der Nähe, im Dorf Alligny-en-Morvan.

Der Leiter der Vermittlungsstelle behielt Genet im Auge, bis dieser 1924 das Dorf verließ. Er hieß Paul Roclore, und als Genet schließlich seinen ersten Roman schrieb, *Notre-Dame-des-Fleurs*, wies er ihm unter dem Namen Roquelaure eine winzige Nebenrolle zu. Genet erinnerte sich wahrscheinlich an den Klang von Paul Roclores Namen, ohne zu wissen, wie er geschrieben wurde, denn in einer Manuskriptfassung nannte er ihn »Roquelore«, ehe er sich für das elegantere »Roquelaure« entschied.

Alligny-en-Morvan, das Dorf, in dem Genet aufwuchs, kommt in seinem Werk oft vor, doch nie mit Namen. Es ist das Dorf, in dem Louis Culafroy (der als Erwachsener Divine sein wird) seine Kindheit verbringt. *Notre-Dame-des-Fleurs* mischt Szenen aus dem Dorf mit Szenen aus Divines Leben als Prostituierter am Montmartre und Szenen des Erzählers, der im Gefängnis seinen Prozeß erwartet. Drei Orte und drei verschiedene Zeiten vermengen sich, aber das Dorf und die Kindheit bleiben am konkretesten (wenn auch nicht am farbigsten).

Im Roman führt Culafroy (der kein Pflegekind ist) ein privilegiertes Leben. Sein Vater ist tot, und seine Mutter Ernestine ist reich, arrogant, hysterisch. Er, der Junge, bringt Stunden allein zu, indem er Abenteuerbücher liest, auf einer Pappgeige spielt, die er sich selber gebastelt hat, an Kirchenzeremonien teilnimmt oder sich ganz allein in die Kirche schleicht, um den Altar zu entweihen, und lange Stunden mit einem Nachbarmädchen namens Solange verbringt, die Prophezeiungen macht, die nicht eintreffen. Der Sex tritt in das Leben des Jungen in Gestalt eines erwachsenen Schlangenjägers namens Alberto. Der Junge betet ihn an, seine Männlichkeit, seine Cordhosen, sein Einzelgängertum – selbst seine Feigheit. Alberto hat Angst, sich wegen eines Mädchens mit einem Nebenbuhler zu schlagen, wird von dem Rivalen niedergestochen und stirbt. (»Man brachte Alberto ins Krankenhaus, wo er starb; das Dorf war vom bösen Geist erlöst.«[16])

Ähnlich erscheint das Dorf kurz in *Das Totenfest*, und zwar mit Hilfe einer seltsamen geographischen Umstellung. Der größte Teil der Handlung des Romans spielt in Paris, aber der Begräbniszug, der als Leitmotiv immer wieder auftaucht, führt die Trauernden aus Paris heraus direkt in das Dorf. Vielleicht hat diese traumartige Umstellung symbolische Bedeutung, wahrscheinlicher aber ist, daß Genet, der als Chorknabe an so vielen derartigen Prozessionen teilgenommen hat, die Handlung einfach dorthin versetzte, wo er sie anschaulich darstellen konnte.

Die optischen Erinnerungen an die Kindheit sind am stärksten; eine genaue Ortsvorstellung ist wesentlich für die Romanhandlung; Genet siedelte große Teile seiner Handlung in dem Dorf an. Als er ein Drehbuch schrieb, aus dem später Tony Richardson seinen Film *Mademoiselle* machte, kehrte er wiederum nach Alligny als Ort der Handlung zurück.

Alligny-en-Morvan hatte etwa 1650 Einwohner, als Genet dort lebte. Heute ist es kleiner und verschlafener, aber damals war es ein lebendiger Marktflecken mit einem Hotel, zwei Gasthäusern und mehreren Läden und Werkstätten. Die Mehrzahl der Bevölkerung lebte vom Ackerbau oder von der

Forstwirtschaft, einige der Männer arbeiteten allerdings in der Zinngrube, die zwischen 1910 und 1930 bestand. Der Ort Alligny ist grau, die Kirche mittelalterlich und finster, das Zentrum nichts weiter als eine Straßenkreuzung. Selbst im Ortskern kann man die Hähne krähen hören und die grünen Felder und die weißen Kühe zwischen den Häusern und die bewaldeten Hügel auf allen Seiten sehen. Ein Friedhof, eine Brücke, ein Bach, ein Denkmal für die Gefallenen des Ersten Weltkrieges, auf einem entfernten Hügel ein Kreuz – kurz: ein Dorf, in dem ein Hund auf der Hauptstraße einschlafen könnte, wenn er nicht Angst haben müßte, vom Regen überrascht zu werden. Auch heute noch sind die Bauern mächtig, fleißig, freundlich, aber verschlossen, um nicht zu sagen störrisch, und versoffen.

Im Kanton Montsauche etwa zehn Kilometer von Saulieu entfernt gelegen, gehört Alligny zum Departement Nièvre. Historisch wird dieses ganze Gebiet als der Morvan betrachtet, eine Region, die bis vor kurzem völlig abgeschieden und arm war. Wälder, kleine Berge und viele Teiche und Seen charakterisieren die Landschaft. Das Klima ist zumeist kalt und naß, der Boden nicht sehr fruchtbar. Unter der Krume befindet sich Granit, der so hart ist, daß Straßen nur mit großer Schwierigkeit hindurchgesprengt werden konnten. Die Eisenbahn kam erst zur Jahrhundertwende in den Morvan, und bis heute hat sich dort nur wenig Industrie angesiedelt.[17]

Genets Pflegemutter, geboren als Eugénie Élizabeth Héliot, war bereits dreiundfünfzig Jahre alt, als er ihr anvertraut wurde. Sie war Kind einer frommen Kleinbauernfamilie in Alligny-en-Morvan gewesen. Ihre Schwester wurde Nonne und offensichtlich in den Fernen Osten geschickt. Eugénie selbst war im Alter von etwa zwanzig Jahren »rauf« nach Paris gegangen, wo sie als Dienstmädchen für eine ledige ältere Dame aus Belgien arbeitete, die in Saint-Germain, dem eleganten Viertel der Proustschen Villen und der Gesandtschaften wohnte. Während ihrer Zeit in Paris lernte sie einen jungen Mann aus dem Dorf Moux-en-Morvan kennen. Genets Pflegevater, Charles Regnier, leistete seinen Militärdienst in Versailles ab, lernte Eugénie kennen und heiratete sie, als seine Dienstzeit zu Ende war. Das Paar blieb im Raum von Paris, wo Charles seinem Beruf als Zimmermann und Schreiner nachging, den er von seinem Vater erlernt hatte. Am 29. Januar 1887 brachte Eugénie ihr erstes Kind Berthe zur Welt. Als ihre Dienstherrin starb, erhielt sie ein kleines Legat, darunter ein paar schöne Möbel und eine Büste der Marie-Antoinette. Mit seinen Ersparnissen zog das Paar um 1890 zurück in den Morvan und kaufte sich in Alligny ein großes Haus. Dort gebar Eugénie am 24. Mai

1893 ihr zweites und letztes Kind Georges. Als Genet zu den Regniers kam, waren die eigenen Kinder also bereits dreiundzwanzig und siebzehn Jahre alt. Ein weiteres Familienmitglied war Lucie Wirtz, eine zwölfjährige Mündel der Öffentlichen Fürsorge. Da Lucie wenig später als Landarbeiterin das Haus verlassen sollte, mußten die Regniers dringend die Zuwendung, die sie für sie erhalten hatten, durch die Prämie für ein neues Pflegekind ersetzen.

Der Morvan war berühmt für seine Ammen, die vor allem nach Paris gingen, um dort die Babys der Reichen zu stillen. Eine Bauersfrau aus dem Morvan ließ zu diesem Zweck ihr eigenes drei oder vier Monate altes Kind bei seinem Vater oder anderen Verwandten zurück, die es mit der Flasche aufzogen. (Manche Kinder von Ammen wurden sogar vorübergehend bei anderen, von der Öffentlichen Fürsorge ausgewählten Pflegeeltern im Morvan untergebracht.) Sobald die Amme in Paris eintraf, wurde ihr ein paar Tage lang in einem Vermittlungsbüro Unterkunft gewährt, wo sie von einem Arzt untersucht und daraufhin je nach ihrer Schönheit einer reichen oder ärmeren Familie zugeteilt wurde. War die Familie reich, erhielt die Amme eine sorgfältig gearbeitete Garderobe (Strümpfe, Häubchen, Blusen), ein Glas Süßwein jeden Abend, einen bezahlten freien Tag, eine Neujahrsgratifikation und natürlich ein interessantes Monatsgehalt. Sie konnte jährlich an die zweitausend Franc verdienen (die man gegen die fünfzig Franc halten sollte, die ein Schafhirt oder Landarbeiter pro Jahr verdiente, oder gegen die zweihundertvierzig Franc pro Jahr, die den Pflegeeltern gezahlt wurden, die verlassene Kinder aufnahmen). Eine Amme verdiente Ende des neunzehnten Jahrhunderts im Laufe von drei »Stillzeiten« an die sechstausend Franc, und mit ihren Ersparnissen war sie in der Lage, sich Äcker im heimatlichen Morvan, einen Wald, die besten Weideflächen nahe dem Dorf und Schiefer aus Anvers zu kaufen, um ihr Dach damit zu decken. Viele Häuser im Morvan wurden mit eben diesen Ersparnissen erbaut und »Milchhäuser« genannt. Nach 1900 waren die meisten Stroh- und Reetdächer im Morvan durch Schiefer- oder Ziegeldächer ersetzt, die in vielen Fällen mit Ammenhonoraren bezahlt worden waren.

Vor dem Ersten Weltkrieg nahm der Morvan jedes dritte verlassene französische Kind auf. Allein im Jahr 1911 wurden der Obhut der Vermittlungsstelle in Saulieu siebenhundertzweiundzwanzig Kinder übergeben, die in nahegelegenen Dörfern und Flecken untergebracht wurden. Das Ammengewerbe kam der Bevölkerung sehr gelegen, da der Morvan am Ende des neunzehnten Jahrhunderts eine seiner Haupteinnahmequellen verloren hatte. Bis dahin

waren riesige Mengen Feuerholz auf der Yonne und der Seine nach Paris geflößt worden, mit denen dort die Häuser geheizt wurden, aber in den zehn Jahren zwischen 1890 und 1900 brach dieser Erwerbszweig zusammen, da die Kohle das Holz ersetzte. Zur gleichen Zeit hatte eine Agrarkrise der Wirtschaft des Morvan weiteren Schaden zugefügt und zahlreiche Arbeitskräfte zum Exodus nach Paris gezwungen: Holzfäller, Kleinbauern, Tagelöhner und Handwerker.
Natürlich war die Riesenstadt nicht nur für diese Berufe attraktiv. Bauernjungen nahmen den Militärdienst bereitwilliger auf sich als junge Männer aus der Stadt, weil man als Soldat die Möglichkeit hatte, die Langeweile und Rückständigkeit und die Sklaverei der Landarbeit gegen ein interessanteres Leben in der Metropole zu vertauschen. In Paris waren die Menschen gut gekleidet, ja schick und elegant, und der Bewohner der Stadt wurde städtisch. Die Pariser waren von dem Dorfleben verschont, wie es ein führender Sozialist 1909 beschrieb: »Diejenigen, die auf dem Lande bleiben, sind arme, jeder geistigen Erfahrung unfähige Bauerntölpel, die in Unwissenheit und Alkohol versinken, dazu verdammt, von der Kirche in die Kneipe und von der Kneipe in die Kirche zu torkeln.«[18]
Doch für die, die blieben, oder für diejenigen, die sich wie die Regniers gegen den Strom des Exodus stemmten, bewegte sich der Lebensstandard im Morvan nach 1900 leicht nach oben, obwohl das Dasein dort nach wie vor alles andere als sorglos zu nennen war. Trotz der Nähe zu Paris und dem ständigen Austausch von Dienstpersonal, Handwerkern und Ammen zwischen dem Land und Paris blieb der Morvan seltsam rückständig. Er war noch immer eine Gegend, in der man nur wenig Fleisch aß und nur ein Schwein pro Jahr schlachtete. Morgens um sechs tranken die Bauersleute Kaffee, ehe sie sich an die Arbeit machten; um acht aßen sie vielleicht ein Stückchen Käse und etwas Kohlsuppe; um zwölf verzehrten sie ein Mittagessen, das aus Kartoffeln und *crapiau* (Crépes und Schinken) bestand, und am Abend aßen sie noch einmal Suppe. Die einzige Unterhaltung waren kirchliche Feste, Dorftänze und Geschichten, die man sich abends am Feuer erzählte. Der einzige Nervenkitzel waren die Besuche reisender Händler, der Ausbruch eines Feuers oder ein bißchen Klatsch. Zeitungen waren rar, die Frauen erhielten allerdings manchmal Modekataloge. Es war eine Gegend, in der die Hand der Hausfrau zitterte, wenn sie das Brot schnitt, aus Furcht, zu dicke Scheiben zu schneiden, eine Gegend, wo jedermann in Holzschuhen durch den Morast stampfte, wo Landparzellen durch Erbe geteilt und noch einmal geteilt wurden, bis sie winzigklein waren, wo die Männer aus dem einen Dorf mit denen aus dem

nächsten in Fehde lagen und wo die meisten Leute einen Dialekt sprachen, der anderen Franzosen unverständlich war. (Und das Patois in Alligny unterschied sich wiederum von dem, das ein paar Meilen entfernt in Saulieu gesprochen wurde!) Kein Wunder, daß ein Sprichwort lautete: »Es kommt nichts Gutes aus dem Morvan, weder gute Menschen noch gute Winde.« Das harte Los der Armen stand im krassen Gegensatz zum Status, den sich die Reichen bewahrten. Zum Beispiel hielt sich die Familie Chambure, eine dort ansässige Adelsfamilie, die in der Nähe von Alligny-en-Morvan in dem Dorf Chaux wohnte, ein Personal von etwa zwanzig Leuten, wozu eine Köchin, ein Kammerdiener, eine Zofe, ein Kutscher und seine Frau und, außerhalb des Hauses, ein Hirt, ein Nachtwächter, Stallburschen, Gärtner und Landarbeiter gehörten. Das Schloß Chambure war ein Neubau, der aus den »edlen Steinen« errichtet war, die man aus den Überresten eines niedergerissenen alten Schlosses in der Gegend erworben hatte. Der berühmteste Chambure hatte im neunzehnten Jahrhundert ein umfangreiches Wörterbuch des Morvanpatois verfaßt.

Genets überaus fromme Pflegemutter Eugénie war mit dem gutaussehenden Abbé Lucien Charrault bekannt, der damals ein junger Mann mit athletischem Körperbau war und dem man nachsagte, viele Frauen aus dem Ort verführt zu haben. In einem Interview gegen Ende seines Lebens sagte Genet: »Der Curé des kleinen Dorfes, in dem ich aufwuchs – ich war acht oder neun Jahre alt –, stand im Ruf, mit allen Soldatenfrauen ins Bett gegangen zu sein. Ja, die Ehefrauen, die den Krieg über im Dorf blieben.«[19]

Charrault war zweifellos eines der Modelle für den gleichfalls virilen (wenn auch homosexuellen) Abbé in *Notre-Dame-des-Fleurs*: »Dieser Priester, bedenkt es wohl, war jung; man erriet unter seinem Begräbnisornat den bebenden Körper eines leidenschaftlichen Athleten. Was alles in allem heißt, er trug einen Fummel.«[20]

Charrault schrieb in den dreißiger Jahren ein Buch über den Morvan, in dem er sklavisch den Genealogien aller ansässigen Adligen nachging und lang und breit bei ihren Vorzügen verweilte. Er zitierte in voller Länge ihre lyrischen Ergüsse und Grabinschriften und zählte die Titel und Auszeichnungen auf, die sie erhalten oder verliehen hatten. Narzißtisches Vergnügen blieb für Genet ein unabänderliches Attribut des Adels, das Dienstboten nachzuahmen sich bemühen, doch nie lange imitieren können. Die englischen und französischen Kolonisten in *Die Wände*, Madame in *Die Zofen*, der königliche Hof der Weißen in *Die Neger*, selbst die korrupten großen Palästinenserfamilien in *Ein verliebter Gefangener* – alle diese Aristokraten sonnen sich einzig in ihrem

Dasein und ergötzen sich an den Schmeicheleien der auf sie zurückstrahlenden Bewunderung ihrer Untergebenen. Genet hat die Chambures nie vergessen; in *Notre-Dame-des-Fleurs* schreibt er von einer Person, sie besitze mehr Adel als »eine Chambure«. Trotz seines immensen Wissens sind die einzigen kulturellen Anspielungen, die er in seinen Dichtungen macht, praktisch die auf Kirche und Adel – ein üppiges, überladenes und stets mehrdeutiges Vokabular.

Wenn sich der Abbé Charrault und der örtliche Adel in Alligny verbündeten, trat ihnen die urbane und ländliche Mittelschicht entgegen – die Rechtsanwälte, Notare und Ärzte –, aber auch andere Kräfte, die sich für republikanische Grundsätze im Dorf einsetzten, insbesondere die Vertreter einer kostenlosen und obligatorischen öffentlichen Erziehung, wie sie seit den achtziger Jahren des neunzehnten Jahrhunderts die Regel war. Der Lehrer, zutiefst antiklerikal, und der Curé, zutiefst royalistisch, waren die klassischen Feinde im französischen Dorf. Der Lehrer impfte als Staatsbediensteter den Schülern durch den Unterricht in französischer Geschichte Anhänglichkeit an die Dritte Republik und die Nation ein (als im Jahr 1890 *baccalauréat*-Kandidaten über den Sinn und Zweck des Geschichtsunterrichts befragt wurden, antworteten vier von fünf bezeichnenderweise, er diene der Stärkung des Patriotismus). Die Lehrer waren auch dafür verantwortlich, ihren Schülern die Grundlagen der Hygiene und die einfachsten Manieren beizubringen, etwa wie man einen Fremden grüßt, an die Tür klopft und das Rülpsen unterdrückt. Der Lehrer bestrafte Schüler, die er in der Klasse beim Patois-Sprechen ertappte. Patriotismus, die elementarsten Manieren, Kenntnisse in Französisch – dieses Wissen war der Schlüssel, der den Schülern die Möglichkeit eröffnete, in eine größere Welt jenseits des Dorfes einzutreten. Kein Wunder, daß die Adeligen sich oft gegen den Schulbesuch wandten und kleinbäuerliche Eltern zu überreden versuchten, ja nicht auf den Vorteil, daß ihre Kinder auf den Feldern arbeiteten, zugunsten von etwas so Nutzlosem wie dem Unterricht zu verzichten.

Das System, Mündel des Staates in Pflegefamilien unterzubringen, stärkte die republikanische Staatsform, da es bedeutete, daß gewöhnliche Leute von der Zentralregierung unterstützt und von Regierungsbeamten regelmäßig besucht und überprüft wurden. Immer wieder polemisierten Adelige und Personen von Stand dagegen, Kinder aufzunehmen – doch vergeblich.

Der Adel war jedoch in Alligny kaum sichtbar. Genet schreibt in *Notre-Dame-des-Fleurs:* »Niemand im Dorf war adelig, jedenfalls wies niemand Anzeichen von Adel auf.«[21] Die Familie Chambure verbrachte den größten Teil des Jahres in Paris und den Sommer in einem südlichen Schloß im Morvan in der

Nähe der Stadt Planches. Doch ein anderes Schloß, das direkt in Alligny stand, war in den Besitz der Familie Cortet gelangt, Grundbesitzern aus der Mittelschicht. Nach dem Ersten Weltkrieg wurde der Hauptteil dieses Schlosses abgerissen. Daß es im Dorf keine Aristokraten gab, begünstigte natürlich die republikanische Gesinnung.

In der Tat herrschte im Morvan (und besonders in Alligny) die Tradition einer linksgerichteten Politik, verschärft durch die andauernde Armut, die weitgehend abwesende Aristokratie und, in jüngerer Zeit, durch die Holz- und Agrarkrise. Die Tradition reichte bis ins achtzehnte Jahrhundert zurück. Die Kleinbauern des Morvan hatten damals die Revolution und Napoleon Bonaparte begrüßt. Nach der Restauration wurde der alte Adel besonders autoritär, was bei der Kleinbauernschaft wiederum zu einem dauerhaften Kaiserkult führte. Keineswegs überraschend erhielt der Neffe des Kaisers, Napoleon III., im Morvan mehr Stimmen als in jedem anderen Distrikt, galt er doch zu Recht oder Unrecht als direkter Erbe der Revolution. Eine Politik dieser Ausrichtung wurde selbstverständlich von antiklerikalen Ausbrüchen begleitet: Der Abbé Charrault berichtet, daß einer seiner Vorgänger in Alligny vom Pöbel fast gelyncht worden sei. Alle diese Kräfte waren um den jungen Genet herum lebendig, sie wurden von ihm aufgenommen und später in seinen Werken zum Ausdruck gebracht und umgeformt; in einem Interview sagte Genet:

Und die Kunst, etwas zu schaffen, heißt immer, von der Kindheit zu sprechen. Sie ist immer nostalgisch. Auf jeden Fall trifft das auf meine Schriftstellerei zu und auf die moderne Schriftstellerei prinzipiell. Sie wissen so gut wie ich, wahrscheinlich besser als ich, daß der erste Satz im Gesamtwerk Prousts beginnt: »Lange Zeit bin ich früh schlafen gegangen.« Und dann erzählt er seine ganze Kindheit, was fünfzehnhundert Seiten dauert, über zweitausend Seiten genaugenommen ... Als ich noch sehr jung war, begriff ich rasch, daß mir im Leben alles versperrt war. Ich ging zur Schule, bis ich dreizehn war, auf die Elementarschule am Ort. Das Höchste, was ich erhoffen durfte, war Buchhalter oder ein kleiner Beamter zu werden. Und so versetzte ich mich in eine Lage, kein Buchhalter zu werden, kein Schriftsteller – ich wußte das noch nicht –, sondern die Welt zu beobachten. Ich erschuf in mir selbst, im Alter von zwölf oder fünfzehn Jahren, den Beobachter, der ich sein wollte, und somit den Schriftsteller, der ich werden wollte. Und dieses Werk, das ich damals an mir selbst vollbrachte, bleibt; es ist da.[22]

Das Haus von Genets Pflegeeltern lag buchstäblich zwischen der Kirche und der Schule. Genet war der Liebling des Lehrers, half aber auch dem Abbé bei der Messe und sang im Chor. Seine Pflegemutter hoffte, Genet würde Priester werden; sie war hocherfreut, als sie ihn einmal dabei überraschte, wie er an einem Miniaturaltar eine Messe zelebrierte. An Tagen mit kirchlichen Prozessionen hängte sie eine Fahne vom Balkon. Das Haus lag aber in unmittelbarer Nachbarschaft zur Schule, Genet war Staatsmündel, und als Kind machte er es sich zum Prinzip, französisch zu sprechen, nicht Patois, vielleicht um zu zeigen, daß er »nicht von hier« war. Er wußte, er war in Paris geboren. Obgleich er erst sieben Monate alt gewesen war, als er nach Alligny kam, und die Tracht der Öffentlichen Fürsorge trug, wirkte er auf andere Kinder städtisch, ja sogar etwas dandyhaft.

Genets Pflegevater, ein hübscher, schnurrbärtiger Mann mit kurzgeschnittenem Haar, sprach wenig, war aber freundlich und immer da, denn seine Werkstatt befand sich im Erdgeschoß des Hauses, in dem er mit seiner Familie wohnte. Er war der einzige Zimmermann am Ort, wenn auch nicht in der weiteren Umgebung, und er erwarb sich mit seinen Schreinerarbeiten, besonders mit seinen Wohnzimmerschränken, einen guten Ruf. Während der Kriegsjahre und der folgenden Spanischen-Grippe-Epidemie wurde er jedoch oft gebeten, Särge zu schreinern.

In einem kleinen Anbau an der Straße, direkt neben der Schule, hatte Eugénie Regnier einen Tabakladen. Sie hielt auch eine Kuh, Hühner und Kaninchen, hatte einen Gemüsegarten und Obstbäume und buk das Brot für die Familie. Alle hatten eine hohe Meinung von den Regniers. Später sollte Genet behaupten, er sei als Kind mit derselben Peitsche verdroschen worden wie der Hund, und bei Tisch habe man ihn gezwungen, um Nachschlag zu bitten, der sei ihm dann verweigert und er wegen Gefräßigkeit verspottet worden. Im gleichen Sinne erzählte er Sartre (so ist jedenfalls zu vermuten, denn von wem sonst hätte die Falschinformation kommen sollen?), daß er mit dreizehn Jahren aus dem Dorf gejagt worden sei, nachdem seine Diebereien entdeckt und angezeigt worden waren. Tatsächlich aber wurde Genet von seiner Pflegemutter abgöttisch geliebt, und er selbst nannte seine Pflegeeltern in der ersten Manuskriptfassung von *Tagebuch eines Diebes* »sehr nette Leute« – ein seltenes Kompliment, das er später strich, da es zu dem effektvolleren Bild von Zurückweisung und Leiden in der Kindheit nicht passen wollte.

Als Genet schließlich in *Notre-Dame-des-Fleurs* über seine Kindheit in dem Dorf schrieb, benannte er interessanterweise sein Double nach einer anderen realen Person, die wirklich geschlagen und wie ein Hund behandelt worden war. Dies war ein Zögling der Öffentlichen Fürsorge namens Louis Cullaffroy, der wie Genet in der Tarnier-Klinik in Paris zur Welt gekommen war. Der Familienname der Romanfigur schreibt sich außer mit nur einem f auch nur mit einem l, also Culafroy, was die Anspielung auf das Wort *cul* verstärkt, das »Arsch« bedeutet, aber auch ein allgemeines Wort für »Sex« ist, wie etwa in dem Ausdruck *histoires du cul*, »Sexgeschichten«. Zudem wurden die Fürsorgezöglinge im Dorf *culs de Paris*, »Ärsche aus Paris« genannt, als Anspielung auf ihre Mütter, die nach Meinung der Dorfbewohner allesamt Pariser Prostituierte waren.

Genet benutzte gern echte Namen, aber speziell die Wahl von Louis Cullaffroy könnte auf die Wildheit dieses Jungen zurückzuführen sein, auf sein Vergnügen daran, durch das offene Land zu rennen und Amselnester von den Bäumen zu schlagen. Sicher hatte Cullaffroy, der zwei Jahre älter war, mit dem schüchternen, effeminierten, in Bücher vernarrten Genet nichts gemein, noch weniger mit dem Transvestiten im Roman, der sich seinen Namen leiht.

Vielleicht reizten Genet aber auch Cullaffroys sehr reale Leiden, denn während Genet nur wenig mehr zu tun hatte, als die Milchkuh auf die Weide zu treiben und ihr gelangweilt beim Grasen zuzusehen, während er las, arbeitete Cullaffroy pausenlos für die Bauern, die ihn aufgenommen hatten, und mußte seine Mahlzeiten getrennt von der Familie am Feuer hockend einnehmen. Wie ein Sklave wurde er von seinen mittellosen Pflegeeltern behandelt, die in Bazolles wohnten, einem Dorf etwa drei Kilometer von Alligny entfernt, weshalb der Schulweg eine endlose Schinderei durch Dreck oder Schnee bedeutete. Morgens erhielt er erst etwas zu essen, wenn er wenigstens eine Stunde gearbeitet hatte: Dann erhielt er seine erste Schale Milch. Sein Pflegevater, ein Alkoholiker, neigte zu furchtbaren Wutausbrüchen und warf den Jungen oft mitten in kalten Winternächten aus dem Haus, so daß er im Stall oder im Keller Zuflucht suchen mußte.

Cullaffroy (inzwischen ein erfolgreicher Brotfabrikant in Troyes), der sich kürzlich den Unterschied zwischen seiner und Genets Situation in Erinnerung rief, sagte:

Wenn ich über Jean Genet nachdenke, sage ich mir, er hatte Glück. Tatsächlich hatte er doppeltes Glück als Kind. Erstens kam er in einem Haus von Handwerkern und nicht von Kleinbauern unter – ein großer Unterschied. In einem Handwerkerhaushalt mußten die Kinder viel weniger arbeiten und wurden besser behandelt. Sie konnten sich bilden. Sie lebten in einem Milieu, das offener, moderner und auch reicher war. Jean Genets Eltern zum Beispiel wohnten wie in der Stadt, sie hatten ein großes Haus. Verglichen mit meinen Eltern waren sie wohlhabend.

Sein zweiter Glücksfall war, daß er gleich neben der Schule wohnte. Er hat nie auch nur eine Unterrichtsstunde versäumt, und er konnte zu den Lehrern gehen, wann immer er wollte. Während des Krieges war er oft bei Monsieur Choppart, dem Hauptlehrer, der gleich über der Schule wohnte. Er war derjenige, der Genet Lesen und Schreiben beigebracht hat. Was uns Bauernkinder betraf, so achtete niemand auf uns. Am Ende des Krieges waren wir immer noch sehr unwissend.[23]

Immer und immer wieder kehrte Genet in seinen Romanen zu dem Bild des harten jungen Mannes zurück, den man grob behandelt hatte und der in sich das Gefühl der Empörung und des Unterliegens wachhielt, obwohl es Genets Politik entsprach, eine derartige Figur als Typus zu präsentieren und weniger als realen, sich wandelnden Menschen. Genet zog es vor, ihn von vornherein zornig und verletzlich vor uns erscheinen zu lassen, ohne uns mehr als einen kurzen Blick auf die Erniedrigungen seiner Kindheit zu gewähren. Trotzdem, für Genet waren diese Verletzungen entscheidend; jeden künstlerischen Impuls führte er auf die *blessure*, die »Verletzung«, in jedem einzelnen von uns zurück.

Es gibt keine andere Quelle der Schönheit als die Verletzung, einzigartig, verschieden bei jedem einzelnen, versteckt oder sichtbar, die jeder Mensch in sich trägt, die er sich bewahrt und in die er sich zurückzieht, wenn er die Welt in eine vorübergehende, doch tiefe Einsamkeit verlassen möchte.[24]

In *Notre-Dame-des-Fleurs* zeigt Genet, wie sich die aggressive, schrille Montmartre-Schwuchtel und -Nutte Divine aus dem nachdenklichen, vernachlässigten Dorfjungen namens Culafroy herausschält, aber schon der Name dieses Kindes faßt zwei disparate Erfahrungen in sich zusammen. Der wahre Louis Cullaffroy wurde, wie wir gesehen haben, brutal behandelt, wogegen Genet gehätschelt wurde, aber vielleicht veranschaulicht die unverhüllte Mißhandlung, die Cullaffroy erlitt, für Genet die versteckten Machtbeziehungen, die seine eigene Existenz regierten: Wenn die Regniers freundlich zu Genet waren, dann nur, weil sie freundlich zu sein *beliebten*.
Tatsache war, daß die Fürsorgezöglinge von den Dorfbewohnern sonst anders behandelt wurden, wie wir vom echten Cullaffroy wissen:

Was es wirklich bedeutete, ein Kind der Öffentlichen Fürsorge zu sein, kann Ihnen niemand sonst sagen. Andere Leute verstehen das nicht. Sie meinen, wir wurden alle auf die gleiche Art und Weise großgezogen, aber das stimmt nicht. Wir wurden abgesondert. Außer in der Schule vielleicht, unter Kameraden ... Aber im Dorf war das nicht so. Wir waren nicht wie die anderen Kinder. Wenn sie von uns sprachen, sagten sie nie *pupilles* (»Mündel«) oder *les petits Parisiens* (»die Kinder aus Paris«) – das habe ich nie gehört. Sie sagen *culs de Paris* (»Ärsche aus Paris«), das war die allgemein übliche Bezeichnung. Die Leute sagten: »Der Kleine da, der ist ein *cul de Paris*.« Kaum gab es ein Problem im Landkreis, sofort wurde uns daran die Schuld gegeben. Wenn's zum Beispiel irgendwo brannte – und das passierte öfter –, sofort waren wir schuld. Im Patois des Morvan hießen wir »Brandstifter«.

Selbst bei den Chorknaben gab es zwei Klassen: Die erste bestand aus den ehelichen Söhnen, die bei Hochzeiten und Beerdigungen wichtiger Leute sangen, die zweite aber, bestehend aus den *culs de Paris*, wurde für arme Leute oder für jemanden, der bei Nacht gestorben war, in Anspruch genommen. Und uns gab niemand Geld fürs Singen, außer manchmal der Curé.[25]

Ein anderer von Jean Genets Klassenkameraden, ebenfalls von der Öffentlichen Fürsorge, war Marc Kouscher, der zuerst bei einer Familie untergebracht war, die ihn Tag und Nacht an einem Tisch festgebunden hatte. Erst als er drei Jahre alt war, wurde er aus dieser Lage befreit. Als Erwachsener befragt, sagte er, auch er finde, daß Fürsorgekinder einen schlechten Ruf hatten und »Nuttenkinder« oder »Hurensöhne«, aber auch »Ärsche aus Paris« genannt wurden. Er erinnert sich:

Wir waren nicht wie die anderen, wir fühlten, daß wir anders waren. Vor allem, weil man es sehen konnte. Die Leute erkannten uns sofort an unseren Kleidern, die uns von der Öffentlichen Fürsorge geschickt wurden. Uns wurden keine richtigen Schuhe zur Verfügung gestellt; wir trugen jeden Tag Holzschuhe, selbst am Sonntag.

Natürlich trugen wochentags fast alle Kinder und Erwachsenen im Dorf *sabots*, also Holzschuhe, aber an Feiertagen, Sonntagen und zu besonderen Gelegenheiten trugen sie Lederschuhe, die der örtliche *cordonnier* für sie angefertigt hatte, zumindest aber kunstvoll geschnitzte *sabots*. Diese Zurschaustellung des Sonntagsstaats in der Kirche oder auf den Straßen des Dorfes zeigte die Klassenunterschiede brutal auf. Kinder reagieren natürlich äußerst empfindlich auf Unterschiede in der Kleidung. Marc Kouscher fährt fort:

Die Menschen des Morvan waren sehr gastfreundlich. Aber trotz allem kann man nicht sagen, daß wir wie alle anderen erzogen wurden. Ich war der Primus in der Klasse. Jeder wird Ihnen das bestätigen; ich war in jedem Fach der Klassenbeste. Als ich fünf oder sechs Jahre alt war, beschloß ich, daß keiner die Oberhand über mich gewinnen sollte. Ich bekam mein Schlußzeugnis zwei Jahre früher und war die Nummer eins im Landkreis. Ich wollte Lehrer werden. Aber als ich dreizehn war, wurde ich von der Schule genommen und auf ein Gartenbauausbildungszentrum geschickt. Als die anderen Kinder auf die höhere Schule in Corbigny kamen, schmerzte mich das. Keiner rührte eine Hand, für mich das Schulgeld zu zahlen. Aber es stimmt, das Dorf war arm. Von der Tatsache abgesehen, daß ich ein Fürsorgezögling war, hatte ich noch eine Besonderheit. Als meine Mutter mich verließ, nannte sie dem Amt meine Religion: Ich bin Jude. Nun gab's in der ganzen Gegend keinen Juden. Ich war der einzige. Die Leute kamen aus allen Himmelsrichtungen, um mich zu sehen. Außerdem hatte ich nicht das Recht, am Religionsunterricht teilzunehmen oder zur Messe zu gehen. Es war, als würde ich dauernd bestraft.

In der Schule war ich sehr isoliert, oft mußte ich mich mit Klassenkameraden prügeln, die mich beleidigt hatten. Aber ich muß hinzufügen, daß Jean Genet mir nie eine Beleidigung an den Kopf geworfen oder mich »dreckiger Jude« genannt hat. Ich habe mich nie mit ihm gestritten. Er achtete mich, er hegte sogar eine gewisse Bewunderung für mich, weil ich Schulprimus war. Das war etwas, wozu er aufblickte. Ich habe das nicht vergessen.[26]

Wie Kouscher hatte auch Genet wenig Aussicht auf weiteren Schulbesuch. Während sein engster Rivale um schulische Auszeichnungen, Joseph Bruley, zu seinem *baccalauréat* nach Corbigny geschickt wurde und zu einem Beamten bei der Telefongesellschaft in der Gegend von Paris aufstieg (und später Redakteur einer in Paris erscheinenden Zeitung über den Morvan wurde), konnte sich Genet nichts als eine Fachausbildung erhoffen, aber selbst so etwas wie der Besuch der Handelsschule galt für einen Fürsorgezögling als seltene Auszeichnung.

Obwohl Genet relativ gut behandelt wurde, wurde er eines Tages grausam darauf verwiesen, daß er nur ein Fürsorgezögling war. Er erinnerte sich später:

Der Lehrer gab uns eine kleine Aufgabe auf. Jeder Schüler sollte sein Haus beschreiben. Ich beschrieb meines, und der Lehrer sagte, mein Aufsatz sei der beste. Er las ihn laut vor, und alle machten sich lustig über mich und sagten: »Das ist aber nicht sein Haus, er ist ein Pflegekind«, und plötzlich öffnete sich vor mir eine solche Leere, eine solche Demütigung. Auf einmal war ich so ein *Fremder* – das ist kein zu heftiges Wort. Frankreich zu hassen, das reicht nicht aus, man muß mehr tun, als es hassen, man muß es auskotzen. Die Tatsache, daß die französische Armee, damals die angesehenste auf der Welt, vor den Truppen eines österreichischen Gefreiten kapituliert hatte – oh, das begeisterte mich. Ich war gerächt ... Danach konnte ich mich nur noch heimisch fühlen bei unterdrückten Farbigen oder bei denen, die im Widerstand gegen die Weißen unterdrückt wurden. Vielleicht bin ich ein Schwarzer, der weiß oder rosa ist, doch trotzdem ein Schwarzer ist. Ich kenne meine Familie nicht.[27]

Das ist ein sehr merkwürdiger Ausbruch, besonders wenn er Genets Gefühle als Schüler wahr wiedergibt und nicht seine spätere Sicht auf diese Gefühle. Die typische Reaktion auf einen solchen Spott könnte Haß auf die anderen Kinder, die Schule oder, im äußersten Fall, auf das Dorf gewesen sein. Aber von einer Beleidigung im Unterricht schlagartig auf die Verurteilung von Frankreich selbst zu verfallen, ist ein Akt der Phantasie und zugleich ein unerwarteter politischer Reflex. Was ebenfalls in dieser Passage klar zutage tritt, ist, daß Genet sein späteres Mitgefühl mit den Unterdrückten auf seine realen oder eingebildeten Leiden der Kindheit gründete. In seiner radikalen Rhetorik der späten sechziger Jahre verhöhnte er das Mitgefühl normalbürgerlicher Gönner. Genet mußte unbedingt seinem Ruf als Verfemtem Geltung verschaffen. Zweifellos war sein Gefühl, ausgestoßen zu sein, echt und tief und ging seinen politischen Aktivitäten lange voraus.

Die furchtbare Entrechtung, die Genet erfuhr, war nicht die einfache, grausame Geschichte eines Findelkindes, das von seiner Mutter verlassen, dann von sadistischen Pflegeeltern gequält wird und am Ende beschließt, an der gesamten Erwachsenenwelt Rache zu üben. Das hätte eher die Geschichte von Cullaffroy (dem Menschen, nicht der Figur) sein können: Der wurde durch das Elend seiner Kindheit abgehärtet und siegte über das System. (Merkwürdigerweise berufen sich die Dorfbewohner auf Cullaffroy und Genet als ihre zwei Erfolgsmenschen, obwohl ihre Erfolge so unterschiedlich waren. Daß beide Fürsorgezöglinge waren und nicht im Ort geboren wurden, ärgert manche Leute aus dem Dorf.)

Um das genaue Wesen von Genets Verbitterung und Feindseligkeit zu begreifen, muß man den Stadien seines vorläufigen Paradieses und seines Höllensturzes nachgehen, was wesentlich komplizierter ist als die übliche Sicht auf die Dinge.

Als Genet nach Alligny kam, waren seine Pflegeeltern bereits älter als fünfzig, und ihre leiblichen Kinder waren erwachsen. Berthe war fünfundzwanzig, paßte auf das Baby auf und fungierte als eine Art zweite Mutter. Als Genet drei Jahre alt war, heiratete Berthe Antonin Renault und zog mit ihrem frischgebackenen Gatten eine Treppe höher in ein Schlafzimmer, kümmerte sich allerdings weiter um Genet. Berthes Bruder Georges, achtzehn Jahre alt, arbeitete als Lehrling in der Zimmermannsfirma seines Vaters. Alle Mitglieder der Familie mit Ausnahme von Berthe und ihrem Mann wohnten im Parterre. Die Eltern, Charles und Eugénie, schliefen in einem Alkoven hinter dem Hauptraum, der Küche. Am Ende eines langen Ganges lagen zwei Schlafzimmer, das Georges' und das Genets.

Genets Ankunft fiel auf einen Sonntag, wie sich Lucie Wirtz fünfundsiebzig Jahre später erinnerte: »Ich ging mit meiner Pflegeschwester Berthe in die Kirche, aber unsere Mutter blieb daheim, um ihn in Empfang zu nehmen. Er war klein; unser Vater scherzte und sagte, er sei *zu* klein.«[28]

Genet wurde am Sonntag, dem 10. September 1911, getauft, ein paar Wochen, nachdem er in Alligny angekommen war. Sein Taufpate war Marcel Chemelat, der zehnjährige Sohn entfernter Verwandter von Charles Regnier, die in Paris wohnten, ihre Ferien aber gewöhnlich in Alligny verbrachten. Genet erhielt zu Ehren seines jungen Paten als zweiten Namen Marcel, aber dieser Name taucht auf keiner späteren Urkunde auf. In *Das Totenfest* (aber nur in der ersten Ausgabe) ist von einem Einbruch in der Wohnung der »Chemelats« während des Zweiten Weltkriegs die Rede.

Genets Taufpatin war die zwölfjährige Lucie Wirtz, die, wie wir wissen, gleichfalls Pflegekind bei der Familie Regnier war. Sie blieb nach Genets Auskunft freilich nur noch ein Jahr mit ihm unter einem Dach. 1912 wurde sie auf einem mehrere Kilometer entfernten Bauernhof Landarbeiterin und sah ihr Patenkind nur noch selten, obwohl sie so oft wie möglich zu Besuch kam, da sie die Regniers sehr gern hatte.

Der Tag von Genets Taufe war auch der von Lucie Wirtz' Erstkommunion, beide Ereignisse wurden also zugleich gefeiert. Genets Familienname wurde von Abbé Charrault als »Genest« eingetragen, vielleicht als Hinweis auf die Gelehrsamkeit des Priesters. Da Genet normalerweise mit einem Zirkumflex über dem zweiten e geschrieben wird (nämlich Genêt), wollte der Priester sicherlich anzeigen, daß er wußte, hier steht ein diakritisches Zeichen anstelle eines nicht mehr gesprochenen s.

Ein Jahr lang teilten sich Genet und Lucie das Zimmer am Ende des Ganges. Die ersten zehn Tage in Alligny schrie Genet jede Nacht, dann beruhigte er sich. Als Lucie auszog, hatte er das Zimmer für sich allein, das mit einem Bett, einem Tisch, einem Stuhl und mehreren Bildern ausgestattet war. Das Zimmer ging direkt zum Garten hinaus (die Tür ist inzwischen zugemauert worden), wie er es in *Notre-Dame-des-Fleurs* beschreibt:

Jeden Abend öffnete er in einem langen Hausmantel mit steifen Falten die Tür seines Zimmers, das auf gleicher Höhe mit dem Garten lag, kletterte über das Geländer – Gebärde eines Liebenden, eines Einbrechers, einer Ballerina, eines Schlafwandlers, eines wandernden Spielmanns – und sprang in den Gemüsegarten ...[29]

Das Haus war still, durchdrungen von der Ruhe Charles Regniers, der selten redete und schweigend Möbel schreinerte. Es war nicht luxuriös, es war nicht die bedeutende Villa, die Genet später beschrieb, es verlieh seinen Bewohnern auch kein Ansehen, aber es war von eindrucksvoller Gediegenheit und mit mehreren schönen Mahagonistücken möbliert.

Charles Regnier scheint zwar streng gewesen zu sein, dennoch war er äußerst freundlich, wenn auch etwas distanziert. Zum Beispiel hatten die Regniers das Obergeschoß (bis auf ein Zimmer) an die Familie Robert vermietet, und die zwei Kinder der Roberts, Marie-Louise und Gabriel, spielten stundenlang in Monsieur Regniers Werkstatt und bastelten sich Dinge aus den Hobelspänen am Boden.

Im Roman schenkt Genet seinem Double Culafroy eine privilegierte Kindheit, und er schildert den kleinen Jungen, wie er von den anderen Kindern seiner knappen kurzen Hosen aus blauem Serge und seines schwarzen Kittels wegen beneidet wird, der hinten mit Porzellanknöpfen zu schließen ist – mehr Wunscherfüllung als Wahrheit, denn Genet war in die Tracht der Öffentlichen Fürsorge gekleidet, die aus einer schwarzen Schürze, schwarzen Wollstrümpfen und Holzschuhen bestand. Die letzten Zeilen dieses Abschnitts geben die herbe Wahrheit preis, die durch die freundliche Lüge zunächst abgeschwächt war: »Er trug keine Trauer um irgend jemanden, und es war rührend, ihn ganz in Schwarz zu sehen. Er gehörte zu jener Rasse von Kindern, auf die Jagd gemacht wird, die früh Falten bekommen, die explosiv sind.«[30]
Als 1914 der Krieg ausbrach, zählte Genet noch keine vier Jahre. Sein Pflegevater war zu alt zum Kämpfen, aber sein Pflegebruder Georges wurde eingezogen, ebenso Berthes Mann Antonin Renault und der Nachbar von oben, Philippe Robert. Im Alter zwischen vier und neun Jahren war Genet also, vom schweigsamen Charles abgesehen, das einzige männliche Wesen im Haus. Er wuchs als Hätschelkind in einer Welt von Frauen auf. Dieses Paradies aber war nie anders als provisorisch, denn Genet wußte, daß er es mit dreizehn würde verlassen müssen, so als verlange die Pubertät als Strafe die Verbannung. Bis dahin stand es dem kleinen Genet aber frei, Puppen, Katzen und Hunde zu taufen (Rigadin, Berthes Hund, wurde von Genet mindestens zehnmal getauft). Seine frühere Nachbarin, Marie-Louise

Robert, bezeugte: »Er hatte wirklich eine goldene Kindheit ... Niemand machte ihm irgendwelche Vorschriften. Er war wie ein kleiner König.«[31] Sie erinnert sich, daß sie mit ihm in den Dachboden hinaufgestiegen ist, wo er einen Karton mit großen, roten Büchern voller schöner Bilder hatte.

Im Herbst 1916 kam Genet in die Schule, wo Madame Joséphine Choppart seine Lehrerin war. Sie hatte die Verantwortung für die jüngeren Schüler, während ihr Mann Pierre die älteren unterrichtete. In normalen Zeiten war die Schule nach Altersstufen in drei Klassen unterteilt, aber durch die Kriegsumstände hatte man sie auf zwei überfüllte Klassen verkleinert. Joséphine fungierte eher als Kindermädchen denn als Lehrerin, da sie sich um mehr als fünfzig Schüler verschiedener Altersstufen und Fähigkeiten zu kümmern hatte. Genet hatte das Glück, daß ihm Pierre Choppart hin und wieder Privatstunden gab, ein Zeichen für das echte Interesse des Lehrers an dem Jungen, denn Choppart hatte genug zu tun. Er war obendrein Sekretär des Bürgermeisters, dessen Amt sich im Schulhaus befand, und er war es auch, der während des Krieges die Lebensmittelmarken ausgab.

Genet durfte sich jederzeit Bücher aus der kleinen Bücherei leihen, in der die Klassiker von Victor Hugo und George Sand zu finden waren. Genets große Liebe aber gehörte dem Trivialroman, und einmal hat er gesagt, daß seine eigenen Romane fast ausschließlich auf Schundromanen basieren. Besonders liebte Genet Paul Févals Reißer für Jungen. Féval hielt sein Publikum mit Dutzenden im wesentlichen identischen Romanen in Atem, indem er die Handlung in exotische Länder oder ferne Zeiten verlegte. Wenn er über das Paris seiner eigenen Tage schrieb, täuschte er geschickt vor, daß die Stadt von einer unheimlichen, mafiaartigen Organisation (den Schwarzen Anzügen) kontrolliert werde. Févals Stil ähnelt dem von Alexandre Dumas, mit dem er sich die Gunst des Lesepublikums des neunzehnten Jahrhunderts teilte. Wenn man Féval liest, wird klar, wie hoch dieses Publikum verwegene Verbrecher schätzte und Geschichten über ihre Missetaten in der volkstümlichen Presse liebte. Féval selbst räumte ziemlich zynisch ein, daß die kleinen Leute Verbrechergeschichten (mit allen Details) den Ehebruchsgeschichten vorzögen, die sich reiche Leute zu Gemüte führten.

Als Culafroy in *Notre-Dame-des-Fleurs* von den anderen Jungen gehänselt wird, versteckt er sich auf dem Dach der Schule »wie ein gejagter Dieb« und liest. Lucie Wirtz hat erzählt, daß Genet alle Bücher der Schulbücherei gelesen hat.

Alle Klassenkameraden bestätigen seine Bücherliebe, die zu seinem verträumten, unnahbaren, verweichlichten Wesen paßt, aber auch zu seinem Stolz und dem Gefühl, allen anderen überlegen (und vielleicht sogar von adliger Herkunft) zu sein, und ebenso zu seinem Abscheu vor körperlicher Arbeit. »Ruhig« oder »ziemlich schüchtern« oder »schweigsam« waren Wörter, mit denen die anderen Kinder ihn später beschrieben. Ein Klassenkamerad sagte von ihm, er habe »selten gelächelt« und sei »ziemlich verträumt, manchmal ein bißchen rätselhaft« gewesen. In seinen Romanen ist es Genet gelungen, den verzauberten Ernst der Kindheitslektüre zu bewahren. Man könnte sogar sagen, die Üppigkeit seines Stils und die Geschmeidigkeit seiner Gedanken sind notwendige Mittel, dem argwöhnischen erwachsenen Leser dasselbe Gefühl für Wunder zu vermitteln, das ein Kind verspürt, wenn es sich in ein Buch vertieft. Die kunstvoll-komplizierte Schreibart, um T. S. Eliots Bemerkung über den poetischen Stil zu paraphrasieren, wirft dem Wachhund des Bewußtseins einen Brocken hin und erlaubt dem Lyrischen des Werks, in das Unbewußte einzudringen – oder es zumindest mit Licht zu erfüllen.

Beim Lesen stellt sich das Kind die geschriebenen Schilderungen in Bildern vor, die es seiner eigenen wirklichen Seherfahrung entnimmt, Filme dagegen bestärken die Phantasie eines Kindes direkt – und unterweisen es darüber hinaus in idealen Verhaltensformen (selbst Filmkomödien geben ein zu belachendes Negativbeispiel dafür, wie man sich nicht verhält). Aus Filmen lernen wir, wie man ein Champagnerglas hält, eine Frau küßt, eine Schußwaffe abdrückt und ähnliches. Das Kino verdirbt uns fürs Leben, das die Filme niemals einholt.

Während der Kriegsjahre kam Genet zum erstenmal mit dem Kino in Berührung. Sein Klassenkamerad Joseph Bruley erinnert sich: »Es war in der Kriegszeit, die für uns gar nicht so düster war. Oft kamen Schausteller durch Alligny. So sahen wir auch unsere ersten Filme. Eine Truppe stellte für über einen Monat ihr Zelt auf dem Marktplatz auf und zeigte jeden Tag andere Filme. Jeder ging mindestens zwei- oder dreimal hin.«[32]
Und die Filme führten den jungen Genet nicht nur in die Romantik einer idealen Lebensart ein, sie deuteten auch neue Möglichkeiten an, Zeit und Struktur wahrzunehmen. Wie jeder andere französische Schriftsteller seines Jahrhunderts lernte Genet, filmisch zu schreiben. Seine Bücher arbeiten mit der Montage, sie zeigen Bilder, die nicht statisch, sondern ständig in Bewegung sind, und sie leiten den Charakter aus der Gebärde, die Moral aus dem Kostüm, die Stimmung aus der Beleuchtung ab. Mit Rückblenden, Vorausblenden, unterbrochenen Sequenzen, Szenenwiederholungen, Ausblendungen, harten Schnitten und natürlich der Montage wendet Genet auf den Roman das ganze Vokabular filmischer Techniken an – und tut es, um uns zu

verunsichern. Dieses perzeptionelle Schwindelgefühl, das so wesentlich für Genets elementares Vorstellungsvermögen ist, beruht auf seinem lebenslangen Studium von Filmen.

Im November 1918 war der Krieg vorbei, und die Männer kamen heim. Aus der Armee entlassen, kehrten auch Georges Regnier (der Genet nicht mochte) und Berthes Mann Antonin (den Genet nicht mochte) von der Front zurück, ebenso der Mieter vom ersten Stock, Philippe Robert. Genet, der von den Frauen verwöhnt worden war, geriet nun mit dem mürrischen, schwer arbeitenden Antonin und besonders mit Georges aneinander, der mit einer Kugel im Knie auf Krücken heimgekehrt war.

Am 10. April 1920 heiratete Georges Marie Ernestine Barbotte, und auch sie faßte eine Abneigung gegen Genet. In *Notre-Dame-des-Fleurs* nennt Genet Divine-Culafroys Mutter »Ernestine« eine Hysterikerin, die schon vom Drama des Lebens derart in Atem gehalten wird, daß sie am Schluß außerstande ist, selbst die schlichtesten Tatsachen in sich aufzunehmen. Diese Gestalt ist die einzige Frau in Genets Werk, die auf den Leser den Eindruck macht, daß sie gar keine Frau, sondern ein selbstgefälliger Transvestit ist.

Die Gestalt der Ernestine geht jedoch nicht auf Marie Ernestine zurück, aber mit Georges' Frau hat sie ein merkwürdiges Faible gemeinsam: Die Figur Ernestine entdeckt voller Erregung, daß ihr Familienname Picquigny in einer Geschichte Frankreichs vorkommt (der Frieden von Picquigny beendete 1475 den Hundertjährigen Krieg), und genauso wie sie war Marie Ernestine aus völlig undurchsichtigen Gründen stolz auf ihren Mädchennamen, Barbotte, den niemand in der Gegend für einen adligen oder auch berühmten Namen hielt. In ihrer Ehe mit dem unglücklichen und versoffenen Georges unzufrieden, ließ Marie Ernestine sich ein paar Jahre später scheiden und wurde bis zu ihrem Tode im Jahre 1935 wieder eine Barbotte. Sie schaffte es sogar, den Familiennamen ihres Sohnes in Barbotte ändern zu lassen.

Georges selbst verschwand um 1930 nach Paris, wo er 1951 zurückgezogen starb; zur gleichen Zeit wurde das Haus der Regniers seltsamerweise von Marie Ernestines Schwester gekauft, die es ein paar Jahre später wieder verkaufte.

Vielleicht hatte Genet auch eine ganz andere Ernestine im Sinn, Ernestine Pitois, geboren 1884, eine Dorfbewohnerin, die bei einer reichen Familie in Touquet, dem eleganten Badeort, gearbeitet hatte und Verhalten und Redeweise vornehmer Damen perfekt nachahmte. Ihre Dienstherrin hatte ihr einen alten Astrachanmantel geschenkt, der in dem Dorf eine Sensation darstellte. Nachdem Genet das Dorf bereits verlassen hatte, nahm diese Ernestine eines der letzten Pflegekinder, die nach dem alten System untergebracht wurden, bei sich auf, einen Jungen namens Marcel Batifolier. Dieser machte später seinem Nachnamen, der »jemand, der herumalbert« bedeutet, alle Ehre: Er wurde Transvestit im Nachtclub »Madame Arthur« am Montmartre, wo er Genet begegnete. Er hatte jedoch von Genet bereits gehört. Als er noch ein halbwüchsiger Junge war, hatte er einmal Ernestine, die fast Analphabetin war, die Zeitung vorgelesen. Er stieß dabei auf das Wort *pédéraste* und fragte, was es bedeute. Sie und die anderen Frauen schrien vor Lachen, warfen die Hände in die Luft und riefen: »Frag nicht, sonst haben wir bald wieder einen Jean Genet auf dem Hals!« – und das Ende der dreißiger Jahre, ehe Genet überhaupt etwas veröffentlicht hatte.

Nachdem er der berühmte homosexuelle Schriftsteller geworden war, erinnerten sich Genets Bekannte aus der Kindheit natürlich daran, daß er effeminiert, »weibisch« gewesen war, aber schon während seiner Jugend fiel mehreren Zeugen seine Effeminiertheit auf, die sich von dem rüden Äußeren, das er sich später zulegte, so sehr unterschied.

Als Genet neun Jahre alt war, schrieb Dr. Courtois in sein Gesundheitsmerkbuch, sein allgemeiner Gesundheitszustand sei »*grand délicat*«, sein Wuchs hoch, sein Temperament »lymphatisch«, seine Konstitution »mittelmäßig« und der Zustand von Mund und Zähnen ebenfalls »mittelmäßig«.[33] Genet selbst schrieb später, daß er gern unter Mädchen und Frauen war. Mit einem Nachbarmädchen, Andrée Cortet, entwarf er Kleider, buk Kekse und dachte sich Rezepte aus, während er mit dem Mädchen vom ersten Stock, mit Marie-Louise, Teegesellschaften organisierte, zu denen nur Mädchen zugelassen waren. »Jean Genet hatte schon damals ein feminines Wesen«, erinnert sich eine Dorfbewohnerin später.

In dieser Zeit wurde er auch Chorknabe und bald zum Ersten Chorknaben befördert, was bedeutete, daß er bei der Messe ministrierte. Jean Cortet, vier Jahre jünger als Genet, erinnert sich: »Ich höre immer noch seine Stimme in der Kirche, als er Chorknabe war, wie er perfekt und mit größtem Ernst den lateinischen Text rezitierte.«[34] Die Nähe zu Abbé Charrault vergrößerte aber nicht den Respekt des Jungen vor dem Pfarrer. Später erinnerte sich Genet: »Wir nahmen ihn nicht ernst ... Den Katechismus brachte er uns auf so stumpfsinnige Weise bei, daß es fast ein Witz war.«[35]

Trotz dieses Spotts, im Rückblick war der Abbé in gewissem Sinne das Modell für einen jungen schwulen Mann, eher einen Jungen, der vermutete, daß er lieber mit einem Mädchen spielen und Geheimnisse haben würde als mit einem Jungen, aber lieber einen Jungen küssen würde als ein Mädchen. Natürlich war der Abbé Charrault ein Schürzenjäger, aber er war, abgesehen von ein paar Landarbeitern, der einzige Mann im Dorf, der nicht verheiratet war. Er wohnte allein und wurde von den Frauen der Gemeinde verwöhnt, so wie auch Genet den Krieg über von den Frauen im Haus verwöhnt worden war. Die Kirche war für den jungen Genet ein Mysterium. In *Notre-Dame-des-Fleurs* schreibt er:

Die Kirche spielte die Rolle eines Überraschungskästchens. Die Gottesdienste hatten Lou [Culafroy] an Pracht gewöhnt, und jeder Feiertag verwirrte ihn von neuem, denn er sah, wie aus irgendwelchen Verstecken die vergoldeten Kerzenleuchter, die weißen Lilien aus Emaille, die silberbestickten Altardecken und, aus der Sakristei, die grünen, violetten, weißen und schwarzen Meßgewänder aus Moiré oder Samt, die Alben, die steifen Chorhemden und die neuen Hostien zum Vorschein kamen.[36]

In seinem Drang, dem alltäglichen Leben zu entfliehen, schlug Genet alle ihm zur Verfügung stehenden Wege ein. Er las Bücher, vor allem Abenteuergeschichten. Er sah sich Filme an und baute aus ihnen Luftschlösser. Er spielte mit Puppen, äffte die Leute oder den Pfarrer nach und las ausrangierte Modekataloge, die als Toilettenpapier im Aborthäuschen des Anwesens seiner Pflegeeltern lagen.

Er unternahm lange Spaziergänge und malte sich aus, er würde einem Zigeuner, einem Polen, einem Italiener, einem Schlangenbeschwörer oder einem Hausierer begegnen.

Er stellte sich vor, er sei selbst ein Pole. Und er stürzte sich in den Pomp und das erregende Schauspiel von Kirchengewändern, Zeremonien, Weihrauch und von feierlichen Ritualen bei Hochzeit, Geburt und Tod. Culafroy in *Notre-Dame-des-Fleurs* berauscht sich an seinen Phantasievorstellungen. Er spielt eine Spielzeuggeige, die er sich aus Pappe und Bindfaden gebastelt hat. Er stellt sich vor, er sei Ballettänzer, und wenn er sich auf seinen gewohnten Gängen durchs Dorf bewegt, huscht er in seiner Vorstellung an den Leuten auf Spitze vorbei.

Wie Rimbaud, der seine Kunst aufgab, als er feststellte, daß sie ihm keine magischen Kräfte verlieh, war auch Genet bereit, von einer Phantasievorstellung völlig verzweifelt Abschied zu nehmen, wenn er von ihr enttäuscht war. Während seine religiöse Phase durch einen übertrieben direkten Glauben an die Kirchenausstattung verstärkt wurde, war er dennoch enttäuscht, als er entdeckte, daß diese Glaubensstützen hohl waren. In *Notre-Dame-des-Fleurs* schleicht sich Culafroy in die Kirche, entweiht den Altar, schließt das Ziborium auf, ergreift drei Oblaten, wirft sie auf den Boden und läßt dann das Ziborium selber fallen. Es gibt einen hohlen Ton von sich.

Und das Wunder fand statt. Es gab keine Wunder. Gott war geschrumpft. Gott war hohl. Nur ein Loch mit ganz gleich was darum herum. Eine hübsche Form wie der Gipskopf von Marie-Antoinette, wie die Soldaten, die aus einem Loch bestanden, mit einem winzigen bißchen Blei darum herum.[37]

Wie Genet (oder sein Romandouble) die Hohlheit Gottes entdeckt hatte, so hatte er auch festgestellt, daß die Majestät in Form eines Standbildes von Marie-Antoinette im Salon der Regniers hohl war. Im selben Roman teilt sich der Erzähler namens »Jean Genet« die Gefängniszelle mit einem schwarzen Sträfling, der seine Tage damit zubringt, daß er Zinnsoldaten bemalt. Als ein Zinnbein abbricht und »Genet« sieht, daß die Soldaten hohl sind, ist er erfreut und erschrocken. Er erinnert sich, daß er als Kind um die Büste Marie Antoinettes herumgegangen war, ohne ihr viel Aufmerksamkeit zu schenken, bis zu dem Tag, da »wunderbarerweise« ihr Chignon abbrach und er sah, daß die Büste hohl war, wodurch sie ihm das Mysterium des Nichts und des Nein offenbarte.

KAPITEL 2

Hat Genet als Kind gestohlen? Sartre macht Diebstahl zum Schlüssel der Legende Genet. Er setzt den Zeitpunkt genau fest, 1920/21: »Eine Stimme erklärt öffentlich: ›Du bist ein Dieb.‹ Es [das Kind] ist zehn Jahre.« Und Sartre versichert weiter: »Machen wir uns zunächst klar, daß das erbarmungslose und absurde Urteil über ein Kind nur von einer stark konstituierten Gruppe mit einem System einfacher und strenger Verbote ausgehen kann: nur eine solche Gemeinschaft kann durch Skandal – das heißt durch eine repressive und diffuse Sanktion – auf die belanglosen Diebstähle eines Jungen von zehn Jahren reagieren.«[1]
Genet selbst geht auf diese Periode ausführlich ein:

Als Kind bestahl ich meine Pflegeeltern. War ich mir bereits der Verurteilung bewußt, die mein Schicksal sein sollte, weil ich ein Findelkind und Homosexueller war? Ich könnte nicht sagen, daß ich aus Rebellion zum Stehlen verleitet wurde. Ich liebte Jungen bereits, als ich sehr jung war, obwohl ich mich in der Gesellschaft von Mädchen und Frauen wohl fühlte. Die früheste Liebe, an die ich mich erinnern kann, nahm die Form eines Wunsches an, ein hübscher junger Bursche mit energischen, entschlossenen Bewegungen zu sein, den ich einmal vorbeiradeln sah, und meiner Hemmungslosigkeit, wenn ich mir vorstellte, wie das wäre, er zu sein. Ich war zehn oder elf. Mit dreizehn lernte ich das Gefühl der Liebe als die Traurigkeit kennen, die mich überkam, als ich von einem hübschen Fünfzehnjährigen fortging. Mit zehn kannte ich keine Gewissensbisse mehr, wenn ich Leute bestahl, die ich liebte und von denen ich wußte, daß sie arm waren. Ich wurde ertappt. Ich glaube, das Wort »Dieb« verletzte mich tief. Tief, das heißt so sehr, daß ich mir wünschte, aus freien Stücken das zu sein, worüber mich andere Leute zu erröten zwangen, und es stolz sein zu wollen, ihnen zum Trotz.[2]

Genet publizierte diesen Text im Jahr 1946, ehe Sartre seinen *Saint Genet* erscheinen ließ, das heißt gute sechs Jahre früher. Ohne Zweifel war es Genet, nicht Sartre, von dem der Gedanke stammt, daß er sich dazu entschloß, das Wort »Dieb« anzunehmen und es sich zu verdienen, nachdem es ihm von anderen angeheftet worden war. Er entschloß sich zu sein, was das Verbrechen aus ihm machte.

Doch Sartre schreibt Genets ersten Diebstahl seinem Status als Waisenkind in einer bäuerlichen Gesellschaft zu, in der das Eigentum vom Vater an den Sohn weitergegeben wurde. Sartre zufolge hatte Genet das Gefühl, er könne ein Jemand nur durch Besitz werden – was zu seinen ersten Diebstählen führte. Wie wir aber gesehen haben, war Genet nur eines unter vielen Waisenkindern im Dorf. Sein Ziehvater war Handwerker, kein Bauer. Die Menschen im Morvan erbten Eigentum nicht nur, sondern kauften es auch oftmals mit dem Geld, das sie sich mit ihren Diensten erwarben (Ammendienste und Pflegschaften zum Beispiel).

Interessanterweise verband Genet seine Diebereien mit seinen ersten homosexuellen Wünschen. Heterosexuelle Rollen sind gegenseitig nicht vertauschbar (kein heterosexueller Junge möchte seine Freundin sein), aber homosexuelle Rollen sind oft vielschichtig und haben etwas von Bewunderung oder Neid an sich (so möchte Genet die »energischen, entschlossenen Bewegungen« des Radfahrers erlernen). Für die klassische homosexuelle Sissy (und Genet war fraglos eine, obwohl der Ausdruck im Französischen weniger gebräuchlich ist als im Englischen) ist das Verhältnis zu einer robusten, draufgängerischen Männlichkeit nie einfach. Der Junge, der *»efféminé«* ist, zieht anfangs die Spiele der Mädchen und die geselligen Hausarbeiten der Frauen den Kabbeleien der Jungen und den Konkurrenzkämpfen der Männer vor. Später reagiert er vielleicht auf einen älteren Jungen (normalerweise eher auf einen faszinierenden Außenseiter als auf ein Mitglied des Clans, das bereits mit Vertrautheit besudelt ist), aber er tut das nicht, wie ein heterosexueller Junge das täte, mit einem Trompetenstoß kumpelhafter Fröhlichkeit, sondern eher mit atemloser, entzückter Fasziniertheit und wechselnden Anwandlungen von Angst und Schwärmerei. Der Junge »stiehlt« seinem Idol die Bewegungen. Er wiederholt die Ausdrucksweisen des Geliebten, gestaltet seine Handlungen nach dem Vorbild seines Freundes. (So wie der Erzähler in *Wunder der Rose* von einem Jungen, den er bewundert, sagt: Ich lieh, ich stahl mir die Schönheit seiner

Körperhaltung, oder ein paar Seiten danach: Ich liebte einen Mann derart, daß ich in seine Haut schlüpfte, in die Art, wie er etwas tat.) Der erste Akt homosexueller Liebe ist also Nachahmung, da Genet aber von dem Tabu wußte, verknüpft er die Schuld des Stehlens mit der Schuld der Homosexualität, die eine andere Art von Diebstahl ist, eine andere Form verbotener Aneignung. In seinen späten Jahren verwarf Genet insbesondere Sartres Gedanken, er habe sich freiwillig zur Homosexualität *entschieden*. Genet war der Meinung, er habe sich zu seiner Sexualität nicht anders entschieden als zur Farbe seiner Augen. Als er 1964 von der Zeitschrift *Playboy* gefragt wurde: »Haben Sie sich bewußt entschieden, Homosexueller, Verräter, Dieb und Feigling zu werden?« antwortete er:

Ich habe mich nicht *in abstracto* entschieden. Eine derartige Entscheidung hat es nie gegeben. Wenn ich stahl, dann einfach deshalb, weil ich Hunger hatte. Später mußte ich diese Tat rechtfertigen, akzeptieren. Was meine Homosexualität betrifft, so bin ich außerstande, Ihnen zu sagen, warum ich homosexuell bin. Darüber weiß ich nichts. Wer weiß schon, warum er homosexuell ist? ... Als Kind war ich mir des Reizes bewußt, den andere Jungen auf mich ausübten. ... Erst nachdem ich diesen Reiz verspürt hatte, *entschied* ich mich, *wählte* ich meine Homosexualität frei, im Sartreschen Sinne des Wortes »wählen«.[3]

Als Genet zwölf Jahre später gefragt wurde, wann er seine Neigung für Männer entdeckt habe, sagte er:

Sehr früh. Ich war wohl acht oder höchstens zehn; auf jeden Fall sehr jung ...[4]

Sechs von den neun Schulkameraden, die mehr als fünfundsechzig Jahre später befragt wurden, erinnerten sich, daß Genet Unterrichtsmaterialien stahl. Nach Aussagen des Mädchens, das im ersten Stock des Hauses der Regniers wohnte, Marie-Louise Robert, stahl Genet sogar aus der Kasse seiner Pflegeschwester. Marie-Louise erinnert sich:

Die einzige Besonderheit, derer ich mich genau entsinne, ist die, daß er ein ziemlicher Dieb war. Das war bekannt. Er nahm Geldmünzen aus der Schublade im Tabakladen, den Berthe führte. Immer hatte er Geld für den Lebensmittelladen. Am Ertrag hatten wir alle genauso teil. Er überließ uns alles, was er kaufte. Eines Tages versuchte meine Mutter, Madame Regnier darüber eine Andeutung zu machen, aber das war etwas, wovon die nichts wissen wollte. Ausgerechnet das durfte ihr niemand sagen. Sie glaubte es nicht, sie sagte, zu so etwas sei Jean gar nicht imstande, wir dächten uns Geschichten aus. Sie wurde wütend. Jean muß zu der Zeit zehn gewesen sein, aber ich glaube, er hatte schon früher angefangen, Sachen zu klauen. Zuerst stiebitzte er für unsere kleinen Scheintaufen Bonbons aus Madame Regniers Küchenschrank. Später ging er zu kleinen Gegenständen über und schließlich zu Geld. Aber ich kann mir nicht denken, daß er jemals auf frischer Tat ertappt wurde, oder daß darüber jemals großes Gewese gemacht worden ist.[5]

Louis Cullaffroy sagte kürzlich:

Jean Genet war ein friedlicher Junge, ziemlich einsam und ein bißchen unnahbar. Mit Schulkameraden spielte er kaum. Da der Lehrer seine Schularbeiten oft laut in der Klasse vorlas, wurde er respektiert, aber wir wußten, daß er ein kleiner Halunke war. Warum? Tja, er klaute. Wenn in der Klasse was fehlte, wußten wir alle, daß er es gewesen war. Er ließ Griffelkästen mitgehen, Bleistifte, kleine Sachen ... Außerdem machte er kaum ein Geheimnis draus. Alles, was er klaute, verschenkte er. Ich weiß noch, einmal hat er rausgekriegt, wo die Unterrichtsmaterialien aufbewahrt wurden. Er schnappte sich einen ganzen Vorrat an Heften und Bleistiften. Er teilte alles auf. Ich kriegte einen schönen Karton Buntstifte. Ich glaube, er mochte mich, ich weiß nicht warum ... Aber wir haben uns nicht sehr gut gekannt.[6]

Ein anderer Klassenkamerad, Camille Harcq, erinnerte sich:

Ich kann mich gut an ihn aus dieser Zeit erinnern. Er muß dreizehn oder vierzehn gewesen sein. [In Wirklichkeit muß Genet zehn oder elf gewesen sein, denn mit zwölf hatte er die Schule schon hinter sich.] Er war groß, mager, mit lockigen Haaren. Er hatte – ich weiß nicht, wie ich's ausdrücken soll – was Elegantes. Er war immer sehr gut gekleidet, sehr sauber, sehr gepflegt. Nie sah man ihn in zerrissenen oder schludrigen Sachen. Er war ganz anders als wir anderen. Man sah, daß er nicht vom Lande war. Er war 'ne richtige Großstadtpflanze.
Was anderes, das mir auffiel, war, daß er nie Patois sprach. Hier in Alligny sprachen wir alle Patois, Jean Genet nie. Selbst wenn wir ihn in Patois anredeten, antwortete er auf französisch.
Er war kein Junge wie alle anderen. Und dazu war er sehr intelligent. Man konnte sehen, daß er sich zu bilden versuchte. Er las enorm viel. Selbst in den Unterrichtspausen las er weiter, wie gebannt an die Mauer gelehnt.
Seine Diebereien? Ach! Das waren doch bloß läßliche Sünden. Diebstahl konnte man das nicht nennen! Er klaute seiner Mutter ein paar Pfennige, um sich Süßigkeiten zu

kaufen ... Alle Kinder tun das. Das war bloß typisches Kindergemause ... Als sich später im Dorf die Nachricht verbreitete, er wär' auf die schiefe Bahn geraten, da war ich sehr erstaunt. Das sah ihm gar nicht ähnlich. Das war nicht seine Art.[7]

Aber ein weiterer Klassenkamerad, Jean Pouteaux, urteilt strenger. Seine Eltern waren Bauern am Ort, und er war später lange Polizist in Paris. Vielleicht haben seine Erfahrungen als Justizbeamter seine Ansichten über seinen jungen Klassenkameraden nachträglich beeinflußt:

Jean Genet konnte sich über nichts beklagen. Er wurde sehr gut behandelt. Tja, trotzdem war er ein vollkommen rebellischer Junge. Ich erinnere mich sehr gut an ein gemeinsames Gespräch. Jean Genet sagte: »Hier im Morvan nehmen viele Leute Kinder der Fürsorge auf, damit sie Dienstboten haben, die sie arbeiten lassen können. Die Kinder sollten sie bestehlen, wenn sie Gelegenheit dazu haben.«
Ein andermal sagte er: »Zumindest werden sie mich nie zum Arbeiten zwingen können.« Aber seine Eltern haben wirklich nicht viel von ihm verlangt. Das einzige, worum sie ihn baten, war, die einzige Kuh, die sie hatten, auf die Weide zu treiben, sie war ein paar hundert Meter vom Dorf entfernt, und sie am Abend wieder heimzuholen. Das war wirklich nicht viel verlangt ...
Ich behielt ihn in schlechter Erinnerung. Einmal haben wir uns sogar geprügelt. Damals waren wir beide Chorknaben. Er wußte, ich war gegen seine Ansichten, und daß ich den anderen Kindern der Fürsorge gesagt hatte, sie sollten ihre Pflegeeltern nicht beklauen. Jean Genet ging an mir vorbei und schlug zweimal nach mir. Einfach so, ohne ein Wort. Ich war älter, ich stürzte mich auf ihn und gab ihm eine schallende Ohrfeige. Man konnte meine Fingerabdrücke in seinem Gesicht sehen. Aber ich muß zugeben, als die Leute ihn fragten, was passiert sei, denn sie sahen die Male auf seinen Wangen, sagte er: »Es ist nichts«, und er hat mich nicht verpetzt.
Er übte einen schlechten Einfluß auf die anderen Kinder der Fürsorge aus. Aber im Dorf wurde kein Unterschied zwischen ihnen und den anderen Kindern gemacht. Alle Kinder wurden genau gleich behandelt. Aber Jean Genet ermunterte die anderen zum Stehlen. Einmal, kann ich mich erinnern, stiftete er einen Jungen an, aus dem Haus der Schwester seiner Pflegeeltern in Jarnoy hundert Franc zu stehlen. Der Junge versuchte dann, den Geldschein beim Gemüsehändler Roncin zu wechseln, wurde aber sofort geschnappt. Auch Jean Genet hat gestohlen, aber gegen Ende zu vielleicht weniger. Auf jeden Fall wurde er nicht ertappt. Ich kann mich an keinen besonderen Diebstahl erinnern. Aber die anderen stiftete er an ...
Um ehrlich zu sein, Jean Genet war kein aufrichtiger Junge. Wenn ich's mir genau überlege, tut's mir leid, daß ich Ihnen das alles erzählt habe. Möglicherweise hatten Sie

eine andere Meinung von ihm und werden enttäuscht sein. Vergessen Sie alles, was ich Ihnen gesagt habe.[8]

In den Berichten über Genets jugendliche Diebereien treten mehrere gemeinsame Züge hervor. Erstens können wir die Zeit ungefähr auf sein zehntes Lebensjahr eingrenzen, gleich nach dem Krieg und der Rückkehr der Männer ins Dorf. Er bestiehlt nicht die Kirche, sondern die Schule, vor allem aber seine Pflegemutter Eugénie und seine Pflegeschwester Berthe, die eine zweite Mutter für ihn war. Alle Diebstähle scheinen sich in den Jahren 1920 bis 1922 ereignet zu haben, dann muß der Drang zu stehlen abgenommen haben, was Sartre bestätigt.

Was löste seinen ersten Abstecher ins »Verbrechen« aus, wohl ein zu gewichtiges Wort, und was beendete ihn?

Die Zuneigung, mit der Madame Regnier den kleinen Genet überhäufte, muß abgenommen haben, als ihr Sohn Georges von der Front heimkehrte. Genets Klassenkamerad (und Nachbar von gegenüber), Jean Cortet, sagte dazu: »Genet wurde von seiner Mutter sehr verwöhnt, die ihn zu Hause alles machen ließ, was er wollte. Nur mit Georges hatte er vielleicht ein paar harte Wortwechsel, aber das war nicht zu vermeiden. Es ging dabei um Eifersucht, um Rivalität zwischen ihnen ...«[9]

Kinder stehlen, wenn sie sich nicht geliebt fühlen. Sie nehmen sich die Liebe in Form von Geld oder Habe derer, von denen sie ihrem Gefühl nach nicht genug geliebt werden, und sie geben ihre Beute weiter an diejenigen, die sie gern verführen würden. Die Tatsache, daß Genet zunächst verhätschelt und abgöttisch geliebt, dann aber einem abrupten Liebesentzug unterworfen wurde, macht seinen Verlust nur um so eindrucksvoller. Während ein Junge wie Louis Cullaffroy, der ständig grob behandelt wurde, zweifelsfrei wußte, daß seine Stellung untergeordnet und provisorisch war und seine einzige Hoffnung in der einsamen Unternehmung lag, das System zu überlisten, wurde Genet dazu verführt, seine Herkunft zu vergessen und sich der Familie anzuschließen. Seine Diebereien fanden derart offen statt, daß der Gedanke naheliegt, er wollte ertappt werden (was er ja auch wurde). Das Ertapptwerden sollte testen, wie groß die Geduld seiner Pflegemutter wirklich war, und seine Stellung klären. Wenn er seinen Feind Georges bestahl, tat er dies, um ihn zu provozieren – und um vielleicht Eugénie zu zwingen, Stellung zu beziehen. Sartre sagt, ein leiblicher Sohn müsse seine Dankbarkeit nicht zur Schau stellen; er habe ein Anrecht auf den Familienschatz, und sein Vater habe die Pflicht, ihn großzuziehen.

Genet war sich immer bewußt, daß er kein echter Sohn der Familie war. Eugénie Regniers Liebe aber hatte seine Stellung scheinbar erhöht und das Verbannungsurteil gegen ihn aufgehoben. Genet reagierte mit Schmerz, Verdruß und verletztem Stolz, als ihm diese Liebe entzogen wurde. In *Wunder der Rose* spricht er darüber, wie er sich im Gefängnis zu Tränen steigerte, die er dann wieder unterdrückte, bis seine Lider von der Anstrengung anschwollen und gereizt waren. Unterdrückte Tränen sind ein Sinnbild für diese Art Leiden; er war der Herr seiner Gefühle, tränenlos, bitter. Vielleicht wurde er hinter verschlossenen Türen von Eugénie beschuldigt, ein Dieb zu sein, auch wenn sie sich weigerte, die Angelegenheit öffentlich zu erörtern. Zumindest meint Sartre, daß die Zärtlichkeit seiner Adoptiveltern in Genet manchmal die Illusion erweckte, ihr Sohn zu sein. Diese Illusion sei aber in dem Augenblick zerstört worden, als sie seine Richter wurden. Indem er beschuldigt worden sei, ein Dieb zu sein, sei Genet zum Findelkind geworden. Die Beschuldigungen waren sicher nur privat. Es gab keine öffentliche Anzeige, keinen »Zwischenfall«.

Jedenfalls begann Genet die offiziellen Versionen normalen Verhaltens in Frage zu stellen. Seine Manieren, sein anspruchsvolles Wesen, seine Unnahbarkeit, seine Effeminiertheit dramatisierten (und begründeten) seinen Status, anders zu sein. Er durchschaute den Mythos der Heiligkeit des Privateigentums, sah, daß dieser hohl und willkürlich war. Sein Heldentum bestand darin, daß er zu handeln wagte, zu stehlen, und sich nicht damit begnügte, sich bloß zu ärgern.

Im Jahr 1949 veröffentlichte Genet einen Essay, »Das kriminelle Kind« (»L'Enfant criminel«), den er eigentlich für eine Radiosendung geschrieben hatte, der jedoch der Zensur zum Opfer gefallen war. In diesem Essay spricht er von dem merkwürdigen Paradox, daß die bürgerliche Öffentlichkeit Kunstwerke bewundert, die Verbrecher verherrlichen, Verbrecher selbst aber verabscheut. (Er nennt außer dem neorealistischen italienischen Film *Sciuscià* [Schuhputzer] keine Beispiele). Dieser Widerspruch führt Genet dazu, das Heldentum junger Verbrecher zu preisen. Die folgende Passage ist so beredt, daß sie seine direkte Betroffenheit nahelegt:

Ihre Literatur, *Ihre* schönen Künste, *Ihre* After-Dinner-Vergnügungen feiern das Verbrechen. Das Talent Ihrer Dichter hat den Verbrecher verherrlicht, den Sie im Leben hassen. Gestatten Sie uns umgekehrt, daß wir Ihre Dichter und Künstler verachten. Heute können wir sagen, daß ein Schauspieler eine gewisse Arroganz nötig hat, um es zu wagen, auf der Bühne einen Mord nachzuahmen, da es jeden Tag Kinder und Männer gibt, deren Verbrechen, auch wenn sie nicht immer zu ihrem Tode führen, Ihre Verachtung oder Ihre großartige Verzeihung ernten. Jeder dieser Verbrecher muß mit seiner Tat fertigwerden. Er muß aus ihr sogar die Nahrung für seine innere Moral ziehen, damit er dieses Leben um sich herum organisieren kann und erhält, was Ihre Moral ihm versagt. Für sich – und nur für sich und nur für kurze Zeit, da Sie die Macht haben, ihm den Kopf abzuschlagen – wird er ein Held, so schön wie die, die Sie in Ihren Büchern rühren. Wenn er lebt, um sein Leben mit sich weiterzuführen, muß er mehr Talent haben als der hervorragendste Dichter ... Sie ertragen den Heroismus nur, wenn er gezähmt ist ... Sie wissen nichts von Heroismus ...[10]

Im Hinblick auf die Kirche wurde Genet zum Anführer eines Aufstands, der seine erste offene Rebellion darstellte. Normalerweise gab der Abbé den Jungen fünfzig Centime, damit sie sich, nachdem sie bei einer Beerdigung gesungen hatten, Süßigkeiten kaufen konnten. Da der Abbé aber selber manchmal knapp bei Kasse war, hatten sich Schulden angehäuft. Eines Tages sammelte Genet die anderen Sänger um sich und sagte auf der Kirchentreppe, ehe sie sich zum Friedhof aufmachten: »Monsieur le Curé, ehe Sie wieder um Kredit bitten, müssen Sie Ihre Schulden bezahlen.« Die Rebellion scheint um so bemerkenswerter, als Genet normalerweise alles andere als ein Anführer war. Genets offensichtliche Einstellung finanziellen Verpflichtungen gegenüber zeigt, daß er wußte, was rechtens war; seine Diebstähle sind keine Entgleisungen, sondern freie Entscheidungen gewesen.
Vielleicht gebührt das letzte Wort über Genets Diebstähle im Kindesalter dem Klassenkameraden Félix Roncin:

Ich war in einer guten Position, um ihn kennenzulernen. Ich wohnte direkt vis-à-vis von ihm über dem Lebensmittelgeschäft meiner Eltern. Von meinem Fenster aus habe ich ihn bei so mancher Hinterlist beobachtet. Und ich kann Ihnen sagen, daß er ein durch und durch unehrlicher Junge war. Ein richtiger kleiner Dieb. In der Schule klaute er Lineale und Federhalter und steckte sie unter seinen Kittel. Er hat sie sehr oft gestohlen! Und zu Hause klaute er Kleingeld von seinen Pflegeeltern und besonders von Georges. Seine Mutter sagte nichts, aber Georges erwischte ihn mehrere Male. Natürlich mochte Jean Genet Georges nicht. Das ist verständlich. Er war eifersüchtig auf ihn, weil Georges immerhin der Sohn der Familie war und seine Mutter letzten Endes ihren leiblichen Sohn bevorzugte. Um ihm das heimzuzahlen, bestahl Jean Genet Georges. Von dem Geld kaufte er sich Bonbons und Schokolade. Aber er selber wagte nicht, in das Lebensmittelgeschäft meiner Eltern zu gehen. Er war zu bekannt. Wir wußten, mit wem wir es zu tun hatten. Er ging hin und suchte sich ein armes Mädchen, das ein bißchen zurückgeblieben war und Simone oder Suzanne hieß, auch von der Fürsorge, und ihr gab er das Geld, damit sie was für ihn kaufte.[11]

Da Genets Stellung vorgetäuscht war – er war der vorgetäuschte Sohn, der vorgetäuscht fromme Chorknabe, der vorgetäuschte Junge, der vorgetäuschte Freund und der vorgetäuschte Dorfbewohner –, begriff er nach und nach den Mechanismus des sozialen Rollenspiels. Einige Kritiker haben sich aufgrund der Reihenfolge der Veröffentlichungen vorgestellt, daß Genets Entwicklung von der vergleichsweise ruhigen Welt der Gedichte über die große Offenheit seiner Romane schließlich zu der Transparenz und dem politischen Engagement seiner Dramen geführt habe. Doch in Wirklichkeit ist das Drama die Urform hinter allen Werken Genets; er hatte bereits mehrere Texte für die Bühne und den Film verfaßt, bevor er sich an seine zuerst publizierten Werke machte. Und ein zweiter Blick auf die Gedichte läßt selbst deren dramatische Herkunft erkennen: Sie sind allesamt Theatermonologe, die sich an ein »Du« richten, einen schönen jungen Mann, der nicht antwortet, aber umworben oder versöhnt werden muß.

Konflikt war für Genet stets theatralisch. In gewissem Sinne konnte er sich nie den Luxus innerer Kämpfe oder philosophischer Zweifel leisten. Für ihn gab es nur eine einzige Wirklichkeit, die Welt der Machtverhältnisse in der Gesellschaft, und diese unterdrückte ihn. Seine erste Aufgabe war zu lernen, wie er diese Wirklichkeit mit List oder Charme oder manchmal auch durch Einschüchterung – mit einem Wort, durch Schauspielerei – manipulieren könnte.

Die gesellschaftliche Realität, so überaus wichtig und bedrückend sie auch gewesen sein mag, war nicht durchschaubar. Für den sehr jungen Genet waren Menschen überhaupt nicht leicht zu verstehen, geschweige denn der Stoff, durch den sie einfach oder stark wurden. Genet hatte durch Konflikte das Verhalten der Menschen kennengelernt und durch Übertretung und Entdekkung sein eigenes Wesen erkannt (oder sich zugeteilt).

Genet hörte auf zu stehlen, als seine Pflegemutter Eugénie am 4. April 1922 starb. Über ihren Tod schrieb er in keinem seiner todesbesessenen Bücher, noch erwähnte er ihn jemals in seinen Interviews, aber sein Schweigen läßt nicht unbedingt auf Gleichgültigkeit schließen.

Eugénies Tod veränderte Genets legalen Status ein wenig, auch wenn er vorerst im selben Haushalt blieb. Madame Regniers Tochter Berthe und ihr Mann Antonin wurden nun seine offiziellen Pflegeeltern, und sie erhielten jetzt das Regierungsgehalt für seine Betreuung. Berthe war ängstlicher als ihre Mutter, und Antonin barscher als Charles Regnier. Antonin (wie der verhaßte Georges ein Säufer) versuchte, Genet zur Feldarbeit oder zum Entrinden von Bäumen anzuhalten, aber der Junge weigerte sich beharrlich.

Der Familienroman war für Genet zu Ende; die Spannung war mit Eugénies Tod abgerissen. Und trotzdem standen ihm noch zwei Jahre in dem Dorf bei seiner Pflegefamilie bevor. Er jätete mit Berthe den kleinen Gemüsegarten und hütete die Milchkuh der Familie. Drei Monate nach dem Tod seiner Pflegemutter, am 4. Juni 1922, erhielt er die erste Kommunion. Abbé Charrault zelebrierte die Messe und schenkte dem Jungen, wie es üblich war, die billige Reproduktion eines Heiligenbildes mit der Darstellung des Letzten Abendmahls und der Inschrift: »Ich bin das Brot des Lebens.« Während der von einem Heiligenschein umgebene Christus freundlich Johannes die Hostie reicht, dem jüngsten und schönsten Apostel, schleicht sich der böse Judas Ischariot fort zu seinem Verrat. Das Bild trägt eine Widmung für »Jean Marcel Genest«.

Zu dem feierlichen Anlaß trug Genet ein zweireihiges Jackett mit Goldknöpfen, ein weißes Hemd und eine dunkle Krawatte. Für das Foto wurde ein mit Bändern geschmücktes Abzeichen an sein Revers geheftet und ein Rosenkranz über seine Hand drapiert. Er sieht bereits wie ein junger Mann aus mit seinem kurzgeschnittenen, gebürsteten Haar, seinem festen, klaren Blick und der Spur eines wissenden Lächelns, das auf seinen Lippen spielt.

Auch seine Umgebung bemerkte eine neue Festigkeit, einen ausgeprägteren Sinn für selbstbewußtes Handeln. Der von Dr. Courtois unterschriebene ärztliche Bericht, datiert vom 9. September 1923, ist insgesamt »sehr gut«, Genets Körpergröße betrug einen Meter sechsundfünfzig, seine Stimmungslage war »gut«, seine Konstitution »robust« und der Zustand seines Mundes und der Zähne »gut«.[12]

Dieser Festigung entsprachen Erfolge in der Schule. Am frühen Morgen des 30. Juni 1923 holte ein Überlandbus die Prüfungsschüler aus Alligny ab und brachte sie zu den alljährlichen Prüfungen nach Montsauche, der Kreisstadt. Am gleichen Abend fuhren sie mit dem Bus wieder nach Hause. Von allen Schülern der drei öffentlichen Schulen, die der Gemeinde Alligny unterstanden, waren nur fünf als genügend qualifiziert beurteilt worden, sich den Prüfungen zu unterziehen – und unter diesen war Genet der einzige Zögling der Öffentlichen Fürsorge.

Die Ergebnisse wurden vierzehn Tage später verkündet. Genet war der beste Schüler der ganzen Gemeinde. Er war der einzige, der das Prädikat »*bien*« (gut) erhielt. Von den über zwölftausend Fürsorgezöglingen seines Alters, die es 1923 in ganz Frankreich gab, bekamen nur fünfhundert das Abgangszeugnis; somit gehörte Genet zu den vier Prozent all dieser Kinder, die in jenem Jahr die Prüfung bestanden. Wegen dieses Erfolges erhielten seine Pflegeeltern eine Prämie von fünfzig Franc, seine Lehrkraft vierzig Franc und er selbst zehn.

Nach diesem Zeugnis erhielt Genet nie wieder irgendeine schulmäßige Erziehung, wenn man von dem überaus nachlässigen Unterricht in der Besserungsanstalt Mettray absieht. Wie sich sein Klassenkamerad Joseph Bruley viele Jahre später erinnerte, schrieb Genet normalerweise die besten Aufsätze der Klasse, nur für Mathematik war er nicht besonders begabt. Die Sprache war seine Domäne, und ihr Geschöpf sollte er werden.

Da er zu jung war, um sofort auf die Berufsschule zu kommen, wurde Genet ein Jahr von der Schule freigestellt. In dem eigenartig ruhigen Zwischenspiel nach dem Tode Eugénies und vor seinem Weggang aus dem Dorf freundete er sich mit einem Mädchen an. Solange Comte war in seinem Alter, und er hatte sie schon immer gekannt. Sie wohnte in Chevenon, wo ihr Vater Lehrer war. Aber im Sommer verbrachten sie und ihre zwei Schwestern die Ferien stets bei den Großeltern, Baptiste und Joséphine Dorange, die direkt gegenüber dem Haus der Regniers in einem strohgedeckten Landhaus wohnten. Solange war still und nachdenklich, ihre Mutter Marie arbeitete als Modezeichnerin und war für ihre Schönheit und Eleganz bekannt.

Marie Comte starb mit dreiunddreißig Jahren, ein Jahr vor Eugénie. Die beiden mutterlosen Kinder befreundeten sich sehr eng; in *Notre-Dame-des-Fleurs* schreibt Genet: »Aber die ganze Frau war in einem kleinen Mädchen, das Culafroy in dem Dorf gekannt hatte. Ihr Name war Solange.«[13] An anderer Stelle in dem Buch spricht er von ihrer Mutter Marie und ihrer Großmutter Joséphine:

Joséphine, die nie vergaß, daß sie die schönste Frau des Dorfes geboren hatte, Solanges Mutter Marie, die in der strohgedeckten Hütte geborene Göttin, deren Leib durch die Heraldik ... der Adeligkeit schwerer niedergedrückt war als ein Chambure. Ein solches heiliges Ereignis hatte Joséphine von den anderen Frauen ihres Alters getrennt (sie waren nur Mütter von Sterblichen). Ihre Stellung im Dorf glich fast der der Mutter Jesu unter den Frauen des galiläischen Dorfes. Maries Schönheit verlieh der Stadt Glanz.[14]

Hier spielt Genet mit dem Zusammentreffen der Namen Joséphine und Marie (Josef und Maria), so wie er an anderer Stelle von der »Gräfin« oder »Comtesse Solange« spricht, was ein Wortspiel über den Namen Solange Comte ist. Als Solange an Tuberkulose starb, schrieb Genet mit zwanzig sein erstes Gedicht. Er widmete es dem Mädchen, mit dem er zehn Jahre zuvor so eng befreundet gewesen war. Es stellt seine erste literarische Äußerung als Erwachsener dar. (Das Gedicht ist leider nicht erhalten geblieben.) In *Notre-Dame-des-Fleurs* ruft Genet in einem fort die Erinnerung an Freunde und Bekannte wach. So lauschen Solange und Culafroy den Berichten der alten Adeline aus dem Dorf, die Geschichten von Negern erzählt. Kein Wunder, daß Neger viel später für den Schriftsteller Genet mythische Gestalten wurden: Sie wurden ihm schon beim erstenmal als Mythen vorgestellt. In der ersten Ausgabe des Romans ist Adeline auch auf Sensationsgeschichten in den Nachrichten versessen, ein Wesenszug, der in der zweiten Ausgabe auf Culafroys Mutter Ernestine übertragen wurde. Genet schreibt, ihre Geschichten seien der Zeitung entsprungen, so wie die seinen Schundromanen entstammten. In Alligny lebte nur zwanzig Meter vom Haus der Regniers entfernt tatsächlich eine kleine alte Frau. Sie wurde Mademoiselle Adeline genannt, obwohl ihr richtiger Name Claudine Émilie Adélaïde Balvet lautete. Sie war eine pensionierte Lehrerin, sehr fromm und immer schwarz gekleidet. Sie starb im September 1923, mit siebenundachtzig Jahren, ein Jahr, bevor Genet das Dorf verließ.

Genet und Solange erfanden sich ein inhaltsreiches Phantasieleben. Sie unternahmen lange Spaziergänge auf dem Chemin du Crotto. Ihre Kameradschaft, wie sie in *Notre-Dame-des-Fleurs* beschrieben wird, war perfekt – die Solidarität zweier Einzelgänger:»An sengend heißen Tagen blieben sie auf einer weißen Steinbank hocken, in einem kleinen Schattenfleck, fein, schmal wie ein Saum; die Füße unter ihren Schürzen verborgen, um sie der Sonne nicht auszusetzen; sie fühlten und dachten gleich im Schutz des Schneeballbusches.«[15] Zusammen besuchen sie den Felsen von Crotto, die jähe Klippe, von der sich, wie Solange voraussagt, in einem Jahr ein Schweinehändler in die Tiefe stürzen wird. Solange fährt den Winter über weg, aber als sie im folgenden Sommer zurückkehrt, ist Culafroy verzagt, weil sich die Prophezeiung nicht erfüllt – wieder sieht er eine übernatürliche Gabe sich in nichts auflösen.

Die Erfahrung mit Solange führt Culafroy zu zwei Erkenntnissen. Ihr Spielen im Wald läßt ihn die Natur verachten, die er für antipoetisch hält. Für ihn ist die Poesie strikt eine Domäne des menschlichen Willens:»Dichtung wird gewollt. Sie ist kein Sichgehenlassen, kein freier und unentgeltlicher Eintritt durch die Sinne; sie ist nicht mit Sinnlichkeit zu verwechseln, sondern wurde im Gegensatz zu dieser zum Beispiel an Samstagen geboren, wenn zum Saubermachen der Zimmer die Sessel und Stühle mit den roten Samtbezügen,

die vergoldeten Spiegel und die Mahagonitische auf die nahe grüne Wiese gestellt wurden.«[16]
Die zweite Erkenntnis dämmert Culafroy, als sich Solanges Prophezeiung nicht erfüllt. Im nachhinein erkennt er (und hier ist der Proustsche Ton sehr stark), »daß jedes Ereignis in unserem Leben nur Bedeutung erlangt durch den Widerhall, den es in uns auslöst, nur insoweit, wie es uns dazu bringt, uns zur Askese zu bekehren.«[17] Entsagung ist das Geheimnis des Lebens, so wie der Wille der Ursprung der Kunst ist – beides einsame Tugenden, weit entfernt von der Masse und der Spontaneität. Ist der Wille ein Nietzschescher Wert, so ist die Entsagung rein christlich; zwischen diesen beiden Systemen pendelt Genet sein Leben lang hin und her.

Die einzige Figur in den Dorfszenen von *Notre-Dame-des-Fleurs,* die absolut nicht zu identifizieren ist, ist die entscheidende: Alberto, der Schlangenfänger, der Culafroys erster Liebhaber wird. Er erscheint als Nichtsnutz, dem das ganze Dorf nicht über den Weg traut. Er ist groß und stark, strahlt einen enormen erotischen Reiz aus, ist aber für die Gemeinde ein Außenseiter. Eines Tages schreien die Kinder, Alberto fische Schlangen. Wissenschaftler boten eine Belohnung für jede lebend gefangene Schlange. Der zarte, verträumte, in Bücher vernarrte Culafroy fühlt sich unwiderstehlich zu diesem Koloß hingezogen, der erst achtzehn ist, aber in den Augen des Jungen bereits ein Mann. Alberto läßt Culafroy seine Schlangen, denen er eine Haube über den Kopf gestülpt hat, berühren, was den Jungen zugleich fasziniert und erschreckt. Der Erzähler kommentiert: »Culafroy und Divine mit ihren delikaten Neigungen werden immer gezwungen sein, das zu lieben, was sie verabscheuen, und das macht einen Teil ihrer Heiligkeit aus, denn es ist ein Akt der Entsagung.«[18]
Keiner der Befragten in dem Dorf Alligny konnte sich an einen Schlangenfänger erinnern. Natürlich zahlten Bauern eine Belohnung für tote Giftschlangen, die für das Vieh eine Gefahr darstellten, und die *vipère* (vor allem die Otter) war ein wichtiges Element in der Volksmedizin. Den Alkohol, in dem eine Otter konserviert wurde, hielt man für heilkräftig. *Vipère,* im Französischen ausnahmslos weiblich, kann im Dialekt des Morvan männlich sein, allerdings spricht Alberto von seinen *vipères* immer im Femininum (wie die meisten Franzosen vom Penis – *la bite, la queue, la verge).* »Verge« ist das Wort, das gleich im nächsten Satz fällt: »*Alberto sensible, comme sous ses doigts sa verge grossir, sentait monter chez l'enfant l'émotion qui le raidissait et le faisait tressaillir*«, auf deutsch: »Wie er sonst seinen Schwanz unter seinen Fingern schwellen fühlte, spürte Alberto wachen Sinnes in dem Kind die Erregung ansteigen, die es steif werden und erschauern ließ.«

Alberto ist selbstverständlich ein italienischer Vorname, und Genet, der sich als Pariser Waisenkind manchmal in der Phantasie vorstellte, er sei vielleicht Pole oder Italiener, erfand gern sexuell attraktive Gestalten, die diesen Nationalitäten angehörten. So wird in seinem Drehbuch *Les Rêves interdits,* das in dem Dorf spielt (und das später zum Ausgangspunkt für Tony Richardsons Film *Mademoiselle* wurde), zum Beispiel die Lehrerin von sexuellen Phantasien über einen wandernden polnischen Holzfäller heimgesucht. Sie wiederum quält im Unterricht Bruno, den hübschen Sohn des Holzfällers.

Aufgrund der guten Noten, die er bei seiner Prüfung erhalten hatte, wurde Genet nicht als Landarbeiter eingesetzt, was den meisten Fürsorgezöglingen mit dreizehn widerfuhr. Statt dessen suchte man für ihn einen Platz in einer Schule in Paris, wo er einen Beruf erlernen sollte.

Am 11. Oktober 1924 wurde er erneut ärztlich untersucht, und wieder wurde sein allgemeiner Gesundheitszustand als sehr gut beurteilt. Am 17. Oktober verließ er das Dorf – ein Datum, das er in *Notre-Dame-des-Fleurs* festhielt. Das geschieht gegen Ende des Romans, wenn die verschiedenen Pigalle-Transvestiten gegen Notre-Dame aussagen. Vor Gericht werden ihre wahren Namen und nicht ihre Tuntennamen aufgerufen. Es stellt sich heraus, daß der wahre Name von Erstkommunion Berthollet Antoine ist, ein Spiel mit »Berthe et Antonin«. Genet bemerkt, daß ihm beim Schreiben des Buches die Tuntennamen in einem Duft von Weihrauch eingefallen seien, was ihn an die Kirche und die Gipsstatue der Jungfrau Maria erinnert, in die Alberto verliebt war und hinter der er, Genet, eine Phiole mit seinem Samen versteckte. Als die Tunten aussagen, schreibt Genet: »Einige sprachen Worte aus, die in ihrer Genauigkeit furchtbar waren, zum Beispiel: ›Er wohnte Rue Berthe Nummer 8‹ oder ›Am 17. Oktober bin ich ihm zum letztenmal begegnet. Das war im Graff.‹«[19] Das Datum ist der Tag von Genets Abschied aus Alligny, doch bezeichnenderweise setzt er es mit Graff in Beziehung, einem berühmt-berüchtigten Homosexuellencafé unweit der Place Pigalle – eine Profanierung von Berthe und dem Dorf, so wie die Phiole mit Sperma eine Profanierung der Heiligen Jungfrau ist.

Als Genet das Dorf verließ und in die wirkliche Welt einzog, beschützte ihn die unantastbare Einsamkeit, die ihn überallhin begleitete, unsichtbar, aber wirklich wie die unsichtbare, wandernde Zelle, die Gott einer seiner Heiligen gewährt hatte. In *Notre-Dame-des-Fleurs* schreibt Genet: »Er dachte nur noch daran, die äußeren Zeichen seines Schmerzes zu beachten, da er ihn aber den Augen der Leute nicht begreiflich machen konnte, mußte er ihn nach innen verlegen, so wie die heilige Katharina von Siena ihre Zelle in ihrem Innern mit sich trug.«[20] In *Ein verliebter Gefangener* schreibt Genet etwa vierzig Jahre später:

Gott, der Erde und Himmel aus dem Nichts erschuf, vollbrachte noch ein weiteres Wunder. Der heiligen Elisabeth, Königin von Ungarn, die aufgrund ihrer Stellung als Landesherrin am Luxus des königlichen Hofes teilnehmen mußte, machte Gott zum Geschenk – ihr ganz allein, nach ihrer Größe, ihren Maßen gebaut – eine unsichtbare Klosterzelle, unsichtbar für ihren Gatten, die Höflinge, Minister, Hofdamen, eine Zelle, die endlich persönlich und geheim war und sich nur fortbewegte, wenn die heilige Königin sich bewegte, wobei die Wände der Zelle nur vier Augen sichtbar waren, den zweien der Königin und den zweien Gottes, wodurch die vier zu einem wurden. Dieser Zyklop konnte nur sein eines Augenlid senken.[21]

KAPITEL 3

Genet wurde auf eines der besten Ausbildungszentren der Öffentlichen Fürsorge geschickt, die École d'Alembert in Montévrain gleich außerhalb von Paris. 1822 gegründet, bot die Schule Ausbildungsplätze für zwei Berufe, für Tischler und Drucker. Nur Schüler mit einem Abgangszeugnis, die überdurchschnittliche Bereitschaft zum Lernen zeigten, wurden zugelassen. Für einen Zögling der Behörde war die Aufnahme eindeutig eine Vergünstigung. Die Jungen begannen im Alter von dreizehn Jahren ein Lehrprogramm, das sich über vier Jahre erstreckte. Sie wurden innerhalb der Schule untergebracht und versorgt und hatten einen strengen Stundenplan. Der Tag begann zwischen sechs und sieben mit einer Stunde theoretischem Unterricht, ehe die Schüler in ihre Werkstätten geschickt wurden. Die Disziplin an der Schule war, einer offiziellen Broschüre zufolge, väterlich streng.[1]

Als im Oktober 1924 der Unterricht begann, hatte die Schule insgesamt einhundertzweiundfünfzig Schüler. Genet gehörte zu den sechzehn neu eintretenden Druckerlehrlingen. Den Schulakten ist zu entnehmen, daß er direkt aus Alligny-en-Morvan kam. Die Person, die als Erziehungsberechtigter fungierte, war sein junger Pate Marcel Chemelat.

In der ersten Woche, die Genet auf der Schule war, wurde er krank und kam auf die Krankenstation. Joséphine Chemelat, Marcels Mutter, schickte Genet eine Nachricht, daß Freunde ihres Mannes ihn an seiner neuen Schule hätten besuchen wollen, ihnen aber mitgeteilt worden sei, er sei krank. Madame Chemelat bot Genet an, den übernächsten Sonntag bei ihrer Familie in Paris zu verbringen. Sie schrieb, er würde am Bahnhof abgeholt werden. Die Schule beurlaubte ihn für diesen Tag, wie jedoch ein nachträglicher Bericht vermerkt, verließ Genet die Schule eine Stunde früher, als es ihm offiziell gestattet war. Er hatte den »Augenblick genutzt, als die Nachtwache das Frühstück machte, um sich davonzustehlen und sich eine Stunde vor seinen Kameraden auf den Weg nach Paris zu machen«.[2] Er war jedoch pünktlich abends um halb sieben wieder da. Am folgenden Tag, gerade zwei Wochen nach seinem Schuleintritt, brannte Genet durch. Zwischen sieben Uhr dreißig und acht am Morgen wurde sein Verschwinden bemerkt. Sofort wurde ein offizieller Bericht eingereicht, der besagte, daß Jean Genet weggelaufen sei und hinter dem Schlafsaal den Weg zur Hauptstraße von Paris nach Meaux eingeschlagen habe. Der Bericht über die Flucht wurde erstellt. Wieder einmal werden Genets Körper und Betragen einer »wissenschaftlichen« Beschreibung unterzogen. Diese anthropometrischen Berichte verschleiern die Unterdrückung mit Daten, sie okkupieren und kolonisieren das private Ich mit Messungen, die die Dinge erst erfinden und kontrollieren, die zu klassifizieren sie vorgeben. Nachdem Leib und Leben in ihre zahllosen Elemente aufgeteilt sind, werden sie mit Hilfe des Klassifizierungssystems wieder zu einem für die Kriminologie geeigneten »Objekt« zusammengefügt. Vielleicht läßt sich Genets spätere Manie für Geheimhaltung als Widerstand gegen diese systematischen Verletzungen seiner Privatsphäre erklären, die er seine ganze Jugend über ertragen mußte.

Wie ein Versuchstier in einem Laborexperiment wurde er immer wieder getestet, gründlich untersucht und mit Etiketten versehen. Während ein Schriftsteller wie William Burroughs, dessen Zusammenstöße mit dem Gesetz sich weniger häufig und relativ lange nach seiner wohlbehüteten bürgerlichen Kindheit ereigneten, sich die kriminologische Typologie mit ätzendem schwarzem Humor zu eigen machen konnte, wich Genet allen diesen Beschreibungen in seinem Leben wie in seinem Werk beharrlich aus. Der Bericht über seine Flucht lautete:

Größe: ein Meter fünfundfünfzig
Nase: normal
Mund: normal
Kinn: lang und rund
Augen: schwarz
Blasser Teint
Effeminierte Erscheinung.

Die Kleider, die er trug, wurden so beschrieben:

> Eine Mütze aus grauem Stoff
> Ein blaues Cape
> Lange blaue Hosen
> Ein weißes Hemd
> Ein weißer Pullover
> Ein Paar Schuhe und Socken.

Das Schriftstück war am 3. November 1924 unterzeichnet worden.[3] Am gleichen Abend reichte der Direktor der Schule noch einen Bericht ein, in dem er betonte, daß Jean Genet weder am Tage seiner Flucht noch am Tage davor bestraft worden sei und daß »es unmöglich (ist), diesen Vorfall zu erklären, es sei denn mit der zweifelhaften Einstellung des Kindes, die geschädigt ist durch die Lektüre von Abenteuerromanen, auf die er, wie es scheint, sehr versessen war«. Der Bericht erwähnte auch Genets »zartes Wesen« und »schwachen Charakter«.

Eine Woche später betont der Direktor in einem Brief von neuem, die Flucht des jungen Genet sei völlig »ungewöhnlich«, »denn alle Schüler wissen, daß sie nicht gezwungen sind, gegen ihren Willen auf der Schule zu bleiben, sondern vielmehr am Ende eines Monats, sollten sie sich nicht wohl fühlen, darum bitten können, zu ihren Pflegeeltern zurückkehren zu dürfen«.[4] In dem Brief wurde auch erwähnt, daß Charles Chemelat, der Vater von Genets Paten, in die Schule gekommen sei und sich schockierend aufgeführt habe – »aggressiv« und »erregt und unverschämt« waren die Adjektive, mit denen der Direktor den Mann beschrieb, der den heftigen Vorwurf an die Schule richtete, sie erlaube ihren Schülern, zu kommen und zu gehen, wie es ihnen passe. Monsieur Chemelat hatte des weiteren behauptet, er habe vorgehabt, Genets finanzielle Zukunft mit der Demobilisierungsprämie seines Sohnes zu sichern (allerdings setzte der Direktor der d'Alembert-Schule rasch hinzu, daß der Mann nicht versprochen habe, dem Jungen Kost und Logis zu geben). Der Direktor zog den Schluß, von der Schule wegzulaufen, müsse man als »unlogische Handlung aufgrund einer psychischen Unausgeglichenheit« ansehen. Interessanterweise fällt diese erste Erwähnung einer geistigen Anomalie, mit der man Genet jahrelang plagen sollte, mit seiner ersten größeren Rebellion zusammen. Über seine Flucht schrieb Genet nie direkt autobiographisch, aber in *Notre-Dame-des-Fleurs* liefert er viele Beschreibungen von dem einsamen, hungrigen, aber neugierigen und erregten Herumwandern

83

eines jungen Mannes:»›... von seiner Flucht behielt er in Erinnerung: ›In der Stadt tragen die Frauen in Trauer schöne Kleider.‹ Aber durch seine Einsamkeit empfand er schon für das kleinste Elend Mitleid: eine in der Hocke sitzende Alte, die sich, vom plötzlichen Erscheinen des Kindes erschreckt, auf die schwarzen Baumwollstrümpfe pißt; vor den Fenstern der Restaurants, in denen noch keine Gäste waren und die vom Glanz der Lichter, des Kristalls und Silbers explodierten, wohnte er sprachlos den Tragödien der Kellner im Frack bei, die kesse Reden führten und Rangfragen diskutierten, bis das erste elegante Paar erschien und das Drama zu Boden warf und zerschellen ließ; Schwule, die ihm nur fünfzig Centime gaben und sich aus dem Staub machten, für eine Woche glücklich; in den großen Umsteigebahnhöfen beobachtete er nachts aus dem Wartesaal, wie männliche Schatten mit traurigen Laternen die vielen Geleise überquerten; ihn schmerzten die Füße, die Schultern. Er fror.«[5] Am Montag, dem 10. November, wurde Genet in Nizza aufgegriffen. Am gleichen Tage strich man seinen Namen von der Liste des »Personalbestands« der École d'Alembert. Zwei Tage später konnte man in einem Artikel der Lokalzeitung unter der Überschrift »Flucht« lesen:

Ein Zögling der Öffentlichen Fürsorge des Seine-Distrikts, Jean Genet, dreizehn Jahre alt, der am 3. November von der École d'Alembert (Seine-et-Marne) ausgerissen war, wurde am Montag auf dem Bahnhof von Nizza aufgegriffen; der Obhut von Monsieur Poyaud, einem Sonderbevollmächtigten, übergeben, ist Genet ins Aufsichtsbüro der Öffentlichen Fürsorge in Nizza gebracht worden, um wieder nach Hause geschickt zu werden.[6]

Am 13. November beendete der Direktor der Schule diese Episode in Genets Leben mit einem Bericht an den Direktor der Verwaltung. Er stellt fest, daß der Schüler Genet »sehr deutlich den Eindruck eines durch die Lektüre von Abenteuerromanen verwirrten Geistes und einer offenkundigen Überschätzung seines Eigenwertes erweckt hat.« Der künftige Schriftsteller mußte natürlich Trost in seinem unerschütterlichen Vertrauen zu seinem Eigenwert als Künstler (wenn auch nicht immer als Mann) suchen, wie auch seine außerordentliche Empfänglichkeit für literarische Einflüsse ein Grund dafür war, warum er aus so wenig so viel machen und sich aus der wahllosen und unangeleiteten Begegnung mit Büchern – selten guten – ein subtiles Wissen aufbauen konnte.

Wieder betont der Direktor, Genet habe sich nicht über schlechte Behandlung beklagt. »Aber seit seinem Eintritt in die Schule hat er das Verlangen wegzu-

laufen erkennen lassen, um mehr oder weniger klar umrissene Pläne in Amerika oder Ägypten in die Tat umzusetzen, wo er Arbeit beim Film zu finden hofft.«
Diese Ziele deuten an, warum Genet sich nach Nizza aufgemacht hatte. Jedesmal, wenn er während der nächsten Jahre nach einem Ausreißversuch wieder aufgelesen wurde, war er zu einem Hafen in Frankreich unterwegs: Sein Traum war, ins Ausland zu gehen. In der Typologie volkstümlicher Träume jener Zeit gab es kaum mächtigere Namen als Ägypten, Amerika oder schließlich das Kino.

Der Direktor schrieb, seiner Meinung nach sei Genets Flucht mit Vorbedacht erfolgt: »Am Morgen seines Verschwindens hatte er ein Bündel mit seinen Habseligkeiten unter dem Bett eines Klassenkameraden versteckt.« Obwohl Genets dunkelbraunes Haar auf der Schule kurz geschnitten wurde, war er aus dem Dorf, wie der Direktor bemerkte, angekommen »mit Haaren, die so lang waren, daß man einen Knoten aus ihnen machen konnte. Er legte von Anfang an die Neigungen an den Tag, die den Eindruck bestätigten, den er dann an der Schule erweckte. Aber sein effeminiertes Aussehen, die Art, wie er sich geradezu als Künstler gebärdete, und die leise Distanz, die er zu seinen Klassenkameraden aufrechterhielt, legen die Vermutung nahe, er könnte mit dem Beruf des Buchdruckers zufrieden gewesen sein, einem Handwerk, das mit seiner künstlerischen Seite zum Wesen des Jungen gepaßt hätte.«[7]

So wie Genet später seine ersten homosexuellen Empfindungen mit den ersten Impulsen zu stehlen in Verbindung brachte, wird hier die offene Bekundung seiner Effeminiertheit mit seinem Weglaufen in Beziehung gesetzt und mit seiner Ablehnung einer sicheren Zukunft als Handwerker. Auch in Zukunft sollte die Flucht stets Genets Reaktion auf eine Krise sein.
Die Zeit zwischen dem 10. November 1924 (als Genet in Nizza aufgegriffen wurde) und dem folgenden April liegt im dunkeln. Vielleicht hielten die Behörden des Departements Alpes-Maritimes den Jungen in einem Hospiz in der Nähe von Nizza fest, ehe er dem Mündelhospiz in der Rue Denfert-Rochereau in Paris zu einem längeren Aufenthalt überstellt wurde. Vielleicht wurde er aber auch in ein anderes Lehrlingsprogramm gesteckt.
Auf jeden Fall gab Monsieur Lahille, der Direktor der Pariser Vermittlungsstelle für Staatsmündel, Genet gegen Anfang April 1925 in die Obhut eines blinden Komponisten volkstümlicher Lieder, der René de Buxeuil hieß und mit seiner Frau in der Passage des Petites-Ecuries 20 im 10. Arrondissement von Paris wohnte. René de Buxeuil hatte die Öffentliche Fürsorge gebeten,

ihm einen Jungen zur Verfügung zu stellen, der ihm als Blindenführer und Sekretär dienen könne.
Am 10. ›April‹ fragte Lahille brieflich bei de Buxeuil an, ob er mit Genet zufrieden sei. Wenn ja, werde zwischen der Öffentlichen Fürsorge und Monsieur de Buxeuil ein Vertrag geschlossen. Der Komponist bat daraufhin, den Jungen mit Zivilkleidung zu versorgen, was bewilligt wurde. Wenn das Tragen der Fürsorgeuniform für Genet schon auf dem Dorfe hart gewesen war, so muß es in Paris, der Hauptstadt der Mode, eine wahre Demütigung gewesen sein, besonders für einen Jungen mit einem ausgeprägten (und schwierigen) Empfinden für persönlichen Stil.

Von April bis Oktober 1925 lebte der vierzehnjährige Genet bei Buxeuil, der ihn, Sartre zufolge, mit den Gesetzen der Prosodie und des Reimes bekannt machte. Sartre schreibt:

Halten wir zunächst fest, daß er Verse zu »machen« verstand ... Als er sechzehn Jahre alt war, nahm ihn ein bekannter Chansonnier bei sich auf. Eine unwichtige Episode in diesem bewegten Leben, die mit einem Diebstahl und der Rückkehr des Diebs in die Strafanstalt endete. Aber inzwischen hatte er sich die Zeit mit Liederschreiben vertrieben ... So hatte er (...) Gelegenheit, sich mit (...) den Gesetzen des Reimes vertraut zu machen.[8]

Dreiundzwanzig Jahre später, nachdem Genet berühmt geworden war, sagte René de Buxeuil in einem Zeitungsinterview: »Jean Genet sprach ein bißchen wie ein Bauer aus dem Morvan. Als Findelkind hatte er dort Pflegeeltern. Er ließ bereits damals eine große Liebe zu den Künsten erkennen. Eines Tages sagte er zu uns: ›Ich werde meine Memoiren schreiben.‹ Dann machte er sich daran, ein kleines Notizbuch mit seinen Texten vollzuschreiben, die er mit Nano Florane unterzeichnete.«[9]
Jean-Bernard Moraly hat darauf hingewiesen, daß dieser *nom de plume* schon eine bemerkenswerte Subtilität zeigt, denn »Nano« ist ein Spitzname für Jean, und »Florane« ist eine Anspielung auf den Ginster: *genêt*.[10] »Florane« könnte auch ein Hinweis auf Florian sein, einen reizenden Höfling und gefühlvollen Schriftsteller in Marie-Antoinettes Gefolge, der die Harlekinaden am Théâtre Italien neu belebte und kultivierte.
Sicherlich übte Genet sich bereits in der Kunst des Hofierens, denn de Buxeuil fährt fort: »Eines Abends sagte Genet nach dem Abendessen zu Madame Buxeuil: ›Ich werde den Abwasch machen; ruinieren Sie sich nicht die Hände, sondern spielen Sie für mich ein bißchen Klavier.‹ Er hörte ihr verzückt zu ...

Er interessierte sich auch sehr für die Bibliothek der Leute, in deren Obhut er gegeben war. Eines Tages stellten sie fest, daß ein Exemplar von *Les Fleurs du Mal* beschädigt war. Genet hatte die Seiten mit seinen Lieblingsgedichten herausgerissen.«[11]

René de Buxeuils wahrer Name war Jean-Baptiste Chevrier. Er war 1881 in der Touraine geboren, und zwar in Saint-Jacques de Buxeuil, einem Vorort von La Haye-Descartes. Seine Kindheit war schrecklich. Sein Vater war ein Säufer, der pro Tag acht bis zehn Liter Wein trank, und seine Mutter führte ein Café. Sie erkrankte 1924 und war, kurz bevor Genet in Renés Haushalt kam, gezwungen, ihr Café zu verkaufen, was wohl Renés Geldängste steigerte.

In früher Jugend spielte er mit einem Bäckerlehrling. Der Lehrling feuerte aus Versehen eine mit Schrot geladene Flinte ab, wodurch René das Augenlicht verlor. Nach einem verpatzten Versuch, ihm die Sehkraft wiederzugeben, kam er im Oktober 1893 in die Nationale Anstalt für junge Blinde in Paris. Damals herrschte die Theorie, daß es für Blinde nur zwei geeignete Berufe gebe: Organist und Klavierstimmer.[12]

René zeigte Talent als Komponist und Sänger. Nach acht Jahren Studium von Brailleschrift und Musik wurde ihm eine Organistenstelle in einer Provinzstadt angeboten, aber er wollte Paris nicht verlassen. Er zog das unsichere Leben eines Volkssängers und populären Komponisten vor. Ein Jahr nach seinem Examen schrieb er ein Gedicht über den Ausbruch des Mont Pelé, aber der berühmte kubanisch-französische Symbolist, der Redakteur José-Maria de Hérédia, dem er es vorlegte, riet ihm davon ab, sein Talent in diese Richtung zu lenken.

Inzwischen hatte er den Künstlernamen René de Buxeuil angenommen: nach seinem Geburtsort und nach den beiden berühmten von dort stammenden Männern (dem Philosophen René Descartes und dem Jahrhundertwenderomancier René Boylesve). Einen seiner ersten Jobs hatte er als Pianist beim Stummfilm: Ein sehender Erklärer stand neben ihm und erzählte ihm, was auf der Leinwand passierte.

Bald sang er in Cafés in ganz Frankreich und der Schweiz, aber auch für die rechtsextreme *Ligue des Patriotes*. Der fruchtbare Komponist schuf an die fünfhundert Chansons, darunter viele, die auf seine Blindheit anspielen (»*La Chanson des yeux clos*« und »*Ferme tes jolis yeux*« – »Das Lied von den geschlossenen Augen« und »Mach deine hübschen Augen zu«).

René und seine erste Frau hatten zwei Töchter, Arlette und Muguette. Als René eines Abends nach Hause kam, war seine Frau nicht da. Er blieb auf und wartete die ganze Nacht auf sie. Am Morgen erhielt er von ihr ein Telegramm: »Ich gehe, um ein neues Leben anzufangen.« Sie war mit einem früheren Untermieter durchgebrannt.[13]

René ließ sich 1918 von seiner Frau scheiden, brachte seine beiden Töchter bei seiner Mutter unter und heiratete bald darauf eine ehemalige Gesangsschülerin namens Lucienne.

Als Genet sieben Jahre später ins Haus der Buxeuils kam, war der blinde Komponist immer noch alles andere als finanziell gesichert. Er hatte seine beiden Töchter und seine Mutter sowie seine zweite Frau zu ernähren. Vor Genet hatte ein kleiner Vetter als Buxeuils Blindenführer fungiert. Wie der Komponist bemerkte, »liefen wir in meinem Haushalt nach wie vor hinter jeder Hundert-Sous-Münze her ...«[14]

Der Reiz seines Berufes muß dessen Unsicherheiten wettgemacht haben. Buxeuil bekam alle neuesten Tratschereien und Witze aus dem Cabaretmilieu zu hören. Er memorierte (und schrieb selbst manchmal) die neuesten Chansons, fetzige moderne Melodien ebenso wie getragene Balladen. Und er kannte (und instruierte manchmal) einige der damals bekanntesten Sängerinnen und Sänger, darunter Carmen Vildez, Damia Eugénie Buffet und Maryse Martin. Genet, der »weiße Stock« des blinden Komponisten, lernte all dieses atemlose Gerede und diese Leidenschaftlichkeit kennen. Die Sängerin Suzanne Valroger verlieh dem wiederauflebenden Patriotismus Ausdruck, den der Erste Weltkrieg freigesetzt hatte. Als Antwort auf die Frage: »Wer hat den Krieg gewonnen?« sang diese enge Weggefährtin de Buxeuils vor begeisterten Massen in Varietés »Der französische Landser« (»*C'est le poilu français*«). Sie brachte dem Publikum bei, den Refrain mitzusingen, indem es die Worte von Texttafeln ablesen konnte, die von der Vorderbühne herabgelassen wurden (offensichtlich war sie mit dieser Praxis in der Neuzeit die erste). Carmen Vildez fing die Stimmung der Nachkriegsmüdigkeit ein, und nach dem Waffenstillstand sang sie:

> *On a besoin de rire,*
> *De rire et de chanter,*
> *La guerre faut la maudire*
> *Et ne plus en parler.*
> *Raconter les batailles,*
> *Malgré qu'on soit vainquer,*
> *C'est rouvrir des entailles*
> *Et fair' saigner son cœur.*

(Wir haben's nötig zu lachen,
Zu lachen und zu singen,
Den Krieg zu verfluchen
Und nicht mehr drüber zu reden.
Von Schlachten zu erzählen,
Auch wenn sie gewonnen sind,
Heißt, Wunden wieder aufreißen
Und das Herz zum Bluten bringen.)

Was Damia Eugénie Buffet angeht, auf die Genet in *Ein verliebter Gefangener* kurz anspielt, so war sie mit ihrer nasalen Stimme, ihrem kurzen Haar und ihren sparsamen, doch leidenschaftlichen Gesten die Edith Piaf ihrer Zeit. Genet, der die Bedeutung dramatischer Gebärden so vollkommen verstand, könnte an Damia gedacht haben, als er Divine, seinen transvestitischen Helden vom Montmartre schuf. Im Jahr 1923 wurde Damia folgendermaßen beschrieben: »Ganze Couplets werden fast ohne Bewegung vorgetragen, die Arme sind gegen den Körper gepreßt. Dann plötzlich eine große Gebärde, die bedeutungsvoll, unerwartet ist und dem Text hinzufügt, was der Text allein nicht ausdrücken könnte. Sie überträgt in stilisierte Gesten, in künstliche Posen die Regungen ihrer Seele.«[15]
Im Dorf hatte Genet Bauersfrauen die reichen Pariser Damen nachahmen hören, bei denen sie als Dienstboten oder Ammen gearbeitet hatten. Modekataloge und Stummfilme hatten zusätzlich den Traum von einer Welt verstärkt, die elegant und durch und durch frivol war. Wie wir bereits wissen, trug Genet sein Haar ungewöhnlich lang und war aus der Schule weggelaufen, um ein Filmstar zu werden. Und jetzt sah er einige der berühmtesten Bühnenschönheiten direkt vor sich, diese Frauen mit ihrem gepfefferten Pariserisch, den protzigen Juwelen und ihrem aufregenden Privatleben. Und wie René de Buxeuil sich erinnerte, »erwies sich, daß Jean Genet weder ein Prahlhans noch unfreundlich war ... Doch nach ein paar Monaten mußten wir getrennte Wege gehen. Er ging nachts aus, und wir hatten den Eindruck, daß er Make-up trug.«[16]
Die Entscheidung der Öffentlichen Fürsorge, Genet in einem Künstlerhaushalt unterzubringen, war klug gewesen, doch endete die Episode in einer Katastrophe – und ganz und gar nicht in der gemäßigten Weise, die Buxeuil hier andeutet. Während des Sommers 1925 verstanden Genet und Buxeuil sich noch recht gut. Genet wurde erlaubt, ein paar Tage nach Alligny zu fahren, und bei dieser Gelegenheit brachte er seiner alten Nachbarin und Freundin

Andrée Cortet, die Geige spielen lernte, ein paar Chansonnoten von René de Buxeuil mit. Genets Kindheitsträume, Geige zu spielen, wurden auf dieses Mädchen übertragen.

Doch schon im Herbst, ungefähr sieben Monate, nachdem Genet seine Arbeit bei René de Buxeuil aufgenommen hatte, zeigte dieser ihn den Behörden wegen Diebstahls an. Dem Jungen waren offenbar einhundertachtzig Franc anvertraut worden, um dafür irgend etwas Besonderes einzukaufen. Statt dessen wurde er, so pflegte Genet später die Geschichte zu erzählen, von einem Jahrmarkt angelockt – jener Sorte kleiner reisender Schaustellerunternehmungen mit ein paar Karussells und Spielbuden, die in Paris auch heute noch für ein paar Wochen oder Monate in der Nähe einer Metro-Station oder auf einem leeren Grundstück ihre Zelte aufschlagen. Auf diesem Jahrmarkt gab er das ganze Geld leichtfertig und wie besessen aus – und kam weinend zurück, um seine Dummheit zu beichten und um Verzeihung zu bitten. Buxeuil war nicht zu erweichen. Er übergab den Jungen den Behörden. Fraglich an Genets Version der Geschichte ist freilich, daß einhundertachtzig Franc 1925 viel Geld waren, denn man bekam schon für weniger als zwanzig Franc eine gute Mahlzeit. Um soviel Geld auf einem Jahrmarkt zu verjubeln, hätte man sich ganz schön anstrengen müssen.

Viele Jahre später, als Genet schon über fünfzig war, besuchte er eines Nachmittags in Paris einen Freund. Ein Blinder in Begleitung eines Kindes klopfte an die Tür und bat um eine Spende für ein Wohlfahrtsinstitut. Wütend brüllte Genet los und wies den Sammler hinaus. Dann erzählte er sichtlich aufgebracht die ganze Geschichte seines Abenteuers mit René de Buxeuil, das sein langes Strafregister eröffnet hatte. Natürlich hatte Genet das Weglaufen von der Gewerbeschule schon zu einem unsicheren Kantonisten gemacht, aber dieser »Diebstahl« machte ihn zum Delinquenten.

Der Philosoph Michel Foucault schrieb später in seinem Buch über die Ursprünge des Gefängnissystems: »Der Delinquent unterscheidet sich vom Rechtsbrecher dadurch, daß weniger seine Tat als vielmehr sein Leben für seine Charakterisierung entscheidend ist.«[17]

Die Betrachtung des Verbrechers als eines Charakters, dessen Prädisposition für das Verbrechen seinen eigentlichen Missetaten vorausgeht und sie vorausahnen läßt, geht einher mit der im neunzehnten Jahrhundert neu entwickelten Methode, von homosexuellen *Menschen* statt von homosexuellen *Taten* zu sprechen. Der Kriminelle wie der Homosexuelle sind zu Typen geworden; ihre Handlungen verwirklichen, man könnte sagen: *illustrieren* lediglich ihre Neigungen. Sobald eine Tat eine latente Anlage deutlich werden läßt, werden der Kriminelle und der Homosexuelle mühelos – und unwiderruflich – kategorisiert und etikettiert.

René de Buxeuil hat in dem oben erwähnten Zeitungsinterview behauptet, er sei Genet in den folgenden Jahren drei verschiedene Male begegnet. Einmal sei er, zwei Jahre nach dem Ende ihrer Zusammenarbeit, als Zeuge vorgeladen worden, nachdem man Genet verhaftet hatte, weil er ohne Fahrkarte Eisenbahn gefahren war. Wiederholt habe Genet vor Gericht gesagt: »Ich habe kein Geld. Man braucht Geld, um zu reisen, und ich reise für mein Leben gern.« Dann trafen die Buxeuils den achtzehnjährigen Genet angeblich in Salon-de-Provence; hier erzählte er Buxeuil, er spare Geld, um seine Studiengebühren an der Universität von Montpellier bezahlen zu können. Später liefen sich die drei noch einmal über den Weg, auf dem Boulevard Saint-Michel, als Genet angeblich als Sekretär für den Kriminalautor Georges Simenon arbeitete. Die zweite und die dritte Begegnung hören sich wie reine Erfindungen von Monsieur de Buxeuil an, es ist allerdings möglich, daß Genet den Komponisten zu beeindrucken versuchte, indem er von einem Phantasiejob oder einer geplanten Hochschulausbildung schwadronierte, eine ganz normale, den Schein wahrende Reaktion auf das erniedrigende Ende seines Aufenthalts bei den Buxeuils. Da Genet sich fast nie die Mühe machte, die Geschichten zu dementieren, die man über ihn in die Welt setzte, wurden viele von ihnen Jahr für Jahr neu aufgewärmt.

Genet spielt in seinen Büchern kein einziges Mal direkt auf Buxeuil an, aber es gibt zwei versteckte Verweise auf ihn.

Auf den letzten Seiten von *Das Totenfest* wird der junge französische Verräter Riton, der sich der von den Nazis unterstützten französischen Miliz angeschlossen hat, von einem deutschen Soldaten sodomisiert, während andere Deutsche dabei zusehen. Auf die Soldaten und Riton wird währenddessen durch die siegreichen Alliierten und die französischen *résistants*, die eben Paris befreit haben, von allen Seiten geschossen. Da der Nazioffizier weiß, daß sie jeden Augenblick sterben werden, kann er seinem Untergebenen diesen letzten Akt sexueller Eroberung nicht verwehren. Während sich Riton der Vergewaltigung *(viol)* unterwirft, hört er unten auf der Straße eine gebrochene, dünne Stimme singen:

> *Ils ont brisé mon violon*
> *Car il avait l'âme française*
> *Sans peur aux échos du vallon*
> *Il fit chanter la Marseillaise.*[18]

(Sie haben meine Geige zerbrochen,
Denn sie hatte eine französische Seele;
Ohne Furcht vor dem Echo im Tal
Ließ sie die »Marseillaise« erklingen.)

Dies war eines von Buxeuils Chansons; das Zitat täuscht genau in dem Moment patriotische Gefühle vor, in dem ein Franzose vom Feind vergewaltigt wird. In *Die Wände* läßt ein französischer Soldat seine Frau einen mit Koffern vollbeladenen Kinderwagen schieben. Die französische Armee befindet sich im vollen, demütigenden Rückzug vor den aufständischen Truppen der ehemaligen Kolonie. Der Soldat schlägt seine Frau mit einem Knüppel und befiehlt ihr, schneller zu laufen: »Meine Dienstjahre in den Kolonien haben mich gelehrt, Frauen auf Trab zu bringen. Meine Verkleidung als Araberfrau beim Karneval und meine Dienstjahre haben mich die Frauen kennen gelehrt.« Und als er zu ihr sagt, sie solle die Koffer so schieben, als wären sie ihr totes Kind, antwortet sie mit sanfter Stimme: »Soll ich ihnen das Wiegenlied von den geschlossenen Augen vorsingen?«[19] Diese »*Berceuse des yeux fermés*« ist ein weiterer von Buxeuils Titeln gewesen, ebenso könnte der blinde Komponist auch das Vorbild für das tyrannische Benehmen und den falschen Patriotismus des Soldaten gewesen sein.

Nach Genets Versagen an der École d'Alembert und als Assistent von René de Buxeuil beschloß die Leitung der Öffentlichen Fürsorge, den Jungen psychiatrisch untersuchen zu lassen. Er wurde zu dem gerade neu eröffneten Freien Psychiatrischen Vorsorgedienst *(Service Libre de Prophylaxie Mentale)* geschickt, der zum Hôpital Henri Rousselle im Herzen der Sainte-Anne-Klinik in Paris gehörte. Sainte-Anne, ursprünglich ein Heim für Rekonvaleszenten, war 1833 zu einem Bauernhof umgewandelt worden, auf dem bis zu einhundertsiebzig friedfertige und auf dem Weg der Besserung sich befindende geisteskranke Patienten arbeiten konnten. Weitere dreißig Jahre später wurde Sainte-Anne eine Klinik und ein Irrenhaus für den Großraum Paris. Die Anlage, die im 14. Arrondissement liegt, ganz in der Nähe des Santé-Gefängnisses, in dem Genet später eine Haftstrafe absitzen sollte, und dem Hospiz der Öffentlichen Fürsorge, in dem seine Mutter ihn zurückgelassen hatte, gibt es noch heute. Hier war der Schauspieler und Theatervisionär Antonin Artaud eingesperrt und Schockbehandlungen ausgesetzt, wobei einer seiner Psychiater in Sainte-Anne Jacques Lacan war.

Genet scheint nur kurze Zeit bei dem Psychiatrischen Vorsorgedienst zugebracht zu haben, wo er von einem Dr. Jacques Roubinovitch untersucht wurde, dem Direktor der Abteilung »Spezialberatungen für anormale und entwicklungsgehemmte Kinder« am Hôpital Henri Rousselle. Im Oktober 1925 zeigte eine Blutuntersuchung, daß Genet keine Syphilis hatte. Und ein paar Tage darauf nahm Dr. Roubinovitch einen kurzen Bericht über Genets psychischen Zustand zu den Akten:

5. November 1925
Der junge Genet, Jean, fünfzehn Jahre alt, läßt Ansätze einer gewissen geistigen Schwäche und Labilität erkennen, die besonderer Kontrolle bedürfen.

Ehe man über eine so schwere Bestrafung wie die Unterbringung in einer besonderen Anstalt entscheidet, sollten wir meiner Meinung nach einen vorbereitenden Schritt tun und diesen jungen Mann einer Jugendorganisation wie der in der Rue Vaugirard 379 im 15. Arrondissement übergeben.[20]

Ehe dieser Vorschlag ausgeführt wurde, scheint Genet ins nahe gelegene Hospiz für Staatszöglinge gebracht worden zu sein. In einem Filminterview sagte er 1981:

Als ich klein war, hatte ich offensichtlich eine katholische Kindheit, aber die Gottheit, Gott als solcher, das war hauptsächlich ein Bild, er war ein Typ, der ans Kreuz genagelt war, und das Mädchen, wie heißt sie noch, Maria, die wurde von einer Taube schwanger. Nichts von alldem kam mir so vor, als müßte ich es sehr ernst nehmen. Und ich war so ungefähr fünfzehn, vierzehn oder fünfzehn, und ich war krank. Gott, wenn Sie so wollen, es war nicht sehr ernst zu nehmen.
Als ich fünfzehn war, lag ich im Krankenhaus. Ich hatte eine Krankheit, vielleicht ziemlich ernst, nicht *so* ernst, wohl gar eine Kinderkrankheit, auf jeden Fall, an jedem Tag bei der Fürsorge, der Öffentlichen Fürsorge, im Krankenhaus der Öffentlichen Fürsorge, jeden Tag also brachte mir eine Schwester ein Bonbon und sagte: »Das schickt dir der kranke Junge aus dem Zimmer nebenan.« Nach einer Weile, nach vierzehn Tagen, ging's mir besser, und ich wollte diesen Jungen, der mir das Bonbon geschickt hatte, sehen und mich bei ihm bedanken, und da sah ich einen sechzehn- oder siebzehnjährigen Burschen, der so schön war, daß alles, was mir vorher begegnet war, nicht mehr existierte. Gott und die Jungfrau Maria, ganz egal, wer – keiner existierte mehr, er war Gott. Und wissen Sie, wie der Junge hieß? Er hieß Divers (»Verschieden«), wie jemand anderer Niemand hieß, wenn Sie so wollen, und dieser Verschiedene, wenn er noch lebt, muß jetzt vierundsechzig oder fünfundsechzig sein, ein ganzes Bündel Kopien wurden von diesem originalen Verschiedenen gemacht, alle die Geliebten, die

ich bis vor ungefähr zehn Jahren hatte. Aber keine blassen Kopien, überhaupt nicht, sondern Kopien, die manchmal schöner waren als das Original.[21]

Vielleicht dachte Genet an einen der berühmtesten Kriminellen des neunzehnten Jahrhunderts, an Pierre Divert (ein Homonym von Divers), der 1811 geboren wurde. Er war bekannt für seine frühreife Intelligenz und seinen »resoluten Charakter«. Besonders berüchtigt war er wegen seiner Bücherdiebstähle. Später wurde Divert zum Mörder. Er stahl einer alten Frau, Madame Fouquet, den Schmuck, dann erstickte er sie zwischen zwei Matratzen. Zuvor hatte er sie verführt, und diese Kombination aus Verführung und Mord wurde später ein Hauptthema in Genets Romanen. Nach mehreren niederträchtigen Verbrechen verfeindeten sich Divert und sein Komplize. Dieser verriet Divert an die Polizei. Divert kam in Frankreich mehrere Male ins Gefängnis und entwischte jedesmal. 1852 wurde er schließlich nach Cayenne gebracht.[22] Er wurde zum Insassen einer Strafkolonie, die Genet immer überaus romantisch fand und die er in seinen Gedichten und Romanen verherrlichte.

Genet wurde im Dezember 1925 in einer privaten Pariser Einrichtung untergebracht, dem Hilfswerk für Kinder und Jugendliche *(Le Patronage de l'Enfance et de l'Adolescence)*. Hierbei handelte es sich um eine Organisation, die 1890 von Henri Rollet gegründet worden war, einem Richter, der sich bei der Rechtsreform einen Namen gemacht hatte; er hatte sich darum bemüht, die Rechte von Kindern und Jugendlichen zu schützen. Das Hilfswerk befand sich im 15. Arrondissement und war ein Beobachtungszentrum, in dem Jungen unter achtzehn Jahren danach beurteilt werden sollten, ob sie noch zu retten waren. Fiel die Beurteilung positiv aus, wurden sie zur Arbeit auf Bauernhöfe geschickt und in Werkstätten, wo sie ein Handwerk erlernen konnten. Weder auf dem Hof noch in der Werkstatt wurden sie in irgendeiner Form als Gefangene behandelt; sie waren frei, wenn auch sorgfältig überwacht. Von den eintausenddreihundertneunzig Jungen, die dieses Hilfswerk durchliefen, lebten und arbeiteten tatsächlich nur neunzig in den Werkstätten der Organisation, weil sie entweder immer noch unter Beobachtung standen oder einer ärztlichen Behandlung bedurften. Ein Jahr, bevor Genet dorthin kam, war innerhalb des Hilfswerks von Dr. Georges Heuyer, einem Fachmann für Jugendkriminalität, eine Neuropsychiatrische Kinderklinik gegründet worden.

Genet wurde der Organisation am 11. Dezember 1925 zugewiesen und unter dem Namen »Jean Genest« registriert. Vielleicht dachte er selbst, daß sein Name sich so buchstabierte, denn zu diesem Zeitpunkt kannte er seine Geburtsurkunde noch nicht. Die Ausweiskarte der Öffentlichen Fürsorge, auf der sein Name eventuell falsch geschrieben war, stellte sein einziges Identifikationspapier dar. Auch sein Geburtsdatum wird falsch als der 19. Mai 1910 angegeben. Ein Fehlervermerk nennt ein zweites Geburtsdatum, das ebenfalls falsch ist: 19. November 1910. Das richtige Datum war natürlich der 19. Dezember 1910, aber Genet liebte es, all die kleinen Fakten seines Lebens abzuändern, als wolle er eine Nebelwand errichten.

Ein Waisenkind und Delinquent, der sich in der Maschinerie einer Wohlfahrtsinstitution verfangen hat, verfügte über wenige Möglichkeiten, sich der Autorität zu widersetzen, weshalb solch belanglose, doch »magische« Entstellungen eine Rolle spielen, als verleihe das Wissen des richtigen Geburtsdatums gleich dem Besitz von jemandes Glückshaube oder Bild oder Namen Macht über ihn. Gibt man aber diese unbedeutenden Fakten nicht preis, ist der Bengel der Kontrolle des Meisters enthoben. Vielleicht war es Genet selbst, der dieser Logik folgend seinen Namen mit Genest angab.

Hätte man den erwachsenen Genet über diese kleinen Lügen befragt, hätte er vielleicht geantwortet, daß er versucht habe, sich ein Interferenzmuster überzuziehen, das die Identifizierung durch die Behörden weniger wahrscheinlich machen würde. Er sei ein Krimineller und habe eine kriminelle Mentalität, das heißt, er entziehe sich ständig der Entdeckung. Sein ganzes Leben lang fälschte er im kleineren Rahmen seinen Namen und die Angaben in amtlichen Unterlagen.

Während dieser zwei Monate, vom Dezember 1925 bis zum Januar 1926, scheint Genet unter der Leitung von Dr. Heuyer psychiatrisch behandelt worden zu sein. Es handelt sich vielleicht um jene Behandlung, von der Genet wohl Sartre erzählt hat und die Sartre irrtümlich in eine spätere Zeit verlegte, als Genet in der Besserungsanstalt Mettray war. Sartre stellt sich Genet vor, der über seine Leiden nachgrübelt: »Manchmal gerät er in eine so tiefe Verstörtheit, daß er glaubt, das Bewußtsein zu verlieren: Im Speisesaal von Mettray verharrt er mit der Gabel in der Luft, blickt ins Leere und vergißt zu essen. Das geht so weit, daß der Direktor der Anstalt nach dem Bericht der Aufseher es für gut hält, ihn von einem Psychiater untersuchen zu lassen.«[23] Sartre hält diese Träume für heilsam, denn sie entstammen Genets großem Erstaunen über die Ungerechtigkeiten, die er erleidet. Ein Erstaunen, das seinen Glauben an den *Sinn* der Ereignisse enthüllt. Für Genet ist die Welt nicht absurd, sondern bedeutungsvoll: »Das Leben dieses Jugendlichen ist eine ununterbrochene Erfahrung, in Entsetzen, Benommenheit, Hoffnung, des Heiligen in ihm und außerhalb seiner.«[24]

Natürlich könnten diese Trancen, diese »Zustände der Verwunderung« Anfälle des *petit-mal*, jener leichten Form von Epilepsie, gewesen sein, die Kinder und Jugendliche manchmal haben und die um die zwanzig herum in der Hälfte der Fälle auch ohne Behandlung von selbst verschwinden. Möglicherweise war diese Art der Epilepsie das Problem, auf das hin Genet ins Hospiz für Staatszöglinge gebracht worden war, mit »einer Krankheit, vielleicht ziemlich ernst, nicht *so* ernst, wohl gar einer Kinderkrankheit«. Sie könnte der Grund dafür sein, daß er zwei Monate unter psychiatrischer Beobachtung blieb. Hing sie eventuell mit der Ruhelosigkeit zusammen, die ihn immer wieder durchbrennen ließ, obwohl er wußte, daß er Gefahr lief, mit jeder Flucht seine Lage zu verschlimmern?

Am 9. Februar 1926 verschwand Genet aus der Klinik des Hilfswerks und wurde erfolglos überall in der Umgebung gesucht. Zwei Tage später wurde er von der Polizei in Marseille aufgegriffen. Nachdem der hübsche Dieb Marchetti in *Notre-Dame-des-Fleurs* jemanden beraubt hat und nach Marseille unterwegs ist, schreibt Genet: »Selbst wenn man gar nicht daran denkt zu fliehen nach so einem Coup, zieht's einen immer zu einem Hafen. Häfen liegen am Ende der Welt.«[25] Was hat er gesehen, als er sich verängstigt, hungrig, eingeschüchtert in Paris und Marseille herumdrückte? Hat er mit anderen Herumtreibern gesprochen? In *Notre-Dame-des-Fleurs* läuft Culafroy-Divine davon und schläft in öffentlichen Parks auf Bänken. Von den Tippelbrüdern erfuhr er von »Asylen, Gefängnissen, vom Klauen und der Gendarmerie. Der Milchmann störte sie kaum. Er war einer von ihnen. Ein paar Tage lang war auch Culafroy einer von ihnen. Damals ernährte er sich von ein paar Brotkrusten, die er, mit Haaren vermischt, in den Mülltonnen gefunden hatte. Eines Abends, an dem Abend, als er am hungrigsten war, wollte er sich sogar umbringen.«[26]

Das Hilfswerk wurde über Genet in Kenntnis gesetzt. Sein Name wurde vorschriftsmäßig aus den Listen gestrichen. Einige Tage darauf versuchte die Verwaltung der Öffentlichen Fürsorge im Raum Paris die Verantwortung für Genet an die Verwaltung im Raum Marseille zu übertragen, um die Kosten dafür zu sparen, daß der Junge auf der Zugreise nach Paris von einem Aufseher begleitet werden mußte, aber diese Forderung wurde zurückgewiesen.

Nach seiner Ankunft in Paris lief Genet abermals weg, weniger als einen Monat nach seiner vorigen Flucht. Am 6. März 1926 wurde er wieder aufgegriffen, diesmal in Paris, bereits in einem Dritter-Klasse-Abteil eines Zuges nach Bordeaux – wieder einer Hafenstadt, in diesem Fall allerdings dem Tor nach Amerika oder vielleicht einem Zwischenstopp auf dem Weg nach Spanien, wogegen Marseille Zugang zum Mittelmeer, Nordafrika, Griechenland oder dem Nahen Osten bedeutete. Er wurde noch am selben Tag einem Richter, Monsieur Glord, vorgeführt, der entschied, daß »Genest, Jean, fünfzehn Jahre alt, der Landstreicherei beschuldigt«,[27] übers Wochenende im Polizeigewahrsam bleiben solle. Am Montag, dem 8. März 1926, wurde Genet von einem Wachpolizisten in der Haftanstalt La Petite-Roquette abgeliefert, wo er als Person ohne Beruf und festen Wohnsitz registriert wurde mit dem Vermerk, daß er ein Abschlußzeugnis habe und daß er katholisch sei. Seine Körpergröße wurde diesmal mit ein Meter zweiundsechzig angegeben, und als deutliches Erkennungszeichen nennt der Bericht: »Er knabbert an den Fingernägeln.«[28]

Genet verbrachte die folgenden drei Monate in La Petite-Roquette. Das Gefängnis, inzwischen abgerissen, lag zwischen der Place de la Bastille und dem Friedhof Père Lachaise gegenüber einem Platz, auf dem bis zum Beginn dieses Jahrhunderts öffentliche Hinrichtungen stattfanden. Zu Genets Zeiten war es ein Jugendgefängnis, in dem Straffällige kurze Zeit blieben, ehe sie anderen Institutionen außerhalb von Paris zugeteilt wurden. Die Insassen wurden so oft in die landwirtschaftliche Besserungsanstalt Mettray in der Nähe von Tours geschickt, daß Genet La Petite-Roquette »Mettrays Großlieferanten« nannte.[29]

La Petite-Roquette war 1831 von dem Architekten Hippolyte LeDas als Gefängnis mit Gemeinschaftswerkstätten errichtet, aber 1836 innen umgebaut worden, und zwar von dem Architekten Abel Blouet nach dem panoptischen System. Von 1840 an wurde jedes Kind in Einzelhaft in einer Zelle gehalten, die etwa zwei Meter hoch, zwei Meter tief und zwei Meter vierzig breit war. Die Zellen waren fächerförmig in mehreren Rängen um einen zentralen Punkt angeordnet. Die Häftlinge konnten einander nicht sehen, aber sie konnten alle von einem in der Mitte plazierten Wächter beobachtet werden und auch ihn sehen. Den Insassen war nur eine Stunde pro Tag erlaubt, sich auf dem Hof zu bewegen, indem sie im Kreis herumgingen, immer in vollkommener Stille.[30] Das waren die einzigen Minuten in Gesellschaft. Zwar sollte durch das Schweigen jegliche Kommunikation unterbunden werden, aber Genet behauptet, daß die Jungen sowohl in La Petite-Roquette als auch in Mettray heimlich Botschaften untereinander austauschten:

Ein Aufseher bewachte uns ... Bei der Rückkehr in unsere Zellen verließ jeder Häftling den Kreis erst, wenn der Junge vor ihm in seine Zelle eingeschlossen war, doch trotz dieser Vorsichtsmaßnahmen konnten wir uns besondere Freunde aussuchen. Liebesbriefe wanderten, an Bindfäden hängend, von Fenster zu Fenster, durch einen Mittelsmann von einer Tür zur anderen weitergeschoben. Wir kannten uns alle. Kam ein Neuer nach Mettray, dann meldete er uns gewöhnlich: »Der Soundso kommt in zwei Monaten hierher.« Und dann erwarteten wir ihn. Solange wir noch in La Roquette waren, gingen wir alle zur Messe, weil der Kaplan uns dort neben dem Altar stehend in aller Unschuld Briefe von früheren Insassen vorlas, meinen Kameraden ...[31]

Derartige Informationsnetze zu unterbinden, war genau das, worauf die Architektur von La Petite-Roquette angelegt war. Als erstes ausschließlich für Jugendliche erbautes Gefängnis (und als erstes, das in Frankreich nach dem panoptischen System errichtet wurde), war es als ein Ort konzipiert, an dem leicht verführbare junge Menschen davor bewahrt werden sollten, durch schlechte Einflüsse vergiftet zu werden. Zunächst wurden die Jungen vor hartgesottenen älteren Verbrechern geschützt, dann wurden sie voreinander durch Isolation abgeschirmt.

Zusätzlich diente der zentrale Inspektionspunkt dazu, um über einzelne korrupte oder korrumpierende Wärter auf dem laufenden zu bleiben.[32] »Mit dem Modell der kreisförmigen oder halbkreisförmigen Gefängnisse ist die Möglichkeit gegeben, von einem einzigen Zentrum aus alle Häftlinge in ihren Zellen sowie die Wächter, die sich in den Überwachungsgalerien befinden, zu sehen.«[33]

Das panoptische System war von Jeremy Bentham erfunden worden, dem englischen Philosophen, der 1792 durch die Verfassunggebende Versammlung in Anerkennung seiner Arbeiten über die Kolonialverwaltung und die Strafreform zum französischen Ehrenbürger ernannt worden war. Seine wichtigste Idee war, das Verlies – dunkel, unter der Erde, ein Ort des Vergessens – gegen das Panoptikon zu vertauschen, eine Art gläsernen Bienenstock, in dem alle Drohnen (die Häftlinge) sichtbar wären für die Königin (den in der Mitte plazierten Wächter). Durchsichtig, wird die Zelle ein geeignetes Studienobjekt. Das Panoptikon mag auf die Menagerie Ludwigs XIV. zurückgehen, in der sämtliche Tierkäfige den Salon des Königs umgaben. Der Häftling wird nicht mehr für vergangene Verbrechen bestraft: Jetzt wird er als ein Subjekt studiert, das zukünftiger Missetaten fähig ist. Nicht der Körper allein wird noch gefangengehalten, nun dringt man auch ins Innenleben ein. Michel Foucault sagt über das panoptische System:

Vor dem Gegenlicht lassen sich vom Turm aus die kleinen Gefangensilhouetten in den Zellen des Ringes genau ausnehmen. Jeder Käfig ist ein kleines Theater, in dem jeder Akteur allein ist, vollkommen individualisiert und ständig sichtbar.[34]

Verhinderte die Isolierung einerseits die moralische Vergiftung, so förderte sie andererseits die Selbstbeobachtung. Das *Journal des économistes* schrieb 1842:

Allein in seiner Zelle, ist der Gefangene sich selbst ausgeliefert; im Schweigen seiner Leidenschaften und der ihn umgebenden Welt steigt er in sein Gewissen hinab, befragt es und spürt das moralische Empfinden in sich erwachen, das im Herzen des Menschen niemals ganz abstirbt.[35]

Das Jahrzehnt zwischen 1830 und 1840, das in die Herrschaft des bourgeoisen und durch und durch konservativen Julikönigtums fiel, war eine Blütezeit der Philanthropie und besonders der Strafreform. Mehr als einhundert verschiedene literarische Werke widmeten sich dem Thema, darunter eines von Alexis de Tocqueville. Seine Gedanken über die amerikanische Demokratie erwuchsen aus seiner Untersuchung der Einzelhaft in den Vereinigten Staaten: *Über den Strafvollzug in den Vereinigten Staaten und seine Anwendbarkeit in Frankreich.* Tocquevilles Reise fand 1831 statt, und das Buch erschien 1833. Zwei Jahre später wurde eine ähnliche Untersuchung über die amerikanischen Gefängnisse von Abel Blouet, dem Architekten, der dann La Petite-Roquette entwarf, und Frédéric-Auguste Demetz durchgeführt. Demetz sollte 1848 einer der Gründer der Besserungsanstalt Mettray sein.[36]
Zwar priesen viele Gelehrte das Prinzip von Schweigen und vollkommener Sichtbarkeit, doch die Praxis entsetzte spätere Kritiker. Zur Jahrhundertwende konnte die satirische Zeitschrift *L'Asiette au beurre* schreiben:

Die Vorschrift fortwährender Stille ließ keine Ausnahme zu. Es war verboten zu sprechen, laut zu seufzen, allzu geräuschvoll zu husten. Von einem Tag zum nächsten hatte absolutes Schweigen im Haus zu herrschen.
Man kann sich mühelos die Qualen von Kindern und Jugendlichen vorstellen, die bis dahin an ein Leben von Bummelanten und Herumtreibern gewöhnt waren und nun plötzlich gezwungen wurden, sich still und reglos zu verhalten, die sich jede Bewegung überlegen, das kleinste Geräusch vermeiden und unter der dauernden Überwachung gründlicher und grausamer Wärter stehen mußten ...
Schweigen! Das ist eine Form zu leiden, die so schwer auf den Schultern von Gefangenen

lastet, daß selbst die Abgehärtetsten sie nicht tragen können. Nichts schwächt moralisch mehr; nichts führt rascher zum Wahnsinn. Die Menschen werden davon verrückt, daß sie nichts hören und sagen, und haben schließlich das dringende Bedürfnis zu schreien und zu singen, um irgend etwas zu hören. Tatsächlich sprechen alle Häftlinge leise murmelnd mit sich selbst. Nach elf Monaten Haft, von denen er zehn in La Petite-Roquette zubrachte, hatte der Häftling E. V. ein Viertel seines Wortschatzes vergessen. Ein Jahr nach seiner Entlassung stand E. V. noch immer unter dieser Wirkung. Mitten in der Unterhaltung fielen ihm die gewöhnlichsten Wörter nicht ein, was ihn zwang, sich mitten im Satz zu unterbrechen ...[37]

Der infolge der Inaktivität eintretende körperliche und geistige Verfall der jungen Burschen in La Petite-Roquette war nicht zuletzt ein Grund, daß landwirtschaftliche Kolonien gegründet wurden. Während die jungen Männer, die aus La Petite-Roquette gekommen waren, zum Militärdienst nicht zu gebrauchen waren, zeigte es sich, daß die landwirtschaftlichen Kolonien Frankreich mit Soldaten und Matrosen versorgen konnten.

In den Jahren 1926/27 nahm La Petite-Roquette etwa vierhundert streunende, auf ihre Verurteilung wartende Kinder auf. Genet erinnerte sich sein Leben lang an ein »schreckliches« Lied, das er während seines Aufenthalts in La Roquette gelernt hatte: »Wir sind die Eulen, die Strolche, die Rumtreiber ...« (»*C'est nous qui sommes les hiboux, les apaches, les voyous* ...«) Als er zum erstenmal nach Mettray kam, baten ihn die anderen Jungen, ihnen die neuesten Pariser Chansons beizubringen, die natürlich alle dem Montmartre entstammten, wo sie Genet während der Monate bei René de Buxeuil kennengelernt hatte. Für alle kleinen Ganoven, Betrüger, Falschspieler, Zuhälter und Knackis in Frankreich war der Montmartre fast hundert Jahre lang Leuchtturm und Hafen gewesen, wo unter dem allgemeinen Schein der »Bohème« das Kriminelle sich mit dem Künstlerischen einlassen konnte. In dem kleinen Lied, das Genet zitiert, ist das Wort *apache* natürlich ein Verweis auf die Tänzer (und Gangster) des Montmartre. Das Viertel – damals praktisch eine eigene Stadt oberhalb von Paris – war auch der Ort, wo es sexuelle Promiskuität und entsprechende Experimentierfelder gab.

Lag es an seiner Einzelhaft in La Petite-Roquette, daß Genet damit anfing, sich an seinen eigenen Hirngespinsten zu berauschen, daß er begann, sich selbst Geschichten zu erzählen? Allein in eine Zelle gesperrt zu sein, das aber mitten in Paris, war eine merkwürdig aufreizende Situation. Die Isolation, das Nichtstun und das aufgezwungene Schweigen waren dazu geeignet, die Grenzen des Ichs in Frage zu stellen, diese schwankende Linie zwischen dem Ich und seiner Umgebung aufzuheben. Während das Ich durch den Umgang mit anderen Menschen gestärkt wird, wird es durch längere Einsamkeit geschwächt. Normale Menschen stürzen sich unter diesen Umständen in derart unkontrollierte, schonungslose Wachträume, daß sie nicht mehr zwischen Phantasie und Wirklichkeit, der Vorstellungskraft und ihren Ausgeburten unterscheiden können. Obgleich im allgemeinen als Träumer abgetan, gewinnt der künstlerische Mensch über seine eingebildeten Gespräche paradoxerweise größere Beherrschung als normale Menschen; er kontrolliert sie und wird nicht von ihnen kontrolliert. Diese Beherrschung kommt direkt von der gebieterischen Willkür des Geschichtenerzählers, dem es freisteht, seine Tagträume zu verkürzen, zu wiederholen, zu überarbeiten und andernfalls zu streichen.

Als Genet La Petite-Roquette verließ, nahm ihn die Öffentliche Fürsorge des Seine-Distrikts noch einmal in ihre Obhut. Er gehörte nun der Kategorie »schwierige Mündel« (»*pupilles difficiles*«) an, einen Schritt von der Bezeichnung »unverbesserliche Mündel« (»*pupilles vicieux*«) entfernt, und war bereits Sondermaßnahmen unterworfen.

Ehe die Verwaltung den schwerwiegenden Schritt unternahm, Genet in eine Besserungsanstalt oder Strafkolonie zu stecken, beschloß man, den Jungen in eine völlig neue Umgebung zu versetzen nach dem Prinzip, daß »er dort, in einer Umgebung, die völlig anders ist als die, in der er gelebt und seine ersten Missetaten begangen hat ..., sich bessern wird.«[38] Anscheinend wurde Genet nach Abbeville gebracht, wo ihm eine Stellung als Landarbeiter bei einer Bauernfamilie zugewiesen wurde. Sein rechtlicher Status wurde mit »zur Bewährung entlassen« bezeichnet oder »in kontrollierter Freiheit« (»*liberté surveillée*«), was im Falle eines »Herumtreibers und Minderjährigen« bedeutete, daß eine Art moralischer Rehabilitierung von einem Erwachsenen übernommen wurde, den das Gericht dazu eingesetzt hatte, den Jungen zu erziehen und zu beaufsichtigen. In einem dem Senat 1921 vorgelegten Bericht hieß es:

Diese Aufsichtsperson soll im Namen des Gerichts einen Kontroll- und Überwachungsauftrag ausführen, indem sie gefährliche Bekanntschaften untersagt und verlangt, daß neue Gewohnheiten wie Ordnung und regelmäßige und nützliche Arbeit an die Stelle einer Vergangenheit voller Faulheit oder Sündhaftigkeit treten, und sie soll die notwendige moralische Erneuerung mit verständiger und wohlwollender Sorgfalt bis zum Schluß durchführen. Sollte die kontrollierte Freiheit kein wirksames Mittel sein, wird das Gericht anordnen, daß der minderjährige Herumtreiber zur Besserung oder zum

Schutz in eine Anstalt eingewiesen wird. Sollte es sich schließlich als notwendig erweisen, daß der Minderjährige nicht nur erzogen, sondern auch kontrolliert werden muß, bitten wir, dem Gericht das Recht einzuräumen, ihn in eine Besserungsanstalt und, sollten es die Umstände erfordern, sogar in eine Strafkolonie einzuweisen.[39]

Einen Monat nach Genets Unterbringung auf dem Bauernhof war er wieder verschwunden.

Der Leitgedanke der meisten Programme zur sittlichen Besserung, die im neunzehnten Jahrhundert entwickelt wurden, war, daß die Berührung mit der Natur das Böse im Menschen, an dem die Großstadt schuld ist, abstellt. Dieser auf Jean-Jacques Rousseau zurückgehende Gedanke stand hinter der Unterbringung von Pflegekindern in ländlicher Umgebung und hinter dem später eingeführten Programm der »kontrollierten Freiheit« (Genet als Landarbeiter), hatte aber auch zur Gründung der landwirtschaftlichen Besserungsanstalt Mettray angeregt, in der Genet bald untergebracht werden sollte. Und doch: In einer Bleistiftnotiz, die Genet gegen Ende seines Lebens in Gaillacs bereits zitiertes Buch über die Besserungshäuser an den Rand schrieb, stellte er scharfsinnig die Frage: »Ist Landwirtschaft Natur?« (»L'agriculture est-elle la nature?«)[40] Das Leben eines Jägers zum Beispiel kann für die Rhythmen der Natur empfänglich sein; sind diese Rhythmen wirklich heilsam (ein zumindest zweifelhafter Gedanke), dann könnte der Jäger, indem er sich auf die Bewegungen und Gewohnheiten wilder Tiere einstellt und das pflanzliche Leben studiert, deren moralische Kraft verspüren. Aber ein Bauer? Genet bemerkt, daß die Entstehung der Landwirtschaft den Beginn der Idee des Eigentums markiert, der zu Überbevölkerung, Armut und schließlich zum Krieg führt – und der dem Nomadenleben ein Ende setzt, das Genet selbst so liebte. Bezeichnenderweise kritzelte Genet als alter Mann »Wenigstens eine zutreffende Ansicht« neben einen von Bérenger de la Drôme 1834 verfaßten Text, der genau die Stimmung widerzuspiegeln scheint, in der sich Genet als Jugendlicher mit seinem ständigen Drang wegzulaufen befunden hat:

Es gibt eine Art zwangsläufiger Landstreicherei, die der übliche Grund ist, weshalb unsere jungen Häftlinge zur Strecke gebracht worden sind. Aber es gibt auch andere, für die sie kein zwangsläufiger Zustand ist, für die sie im Gegenteil zu einer ungestümen, unwiderstehlichen Leidenschaft wird: Um sich dieser Freude hinzugeben, fliehen sie die Freuden, die sie am Busen ihrer Familie genießen. Es ist ein Bedürfnis nach Freiheit, sorglosen Stunden, neuen Empfindungen, das nie gestillt wird; an ein und demselben

Tag laufen sie durch alle Viertel von Paris, sind Zeuge all seiner Ereignisse, all seiner Mißgeschicke, von allem, was ihre Neugier befriedigt; auf Attraktionen erpicht, schleichen sie am Abend um Theatertüren herum und dringen in jeden, der herauskommt, um abgerissene Billetts zu bekommen, mit denen sie sich hineinmogeln können ... Für ein paar Pfennige suchen sie sich eine Bleibe, ansonsten bringen sie die Nacht im Freien zu, schlafen auf dem Trottoir und härten sich gegen alle Widrigkeiten der Jahreszeiten ab. Es gibt keinen einzigen Krawall, keine einzige Schreierei, bei der sie nicht zusehen und sich beteiligen ...
Dieses Vagabundenleben muß einen mächtigen Reiz auf sie ausüben ...[41]

Am 19. Juli 1926 wurde Genet in Meaux, einer Stadt nordöstlich von Paris, vom Schaffner eines Zuges geschnappt, der von Paris kam. Da er weder Fahrkarte noch Geld hatte, wurde Genet der Polizei in Meaux übergeben. Der Vorsitzende des dortigen Gerichts, Richter de la Chesnay, befand Genet der Landstreicherei und des Vergehens gegen die Eisenbahnvorschriften schuldig. Noch am gleichen Tag kam Genet in Meaux ins Gefängnis. In der Haftverfügung findet sich ein vollständiges anthropometrisches Porträt Genets bis zur Beschreibung des linken Mittelfingers und seiner linken Iris. Auch die Kleidungsstücke, die er trug, werden verzeichnet, darunter ein khakifarbenes Baumwollhemd, eine graue Drillichjacke, graue Baumwollmütze, gelbe Stiefel und graue Baumwollstrümpfe.
Am 25. August 1926 verließ Jean Genet das Gefängnis, um vor dem Kinder- und Jugendgericht in Meaux zu erscheinen, wo ihm Landstreicherei und Mißachtung von Vorschriften der Bahnpolizei zur Last gelegt wurden. Das Protokoll erwähnt, daß der Beklagte auch schon vorher gerichtlich belangt worden war.
Das Gericht sprach Genet davon frei, »mit Vorsatz gehandelt zu haben«. Er wurde jedoch der Obhut der »Landwirtschaftlichen Kolonie Mettray bis zur Volljährigkeit« überstellt.[42] Die Lokalzeitung berichtete, daß sowohl Genet als auch ein zweiter fünfzehnjähriger Herumtreiber namens Gabriel V. nach Mettray gebracht worden seien.[43]
Nach fünfundvierzig Tagen Haft verließ Genet endlich das Gefängnis von Meaux. Er wurde der Aufsicht eines Monsieur Levêque unterstellt, eines Bevollmächtigten aus Mettray, der den Auftrag erhielt, den Jungen während seiner Verlegung in die Besserungsanstalt zu bewachen.
Und so begleitete am 2. September 1927 Monsieur Levêque, mit Handschellen an Genet gefesselt, seinen jungen Schützling per Zug von Meaux nach Paris, und nachdem man umgestiegen war, von Paris nach Tours. Von dort nahmen

sie eine Lokalbahn, die sie einige Kilometer bis zum Bahnhof von La Membrolle-sur-Choisille brachte, der auch der Gemeinde Mettray als Station diente. Immer noch mit Handschellen aneinander gefesselt, gingen sie den Rest des Weges zur Landwirtschafts- und Besserungskolonie Mettray zu Fuß, wo sie am Nachmittag eintrafen.

Mettray hatte (und hat) die friedliche Atmosphäre eines provinziellen Militärhauptquartiers, das sich als Gutshof geriert, denn es wirkte zugleich trügerisch idyllisch (keine Mauern umgaben es, und das lange Sträßchen, das zu dem Geländekomplex führte, war mit hohen Bäumen gesäumt) und bedenklich streng organisiert (am Ende des Sträßchens lag ein zentraler Platz mit der Kirche genau dahinter und fünf Schlafhäusern rechts sowie fünf links).

Der Architekt Abel Blouet hatte bereits das Schloß Fontainebleau restauriert, den Arc de Triomphe vollendet und einen idealen Plan für einen Gefängnistyp ausgearbeitet, der in Frankreich für etwa sechzig Strafanstalten als Modell diente, nicht zuletzt für La Petite-Roquette. Hinter der Kirche lagen die Ställe und die Werkstätten, in denen die Häftlinge die Ackergeräte herstellten, die die Kolonie benötigte. Noch weiter dahinter lagen die Hunderte Morgen Ackerland und der Steinbruch, in dem die Kolonieinsassen arbeiten mußten.

Wunder der Rose bietet sicher die prallste und detaillierteste Schilderung, die es von Mettray während dieser Zeit gibt. Die Besserungsanstalt nimmt fast die Hälfte des Buches ein, auch wenn Lyrismen oft den Bericht verzerren, wobei der Wunsch im Vordergrund gestanden haben dürfte, das, was eine schreckliche und quälende Erfahrung war, zu einer melancholischen, doch leidenschaftlichen Idylle zu verklären.

Die Melancholie wird von Beginn an hervorgehoben. Genet betont, daß er im Herbst dort hinkam, und später bemerkt er, diese nebelige Jahreszeit sei für ihn die Grundjahreszeit seines Lebens geworden.

Als ich an einem sehr milden Septemberabend in der Besserungsanstalt ankam, wurde mir auf der Straße, inmitten der Felder und Weinberge, als gerade die Sonne unterging, der erste Schock durch ein Hornsignal versetzt ... Ich kam aus dem Gefängnis La Roquette und war an den Wärter, der mich führte, gefesselt. Ich hatte mich noch nicht von dem Schreck erholt, den ich gefühlt hatte, als ich verhaftet wurde, nämlich plötzlich eine Figur in einem Film zu sein, in ein Drama verwickelt, dessen verwirrende Folgen man nicht kennt und die so weit gehen können, daß der Film reißt oder verbrennt, so daß ich im Dunkel oder im Feuer verschwände, schon tot vor meinem Tod.[44]

In der weiteren Schilderung seines ersten Eindrucks von Mettray hebt Genet seine Überraschung darüber hervor, daß es die Natur selber war und keine Mauer, die die jungen Sträflinge gefangen hielt. Später fand Genet dieses »Freiwilligkeitsprinzip« verlogen und eine Posse, denn nach und nach begriff er, daß es auf jeden Fall unmöglich gewesen wäre, eine mehr als zwei Meter hohe Mauer um Hunderte von Morgen Ackerland zu errichten. Außerdem steckten die Bauern des Ortes mit der Führung von Mettray unter einer Decke und wußten, daß ihnen, wenn sie einen Ausreißer schnappten, eine Belohnung gezahlt wurde. Schließlich schienen die Lorbeerbüsche, die die Wohnquartiere umgaben, Genet und allen anderen Kolonieinsassen »elektrifiziert« zu sein, dermaßen hypnotisiert waren die Jungen von dieser symbolischen Begrenzung. Genet schreibt:

Nur Mettray machte sich diesen wunderbaren Erfolg zunutze: Es gab dort keine Mauern, sondern Lorbeerbüsche und Blumenbeete; dabei hat es meines Wissens nie jemand geschafft, von der Besserungsanstalt wegzulaufen ... Wir waren die Opfer von anscheinend harmlosem Laubwerk, das sich jedoch bei der kleinsten gewagten Bewegung als elektrisch geladen erwies und eine derartige Hochspannung erreichte, daß es selbst unsere Seelen per Stromstoß töten konnte.[45]

Kaum war Genet angekommen, wurde er in das Strafrevier im Gebäude links von der Kirche (heute Restaurant) geführt. Der Oberaufseher, der Bienveau hieß, genau so wie in *Wunder der Rose*, rasierte dem Jungen den Kopf und unterzog ihn einer übergründlichen Leibesvisitation. Nachdem Genet zum Duschen geschickt worden war, bekam er statt seiner Kleider eine Uniform. Als nächstes wurde er ins Dienstzimmer des Direktors geführt, das nicht weit von dem Hof entfernt war, in dem die Häftlinge ihre Bestrafungen absolvierten. Selbst für die geringfügigsten Verstöße – nicht richtige Ausführung einer Übung beim sonntäglichen Sportunterricht zum Beispiel – konnten Anstaltsinsassen dazu verdonnert werden, einen Monat lang in einem großen Kreis in diesem Hof eine Runde nach der anderen zu drehen. Jetzt hörte Genet durch das offene Fenster das Geräusch unaufhörlich marschierender Holzschuhe. Den Direktor, einen Monsieur Lardet, störte das Geräusch. Er bedeutete dem Wärter mit einem Zeichen, das Fenster zu schließen. Der Direktor sagte zu dem neuen Zögling: »Du bist hier ...«, aber er unterbrach sich, weil er immer noch den Lärm der Holzschuhe hören konnte. Er begann von neuem: »Du wirst es nicht schlecht haben. Deine Kameraden ... Die Erziehungsanstalt Mettray ist keine Strafanstalt, sie ist eine große Familie.«[46] Der Junge errötete für den Mann: »Ich nahm seine Scham und seine Leiden auf mich«, erinnerte er sich später. Diese Nacht schlief der Junge in einer Zelle im Strafrevier. In einem späten Drehbuch erinnert sich Genet, daß er, obgleich die Wände schwarz gestrichen waren, noch immer eingekratzte Wandparolen lesen konnte:

> M.A.V. Gino
> Mon cœur à ma mère
> Ma bite aux putains
> Mon cou à Debler

> (»Tod dem Bullen Gino
> Gebt mein Herz meiner Mutter
> Meinen Schwanz den Nutten
> Und Debler meinen Hals«,
> dem berühmten Scharfrichter der damaligen Zeit)

> J'embrasse Janot
> signé Julot

> (»Ich küsse Janot
> gezeichnet Julot«)

> Matricule 8424
> Aime pour la vie
> Loulou l'acrobate

> (»Nummer 8424
> Liebt sein Leben lang
> Loulou, den Akrobaten«)[47]

Vor der Zelle hörte Genet das endlose Kreisen von Holzschuhen, und in der Ferne, auf dem Großen Platz, die Zöglinge, die im Chor ihr Abendgebet sprachen, als ein Trompetensignal »Licht aus« befahl:

Mein Gott, ich danke dir, daß du mich hast einen guten Tag verleben lassen. Schenke mir die Wohltat, heute nacht gut zu schlafen. Habe Erbarmen mit uns und schütze unsere Eltern, unsere Freunde und unsere Wohltäter.[48]

Mettray war 1840 als private landwirtschaftliche Kolonie eröffnet worden. Ihr direktes Vorbild war eine deutsche Besserungsanstalt in Horn bei Hamburg, das Rauhe Haus. Wie Mettray war auch das Rauhe Haus eine Anlage, die aus einzelnen Pavillons bestand, die weder durch Gitter noch durch Mauern gesichert waren. Nur vierzig Jungen lebten in der deutschen Anstalt. Nach mehreren Jahren Aufenthalt wurde jeder als Arbeiter auf einem nahe gelegenen Bauernhof untergebracht, von wo er jeden Sonntag zur Anstalt kam, um mit seiner »Familie« zusammenzusein. Das Erziehungssystem in Horn basierte auf den Theorien des berühmten Schweizer Pädagogen Pestalozzi. Die Anstalt war ein richtiges Dorf, in dem die Häuser von kleinen, aus zwölf Kindern bestehenden Gruppen bewohnt wurden, die sich »Familien« nannten. Jede Familie bestellte einen Gemüsegarten, der das Haus umgab, und unterhielt außerdem Werkstätten.[49] In Mettray bestanden die Familien aus vierzig bis fünfzig Kindern, je nach Belegung der Anstalt, die zwischen dreihundert und siebenhundert Insassen schwankte.

Zu der Zeit, als Genet nach Mettray kam, hatte die Anstalt schwere Krisen durchstehen müssen und ihren »fortschrittlichen« Nimbus verloren. Als die Kolonie 1840 ihre Pforten geöffnet hatte, war sie freilich etwas ganz anderes gewesen. Ein Stich von 1845 zeigt die Anlage zu dieser Zeit. Am Eingang standen zwei Gebäude, das Haus des Direktors links, und auf der rechten Seite eine Schule, in der die Lehrkräfte von Mettray ausgebildet wurden. Etwa zwanzig junge Männer wurden anfangs zu dieser »normalen Schule« zugelassen, in der sie in Religion, Französisch, französischer Geschichte und Geographie, sowie in Arithmetik, Geometrie, Zeichnen, Buchhaltung, Sport, Ackerbau, Hygiene und im Halten von Haustieren ausgebildet wurden.

Auf jeder Seite eines weitläufigen Platzes standen zehn Pavillons, in denen die Kolonisten wohnten. Ein nach Jeanne d'Arc benanntes Haus für die Jüngsten stand etwas weiter abseits. Ursprünglich wurden ungefähr sechzig Jungen in jeden Pavillon gepfercht, so daß die Gesamtbevölkerung der Kolonie etwa sechshundert Zöglinge zählte, die später auf etwa dreihundert zurückging. An jeder der vier Ecken des Großen Platzes waren Wasserpumpen aufgestellt. Ein Gehweg in der Mitte führte zur neugotischen Kirche. Zu beiden Seiten der Kirche lagen die Wohnungen des Lehrpersonals und die Klassenräume. Zehn Jahre später, im Jahr 1855, wurde direkt hinter der Kirche ein weiteres Gebäude eröffnet, das einem besonderen Zweck diente. Es war *La Maison paternelle*, das Vaterhaus, in dem die schwererziehbaren Söhne reicher oder adliger Familien Platz fanden. Gegen eine Gebühr konnten Familien ihre »schwierigen« Sprößlinge im Vaterhaus unterbringen lassen. Die Identität

dieser Söhne wurde vor den anderen Zöglingen sorgfältig geheimgehalten, damit ihre Zukunftsaussichten als Männer von Stand durch diese Vergangenheit nicht kompromittiert oder, was wichtiger war, der Name der Familie nicht in den Schmutz gezogen wurde. Niemand sollte behaupten können, er habe jemals einen Jungen aus guter Familie in Mettray gesehen. Es war Sache der Familie, sich eine Erklärung dafür zurechtzulegen, wohin der Sohn für die Zeit geschickt worden war, während der er sich in Mettray aufhielt.[50]
Im Vaterhaus durften sich die Jungen nicht einmal gegenseitig sehen. Jeder wurde in Einzelarrest gehalten und einzeln tagtäglich von seinem Tutor für kurze Zeit zu einem Spaziergang durch die Umgebung geführt, doch er mußte dabei eine Maske tragen, die sein Gesicht verbarg. Die Anlage des Vaterhauses war so konzipiert, daß jeder Junge durch ein Gitter auf den Altar in der Kirche blicken konnte (aber nicht auf die anderen Zöglinge, ob arm oder reich). Der Einzelarrest, lediglich unterbrochen von Phasen des Lernens, der körperlichen Bewegung oder der religiösen Übung, sollte die Jungen zu Selbstbetrachtung, Reue und freiwilliger sittlicher Besserung führen.
Einer der Gründer von Mettray, Frédéric-Auguste Demetz, war besonders stolz auf dieses Vaterhaus, das er geschaffen hatte. Die »Kur« dauerte in der Regel nicht länger als zwölf Monate, leistete sich jedoch ein Junge, der wieder zur Normalgesellschaft zugelassen worden war, erneut einen Ausrutscher, wurde empfohlen, ihn sofort zu einer zweiten Rehabilitationsphase nach Mettray zurückzuschicken. 1864, gerade neun Jahre, nachdem das Vaterhaus eröffnet worden war, fand ein Besucher aus Paris, es verkörpere das Prinzip »gestrenger Liebe« oder »sanfter Strenge«. Ein halbes Jahrhundert später, im Jahre 1909, wurde ein fünfzehnjähriger Junge aus Marseille namens Gaston Contard von seinem Vater der *Maison paternelle* überstellt. Der Junge hatte Schulden gemacht und sich zu arbeiten geweigert. Er flehte seinen Vater an, ihn nicht in Mettray zu lassen, aber die Entscheidung des Vaters war nicht zu erschüttern. Der Junge unternahm vor den Augen des Vaters erfolglos einen Selbstmordversuch, aber der Vater ließ sich nicht beeindrucken und wertete den Schritt als Bluff. Fünf Tage später erhängte sich Gaston Contard. Dieser Tod war besonders skandalös, weil weder die Behörden noch die Eltern sich eine richterliche Verfügung darüber verschafft hatten, den Jungen in Mettray einsperren zu dürfen. Der Direktor der Anstalt wurde angeklagt und freigesprochen, mußte jedoch zurücktreten, und das Vaterhaus wurde offiziell geschlossen. Dieses Haus ging Genet aber nicht mehr aus dem Kopf, und er schrieb darüber in »Le Langage de la muraille«.
Das Leben der armen Kolonisten dagegen war ganz anders, wenn auch nicht

weniger hart; sie fristeten ein Dasein mit wenig Nahrung, noch weniger Unterricht und voll zermürbender Arbeit, aber dafür hatten diese Jungen einander ihre Rivalen und Verbündeten, ihre Feinde und Geliebten. Frédéric-Auguste Demetz war der Hauptarchitekt der Anstaltsideologie gewesen. Er hatte die Vereinigten Staaten, England und Deutschland bereist, um dort die Strafanstalten zu studieren, und er war an der Gründung von La Petite-Roquette beteiligt gewesen. Die Lehre Jean-Jacques Rousseaus hatte ihn geprägt: »Der Mensch ist gut geboren, doch die Gesellschaft verdirbt ihn« (»*L'homme naît bon, la société le corrompt*«), dazu der umgekehrte Gedanke, daß die Rückkehr zur Natur die durch die Gesellschaft verursachte Deformierung heilen könne: »Der Mensch muß durch die Erde gebessert werden, und die Erde durch den Menschen« (»*Améliorer l'homme par la terre et la terre par l'homme*«). Dieser Gedanke wurde zu Demetz' Wahlspruch. Mettray war also dem Ziel verschrieben, die Jungen lieber zu bessern als zu bestrafen, und diese Besserung sollte durch die Nähe zur Natur, die Pflege frommer Ehrfurcht und den Geist der Familie erreicht werden. Da die meisten Zöglinge arme Stadtjungen waren, Waisenkinder der Öffentlichen Fürsorge ohne richtige religiöse Unterweisung, hoffte Demetz, das Gleichgewicht wiederherzustellen. Demetz' patriarchalische Einstellung (er nannte die Zöglinge »meine Kinder«) lebte über seinen Tod hinaus fort. Sein Grab in Mettray trägt die Inschrift:

> Hier ruht das Herz von Frédéric-Auguste Demetz.
> Ich wage die Hoffnung, daß Gott mir erlauben möge,
> Wenn ich die Kolonie nicht mehr leite,
> Ihr dennoch zu dienen durch meine Fürbitte.
> Ich habe mir gewünscht, hier zu leben, zu sterben
> Und wiedergeboren zu werden.

Demetz' Kompagnon war der Vicomte Brétignières de Courteilles, ehemaliger Soldat, lokale Politgröße und Autor eines Werks mit dem Titel »Die Verurteilten und die Gefängnisse«. Er schenkte der Anstalt seine Ländereien und wohnte in dem nahe gelegenen Château du Petit Bois; seine Hingabe an die Kolonie blieb bis zu seinem Tod 1852 uneingeschränkt. Danach war Demetz bis zu seinem eigenen Tod im Jahr 1873 der einzige Direktor der Anstalt. Ein zwanzig Jahre nach Demetz' Tod veröffentlichter Bericht über Mettray zeigt, daß sein Einfluß noch immer stark war. Sein alles überspannender Gedanke Mettray betreffend war die Wiederherstellung der Familie gewesen (einer nur eingeschlechtlichen Familie, wohlbemerkt, denn die einzigen Frauen

in Mettray waren die Nonnen, die das Krankenrevier leiteten). In dem Bericht heißt es: »Das innere Gefüge seines Werkes zielte darauf ab, die Familie nachzuahmen, unter der Leitung eines menschlichen Vaters und dem Schutz des himmlischen Vaters.«[51]
Die Kolonie gliederte sich in die bereits erwähnten »Familien«, denen jeweils ein Buchstabe des Alphabets zugeteilt war (Genet sollte der Familie B angehören) und die jeweils ein Einzelhaus bewohnten. Die Familie wurde von einem angestellten Erwachsenen geleitet, der in einem separaten Zimmer wohnte, gleich neben dem Raum, in dem die Jungen schliefen. Zusätzlich überwachte ein »Älterer Bruder«, ein wegen seiner Autorität und guten Führung ausgewählter Zögling, die meisten Tätigkeiten der Familie. Manchmal gab es auch zwei »Ältere Brüder«. Der große Raum im Erdgeschoß war in vier Werkstätten unterteilt, und zwar durch nur halbhohe Trennwände, so daß ein auf einem hohen Hocker sitzender Aufseher alle Jungen überwachen konnte, die Jungen aber, wenn sie an ihrer Arbeit saßen, einander nicht sehen konnten. Wie beim panoptischen System war das Prinzip darauf ausgerichtet, alle Zöglinge voreinander zu verbergen und nur für einen in der Mitte plazierten Aufseher sichtbar zu machen.
Eine Treppe höher befand sich ein Raum, der tagsüber als Speisesaal und nachts als Schlafsaal benutzt wurde. Zu den Mahlzeiten wurden an den Wänden befestigte Bretter herabgelassen und verankert, um als Eßtische zu dienen. Am Abend wurden quer durch den Raum Hängematten gespannt. Jede Bewegung beim Aufbau und beim Abbauen am Morgen wurde im strengsten militärischen Drill ausgeführt. Wenn das Prinzip der väterlichen Führung und der Aufteilung in Familien aus dem Rauhen Haus übernommen worden war, so wurden Strenge und militärische Disziplin aus den Strafanstalten in Amerika und England entliehen. Demetz schrieb, daß man in der Kolonie dem Familiengeist verbunden sei, ein strenges Regiment und eine nahezu militärische Disziplin jedoch unverzichtbar blieben. Genet beschreibt das Ritual des Zubettgehens:

In Mettray wurde genau achtmal pro Tag gebetet. Und so spielt sich das im Schlafraum ab: Wenn alle Zöglinge der Familie nach oben gegangen sind, schließt das Familienoberhaupt die Tür ab, und das Zeremoniell beginnt. Alle Zöglinge stehen, den Rücken zur Wand, auf ihrem jeweiligen Platz an jeder der vier Seiten des Schlafraums. Der »Ältere Bruder« schreit: »Ruhe!« und die Kinder erstarren. »Schuhe ausziehen!« und sie ziehen ihre Schuhe aus und stellen sie in einer sehr geraden Linie zwei Meter vor sich hin. »Auf die Knie!« schreit der »Ältere Bruder«. Die Zöglinge knien sich vor den

Holzschuhen hin, die noch von den Füßen dampfen.»Beten!« Einer der Jüngsten spricht das Abendgebet, und alle antworten: »... Amen«, indem sie jedoch dieses »... Amen« in »Aufhören« verdrehen. »Aufstehen!« Sie erheben sich. »Rechts um!« und sie machen eine halbe Drehung nach rechts. »Drei Schritte vor, marsch!« Sie machen drei Schritte vor und stehen mit der Nase an der Wand.[52]

Und Genet fährt in dieser minuziösen Beschreibung fort, die er sich mit unheimlicher Genauigkeit in Erinnerung ruft.
Das Ritual begann erneut am Morgen: um fünf Uhr im Sommer und um sechs im Winter. Aufstehen, anziehen, waschen, beten – selbst die genau geregelten Gänge auf die Toiletten waren festgelegt. Zwei Stunden Arbeit vor dem Frühstück, eine halbe Stunde für die erste Mahlzeit des Tages, ihr folgten drei weitere Stunden Arbeit und eine Stunde für Mittagessen und Entspannung. Die Jungen arbeiteten dann noch vier oder mehr Stunden am Nachmittag und erhielten nur eine Stunde Unterricht. Eine Stunde fürs Abendbrot, Abendgebet und Singen, dann Schlafengehen um neun Uhr. Die meisten Jungen arbeiteten im Sommer auf dem Feld und im Winter im Steinbruch; andere wurden Werkstätten zugeteilt, wo sie als Schmiede, Schuster, Schneider, Maurer und ähnliches arbeiteten. Genet arbeitete als Bürstenmacher. Nicht ein Augenblick des Tages wurde vertan oder mit Nichtstun vergeudet. Die kurzen Unterrichtsperioden wurden zu Genets Zeit auf nur eine Stunde überwachter Lektüre pro Tag reduziert, genug, um den Schülern die Anfangsgründe des Lesens und Schreibens beizubringen. Als Genet nach Mettray kam, war die Schule für die Lehrerausbildung längst geschlossen, und das berufliche Niveau des Lehrerkollegiums war sehr tief gesunken. Idealistische, junge Lehrer mit dem Drang, die Menschheit zu verbessern, gab es nicht mehr; jetzt waren die Lehrer pensionierte Gefängniswärter, die selber kaum lesen und schreiben konnten und verroht waren durch die Jahre, während der sie erwachsene Gefangene gedrillt hatten. Genet stieß sich immer mehr an den dreizehn Stunden harter Arbeit pro Tag und dem verschwindend geringen Unterricht; voll Bitterkeit zitierte er die Regeln der Anstalt, besonders eine, die folgendermaßen lautete:

Um den Schülern keine Kenntnisse über dem gegenwärtigen Niveau normaler Menschen oder über ihre gesellschaftliche Stellung hinaus zu vermitteln, die sie einnehmen werden, wenn sie die Anstalt verlassen ..., umfaßt der Unterricht im Schönschreiben lediglich die gewöhnliche Schreib- und Rundschrift. Sie werden nur in den Grundformen der Grammatik unterrichtet und in den allgemeinen orthographischen Regeln, doch ohne die logischen Zusammenhänge. Der Zeichenunterricht umfaßt keinerlei Geometrie. Er befaßt sich nur mit den Techniken, die für die verschiedenen Aufgaben im Zimmermanns-, Steinmetz- und Gärtnerhandwerk notwendig sind.[53]

Geturnt wurde nur sonntags, und richtig gespielt wurde in Mettray nie, wie Genet bemerkt. Der Religionsunterricht dagegen, vor allem die Unterweisungen im Katechismus, wurden sehr gewissenhaft betrieben. Etwas, worauf die Kolonie stolz war, war das Musizieren. Die Zöglinge sangen täglich, und viele gehörten einer Blaskapelle an, die an Sonntagen einem Geleitzug der gesamten Anstalt voran im Sonntagsstaat ins Dorf marschierte.

Auf dem Großen Platz mit seinem Wasserbassin und Springbrunnen stand eine Schiffsattrappe, komplett mit Masten, Takelage und Segeln. Hier, weit weg vom Meer, im Herzen der Touraine, lernten die Jungen jeden Morgen Knoten knüpfen, Segel einrollen und seemännische Befehle ausführen. Dieses aufs Land verbannte Schiff reizte Genets Phantasie, besonders seine erotische Vorstellungskraft, obwohl zu seiner Zeit bloß noch ein paar Überreste der Attrappe vorhanden waren: eigentlich nur ein Mast, der als Fahnenstange benutzt wurde. Genet träumte davon, Schiffsjunge auf einem Piratenschiff zu sein und regelmäßig geschändet und gezwungen zu werden, nackt den Mast hinaufzuklettern und dem Kapitän oder anderen erwachsenen Seeleuten sexuell zu Willen zu sein. In *Wunder der Rose* wird dieser ständige Traum ausführlich ausgebreitet, unterbrochen von Erinnerungen an Mettray und Berichten aus seiner gegenwärtigen Zeit in einem Männergefängnis. Seine Traumvorstellungen kreisen um ein einziges Wort, *frégate*, das zugleich ein Segelschiff, eine Fregatte bezeichnet, als auch einen Jungen, der passiver Sexualpartner ist.

Nach Demetz' Tod begann bereits der Niedergang Mettrays. Schon 1887 hatte die Öffentliche Fürsorge beschlossen, ihre Zöglinge zeitweise aus Mettray abzuziehen, wo der Drill zu streng geworden war. Der allmähliche Abstieg setzte sich fort. Als die Anstalt Anfang dieses Jahrhunderts gezwungen wurde, das Vaterhaus zu schließen, verlor sie eine wichtige Einnahmequelle. Bis zum Ersten Weltkrieg war die Ausbildung in Mettray vor allem seemännisch: Die Flottenübungen auf dem Großen Platz, die Benutzung von Hängematten, die Marineuniformen und -barette der Zöglinge – alles bezeugte diesen Einfluß. Und so wurde auch von den Jungen erwartet, daß sie sich nach dem Weggang aus Mettray als Matrosen anwerben ließen. Nach 1918 weigerte sich aber die Marine, Freiwillige aus Mettray aufzunehmen, und das Erziehungsvorbild lehnte sich strenger ans Heer an.

Ein Tagesbericht über die während Genets Aufenthalt in Mettray verhängten Strafen offenbart den Geist der Anstalt. Unter dem 4. Dezember 1925 lesen wir zum Beispiel:

Gleich neben dem Eingang zur Bürstenmacherwerkstatt sagte heute abend Boulard zu seinem Kameraden Baché: »Ich wäre so gerne im Krankenrevier, hättest du was dagegen, mir einen Finger mit dem Messer zum Löwenzahnschneiden abzutrennen?« »Absolut nicht«, erwiderte Baché, worauf Boulard seinen Zeigefinger auf die eine Schneide legte, Baché die Klingen schloß und ihm fast den halben Finger abtrennte. Die beiden labilen Jungen haben gestanden, daß sich das Geschehene, wie hier geschildert, zugetragen hat.[54]

Weitere Geschichten über Selbstverstümmelungen oder Aggressionen gegenüber Mitzöglingen werden mitgeteilt. Jedesmal beginnt der Bericht mit einem Kommentar wie etwa: »Wieder ein Fall von Geistesgestörtheit.«
Mit den Vorgängen um Méchin hebt am 9. März 1927 ein ganzes Drama an:

Ein weiterer Fall von Geistesgestörtheit: Méchin, der in der Bürstenmacherei arbeitet, gab nach einer nur allzu wohlverdienten Strafe seiner Unzufriedenheit dadurch Ausdruck, daß er sich mit einer Glasscherbe ins Bein schnitt, bis er sich eine ziemliche Verletzung beigebracht hatte. Als er für die törichte Tat gerügt wurde, sagte er zu uns, sehr bald werde er noch eins draufsetzen.

Mehr als ein Jahr später, am 28. Mai 1928, findet sich folgende Eintragung:

Nachdem er am Abend des 28. Mai aus dem Strafrevier abgeholt worden war, um zur Strafkolonie Belle Île en Mer gebracht zu werden, sagte er in der Eisenbahn zu M. Giroire, der ihn begleitete: »Sie glauben, Sie bringen mich nach Belle Île, aber ich komme da nicht hin, weil ich vorher tot bin.« In Nantes ging es ihm schon ziemlich schlecht, aber ein Arzt meinte, er könne die Reise fortsetzen. Sein Zustand verschlechterte sich, und noch vor der Ankunft in Vannes war er tot. Wir sind zu dem Schluß gekommen, daß er Glasscherben mit der Suppe, die er kurz vor seiner Abreise zu essen bekam, verschluckt haben muß. Ein durch und durch schlechter Charakter.

Belle Île wurde allgemein für strenger angesehen als Mettray, genauso Eysses und Ariane. Alle drei waren traditionelle Gefängnisse mit Mauern und Gittern, aber vielen Jungen waren sie lieber als Mettray, und sie verstießen absichtlich gegen die Vorschriften, um verlegt zu werden.

Eine Eintragung nach der anderen erzählt von Jungen, die ein Toilettendesinfektionsgift schlucken, um sich vor der Arbeit zu drücken oder ins Krankenrevier zu kommen – oder um zu sterben. Andere schlucken das in der Bürstenmacherei benutzte Naphtalin. Wieder andere schneiden sich selber in die Hand, stecken sich Fremdkörper in die Nase und schlucken alles, was sie in die Hände bekommen.

Der offizielle Kommentar zu solchen Vorfällen ist jedoch ständig derselbe: »Steiner ist ein echter Fall von Geistesgestörtheit, er brütet vor sich hin, schweigt und hat zu überhaupt nichts Lust.«

Genet beschreibt auch die Härte der Institution gegen Reformer. In *Wunder der Rose* spricht er von den grausamen Strafen: Er und ein Liebhaber, der Villeroy heißt, werden zu einem Monat Strafrevier verurteilt – einem Monat trockenes Brot und endloses Im-Kreis-Gehen –, und das wegen einer völlig unbedeutenden Regelverletzung. Viele Jungen (wie zum Beispiel Rigaux und Rey) sterben durch eigene Hand oder an Verletzungen, die ihnen von den Aufsehern zugefügt werden. Oder sie sterben aus gesundheitlichen Gründen. Genet schildert ihre Beerdigungen.

Andere Zöglinge aus Mettray, die zur Zeit Genets oder danach dort waren, haben schriftliche oder mitstenografierte Schilderungen der Kolonie hinterlassen. Bernard Caffler zum Beispiel erzählt, daß in der ersten Nacht im Schlafsaal ein Junge fragte: »Mit wem wirst du dich denn zusammentun? Morgen stelle ich dich deinem Chef vor. Du mußt einen Chef akzeptieren *(un caïd)*, ohne ihn bist du verratzt.« Die Idee war, daß jeder Junge einen starken Beschützer brauche, sonst werde er von Kameradenschindern herumgestoßen und vom Rudel vergewaltigt.[55]

Caffler berichtet dann weiter, daß er im Winter im Steinbruch arbeitete; von sieben bis elf, und dann wieder von ein Uhr nachmittags bis zum Dunkelwerden. Er litt schrecklich unter Kälte und Hunger. Er klagt darüber, daß man dreimal pro Woche Kuttelsuppe zu essen bekam. Ein Junge war so ausgehungert, daß er starb, nachdem er sich mit Hafer und Heu, die für die Kühe gedacht waren, vollgestopft hatte. Dem Anstaltspersonal gehörte nur ein einziger Lehrer für dreihundert Jungen an. Der Unterricht bestand hauptsächlich darin, daß während des Mittagessens laut aus dem Neuen Testament oder aus vaterländischen Büchern vorgelesen wurde. Wenn ein Junge beim Masturbieren ertappt wurde, wurde er zu acht Tagen Strafrevier verurteilt, wobei er pro Tag zwanzig Kilometer im Kreise laufen mußte – schlimmer als alle Strafen, die Caffler später in Eysses kennenlernte. Er war so aufsässig, daß er von den zweieinhalb Jahren in Mettray ein Jahr im Kreis herumlief. Der für

die Bestrafungen zuständige Aufseher, Bienveau, schrie immer wieder: »Ich laß dich krepieren!« *(»Je vais te faire crever!«)* Im Schlafsaal schlichen trotz der Tatsache, daß eine Lampe brennen blieb, um sexuelle Handlungen zu unterbinden, ältere Jungen auf den Gängen zwischen den Hängematten hin und her und tätschelten den Neuen die Hintern. Alan Kerdavid, ein Heterosexueller, der kurz nach Genet 1931 in Mettray war, spricht von dem ständigen Kampf, den es bedeutete, »seine Ehre« zu verteidigen. Die Tür, die vom Schlafraum zur Außentreppe führte, war die ganze Nacht über verriegelt und verrammelt.[56]
Am Morgen gingen die Jungen auf die Toiletten, wo es keine Türen gab und man in möglichst kurzer Zeit Darm und Blase zu entleeren hatte. Ein Spezialtrupp von fünf, sechs Jungen füllte die Fäkalien in eine Schubkarre. Jeder wusch sich rasch das Gesicht, Seife gab es jedoch nur donnerstags und sonntags. Im Winter mußten die Jungen erst das Eis zerschlagen, ehe sie sich waschen konnten. Das Haar wurde ihnen natürlich regelmäßig bis auf den Schädel geschoren. Kahle Köpfe und leicht erkennbare Gefängnisuniformen machten es fast unmöglich, unentdeckt wegzulaufen. Kerdavid erzählt, daß die Jungen acht- bis zehnmal am Tag gezählt wurden. (Sie wurden mit ihrer Registriernummer, ihrer *matricule*, aufgerufen, die sich manche Jungen sogar auf den Arm tätowieren ließen.) Fehlte einer, wurden die Glocken geläutet, und die Bauern begannen mit der Suche, weil sie wußten, daß sie für die Ergreifung eines Flüchtlings eine Belohnung erhielten. Sobald sie die Glocken hörten, nahmen die Bauersfrauen ihre Wäsche ab, denn die Flüchtenden versuchten, ihre Uniform gegen männliche (oder auch weibliche) Zivilkleider einzutauschen, die zum Trocknen auf der Leine hing. Außerdem hatte die Verwaltung von Mettray den Bauern der Umgebung eingeredet, daß Ausreißer gewöhnlich zündelten und Bauernhöfe in Schutt und Asche legten.
Während des Essens durfte niemand sprechen; das leiseste Flüstern brachte dem Übeltäter eine Backpfeife des »Älteren Bruders« ein. Die Schüsseln waren aus Blech, und die Suppe bestand aus einem Gemisch aus Bohnen, Erbsen, Kartoffeln und Reis, alles zu einem Brei verkocht, dem manchmal etwas zähes Fleisch zugesetzt wurde. Um die Jungen satt zu bekommen – sie brauchten Kraft, um auf dem Feld und im Steinbruch zu arbeiten –, erhielt jeder das Äquivalent von drei Baguettes pro Tag.
In den fünfziger Jahren erschien der Bericht eines Zöglings, der drei Jahre jünger war als Genet. Er hatte mehrere Jahre in einem »Haus kontrollierter Erziehung« *(Maison d'éducation surveillée)* zugebracht, das er als »Vorzimmer zu den Jugendstrafanstalten«[57] schildert, doch nicht beim Namen nennt.

Sein Buch ist ein interessantes Gegenstück zu Genets Berichten, denn es zeigt die Reaktion eines heterosexuellen jungen Mannes auf die erzwungene Homosexualität solcher Institutionen. Glücksspiele und Boxkämpfe waren die Regel unter den Jungen, und ein Neuer mußte sich immer wieder verteidigen. Yves Tréguier, ein Neuer, wird von einem rüden älteren Burschen namens Molina angesprochen und gefragt, in welchem Schlafraum er pennt.[58] Er sagt zu Tréguier: »Wenn alle schon schlafen, kriech' ich zu dir in die Falle.« Als der Junge ihn fragt, weshalb, brechen alle in Gelächter aus. Ein anderer unangenehmer Typ, der so cool ist, daß er Frigo genannt wird, sagt: »Ganz einfach, er will, verstehste, daß du seine Alte wirst.« Als Tréguier sich weigert, schlägt ihn Molina. Da verteidigt Blondeau, ein anderer Anführer in der Schule, Tréguier. Alle nehmen zynisch an, daß Blondeau Tréguier selber haben will, aber in Wirklichkeit sind Blondeau und Tréguier einfach nur Freunde. Als zu Tréguier ein anderer Junge sagt, seiner Meinung nach sei Molina verrückt, erwidert der: »Verrückt oder nicht, er fällt über alle Neuen her und versucht, sie rumzukriegen. Und glaub' ja nicht, er wär' der einzige, der so ist! Hier sind die meisten Jungen bis ins Herz versaut. Du mußt zugeben, es fordert den Teufel heraus, wenn man vierzehnjährige Jungen zwingt, mit zwanzigjährigen Knackis zusammenzuleben.«[59]

Tréguier, der ein idealistischer, aufrechter und optimistischer Junge gewesen war, wird vollkommen desillusioniert »nach durchmarschierten Nächten, nach wüsten, gnadenlosen Kämpfen, den dreckigen Tricks der Aufseher, den Tagen, eingesperrt in einem Käfig, und besonders nach den im Knast herrschenden sittlichen Normen«.[60]

Die körperliche Qual und die moralische Korrumpierung der Jugendlichen durch diese Gefängnisse führte zu einer großangelegten journalistischen Enthüllungskampagne gegen Ende der dreißiger Jahre – und letztlich zur Schließung von Mettray im Jahr 1939. Einer der bei dieser Kampagne maßgebenden Journalisten, Alexis Danan, veröffentlichte 1936 ein Buch mit dem bezeichnenden Titel *Die Folterhäuser*.[61]

Mit betäubender Wucht geben diese Berichte Zeugnis von den Fluchtversuchen, Bestrafungen, Entbehrungen, den Selbstverstümmelungen und Todesfällen. An mehreren Stellen werden die Namen sadistischer Angestellter genannt, von denen der am meisten zitierte Guépin ist, den auch Genet erwähnt.

In nahezu völligem Gegensatz zu allen diesen Zeugnissen stehen Genets Schilderungen von Mettray in *Wunder der Rose, Tagebuch eines Diebes* sowie in Interviews und weniger bekannten Texten wie dem Rundfunkskript »Das kriminelle Kind« und dem Filmdrehbuch »Le Langage de la muraille«. In einem Interview, das Genet 1981 gab, tadelte er das ganze System der landwirtschaftlichen Strafkolonien, weil hier Halbwüchsige für mehrere Jahre nach Mettray überstellt wurden, obwohl in den meisten Fällen die Vergehen geringfügig waren und kein gerichtlicher Schuldspruch vorlag. Genet sagte:

Wir wurden nie von Richtern verurteilt. Wir waren dort, entweder wegen eines Diebstahls oder wegen eines für Kinder typischen Vergehens, einer belanglosen Straftat, eines ganz kleinen Verstoßes. Wir wurden (von den Gerichten) davon freigesprochen, mit vollem Verstand gehandelt zu haben, und in die Besserungsanstalt Mettray eingewiesen. Aber sie blieb dennoch ein Gefängnis, das Gefängnis, das sie in Wirklichkeit war. ... Es scheint, daß die Richter nicht bedacht haben, daß ein Junge, der ins Gefängnis kommt, später dahin auch wieder zurückkehrt, weil er sich sagt: Warum schließlich nicht? Wenn er das Gefängnisleben nie kennengelernt hat, wird er davor Angst haben, aber wenn er erst mal eine Strafe abgesessen hat, sagt er: Es ist gar nicht so schlecht, dorthin kann ich immer zurück. Man hat sehr viel weniger Angst vor dem Gefängnis, wenn man es erst einmal kennengelernt hat.[62]

Als alter Mann las Genet eine Beschreibung der deutschen Erziehungsanstalt in Horn, wo die Schlußfolgerung gezogen wurde, daß es ein Jammer sei, daß Demetz die zwei Grundsätze des Rauhen Hauses mißachtet habe, nämlich die Beschränkung der Gruppe auf Familien von zwölf Mitgliedern und der gesamten Anstalt auf nur fünfzig Zöglinge. Neben diese Stelle kritzelte Genet resigniert: »Mehr oder weniger richtig. Nur konnte aus den ›guten Absichten‹ sowieso nie viel werden.« In der Gründungsperiode ist Mettray durch den ideologischen Geist des Individualismus, des Kolonianismus und der Bevormundung durch den Staat geprägt worden, Haltungen und Eigenschaften, die Genet als äußerst suspekt ansah.
In dem Drehbuch »Le Langage de la muraille«, das Genet in den achtziger Jahren schrieb, stellt er über Mettray eine Verschwörungstheorie auf. Er behauptet, daß die Besitzer von Mettray die Zöglinge und die Regierung in zynischer Weise ausgebeutet hätten. Der Staat zahlte den Verwaltern der Erziehungsanstalt für jeden Jungen ein tägliches Gehalt, aber die Anstalt gab für Kleidung, Ernährung und Erziehung der Zöglinge nur einen Bruchteil der Summe aus und steckte den Rest ein. Außerdem war die Anstalt ein überaus rentabler, sich auf unbezahlte Arbeitskräfte stützender Landwirtschaftsbetrieb. Genet hebt mehrmals die Heuchelei einer Institution hervor, die menschenfreundlich zu sein vorgab, in Wahrheit aber ausbeuterisch war.

Genet schreibt, daß »Demetz und seine Erben sich gewaltige Vermögen erworben«[63] hätten, doch ist diese Behauptung nicht einwandfrei bewiesen, obwohl es stimmt, daß Demetz in einem Brief an den Marquis de Gouvello über die Gründung einer neuen Anstalt bemerkte: »Damit könnte man eine riesige Menge Geld machen«, und ein anderer Direktor von Mettray gab zu verstehen, daß die Eröffnung einer Besserungsanstalt »die Befriedigung geben könne, gleichzeitig eine gute Tat und ein gutes Geschäft zuwege zu bringen«.[64]

Ganz allgemein unterstellt Genet, daß die regierende Klasse Frankreichs mit Mettray und ähnlichen Erziehungsanstalten gemeinsame Sache machte, da diese den Staat mit Siedlern für das jüngst eroberte Territorium Algerien belieferten. Mit anderen Worten: Die »Kolonisten« aus Mettray wurden zu »Kolonisten« in Nordafrika herangezogen. Um sicherzustellen, daß sie nichts Besseres als Landarbeiter würden, so behauptet Genet, seien ihnen nur die primitivsten Grundkenntnisse des Schreibens und Lesens beigebracht worden, während man sie dreizehn Stunden am Tag auf dem Feld habe arbeiten lassen. Tatsächlich erhielten die Zöglinge selbst in der Blütezeit der Anstalt nur zehn Stunden Unterricht pro Woche. Zwei Stunden galten dem Religionsunterricht, sechs Stunden dem Lesen, Schreiben und Rechnen und zwei Stunden dem Gesangsunterricht.[65] Zöglinge, die von Rechts wegen bis zum Alter von einundzwanzig Jahren in Mettray hätten bleiben müssen, konnten vorzeitig entlassen werden, wenn sie sich freiwillig bereit erklärten, als Soldat oder Siedler nach Afrika zu gehen, und das Heer war tatsächlich der zweitgrößte Arbeitgeber von entlassenen Zöglingen aus Mettray.

Im Frankreich des neunzehnten Jahrhunderts, so argumentiert Genet in »Le Langage de la muraille«, brachte man die Armen, Obdachlosen und Kriminellen nicht mehr hinter Gitter oder ließ sie untätig ihr Leben fristen. Nein, sie wurden als billige Landarbeiter ausgebeutet. Genet weist darauf hin, daß zwischen 1838 und 1839 vierzigtausend Häftlinge freigelassen wurden, wodurch das Heer der eine Million sechshunderttausend Menschen in Frankreich, die in äußerster Armut lebten und sich mit Minimallöhnen zufriedengeben mußten, noch größer wurde.[66] Das ganze Drehbuch hindurch, das vierhundertzweiundfünfzig maschinegeschriebene Seiten umfaßt und eine der wichtigsten literarischen Arbeiten aus Genets letztem Lebensjahrzehnt darstellt, wird diese Verschwörungstheorie mit wie besessener dokumentarischer Detailarbeit und polemischer Verve herausgearbeitet. Wir erfahren, daß »die Besserungsanstalten die Killer für die Kolonisationsarmee bereitstellen«[67], daß Mettray in einem bestimmten Jahr an die zwei Millionen Franc erwirtschaften konnte und daß die Regierung einen Plan entwickelte, Algerien mit Waisen, Armen und freigelassenen Häftlingen zu kolonisieren.[68] Schließlich hat allein Mettray in den hundert Jahren seines Bestehens zwanzigtausend Soldaten für Frankreichs Armeen hervorgebracht.[69] Gegen Ende seines Lebens war Genets Herzensangelegenheit der Fall der vertriebenen Palästinenser. In seiner historischen Gesamtschau vermochte er sogar Mettray mit diesem entlegenen Fall zu verbinden, denn er stellte die Besserungsanstalt als den Herkunftsort französischer Kolonisten in Tunesien dar, die ganze Beduinenstämme von ihrem Land vertrieben und nach Palästina auszuwandern gezwungen hätten.

Trotz dieser Verschwörungstheorie wollte Genet alles andere als Mettray reformieren. In seinem der Zensur zum Opfer gefallenen Rundfunkskript »Das kriminelle Kind« klagt Genet über die Bemühungen wohlmeinender Reformer, die Zustände in Mettray zu verbessern, jene Kampagne also, die 1939 zur Schließung der Anstalt geführt hatte. Genet verurteilt derartige Reformen, denn er bewundert Mettray, das, wie er behauptet, nicht die Gewalttätigkeit der Gefängnisbeamten, sondern die der Jungen verkörpert. Grausamkeit und Gewalttätigkeit sind für ihn der poetische Ausdruck des Bösen und der Rebellion der Jungen. Während die stillschweigende Duldung des Gefängnissystems zu ihrer völligen Unterwerfung und der Vernichtung ihrer individuellen Unterschiede führen würde, stärkt die Rebellion ihre Persönlichkeit. Das Ergebnis sind einzelne scharf umrissene Helden statt einer Herde verwechselbarer Schafe. Da für Genet das Verbrechen an sich schön ist, tritt er für die Grausamkeit des uniformierten Gefängnissystems ein, weil es aus Jungen hartgesottene Kriminelle macht. Er sagt: »Was mich angeht, ich habe gewählt; ich werde auf der Seite des Verbrechens stehen. Und ich werde den Kindern helfen, nicht den Zugang zu Ihren Häusern, Ihren Fabriken, Ihren Schulen, Ihren Gesetzen und heiligen Sakramenten zu suchen, sondern sie zu schänden.«[70] Er hebt hervor, daß angesichts des Umstandes, daß in der bürgerlichen Literatur und im Drama Verbrechen und Gewalt glorifiziert werden, in der bürgerlichen Realität jedoch als beklagenswerte Handlungen gegen die Gesellschaft gelten, die vom Gefängnis produzierten jungen Raubmörder die lebendige Verkörperung dieser »romantischen« und »lyrischen« Aspekte des Bösen sind. Genet spricht dabei stets als Dichter und stützt seine Verteidigung von Mettray auf ein ästhetisches Verständnis des Bösen und des Verbrechens.

Merkwürdigerweise betont Genet im Rückblick die Unabhängigkeit der Jungen in Mettray, wogegen Michel Foucault Mettray als das vollkommene

Disziplinierungssystem in seiner intensivsten Form begreift und als ein Modell, in dem sich alle Technologien des Verhaltenszwanges konzentrieren (Familie, Heer, Werkstätte, Schule, Gericht und Gefängnis). Während Genet sich der Übel Mettrays durchaus bewußt war, so war er der Institution auch dankbar. Paradoxerweise blieb er immer ihr wortgewaltigster Verteidiger, vielleicht auch der einzige, der glaubte, daß Mettray tatsächlich beides war: ein auf Freiwilligkeit beruhendes Erziehungssystem und eine Familie, oder wenigstens eine Sippe. Und so erinnert er sich:

> Wir Jungen in Mettray hatten bereits die traditionelle Moral von uns gewiesen, die Sozialmoral Ihrer Gesellschaft, denn sobald wir in Mettray ankamen, übernahmen wir ganz freiwillig eine mittelalterliche Moral, die darauf pochte, daß der Vasall seinem Landesherrn gehorcht, und nach der eine Hackordnung aufgestellt wurde, die sehr, sehr klar umrissen war und auf körperlicher Kraft beruhte, auf der Ehre, oder was wir unter Ehre verstanden – darauf, was immer noch Ehre heißt, und dem Wort Ehre, was damals sehr wichtig war. Heute dagegen hängt alles davon ab, was schriftlich niedergelegt ist, auf einem Vertrag, der vor dem Notar unterzeichnet und datiert wird, vor dem Verwaltungsrat und so weiter ...
> Die Besserungsanstalt Mettray war ein Gebilde, so reich, so ungewöhnlich, mit seinen Feldern, Wäldern, seinem Friedhof, seiner Geschichte und Legende ... Ich wage kaum, von mir zu sprechen, aber als ich dort eingesperrt wurde, war alles meines – Wald, Zedern, Parks, Flüsse, Felder, Weiden, Teiche, Friedhof. ... Ich war glücklich dort, ich erfuhr dort diese Feudalmoral, wie sie in den Jugendgefängnissen vorherrscht, die es noch immer in Frankreich gibt.[71]

Mettray hat sich auf Genets Schicksal als Schriftsteller direkt ausgewirkt. Er sagt es so:

> Wenn Schreiben heißt, daß man Emotionen oder Gefühle so stark empfindet, daß das ganze Leben durch sie geformt wird, wenn sie so stark sind, daß man sie nur durch ihre Beschreibung oder Beschwörung oder Analyse verstehen kann – wenn das so ist, dann war es in Mettray, als ich fünfzehn war – dann war es damals, daß ich mit dem Schreiben begann.[72]

Diese Bemerkung ist um so seltsamer, als Genet sich an seine erste gültige literarische Arbeit erst etwa fünfzehn Jahre später machte. Für ihn war »Schreiben« offensichtlich eher eine Geistesverfassung, eine Methode, starke Emotionen zu ordnen, als Sätze zu drechseln.

Was waren nun seine Gefühle in Mettray? Es waren genau die, die später seine Romane erfüllten: die Themen Ehre und Verrat, Herrschaft und Unterwerfung, Wahrheit und Verstellung, Treue und Koketterie. In der mittelalterlichen Hierarchie von Mettray lernte Genet, Page, Schiffsjunge, Vasall, ja selbst das kokette Mädchen zu sein. Er spürte zum erstenmal das pulsierende starke Verlangen nach Rivalität, Liebe und Verlust. Viele klassische Romane *(Der große Meaulnes [Le grand Meaulnes]* von Alain-Fournier, *In diesem Land [A Separate Peace]* von John Knowles, Goethes *Wilhelm Meister)* erzählen von der Leidenschaft und Enttäuschung und letztlich der Desillusionierung der Jugend. Aber in so einem klassischen Bildungsroman wird der Held gezeigt, wie er seinen jugendlichen Gefühlen ausgesetzt ist und über sie *hinauswächst*, selbst wenn sein reifes Abschiednehmen als ein Verlust an Unschuld oder Güte betrachtet wird. In Genets Romanen dagegen entwickeln sich weder der Erzähler noch die Personen. Die ganze Idee der »Reife«, ein bürgerlicher Wert, der die Anpassung an Ehe, Familie und Arbeitsplatz preist, ist in Genets Romanen nicht zu finden, so wenig wie die entsprechende Idee der »Weisheit«. Genet und seine Gestalten bleiben den Werten von Mettray treu.

Im Dorf war Genet ein Außenseiter gewesen – ein Dieb, ein Träumer, ein Leser, ein Findelkind. Er hatte seine Identität im Gegensatz zu den Werten und Aktivitäten des Dorfes herausgebildet. Nun, in Mettray, wurde er zum erstenmal von den anderen akzeptiert. Er war nicht mehr die verachtete Sissy, jetzt war er eine Schönheit, um deren Gunst sich die ruppigen älteren Burschen bemühten. Er war nicht mehr das uneheliche Kind, dem von einer Familie Kost und Logis gewährt wurde; jetzt setzten sich die »Familien« in Mettray ausschließlich aus Jungen zusammen, Jungen, die von zu Hause weggelaufen waren oder ihre Eltern nie gekannt hatten oder deren Mütter nicht verheiratet waren. Er war nicht mehr der Dieb inmitten ehrlicher Leute, derjenige, der schlechten Einfluß auf unschuldige Spielkameraden ausübte; jetzt war er ein Ausgestoßener unter Ausgestoßenen. Genet empfand einen düsteren Stolz auf seine Familienbeziehungen mit den anderen Zöglingen. In *Tagebuch eines Diebes* schreibt er:

Als ich in der Besserungsanstalt Mettray war, befahl man mir, an der Beerdigung eines jungen Zöglings teilzunehmen, der im Krankenrevier gestorben war. Wir gaben ihm das Geleit zu dem kleinen Friedhof der Anstalt. Die Totengräber waren Kinder. Als sie den Sarg hinuntergelassen hatten: Ich schwöre, wenn einer der Leichenträger, wie in der Stadt üblich, gefragt hätte: »Die Familie?« dann wäre ich vorgetreten, winzig in meiner Trauer.[73]

Die Auffassung der Homosexualität, die aus Genets Romanen spricht – nicht ihrer Erscheinungsformen, sondern ihres Wesens –, stimmt vollkommen mit der gewalttätigen, Rollen spielenden Sexualwelt Mettrays überein, die wenigstens für Genet so prickelnd romantisch war. In *Wunder der Rose* erzählt er uns, nachdem sein erster Liebhaber, Villeroy, zur Marine gegangen war, sei er, Genet, mit einem anderen Burschen verheiratet worden, dem er den Namen Divers gibt (denselben Namen, den er dem Jungen zugeschrieben hatte, den er im Oktober oder im November 1925 im Krankenhaus gesehen und in den er sich verliebt hatte). Genet, als Braut, wird Divers um Mitternacht in der Kirche angetraut, während zwölf andere Paare aus der Familie B zusehen: »Der schönste Tag meines Lebens war diese Nacht.«[74]

Wenn Genet auch der Passive war, so war er doch ein Draufgänger. Er kannte den aktuellen Montmartre-Argot und die neuesten Schlager *(»Mon Paris«, »J'ai deux amours«, »Place Blanche«, »Les fraises et les framboises«* und *»Pars sans te retourner«).* In *Wunder der Rose* behauptet er, bald nachdem er nach Mettray gekommen sei, habe er eine Schüssel Suppe nach dem Oberhaupt der Familie B geworfen. Danach habe er vierzehn Tage lang nur trocken Brot zu essen bekommen (in Wirklichkeit vier Tage gar nichts und einen Tag Suppe und Brot).

Gleich an seinem ersten Tag unter all den Jungen sang er ein Lied, das er in Paris gelernt hatte. Er machte damit einen solchen Eindruck, daß ihm die Schande der Prostitution erspart blieb. Statt sexuell mißbraucht und dann an alle anderen Jungen weitergereicht zu werden, machte Villeroy ihn zu seinem Geliebten:

Ich liebte Villeroy, der mich liebte. ... Wir waren Kinder, die ihre Wollust suchten, er mit seiner Ungeschicktheit und ich mit allzuviel Wissen.[75]

Geradezu scheu gibt Genet zu, daß er der begehrteste Junge in der ganzen Kolonie war. In einen Nebensatz versteckt, kommt nach zwei Dritteln von *Wunder der Rose* das entsprechende Geständnis. Er spricht gerade von Divers und bemerkt:

Ich begriff, als er lachend zu mir sagte: »Dir würde ich gern einen in die Unterhose schießen«, daß er mich pfählen wollte, denn ich war der begehrteste Bengel ...[76]

Mit ähnlicher Zurückhaltung erwähnt Genet in *Wunder der Rose,* daß er dank seinem Liebhaber Villeroy der bestgekleidete Zögling war.

Schon am Tag nach meinem Eintreffen hatte ich für sonntags eine weite, verbeulte Baskenmütze, ganz nach der Mode der Kolonisten, und für die Woche eine fesche Polizeimütze und leichte, mit Hilfe einer Glasscherbe zugespitzte Holzschuhe, die so fabelhaft behobelt waren, daß das Holz dünn wie Pergament war.[77]

Fast jeder Aspekt des Lebens in Mettray bekam für Genet etwas Erotisches. Etwa fünfzig Jahre später, als er seinen Film über Mettray plante, schrieb er für den Regisseur einen Bericht über die Uniformen, die die Jungen getragen hatten. Es waren triste, billige Klamotten, gleichförmig und häßlich, eher Schandmale als Symbole des Schicks, doch für Genet hatten diese Uniformen (besonders wenn sie die Zöglinge auf eine Weise abgewandelt hatten, die nur dem geübten und suchenden Auge sichtbar war) noch immer etwas Bezauberndes und Schönes:

Holzschuhe: Schwarz. Sehr blank. Zusammensetzung der Schuhcreme. Ihre Zubereitung. Die Schnitzereien. (Die Jungen bearbeiteten ihre Schuhe mit Hilfe von Glasscherben und überzogen sie mit Schnitzmustern.) Die Ansicht mehrerer Holzschuhe. Die Holzschuhpaare am Fuß der Schlafsaaltreppe. Es gibt eine Schlägerei, weil ein Zögling, sei es aus Ungeschicklichkeit, sei es um zu provozieren, dem Jungen, der beim Strafmarschieren im Kreise vor ihm läuft, auf den Hacken tritt.
Die Tasche. In Mettray war nur eine Hosentasche erlaubt. Dem Zögling in Familie B wird die Aufgabe zugewiesen, die Naht am rechten Hosenbein (demjenigen ohne Tasche) aufzutrennen. Er besitzt zwei Nadeln. Man muß ihm den Faden verschaffen, so daß er den Schlitz einsäumen und in eine zweite Hosentasche verwandeln kann. Eine zweite Tasche, die die Zöglinge nur den Mackern zugestehen. Die Tasche wird außerdem von den Wächtern geduldet, wenn aber bemerkt wird, daß ein simpler Zögling sie hat, wird er bestraft.
Die Mütze (wie eine Matrosenmütze mit einer roten Bommel). Die Macker haben das Recht und die Macht, einen Stahldraht zu besitzen, den sie, zu einem ganz engen Kreis gedreht, in die Mütze legen, so daß sie schön rund bleibt und schräg über ein Auge gedrückt werden kann.
Die Wickelgamaschen – sie sollten so um das Bein gewickelt werden, daß sie gestuft wirken und die Wade zur Geltung bringen.
Die Hosen. Sie sollten über den Holzschuhen einen Knick bilden. Das ist der Chic von Mettray – oder, wenn Sie es lieber haben, der Anstaltschic.[78]

Genet beschreibt auch liebevoll die Tätowierungen, die die Jungen sich gegenseitig in die Haut ätzten. »Die Symbole zeigten den Status eines jeden

Jungen an. (Ein Adler war zum Beispiel etwas Höheres als eine Fregatte.) Andere Symbole zeigten einen Anker, eine Schlange, ein Stiefmütterchen, die Sonne, den Mond und Sterne.«[79] Während ein Junge mit der heißen Nadel hantierte und ein zweiter Schmiere stand, leckte und massierte ein dritter dem Jungen, der tätowiert wurde, die Füße, um ihn zu beruhigen und davor zu bewahren, laut loszuschreien. Das Bild eines nackten, von der Zehe bis zum Hals (oder »von der Zehe bis zum Augenlid«, wie Genet es ausdrückt)[80] tätowierten Jungen verfolgte ihn und wurde für ihn zum Sinnbild von Mettray. Wie einer von Genets Mitzöglingen in Mettray sagt, war die Nadel eine gewöhnliche Nähnadel, und die Farbe war nichts weiter als ein bißchen schwarze Kohle.[81] Ähnlich liebevoll geht Genet an seine Beschreibungen des *amadou*, eines selbstgemachten Feuerzeugs, das aus einem Stück Feuerstein *(une touche)* und einem ölgetränkten Lappen bestand. Dieses Feuerzeug wurde in der Regel von einem Jungen, der Mettray verließ, seinem zurückbleibenden Günstling geschenkt.

Genets Freude an Mettray (insbesondere im Rückblick) ist einzigartig, und so fragt er sich in *Wunder der Rose* sogar, ob es einen Jungen gebe, »der den Diebstahl genügend liebt, um die Diebe zu vergöttern, die Frauen genügend verachtet, um einen Gauner zu lieben, und schließlich ehrlich genug ist, um sich daran zu erinnern, daß Mettray ein Paradies war«.[82]

Die Freuden waren sinnlicher, sozialer und geistiger Natur. Sinnlich insofern, als Genet ständig mit den sexuellen Zuwendungen älterer Jungen überschüttet wurde, deren Begierden er erwiderte. Genet war, wie er sich selbst nannte, »eine sehr hochgestellte Dame«.[83]

Er läßt sich auf Divers ein, ohne zu bemerken, daß er und Divers sich ähnelten: »Ich wußte noch nicht, daß er mir ähnlich sah, denn ich kannte mein eigenes Gesicht nicht.«[84] Da es Genet nur einmal die Woche erlaubt ist, einen Spiegel zu benutzen, gibt er vor, keine Vorstellung von seiner äußeren Erscheinung zu haben. Diese naturalistische Erklärung verschleiert den narzißtischen Mythos der Zwillingsgeliebten oder Doppelgänger, der alle Romane Genets durchzieht und in *Querelle* ein zentrales Thema wird. Ähnlich ruft eine beiläufige Anspielung auf die Furcht eines Jungen vor den »Fittichen« seines Liebhabers den Ganymed-Mythos in Erinnerung, die Geschichte des jungen Schäfers, den der in einen Adler verwandelte Zeus zum Olymp entführt. Die klassische Mythologie ist die Wurzel der Bilderwelt, mit der Genet Mettray literarisch huldigt.

Die Erzählstruktur von *Wunder der Rose* ist außerordentlich kompliziert, und doch verliert sich Genet in diesem Dickicht aus Daten, Fakten und Namen nie. Er ist durchaus imstande, eine Geschichte zu beginnen, sie dann über lange Strecken aus dem Auge zu verlieren, nur um auf ein Ereignis zurückzukommen, das dem anderen unmittelbar voraufging, und dann die ganze Geschichte noch einmal gut fünfzig Seiten weiter zu Ende zu führen. Der logische Zusammenhang der Tatsachendetails, die einander nie widersprechen und die herausgezogen und in einer kontinuierlichen Erzählung wiedergegeben werden können, deutet darauf hin, daß seine Eindrücke äußerst lebendig geblieben sind, auch wenn mehr als fünfzehn Jahre vergangen waren. Die magischen Momente für Genet waren die Nächte in Mettray. Die stumpfen Tage gehörten den Aufsehern, die Genet als häßlich, brutal und verständnislos darstellt (»die lächerlichste und bösartigste menschliche Spezies«[85]). Die Nächte aber waren hell und voller Liebe. Da die Jungen außerstande waren, ihre romantischen Gefühle zu benennen, sei es aus Scham oder Beschränktheit, wurden sie von ihnen beherrscht. »Wie teuer mir die Nächte waren!« ruft Genet aus:

Denn unser nächtliches Leben, mochte es auch im verborgenen stattgefunden haben, war hell. Wir verwandelten es in alles, was es nach unserem Willen sein sollte, wogegen unsere Tage, an denen wir von den Arbeiten und Pflichten in Anspruch genommen wurden, mit der Trägheit eines quälenden Alptraums vergingen. Die Mittagssonne war unsere Mitternachtssonne.[86]

In Wirklichkeit waren die sexuellen Begegnungen hastig. Die Jungen fürchteten, ein Aufseher könnte jeden Moment hereinkommen oder der Hausvater, der in einem eigenen Raum neben dem Schlafsaal schlief, könnte durch das kleine Fenster spähen, durch das man die Betten der Jungen überblickte. Sich in einer Hängematte zu lieben war nicht einfach, zumal jede leiseste Bewegung die Drähte, mit denen die Hängematte befestigt war, zum Klirren brachte. Eine Deckenlampe brannte die ganze Nacht hindurch, um von verbotenen Treffen abzuschrecken. Und auch wenn die Jungen Sex miteinander hatten, hatte das kaum etwas mit Liebe zu tun, obwohl Genet selbst in der unbedeutendsten Geste eine romantische Bedeutung zu finden vermochte.

Villeroy nahm mich unter seine Fittiche. Selten gab es Zärtlichkeit zwischen uns. Von daher gesehen, könnte man sagen, daß wir Römer waren. Keine Zärtlichkeit mit ihm, aber manchmal, was mehr wert war, Gesten voll tierhafter Anmut. Um seinen Hals trug er eine Metallkette, an der eine Medaille vom heiligsten Herzen Jesu hing. Wenn wir uns liebten und er es müde war, meine Augen zu küssen, kroch mein Mund zu seinem

Hals, seiner Brust, um langsam bis zu seinem Bauch hinabzugleiten. Wenn ich auf der Höhe seiner Kehle ankam, drehte er sich leicht herum und ließ die Medaille, die an der Kette hing, in meinen offenen Mund fallen. Dort hielt ich sie einen Moment fest, dann zog er sie wieder heraus.[87]

Genet nennt die Namen seiner drei wichtigsten Liebhaber in Mettray: Villeroy, der acht Tage, bevor er Mettray verließ, um nach Toulon zu gehen, Genet an Van Roy verkaufte, der bald mit einem anderen Jungen anbändelte und Genet an Divers abtrat.[88]
Während seines ersten Jahres in Mettray scheint Genet ein Musterzögling gewesen zu sein. Es gibt zumindest keine Berichte von irgendwelchen Vergehen, und als er darum bat, als Arbeiter auf einen privaten Bauernhof versetzt zu werden, wurde seiner Bitte stattgegeben. Am 6. November 1927, etwa vierzehn Monate nach seiner Ankunft in Mettray, wurde er auf einen Bauernhof namens »Sevrandière« geschickt, der ungefähr fünfzehn Kilometer nördlich der Besserungsanstalt lag und Désiré Hérissé gehörte.
Fast einen Monat später, am 3. Dezember 1927, lief Genet von »Sevrandière« weg. Auf dem Weg nach Paris machte er in der Nähe von Blois halt und stahl eine Decke, um sich gegen die Kälte zu schützen. Im Manuskript von *Tagebuch eines Diebes* (in der publizierten Fassung nicht enthalten) spielt Genet auf diesen Vorfall an: »Auf der Straße war ein Auto geparkt. Die Insassen waren weggegangen. Ich stahl eine Kühlerabdeckung, in die ich mich nachts einwickeln konnte, um im Straßengraben zu schlafen.«[89] Zwei Tage später wurde der streunende Genet von Gendarmen auf der Nationalstraße in Beaugency angehalten. Die Nacht verbrachte er auf der Polizeiwache. Am Tag darauf wurde er nach Orléans gebracht. Er wurde auf der Stelle wegen »Landstreicherei und Diebstahls« angeklagt und ins Gefängnis von Orléans gesteckt. Er gab als Beruf »Bürstenmacher« an, bezeichnete seinen Rechtsstatus als »Mündel der Öffentlichen Fürsorge« und beantwortete die Frage nach seiner Anschrift mit »ohne festen Wohnsitz«.[90]
Zwanzig Tage danach wurde Genet vor ein Jugendgericht in Orléans gestellt. Ein Anwalt namens Bergeron verteidigte ihn. Er wurde zwar des »Diebstahls« und des Verstoßes gegen die Bedingungen der »überwachten Freiheit« bei seinem Aufenthalt auf dem Bauernhof für schuldig befunden. Das Gericht war jedoch der Meinung, er habe ohne Einsicht in sein Tun gehandelt. Und da der Direktor von Mettray zu erkennen gegeben hatte, daß er bereit sei, den Jungen wieder aufzunehmen, sprach das Gericht Genet frei.[91]
Noch am gleichen Tag, dem 28. Dezember, wurde Genet nach Mettray

zurückgebracht, wo er als Strafe für seine Flucht zweifellos in Einzelhaft gesteckt wurde. Diese Zellen waren extrem eng und kalt; Luft kam nur durch einen stillgelegten Kamin herein. Eine alarmierend hohe Zahl der mit Einzelhaft bestraften Jungen starb an Kälte; als Todesursache wurde offiziell »Blutandrang« angegeben. Manchmal mußten sich die Jungen in ihren Zellen nackt ausziehen und wurden sogar mit eiskaltem Wasser übergossen. Ununterbrochen sahen sie die Worte vor sich, die weiß auf die schwarze Zellenwand geschrieben waren: »Gott sieht dich.« Bezeichnenderweise entdeckte Genet in seinem bereits erwähnten Drehbuch eine düstere Poesie in genau diesen Elementen, den Worten »Gott sieht dich«[92] und der sadomasochistischen Vorstellung eines nackten Jungen in einem Käfig. Um darüber hinaus das unwandelbare Wesen Mettrays, das Fortbestehen seiner Agonien und Ekstasen zu demonstrieren, erfindet Genet zwei Figuren, den unglaublich alten Baron Demetz, der hier in den zwanziger Jahren noch immer durch die Anstalt geistert, und einen ewig jungen Knaben, einen nackten und auffallend reichtätowierten Jungen, der für die anderen nicht sichtbar ist, aber als eine Art Schutzgeist über Mettray herrscht.

In *Wunder der Rose* schreibt Genet die Fakten und Einzelheiten seiner Flucht der Figur Divers zu:

Als man mir von ihm nach meiner Ankunft in Mettray erzählte, saß er in Orléans im Gefängnis. Nachdem er ausgerissen war, hatten ihn Gendarmen in Beaugency geschnappt. Es passierte selten, daß ein Anstaltszögling so weit in Richtung Paris gelangen konnte, und dann, eines schönen Tages, kam er ganz spontan zurück in die Kolonie, und nach einem ziemlich kurzen Aufenthalt im Strafrevier tauchte er wieder auf und wurde der Familie B zugeteilt, meiner.[93]

Erstaunlich an dieser Vertauschung ist, daß Genet hier seine eigene, bis dahin größte Heldentat jemand anderem zuschreibt. Umgekehrt eignete sich Genet in seinen Romanen die schweren Verbrechen (selbst die Morde) an, die in der Realität andere begangen hatten. An besagter Stelle aber scheint ihm daran gelegen zu sein, von sich das Bild einer Sissy zu erstellen, vielleicht um seine spätere »Vermännlichung« zu dramatisieren. In Genets Welt gibt es nur ältere, brutale heterosexuelle Männer und schwache, jüngere homosexuelle Jungen: aktiv und passiv. Da *Wunder der Rose* Genet als Halbwüchsigen und später als Mann über dreißig zeigt, präsentiert das Buch ihn auch in beiden Rollen. Und während Genet seine reale Flucht aus Mettray Divers überließ, erfand er für sich selbst eine rabiatere Tat. In *Wunder der Rose* behauptet er, er sei ursprünglich nach Mettray gekommen, weil er einem anderen Jungen ein Auge ausgestochen habe. In anderen Texten wird dieselbe blutige Andeutung gemacht, obwohl die außerliterarischen Belege zeigen, daß Genet nie ein solches Vergehen begangen oder auch nur versucht hat. Einen Feind zu blenden bleibt aber für Genet ein mächtiger literarischer Topos. Das Augenausstechen wird nur angedeutet und umgibt die Gestalt »Genet« wie ein dunkler Mantel, eher ein übler Ruf als eine wirkliche Tat, eher eine Möglichkeit als ihre Verwirklichung. In gleicher Zielrichtung sagte der über sechzigjährige Genet zu einem Interviewer, er könne ihm jede Frage stellen, nur nicht, ob er jemals jemanden ermordet habe, womit er selbst das böseste Gespenst heraufbeschwor, das man sich nur denken kann. Genets Legende erforderte diese Grenze zum Satanischen, diesen Ruch, er habe absolut Böses erfahren und ausgeführt.

Seine Flucht scheint eine zweite, ganz andere Phase des Aufenthalts in Mettray eingeleitet zu haben. Vom Dezember 1927 bis zum März 1929 hat er die Anstalt offenbar nicht verlassen. Er wurde aus der Bürstenmacherei zur Arbeit auf den Feldern abgeordnet – einer Tätigkeit, die zweifellos mühseliger war und unter den Zöglingen als etwas Niedrigeres angesehen wurde. In *Wunder der Rose* schreibt er von einem drei Kilometer entfernten Bauernhof, auf dem die Jungen aus Mettray arbeiteten:

Wenn sie am Mittag und am Abend zurückkehrten, sprachen sie von »Bel Air«, und wir, die wir in den Werkstätten arbeiteten, blieben von ihren Geschichten ausgeschlossen, doch das berührte uns nicht sonderlich, denn fast alle Zöglinge, die auf den Feldern arbeiteten, waren armselige Trottel.[94]

Die Handwerksgehilfen dagegen blieben bei kaltem Wetter drinnen, erlernten eine Fertigkeit (egal wie primitiv) und arbeiteten ohne ständige Beaufsichtigung (was die Zahl der »Unfälle« beweist, die die Jungen in den Werkstätten inszenierten, um ins Krankenrevier zu kommen). Natürlich war die Arbeit langweilig, die Werkstätten waren mangelhaft beleuchtet, mit uralten, unzulänglichen Geräten ausgerüstet und schlecht geheizt. Die Jungen waren zudem ständig hungrig, aber Genet behauptete später, daß Handwerksgehilfen wie er, die mächtige Liebhaber hatten, Zöglinge, die weniger Glück hatten, zwingen konnten, für sie den Großteil der Arbeit mit zu übernehmen.

Damals konnte ihm offensichtlich selbst ein Liebhaber nicht helfen. Die Landarbeiter plagten sich bei warmem Wetter von morgens bis abends mit zermürbender Arbeit ab und wurden während der Wintermonate in den Steinbruch versetzt, wo ihre dünne Kleidung sie kaum vor der Kälte schützte und ihre Hände zu blutigem Werkzeug wurden, mit dem sie Steine zu Schotter zerschlugen.

Während dieser zweiten Periode in Mettray, die härter war als die erste, ist Genet offenbar ins innere Exil entflohen und ins Reich der Tagträume, die ihn ganz in Anspruch nahmen.

In dieser Zeit geriet Genet unter zwei vollkommen verschiedene literarische Einflüsse, von denen der eine klassisch und der andere trivial war. Der klassische Autor, auf den er stieß, war der große Renaissancedichter Pierre de Ronsard. Wie jeder Franzose seiner Generation kannte er mehrere Ronsard-Gedichte auswendig, aber in seinem Fall schlug die Lektion an. Als in *Wunder der Rose* die Figur »Genet« der Figur »Bulkaen« in Fontevrault begegnet, sagt Genet von diesem Jungen, den er schon Jahre zuvor in Mettray kennengelernt hatte: »Der Ausdruck, der ihn am besten zur Geltung bringt, ist: ›*La grâce dans sa feuille et l'amour se repose*‹«,[95] ein Vers aus einem Ronsard-Sonett, den man übersetzen könnte: »Grazie und Liebe ruhen in ihrem (der Rose) Blütenblatt.«

Genet zitiert die Anfangszeile eines Ronsard-Gedichts auch in *Notre-Dame-des-Fleurs*. Der Geist Ronsards – stets musikalisch, rhetorisch, doch auf leidenschaftliche Art und Weise aufrichtig, dazu kunstvoll, aber nie überanstrengt – übte einen bleibenden Eindruck auf ihn aus. Als er im Alter gefragt wurde, warum er in einem so eleganten Französisch geschrieben habe, in der »Sprache der Unterdrücker«, antwortete Genet:

Sie machen mir zum Vorwurf, daß ich in gutem Französisch geschrieben habe? Als allererstes: Was ich dem Feind zu sagen hatte, mußte in seiner eigenen Sprache gesagt werden, nicht in einer Fremdsprache wie Slang oder Argot. Nur ein Céline konnte so etwas tun. Man muß Arzt, Armendoktor sein, um wagen zu dürfen, Argot zu schreiben. Er konnte das vollkommen korrekte Französisch seiner ersten medizinischen Dissertation gegen den Argot vertauschen, mit Auslassungspunkten und so weiter. Aber der Gefängnisinsasse, der ich war, konnte das nicht tun, ich mußte mich an den Peiniger exakt in dessen eigener Sprache wenden. Die Tatsache, daß diese Sprache mit Argotwörtern mehr oder weniger verziert wurde, tut ihrer Syntax absolut keinen Abbruch.

Wenn ich von Sprache verführt wurde, und das wurde ich sicherlich, dann nicht in der Schule, sondern eher in Mettray, im Alter von etwa fünfzehn Jahren, als mir jemand, wahrscheinlich ganz zufällig, die Sonette von Ronsard gab. Ich war hingerissen. Ich mußte von Ronsard verstanden werden. Ronsard würde Argot nie geduldet haben. Was ich zu sagen hatte, erforderte von mir diese Sprache, um Zeugnis abzulegen von meinen Leiden.[96]

Den zweiten literarischen Einfluß stellten Trivialromane dar. Unter den Jungen kursierten für Kinder verfaßte Groschenromane. Genet nennt[97] unter anderen *Der Strick um den Hals (La Corde au cou)* von Gustave Lerouge und *Prinzessin Milliarde (Princesse Milliard)* von Émile Gaboriau, dem Vater des Kriminalromans in Frankreich. Andere exotische Titel, die er erwähnt, heißen *Unter dem Rapier (Sous la dague), Die Wahrsagekarten der Zigeunerin (Les Tarots de la Bohémienne), Die blonde Sultanin (La Sultane blonde)*, und die Autoren, die er am häufigsten erwähnt, sind Paul Féval (sein Lieblingsautor[98]), Xavier de Montépin, Ponson de Terrail und Pierre Décourcelle. Dies waren Schnellschreiber – Montépin schrieb Hunderte von Büchern und wurde wegen Obszönität vor Gericht gestellt, weil er mit großer Detailfreude die Rückansicht einer Frau beschrieben hatte. Er verfertigte Melodramen fürs Theater, in denen es von Burgverliesen, Duellen, Mordanschlägen, Vergewaltigungen, der Vertauschung von Babys bei der Geburt, Giftmorden und Gegengiften wimmelt. In einem anderen Roman, den Genet erwähnt, *Pardaillans Sohn (Le fils de Pardaillan)* von Michel Zévaco, treten Richelieu und Heinrich IV. höchstpersönlich auf, während sich die Handlung um einen verlorenen Schatz rankt.

Genet war für die Mischung aus hoher Kunst und realistischem Abenteuer immer aufgeschlossen. Bestimmte literarische Schlüsselfiguren (Dostojewski, Proust, Ronsard, Racine, Chateaubriand) hielten sein Interesse sein ganzes Leben lang wach, besonders als Leitbilder der Eloquenz, die er bewunderte und sich anzueignen suchte. Gleichzeitig war er immer ein begeisterter Leser von Zeitschriften wie etwa *Detective*, einem Magazin, das wahre Kriminalgeschichten brachte, und von Abenteuerromanen. In *Wunder der Rose* ist Genets fortdauernder Traum, als Schiffsjunge auf einem Piratenschiff zu leben, nur die homosexuelle Version solcher Geschichten von treuergebenen Pagen, die kampfeslustigen Rittern dienen. Und was noch eindeutiger ist: Genets permanente Traumbilder von berüchtigten Verbrechern, heroischen Untaten und blutigen Bestrafungen liegen vollkommen in der Tradition solcher Kriminal- und Verbrechensgeschichten. Sein Beitrag zu dem Genre besteht natürlich in seiner wundervollen Sprache und seiner Collagetechnik, die beide gegen die Spannung arbeiten, die derartige Werke normalerweise hervorrufen, und diese durch eine ungewöhnliche Fokussierung auf den

Erzähler selbst und den Spielraum und die Freiheit seiner gottähnlichen Macht ersetzen. Genet verzichtet auch auf die »Moral von der Geschicht'«, die solchen Schilderungen üblicherweise hinten drangeklebt wurde. Was Genet in seiner klaren, unerschrockenen Art aufdeckt, ist die tiefe Bewunderung für Verbrecher, die in diesem Genre immer latent war. Die Synthese aus hoher Kunst und Genreliteratur, die Genet nur wenige Jahre später erreichen sollte, war in seinen literarischen Erfahrungen in Mettray bereits enthalten. In Mettray füllte Genet bereits das Reservoir seiner Phantasie mit provokanten und erregenden Bildern. Er führt bis ins Detail vor, wie seine Art, die Männer und Jungen um ihn herum wahrzunehmen, durch die bunten Brillengläser der hohen und niederen Literatur eingefärbt war. So wie er in seinem späteren Leben nur Diebe und Botschafter, Zuhälter und Philosophen kannte, jedoch kaum durchschnittliche Menschen, so las er schon damals entweder Klassiker oder Schund, dem breiten Mittelfeld der Durchschnittsromane aber ging er aus dem Weg.

Genets Reaktion auf Mettray war vielschichtig. In *Tagebuch eines Diebes* gesteht er, daß er dort auch gelitten hat:

Mettray, das meinen amourösen Neigungen entgegenkam, verletzte ständig mein Feingefühl. Ich litt. Grausam fühlte ich die Schande, geschoren zu sein, in einer abscheulichen Uniform zu stecken, an diesem elenden Ort festgehalten zu werden; ich machte Bekanntschaft mit der Verachtung durch andere Anstaltsinsassen, die stärker waren als ich oder bösartiger. Um meine Trostlosigkeit zu überstehen, entwickelte ich, während ich mich immer weiter in mich zurückzog, ohne davon Notiz zu nehmen, eine rigorose Disziplin. Die Technik funktionierte etwa folgendermaßen (seitdem habe ich sie stets angewandt): Auf jede gegen mich vorgebrachte Beschuldigung, und war sie noch so ungerecht, antwortete ich aus tiefstem Herzen mit ja. Kaum hatte ich dieses Wort – oder den Satz, der dasselbe besagte – ausgesprochen, fühlte ich in mir das Bedürfnis, das zu werden, was zu sein man mich beschuldigt hatte. Ich war sechzehn Jahre alt. Man hat mich verstanden: In meinem Herzen hielt ich keine Stelle frei, wo sich das Gefühl meiner Unschuld hätte festsetzen können. Ich bekannte, der Feigling, der Verräter, der Dieb, der Homosexuelle zu sein, den man in mir sah. Eine Beschuldigung kann ohne Beweis vorgebracht werden, aber um mich schuldig zu sprechen, hätte ich wohl diese Taten von Verrätern, Dieben und Feiglingen begangen haben müssen, doch davon war nichts zu finden: Mit ein wenig Geduld, mit Überlegung entdeckte ich in mir selbst genügend Gründe, mit diesen Bezeichnungen benannt zu werden. Ich erkannte mit Bestürzung, daß ich aus Unrat bestand. Ich wurde gemein und niederträchtig. Langsam gewöhnte ich mich an diesen Zustand. Ich bekannte mich unbesorgt dazu. Die Verachtung, die man mir entgegengebracht hatte, verwandelte sich in Haß: Ich hatte es geschafft. Doch welche seelischen Erschütterungen hatte ich durchgemacht! Zwei Jahre später war ich stark.[99]

Dieser in Stärke verwandelten Verworfenheit wird in Genets Werk gelegentlich ein einfacherer, direkterer Stolz auf sich selbst und seine Gefährten in Mettray entgegengesetzt. So schreibt er:

Weil ich in Mettray war, bin ich gut, das heißt, meine Güte gegenüber einfachen Leuten besteht aus der Treue zu denen, die ich geliebt habe. Wäre ich in der hyperboreischen Einsamkeit großen Reichtums aufgewachsen, hätte meine Seele nicht gewußt, wie sie sich erweitern soll, denn ich liebe keine unterdrückten Menschen. Ich liebe die, die ich liebe, sie sind immer schön und manchmal unterdrückt, aber aufrecht in ihrer Revolte.[100]

KAPITEL 4

Genet mag später Mettray beharrlich idealisiert haben, doch solange er dort war, setzte er alles daran, seinen Aufenthalt zu verkürzen, und so meldete er sich freiwillig zum Militär. Am 1. März 1929 sprach er im Rekrutierungsbüro der Armee vor, das sich innerhalb der Mauern Mettrays befand. Er unterschrieb für zwei Jahre. In den Papieren gab er als seinen Beruf »Landarbeiter« (»*cultivateur*«) und als seine Adresse »Mettray« an. Zwei Tage später begab er sich in die Kaserne des Zweiten Pionierregiments in Montpellier. Aufgrund einer verwaltungstechnischen Umorganisation der Armee wurde er zwei Monate darauf, am 1. Mai 1929, dem Siebten Pionierregiment in Avignon zugeteilt.

Während er in Montpellier oder Avignon war, schlüpfte Genet in seiner Freizeit einmal in Zivilkleider und fuhr in das Städtchen Salon-de-Provence, wo es zu der erwähnten zufälligen Begegnung mit René de Buxeuil und seiner Frau kam. Er prahlte, er arbeite und spare, um an der Universität Montpellier studieren zu können – natürlich eine glatte Lüge.

Genets Vorstellung von der Armee, oder zumindest seine Erinnerung daran, war gespalten wie seine Haltung gegenüber Mettray. In *Tagebuch eines Diebes* schreibt er begeistert vom Militär:

Die Würde, die eine Uniform verleiht, die Isolierung von der Welt, die sie auferlegt, und überhaupt die Tätigkeit, Soldat zu sein, schenkten mir etwas Frieden und – da die Armee einem Teil der Gesellschaft *verschlossen* bleibt – sogar ein gewisses Selbstbewußtsein. Mehrere Monate lang war meine Lage als Kind, gewöhnlich Erniedrigungen ausgesetzt, entspannt. Endlich lernte ich die Annehmlichkeit kennen, unter anderen Männern aufgehoben zu sein.[1]

Im Gegenteil dazu erklärte Genet fast vierzig Jahre später in *Ein verliebter Gefangener*, daß er zum Militär gegangen sei, wie man Selbstmord begehe.[2] Am 18. Oktober 1929 wurde Genet in Avignon zum Obergefreiten befördert – den höchsten Dienstrang, den er bei der Armee je hatte. Um etwas von der Welt zu sehen, ersuchte Genet darum, zu einer neuen, den Truppen in der Levante unterstellten Pioniereinheit versetzt zu werden – dem Dreiunddreißigsten Kolonialbataillon, dessen Hauptquartier Beirut war. Vielleicht aber ging es Genet nur um die monatlich zwanzig Franc Sonderzulage, die der Hauptvorstand der Öffentlichen Fürsorge jenen Staatsmündeln ausgesetzt hatte, die freiwillig als Soldaten nach Marokko oder Syrien gingen. Am 28. Januar 1930 wurde Genet in Marseille eingeschifft, und am 4. Februar kam er in Beirut an. Bei seiner Ankunft an Bord der *Marseilles-Pacha* beeindruckte ihn als erstes der Anblick von vier Gehenkten; sein Auge suchte sofort ihre Hosenschlitze, vielleicht weil er gehört hatte, daß das Hängen eine letzte Erektion und Ejakulation bewirkt.

Genets Bataillon bestand aus vier Pionierkompanien, die in Beirut, Aleppo und Damaskus stationiert waren. Genet war der Zweiten Kompanie zugeteilt und blieb bis Ende des Jahres in Damaskus.

Syrien erscheint vielen Besuchern als ein düsteres Land mit schmutzigen, zerfallenen Städten und unterdrückten Menschen, die freundlich, aber ängstlich, ja seelisch gebrochen wirken. Als Genet nach Syrien kam, hatte sich das Land erst kurz zuvor aus vier Jahrhunderten osmanischer Herrschaft befreit. Nachdem das Osmanische Reich am Ende des Ersten Weltkriegs zusammengebrochen war, führte eine britisch-arabische Offensive im Oktober 1918 in Syrien zu einer provisorischen Regierung unter Feisal, der schließlich am 17. März 1920 zum König des Vereinigten Königreiches Syrien (zu dem auch der Libanon und Palästina gehörten) gewählt wurde.

Die Befreiung von den Türken fiel in die Zeit, als Lawrence von Arabien im Nahen Osten war. T. E. Lawrences *Die sieben Säulen der Weisheit* sollte Genet später gut kennen (in *Ein verliebter Gefangener* zitiert er es fünf- oder sechsmal), obwohl er von Lawrence, der in den Diensten Feisals britischer Geheimagent gewesen war, kaum eine hohe Meinung hatte. Genet erzählte Claude Mauriac im Jahr 1972, daß er, als er in Damaskus war, *Die sieben Säulen der Weisheit* schon gelesen hatte (oder zumindest »den Inhalt kannte«), und bereits wußte, daß »Lawrence log« und »in Diensten Englands gegen

Feisal« arbeitete.³ Dennoch stellte Lawrence mit seiner Homosexualität und seiner Vertrautheit mit der arabischen Politik und den arabischen Sitten und Gebräuchen für Genets viel spätere Rolle bei den Palästinensern einen Präzedenzfall dar, dazu aber auch ein Antibeispiel. Sicher war Genet von Lawrence fasziniert. Als David Leans Film *Lawrence von Arabien* einmal im Fernsehen lief, bat Genet Freunde, mit denen er den Abend verbrachte, um Ruhe und bestand darauf, sich den Film von Anfang bis Ende anzusehen (in seinen letzten zwei Lebensjahrzehnten ging er fast nie mehr ins Kino). Wie Lawrence lebte Genet unter arabischen Soldaten und erlernte so viel von ihrer Sprache, daß er sich mit ihnen fast mühelos oberflächlich verständigen konnte. Viele Passagen in Lawrences Buch müssen Genets persönliche Empfindungen widergespiegelt haben.

Am 24. Juli 1920 überfielen französische Truppen die syrische Armee, und wenig später übertrug der Völkerbund Frankreich das Mandat über Syrien und den Libanon, das es bis 1940 behielt. Die Briten hatten ihr Augenmerk auf Palästina und den Irak gerichtet und überließen Syrien und Feisal ihrem Schicksal.

Der faszinierendste französische Offizier in *le levant* (die Bezeichnung Levante liebten die Franzosen besonders) war für Genet General Gouraud, Oberbefehlshaber der französischen Armee und Hochkommissar von Syrien. Über die Stimmung in Damaskus schrieb Genet: »In den kleinen Moscheen, während unserer Kartenspiele und danach, war mir der General Gouraud, der Mann, der verantwortlich war für die Zerstörung der Stadt und das, was als ›Wiederherstellung des Friedens‹ bezeichnet wurde, genauso geschildert worden, wie wir heute General Sharon beschreiben«[4] (den rechtsgerichteten israelischen Offizier, der als Verteidigungsminister abgesetzt wurde, nachdem man festgestellt hatte, daß er für das Massaker an den Palästinensern in Chatila verantwortlich war). Henri Gouraud hatte die Levante zwar bereits 1923 verlassen, doch sein Name war noch in aller Munde, als Genet nach Damaskus kam. Genet erinnerte sich in seinem Interview mit Hubert Fichte:

In Damaskus war ich, kurz nachdem General Goudot ... ich meine, General Gouraud nach einer Drusenrevolte eine Bombardierung angeordnet hatte. Er war ein Mann, dem ein Arm fehlte und der Damaskus in einen Schutthaufen verwandelt hatte. Tatsächlich hatte er eine Kanone abgefeuert, und wir hatten strengen Befehl, stets in Dreiergruppen bewaffnet auszugehen, und wir mußten auf dem Bürgersteig bleiben. Wenn Frauen oder alte Araber, wenn Syrer auf dem Bürgersteig an uns vorbeigingen, waren sie diejenigen, die auf die Straße ausweichen mußten. Diese Praxis wurde sabotiert, sie wurde von mir sabotiert – und nur von mir natürlich. Ich habe mich vor Frauen immer im Hintergrund gehalten, und ich ging immer in die Basare, die in Damaskus wunderbar waren. Ich ging unbewaffnet in die Basare, und die Leute wußten das sofort, denn in Damaskus gab's nur vielleicht zweihundert-, zweihundertfünfzigtausend Einwohner, und ich wurde sehr freundlich aufgenommen.[5]

Tatsächlich hatte Damaskus in Genets Tagen nur einhundertachtzigtausend Einwohner, was die Äußerung über die leicht überschaubare Größe der Stadt nur untermauert.

General Gouraud (Genet verwechselte ihn zunächst mit Goudot, einem anderen französischen Offizier, unter dem er später diente) war ein Reinprodukt der französischen gehobenen Mittelschicht und damit jemand, den Genet als Angehörigen der Gegenpartei zugleich bewunderte und verabscheute. Nach der »Befriedung« mehrerer afrikanischer Länder kämpfte Gouraud im Ersten Weltkrieg. Anschließend schickte ihn Clemenceau am 21. November 1919 nach Beirut. Obwohl ihm von den Bewohnern ein freundlicher Empfang bereitet wurde, war er bald gezwungen, zu den Waffen zu greifen. In der offiziellen Biographie heißt es: Es sei nicht nur um eine vollständige Neuordnung aus dem Innern eines Landes heraus gegangen, das gerade fünf Jahre Hungersnot und Tyrannei überstanden hatte, sondern sehr bald habe auch eine ebenso große Notwendigkeit bestanden, die unglücklichen Bewohner gegen Feinde von außen zu schützen: die bewaffneten Haufen von König Feisal im Osten und die Türken im Norden.[6]

Feisal I. wurde im Juli 1920 endgültig geschlagen, und ein Jahr später waren die Türken gezwungen, die Grenzen von Syrien anzuerkennen. Nachdem der Frieden wiederhergestellt war, baute General Gouraud ein umfangreiches Straßennetz auf, säuberte den Hafen von Beirut, rief einen veterinärmedizinischen Hilfsdienst ins Leben, erhöhte die Anzahl der Schulen von dreihundert auf neunhundertsiebenundachtzig und gründete Waisenhäuser und Polikliniken. Er schuf auch eine archäologische Gesellschaft und errichtete im Azem-Palast in Damaskus – einer der schönsten Residenzen der Stadt, nur wenige Straßen von der großen Omajjaden-Moschee entfernt – ein Museum Moslemischer Kunst und Archäologie.

Ein derartig gedrängter Abriß französischer Kulturleistungen mag gut klingen, doch die Fakten sprechen eine andere Sprache. Gourauds Sieg über Feisal wirkte sich niederschmetternd auf die arabischen Hoffnungen im ganzen Nahen Osten aus, denn Feisals »Arabisches Königreich« war die erste repräsentative Regierung in der syrischen Geschichte (zumindest seit der Herrschaft der Omajjaden-Kalifen zwölfhundert Jahre zuvor) und die erste, die modern mit Kabinettsministern des Innern, des Äußeren, der Justiz, der Finanzen, der Erziehung, der Öffentlichen Arbeiten und des Krieges ausgestattet war. Trotz aller französischen Anstrengungen, den Eindruck zu erwecken, als sei der Erhalt von Denkmälern arabischer Kultur allein das Verdienst der Franzosen, war es in Wirklichkeit Feisal, der während seiner knapp zweijährigen Regierungszeit als erster eine Akademie der arabischen Sprache (gegründet von dem berühmten Gelehrten Muhammad Kurd Ali), eine Arabische Bibliothek (in der Tausende von Manuskripten gesammelt wurden) und ein Arabisches Antikenmuseum anregte. Darüber hinaus machte Feisal das Arabische nach Jahrhunderten der Verdrängung durch das Türkische zur offiziellen Sprache. Der ganze arabische Nationalismus in diesem Jahrhundert beginnt mit der arabischen Sprache: Sie bildet den sozialen Kitt zwischen verschiedenen Regierungen und ist der Hauptbeweis dafür, daß es so etwas wie die Gemeinschaft der Araber wirklich gibt. So gesehen, ist die Sprache wichtiger als der Islam, der schließlich auch die Religion vieler Nichtaraber ist, darunter der mit den Syrern verfeindeten Türken. Und schließlich gründete Feisal trotz der unsicheren Zeiten eine wichtige medizinische Fakultät in Damaskus.

Genet mit seiner unmittelbaren und konstanten Empfindlichkeit gegenüber jeglicher Unterdrückung erfaßte die politische Lage rasch. Zum erstenmal sah er mit eigenen Augen die Bestürzung und den Unmut, den der französische Kolonialismus bei einer arabischen Bevölkerung erzeugen konnte. Die Parallele zwischen der Unterdrückung und der strengen Behandlung, die er in Mettray erlitten hatte, war für Genet offenkundig. In einem Gespräch mit Bertrand Poirot-Delpech über die Ursprünge seines Anarchismus sagte Genet:

Nachdem ich in Mettray war, wurde ich nach Syrien geschickt, und der große Mann in Syrien war General Gouraud, der Mann, dem ein Arm fehlte. Er hatte Damaskus bombardiert, und da ich ein bißchen Arabisch lernte, verließ ich das Militärlager genau um vier und kam zurück, wann mir das paßte. Die kleinen Jungs aus Damaskus machten sich ein großes Vergnügen daraus, mich durch die Ruinen zu führen, die General Gouraud hinterlassen hatte. Ich gewann den Eindruck von jemandem, der gleichzeitig ein Held und ein Schwein war, die beunruhigende Art Mensch, die Gouraud verkörperte.[7]

An anderer Stelle sagt Genet: »Die Syrer beschuldigten Frankreich der Massaker und der Zerstörung von Damaskus.«[8]
In späteren Jahren sah Genet das tragische Ergebnis der Entscheidung, Syrien

zu teilen, denn trotz der Tatsache, daß die Syrische Nationalversammlung nach der Vertreibung Feisals dafür gestimmt hatte, eine einzige Nation, Syrien-Palästina, zu bleiben, war das Land aufgeteilt worden. Die Briten nahmen sich das, was später Israel und Jordanien wurde, während die Franzosen ihr Mandat über Syrien und den Libanon errichteten – was sich bis zum Zweiten Weltkrieg nicht änderte. Das ganze Gebiet wurde politisch aufgeteilt in Palästina (den Zionisten zugesagt), Libanon (mit seinem großen christlichen Bevölkerungsanteil) und Syrien (nun in seiner Größe erheblich reduziert und in vier verschiedene Bezirke unterteilt). Mit dem Anspruch, die Rechte verschiedener Minderheiten zu schützen, hatte Frankreich in Wahrheit die Einheit (und Macht) des Widerstands im Nahen Osten gebrochen. Aus Protest gegen das kleine Budget, das die französische Regierung für die Verwaltung Syriens bewilligt hatte, gab Gouraud seinen Posten 1922 auf. (Zu Recht – es gab nur fünfzehntausend französische Soldaten in der gesamten Levante.) Heimlich sammelten sich syrische Widerstandskräfte um einen patriotischen Anführer, Dr. Abdarrahman Chahbandar, doch die Revolte begann nicht in Damaskus, sondern in der im Süden lebenden Drusengemeinde. Hauptmann Carbillet, ein französischer Abenteurer, war von der drusischen Oberschicht zum Gouverneur gewählt worden, doch seine Reformen und Exzesse bedrohten bald deren Macht, worauf sie bei Gourauds Nachfolger, General Sarrail, Einspruch einlegten. Als dieser sich weigerte, Carbillet abzuberufen, erhoben sich die Drusen, denen sich Chahbandar und seine Leute rasch anschlossen. Nachdem die Nationalisten Damaskus eingenommen hatten, wurde die Stadt von der französischen Armee im Oktober 1925 und im Mai 1926 bombardiert. Erst gegen Ende des Jahres 1926, anderthalb Jahre, nachdem der Aufstand sich entzündet hatte, wurde er niedergeschlagen. Doch die Rebellion, fortan als die »Große Syrische Revolution« bekannt, blieb ein glorreicher Augenblick in der Geschichte und der Erinnerung der syrischen Patrioten.[9]

Als der neunzehnjährige Genet nach Damaskus kam, lebte die Stadt bereits drei Jahre unter strenger Militärherrschaft. Das Pionierkorps, dem er angehörte, erhielt den Auftrag, Teile der zerbombten Stadt wiederaufzubauen. In *Ein verliebter Gefangener* erzählt Genet seine weit zurückliegenden Erinnerungen an Damaskus. Er sah ein, daß er Angehöriger einer Besatzungsarmee war, und er erlebte sich, wenn auch nicht als Kolonialisten, so doch zumindest als »den Janitschar eines Kolonialisten«[10], eine Anspielung auf die Sitte osmanischer Türken, christliche Kinder zu entführen und sie zu Janitscharen, muslimischen Soldaten, auszubilden, die keine andere Treue als die zum Staat kannten.[11] Der Vergleich zwischen einem Janitscharen und Genet ist gar nicht so unpassend, bedenkt man, daß Genet ein zum Soldaten gewordener Waisenknabe und Zögling der Öffentlichen Fürsorge war. Auch wenn Damaskus eine unter Besatzung lebende Stadt war, gefiel es dem jungen Genet dort sehr gut: »Exotik, Freiheit und Militär gaben Damaskus das Gepräge.«[12] Nach der Zeit, die er wie ein Häftling in Mettray verbracht hatte, schwirrte ihm von dieser neuen Freiheit der Kopf. Er verliebte sich in einen sechzehnjährigen »kleinen Friseur« und erinnerte sich später:

Mindestens jeder in der Straße wußte, daß ich in ihn verliebt war, und die Männer lachten herzlich darüber … Die Frauen waren verschleiert und kaum zu sehen. Aber die Jungs, die jungen Männer und die alten Männer, alle lächelten sie und freuten sich. Sie sagten zu mir: ›Ah! Geh mit ihm!‹ Und er, der Junge, er war überhaupt nicht verlegen. Ich weiß, er war sechzehn, ich war ungefähr achtzehneinhalb, und ich fühlte mich absolut wohl bei ihm. Bei seiner Familie, in der ganzen Stadt Damaskus.[13]

Das liebevolle Verhältnis zu dem jüngeren Friseur mag ihm weniger grob vorgekommen sein als die rüden Eroberungs- und Besitzrituale, die in Mettray geherrscht hatten; und wie um den brüderlichen Charme dieser syrischen Liebesaffäre zu unterstreichen, macht Genet sich etwas jünger, als er damals wirklich war. War auch die äußere Zärtlichkeit dieser Freundschaft neu, so bestand das Verlangen nach Zuneigung doch schon seit langem. Selbst in Mettray mochte Genet, wie auch später im Gefängnis, nie rohen, unpersönlichen Sex. Als alter Mann sagte er:

Im Reinzustand habe ich meine Sexualität nie ausgelebt. Sie war immer mit Zärtlichkeit vermischt, und war es vielleicht auch nur eine rasche, vorübergehende Zuneigung. Bis ganz zum Schluß meines Sexuallebens gab es immer – also, ich habe nie unbeteiligt Sex gemacht, ich meine, ohne ein bißchen menschliches Gefühl. Für mich ging's dabei immer um einzelne, um Jungs, um einzelne, nicht um Rollen. Mich zog es zu einem Jungen meines Alters hin – treiben Sie mich nicht so weit, daß ich das genau erklären soll. Ich kann Liebe bestimmt nicht erklären, das ist sicher. Aber ich konnte nur mit Jungen schlafen, die ich liebte. Ansonsten schlief ich mit gewissen Burschen höchstens wegen des Geldes.[14]

Als Obergefreiter des Pionierkorps erhielt Genet den Befehl, am Bau des Fort Andréa mitzuarbeiten, einer Festung aus Stahlbeton, die ganz Damaskus beherrschen sollte. Sein viel späterer Bericht über seine Ingenieurs- und Führungsqualitäten betont das Possenhafte an der Geschichte. Das Fort sollte eigentlich von einem sechseckigen Turm bekrönt werden, der als Basis für eine große Schiffskanone vorgesehen war. Genet aber war tagsüber immer völlig erschöpft, weil er die Nächte damit verbrachte, Karten zu spielen, Pistazienkerne zu kauen und ein bißchen Arabisch zu lernen. Erst bei Tagesanbruch kehrte er in die Kaserne zurück – wie ein »Lebemann, der im Morgengrauen todmüde vom Spielkasino nach Hause geht«.[15]

Trotz der Bombardierungen und der französischen Besatzung war Damaskus 1930 eine pulsierende und verführerische Stadt mit ihrem Einwohnergemisch aus Christen, Muslimen und Juden. Damals wie heute prägt die Große Moschee mit ihren drei hoch emporstrebenden Minaretten das Stadtbild. In ihrem Inneren war das prächtige Grab Johannes des Täufers zu besichtigen. In der Nähe befanden sich die Basare. Die engen Gassen zwischen den Reihen Tausender kleiner Läden rochen nach exotischen Gewürzen und Kaffee, sie waren oft durch mächtige, mit Stricken festgebundene Kamele blockiert. Hier wurden kostbar verziertes Leder, buntgefärbte Stoffe, mit Perlmutt inkrustierte Hölzer, messingene Kaffeekannen mit langen Schnäbeln und natürlich »damaszierte« Metalleinlegearbeiten verkauft. Der Lärm der Händler, die ihre Waren ausriefen (»Zarte Brunnenkresse! Wenn eine alte Frau sie am Abend ißt, wacht sie am Morgen jung auf«, oder »Lieber Herr, Sie sind so hübsch, warum kaufen Sie nicht alle meine Blumen?«), erfüllte die Luft.[16]

Eiskonditoreien, Buchläden, die eine ganze »Bücherstadt« bildeten, eine zwischen zwei Geschäften versteckte kleine Moschee, Kioske, wo duftende Getränke feilgeboten wurden, Kleiderläden, Parfümläden, Lebensmittelläden, Läden, in denen gebrauchte Kleidung, alte Matratzen oder Alteisen verkauft wurde – alles Leben und alle Bedürfnisse der Stadt und die meisten ihrer Vergnügungen waren in den Basaren zu finden. Aus fernen Orten eintreffende Karawanen fanden Herberge in den *khans*, einer Mischung aus Schlafsaal und Lagerhaus. In diesen *khans* fanden in winzigen Cafés, die nur zehn oder zwölf Leuten Platz boten, die verbotenen Kartenspiele statt, die Genet so fesselten. (»Die heimlichen und daher antifranzösischen Zusammenkünfte haben General Gouraud sicher Sorgen bereitet«, erinnert sich Genet.[17] Erst Jahre später wurde Genet klar, daß seine syrischen Mitspieler das Gefühl haben mußten, daß seine Gegenwart ihre Sicherheit garantiere, denn sie brachen das von den Franzosen verhängte Kriegsrecht, nach dem nächtliche Versammlungen untersagt waren, um politische Komplotte zu verhindern.)

Tagsüber arbeitete Genet mit seinen Soldaten am sechseckigen Turm. Als das Gerüst abgebaut wurde, fand der Hauptmann das Werk gelungen. Er spendierte Genet einen Schluck von dem Viertelliter Rum, den er in einer Feldflasche am Koppel trug, und sagte so etwas wie: »Gute Arbeit. Verdienen Großkordon oder Kriegsverdienstkreuz mit Palmen.«[18] Eine Woche später fand »die Hochzeit«, wie Genet es in seiner erotischen Sprache formulierte, zwischen der Kanone und dem Turm statt. (Die Kanone gehörte der französischen Marine und wurde, zerlegt, von Matrosen auf den Rücken von Mauleseln herangeschafft.) Genet spürte den »wohligen Schauer« des Betonturms, als dieser die zusammengebaute Kanone aufnahm. Dann verkündete der Marineoffizier: »Zu Ehren von Oberst Andréa, dem französischen Offizier, der auf dem Felde der Ehre gefallen ist, und zu Ehren Ihrer ausgezeichneten Arbeit, Herr Hauptmann, der Arbeit des jungen französischen Pioniers und der Arbeit dieser braven Einheimischen werden wir einen Schuß aus der Kanone abfeuern, aber nur einen.«[19]

Die Kanone wurde abgefeuert, Genets Turm bekam Risse, barst, stürzte ein – und Genet kam ins Lazarett, wie er später schrieb, wegen »einer Gelbsucht, die ich meiner Blamage zu verdanken hatte«. Und er setzt hinzu: »Niemals werde ich nach meinem Tod auf einem Bronzeroß verewigt werden, weder ich selbst noch mein bronzenes Abbild werden nachts im Mondlicht Schatten werfen. Dennoch war dieser winzige, groteske, aber monumentale Schiffbruch für mich der Auslöser, ein Freund der Palästinenser zu werden.«[20] Und dann erklärt er, der Einsturz seines Turmes, zurückzuführen auf das Unkraut, das aus den Rissen des Zements hervorgesprossen war, habe ihn die Bedeutung des Faktors Zufall in seinem Leben gelehrt. Wie er erfahren sollte, sind die Palästinenser das Volk, das die Macht des Zufälligen am besten vor Augen führt, die Spieler, die das Gesetz des Zufalls am besten meistern. So wie der Zweite Weltkrieg zu einer gigantischen sozialen Vermischung in Frankreich geführt hat, zu einem fruchtbaren Durcheinander der Klassen, ebenso hat die Fähigkeit der Palästinenser, sich in den Zwischenräumen der Gesellschaft zu entwickeln, ihnen das Überleben garantiert. Genet schließt: »Moos, Flechten, Gras und ein paar wilde Rosen, die ganze Platten aus rotem Granit anzuheben vermögen, waren das Abbild des palästinensischen Volkes, das überall aus den Ritzen hervorsproß ...«[21] Der Satz beendet seine poetische Erklärung, wie die Lektion, die er damals in Syrien gelernt hatte, ihn vierzig Jahre später dazu führte, »ein Freund der Palästinenser zu werden«.

In der Zwischenzeit hatte Genet gelernt, durch die Beobachtung der Welt und dank seiner Lektüre zu schreiben. Er lernte es aus der Verknüpfung der literarischen Überlieferung, die er sich nach und nach aneignete, mit der viel direkteren persönlichen Erfahrung der gesellschaftlichen Hierarchie, die er als grotesk, willkürlich und zerbrechlich empfand. Später erzählte er:

Ich wußte gar nichts. Ich wußte nicht einmal, wie man die einfachsten Dinge sagt. Viele Jahre lang konnte ich nicht drei Worte hintereinander hinschreiben, ohne mir in einer Volksschulgrammatik Rat zu holen, die ich überall mit mir rumschleppte. Ich las auch, ich las wie ein Sklave alles, was mir in die Hände kam.[22]

Beim Militär las Genet Lautréamont, André Gide und François Mauriac, vor allem aber Dostojewski:

Als Soldat las ich *Aufzeichnungen aus einem Totenhaus* und *Schuld und Sühne*. Für mich war Raskolnikow ein lebender Mensch, viel lebendiger zum Beispiel als Léon Blum.[23]

Die Gegenüberstellung des sozialistischen, fortschrittlichen Kopfes der französischen Regierung in den dreißiger Jahren mit dem nietzscheschen Helden von Dostojewskis *Schuld und Sühne* ist kein Zufall. Raskolnikow ist trotz seiner letztlich christlichen Erlösung ein Außenseiter und Verbrecher, der wie Genet gebildet, doch furchtbar arm ist, ein Mensch am Rande der Gesellschaft, der die Beliebigkeit gesellschaftlicher Konventionen und geltender Moralvorstellungen durchschaut. Léon Blum dagegen repräsentiert auf vorbildliche Art den Optimismus der Dritten Republik. Seine Unfähigkeit, Böses richtig einzuschätzen, die Bedrohung zu begreifen, die Hitler für Frankreich darstellte, trug zu der raschen französischen Niederlage bei (und zu Blums Inhaftierung in Deutschland). 1986 erschien ein vier Seiten langes Essay über Dostojewskis *Die Brüder Karamasow*, in dem Genet behauptet, daß dieser Roman bedeutend ist, weil er sich selbst zerstört. Jeder Behauptung wird in diesem Buch widersprochen, jede Wahrheit wird umgestoßen. Für Genet ist Dostojewski ein Schalk, der den Rang seiner Erzählung unterminiert:

Mir scheint, dieser Interpretation zufolge, daß jeder Roman, jedes Gedicht, Gemälde oder Musikstück, das sich nicht (...) selbst als Schießbude etabliert, in der es eines der Ziele ist, ein Schwindel ist.[24]

Eine andere Anekdote aus seiner Zeit in Syrien untermauert das possenhafte Bild, das er uns von sich als einer kleinen Schachfigur im Kolonialsystem (einem imitierten, inkompetenten Funktionär) und als einem gescheiterten Soldaten (einem imitierten Mann) vermittelt. Es ist, als habe Genet erkannt, daß er in der kurzen Zeit, in der er als normaler Repräsentant der französischen Gesellschaft (und des französischen Imperialismus) agierte, so absurd war wie diese Gesellschaft selbst – und das in zweifacher Hinsicht, denn er ahmte ja einen normalen Mann nur nach.

Jean Cau, der langjährige Sekretär Jean-Paul Sartres, schrieb 1959 in einer französischen Zeitschrift:

Zu einem General, dem er [Genet] eines Tages während einer wichtigen Militäraktion in Syrien einen wichtigen Bericht über Feindbewegungen erstattete, sagte er: »Hören Sie zu, Herr General, wenn ich meinen Bericht erstatten soll, während ich strammstehe, und das sechs Schritt von Ihnen entfernt, kann ich Ihnen das einfach nicht erläutern. Ich muß mich dabei bewegen und herumlaufen. Geht das in Ordnung?« Er begann mit ausladenden Gesten herumzufuchteln. Der General schickte den Geheimagenten Genet in den Bunker.[25]

Es gibt keine Bestätigung für diese Anekdote, und es scheint unwahrscheinlich, daß Genet in diesem Moment ins Gefängnis gesteckt wurde. Aber Cau gibt offensichtlich eine Geschichte wieder, die Genet ihm erzählt hat, und was daran fasziniert, ist das Bild des einerseits unverfrorenen und andererseits unfähigen Genet. In Passagen der Originalversion von *Wunder der Rose,* die Genet in der zweiten Fassung strich, sind die Jungen in Mettray oft ungeheuer frech zu den Wächtern, die sie manchmal sogar einschüchtern. Viele großspurige Geschichten von Sklaven, Gefangenen, Soldaten oder einfach nur unterdrückten Arbeitnehmern haben ähnlich unwahrscheinliche Momente, wo der getretene Wurm sich krümmt, zum Inhalt. Als Underdog muß Genet einen Spaß daran gehabt haben, solche Geschichten zu erzählen, auch wenn er sie später strich.

Über seine Rückkehr nach Frankreich schrieb Genet später:

Die Ärzte kurierten mich von der Gelbsucht, die ich meiner Blamage zu verdanken hatte. Ich wurde mit der Gratifikation eines einmonatigen Genesungsurlaubs nach Frankreich zurückgeschickt, aber meine Militärlaufbahn war ruiniert.[26]

Er wurde per Schiff zurück nach Frankreich gebracht, wo er am Weihnachtstag des Jahres 1930 ankam und wieder dem Siebten Pionierregiment in Avignon zugeteilt wurde.

Sein Leben lang bewahrte Genet eine Schwäche für Syrien. Als er 1971 erneut in Damaskus war, kam er mit zwei Kavalleristen ins Gespräch, die Französisch sprachen, weil sie während des Drusenaufstandes französische Unteroffiziere gewesen waren. Und obwohl diese Männer erbitterte Gegner von Genets geliebten Palästinensern waren, empfand er für sie unwillkürlich etwas, das ihn an Nostalgie erinnerte. Und als er ihnen erzählte, er sei als junger Soldat vor ungefähr vierzig Jahren in Aleppo gewesen, sprangen die beiden von ihren Pferden und umarmten ihn. Selbst ein alter Schuhputzer in Damaskus, der Französisch sprach, entzückte Genet mit seinen Bemerkungen zur syrischen Politik und seiner »osmanischen Liebenswürdigkeit«.

Aus dem aktiven Dienst wurde Genet am 1. Januar 1931 entlassen, obwohl seine Dienstzeit offiziell erst am 1. März geendet hätte. Zu diesem Zeitpunkt verschwindet Genet für fünfeinhalb Monate gleichsam vom Erdboden. Möglicherweise unternahm er in diesen Frühlingsmonaten seine erste Reise nach Spanien; zumindest taucht er erst wieder am 16. Juni in Bayonne, einer Stadt nahe der spanischen Grenze, auf. Hier trat Genet wieder der Armee bei, und zwar für zwei Jahre. Er schloß sich dem Siebten Marokkanischen Jägerregiment an, das in Meknès stationiert war. Vielleicht entschied er sich für Marokko aus dem gleichen Grund, wie er sich für Syrien entschlossen hatte, nämlich wegen der Extraprämie.

Am 23. Juni schiffte er sich in Bordeaux nach Casablanca ein, wo er drei Tage später eintraf. Er wurde einer Einheit seines Regiments zugeteilt, die in Midelt unter dem Kommando von General Goudot stationiert war. Goudot stellte Genet für drei Monate als seinen Sekretär an. Genet muß also imstande gewesen sein, gut lesbar und orthographisch fehlerlos ein grammatisch einwandfreies Französisch zu schreiben. Er hatte im Morvan sein Schulabgangszeugnis bekommen, wodurch er berechtigt war, in Mettray als Lehrer im Lesen und Schreiben zu fungieren. Zumindest waren die meisten Jungen dort Analphabeten, und von den wenigen, die das Abschlußzeugnis hatten, verlangte man üblicherweise, daß sie die anderen unterrichteten. In Marokko kann Genet abermals als Französischlehrer fungiert haben, aber ob er – wenn überhaupt – andere Soldaten oder marokkanische Zivilisten unterrichtete, bleibt ungewiß und hypothetisch. Falls er aber damals Unterricht gab (wie er es ein paar Jahre später bestimmt tat), dann ist wohl er der erste gewesen, der aus dieser Arbeit Nutzen zog: Sich für einen Kurs vorzubereiten ist die beste Art, ein Thema in den Griff zu bekommen. Für eine Biographie ist auch der kleinste Hinweis wichtig, um den Umstand zu erklären, wie einer, der mit zwölf Jahren die Schule verließ, ein Meister des Wortes werden konnte.

Victor Goudot, fünfundfünfzig Jahre alt, hatte in der Levante gedient, und er hatte für die Niederwerfung der aufständischen Drusen bei Damaskus eine ehrenvolle Erwähnung erhalten. Nach den drei Monaten als Sekretär bei General Goudot ging Genet im Herbst zu einer Einheit nach Meknès, wo er bis zum 30. Januar blieb. Über diese Zeit sprach Genet außer in einer kurzen Passage in *Tagebuch eines Diebes* nie. Dort beschreibt er einen gewissen Armand, einen späteren Freund und Komplizen bei kleineren Straftaten, der, mit verschränkten Armen dastehend, immer das Inbild der Uninteressiertheit bleibt, während Genet sich vergebens danach sehnt, mit ihm zu schlafen. Armand erinnert Genet an einen früheren Sexualpartner, einen Soldaten aus der Fremdenlegion in Meknès, der ebenfalls völlig desinteressiert war, und sich jeden Abend im Garten neben der Moschee mit ihm traf. Der Soldat war immer als erster da, lehnte sich an eine Palme, rauchte und guckte nach oben, während Genet ihm zur Lust verhalf. Nie nahm er Genet in seine Arme, wie der es gern gehabt hätte, und nur selten gab er ihm die Hand oder sagte auch nur guten Abend. Er war älter als Genet, der später seinen Namen vergaß. Er erinnerte sich aber daran, daß der Soldat gesagt hatte, er sei der Sohn von La Goulue, Louise Weber, der berühmten Tänzerin aus dem Moulin Rouge, die Toulouse-Lautrec als Modell gedient hatte und für ihre lesbische Liebesbeziehung zu einer Frau mit dem Spitznamen »*La Môme-fromage*« (»die Käsegöre«) bekannt war.
Die Passage ist sonderbar und postuliert eine merkwürdig vieldeutige Realitätsebene. Bei der Schilderung von Armands verschränkten Armen erwähnt der Erzähler, daß Armand eine »blaue Tätowierung« hat, die eine »Moschee mit Minarett, Kuppel und einer Palme, die sich im Samum biegt«, zeigt.[27] Genau am Fuß *dieser* Moschee war es, wo Genet sich mit seinem Soldaten traf, der wirklich sein Liebhaber war, lange ehe er Armand kennenlernte. Eine echte Erinnerung in eine winzige, imaginäre Landschaft (die Tätowierung auf einem Männerarm) zu versetzen, und das ohne Rücksicht auf Dimension, Maßstab oder Zeit, macht überdeutlich, daß die Imagination vor der Realität absoluten Vorrang hat.
Als Genet in Meknès lebte, war die Stadt ein Ort von rätselhaftem Zauber, ein Ort voller Paläste und Ruinen, in dem der Großteil der Bevölkerung noch so aß, sich kleidete und arbeitete, wie es die Menschen in biblischen Zeiten getan hatten. Nicht umsonst ist die Stadt heute das kämpferische, ultrakonservative Zentrum des muslimischen Fundamentalismus in Marokko. Genau östlich von Rabat und nur fünfzig Kilometer südwestlich von Fes gelegen, war und ist Meknès berühmt für sein gesundes Klima, sein sauberes Wasser und

seine fruchtbaren Oliven- und Orangenhaine, seine riesigen Gärten und sein schönes Weideland: Im Süden liegt ein Zedern- und Eichenwald; eine nahe Bergkette ist in der klaren Luft zu sehen. Bei heißem Wetter begaben sich die Familien in einen zehn Morgen großen öffentlichen Garten, breiteten ihre kleinen Filzteppiche aus und verrichteten ihre Gebete, lagerten dann im Schatten, tranken heißen Tee und lauschten den Singvögeln, die sie in Käfigen mitgebracht hatten.

Zu Genets Zeit war Meknès wie das ganze übrige Marokko beherrscht von Hubert Lyautey, dem General-Residenten, der die französische Politik in Marokko von 1912, als das Land französisches Protektorat wurde, bis 1925 lenkte. Genet machte sich zwar über Lyautey später lustig und tat ihn als Agenten des Imperialismus ab[28], doch war der Marschall in Wirklichkeit ein feinsinniger Mann, ein Freund Prousts, ein Leser Pierre Lotis und jemand, der entschlossen war, die marokkanische Kultur in ihrem Wesen zu erhalten. Lyautey (der homosexuell war) beschloß, neue, europäisch geartete Siedlungen *außerhalb* der alten marokkanischen Städte zu errichten, um zu vermeiden, daß deren Charme und Traditionen vernichtet wurden. Er war es, der Christen verbot, Moscheen zu betreten, damit aus diesen Gotteshäusern nicht touristische Schaubuden wurden. Eine solche Urbanität war damals alles andere als selbstverständlich: »Es ist nicht nur das Äußerliche der einheimischen Städte, sondern auch ihre Eigenheiten, ihre gesellschaftlichen und religiösen Sitten und Gebräuche, die wir respektieren müssen«, sagte er. Und wenn seine Truppen während einer Schlacht ein Bauwerk zerstörten, ließ er es sie sofort wieder aufbauen: »Wo immer ich hinkam, geschah es, um zu bauen, und was ich zerstören mußte, baute ich sofort wieder auf, diesmal fester und dauerhafter als zuvor. Hinter unseren Soldaten begann in Gebieten, in denen wir Frieden geschaffen und die wir kreuz und quer mit Straßen versehen hatten, ein Austausch von Ideen zu blühen ... Was für ein Unterschied zu den Kriegen in Europa, wo Kathedralen zum Einsturz gebracht und Museen zerstört wurden, alles, was unersetzlich ist, und wo an einem einzigen Tag die unschätzbaren Kostbarkeiten aus Jahrhunderten dem Erdboden gleichgemacht wurden.«[29] Wenn Henri Gouraud die Gewaltseite des französischen Kolonialismus repräsentierte, so war Lyautey der friedliche, kultivierte Widerpart, aber Genet ließ diesen Unterschied nicht gelten. Für ihn waren diese Mächtigen und ihre kolonialen Interessen nur Gegenstand einer enormen Possenhaftigkeit, über die er später in *Die Wände* seinen Spott ausgoß. In *Tagebuch eines Diebes* (vor allem in einer etwas ausführlicheren Fassung der Passage, die zuerst in Sartres literarischer und politischer Monatszeitschrift

Les Temps Modernes erschien), erinnert sich der Erzähler, daß er, während er noch beim Militär war, wieder zu stehlen begann. Im Dorf war er ein Gelegenheitsdieb gewesen, in Mettray hatte er zu klauen aufgehört, nun, bei der Armee, überkam ihn der Drang zu stehlen von neuem. Vielleicht hatte er in Mettray, wo er unter anderen Gesetzesbrechern lebte, kein Bedürfnis verspürt, sich an der wohlanständigen Gesellschaft zu rächen. Für ihn stand Diebstahl auf derselben Stufe wie Verrat, denn er bestahl Kameraden, die seine Freunde waren: »Ich beging Verrat, denn ich zerriß die Liebesbande, die mich mit dem bestohlenen Soldaten verbanden.« Beim Regiment erlebte er zum erstenmal die Verzweiflung von jemandem, den er bestohlen hatte:

Noch einmal beobachtete ich, ohne zu zittern, wie P., der so hübsch, so ein richtiger Mann (und mein Freund) war, auf sein Bett hinaufstieg und in seinen Tornister guckte. Er versuchte, den Hundert-Franc-Schein wiederzufinden, den ich eine Viertelstunde vorher gestohlen hatte. Seine Bewegungen waren clownesk. Er war lächerlich. Er machte sich was vor. Unablässig redete er sich die unwahrscheinlichsten Verstecke ein (das Kochgeschirr, aus dem er gerade gegessen hatte, den Beutel, in dem er seine Bürsten aufbewahrte, die Haarcremedose). Er sagte: »Ich bin doch nicht verrückt, ich würde ihn doch nicht da reingetan haben, oder?«
In der Ungewißheit, ob er nun verrückt sei oder nicht, sah er nach, fand nichts, hoffte gegen alles Hoffen, gab auf, streckte sich auf seinem Bett aus und begann sofort von neuem mit der Suche an denselben Stellen oder an anderen. Die Sicherheit eines Mannes, der solide auf seinen Schenkeln ruhte und sich seiner Muskeln sicher war, zerbröckelte vor meinen Augen, wurde zu Staub, sprenkelte ihn mit einer Sanftheit, die er nie zuvor besessen hatte, schliff seine scharfen Kanten ab. Ich beobachtete seine lautlose Verwandlung. Ich tat, als gehe mich das alles nichts an. Aber dieser junge, so selbstsichere Durchschnittsbürger kam mir so bemitleidenswert vor in seinem Unwissen, seiner Angst, ja selbst seiner Benommenheit im Angesicht eines Unheils, über das er nichts wußte – denn er hatte sich nie vorgestellt, daß das Unheil sich ihm überhaupt zu offenbaren wagen und ihn sich als Zielscheibe wählen würde –, aber auch in seiner Scham, alles brachte mich beinahe dazu, weich zu werden und ihm die hundert Franc wiederzugeben, die ich in der Kaserne in einem Mauerspalt in der Nähe des Wäschetrockenraumes versteckt hatte.[30]

In dieser Passage wechselt Genets Feindseligkeit (und Faszination) zwischen der Männlichkeit und Selbstsicherheit seines ahnungslosen Opfers und der Naivität dieses Mannes. Genet, die Waise, der jugendliche Verbrecher, der gemeine Soldat, den die Armut zwang, sich weiterzuverpflichten, rächt sich an einem arglosen jungen Mann, den das Glück begünstigt hat – der den Vorteil hat, unschuldig und heil zu sein, unversehrt von den Schicksalsschlägen, unter denen Genet gelitten hat. Genet findet sein Opfer eindeutig reizvoll, und seine Erregung wird durch seine Niedertracht noch gesteigert.

Am 7. Februar 1933 setzte Genet von Casablanca nach Frankreich über. Drei Tage später landete er in Bordeaux und begab sich sofort zu seiner Einheit nach Toul, wo er bis zum Ende seiner zweiten Dienstzeit am 15. Juni blieb. Genets zweites Intermezzo als Zivilist dauerte etwa zehn Monate. In dieser Zeit versuchte er etwas über seine Herkunft zu erfahren. In Paris war er nicht mehr gewesen, seit er mit achtzehn die Volljährigkeit erreicht hatte. Inzwischen war er zweiundzwanzig, und er fuhr zur Tarnier-Klinik, in der er zur Welt gekommen war, wo man ihn aber abwies. (»Sie weigerten sich, mir etwas zu sagen«,[31] schrieb er in *Tagebuch eines Diebes*.)

Während er in Paris war, machte er gegen Ende Juni oder Anfang Juli 1933 André Gide einen Besuch. Wie er an Gides Adresse kam und weshalb er vorgelassen wurde, bleibt ein Geheimnis. Genet erzählte dem berühmten Schriftsteller, er wolle in der nächsten Zeit eine Reise unternehmen und nannte Tripolis im heutigen Libyen als Ziel. Gide hieß die Pläne des jungen Mannes ohne Umschweife gut und redete ihm lebhaft zu.

Der damals vierundsechzigjährige Gide lebte in der Rue Vaneau Nummer 1a in einer absichtlich unbequemen Wohnung inmitten eines ruhigen Viertels am linken Seineufer, nicht weit vom Kaufhaus Bon Marché entfernt. Bücher lagen über alle Tische verstreut, Koffer stapelten sich in den Ecken und an den Wänden, und die Möbel waren mit Souvenirs aus dem Kongo und Nordafrika vollgestellt. Überall lag Zigarettenasche.[32] Gide, der 1895 seine Kusine Madeleine geheiratet hatte, lebte nicht mehr mit ihr zusammen, er war vielmehr zu einer ziemlich einsamen Figur geworden, da die Schriftsteller, die in seiner Jugend seine Freunde gewesen waren, sich zum Katholizismus bekehrt hatten (wie Paul Claudel, der sich von Gide abgewandt hatte) oder sich in die Académie française hatten wählen lassen (wie Paul Valéry und wiederum Paul Claudel). Viele Leute fanden, Gide ähnele mit seinem langen, ovalen Gesicht, seinem strengen Äußeren und der extravaganten Askese seiner Kleidung und Umgebung einem protestantischen Geistlichen. Gide hatte schon viel früher ein jugendliches Buch voller überschwenglicher pantheistischer Reflexionen, *Uns nährt die Erde (Les Nourritures terrestres*, 1897) und seinen Kurzroman *Der Immoralist (L'Immoraliste*, 1902) veröffentlicht, die Genet beide gelesen hatte. Außerdem hatte Gide zwei wichtige Texte über die Homosexualität publiziert. *Corydon*, 1911, anonym erschienen, ist eine ziemlich lächerliche Verteidigung der Homosexualität, in der der Autor argumentiert, daß die Homosexualität vollkommen natürlich ist, weil sie auch bei mehreren anderen Arten beobachtet werden kann. Darüber hinaus ist er der Meinung, daß die männliche Homosexualität eine gesündere Alternative zur Prostitution als Möglichkeit der Abreaktion sexueller Bedürfnisse für junge, unverheiratete Männer sei; mit einem Wort, die männliche Homosexualität ist der beste Schutz weiblicher Jungfräulichkeit. Das andere Buch, *Stirb und werde (Si le grain ne meurt)*, 1920 ohne Verfassernamen veröffentlicht, schildert Gides Entdeckung seiner Homosexualität in Nordafrika. In seinen zwanziger Jahren war Gide Oscar Wilde begegnet, der die wahre Natur der sexuellen Neigungen des Franzosen vor diesem erkannte und ihm einen jungen arabischen Musiker schickte, auf den Gide heimlich ein Auge geworfen hatte.

War Gide auch der prominenteste französische Verteidiger der Homosexualität, so trennten ihn von dem jungen Genet dennoch Welten. Gide war finanziell unabhängig, ja reich, Protestant, verheiratet, einer der Gründer der angesehenen Zeitschrift *La Nouvelle Revue Française* und Angehöriger einer geradezu mythischen Generation, zu der Pierre Louÿs, Marcel Proust, Francis Jammes, Valéry und Claudel zählten. Gide war aber berühmt für seine Unstetigkeit, die er zum Prinzip erhoben hatte. Wie Valéry, der gesagt hatte: »Man darf nicht zögern, das zu machen, was einem die Hälfte seiner Anhänger kostet und die Hälfte der Liebe derer, die noch übrig sind«[33], wechselte Gide ständig die Richtung. *Der Immoralist* zum Beispiel ist die Geschichte eines jungen Mannes aus guter Familie, der seine Tuberkulose überwindet, indem er sich mächtigen heidnischen Sehnsüchten hingibt wie zu reisen, sich mit armen jungen Arabern einzulassen und sogar sexuell zu experimentieren (am Schluß des Romans zieht er zumindest in Erwägung, mit dem kleinen Bruder seiner arabischen Geliebten zu schlafen). Aber die Selbstsucht des Helden, der nur auf die Wiederherstellung seiner Gesundheit bedacht ist, führt zur Erkrankung und zum Tod seiner Frau. In seinem nächsten Roman, *Die enge Pforte (La Porte étroite*, 1909*)*, kompensierte er den heidnischen Egoismus mit einer Erzählung über katholische Entsagung.

Die beiden Bücher, die Genet kannte, müssen ihm merkwürdig bieder vorgekommen sein, wenn er sie überhaupt für Aufforderungen zum Handeln hielt. Sie ermahnen den bürgerlichen Leser, seine Bindungen an die Familie, den Beruf und den Wirkungskreis abzulegen und frei zu leben, mit wenig Besitz oder Verpflichtungen. So rät der Erzähler in *Uns nährt die Erde* seinem jungen

Leser, das Buch, wenn er es ausgelesen hat, wegzuwerfen und fortzugehen. Fort aus seiner Stadt, von seiner Familie, aus seinem Zimmer, von seiner Art zu denken. Und immer wieder sagt der Erzähler Ménalque zu dem jungen Nathanaël: »Ich werde dich glühende Inbrunst lehren.« Was hätte der arme junge Genet, der oft furchtbaren Hunger hatte, von der Diagnose halten sollen, daß seine ganze geistige Erschöpfung vom Reichtum seiner Besitztümer kommt? In *Der Immoralist* erscheint Ménalque, für den offensichtlich Oscar Wilde Pate stand, von neuem und erklärt abermals, daß Besitz die Ruhe fördert, und man einschläft, wenn man sich sicher fühlt.

Ein halbes Jahr nach dem Besuch schrieb Genet Gide aus Barcelona. Er hatte wahrscheinlich zu Fuß Frankreich durchquert und schickte am 12. Dezember 1933 folgenden Brief nach Paris:

Meister,
Sie werden sich vielleicht kaum noch an den von Wanderlust ergriffenen Jungen erinnern, den Sie vor sechs Monaten getroffen haben. Doch damals waren Sie sehr interessiert an der Reise, die er unternehmen wollte, und, nicht genug, daß Sie sie guthießen, ermunterten Sie ihn, sie zu Fuß zu unternehmen, ohne an den nächsten Tag zu denken.

Ich bin nach Tripolis aufgebrochen. Meine Reise, Meister, ist noch nicht zu Ende, denn ich hoffe, sie wird mein ganzes Leben lang weitergehen. Doch dieser erste Teil, der mir den Streich gespielt hat, mich woanders hinzuführen, als ich es erträumt hatte (fast hätte ich geschrieben: *gewollt* hatte), ist dennoch ganz und gar nicht weniger inhaltsreich gewesen. Aber »das unersetzlichste aller Geschöpfe« zu werden, ist sehr enttäuschend, und Sie, Meister, der Sie vom Leben gesungen haben, oder vielmehr mit solcher Leidenschaft davon geflüstert und seine Geheimnisse mit solcher Inbrunst Ihrem Nathanaël erzählt haben, werden nicht verstehen, daß man tot sein kann. In *Der Immoralist* hat das »Ich« eine Diskussion mit Ménalque, bei der es einräumt, daß sein Glück, »das passend zugeschnitten sein sollte«, nicht mehr groß genug ist. Verstehen Sie, daß für jemand anderen das Glück zu groß sein kann, als daß er es noch zu fühlen imstande wäre? Ah! Das Leben ist es, das fehlt, und das schmerzlichste ist, wenn man weiß, man sitzt bald auf dem trockenen. Nicht das kümmerlichste Geriesel mehr, nichts, was einen vorantreiben könnte; man würde am liebsten ins Kloster gehen. Gibt es viele Menschen, viele Persönlichkeiten, die sich um André Gide kümmern, die ihn verehren? Und welche Bedeutung wird er dem Brief eines Fremden beimessen, ohne ... (denn hier schon wieder eine Versündigung: ohne an sein *Genie* zu glauben)?

Und dann wird dieser ganze Brief nur in einer Bitte um Geld enden. Ich hätte Ihnen schon am Anfang dieses Briefes von meiner Geldverlegenheit erzählen sollen; ich hatte

Angst, zu ungehobelt zu erscheinen. Ich habe keinen Sou mehr in Barcelona, der Botschafter ist ein Ungeheuer, ich bin elternlos und wandere von einem Dorf zum nächsten. Können Sie mir aushelfen, mir helfen – nicht das Gefühl zurückzugewinnen, am Leben zu sein, und wenn es Ihnen widerlich sein sollte, mir materiell zu helfen (ich habe André Gide allzu oft gelesen und erinnere mich unwillkürlich an seine Begegnung mit dem Deutschen, der nach Paris kam, nur um ihn zu sehen: »Sie würden mich viel weniger interessieren, wenn ich Ihnen geholfen hätte«), darf ich dann auf einen Brief hoffen?

Ich bin sehr beunruhigt über die Meinung, die Sie sich aufgrund dieses Briefes von mir bilden werden, und obwohl ich ihn »komponiert« habe, ist er ganz und gar nicht so ausgefallen, wie ich mir das gewünscht hätte. Nein, es ist wirklich nicht leicht, einfach oder auch nur natürlich zu sein.

Bis zum sechzehnten warte ich in Barcelona auf eine Antwort.

Und nun, da ich um Ihre Hilfe gebeten habe, Meister, weiß ich nicht mehr, wie ich eine Schlußphrase finden soll. Werfen Sie mir nicht vor, unverschämt zu sein, an dem ist es nicht, sondern denken Sie vielmehr, daß ich einer von denen sein werde, die durch Sie gerührt wurden – fast hätte ich gesagt »hingerissen«.

> Jean Genet
> Postlagernd
> Barcelona

Mein Brief ist unaufrichtig, Meister; er ist steif und gibt meine Not nicht wieder. Eine Not, die viel mehr seelisch ist als materiell. Ah! Wenn ich Ihnen freier schreiben dürfte, dann könnte ich Ihnen meinen ganzen Schmerz mitteilen. Ich werde auch von viel Literatur in Verlegenheit gebracht. Ein jeder spricht von Ihnen. Was mich betrifft, so kann ich mich nur einer sehr kurzen halben Stunde bei Ihnen entsinnen, der Güte, die ich in Ihren Augen sah, ja Ihres Gefühls (das ich damals nicht für echt hielt). Sie haben mich gefragt, ob ich Freunde habe, einen Freund; ich habe keinen Freund.

> Jean Genet[34]

Genet erhielt keine Antwort. Er schrieb seinen Brief am 12. Dezember und räumte Gide nur bis zum »sechzehnten« Zeit für eine Antwort ein. Als der Brief in Paris eintraf, war Gide in Lausanne und kehrte erst am 19. Dezember nach Paris zurück, zu einem Zeitpunkt, als Genet wahrscheinlich Barcelona bereits verlassen hatte. Der Brief ist ein sonderbares Dokument, die gequälte, selbstbewußte Äußerung eines Autodidakten, der im Französischen merkwür-

dige Fehler macht und sich zugleich in den kompliziertesten grammatischen Konstruktionen verheddert. Gleichzeitig läßt der Brief etwas anklingen, was Genets gesamtes Werk durchzieht: das Totengeläut. In Genets Werk geht es ums Sterben, um die Vorwegnahme des Todes, um die Hingabe an die Toten, darum, daß man sich bereits tot fühlt, und so klagt er bereits hier: »Das Leben ist es, das fehlt ...«
Literarisch betrachtet, ist der Brief faszinierend, weil er sich selbst kommentiert, wenn es zum Beispiel heißt: »Mein Brief ist unaufrichtig«, oder wenn Genet zugibt, daß er nicht weiß, wie er das Schreiben beenden soll. (Und vielleicht beherrschte er die knifflige Kunst der Schlußphrase wirklich noch nicht, die im Französischen nie improvisiert, sondern stets durch den genauen Grad der Vertrautheit und des Verwandtschaftsverhältnisses bestimmt ist. Noch fünfzehn Jahre später sollte Genet nicht imstande sein, einen Brief auf elegante Art zu schließen.) In seinem Brief gesteht er, er habe diesen allzu sorgfältig »komponiert«. Die Betonung, daß der Brief eine echte politische Geste ist, ein taktisch formuliertes Geständnis echter Not, eine Verbindung zwischen zwei durch ihre soziale Stellung weit voneinander getrennte Menschen, verrät ein scharfes *literarisches* Bewußtsein, eines, das später Genets Romane beherrschen sollte: die Manipulation der Gefühle des Lesers. In Genets Romanen wird der Leser oft ausdrücklich angesprochen (umworben, beleidigt, beschwichtigt) und vom Autor stets als bürgerlicher, männlicher Heterosexueller gesehen. Ja, die Durchschnittlichkeit des Lesers ist geradezu notwendig, um Genets Stellung als Außenseiter zu festigen und eine *dynamische* Beziehung zwischen dem Autor und seinem Leser zu fördern. Genet brauchte diese Distanz, um überhaupt schreiben zu können.
Sein Brief, so unbeholfen und prätentiös er auch ist, stellt den Versuch dar, Gide mit schmeichelhaften Anspielungen auf seine Philosophie und sein Werk zu umwerben.[35]
Fest steht, daß dieser erste Kontakt mit einem Großen der Literatur (und dem freimütigsten Fürsprecher homosexueller Rechte in Frankreich) für Genet, der dem Problem des Standesunterschiedes zu empfindlich gegenübersteht, peinlich ist. Er verhält sich abwechselnd zu bescheiden und zu arrogant. Einerseits hofft er, Gides Hilfe dadurch zu gewinnen, daß er ihm schmeichelt, andererseits ist er aber doch zu stolz und sich seiner eigenen potentiellen Größe (angedeutet durch seinen Hinweis auf sein »Genie«) zu bewußt, um diese Hilfe unumwunden zu erbitten.
Gide steht in der großen Tradition bürgerlicher und aristokratischer Reisender, diesen Vertretern der Romantik, die im Exotischen einen Ausweg aus

ihren inneren Konflikten suchen oder zumindest deren Dramatisierung. Für solche müßiggängerischen, wenn auch aufgewühlten Gefühle ist das Reisen heilsam oder gefährlich, eine Zerstreuung oder ein Studium, eine Rückkehr zu primitiveren Vorstellungen und Empfindungen ohne die Überfeinerung der zeitgenössischen europäischen Kultur. Für Genet indessen hatte das Reisen nichts von diesem intellektuellen Ballast. Er war mittellos, wohnungslos, elternlos und ohne Freunde. Wenn er irgendwohin ging, dann nicht auf der Suche nach Erkenntnissen, sondern um zu überleben. In seinem Brief ahmt er Gides geistige Haltung nach, benutzt dessen intellektuelles Vokabular und klagt über seine eigene mangelnde schöpferische Kraft. In Wahrheit aber laufen solche Klagen auf eine Art gesellschaftliches Sich-nach-oben-Arbeiten hinaus. Für Genet bestand das Problem in seiner nächsten Mahlzeit, die Triebkräfte seiner Kreativität waren zweitrangig.

Genet mag zwar vielleicht schon zuvor kurz in Spanien gewesen sein, aber es war sicherlich diese Reise, die den Hintergrund der entsprechenden Passagen in *Tagebuch eines Diebes* bildet. Da er die Zeitspanne, die er beim Militär zugebracht hatte (die »normalste« Zeit seines Lebens), verkürzen wollte, dehnte er in seinem Roman die Dauer des Spanienaufenthaltes aus (die Zeit, als es ihm am schlechtesten ging). Doch trifft es zu, daß sein Vagabundenleben (im Gegensatz zu Gides Streifzügen) ohne Reiseplan und baldige Rückkehrabsichten verlief. Während Gide sein *Zurück aus Sowjet-Rußland* oder *Rückkehr aus dem Tschad* schreiben konnte, bestand für Genet in Spanien keine Aussicht auf solche Rückkehr. Für einen Touristen geht ein Monat im Ausland schnell vorbei; für einen Vagabunden dehnt sich ein Monat endlos aus. Als Genet nach Barcelona kam, erlebte die Stadt gerade einen großen sozialen Umbruch. Genet war Ende 1933 in Barcelona und blieb dort offensichtlich keine drei Monate. So lernte er Katalonien, seit dem neunzehnten Jahrhundert ein Bollwerk des Anarchismus, während einer seiner turbulentesten und begeistertsten Perioden kennen. Am 14. April 1931 war nach Jahren der Diktatur die Spanische Republik ausgerufen worden, und am Ende dieses Jahres hatte die neue spanische Verfassung die Autonomie Kataloniens anerkannt, eine Teilunabhängigkeit, die 1936 zum Bürgerkrieg führen sollte, als das anarchistische Katalonien alle Bindungen an Spanien kappen wollte, das unter die Herrschaft des faschistischen Diktators Franco geraten war. War die frühe Periode zwischen 1931 und 1936 auch Zeugin des Wiederauflebens der katalanischen Unabhängigkeit (sowie Sprache und Kultur), so stellte sie auch eine Zeit großer wirtschaftlicher Not dar. Der Börsenkrach an der Wall Street 1929 hatte zu schwerer Arbeitslosigkeit in Spanien geführt und in deren Gefolge zu verbreiteter Armut. Die gleichen ökonomischen Kräfte, die die Deutschen dazu brachten, im März 1933 für das Ende der Weimarer Republik und den Beginn des Dritten Reiches zu stimmen, waren in Spanien Ursache für ganz verschiedene soziale Experimente im rechten wie im linken Lager. Drei Faktoren – Anarchismus, katalanischer Separatismus und die hohe Arbeitslosigkeit in der industrialisiertesten Region Spaniens – hielten Barcelona am Brodeln. Gleich nach Genets kurzem Aufenthalt brach im Oktober 1934 ein Aufstand los. Katalonien sagte sich schon damals für kurze Zeit von Spanien los, bis Madrid mit Waffengewalt die Rebellion niederschlug.

Wie *Tagebuch eines Diebes* zu entnehmen ist, lebte Genet in Barcelona als Strichjunge und Bettler, zunächst mit einem freundlichen, verlausten Tagedieb namens Salvador (der einem El-Greco-Christus ähnelte) und später mit einem hübschen, einarmigen Serben namens Stilitano. Stilitano war aus der Fremdenlegion desertiert – dies behauptet Genet in seinem Buch auch von sich, was freilich nur sehr begrenzt der Fall war. Ihr Revier, wo sie bettelten, Karten spielten, sich Kunden oder Dumme suchten und in elenden Pensionszimmern wohnten, war das Gebiet zwischen den Ramblas und dem Paralelo. Dies Viertel ist eines der ältesten Barcelonas und liegt in der Nähe des Hafens (Barceloneta) und der Kolumbussäule. In *Tagebuch eines Diebes* erinnert sich Genet, daß er an einem Tag, als es regnete, einen seiner kränkendsten Momente erlebte: Ein Schiff legte im Hafen an, französische Touristen kamen an Land, besahen sich die Bettler, die auf dem Kai herumlungerten und machten Bemerkungen darüber, wie pittoresk sie aussähen, wobei sie sie mit den würdevolleren Bettlern in Casablanca verglichen. Einer der Touristen bemerkte sogar, sie seien glücklicher als sie selbst.

Genet lebte eine Zeitlang unter einer Mauer, die den Boulevard stützte, der in die Ramblas mündete. Dann wohnte er in einer kleinen Pension im Barrio Chino, wo sie manchmal zu sechst ohne Laken in einem Bett schliefen und bei Tagesanbruch auf die Märkte zum Betteln gingen. Seine Tage verbrachte er auf der Calle Mediodía und der Calle Carmen, wobei die Bettler den Hausfrauen oft die Einkäufe nach Hause trugen und zur Belohnung eine Stange Porree oder eine weiße Rübe statt einer Münze bekamen.

Die Daten, die Genet in *Tagebuch eines Diebes* nennt, sind sehr ungefähr. Er schreibt, daß er 1932 nach Spanien gekommen sei, während er in Wirklichkeit erst Ende 1933 dort angekommen sein dürfte. Dann schildert er, wie er in Spanien umherstreift, zuerst mit Stilitano und dann allein, und zwar von Cádiz über Huelva, Jerez und Alicante nach Gibraltar, und dann zurück über Sevilla, Triana, Alicante und Murcia nach Córdoba. Diese lange Reise verlegt Genet ins Jahr 1934. Während das Buch andeutet, daß er fast zwei Jahre in Spanien war, hielt er sich dort wahrscheinlich nicht einmal sechs Monate lang auf. Die fiktiven Daten verleihen jedoch der Erfahrung ein Gewicht, eine Bedeutung, die sie in Genets Vorstellung und Erinnerung zweifellos besaß. »Zwei Jahre« wird zur romanhaften Methode, die Bitterkeit und Qual seines halben Jahres in Spanien deutlich zu machen. Nicht umsonst beendet Genet *Tagebuch eines Diebes*, seinen letzten Roman, mit den Worten: »... die Region meines Ichs, die ich Spanien genannt habe.«[36]

Und in einer melancholischen Fußnote bemerkt Genet, als Cocteau ihn später »seinen spanischen *genêt*« nannte: »Er wußte nicht, was dieses Land mir angetan hatte.«[37]

Genet beschreibt den Barrio Chino, sein Viertel in der Nähe des Hafens, als »eine Art Schlupfwinkel, in dem weniger Spanier als Fremde hausten, alles verlauste Rumtreiber. Wir trugen manchmal mandelgrüne oder narzissengelbe Seidenhemden, abgetragene Espadrilles, und unsere angeklatschten Haare glänzten lackiert, daß man meinte, sie bekämen Risse.«[38] Die Bettler wurden von selbsternannten Anführern, die ihnen verschiedene Anweisungen gaben, lose organisiert. Wenn sie nicht bettelten, spielten sie auf einem unbebauten Grundstück hinter dem Paralelo Karten: »Sie spielten am Boden hockend und legten die Karten auf ein viereckiges Stück Stoff oder in den Staub.«[39] Am Abend gingen Genet und Stilitano (zumindest *Tagebuch eines Diebes* zufolge) in ein Cabaret namens Criolla, wo Transvestiten neben normalen Frauen verkehrten, und sie alle tanzten, um die Männer zu unterhalten. Das Criolla und die Bordelle im Barrio Chino dürften als Vorbilder für die Puffs in *Querelle* und *Der Balkon* gedient haben. Die Bordelle in Barcelona, besonders eines, das der Französin Madame Petite gehörte, waren sehr ausgefallen ausgestattet, um die Marotten spezieller Kunden zu befriedigen, doch könnte der theaterhafte Puff in *Der Balkon* auch von ähnlichen Etablissements in Paris inspiriert worden sein. Das Chabanais zum Beispiel war um 1900 wegen seiner kunstvollen Ausstattung berühmt: sein Louis-seize-Boudoir, seine Folterkammer, seine maurischen Räume, japanischen Zimmer und seine chinesische Pagode. Selbst Proust spielt in *Sodom und Gomorrha* auf solche Etablissements an (»Sie erwartet sie im Persischen Salon«). In Madame Petites Bordell im Barrio Chino waren die Räume durch Aquarien voller seltener tropischer Fische erleuchtet, und es gab sogar ein kleines Art-Deco-Theater, in dem schlüpfrige Nummern dargeboten wurden.

Ein anderes Stammlokal war *Tagebuch eines Diebes* zufolge eine Bar am Paralelo, »der Treffpunkt aller Vorbestraften Frankreichs: Zuhälter, Diebe, Betrüger, aus französischen Strafkolonien oder Gefängnissen Entflohene. Argot, singend, mit einem ziemlichen Marseiller Akzent und ein paar Jahre hinter dem Montmartre-Argot zurück, war hier die offizielle Sprache.«[40] Natürlich waren die Ramblas der Mittelpunkt des öffentlichen Treibens in Barcelona. Eine schöne Schilderung dieses Lebens zu Genets Zeit findet sich in *Cruelle Espagne* von Jérôme und Jean Tharaud:

Stellen Sie sich eine lange, breite, von herrlichen Platanen in Schatten getauchte Fußgängerallee vor, die bis hinunter zum Hafen führt. Diese Allee nimmt den Platz ein, den üblicherweise die Straße hat. Rechts und links von ihr fahren dann Straßenbahnen und Automobile entlang den ziemlich schmalen Fahrbahnen, die von Banken, Hotels, Läden und Cafés gesäumt sind. Hier ist das Herz der Stadt, und sein Name, ein alter arabischer Name, drückt perfekt aus, was es ist: die *rambla*, das heißt der Fluß. Ja, wirklich ein Fluß des Lebens ... Immer vollbesetzte Cafés, funkelnde Ladenfronten, die luxuriösesten Wagen, hinreißende Frauen, eine Fröhlichkeit, eine unvergleichliche Lebendigkeit, die nie nachläßt. Ruhe kehrt nur während der drückendsten Stunden des Tages ein, zwischen zwei und fünf. Aber kaum beginnt der leichte Wind vom Meer her zu wehen, kommt die ganze Stadt hierher, klatscht über Geschäfte und Liebe oder Politik, lächelt, flirtet, spielt sich auf. Das geht so die ganze Nacht durch, und im Morgengrauen, wenn die letzten Nachtschwärmer endlich beschließen, ins Bett zu gehen, treffen die Blumenverkäufer und Vogelhändler ein, und das Leben, das einen Augenblick lang ausgesetzt hat, beginnt von neuem mit Leierkastenmusik, mit Überfluß und Mangel, mit Kaffeehausklatsch und der heftigen Sinnlichkeit der Viertel um den Hafen, den Gewehrschüssen und Bomben – die allesamt Barcelona das Kolorit verleihen.[41]

Für Genet waren die Ramblas der Ort, wo er in öffentlichen Toiletten nach Kunden Ausschau hielt, herumhing oder zwei jungen Tunten (*maricones* genannt) zusah, wie sie mit einem Affen die Straßen abgrasten. Diesem Affen zeigten sie einen in Frage kommenden Kandidaten, und das Tier hüpfte dem Mann sofort auf die Schulter, wodurch die *maricones* auf geschickte Weise ein Gespräch anknüpfen konnten.

Die Ramblas sind auch der Schauplatz einer weiteren Episode in *Tagebuch eines Diebes*: Als ein Pissoir, durch Straßenkrawalle beschädigt, 1933 von Amts wegen für unbenutzbar erklärt wurde, stolzierte eine Gruppe von ungefähr dreißig Tunten, die sich die Carolinas nannten, die Rambla de las

Flores zur Kolumbussäule hinunter. Die Carolinas waren in Mantillas und Seidenkleider gehüllt; als sie an der geliebten *pissotière* ankamen, legten sie ein Gebinde aus roten Rosen nieder.[42]
Genet beschwerte sich zwar über den Charakter der Katalanen, doch ist er sicher von der unerwarteten Verschmelzung der Traditionen und der sozialen Triebkräfte in Barcelona beeindruckt gewesen. Und er kam mit Barcelonas anarchistischem Hintergrund in Berührung – der anarchistischen Forderung nach totaler Gleichheit, kollektivem Eigentum und eigener Unternehmensführung durch die Arbeiter in jedem Betrieb und der Auflösung aller größeren politischen Strukturen, die als der individuellen Freiheit feindlich galten. Sein Leben lang gehörten Genets Sympathien den Hungernden, Nackten, Ausgestoßenen und den durch ihre Weltfremdheit zum Scheitern Verurteilten – er respektierte, was die Japaner »den Adel des Versagens« nennen würden.

Ich besaß die schlichte Eleganz, die Ungezwungenheit des Hoffnungslosen.
Mein Mut bestand darin, alle gängigen Gründe, weshalb man lebt, auszulöschen und andere für mich zu entdecken ...[43]

Genets Berührung mit den katalanischen Anarchisten war eine weitere Vorentscheidung für seine spätere Unterstützung von Terroristen und rechtlosen Minderheiten, ja selbst von einzelnen Abweichlern, die von disziplinierteren Revolutionären als Verräter oder als unverbesserlich verworfen wurden. Genet konnte seinen Individualismus, seinen Anarchismus niemals preisgeben, und tatsächlich stellt er in seinem letzten Buch, *Ein verliebter Gefangener*, Spekulationen darüber an, ob der wahre Grund seines Lieblingslasters, des Verrats, die Verteidigung des Individualismus gegen das Kollektive ist, auch gegen ein Kollektiv, dem man gehorchen und dienen *möchte*.
Wie Dostojewski und Elsa Morante gehört Genet zu den großen europäischen Dichtern der Ausgestoßenen: Er dachte stets an die Erniedrigung und das Ehrgefühl der Armen (»sie zogen ihre Hosenbeine nach oben, um ihre nicht existierenden Bügelfalten vor dem Knittern zu bewahren«, schreibt er in *Ein verliebter Gefangener*[44]).
Da solche Mitleidsgefühle auch einen christlichen Klang haben, verwundert es nicht, daß Genet (wie Dostojewski und die Morante) christliche Rituale und Mythen nie aus dem Sinn gingen, obwohl er alles andere als ein herkömmlicher Gläubiger war. In Spanien lernte er die christliche Mildtätigkeit einzelner schätzen: Fromme Frauen schenkten Bettlern Münzen oder Essensreste. Als er ein wohlhabender alter Mann war, sah er in einer regnerischen Nacht

in Tanger einen obdachlosen Jungen auf der Straße schlafen. Er weckte ihn und gab ihm genügend Geld für ein Hotelzimmer – sicher nur eines seiner zahllosen Werke der Nächstenliebe, aber eines, das zufällig von einem Dritten beobachtet wurde.[45] Persönliche Taten der Nächstenliebe sind vielleicht keine logische Antwort auf die Not in der Welt, aber sie sind äußerst menschliche Reaktionen; Genet hat sein Leid und seine Erniedrigungen nie vergessen.

In Spanien kam Genet mit einem sehr viel kraftvolleren Katholizismus in Berührung, als er ihn in der Dritten Republik Frankreichs kennengelernt hatte. In *Ein verliebter Gefangener* erzählt er von einem späteren Besuch im Franco-Spanien, bei dem er in der katalanischen Abtei Montserrat am Meßopfer teilnahm.[46] Er lauscht einer Messe von Palestrina, dessen Name ihn an Palästina denken läßt. Er sieht die berühmte Statue der Schwarzen Madonna, die ihr Kind herzeigt, was ihn an einen Straßenjungen denken läßt, der seinen Hosenschlitz öffnet und seinen schwarzen Penis vorzeigt. Der Abbé kommt persönlich vom Altar nach unten und küßt mehrere Gläubige auf die Wange. Genet ist einer von ihnen, aber im Gegensatz zu den anderen, gibt er den Kuß nicht weiter, »so daß die Kette der Brüderlichkeit von mir durchbrochen wurde«. Genets Anwesenheit bei so einer Zeremonie und seine phantasievolle Reaktion werden durch seine respektlosen Vergleiche und seine entschlossene Weigerung zu partizipieren unterminiert. Doch ist die Respektlosigkeit nur scheinbar. Für ihn war ein Penis genauso heilig wie ein Schrein. (»Bei meiner wahllosen Lektüre davon erregt, wenn ich auf Begriffe stieß, die religiöse Schwärmerei erweckten, machte ich ganz natürlich Gebrauch von ihnen, wenn ich von meinen Geliebten träumte.«[47]) Der Hinweis auf die Palästinenser (auf der nächsten Seite folgen Anspielungen auf den Einfall der Sarazenen in Spanien und die verwickelte Symbolik von Kreuz und Halbmond) unterstreicht Genets Bild von Spanien als dem Land, in dem sich die christliche und die muslimische Kultur aufs fruchtbarste vermischten. Schon in *Tagebuch eines Diebes* hatte Genet die einigende Funktion Spaniens empfunden: »Vor mir lagen die hohen Salzpyramiden der Salzsümpfe von San-Fernando, und weiter weg, mitten im Meer, vor der untergehenden Sonne sich als Silhouette abhebend, eine Stadt voller Kuppeln und Minarette: Am äußersten Rand westlicher Erde hatte ich plötzlich die Zusammenschau des Orients vor mir.« Um die Bedeutsamkeit dieses Bildes der sich vermischenden Kulturen hervorzuheben, setzt Genet hinzu: »Zum erstenmal in meinem Leben überging ich einen Menschen um der Dinge willen. Ich vergaß Stilitano.«[48]

Tagebuch eines Diebes zufolge wurde Genet eines Nachts in Barcelona wegen Prostitution verhaftet, und der Beamte, der ihn durchsuchte, fand eine kleine

Tube mit nach Menthol riechender Vaseline in seiner Tasche. Die Vaseline war sicherlich das anspruchslose Gleitmittel einer männlichen Hure, obwohl das Menthol obszöne Bemerkungen über dessen scharfmachende Eigenschaften provozierte. Doch blieben diese Tube und die Bemerkungen der französischen Touristen über die pittoresken Landstreicher die zwei schmachvollsten Erinnerungen Genets an Barcelona. Eine Demütigung erfuhr er auch, als er sich als Frau zu verkleiden versuchte; während er eines Abends mit französischen Offizieren an einem Tisch saß, fragte ihn eine etwa fünfzigjährige Dame mit gönnerhaftem Mitgefühl, wann sein Interesse an Männern denn angefangen habe. Aus Rache raubte Genet einen der anwesenden Offiziere aus. So empfindlich reagierte er auf Beleidigungen, daß er Bosheit und bourgeoise Freundlichkeit gleichermaßen als Erniedrigung empfand, und seine Reaktion war immer Wut – manchmal ein glühender Zorn, üblicherweise aber eine kalte, rachsüchtige Wut und das Bedürfnis, sich mit Diebstahl zu revanchieren. Genet schreibt in seinem Roman, wie er, von Almosen lebend, zunächst mit Stilitano, dann aber allein durch Südspanien zog. Bei Morgengrauen warfen freundliche Fischer aus ihren Booten ein paar Fische von ihrem nächtlichen Fang auf den Strand. Genet schnappte sich dann ein paar davon und briet sie sich an einem Feuer, das er sich in den felsigen Bergen machte. Er aß sie ohne Brot und Salz. Er hatte das Gefühl, er sei Robinson Crusoe – oder Adam. Der erste Mensch jedenfalls, in Furcht gehalten vom Rhythmus der Sonne, die zu seinem Gott wurde. Zum erstenmal seit den Nachmittagen in seiner Kindheit, als er in der Nähe des Dorfes Alligny eine weidende Kuh zu hüten hatte, war er allein. Allein mit den Elementen und seinen Gedanken.

In *Tagebuch eines Diebes* behauptet Genet, daß er bei seiner Rückkehr nach Frankreich ohne Schwierigkeiten über die Grenze gelangt, aber nach mehreren Kilometern auf französischem Boden verhaftet worden sei. »Meine Lumpen waren allzu spanisch.« Die Polizei fragte nach seinem »Merkheft«, aber er hatte keines: »Ich erfuhr von der Existenz des demütigenden anthropometrischen Merkheftes. Es wird an alle Landstreicher ausgeteilt. Auf jedem Polizeirevier muß es vorgelegt werden. Ich kam ins Gefängnis.«[49] Die Verhaftung erscheint zweifelhaft, zumal Genet hier eine Episode einbaut, die tatsächlich erst fünf Jahre später stattfand, aber das »anthropometrische Merkheft« war zweifellos Wirklichkeit. Kein Wunder, daß Genet so erpicht darauf war, sich geheimnisvoll zu geben. Am 24. April 1934, zehn Monate nach Beendigung seiner letzten Dienstzeit, verpflichtete Genet sich von neuem bei der Armee; das geschah in der

Rekrutierungsstelle der Universitätsstadt Montpellier (einer Hochburg des französischen Protestantismus) am Mittelmeer, etwa auf halber Strecke zwischen Marseille und der spanischen Grenze. Genet unterschrieb für weitere drei Jahre und wurde von neuem in das fade Toul im Nordosten Frankreichs geschickt. Wieder gehörte er dem Zweiundzwanzigsten Jägerregiment an, dessen Hauptquartier Toul war. Von kurzen Urlauben abgesehen, blieb Genet die nächsten anderthalb Jahre in dieser Stadt.

Ohne Zweifel war Genet wegen seiner Armut zur erneuten Dienstverpflichtung gezwungen, und es war gewiß seine Scham über diesen endlos langen, insgesamt fast sechs Jahre währenden Militärdienst, die ihn in seinen sogenannten autobiographischen Romanen nahezu alle Anspielungen darauf tilgen ließ. In *Tagebuch eines Diebes* schreibt er:

Es war keine bestimmte Epoche in meinem Leben, als ich den Entschluß faßte, ein Dieb zu sein. Meine Faulheit und Verträumtheit hatten mich in die Erziehungsanstalt Mettray gebracht, wo ich »bis einundzwanzig« hätte bleiben sollen, ich rannte weg und verpflichtete mich für fünf Jahre beim Militär, um eine Freiwilligenprämie zu kassieren. Wenige Tage später desertierte ich und nahm einige Koffer mit, die schwarzen Offizieren gehörten. Eine Zeitlang lebte ich vom Stehlen, aber die Prostitution kam meiner Gleichgültigkeit eher zustatten. Ich war zwanzig Jahre alt.[50]

Fast nichts in dieser Passage stimmt wortwörtlich, weder die Gründe, weshalb er nach Mettray kam, noch das späte Datum, das er als Beginn seiner Diebstähle angibt (denn wie wir wissen, hat er bereits im Dorf gestohlen), am wenigsten von allem die angebliche Desertion vom Militär wenige Tage nach seinem Eintritt. Was *wirklich* deutlich wird, ist der herrschende literarische Einfluß, insbesondere die Anklänge an Baudelaire und Rimbaud, die beide auf ihre Gleichgültigkeit stolz waren. Genet kannte sicherlich Rimbauds *Trunkenes Schiff* (Le Bateau ivre) und *Eine Zeit in der Hölle* (Une Saison en enfer) von A bis Z (dazu auch bestimmte Gedichte aus Rimbauds *Farbstichen* (Illuminations), wie etwa »Trunkener Morgen« (»Matinée d'ivresse«) und »Landstreicher« (»Vagabonds«). Auch auf Baudelaires *Blumen des Bösen (Les Fleurs du mal)* gibt es viele Anspielungen.[51]

In seiner Zeit in Toul las Genet sehr viel, wenn auch wahllos. Wahrscheinlich las er damals auch Stendhals *Rot und Schwarz (Le Rouge et le noir)* und *Die Kartause von Parma (La Chartreuse de Parme)*, auf die er ein paar Jahre später, als er aus dem Gefängnis schrieb, wie nebenbei zu sprechen kam. Der erbarmungslos detaillierte Bericht über Fabrice del Dongos Einkerkerung in

Die Kartause von Parma muß Genet sicherlich beeindruckt haben, ebenso die Erzählung von Julien Sorels skrupellosem Aufstieg zu Macht und Würden in *Rot und Schwarz*. Beide Romane handeln von der Einführung eines jungen Mannes in eine bösartige und höchst systematisierte Erwachsenengesellschaft; Genets Romane nähern sich demselben Thema ganz anders. In *Notre-Dame-des-Fleurs* werden in die Geschichte des unschuldigen Kindes Culafroy Szenen aus dem Leben des Transvestiten Divine eingefügt, zu dem das Kind heranwächst, so wie Genet in *Wunder der Rose* Szenen aus seiner Jugend in Mettray mit Szenen aus seinem Erwachsenenleben im Gefängnis mischt. Die Methode der Entwicklung, der chronologischen Folge des klassischen französischen Romans, wird zugunsten einer filmischen Gestaltung vermieden. Genet fand einen Weg, klassische Themen neu darzustellen.

In Toul blieb er mit den neuesten Strömungen des literarischen Lebens in Paris dank der Zeitschrift *La Nouvelle Revue Française* auf dem laufenden. Am 3. Januar 1935 richtete er an den Schriftsteller André Suarès bei der *NRF* folgenden Brief:

Meister,
werden Sie die Freundlichkeit haben, meine Kühnheit zu entschuldigen? Aber in einer Nummer der *NRF* habe ich Ihre Gedichte mit dem Titel *Der Quetzal* gelesen. Dieses Gedicht: »Wenn du wahnsinnig leiden möchtest, dann liebe das Leben wahnsinnig.« Und auf dem Umschlag eines kleinen Buches, das bei Stok [sic] erschienen ist, eines ganz kleinen Buches, habe ich auf der Rückseite Ihren Namen und den Titel *Sehet, welch ein Mensch* gefunden. Ich habe erfahren, daß diese Sammlung vergriffen ist.
Darf ich Ihnen zum Schluß sagen, daß ich Sie aufgrund dieser einen Veröffentlichung in der *NRF* bewundere und daß ich dieses unauffindbare Buch und Ihre anderen Werke gern hätte, Meister?
Ich bin sehr unbeholfen und weiß nicht, ob Sie mich verstanden haben. Aber erlauben Sie mir, Ihnen zu sagen, daß Sie mich tief berührt haben. Ich darf Ihnen das doch sagen?

Jean Genet
Obergefreiter
Zweite Kompanie
22. RTA
Meurthe-et-Moselle[52]

Da es ihm nicht gelungen war, von Gide eine Antwort zu bekommen, bemühte sich Genet um einen weiteren bekannten Autor, der eher auf seine Bewunderung reagieren würde. (Nebenbei bezeichnet er den Verlag Stock fälschlicherweise als »Stok«, ein Fehler, der wohl niemandem selbst am Rande des literarischen Lebens unterlaufen wäre, da Stock schon damals äußerst bekannt war.) Suarès war eine einsame Figur, von der Pariser Welt der Literatur isoliert, da er sich ausschließlich auf seine Romane, seine Lyrik und seine Essays konzentrierte. Das Jahr 1935 aber, in dem Genet ihm schrieb, sollte sich praktisch als das einzige Jahr erweisen, in dem seinem Werk weite Anerkennung zuteil wurde, denn damals erhielt er den literarischen Hauptpreis der Académie française und eine weitere angesehene Auszeichnung. Vielleicht reizte Genet der Titel *Voici l'homme*, die französische Version der christlichen Wendung *Ecce-Homo*, die schon Nietzsche aufgegriffen hatte.[53] Suarès' Erwiderung, wenn er überhaupt zu antworten geruhte, ist nicht verbürgt.

Obwohl Genet die laufende Dienstzeit noch nicht beendet hatte, verpflichtete er sich am 15. Oktober 1935 für weitere vier Jahre beim selben Regiment in Toul; er unterschrieb zweifellos für weitere vier Jahre, um eine höhere Prämie zu erhalten.

Am 18. Oktober wurde Genet jedoch plötzlich zu einem anderen Regiment in Aix-en-Provence versetzt, dem angesehenen RICM *(Régiment d'Infanterie Coloniale du Maroc)*, dem Kolonialen Infanterieregiment von Marokko. Er wurde dem Dritten Bataillon unterstellt.

Aix liegt nicht weit von Marseille entfernt, und vielleicht geschah es während kurzer Wochenendurlaube in Marseille, daß Genet sich im Alter von vierundzwanzig und fünfundzwanzig Jahren als Stricher etwas Geld dazuverdiente. In *Tagebuch eines Diebes* schreibt er, er sei als Sechzehnjähriger Strichjunge in Marseille gewesen, aber in diesem Alter war er nur einen einzigen Tag – wieder einmal auf der Flucht vor der Behörde – in dieser Stadt. Wenn es für die Geschichte von Genets Freundschaft mit dem Marseiller Polizisten Bernardini, die er in *Tagebuch eines Diebes* erzählt, tatsächlich eine reale Grundlage gibt, dann muß die Begegnung 1935/36 stattgefunden haben. Genet schreibt, daß er Bernardini zuerst in einer Bar gesehen und, nachdem er erfahren hatte, daß dieser Kriminalpolizist sei, sich in ihn verliebt habe. Zwei Jahre später, behauptet Genet, sei er auf dem Bahnhof Saint-Charles festgenommen und beim Verhör zusammengeschlagen worden, bis Bernardini hereingekommen sei und der Gewalt ein Ende gesetzt habe. Als er zwei Tage darauf freigelassen wurde, traf er zufällig Bernardini, dankte ihm und lud ihn zu einem Drink ein. Genet gestand ihm seine Liebe. Bernardini gefiel die

Bewunderung, und er ließ es sogar zu, daß Genet ihm ab und zu den Schwanz lutschte. Er stellte Genet seiner Frau vor. Und er bat ihn, einige seiner Kumpane zu verpfeifen. Genet schreibt: »Indem ich mich dazu bereit fand, vermochte ich meine Liebe zu ihm noch weiter zu vertiefen, aber Ihnen steht nicht zu, mehr darüber zu erfahren.«[54] Während dieser Zeit raubte Genet seine schwulen Kunden aus. Er fragte Bernardini: »Wenn man dir den Befehl gäbe, mich zu verhaften, würdest du es tun?« Bernardini antwortete: »Ich würde nach einem Ausweg suchen, es nicht selbst tun zu müssen. Ich würde einen Kollegen darum bitten.«[55] Dieses Verhältnis ist zu schön, um wahr zu klingen. Genet hatte einen ausgeprägten Hang zu wechselseitigen Machtbeziehungen (Räuber – Beraubter, Henker – Opfer, Richter – Angeklagter, Wächter – Häftling), und die Freundschaft Bernardini – Genet paßt beinahe zu reibungslos in dieses Schema. Genet hat es erschöpfend in *Die Zofen* untersucht, dem Theaterstück, das er schon vor *Tagebuch eines Diebes* begann.

Außerdem steht die Geschichte zwei literarischen (und mündlichen) Erzählgenres nahe, die Genet sehr gern hatte: der schwulen Pornographie und der Kriminalgeschichte. Diese beiden Genres miteinander zu verbinden, muß den Häftling Genet bei der Niederschrift gereizt haben. Das sadomasochistische Potential von Machtbeziehungen fing er am gelungensten in den brillanten Eingangsbildern von *Der Balkon* ein, in den Bordellspielen des Bischofs und der reuigen Sünderin, des Richters und der Verbrecherin und des Generals mit seinem Pferd (einer aufgezäumten Prostituierten).

Marseille eignete sich ideal für Genets Phantasie. Wie Brest, wo er *Querelle* ansiedelte, wurde Marseille im Zweiten Weltkrieg schwer bombardiert. Sobald ein Ort zerstört war, wurde er für Genet ein geeignetes Objekt. Er schrieb über Mettray, nachdem die Anstalt geschlossen worden war, über Brest und Marseille nach ihrer Bombardierung, über den Montmartre, nachdem er als Zentrum der Bohème und des Verbrechens nicht mehr existierte und zum Wochenend-Touristennepp verkommen war. Altmaterialien lassen sich am besten »bearbeiten«; darum benutzen Romanciers sie so gern. Erst wenn die Gegenstände ihren aktuell-journalistischen Reiz verloren haben, sind sie abgekühlt genug, um als Vorlage für einen ernsten Roman zu dienen.

Damals war das RICM eines der französischen Eliteregimenter, berühmt wegen seiner strengen Disziplin und seines aggressiven Kampfstils. Es hatte ursprünglich zur Marineinfanterie gehört, doch inzwischen war es ein unabhängiges Regiment. Seine größte Konkurrenz, was den militärischen Ruhm betraf, war die Fremdenlegion. Wenn Genet also in *Tagebuch eines Diebes* behauptete, daß er auch in der Fremdenlegion war und dort desertiert sei, ist das nicht völlig aus der Luft gegriffen. Die Behauptung tischte er auch Jean-Paul Sartre auf, der sie in *Saint Genet* verbreitete.

Als Genet in seinen Romanen an seiner Legende strickte, scheint er ein nachtwandlerisches Gespür dafür gehabt zu haben, welche Elemente einer Biographie von späteren Chronisten vereinfacht, welche aufgebauscht und welche zu attraktiven Halbwahrheiten geformt werden. Die meisten Leute bestehen auf Tatsachen, auch wenn sie ein bißchen verwirrend sind oder einer reizvolleren und logischeren Version der Dinge im Wege stehen. Genet jedoch ließ wie ein Filmstar oder die frühere literarische Augenblickslegende Byron die unvermeidliche Macht des Klatsches gelten, die ein Leben auseinanderreißt und in die gefälligsten Erzählpäckchen hineinstopft. Aus seinen Pflegeeltern in Alligny macht er grausame Ungeheuer, und aus seiner Stellung in der dortigen Gemeinde die eines beispiellos verachteten Waisenkindes. Später übertrieb er seine Verbrechen und Verrätereien. Beim Herausstreichen seiner Leiden spürte er in gewissem Grade eine konkrete Wechselbeziehung zu seinen inneren Qualen auf, die durch sein Gefühl, ein unentdecktes Genie zu sein, noch verschärft wurden – zuwenig gebildet, ohne Freunde und arm. Genet hatte sich schon mit sechzehn entschlossen, Schriftsteller zu werden, zumindest gab er das später vor. Seine Lektüre und seine Bemühungen um Kontakt mit dem literarischen Paris beweisen, daß er diese Berufung ständig am Leben hielt. Aber es sollte noch Jahre dauern, bis er die Stimme und die Form fand, die seiner Vision entsprach. Wie schon Proust vor ihm bereitete er sich auf seine Berufung durch extensive Lektüre vor. Anders als Proust, der alle Vorteile für sich hatte, saß Genet jedoch in einer Provinzstadt fest und kannte niemanden. Der Ton seines Briefes an Suarès ist der eines ängstlichen, geprügelten Kindes, das sich seiner Orthographie, der Umgangsformen, ja sogar seiner Rechte als Bewunderer nicht sicher ist. Und so wie er in seinem Brief an Gide diesen um etwas Geld anzugehen versuchte, versucht er hier, Suarès dazu zu überreden, ihm ein Freiexemplar zu schicken – der Bagatelldiebstahl des Benachteiligten (und Zornigen), der Leuten etwas abpreßt, von denen er weiß, daß sie ihn nie als ihresgleichen akzeptieren werden.

Das Eigentümliche an Genets Legende ist, daß er alle Spuren seiner früheren literarischen oder intellektuellen Tätigkeiten und Ambitionen aus ihr verbannt. Kein einziges Mal erwähnt er in *Tagebuch eines Diebes* seinen Unterricht, seine Lektüre oder seine literarische Korrespondenz. Diese Auslassung dient natürlich dazu, ein viel exotischeres Bild grell ins Licht zu setzen. Genet muß seine Verworfenheit unter Beweis stellen, seine Beglaubigung als Waisenkind, Anstaltszögling, Bettler und Stricher und Bagatelldieb, eine Identität, die ihm gestattet, für die anderen zu sprechen, ohne die Aufmerksamkeit auf seine Begabung zu lenken, die ihn schnell wie durch Zauber von der Gemeinschaft der Leidenden absondern würde. Er formuliert es so:

> Begabung ist Höflichkeit gegenüber der Materie, ihr Wesen ist, dem Gesang zu verleihen, was stumm war. Mein Talent wird die Liebe sein, die ich dem entgegenbringe, was die Welt der Gefängnisse und Zuchthäuser ausmacht. Nicht, daß ich sie verwandeln wollte, an Ihr Leben heranführen, oder daß ich ihnen Nachsicht und Mitleid zugestünde: Ich erkenne in Dieben, in Verrätern, in Mördern, in Bösewichten, in Betrügern eine tiefe Schönheit – eine tief eingeprägte Schönheit –, die ich Ihnen versage.[56]

Genet beleidigt den Leser, um seine geistige Verwandtschaft mit den Entrechteten unter Beweis zu stellen.

Wenn Genets Behauptung, er sei in der Fremdenlegion gewesen, unberechtigt war, so entsprach seine Behauptung, er sei ein Deserteur, der absoluten Wahrheit. Da ihm das Warten auf die Überfahrt nach Marokko zu lang wurde, beschloß er, auf eigene Faust aufzubrechen. Am 18. Juni 1936 wurde beim Wecken festgestellt, daß Genet fehlte. Am Tag darauf protokollierte man, er habe sich »unerlaubt von der Truppe entfernt«, und eine Woche später, am 25. Juni, wurde er zum »Deserteur« erklärt.

KAPITEL 5

Ein Jahr lang, vom Juli 1936 bis zum Juli 1937, wanderte Genet auf der Flucht vor den französischen Militärbehörden mehrere tausend Meilen (um genau zu sein: achttausendfünfhundert Kilometer) kreuz und quer durch Europa. Zwar bleibt diese Zeitspanne eine der dunkelsten Perioden seines Lebens, aber hie und da ist seine Spur zu erkennen. Das von der Polizeipräfektur in Paris angelegte Dossier über Genet ist vernichtet. Aber Maurice Toesca, der während der deutschen Besetzung Präfekturbediensteter war, hat dieses Dossier durchgelesen, sich einige Notizen gemacht und diese in seinem Tagebuch festgehalten, das die Jahre 1939 bis 1944 behandelt und 1975 unter dem Titel *Cinq ans de patience* veröffentlicht wurde. Toesca, ein produktiver Verfasser von Romanen und Biographien, war literarisch sehr interessiert und lernte Genet 1944 durch Jean Cocteau kennen, der in der Bemühung, Genets Entlassung aus dem Gefängnis zu erwirken, an Toesca herangetreten war.

Auf der Grundlage von Genets Aussagen vor der Pariser Polizei rekonstruiert Toesca in seinem Tagebuch Genets Reisen in den Jahren 1936/37 in groben Zügen. Wenn wir diese Aufzeichnungen und die weniger wahrheitsgetreue, doch poetischere und komprimiertere Version in *Tagebuch eines Diebes* zusammennehmen, erfahren wir in groben Umrissen die Reiseroute. Toesca schreibt:

Kaserne, Gefängnis – davon wollte er nichts mehr wissen. Doch sobald er nicht mehr vor sich selbst geschützt war, brannte er vor Abenteuerlust: In Nizza arbeitet er für eine

Speditionsfirma und erhält vom italienischen Konsul ein wertvolles Visum. Ein fünf Tage gültiges Durchreisevisum für Italien. Er gelangt nach Brindisi und setzt nach Albanien über. In Tirana wird er verhaftet; er wird aus Albanien ausgewiesen, weil er keinen Ausweis besitzt. Er geht weiter nach Jugoslawien und wird in Belgrad verhaftet, wo man ihn wegen illegaler Grenzüberschreitung zu einem Monat Gefängnis verurteilt. Die Militärbehörde verhört ihn. Warum ist er desertiert? Seine Aussagen kann man überprüfen: Er wird unter Bewachung in einem Dorf festgehalten, bis die angeforderten amtlichen Informationen aus Paris eintreffen. Jugoslawien weist ihn aus. Als nächstes taucht er in Palermo auf. Italien schiebt ihn über die österreichische Grenze ab. Aber auch Österreich will ihn nicht haben. Er sucht zunächst Zuflucht in Brünn (in der Tschechoslowakei). Dort kommt er offenbar mit einer karitativen Gruppe in Berührung, gelangt noch bis nach Polen und begibt sich, mit irgendwelchen Papieren versehen, im Juli 1937 wieder nach Paris. Am 20. September 1937 wird er von der französischen Polizei festgenommen. Die Gesellschaft, gegen die Genet zu Felde zieht, nimmt keine Notiz von ihm. Trotz seiner Talente, trotz seiner Laster (er gibt zu, homosexuell zu sein, und prahlt sogar damit; aus diesem Laster schlägt er offensichtlich aus Geldmangel Kapital). Danach wird er vor ein Gericht nach dem anderen gestellt, kommt in ein Gefängnis nach dem anderen.[1]

Wenn man bedenkt, daß Genet diese Strecken größtenteils zu Fuß zurücklegte, dazu in einem Italien und Osteuropa, die unter der Großen Wirtschaftskrise und der Herrschaft des Faschismus litten, dann war das eine eilige und außerordentlich weite Reise. Die Ursache für das rasche Tempo waren natürlich Genets häufige Verhaftungen und Ausweisungen. Später sollte Genet sagen, er sei nach Frankreich zurückgekehrt, um dort ein Dieb zu werden, weil die Polizei in Osteuropa allzu tüchtig gewesen sei.
Toescas karger Bericht kann mit etwas Leben erfüllt werden. Das Visum (eigentlich ein Passierschein), das Genet in Nizza von dem italienischen Konsul erhielt, basierte auf einem Paß, den Genet gefälscht hatte, um nicht als Deserteur entlarvt zu werden. Das gerichtliche Protokoll einer am 25. November 1937 gegen Genet abgehaltenen Voruntersuchung enthüllt, daß »Genet im Laufe des Monats Juli 1936 auf französischem Territorium einen ursprünglich gültigen Paß dadurch gefälscht hat, daß er anstelle von Genet den Namen Gejietti einsetzte und davon Gebrauch gemacht hat, indem er ihn in dieser gefälschten Form an der Grenze vorwies, um wieder nach Frankreich eingelassen zu werden, und bei verschiedenen Gelegenheiten dieses gefälschte Dokument vorlegte, um seine Identität nachzuweisen«.[2]

Warum Gejietti? Wahrscheinlich, weil es jener Name war, der die größtmögliche Entstellung von »Genet« durch Verfälschung der Originalbuchstaben erlaubte. Wenn aus dem *n* ein *j* und ein *i* durch eine zusätzliche Unterlänge und zwei i-Punkte gemacht und ans Ende ein *t* und ein *i* einfach angehängt wurden, waren drei neue Buchstaben dazugekommen, ohne daß sie allzusehr zusammengedrängt wirkten, oder irgend etwas radiert werden mußte. Sogar die Ausgefallenheit des Namens hätte als Garantie für seine Echtheit erscheinen können.

Nachdem Genet Frankreich verlassen hat, eilt er durch Italien, offenbar vom Wunsch getrieben, weiter nach Osten zu gelangen, um eine möglichst große Entfernung zwischen sich und die französischen Militärbehörden zu bringen. Er steuert geradewegs Brindisi an, am Absatz des italienischen Stiefels gelegen und jener Hafen, von dem aus Albanien am schnellsten erreichbar ist – zweihundertfünfzig Kilometer sind es von Brindisi bis zur albanischen Hafenstadt Durrës. Sein Aufenthalt dort war kurz. Er wurde in der Hauptstadt Tirana verhaftet und ausgewiesen, weil er nicht die richtigen Papiere besaß. In *Tagebuch eines Diebes* verrät seinen Aufenthalt ein einziges Wort: »Albanien.«

Möglicherweise hat Genet versucht, als nächstes nach Korfu zu gelangen, aber die griechischen Behörden verweigerten ihm die Einreise – jedenfalls berichtet er es so in *Tagebuch eines Diebes*. Daraufhin begibt er sich nach Norden, nach Jugoslawien, wo er anscheinend problemlos über die Grenze kam, aber er wurde in Belgrad verhaftet und im Dorf Uziéka-Požega (die er in *Ein verliebter Gefangener* »Oujitsé-Pojega« schreibt) unter Hausarrest gestellt. Später erzählte Genet seiner jugoslawischen Freundin Olga Barbezat, die aus Montenegro stammte, dies sei der Name des Dorfes gewesen (er sang ihr sogar ein Lied vor, das er dort gelernt hatte, ein richtiges jugoslawisches Lied, das er sich eingeprägt hatte und das sie als authentisch erkannte.)[3] In *Ein verliebter Gefangener* wird ihm denn auch durch ein palästinensisches Flüchtlingslager wieder ein Zigeunerlager in jenem serbischen Dorf in Erinnerung gerufen, das er vor so langer Zeit besucht hatte:

Das letzte Lager nomadischer Zigeuner habe ich in Serbien gesehen, offenbar am Eingang oder Ausgang des Dorfes Oujitsé-Pojega neben einer Müllhalde. Die Wohnwagen bestanden noch immer aus bunten Brettern und wurden von Pferden gezogen, die an diesem Morgen ausgespannt waren. Als die fast nackten Kinder mich sahen, liefen sie zu den Frauen, um sie zu warnen, und die benachrichtigten die Männer mit den fettigen Haaren. Die zeigten mir nur ein Viertel ihres Gesichts und darin ein einziges

Auge, was ausreichte, um mich zu betrachten, mehr war nicht nötig. Diese Gesichtsausschnitte verschwanden wieder. Wenig später kamen zwei schöne, etwa sechzehnjährige Frauen in einem schrägen Winkel, der ebenso einstudiert war wie der Schwung ihrer Hüften, auf einer anscheinend indirekten Linie auf mich zu, die jedoch nichts anderes als unverschämt war, um mich zu provozieren, geschützt durch die Wand eines Hauses. Mit mir zugewandten Gesichtern, doch vom Lager isoliert, das sie aber von etwas weiter weg beobachten konnte, hoben sie ganz langsam ihre langen Volantkleider, das eine grün, das andere schwarz mit roten Blumen bis zur Taille und zeigten mir ihre nicht enthaarten Geschlechtsorgane.[4]

Genet äußert des weiteren die Hypothese, daß die Zigeuner getrennt von den anderen lebten, um sich ihre kulturelle Identität zu bewahren – ihre Sitten, ihre Lebensweise, ihre Moral, ihre Überlebenstechniken. Doch das ganze Spekulieren kann den Schock über den Anblick eines nackten Frauenkörpers nicht mildern. *Tagebuch eines Diebes* zufolge reiste Genet mit einem Österreicher namens Anton durch Jugoslawien. Und in dem Roman behauptet er, daß sein falscher Paß »nichts weiter als ein französischer Wehrpaß« war, in den er »vier Seiten aus einem österreichischen Paß« geklebt hatte, der auf Anton ausgestellt war und Visa des serbischen Konsulats enthielt.

Mehrere Male – in der Eisenbahn, auf der Straße, in Hotels – legte ich jugoslawischen Polizisten dieses merkwürdige Dokument vor: Es erschien ihnen normal. Die Stempel, die Visa stellten sie zufrieden. Als ich festgenommen wurde – weil ich mit meiner Pistole auf Anton geschossen hatte –, reichten die Polizisten es mir zurück.[5]

Diese Verhaftung (falls sie stattfand) veranlaßte den französischen Militärattaché in Belgrad, um Genets Auslieferung nachzusuchen, aber da das internationale Recht es verbot, wurde er zur Frankreich nächstgelegenen Grenze gebracht: der nach Italien. Ehe man ihn freiließ, verbrachte er zwei Nächte im Gefängnis von Souchak (jedenfalls berichtet er das in *Tagebuch eines Diebes*), wo er neben einem Kroaten namens Radé Péritch schlief, der wegen Diebstahls zu zwei Jahren Gefängnis verurteilt war. Nach seiner Freilassung stahl Genet, so behauptet er, einem französischen Konsul in Italien den Mantel und ging wieder zurück nach Jugoslawien, weil er hoffte, Péritch mit Hilfe von zehn Metern Tau und einer Eisensäge befreien zu können, aber der ängstliche Péritch wies Genets Hilfe zurück.

Genet war also zum zweitenmal in Italien. In *Tagebuch eines Diebes* schreibt er, daß er von Triest nach Venedig und von da nach Palermo reiste, wo er verhaftet wurde. Kein Detail in Genets Romanen wird je dem Zufall überlassen, sondern ist immer peinlich genau festgelegt. Die drei Städte, die er nennt, sind allesamt Häfen und bestimmt nicht zufällig von ausgeprägter Eigenart. Triest war politisch instabil und sprachlich ein wahrer Turm zu Babel. Venedig ist, noch deutlicher als Ravenna, die italienische Stadt, die von Byzanz und den Osmanen am stärksten beeinflußt wurde. San Marco besitzt Mosaiken und Skulpturen aus der Hagia Sophia in Konstantinopel, und der Fondaco dei Turchi, ein Palazzo am Canale Grande, hat lange als Handelsniederlassung und Lagerhaus osmanischer Kaufleute gedient.[6] Ähnlich war Palermo jahrhundertelang von den Sarazenen regiert worden, und selbst als es wieder unter die Herrschaft des Normannenkönigs Roger kam, machte der daraus eine liberale und kosmopolitische Stadt, in der nebeneinander Juden, Muslime und Christen wohnten und byzantinische Einrichtungen, französische Militärmethoden und sarazenische Gesetze und Sitten sich vermischten. Als Genet in Sizilien verhaftet wurde, versuchte er gerade, nach Afrika überzusetzen. Seit seinem ersten Fluchtversuch, als er gerade dreizehn war, hatte er immer wieder versucht, nach Ägypten zu gelangen.

Als seine falschen Papiere überprüft und als solche erkannt wurden, brachte man Genet an die österreichische Grenze zurück, die er nachts in der Nähe von Villach überschritt, *Tagebuch eines Diebes* zufolge barfuß in Sandalen, quer durch »Schneefelder«[7]. Gegen Winteranfang 1936 langte er in Wien an. In seinem Roman Tagebuch eines Diebes erwähnt er Wien nicht, aber in den achtziger Jahren erzählte er einem österreichischen Journalisten: »Ich wurde in einen Palast eingeladen, wohin ich noch nie einen Fuß gesetzt, wovon ich aber als Kind geträumt hatte – ich war zwanzig, als ich hier in Wien war – ich träumte ständig davon, im Hotel Imperial zu wohnen, aber ich war ein Vagabund.«

Nachdem er von den Behörden aus Österreich ausgewiesen wurde, machte er sich nach Brno auf, der Hauptstadt Mährens. Brno liegt hundertzwanzig Kilometer nördlich von Wien und war damals bereits ein Industriezentrum mit an die zweihundertfünfundsechzigtausend Einwohnern.

Ganz Osteuropa, besonders aber Österreich und die Tschechoslowakei, waren angesichts der deutschen Drohungen und der immer größer werdenden Nazimacht von panischem Schrecken ergriffen. Als Genet nach Brno kam, stand die Annexion der Tschechoslowakei noch bevor, aber die Spannungen in dem Land, in dem viele politische Flüchtlinge aus Deutschland lebten, waren schon hoch. In Lumpen und völlig verlaust, wurde Genet von der Polizei rasch aufgegriffen, und er gestand bereitwillig, daß er aus der französischen Armee desertiert sei. Die Polizei, die nicht wußte, wie sie diesen Fall behandeln sollte, reichte ihn an die Liga für Menschenrechte weiter. Otto Schütz, der Gründer der Ortsgruppe der Liga für Menschenrechte in Brno, interessierte sich für Genet und versprach ihm seine Hilfe. Schütz gehörte zu den ganz wenigen Mitgliedern der Liga, die die Kriegsjahre überlebten. Genet erhielt auf Betreiben der Liga die Erlaubnis, sich für eine Weile in der Tschechoslowakei aufzuhalten, und wurde der Obhut eines der Mitglieder der Liga überstellt. So kam er zu Lily Pringsheim, einer deutschen Politikerin und Journalistin, die dank ihrer Französischkenntnisse (sie war Halbfranzösin) bei den amtlichen Vernehmungen für Genet gedolmetscht hatte. Sie war im hessischen Landtag sozialdemokratische Abgeordnete gewesen und hatte dem Aufstieg des Nazismus heftig Widerstand geleistet. Nach Hitlers Machtergreifung waren sie und ihre Familie 1933 aus Darmstadt nach Brno geflohen.[8]

Während der fünf Monate, die Genet in Brno war, blieb er ständig in Kontakt mit der Familie Pringsheim, die ihm erlaubte, auf dem Balkon ihrer winzigen Anderthalbzimmerwohnung im zweiten Stock der Dlouhà 10a zu schlafen. Er teilte sich die Wohnung mit Frau Pringsheim und ihren beiden Töchtern Therese und Marianne. Lily Pringsheim erinnerte sich später, daß der französische Schriftsteller von den liberalen Mitgliedern der Liga freundlich aufgenommen worden sei:

Niemand fühlte sich abgestoßen von der äußeren Erscheinung dieses recht kleinen, ja geradezu zierlichen Vagabunden. Ihm schien das zu gefallen, und auch die Art, wie ich dolmetschte. Es war sofort klar, daß wir es bei ihm mit einer wirklich erstaunlichen Intelligenz und einem recht bemerkenswerten Talent zu tun hatten. Ich kann das Ausmaß seiner literarischen Kenntnisse kaum fassen, war er doch, von ein paar kurzen Atempausen abgesehen, dauernd im Gefängnis; auch war es höchst unwahrscheinlich, daß er sich als Kind in den Besserungsanstalten solche Kenntnisse erworben hat.[9]

Genet muß von sich ein verwegenes Porträt gezeichnet haben, das ihn gleichzeitig als Opfer, Herumtreiber und rachedurstigen Macho zeigte, denn er prahlte vor Lily, er habe »fast jedes Verbrechen des Strafregisters begangen, nur einen Mord nicht«, er sei ins tiefste Elend abgesunken, als er in Spanien und in Marokko umherzog, und er sei bei seiner Rückkehr nach Frankreich verhaftet und zur militärischen Ausbildung in eine Kaserne gesteckt worden. Lily Pringsheim berichtet:

Prompt hatte er Streit mit dem vorgesetzten Offizier. Er schlug ihn zusammen, nachdem er ihm verächtlich erklärt hatte, was er von einem System halte, das erst Verbrecher ins Gefängnis einsperrt und sie danach für gut genug befindet, als Soldaten der Verteidigung eines »Landes« zu dienen, das sie nie gekannt, und von »Ideologien«, von denen sie keine Ahnung haben.

Entweder benutzte Frau Pringsheim Genet als geeignetes Sprachrohr ihrer eigenen Empörung über das kriegerische und ausbeuterische kapitalistische Regime, oder, was wahrscheinlicher ist, sie erinnerte sich an das, was Genet, ein gewiefter Schauspieler, der sich bei seinen neuen Freunden rasch einschmeicheln wollte, tatsächlich gesagt hatte. Natürlich verachtete Genet Frankreich, und er verübelte dem Land die schlechte Behandlung der Armen und Rechtlosen, aber nie pflichtete er solch pazifistischen, humanitären oder egalitären Grundsätzen bei, es sei denn in höchster Not – wie damals in der Tschechoslowakei.

Genet erzählte Frau Pringsheim, er sei aus einem Militärgefängnis entflohen und habe sich heimlich in die Tschechoslowakei begeben, wo er »gegen Ende 1937« verhaftet worden sei. Der Einfall vom Militärgefängnis schmeichelte sicher seiner Schwäche für heldenhaftes Drum und Dran, erregte aber auch die Empörung der linksgerichteten Liga.

Lily Pringsheim erinnert sich, daß Genet

auf dem schmalen Sims, den der Balkon darstellte, schlief. Er war froh, die Sterne über sich zu sehen, und ein Bett oder irgendwelche »normalen« Bequemlichkeiten des Lebens absolut nicht gewohnt, sie verfehlten es vielmehr nie, ihn in Erstaunen zu versetzen.

An dieser Stelle unterbricht sie sich, um ihren Zuhörern zu versichern, daß sie und ihre Familie nicht »bourgeois« seien und sehr arme Flüchtlinge waren:

Not schafft Bande, schafft Aufgeschlossenheit und Verständnis. Dementsprechend waren wir bereit, auf Genet ohne das leiseste Bedenken oder Zögern zuzugehen; und wenn er auch ein Dieb war – oder es von sich behauptete –, schien uns, daß, verglichen mit den Greueltaten, die in Deutschland von den Verbrechern des Nationalsozialismus begangen wurden, *seine* Vergehen unwesentlich und klein waren.

Wenn Genet sich auch in seinen späteren Werken zu diesem Zeitpunkt als Dieb unter Dieben und als jungen Herumtreiber unter Herumtreibern darstellt, war er schon ein eindrucksvoller Geschichtenerzähler und Denker, der eine erstaunliche Belesenheit verriet. Und was noch bemerkenswerter ist, er schrieb bereits. Zumindest vertraute er Lily Pringsheim zur Verwahrung »eine Reihe von Manuskripten [an], die er während seiner jüngsten Haftstrafe verfaßt hatte«. Eine von Lily Pringsheims Töchtern, Therese (auch Heidi genannt), erinnert sich, daß ihre Mutter häufig »die komischsten Typen«[10] in ihrer winzigen Wohnung beherbergte. Zur Zeit, als sie Genet kennenlernte, ging sie noch zur Schule. Ihre Erinnerungen sind konkreter und weniger ideologisch gefärbt als die ihrer Mutter:

Damals trug Genet gewöhnlich einen braunen Cordanzug mit einem schwarzen Rollkragenpullover, den er in drei Monaten kein einziges Mal auszog.

Sie erinnert sich, daß eine reiche jüdische Industriellenfamilie, die an Genet menschlich Anteil nahm, ihn einmal zum Baden verführen wollte, daß sie ihn an eine mit heißem Wasser samt Badesalzen gefüllte Wanne führte. Als sie eine Stunde später an die Tür klopften, sahen sie, daß Genet, immer noch in seinen dreckigen Cordhosen und dem Rollkragenpullover, auf dem Wasser Schiffchen schwimmen ließ, die er aus Toilettenpapier gefaltet hatte. Ebenso wies Genet alte Kleider des Industriellen zurück.

Genet nahm nie von irgend jemandem etwas an.

Heidi schreibt, Genets ganzes Gepäck »bestand aus einer Rindledermappe voller Manuskripte und Schreibutensilien«. Er erzählte ihr, er habe aus Frankreich fliehen müssen, weil »er während seines Militärdienstes einen Offizier geohrfeigt« habe. In seiner besten anarchistischen Art versprach Genet der kleinen Heidi, daß er eines Tages ihre verhaßten Lehrer in die Luft sprengen werde. Sie erinnerte sich, daß ihn die üblichen Bequemlichkeiten des Daseins in Erstaunen versetzten und daß er eine tiefe Beziehung zum Schönen hatte.

Seine Art zu reden hatte seltsame, bizarre Wendungen angenommen. Wie ein Kind, oder beinahe so, staunte er über ganz normale Dinge, die uns bedeutungslos erschienen waren ... Eines Tages nahm er mich mit hinunter an den Fluß, und er trug ein dickes Paket unterm Arm. Als ich ihn danach befragte, sagte er, er wolle das Paket im Fluß versenken. Ich war mir sicher, daß er zumindest *La Négresse* (eine Freundin von ihm, die irgendwo in einem Park lebte) in kleine Stücke zerhackt hatte, und ich freute mich schon auf die Bestattung, denn ich muß ein bißchen eifersüchtig auf sie gewesen sein. Wir kamen an den Fluß, er hielt eine rührende Trauerrede, möglicherweise gelang es mir sogar, mir ein paar Tränen für die Negerin abzuquetschen, dann flog das Paket im hohen Bogen in den Fluß.

Wie sich herausstellte, enthielt das Paket nichts als etwas Unterwäsche, die der »fette Industrielle« Genet geschenkt hatte. Dieser jüdische Industrielle war Erwin Bloch, der Gatte von Ann Bloch, der vierunddreißigjährigen Tochter des mit seiner Familie nach Brno geflüchteten deutsch-jüdischen Gynäkologen A. L. Scherbach. Genet gab Ann Bloch, die seit zehn Jahren verheiratet war, jeden Dienstag Französischunterricht. Er geriet heftig in den Bann dieser älteren, verheirateten Frau, die nach René de Buxeuils zweiter Frau die erste wirkliche Dame gewesen zu sein scheint, der er begegnete. Seine Gefühle für Ann Bloch scheinen, wie die Briefe belegen, die er ihr geschrieben hat, eine Mischung aus Verehrung, Anteilnahme, Liebe und Ressentiment gewesen zu sein – genau die Empfindungen, die er zehn Jahre später in *Die Zofen* wieder aufgreifen sollte. Sich seiner Intelligenz und sprachlichen Meisterschaft, doch auch seiner Armut, seiner mangelnden Bildung und seiner Unkenntnis selbst der elementarsten Dinge feiner Lebensart bewußt, gab sich Genet gleichzeitig arrogant und gedemütigt.

Ende Mai 1937 verließ Genet die Tschechoslowakei und gelangte nach Polen, sein Ziel aber war Deutschland. Seine Darstellung des eben beendeten Aufenthalts in der Tschechoslowakei in *Tagebuch eines Diebes* mutet sehr eigentümlich an. Im Buch schließt er sich einer Gruppe junger Bettler an, die auf den Straßen musizieren:

Die Stadt Brünn ist düster, feucht, vom Rauch der Fabriken und der Farbe der Steine zu Boden gedrückt ... Man sprach in Brünn Deutsch und Tschechisch. Das ist der Grund, weshalb rivalisierende Gruppen von Straßensängern in der Stadt aneinandergerieten. Ich wurde von einer Gruppe aufgenommen, die deutsch sang. Wir waren sechs. Ich ließ den Hut herumwandern und teilte das Geld auf. Drei meiner Kameraden spielten Gitarre, einer Akkordeon, und der fünfte sang. So sah ich sie eines nebligen Tages vor einer Mauer stehen und ein Konzert geben. Einer von den Gitarristen war vielleicht zwanzig Jahre alt. Er war blond und trug ein kariertes Hemd und Cordhosen. Schönheit ist selten in Brünn, dieses Gesicht riß mich hin.[11]

Genet bemerkt, daß dieser junge Mann, der, wie er herausfindet, Michaelis Andritch heißt, mit »einem fetten, rosigen, schlicht gekleideten Mann mit

einer ledernen Aktentasche« ein einverständiges Lächeln wechselt. Tatsächlich redet Michaelis nie von Frauen, und er ist der erste »virile« Schwule, dem Genet begegnet: »Seine Bewegungen waren anmutig, ohne effeminiert zu sein.« Michaelis macht Genet mit dem »rosigen und fetten« Industriellen bekannt und versichert Genet, daß er, Michaelis, in ihrer sexuellen Beziehung »der Mann« sei. Bald hat Genet ihn überredet, mit ihm ein paar Diebstähle zu begehen. Und nachdem er und Michaelis den Industriellen bestohlen haben, brechen sie rasch nach Kattowitz in Polen auf, doch ohne viel Geld, denn »der Alte war argwöhnisch geworden«.[12]
In Kattowitz treffen sie dann ein paar Freunde von Michaelis, die als Fälscher arbeiten. Genet und Michaelis werden am zweiten Tag festgenommen, weil sie versuchen, Falschgeld unter die Leute zu bringen. Michaelis ist drei Monate im Gefängnis, Genet zwei.

Michaelis und der reiche, schwule Industrielle haben vielleicht existiert; sicherlich hatte Genet während der fünf Monate in Brno genügend Zeit, neben den Pringsheims und Blochs, die er in dem Buch kein einziges Mal erwähnt, auch die Straßensänger und Michaelis kennenzulernen. Ganz klar ist, daß Französischstunden, Teegesellschaften und eine Gefühlsbeziehung zu einer bürgerlichen verheirateten Frau keine Gegenstände sind, die in die begrenzten und drängenden Themen von *Tagebuch eines Diebes* integriert werden konnten, das sich auf Homosexualität und Armut beschränkt sowie auf die Gewalt, Liebe und Treulosigkeit unter Bettlern. Da wir Konkreteres nicht wissen, könnte man vermuten, daß der rosige und fette Industrielle, den Michaelis ausnutzt und später mit Genets Hilfe bestiehlt, ein Double für Ann Blochs Mann Erwin war, Genets Nebenbuhler und verachteten Wohltäter.
Die Briefe, die Genet an Ann Bloch schrieb, hielt sie in Ehren. Sie und ihr Mann verließen die Tschechoslowakei nach der Besetzung durch die Deutschen im März 1939. Sie opferten ihr beträchtliches Vermögen für Fahrkarten für einen der letzten Züge, die das Land verließen. Den Blochs wurde zunächst gesagt, sie könnten zwei Koffer mitnehmen, und in einem versteckte Ann ihre Briefe von Genet. Als die beiden dann nur einen Koffer ausführen durften, ließen sie den mit den Briefen zurück. Erst ein Vierteljahrhundert später sollten die Briefe entdeckt und veröffentlicht werden.[13]

Kattowitz

Ein düsterer Tag, noch immer verdunkelt durch hundert fiederige Rauchwolken aus Fabriken, mehrere Polizisten, die ein Geheimnis lüften wollen, das in ihrer Vorstellung ungeheuer ist, ein rotes Backsteingefängnis, die Langeweile, Zeit in Zellen zuzubringen, die Kreuzverhöre, und inmitten all dessen vereinzelt die Erinnerung an Sie, die mich lieb besuchen kommt, da haben Sie es, gnädige Frau und Freundin, was Polen bis jetzt für mich ist.

Aber warum muß ich Ihnen denn überhaupt von Polen erzählen, wenn Sie es doch sind, der ich gern zuhören würde – und vielleicht sind Sie es auch, die ich in aller Eitelkeit gern zwingen würde, mir bei einem weniger ernsten Thema zuzuhören. Mein Gott, vergeben Sie mir meinen näkischen [sic] Ton und lassen Sie mich Ihnen gestehen, daß ich in Brünn ein glühendes Verlangen danach hatte, Ihnen den Hof zu machen, daß ich Ihre strengen Bemerkungen fürchtete, und daß ich jetzt vor Sehnsucht brenne, zärtlicher zu Ihnen zu sprechen. Ich muß meine Erinnerungen erneut durchstöbern, denn entblößt von allem auf der Welt, bin ich nur reich – und wahnsinnig reich zudem – in meinen Erinnerungen, und die, welche mich an Sie erinnern, sind sicherlich die besten. Nun sehen Sie zu, daß Sie dieses Blatt nicht ins Feuer werfen, wenn Sie durch seinen Anfang beleidigt sind, denn auf der nächsten Seite will ich versuchen, ernster zu sein. Doch heute doppelt glücklich – denn ich komme aus dem Gefängnis und plaudere mit Ihnen, also tausend Glück [sic] – erlauben mir, meine professorale Art vollkommen fallenzulassen. Ich fürchte, daß ich sowieso nie viel davon hatte und Sie mich nie ernst genommen haben.» Er ist ein Kind«, denken Sie jetzt,»ein schlecht erzogener Spitzbube, der keine Sanwiches [sic] mag.« Und Sie geben mir Süßigkeiten. Es scheint, ich hatte mir Süßigkeiten verdient (köstlich, wie der Sherry und dieser Kuchen waren, der vor Tausenden von Jahren aus Palästina kam und an dem zu knabbern mich Ihre Mutter, gnädige Frau, gelehrt hat), und ich lutschte die Süßigkeiten frech direkt vor der Nase der polnischen Polizei.

Ich möchte mir zum eigenen Nutzen meine schönsten Erinnerungen ins Gedächtnis rufen und mir Ihre schweren samtbezogenen, mit Quasten besetzten Ebenholzsessel wieder vor Augen führen. Wie ernsthaft Sie waren! Natürlich erkenne ich jetzt mühelos, wie meine Haltung Sie schockieren konnte. Aber liebe gnädige Frau, das Leiden der Menschen, das Leiden an ganz alltäglichen Dingen des Mangels und Verlusts kann mich nicht genauso rühren wie Sie, es muß mich weniger bedrücken, denn ich habe trotzdem viel zu innig Teil daran, um es nicht zu verachten.

Ich habe erfahren, daß Blum gerade gestürzt wurde, was schade ist, aber das Leben besteht nicht aus einem fortwährenden Aufstieg. Es gibt jähe Aufstiege und Abstürze. Und nur, weil man stürzt, heißt das nicht, daß man nicht vorwärts schreitet. Es zeigt ganz einfach, daß jeder Aufstieg schwierig ist und demzufolge verdienstvoll. Was mich irritiert, ist, daß Sie den Fortschritt nicht sehen wollen und daß Sie meinen, wir sind noch immer Wilde, weil wir Hitler und seinesgleichen ertragen. Sie würden einen Staat des Friedens und der Freude und vollkommenen Gelassenheit vorziehen, und Sie bezweifeln auch nicht, daß wir uns durch Kampf seiner würdig erweisen sollten! Ja, das alles wissen Sie, Sie verraten es mir, indem Sie Ihren Kopf schütteln – nein! vielmehr ihn zum Licht neigen, zum Tisch, wo die Rosen sind und die Zigaretten – Sie wissen all das und ... und nichts. Und das ist die ganze Geschichte. O Gott, habe ich Sie geärgert? Verzeihen Sie mir, wenn ich es noch einmal getan habe. Was wollen Sie denn tun, gnädige Frau, in diesem traurigen Brünn? Und wie finden Sie sich mit diesem Leben ab, das so ruhig und (irre ich mich?) so ohne tiefe Freude ist, weil Sie von aller Verzweiflung abgeschirmt sind, ich meine die Verzweiflung von allem und jedem, die es einem fröhlich zu sein gestattet?

Ich wurde in einem Hotel verhaftet, vierzehn Tage lang eingesperrt – und da bin ich wieder, frei wie die Luft in Kattowitz, wo ich vielleicht die wahre Freude haben werde (oh! sagen Sie sofort »ja«), die wahre Freude, einen Brief von Ihnen zu erhalten. Das Gefängnis hat mir eine interessante Blässe verliehen, die mich noch romantischer macht und Sie amüsieren würde. Vielleicht hilft mir diese Blässe beim Konsul, den ich mir gefügig zu machen versuchen werde, damit er mir einen Paß gibt. Und dann mache ich mich auf zu dem verbotenen Hitlerismus. Verfluchen Sie mich. Vergeben Sie mir die Häßlichkeit dieses Papiers. Was mich traurig stimmt, ist, daß ich zwar nach einer Entschuldigung gesucht habe, aber keine passende finde: Die Läden haben nicht zu, und dank Ihnen habe ich genügend Geld, um mir einige zu kaufen (ich meine Briefbogen, keine Läden!) – dank Ihnen weiß ich sogar die Stunde, zu der ich Ihnen schreibe. Das in Klammern, wo es doch einen ganzen Absatz verdiente. Wem verdanke ich diese Uhr, die ich an meinem Handgelenk trage? Madame Scherbach oder vielmehr Ihnen, gnädige Frau? Wem auch immer er gilt, Dank. Im übrigen werde ich in einigen Tagen an Ihre verehrte Frau Mutter schreiben. Sie war sehr gut, nicht wahr, denn sie akzeptierte mich von Anfang an ganz einfach so, wie ich war. Ich fühlte mich wohl in ihrem Haus, und ich glaube, das ist das wahre Zeichen von Feingefühl bei Menschen: daß es keine Rolle spielt, wer sich in ihrem Hause wohl fühlt und bei Ihnen. Sehr wenige Menschen bringen das fertig. Und für jemanden, der so gesellschaftsfeindlich ist wie ich, ist es ein Wunder. Fragen Sie nur Madame Pringsheim!

Na, nun habe ich Ihnen ausführlich von mir erzählt, wo ich Ihnen doch in Wirklichkeit tausend Dinge vom Gefängnis zu erzählen habe, tausend Dinge, die Sie bestürzen würden. Also reden wir nicht darüber.

Jetzt bin ich auf der »ultima pagina« angelangt und habe Ihnen noch kein Wort darüber gesagt, was ich gerne sagen würde, und besonders auf die Art und Weise, wie ich es gern sagen würde. Ich muß mich damit abfinden: Ich werde nie sagen, was ich denke. Falls Sie Madame Scherbach sehen, bevor ich ihr geschrieben habe, sagen Sie ihr bitte, sagen Sie ihr ... was? Ich weiß es eigentlich nicht: Lesen Sie Ihr vor, was ich über sie geschrieben habe, und sie wird verstehen.

Da ich nicht weiß, wie lange ich noch hier sein werde, darf ich Sie bitten, mir rasch, ganz rasch zu schreiben, einen kleinen Freundschaftsbrief, so daß ich ihn vor meiner möglichen Einweisung in ein anderes Gefängnis lesen kann. Das ist alles.

Erlauben Sie mir, Ihnen zu sagen, daß ich immer sein werde Ihr sehr ergebener

> Jean Genet
> Postlagernd
> Kattowitz, Polen

Gott, was schreibe ich für ein schlechtes Französisch. Aber ich verstehe immer besser Deutsch. Ich kann schon fast lückenlos die Zeitung lesen.

Aus dem Brief erfahren wir, daß Genet in Kattowitz zwei Wochen lang inhaftiert war, nicht zwei Monate, wie er in *Tagebuch eines Diebes* sagt. Wichtiger aber ist, daß wir erkennen, daß Genet in seine frühere Schülerin ziemlich verliebt ist oder es sein möchte. Seine Begeisterung für sie ist durchmischt mit seinen Eindrücken von ihrem luxuriösen Haus und den mit Quasten besetzten Samtmöbeln, den Rosen, Zigaretten und dem Kuchen – ohne Zweifel sein erster längerer Kontakt mit bürgerlichem Komfort. Er ist dankbar für die Geldgeschenke und eine Uhr. Er vermischt seine gequälte und nicht sehr überzeugende Predigt über das Auf und Ab im Leben mit einer sehr viel ehrlicheren Anspielung auf die echte Verzweiflung, die an dem Glück eines Einzelgängers nagt, der nichts mehr zu verlieren hat. Er liebäugelt mit einem konventionell romantischen Ton, auf den er später verzichten sollte, und, was noch weniger paßt, sonnt sich in seiner »romantischen Blässe« und den Leiden im Gefängnis.

Wie in seinem Schreiben an Gide spielt er mit der Form des Briefes, äußert sich gelegentlich in Satzfragmenten und stellt in Frage, was er gerade gesagt hat. Und wieder schwankt sein Ton lächerlich (und anrührend) zwischen extremer, nicht überzeugend vorgetragener Förmlichkeit und echter, geradezu kindlicher Herzlichkeit – eine Mischung, die ein Jahrzehnt später die Briefe an seinen wohlhabenden Freund und Gönner Jacques Guérin kennzeichnen sollte. Selbst die übertrieben angestrengte und unglücklich-originelle Schlußformel des Briefes belegt Genets Mangel an Bildung und Weltgewandtheit. Seine grammatischen und orthographischen Fehler bestätigen seine spätere Behauptung, daß er keinen Vers und keine Zeile Prosa schreiben konnte, ohne eine Volksschulgrammatik und ein Wörterbuch zu Rate zu ziehen.

Diejenigen, die in seinen Briefen an Madame Bloch ein Zeichen seiner latenten Heterosexualität sehen möchten, seien darauf hingewiesen, daß sie eine äußerst zurückhaltende und offenbar treue Ehefrau war, die wiederzusehen er nicht erwartete. Sie und die anderen Mitglieder der Liga für Menschenrechte hatten ihm geholfen und würden ihm vielleicht auch wieder helfen, doch wurde der Brief nicht aus Eigennutz geschrieben. Er stellt vielmehr die Bemühung eines Waisenkindes, Rowdys, Anstaltszöglings, einsamen Soldaten, Rechtsbrechers und Vagabunden dar, mit einer Dame in Kontakt zu treten. Ihre würdevolle Schwermut ist kein echtes Pendant zu Genets Verzweiflung, genausowenig wie Gides systematische Ruhelosigkeit Genets Entwurzeltsein entsprach. Doch ist sie wie Gide eine Art erhabenerer Geist, mit dem er zeitweise in einen Gedankenaustausch treten kann. Genet hatte unter groben, oft hartherzigen Männern gelebt, die er später in literarische Helden verwandelte; bis jetzt aber hatte er kaum Vertraute unter literarisch Erfahrenen. Familienbeziehungen schließlich, vor allem die zur Mutter, faszinierten den mutterlosen Genet und stießen ihn gleichzeitig ab. Die Mütter seiner Freunde behandelte er stets ausnehmend höflich, und wenn er mit einem Freund brach, so achtete er doch weiter dessen Mutter. Wie wir sehen werden, war der letzte Brief, den er nach Brno schrieb, an Madame Blochs Mutter gerichtet.

Das Auffallendste an dem Brief ist natürlich sein schlechter Stil. Nur fünf Jahre später sollte Genet mit *Notre-Dame-des-Fleurs* eines der Meisterwerke der französischen Sprache schaffen, aber hier ist er offensichtlich noch außerstan de, seinen Ton zu finden, einen Gedanken zu Ende zu führen oder auch nur genau zu berichten. Seine Briefe blieben sein ganzes Leben lang unbeholfen. Einen Brief zu schreiben erfordert die Gewißheit seiner selbst und die rechte Einschätzung dessen, an den man sich wendet. Ein Brief ist eine Konversation, die auf der sicheren Kenntnis beruht, welche Art Plauderei den Empfänger unterhalten und welche Art bekenntnishafter Reflexionen ihn bewegen wird. Briefverhältnisse dieser Art wollen bürgerlich oder aristokratisch sein und werden im allgemeinen von Frauen gepflegt (oder von Männern, deren gesellschaftliche Rolle durch die heterosexuelle Gesellschaft definiert worden ist); Genets rohe, rein männliche, subproletarische Welt hatte ihn auf »Neckisches« nicht vorbereitet, so daß er hier *baniage* statt *badinage* schreibt.

In *Tagebuch eines Diebes* werden Genet und Michaelis von den Aufsehern im Polizeigefängnis schwer gedemütigt. Die einzige Zeit, in der sie sich sehen dürfen, ist morgens, wenn sie den schweren Eimer mit dem kalten Urin der

Polizeibeamten die fünf Treppen hinuntertragen. Die dauernde Erniedrigung verändert Genets Liebe zu Michaelis – »die erste Liebe, in der ich der Beschützer war« – und verwandelt sie in einen Haß, der unrein ist, weil er noch immer »Fasern aus Zärtlichkeit« enthält: »Ich beschloß, mit gesenktem Kopf zu leben und meinem Schicksal in Richtung Nacht zu folgen, im Gegensatz zu Ihnen, und die Kehrseite Ihrer Schönheit auszunutzen.«[14] Hier ist das »Sie« kein freundliches Gegenüber mehr, das schwierig zu packen oder zu gewinnen ist, sondern eher ein beleidigter, doch halb verführter Leser. Dieses Verhältnis inspirierte Genet als Schreibender, nicht jedoch die freundliche Komplizenschaft des Briefstils.

Als Genet aus dem polnischen Gefängnis entlassen wird, bringt er seinem autobiographischen Roman zufolge sein Leben damit zu, daß er mit einem Stöckchen, an dem vorne etwas Klebriges befestigt ist, Münzen aus den Opferstöcken in den Kirchen angelt und in einem Park etwas außerhalb von Kattowitz schläft. Hier wimmelt es aber im Gegensatz zu dem umgänglichen Gesindel in Spanien von Herumtreibern, die einander ignorieren. In einer Fußnote warnt Genet uns, seinem Bericht zu vertrauen: »Das, was ich schreibe, ist es wahr? Falsch? Nur dieses Buch der Liebe wird real sein. Die Tatsachen, die ihm als Vorwand dienen? Ich muß ihr Verwahrer sein. Nicht sie sind es, die ich hier wiedergebe.«[15]

Der französische Konsul – noch immer laut *Tagebuch eines Diebes* – fordert Genet auf, Polen so schnell wie möglich zu verlassen. Der blasse und kaum glaubhafte Bericht im Roman, der von einem Gangsterfilm inspiriert zu sein scheint, läßt Genet und Michaelis sich ein Auto samt Chauffeur mieten und zur tschechischen Grenze fahren; Genet hält eine Pistole auf den Kopf des Fahrers gerichtet, für den Fall, daß der sich sträuben und sie nicht an den Grenzposten vorbeibringen sollte. Im Buch werden sie jedoch an der Grenze von tschechischen Beamten aufgehalten und nach Kattowitz zurückgeschickt. Genet wird klar, daß es unmöglich ist, in Mitteleuropa das Dasein eines Diebes zu führen, »da hier die Polizei perfekt ist«, und so beschließt er, sich nach Frankreich aufzumachen, um dort, wahrscheinlich in Paris, wieder »das Dasein eines Diebes« zu führen. Im Buch läuft er zu Fuß nach Berlin, kommt unterwegs durch Breslau, bleibt »einige Monate« in Deutschland und lebt in Berlin »ein paar Tage« von der Prostitution.[16]

Während er in Deutschland ist, kommt er zu einer Einsicht:

Ich hätte gern gestohlen. Eine unbekannte Macht hielt mich zurück. Deutschland flößte ganz Europa Entsetzen ein, es war, vor allem in meinen Augen, zum Symbol der

Grausamkeit geworden. Es war bereits ausgestoßen. Selbst Unter den Linden hatte ich das Gefühl, in einem von Banditen organisierten Lager spazierenzugehen. Ich glaubte, auch im Hirn des bedachtesten Berliners nisteten jede Menge Doppelzüngigkeit, Haß, Bosheit, Grausamkeit, Gier. Ich begriff, daß ich frei war inmitten eines auf den Index gesetzten Volkes. Natürlich stahl ich dort wie anderswo, ich verspürte jedoch ein gewisses Unbehagen dabei, denn was diese Tätigkeit ausgelöst und was sich aus ihr ergeben hatte – diese zur Bürgertugend erhobene besondere Moralauffassung – war einer ganzen Nation vertraut und wurde gegen die anderen gekehrt. Es ist ein Volk von lauter Dieben, fühlte ich innerlich.»Wenn ich hier stehle, begehe ich nichts Einzigartiges, wodurch ich mich besser verwirklichte: Ich gehorche nur der allgemeinen Ordnung. Ich zerstöre sie nicht. Ich begehe nichts Böses, ich rufe keine Störung hervor. Ein Skandal ist unmöglich. Ich stehle im Vakuum.«[17]

Diese Erklärung mag zwar eine spätere Erfindung sein, ein Gedankengang *ex post facto,* aber er bezeugt, daß für Genet der Nazismus ein absolutes Böses war. In seinem Roman *Das Totenfest* gab er seiner erotischen Faszination von Hitler Ausdruck, aber er hat nie versucht, den Faschismus zu verteidigen. Er sah in Hitler die Inkarnation des Teufels und benutzte ihn in seinen Romanen als Kurzformel für das Böse. In Gesprächen erkannte er klar an, wie dumm und materialistisch Hitler war, eher ein verdrogtes Ungeheuer als ein bewußter Satan. Seinem Lektor und Verleger teilte Genet 1963 mit:

Als Nietzsche vierundzwanzig war, diente er im Krieg von 1870 als Krankenpfleger, und ohne Griechenland auch nur ein einziges Mal gesehen zu haben, schrieb er auf einen Streich *Die Geburt der Tragödie* nieder. Ich habe in Korfu all seine Werke gelesen. Was ich mag, seine Gedanken, die mir gefallen: Jenseits von Gut und Böse, der Übermensch. Offensichtlich nicht der von Hitler oder Göring. Wenn man bedenkt, daß Tausende Hektar Land und Schlösser zu besitzen heißt, wie ein Übermensch zu leben. *Das* ist Schwachsinn. Nietzsche forderte für den Übermenschen eine strengere Moral.[18]

In seinem Brief an Ann Bloch hatte Genet für die Niedertracht Deutschlands ein wesentlich besseres Gespür als die meisten Franzosen im Jahr 1937. Natürlich war er gerade aus Brno gekommen, wo deutsche Flüchtlinge sich seiner angenommen hatten, darunter einige Juden und viele Sozialisten. Der Hinweis auf den Sturz des französischen Regierungschefs Léon Blum (selbst Jude) in seinem ersten Brief an Ann Bloch hilft nicht nur, den Brief zu datieren (Blums Regierung stürzte am 21. Juni 1937), sondern legt auch den Gedanken nahe, daß Genet Blum eine gewisse Sympathie entgegenbrachte – eine politische Einstellung, die ihm nur desto deutlicher die Verbrechen des deutschen Faschismus zu Bewußtsein bringen mußte.

Während des Jahres, in dem er an der Macht war, war Blum der verhaßteste Mann Frankreichs, verachtet sowohl von den Kommunisten als auch von der Rechten, zu der der größte Teil der bürgerlichen Mittelschicht Frankreichs gehörte. Die Rechte überhäufte Blum regelmäßig mit antisemitischen Verleumdungen, und einmal hätten ihn rechtsradikale Demonstranten in Paris beinahe umgebracht. Recht unklug spielte Blum Hitlers Bedeutung zunächst herunter und predigte bis 1936 Pazifismus und trat bis 1938 für eine Beschwichtigungspolitik ein. Seine Volksfrontregierung scheiterte an äußeren Ereignissen, wie etwa dem neuen politischen Bündnis zwischen Italien und Jugoslawien, der Wahl Chamberlains zum englischen Premierminister, der an Frieden um jeden Preis mit Hitler glaubte, sowie an Hitlers Weigerung, mit Blum zu verhandeln. Letztlich war es Hitler, der Blum von der Macht vertrieb.

An Blums Persönlichkeit und Politik gab es für Genet vieles, wogegen er eine Abneigung hatte: Blum entstammte einer wohlsituierten, bürgerlichen Familie, war mit allen Vorzügen überhäuft worden und hatte früh Berühmtheit erfahren; seine Politik machte sich für einen fröhlichen, fortschrittlichen Humanismus stark, den Glauben an die unbedingte Vervollkommnung des Menschen. Auf der anderen Seite könnte Blums Eintreten für die Rechte der Arbeiter und seine Verurteilung des Kolonialismus in allen seinen Formen (inklusive Frankreichs Besetzung von Indochina, Syrien und Marokko) bei Genet Zustimmung gefunden haben. Doch war Blum zu wirkungslos, idealistisch und kompromißbereit, um Genet zu gefallen.

In Berlin hatte Genet eine geheime Zusammenkunft mit Wilhelm Leuschner, einem Gegner des Nazi-Regimes. Genet hatte Leuschner von dessen Parteigängern in Brno eine mündliche Botschaft, die er auf deutsch auswendig gelernt hatte, zu überbringen. Lily Pringsheim erinnerte sich später:

Mit Leuschner hatte Genet den unstillbaren Wissensdurst gemeinsam, denn Leuschner schleppte wie Genet überall, wohin er ging, Bücher mit: Shakespeare, Sprachlehrbücher, wissenschaftliche Abhandlungen. Beide lasen und lernten bei jeder sich bietenden Gelegenheit – es machte die SS jedesmal wütend, wenn sich in Verhörpausen jemand in ein Buch vertiefte, und es wurde ihm mit einem Schwall hämischer Bemerkungen entrissen. Genet wagte sich tatsächlich heimlich bis nach Berlin und traf sich wirklich mit Leuschner, versehen mit einer Vielzahl von Empfehlungen von uns, die er auswendig gelernt hatte, denn er wollte nichts Schriftliches bei sich haben, wenn er sich über die

Grenzen schlich. Leuschner muß sofort bemerkt haben, daß Genet nach anderen Maßstäben als gewöhnliche Menschen zu beurteilen war, und er nahm ihn außerordentlich freundlich auf. Es ist ein ewiger Jammer, daß Genet nicht dazu ausersehen war, Hitler zu ermorden. Als unbekannter Vagabund und Bettler, der politisch unverdächtig und vor allem ein Ausländer war, hätte es ihm gelingen können.[19]

Diese weithergeholte Vorstellung von Genet als Hitler-Mörder mag den Verfasser von *Das Totenfest* durchaus beeindruckt haben, denn dort schildert er 1945 eine Liebesszene zwischen einem jungen französischen Ganoven, Paulo, und dem »Führer«, und sowohl Paulo wie Hitler sind über die seltsame Wirklichkeit von Gesicht und Körper des anderen in der extremen Nähe des Liebesakts erschreckt.

Genet schrieb diese Passage, kurz nachdem Wilhelm Leuschner beschuldigt worden war, am Attentat vom 20. Juli zur Ermordung Hitlers beteiligt gewesen zu sein. Leuschner wurde verhaftet und gehenkt.

Nach dem Krieg war Genet oft in Berlin. Deutschland blieb für ihn faszinierend, zunächst, weil ihm der Gedanke gefiel, daß ein kleiner österreichischer Anstreicher und Gefreiter das überhebliche Frankreich besiegt hatte, dann aber auch, weil er in Deutschland so etwas wie die Heimat des Bösen sah. Er kehrte nicht nur öfter dorthin zurück, sondern konnte auch genug Deutsch, um die Übersetzung eines seiner Bücher zu korrigieren, ja er wollte sogar ein Buch über Deutschland während der unmittelbaren Nachkriegszeit schreiben.

Nachdem er Deutschland verlassen hatte, durchquerte Genet rasch Belgien und machte nur für ein paar Tage in Antwerpen halt. In seinem Romanbericht über diese Reise dehnt er in *Tagebuch eines Diebes* seinen Aufenthalt erheblich aus, wobei er ihn zweifellos mit späteren, längeren Besuchen vermischt. In dem Buch stiehlt er Fahrräder, die er in Maastricht in Holland weiterverkauft. Er trifft seinen Kumpel aus Spanien, Stilitano, wieder, der ihn dazu überredet, ein Päckchen über die belgisch-holländische Grenze zu schaffen, das, wie Genet später entdeckt, nichts anderes als Opium enthält. Er fühlt sich zu Antwerpen hingezogen, das seiner Ansicht nach vom Geist des Todes beherrscht wird. Eines Abends, als er eifersüchtig ist auf Robert, einen neuen Freund, den Stilitano bei sich aufgenommen hat, fesselt er in der Nähe des Antwerpener Hafens einen Sexpartner, raubt ihn aus, schlägt ihm ins Gesicht und bedroht ihn mit einem Messer: »Es war das erste Mal, daß ich die Fresse von jemandem sah, den ich bestohlen hatte«, bemerkt Genet[20] (und vergißt, daß er dasselbe über jenen Kameraden gesagt hatte, den er in der Kaserne bestohlen hatte). Indem er diesen Mann bestiehlt, stellt Genet sich vor, er verkörpere den geliebten (und entschieden heterosexuellen) Stilitano: »Er wußte nicht, als was ich ihn insgeheim dienen ließ, nämlich als das, was man das Vaterland nennt: das Gebilde, das anstelle des Soldaten kämpft und ihn opfert.«[21]

Wenn er nach solchen Raubüberfällen überlegt, was er getan hat, bekommt Genet Angst und bereut die Mißhandlungen von anderen Homosexuellen: »Innerlich war ich bekümmert, daß ich diejenigen verwundete, beleidigte, die der elendeste Ausdruck meines teuersten Schatzes waren: der Homosexualität.«[22]

Jahre später, als der Schriftsteller Hubert Fichte, der ebenfalls homosexuell war, ihn in einem Interview fragte, ob er jemals Schwule zusammengeschlagen habe, antwortete Genet: »Aber ich habe es getan, klar. Ich habe es zum Beispiel in Spanien getan – in Spanien und in Frankreich, na und?«

H. F.: Und es gab keine Perspektive, diese Perspektive –

J. G.: Worauf es ankam, war in jedem Fall der Diebstahl.
Wenn ich mit einem Schwulen ging, ob alt oder nicht, aber ich hatte ihn lieber schwach, ging es immer um den Diebstahl.

H. F.: Aus Not?

J. G.: Ganz sicher, ganz sicher.

H. F.: Hat es Sie nicht bedrückt, diese sexuelle Not zu verraten?

J. G.: Aber ich habe keine sexuelle Not verraten. Ich war von den alten Männern, die ich ausraubte, sexuell nicht angezogen. Was mich anzog, war ihr Geld. Nun, es handelte sich darum, ihnen das Geld abzunehmen. Entweder mußte ich sie niederschlagen, oder ich mußte sie zum Orgasmus bringen; das Ziel waren in jedem Fall die Mäuse.

H. F.: Sie waren nicht der Meinung, daß Sie, wenn Sie einen alten Schwulen fertigmachten, sich damit zum Werkzeug einer Gesellschaft machten, die Sie haßten?

J. G.: Oh! Dazu hätte ich vor fünfzig Jahren sehr klar sehen müssen. Dazu hätte ich ein politisches, ein revolutionäres Bewußtsein haben müssen. Vor fünfzig Jahren, das war etwa die Zeit der Spaltung des Kongresses von Tours, der Gründung der Kommunistischen Partei Frankreichs. Stellen Sie sich vor, was das für einen fünfzehnjährigen Bauernjungen, der im Zentralmassiv aufgewachsen war, bedeutet hätte. Was konnte er denken? Das war die große Zeit der Rosa Luxemburg; Sie denken, ich hätte das damals denken sollen, weil Sie das heute denken können.[23]

In diesem späten Interview behauptet Genet also, er sei in der Zeit, als er Schwule ausraubte, politisch naiv gewesen, und zweifellos betrachteten vor Ende der sechziger Jahre nur wenige Europäer die Homosexuellen als Angehörige einer Minderheit, der gleiche Rechte wie anderen Menschen zukommen müßten. Sonderbarerweise aber konnte Genet in einem Roman, den er weniger als zehn Jahre nach den geschilderten Verbrechen schrieb, seine eigene Homosexualität bereits als seinen größten Schatz bezeichnen, als etwas, das ihm sehr teuer war zu einer Zeit, als fast alle anderen Homosexuellen sich ihrer Neigung schämten. Genet hatte bereits seinen Hang zum Stehlen mit seinem Hang zur Homosexualität zur Deckung gebracht. In *Tagebuch eines Diebes* fügt Genet noch ein weiteres Element hinzu – Treuebruch oder Verrat:

Verrat, Diebstahl und Homosexualität sind die Grundthemen dieses Buches. Zwischen ihnen besteht ein Zusammenhang; wenn er auch nicht immer klar zutage tritt, so scheint doch zumindest eine Art Blutaustausch zwischen meinem Hang zum Verrat, zum Diebstahl und meinen Liebschaften zu bestehen.[24]

Zwei Absätze später erklärt er, daß er schreibt, nicht um seine Empfindungen wiederaufleben zu lassen oder mitzuteilen, sondern um eine moralische Ordnung aufzurichten, die selbst ihm unbekannt ist. Bisweilen scheint Genet dem Leser alle für eine Analyse seines Verhaltens notwendigen Hinweise an die Hand zu geben, ohne diese Analyse selbst übermitteln zu können. Mehrere Faktoren müssen hier berücksichtigt werden. Als Genet den Schwulen in Antwerpen beraubt, ist er gerade von seinem Geliebten Stilitano grausam verlassen worden, der statt seiner den hübscheren Robert bei sich aufgenommen hat. Robert ist heterosexuell, für Stilitano also ein geeigneterer Kumpel. Zugleich sieht Robert besser aus als Genet und kann dadurch mehr homosexuelle Opfer zum Ausrauben anlocken. Stilitano nimmt Genet die schönen Kleider weg, die er ihm geschenkt hatte, und läßt sie Robert anziehen, um ihn für Päderasten noch verführerischer zu machen. Genet ist erst kürzlich dem Dreck und den Lumpen entstiegen; jetzt wird er ins Elend zurückgestoßen. In diesem Moment raubt er seinen ersten Schwulen aus. Er beweist – zumindest sich selbst –, daß er so brutal wie Robert ist, vielleicht sogar brutaler, denn Robert sucht schuldbewußt nach Rechtfertigungen für seine Überfälle:

»Diese Leute sind pervers«, sagte er. Die Suche nach Fehlern bei den Homos, die er ausraubte, gab ihm etwas Langweiliges, mit brutaler Offenheit rief Stilitano ihn zur

Ordnung: »Wenn du weiter so predigst, endest du noch als Pfarrer. Für das, was wir tun, gibt's nur einen einzigen Grund, und das ist der Zaster.«[25]

In der Welt der Häftlinge, Soldaten und Vagabunden, die Genet bis dahin kannte, hatten Männer nur Sex miteinander, weil Frauen nicht zur Verfügung standen. Echte Homosexuelle wie Genet spielten für vermeintlich virile und heterosexuelle Männer wie Stilitano die passive, vermeintlich feminine Rolle. Diese Art primitiver, zweigleisiger, streng rollenfixierter Homosexualität mag Liebe und erotische Verspieltheit ausschließen, aber für einen echten Homosexuellen hat das zweifellos den einen Vorteil, daß die meisten Männer auf diese Art sexuell erreichbar sind. Männlichkeit wird bestimmt durch die Rolle, die man spielt, nicht durch das Geschlecht des Partners.

In der Szene, in der der Erzähler brutal einen Schwulen ausraubt, schlüpft er in die Rolle Stilitanos, des einzigen heterosexuellen Mannes unter all seinen Helden, der bis ganz zum Schluß des Buches auch nicht einmal mit der Homosexualität experimentiert. Der Schluß von *Tagebuch eines Diebes* ist dann in der Tat eine komplexe Folge von Enthüllungen. Eines der durchgängigen Tabus in *Tagebuch eines Diebes* ist, Stilitanos Penis zu berühren oder zu betrachten. Genau in dem Moment, als »Genet« drauf und dran ist, Stilitanos Hosenschlitz zu berühren, fällt ihm eine Szene in einem Spiegellabyrinth ein. Stilitano, männlich, aber dämlich, findet aus dem Gewirr von Spiegeln und klarem Glas nicht mehr heraus. Roger, ein Freund, betritt das Labyrinth und rettet Stilitano, während Zuschauer, vor allem Frauen, den Irritierten auslachen. Nachdem Genet die Geschichte zu Ende erzählt hat, die Stilitanos Dummheit belegt, streckt er seine Hand nach Stilitanos Penis aus, der ihm bislang verboten war. Der Penis ist hart. »Genet« flüstert: »Ich liebe dich.« Ganz am Ende des Buches ist »Genet« völlig in Stilitanos Bann und dazu bereit, seinen neuen Liebhaber Armand um Stilitanos willen zu verraten. In der gnadenlosen Kosmologie der in Genets Romanen kodifizierten Homosexualität (einem System, das er in seinem späteren Leben abmildern und verfeinern sollte), wird ein echter, also heterosexueller Mann, durch den andauernden Kontakt mit der Homosexualität korrumpiert, selbst wenn er immer der aktive Partner bleibt. Eines Tages stellt er fest, daß er auf Frauen nicht mehr reagiert und daß er von einer gefährlichen Weiblichkeit angesteckt ist. Stilitano ist praktisch die einzige männliche Gestalt in Genets Romanen, die sich dieser erschreckenden Umwandlung widersetzt; indem er sich mit ihm identifiziert, nimmt Genet vorübergehend Stilitanos unbezwingbare Männlichkeit an.

KAPITEL 6

Im Juli 1937 kehrte Genet nach Frankreich zurück. Beim Grenzübertritt legte er den gefälschten Paß vor, den er seit seiner Abreise benutzt hatte, und kam in Paris während der Weltausstellung an, die von Mai bis November 1937 lief.
Aus Paris schrieb Genet zwei Briefe an Ann Bloch.[1] Den ersten schrieb er am 28. August 1937 an einem Tisch der berühmten Restaurant-Brasserie La Coupole am Boulevard du Montparnasse 102.
Seit der Zeit vor dem Ersten Weltkrieg war der Montparnasse das Zentrum der internationalen Avantgarde. Das Kneipenleben drehte sich um das Coupole, das Select, die Closerie des Lilas und andere Brasserien. In den Straßen links und rechts des Boulevard du Montparnasse befanden sich die Ateliers bekannter Maler wie Foujita, van Dongen und Pascin und das des grandiosen Schweizer Bildhauers Alberto Giacometti. Montparnasse – hier waren amerikanische, deutsche, russische, italienische und südamerikanische Schriftsteller und Künstler willkommen – galt als schicker als das frühere Pariser Boheme-Viertel, der Montmartre im entgegengesetzten Teil der Stadt. Während Montparnasse international, gut betucht und neu war (die meisten Häuser wurden erst nach der Jahrhundertwende gebaut, und einige waren moderne Bauten aus den zwanziger und dreißiger Jahren), nahm sich der Montmartre so durch und durch französisch aus wie Baguette und Brie: alt, verfallen und arm. Montparnasse war eben, geräumig, großstädtisch, entlang breiten Avenuen angelegt, während der Montmartre ein Dorf aus einstürzenden Häusern war, die sich an hügeligen, winkeligen, engen Straßen

zusammendrängten. Der Montmartre war das Künstlerviertel von Murgers (und Puccinis) *La Bohème*, der Ort, wo mittellose Künstler einträchtig neben Prostituierten und Dieben lebten, die Membrane zwischen Boheme und Unterwelt, wogegen Montparnasse das elegante Symbol der französischen Vormachtstellung in den Künsten zwischen den Kriegen war.

Genet fühlte sich später vom Montmartre angezogen, aber er hatte, als er an Ann Bloch schrieb, seine Nische noch nicht gefunden.

Verehrte gnädige Frau,
welcher andere Ort wäre angenehmer, um Ihnen von dort zu schreiben, welcher andere Ort als »mein« Paris? Denn nach allem, was recht und billig ist, kann Paris denn jemand anderem gehören als mir, liebe gnädige Frau?

Ich habe Ihren Brief mit der Freude, die Sie sich vorstellen können, die traurigen Spazierwege des Tiergartens [in Berlin] auf und nieder wandelnd gelesen und immer wieder gelesen. Und jede Zeile legte einen Zauber über einen Baum, und jedes Wort erweichte die harten steinernen Stufen der Könige entlang der Siegesallee. Aber nun bin ich heute in diesem geliebten Paris. Oh, mein geliebtes Paris! Entweiht – ja, es ist entweiht durch hunderttausend Fremde. Spießer auf Urlaub, fade Büroangestellte, Schwerarbeiter. Sollte ich fliehen? Es hat keine Anmut mehr, und für mich hat es nicht einmal mehr ein Zeichen der Freundschaft. Oh! Mein geliebtes Paris!

Trotzdem wird dieser Brief vom Montparnasse abgeschickt, denn hier ist es, wo ich dennoch Zuflucht suche, inmitten von tausend Leuten mit entschieden disharmonischen Gesichtern, die Sie entsetzen würden.

Können Sie Paris sehen, können Sie mich von der Höhe Ihrer blauen Berge sehen? Die Schatten einer Erinnerung, die Erinnerung an einen Schatten.

Ja, das Coupole ist das Coupole, und Montparnasse ist nahezu intakt. Ein Trost. Alte und neue Freunde heißen willkommen. Warum sind Sie nicht hier, ruhig und traurig inmitten unseres hektischen Lebens? Warum sind Sie nicht hier, melancholische gnädige Frau?

Ich träume von Ihnen. Oft rede ich im Lärm mit Ihnen. Paris verschlingt mich. Chevalier[2] singt. Lifar[3] tanzt. Der Eiffelturm speit Feuer. Warum sind Sie nicht hier?

Ich habe aus einem Buch, das ich an einem Bücherstand gefunden habe, für Sie die Gedichtseiten eines jungen, achtzehnjährigen Rowdys herausgerissen. Rimbaud. Lesen Sie sein *Bateau ivre*. Und kosten Sie, wie ich sie gekostet habe, die brutale Poesie seiner Strophen, die so herzzerreißend und doch so zart sind. Kaufen Sie sich das ganze Buch. Wenn ich reich wäre, würde ich es Ihnen schicken.

Wie viele Orientalen es gibt! Wie viele Neger! Wie viele Kugeln Vanilleeis! Wie blau der Himmel heute war und wie gutgelaunt die Sonne!

Kommen Sie nach Europa? In das Europa, das mit Paris beginnt und mit Paris endet. Von einem Seine-Ufer zum anderen. Was mich betrifft, so gehe ich leider nach Algerien, an den Niger, den Kongo und dann nach Nord- und Südamerika. Von der Weltausstellung habe ich überhaupt nichts gesehen. Vielleicht gehe ich heute abend in die Nähe. Ich fürchte mich vor dem Schock. Meine Freunde hier sind immer schon meine Freunde, unwandelbar wie die Glocken. Ja, die Einrichtung im Coupole ist verändert worden. Aber nicht im Dôme. Das Globe hat offen. O meine geliebten Cafés. Die rumänische Damenkapelle ist verschwunden. Sind alle Damen in ihren rosa Kleidern gestorben und in ihren Celli aufgebahrt worden? O mein Paris! Nach Berlin, Brüssel, Antwerpen, was für ein irrer Traum, mein Paris! Gnädige Frau, meine Freundin, Sie dürfen nicht mit Ihren zarten Schultern zucken unter der geschmeidigen Seide Ihrer schönen Kleider. Sie müssen denken, daß ich Paris liebe, wie ich Sie liebe. Und lassen Sie mir die Sehnsucht, Sie beide vollkommen für mich zu haben. Es gibt auch Nervensägen im Coupole. Von meinem Tisch aus kann ich die feuerrote Mähne von Marianne Oswald[4] sehen, diese ergreifende Jüdin; Rachilde[5] trägt ein schwarzes Kleid und ißt den Salat mit den Fingern; Polaire[6] sieht wie eine Spionin aus. Die Leute sprechen rumänisch, griechisch, tschechisch, portugiesisch und ein paar sogar französisch.

Ich werde in ein paar Tagen abreisen. In welchen sandigen Süden, in welches Timbuktu ohne jedes Geheimnis? Wissen Sie, daß das große Geheimnis genau darin liegt, daß es gar kein Geheimnis gibt?

Madame Scherbach hat mir von guten Dingen geschrieben, und vielleicht hat sie noch mehr Nachrichten nach Amsterdam geschickt, wohin ich nie fahren werde? Was soll ich tun? Und Sie, Dame mit den kühlen Augen, werden Sie mir schreiben, ehe ich an Bord gehe? Doch ich mußte meinen Namen ändern. Sie kennen den Grund. Meine Anschrift lautet also:

<blockquote>
Jean Gejietti
Postlagernd
Paris
Hauptpostamt
</blockquote>

(Wären Sie so freundlich, diesen Namen Frau Pringsheim mitzuteilen, die ich zu informieren vergessen habe.)
Auf Wiedersehen, gnädige Frau, grüßen Sie Madame Scherbach, und glauben Sie, daß ich immer bin Ihr

<blockquote>Jean</blockquote>

Noch ein »Servus« an die Hausangestellte mit den köstlichen Torten.

An den Rand hat Genet geschrieben: »Dieser Schluß gefällt mir nicht, würden Sie ihn mit der Zärtlichkeit korrigieren, die ich selber niederzuschreiben mich nicht getraue.«

Dieser zweite Brief ist eher ein Liebesbrief an Paris als an Ann Bloch und offenkundig darauf angelegt, sein Gegenüber mit seiner Weltläufigkeit und Sensibilität und mit der malerischen Schönheit der Kunststadt Paris zu beeindrucken. Die Vertrautheit mit Paris, die Genet vorgibt, ist sicherlich übertrieben und beruht vielleicht auf leicht verständlichen Lügenmärchen über Paris, die er seiner Französischschülerin in Brno erzählt hatte. Aufs neue mit den Gedichten und der Prosa verglichen, die er nur vier oder fünf Jahre später schreiben sollte, ist der Brief erschreckend naiv und banal, nichts als geborgte Gefühle und vorgekaute Meinungen. Man spürt, daß er von Gefühl, ja Begeisterung erfüllt ist, aber sein Tonfall bleibt matt. Seine romantischen Empfindungen für Madame Bloch scheinen zu verblassen, in den Schatten gestellt durch seine besitzerstolze Begeisterung für ein Paris, das bemerkenswert menschenleer ist, trotz seines Hinweises auf nicht näher genannte alte Freunde – es ist die gequälte Fröhlichkeit eines Einsamen. Genet unternimmt den Versuch, seine verborgenen, bitteren Gefühle in konventionelle literarische Posen umzumünzen; erst später sollte er für seine echten Leidenschaften neue Formen finden. Dazu mußte er aber den Wunsch aufgeben, gut, liebenswert, angenehm exzentrisch, stubenrein und bürgerlich zu erscheinen.

Offenbar hatte Genet vorgehabt, einige Zeit in Amsterdam zuzubringen, und Frau Scherbach gebeten, ihm dorthin zu schreiben. Er fuhr jedoch nicht dorthin (wie er in seinem nächsten Brief erklärt), was bedeutet, daß sein Bericht über den Opiumschmuggel von Amsterdam nach Antwerpen in *Tagebuch eines Diebes* entweder unwahr ist oder einer späteren Zeit in seinem Leben zugeordnet werden muß.

Seinen nächsten Brief schrieb er dann in einer Brasserie auf dem Montmartre, im Au Soleil Levant an der Place Pigalle:

Liebe, gnädige Frau,

Ihr Brief ohne Lächeln hat mich richtig traurig gemacht. Habe ich das Recht, mich darüber zu beklagen? Sicherlich übertreibe ich zu meinem eigenen Vorteil das »gelegentliche« Interesse, das Sie die Güte hatten, mir zu zeigen, dort in Brünn. Erinnern Sie sich an mich, oder gibt es da nur einen braunen, »sehr romantischen« Anzug bar aller menschlichen Spuren, der nie ein menschliches Wesen enthielt und von den Winden von Berg zu Tal herumgeweht wurde? (Hier tritt eine lange Pause ein. Ich weiß nicht weiter. Einen Augenblick lang dachte ich sogar daran, Ihnen diese ersten fünf Zeilen einfach so zu schicken, wie sie sind, um einen Gabriele-D'Annunzio-Effekt zu erzielen.) Was habe ich Ihnen denn im Grunde zu erzählen? Nur, daß ich sehr gern bei Ihnen wäre, um Ihnen zuzuhören oder mit Ihnen zu reden, denn ich habe Ihnen tausend Dinge zu erzählen, die ich Ihnen nicht schreiben kann. Ärgert Sie dieser Ton? Ich gebe zu, er ist abscheulich, und ich denke, ich behalte ihn bei, weil ich von ihm besessen bin. Und außerdem wird mein Brief sehr lang werden aus Protest gegen Ihren, der zu kurz war. Gerade lang genug, um mir zu sagen, daß Sie Rimbaud nicht mögen. Aber warum zum Teufel mögen Sie ihn nicht? Vielleicht hat er Sie zunächst verunsichert, aber lernen Sie ihn besser kennen, und Sie werden sehen, daß seine Brutalität sich zu kontrollieren und in Sanftheit zu verwandeln weiß. Lassen wir Rimbaud beiseite.

Ich war nicht in der Lage – vielmehr habe es nicht gewagt –, nach Holland zu gehen. Strenge Polizeigewalt, nasses Klima, Leute, die ... (Voltaire sagte: Kanäle, Enten, Kanaillen![7]), und ich habe nur an das Postamt in Amsterdam schreiben können, damit man mir meine Post hierher schickt. Habe noch nichts erhalten. Voltaire hatte recht – wenn ich hier nicht länger warten kann, wenn Sie vielleicht aufgehört haben, mir zu schreiben, werde ich den Brief erhalten, den Sie mir dorthin geschickt haben.

Doch woher kommt sie eigentlich, gnädige Frau, diese tiefe Traurigkeit, die Sie ständig zeigen und die Ihren letzten Brief schier erdrückte? Woher kommt sie? Das ist es, was mir das Gefühl gibt, Sie haben mich nicht mehr gern. Sie wissen, wie sensibel ich bin, stellen Sie sich also nur mal vor, wie ich leide. Und ich bin so glücklich, wenn ich spüre, daß mir Zuneigung entgegengebracht wird.

Natürlich möchte ich mit Ihnen nicht über Paris oder über Politik reden, auch nicht über diese Paare, bei denen der Mann lächerlich stolz auf seine gesellschaftlichen Beziehungen ist, die, wie er sagt, glänzend sind, und die er mit seiner gelangweilten Gefährtin teilt. Ich möchte mit Ihnen nur über mich selber reden, mit Ihnen lange reden, ohne etwas Originelles zu sagen, sondern nur über mich selbst reden. Was könnte dieses Thema bloß bedeuten, wenn man's von Schanghai oder Santander aus betrachtet? (Was das betrifft, so wird das Curry, das in japanischen Restaurants serviert wird und aus China kommt, immer schlechter.)

Es ist sehr merkwürdig, hier frei zu sein, mit einer zehnjährigen Freiheitsstrafe auf dem Buckel. Jede Uniform gibt mir ein merkwürdiges Gefühl. Flüchtig, aber sehr sonderbar. Gestern abend (oder vielmehr heute morgen) saß ich mit vier oder fünf Ganoven auf einer Bank am Boulevard, als der Renault eines Polizisten genau vor mir hielt. Aber der Fahrer stieg alleine aus und sah sich nach Sandwiches für die zwei Inspektoren im Wagen um. Er kam zurück, und das Auto fuhr weg. Das Blut in unseren Adern begann wieder zu fließen, und ein gewaltiger Seufzer, wie ihn nur Büßer und Sträflinge kennen, entrang sich unserer Brust. Ich bin jetzt schon einen Monat in Paris und bin noch kein einziges Mal belästigt worden. Das verdanke ich meinem fremdländischen Äußeren. Ist meine

Stadt nicht bezaubernd? Aber man darf den Teufel nicht versuchen, nicht einmal, wenn der Teufel die Göttin von Paris ist. Lassen Sie uns fliehen.
Geschieht irgend etwas in Brünn? (Brumm! Eben ist der Renault vorbeigefahren!) Weil Brünn ein Ort ist, wo etwas geschehen kann, während hier, wo das Unerwartete die Regel ist, sich gar nichts wirklich bewegt. In Brünn bekommt jede kleine Geschichte universelle Bedeutung. Die Liga?
»Oh! Wer wird reden von den Reizen der Ligen?« wie Verlaine sang.[8]
Lebt Herr Bergman noch? Und wenn er lebt, dann in welchem erstaunlichen Mantel, unter welchem unvorstellbaren Hut? Wissen Sie, daß ich weder an Dr. Schütz geschrieben habe, noch an Frau Lustig oder Fräulein Wiesner; was werden diese Menschen von mir denken?[9] Denken wir nicht mehr daran. Bestimmt haben Sie Neuigkeiten von Herrn Plaček.[10] Wie geht's ihm, und falls Sie ihm schreiben oder ihn sehen, darf ich hoffen, daß Sie ihn dann an mich erinnern?
So, der Brief wäre beendet, sobald ich Sie gebeten habe, Madame Scherbach meinen ergebensten Dank zu übermitteln, und wenn ich Ihnen noch einmal gestehe, daß Ihre Traurigkeit mich traurig macht, aber dieser Brief teilt nicht viel mit. Es ist das Schicksal von Briefen, nicht das mitzuteilen, was wir gern sagen würden. Ich habe das Gefühl, als verdiente ich heute morgen, geohrfeigt zu werden. Mein Blödsinn würde mich zum Schluchzen bringen, wenn ich noch ein Gefühl für Gut und Böse, Rein und Unrein hätte. Werden Sie mir trotzdem schreiben? Trotz meines albernen Geschwätzes, das das Freudenschloß zerstört, das ich mir errichtet habe, des ganzen Geschwätzes, das eines Gymnasiasten kaum würdig ist? Im Grunde bitte ich nur laut um Ihre Nachsicht, um desto heimlicher zu sündigen.
Nun, da das Morgengrauen anbricht, sind die Rosen der Blumenhändler und die Wangen und Augen der Damen verblaßt (genug der Literatur?).
(Ich habe eben nach einer guten Schlußformel gesucht und keine gefunden – nicht gefunden oder nicht gewagt?) Jean Genet

Jean Gejietti
Postlagernd
Lyon, Zustellamt

Trotz der mutwilligen literarischen Anspielungen auf D'Annunzio, Voltaire und Verlaine ist dieser Brief aufrichtiger als der vorherige, und in der kurzen Passage über die Angst, verhaftet zu werden, kommt er für einen Augenblick zuckend zum Leben. Offensichtlich nehmen Genets Gefühle für Ann Bloch ab, und offenbar geht es ihm mehr darum, seine wertvollen Verbindungen zu Mitgliedern der Liga für Menschenrechte aufrechtzuerhalten, falls er sie später einmal brauchen sollte. Dennoch bleibt alles meist hölzern und affektiert.

Die Tarnier-Klinik in der Rue d'Assas, wo Genet geboren wurde. (Assistance Publique/ Hôpitaux de Paris)

Schulhaus und Bürgermeisteramt von Alligny. Den kleinen Laden in der Bildmitte betrieb Genets Pflegemutter. Das Gebäude am rechten Bildrand stieß ans Anwesen der Pflegeeltern. (IMEC)

Das Haus von Eugénie und Charles Regnier im heutigen Zustand. (IMEC)

Eugénie Regnier mit Genet auf dem Arm vor der Werkstatt ihres Mannes, der rechts neben ihr steht. (IMEC)

Genet mit seiner Schulklasse im Jahr 1923 in der mittleren Reihe rechts vom Lehrer. (IMEC)

Genet bei seiner Erstkommunion 1922. (Privatsammlung)

Louis Cullaffroy um 1921
in Alligny. (IMEC)

Der blinde Komponist
René de Buxeuil, um 1925
Eugénie Buffet begleitend.
(Privatsammlung)

Luftaufnahme des Gefängnisses La Petite-Roquette in Paris.

Die Häuser der Besserungsanstalt Mettray im heutigen Zustand.
(IMEC: Albert Dichy)

Eine »Familie« in Mettray.
(Magazine de la Touraine: Jean-Claude Bardet)

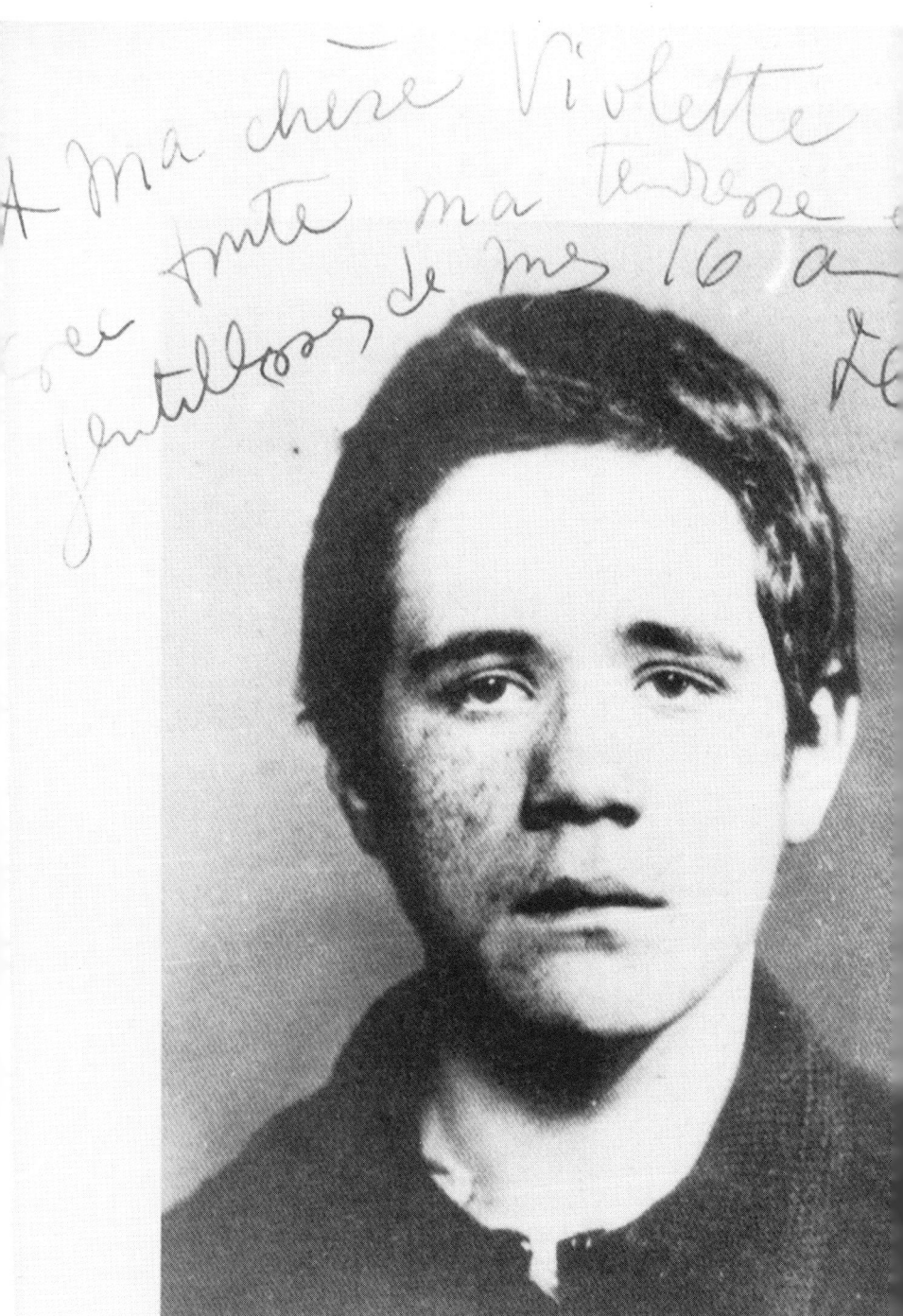

Genet im Alter von sechzehn Jahren in Mettray. 1948 widmete er das Foto der Romanautor Violette Leduc: *À ma chère Violette avec toute ma tendresse et la gentillesse de mes 16 ans. Je* (Privatsammlung)

Aufnahme Genets in Mettray, die 1949 für den Umschlag seines Essays »Das kriminelle Kind« verwendet wurde. (Sammlung Paul Morihien)

Ann Bloch, der Genet in Brno Französischunterricht erteilte. (Sammlung Dr. Friedrich Flemming)

Genet im Alter von etwa sechsunddreißig Jahren. (IMEC)

Überzeugend ist seine plötzliche Hinwendung zu dem »Schicksal von Briefen«, die nicht das mitteilen, was wichtig ist, obwohl er sofort in eine ziemlich übergeschnappte Passage ausweicht, in der es darum geht, daß er verdient, geohrfeigt zu werden, und um Vergebung für sein albernes Geschwätz bittet, damit er desto heimlicher sündigen kann. Ganz deutlich wird, daß Genet damit beschäftigt ist, Rollen auszuprobieren, und daß er mit traumhafter Inkonsequenz und Geschwindigkeit eine ablegt, um in die nächste zu schlüpfen. In dieser Hinsicht haben die Briefe die verrückte Ichbezogenheit von Prousts viel anspruchsvolleren, aber ebenso übertriebenen Briefen, besonders von jenen, die er an adlige Damen richtete. Keiner von beiden war ein angenehmer Briefschreiber, da keiner von beiden einen echten oder vertraulichen Ton anschlagen konnte. Statt dessen benützen beide die Briefsituation, um sich in seltsame Posen zu werfen und imaginäre Rollen anzunehmen. Die Verweise auf Rimbaud und Verlaine zeugen von einem ausgeprägten Geschmack. Vor allem bewunderte er Rimbaud, einen seiner Lieblingsdichter neben Baudelaire, Nerval und Mallarmé. Als Genet 1943 von einem Psychiater untersucht wurde, strich er komischerweise Rimbauds Namen von der Liste seiner Lieblingsschriftsteller (Verlaine, Baudelaire und Mallarmé), fügte aber den Namen von François Villon ein, dem legendären Dichter und Dieb aus Paris. Das Interessante an dieser Liste ist, daß alle diese Dichter ihr Leben zu einer Legende machten, wie Genet es später ebenfalls versuchte, und alle, bis auf Mallarmé, richteten sich zugrunde.

Paul Verlaine, dem Alkohol verfallen, unterlag heftigen Stimmungsumbrüchen, bedrohte verschiedene Male seine Mutter, seine Frau und seinen Sohn und kam zwei Jahre ins Gefängnis, nachdem er auf Rimbaud, seinen Geliebten, geschossen hatte. Später wurde er zum Inbild der Boheme: verarmt, Herumtreiber, begabt, erratisch, von den Almosen jüngerer Bewunderer lebend, nachdem sich seine Frau von ihm hatte scheiden lassen und seine Mutter, die ihr Leid geduldig ertragen hatte, gestorben war. Seine Dichtung, manchmal trivial und sentimental, konnte in ihren besten Ergebnissen auf subtile Weise musikalisch und so schwer deutbar werden wie kaum etwas in der französischen Literatur des neunzehnten Jahrhunderts – der Inbegriff der symbolistischen Ästhetik. In »Art poétique«, dem Gedicht, auf das Genet anspielte, verkündete Verlaine seine Ästhetik: Musikalität, Beziehungsreichtum, Nunaciertheit, Befreiung von den Regeln und der leeren dichterischen Rhetorik. (»Nimm die Redekunst und dreh ihr den Hals um!«)
Gérard de Nerval, ein Exzentriker, der mit einem Hummer an der Leine durch

den Jardin du Luxembourg spazierte, nahm in den dreißiger Jahren des neunzehnten Jahrhunderts an der ersten künstlerischen und dichterischen Revolte der Romantik teil. Später litt er an längeren Wahnzuständen (die Grundlage seines schönen Romanfragments *Aurélia*), die zu Sanatoriumsaufenthalten und schließlich zum Selbstmord führten. Genet bekannte, daß er sich von Nervals Brillanz eingeschüchtert fühle; dagegen bewunderte er vor allem sein Tempo und seine Leichtigkeit.

Charles Baudelaire war ein Dandy, der sich kühl und englisch gab, Opium rauchte, sich eine Mulattengeliebte hielt und zum Apostel der Künstlichkeit wurde. Alles Schöne und Edle, sagte er, beruhe auf Vernunft und Berechnung. Er lebte in einer Atmosphäre von Skandalen, die zu erregen er nie müde wurde. Er verteidigte die Prostitution, den Rausch und alles, was geeignet war, die Bürger in Schrecken zu versetzen, besonders seinen verhaßten, bürgerlichen Stiefvater General Aupick. Wie Genet identifizierte Baudelaire sich mit den am Rande der Gesellschaft Stehenden und war der Meinung, seine künstlerische Methode erfordere es, daß er sich unter die Massen der Riesenstädte mische. Wie Genet fühlte Baudelaire sich von der unbeseelten Natur vollkommen beherrscht. Baudelaire hatte die Empfindung, daß die Dinge ringsumher *durch* ihn dachten, weil sich das Ich in den Tiefen der Träume verliert. In Genets Fall beruht das Vertieftsein ins Unbeseelte auf Angst.

Bei meinen Streifzügen (meinen Diebstählen, meinen Erkundungen, meinen Fluchten) waren die Dinge beseelt. Die Nacht dachte ich mir als Person. Die Steine, der Schotter der Straßen hatten ein Bewußtsein, dem ich mich zu erkennen geben mußte. Die Bäume waren erstaunt, mich zu sehen. Meine Angst trug den Namen Panik. Sie setzte in jedem Gegenstand den Geist frei, der nur darauf wartete, daß mein Zittern sich regte. Die unbeseelte Welt um mich her zitterte sanft. Selbst mit dem Regen hätte ich plaudern können.[11]

Dieses *dérèglement des sens* (die »Unordnung der Sinne«) war auch für Rimbauds dichterisches Programm wesentlich. In einem Brief an einen Freund erklärte Rimbaud 1871: »*JE est un autre*« (»Ich ist ein anderer«), und schrieb dann: »Der Dichter macht sich zum *Seher* durch eine lange, grenzenlose und überlegte *Unordnung aller Sinne.*« Die Mittel zu so einer Verwirrung des Geistes seien »alle Formen der Liebe, des Leidens, des Wahnsinns«.[12]
Rimbaud blieb für Genet ein Fetisch, weil er homosexuell war, provozierend asozial, ein Kleinstadtjunge, der das literarische Paris verblüffte und dann Frankreich um seiner unablässigen Reisen willen aufgab, die ihn zuerst durch

Europa, dann nach Afrika führten, ein unglückliches Genie, das die populären Künste, wie den Zirkus, liebte, ein Schriftsteller, der erbarmungslos und besonnen war, der nie Verlaines schäbiges sentimentales Bohemegetue annahm, der mit erstaunlicher Schnelligkeit schrieb, aber dennoch das Gefühl des denkbar weitestgespannten Phantasievermögens und der striktesten sprachlichen Originalität vermittelte. Genet und Rimbaud teilten sogar die Vorliebe für Häftlinge. In *Une Saison en enfer* schrieb Rimbaud: »Als ganz kleines Kind schon bewunderte ich den unverbesserlichen Sträfling, hinter dem sich immer wieder das Zuchthaus schließt; ich suchte die Herbergen und die Kammern auf, die er durch seine Gegenwart geheiligt hätte, ich sah, mit *seinem Gedanken* den blauen Himmel und das blühende Drängen der Felder, ich witterte das Verhängnis, das ihn verfolgt, in den Städten. Er besaß mehr Kraft als ein Heiliger, mehr gesunden Menschenverstand als ein Wanderer, – und er, er allein! als Zeuge seines Ruhmes und seiner Vernunft.«[13] Rimbaud schrieb, um die Welt zu verändern (was er »die Schwarzkunst des Wortes« nannte). Er war ein Alchimist, der seine Kunst aufgab, als er sah, daß sie keine Zauberkräfte enthielt. Genet schrieb, um aus dem Gefängnis freizukommen (was funktionierte), aber auch, um Tote zu erwecken (was nicht funktionierte). Rimbaud war ein Seher: »Ich gewöhnte mich an die einfache Halluzination: Ich sah ganz deutlich eine Moschee an der Stelle einer Fabrik, ich sah, wie Engel Unterricht im Trommeln erteilten.«[14] Ähnlich schaut der Erzähler in *Wunder der Rose* die wunderbare Verwandlung eines zum Tode verurteilten Gefangenen in einen strahlenden, verklärten Heiligen. Rimbaud hatte Baudelaire als den ersten in einer Reihe visionärer Dichter identifiziert (»Der erste *Seher,* König der Dichter, ein wahrer Gott«); Genet war in der Kette der letzte Apostel.

Ähnlich Rimbaud, der siebzehn war, als er Verlaine begegnete, und vierundzwanzig, als er Europa und das Dichten aufgab, schrieb Genet seine fünf Romane in einer ganz kurzen Phase, zwischen 1942 und 1946, zwischen seinem zweiunddreißigsten und sechsunddreißigsten Lebensjahr, einer der bemerkenswertesten Fruchtbarkeitsperioden in der Geschichte der Literatur. Aber anders als Rimbaud verließ sich Genet nicht allein auf die Inspiration, sondern er baute auch auf harte Arbeit. (Vielleicht muß ein Romancier, dieser Langstreckenläufer, auf die Arbeit bauen, wogegen ein sprintender Dichter der Inspiration vertrauen kann.) Seinem Verleger erklärte Genet einmal: »Begabung gibt es nicht. Dieses Wort ist Überbleibsel aus der Theologie. Als wäre das Talent von Gott verliehen. Begabung ist vielmehr der Wille, und dieser Wille, nun ja, wir wissen nicht, ob er eine Macht ist. Man muß zwischen zwei Extremen bleiben. Überlasse dich nicht der Inspiration, um wie Cocteau zu werden, das Dichter-Medium, das über sein Werk nicht willentlich entscheidet.«[15]

Hier fällt auf, daß sich Genet nicht in der Nachfolge der realistischen französischen Prosatradition eines Balzac, Flaubert oder Zola sah, einer Tradition, die im Roman Leidenschaften analysierte oder Provinzsitten klassifizierte. Auch die Objektivität dieser Romanciers lehnte er ab. Ihre Romane waren nicht offensichtlich autobiographisch, sie wollten vielmehr eine olympische Erforschung der äußeren Welt sein. Genet dagegen bevorzugte die Schriftsteller der Romantik, die die Schranken zwischen Kunst und Leben niederrissen, und alle jene, die die Grenzen zwischen Leben und Kunst erforschten.

Als Genet älter wurde und die Idee seiner Romane und vor allem den Personenkult aufgab, den er vieldeutig um sich herum erschaffen hatte, zog er bezeichnenderweise große anonyme Schriftsteller wie Shakespeare und Homer den persönlicheren Dichtern und Schriftstellern vor, die er bewundert hatte, als er jung war.

In seinem Brief an Ann Bloch beklagt er sich darüber, wie kurz ihre Briefe seien. Offenbar war ihr Ton auch schroff, was er in einem Brief erwähnt, den er Ende August an ihre Mutter schrieb. Dieser Brief an Frau Scherbach-Ullmann ist säuberlich ins reine geschrieben – die Schönschreibübung eines Schuljungen.

Liebe, gnädige Frau,
Ihr Brief hat einen Monat gebraucht – freudig begrüßt, wie Sie sich wohl vorstellen können –, um zu mir zu gelangen. Ich verfüge nicht über das, was nötig wäre, um Ihnen zu versichern, wie sehr Ihre Freundschaft mich bewegt, und so müssen Sie sich es denken. Ich höre, Sie sind in England, wo so viel Zärtlichkeit Sie umgibt, daß Sie vergessen werden, daß Sie mich je gekannt haben, und mein Brief Sie nur verwirren wird. Nur eines – auf welchem Weg sind Sie zu der Insel gereist? Doch nicht etwa durch Frankreich? Denn in diesem Fall wage ich zu denken, daß Sie Paris mit einem freundlichen Besuch beehrt haben würden, wie auch die Weltausstellung, die nicht gerade nach meinem Geschmack ist, die aber, da sie für die Leute ein Ereignis ist (oder es gern wäre), aus eben diesem Grunde gewisse erstaunliche Sehenswürdigkeiten besitzt. Ich bin verwirrt! Madame Bloch schreibt mir mit einer gewissen Schroffheit – ist es nur eine Frage von Schroffheit, oder habe ich mich früher getäuscht, als ich sie freundlicher fand? Ich glaube, es wäre besser gewesen, wenn ich länger in Brno geblieben wäre, um

diese Freundschaft zu pflegen, denn jede Abwesenheit führt dazu, daß man fast völlig vergessen wird, und das betrifft die angenehmen Zeiten ebenso wie die unangenehmen; aber dann sage ich mir auch wieder, eine ständige Anwesenheit wird zur Routine, schließlich langweilig. Dann denke ich, daß dieser freundliche Austausch, diese Art platonischer Liebe, die ich mit Madame Bloch habe, rasch zu einem Ende kommen muß. Sie waren es, gnädige Frau, die als erste die Freundlichkeit hatte, von gegenseitiger Freundschaft zwischen mir und Ihnen zu sprechen. In diesem Fall, im Namen dieser Freundschaft, lassen Sie mich Ihnen anvertrauen, was Sie vielleicht bereits herausgehört haben werden: Ich habe Madame Bloch ungeheuer gern. Natürlich werde ich mich nicht ausführlich darüber auslassen, denn es geht nicht um ein einfaches Gefühl, und ich wäre nicht imstande, einfach darüber zu reden.

Es ist nur so, daß ich zu einer Zeit, als ich gerade mehrere Gefängnisse hinter mir hatte, nachdem ich lange Zeit unter Männern zugebracht hatte, bei der Liga war, dieser knickerigen Liga, und dort ergriff eine elegante Dame, die durch und durch weiblich war, meine Hand. Und dann jeden Dienstag diese langen Gespräche, für die ich mich weniger bezahlt als ermutigt fühlte, dann meine Abreise, Gegenstand einer noch viel zärtlicheren Besorgnis, meine Einsamkeit fern von ihr – ist all das so erstaunlich? Doch jetzt, wie lästig, hier inmitten eines Paris zu sein, das mich nicht so freudig willkommen heißen mag wie zuvor! Ebenso sicher ist von meiner Rückkehr nach Brno keine Rede. Das ist sicherlich weitschweifig berichtet, und Sie werden befürchten, daß ich Ihre Freundschaft dazu benutze, um Sie mit Problemen zu belasten, die ich für mich behalten sollte. Verzeihen Sie mir. Ich werde mich bemühen, zurückhaltender zu sein [Genet schreibt versehentlich *distrait* (zerstreut), aber er muß *discret* (zurückhaltend, taktvoll) meinen]. Darf ich Ihnen von meinen Plänen erzählen? Ich habe tausend, und nicht einen, der letztlich verwirklicht werden kann. Bei Ihnen, wie bei allen meinen Freunden, kann ich nur zutraulich sein, wenn eine leere Seite als Vermittlerin agieren kann. Vor allen Dingen, alles Wesentliche ist kurz, und wenn geringere Dinge gut genug sind, um einer Unterhaltung Leben zu verleihen, sind sie doch zu nichtig, um über Land und Meer geschickt zu werden. Wenn ich in Brünn wäre, wüßte ich, was ich Ihnen sagte, aber hier ist es unmöglich, lieber hätte ich, daß Sie hier wären, mütterlich und aufmerksam, viel beruhigender als Frau Pringsheims wild begeistertes Lächeln. Ich säße Ihnen zu Füßen und küßte Ihnen die Finger, was Sie wahrscheinlich schockieren würde, denn das tut man nicht, und ich würde mich lange verweilen und Sie nicht verlassen wollen. Paris strotzt von Dingen, die Sie amüsieren würden: alles, angefangen bei Mistinguettes Revue[16] bis hin zur »Deutschen Woche«[17], einer wichtigen Theaterwoche, die dem Publikum Gelegenheit geben wird, Harald Kreutzberg[18] und Richard Strauss zu applaudieren. Das Theater hat dieses Jahr den Ehrenplatz. Die Sowjetrussen sind großartig vertreten, ebenso die Briten und Bulgaren. Und vielleicht wäre London – nein, ich fahre nicht fort. Ich wollte gerade versuchen, ein Mann von Welt zu sein, aber das steht mir nicht. Wenn ich Ihnen nichts weiter erzählen kann, sage ich Ihnen, daß ich eine tiefe Zuneigung zu Ihnen habe, und wenn ich nicht einmal das sagen darf, dann schicke ich Ihnen einfach leere Blätter. Nein. Ich bin heute abend zu traurig, um fortzufahren. Lieber sage ich noch einmal, daß Sie gut sind, und das macht mich ebenso glücklich, denn Ihre Güte ist freundlich und nicht hochmütig, und dann werde ich diesen Brief beenden, der schwierig zu schreiben war, denn wahrlich, wahrlich, Menschen, die ich liebe, habe ich immer weniger zu sagen. Seien Sie nicht ärgerlich über mich. Unterhaltungen sind leer und sollten Menschen überlassen werden, die sich nicht kennen wollen.

Ihr sehr ergebener Jean

Notwendigkeit und Vorsicht haben mich gezwungen, meinen Namen ein wenig zu verändern. Wenn Sie Zeit haben, mir zu schreiben, an diese Adresse: Jean Gejietti, Postlagernd, Lyon. Und bis zum 3. September: Rue Mazarin 76 (Paris) bei Herrn Schuster. Natürlich wissen Sie, daß mein Unglück noch größer wäre, wenn ich mir vorstellte, daß Mme. Bloch weiß, was ich über sie gesagt habe. Oh! Ich wäre untröstlich! Und warum bestehen Sie darauf, mir Geld zu schicken?

Der Ton dieses Briefes an Ann Blochs Mutter ist zwar förmlich, aber nicht gespreizt, und er scheint ein echtes Bedürfnis nach mütterlicher Zuneigung und echte Hochachtung vor einer Mutter auszudrücken. Da Genet seine Mutter nie gekannt hat – und seine Pflegemutter eine einfache Frau vom Lande war –, kennt er die bürgerlichen Formeln familiärer Zuneigung nicht recht, was erhellt, wenn er immer wieder schreibt, daß er nicht weiß, was er sagen soll, und Sohnesliebe mit der Melancholie eines Liebhabers vermengt. So schlicht und ehrlich wie in diesem Brief hat Genet seiner Liebe für Ann Bloch noch nie Ausdruck verliehen. Sicher verwirren ihn diese Gefühle, aber er stellt sie deutlich als eine zärtliche, weibliche Persönlichkeit dar, die ihm, zumindest zunächst, eine freundliche Besorgnis entgegenbringt, die ihm in seinem rauhen Gefängnisleben gefehlt hatte. Natürlich besteht immer die Möglichkeit, daß Genet Ann Bloch und ihre Mutter um Geld und Geschenke anging und ihnen erzählte, was sie seiner Meinung nach hören wollten. Doch selbst dann ist das Überraschende, daß die Form, die diese Schmeichelei annimmt, ihm die Rolle des intellektuellen Heimatlosen zuweist, des traurigen und überraschend kultivierten Rowdys und Opfers der Gesellschaft, und Frau Bloch und ihre Mutter als zärtliche, mütterliche Wesen darstellt, die jedoch in einer besseren Welt leben und ihn wahrscheinlich vergessen werden. Genet erkennt aber auch, daß er nicht genügend gebildet ist und den Ton des Mannes von Welt besser aufgeben sollte, zu dem er in seinen früheren, weniger erfolgreichen Briefen an Ann Bloch gegriffen hatte.

Am 16. September 1937 wurde Genet bei einem versuchten Diebstahl im Kaufhaus Samaritaine in Paris festgenommen. Genet wurde bezichtigt, ein Dutzend Taschentücher im Wert von fünfunddreißig Franc an sich gebracht zu haben. Sein ebenfalls festgenommener Komplize war ein gewisser Jean Le Chapelain. Am nächsten Tag wurden die beiden Männer unter Haftbefehl gestellt.

Zwei Tage danach kamen Jean Genet und Jean Le Chapelain, die zugaben, in flagranti erwischt worden zu sein, vor die Dreizehnte Kammer des Schnellgerichtshofs im Seine-Distrikt. Genet, dessen Name im Protokoll »Genest« geschrieben und der als »Sohn von Paul und Marcel Gabrielle« bezeichnet wurde, befand man des Diebstahls für schuldig. Seinen Gefährten »der Begünstigung und Beihilfe«, weil er so getan habe, als wähle er unter verschiedenen Taschentüchern aus »mit dem alleinigen Ziel, Genests Handlungen und Handbewegungen vor den Verkäuferinnen zu vertuschen.«[19]

Am Schluß der Verhandlung verurteilte das Gericht beide zu einem Monat Gefängnis. Aber die Strafe wurde ausgesetzt, da anscheinend beide noch nie zuvor eine Haft- oder Geldstrafe erhalten hatten und die Nachforschungen des Gerichts über sie günstig verlaufen waren. Sie wurden aufgefordert, die Prozeßkosten zu bezahlen (einen Franc und fünfundzwanzig Centime), und noch am selben Tag freigelassen. Dies war Genets erste Verurteilung.

Am 21. September 1937, drei Tage nach seiner Freilassung, wurde Genet nach einer Verfolgungsjagd im 20. Arrondissement erneut von Kriminalbeamten festgenommen. In *Tagebuch eines Diebes* schreibt er: »Als ich durch die Rue des Couronnes verfolgt wurde, teilte sich mir das Entsetzen, das mir die Kriminalbeamten einjagten, durch das gräßliche Geklatsche ihrer Gummimäntel mit. Jedesmal, wenn ich es wiederhöre, schnürt sich mir das Herz zusammen.«[20]

Trotz seiner gefälschten Papiere wurde Genet als Deserteur identifiziert, der gestohlene Dokumente und Ausweispapiere bei sich trug. Er hatte, einem Zeitungsartikel zufolge, Sachen aus geparkten Wagen gestohlen, darunter: Ausweise, Aktentaschen und Zigarettenetuis von einem Dr. Stuhl aus dem 8. Arrondissement; den Fahrzeugbrief und einen Führerschein aus einem in der Avenue d'Iéna geparkten Wagen; Ausweispapiere und offizielle Empfehlungsschreiben, die mit Hilfe von Nachschlüsseln gestohlen wurden; und, äußerst schwerwiegend, die Handschreiben zweier französischer Könige, Karls IX. und Franz' I., im Wert von neunhundert Franc, durch Einbruch ins Schaufenster eines Geschäfts namens Rossignol in der Rue Bonaparte 18 im 6. Arrondissement.

Genet gab außerdem zu, in der Umgebung der Kirchen Saint-Augustin und Madeleine Autos aufgebrochen zu haben. Er trug einen mit sechs Schuß geladenen Revolver bei sich, den er in einem Handschuh versteckt hatte, was ihm eine Anklage wegen Tragens einer Waffe ohne die entsprechende Erlaubnis einbrachte. Er kam noch am selben Tag ins Santé-Gefängnis, eine Voruntersuchung wurde für zwei Monate später anberaumt.

Zu dieser Zeit schreibt er erneut einen Brief an Ann Bloch, und zwar auf Gefängnisschreibpapier, auf das die Warnung gedruckt ist: »Briefmarken und Geld absolut verboten.« Der Brief lautet:

Paris, später Santé

Liebe, gnädige Frau,
ich liebe Sie, weil Sie Paris lieben, und ich liebe Sie auch um vieler anderer Dinge willen. Läßt die Zeit, die inmitten dieser Ausschweifung aus Licht und Lärm verbracht wird, Sie nicht mit dem Eindruck von Barbarei zurück, einer Kindheit, der es plötzlich erlaubt ist, mit Feuer und Messern zu spielen? Persönlich ziehe ich die Diskretion vor, an die ich mich in Wien »gewöhnte«, dort, wo die Kultur eher angedeutet als brutal erklärt wird. Natürlich stimmt es auch, daß es ein *anderes* Paris gibt, gegen das Sie vielleicht noch nie gestreift sind: das Paris der Kais, der Seine »mit ihren Wellen, tragisch und rastlos, wenn sie einen Ertrunkenen herumwälzen.« Lautréamont *dixit!*[21] Zweifellos kennzeichnend für Paris ist, daß es uns die großen Einsamkeiten vermissen läßt.

Ihr Brief, liebe gnädige Frau, ist ein Hauch frischer Luft für mich, ein »orientalischer Wohlgeruch«, der bis hierher gedrungen ist! Stellen Sie sich meine Freude vor. Nicht alles ist völlig verloren, da Sie mir solche Briefe schreiben, und wirklich könnte alles vielleicht viel besser werden, als ich es zu hoffen wage. Doch was für eine Pechsträhne habe ich gehabt! Dank Madame Pringsheim fühlte ich Sie sehr nahe – nahe, aber auch so weit weg. Haben Sie irgendwelche Freunde in Paris, die Sie durch meine größte Liebe, Paris, geleiten könnten? Wenn ich hier leide, mein Gott, sollte die Schuld nicht auf Paris fallen. Mir selbst ist diese Schuld zu geben, und das Tragischste ist, daß ich an diesen Mißgeschicken nichts ändern kann, die mich mit der Ausdauer eines Rudels Hunde verfolgen, die ihrer Beute nachhetzen. Verzeihen Sie, verzeihen Sie diese traurigen Worte, verzeihen Sie diese bleiche, fahle Klage. Ich bräuchte eine Laute, um ein fränkischer Ritter zu sein, der von seiner Qual irgendeiner Dame aus einem verschollenen Lande singt!

Ohne Frage sind meine Kümmernisse erträglich, besonders, wenn ich mir noch schlimmere vorstelle. »Was können Sie tun, um meine Traurigkeit aufzuheitern?« Mein Gott, ich lege mein Schicksal in Ihre weißen Hände und lasse Sie sich darum sorgen. Dennoch wäre ich Ihnen dankbar, wenn Sie Madame Scherbach meine Grüße sagen würden. Es ist schwierig für mich, an sie zu schreiben. Vielleicht bitte ich Sie später um die Anschrift von Mr. Plaček, damit er sich für mich beim Abgeordneten Bergery verwenden könnte. Aber das muß warten bis zu meinem Militärverfahren. Ich werde bald ins Militärgefängnis überstellt werden und weiß nicht, ob wir dort werden unsere Korrespondenz fortsetzen dürfen. Ich werde es versuchen. Mein Papierkontingent ist begrenzt, ich muß mich also kurz fassen: (Gide hat eine Fortsetzung zu seinem Buch *Zurück aus Sowjetrußland* veröffentlicht, haben Sie sie gelesen, und was halten Sie davon? Ich werde ihm schreiben, damit er mir das Buch schickt.) Woran liegt's, daß Madame Pringsheim mir nicht geschrieben hat? War sie schockiert? Bitte sagen Sie ihr meine Grüße und seien Sie (warum sage ich Ihnen das?) eine Freundin auch dieser Frau, deren Freundschaft treu und unabwendbar ist. Aber Sie werden sich erinnern, daß wir über all das bereits gesprochen haben.

Stellen Sie sich mich nicht allzu elend vor in den Tiefen meines Verlieses. Dieses bange Warten ist schließlich heilsam (vielleicht notwendig). Ist es nicht das, was die großen Heiligen des Katholizismus erstrebten? Diese Zeiten der Einkehr zu sich selbst sind gut, um über den eigenen Nabel hinwegzusehen und Verständnis zu haben und um objektiver, teilnahmsloser, gleichgültiger, also dichterischer über diese Welt nachzudenken. Wie Sie vielleicht, die Sie es anmutiger in Ihrer eleganten Wohnung tun, spiele ich meinen »Hamlet« und renne gegen meine Wände an. Meine Wände sind durchsichtig. Sie sehen, ich mache sogar Literatur – schlechte sicherlich –, aber wenigstens keine verzweifelte. Und habe ich Ihnen nicht gesagt, daß nicht alles verloren ist, da Sie meine Freundin geblieben sind und mir gestatten, Sie zu lieben? Die Seite geht zu Ende, und mir ist nicht erlaubt, die Ränder zu beschreiben. Werden Sie mir noch einen Brief hierher schicken? Vor das Militärgericht komme ich noch lange nicht. Auf Wiedersehen, liebe, gnädige Frau, und bewahren Sie mir Ihre Freundschaft. Meine Empfehlungen an Madame Scherbach.

Jean Genet
5-35 Gefängnis La Santé
Rue de la Santé 42

Das erste, was uns an diesem Brief auffällt, ist die Kaltblütigkeit, mit der Genet seine Haft erwähnt. Er hat große Schwierigkeiten mit den Zivil- und Militärbehörden, aber er zögert die Erwähnung des Problems hinaus bis zur zweiten

Hälfte des Briefes an die Frau, die seine liebste, vielleicht sogar einzige Vertraute und eine mögliche Beschützerin ist, wenn man ihre Beziehungen zur Liga für Menschenrechte bedenkt, und selbst wenn Genet das Thema seiner Verhaftung dann wirklich zur Sprache bringt, spielt er es nach bester Gentleman-Art sofort herunter. Wieder macht er Ann Bloch den Hof, aber nun zieht er eine abgedroschene literarische Quelle heran, den ritterlichen Troubadour. Darüber hinaus macht seine oberflächliche und konventionelle Leidenschaft ohne weiteres einer ziemlich gehässigen Kumpanei mit Ann Bloch zum Thema Frau Pringsheim Platz (die, wie Genet in seinem ersten Brief an Ann Bloch angedeutet hatte, an seiner »*sauvagerie*« Anstoß nahm). Genet vergleicht sogar sein Rollenspiel als melancholischer Hamlet mit Frau Blochs Verkörperung derselben Figur; die Identifikation eines Mannes mit einer als Mann verkleideten Frau gibt einen Hinweis auf Genets Bereitschaft, auch unbewußt von einer Rolle zur anderen zu wechseln.

Das Bemerkenswerteste an dem Brief ist Genets Gleichsetzung von sich mit einem katholischen Heiligen. Hier wärmt Genet noch lediglich ein Klischee auf: Der Häftling ist wie ein Mönch in seiner Zelle. Später, in *Wunder der Rose*, wird diese Gleichsetzung von Heiligem und Sträfling eine unerhörte, transzendente Wörtlichkeit annehmen, die tote Metapher wird wieder dem Grabe entsteigen. Und was fast ebenso bedeutungsvoll ist: Genet wird seinen falschen Ton vornehmer *désinvolture* gegen eine todernste Erhabenheit eintauschen. Dieser neue Ton der Romane, prunkvoll und bar jeder Ironie – wenn auch moralisch komplex und energetisch vieldeutig in seinem Verhältnis zum Leser –, war Genets bedeutsame schöpferische Leistung in den drei oder vier Jahren, die diesen Briefen an Ann Bloch folgten.

Wenn auch sein Gedanke der Heiligkeit in dem Brief ohne Leben ist, so sind die Begleitgedanken doch seltsam. Er sieht das Gefängnis als einen Ort an, wo man objektiv weit über seinen eigenen Nabel hinausblicken kann, wogegen die meisten Menschen das Eingesperrtsein als die subjektivste und ichbetonteste Situation überhaupt ansehen würden. Außerdem bringt er Dichtung mit Passivität und Gleichgültigkeit in Verbindung. Das ist genau das Gegenteil von dem, was er glaubt, als er zu schreiben beginnt. In *Notre-Dame-des-Fleurs* formuliert er es so: »Dichtung ist eine Vision der Welt, die man durch die manchmal erschöpfende Anstrengung des gespannten, verstrebten Willens erreicht. Dichtung wird gewollt. Sie ist kein Sichgehenlassen, kein freier und unentgeltlicher Eintritt durch die Sinne; sie ist nicht mit der Sinnlichkeit zu verwechseln ...«[22]

Wenn der religiöse Ton, den er in seinem vierten Brief an Ann Bloch anschlägt, noch matt ist, so ist er gleich im nächsten Brief, den er wenig später ebenfalls aus dem Santé-Gefängnis schrieb, eindringlicher. Er schreibt: »Wenn es keine Menschen mehr gibt, an die man sich wenden kann, bleibt vielleicht ein anderer, viel tröstlicherer Weg.« Er teilt Ann Bloch mit, daß er in zwei Wochen vor den Richter treten wird:

Von da an werden alle meine Briefbeziehungen enden, denn sobald ich verurteilt bin, darf ich mit niemandem mehr Briefe austauschen als mit meinen Eltern. Sollte ich mich beklagen?
Ich habe das Gefühl, wir alle schwächen uns zu sehr in diesem ständigen Austausch von Freundschaft. Wir verzetteln uns. Ich verstehe, warum Mönche und Nonnen mit den Menschen brechen müssen, die ihnen lieb sind. *Besonders* mit den liebsten. Auf jeden Fall ist das religiöse Ideal vielleicht das, was mich am stärksten erschüttert hat, und ich glaube, daß in Wirklichkeit nicht alles »verloren ist«, weil ich immer noch naiv genug bin zu glauben. Gott gibt den Kleinen Glauben. Und ist es denn nicht so, wie Mauriac schreibt: »Gerettet, was verloren war.«[23]

Dann sagt Genet Ann Bloch adieu, sendet seine letzten Empfehlungen an ihre Mutter und – so versunken ist er in die Romantik seiner Rolle als Mönch – schließt: »Oh, sicherlich wird mich meine Reise durch Europa immer mit Freude erfüllen, auf der ich nur wunderbare Freundschaften fand. Doch alles muß einmal ein Ende haben, und ich muß mich wieder in die Ordnung einfügen [›rentrer dans l'ordre‹].« Auf französisch klingt dieser Ausdruck so ähnlich wie die Wendung, die bedeutet: »In den Priesterstand treten« *(entrer dans les ordres)*.
In seiner Schlußformel schreibt Genet: »Liebe gnädige Frau, die Sie so darauf bedacht waren, mir Freude zu bereiten, ich entbiete Ihnen meine Lebewohls, traurig, so traurig, sie Ihnen sagen zu müssen.«
Am 25. November 1937, zwei Monate nach seiner Festnahme, kam Genet vor die Vierzehnte Kammer des Schnellgerichtshofs. Ihm wurde der Diebstahl der königlichen Autographen zur Last gelegt, die Einbrüche in die Autos und der Besitz von Papieren, die er einem Joseph Cremer gestohlen hatte. Zudem war er ja ohne Waffenschein mit einem Revolver angetroffen worden. Schließlich warf man ihm vor, im Juli 1936 einen gültigen Paß gefälscht zu haben, indem er statt »Genet« den Namen »Gejietti« eingesetzt hatte, um danach mehrere Male die französische Grenze zu überschreiten.
Der junge Deutsche Joseph Cremer, dem Genet die Papiere gestohlen hatte,

stand zur selben Zeit vor Gericht, weil man festgestellt hatte, daß auch sein Paß gefälscht war.

Genet wurde zu fünf Monaten Haft verurteilt und in seine Zelle im Gefängnis La Santé zurückgebracht, wo er zwei Wochen blieb. Danach wurde er ins Gefängnis von Fresnes (immer noch im Raum Paris) verlegt, wo er eigentlich bis zum Ende seiner Strafe bleiben sollte. Doch nun wurde er vor das Militärgericht zitiert.

Am 13. Januar 1938 überstellte man Genet nach Marseille, um ihn von dem Militärgericht in der Nähe des Ortes, wo er desertiert war, aburteilen zu lassen. Am 16. Januar kam er ins Militärgefängnis. Drei Tage später wurde sein Name aus der Stammrolle der Armee gestrichen.

In seinen letzten beiden Briefen an Ann Bloch hatte sich Genet zwar recht gelassen gegeben – ja, durch seine Haft geradezu religiös beflügelt –, doch jetzt fürchtete er eine lange Haftstrafe. Er bat Lily Pringsheim um Hilfe. Später erinnerte sie sich: »Ich erhielt noch einen Brief von Genet, der von den Strafbehörden in Marseille zensiert war. Dort liefen die Dinge so schlecht für ihn, daß er meinte, er würde wahrscheinlich sterben. Irgendwie schaffte ich es, ihm Geld zukommen zu lassen. Das hat er nie vergessen, denn er hatte keinen einzigen Freund auf der Welt, von den Mitgefangenen in seiner Zelle abgesehen: Mördern und Dieben.« Vielleicht war es damals, daß Lily Pringsheim über Dr. Plaček einen jungen Anwalt um Hilfe anging, den Abgeordneten der Radikalen Gaston Bergery.

Im Mai 1938 wurde Genet von Dr. Barrou untersucht, einem Psychiater, der ihn als unausgeglichen, labil und amoralisch beurteilte.

Am 13. Mai 1938 erschien Genet vor dem Militärtribunal Marseille, die Anklage lautete auf Desertion zu Friedenszeiten und Diebstahl. Bei diesem speziellen Diebstahl wird es sich wohl um das drehen, worauf Genet in *Tagebuch eines Diebes* anspielt, wenn er schreibt: »Ich desertierte und nahm einige Koffer mit, die schwarzen Offizieren gehörten.«[24]

Genet wurde zu zwei Monaten Gefängnis verurteilt. Da er bereits seit dem 25. November 1937 in Haft war, wurde er noch am gleichen Tag auf freien Fuß gesetzt. Er wurde offiziell aus der Armee entlassen und erhielt eine »Pension« von neuntausend Franc. So endete sein dritter Prozeß.

Sich über die nächste Episode Klarheit zu verschaffen, ist ein bißchen schwieriger. Seine unehrenvolle Entlassung aus der Armee sprach ihm das Recht ab, jemals wieder beim Militär Dienst zu tun. Dennoch verheimlichte er sein Vorstrafenregister und schloß sich dem Zweiten Regiment der Kolonialinfanterie an, das in der Fautras-Kaserne in Brest stationiert war, der Hafenstadt an der äußersten Westspitze der Bretagne. Brest und Toulon waren und sind die beiden wichtigsten Kriegshäfen Frankreichs. Das Zentrum von Brest wurde im Zweiten Weltkrieg völlig zerstört, wodurch es sich für die literarische Behandlung in dem Roman *Querelle* qualifizierte, den Genet im Jahr 1946 schrieb. Genets Brest ist eine Stadt des Nebels, der Nacht, der Einsamkeit und der unversehenen Gewalt, ein Ort mit einem weltberühmten Bordell, La Féria, das Genet ausdrücklich mit dem Criolla in Barcelona vergleicht[25] und das den Häusern im Hurenviertel von Toulon ähnlich sieht. Toulons »Elendsviertel« (»*quartier du malheur*«) war Seeleuten vorbehalten. Halbnackte Prostituierte (die berühmteste war unter dem Namen »Der Artillerist« *[l'Artilleur]* bekannt) lungerten in den Hauseingängen.

Was Genet an Brest jedoch wirklich reizt, ist dessen Geschichte als Zentrum des Strafvollzugs. Bereits 1443 hatte Jacques Cœur vom König die Erlaubnis erhalten, Streuner und Vagabunden zum Seemannsberuf zu zwingen; unter Franz I. (1494–1547) begannen Richter damit, Häftlinge dazu zu verurteilen, als *galériens,* Galeerensklaven, zu dienen; und noch bis zur Mitte des achtzehnten Jahrhunderts wurden königliche Schiffe mit Sträflingen bemannt.[26] Selbst als es diese Art der Bestrafung nicht mehr gab, wurde in Gefängnissen wie Brest weiter ein maritimer Jargon benutzt. Brest war in der Tat eines der drei wichtigsten Staatsgefängnisse Frankreichs (neben Toulon und Rochefort) und von 1749 bis 1858 in Betrieb.

In diesem Leidensjahrhundert wurden an die siebzigtausend angekettete Häftlinge in einem vierundzwanzigstündigen Marsch von Paris nach Brest getrieben, wo sie geschoren und rasiert und mit Mützen versehen wurden, an denen man sehen konnte, wie lang ihre Strafe war und was sie verbrochen hatten. Jedes Kleidungsstück war mit der offiziellen Häftlingsnummer gekennzeichnet. Anschließend wurden die Gefangenen paarweise zusammengekettet; jeder war so jahrelang, manchmal lebenslang mit einem anderen verbunden, und wie es in einer Bildunterschrift aus der Zeit heißt: »Die größte Qual für den Sträfling ist, schlecht ›verheiratet‹ zu werden.«

Das 1750 errichtete Gefängnis war das erste seiner Art, das ausschließlich für Sträflinge erbaut wurde. Der Eingang zum Mittelflügel war mit aus Stein gehauenen Symbolen des Häftlingslebens überkrönt: Ketten, Handschellen etc. Im Jahr 1752 äußerte ein Besucher: »Das Gefängnis, in dem die Häftlinge zusammengekettet werden, ist noch immer das schönste Gebäude, wie auch das größte, sauberste und am besten geführte, das es in dieser Richtung gibt.«[27]

Der berühmte Vidocq aber (das Vorbild für Balzacs Vautrin), der 1797 Häftling in Brest gewesen war, ehe er flüchten konnte und schließlich Polizeichef wurde, schrieb mit größerem Scharfblick: »In jedem Saal stehen achtundzwanzig Feldbetten, sogenannte Pritschen, auf denen sechshundert Sträflinge zusammengekettet schlafen; diese langen Reihen roter Anstaltskleidung, diese kahlgeschorenen Köpfe, diese eingesunkenen Augen, diese niedergeschlagenen Gesichter, das ständige Klirren von Ketten, alles tut sich zusammen, um die Seele mit geheimer Furcht zu erfüllen.«[28] Sogar Flaubert besuchte 1847 das Gefängnis und schrieb über die Dirnen, die gleich vor dessen Mauern lebten; sie waren die Mätressen von privilegierten Sträflingen und Aufsehern. Als Genet in Brest war, stand das alte Gefängnis noch (es wurde erst 1947 abgerissen), diente aber inzwischen als Lagerhaus. Doch mögen hier die Geister jener Häftlinge gehaust haben, die derart vernichtende Strafen erhalten hatten: lebenslänglich für einen Wachtposten, der eingeschlafen war, neun Jahre für einen Mann, der Viehfutter vom Feld gestohlen hatte, zehn Jahre für einen Soldaten, weil er eine Decke gestohlen hatte. Während solch langer Haftstrafen bauten die Häftlinge Schiffe, denn das Gefängnis diente vor allem als Werft. Hin und wieder wurde ein Häftling guillotiniert. Alle anderen Gefangenen mußten dann ihre Mützen abnehmen und während der Exekution mit dem Gesicht zum Schafott niederknien. Als das Gefängnis von Brest endlich von Napoleon III. geschlossen wurde, trat an seine Stelle Frankreichs südamerikanische Strafkolonie in Französisch-Guyana – die berüchtigte Teufelsinsel, die in Genets Phantasie eine so große Rolle spielte.

In seinem Roman *Querelle* offenbart Genet, daß er Nachforschungen über die Galeeren angestellt hat, auf denen Hunderte versklavter Gefangener an den Rudern arbeiteten. Genet wußte, daß sie eine graue Leinenuniform *(»le fagot«* genannt*)* und Ketten trugen, die sie »Zweige« *(»les branches«)* nannten[29], daß der Kapitän im Gegensatz dazu Spitzenmanschetten und -jabot und Seidenstrümpfe trug und von den Häftlingen »Unser Mann« *(»Notre Homme«)* genannt wurde[30]. Er beschreibt das Gefängnis: »Fassade und Giebelwand sind intakt, aber im Innern des Gefängnisses findet man nur noch Taubündel, geteerte Seile und Ratten ... Die Wölbung des Doppelwappens«, fährt er wenig später fort, »hat keine Bedeutung mehr. Sie entspricht nicht mehr der Schwellung von Segeln, der Bauchung hölzerner Schiffsrümpfe, dem hochmütigen Busen der Galionsfiguren, den Seufzern der Galeerensträflinge, der Pracht von Seeschlachten. Im Innern des gewaltigen Granitgebäudes, welches das Zuchthaus ist, das auf einer Seite in offene Zellen unterteilt war, in denen die Gefangenen auf Stroh und Stein lagen, befindet sich nur noch eine Seilerei.«[31]

Mit ungewöhnlicher Detailbesessenheit schildert Genet, wie die Sträflinge am Morgen von peitschenschwingenden Wächtern zusammengetrieben wurden, und er beschreibt die Werften, wie sie im achtzehnten Jahrhundert gewesen sein könnten. In seiner gebieterischen Phantasie denkt er sich, daß die schwellenden Kurven des Wappens »die beiden Hälften eines sagenhaften Eies (sind), das Leda vielleicht legte, nachdem sie die Bekanntschaft des Schwans gemacht hatte ...«[32], so wie er sich vorstellt, die linkischen Schiffsjungen seien die »monströsen Nachkommen« der paarweise zusammengeketteten Galeerensklaven.[33] Als Querelle das verlassene Gefängnis betritt, genießt er das wohlige Gefühl, frei einen Ort zu betreten, der so lange Zeuge derartiger Qualen in Ketten gewesen war.

Am 7. Oktober 1938 beging Genet in Brest einen Diebstahl, dessentwegen er erst ein paar Wochen später verhaftet wurde. An dem Tag betrat er abends um halb zwölf eine kleine Bar in der Rue de la Mairie 50, als der Besitzer, ein Monsieur Quemeneur, sein Lokal gerade schloß. Genet und ein anderer Soldat aus seinem Regiment namens Léon Dumez stahlen vier Flaschen Aperitif. Die beiden Männer flitzten in dem Gebäude einen Korridor entlang und wurden sofort von einem Wachtmeister aufgehalten. Dumez gab seine zwei Flaschen zurück, aber Genet entwischte mit seiner Beute. Dummerweise wurde eine Woche später, in der Nacht des 14. Oktober, Léon Dumez festgenommen, als er und ein anderer Soldat in einer dunklen Straße einen alten Arbeiter auszurauben versuchten – zufällig direkt unter den Fenstern des Polizeireviers! Als Dumez wegen des Aperitifdiebstahls wiedererkannt wurde, verriet er, daß damals sein Komplize Jean Genet gewesen sei, der auch, als er wenig später vor den Polizeichef geführt wurde, augenblicklich seine Mittäterschaft zugab. Am nächsten Tag schaffte man Genet abends um fünf Uhr in die Fautras-Kaserne, wo er in den Bunker gesteckt wurde.[34] Zehn Tage später wurden Genet und Léon Dumez vor das Brester Polizeigericht gestellt. Des Diebstahls für schuldig befunden, wurde jeder zu zwei Monaten Gefängnis verurteilt. Ehe Genet diese Strafe jedoch verbüßen konnte, mußte er noch etwas Zeit im Bunker absitzen – bis zum 17. November –, als Strafe dafür, daß er der Armee illegal beigetreten war. Nach Verbüßen dieser Dreiwochenstrafe wurde er zu seiner Zweimonatsstrafe ins Brester Gefängnis verlegt. Am 17. Januar 1939 kam er frei und kehrte nun nach Paris zurück.

Im Frühjahr 1939 lernte ein siebenundzwanzigjähriger Metro-Ingenieur namens Maurice Reynal in der Brasserie Graff an der Place Blanche Genet kennen. Reynal suchte jemanden, der für einen jungen Deutschen, den Freund eines Freundes, Ausweispapiere fälschen könne. Er erinnert sich: »Jemand, dessen Name ich vergessen habe, empfahl mir, ich solle für diese Arbeit einen gewissen Jean Genet ausfindig machen, der im Ruf eines Gelegenheitsbetrügers stehe und dem man ohne weiteres in der Brasserie Graff über den Weg laufen könne, wo er sich gern herumtreibe. Und tatsächlich habe ich ihn dort zum erstenmal getroffen. Ich stellte mich ihm vor und erklärte ihm mein Problem. Doch sehr bald merkte ich, daß er überhaupt nichts für mich tun konnte. Trotzdem blieben wir freundschaftlich verbunden und sahen uns bis 1943 häufig. Ich war dann derjenige, der die falschen Papiere hergestellt hat, und schließlich war ich auch derjenige, der Genet dabei half, seinen eigenen Ausweis zu fälschen.«[35]

Also lebte Genet damals auf dem Montmartre, der ihn seit seinem vierzehnten Lebensjahr, als er für René de Buxeuil gearbeitet hatte, faszinierte. Als Genet zum erstenmal nach Mettray kam, hatte er den rauhbeinigeren älteren Zöglingen die neuesten Schlager vom Montmartre vorgesungen und sich ihre Gunst und Bewunderung errungen. Als Soldat in Syrien und Marokko oder als Vagabund in Spanien und Mitteleuropa hatte er stets von diesem heruntergekommenen Stadtviertel geträumt, von dem man auf ganz Paris herabschaut.

Genet wohnte im Hôtel Terrasse in der Rue Joseph de Maistre 12. Dieses Hotel blickt auf den Nordfriedhof des Montmartre, und so wird es auch die Mansardenwohnung von Divine tun, der Transvestitennutte und Heldin von *Notre-Dame-des-Fleurs*. (Divines Behausung liegt nur ein paar Schritte entfernt in der Rue Caulaincourt.) Aus ihrem Fenster schüttelt Divine jeden Morgen ihr Staubtuch aus und grüßt die Gespenster. Ihre Gunst trägt sie auf der nahen Place Blanche zu Markte. Tatsächlich bekam Genet in dieser Zeit auf dem Montmartre durch die Freundschaft mit Reynal das erste Mal längeren Kontakt mit der Sphäre junger Pariser Tunten, eines der Themen seines Romans. Genet hatte bereits den Dialekt des Morvan und den Slang von Mettray, der Armee und des Gefängnisses erlernt. Jetzt eignete er sich den gerade gängigen schwulen Jargon an mit seiner Doppeldeutigkeit, seiner Geschlechtsvertauschung und seiner ulkigen Art, das Leblose zum Leben zu erwecken. Hier zeigt sich eine äußerst originelle und je nachdem grausame oder tröstliche Sicht von der Welt, dargestellt, ja erschaffen durch einen Argot.

In ein Exemplar von *Notre-Dame-des-Fleurs* schreibt Genet für Reynal als Widmung:

Mein lieber Maurice,
In Ihrer Wohnung, in Ihrem kleinen Schlafzimmer, das unter allzu vielen Liebesseufzern erstickt ist, schrieb ich den Großteil von *Notre-Dame-des-Fleurs*. Vielleicht erfahren Sie das erst jetzt?
Ich – auch wenn ich das Buch damals nicht auf Papier niederschrieb – durchlebte es dort, und mit mir lebte Divine dort, schlief dort, weinte dort, starrte sich dort an, machte sich ihre Spritzen, schminkte sich, träumte, liebte, hatte Sex. Sie wußten nichts davon und achteten das Paar, das ich war. Ich verdanke Ihnen viel. Sie waren stets – und noch im Sterben empfindet Divine für Sie ungeheuren Dank – der liebevollste Freund. Sie und ich lieben Sie sehr.

Jean Genet.

Reynal erinnert sich weiter: »Man muß sagen, daß Genet in den Jahren 1939 und 1940 äußerst arm war. Er hatte keinen Centime in der Tasche. Seine Kleider waren zerrissen. Er hatte nicht mal immer genug zu essen. Meistens wußte er nicht, wohin er gehen oder wo er nachts schlafen sollte. Schließlich gab ich ihm die Schlüssel zu einem Zimmer, das ich in der Rue La Fayette 222 gemietet hatte. Es war ein Zimmer im ersten Stock, das auf einen Innenhof blickte, und um mich vor dem Besuch von Dieben zu schützen, hatte ich auf dem Fensterbrett eine elektrische, sehr wirkungsvolle Schutzvorrichtung installiert, die aber Genet empörte ...«[36]
Doch wenn Divine Genet zum Vorbild hatte, so verdankte sie auch einiges Reynal. Auf die Titelseite des Bandes der *Œuvres complètes,* der *Notre-Dame-des-Fleurs* enthält, schrieb Genet in seiner Widmung für Reynal: »Sie werden sehen, Divine ist ein bißchen wie Sie.« Wahrscheinlicher noch waren Divine und ihre Mutter Ernestine zwei Rollen, die Genet und Reynal abwechselnd spielten, wenn sie sich tuntenhaft gaben. In solchen Phantasiespielen sind die Rollen – tagaus, tagein durchgeprobt – sehr verfestigt, wobei weniger feststeht, welcher »Schauspieler« gerade welche »Rolle« übernimmt. Die hysterischen Beziehungen zwischen Ernestine und Divine oder zwischen Divine und Mimose riechen förmlich nach solchen ständigen, sicher auch mit Reynal durchgespielten Improvisationen. Diese Geschlechtsvertauschungen waren für Genet natürlich lehrreich, denn sie erlaubten ihm, alle Rollen als beliebig austauschbar und umkehrbar anzusehen.
In den dritten Band seiner *Œuvres complètes* schrieb Genet: »Für Maurice Reynal, zur Erinnerung an wunderbare und jämmerliche Tage in Ihrem Zimmer und im Regen. Zur Erinnerung an eine in Ihrem Zimmer verzehrte Katze. Zur Erinnerung und mit all meiner Liebe, Jean Genet.« Dieser Band

enthält *Das Totenfest*, und die Widmung bezieht sich auf eine Episode, in der eine Figur, Riton, »in einem kleinen Schlafzimmer (wohnt), für das er nichts zahlen muß, nicht weit von den Buttes de Chaumont entfernt«.[37] Riton ist schließlich von Kälte und Hunger derart gepeinigt, daß er auf die Straße wankt, sich eine dicke, fette Katze greift und mit ihr nach Hause rennt. Nachdem er die Katze vergeblich mit mehreren Hammerschlägen zu töten versucht hat, versucht er, sie mit seinem Gürtel zu erdrosseln, dann sie aufzuhängen. Aber die Katze will nicht sterben, und Riton fürchtet, sie sei der Teufel. Er fürchtet außerdem, die Nachbarn könnten hören, daß sich in seinem Zimmer ein Mord ereignet. Im Buch verläßt Riton schließlich das Zimmer, »aus Furcht, unwillkürlich das Kreuz über der Katze zu schlagen«.[38] Im wirklichen Leben scheint die Katze gegessen worden zu sein.

Reynal erinnert sich, daß Genet die Sorte Freund war, mit der man auf den Montmartre ging, während man sich mit imposanteren Tunten nach Montparnasse begab. Vornehm zu tun scheint ihm Spaß gemacht zu haben, ganz so wie den gebieterischen schwulen Grandes Dames in *Notre-Dame-des-Fleurs*. Als er zum Beispiel gefragt wurde, warum Genet ihn mit *vous* und nicht mit dem vertrauteren *tu* angeredet habe, antwortete Reynal: »O ja, aber ich war, was man einen *mondain* nennt. Ich redete jeden mit *vous* an, nur meine Liebhaber nicht.« Reynal fügte rasch hinzu, Genet sei nie sein Liebhaber gewesen, und stellte klar, daß sie beide passiv seien. (»Er hat nie einen Hehl daraus gemacht, daß er passiv war«, sagte Reynal von Genet. »Darüber hat er sich sogar lustig gemacht.«) In der schwulen Welt von damals entschied man sich, »der Mann« oder »die Frau« zu sein, und »zwei Schwestern« konnten natürlich niemals miteinander schlafen. Reynal war besonders bizarr, vielleicht aus Protest gegen die Solidität seines bürgerlichen Berufs und sein plüschiges Zuhause, denn er lebte sein ganzes Leben mit seiner Mutter zusammen und benutzte zu Abenteuern lediglich die *garçonnière* in der Rue La Fayette. Typisch für seine Phantasie ist Reynals Ausspruch, als er sich daran erinnerte, daß Genet einmal von jemandem zusammengeschlagen worden war, den er beleidigt hatte: »*La mort dans un bouquet de violettes*« (»Der Tod in einem Veilchenstrauß«), wobei sich die »Veilchen« auf Genets blaugeschlagene Augen beziehen. Daß Reynal Genets Leidenschaft für Jungen teilte, wird aus Genets Widmung in einem Exemplar von *Querelle* klar:

Für Maurice Reynal, möge er in dieser Widmung den Ausdruck meiner vollkommenen und ewigen Freundschaft zu sehen geruhen und in diesem Buch einige jener Jungen entdecken, für die er und ich unsere Seele verkauft haben (*sie* verkaufen natürlich ihre

Körper). Schließlich möge er wissen, daß ich ihm zu ungeheurem Dank verpflichtet bin, weil er mir so oft geholfen hat, die Polizei, die wir beide hassen, schachmatt zu setzen! Diese Reynal! Tochter von Fräulein Louise und Fräulein Suzanne! Ah-ah!

Jean Genet

Genet und Reynal verloren sich erst in den fünfziger Jahren aus den Augen. Nur geringe Reste schwuler Gesprächsformen jener Zeit existieren gedruckt. Genets Aufzeichnung vieler Tuntenausdrücke seiner Zeit in *Notre-Dame-des-Fleurs* stellt somit eine der seltenen Quellen dar. Eine andere, frühere Quelle ist Francis Carco, der zweifellos Genet beeinflußt hat. Die beiden waren befreundet und hatten vieles gemeinsam, obwohl Carco alt genug war, um Genets Vater zu sein; er wurde 1886 geboren. Carcos große Begabung lag darin, ein naturalistisches, ja ethnographisches Interesse an den bohemehaften Randzonen des Montmartre mit einer dichterischen und nostalgischen Schilderung von Ort und Atmosphäre zu verbinden. Schon 1910 lebte Carco, der aus einer angesehenen Bürgerfamilie stammte, auf dem Montmartre, wo er fast keinen Unterschied zwischen dem kriminellen und dem künstlerischen Milieu feststellen konnte.

Schon in *Jésus la Caille*, einem 1914 geschriebenen Montmartre-Roman, hatte Carco mehrere der Elemente vereint, die später Genets *Notre-Dame-des-Fleurs* kennzeichneten: gewagte Dialoge im Diebes- und Hurenjargon; dichterische Erzähl- und Schilderungspassagen in einem äußerst kultivierten, gebildeten Französisch; und eine soziologische, wenn auch einfühlsame Faszination durch die Lebensformen der Unterschicht ohne jede Spur einer psychologischen Suche nach individuellen Motivationen. Im Gegensatz zu Genet war Carco ein Gefühlsmensch, der Dutzende von Büchern produzierte. Sein Stil war klar, nicht rhetorisch gewichtig wie der Genets, und sein Held Jésus-la-Caille, der die Abwesenheit eines inhaftierten Geliebten beklagt, beginnt eine Liebesbeziehung zu einer Frau, Fernande, die ihren herrschsüchtigen Mafia-Freund leid ist. Dieser Junge – »zu feminin, um eine Frau zu sein« – lebt unter weiblichen Prostituierten, schwarzen Männern und Tunten, die zum Beispiel Pivoine und Marie-Madame heißen; er redet sie als Frauen an, macht die Nacht zum Tage und weint, wenn er ein Foto seines Geliebten, Bambou, betrachtet, der im Gefängnis sitzt.[39]

Genets Welt noch näher stehen die *Hetärengespräche,* die Carco 1928 veröffentlichte. In einem »Wettstreit« genannten Gespräch zwischen drei Transvestitenhuren oder »Profipäderasten« namens Lutetia, Manon und Babette wird eine kurz zuvor durchgeführte Polizeirazzia durchgehechelt (eine alternde Fummeltrine erschien vor Gericht mit ihrem in Zeitungspapier eingewickelten Diadem unter dem Arm). Lutetia schockiert ihre Freundinnen, als sie ihnen erzählt, daß sie im Bois de Boulogne mit ihren beiden wirklichen Schwestern, Ginette und Nadia, auf Männerfang geht. Die älteste der drei Tunten, Babette, investiert in ihre Altersversorgung: Sie hat einen Anteil an einer weiblichen Prostituierten erworben, die nach Buenos Aires geschickt werden soll. Die drei Tunten hänseln sich in einem fort. Als eine sagt, sie könne Schwierigkeiten ins Gesicht sehen (»*face*«), sagen die anderen: »Ins Gesicht – oh, Babette – du meinst, auf den *Arsch* (›*pile*‹)!« Gegen Ende der vierziger Jahre sind sich Genet und Carco einmal zufällig in einem Buchladen auf dem Montmartre begegnet. Carco beklagte sich, er sei von einem Strichjungen, den er sich am Abend zuvor gekauft habe, vollständig ausgeraubt worden. Genet bat ihn, den Jungen zu beschreiben, worauf er ausrief: »Oh, das ist einer von den meinen! Ich sorge dafür, daß er dir deine Sachen sofort wieder zurückbringt.«

Die Brasserie Graff, in der sich Reynal und Genet kennengelernt hatten, war eines der Zentren schwulen Lebens auf dem Montmartre. In einem als Privatdruck erschienenen Buch über die Homosexualität mit dem Titel *Ces Messieurs* (1951) überschreibt Marcel Jouhandeau ein ganzes Kapitel mit Beobachtungen über schwule Männer mit den Worten »*Chez Graff*«. Jean Weber, Schauspieler und Mitglied der Comédie Française, erinnert sich, daß es damals nur sehr wenige solche Treffpunkte gab. Die Place Blanche »war das Zentrum von Paris. Man nannte damals weder Ort noch Zeit, sondern sagte einfach: ›Bis morgen!‹ Das hieß, bis nach der Kinovorstellung und dem Abendessen. Dann traf sich alles nach Mitternacht *chez* Graff an der Place Blanche. In den verrückten Jahren damals (Weber spricht von den stürmischen Zwanzigern) herrschte dort ein ungeheures Durcheinander von Menschen. Es war unglaublich, eine sagenhaft mit Schmuck und Pelzen aufgedonnerte Frau aus einem berühmten Nachtclub am Montmartre herauskommen und gegen zwei oder drei am Morgen zu Graff hinüberschlendern zu sehen, um einen Blick auf die Hefe von Paris zu werfen, die dann zu Bett ging, wenn alle anderen gerade aufstanden. Diese Wahnsinnsstimmung war bei den Prostituierten jedes Alters und Geschlechts zu finden, die dort hinkamen, um sich von einer russischen Prinzessin einen Drink spendieren zu lassen!«[40]
Ein anderer Zeuge, André du Dognon, erinnerte sich, daß das Graff die wichtigste Schwulenbar in der Umgebung der Place Pigalle war, wo »man gegen ein Uhr früh berühmte Leute aus der Comédie Française ihren Einzug

halten sehen konnte«.[41] In der Nacht des alljährlichen großen Transvestitenfests, des Pariser Zauberballs, pflegten sich mindestens viertausend stinknormale Leute auf der Place Blanche zu drängen, um einen Blick auf die Tunten zu erhaschen, wenn sie nach dem Ball ins Graff gingen. Das Graff war nicht nur für Männer da. Hélène Azénor, eine Malerin, erinnerte sich, daß sie sich im Graff mit ihren schwulen männlichen Kumpels traf, ehe man zum Pariser Zauberball aufbrach. Natürlich gab es auch noch andere Bars, wie zum Beispiel das Clair de Lune an der Place Pigalle und das Rugby in der Rue Frochot oder die deftigen Seemannskneipen in der Nähe der Bastille in der berüchtigten Rue de Lappe, aber *chez* Graff blieb eine Schlüsselinstitution. Für jene Schwulen und Lesben, die zu arm waren, um sich ein Essen im Graff leisten zu können, war gleich nebenan eine Bäckerei, die die ganze Nacht offen hatte und wo man Sandwiches zum Mitnehmen kaufen konnte.[42]

Im Jahr 1932 hatte eine von Genets Lieblingszeitschriften, *Détective*, unter der Überschrift »Die Kuppler« einen Artikel über männliche Prostitution gebracht.[43] Darin wurde behauptet, der Boulevard de Clichy nahe der Passage du Midi sei »ein Marktplatz für Männer« und »der Treffpunkt für Billigorgien«. In einer der Bars (»einem der bestbesuchten Läden für Sodomie auf dem Montmartre«) könne der Kunde »ein Bürschchen« (*»un p'tit môme«*) zur Befriedigung jedes Gelüsts finden. Jungen spazierten Arm in Arm über die Place Blanche und warfen den Vorbeigehenden zudringliche Blicke zu. Wie die Strichjungen in Barcelona waren die meisten keine Transvestiten, sondern eher das, was man später auf Englisch *»flame queens«* nannte, also Männer in Männerkleidung, die aber wie Frauen geschminkt sind. Und die gaben sich Mädchennamen wie Paulette, Lucette, Marinette und Georgette. Ihr Gang, ihre Art, die Leute anzumachen, ja sogar ihre Stimmen ähnelten denen der weiblichen Prostituierten, unter die sie sich dreist mischten. Im selben Artikel wird auch ein öffentliches Bad in der Nähe der Oper sowie ein Stundenhotel in der Rue Chappe auf dem Montmartre besprochen. Neulinge in Paris hätten gelernt, »während sie die Nacht in der Umgebung der Place Pigalle verbringen, gewisse Gefälligkeiten zu verkaufen und dafür zwanzig Franc zu kassieren«.

Am 7. Mai 1939 wurde Genet auf dem Bahnhof der Kleinstadt Tonnerre, nicht weit von Paris entfernt, festgenommen. Er saß im Zug nach Auxerre. Sein Verstoß? Er reiste ohne gültigen Fahrausweis, denn er hatte sich in der Nähe von Paris eine verbilligte Fahrkarte verschafft, indem er behauptete, er wäre Soldat auf Urlaub, und sie im Zug dann gegen einen handgeschriebenen

Fahrschein eingetauscht, den er ein bißchen gefälscht hatte. Er war in Begleitung eines jungen Delinquenten namens Léon Pelta, dessen Lage ebenfalls nicht den Vorschriften entsprach.

Zwei Tage darauf kamen Genet und Pelta im Polizeirevier von Auxerre hinter Gitter. Gleichzeitig erschien in der Lokalzeitung ein Artikel mit der Überschrift »Zwei Eisenbahn-Schwarzfahrer, Experten im Fahrkartenfälschen, in Tonnerre verhaftet«.[44] Man konnte lesen, daß Genet »ohne bestimmten Beruf«, und Pelta, der »Peltier« genannt wurde, zweiundzwanzig Jahre alt, Jahrmarktsbudenbesitzer, festgenommen worden seien, weil sie ihre Fahrkarten gefälscht hätten, indem sie die handgeschriebenen Zielorte veränderten, wobei aus Mennecy Miramas und aus Provins Aix-en-Provence geworden wäre. Beide hatten, mit anderen Worten, billige Fahrkarten in nahe gelegene Städte gekauft und dann Reiseziele, die viel weiter weg lagen und viel teurer waren, eingetragen. »So«, bemerkte der Artikel, »sahen sich unsere Männer bereits an den blauen Wellen des Mittelmeers.« Zu ihrem Pech hatte ein Kontrolleur genauer hingeguckt und am Kohlepapier auf der Rückseite der Fahrkarten gesehen, welches der ursprüngliche Bestimmungsort gewesen war. Interessanterweise wird in dem Artikel erwähnt, Genet spreche »mehrere Sprachen« und sei bereits »zweimal« verurteilt worden. (In Wirklichkeit war dies bereits seine fünfte Verurteilung.) Er lernte zwar nie eine andere Sprache flüssig und grammatikalisch richtig sprechen außer Französisch, war aber nach all den Jahren auf Achse imstande, simple Unterhaltungen auf italienisch, deutsch, arabisch und griechisch zu führen und ein paar einfache Worte auf englisch zu äußern.

Genets und Peltas Prozeß vor dem Gericht in Auxerre fand erst am 13. Juni 1939 statt, und Genet wurde des Betruges, der Landstreicherei und des Vergehens gegen die Vorschriften der Bahnpolizei für schuldig befunden. Er erhielt eine Geldstrafe von fünfzig Franc und einen Monat Haft. Da er bereits einen Monat und fünf Tage im Gefängnis auf seinen Prozeß gewartet hatte, wurde er augenblicklich auf freien Fuß gesetzt. Dasselbe traf auf Léon Pelta zu.[45] In einem zweiten Artikel in der Lokalzeitung hieß es unter dem Titel »Ein seltsames Paar«:[46]

Jean Genet ist jemand, der das Gericht erheblich irritiert. Elegant gekleidet, braunes Lockenhaar über dem flachen Gesicht, hohle Augen und eine Himmelfahrtsnase, dieser Schuldige hat bereits eine sehr unruhige und aufgeregte Vergangenheit hinter sich, wenn man sein Vorstrafenregister betrachtet.
Er ist so ziemlich überall herumgekommen: in Spanien, Italien, Deutschland, Jugosla-

wien, der Tschechoslowakei und so weiter, in der Tat so weit, daß man manchmal denken möchte, man könne einen Spion vor sich haben. Aber aller Wahrscheinlichkeit nach ist er nichts dergleichen. Was immer er sein mag, Genet wird sicherlich wegen der Landstreicherei belangt, weil er eine Eisenbahnfahrkarte gefälscht und sich eine zweite mit einem falschen Urlaubsschein der Armee verschafft hat, obwohl er gar nicht mehr beim Militär ist.

Er gibt alle seine Vergehen mit sanfter, quäkender Stimme zu und lächelt dann zum Publikum hinüber, das den Gerichtssaal füllt. Unter seinen Papieren sind sehr merkwürdige Briefe gefunden worden, in einem exzellenten Stil geschrieben, Briefe, die er, wie er sagt, von ihm bekannten Journalisten erhalten hat.

Der verhörende Richter: »Wo haben Sie diese Journalisten kennengelernt?«

»In Paris, wo ich mit einem Journalisten, den jeder kennt, bei der *Chaîne d'Amour* gearbeitet habe.«[47] Und Genet setzte hinzu: »Sie dürfen diesen Briefen keine allzu große Bedeutung beimessen. Journalisten sind Leute mit viel Phantasie, die immer übertreiben.«

»Auf jeden Fall sind diese Briefe, Ihr Leben und Ihre Vergangenheit wirklich konfus.«

»Meine Vergangenheit scheint konfus, weil sie sehr bewegt war.«

»Und diese militärischen Urlaubsscheine, die Sie bei sich hatten?«

»Das sind Formulare, die ich mitgenommen habe, als ich aus dem Regiment entlassen wurde.«

»Warum sind Sie entlassen worden?«

»Wegen psychischer Unausgeglichenheit.«

Wir wollen in das Geheimnis Genet nicht tiefer eindringen. Sein Anwalt stellt ihn als einen Menschen dar, der gebildet und belesen ist und die Jahre im Gefängnis zubringt – denn Genet hat bereits einen Großteil seiner Jugend in den Gefängnissen Frankreichs verbracht –, indem er Romane schreibt, die er in Zukunft einmal zu veröffentlichen gedenkt...

Das Aufschlußreichste an dem Zeitungsartikel ist der Hinweis darauf, daß Genet bereits »Romane« schrieb, die er »später« zu veröffentlichen gedachte. Wenn man dies mit einer früheren Äußerung von Lily Pringsheim in Verbindung setzt, liegt die Vermutung nahe, daß Genet bereits in den dreißiger Jahren als Schriftsteller an der Arbeit war.

Etliche Jahre lang, bis in die fünfziger Jahre hinein, pflegte Genet von sich das Bild als Dandy, eine Haltung, die er, wie dieser Artikel andeutet, sich schon 1939 zugelegt hatte. Noch 1952 konnte Cocteau von »Genets tadellosem grauen Anzug«[48] sprechen. Der Dandy – eine Geisteshaltung, die sich als Emblem, doch nicht als Ziel, eine Mäklichkeit in Kleiderfragen wählte – besaß in Frankreich eine lange Ahnenreihe, die bei Genet, sensibel wie er war für alles Theaterhafte des alltäglichen Lebens, Anklang finden mußte. Der Dandy war in gewisser Weise der erste Vertreter der »Performance-« oder sogar »Body Art«, der sein Äußeres und seine Handlungen in ein Kunstwerk verwandelte. Weder Beau Brummel noch Baudelaire waren reiche oder mächtige Männer; beide herrschten durch Arroganz, durch ihre ganz und gar moderne Fähigkeit, Meinung zu manipulieren, während sie ihr nach außen hin gleichgültig begegneten (der letzte Dandy war vielleicht Andy Warhol). Natürlich drängte es Genet weit über das Dandytum hinaus, aber er begann damit. Wenn er, wie er behauptete, fast zwanzig Jahre lang, bevor er veröffentlichte, bereits als Schriftsteller gelebt hatte, dann dachte er dabei an seine Art, Realität außerhalb der üblichen Konventionen wahrzunehmen. Der Dandy nivelliert überkommene Wert- und Ordnungshierarchien und ersetzt die Moral durch ein ästhetisches Gesetz eigener Erfindung. Das Schöne nimmt die Stelle des Guten ein. Genet hatte bereits, noch vor seiner Nietzsche-Lektüre und ehe er daraus eine philosophische Rechtfertigung für seine »Umwertung aller Werte« herleiten konnte, vom Dandytum die Erlaubnis erhalten, launenhaft und willkürlich zu sein.

Baudelaire schrieb, allen Dandys sei »derselbe oppositionelle und revolutionäre Charakter gemeinsam; alle sind sie Repräsentanten dessen, was das Beste am menschlichen Stolz und Hochmut ist: jenes heutzutage nur allzu seltenen Bedürfnisses, die Trivialität zu bekämpfen und zu zerstören ... Der Dandyism erscheint mit Vorliebe in den Übergangszeiten, wenn die Demokratie noch nicht allmächtig ist, wenn die Aristokratie erst zum Teil wankt und herabsinkt. Im Trubel solcher Zeitläufte ist es möglich, daß manche deklassierten, degoutierten, müßigen Menschen, die im übrigen jedoch reich sind an ursprünglicher Kraft, den Plan fassen, eine Art neuer Aristokratie zu begründen, die um so schwieriger zerstörbar sei, als sie sich auf die kostbarsten, unaustilgbarsten Eigenschaften gründen soll, auf *die* Himmelsgaben, die Arbeit und Geld nicht zu verleihen vermögen. Der Dandyism ist der letzte Ausbruch von Heroismus in den Niedergangsepochen.«[49]

Diese Formel mit ihrer Betonung einer neuen Ordnung der Aristokratie und ihrer Opposition gegen demokratische Gleichmacherei hätte den armen, aber stolzen Genet, der als Halt nichts als seine Arroganz und sein Stilgefühl hatte, verführen können, und sein Liebäugeln mit den Sozialisten unter den deutschen Flüchtlingen in der Tschechoslowakei widerspricht eigentlich in keiner Weise dieser aristokratischen Haltung des Dandys. Schließlich waren zum Beispiel Oscar Wilde und George Bernard Shaw Verfechter des Sozialismus *und* des Dandytums (in Wildes Fall) oder des Sozialismus *und* des Nietzscheschen Individualismus (in Shaws Fall) gewesen, und zahllose andere Beispiele könnten angeführt werden. Wie Baudelaire gezeigt hatte, war das Dandytum nicht bloß ein ästhetisches und moralisches Phänomen, sondern es hatte auch politische und gesellschaftliche Folgen. Die Form des Dandytums, die Genet direkt erlebte, war die Dekadenzdichtung, eine normalerweise politisch konservative Richtung, die bürgerliche Werte mit schockierenden Attitüden ausstaffierte.

Ihre Vorstellungen alternierten zwischen Gewalt und Apathie, sexueller Experimentierfreude (Sadismus, Transvestitentum und Fetischismus waren wichtige Stützen ihrer Phantasien) und gesellschaftlichem Traditionalismus. Viele von Genets Themen scheinen bereits bei Dekadenzdichtern wie Pierre Louÿs, Jean Lorrain, Octave Mirbeau, Joséphin Péladan und J.-K. Huysmans auf: ein durch Verbrechen und hysterische Reue gekennzeichneter Katholizismus, eine eher intellektuelle und sadistische als körperliche und zärtliche Sinnlichkeit, Freude am Krieg und allem, was soziale Unordnung hervorruft, Haß auf die Demokratie und Sehnsucht nach feudalem Absolutismus und ein in sich widersprüchliches Verlangen, Rebell und Sklave zugleich zu sein. Doch im Gegensatz zu den Dekadenzdichtern verknüpfte Genet seine Phantasien mit seiner Autobiographie. Auch fürchtete er die Massen nicht, und er versuchte auch nicht, das bürgerliche Leben zu romantisieren. Vor allem aber war Genet ein Schriftsteller mit einem extrem dichten, durchgeformten Stil, bei dem jeder Satz eine neue Wendung im Denken und Fühlen darstellte. Während die Dekadenzdichtung für das Bürgertum eine Stärkung in Form von literarischen und sexuellen Experimenten darstellt, ist Genets Dichtung immer destabilisierend. Er lehrt uns einen neuen Blick auf die Gesellschaft. Dennoch ist Genet der Dekadenzdichtung zu Dank verpflichtet. Ein Dekadenzschriftsteller, Huysmans, konnte in *Gegen den Strich (A rebours)* des Helden Leichenfeier für seine verlorene Männlichkeit beschreiben: ein völlig schwarzes Abendessen, bei dem nackte schwarze Frauen schwarze Oliven, mit Lakritzsoße übergossenes Wild, Schokoladenkrems und dunkle Weine servierten. Diese merkwürdige Passage scheint ein Vorbild für die Rede von Félicité in Genets Theaterstück *Die Neger* zu sein, wenn sie sagt: »Was sanft ist, gut, liebenswert und zart, wird schwarz sein. Die Milch wird schwarz sein, der Zucker, der Reis, der Himmel, die Trauben, die Hoffnung werden schwarz sein – auch die Oper, in die wir fahren werden, Schwarz in schwarzen Rolls-Royces, schwarze Könige begrüßen, unter Lüstern aus schwarzem Kristall einer Blaskapelle lauschen ...«[50]

Aber man sollte den Dandy-Aspekt von Genets Werk oder Leben nicht überbetonen. Er war ein äußerst widersprüchlicher Mensch, der die einander bekriegenden Elemente, die sein Leben auseinanderrissen, in seinem Werk auflöste. Er war ein treuer Freund, der an den Verrat glaubte. Er war voll höflicher Sanftheit, die oft einer Engstirnigkeit und Wutausbrüchen wich. Er wohnte abwechselnd in Palästen und Bruchbuden, und er verkehrte mal mit Dieben, mal mit Prinzen. Manche seiner Werke drücken eine direkte politische Anteilnahme aus, aber selbst diese Werke sind alles andere als »engagiert.« Schönheit aus der Sicht des dandyhaften Autors, des *arbiter elegantiae*, bleibt letztlich Genets Maßstab.

Zur selben Zeit, als Genet wegen seiner Bagatellvergehen vor Gericht stand, erregte sich ganz Frankreich am Prozeß gegen einen jungen Deutschen namens Eugène Weidmann. Er wurde beschuldigt, eine junge amerikanische Tänzerin und weitere fünf Menschen umgebracht zu haben. Da er Deutscher war, vermuteten die Zeitungen, daß er Geheimagent sei, und alle ergriffen die Gelegenheit, Kommentare über Hitlers arische Herrenrasse und darüber, wozu sie imstande sei, abzugeben. Weidmanns Name ist das allererste Wort in *Notre-Dame-des-Fleurs:*

Weidmann erschien euch in einer Fünf-Uhr-Ausgabe, den Kopf mit weißen Binden umwickelt, eine Nonne und auch ein verwundeter, in ein Roggenfeld gestürzter Flieger, an einem Tag im September ... Sein schönes, von Maschinen vervielfältigtes Gesicht senkte sich über Paris und Frankreich nieder bis in die entferntesten, abgelegensten Dörfer, in Schlösser und Hütten, und enthüllte den betrübten Bürgern, daß ihr Alltagsleben von bezaubernden Mördern gestreift wird, heimtückisch bis in ihren Schlaf gehoben, den sie auf irgendeiner Dienstbotentreppe durchqueren, die, im Einverständnis mit ihnen, nicht knarrt. Unter seinem Foto blitzten wie Morgenröte seine Verbrechen auf: Mord eins, Mord zwei, Mord drei und so weiter bis sechs verkündeten seinen heimlichen Ruhm und bereiteten seinen künftigen Ruhm vor.[51]

Als Weidmann verhaftet worden war, hatte ihm Genets Lieblingszeitschrift *Détective* mehrere Nummern gewidmet, die nicht weit von der kritiklosen Verehrung entfernt waren, die Genet für ihn aufbrachte. Die erste Nummer trug das Datum des 16. Dezember 1937, und die Titelseite zeigte das von Genet erwähnte Foto mit dem blutigen, bandagierten Kopf Weidmanns und den Worten »Sondernummer: Der Schlächter Weidmann« (*»Numéro spéciale: Le Tueur Weidmann«*). Auf Seite zwei waren Fotos seiner sechs Opfer und der kleinen Mietvilla am Stadtrand, La Voulzie, abgebildet, in der die meisten Verbrechen stattgefunden hatten und neben der die Leichen vergraben waren. Im Leitartikel wurde hervorgehoben, daß alle Opfer mit Genickschuß getötet worden waren. Der Leser erfährt, daß kein anderer Mörder so großartig sei: »Landau hatte etwas Kleinliches, er war ein Harpagon (der Name von Molières [Geizigem]), ein Buchhalter, eine provinzielle alte Jungfer. Weidmann ist ganz der Typ des Verbrechers, des großen ›Wilden Tiers‹ ... Weidmann fällt schöne und reiche Frauen an, Chauffeure mit kräftigen Muskeln (Couffy), Polizisten, Kommissare (Poignant, Bourguin) ... Weidmann ist *der* Schlächter. Nichts regt ihn auf; nichts bringt ihn aus der Fassung außer einem Genick.«

Andere Fotos zeigten Weidmann blutend, während er gerade von Anthropometristen vermessen wurde, damit man eventuell seinen kriminellen Körpertypus beurteilen könne. Auch Weidmanns Hände wurden untersucht – seine Finger bewiesen die Intensität seines Triebes, die tiefen Linien in seinen Handtellern offenbarten sein Übermaß an Vitalität. Da Genet sein ganzes Leben lang ähnlich vermessen worden war (sein Körper war praktisch ein amtliches Dokument, eine Akte wie seine gesammelten Verbrechen und Verurteilungen), muß er Mitgefühl für den Mörder empfunden haben. Weidmann blutete, weil Inspektor Bourguin mit einem Hammer auf seinen Kopf eingeschlagen hatte. Er saß momentan in Versailles im Gefängnis.

Wie sich herausstellte, wurde Weidmann im Februar 1908 in Frankfurt geboren, war also gerade zwei Jahre älter als Genet. Er gestand, seit seinem vierten Lebensjahr einen starken Drang zum Stehlen verspürt zu haben. Im Gefängnis aß und schlief er gut, er schrieb die ganze Zeit. In einem Sonderbericht über »Die großen deutschen Verbrecher« in *Détective* wurde festgestellt, alle bedeutenderen Mörder seien Männer mit freundlichen Gesichtern gewesen. Bezeichnenderweise bemerkt die Zeitschrift: »In einem früheren Jahrhundert hätte er seinen Platz im *Mythos der Jahrhunderte* erhalten.« Als Weidmann hingerichtet wurde, war die Masse so blutdürstig, daß das Kabinett sofort danach erklärte, in Frankreich werde es keine öffentlichen Hinrichtungen mehr geben. Der uralte Gedanke vom Tod des Verbrechers als einem tragischen und erbaulichen Spektakel wich einer neuen Empfindlichkeit. Genet zitiert mehr als einmal eine Bemerkung, die er Weidmann zuschreibt, der, als er erfuhr, daß die Geschworenen ihn zum Tode verurteilt hatten, gesagt haben soll: »Darüber bin ich schon hinaus.«[52] In Wirklichkeit aber sagte ein anderer Verbrecher, Moro Dante Spada, ein korsischer Bandit, als er etwa zur selben Zeit verurteilt wurde: »Mir ist alles gleich, ich bin schon im Paradies.«[53] Faszinierend ist, wie Genet nicht unähnlich früheren Hagiographen einen bestimmten, von einem Heiligen gemachten Ausspruch auf einen anderen überträgt, der ihm lieber ist. Außerdem macht er den Ausspruch geheimnisvoller, männlicher, weniger verrückt und weniger konventionell, indem er ihn seiner Frömmigkeit entkleidet.

Offenbar blieb Genet mit Léon Pelta, seinem Komplizen, befreundet, denn sie wurden am 16. Juni 1939 noch einmal von der Polizei festgenommen, und zwar wegen Landstreicherei. Diesmal wurden sie in Pierre-de-Bresse verhaftet, ins nahe gelegene Chalon-sur-Saône gebracht und dort ins Stadtgefängnis gesperrt. Man legte ihnen zur Last, ihre anthropometrischen Ausweishefte nicht bei sich gehabt zu haben. Zwei Wochen später wurde ihr Fall verhandelt. Das Gericht entschied, da man die beiden Männer erst drei Tage nach ihrer letzten Haftstrafe aufgegriffen habe, seien sie für ihre Landstreicherei nicht verantwortlich zu machen, weil sie nicht genügend Zeit gehabt hätten, sich eine geeignete Arbeit zu suchen, beide Männer wurden aber zu zwei Wochen Gefängnis verurteilt, weil sie ihre anthropometrischen Hefte nicht bei sich gehabt hatten. Am 2. Juli kam Jean Genet aus der Haft frei. Das war seine sechste Verurteilung.[54]

Ein paar Monate später wurde Genet in Paris erwischt, als er in einem Warenhaus, den Magasins du Louvre, ein Hemd und ein Stück Seidenstoff zu stehlen versuchte. Seine Festnahme erfolgte am 16. Oktober, und am Tag darauf wurde er in die Pariser Strafanstalt Fresnes eingeliefert. Am nächsten Tag, dem 18. Oktober, wurde er zu zwei Monaten Gefängnis verurteilt. Dabei wurde zum erstenmal erwähnt, daß er sich wiederholter Straftaten schuldig gemacht habe. In Fresnes blieb er bis zum 17. Dezember.[55]

Vierzehn Tage nach seiner Haftentlassung wurde Genet erneut festgenommen, diesmal im Bazar de l'Hôtel de Ville in Paris, einem großen Warenhaus für die Mittelschicht, gleich neben dem Rathaus. Wieder hatte er versucht, Stoff zu stehlen. In *Notre-Dame-des-Fleurs* beschreibt er seine Methode: »Auslagendiebstahl begeht man nach mehreren Methoden, und je nach Art der Auslage muß man vielleicht eher die eine als die andere anwenden. Vor Stapeln mit Seidenresten muß man unauffällig eine Hand in die aufgeschnittene Tasche seines Mantels stecken. Man tritt so nahe an den Ladentisch heran, bis man mit dem Bauch gegen ihn stößt, und während man mit der freien Hand die Stoffe befühlt und durcheinanderschiebt und so die dekorierten Seiden in Unordnung bringt, bewegt sich die Hand in der Tasche zum Ladentisch hinauf (mindestens auf Nabelhöhe), zieht den zuunterst liegenden

Stoffrest aus dem Stapel zu sich heran und bringt ihn so, geschmeidig wie er ist, unter den Mantel, der ihn verbirgt. Aber ich verrate hier Rezepte, die alle Hausfrauen, die alle Käuferinnen kennen.«[56]
Während Genet diesmal im Gefängnis war, erlebte er seinen ersten wirklichen Durchbruch als Schriftsteller. Er schrieb gerade eine verspätete Weihnachtskarte, als ihn plötzlich eine neue Erkenntnis übermannte:

Es war 39, 1939. Ich war allein im Verlies, also in der Zelle. Ich ... hatte bisher nichts anderes als Briefe an Freunde und Freundinnen geschrieben. Und ich glaube, diese Briefe waren sehr konventionell. Vorgefundene, vorgeprägte, gehörte, gelesene Sätze. Nie wirklich empfunden. Und dann habe ich eine Weihnachtskarte an eine deutsche Freundin geschrieben, die in der Tschechoslowakei war. Ich hatte die Karte im Gefängnis gekauft, und die Rückseite, der Teil, der zum Schreiben bestimmt war, war körnig. Das Korn dieser Karte hat mich sehr berührt. Und anstatt von Weihnachten zu sprechen, sprach ich über die Körnigkeit der Postkarte und vom Schnee, den das evozierte. Von dem Moment an begann ich zu schreiben. Ich glaube, das war der Auslöser. Der Auslöser, der festzustellen ist.«[57]

In einem fast zwanzig Jahre vor den soeben zitierten Zeilen geführten Interview hatte Genet im wesentlichen dieselbe Version dieses einschneidenden Ereignisses berichtet. Der Interviewer fragte: »Was war es denn, was Sie zum Schreiben brachte?« Genet antwortete: »Ich weiß es nicht. Ich weiß nicht, was die tieferen Ursachen waren. Das erste Mal, daß mir die Macht des Schreibens zu Bewußtsein kam, war, als ich eine Postkarte an eine deutsche Freundin schrieb, die damals in Amerika lebte. Die Seite der Karte, auf die ich schreiben sollte, war weiß und riffelig, ein bißchen wie Schnee, und es war diese Oberfläche, die mich Schnee und Weihnachten heraufbeschwören ließ. Statt irgendeine abgedroschene Gefühlsregung niederzuschreiben, schrieb ich über die Beschaffenheit des Papiers. Das war's, was mich in Bewegung setzte. Es erklärt nicht meinen Beweggrund, aber es verschaffte mir in der Tat den ersten Vorgeschmack auf die Freiheit.«[58]
Vielleicht hat Genet an Madame Scherbach geschrieben, die damals in England, nicht in Amerika lebte. Wie wir gesehen haben, war sie die Briefpartnerin, die seine aufrichtigsten Antworten provozierte. Vielleicht, weil sie eine Mutter war.
Sicher ist eines der Hauptmerkmale von Genets Stil dessen Unvorhersehbarkeit. Die Regeln logischer oder moralischer Unterordnung sind außer Kraft gesetzt, und was normalerweise trivial ist, wird erhöht, und was normaler-

weise bedeutungsvoll ist, über das wird hinweggegangen. Der »moralische Akzent« sozusagen wird von innen nach außen verschoben, vom Geistigen aufs Materielle, vom Psychologischen aufs Dekorative. Er entdeckte: sein heißt, wahrgenommen zu werden. Kleidung, Gebärden, Worte haben in Genets Ontologie eine entscheidende Wirklichkeit, die viel zwingender ist als die Menschen, die sie tragen oder erzeugen. Wie passend also, daß Genet die ersten Regungen seines Genies fühlte, als er von der vorgefertigten Rhetorik seiner früheren Briefe an Ann Bloch Abstand nahm und sich einem toten Gegenstand zuwandte (einer körnigen Weihnachtskarte), der die Vorstellung von Schnee hervorrief.

Diese neue Art, die materielle Welt zu sehen, ging parallel einher mit einer verblüffend originellen Sicht der Gesellschaft und führte zu Genets erstem und seinen folgenden Romanen:

Mich beschäftigt vor allem das Wesen sittlicher Wirklichkeit, und ich versuche, mir einen unverbrauchten Blick auf die Dinge zu erhalten. Indem ich systematisch zurückweise, was als selbstverständlich gilt, versuche ich zu vermeiden, in Gewohnheiten zu verfallen. Skeptiker sind gut beraten, den Kopf über Wasser zu halten, Dichter sollten ihr Herz abschirmen, aber das wird ihre Gefühle trotzdem nicht vor Abkühlung bewahren, wenn sie mit der Gesellschaft in Berührung gekommen sind.[59]

Indem er die bürgerliche Welt einer Ann Bloch verwarf, setzte Genet die Kräfte frei, Romancier zu werden.

KAPITEL 7

Während Genet sich durch Diebereien kümmerlich am Leben hielt und eine kurze Haftstrafe nach der anderen verbüßte, ging die Welt um ihn herum in Scherben. Der französische Ministerpräsident Édouard Daladier hatte am französischen Nationalfeiertag, dem 14. Juli 1939, gewarnt, daß jede neue Machtdemonstration von seiten Deutschlands ein Kriegsgrund sei. Nach dem Einmarsch in Polen begann am 1. September der Krieg. Am nächsten Tag ordnete Daladier die Generalmobilmachung aller französischen Truppen an. Die ganzen dreißiger Jahre hindurch hatten die quälenden Kämpfe zwischen Léon Blums linksgerichteter Volksfront und den gewaltbereiten, undemokratischen und autoritären Parteien der äußersten Rechten dem Staat übel mitgespielt; durch die Kriegserklärung wurden jetzt diese Differenzen beigelegt.

Zwischen September 1939 und Mai 1940 fand im Westen Europas der sogenannte »Sitzkrieg« statt. Für die kaum vorbereiteten Franzosen und Engländer waren dies Monate der Untätigkeit und Angst. Der seiner Politik nicht sichere Daladier stürzte als Opfer seiner Unentschlossenheit. Die Russen nutzten diesen Stillstand, um ihre Macht in Estland, Litauen und Lettland zu festigen und in Finnland einzumarschieren.

Am 10. Mai 1940 begannen deutsche Panzer durch Holland und Belgien zu rollen, und die französische Regierung nahm sich vor, Paris bis zum 16. Mai zu evakuieren. Minister verbrannten ihre Archive, und die Kathedrale Notre-Dame ließ ihre Totenglocke läuten. Anfang Juni wurden etwa dreihunderttausend alliierte Soldaten aus Frankreich über Dünkirchen nach England in

Sicherheit gebracht. Am frühen Morgen des 14. Juni fuhren die ersten deutschen Motorräder in das verlassene Paris ein. Am 23. Juni stattete Hitler persönlich der gefallenen Hauptstadt einen »Kulturbesuch« ab. Genet war entzückt. Einem Interviewer erzählte er ungefähr vierzig Jahre später: »Sehen Sie, als Hitler den Franzosen eine Tracht Prügel verabreicht hat, aber ja doch, da war ich froh, ich war froh über die Prügel. Ja, die Franzosen sind feige gewesen.« Der Interviewer fragte: »Und was er getan hat, die Konzentrationslager zum Beispiel, war das auch lustig?« Worauf Genet erwiderte: »Zuerst, ich wußte wirklich nichts davon. Außerdem ging es um das französische Volk, nicht um das deutsche oder jüdische Volk oder um kommunistische Völker, die Hitler vielleicht abschlachtete. Es ging um die Lektion, die die deutsche Wehrmacht der französischen Armee erteilt hat.« – »Und das, das fanden Sie lustig?« – »Oh, berauschend, das versichere ich Ihnen!«[1] Als der Interviewer fragte, wie er die deutsche Besetzung Polens empfunden habe, erwiderte Genet: »Ach, wissen Sie, die Polen haben mich schließlich mehrere Monate lang ins Gefängnis gesteckt.«

Während die Regierung stürzte, erhielt Genet seine achte Haftstrafe. Am 23. April 1940 wurde er vor Gericht gestellt, wo man ihn wiederum als Sohn von Paul und Gabrielle Marcel bezeichnete. In *Notre-Dame-des-Fleurs* wird Mignon verhaftet und ins Gefängnis in Fresnes gebracht: »Dann mußte er seinen Namen nennen, den seiner Mutter und den bis dahin geheimen Vornamen seines Vaters. (Er erfand Romuald!).«[2] Dachte Genet sich einen Vaternamen aus, um nicht sagen zu müssen, daß er unehelich geboren sei und die Identität seines Vaters nicht kenne? Als seine Adresse gab er Rue du Sommerard 22 an, ein kleines Hotel im Quartier Latin, nur eine Querstraße von der Sorbonne entfernt, direkt am Boulevard Saint-Michel.

Bei der Vernehmung kam der zuvor in den Magasins du Louvre begangene Diebstahl wie auch der Diebstahl eines Stoffmusters aus dem Bazar de l'Hôtel de Ville zur Sprache. Sein neuestes Vergehen war der Diebstahl »eines Handkoffers und einer Brieftasche mit neuntausendzweihundert Franc aus dem Besitz von Auger, Robert«. Für alle diese Vergehen verurteilte ihn das Gericht zu zehn Monaten Gefängnis; diese Verurteilung fiel zusammen mit einer zweimonatigen Haftstrafe, die ihm das Gericht am 18. Oktober 1939 auferlegt hatte.

Genets Opfer, Robert Auger, war der Vater seines Komplizen André Auger, eines siebzehnjährigen Büroschreibers. André Auger kam später vor Gericht, weil er eine Bank um fünfzehntausend Franc beraubt und einer Dame hundertfünfzehn Franc gestohlen hatte. Er wurde freigesprochen und seinem

Vater übergeben. Es ist möglich, daß man gegenüber dem jüngeren Auger Nachsicht walten ließ, weil er Genet verpfiffen hatte.[3]
Am 3. Mai 1940 legte Genet gegen seine Verurteilung Berufung ein und wurde tatsächlich am 14. Juni 1940 vorzeitig entlassen, genau an dem Tag, an dem die deutschen Truppen in Paris einrückten. In *Wunder der Rose* schrieb er später, wobei er den Tag seiner Verhaftung gegen das Datum austauschte, an dem er auf freien Fuß gesetzt worden war: »Meine Festnahme fand mitten im Sommer statt, und die Erinnerung, die mir am wenigsten aus dem Sinn geht, ist die an Paris als eine vollkommen leere Stadt, von der Bevölkerung auf der Flucht vor den Besetzern verlassen, eine Art Pompeji, ohne Verkehrspolizisten an den Kreuzungen, eine Stadt, von der ein Einbrecher nur träumen kann, wenn ihm sonst kein Trick mehr einfällt.«[4]
Im Juni 1940 waren nur noch siebenhunderttausend der mehr als zwei Millionen Einwohner von Paris in der Stadt, bis September war die Zahl allerdings wieder auf eine Million dreihunderttausend angestiegen. Der Schriftsteller Henri Mondor, der an einer Mallarmé-Biographie arbeitete, schrieb an einen Freund: »Paris ist ein menschenleeres Dorf, still, wo man die Hähne von Seine-et-Oise hört und die Zimmerleute in der Ferne.« Léon-Paul Fargue hatte den Eindruck, Paris sei zum Jahrhundertanfang zurückgekehrt mit seinen offenen Durchblicken, dem Pferdegetrappel, den Rufen von Straßenhändlern und dem Kinderlachen.[5]
Wie Genet in *Das Totenfest* erzählt, begegnete er Jean Decarnin im August 1940, andere Quellen legen aber die Vermutung nahe, daß dies erst ein Jahr später geschah. Decarnin war ein blutjunger Trotzkist, leidenschaftlich der Politik ergeben, absolut integer und aufrichtig in seinen Beziehungen zu den Menschen seiner Umgebung. Außerdem war er hübsch und heterosexuell (er hatte eine Freundin, als er Genet kennenlernte). Aber er war offen für so etwas wie einen zärtlichen, ja selbst sexuellen Umgang mit Genet. In *Notre-Dame-des-Fleurs* bemerkt der Erzähler: »Wie ich und dies tote Kind, für das ich schreibe, heißt er Jean. ... Ich zwinge mich erneut, die wenigen Gelegenheiten wiederzuerleben, die er mir einräumte, ihn zu liebkosen. Ich traute mich alles, und um ihn zugänglich zu machen, ließ ich zu, daß er mich die männliche Überlegenheit spüren ließ; sein Schwanz war kräftig wie der eines Mannes und sein Knabengesicht die Sanftheit selbst, so daß er, wenn er ausgestreckt und reglos in meinem Zimmer auf meinem Bett liegend mir in den Mund spritzte, nichts von seiner jungfräulichen Keuschheit verlor.« Diese Schilderung erinnert an das, was ein gemeinsamer Freund, der Schriftsteller François Sentein erzählt, dem Genet während der Kriegsjahre begegnete. Sentein

schreibt, daß Decarnin größer als Genet war und Betrachtern »durch seine Schönheit« auffiel, die aus Gelassenheit, Bescheidenheit und Geradheit bestand (Oberkörper und Kopf immer aufrecht, als nehme er die Welt an einem endlosen Nachmittag seiner Erstkommunion in Augenschein). Später spricht Sentein von Decarnins »Gesicht voller Sanftheit«.[7]

Doch in *Das Totenfest* wird behauptet, daß Genet und Decarnin ein echtes Liebespaar gewesen seien und daß Genet Decarnin im Frühjahr unmittelbar vor dessen Tod zum erstenmal sodomisiert habe. Gleichzeitig erwähnt der Erzähler, daß Decarnin zu Huren ging.

François Sentein dagegen sagt: »Was er mit Jean Decarnin gemacht hat, ist unfair. Decarnin war der sauberste Junge von der Welt, wenn Sie verstehen, was ich meine. Es ist sehr unfair, wenn er in diesem Buch – dem schlechtesten von allen, dem stilistisch manieriertesten – zu verstehen gibt, daß Decarnin etwas anderes als rein in seiner Sexualität und in seinem gesamten Leben war.«[8]

Genet wohnte oft in einem kleinen Hotel, dem Hôtel de Suède, am Quai Saint-Michel nahe dem Boulevard Saint-Michel. Das Hotel blickte über den Fluß auf Notre-Dame. Decarnin, der halbtags studierte, führte unter offenem Himmel einen Bücherstand. Er gehörte einem Freund seines Vaters und hatte seinen Standplatz Genets Hotel genau gegenüber auf der anderen Straßenseite. Möglicherweise versorgte Genet ihn mit gestohlenen Büchern. Decarnin wohnte in der Nähe bei seiner Mutter (sein Vater war gestorben) in Les Halles in der Rue de la Ferronnerie 5. Decarnin war zwar als ehrlicher Junge bekannt, dennoch überredete Genet auch ihn dazu, Bücher zu stehlen, und einmal erwischte die Polizei Decarnin auch mit Büchern, die er hatte mitgehen lassen. Decarnin, von dem man nur wenig weiß, übte großen Einfluß auf Genet aus. In einem Interview, das Genet als alter Mann gab, sagte er, Decarnin und ein späterer Liebhaber, Abdallah, seien die wichtigsten Geliebten seines Lebens gewesen – so wichtig, daß er nicht über sie sprechen wolle, auch wenn er sich zur Größe ihres »heldenhaften« Todes bekannt habe.[9] In einem Brief, den Genet schrieb, als er Decarnin kennenlernte, heißt es, daß der damals Zwanzigjährige von André Dubois (dem ehemaligen Polizeichef im Innenministerium und damaligen Leiter des Hilfsprogramms für Menschen in ausgebombten Pariser Vierteln) »bewundert« und »respektiert« werde, »obwohl Jean einen schwierigen Charakter hat«.[10]

Decarnins Einfluß war teilweise auch politischer Natur. Er war mit der Résistance in Berührung gekommen, und ab einem bestimmten Zeitpunkt beginnt Genet in seiner Korrespondenz von Decarnin als von »Daniel Dorat«

zu sprechen, was eine notwendige Vorsichtsmaßnahme war. Daß Genet sich zur Linken bekehrte, ist freilich nicht auf Decarnin allein zurückzuführen, denn Genets Kindheit im Morvan (der eine lange radikale Tradition besitzt), seine Sympathie für die Syrer und Marokkaner und seine entsprechende Abneigung gegen die französischen Kolonialstreitkräfte, seine grimmigen, am eigenen Leib erlittenen Erfahrungen der französischen Justiz in Mettray und in verschiedenen Gefängnissen, seine freundliche Aufnahme bei den deutschen, in die Tschechoslowakei geflohenen Sozialisten – alle diese Umstände hatten ihn ebenfalls für die Linke empfänglich gemacht. Seine Abneigung gegen die Dritte Republik, seine feudale Neigung zu kleinen, rein männlichen, in strengen Hierarchien organisierten Gesellschaften, seine Bewunderung für so typisch männliche Eigenschaften wie Ungestüm, Gewalttätigkeit und den Drang zu herrschen, seine an Nietzsche orientierte Schönheitsverehrung und Furcht vor der Menge andererseits – alle diese Dinge hätten ihn auch für den Faschismus empfänglich machen können. Man könnte also argumentieren, daß Decarnins persönliche Anziehungskraft, seine Intelligenz und Schönheit und Genets Liebe zu ihm die Waage endgültig zugunsten der Linken ausschlagen ließen.

Genet gab weder das eine noch das andere Wertsystem je auf, und daß er sich später für die Palästinenser und die Black Panthers stark machte, war in gewisser Weise eine Verschmelzung dieser widerstreitenden Gesichtspunkte. In beiden Fällen kämpften diese Armeen junger Männer, die Genet körperlich schön fand (jung, mutig, unbeschwert im Nietzscheschen Sinne), um ihre Rechte (soziale Gerechtigkeit war in Genets Augen der höchste Wert der Linken).

Auch ein rechtsgerichteter junger Mann wie François Sentein, der Jean Decarnin durch Genet kennenlernte, erlag dem Zauber dieses Jungen. Er war nicht nur ein hübscher junger Mann, dem Genet bemerkenswerte Eigenschaften zuschrieb, er war jemand, den jedermann respektierte. Durch Decarnin lernte Genet eine Reihe von Studenten aus dem Quartier Latin kennen, unter denen seine Gedichte von Hand abgeschrieben kursierten. Die Leute, die sie lasen, waren einigermaßen beeindruckt, aber da sie keinen Verleger gefunden hatten, wurden die Gedichte nicht allzu ernst genommen.

Genet mag Decarnin bewundert haben, aber er wurde von dem Jungen auch oft gequält, ja zur Wut gereizt. Während seiner Gefängnisaufenthalte im Krieg erwartete Genet einmal den Besuch von Decarnin, der ihm ein Lebensmittelpaket bringen sollte, aber Decarnin verschob seine Visite ein ums andere Mal (wahrscheinlich wegen seiner antideutschen Aktivitäten und der Furcht, entlarvt zu werden). Immer wieder wettert Genet in Briefen: »Ich habe gräßliche Angst. Was für ein unmögliches Kind, das nie etwas von sich hören läßt!« oder: »Ich werde verrückt vor Sorge. ... Dieses Kind macht mich schrecklich nervös.«[11] In *Das Totenfest* schreibt Genet: »Während er lebte, machte mir Jean entsetzlichen Kummer, heute tut das sein Tod.«[12] Genet behauptet, er habe sich, als er *Notre-Dame-des-Fleurs* und *Wunder der Rose* im Gefängnis schrieb, vorgestellt, er erzähle diese Bücher Decarnin.[13] Sicherlich spielte der junge Mann in Genets Phantasie eine große Rolle. Genet ehrte ihn, indem er seinen Namen dem Andenken bewahrte und von seinem ruhmreichen Tod auf dem »Felde der Ehre« sang.[14]

Wenn Genet Decarnin im August 1940 begegnet ist, geschah das vielleicht, um Decarnins Bücherstand zu beliefern. Vier Monate später, am 3. Dezember wurde er nämlich beim Diebstahl von Büchern ertappt. Der Laden, in dem Genet den Diebstahl beging, war nicht weit von Decarnins Bücherstand entfernt: die Librairie Joseph-Gibert. Er ließ drei Bücher mitgehen – eine Geschichte Frankreichs, eine Geschichte des Konsulats und der Kaiserherrschaft Napoleons und ein philosophisches Werk. Auf frischer Tat ertappt, wurde er sofort aufs Polizeirevier von Saint-Germain-des-Prés gebracht.[15]
Am nächsten Tag führte man ihn einem Richter vor, der ihn per Einweisungsbeschluß ins Gefängnis Santé bringen ließ; am Tag darauf wurde er des »Diebstahls (Mehrfachtäter)« angeklagt und zu vier Monaten verurteilt. Seine neunte Haftstrafe saß Genet vom 5. Dezember 1940 bis zum 4. März 1941 im Gefängnis ab. Fast genau ein Jahr später und genauso lange, vom 10. Dezember 1941 bis zum 10. März 1942, verbüßte er dann seine zehnte Haftstrafe. Zählt man die folgenden drei Verurteilungen während der Kriegsjahre (seine elfte, zwölfte und dreizehnte) dazu, ergibt sich, daß Genet zwischen Dezember 1940 und März 1944 insgesamt ein Jahr und neun Monate hinter Gittern verbrachte. Da er stets der Ansicht war, im Gefängnis am meisten und besten schreiben zu können, stellen wir fest, daß er fünf gesonderte Haftstrafen zu verbüßen hatte (drei zu jeweils drei Monaten und zwei zu sechs Monaten), die jeweils lange genug währten, um ihm Zeit zu literarischer Arbeit zu bieten. Freilich erklärt das nicht den ungewöhnlichen Ausbruch an Schaffenskraft, den er in dieser Zeit erfuhr.
Wieder gab der unbekannte Genet einen guten Stoff für die Presse ab. Aus der Pariser Zeitung *Aujourd'hui* vom 5. Dezember 1940 erfahren wir, daß ein gewisser Jenet *(sic)*, einunddreißig Jahre alt (er war noch fünf Tage lang dreißig), dem Richter, der seinen Fall verhandelte, erzählt hatte:

Wenn ich kein Dieb geworden wäre, wäre ich heute noch dumm, und alle Schönheiten der Literatur wären mir fremd geblieben, denn mein erstes Buch stahl ich, um die Anfangsgründe zu lernen. Ein zweites folgte, dann ein drittes.
So entwickelte ich einen Hang fürs Geistige. Natürlich las ich nicht alles X-beliebige, vielmehr ausgewählte Autoren von Rang.
Die zehn Juroren der Académie Concourt haben sich allen Respekt von mir errungen: Jedes Jahr beschaffe ich mir den Roman, den sie ausgezeichnet haben.
Mit seltenen Ausnahmen bin ich mit der Wahl dieser Herren immer einverstanden gewesen.
Was die Preisträger angeht, so kann ich sie Ihnen alle nennen, von Antoine Nau[16] bis hin zu Philippe Hériat.
Wenige Kritiker könnten das.
Zuerst verkaufte ich die Bücher weiter, nachdem ich ihnen das Mark entzogen hatte, doch bald bereute ich dieses Tun bitter.
Nachdem ich mich also mit diesen Büchern vertraut gemacht habe, die zu leihen ich mich verpflichtet fühle, lasse ich sie klammheimlich in Regalen von Buchhandlungen oder in den Bücherständen an der Seine zurück.
Ich schleiche mich davon, und mir ist warm ums Herz, weil ich unerkannt eine gute Tat vollbracht habe. Denn Diskretion, meine Herren, war das Motto aller Tätigkeiten meines Lebens.[17]

Der Artikel schließt damit, daß »Jenet« nun im Gefängnis leider um sein Lieblingshobby kommen werde, allerdings könne er ja in seinem »reichhaltigen und erbaulichen« Strafregister lesen.
Selbst wenn der Journalist seinen humorigen Bericht aufgebauscht hat, hören wir den sanften Ton des Dandys Genet hindurch, der zu wählerisch und in Gedanken vertieft ist, um die niederträchtigen kleinen Gesetze der Gesellschaft zu befolgen, eines Menschen, der eher aus einer Laune als aus Not stiehlt. Und auch hier zeigt er wieder seine Vorliebe dafür, Anekdoten über sich in Umlauf zu setzen, die, wenn auch falsch, für Zeitungsleser interessant sind.
Genet gab als Beruf Bücher-»Makler« an, und fraglos handelte er zwischen 1940 und 1947 auf sehr irreguläre Weise mit gestohlenen Büchern oder tauschte sie. Wenn er ein »Makler« war, dann von sehr spezieller Art, wie Pierre Béarn, ein Buchhändler in der Rue Monsieur-le-Prince im Quartier Latin, angemerkt hat:

Damals hätte niemand erraten können, daß Jean Genêt [sic], eine zwielichtige Gestalt und bewußt verächtlich gegen jedermann, der Liebling der französischen Bourgeoisie werden würde ... Er hatte noch nichts veröffentlicht, aber bestimmten Buchhändlern war er bereits bekannt. Er gehörte einer kleinen Gruppe mittelloser, aber aktiver Intellektueller an, die wir *chineurs* [»Trödler«] nannten. In der Bücherwelt beherrschten die *chineurs* den antiquarischen Buchmarkt. Aber Genêt hatte eine sehr eigene Vorstellung von gebrauchten Büchern. Seltene Stücke kaufte er nicht, er stahl sie ... Stets mit einer Ledertasche unter dem Arm, die Stirn gesenkt über der häßlich eingeschlagenen Nase, die wie die eines ehemaligen Boxers aussah, die zwei Augen beunruhigend durch ihre Starrheit in dem Spalt, den seine buschigen Augenbrauen ihnen ließen, war Jean Genêt nicht unmittelbar ansprechend ...; aber er hatte das Talent, von dem, was man ihm sagte, gefesselt zu erscheinen, einem auf körperliche Art und Weise seine starke und skeptische Aufmerksamkeit sichtbar entgegenzubringen. Und das so vollkommen, daß ich ihn schließlich akzeptierte, trotz des Unbehagens, das ich in seiner Gegenwart empfand.[18]

Béarns Erwähnung der Ledertasche ruft Genets Bemerkung in *Tagebuch eines Diebes* in Erinnerung: »Ich bastelte mir eine Tasche mit doppeltem Boden und wurde mit meinen Diebereien so gewandt und trieb meine Geschicklichkeit so weit, daß ich damit direkt vor den Augen des Buchhändlers zum Ziel kam.«[19]
Doch auch wenn Béarn sich für einige Zeit mit Genets seltsamer, doch anziehender Erscheinung abgefunden hatte, war der Waffenstillstand nicht von langer Dauer:

Kaum hatte ich alle Bände von Marcel Prousts Werk in der Sammlung *La Gerbe* gut sichtbar ausgestellt, bemerkte ich auch schon das Verschwinden der ersten beiden Bände, ein paar Tage darauf der nächsten drei Bände. *Im Schatten junger Mädchenblüte*, auch auf gutem Papier, war ebenfalls verschwunden! ... Das konnte nur das Werk Jean Genêts sein ... Zwanzig Minuten später erschien ich in Begleitung eines Freundes in dem Hotel in der Nähe des Palais-Royal, wo er damals wohnte.
»M. Genêt? Das ist doch der Mann, der gerade abreist. Das hier sind seine Taschen. Er müßte eigentlich jede Minute aufbrechen.«
Seine Taschen? Seine Taschen! Zum großen Entsetzen des Direktors stürzte ich mich sogleich auf sie. Sie waren nicht verschlossen. Es war rasch erledigt. Doch leider befand sich in den beiden Taschen nichts als Wäsche ... Wütend beschloß ich, ihn im Auge zu behalten; doch er kam nie wieder in meinen Buchladen.

Richard Anacréon, der in Paris mit seinem Bruder eine Buchhandlung in der

Rue de Seine 22 auf dem linken Seineufer hatte, war ein weiterer Zeuge von Genets Handel:

Er kam eines Tages zu mir mit einem ziemlich seltenen Buch der Colette und bot es mir an. Ich habe es ihm sofort abgekauft. Es lag noch auf meinem Schreibtisch, als einer meiner Kollegen, der Besitzer der Buchhandlung Biblis, vorbeikam. Er sieht das Buch und schreit: »Aber das Buch ist aus meinem Laden. Es ist mir vor ein paar Tagen gestohlen worden!« Er wollte unbedingt den Namen des Diebes wissen, um Anzeige zu erstatten. Ich verweigerte ihm den Namen, gab ihm aber sein Buch zurück ... Ein paar Tage später, sieh an, wieder Jean Genet, der hereinschaut, um mir für mein Verhalten zu danken. Er sagte zu mir: »Zum Dank werde ich Ihnen Widmungen schreiben, die eines Tages viel wert sein werden.«[20]

Und so ist auf der Titelseite eines Exemplars der Erstausgabe von *Notre-Dame-des-Fleurs*, das Richard Anacréon gehört, folgende Widmung zu lesen: »Hier ist es, mein lieber Anacréon, mein erstes Buch. Ich bin sehr erfreut und absolut stolz auf die freundschaftliche Gesinnung, die Sie ihm entgegenbringen. Mögen Sie auch mich, und ich werde so freundlich sein wie Sie. Noch einmal gelobe ich Freundschaft. Jean Genet.«

Die Widmung, die das Exemplar von *Chants secrets*, Genets Gedichten, ziert, ist nach den Worten seines Besitzers »noch unverschämter«: »Mein lieber Anacréon, Sie haben meine Freundschaft auf der Stelle gewonnen, auch wenn ich Sie zu berauben versucht habe. Doch nun haben Sie auch noch meinen Dank gewonnen. Ich werde nie vergessen, daß dank Ihnen dieser Idiot von Biblis keine Klage gegen mich eingereicht hat. Der Buchhändler war besoffen, die Polizei ebenfalls. Gegen sie sind wir unzertrennliche Freunde. Sie sind ein netter Buchhändler, und ich mag Sie sehr gern. Jean Genet.«

Von 1940 bis 1947, als Genet seine bedeutendsten Werke schrieb, lebte er in einem Milieu, das von Büchern, Buchhändlern, ja selbst berühmten Autoren geprägt war. Er mag zwar ein Krimineller gewesen sein, aber ein hochliterarischer. Gegen Kriegsende, so wird erzählt, spielte Genet mit einer Gruppe von Freunden ein Spiel: Jemand zog aus einer gut ausgestatteten Bibliothek wahllos ein Buch, las einen Absatz vor und bat die anderen, den Namen des Autors zu erraten. Der Sieger (innerhalb einer Gruppe literarisch hochgebildeter Spieler) war stets Genet. Einer dieser Freunde fragte Genet einmal, wann er denn die Zeit gehabt habe, so viele Bücher zu lesen, und er antwortete: »Im Gefängnis hatte ich zum Lesen Zeit. Ich hatte sonst nichts zu tun.« Daß er damals alles mögliche verschlang, straft eine dandyhafte Äußerung Lügen, die

Genet etwa um dieselbe Zeit Roger Stéphane gegenüber machte, nämlich daß er nur Baudelaire und Proust gelesen habe. Proust aber übte sicherlich den bedeutendsten literarischen Einfluß auf Genet aus (ein Einfluß, der erstmals Ende der dreißiger oder Anfang der vierziger Jahre zu spüren ist). Die Weihnachtskarte an Ann Bloch war ein Anzeichen des Beginns von Genets Laufbahn als Schriftsteller, den anderen Anstoß gab seine Proust-Lektüre. In dem Interview, das Genet Hubert Fichte gab, erzählte er:

Ich las *Im Schatten junger Mädchenblüte* im Gefängnis, den ersten Band. Wir waren im Hof des Gefängnisses und tauschten heimlich Bücher aus. Es war während des Krieges, und da ich mich nicht besonders für Bücher interessierte, kam ich als einer der letzten dran, und einer sagt: »Da, du nimmst das.« Und ich sehe: Marcel Proust. Und ich sage mir: »Das muß scheißlangweilig sein.« Na dann. Aber hier bitte ich Sie, glauben Sie mir, wenn ich nicht immer ... wenn ich nicht immer aufrichtig Ihnen gegenüber bin, diesmal bin ich es. Ich las den ersten Satz von *Im Schatten junger Mädchenblüte*. Er führt Monsieur de Norpois anläßlich eines Diners bei den Eltern von Proust oder dem Erzähler des Buches ein, und der Satz ist sehr lang, und als ich den Satz beendet hatte, schloß ich das Buch und sagte mir: »Jetzt kann ich ruhig sein, ich weiß, ich werde von einer Verzauberung in die andere fallen.« Der erste Satz war so dicht, so schön, daß dieses Abenteuer eine erste große Flamme war, die eine große Feuersbrunst ankündigte. Und ich brauchte fast den ganzen Tag, um mich davon zu erholen. Ich öffnete das Buch erst am Abend wieder, und wirklich, ich fiel von einer Verzauberung in die andere.[21]

Trotz seines rüden Dementis, was sein Interesse an Büchern anlangt, klingt die Geschichte authentisch. Man sollte nicht übersehen, daß Genet im Gespräch darauf achtet, einen Unterschied zwischen Proust selbst und dem Ich-Erzähler seiner Bücher zu machen – einen Unterschied, den Genet in der Konstruktion seiner eigenen Romane manchmal hervorzuheben und manchmal absichtlich zu kaschieren pflegte.
Seine Anmerkungen zu Proust wurden 1983 in einem Interview weitergeführt: »Schaffen heißt immer, von der Kindheit reden. Es ist immer mit Sehnsucht verbunden. Jedenfalls mein Werk und das Gros der modernen Literatur. Sie wissen genauso gut wie ich, oder wahrscheinlich noch besser, daß der erste Satz von Prousts gesamtem Werk folgendermaßen beginnt: ›Lange Zeit bin ich früh schlafen gegangen.‹ Und er erzählt seine ganze Kindheit, die fünfzehnhundert Seiten oder über zweitausend Seiten dauert. Also, als ich schrieb, war ich dreißig, als ich angefangen habe zu schreiben. Als ich zu schreiben

aufhörte, war ich vierunddreißig oder fünfunddreißig. Aber das war traumhaft. Es war auf jeden Fall eine Tagträumerei. Ich hatte im Gefängnis geschrieben. Einmal frei, war ich verloren.«[22] Man kann Genets fünf Romane als bewußte Reaktion auf Prousts siebenbändiges Werk *Auf der Suche nach der verlorenen Zeit* lesen. Wo Proust in erster Linie das Leben des großbürgerlichen und aristokratischen Paris im Faubourg Saint-Germain darstellte, dokumentierte Genet die Lebensweise der Unterklasse auf dem Montmartre und anderswo: Genet ist der Proust der Pariser Randschichten. Die Verbindung zu Proust springt nicht sogleich ins Auge. Prousts Perioden sind lang und syntaktisch flexibel, Phagozyten, die jedes Detail in sich aufnehmen können, wogegen Genets Sätze im allgemeinen kürzer sind. Proust versucht häufig gar nicht, sich in seinen Dialogen der Alltagssprache anzunähern, während Genets Figuren reden, wie ihnen der Schnabel gewachsen ist, oft im Argot, dem Slang der Pariser Unterwelt. Proust ist ein subtiler und geduldiger Psychologe, Genet dagegen setzt sich mit Typen auseinander (wenn auch höchst originellen). Folglich entwickeln sich Prousts Gestalten, wohingegen die von Genet ihr Schicksal vorausahnen und dann einfach erfüllen. Natürlich ist beider psychologische Einstellung von Grund auf verschieden: Genets Gestalten hängen von äußeren,»oberflächlichen« Ereignissen und Gesten ab, Prousts Personen sind durch ihre Kindheit gekennzeichnet, doch wird der tiefere Sinn der Kindheit erst klar, wenn sie durch die Erinnerung gebrochen oder durch die Kunst verfeinert ist. Beide Schriftsteller aber unterbrechen den Fluß der Erzählung durch lange Einschübe, manchmal so weit, daß das Gefühl eines kontinuierlichen Ganzen vollständig zerstört wird.
Ob Proust eine sadomasochistische Szene in einem Männerbordell oder einen Empfang bei der Herzogin von Guermantes schildert, immer verwendet er den gleichen gehobenen, analytischen Ton; er meidet seichtes Moralisieren und findet lieber verbindende Themen als schockierende Unterschiede zwischen seinen Figuren. Diese Unparteilichkeit sollte auch Genets Methode werden – Unparteilichkeit, oder vielleicht die olympische Umkehrung geltender Werte. Was wichtiger ist, Proust ist nie ein bloßer Geschichtenerzähler. Jedes Ereignis wird einer gründlichen philosophischen Prüfung unterzogen. Nichts wird ungenutzt gelassen, nichts weggeworfen; nichts bleibt unklar; nichts ist absurd, oder wenn etwas auf den ersten Blick fremdartig erscheint, wird es alsbald genötigt, seine Universalität zu erweisen. Auf die gleiche Weise sollte Genet religiöse oder zumindest mystische Wahrheit in Stoffen finden, die zuvor als verwerflich galten, und doch strich er nie deren schockierende Außergewöhnlichkeit heraus. Wie Proust überließ er nichts der Phantasie des

Lesers. Beide Schriftsteller haben alle Reaktionen ihrer Leser unter Kontrolle und diktieren ihnen sämtliche Urteile. Beide ästhetisieren den Bereich der Moral, wenn auch auf düstere, nie leichtfertige Art. Beide sind amüsante Karikaturisten mit einem Blick für typische Verhaltensweisen, haben ein »dickenshaftes« Talent für die rasche Skizze, die durch eine pointillistische Vorstellung vom Ich unterminiert wird, als lägen sich Daumier und Seurat gegenseitig in den Haaren.

Genet sah selbstverständlich, worin er sich sowohl von Proust als auch von Gide *unterschied*, ein Unterschied, den er in seiner uneingeschränkten Bejahung der antigesellschaftlichen Implikationen der Homosexualität ausmachte: »Ja, ich bin ein Homosexueller, wie jeder weiß«, sagte er in den fünfziger Jahren einem Interviewer:

Aber ich bin einer mit Strenge und Logik. Was ist ein Homosexueller? Ein Mann, für den zu allererst das ganze weibliche Geschlecht, die Hälfte der Menschheit, nicht existiert. Dann ein Mann, der allein schon seiner Natur nach nicht im Einklang mit der Welt ist, der sich weigert, in jenes System einzutreten, nach dem sich die ganze Welt organisiert. Der Homosexuelle lehnt es ab, verneint es, zerstört es, ob er will oder nicht. Für ihn ist Romantik nur so etwas wie Dummheit oder Irreführung – für ihn existiert nur das Vergnügen. Mit Überraschungen, Veränderungen leben, Risiken auf sich nehmen, Beleidigungen ausgesetzt sein: Es ist das Gegenteil des gesellschaftlichen Zwanges, der Gesellschaftskomödie. Daraus folgt, daß der Homosexuelle, wenn er mehr oder weniger darauf eingeht, eine Rolle in dieser Komödie zu spielen wie Proust oder wie Gide, betrügt, er lügt: Alles, was er sagt, wird suspekt. Meine Phantasie ist in Verworfenheit getaucht, doch zumindest in dieser Hinsicht ist sie edel, ist sie rein. Ich lehne Irreführung ab; und wenn ich je übertrieben und meine Helden oder ihre Abenteuer in die Richtung dessen gedrängt habe, was erschreckend oder obszön ist, so war es eine Übertreibung in die Richtung der Wahrheit ...[23]

In der Behandlung der Homosexualität sind die Unterschiede zwischen Genet und Proust auffallend. Der Erzähler der *Suche nach der verlorenen Zeit* ist ein toleranter, geduldiger, geradezu wissenschaftlicher Beobachter der Homosexualität, obwohl er ausschließlich Frauen liebt; Genet ist der Erzähler und die Hauptgestalt aller seiner Romane bis auf *Querelle*, und er ist ausschließlich homosexuell, auch wenn die anderen Männergestalten bisexuell oder sogar ursprünglich heterosexuell sind (im Prinzip, wenn auch nicht in der Praxis, da sich fast alle der vielen geschilderten Sexualakte und Gefühlsbindungen unter Männern ereignen). Keiner der berühmten Vorgänger (Proust, Gide und

Cocteau) hatte in seinen Romanen seine eigene Homosexualität so offen eingestanden wie Genet. Gide hatte, um gerecht zu sein, zwar 1911 einen Essay zur Verteidigung der Homosexualität, *Corydon*, veröffentlicht, der allerdings blind, ohne Verleger- und Verfassernamen, zur Welt kam. Unter seinem Namen publizierte Gide dann 1920 die Abhandlung *Stirb und werde (Si le grain ne meurt)*, in der er von seinem ersten homosexuellen Erlebnis fünfundzwanzig Jahre zuvor sprach. Cocteau hingegen veröffentlichte 1928 *Das Weißbuch (Le Livre blanc)*. Verleger und Autor blieben anonym. Der Verleger war Maurice Sachs, der halbjüdische, homosexuelle Verfasser von *Mein Leben ist ein Ärgernis (Le Sabbat)*, der später mit den Nazis kollaborierte und von ihnen Ende des Krieges umgebracht wurde. Der Autor Cocteau erkannte die Urheberschaft von *Das Weißbuch* nie an, ließ jedoch zu, daß es in seine Sämtlichen Werke aufgenommen wurde. 1930 war eine zweite Auflage von *Das Weißbuch* »mit Illustrationen des Verfassers« in Cocteaus unverwechselbarem Federzeichnungsstil erschienen.

Das Weißbuch zählt weniger als hundert Seiten. Es ist eine köstlich gefährliche Mischung aus reinem Stil und unreinen Gedanken, aus seltsamen Sinnsprüchen (»Wenn das Verhängnis maskiert auftritt, vermittelt es uns ein Trugbild der Freiheit«) und Art-nouveau-Beschreibungen (»Die Körper verlöten am Kolben, in schweren Gesichtern senken sich Blicke«). Es beginnt damit, daß sein sehr junger Protagonist auf dem Landgut seines Vaters zuerst durch den Anblick eines jungen Knechts und dann eines Hausangestellten außer sich gerät. Darauf verschlägt die Handlung den Helden aufs Lycée Condorcet (auf dem Cocteau Schüler war). Dort verliebt er sich in einen Mitschüler, einen rauhen Burschen namens Dargelos, der auch in mehreren nachfolgenden Werken Cocteaus auftritt, allerdings ist *Das Weißbuch* das einzige, in dem Dargelos stirbt. Zwischen seinem sechzehnten und achtzehnten Lebensjahr umwirbt der Erzähler eine Schauspielerin und hofft, von seinem »Laster« geheilt zu sein, muß aber erfahren, daß Jeanne lesbisch ist und ihn mit einer anderen Frau betrügt. (Diese »Verlagerung« der Homosexualität des Helden auf die seiner Geliebten war schon eine Proustsche Strategie gewesen.) Als nächstes verknallt er sich in eine junge Frau, nur um zu entdecken, daß er sich eigentlich zu ihrem »Bruder« hingezogen fühlt (der in Wirklichkeit ihr Zuhälter ist, ein junger Italiener). Als der Zuhälter den Erzähler bestiehlt, endet die Liebesaffäre abrupt.

Von der Liebe abgeschreckt, hält der Erzähler Huren aus und erliegt der

Versuchung des Katholizismus (wie sowohl Maurice Sachs als auch Cocteau, beide wurden von dem feinsinnigen, eleganten katholischen Philosophen Jacques Maritain bekehrt). Schließlich kehrt der Held zur Liebe zurück, diesmal mit einem leidgeprüften Bisexuellen namens Marcel. Nur um das düstere Bild abzurunden, läßt sich der Held mit einer jungen Frau ein, doch bald schläft er auch mit ihrem Bruder. Bruder und Schwester kämpfen miteinander, und der Bruder begeht Selbstmord. Die Schuld an diesem ganzen Elend legt Cocteau der Gesellschaft zur Last.

Genet indessen verwarf die Vorstellung von homosexueller Literatur als Heischen um Verständnis oder als rationale Schuldzuweisung. Er zeichnete lieber die Homosexualität als durch und durch böse, als ein Element eines Trios von »Tugenden« neben Diebstahl und Verrat. Ideologisch sollte Genet viel weiter gehen als seine Vorgänger; *Notre-Dame-des-Fleurs* ist detaillierter, bestürzender und bekenntnishafter als alle früheren Versuche, Homosexualität darzustellen, und anders als diese, weder wissenschaftlich noch apologetisch. Bestimmt hatte Genet keine »Verteidigung« der Homosexualität im Sinn – weder medizinisch noch juristisch oder religiös. Seine Kriminellen platzen mit ihren Verbrechen heraus und klagen sich selber an; sein Erzähler ruft den Teufel an, nicht Gott; seine Transvestiten sind konzessionslos gegenüber dem Leser, der beharrlich mit »Sie« (»*vous*«) angeredet und als überaus konventionell vorausgesetzt wird. Den ganzen Roman *Notre-Dame-des-Fleurs* hindurch finden sich ständig Hinweise darauf, daß der Leser ein gesetzestreuer, verheirateter Bürger ist, der sicherlich schockiert reagiert. Bezeichnenderweise schreibt Genet in *Tagebuch eines Diebes*: »Ich beschloß, gesenkten Hauptes durchs Leben zu gehen und mein Schicksal in Richtung Nacht zu verfolgen, in entgegengesetzter Richtung zu Ihnen, um die Kehrseite Ihrer Schönheit zu erkunden.«[24]

Zum zehntenmal verurteilt wurde Genet wegen eines Diebstahls, als er Anfang November 1941 einem Schneider, Joseph Piécone, ein Stück Stoff stahl. Die Polizei faßte ihn einen Monat später, am 9. Dezember 1941, nach einer Verfolgungsjagd durch die Straßen von Paris. Hier der triumphale Bericht, den Pierre Béarn davon gibt:

Als ich an jenem Morgen in der Nähe des Lycée Louis-le-Grand auf meinem alten Fahrrad in die Rue Saint-Jacques einbog, lenkte eine Menschenansammlung mein Augenmerk auf das Ende der Straße. Es konnte nur ein Unfall gewesen sein ... Plötzlich sah ich, wie alle in Richtung Seine davonliefen ... Weit vor ihnen verfolgten zwei

Polizisten auf Fahrrädern einen Mann, der mit einem schweren Paket weglief, das er sich vor die Brust preßte ...
Nun war es an mir, hinter den Polizisten her hastig in die Pedale zu treten. Der Ausreißer, der schnell rannte, wurde am Zugang zur Notre-Dame-Brücke aufgehalten. Er gab auf und drehte sich abrupt um.
Es war Jean Genet.
An die Brust preßte er etwas, das er nicht hergeben wollte: den breiten und ungeheuer dicken Stoffballen, den er, ein bißchen zu leichtsinnig, eben einem Schneider gestohlen hatte.
Ich konnte meine Gefühle nicht verbergen: »Also hat's dich endlich erwischt?«
Verächtlich blickte Jean Genet mich an.[25]

Unter den Notizen, die Genet sich für *Tagebuch eines Diebes* machte, die jedoch in das Buch nicht Eingang fanden (speziell diesen Abschnitt hat er vielleicht deshalb weggelassen, weil er vor Gericht hätte gegen ihn benutzt werden können, vielleicht war er aber auch für seinen Geschmack zu anekdotisch), befindet sich der folgende Absatz, der Genets Version dieses Vorfalls wiedergibt. Genet sagt, er sei von einem Buchhändler verfolgt worden, dem er eine Proust-Ausgabe gestohlen hatte:

»Wieso führst du dich so auf, wenn du diese Ausgabe doch gestohlen hast!?« Er grimassierte, er stampfte mit den Füßen auf, die haßerfüllten Worte quollen ihm aus dem Rachen, er ist widerlich, ich habe den Eindruck, daß er es mir übelnimmt, daß ich der Schuldige bin, während dies die Position ist, die er einnehmen sollte. Er hat Schaum vor dem Mund. Seine ganze Haltung scheint sich zu zwingen, die Taten auszuführen, die mir so mühelos von der Hand gehen. Er verübelt es mir, daß ich Bücher aus seinem Laden geklaut habe und ihn anzuerkennen zwinge, daß ich es getan habe ... Ich bemerke gerade rechtzeitig die vielleicht durch die Wut dieses armen Kerls provozierte Dummheit.[26]

Am 27. Januar 1942 erschien Genet vor der Sechzehnten Kammer des Pariser Strafgerichts. Er wurde beschuldigt, »drei Meter Stoff im Gesamtwert von fünfzehnhundert Franc« gestohlen zu haben. Das Gericht kam jedoch zur Überzeugung, daß »Genet nicht im Vollbesitz seiner geistigen Fähigkeiten zu sein scheine« und ordnete eine »psychologische Untersuchung«[27] durch Georges Heuyer an, denselben Arzt, der Genet zum erstenmal beobachtet hatte, als dieser gerade fünfzehn Jahre alt und dem Hilfswerk für Kinder und Jugendliche unterstellt worden war. Solange das Gericht auf den psychiatrischen Bericht wartete, wurde Genet im Santé-Gefängnis festgehalten. Aus der Santé stellte Genet das Ersuchen, daß das Hilfswerk sein medizinisches Dossier übersenden solle. Sein früherer Arzt war in der Zwischenzeit Chefarzt des Polizeipräsidiums in Paris geworden. Die folgende Passage ist zwar fiktiv, dennoch könnte sie einiges Licht auf das werfen, was Genet tatsächlich widerfuhr. Der Auszug aus *Tagebuch eines Diebes* erschien 1946 in Sartres Zeitschrift *Les Temps Modernes* und wurde in die letzte Fassung des Buches nicht aufgenommen:

Hier ist die ganze Geschichte, wie H. mich untersuchte. Der Untersuchungsrichter, der an meinem geistigen Gleichgewicht zweifelte, beauftragte einen Irrenarzt, darüber zu befinden. H. erwartete mich in einer Zelle der Santé. Als ich eintrat, sagte er, ohne den Blick von einem Stapel Akten zu heben:
»Sie sind also Genet?«
»Ja, Doktor.«
»Machen Sie das Fenster zu und setzen Sie sich!«
Ich setzte mich ihm gegenüber. Noch immer ohne den Blick zu heben, sagte er: »Loch oder Klapse?«
Erstaunt, denn die Ausdrucksweise kannte ich nicht, und aus dem Mund dieses kleinen Greises erschien sie mir furchtbar rätselhaft, wußte ich nicht, was ich antworten sollte. H. sah mich an und präzisierte trocken: »Ich sagte, Loch oder Klapse? Ja. Strafanstalt oder Irrenhaus? Sind Sie verrückt, oder sind Sie nicht verrückt?«
»Aber Doktor, gibt es nichts dazwischen?«
»Es gibt nichts dazwischen. Sie sind verrückt, oder Sie sind es nicht. Wenn Sie nicht verrückt sind, ist es die Strafanstalt. Wenn Sie verrückt sind, ist es das Irrenhaus. Also? Sind Sie verrückt, oder sind Sie es nicht?«
Ich zögerte kaum. Ich antwortete: »Ich bin nicht verrückt, Doktor.«
»Schön.«
Heuyer drückte auf einen Klingelknopf und gab dem Aufseher ein Zeichen, daß er mich abführen könne.[28]

Am 10. März 1942 befand die Zehnte Kammer des Pariser Strafgerichts Genet des Stoffdiebstahls für schuldig, den er bereits im November des Vorjahrs begangen hatte. Am Schluß der Verhandlung wurde Genet zu drei Monaten und einem Tag Gefängnis verurteilt. Diese Zeit hatte er bereits in Haft verbracht, während er auf die Verhandlung gewartet hatte, und so wurde er noch am Prozeßtag entlassen.[29]
Das Paris, in dem Genets Genie zur Blüte kam, machte eine Zeit der Not, des

sozialen Chaos und der Angst durch. Diese Elemente kamen zum Elend hinzu. Maurice Girodias (der später Genets Bücher in englischer Übersetzung vertrieb) schreibt: »Der erste Winter war besonders streng, und aus Mangel an Essen oder Heizung starben die Alten in großer Zahl. Es waren schwere, schreckliche Zeiten für die Armen: Die Obdachlosen erfroren in Hauseingängen, und selbst Vogelscheuchen wurden auf dem freien Feld ihrer Mäntel beraubt.«[30] Nachts auf den Straßen war es dunkel (der Strom war streng rationiert) und still, denn außer den mattgrauen deutschen Wehrmachtswagen und den wenigen Lieferwagen, die zu den Hallen unterwegs waren, schnurrten nur Fahrräder geräuschlos an einem vorbei. In ganz Paris gab es lediglich für siebentausend Autos eine Fahrerlaubnis. Die Lastwagen, erinnert sich Girodias, wurden »mit Gas aus Holz oder Sägespänen betrieben, die in einem gewaltigen zylinderförmigen Ofen verbrannt wurden. Er war seitlich an dem Fahrzeug, das unter der Bezeichnung *gazogène* bekannt war, angebracht. Unter den Fahrrädern waren viele *vélo-taxis*, mit Menschenkraft betriebene Taxis; auch viele Pferdefuhrwerke sah man auf den Straßen.

Die Innenstadt sah völlig verändert aus. Plakate forderten die Arbeiter auf, nach Deutschland zu gehen: »Rettet Europa vor dem Bolschewismus.« Festivals liefen, auf denen für die »europäische Einheit« eingetreten und der Bolschewismus oder die Freimaurer oder die »dekadente« oder »jüdische« Kunst angeprangert wurden.[31] Auf der Pferderennbahn waren die Tribünen für deutsche Soldaten reserviert, und das Deutsche Soldatenkino und drei weitere Pariser Kinos waren für Zivilpersonen verboten. An wichtigen Kreuzungen wurden Straßenschilder auch in deutscher Sprache angebracht, die offizielle Nazipresse und Kollaborationszeitungen wurden an den Kiosken verkauft, und quer über die Fassade der Nationalversammlung war ein Transparent gespannt, auf dem die Deutschen ihre Siege verkündeten. Die letzte Metro, in der sich Filmstars und Millionäre mit Krethi und Plethi zusammendrängten, war kurz vor der mitternächtlichen Ausgangssperre immer brechend voll. W. H. Smiths Buchhandlung in der Rue de Rivoli wurde ein Buchladen für deutsche Soldaten. Das Restaurant im Hôtel Georges V war für die Luftwaffe beschlagnahmt, ebenso akzeptierten viele Nachtclubs auf dem Montmartre nur Deutsche als Kundschaft.

Roger Martin du Gard schrieb im Mai 1942 an Gide, er habe neunzehn Kilo abgenommen; im September desselben Jahres gab es auf den Märkten überhaupt nichts Eßbares mehr zu kaufen.[32] Die Lebensmittelbewirtschaftung, im September 1940 eingeführt, war rigoros, und die Suppenküchen der Pariser Wohlfahrt, von der Regierung subventioniert, versorgten pro Tag an die

zweihundertsiebzigtausend Menschen. Die Preise in normalen Gaststätten waren unerschwinglich. Ein Schriftsteller wie zum Beispiel Jouhandeau verdiente siebenhundertvierzig Franc im Monat, während ein einfaches Abendessen zu dritt vierhundert Franc kostete.[33] Der Schwarzmarkt mit Lebensmitteln blühte. Die Place Maubert wurde zur Tauschbörse für Zigarettenkippen. Die Leute tranken Ersatzkaffee und süßten mit Saccharin, sie aßen Erdartischocken und Kohlrüben, die vor dem Krieg nur ans Vieh verfüttert worden waren.
Am 5. September 1941 wurde im Palais Berlitz am Boulevard des Italiens eine antijüdische Ausstellung eröffnet, die mehr als eine Million Menschen besuchten. Am 27. März 1942 verließ der erste Judentransport Paris in Richtung Auschwitz. Synagogen wurden niedergebrannt. Juden durften sich nur in den Vierteln bewegen, in denen sie wohnten. Einzukaufen war ihnen nur zu bestimmten Stunden erlaubt. Den gelben Stern mußten sie ständig tragen. Sie durften weder von öffentlichen Telefonen aus anrufen noch Restaurants, Kinos oder Buchhandlungen betreten. Im Zeitungswesen, bei Film, Theater und Rundfunk durften sie nicht arbeiten – Kultur und Medien waren für Juden verboten (unter zahllosen anderen wurden der Filmregisseur Max Ophüls und der Schauspieler Jean-Pierre Aumont entlassen). Anonyme Denunziationen von Juden, die ihre »Rassenzugehörigkeit« zu verheimlichen versuchten, gingen in den Büros der antijüdischen Polizei in großen Mengen ein. Am 16. Juli 1942 fand die große Massenverhaftung *(»La Grande Rafle«)* statt: Tausende französischer Polizisten sperrten fünf Wohnviertel ab und trieben fünfzehntausend Juden zusammen. Von da an rollten bis zum Kriegsende in regelmäßigen Abständen Transporte mit jeweils tausend Juden von Paris in die Todeslager. Zwar versuchte die Vichy-Regierung später sich mit dem Hinweis zu rechtfertigen, dadurch sei Frankreich das volle Grauen der deutschen Besetzung erspart geblieben, doch war sie außerstande, jüdischen französischen Staatsangehörigen zu helfen oder die Zahl der Zwangsarbeiter herabzusetzen, die von Frankreich nach Deutschland geschickt wurden. Im Gegenteil, von allen besetzten Ländern stellte Frankreich den Löwenanteil an Arbeitern für die deutschen Fabriken.[34]
Und wie sah das literarische und künstlerische Paris aus, zu dem Genet langsam Zutritt erhielt? Die Deutschen setzten Kraft, Geld und Geschick dafür ein, die Intellektuellen der Stadt zu umwerben, der sie wegen ihrer Überlegenheit und Leichtlebigkeit die Bezeichnung »die sorgenfreie Stadt« *(»la ville sans regard«)* gegeben hatten. Im August 1940 ernannte Hitler Otto Abetz, einen ehemaligen Zeichenlehrer (der mit einer Französin verheiratet war), zum

Botschafter in Paris (nicht in Vichy). Dessen Ziel war es, den Geist der Kollaboration unter den französischen Künstlern und Meinungsmachern zu fördern, wofür ihm erhebliche Mengen an Charme und Geld zur Verfügung standen. Er erträumte sich Frankreich als das »Vergnügungszentrum« des deutschen Europa. Sein Kulturattaché Karl Epting gab am Ende des Krieges Rechenschaft über seine Kontakte mit so berühmten französischen Schriftstellern wie Giraudoux, Montherlant, Cocteau, Giono, Daniel-Rops, Pierre Benoit, Valéry, Georges Blond, Jouhandeau, Audiberti und Paul Morand, aber auch mit so überzeugten faschistischen Parteigängern wie Robert Brasillach und Lucien Rebatet sowie den Romanciers Pierre Drieu La Rochelle und Céline. Der Grad der Sympathie für das faschistische Regime variierte natürlich so stark wie die Motive der einzelnen Schriftsteller. Paul Morand hatte einen Posten in der Vichy-Regierung, Giono war Pazifist, Céline geradezu verblödet in seiner antisemitischen Manie, Jouhandeaus Ehefrau Elise war emsig damit beschäftigt, jüdische Bekannte zu denunzieren.

Im weiteren Verlauf des Krieges entschlossen sich die Leute entweder zur engeren Kollaboration mit den Deutschen oder gingen zur Résistance. Zu letzteren gehörten die Schriftsteller André Malraux und Louis Aragon, beides Kommunisten, und der Dichter René Char. Für all die französischen Künstler und Intellektuellen, die nicht emigrierten, war eine gewisse Mindesterfüllung deutscher Vorschriften unumgänglich, um überhaupt leben und arbeiten zu können.

Genet beteiligte sich nicht an diesen taktischen Manövern. Aufgrund seiner marginalen gesellschaftlichen Stellung und seiner wiederholten Gefängnisstrafen lebte er vollkommen außerhalb dieser Bemühungen, mit der neuen deutschen Vormachtstellung fertig zu werden.

Im April 1942 lernte Genet, als er den Bücherstand an der Seine führte, der dem Vater eines von Jean Decarnins Freunden gehörte, zwei junge Männer kennen, die ihn schließlich Jean Cocteau vorstellten, was sich als entscheidend für sein Berufsleben erweisen sollte. Diese beiden jungen Männer, die als Mittelsmänner dienten, waren Jean Turlais und Roland Laudenbach. Von dem Ereignis gibt es mehrere Versionen. Laudenbach, der rechtsgerichtete Herausgeber von *La Table Ronde*, schrieb einige Jahre später:

In jener Zeit spazierte ich auf der Suche nach billigen Büchern [Bücher waren den ganzen Krieg hindurch furchtbar knapp, vor allem neue Bücher, da die Behörden Papierlieferungen einschränkten] – ja nach Büchern jeder Art, denn die Geschäfte waren leer – mit meinem Freund, dem jungen Dichter Jean Turlais, ziemlich regelmäßig die Quais hinauf und hinunter. Auf diese Weise machten wir die Bekanntschaft eines Antiquars namens Jean Genet, der sich mit mir über Proust, den man nur im Krankenhaus oder im Gefängnis richtig lesen könne, und über Jouhandeau unterhielt. In der Folge erfuhren wir, daß er Schriftsteller sei, ein Dichter, daß er Knaben liebe und schließlich, daß er stehle. Was dies betraf, denn Turlais hatte ihm von einer sehr schönen mehrbändigen Corneille-Ausgabe im Schaufenster von Gilbert erzählt, so setzte ihm Genet folgende List auseinander: Genet werde zunächst in den Laden gehen und einen der Bände verstecken, dann solle Turlais dort zwei, drei Tage später vorbeigehen und die nun unvollständige Ausgabe zu einem sehr niedrigen Preis erstehen, schließlich werde Genet erneut die Szene betreten und seinen Band ans Tageslicht bringen, der nun wertlos war. So wurde »Corneille« unser Kenname. Turlais und ich verabredeten uns bei »Corneille«, das heißt bei Genet, und wenn ich Turlais nicht mitbrachte, erkundigte sich Genet nach dem »kleinen Corneille«.[35]

In einem Brief an den amerikanischen Genet-Forscher Harry E. Stewart schrieb François Sentein: »Ich sah Jean Genet zum ersten Mal auf der Terrasse des Cafés Coupole ... um den 10. September 1942 herum in Gesellschaft von Roland Laudenbach und Jean Turlais (im Mai 1945 gefallen), letzterer, noch Student (und ungefähr zwei Jahre jünger als ich), hatte ihn ein paar Monate zuvor als erster kennengelernt.«[36]
Genet wurde am 14. April 1942 festgenommen, als man ihn in der Librairie Stock in der Rue Saint-Honoré 155, am rechten Seineufer, in flagranti beim Bücherdiebstahl erwischte. Wieder wurde er in die Santé gesteckt. Am 11. Mai verurteilte man ihn zu acht Monaten Haft und dreihundert Franc Geldstrafe. Bei der Verhandlung wurden ihm mehrere im Laufe des Jahres 1942 in derselben Buchhandlung begangene Diebstähle zur Last gelegt. Es war seine elfte Verurteilung.[37]
Nach sechs Monaten in Fresnes wurde Genet am 15. Oktober auf freien Fuß gesetzt. Noch am Tag seiner Entlassung kreuzte er im Hôtel de Suède am Quai Saint-Michel 15 auf. Am gleichen Tag erhielt er von der Bürgermeisterei des 5. Arrondissements ein Bezugsscheinheft für rationierte Lebensmittel. Er blieb in dem Hotel bis zum 29. Oktober, bis er aus irgendeinem Grund in die kleine Gemeinde Gilley in Doubs an der Schweizer Grenze reiste. Dort wurde ihm auf seinen richtigen Namen ein Personalausweis ausgestellt. Am 27. November 1942 war er wieder im Hôtel de Suède und blieb dort bis zum 12. Januar 1943.
Während Genet in Fresnes saß, hatte er auf eigene Kosten ein schmales

Büchlein publiziert, das sein Gedicht »Der zum Tode Verurteilte« (»Le Condamné à mort«) enthielt. Er widmete es »dem Andenken von Maurice Pilorge, einem zwanzigjährigen Mörder«, der, wie Genet schreibt, am 17. März 1939 in Saint-Brieuc hingerichtet wurde. (In Wahrheit war es am 4. März in Rennes, und Pilorge war fünfundzwanzig.) Das Buch enthielt dreizehn Seiten, war ohne Einband und Paginierung auf steifes, braunes Papier gedruckt und hatte einen rosafarbenen oder weißen Umschlag.

In einem Zeitungsartikel über Pilorge, den Genet in »Der zum Tode Verurteilte« erwähnt, heißt es:

Maurice Pilorge, der am 5. August des Vorjahrs in Dinard [einem Badeort an der Nordküste der Bretagne] den Mexikaner Escudero getötet hat, starb gestern in Rennes [der Verwaltungshauptstadt der Bretagne] mit Humor, Heiterkeit und einer gewissen Gelassenheit.

Doch man sollte anerkennen, daß er sich bis zum Ende einen kühlen Kopf zu bewahren wußte ... genau bis zu dem tödlichen Augenblick, als M. Desfourneaux, der frühere Assistent des verstorbenen Deibler, ihn ihm vom Rumpf trennte.[38]

In diesem neckischen Ton berichtet der Rest des Artikels, daß sich der Mörder erfolglos an den Präsidenten der Republik mit der Bitte gewandt habe, so schnell wie möglich hingerichtet zu werden – gewiß einer unüblichen Bitte. Als Pilorge sah, wie viele Leute (Kaplan, Wachen) sich am Morgen seiner Hinrichtung in die Zelle drängten, sagte er unter Anspielung auf das *lever* Ludwigs XIV.: »Wie zahlreich Sie sind! Ich hätte nie gedacht, daß so viele Menschen meinem *petit lever* beiwohnen würden.« Zu seiner letzten Messe und Kommunion trug er eine Polizistenmütze, die er sich aus Papier gefaltet hatte. Als letztes Frühstück bestellte er sich einen großen Napf heißer Milch mit einem Schuß Rum (weil er es auf den Bronchien hatte). Als der Scharfrichter ihn zur Eile trieb, sagte Pilorge: »Wenn Sie's so eilig haben, wollen Sie an meine Stelle?« Kurz bevor er enthauptet wurde, reichte er seinem Anwalt seine Uhr mit den Worten: »Sie können sie tragen, ohne Angst zu haben, sich dran zu vergiften, und danke für alles, was Sie für mich getan haben! Sie hätten einen besseren Mandanten verdient.«

Der Artikel fährt fort:

Erhobenen Hauptes und ohne ein Wort tritt Maurice Pilorge an das Schafott. Genau um sechs Uhr fünfundvierzig rollte sein Kopf in den Korb.

Sei es, um sich aufzuspielen, sei es aus Prahlerei oder Ahnungslosigkeit, offensichtlich

legte Maurice Pilorge im Angesicht des Todes einen gewissen Anstand und Humor an den Tag, den man unwillkürlich bewundern muß. Er wußte, wie man der Höchststrafe den leisen Unterton von etwas Leichtem, Fröhlichem, Witzigem und Spielerischem verleiht, an den wir nicht gewöhnt sind. Sicherlich hätte der Mann vom Schicksal etwas Besseres verdient.
Zu schade ...
Nun ... so ist das Leben.

In der Anmerkung am Schluß von »Der zum Tode Verurteilte« schreibt Genet: »Ich habe dieses Gedicht dem Andenken meines Freundes Maurice Pilorge gewidmet, dessen Körper und Antlitz, strahlend wie sie waren, nachts meinen Schlaf heimsuchen.« Pilorge hat aber auch ganz deutlich Genet zu dem Gedicht inspiriert. Genet klagt darüber, daß die Zeitungen Pilorge beleidigt hätten, indem sie »idiotische Artikel [veröffentlichten], um seinen Tod zu illustrieren, der mit dem Amtsantritt des Scharfrichters Desfourneaux zusammenfiel« – einem berichtenswerten Ereignis, da die Familie Deibler bis dahin mehrere Generationen lang die Position vom Vater auf den Sohn vererbt hatte. Der letzte Deibler war soeben nach einem aufsehenerregenden Prozeß selber enthauptet worden. Was Genet in den Artikeln über Pilorge offensichtlich gefiel, war der Hinweis, daß Pilorge einen Mexikaner wegen einer kleinen Geldsumme umgebracht hatte und daraufhin mit dandyhafter Unbekümmertheit gestorben war. Genet nun beschloß, in seinem Gedicht aus Escudero Pilorges »Geliebten« zu machen. Pilorge hatte behauptet, selbst nicht schwul zu sein, aber Escudero habe ihn zu verführen versucht. Er habe von Escudero Geld zu erpressen versucht und ihn »zufällig« bei einem heftigen Streit getötet. Eine andere Zeitung schrieb, Pilorge habe während seines Prozesses trotz der Mahnungen seines Anwalts vor den Leuten gegrinst und Grimassen geschnitten, und als er das Todesurteil entgegennahm, habe er gesagt: »Endlich, jetzt können sie sich nicht mehr weigern, mir Zigaretten zu geben. Das Leben ist phantastisch!«
Genets Erklärung am Schluß des Gedichts verwirft diesen neckenden, neunmalklugen, unpersönlichen Journalistenton zugunsten einer nüchternen, respektvollen und vertraulichen Diktion. Er gründet die gehobene dichterische Sicht auf die Autorität seiner Freundschaft mit Pilorge, aber es spricht wenig dafür, daß sie sich überhaupt kannten. In *Notre-Dame-des-Fleurs,* das er etwa zur selben Zeit schrieb, räumt Genet sogar bereitwillig ein, daß er von Pilorges Prozeß und Tod erst aus Zeitungsberichten erfuhr, und er reiht Pilorge unter seine »unbekannten Geliebten«[38] ein. In seiner gesamten Dichtung verwandelt

Genet ganz offen die dürftigen Fakten seines Lebens in herrliche Legenden, aber er besteht auf der unbestreitbaren Wahrheit dieser Fakten. Manchmal streut er dem Leser Sand in die Augen mit der Andeutung, daß nicht alles stimme, was er gesagt habe, aber dieses *caveat emptor* ist ein bloßer rhetorischer Schnörkel. Alle Romane Genets (und mehrere seiner langen Gedichte) rechnen mit der respektvollen Anerkennung des Lesers, daß Genet sich aus seiner persönlichen Erfahrung das Recht erworben hat, über ein mythisches Wesen wie Pilorge oder eine Institution wie Mettray oder historische Situationen wie Paris im Krieg oder Barcelona während der Weltwirtschaftskrise zu sprechen. Als Folge dessen war Genet immer ablehnend gegenüber Biographen oder Wissenschaftlern, die ihn möglicherweise demaskieren und die Widersprüche zwischen den dichterischen Versionen und den platten Tatsachen feststellen konnten, ohne den durch diese Verzerrungen erreichten künstlerischen Zweck zu erkennen. Denn der Zweck ist offenkundig künstlerisch, das sollte betont werden, doch übertreibt Genet im Gegensatz zu den meisten Schwindlern seine Fehler und nicht seine Tugenden.

Das Gedicht »Der zum Tode Verurteilte« ist ein überraschend gelungener Erstling, äußerst geschliffen, wenn auch nicht immer geglückt. Es besteht aus einundfünfzig vierzeiligen Strophen, Alexandrinern im Reimschema abba, und einem Schlußteil von vier fünfzeiligen Strophen, wobei der letzte Vers ein Hemistichon aus sechs, statt der vollzähligen zwölf Silben ist. Die Schlußstrophe hat wieder die gewohnte vierzeilige Form. Manche Reime sind geistreich *(roulait/poulet* oder *épileptique/Amerique)*, aber die meisten sind vorhersehbar *(sommeils/soleils)* oder bloße Echos *(demain/ta main)* oder *cou/coup)*, Fehler, die in der französischen Verskunst jedoch weniger anstößig sind als zum Beispiel im Englischen.

Das Gedicht ist der Prototyp für Genets spätere dichterische Erkundigungen des Gefängnisses. Bereits in seinem ersten Werk streift er mehrere vertraute Themen. Er beschwört die Teufelsinsel als tropisches Paradies für die Liebe zwischen Häftlingen. Er setzt den einsam Masturbierenden im Gefängnis dem inspirierten Schriftsteller gleich. Er träumt von einem starken, erbarmungslosen, sadistischen Mann und seinem hübschen, blonden Ganymed. Er preist die homosexuelle Liebe im allgemeinen und die Fellatio im besonderen mit Hilfe dichterischer Gestalten, die er von Villon, Ronsard, Baudelaire und Rimbaud herleitet. Er erkundet das Androgyne, oder genauer: Er weist in raschem Wechsel ein und demselben Jungen männliche und weibliche Eigenschaften zu (»Goldener Knabe, sei vielmehr ein Prinzessin im Turm« oder später: »Junge, singe nicht, leg deine ruppigen Manieren ab / Und sei das

Mädchen mit dem reinen, schimmernden Hals«). In höchst gotteslästerlicher Weise lehrt Genet den Jungen, einen Penis anzubeten und ihn mit »Madame« anzurufen, was etwas überzogen klingt, im Französischen aber einigermaßen plausibel erscheint, weil dort die meisten Wörter für das männliche Geschlechtsorgan weiblich sind. Natürlich ist der tiefere Sinn blasphemischer Natur, da »Madame« auch die heilige Jungfrau ist. Im Schlußteil, der in seiner Mischung aus trivialen und lyrischen Tonlagen und seinem schlichten Gebet an Villons *Le Grand Testament* erinnert, benutzt Genet die aufschiebende Kraft der Syntax dazu, eine weitere Gottlosigkeit fortzusetzen. Er beginnt ein Gebet recht konventionell mit »Vergib mir, mein Gott, weil ich gesündigt habe«, nur um zehn Zeilen später zu enthüllen, daß der Gott, den er anruft, kein anderer als Merkur ist, der Patron der Diebe: »Leichtfüßiger Hermes« (»*Hermès au tendre pied*«).

Männlichkeit und Weiblichkeit, Frömmigkeit und Blasphemie, überkommene Rhetorik und heutiger Slang, romantisches Gefühl und freizügiger Sex – dies sind die Gegensatzpaare, die einen starken Wechselstrom dichterischer Kraft erzeugen. Im Zentrum dieses summenden Kraftfeldes befindet sich als Punkt der Stille der kurz vor der Hinrichtung stehende Verbrecher. Er wird mit der zartesten Rücksicht behandelt, mit den erhabensten Wörtern umschmeichelt. Wie Hercamone im späteren *Wunder der Rose* wird Pilorge als Stellvertreter für Christus benutzt (in dem Gedicht heißt es, der Frost »krönte deine Stirn mit Dornen des Rosenstocks«). Pilorge entschuldigt seine brutalen Verbrechen im Namen der Schönheit (»Doch der Schönheit, o Herr, habe ich immer gedient.«).

Genet räumte ein, daß seine Gedichte nicht so erfolgreich waren wie seine Romane[40], aber nur selten versuchte er, diese Divergenz zu erklären. Nur einmal sprach er das Thema direkt an. Eine Interviewerin bemerkte: »Wenn man Sie hört und wenn man Sie liest, ist man ein bißchen überrascht. Es ist ziemlich eigenartig, daß ein Mann wie Sie (ein uneheliches Kind, das unter der öffentlichen Fürsorge aufgewachsen ist) kein intuitiver Schriftsteller geworden ist. Sie argumentieren, Sie konstruieren. Man könnte unmöglich eine Verbindung zwischen Ihnen und amerikanischen Autoren wie Faulkner oder Hemingway herstellen.

Genet: Ich frage mich, und ich glaube nicht, Nationalist zu sein, ich frage mich, ob ich nicht aufgrund der französischen Kultur so bin, die mich als Kind umgeben hat. Als ich fünfzehn war, gab es eine Kultur, die in ganz Frankreich, vielleicht in ganz Europa verbreitet war. Wir wußten, wer

wir waren, wir Franzosen, die Herren der Welt, nicht nur der materiellen Welt, sondern auch der kulturellen Welt.
Interviewerin: Auch ein uneheliches Kind wurde von einer ganzen Kultur in die Pflicht genommen?
Genet: Es war schwierig, dem zu entgehen, und meine Bücher sind vielleicht die Früchte einer über lange Zeit herausgebildeten Kultur, von der ich mehr das Opfer als der Nutznießer gewesen bin.
Interviewerin: Mehr das Opfer?
Genet: Die eher naiven Eigenschaften der Emotion, der Intuition haben keinen Weg gefunden, sich zu offenbaren, weil sie ständig bekämpft wurden und von einer kulturellen Ausdruckswelt, die sie kleinhielt, zurückschnitt sozusagen. Wäre ich in den USA zur Welt gekommen, wäre ich mit meinem Temperament vielleicht ein sehr guter, sehr sensibler Dichter geworden, während ich in Wirklichkeit vor allem ein Argumentierer bin. Ich füge hinzu, daß eine Kultur niemals abgeschlossen ist. Die europäischen wie die amerikanischen Schriftsteller wählen mehr oder weniger bewußt eine Ausdrucksform, die einem Bedarf entspricht. Europa will nach Kultur aussehen, Amerika mehr nach Roheit und Instinkt. In beiden Fällen lügen wir.[41]

Wenige Schriftsteller von Genets Kraft und Originalität wären imstande gewesen, ihr persönliches Talent in der Perspektive einer kulturellen Tradition so klar zu orten. Doch er ist in diesem Fall zu streng gegen sich. Trotz aller seiner Fehler gleicht Genets Gedicht höchstens denen von Cocteau und löst sich vom gängigen Genre der Gefängnispoesie. Als er zu schreiben begann, gab es in Frankreich bereits eine Tradition der Gefängnisdichtung, zu der Dichter wie Max Jacob, Jules Superrielle und Pierre-Jean Jouve gehörten. Diese früheren Dichter konnten sich das Gefängnis nur als Entbehrung vorstellen, und einen Gefangenen nur als unschuldiges Opfer – weit entfernt von Genets teuflischen Konstruktionen, die den Zweck haben, Glanz und Glorie des Gefängnisses zu bekunden und den Leser mit Neid auf Pomp und Staat des Häftlingslebens zu erfüllen.
Eine bessere Erklärung der Wertunterschiede zwischen Genets Dichtung und seinen Romanen sollte die Dichotomie zwischen kulturell und triebhaft ignorieren und sich auf den Begriff der »Argumentation« konzentrieren, denn Genets Neigung zu »*le beau langage*«, die in der komprimierten Form seiner Verse so schwer zu verdauen ist, belebt seine Romane, wenn sie von realistischem Dialog im Slang der Unterwelt oder von schlichten, unkomplizierten

Sätzen voll Sex und Geschehen unterminiert wird. Nur in dieser Hinsicht gleicht Genet »poetischen« Schriftstellern wie Nabokov und Tennessee Williams, deren eigentliche Poesie sentimental ist, aber deren Prosa – von Spannung belebt, durch Konflikte dramatisiert, durch Gestalten nuanciert und durch Dialoge spritzig gemacht – den strahlenden Glanz ihrer romantischen Diktion verdankt.

Wie kam Genet dazu, Dichtung und insbesondere »Der zum Tode Verurteilte« zu schreiben? In *Tagebuch eines Diebes* spricht er des öfteren von den moralischen Prozessen, die ihn auf die Entdeckung der Dichtkunst vorbereiteten. So, wenn er einsam durch Andalusien vagabundiert (im Sommer 1934 nach seiner Zeitrechnung): »Selbst die Schönheit dieses Teils der Welt wagte ich nicht wahrzunehmen – es sei denn, um das Geheimnis dieser Schönheit herauszufinden, den Betrug dahinter, dessen Opfer man wird, falls man ihr traut. Indem ich mich gegen sie sperrte, entdeckte ich die Poesie.«[42] Dichtung beruht also auf einer Zurückweisung der offenkundigen Schönheit, der Demaskierung, eine Definition, die an Rimbauds Zeilen erinnert: »Eines Abends setzte sich die Schönheit auf meine Knie ... und ich fand sie bitter ... und ich beschimpfte sie.«

In Frankreich denkt Genet auf dem Lande über Vacher nach, einen Mann, der Hirten ermordete: »Ich lud im Geiste die Kinder ein, sich in die Hände des Mörders zu begeben. Doch ich habe hiervon nur gesprochen, um Ihnen zu erzählen, in welchem Abschnitt meines Lebens die Natur mich erschreckte, indem sie in meinem Innern spontan eine märchenhafte Fauna erschuf oder Situationen und Wechselfälle entstehen ließ, deren furchtsamer und faszinierter Gefangener ich war.«[43]

In einer Fußnote fügt er an: »Der erste Vers, den ich zu meinem Erstaunen bildete, war folgender: ›Schnitter gedrosselten Atems.‹« Genet ortet seinen dichterischen Impuls in der Natur, einer Natur aber, die ausgeschlossen oder pervertiert wird, und sein Schnitter sammelt kein Korn, sondern den Atem gemeuchelter Kinder. Genet ist ein teuflischer Bukoliker, seine *Georgica* sind satanisch, sein Held ist kein Bauer, der mit der Natur im Einklang ist, sondern ein Gilles des Rais, entschlossen, sich über die natürliche Ordnung hinwegzusetzen. »Der zum Tode Verurteilte« schlägt poetische Funken, eben weil er Verbrechen und Homosexualität in einer bukolischen und frommen Sprache schildert.

Jean-Paul Sartres *Saint Genet* zufolge hatte Genet die Regeln von Prosodie und Reim erlernt, als er kurze Zeit für René de Buxeuil arbeitete. Mit zwanzig schrieb er sein erstes Gedicht, und zwar für Solange Comte, seine Spielgefährtin in Alligny. Sie war 1930 an Tuberkulose gestorben, und Genet erzählte Sartre: »Ich schrieb diese Verse, um mich zu rühren.«[44] Sartre vermutet, daß Genets erste Reaktion auf die Nachricht von Solanges Tod echter Schmerz gewesen sein könnte, daß er sie aber im selben Moment in ein Symbol des Verlusts seiner eigenen Kindheit verwandelte. Dieses erste Gedicht ist verlorengegangen. Später nahm Genet für die Darstellung der Beerdigung der kleinen Tochter des Dienstmädchens in *Das Todenfest* Solanges Tod zum Ausgangspunkt und hoffte sogar, seine Kindheitsfreundin zur Heldin eines Films machen zu können.

Von Sartre erfahren wir auch, was Genet über die Zeit in Fresnes erzählte:

Man stieß mich in eine Zelle, wo sich schon mehrere Häftlinge in Stadtkleidung befanden. (Man behält seinen Anzug an, solange man nur in Untersuchungshaft ist.) Mich aber, obwohl ich in die Berufung gegangen war, hatte man aus Versehen gezwungen, die Anstaltskleidung anzuziehen. Diese ungewöhnliche Kluft schien ein schlechtes Omen zu sein; man verachtete mich; in der Folge hatte ich die größte Mühe, das wieder auszubügeln. Nun war da unter ihnen ein Häftling, der Gedichte an seine Schwester machte; idiotische weinerliche Gedichte, die sie sehr bewunderten. Gereizt erklärte ich schließlich, daß ich das auch könnte. Sie forderten mich heraus, und ich schrieb *Le condamné à mort;* ich las es ihnen eines Tages vor, und sie verachteten mich nur noch mehr; ich beendete die Lektüre inmitten von Spott und Hohn, ein Häftling sagte zu mir: »Verse wie das mache ich jeden Morgen.« Als ich aus dem Gefängnis kam, bemühte ich mich ganz besonders, dieses Gedicht zu beenden, das mir um so teurer war, je mehr es verachtet worden war.[45]

Fast vierzig Jahre später erzählte Genet dem syrischen Dramatiker Saadalah Wannous praktisch wortwörtlich dieselbe Geschichte, nur daß er am Schluß noch anfügte:

... diese höhnische Aufnahme, die meinem Gedicht widerfuhr, erfüllte mich mit einem sehr realen Glücksgefühl und Stolz ... Diese Anfänge waren nur ein Teil meiner ganzen Beziehung zum Schreiben. Ich schrieb weiter. Aber ich schrieb für mich selbst. Schreiben verschaffte mir persönliches Vergnügen. Jeder Schreibakt war nichts weiter als eine Möglichkeit, dieses Vergnügen zu stillen. Nie dachte ich an andere Leute ... Nie hätte ich ihren Forderungen, ihren persönlichen Interessen an Dingen erlaubt, sich in diese intime Beziehung einzumischen. Ich schrieb für die Trunkenheit, die Ekstase, und um noch tiefer in die Bande zu schneiden, die mich noch immer an eine Welt fesselten, die mich von sich stieß und die ich meinerseits von mir stieß.[46]

Jede Äußerung eines aktiven Schriftstellers, vor allem über vor langer Zeit geschriebene Texte, sagt eben soviel über seine augenblicklichen Ziele wie über seine früheren Pläne aus. Als Genet von Wannous interviewt wurde, bereitete er sich auf die Reaktionen auf *Ein verliebter Gefangener*, sein umstrittenes letztes Buch, vor. Andere Quellen aus der Zeit scheinen zu belegen, daß der junge Genet sehr darauf aus war, Bestätigung für sein erstes Gedicht zu erhalten (zum Beispiel zahlte er für dessen Veröffentlichung); Sartre bemerkt, Genet schrieb, um seine Überlegenheit unter Beweis zu stellen; er mußte sich unbedingt Bestätigung verschaffen.[47]

Niemand weiß, wer das Gedicht veröffentlicht hat. Marc Barbezat meint, Genet habe die Aufgabe einem Mitgefangenen anvertraut, der von Beruf Buchdrucker und wegen der Fälschung von Lebensmittelbezugsscheinen verurteilt war. Der Buchdrucker kam vor Genet frei und druckte die etwa hundert Heftchen, für die Genet bezahlt hatte. Einige Umschläge waren weiß, die meisten aber rosa. Die Widmung an »Maurice Pilorge, Mörder« enthält einen orthographischen Fehler *(»assasin«)*, den der Drucker beibehielt. Das Papier war von unterschiedlicher Qualität – aus Vorräten entwendet, die für den Bedarf der deutschen Behörden reserviert waren, jedenfalls wird das gesagt. Fest steht, daß das Heftchen weder den Ort noch das Datum seiner Veröffentlichung nennt, aber mit »Fresnes, September 1942« gekennzeichnet ist. Genet gab das Gedicht nicht in den Handel, sondern verschenkte es an Freunde oder ließ es unter Bekannten zirkulieren. Vielleicht verkaufte er einige Exemplare an den Kais entlang der Seine. Sicherlich hatte er es nötig, etwas von sich in Druck zu sehen. Bis man achtundzwanzig ist, ist man noch jung; mit zweiunddreißig ist man zu alt, um Gedichte im Manuskript herumzuzeigen.

Später gab Genet nicht gern zu, daß er für die Veröffentlichung seines ersten Gedichts hatte bezahlen müssen. In den sechziger Jahren erzählte er einem Interviewer, Cocteau habe den Drucker bezahlt. Der Grund für diese Ausrede wird in einem Eintrag in Senteins Tagebuch unter dem 16. Januar 1943 angedeutet: »Eine Zeitlang sind jetzt in den Bars im Quartier Genets Gedichte von Hand zu Hand gegangen, und da diese Dichtung unter der abschätzigen Bezeichnung ›auf Kosten des Autors publiziert‹ die Runde macht, was hier in der Gegend sehr häufig vorkommt, gelingt es ihr nicht mehr, die Leute in Erstaunen zu versetzen. Man hört, sie sei nicht exzeptionell.« Sentein schließt, daß diejenigen, die Genet jetzt verspotten, »Doktorarbeiten über Genet mit der gleichen Überzeugung schreiben werden, mit der sie sie jetzt über Verlaine schreiben«.[48]

Auch wenn »Der zum Tode Verurteilte« manchmal unbeholfen ist, so ist er doch größtenteils musikalisch und technisch subtil. Im Ton verdankt er vieles Cocteau, aber Genet ist einzigartig in seinem Bestreben, das alles andere als reumütige homosexuelle Begehren und den Zauber des Verbrechens zum Thema eines langen lyrischen Gedichts zu machen. Päderastie in dem Gedicht – die Liebe zwischen muskulösen Männern und hoffnungsvollen Jungen – ist weniger ein erotischer Tropus als eine Methode, die Bewohner zweier erotischer Lieblingsorte Genets, Mettrays und des Zuchthauses oder der Strafkolonie, miteinander zu verbinden. Gleicherweise originell ist, wie Genet Gefängnisslang und pornographischen Argot in eine traditionelle Mischung aus Alexandrinern, Reim und sonstwie gehobener dichterischer Sprache einbringt. Diese Themen und diesen Stil handhabte Genet jedoch weitaus erfolgreicher in dem Roman, den er zur selben Zeit schrieb: *Notre-Dame-des-Fleurs*.

KAPITEL 8

Notre-Dame-des-Fleurs, Genets erster Roman, entstand zwischen 1941 und 1942 – in äußerst kurzer Zeit für so ein langes und dichtes Buch. François Sentein, der Genet im Oktober 1942 einen Besuch machte, erinnert sich, daß »Der zum Tode Verurteilte« damals bereits gedruckt und *Notre-Dame-des-Fleurs* fast vollendet war. Darüber hinaus erinnert Sentein sich auch, »einen Stapel Manuskripte in Genets Hotelzimmer [gesehen zu haben], der offensichtlich viel und lange geschrieben hatte. Diese Manuskripte enthielten viele Theaterstücke – darunter eines mit dem Titel *Heliogabal (Héliogabale)*, das er mir zu lesen gab – und Filmdrehbücher. Damals war Genet vom Theater und Film fasziniert und träumte davon, Regisseur zu werden. Diese Drehbücher und *Heliogabal* waren es, die er zunächst Cocteau bei ihrem ersten Zusammentreffen vorlegen wollte. Ich mußte alle Hebel in Bewegung setzen, um ihn [Genet] dazu zu überreden, Cocteau zuerst mit »Der zum Tode Verurteilte« und *Notre-Dame-des-Fleurs* bekannt zu machen, was ich für das Beste von allem hielt, was er geschrieben hatte.«[1]

Roland Laudenbach erinnerte sich später:

> Genet verschwand, kam ins Gefängnis, schrieb »Der zum Tode Verurteilte«, das er auf eigene Kosten mit zahlreichen Druckfehlern drucken ließ, und ich zeigte dieses wunderbare Gedicht Cocteau, der mich bat, bei meinem Autor vorbeizugehen. Und eines schönen Sonntags gingen wir Genet an seinem Bücherstand an den Kais abholen, um ihn zur Rue Montpensier zu bringen ... Von diesem Augenblick an wurde Cocteau Genets Schutzengel.[2]

Cocteau wurde zum wichtigsten Leser von Genets Werk. Der Eintrag in seinem Kriegstagebuch am 6. Februar 1943 lautet: »Manchmal geschieht ein Wunder. Zum Beispiel Genets ›Der zum Tode Verurteilte‹. Ich glaube, es gibt davon nur vier Exemplare. Die übrigen hat er zerrissen. Dies lange Gedicht ist wundervoll. Jean Genet kommt gerade aus Fresnes. (Das Heftchen ist nach dem Gefängnis ›Fresnes. September 1942‹ datiert.) Erotisches Gedicht zum Ruhme Maurice Pilorges, eines zwanzigjährigen Mörders, am 12. März 1939 in Saint-Brieuc hingerichtet. Genets Erotik ist nie schockierend. Seine Obszönität ist nie obszön. Eine große, herrliche Bewegung beherrscht das Ganze. Die Prosa am Schluß ist kurz, anmaßend, arrogant. Vollkommener Stil.«[3] Cocteau hatte das Gedicht aufgeschlossen zu würdigen vermocht, obwohl er den ganzen Tag über von unbekannten jungen Dichtern belagert worden war. In sein Tagebuch notierte er: »Heute morgen gab es ein Defilee junger Dichter. Sie waren in allen Räumen. Manche wollten Gedichte vorlesen, andere hatten Theaterstücke mit. Wieder andere waren gerade dabei, Theatertruppen zu gründen. Ich sage mir, als wir in ihrem Alter waren, fanden wir die Tür verschlossen, und ich lasse die Tür offen und zwinge mich, ihnen zu helfen, so gut ich kann. (Und das Telefon, das nie aufhört zu klingeln!)« Cocteau rühmte sich, der Zeit stets voraus zu sein, was (neben seiner angeborenen Großzügigkeit) ein Grund dafür war, daß er sich allen Jungen gegenüber so aufgeschlossen verhielt. Das Genie von Picasso, Diaghilew, Proust, Radiguet und Coco Chanel erkannte er auf der Stelle, und er war einer der ersten ernstzunehmenden französischen Künstler, die sich mit den neuen Medien Fotografie und Film auseinandersetzten.

Als geschmeidige Gestalt, die durch eine der aufregendsten Kunstepochen glitt, als stilvoller Egoist mit einer surrealen Phantasie, faszinierte Cocteau die Genies seiner Zeit. Wie Oscar Wilde, den er bewunderte, investierte Cocteau sein Talent in sein Werk und sein Genie in sein Leben. Er war der Inbegriff von Stil und feiner Lebensart, angefangen bei seiner hageren, an einen Vogel erinnernden Erscheinung – oder erinnerte sie ans Meer? Proust verglich ihn mit einem Seepferdchen. Seine Kleidung war originell: Die Ärmel seiner Sportjacketts ließ er auftrennen, damit er sie hochkrempeln konnte, um seine wunderschönen, langen, so oft fotografierten Hände vorteilhaft zur Geltung zu bringen. In den Ersten Weltkrieg zog er mit einem Mercedes-Benz, gekleidet in eine Uniform des Sanitätskorps, die Paul Poiret entworfen hatte. Sein erstes Facelifting (»Hautreinigung« nannte er das) hatte er 1935, als er sechsundvierzig war. Als er Jahre später in die erlauchte Académie française aufgenommen wurde, schuf Lanvin für ihn die Akademieuniform, und er trug zwei

Degen. Einen hatte Picasso entworfen und den anderen er selbst. Der Griff des letzteren war von Cartier aus Elfenbein, Rubinen und Gold gearbeitet und zeigte das Profil des Orpheus mit seiner Lyra.[4]

Die gallige Coco Chanel, ein Leben lang seine Freundin, sagte manchmal abscheuliche Sachen über ihn (»Cocteau? Ein Insekt! Ein *amüsantes* Insekt, wenn Sie so wollen«), bezahlte ihm jedoch seine Opiumentziehungskuren, organisierte die Beerdigung seines toten Geliebten, des Schriftstellers Raymond Radiguet, (alles weiß – Sarg, Rosen, Pferde) und entwarf die aufsehenerregenden Kostüme für seine Theaterstücke und Filme. Die elegante Schlichtheit dieser Kleider leitete ein neues Zeitalter in der internationalen Mode ein, das Chanel-Zeitalter.

Wohl in Anspielung auf Coco Chanels Einfluß auf ihn wurde Cocteau einmal als der *grand couturier des lettres françaises* abgetan. Negativ gesehen, konnte er übertrieben frivol erscheinen mit seinen skandalösen Premierenabenden, seinen Pfeifenreinigerskulpturen, seiner Drogensucht und seinem Buch darüber *(Opium)*, seinen sexuellen Abenteuern unter Seeleuten in Toulon und seinem Buch darüber *(Das Weißbuch)*, seiner kurzen Rückkehr zum Katholizismus und seinem Buch darüber *(Brief an Jacques Maritain [Lettre à Jacques Maritain])*. Einmal verkündete er voller Stolz, er habe seinen Körper in einen Füllfederhalter verwandelt, und sicherlich ist sein Leben von niemandem so ausführlich (wenn auch manchmal falsch) wie von ihm selbst dokumentiert worden. Er ist der selbstgefällige und geltungsbedürftige Mensch, wie er im Buche steht.

Und dennoch, wenn Cocteau all das war, was als »pariserisch« (bloß modisch, der Mode verfallen, oberflächlich, schwatzhaft) verdammt wird, so war er auch all das, was als »pariserisch« gepriesen wird (vollendet stilvoll, wach und dem Neuen gegenüber großzügig, produktiv, ausdrucksstark). Er selbst war sich des Unterschieds zwischen Mode und Kunst sehr wohl bewußt; er sagte einmal: »Die Mode muß erst schön und später häßlich sein. Kunst muß erst häßlich und später schön sein.« Nichts könnte besser erklären, warum selbst die zauberhaftesten Kleider der Vergangenheit für Historienfilme modernisiert werden müssen, um uns heute attraktiv zu erscheinen, oder umgekehrt, warum kubistische Bilder, die einst als schockierend barbarisch und lächerlich galten, heute klassisch, ruhig und vergeistigt erscheinen.

Der Stil, den Cocteau seinem Werk und seinem Leben aufprägte, enthielt die Gabe zur Selbstdarstellung, eine der typischsten »Kunstformen« unseres Jahrhunderts. Er gab Pressemitteilungen über sich und seine Protegés heraus, manchmal täglich; er ließ viele hundert Male seine Hände fotografieren, und auf manchen Fotos vervielfältigte er die Wirkung noch, indem er seine Hände neben Gipsabdrücke von ihnen legte; er blieb die ganze Nacht mit *Life*-Fotografen auf. Im Gegensatz zu seinen Feinden, den Surrealisten, hatte er kein politisches Programm (sie waren Kommunisten oder Anarchisten), er gab keine Manifeste heraus, und er schrieb in einem klassischen, verständlichen Französisch. Seine beiden besten Romane, *Thomas der Schwindler (Thomas l'imposteur)* und *Kinder der Nacht (Les Enfants terribles)*, erscheinen heute so prägnant, kraftvoll und unberechenbar wie damals, als sie geschrieben wurden, und seine Skizzen über Freunde, vor allem in *Farben der Erinnerung (Portraits-Souvenirs)*, zeigen ihre Gegenstände noch immer im frischesten Weiß, im stockfinstersten Schwarz.

Cocteau gebot zwar über einen starken, unverwechselbaren persönlichen Stil, doch hielt der ihn nie davon ab, die Menschen seiner Umgebung zu beobachten. Seinem Talent für Freundschaften entsprach der Blick für das vielsagende Detail. Als Cocteau Marcel Proust am Sterbelager besuchte, erblickte er die ungeheuren Schreibheftstapel neben Proust: »Dieser Stapel Papier zu seiner Linken lebte weiter wie die Uhr am Handgelenk toter Soldaten.«

Als er der Kaiserin Eugénie eine ganze Generation nach dem Tode ihres Gatten, Napoleons III., begegnete, verglich er sie mit ihrem Jugendbildnis: »Das Gesicht war noch immer dasselbe, es hatte sich sein zartes Oval bewahrt. Als habe eine unglückliche junge Frau ihr Gesicht nur ein einziges Mal zu oft in ihre Hände vergraben, so daß die Linien ihrer Handteller darin ihren Abdruck hinterließen. Die Augen hatten noch immer dasselbe Himmelblau, aber der Blick war verwässert: ein blaues Gewässer blickte einen an.«[5]

Unter Cocteaus Künstlerkollegen zählten vier der berühmtesten Zeitgenossen, Apollinaire, Strawinsky, Picasso und Colette, zu seinen engen Freunden; aber er entdeckte auch unbekannte Künstler. Einer war Raymond Radiguet, dem Cocteau 1918 begegnete, als der Junge fünfzehn war. 1923 starb Radiguet im Alter von zwanzig Jahren an den Folgen einer Typhuserkrankung und des Suffs. Cocteau war vierunddreißig. In der Zwischenzeit waren sie ein Liebespaar und Partner geworden, und jeder hatte ein Meisterwerk hervorgebracht. Cocteau hatte *Thomas der Schwindler* geschrieben, einen merkwürdig unverschämten und bewegenden Roman aus dem Ersten Weltkrieg, und Radiguet hatte *Der Ball des Comte d'Orgel (Le Bal du Comte d'Orgel)* geschaffen. Radiguet hatte Cocteaus Stil gereinigt; er war, wie Cocteau sagte, »der Schüler, der mein Meister wurde«, ein Rimbaud für einen Verlaine namens Cocteau.[6]

Echter Stil eint Kunst und Leben und hört Echos von sich in den unwahrscheinlichsten Klängen widerhallen, selbst in der Zinkabdeckung einer Bar oder im singenden Hochseil im Zirkus. Weil Cocteau einen derartigen Stil besaß, erkannte er ihn auch bei anderen wieder. Zum Beispiel bei Panama Al Brown, dem ausgelaugten Bantamgewichtler, den Cocteau coachte, bis Brown 1938 seinen Titel zurückgewinnen konnte. Später gestaltete Cocteau für ihn eine Zirkusnummer.

Kritiker machen Unterscheidungen und bestehen darauf, daß sich die hohe Kunst nicht mit der profanen vermischt, aber das Genie sieht sich in jeder glitzernden Oberfläche gespiegelt. Cocteau schrieb eine Cabaretnummer für Edith Piaf und Chansontexte für Juliette Gréco. Wenn er so gut mit allen zusammenarbeitete, dann nur, weil auch er selbst ein Darsteller war. Seine Konversation schien unaufhaltsam, silbrig, voll Mitgefühl für den Zuhörer, überraschend. Provokationen brachten ihn zum Blühen: »Aufträge sagen mir zu. Sie setzen Grenzen. Jean Marais verlangte von mir ein Theaterstück, in dem er im ersten Akt nichts zu sprechen habe, im zweiten vor Freude weinen und im letzten rückwärts eine Treppe herunterfallen solle.« Das Ergebnis war *Der Doppeladler (L'Aigle à deux têtes),* ein romantisches Melodram, nach welchem ein erfolgreicher Film gedreht wurde. Auden schrieb: »Man hat den Eindruck, daß sein Werk zur Hälfte ... auf Verlangen seiner Freunde entstanden ist.«

Im besten Fall wird Stil zu sittlichem Mut, gehärtet zur Energie und Spannkraft einer Messerklinge. Da er sittlichen Stilwillen besaß, war es Cocteau möglich, nach dem Tod von Freunden weiterzuleben, auch wenn ihn Radiguets Tod fast zerstörte. Mit heroischer Fröhlichkeit erklärte Cocteau: »Ich habe meine sieben besten Freunde verloren. Was bedeutet, Gott hat siebenmal Erbarmen mit mir gehabt, ohne daß ich es bemerkte. Er lieh mir Freundschaft, nahm sie mir, schickte mir eine neue ... Glauben Sie keinen Augenblick, daß Er die Jungen getötet hat; Er hat Engel eingekleidet.«

Entropie ist die naturgegebene Bewegungsrichtung der Welt, ihr langsamer Zusammenbruch, ihre physische und geistige Auflösung. Die Aufgabe des Genies ist es, diesem unentrinnbaren Versinken einen Augenblick lang Paroli zu bieten, inmitten der universalen Fahrlässigkeit sich Mühe zu geben. Cocteaus unentwegtes Reden, seine Produktivität, seine Eleganz werden zum Zwischenspiel luzider Reizung im ewigen Schlummer. Er blieb Diaghilews Befehl treu, den er vernommen hatte, als er jung war: »Setzen Sie mich in Erstaunen!«[7]

Im Frühjahr 1937 lernte der achtundvierzigjährige Cocteau Jean Marais kennen, einen auffallend hübschen Schauspieler, genau halb so alt wie er. Als der bekannte jugendliche Held Jean-Pierre Aumont merkte, daß er außerstande war, in Cocteaus neuem Stück *Die Ritter der Tafelrunde (Les Chevaliers de la Table Ronde)* den Galaad (Galahad) zu spielen, übernahm Jean Marais die Rolle, die ihm, obwohl das Stück nur zweieinhalb Monate lief, großen Erfolg einbrachte – vor allem, als er sein Wams aufriß und seinen nackten Oberkörper sehen ließ. In der Folge schrieb Cocteau noch mehrere Stücke für Marais, der sein Geliebter und wichtigster künstlerischer Partner nach Radiguet wurde. *Die schrecklichen Eltern (Les Parents terribles)*, ein Stück, das er 1938 in nur acht Tagen mit dem erklärten Ziel schrieb, »das große Publikum zu erreichen«, war Cocteaus größter Hit; es beruht zum Teil auf den Geschichten, die ihm Marais über die Beziehung zu seiner Mutter erzählt hatte. 1940 kam Cocteaus *Die heiligen Ungeheuer (Les Monstres sacrés)* mit einem Vorspiel heraus, in dem Edith Piaf in der Hauptrolle brillierte. 1941 dann wurde *Die Schreibmaschine (La Machine à écrire)* uraufgeführt und von der Kollaborationspresse heftig angegriffen. Lucien Rebatet, der bösartigste von den Kritikern, schrieb in *Je Suis Partout:* »*Die Schreibmaschine* ist die Summe von zwanzig Jahren Erniedrigung und Willfährigkeit gegenüber allen möglichen Sünden des Fleisches und der Seele ... Aber tun können wir jetzt nichts, außer Cocteau verhöhnen, den Schwindler, den Neurotiker, den Küchenmeister, der die zweideutigen, die extremsten und ekelhaftesten Tricks zusammenbraut ... Er besaß einiges Talent und viel Intelligenz ... Zweifellos lassen sich ein paar Rechtfertigungen für seine pathologische Unbeständigkeit finden. Aber er ist verantwortlich für alles, was zerruttet und welk ist, diese Parade weltlicher Trottel, Päderasten und exaltierter Witwen, die das Genie begackern und seinen Schritten folgen.«[8] Das Stück wurde bald abgesetzt. 1943 führte die Opéra Cocteaus *Antigone* mit der Musik von Arthur Honegger auf. Im April wurde Cocteaus Drehbuch zu *Ewige Wiederkehr/Der ewige Bann (L'Éternel retour)* verfilmt; dieser Film sollte Cocteaus Namen zu einem geläufigen Begriff machen. Im selben Jahr brachte die Comédie-Française Cocteaus »Oper ohne Musik«, *Rinaldo und Armida (Renaud et Amide)* heraus, ein Versdrama, das auf Gestalten aus Tassos *Das befreite Jerusalem* basiert.

Wurde Cocteau auch von Kollaborateuren wegen seines Stücks *Die Schreibmaschine* angegriffen und gemeinsam mit vielen anderen Umstehenden von rechtsradikalen Rowdies zusammengeschlagen, weil er 1943 bei einer antibolschewistischen Demonstration auf den Champs-Elysées sich weigerte, ihre Fahne zu grüßen[9], so war er gleichzeitig doch politisch gefährlich naiv, und er flirtete auf ekelerregende Weise mit den Deutschen. In einer Rede auf einem offiziellen Regierungsempfang in der Orangerie pries er Hitlers Lieblingsbildhauer Arno Breker, und der Text wurde auch noch veröffentlicht. Der Dichter Paul Éluard schrieb Cocteau am 2. Juli 1942 einen entrüsteten Brief: »Freud, Kafka und Chaplin werden von denselben Leuten verboten, die Breker ehren.«[10] Natürlich kannte Breker Cocteau schon aus den zwanziger Jahren, als Breker bei Maillol in Paris studiert hatte, und die idealisierten homoerotischen jungen Männer in Cocteaus Zeichnungen und Gemälden sind vom selben Schlag wie Brekers »edle« Athleten. Und Cocteau war zumindest so konsequent, daß er auch nach dem Krieg mit Breker und seiner Frau befreundet blieb und Breker den Auftrag für seine Grabplastik erteilte. Trotzdem war ihm sein Stolz darauf, deutsch sprechen zu können, und sein Verlangen, von jedermann geliebt zu werden, gar nicht dienlich, ebensowenig sein Widerspruchsgeist, der ihn dazu geführt hatte, daß er als einer der ersten Franzosen nach dem Ersten Weltkrieg die Deutschen von neuem schätzte und bewunderte – eine Reaktion, von der er sich vielleicht vorstellte, daß sie ihn jetzt, zwanzig Jahre später, in die Lage versetze, die veränderte politische Situation schneller als andere französische Künstler und Intellektuelle zu akzeptieren. Aber er fühlte sich nicht wohl in der kompromittierenden Situation, in die ihn sein flinkes Sichfügen gebracht hatte. Als Ernst Jünger am 23. November 1941 Cocteau zum ersten Mal sah, schrieb er: »Cocteau: sympathisch und zugleich leidend wie jemand, der in einer besonderen, doch komfortablen Hölle weilt.«[11]

Zur Zeit, da Cocteau Genet kennenlernte, war er erst kurz zuvor in eine kleine Wohnung an der Place du Palais-Royal gezogen. Später schrieb er: »Ich mietete dieses Kämmerchen, das zwischen das Théâtre du Palais-Royal und den Häuserblock geklemmt war, der an die Comédie-Française grenzte, im Jahr 1941, als die deutsche Wehrmacht in Paris einmarschierte. Ich wohnte aber noch im Hôtel Beaujolais, direkt neben Colette, und zog hierher – Rue de Monpensier 36 – erst 1942, nach dem Exodus ... Hier kenne ich jeden, seine Gewohnheiten, seine Katzen, seine Hunde. Ich spaziere zwischen lächelnden Gesichtern umher, umgeben vom Klatsch, von dem ich ein Teil bin ... Aus meinem Fenster rufe ich Colette zu, die durch den Garten kommt mit ihrem Stock, ihrem Foulard, ihrem breiten Filzhut, ihren schönen Augen, ihren Sandalen.«[12] Colette ihrerseits schrieb über Cocteau: »Er wohnt in einer dieser Mezzanin-Wohnungen mit Fenstern wie Maulwurfshügeln ... Aber das ist genau richtig für einen Theatermenschen, denn um in sein Zimmer zu gelangen, muß das Tageslicht unten aufs Pflaster fallen und wieder nach oben unter die Fensterbögen strahlen wie Rampenlichter. Wenn man im Vorbeigehen zufällig nach oben guckt, kann man vielleicht einen mit Kreide auf die Tafel gezeichneten Heldentorso sehen oder das Bildnis eines Pferdes oder das Miniaturbühnenbild für ein Stück, oder sogar den Autor selbst mit seinem krausen Haarschopf, seiner Windhundhagerkeit und seinen hochgekrempelten Hemdärmeln, die Hände mit Adern wie verzweigte Reben freigeben.«[13]

Die Begegnung mit Cocteau hinterließ bei Genet dauerhafte Spuren: faktisch, weil Cocteau seine öffentliche Karriere lancierte, auch geistig, denn Cocteaus Vorbild war es, dem Genet folgte und sich anpaßte, und das er dann schließlich ablegte. Genet hatte *Notre-Dame-des-Fleurs* schon geschrieben, als er Cocteau kennenlernte, und war bereits eine voll entwickelte literarische Persönlichkeit. Trotzdem richtete sich Genet einige Jahre lang ganz auf Cocteau aus. Cocteau hatte einen offenen Brief an Jacques Maritain geschrieben; bald sollte auch Genet ähnliche »Briefe« an die Malerin Leonor Fini und an den Verleger Jean-Jacques Pauvert schreiben. Cocteau verfaßte eine Studie über El Greco, »Le Mythe du Greco«; Genet verfaßte seinen Essay »Alberto Giacometti« (L'Atelier d'Alberto Giacometti). Cocteau schrieb und inszenierte 1945 seinen Film *Die Schöne und das Tier (La Belle et la bête)*; 1950 schrieb und inszenierte Genet seinen Film *Ein Liebesgesang (Un Chant d'amour)*, der zum Teil im Wald in der Nähe der Maison du Bailli in Milly-la-Forêt gedreht wurde, einem Haus, das Cocteau 1947 gekauft hatte. Cocteaus Theaterstück *Die Höllenmaschine (La Machine infernale)* war 1932 unter der Regie von Louis Jouvet und mit den Bühnenbildern von Christian Bérard aufgeführt worden; dasselbe Team brachte 1947 Genets *Die Zofen* auf die Bühne. Cocteau feierte einen aus Texas stammenden Transvestiten namens Barbette in einem Essay, der für ihn eine heimliche *ars poetica* war, den er in den zwanziger Jahren schrieb: Genet sollte einen ähnlichen Text schreiben: »Der Seiltänzer« (»Le Funambule«). Cocteau schuf 1946 ein Ballett, *Der junge Mann und der Tod (Le Jeune homme et la mort)*; zwei Jahre später kam Genets Ballett *'Adame Miroir* auf die Bühne, in dem, wie in Cocteaus Ballett, ein junger Mann einem Tänzer gegenübergestellt wird, der den Tod verkörpert.

Wenn Genet eine hohe Meinung von seinem eigenen Talent hatte – das ihm Gedichte, Romane, Theaterstücke, Filme, Essays und Kunstkritiken zu schreiben erlaubte –, so gelangte er zu diesem Verständnis durch Cocteaus umfassendes Vorbild. Cocteaus so klare und geistreiche Prosa hatte keinen Einfluß auf Genets verschlungeneren (und originelleren) Stil, auch wenn der Jüngere gewisse Aspekte seiner Dichtkunst zweifellos der Cocteaus nachbildete. Nach anfänglicher Faszination verabscheute Genet schließlich Cocteaus Eigenwerbung und die Tatsache, daß es in Paris kein Ereignis ohne ihn geben konnte, so wie ihm auch Cocteaus Flirt mit dem »Kommerzkino«[15] zuwider war. Cocteau war ein Genie, das nie auch nur einen schlechten Vers oder ein gutes Buch schrieb. Er stellte in erster Linie eine Persönlichkeit dar, ein Empfindungsvermögen, eine Erscheinung. Umgekehrt sind bis auf die Gedichte alle Werke Genets von höchster Qualität, auch wenn jedes durch gelegentlich schwülstige Sätze und manchmal einen geradezu elisabethanischen Hang zum rhetorischen Overkill beeinträchtigt ist. Im Gegensatz zu Cocteau gab Genet im Laufe seines langen Lebens nur eine Handvoll Interviews, Ruhm war ihm zuwider, und lieber ging er in der Menge unter als sich ins Scheinwerferlicht zu drängen. Cocteau blieb äußerlich elegant und gepflegt, ein alternder Kakadu, wogegen Genet sich in einen die Federn verlierenden Zwerggockel verwandelte. Cocteau ging der Politik aus dem Weg, Genet dagegen widmete sich in den letzten zwanzig Jahren seines Lebens Anliegen der extremen Linken.

Die erste Begegnung zwischen Genet und Cocteau fand am 15. Februar 1943 statt. Wie Roland Laudenbach sich erinnert, war Genet »gut gekleidet und trug Handschuhe in einem perfekten Grau«.[16] Cocteau schrieb in sein Tagebuch:

Sah endlich Jean Genet, von Laudenbach vorbeigebracht. Zuerst scheint er zu glauben, ich mache mich über ihn lustig. Er ist ein Mensch zwischen zwei Gefängnissen, von Gefängnissen gezeichnet. Der Kopf eines Paranoikers mit einem verknoteten Charme, der sich rasch entknotet. Bemerkenswerte Schnelligkeit und Witz. Ich habe eine Zeichnung von ihm gemacht, die er mitnimmt. Ich nehme ihn zum Mittagessen mit Bérard mit, Hôtel du Louvre. Er rezitiert auswendig mein Gedicht, das auf Ultraphone aufgenommen ist: »Der Sohn der Luft«. Nach und nach faßt er Vertrauen zu uns und trägt uns sein neues Gedicht vor: »Der schlafende Boxer«. Es enthält so schöne Verse, daß Bérard und ich in Gelächter ausbrechen. Diesmal begreift er wunderbar, daß wir uns nicht über ihn lustig machen, sondern daß dies Lachen durch äußerste Überraschung ausgelöst worden ist.
Eleganz, Balance, Weisheit, das ist es, was diesem wunderbaren Verrückten entströmt. Für mich sind seine Gedichte das einzige große Ereignis der Gegenwart. Überdies können sie, geschützt durch ihre Erotik (unpublizierbar), nur im Verborgenen gelesen und von Hand zu Hand weitergereicht werden.
Er sagt mir, das Schlimmste sei, seinen Namen in der Zeitung gedruckt zu sehen. Treffe

Giraudoux auf der Toilette. Als wir herauskommen, sagt Genet zu mir: »Sie kennen Giraudoux? ... Aber ... er ist kein Dichter!«[18]

Als Gegengabe für die Zeichnung schrieb Genet in ein Exemplar von »Der zum Tode Verurteilte«: »Das Exemplar, das Sie haben, ist wirklich mies. Ich werde dafür sorgen, daß es auf schöneres Papier gedruckt wird. Ich bitte Sie, es so anzunehmen, wie ich die Zeichnung angenommen habe. Es ist nicht bedeutend, aber was soll's. Ich habe getan, was ich konnte. Ihr Freund Jean Genet.«

Typisch für Genet in dieser Zeit ist seine arrogante Demut (seine behauptete, aber unglaubwürdige Furcht vor einer Öffentlichkeit, die Cocteau genoß und umwarb) und diese Eckigkeit, die seine Aggressivität kaum verbirgt. (»Ich bitte Sie, es so anzunehmen, wie ich die Zeichnung angenommen habe« würde auch keinen geringeren Egoisten als Cocteau zufriedenstellen.) Ein Anflug von Feindseligkeit zeigt sich auch in der anmaßenden Attacke auf Jean Giraudoux, den höflich zuvorkommenden einundsechzigjährigen Dramatiker, Berufsdiplomaten und eleganten Lebemann. Der Freund von André Gide und Paul Claudel verfaßte so »dichterische«, aber konventionelle Werke wie *Amphitryon 38*, *Der Trojanische Krieg findet nicht statt (La Guerre de Troie n'aura pa lieu)*, *Undine (Ondine)* und, erst nach seinem Tod 1944 aufgeführt, *Die Irre von Chaillot (La Folle de Chaillot)*. Giraudoux war in der Vichy-Regierung kurze Zeit Propagandaminister gewesen. Genets Schicksal sollte es sein, daß jenes seiner Stücke, das als erstes auf die Bühne kam, *Die Zofen*, 1947 zusammen mit einer einaktigen romantischen Komödie von Giraudoux aufgeführt wurde. Die Dramen Giraudoux' beruhen auf schlagfertigen Dialogen in der Tradition von Marivaux, auf »Weisheit des Herzens«, auf Optimismus und wehmütiger Melancholie; sie waren beim Pariser Publikum ungeheuer beliebt. In einem Stück wie *Die Irre von Chaillot* nehmen es mehrere exzentrische alte Damen und ein Kloakenreiniger mit den Mächten des Bösen auf und tragen den Sieg davon; in einem Stück wie Genets *Der Balkon* verkörpert eine Gruppe von Leuten, die am Rande der Gesellschaft stehen (die Bewohner und Kunden eines Bordells), mit Erfolg die Führer der Nation und erfährt eine entscheidende, entmutigende Niederlage. Sowohl Giraudoux als auch Genet verwandten eine gehobene Sprache, allerdings war die Giraudoux' pastellfarben und die Genets düster. Beide faßten ein Theater ins Auge, das weit vom üblichen realistischen, bürgerlichen Drama über Familie und Ehebruch entfernt war, aber Genet untergrub alle allgemeingültigen Vorstellungen von Rasse, Macht und Sex, wogegen Giraudoux die Phantasie gebrauchte, um traditionelle Werte zurückzuerobern. Genet hat einmal gesagt: »Sehen Sie sich das jammervolle Gesichtchen von Racine an! Sehen Sie sein linkisches Benehmen und vergleichen Sie es mit dem Kopf von Giraudoux, mit dessen Selbstsicherheit! Da werden Sie den Unterschied erkennen zwischen einem Dichter und einem Literaten.«[19]

Warum meinte Genet, Cocteau mache sich über ihn lustig? Cocteau hatte derart tadellose Manieren, war gegen jedermann so gleichbleibend und grenzenlos großzügig und repräsentierte auf so glänzende Weise die ältere, Proustsche Generation gehoben-bürgerlicher Vornehmheit, daß es nicht wundert, wenn Genet seine Ehrlichkeit anzweifelte. Merkwürdigerweise war mit dieser Vornehmheit die Gabe spontaner Vertraulichkeit verbunden; Cocteau sagte nie *vous* (»Sie«) zu jemandem, den er mochte, und nannte jeden, von seinen Freunden bis hin zu den Taxifahrern, »mein Liebling« *(»mon chéri«)*.[20] Kurz zuvor war Claude Mauriac, der Sohn des Schriftstellers François Mauriac, bei der Kunstmäzenin Marie-Laure de Noailles einen Abend lang über Cocteau hergezogen. Als der junge Mauriac sie das nächste Mal sah, sagte er, er bedaure es, so häßlich über jemand so Großzügigen geredet zu haben. »Aber er zeigt sich jedermann gegenüber so freundlich ... Wahrscheinlich ist es das, was ich ihm nicht verzeihen kann«, sagte sie.[21]

Das Gedicht, das Genet Cocteau vorgetragen hat, konnte nicht identifiziert werden, aber es könnten Verse gewesen sein, die später in ein langes Gedicht mit dem Titel »Die Parade« (»La Parade«) eingearbeitet wurden. Der größte Teil von »Die Parade« scheint jedoch von Lucien-Guy Noppé zu handeln, den Genet erst im Laufe des Jahres 1943 im Gefängnis kennenlernte und der eine große Rolle bei der Entstehung von *Wunder der Rose* spielen sollte. Genets erster Biograph, Jean-Bernard Moraly, ist der Meinung, daß Genet Cocteau die folgenden Verse vorgetragen hat, und Genets Verweis auf »Dieb-Boxer« bestätigt wohl diese Hypothese:

> Eine rosa Lawine ist tot zwischen unseren Laken
> Diese muskulöse Rose, dieser Opernkronleuchter
> Gestürzt aus Schlaf, schwarz von Geschrei, von Farnen
> Die einer Schäferin Hand um uns auslegt, diese Rose erwacht.
> Unter den Großschoten des Grams, die der Rothirsch schafft;
> Oh, des Himmels strahlende Hörner, attackiert von Bienen,
> Besänftigen meines Boxers gerunzelte Brauen.
> Umfangen den knorrigen Leib der schwitzenden Rose.
> Laß ihn weiterschlafen. Ich möchte ihn in Decken wickeln,

Damit wir wissen, wir sind diejenigen, die Engel aus den Verstecken spülen
Und damit, stärker und dunkler noch, mein Tod
Sich vielleicht unter Blumen ereignet, wenn ich mit einem Reichtum erwache,
Beweint von verflochtenen Schlangen – mein Tod, dieser erschrockene Schnee.
O Stimme aus Blattgold, rauher, rauflustiger Junge,
über meine Finger mögen deine Tränen, mögen deine Tränen fließen
Aus deinen Augen, zerrissen vom Schnabel einer Henne,
Die in einem Traum hier nach den Augen pickte, dann
Nach den Körnern, verstreut
Von dieser leichten Hand, offen meinem Dieb ...

Am folgenden Tag erschien Genet in Cocteaus Wohnung mit dem Manuskript von *Notre-Dame-des-Fleurs*. Ein Porträtmaler, der in den fünfziger Jahren recht bekannt werden sollte, Édouard MacAvoy, war zufällig anwesend:

Cocteau wollte mir gerade die Zeichnungen zeigen, die er soeben fertiggestellt hatte, als Madeleine, sein Hausmädchen, hereinkam und verkündete: »Monsieur Jean Genet.« Cocteau bat sie, ihn sofort hereinzuführen, und ich sah eine merkwürdige Gestalt hereinkommen, halb Sträfling, halb Bantamgewichtler. Genet sagte zu Cocteau: »Meister [so nannte er ihn], ich würde Ihnen gern etwas aus meinem Manuskript vorlesen.« Wir ließen uns nieder, und Genet las im Stehen eine Dreiviertelstunde oder eine Stunde lang Auszüge aus *Notre-Dame-des-Fleurs*, Abschnitte, die er ausgesucht hatte, so kam es mir vor, weil sie provozierend waren. Er las gut, ungekünstelt, mit einer ziemlich erstaunlichen Sicherheit, mit dem Blick auf Cocteau. Ich hatte das Gefühl, er war nicht gekommen, um eine Meinung zu erbitten oder um sich Rat zu holen: Er enthüllte uns sein Meisterwerk. Er hatte das Selbstbewußtsein eines Genies.
Cocteau lauschte der Vorlesung mit ziemlich finsterem Gesicht. Er blieb sehr reserviert. Als Genet ein bißchen irritiert ging, fragte Cocteau mich – »Was hältst du davon?« Ich: »Ich denke, er hat einen noch nie zuvor gehörten Ton angeschlagen.« Dann sagte er zu mir: »Ich gestehe, ich mag das nicht sehr, all diese Geschichten von Fummeln und Tunten. ...« Dann setzte er, auf Genet gemünzt, hinzu: »Aber wie er uns beim Lesen angesehen hat, das sagte mir, ich habe mich geirrt.«[22]

Als habe er erkannt, daß er tatsächlich im Irrtum sein könne, was das Buch betraf, beschloß Cocteau fast augenblicklich, es ganz zu lesen. Er schickte Jean Turlais, um das Manuskript holen zu lassen und Genet in seinen verletzten Gefühlen zu trösten. Könnte es sein, daß Cocteau eifersüchtig war? Er hatte bisher nie über Homosexualität geschrieben (von dem heftig getarnten und

anonymen *Weißbuch* abgesehen), weil er seine Mutter nicht kränken wollte. Sie war nach drei Jahren geistiger Umnachtung gerade gestorben. Und nun, da er vollkommen frei war, einen ehrlichen Roman über die Homosexualität zu schreiben, war Genet ihm zuvorgekommen. Am Tage nach dem Tod seiner Mutter speiste er in großer vornehmer und öder Gesellschaft zu Mittag, was ihn so irritierte, daß er beschloß, sich »an Leute zu halten, die meinem Tätigkeitsfeld angehören. Ob sie meine Arbeit verstehen oder nicht, ist gleichgültig.«[23]
Am Abend des Tages, an dem ihm Genet vorgelesen hatte, schrieb Cocteau in sein Tagebuch:

Jean Genet hat mir seinen Roman gebracht. Dreihundert unglaubliche Seiten, auf denen er die Mythologie der »Tunten« mosaikartig zusammensetzt. Auf den ersten Blick stößt ein solches Thema ab (das habe ich ihm heute morgen zum Vorwurf gemacht). Darauf wollte ich ihn um Verzeihung für meine Dummheit bitten. Dieser Roman ist vielleicht noch erstaunlicher als die Gedichte. Es ist seine Neuheit, die verstört. Es ist eine Welt, neben der die von Proust aussieht wie die Bilder von Didier-Pouget [Spezialist für blühende Heide]. Die geringste Zeile darin funkelt wie Picassos magische Kritzeleien. Die obszönen Blumen, die komischen Blumen, die tragischen Blumen, die nächtlichen Blumen, die Feldblumen, die Arabesken von Rosen dringen überall hervor. Was tun? Man träumt davon, dies Buch zu besitzen und bekannt zu machen. Andererseits ist es unmöglich, und es ist gut, daß es unmöglich ist. Das echte Beispiel blendender und unstatthafter Reinheit. Der Skandal muß ans Licht. Wahrer Skandal. Er bricht mit diesem Buch schweigend hervor und unwillkürlich in meinem Innern. Genet ist ein polizeilich gesuchter Dieb. Man zittert beim Gedanken, er könne verschwinden und seine Werke könnten vernichtet werden. Man sollte sie veröffentlichen, nur in wenigen Exemplaren, die unter der Hand verkauft werden.[24]

Im selben Tagebucheintrag weist Cocteau auf die Quelle der Anspielung auf Picassos »magische Kritzeleien« *(»grimoires«)* hin. Christian Bérard hatte gesagt, daß jedesmal, wenn Picasso versuche, die menschliche Gestalt darzustellen, er in Konformismus und Akademismus verfalle; nur in seinen Skizzen »herrscht er mit seinem geradezu infernalischen Sinn fürs Räumliche ... Seine Feder, die das Blatt bespuckt, bekleckst, zerreißt.«[25] Am selben Abend hatten Picasso und Cocteau gemeinsam im Restaurant Le Catalan diniert. Cocteaus jugendliche Freundschaften mit Picasso und Radiguet stellten die beiden großen künstlerischen Einflüsse auf sein Leben dar. In gewisser Weise schien Genet einen Moment lang in diese apostolische Nachfolge hineinzupassen, aber wie sich dann herausstellte, waren seine Werke zu opulent, zu eigen, um Cocteau auf die gleiche Weise zu inspirieren.

Paul Morihien, damals Cocteaus Sekretär, erinnerte sich, daß Cocteau eine schlaflose Nacht mit der Lektüre von *Notre-Dame-des-Fleurs* zubrachte, ein Manuskript, das ihn in Wut versetzte, das aber, wie er erkannte, ein Meisterwerk war.»Er fürchtete sich vor seiner Begeisterung für das Buch, aber diese Begeisterung ließ nie nach.« Sechs Tage nach Erhalt des vollständigen Manuskripts schrieb Cocteau in sein Tagebuch:

Die Bombe Genet. Dies Buch ist da, in der Wohnung, schrecklich, obszön, unpublizierbar, *unvermeidlich*. Man weiß nicht, wie darangehen. Es ist. Es wird sein. Wird es die Welt zwingen, so zu werden, wie sie darin geschildert wird? Für mich ist es das große Ereignis der Gegenwart. Es bringt mich auf, stößt mich ab und verzaubert mich. Es stellt tausend Probleme. Es kommt auf den leichten Füßen des Skandals daher, auf seinen Samtfüßen. Es ist rein – von einer eigenen Reinheit, von einer geschlossenen Reinheit – rein in dem Sinn, in dem Maritain gesagt hat, der Teufel sei rein, weil er *nur Böses* tun kann. Der Blick Jean Genets verstört und bringt einen aus dem Takt. Er hat recht, und der Rest der Welt hat unrecht. Aber was tun? Warten. Warten auf was? Daß es keine Gefängnisse mehr gibt, keine Gesetze, keine Richter, kein Schamgefühl? Besteht vielleicht wahre Größe darin, es zu halten wie Michelangelo? Den Papst zu täuschen, Gott zu täuschen? Kirchengewölbe und öffentliche Plätze mit seinen Geheimnissen zu bevölkern. Wäre Proust größer und solider, wenn er nicht löge? Kommt sein Ansehen von den Lügen? Ich überlasse mich der Sorte Schlaf, der mir die Intelligenz ersetzt. Ich habe *Notre-Dame-des-Fleurs* Zeile für Zeile noch einmal gelesen. Alles darin ist hassenswert und achtenswert. Genet stört – ich wiederhole es –, und er kann nicht dafür. Ich betone, daß es in diesem Buch kein Verlangen nach Skandal gibt. Die Hand, die es schreibt, ist unschuldig, frei von jedem Zwang. Das Gedicht »Der zum Tode Verurteilte« gehört zu noch anderen Gedichten. Hier herrschen die Einsamkeit und das *Funkeln eines schwarzen Sterns*.[26]

Ein Freudianer könnte bemerken, daß Cocteaus natürlicher Neid, den er so vollkommen unterdrückt und zu Großzügigkeit sublimiert hat, sich unbewußt in einer der Tagebuchstelle folgenden freien Assoziation ausspricht, in der er aus keinem ersichtlichen Grund die Geschichte von Goethes schädlichem Einfluß auf Kleist anführt. Während Cocteau (in der Rolle Goethes, weil einundzwanzig Jahre älter und viel berühmter) alles unternimmt, um seinem Kleist (Genet) behilflich zu sein, schrieb der tatsächliche Goethe ein Stück von

Heinrich von Kleist (achtundzwanzig Jahre jünger als er) um, womit er es zugrunde richtete, und warf einen anderen Text Kleists ins Feuer, eine brüskierende Handlung, die Kleists Selbstmord beschleunigte. Cocteau spricht darüber hinaus Goethe sofort frei, indem er ihn heroisch und olympisch nennt, als stehe er über aller üblichen menschlichen Moral.

Im nächsten Absatz schrieb er: »Gestern spreche ich beim Abendessen mit Valéry über den Roman von Genet und bitte ihn dummerweise durch seine Schichten aus Senilität hindurch um Rat. ›Verbrennen Sie ihn‹, sagt er. Schrecklicher Spruch. Valéry ist ein Idiot. Ist das denn Intelligenz?« Cocteau setzt einen ganzen Absatz hindurch seine Angriffe auf Valéry fort, der die Kühnheit besessen hatte, Cocteaus verschüttete Feindseligkeit laut auszusprechen – eine nicht einfach verschüttete, sondern unter blumigen Achtungsbezeugungen erstickte Feindseligkeit, denn Roger Lannes (der neben Professor Henri Mondor, dem Mallarmé-Biographen, bei diesem Abendessen zugegen war), schrieb: »Mit seinem Lob auf Jean Genets Genie geht Cocteau seinen Zuhörern total auf die Nerven und versucht, Mondors Bibliophilie in seine Netze zu ziehen.«[27]

Cocteau beendet seine inneren Kämpfe mit vieldeutigen Worten: »Dieser Roman ist mir in die Hände gefallen, weil er das mußte. Ihn verbrennen wäre zu einfach. Er verbrennt mich. Und falls ich ihn verbrennen würde, würde er mich nur um so mehr verbrennen ...« Er schließt: »Ich bleibe bei meiner ersten Entscheidung. Er ist wunderbar.«

Nachdem Cocteau diese destruktiven Versuchungen überwunden hatte, handelte er mit seiner üblichen Großzügigkeit. Er lieh das Manuskript den surrealistischen Dichtern Paul Éluard und Robert Desnos, er gab es Colette, Jean Paulhan (der bis 1940 die wichtigste französische Literaturzeitschrift, *La Nouvelle Revue Française*, geleitet hatte) sowie dem homosexuellen Tagebuch- und Romanautor Marcel Jouhandeau zu lesen.

Jouhandeau gibt einen amüsanten Bericht von seiner Begegnung mit Genet. Er erinnert sich, daß Cocteau ihn 1943 besuchen wollte. Also lud seine Frau Cocteau zum Abendessen ein. Beim Dessert sprach Cocteau von *Notre-Dame-des-Fleurs* und vertraute Jouhandeau das Manuskript an, der es bewunderte, aber überladen fand. Jouhandeau hatte erst ein Drittel gelesen, als Genet ihn anrief und sich das Manuskript zurückerbat, weil er es brauche. Sie verabredeten sich für den Abend in einem Café in der Nähe von Jouhandeaus Wohnung, nicht weit vom Arc de Triomphe entfernt, dem Cristal in der Avenue de la Grande Armée. Genet kam in Begleitung zweier hübscher junger

Männer von der Sorte Schlägertyp. Er schmeichelte Jouhandeau, indem er ihm erzählte, zum Schreiben sei er durch die Lektüre eines Buches angeregt worden, das er sich an den Kais gekauft habe, Jouhandeaus *Prudence Hautechaume*, die Geschichte einer Diebin.[28]
Einige Zeit später entlieh sich Jouhandeau das Manuskript wieder. Er rief Cocteau an, um ihm mitzuteilen, das Buch enthülle »einen bis dato unbekannten lyrischen Stil«. Allerdings sei er gezwungen, vor seiner Frau geheimzuhalten, daß er Genet sehe, weil sie ihn vollkommen ablehne. (Paul Morihien bemerkte kürzlich: »Jouhandeau war pervers. Er konnte an einem Tag sagen, er möge etwas, und dann am nächsten Tag seine Meinung vollkommen ändern.«)
Tatsächlich kann man *Prudence Hautechaume*, eine gerade fünfunddreißig Seiten umfassende Geschichte, die 1927 bei Gallimard erschienen war, als das Porträt einer exzentrischen Frau lesen, die wie eine nahe Verwandte von Genets originellster Figur, dem Transvestiten Divine in *Notre-Dame-des-Fleurs*, erscheint. Wie Divine ist Prudence von ihrer eigenen Genealogie fasziniert und träumt von ihrer illustren Vergangenheit. Wie Divine wurde sie in einem vornehmen Haus geboren, muß aber schlimme Zeiten durchmachen. So wie Genet Divines oberflächliche Äußerungen sammelt, setzt uns Jouhandeau die von Prudence vor. So wie Divine bis an den Rand der Göttlichkeit entwürdigt wird, so wird Prudence habsüchtig bis an den Rand der Heiligkeit. So wie Divine in ihrer Mansarde mit Geistern verkehrt, die vom Friedhof Montmartre unter ihrem Fenster aufsteigen, so verkehrt Prudence nach und nach nur noch mit ihren hölzernen Schaufensterpuppen. Sie wird von der Gesellschaft als Diebin gebrandmarkt, lebt jedoch unbeweglich »im Geheimnis ihres einmaligen Glücks«.
Sowohl Genet als auch Jouhandeau machen sich teils über ihre Figuren lustig, teils preisen sie diese bizarren Mischungen aus Kleinkariertheit und Erhabenheit, aus grotesken Überspanntheiten und echter Heiligkeit. Jouhandeaus Prudence ähnelt eher einem Transvestiten als einer wirklichen Frau, und Genets künstlerische Kühnheit besteht darin, daß er seine Figur »demaskiert«, daß er sie nicht als Frau präsentiert, sondern als die Tunte, die sie in Wirklichkeit immer schon war.
Jouhandeaus *Über die Verworfenheit (De l'abjection)*, erschienen 1939, könnte ebenfalls Genet beeinflußt haben. Hier verquickt Jouhandeau seine eigene Mischung aus katholischem Schuldgefühl und Ekstase mit eindringlichen Skizzen homosexueller Begierde. Das Buch ist kein Roman, sondern ein persönliches Bekenntnis. Zum Beispiel erzählt der Autor sein erstes sexuelles

Abenteuer im Alter von elf Jahren mit einem gleichaltrigen Nachbarsjungen, der ihm zeigte, wie man onaniert. Diese Passage leitet unmittelbar zu einem Abschnitt über, in dem er Gott seine Dankbarkeit dafür ausspricht, daß er ihm derartige Versuchungen in den Weg gelegt hat. An einer anderen Stelle schildert er, wie er Arbeiter in seine Wohnung zu locken pflegte, um ihnen die Füße zu massieren oder sie nackt zu zeichnen. (»Schlief Endymion erst einmal, hörte ich auf, so zu tun, als ob.«) Für die Erstauflage gab Marcel Jouhandeau seinen Namen nicht preis, den folgenden Auflagen verweigerte er aber die Anerkennung nicht.

In *Saint Genet* vergleicht Sartre Prousts, Gides, Jouhandeaus und Genets Einstellung zur Homosexualität. Proust, schreibt Sartre, »ein reicher jüdischer Intellektueller, ist ein Stadtmensch und an wissenschaftliche Analysen gewöhnt (sein Vater und sein Bruder waren Ärzte); sein Milieu ist ›die Welt‹, das heißt ein aufgeklärtes Großbürgertum, eine untergehende Aristokratie, die gern ihre Augen vor den Lastern schließen, vorausgesetzt, sie werden nicht allzusehr hervorgekehrt«. Folglich, vermutet Sartre, war Proust in der Lage, einen psychologischen Determinismus zu erfinden, der die Homosexualität des Barons Charlus mit Swanns destruktiver heterosexueller Eifersucht gleichsetzt. Gide, der dem wohlhabenden protestantischen Bürgertum angehörte, war »die Gewohnheit an Luzidität und kritische Analyse« durch »eine strenge, aber universalistische Erziehung« vermittelt worden – Gewohnheiten, die gegen die Religion, die sie genährt hatte, selbst gewandt und dazu benutzt werden konnten, einen verdammenden Gott in eine tolerante Natur zu verwandeln, die alle, durch individuelle menschliche Unterschiede hervorgebrachten Verhaltensformen akzeptiert. Jouhandeau dagegen »steht auf der untersten Stufe des Bürgertums, und wenn er sich rühmt, den Reichsten überlegen zu sein, so durch seine geheime Spiritualität und um den Preis einer absoluten Umkehrung der Werte«.[29] Er wird ein großer Sünder (auch wenn seine Sünden eigentlich nur die kleineren Laster der Geilheit sind), aber er weiß, daß Gott ihn am Ende erlösen wird. Genet jedoch ist der wahre Sünder, der echte Verbrechen begangen hat, darunter den größten Verstoß gegen andere Menschen: Verrat. Außerdem ist Genet, da er nur halb an Gott glaubt, nicht sicher, errettet zu werden. Sartre formuliert es so: »Je mehr sich Jouhandeau auf Erden zerstört, desto mehr schafft er sich neu im Himmel. Die *einzige Wahrheit* Genets geschieht ihm durch die Menschen.«[30] Sartres Analyse trifft hier auf Genet nicht ganz zu, dessen Werk nie die Möglichkeit der Existenz Gottes und daher der Rettung ausschließt.

In ihrem ersten Gespräch beeindruckte Genet Jouhandeau mit der Äußerung:

»Das Gefängnis ist kein Gefängnis, es ist Flucht, es ist Freiheit. Dort kann man dem Trivialen entfliehen und zum Wesentlichen zurückkehren.«
Am nächsten Tag, als Genet Cocteau besuchte, fand er den Hausherrn mit Telefonieren beschäftigt, aber er sprach mit Jouhandeau, der ebenfalls bei Cocteau war. Genet versicherte Jouhandeau, er sei nun bestrebt, sein Leben als Dieb aufzugeben und sich mit Schreiben zu ernähren. Jouhandeau antwortete: »Mein Freund, es steht fest, daß Sie einiges Talent haben, aber machen Sie keinen Beruf daraus, sonst werden Sie alles verderben. Wenn Sie mir glauben wollen, sollten Sie lieber weiter stehlen.«
Einige Monate darauf erhielt Jouhandeau eine Nachricht von Genet, der wieder im Gefängnis war: »Da Sie, Monsieur, schuld an der Tatsache sind, daß ich Häftling bin (ich habe nämlich ihren Rat befolgt), daß ich Durst, Hunger und Kälte leide und keinen Sou habe, wäre ich Ihnen dankbar, wenn Sie auf der Stelle alle meine Bedürfnisse befriedigen könnten.«[31] Jouhandeau zerriß den Brief, und seine Frau rief Cocteau an und machte ihm Vorhaltungen, sie und ihren Mann mit so einem Menschen bekannt gemacht zu haben. Cocteau hatte, nebenbei bemerkt, Genet einen ganz anderen Rat gegeben. Nachdem er sich zu dem Entschluß durchgerungen hatte, ihm gefalle *Notre-Dame-des-Fleurs*, sagte er zu dessen Autor: »Du bist ein schlechter Dieb, denn du wirst erwischt. Aber du bist ein guter Schriftsteller.« Offenbar gab er Genet etwas Geld.[32]
Als zehn Jahre später Genet auf der Höhe seines Ruhms zufällig Jouhandeau begegnete, erklärte er wie ein Geck in Molières *Menschenfeind*: »Wissen Sie eigentlich, Monsieur, daß ich Sie nicht liebe?« Nach diesem Bruch sprachen sie nicht mehr miteinander, bis einmal Jouhandeau auf einer eleganten Gesellschaft Cocteau bat, die Sache ein für allemal zu bereinigen. Als Jouhandeau freundlich neben Genet Platz nahm, sagte er mit einem Blick auf die Gesellschaft um sie herum: »Man fragt sich doch, wie und warum diese ganze Maskerade immer so weitergeht.« Worauf Genet höflich antwortete: »Um einer einzigen Phrase von Ihnen willen, Monsieur.«

Cocteau wollte, daß *Notre-Dame-des-Fleurs* veröffentlicht würde, auch wenn ihm klar war, daß der Roman unter dem Ladentisch verkauft werden müßte, und er bat François Sentein, das Manuskript zu korrigieren, das von einem Angestellten von Roland Laudenbachs Vater miserabel abgetippt worden war. Auch Genet lag viel daran, daß Sentein an dem Manuskript arbeitete. Cocteau bat seinen persönlichen Assistenten Paul Morihien, Verleger des Buches zu werden und auch alle zukünftigen Projekte von Genet zu übernehmen.

Und so unterschrieb Genet am 1. März 1943 seinen ersten Vertrag als Schriftsteller. Die handgeschriebene, aber notariell beurkundete Übereinkunft räumte Morihien das exklusive Recht ein, das Gedicht »Der zum Tode Verurteilte« zu veröffentlichen (zu der Zeit wurde die Veröffentlichung keiner weiteren langen Gedichte ins Auge gefaßt, vielleicht weil sie noch nicht geschrieben oder zumindest nicht vollendet waren). Die nächsten Posten waren drei Romane: *Notre-Dame-des-Fleurs* (mit Bindestrichen geschrieben, die später in manchen Ausgaben weggelassen wurden), wofür Genet dreißigtausend Franc erhalten sollte, und zwei weitere Titel, nämlich *Kinder des Unglücks (Les Enfants du malheur* – als »provisorischer Titel« genannt), und (bemerkenswert zu diesem frühen Zeitpunkt) der Roman, der Genets fünfter und letzter werden sollte: *Das Tagebuch eines Diebes (Le Journal du voleur* – ebenfalls als »provisorischer Titel« genannt, aus dem später *Journal du voleur*, also *Tagebuch eines Diebes*, wurde.)[33]

So wie Proust ursprünglich meinte, sein Roman werde nicht mehr als drei Bände umfassen, ein Plan, der später erweitert wurde, weil er weder den Ersten Weltkrieg noch seine schwärmerische Affäre mit Agostinelli voraussehen konnte, so hatte Genet nicht mit dem Tod von Jean Decarnin gerechnet, dem Anlaß zu *Das Totenfest. (Querelle* steht außerhalb der Reihe der vier autobiographischen Romane.)

Die dritte Werkkategorie, die in dem Vertrag zur Veröffentlichung vorgesehen war, umfaßte fünf Theaterstücke. Das erste, *Kastilischer Tag (Journée Castillane)*, wird in der ersten Fassung von *Wunder der Rose* als abgeschlossener Text erwähnt, allerdings ist es nie aufgetaucht, und niemand scheint es je gelesen zu haben. Es ist möglich, daß es sich um eine erste Vorstufe zu *Der Balkon* handelte, da dieses Stück ursprünglich *Spanien (L'Espagne)* hieß und eine symbolische Darstellung des Spanischen Bürgerkriegs sein sollte. Das zweite Drama heißt *Perseus (Persée)* und ist ebenfalls verschollen. Das dritte ist eine frühe Version von *Unter Aufsicht (Haute surveillance)* mit dem Titel *Pour la belle*. (Dieser Ausdruck – wörtlich: »Für die Schöne« – bedeutet im Argot Gefängnisausbrüche. Er könnte allerdings hier einen Doppelsinn gehabt haben als Anspielung auf die schöne Frau, Grünauges Freundin, an die ein Mithäftling, Lefranc, einen Brief richtet.) *Unter Aufsicht* wurde erst 1947 veröffentlicht und erst 1949 aufgeführt, aber François Sentein hatte Genet 1942 besucht, der ihm das eben gedruckte Gedicht »Der zum Tode Verurteilte« und »das fragliche Stück [gab] – woraus *Unter Aufsicht* werden sollte –, damit ich es Jean Marais brächte, dessen Gesicht, so erzählte er mir, er sich, immer wenn der Held redete, vorgestellt hatte.«[34] Ein weiteres Stück, zu dessen Publikation Morihien sich vertraglich verpflichtete, war *Die nackten Krieger (Les Guerriers nus)*, ein Filmdrehbuch von 1942. Schließlich enthält die Liste *Heliogabal (Héliogabale)*. Von der Hauptrolle dieses Stücks hoffte Genet, daß Marais sie übernehmen würde. Es umfaßt drei Akte und hat eine Riesenbesetzung; jahrelang existierte es nur als Manuskript. Genet zeigte es Anfang 1944 Marc Barbezat zusammen mit einem anderen Stück, das gleichfalls verschollen ist und den Titel *Don Juan* hatte. Auch dieses Stück existierte nur als Manuskript.^{35} Noch am 4. November 1955 berichtete eine Zeitung, Genet bemühe sich, das Manuskript von *Heliogabal* verschiedenen Verlegern anzubieten. Paul Morihien erinnert sich, es irgendwann in den fünfziger Jahren an einen Autographenhändler verkauft zu haben, seitdem ist es spurlos verschwunden, möglicherweise taucht es aber eines Tages auf.

Heliogabalus, den Gibbon für den verwerflichsten aller römischen Kaiser hielt, lebte nur achtzehn Jahre lang von 204 bis 222 nach Christus. Er war ein Priester des Sonnengottes Baal in Syrien, als er im Alter von vierzehn Jahren von der syrischen Armee zum Kaiser ausgerufen wurde. Nach vielen blutigen Taten setzte er die Sonnenreligion im ganzen Römischen Reich durch. Seine Mutter und seine Großmutter waren die wahren Machthaberinnen, während der grausame, aber effeminierte Kaiser von einer Ungeheuerlichkeit zur nächsten taumelte, in Frauenkleidern durch die Straßen von Rom promenierte und in einer öffentlichen Zeremonie sogar einen seiner Soldaten heiratete. (Genet scheint von der Idee eingenommen gewesen zu sein, daß Heliogabalus selten in der Öffentlichkeit erschien und eher in Abwesenheit regierte. Genet wünschte sich später, daß seine Geliebten seine Botschafter auf Erden seien, während er immer zurückgezogener lebte.) Schließlich wurden Heliogabalus und seine Mutter von den Prätorianern getötet, die die Leichen der beiden in den Tiber warfen. So gesehen, war Heliogabalus ein Vorläufer Don Juans, der ebenfalls deswegen umkam, weil er sich anmaßend und reuelos über die öffentliche Moral hinweggesetzt hatte, was in seinem Fall zu semigöttlicher Bestrafung und Tod führte.

Die moderne Behandlung antiker Themen auf der Bühne war etwas, was Gide und Cocteau schon seit langem versucht hatten, und 1944 brachte Camus *sein* Stück über einen monströsen römischen Kaiser heraus: *Caligula*. Auch Antonin Artaud hatte einen *Heliogabalus* geschrieben. Aber Genets direkte Inspirationsquelle ist wohl Racines *Britannicus* gewesen, denn Jean Marais war 1941 in den Bouffes Parisiennes in einer Produktion dieses Dramas, die er auch inszeniert hatte, als Nero aufgetreten. Genet sagte zu Marais (der meinte,

Genet sei in ihn verliebt):»Sie werden nie Ruhm ernten, es sei denn, Sie spielen die Rolle eines Scheusals. Ich werde ein Stück für Sie schreiben, das den Titel *Heliogabalus* haben wird.« Marais erinnerte sich:»Ich war damals ein Idiot. Nachdem ich das Stück gelesen hatten, sagte ich Genet, daß es mir nicht gefalle. Er erwiderte, er habe es zerrissen. Ich hoffe, ich war nicht die Ursache dafür, daß es verlorengegangen ist. Es war sicherlich ein sehr gutes Stück.«[36] Genet liebte es, die Leute damit zu erschrecken, daß er seine Manuskripte zerriß oder dies in Aussicht stellte. Noch 1968, als er für die Zeitschrift *Esquire* über den Parteikongreß der Demokraten in Chicago berichtete, zerriß Genet demonstrativ seine Manuskripte.

Bis Mitte März 1943 war François Sentein intensiv damit beschäftigt, *Notre-Dame-des-Fleurs* zur Veröffentlichung vorzubereiten. Sentein fungierte hauptsächlich als Korrektor, der kleinere grammatische, orthographische und Zeichensetzungsfehler berichtigte, dazu Ungeschicklichkeiten, die im Französischen anstößiger sind als in fast allen anderen Sprachen. Cocteau schreibt in sein Tagebuch:»Die Leber. Beschwerden. Natürlich wirkt sich das auf die Arbeit aus, die Gegenwart, die Zukunft. Genets Buch bringt die Dinge nicht in Ordnung. Es funkelt, dunkel und einsam, im Haus. François Sentein schließt sich in Jeannots [Jean Marais'] Zimmer ein und sieht den Roman durch. Die Sätze sind so einzigartig, so lang und von einer so neuen Syntax, daß man sich fragt, ob der Stil falsch oder Absicht ist. Jedesmal, wenn ich hineingehe und Sentein über die Schulter schaue, stoße ich auf einen wundervollen Satz. Das Buch existiert. Es ist eine Tatsache. Dinge, die man nicht sagt, werden gesagt. Dies unpublizierbare Buch ist vielleicht der Beweis solcher zukünftigen Umwälzungen, daß es dahin abstrahlt und seinen Platz einnimmt?«[37] Am 23. März notiert Cocteau:»François Sentein ist mit den Korrekturen von *Notre-Dame-des-Fleurs* fast fertig. Gestern Diner bei Denoël. Ich spreche bei Tisch über das Buch. Er bietet mir an, es inoffiziell zu veröffentlichen. Einhundert oder zweihundert Exemplare.« Cocteau schließt:»Genet hat immer im Gefängnis gelebt. Folglich ist er *frei.*«

Robert Denoël war, nachdem er als Offizier der belgischen Armee außer Dienst gestellt worden war, nach Paris und ins Verlagswesen zurückgekehrt. Er stand ständig mit den Deutschen in Kontakt und hatte nach 1941 sogar einen deutschen Teilhaber. Er publizierte entweder unter eigenem Namen oder über einen anderen Verlag, den er leitete (Les Nouvelles Éditions Françaises), antisemitische Traktate wie zum Beispiel»Wie erkennt man einen Juden« von Professor Montaudon und»Die zwölf Stämme in Kino und Theater« von Lucien Rebatet, einem der führenden Antisemiten Frankreichs. Auf der anderen Seite verlegte Denoël auch Louis Aragon und Elsa Triolet, beides Kommunisten (sie war zudem Jüdin). Nach dem Krieg wurde Denoël verhaftet, seine Bücherbestände wurden beschlagnahmt. Es gelang ihm aber, seinen Vorrat von *Notre-Dame-des-Fleurs* an Morihien zu geben, der wußte, wie sie an den Mann zu bringen waren. Denoël wurde vorübergehend freigelassen und im Dezember 1945, kurz bevor der Prozeß gegen ihn als Kollaborateur beginnen sollte, auf mysteriöse Weise erschossen.

Cocteau sprach zwar von ihm unüberlegt als demjenigen, der Genets Bücher gekauft und verkauft habe, juristisch war aber Paul Morihien der Verleger. Während des Krieges war Morihien in Paris Wasserballspieler, und 1940 oder 1941 war er Jean Marais' Liebhaber geworden. Cocteau, der Mitte Fünfzig war,»nahm das Paar zu sich«, das heißt, er integrierte Morihien, der normalerweise als sein Rivale gegolten hätte, in seinen Haushalt. Morihien wohnte in Jean Marais' Zimmer in der Wohnung an der Place du Palais-Royal. Da Marais oft nicht in Paris war, wenn er auf Tournee war oder einen Film drehte, leistete Morihien Cocteau Gesellschaft und besuchte, wie Cocteaus Tagebuch zeigt, oft mit ihm gesellschaftliche Ereignisse. Zuerst hatte er von Malerei oder Büchern keine Ahnung, aber da er sehr bildungshungrig war, eignete er sich im täglichen Umgang mit Cocteau nach und nach umfassende Kunstkenntnisse an.

Paul Morihien erinnert sich, daß Genet ihn mochte, weil er meinte, Morihien sehe Jean Decarnin ähnlich. Wie andere, die Genet damals kannten, entsinnt er sich, daß Genet sich seiner sehr sicher war, vor allem des Werts seiner Arbeit, aber daß er langsam und nur mit Mühe sprach, allerdings immer in korrektem Französisch. »Genet sprach den Argot nur schlecht«, sagt Morihien. »Er war kein echter Pariser.«[38] Er kleidete sich miserabel, normalerweise in einen alten Pullover und Schuhe, die zu groß waren. Er meinte, er werde schließlich bei einer lebenslangen Gefängnisstrafe enden, aber diese Aussicht schien ihn nicht aus der Fassung zu bringen. Er war immer heiter, vollkommen natürlich, besessen von seiner Arbeit. Er war Morihien dankbar, aber nicht besonders intim mit ihm; nie tauschten sie Vertraulichkeiten aus. Genet bat nie um große Summen, sondern nur ab und zu um Kleinigkeiten und immer in bar (eine Gewohnheit, der er sein ganzes Leben lang treu blieb). Bei der ersten Weigerung, ihm Geld zu geben, begann Genet Morihien zu beschimpfen; seine Auffassung von Freundschaft war sehr schwankend.[39]

Die Veröffentlichung von *Notre-Dame-des-Fleurs* war alles andere als eine simple Geschäftsaktion. Sie weckte vielmehr in Genet zwiespältige und manchmal heftige Gefühle. Am 3. Mai 1943 hielt er sich in Nizza auf und war mit Cocteaus Veröffentlichungsplänen keineswegs mehr völlig einverstanden. Obgleich Denoël nie vorgehabt hatte, *Notre-Dame-des-Fleurs* unter seinem Impressum herauszubringen, fürchtete er immer noch, sich zu kompromittieren, und beschloß daher, Genets Buch auch ohne Nennung des Verfassers zu publizieren. Genet war wütend (und verletzt) und untersagte die Veröffentlichung gänzlich. Denoël schrie, er werde fünfundzwanzigtausend Francs verlieren, aber Genet blieb hart. Cocteau vertraute seinem Tagebuch an: »Genet, krank vor Stolz, glaubt, er revoltiere gegen die ›Literatur‹, die er verachtet. Er revoltiert gegen die Versuche aller, ihm zu helfen.«[40] Während Cocteau bereit war, Kompromisse einzugehen (mit den Nazis, mit den Forderungen des kommerziellen Theaters oder Films oder mit den Erwartungen des mondänen Paris), verkündete Genet, er sei gegen alle Kompromisse. »Kurz«, schrieb Cocteau,

er befindet sich in dem Moment, da der Dichter meint, nichts widerstehe ihm ... Erster Zug Genets: »Ich will nicht veröffentlicht werden.« Zweiter Zug: »Ich will nur für ein paar Freunde veröffentlicht werden.« Dritter Zug: »Ich will als Pornograph veröffentlicht werden und Geld verdienen. Alles übrige ist mir egal.« Vierter Zug: »Ich will unter der Hand veröffentlicht werden.« Fünfter Zug: »Denoël ist zu feige, um mich unter der Hand zu veröffentlichen. Er riskiert eine Haftstrafe. Und ich, ich habe mein Leben im Gefängnis zugebracht und dort mein Buch geschrieben.«
Genet läßt die Sache fallen, ohne es zu merken, und gibt den anderen die Schuld daran. Das ist es, was mich ärgert.[41]

Genet verließ Nizza und kehrte nach Paris zurück, wo er wieder sein Zimmer mit Blick auf die Seine im Hôtel de Suède bezog.
Seine Ambivalenz war höchstwahrscheinlich nichts als Furcht. Für Genet war die Veröffentlichung kein Karriereschachzug, sondern die Rettung seines ganzen Lebens. Bisher hatte er nichts erreicht; er hatte keine Freunde, kein Geld, keine Autorität. Wenn man bedenkt, wie sehr die Franzosen Schriftsteller verehren, konnte sich, wenn er ein angesehener Autor würde, Genets gesellschaftliche Stellung auf Dauer verändern und ihm, praktisch gesehen, Prestige und Protektion einbringen. Wie er gesagt hat, schrieb er, um aus dem Gefängnis freizukommen, und als er frei war, hörte er mit dem Schreiben auf. Im Jahr 1943 kündigte sich seine Entdeckung an, und als Folge davon veränderte sich seine Haltung gegenüber den eigenen Romanen offensichtlich. Er war imstande, ein paar Monate später in einem Brief an Cocteau über

Notre-Dame-des-Fleurs zu sagen: »Meinst du, es wäre gut, dies Zeug zu veröffentlichen? Ich versichere dir, es begeistert mich nicht, wenn ich es mir vorstelle, sehe ich seine Fehler, und die sind beträchtlich: Überbetonung, kindische Schwärmerei, schwache Konstruktion, nachlässige Psychologisierung! Schließlich ein unerträglicher Tonfall, prätentiös und bombastisch. Es sollte umgearbeitet werden. Ich habe es zu schnell zusammengestückelt ...«[42] Ein Blick auf eine frühe Fassung (halb getippt, halb handgeschrieben) von Notre-Dame-des-Fleurs, vielleicht die, welche der Maschinenschreiber erhielt, der das Typoskript für Sentein herstellte, zeigt, daß abgesehen von der Hinzufügung einzelner Kommata und Großbuchstaben und der Streichung oder Auswechslung des einen oder anderen Wortes Genet zehn Seiten in einem Zuge niederschreiben konnte, ohne eine Zeile zu streichen – kaum ein Anzeichen von schludriger Konstruktion. Das Buch gehorcht dem Prinzip der Collage, wodurch manchmal die erzählerische Spannung durchbrochen wird, doch was an Tempo verlorengeht, kommt an philosophischer Tiefe hinzu. Die frühe Fassung zeigt, daß Genet genau wie Proust mit Hinzufügungen und Einschüben den Text revidierte, freilich sind die Zusätze bei weitem nicht so umfangreich wie bei Proust. So verbessert Genet etwa ein Detail, indem er statt eines vorhersehbaren Adjektivs eine andere Wendung setzt. In einem Satz, der Divine beschreibt: »Und manchmal würgt er sich am hellichten Tag mit seinem statuenhaften Arm«[43], wird das Wort »statuenhaft«[44] durch »den lebenden Arm einer Tragödin«[45] ersetzt, was logischer ist, denn ein lebender Arm kann besser würgen als einer, der aus Marmor gehauen ist. Auch ist die Korrektur bemerkenswert wegen der damit vollzogenen Veränderungen des Geschlechts und des Berufes (männlich zu weiblich, Prostituierte zu Schauspielerin). Und als Genet ganz ähnlich (auf den ersten Seiten des Buches) von dem jungen, athletischen Priester spricht, der sich vorstellt, ein Tänzer zu sein, wenn er das Gewicht seiner Soutane an seinem Bein entlangstreifen spürt, schreibt er zunächst: »Er trug einen Fummel«[46], dann veränderte er den Satz, um unsere Aufmerksamkeit zu erregen. Er verleiht der Wendung zusätzliches Gewicht, und aus ihr wird: »Was alles in allem heißt, er trug einen Fummel.«[47]
Als Divine zum ersten Mal auftritt, erscheint sie in einem Café auf dem Montmartre, in dem die heterosexuellen männlichen Kunden mißtrauisch ihren weiblichen Putz betrachten. Genet fügt der Schilderung einen langen Satz an, der von mythischer, monströser Bedeutung ist: »Divine wurde in eines dieser Tiere verwandelt, die an die Wand gemalt waren – Chimären oder Greife –, denn ein Kunde murmelte beim Gedanken an sie unwillkürlich ein

Zauberwort: Pédérasque.«[48] Genet scheint hier ein Mischwort für »Päderast« erfunden zu haben, das möglicherweise Anspielungen auf das sagenhafte geflügelte Roß Pegasus, den Prinzen Pelléas, das mittelalterliche Ungeheuer Tarasque oder den Sagenkönig Pelias, Sohn des Poseidon, enthält – auf jeden Fall auf ein mythisches chimärenhaftes Wesen.

In den Text ebenfalls eingefügt (später aber aus der Gallimard-Ausgabe und den Übersetzungen in andere Sprachen wieder getilgt) werden Maße der verschiedenen männlichen Gestalten. Zum Beispiel: »Beschreibung von Mignon. Größe: ein Meter fünfundneunzig. Gewicht: fünfundsiebzig Kilo. Gesicht: oval. Haar: blond. Augen: blaugrün. Teint: matt. Zähne: perfekt. Nase: gerade. Penis: Länge in erigiertem Zustand vierundzwanzig Zentimeter. Umfang: elf Zentimeter.«[49] Genet, der so oft gemessen worden war, verlieh seinen erfundenen Figuren solch beunruhigend pornographische Maße.[50]

Weil der Erzähler den Leser so häufig daran erinnert, daß er diesen Roman erschafft, um sich zu erregen, glaubte Sartre unbesehen, daß der Roman ausschließlich masturbatorisch und solipsistisch sei. Textuntersuchungen zeigen jedoch, daß Genet vom explizit Erotischen zum Allegorischen oder Dichterischen voranschritt. Die früheste bekannte Version von *Notre-Dame-des-Fleurs* ist gegenwärtig verschollen (wahrscheinlich in einer Privatsammlung), doch sie tauchte kurz bei einer Versteigerung auf, und im Auktionskatalog wurde ein Absatz in Genets Handschrift abgedruckt. Dieser mit fliegender Feder und ohne Streichungen niedergeschriebene Absatz ist eine hocherotische Schilderung oralen Geschlechtsverkehrs zwischen Divine und dem »Erzengel« Gabriel, einem Soldaten. In späteren Fassungen ersetzte Genet diese Passage durch eine keuschere und allegorischere, in der Gabriel mit einem Zentauren und Divine mit einer Nymphe verglichen wird. Offensichtlich zielten viele Korrekturen in diese Richtung: weg vom grob Pornographischen. Genet stellte sich einen ganz spezifischen Leser vor, einen bürgerlichen, heterosexuellen Mann. Er schreibt: »Unser Leben daheim, das Gesetz unserer Häuser ähneln nicht Ihren Häusern. Wir lieben uns ohne Liebe. Unsere Häuser haben nicht diesen sakramentalen Charakter. Die Tunten sind die großen Immoralisten.«[51] Zu einer Interviewerin sagte Genet: »Mein Traum wäre gewesen, es [das Buch] von Hand zu Hand gehen zu lassen oder mit einem Verleger in Kontakt zu kommen, der es in einem vollkommen harmlosen Einband erscheinen läßt und nur in wenigen Exemplaren verbreitet, sagen wir, drei- oder vierhundert. Das Buch hätte sich seinen Weg in das unvorbereitete Bewußtsein gebahnt. Leider war das nicht möglich. Ich habe es schlicht und einfach einem Verleger verkaufen müssen, der es an Schwule oder

Schriftsteller verkauft hat, aber das ist per saldo dasselbe: Das waren Männer, die wußten, wo's langgeht. Ich hätte es lieber gehabt, wenn mein Buch in die Hände katholischer Bankiers gelangt wäre, oder in einsame Hütten, unter Polizisten oder Concierges ...«[52]
Diese Beziehung zum Leser (oder später zum Zuschauer im Theater) war für Genets Schaffen immer äußerst wichtig. Sartre behauptete, Genet habe für niemanden oder für Gott geschrieben, aber Genets eigene Aussage widerspricht dieser Vorstellung, denn er bekannte, daß er in der Sprache der herrschenden Klasse und nicht Argot schreibe, weil er sich an den überwiegenden Teil der französischen Öffentlichkeit richte. Sartres Idee, Genet könne ein Pornograph sein, der schreibt, um sich beim Onanieren zu stimulieren, wird widerlegt durch die Passage aus *Notre-Dame-des-Fleurs,* die Sartre selber zitiert. Sartre erkennt, daß für Genet und seine Gestalten ein Gefühl versteinert, sobald es in Worte gefaßt ist. So sagt Genet von Divine, daß sie »niemals laut, für sich selbst, ihre Gedanken formulieren (durfte). Zwar war es ihr schon passiert, daß sie laut zu sich sagte: ›Ich bin ein armes Mädchen‹, aber wenn sie es gefühlt hatte, fühlte sie es nicht mehr, und wenn sie es gesagt hatte, dachte sie es nicht mehr.«[53] Libidinöse Gedanken, einmal in Worte gefaßt, mögen den Leser (den Sartre selbst als »Voyeur« betrachtet) erregen, aber sie hören auf, den Schreibenden zu stimulieren. An einer Stelle läßt Sartre auch sein Argument beiseite, daß Genet solipsistisch sei, und stellt fest: »Die *Gerechten:* das ist sein Publikum; sie sind es, die er provoziert und von denen er verurteilt werden will; er ruft schockierte Voyeure herbei, um in der Schande und der Herausforderung seine Lust zu finden.«[54] Wie Humbert, der Protagonist und Erzähler von *Lolita,* wendet sich der Erzähler »Genet« an den Leser als einen der Geschworenen – und doch zwinkert er die ganze Zeit dem gebildeten Leser durchtrieben zu, dem heimlichen Mitwisser.
Ein rein onanistisches Werk greift weder zu literarischer Sprache noch zu völlig neuen Situationen, denn für jeden Menschen ist nur eine begrenzte Anzahl von Banalitäten tatsächlich erregend; der Onanist ist auf ein schmales Repertoire von Worten, Szenen und Fetischen angewiesen. Kein Werk dieses Genres stellt derart komplizierte Ansprüche an den Leser oder ist so raffiniert, ihn abwechselnd zu umwerben und zu beleidigen. Es mag zutreffen, daß Genets Gestalten »Präsenz« haben, wie Sartre behauptet, aber es ist eher Genets erotischer Sinn für Schönheit als die schlichte, schwitzende Sinnlichkeit, die seinen Figuren Leben verleiht; überdies ist Divine, die von ihrem Schöpfer am wenigsten begehrte Gestalt, am glänzendsten geschildert. Divine ist ohne Zweifel Genets eindrucksvollste Schöpfung.

Der autobiographische Hintergrund für Divine, die Transvestitennutte vom Montmartre, ist vage. War Genet jemals eine Fummeltrine oder Prostituierte? War Genet ein Vorbild für Divine? Genet borgte François Sentein einmal ein Foto, auf dem sein Haar ziemlich lang war: »Das war in meiner Divine-Phase«, erzählte er Sentein. Später sah er das Foto bei Sentein, erbat es sich zurück, und es verschwand. »Ich hatte ein Foto von Genet, jung mit sehr langen Haaren. Er sah Rimbaud auf der Zeichnung von Fantin-Latour ähnlich. Als er eines Tages bei mir war, fragte er, ob er es sich leihen könne, um sich eine Kopie machen zu lassen. Natürlich gab ich es ihm und habe es nie wiedergesehen«, erinnerte sich Sentein.[55] Ein Exemplar von *Notre-Dame-des-Fleurs* schenkte Genet dem Büchersammler und Kunstliebhaber Jacques Guérin und erzählte ihm, dieses Exemplar habe »Mignon« gehört, dessen »wahrer« Name in dem Buch mit Paul Garcia angegeben wird.

In *Tagebuch eines Diebes* behauptet Genet, er sei Stricher in Barcelona gewesen, und zweifellos beschreibt er glaubwürdig den Barrio Chino, das Viertel, in dem die männliche Prostitution florierte. Selbst seine Jahre in Mettray könnten ihn mit der Vorstellung vertraut gemacht haben, Sex gegen Gunst und Geld einzutauschen. Später redete er seinem Geliebten Java zu, schwule Kunden aufzureißen und auszurauben. Um einer seiner bürgerlichen Literaturfreundinnen einen Spaß zu machen, putzte er sie als Prostituierte heraus, ließ sie auf der Straße Posten beziehen, gab sich als ihr Zuhälter aus und angelte ihr sogar einen Kunden – bis sie beide einen Lachkrampf bekamen und die ganze Sache abbrachen. In den fünfziger Jahren verliebte er sich in einen römischen Strichjungen namens Decimo, der ihm das Herz brach. Spät in seinem Leben nahm er sich Bettys an, eines berühmten griechischen Transvestiten, und ebenfalls in den fünfziger Jahren war er Stammgast bei Madame Arthur, dem berühmtem Nachtclub auf dem Montmartre, in dem Transvestiten hauptsächlich heterosexuelle Pärchen unterhielten. Mit einem Wort, er verbrachte viele Jahre seines Lebens entweder als Stricher oder als Freier oder jemand, der mit der Welt des käuflichen Sex vertraut war.

In seinen beiden Widmungen von *Notre-Dame-des-Fleurs* an Maurice Reynal deutet er das eine Mal an, daß Reynal Divine sei, und einmal, daß er selbst Divine sei. Divine ist eine Bewohnerin des Montmartre, aber Genet hatte dort bis nach dem Krieg nur relativ kurze Zeit verbracht. Auch sprach er, wie mehrere Zeugen bestätigen, den Montmartre-Argot nur mit Mühe; er bestand darauf, daß alle Leute um ihn herum perfektes Französisch sprachen. Ein Bekannter erinnerte sich: »Man wagte nicht, in seiner Gegenwart einen Konjunktiv Imperfekt falsch anzuwenden; er fiel einem sofort ins Wort und sagte: ›Du solltest Französisch lernen.‹«[56] Er hat vielleicht, wie so viele Außenstehende, eher ein Reich der Phantasie als ein wirkliches Viertel geschildert, denn das Buch bietet nur wenig an Tatsacheninformationen über den Montmartre, und selbst Divines Adresse (Rue Caulaincourt) wurde im Manuskript frei gelassen, bis Genet auf dem Stadtplan den Namen einer Straße fand, die auf den Friedhof des Montmartre blickt. (Die Stelle, die er wohl wirklich im Kopf gehabt hat, lag in der Nähe: das Hôtel Terrass, wo er häufig Gast war.)

Im Gegensatz zu vielen im Gefängnis geschriebenen Büchern ist *Notre-Dame-des-Fleurs* bemerkenswert, weil es nicht die Gefängnisordnung, -regeln und -rivalitäten spiegelt – keine Anekdoten –, so wie die Abschnitte über das Dorf keine buntgewürfelten Informationen über die dörfliche Oberschicht oder abergläubische bäuerliche Bräuche oder Beschreibungen von Dorforiginalen liefern. Genets Verachtung der »Anekdote« läßt an Picasso denken, der der Ansicht war, die Fotografie habe das Bedürfnis nach der Anekdote aus der Malerei eliminiert. Zweifellos war er der Meinung, daß Journalismus und Sachliteratur definierten, was Romanliteratur *nicht* sei. In den Gefängnispassagen von *Notre-Dame-des-Fleurs* findet sich keine Forderung nach Freilassung, kein Versprechen moralischer Besserung, kein Gefühl unerträglicher Klaustrophobie, kein Wort darüber, daß der Autor Not leidet, und keine »Weisheit der Erniedrigten und Beleidigten« wie in Dostojewskis *Aus einem Totenhaus*.

Statt dessen vermittelt das Buch die Umwertung aller Werte, wozu die systematische Glorifizierung von Häftlingen zählt und der Erweis der Macht der Phantasie zur Umgestaltung der Wirklichkeit. Wenn Genet sagt, er beabsichtige, ein Heiliger zu sein, will er auch ein Gott sein. Es ist ein Text, der den konventionellen Moralisten empören soll, während er Mitgefühl für die Figuren weckt (und dennoch untersagt). Wenn sich im Gefängnis wirklich jemand die Mühe gemacht hätte zu lesen, was Genet schrieb, hätte dieser in der Tinte gesessen, denn sein Werk machte klar, daß er nicht die Absicht hatte, sich zu bessern, sich eine Stellung zu suchen und vom Verbrechen loszusagen. Eines von Genets Manuskripten wurde tatsächlich konfisziert, zum Glück aber nicht sorgfältig geprüft. »Wir erhielten Papier, aus dem wir einhundert oder zweihundert Tüten machen sollten«, erinnert sich Genet.

Es war dieses braune Papier, auf das ich den Beginn von *Notre-Dame-des-Fleurs* geschrieben habe. Es war im Krieg, ich glaubte, ich würde nie aus dem Gefängnis freikommen. Ich sage nicht, daß ich die Wahrheit schrieb, ich schrieb aufrichtig, mit

Feuer und Wut, und mit einer um so weniger zurückgehaltenen Wut, als ich sicher war, daß das Buch niemals gelesen werden würde. Eines Tages fuhren wir vom Gefängnis La Santé zum Justizpalast. Als ich in meine Zelle zurückkam, war das Manuskript weg. Ich wurde zum Gefängnisdirektor gerufen, der mich mit drei Tagen Einzelhaft, Wasser und Brot bestrafte, weil ich Papier benutzt hatte, »das nicht für literarische Meisterwerke bestimmt war«, wie er sagte. Ich fühlte mich durch den Diebstahl des Direktors zurückgesetzt. In der Kantine bestellte ich mir ein paar Schreibhefte, zog mir die Decken über den Kopf und versuchte, mich Wort für Wort an das zu erinnern, was ich geschrieben hatte. Ich glaube, es ist mir gelungen.[57]

Genet meint, sich an das verlorene Manuskript von *Notre-Dame-des-Fleurs* erinnert zu haben, wahrscheinlich aber war es in Wirklichkeit eine frühe Fassung von *Das Totenfest* mit dem Titel *Das Schreckbild des Herzens (Le spectre du cœur)*, woran er im November 1943 arbeitete, das jedoch, wie er am 2. Dezember 1943 in einem Brief aus der Santé dunkel andeutet, nicht mehr existiert: »*Das Schreckbild des Herzens* ist vernichtet worden. Es trifft mich ein großes Unglück.«[58] Im folgenden Jahr, am 9. März 1944, schreibt er aus der Caserne des Tourelles: »Meine Arbeit? Ich mache mir Notizen, um *Das Schreckbild des Herzens* wiederherzustellen.«[59]
Obgleich Genet ständig daran erinnert, daß er sich alle Gestalten und Szenen in *Notre-Dame-des-Fleurs* ausgedacht hat, um sich zu amüsieren oder zu erregen (»Mignon, Divine und Notre-Dame ziehen sich eilends von mir zurück und nehmen mit sich den Trost ihrer schlichten Existenz, die nur in mir vorhanden ist ...«[60]), legt er dem widersprechende Beweise dafür vor, daß sie wirkliche Menschen sind, denen er einmal begegnet ist. (»Als ich Divine im Gefängnis in Fresnes kennenlernte«[61] oder, von Mignon: »Ich weiß nicht viel von seiner Herkunft. Divine hat mir einmal seinen Namen genannt; angeblich hieß er Paul Garcia.«[62]) Die Figuren beginnen als seine Marionetten, aber sie gewinnen zunehmend Unabhängigkeit von ihrem Schöpfer. Als der Erzähler überlegt, was Mignon wohl über eine bestimmte Frau denkt, gesteht er: »Ach, ich weiß zu wenig (nichts) über die geheimen Verbindungen zwischen den Wesen, die schön sind und es wissen ...«[63] Divine besitzt Gedanken, Gewohnheiten, selbst ein Schicksal, auf die Genet keinen Einfluß hat, obgleich er der Erfinder dieser Figur ist – ja obwohl er in bestimmten Augenblicken Divine ist oder es gewesen sein könnte, wäre ihm nur »eine Kleinigkeit nicht abgegangen«.[64]
Die Chronologie dieses Romans ist unklar, veränderlich, instabil. Divine existiert in historischer Zeit (»Divine erschien in Paris, um dort ihr öffentliches

Leben zu führen, ungefähr zwanzig Jahre vor ihrem Tod«[65]), Mignon jedoch nicht (»Auch er war jung, fast so jung wie Divine, und ich möchte, daß er es bis zum Schluß des Buches bleibt«[66]). Manchmal wird das natürliche Zeitgefühl von einer übernatürlichen Chronologie durchschnitten (»Der Ewige schritt vorbei in der Gestalt eines Louis«[67]). Einmal sind wir an allen Gedanken Divines beteiligt, dann wieder können wir, wenn wir ihr Parfüm riechen, »schon daraus schließen, daß sie das Vulgäre liebt«[68], geradeso als läsen wir eine persönliche, aus lauter kleinen Farbtupfern zusammengesetzte Schilderung in einem realistischen Roman des 19. Jahrhunderts.

Manchmal scheinen sich Genets Figuren wie Schauspieler aller ihrer Wirkungen bewußt zu sein, öfter aber transportieren sie Bedeutungen, deren sie sich nicht bewußt sind. Tatsächlich sind die meisten ihrer Gesten zufällig (»So lebhaft seine Gesten, daß man vermutete, sie seien alle unfreiwillig«[69]), aber so bestimmend wie Kleider (»... diese Kleinigkeiten, die den starken und mit großen Charme begabten Mann ausmachen: ein Wildledergürtel, ein Filzhut, eine Krawatte in Schottenkaro etc.«[70]).

Sartre schreibt, Genet sei Essentialist, wogegen er, Sartre, Existentialist sei. Mit anderen Worten, Genet glaubt, die Essenz gehe der Existenz voraus (die traditionelle katholische Ansicht, die einen Gott voraussetzt, der sich das menschliche Sosein erdachte, ehe er es in einzelne Individuen einströmen ließ), wogegen Sartre glaubt, daß, da es keinen Gott gibt, die menschliche Existenz der Essenz, das Dasein dem Sosein, vorausgeht, das durch individuelle Entscheidung geformt wird.[71] Genet hat genaugenommen den Glauben an die menschliche Natur als Schicksal *und* den entgegengesetzten Glauben, daß zufällige Gesten, Worte und Kleider Ereignisse herstellen. Das Innenleben von Genets Gestalten ist weniger wichtig als die Taten, die sie vollbringen. Die tiefgreifende Veränderung, die in Notre-Dame eintritt, als er einen alten Mann umbringt, ist genau dasselbe wie das, was sich mit Querelle ereignet, als er Vic ermordet. Diese Betonung der Handlung vor dem Seelenleben ruft in Erinnerung, was Michel Foucault in *Die Sorge um sich (Le Souci de soi)* schreibt: »Es ließen sich Gesellschaften oder soziale Gruppen finden – wie etwa die militärischen Aristokratien –, in denen das Individuum gefordert ist, sich durch Taten, die es einzigartig werden lassen und über die anderen hinausheben, in seinem Eigenwert zu behaupten, ohne daß es seinem Privatleben oder seinen Beziehungen zu ihm selbst sonderlich viel Bedeutung beizulegen hätte.«[72]

Genets Gestalten, die oft in einer rein männlichen feudalen Gesellschaft leben (Marine, Gefängnis, auf Piratenschiffen, unter Dieben), handeln ganz genau so, um sich als besonders zu erkennen zu geben, obgleich sie im übrigen austauschbar sind. Genet gab selbst zu, daß er keine Charaktere geschaffen habe. Seine Vergegenwärtigung ist so eng und eindringlich (hübsche Jungs, arrogante, feige Zuhälter, krawallige Tunten), daß er keine eigentliche Psychologie von Individuen entwickeln kann. Alles entstammt seinem eigenen Ich, das wiederum nur wenig anderes als die Dynamik seiner Neigung widerspiegelt. Seine Romane unterscheiden sich nicht allzu sehr von Madame de La Fayettes Roman *Die Prinzessin von Clèves (La Princesse de Clèves)* aus dem 17. Jahrhundert, in dem sich eine begrenzte Anzahl von poetischen Situationen, von annehmbaren Gefühlen findet. Merkwürdigerweise kann Genet von Ästheten als eine moderne Madame de La Fayette und von Leuten auf der Suche nach Nervenkitzel als Pornograph gelesen werden, der einen Verbrecher zu distanziert darstellt, um ein Prickeln zu erzeugen. Diese Kombination ist so unlogisch wie ästhetisch lohnend, eine Situation, die selbst Sartre stillschweigend anerkennt, wenn er argumentiert, daß Genet, wie Mallarmé, dem Verschiedenen die Einheit aufzwingt – eine Beobachtung, die Sartre dadurch verdirbt, daß er eine derartige Tendenz grundlos und verwirrend als »homosexuell« charakterisiert (obgleich Mallarmé heterosexuell war) und gegen das »heterosexuelle« Temperament abgrenzt, wie es bei Rimbaud zum Ausdruck komme (der homosexuell war).

Die kontradiktorischen Bedeutungen von Moral, Zeit und Determiniertheit in seinem Werk könnte Genet aus langem Nachdenken über Dostojewskis *Die Brüder Karamasow* gewonnen haben. Wie er einem Interviewer bekannte, hatten ihn *Die Brüder Karamasow* sogar noch mehr als Proust hingerissen. »Nichts reicht an *Die Brüder Karamasow* heran. Die vielen verschiedenen Zeitebenen. Da gab es Sonjas Zeit und Iljuschas Zeit, die Zeit von Smerdjakoff, und dann war da noch meine eigene Zeit, die ich brauchte, um das Buch zu lesen, die Zeit, die ich zum Entziffern brauchte, und dann gab es die Zeit, die dem Erscheinen [jeder einzelnen Figur] im Buch vorausgeht. Was tat Smerdjakoff, ehe von ihm die Rede war? Das mußte ich mir ja alles rekonstruieren. Aber das war begeisternd. Das war schön.«[73]

Im Frühjahr 1943 war Genet auf dem Weg, anerkannt zu werden. *Notre-Dame-des-Fleurs* gelangte zwar erst 1944 zum Verkauf – wegen kriegsbedingter Papierknappheit –, doch sprach man über den Autor. Paris, insbesondere das künstlerische Paris im Krieg, war klein, klatschsüchtig, vercliquet und versippt, und Gerüchte über Cocteaus neuestes Genie verbreiteten sich schnell. Bereits am 3. März 1943 vertraute Cocteau seinem Tagebuch an: »Man

beginnt seinen Namen zu nennen. Die schreckliche Geschwindigkeit, in der ein Name die Runde macht. Und niemand auf der ganzen Welt kennt auch nur eine Zeile von ihm.«[74] Und als Genet das nächste Mal hinter Gittern war, verbreitete sich rasch die Nachricht, daß er wieder im Gefängnis sei – eine sonderbare Berühmtheit, wenn man bedenkt, daß Genet nichts weiter als ein langes Gedicht veröffentlicht hatte.
Während dieses Frühjahrs aber war Genet frei und genoß seinen frischen Ruhm. Er besuchte eine Probe von Cocteaus Theaterstück *Rinaldo und Armida*[75] und erzählte dem Autor, daß die Menge, die sich hinter der Bühne herumtreibe, sich wie die Jungs in Mettray benehme, wenn sie nach Suppe anstünden. Als die Gräfin Jean de Polignac ihn anrempelte, sagte er:»He, Kleine, sei still!«[76] Sie erwiderte hochnäsig:»Ich liebe Originale.«[77] Er und Cocteau speisten zusammen, dann spazierten sie durch die stille, wie ausgestorbene Stadt zu Genets Zimmer im Hôtel de Suède am linken Seineufer. Dort las Genet die ganze Nacht aus einem entstehenden Werk vor. Trotz des mehrere Bücher umfassenden Vertrages, den er unterschrieben hatte, kündete er schon zu diesem frühen Zeitpunkt das Ende seiner Schriftstellerlaufbahn an. Cocteau vermerkt:»Er scheint entschlossen, noch ein oder zwei Bücher zu schreiben und dann Aussätzige zu pflegen. Ich habe zu ihm gesagt: ›Wir sind die Aussätzigen. Wir müssen gepflegt werden.‹«[78] Damals meinte Genet, er habe Nierentuberkulose, und erwartete kein langes Leben: Andererseits verkündete er mehr als einmal im Laufe seines Lebens, daß er nicht mehr schreiben werde, wobei er in diesem Lebewohl das Versprechen auf eine Fortsetzung versteckte.
Die Kriegsatmosphäre, in der alle überkommenen Gesetze aufgehoben zu sein schienen, so daß Verbrecher Achtung, zumindest aber Einfluß erhielten, während die, die den Gesetzen Folge leisteten, zu Kriminellen erklärt wurden, reizte Genets Phantasie. Zu Cocteau sagte er:»Der Realismus im Unrealen ist es, der fasziniert. Wir alle leben in diesem Märchenland.«[79] Dreißig Jahre später bemerkte er, sein Werk habe nie die Befreiung *vorangetrieben,* sei aber ein Produkt derselben.[80] Dieses Klima einer offenen Stadt, das Paris gegen Ende des Krieges prägte, trug dazu bei, die Konventionen in Genets Romanen zu durchbrechen. Cocteau schrieb, Genet habe ihm einen ehemaligen Häftling vorgestellt, der darüber klagte, daß die Gefängnisse, die einmal der einzige moralische Ort waren, unmoralisch geworden seien.»Er interessiert mich, weil in dieser Zeit, in der das ›Falsche‹ herrscht, das Falsche selbst das Gefängnis zu pervertieren scheint. Alles ist falsch. Jeder begeht Fälschungen. Falsche Papiere, falsche Erklärungen, falsche Tickets, falsche Künstler, falsche

Journalisten. Nur die Betrüger haben ein leichtes Leben.«[81] Die simple Tatsache, daß Genet einem kleinen, aber erlesenen Kreis homosexueller Künstler begegnete (Cocteau, dem Maler und Designer Christian Bérard, dessen Liebhaber Boris Kochno, der nach Diaghilews Tod die Ballets Russes leitete, Jouhandeau, Jean Marais, viel jüngeren Schriftstellern wie etwa Sentein, Laudenbach und Turlais), muß ihn dazu ermutigt haben, über Homosexualität mit einer nie dagewesenen Freizügigkeit und dämonischen Kraft zu schreiben. Es muß ihm Vergnügen bereitet haben, diese bürgerlichen Männer zu schockieren und erschauern zu lassen, zumal viele von Schlägertypen aus der Arbeiterklasse fasziniert waren. Vielleicht bestärkte dieser Gegensatz Genet sogar darin, seine kleinen Diebereien dummerweise fortzusetzen.

KAPITEL 9

Am 29. Mai 1943, um dreizehn Uhr zwanzig, wurde Genet auf der Place de L'Opéra von einem *gardien de la paix*, einem Pariser Polizisten, verhaftet. Er hatte in der nahegelegenen Librairie de la Chaussée-d'Antin ein Buch gestohlen. Der Geschäftsführer verfolgte, als er den Diebstahl bemerkte, Genet, bis dieser am Boulevard des Capucines 2 gestellt wurde. Das Buch – eine kostbare Ausgabe von Verlaines *Fêtes galantes* – fand man in seiner Ledertasche. Der Wachtmeister brachte Genet aufs Polizeirevier des Bezirks. Dem Polizeikommissar gab Genet folgendes zu Protokoll:

Ich heiße Genet, Jean, geboren am 19. Dezember 1910 in Paris als Kind eines unbekannten Vaters und von Camille Gabrielle Genet.
Ich bin Elektroingenieur. Ich arbeite nicht. Ich schreibe Bücher. Ich wohne Quai Saint-Michel 15, in Paris V.
Ich bin unverheiratet. Französischer Staatsangehörigkeit. Nichtjüdisch.[1]

Zum erstenmal bekannte Genet offiziell, Schriftsteller zu sein. Die Polizei untersuchte anschließend sein Zimmer, die Nummer 5 im Hôtel de Suède, wo man sechs Bücher fand. Als er nach ihnen gefragt wurde, sagte Genet: »Ich habe diese Bücher an den Kais gekauft. Ich habe immer nur wenige Bücher dort, wo ich wohne, weil ich sie, wenn ich sie gelesen habe, weggebe oder liegenlasse oder wegwerfe, ich will Literatur von anderen Leuten nicht behalten. Ich bestehe darauf, daß diese Bücher nicht betrügerischer Herkunft sind.«[2]

Der Ladenbesitzer, Monsieur Bonnet, bestätigte, daß die Bücher wirklich am Tag zuvor in seinem Geschäft gekauft worden waren. Die Bücher wurden Genet zurückgegeben. Es waren Romane von Émile Zola *(Die Erde)*, Edmond Rostand *(Die Samariterin)* und Henry de Montherlant *(Das Paradies existiert noch)*, ein soziologisches Werk *(Verbrechen und Gesellschaft)* von A. Lorulot und ein Buch über das klassische Griechenland *(Der antike Stadtstaat)* von Numa-Dernis Fustel de Colanges, einem Historiker des 19. Jahrhunderts, der den Versuch unternommen hatte, die vorherrschende Ansicht, das alte Griechenland sei aufgeklärt und philosophisch gewesen, durch die Hervorhebung von religiösem Aberglauben und Familienkulten abzuschwächen. Die Sammlung vervollständigte schließlich der *Dictionnaire de la Rose*[3], von Abel Delmont verfaßt und 1896 erschienen. Hierin finden sich viele der für Genets Schriftstellerei wichtigen Anekdoten wie die Geschichten von Heliogabal, dem Chevalier de Guise, Johanna von Orléans, Marie-Antoinette, Robespierre und der Rosa Mystica. Offensichtlich war Genet also bereits an der Arbeit an *Wunder der Rose*.

Cocteau sprach sofort mit dem zur Wahrung der Interessen Genets engagierten Anwalt. Am nächsten Tag kam Genet vor Gericht und wurde ins Santé-Gefängnis überführt. Am 1. Juni ging ein Polizist zur Ermittlung ins Hôtel de Suède und berichtete: »Während seines Aufenthalts hier in der Gegend hat er nie besondere Aufmerksamkeit erregt.«[4] Etwa um dieselbe Zeit ließ Genet dem Richter mitteilen, daß er Maître Garçon zu seinem Anwalt bestellt habe. Cocteau hatte an Garçon geschrieben: »Mein lieber Garçon, ich vertraue Ihnen Genet an, der stiehlt, um seinen Leib und seine Seele zu nähren. Er ist Rimbaud, man kann Rimbaud nicht verurteilen.«[5] Maurice Garçon, einer der bekanntesten Anwälte in Paris, reagierte auf eine solche Bitte besonders sensibel. Er war auf Literatur- und Strafprozesse spezialisiert und schrieb Bücher über Hexerei und Rechtswissenschaft. Genet, der inzwischen bekannt war und dessen Manuskripte die Bewunderung einiger kritischer Leser gefunden hatten, war über das Schlimmste hinweg. Nie wieder würde er als Bastard, Vagabund, Dieb und Strichjunge behandelt werden, er war ein *poète maudit*. Kein Wunder, daß er erklärte: »Genie ist Verzweiflung, die durch Strenge überwunden wird«[6], eine Formel, der Sartre sich später anschloß.

Am 11. Juni 1943 erschien Genet mit seinem Anwalt zur Vernehmung durch den Richter und bekannte sich schuldig. Der Richter, M. Lerich, wurde von Genets Anwalt zu dem Vermerk genötigt, daß Genet schon einmal »wegen psychischer Probleme« freigesprochen worden war. Der Anwalt schlug vor, Genet von Dr. Henri Claude, einem der berühmtesten Psychiater Frankreichs, untersuchen zu lassen, um festzustellen, ob »sein geistiger Zustand Anomalien aufweist, die geeignet sind, seine Verantwortlichkeit [für die Diebstähle] abzuschwächen oder aufzuheben.« Henri Claude, Neurologe, Psychiater und ein Vorkämpfer der Theorie, daß Geisteskrankheiten organische Ursachen haben, legte dem Gericht folgenden Bericht vor:

Genet, Jean, zweiunddreißig Jahre alt, der behauptet, Ingenieur im öffentlichen Bauwesen zu sein, in Wahrheit aber, nach dem, was er mir erzählt hat, berufslos zu sein scheint, ist wegen Diebstahls eines Buches mit dem Titel *Fêtes galantes* von Verlaine, Wert viertausend Franc, in einer Buchhandlung festgenommen worden. Er hat ohne Zögern den Diebstahl eingestanden, dessen er sich vollkommen bewußt ist. Von Anfang an hat er mir erklärt, daß er dieses Buch vor allem deshalb gestohlen hat, weil es einen Stich enthält, der einen Mann von besonderer Schönheit zeigt, an dem er wegen seiner homosexuellen Neigungen, auf die wir weiter unten eingehen wollen, Gefallen gefunden hatte. Der Mensch ist bereits siebenmal wegen Diebstahls verschiedener Dinge, hauptsächlich Bücher, verurteilt worden, aber er hat keine sehr genauen Angaben über die Umstände gemacht, die ihn diese Diebstähle begehen ließen. Wegen der allgemeinen Unklarheit bei diesen Fragen haben wir ihn gebeten, uns detailliert Auskunft über die verschiedenen Stadien seines Lebens zu geben.

Genet ist unehelich geboren und wurde bald der öffentlichen Fürsorge überlassen, die ihn rasch in die Besserungsanstalt Mettray schickte, wo er anscheinend blieb, bis er etwa achtzehn Jahre alt war. Er behauptet, in dieser Anstalt keinen Unterricht erhalten zu haben, er habe nur lesen und schreiben und ein bißchen rechnen können. Aber er bringt recht typische Einzelheiten vor, was die Fehler der Erziehung in dieser Anstalt betrifft, wo die Anlagen der Jungen recht unterschiedlich sind und Zöglinge mit schlechtem Charakter nicht auf die rechte Bahn gebracht werden. Nach den zahlreichen Fällen, die mir zur Kenntnis gekommen sind, könnte man sogar sagen, daß die sittlichen Vorbilder in der Umgebung dieser Jungen recht erbärmlich sind.

Erwähnt werden soll, daß er, als er Mettray verließ, die École d'Alembert besuchte. Genet ging wohl im Alter von achtzehn Jahren zum Militär, wo er acht Jahre verblieben zu sein behauptet, nachdem er sich mehrere Male weiterverpflichtet habe, denn er fand beim Militär eine gewisse Sicherheit und mußte dort nicht um seinen Lebensunterhalt kämpfen. Schließlich verließ er die Armee nach dem 2. Entlassungsgesetz, das ihm einen Bonus bei erneuter Verpflichtung einräumte und eine Pension von neuntausend Franc zusicherte.

Während seiner Dienstzeit in der Armee kam er nach Syrien und Marokko, dort wurde er zu nur unbedeutenden kleineren Strafen verurteilt.

Ich habe nicht tiefer in das Leben dieser Person eindringen können, aber ich weiß nicht, warum das Gutachten von Dr. Barau (März 1938) die folgende Diagnose enthält: »Unausgeglichen, instabil, Fluchten, Amoralität etc. ...« Es trifft zu, daß Genet ständig weggelaufen ist, und deshalb hat er im Jahr 1925 auch einige Zeit im Hôpital Henri-Rousselle zugebracht (ein Aufenthalt von etwa drei Monaten). Bemühungen, ihn in Paris in verschiedenen Stellungen unterzubringen, endeten immer damit, daß er weglief. Er sah ein, daß es unmöglich für ihn war, ohne jeden Beruf und sehr arm an ein und demselben Ort zu bleiben; er gab seiner Unbeständigkeit nach und war lange Zeit völlig allein zu Fuß unterwegs, um nach Spanien zu gelangen und Andalusien zu durchwandern. Danach kam er zurück nach Paris, wo er aufgrund seiner Armut alle möglichen Auswege suchte, sein Leben fristen zu können. Das ist der Grund, weshalb er eine bestimmte Anzahl von Diebstählen von Büchern und anderen mehr oder weniger zweckmäßigen Dingen beging.

Zu bemerken wäre, daß er trotz seines unordentlichen Lebenswandels sehr viel gelesen hat. Er besitzt äußerst umfassende Kenntnisse der modernen Literatur und hat sich wohlgemerkt sogar Freunde in fortschrittlichen und bahnbrechenden Kreisen gemacht. Vor allem schmeichelt er sich, eine Reihe junger literarischer Persönlichkeiten, deren Namen er erwähnt, kennengelernt und mit ihnen Gesellschaft gepflegt zu haben. Er behauptet, sogar selbst mehrere literarische Versuche unternommen zu haben, die in Avantgardekreisen anscheinend recht positiv aufgenommen worden sein sollen.

Er hat, sagt er, einen selbstlosen und in Literaturfragen vorurteilsfreien Beschützer in Jean Cocteau gefunden, der für ihn angeblich sein langes Gedicht mit dem beziehungsreichen Titel »Der zum Tode Verurteilte« veröffentlicht hat, das ihm ein Honorar von dreißigtausend Franc einbrachte, wie er behauptet.

Dies sind die Angaben, die wir für das *curriculum vitae* Genets haben herausholen können.

Genet ist ein junger Mann von zweiunddreißig Jahren, dessen Äußerungen ein Spiegelbild dieser aufgewühlten und recht instabilen Existenz sind. Er sieht intelligent, wenn auch nicht besonders freundlich aus. Im Gespräch kommt er in Schwung und verteidigt mit Enthusiasmus bestimmte Vorstellungen, die er zu künstlerischen Fragen entwickelt hat.

Er erkennt all seine Fehler im gesellschaftlichen Leben an, entschuldigt nicht seine Diebstähle, aber spielt sie herunter aus Rücksicht auf das Interesse, das er an Fragen der Literatur hegt, die ihn sich über alle anderen Rücksichten hinwegsetzen lassen.

Er meint, daß das Leben nichts als die Garantie der Voraussetzungen zum Glücklichsein zum Ziel hat; dieses Glück ist, was er unmittelbar in seiner Reichweite findet und nicht das, was er in Zukunft durch Arbeit erhoffen kann. Er hat Freude an der Betrachtung der Natur und an den Ideen, die sie in ihm heraufbeschwört. Deshalb war er unendlich glücklicher, als er wie viele andere Vagabunden durch Gottes freie Natur wanderte, ohne die Unbequemlichkeiten, die Entbehrungen, die Nöte zu bemerken; selbst in dieser Zeit fand er reichlichen Lohn in Träumen, in Betrachtungen, in einem freien Leben am Busen der Natur.

Bei dieser unbürgerlichen Lebensweise hat er viele Dinge in sich aufgenommen, die er in seinem Inneren oder vielleicht auch in den vielen von ihm gelesenen Büchern gefunden hat, und er glaubt, Lebensregeln gefunden zu haben, die ihn, ohne ihn ständig zu größeren Missetaten vom Standpunkt der Gesellschaft aus geführt zu haben, dennoch recht oft an die Grenzen des Lebens brachten. Aufgrund der Launen des Schicksals hat er sich mit vielen dieser labilen Leute, dieser »Realitätsfremden«, die man Dichter nennt, zusammengetan und im häufigen Umgang und im zeitweiligen Gedankenaustausch mit ihnen eine Bildung erlangt, die sein Leben bestimmt.

Seine Lieblingsautoren sind zunächst Villon und nach und nach alle Neuerer; bei diesen Schriftstellern findet er künstlerische Befriedigung, und zwar in weit größerem Ausmaß als bei Intellektuellen, die ein viel regelmäßigeres Leben führen und Nutznießer alles dessen sind, was der Wohlstand verleihen kann. Seine Vorbilder bleiben: Verlaine, Baudelaire und Mallarmé und mehrere andere, deren Genie er preist ...

Ohne sich ausdrücklich als eingefleischten Amoralisten darzustellen, vernachlässigt oder legt er keinen großen Wert auf bestimmte Umgangs- oder Verhaltensformen, die andere Menschen als die Schutzwälle der Vernunft schlechthin betrachten. Wenn er zu begreifen versucht, in welchem Ausmaß dieses abenteuerliche Leben seine Existenz ständig Konflikten und Strafmaßnahmen aussetzt, nutzt er alle seine dialektischen Fähigkeiten, um uns klarzumachen, wie dringend man versuchen muß, sich in die Sichtweise anderer Leute zu versetzen, um ihre Schwierigkeiten und die Probleme zu erkennen, ohne moralische oder pekuniäre Hilfe, ohne fruchtbares Beispiel, ohne den klugen Rat auszukommen, der so vielen Durchschnittsmenschen zur Verfügung steht ... Man kann ihn weder als jemanden betrachten, der lasterhaft geboren ist, noch als einen perversen Menschen, der auf seltene Genüsse aus ist. Auch wenn er gewissen sexuellen Orientierungen huldigt, die man als unmoralische Neigungen ansehen könnte, sieht er sie nicht in diesem Licht. Er lebt inmitten dieser Neigungen, ohne sie einer Kritik zu unterziehen. Er kann mitten zwischen Handlungen leben, die außerhalb der Norm sind, ohne ihnen die Bezeichnung anzuhängen, welche die meisten Menschen ihnen aufgrund ihrer Prinzipien anheften. Er hat sich nie feste Lebensregeln gegeben, die mit Morallehren und dem Gesellschaftsleben und dem, worauf etwas gehalten wird, in Einklang stehen; doch ohne grobe Verstöße gegen die Lebensregeln zu begehen, die für Menschen im allgemeinen gelten, bewegt sich ein wenig so durch das Leben, als sei er ein Wilder, der völlig hemmungslos nach Gütern strebt, die ihm nicht aufgrund bestimmter Anweisungen verboten wurden.

So erscheint uns dieser Mann weder als ein Verrückter, der vollkommen außerhalb der

Bedingungen normalen intellektuellen Lebens steht, noch als ein Verwirrter, auch nicht als zwanghaft oder cholerisch mit lasterhaften oder wahnhaften Neigungen – sondern einfach als eine Person mit gehemmter Intelligenz, die naiv und empfänglich und zu großer Begeisterung fähig ist, ohne Rücksicht darauf, ob dies vielleicht Folgen nach sich zieht, die für ihn bedauerlich oder sogar recht schmerzlich sein könnten. Er setzt die Freiheit zu denken und seine Gedanken zu äußern – solange sie ihm schön erscheinen – über alles andere. Doch eine Handlung zu zensieren, sie nur aus der Distanz zu beurteilen, erschiene ihm als eine zu quälende Aufgabe. Er würde lieber körperlich leiden, als eine Behaglichkeit genießen, die mit einem Verlust an Freiheit und der Notwendigkeit, nach Regeln zu denken, erkauft ist.

Somit ergibt sich nach dem Gespräch mit ihm und der Untersuchung, der ich ihn unterzogen habe, daß er kaum einem Typus entspricht, der vom Standpunkt der Psychiatrie aus richtig zu klassifizieren ist. Alle Klassifizierungen haben zudem etwas Künstliches, aber wir müssen sie benutzen, da es notwendig ist, mit der Realität in Fühlung zu bleiben. So gesehen, würden wir Genet gern in der Kategorie von Menschen angesiedelt sehen, die, ohne wirklich wahnsinnig zu sein, dennoch in die unendlich große und mannigfaltige Klasse von Menschen eingereiht werden können, die man unter »moralisch Verrückte« zusammenfassen könnte: »Verrückte«, ein unangemessenes Wort, denn es handelt sich eigentlich nicht um Menschen, denen es an Vernunft mangelt, sondern vielmehr um solche, die unter einer moralischen Blindheit leiden; diese zwingt sie, in Dunkelheit zu leben, weit entfernt von den Realitäten des Lebens ...

Sie sind geboren, diese »moralisch Verrückten«, mit Defiziten in ihrer Fähigkeit zu urteilen, logisch zu denken und Erwägungen anzustellen, was die größte Zierde ihres Wesens ausmachen, sie aber auch in Gefahren bringen kann. Daher muß die Justiz ihnen ab und zu mit einer gewissen Strenge begegnen, die indessen nicht allzu hart sein sollte, solange diese Menschen nicht zu weit gegangen sind. Sind sie jedoch zu weit gegangen, muß man sie freilich in eine Lage versetzen, in der sie Leuten keinen Schaden mehr zufügen können, und das hat im Namen der Rechte der Volksgemeinschaft zu geschehen ...

Wir möchten die folgenden Schlußfolgerungen aus unserer Untersuchung ziehen:

Schlußfolgerungen
1. *Genet* ist nicht geisteskrank. Er ist nicht mit irgendwelchen ernsthaften Abweichungen seiner intellektuellen Fähigkeiten behaftet, die wesentliche Zwangsmaßnahmen erfordern.
2. Er befand sich nicht im Zustand geistiger Verwirrung, als er die Taten beging, deren er bezichtigt worden ist: Er muß sich vor der Justiz zu ihnen bekennen, aber er könnte, entsprechend den Erfordernissen dieser Situation, in die Kategorie von Menschen

eingeordnet werden, die unausgeglichen, unangepaßt sind, Individuen, die ein wenig von moralischer Verrücktheit beeinflußt sind, das heißt, Menschen, deren Wille und moralisches Empfinden schwach und zu wenig aktiv sind, um richtig und falsch zu unterscheiden, wozu aber ein normaler Mensch imstande sein muß. Im Bezug auf die Strafe, die ihm zugesprochen wird, muß er folglich für zurechnungsfähig gehalten werden.
3. Genet dürfte als jemand bezeichnet werden, der zu jener Menschenkategorie gehört, deren moralische Verantwortlichkeit leicht vermindert ist.

ausgefertigt in Paris, 19. Juni 1943
Prof. Henri Claude[7]

Der Bericht enthält mehrere von Genet verbreitete Verfälschungen. Genet bekannte sich hier zu sieben früheren Verurteilungen, wogegen er bereits seiner zwölften entgegensah und dem Gericht neun frühere Urteile bekannt waren. Er besuchte ferner die École d'Alembert (nur einen Monat lang), *bevor* er in Mettray war, nicht danach. Schließlich behauptete Genet vielleicht, um zu beweisen, daß er sich mit seiner Schriftstellerei ernähren könne und nicht als unrettbares soziales Problem angesehen und in ein deutsches Arbeitslager abgeschoben würde, Cocteau habe »Der zum Tode Verurteilte« veröffentlicht und ihm eine ansehnliche Summe dafür bezahlt. Eventuell verwechselte Dr. Claude aber auch das Gedicht mit dem Roman (oder Genet hat das eine gegen das andere ausgetauscht, da der Roman illegal erscheinen sollte); auf jeden Fall waren dreißigtausend Franc tatsächlich die Summe, die Cocteau ihm für *Notre-Dame-des-Fleurs* gezahlt hatte.
Genet scheint mit Dr. Claudes romantischen Träumereien bezüglich des einfachen, fröhlichen Lebens des Vagabunden, der am Busen der Natur lebt, sein Spielchen getrieben zu haben. In Wahrheit verabscheute er zu diesem Zeitpunkt »Gottes freie Natur«, und als Sartre und Beauvoir ihn ein paar Jahre später einluden, mit ihnen in die Schweiz aufs Land zu gehen, tippte er sich einfach an seinen Kopf, was hieß: »Es ist alles hier drin, die ganze Natur, die ich brauche.« Um Dr. Claudes Hirngespinst vom Dichter-Vagabunden Nahrung zu geben, überbetonte Genet auch sein Verhältnis zu Villon, wohl um aus dem Villon-Mythos Nutzen zu ziehen.
Der letzte Teil des Berichts läßt eine unerwartete Sympathie für Genet erkennen, der sich als Mensch ohne moralische Kontrolle und folglich als Opfer schlechter Einflüsse präsentiert. In späteren Jahren wollte Genet nie das herzliche Verhältnis zugeben, das er als Kind zu Madame Regnier gehabt

hatte, und vermied es beharrlich, Alligny-en-Morvan zur Kenntnis zu nehmen, als wolle er nicht, daß eine Gegenversion zu seiner Geschichte zum Vorschein käme. Seine unglückliche Kindheit sollte ein wichtiger Baustein seiner persönlichen Legende sein und ihm das Recht geben, für die Unterdrückten das Wort zu ergreifen, ein Privileg, das abgeschwächt worden wäre, wenn man ihn als relativ umhegten Jungen gesehen hätte, der sich für die schiefe Bahn entschieden hat.

Wahrscheinlich sollte man die Geschichte einer unglücklichen Kindheit als überzeugendes Symbol jenes tiefen Gefühls von Kränkung und Verlust betrachten, die Genet sicherlich erlitten hat. Er *war* fast seit seiner Geburt gepiesackt, gemessen und analysiert worden; er *hatte* nie ein wirkliches Verbrechen begangen und doch viele Jahre in Strafanstalten verbracht; er *war* ein Waisenkind, allein auf der Welt.

Das Ergebnis von Dr. Claudes Bericht, das dem Gericht am 22. Juni vorgelegt wurde, war, daß Genet jetzt als zurechnungsfähig (auch wenn die Zurechnungsfähigkeit »leicht vermindert« war) und nicht als geisteskrank angesehen wurde, weshalb das Gefängnis auf ihn wartete und nicht das Irrenhaus. Als Genet, von Maurice Garçon verteidigt, am 28. Juni vor Gericht erschien, wies der Richter warnend darauf hin, daß Genet bei einer Strafe von mehr als drei Monaten Gefängnis leicht lebenslänglich in Haft behalten werden könne. Der Prozeß wurde für den 19. Juli anberaumt.

Das Gesetz verlangte für Unverbesserliche lebenslange Haft in einer Strafkolonie. Genet entsetzte diese Aussicht, gleichzeitig lockte sie ihn auf geradezu selbstmörderische Weise. In seinen Gedichten, Romanen und auch in seinem aufgegebenen Text »Die Strafkolonie« (»Le Bagne«) schrieb er voll Sehnsucht über einen Ort, den er nie kennengelernt hatte – und den es seit 1938 gar nicht mehr gab: die französischen Strafkolonien in Guyana, Saint-Laurent du Maroni, Cayenne und auf den drei Salutinseln (von denen eine die berüchtigte Teufelsinsel ist). Das Gedicht »Die Galeere« (»La Galère«) zum Beispiel muß etwa um diese Zeit (Genet nahm am 5. März 1944 das erste Mal Bezug darauf)[8] als Anhängsel zu *Wunder der Rose* entstanden sein. Während seine Romane keine Geheimnisse enthalten, die nicht leicht gelüftet werden können, sind die Gedichte oft sehr verschlüsselt. »Die Galeere« enthält zum Beispiel so normale Wendungen wie *»une biche dorée«*, was »eine vergoldete Hirschkuh« zu bedeuten scheint, aber im Mettray-Slang einen Ausreißer bezeichnet *(une biche)*, der zum erstenmal sodomisiert *(dorée)* worden ist. Der entsprechende Vers, »*Où tremble sous la feuille une biche dorée*« (»Wo unter dem Laub eine vergoldete Hirschkuh zittert«), bezieht sich auf einen Vorfall, über den in *Wunder der Rose* berichtet wird, als ein Junge aus Mettray weggelaufen war (das französische Verbum für »fliehen« ist *se bicher*[9]), sich im undurchdringlichen Dickicht der Lorbeerbüsche, die das Grundstück umgaben, verfangen hatte und erst einige Tage später tot im Geäst gefunden wurde. Ähnlich erweist sich der scheinbar harmlose Hinweis auf *»les joyeux«* (»die Lustigen«) als Spitzname für die Angehörigen des Bataillon d'Afrique, jener Desperados, die Genets Phantasie so erregten.

Der Großteil des Gedichts aber ist eine Hommage für einen Mörder namens Harcarmone, auch der Name des Helden von *Wunder der Rose,* ein sehr cocteauhafter Name und vielleicht sogar eine vage Reminiszenz an Argèmone, eine der allegorischen Gestalten in Cocteaus frühem Stück *Potomac.* (Cocteau selbst entdeckte den Namen auf einer alten Flasche in einer Drogerie in der Normandie, so wie Heurtebise der Name eines Fahrstuhlfabrikanten war, auf den er zufällig stieß.) Philippe Sollers meint, der Name Harcamone beschwöre die Vorstellung von »Harmonie«. Das ganze Gedicht hindurch ist Genet berauscht von der Idee der Verwandlung: Ein Ausreißer aus Mettray wird eine goldene Hirschkuh; der virile Harcamone wird eine tragische Tunte und (am Schluß) sogar mit dem Femininum bezeichnet; der Mast und die Taue auf dem Hof in Mettray, die zum Segelunterricht dienten, werden zum Deck einer Galeere, die unterwegs nach Guyana ist; selbst der Kinderspaß, im Dunkeln Fürze mit einem Streichholz anzuzünden, wird zu einer Strophe von hermetischer Schönheit:

Mon enfance posèe à peine sur la nuit
De papiers enflammés et mêler cette soie
A la rousse splendeur qu'un grand marlou déploie
Du vent calme et lointain de son corps s'enfuit.

(Meine Kindheit, unstet gelagert am Rande zur Nacht
Entflammter Schnipsel und deren seidenmattes Scheinen
Mit eines Luden fuchsigroter Pracht zu einen
Die er am stillen, fernen Wind, der seinem Leib entfleucht, entfacht.)

Die Strafkolonie, die man ungefähr zur selben Zeit abschaffte, als Mettray geschlossen wurde, verfolgte Genet weiter in seinen Träumen. Eines der Schiffe, die Häftlinge transportiert hatten, *La Martinière,* wird in *Die Zofen* erwähnt, und ein anderes Schiff, die *Ville de Saint-Nazaire,* avancierte zum Namen einer Gestalt in *Die Neger.*

Am 9. Juni schrieb Maurice Garçon an Cocteau:

Lieber Herr und Freund,
werden Sie am 19. Juli in Paris sein? Ich teile Ihnen mit, daß Genets Verfahren an diesem Tag zwischen ein und zwei Uhr vor die Vierzehnte Strafkammer zur Verhandlung kommt. Wenn es Ihnen möglich wäre, hier zu sein, um als Zeuge ein Wort zu seinen Gunsten zu sagen, könnten Sie, denke ich, einen günstigen Anstoß in die richtige Richtung geben. Sie wissen, daß ich um eine psychologische Untersuchung gebeten habe. Der Bericht des Spezialisten ist nicht schlecht und wird uns, denke ich, eine recht gute Resonanz verschaffen.[10]

Als dann gegen Genet verhandelt wurde, saß Jean Cocteau mit Jean Marais und Paul Morihien in der ersten Reihe. Marais und Morihien, braungebrannt und gutaussehend, gerade aus den Ferien zurück, setzten todernste Mienen auf, was Genet ärgerte, der erklärt hatte, er wolle Freunde ermunternd lächelnd sehen. Genet war auch völlig aus dem Konzept gebracht von Morihiens Idee, er versuche einen Bilderbuchkriminellen, Arsène Lupin, zu verkörpern. Der Richter machte ihm klar, daß er wegen der Verurteilungen während der letzten zehn Jahre für eine lebenslange Haft in Frage komme: »Falls Sie im Verlauf des gegenwärtigen Strafverfahrens zu mehr als drei Monaten verurteilt werden, würde über Sie eine lebenslange Haftstrafe verhängt werden.« Darauf nannte er drei bestimmte Verurteilungen, fragte Genet, ob er sie anerkenne, und dieser antwortete: »Ja. Ich habe nichts dazu zu sagen.« Als nächstes wurde Dr. Claudes Bericht zitiert, nach dem Genet nicht geisteskrank sei, auch, wenn sein Verantwortungsgefühl im Ganzen leicht vermindert erscheine. Jean Marais berichtet, daß Genet ruhig, selbstsicher und ganz und gar nicht provozierend war.
Rechtsanwalt Maurice Garçon erklärte: »Mein Mandant beendet gerade eine Karriere, die eines Diebes, um eine andere zu beginnen, die eines Schriftstellers.« Er las den erwähnten Brief von Cocteau vor. Als dieser in den Zeugenstand trat, erklärte er, Genet sei »der größte Schriftsteller der heutigen Zeit«. Bald danach hatte Cocteau zu Maurice Toesca gesagt, er habe Genets Bedeutung bei diesem Anlaß übertrieben. Richter Patouillard hatte kurz zuvor einen Lastwagenfahrer, der einen Sack Mehl gestohlen hatte, zur Höchststrafe verurteilt.[11]
Ein paar Jahre später erinnerte sich Cocteau in seinem Tagebuch:

Ich habe vor Gericht gesagt:»Passen Sie auf. Das ist ein großer Schriftsteller.« Der Richter verurteilte für gewöhnlich jeden. Er bekam es mit der Angst. Angst davor, als Beispiel der Blödheit des französischen Bürgers dazustehen.
Der Richter:»Was würden Sie sagen, wenn Ihnen jemand Ihre Bücher stiehlt?«
Genet:»Ich wäre stolz.«
Der Richter:»Kennen Sie den Preis dieses Buches?«
Genet:»Seinen Preis nicht, aber ich kenne seinen Wert.«[12]

Richter Patouillard verurteilte Genet zu genau drei Monaten Gefängnis. Hätte er drei Monate und einen einzigen Tag gefordert, wäre Genet Zeit seines Lebens in Haft gekommen. Genet selbst fand Patouillard sonderbar. In einer Mitteilung an Paul Morihien bemerkte er:»Merkwürdiger Vorsitzender, was? Er hat mich lächerlich gemacht. Ich war nervös, erschöpft. Am liebsten hätte ich ihm ins Gesicht gespuckt.«[13] Nach dem Prozeß sagte der Richter ganz ernst zu Cocteau, er fürchte, Genet helfen heiße, ihm einen Bärendienst erweisen, denn offensichtlich arbeite er besser im Gefängnis.
Am 20. Juli 1943 brachte die Zeitung *Le Petit Parisien* einen Bericht über den Prozeß mit der höhnischen Überschrift:»Größter Schriftsteller der Gegenwart kam wegen Diebstahls vor die Strafkammer.« Eine Résistance-Zeitschrift namens *Poésie 43*, die im Süden Frankreichs erschien und von Pierre Seghers geleitet wurde, brachte einen mit Seghers' Initialen gezeichneten Artikel:

Wir hoffen, daß man Jean Genêt [sic] in seiner erzwungenen Einsamkeit schreiben läßt und dem Dichter erlaubt, seine Manuskripte zu behalten, wenn er aus dem Gefängnis kommt. Wir hoffen, daß diese Texte von einem anderen Gremium als einer Schar Gefängnisdirektoren beurteilt werden.[15]

War jener Zeitungsbericht noch recht objektiv, so waren die der übrigen Kollaborationspresse unflätig. Das faschistische Blatt *Je Suis Partout* deutete an, daß Genet und Cocteau ein Liebespaar seien:»Cocteau-Genet? Vielleicht eine Geschichte unter Brüderchen?« Eine andere Kollaborationszeitschrift, *Notre Combat Pour La Nouvelle France Socialiste*, brachte über das Ereignis einen langen Artikel, über dem eine Zeichnung von Cocteaus unverwechselbarem Profil abgebildet war. Der Artikel begann mit einem gespielten Tadel des »ungebildeten« Lesers, der vielleicht den Namen Genet nicht kannte. »Aber er ist der größte Schriftsteller der Gegenwart. Monsieur Jean Cocteau hat es gesagt: Das, ja das ist eine wirkliche Empfehlung, ein Freibrief; damit kann man überallhin, da kann man sicher sein, daß man nicht irgendwelchen

Dreck kauft; das ist was Sicheres, was Solides, das ist schwer in Ordnung, eine Flasche vom Besten.«[16]
Im folgenden stellte der Artikel Genet als unmoralischen Triebmenschen dar, der aus Vergnügen stehle und sich voller Anmaßung irgendwo zwischen Villon und Rimbaud einordne: »Offenbar kopiert er von beiden das ausschweifende Leben und die Gewissenlosigkeit.« Der zweispaltige Artikel endet mit einem Tritt gegen Cocteau: »Von satanischer Dichtung umglänzt, mit unverhüllt teuflischem Blick und gesträubten Haaren trat Jean Cocteau ab (der allerdings nicht den Mut gehabt hatte, den Brief vorzulesen, in dem er sein ... Idol verteidigte, diesen Brief, in dem die erstaunlichen Zeilen zu lesen sind: ›Er ist der größte Schriftsteller der Gegenwart, und Sie können mir vertrauen; ich weiß Bescheid ...‹) — Jean Cocteau verließ stolz wie ein Brigadegeneral nach dem Manöver den Schauplatz, umgeben von einem Schwarm junger Enthusiasten, die versuchten, die ... Aufmerksamkeit des Meisters auf sich zu lenken und zu gewinnen.« (Die Pünktchen sind im Originaltext enthalten, um Zweideutigkeiten zu suggerieren.)
Etwa zur selben Zeit schrieb Genet aus dem Gefängnis an Cocteau: »Sobald ich draußen bin, fahre ich aufs Land. Du wirst mich nur sehr selten und nur in kleinem Kreis sehen. Ich habe eine ungehobelte Intelligenz, wie Dr. Claude es so schön ausgedrückt hat, und es ist viel zu spät, um mich noch zu zivilisieren. Im tiefsten Herzen bleibe ich ein Ganove. Das hätte ich begreifen und Dich nur von ferne lieben sollen. Doch da die Sünde der Taktlosigkeit für mich zu schwer wiegt, sage ich mir, ich habe sie nur begangen, weil Du darauf beharrtest, ich solle Dich öfters besuchen kommen. Als ob wir das nötig hätten! Seit zehn Jahren liebe ich Dich, und Du weißt nichts davon.«[18]
Die genaue Art von Genets »Taktlosigkeit« scheint unklar, aber sie kann mit der kompromittierenden Lage zusammenhängen, in die er Cocteau in dem Prozeß um ein Bagatellvergehen brachte, das zu unterlassen Cocteau ihn gebeten hatte. Immer wieder hatten Cocteau und alle anderen ihm gesagt, daß er ein großer Schriftsteller, aber ein miserabler Dieb sei. Indem Cocteau Genet protegierte, hatte er unter anderem gehofft, ihn vom Verbrecherleben abzubringen.

Nachdem Genet in seine Zelle im Santé-Gefängnis zurückgebracht worden war, blieb er dort noch anderthalb Monate, um seine Strafe (schon zur Hälfte abgebüßt, während er den Prozeß erwartete) zur Gänze abzusitzen. Im Gefängnis lernte er einen jungen Mann kennen, Lucien-Guy Noppé (als Guy bekannt), der in der Zelle neben der seinen untergebracht war und zu dem er

eine tiefe Zuneigung faßte. Der dreiundzwanzigjährige Noppé sollte das Modell für Bulkaen in *Wunder der Rose* (das Manuskript war ursprünglich »Guy N...« gewidmet), aber auch für die Figur Guy in *Tagebuch eines Diebes* werden.
Die Begegnung mit Guy inspirierte Genet dazu, mit der Niederschrift von *Wunder der Rose* zu beginnen. Einige Monate später schrieb er aus der Haft, Jean Decarnin solle einen Umschlag aus dem Gefängnis abholen, in dem sich tausend Franc befänden für einen Anzug für Guy, und den Anzug zur Jugendstrafanstalt Poissey bringen, in die Guy inzwischen überstellt worden war und aus der er in Kürze entlassen werden sollte. »Mir ist es völlig ernst damit, denn Guy verdanke ich *Wunder*«, insistierte Genet.[19] Kurze Zeit später schrieb er an Marc Barbezat: »Wenn es [*Wunder*] Ihnen gefällt, mögen Sie auch Guy, der Bulkaen ist.«[20]
Guy war eine jüngere Ausgabe von Genet selbst. Bis dahin waren Genets Liebhaber älter und hartgesottener gewesen; jetzt fühlte er sich zu kleineren, jüngeren Männern mit hübschen Jungengesichtern und rowdyhaften Manieren hingezogen, Jungen, die für Bagatellvergehen saßen, Jungen mit weicher Haut, glatt nach hinten gekämmten Haaren, feinen Gesichtszügen, Tätowierungen, schlechter Grammatik und schlechten Zähnen und Launen, die zwischen Knurren und Schmollen hin und her wechselten. Bis jetzt war Genet die *femme* in der schwulen Mann-Frau-Beziehung gewesen, eine Rolle, die sein Alter (er war vierunddreißig) und seine beginnende Glatze nicht länger schmeichelhaft erscheinen ließen. Unter anderem dokumentiert *Wunder der Rose* Genets neuen Ehrgeiz, der »Kerl« zu sein, der Rohling, der »Mann«, und Guy ist sein erstes *chicken*, um den alten Ausdruck im amerikanischen Schwulenslang zu benutzen. Dieser Wandel von der Frau zum Kerl sollte sich jedoch eher in der Phantasie als real vollziehen, und daß es Genet im realen Leben nicht gelang, diesen Übergang zu bewältigen, ließ ihn später gegenüber der Homosexualität bitter werden.
Zwar war Guy zehn Jahre jünger als Genet, aber auch er war in Mettray gewesen, und ihre gemeinsamen Gespräche halfen Genet, sich an die Rituale und Mythen der Besserungsanstalt zu erinnern. Trotz des Altersunterschieds scheint Guy nur zwei oder drei Jahre nach Genet in Mettray gewesen zu sein, denn er war noch als kleiner Junge in die landwirtschaftliche Kolonie gekommen. Erinnerungen werden üblicherweise von mehreren Freunden oder Verwandten geteilt; Genets Erinnerungen waren Gedanken, die er in der Einsamkeit ordnete. Eine Ausnahme bildeten lediglich seine Erinnerungen an Mettray, die durch Guys Reminiszenzen geschärft und bereichert wurden.

Psychologen meinen, daß nur Dinge, die man sich wiederholt erzählt, genau erinnert werden.
Über Guy ist wenig bekannt. *Wunder der Rose* wurde konzipiert als Hymne auf Harcamone (den zum Tode verurteilten Häftling), auf Divers (eine Mischung aus einem Geliebten in Mettray und einem Mitpatienten im Krankenhaus in Paris, der dem halbwüchsigen Genet kleine Geschenke hatte zukommen lassen) und auf Bulkaen (Guy). Alle drei waren dem Buch zufolge sowohl in Mettray als später auch in Fontevrault. Bulkaen wird als Mann von zarter Schönheit mit affektiertem Lachen und wenig Sinn für Humor geschildert, ein ungeschickter Lügner, der in dem Erzähler wilde männliche Leidenschaften weckt. Zum erstenmal möchte der Erzähler (»Genet«) bei einem kleineren, schwächeren, weniger erfahrenen Jungen den starken Mann spielen. Bulkaen ist der Gegenstand der eifersüchtigen Liebe des Erzählers (»die ganze Nacht hindurch baute ich an einem Phantasieleben, in dem Bulkaen der Mittelpunkt war«[21]), der sich an einem Wendepunkt seines Lebens darstellt. Er legt seine Weiblichkeit ab (»meine Weiblichkeit oder die Doppeldeutigkeit und Vagheit meiner männlichen Begierden«[22]). Aber zugleich fürchtet er, er könne mit seiner Kindheit auch seine Dichterkräfte verlieren, eben jene Kräfte, mit deren Hilfe er das Gefängnis in eine Märchenwelt hatte verwandeln können. Der Rest des Buches zeigt natürlich genau das Gegenteil: daß Genets dichterische Fähigkeiten, vor allem die, Unrat in Gold zu verwandeln, intakt und mächtiger sind denn je.

Guy erscheint erneut, ein paar Jahre älter und diesmal unter seinem eigenen Namen, im letzten Drittel von *Tagebuch eines Diebes*. Hier wird er als der verwegenste (doch am wenigsten gewalttätige) von allen Dieben geschildert, die Genet gekannt hat. »Er war jemand, der das Stehlen wirklich liebte, er legte es darauf an, genau in dem Moment [mit einem gestohlenen Wagen] wegzufahren, wenn der Besitzer erschien, um dessen entsetzte Fratze zu sehen.«[23] Wie Genet scheint auch Guy die Polizei zu bewundern; im Buch hat Genet ihn im Verdacht, ein Polizeispitzel zu sein (was ihn für Genet nur desto reizvoller macht). Als Genet ihn zum erstenmal in der Santé sah, »war Guy die Seele der Zelle. Er war dieser Jüngling, blaß und gelockt, butterweich mit unbeugsamem Bewußtsein, Strenge. Wenn er sich an mich wandte, empfand ich jedesmal die Bedeutung dieses merkwürdigen Ausdrucks: ›In den Lenden eine Ladung Parabellum.‹«[24] Wieder hat Guy in der Beschreibung ein forciertes, künstliches Lachen. Wenn Genets neue Liebe, Lucien, gegen Ende von *Tagebuch eines Diebes* Guy begegnet, tut er ihn als komischen Vogel, der schlecht gekleidet ist, ab, aber Genet steht treu zu Guy, denn »... wenn ihm

auch die kindliche Anmut und der diskrete Ton Luciens fehlen, machen mir ein leidenschaftliches Temperament, ein wärmeres Herz, ein hitzigeres und feurigeres Leben Guy doch lieb. Er ist, wie er sagt, fähig, bis zum Mord zu gehen. Er kann sich an einem Abend für sich oder einen Freund ruinieren. Er ist kaltblütig. Und vielleicht haben alle Qualitäten Luciens in meinen Augen nicht den Wert einer einzigen Tugend dieses lachhaften Gauners.«[25] Als Genet Guy im Roman zum letzten Male trifft, ist Guy ein Bettler geworden und schämt sich sehr, er möchte nicht, daß Genet sich zu ihm bekennt. Im wahren Leben blieben sie Freunde. Monique Lange, eine Romanschriftstellerin, die im Verlag Gallimard arbeitete, lief einmal zufällig Genet und Guy über den Weg. Sie fand, daß Guy ein großer, hübscher Schlägertyp war. Als Genet kurz von dem Tisch im Café wegging, erzählte Guy Monique, daß es mit Genet als Dieb nie sehr weit hergewesen sei, trotz dessen mitleidheischender Behauptungen, er sei ein hartgesottener Krimineller gewesen. Nachdem Guy gegangen war, verriet Genet Monique Lange, daß dieser Gangster das Modell für den schönen Bulkaen gewesen sei. Als Monique Erstaunen äußerte, sagte Genet: »Ich habe Talent, nicht wahr?«[26] Im September 1949 scheint Cocteau in einem Tagebucheintrag Guy zu schildern: »Gestern Besuch von Genet und A., seinem Kameraden, dem Autodieb. Ein Junge von großartiger Erscheinung und auch nicht dumm. Er erklärt mir, daß er nicht mehr ins Gefängnis will, daß er sich erwischen ließ, weil er die Gefängnisse mochte, doch inzwischen seien die Gefängnisse, die der einzige moralische Ort waren, unmoralisch geworden.«[27]
Es besteht kein Zweifel darüber, daß Genet leidenschaftlich in Guy verliebt war. Als er in *Wunder der Rose* die Gefühle beschreibt, die er bei einem Raub hat, bemerkt der Erzähler: »Um richtig über meine Aufregung zu sprechen, muß ich die Worte verwenden, derer ich mich bedient habe, um meinem Erstaunen angesichts dieses neuen Schatzes Ausdruck zu verleihen: Meine Liebe für Bulkaen, und um meine Furcht, angesichts dieses möglichen Schatzes zu sagen: Seine Liebe für mich.«[28]
Wenn er Briefe an Bulkaen schreibt, offenbart der Erzähler unabsichtlich seine Liebe: »Ich hätte sie [meine Liebe] gern kraftvoll dargestellt, ihrer sicher und meiner sicher, aber gegen meine Absicht legte ich meine ganze Beunruhigung hinein.«[29]
Bald nach dem Prozeß schrieb Genet an Cocteau:

Mein kleiner Jean,
niemals hätte ich es gewagt, diesen Brief zu schreiben, wenn du mich nicht durch die

Art, wie du dich in Nizza gezeigt hast, ausdrücklich dazu aufgefordert hättest. Aber ich setze dich zuerst in Kenntnis: Es gibt hier im Gefängnis einen Jungen von 23 Jahren, der vor Hunger und ich weiß nicht welcher Krankheit noch stirbt, und wenn ich sterben sage, dann benutze ich das treffende Wort, du kannst dir nicht vorstellen, wie tragisch das sein kann, dieser langsame Tod in einem Gefängnis. Ich bitte dich, mein Jean, mit all meiner Kraft, laß ein Paket mit Lebensmitteln ins Gefängnis bringen, was du möchtest, Brot, ein bißchen Zucker, Butter, Fleisch, und laß es zu dieser Adresse bringen: Lucien Noppé, 5/55. Wenn du es nicht selber machen kannst, rede mit jemandem, verständige deine Freunde davon, daß ein Junge im Gefängnis an Hunger stirbt. Du hast Mitleid, Jean, ich bitte dich, tu mir diesen Gefallen. Wenn du willst, gebe ich dir das Geld zurück aus den Verkäufen meiner Bücher. Ich schwöre es dir. Nur daß man ihn nicht fallenläßt. Er ist allein, ohne Familie, und seit zwölf Jahren ist er im Gefängnis oder in der Besserungsanstalt. Er hat noch achtzehn Monate. Er hat nie ein Paket bekommen. Niemand schreibt ihm. Ein einziges Wort würde ihm solche Freude machen! Aber ich werde dir das alles zurückzahlen. Schick zwei Pakete für 500 Franc, das macht Tausend für beide. Ich habe J. Decarnin aufgetragen, meine Sachen zu verkaufen, um die nächsten Pakete zu kaufen. Ich zahle es dir zurück. Mein Buch wird mir ein bißchen Geld einbringen. Ich werde stehlen, ich werde alles tun, aber nachdem ich solche Verzweiflung selber erlebt habe, kann ich mich dem gegenüber nicht verschließen. O Jean, wie ich die Worte finden möchte, die nötig sind, um dich zu rühren! Ich zittere, du könntest nein sagen. Dann würde ich, glaube ich, fürchterlich gemein werden. Jeannot, du weißt genau, daß ich kein Tränentier bin, ich fordere nichts für mich, der Fall muß schon außergewöhnlich sein, wenn ich dir in diesem Ton schreibe. Ich weiß, daß du viel Arbeit hast, aber laß es vom Sohn der Concierge, von deiner Putzfrau oder von sonst wem bringen. Frag in alle Richtungen, wer dir etwas geben will. Was für ein Schmerz und welche Scham für mich, wenn du es ablehntest. Er kam mit zwölf Jahren in die Besserungsanstalt in Mettray. Danach soll sich einer trauen, ein Wort gegen ihn zu sagen. Andere haben sich von ihren Familien etwas schicken lassen ...«

Im weiteren gibt Genet detaillierte Anweisungen, wie das Päckchen übergeben und die Gefängnisverwaltung dazu gebracht werden soll, es anzunehmen. Er schließt, indem er noch einmal darauf dringt, daß Cocteau diesen Auftrag erledigt und ein Wort an Guy dazusetzt. Der letzte Satz lautet: »Ich küsse Dich, mein kleiner Jeannot, und ich zähle auf Dich.«[30]
Die Insistenz dieses Briefes zeigt, daß Genet genau wußte, wie er bekommen konnte, was er wollte, und die Zeilen offenbaren auch, daß Genet und Cocteau so rasch nach ihrer ersten Begegnung bereits auf äußerst vertraulichem Fuße standen. Dennoch, sagte François Sentein, habe sich, als Genet 1943 im

Gefängnis war, niemand so recht um ihn gekümmert.«Cocteau und Marais kamen mit unterschriebenen Lobreden daher, aber wenn es darum ging, Lebensmittel aufzutreiben oder früh aufzustehen und Päckchen [im Gefängnis] abzuliefern, war niemand da. Genet sagte nichts, aber er war enttäuscht.«[31] Genets einzige verläßliche Freunde waren in der Tat Decarnin und Sentein, die beide in ganz Paris herumliefen und nach Eßbarem suchten.
Am 2. August 1943 wurde Genet aus dem Santé-Gefängnis ins Camp des Tourelles überstellt. Kurz darauf erfolgte die Entlassung.

Kaum war Genet aus dem Gefängnis frei, mietete er sich im Hôtel Bisson in der Rue Sainte-Opportune 1 im 1. Arrondissement, nahe der Place du Chatelet ein. Dort verbrachten er und Decarnin oft die Nacht miteinander, allerdings in getrennten Betten. Am 3. August erhielt er von Robert Denoël für *Wunder der Rose* einen Vorschuß in Höhe von sechstausend Franc. Er vollendete die Korrekturen an den letzten Fahnen von *Notre-Dame-des-Fleurs* gemeinsam mit Sentein, der den Großteil der Arbeit an dem Manuskript zwischen März und Juni 1943 erledigt hatte. Nun waren nur noch ein paar offene Fragen zu klären.

Etwa um diese Zeit sprach Genet mit Sentein über die Idee zu einem Theaterstück: *Die Zofen*. Das Stück hatte seine Premiere zwar erst vier Jahre später (am 19. April 1947), aber gedanklich war es im Herbst 1943 bereits recht weit gediehen. *(Unter Aufsicht,* 1949 aufgeführt, war bereits vor den *Zofen* entstanden.)* Sentein hatte gerade die Nacht in der Rue de la Ferronnerie verbracht, wo Jean Decarnin mit seiner Mutter wohnte. Genet, dessen Hotel ganz in der Nähe war, kam am Morgen in die Wohnung und ging mit Sentein zu einem kleinen Platz in der Nachbarschaft, um die Idee zu *Die Zofen* (den Titel schlug Senteil vor) zu erörtern. Nach Genets ursprünglichem Konzept spielte das Stück nicht im Zimmer von Madame, sondern in der Behausung der Zofen oben unter dem Dach. Als Genet seine Fabel von den zwei Schwestern erzählt hatte, die ihre Herrin ermorden, sagte er mit Bezug auf einen sehr bekannten Mordfall der dreißiger Jahre: »Du denkst an die Geschichte der Schwestern Papin, stimmt's? Also, darum geht es nicht!«

Am 24. September 1943, weniger als einen Monat nach seiner Entlassung, wurde Jean Genet erneut verhaftet, diesmal in der Buchhandlung Caffin. Wieder kam er ins Gefängnis La Santé. Zwei Tage darauf schrieb Cocteau: »Genet hat sich fassen lassen. In ihm stecken ein Schwachkopf und zuviel Stolz. Ich schlug ihm die ganze Zeit vor, er solle aus dem Geschäft aussteigen und das Bücherstehlen lassen. Vor zwei Tagen schlafe ich nachmittags in meiner Wohnung. Ich werde von Polizeibeamten geweckt, die mich fragen, ob das Exemplar von [Alain-Fourniers] *Le Grand Meaulnes*, das sie mir zeigen, aus meiner Bibliothek stamme. Später habe ich erfahren, daß Genet gesagt hatte, das Buch gehöre mir, damit man mich befragte und ich sofort erführe, daß er gefaßt worden sei.«[32] Cocteau schaute aus dem Fenster und sah Genet, mit Handschellen an einen anderen Mann gefesselt, auf der Straße stehen. Cocteau schloß zornig: »Er wird immer stehlen. Er wird immer ungerecht sein. Er wird immer denen, die sich Umstände machen, um ihm zu helfen, auf die Nerven gehen.«[33]

Zwei Tage später schrieb Genet an Cocteau und beklagte sich, daß dessen Freunde André Dubois und Maurice Toesca nichts täten, um ihm zu helfen. Ehe Dubois im August 1940 von der neuen Kollaborationsregierung entlassen worden war, fungierte er als Chef der nationalen Polizei beim Innenminister. Während der deutschen Besetzung arbeitete er für eine Filmgesellschaft, Synops, die von Roland und Denise Tual geleitet wurde, und war, in einer völlig anderen Eigenschaft, mit dem Wiederaufbau jener Gebiete von Paris betraut, die Kriegsschäden davongetragen hatten. Auf seine früheren Kollegen bei der Polizei übte er jedoch noch einen gewissen Einfluß aus, und später trat er wieder in die Präfektur ein. Durch Laudenbach hatte Dubois das erste Mal von Genet gehört und »Der zum Tode Verurteilte« zum Lesen erhalten. Dubois gefiel das Gedicht so gut, daß er dessen Autor kennenlernen wollte, den er dann auch traf.

Maurice Toesca hatte ebenfalls eine Position bei der Polizei. Seine Aufgabe war, Probleme zu lösen, die zwischen der deutschen und der französischen Polizei auftraten. Als Verbindungsmann war seine Macht so groß, daß er für Cocteau »den wahren Chef« der Polizei darstellte. Genet scheint vergessen zu haben, daß sich bereits beim letzten Mal alle für seine Rettung eingesetzt hatten. Dubois stattete Cocteau einen Besuch ab und machte seiner Wut Luft: »Er ist ein Dieb, und ich bin der Polizeipräfekt! Er brauchte sich nur nicht wieder erwischen zu lassen.«[34]

Genet schrieb Jean Decarnin, daß er gleich in Einzelhaft gekommen sei, was durch Cocteaus Eintrag unter dem 9. September (»Brief von Genet an Jean Decarnin. Schon in Einzelhaft.«[35]) und durch eine Passage in *Tagebuch eines Diebes* bestätigt wird:

Noch am Tag meiner Ankunft in der Santé – zu einem meiner zahlreichen Aufenthalte dort – wurde ich zum Direktor gebracht: Ich hatte am Guckfenster mit einem Freund geredet, den ich beim Vorbeigehen erkannt hatte. Ich wurde mit vierzehn Tagen verschärfter Haft bestraft und sofort eingesperrt. Am dritten Tag schob mir ein Gefangener, der Hilfsdienst machte, Kippen zu. Die waren von den Häftlingen meiner Zelle, der ich zugeteilt war, ohne bisher einen Fuß hineingesetzt zu haben.[36]

Es besteht auch die Möglichkeit, daß Genet die Sache romantisierte und daß ihn sein Freund Maurice Toesca nicht in Einzelhaft, sondern in einer Einzelzelle untergebracht hatte, damit er schreiben konnte. Anfang November, als Genet aus der Einzelhaft freikam bzw. aus seiner Einzelzelle zurückgebracht wurde, schrieb er an Cocteau, daß die korrigierten Fahnen von *Notre-Dame-des-Fleurs* noch immer in seinem Hotel lägen. Er fügte hinzu, er habe einen Brief von Sentein erhalten:

Er sagt mir auch, daß *L'Arbalète* ihm geschrieben hat. Aber ich versichere dir, daß nichts veröffentlicht werden kann. Die Schriftsteller veröffentlichen zu schnell. Und außerdem kann ein so skandalöser Text nicht in einer Zeitschrift erscheinen, wenn Denoël sogar zögert, ihn unter der Hand zu verkaufen. Eine Zeitschrift, die jeder kaufen kann, ist dir das klar?
... Etwas anderes: Der zweite Teil von *Wunder der Rose* ist bei J. Decarnin. In einem Koffer. ... Ich brauche diesen zweiten Teil dringend, um mein Buch zu Ende zu bringen. Noch etwas anderes: Ich habe kein Papier mehr. Wenn Sentein keines auftreibt, könntest du versuchen, mir welches zu besorgen (am liebsten ein sehr dickes Schulheft, ich schreibe auf den Knien, weil kein Tisch da ist).
... Was soll ich dir sagen über Guy? Die Trennung läßt mich ihn idealisieren. Er nimmt in meinem Werk Wort für Wort den Platz ein, dessen er würdig ist. Das ist meine Art, von Leuten »Besitz« zu ergreifen, die ich liebe. Ich fixiere sie, ich mauere sie lebend in einen Palast aus Sätzen ein. Daß man die Steine schreien hört. Aber, o Herr, wie ich ihn liebe![37]

Dieser Brief gewährt uns einen flüchtigen Blick auf Genet bei der Arbeit, wie er in seiner Zelle hockt und auf den Knien in ein Schulheft schreibt. Der Brief belegt aber auch die Tiefe seiner Leidenschaft für Guy. Am 6. November wurde Genet zu vier Monaten Gefängnis verurteilt. Noch während er hinter Gittern war, erschien in den letzten Tagen des Jahres 1943 die Geheimausgabe von *Notre-Dame-des-Fleurs*. Freilich wurden nur wenige Exemplare verkauft; die wirkliche Verbreitung des Buches mußte bis zum folgenden Sommer warten.
Die Druckkosten für das Buch, so wurde verabredet, sollten halb und halb

auf Denoël und Morihien aufgeteilt werden. Es war bis Ende 1943 fertig gedruckt, doch nur wenige Exemplare, etwa dreißig, wurden aufgebunden, der Rest konnte im August 1944, während der Befreiung, fertiggestellt werden. In jenem Herbst wurde *Notre-Dame-des-Fleurs* schließlich zum Verkauf angeboten, allerdings immer unter dem Ladentisch. Die Exemplare waren sehr teuer und wurden einer Reihe wohlhabender Homosexueller und Kunstliebhaber per Post angeboten. Ein Verlag wurde nicht genannt, vielmehr hieß es, das Buch sei »auf Kosten eines Freundes« gedruckt worden, was eine typische Formel für erotische Bücher war. Der Verlagsort wurde fälschlich mit Monaco angegeben. Denoël bestand darauf, daß das Buch als »Roman« bezeichnet wurde, aber Genet strich diese Benennung in nachfolgenden Ausgaben. Genet betrat die Buchwelt also über den Pornoklüngel, was ihn immer geschmerzt hat. Mit Freuden überarbeitete und zensierte er seine Werke, als sie vom angesehenen Verlag Gallimard publiziert wurden, und noch Jahre später war er imstande, dem Theaterkritiker Bernard Dort die Frage zu stellen: »Bin ich ein echter Schriftsteller oder nur ein Erotikautor?«

Jedes Exemplar der französischen Originalausgabe von *Notre-Dame-des-Fleurs* kostete fünftausend Franc, was etwa tausend neuen Franc entspricht. Morihien, der kürzlich bekannte: »Ich habe damals Genets Buch nicht gemocht, heute weiß ich aber, daß er ein großer Schriftsteller ist«, hatte zwei Freunde aus dem Racing Club de Paris, seiner Wasserballmannschaft, die *Notre-Dame-des-Fleurs* und andere Bücher den Käufern noch am selben Tag, an dem sie bestellt wurden, an die Haustür lieferten. Da es damals nur wenige Autos in Paris gab, fuhren die beiden jungen Männer überallhin mit Fahrrädern oder einer Beiwagenmaschine, eine Vorstellung, die Genet ungemein entzückte.

Morihien hatte selten mehr als ein oder zwei Exemplare im Laden vorrätig, den Rest lagerte er außer Haus. Einmal, als Jean Marais gerade dort war, filzte die Polizei das Geschäft auf verbotene Bücher. Marais, der zu berühmt war, um verhört zu werden, nahm die beiden vorhandenen Exemplare von *Notre-Dame-des-Fleurs* an sich und verließ das Geschäft mit den Büchern unterm Arm. Später veröffentlichte Morihien auch noch anonym die zweite Ausgabe von *Das Totenfest* und zwei Auflagen von *Querelle*.

Der Verweis auf die elegante Literaturzeitschrift *L'Arbalète* in Genets Brief an Cocteau zeigt, daß Genet damals zum erstenmal mit Marc Barbezat und Olga Kechelievitch in Berührung kam, einem Paar, das ihm Freundschaft bezeugte, ihn ermutigte, ihn publizierte und mehr als einmal mit ihm stritt.

Olga war eine hagere, temperamentvolle Schauspielerin aus Montenegro, die bei dem berühmten Regisseur und Schauspieler Charles Dullin in die Schule gegangen war und für die Sartre später einen Part in *Geschlossene Gesellschaft (Huis Clos)* schrieb. (Sie konnte aber dann die Rolle nicht spielen.) Marc entstammte einer alten Schweizer Protestantenfamilie, die mit ihrer Pharmaziefirma in Lyon zu Wohlstand gekommen war. Zu dem Zeitpunkt, als Marc und Olga Genet kennenlernten, waren sie noch nicht verheiratet, sie heirateten aber bald darauf, am 20. Dezember 1943.

Im Herbst 1943 hatte Olga »Der zum Tode Verurteilte« zum erstenmal gelesen. Der Schauspieler Jacques François, ein Mitschüler an Dullins Schauspielschule, hatte ihr das Gedicht zur Lektüre gegeben; er hatte es von Jean-François Lefèvre-Pontalis erhalten, der wiederum ein Freund von François Sentein war.

Olga bewunderte das Gedicht und schickte es an Marc, weil sie der Meinung war, Genet könne ein Autor für dessen neue Zeitschrift *L'Arbalète* sein. Marc hatte sie zu Anfang des Krieges gegründet (daher der kriegerisch klingende Name: *arbalète* bedeutet »Armbrust«). Nach seinem kurzen Gastspiel beim Militär im Winter 1939/40 hatte Marc in der pharmazeutischen Familienfirma zu arbeiten begonnen und sich zum Zeitvertreib mit einer Literaturzeitschrift beschäftigt. Die dreihundertfünfzig Exemplare der ersten sechs Nummern und mehrere Bücher druckte er sogar per Hand, und zwar in seinem Schlafzimmer im Haus seiner Eltern. 1942 brachte er, zum erstenmal überhaupt, Rimbauds *Poèmes zutiques* heraus. 1943, als er auf Genet aufmerksam wurde, veröffentlichte er unter anderem Werke von Sartre, Camus, Lorca, Kafka, Heidegger, Aragon und Éluard.[38]

Über Sentein erhielt Marc Barbezat Genets Adresse: Prison de la Santé, Erste Abteilung, Zelle 27, Rue de la Santé 42. Barbezat schrieb einen Brief an Genet, der mit einer Postkarte antwortete, auf der die Worte standen: »Schicken Sie hundert Franc.«[39]

Bald darauf, am 8. November 1943, schrieb Genet Barbezat einen richtigen Brief, in dem er über Denoël schimpfte, zugab, daß für ihn, Genet, allein Geld von Interesse sei, und Barbezat aufforderte, die Fahnen von *Notre-Dame-des-Fleurs* durchzulesen und einen Abschnitt zur Veröffentlichung in *L'Arbalète* auszuwählen.[40] Dann fügte er hinzu:

In anderthalb Monaten werde ich vielleicht ein kleines Buch von hundert bis hundertfünfzig Seiten fertig haben: »Wunder der Rose«. Es ist das *wundervolle* Abenteuer der letzten fünfundvierzig Tage eines zum Tode Verurteilten. Wundervoll, verstehen Sie.

Später dann meine Erinnerungen – kaum in Romanform, nein, bestimmt nicht – an Mettray. Das wär's.

Wie dieser Brief zeigt, hatte Genet das Werk, aus dem schließlich *Wunder der Rose* wurde, ursprünglich als zwei verschiedene kurze Texte geplant: Als ziemlich freimütigen Bericht über Mettray (mit dem Titel *Kinder des Unglücks*), der gegen Anfang Dezember 1943 »vernichtet« wurde, wahrscheinlich von einem Aufseher, der den Text konfisziert hatte, sowie als »kleines Buch« mit dem Titel *Das Wunder der Rose,* das durch die Lektüre des *Dictionnaire de la Rose* inspiriert worden war. Genet nahm sich vor, eine mittelalterliche Allegorie oder Hagiographie zu schreiben, in der der »Heilige« ein zum Tode verurteilter Sträfling war. Ort der Handlung sollte die königliche Abtei Fontevrault sein, aus der nach der Französischen Revolution ein Gefängnis geworden war, und das Wunder sollte die Verwandlung der Ketten des Gefangenen in Rosengirlanden und die leuchtende Verklärung seines Leibes sein. In einer an *Gargantua* (oder auch *Gullivers Reisen*) erinnernden Passage erkunden Gefängnisbeamte Harcamones riesenhaften Körper und betreten sogar sein strahlend leuchtendes Herz.

Genet beschloß, die beiden Texte miteinander zu verbinden, wie er bereits in *Notre-Dame-des-Fleurs* die Geschichte von dem Dorfschwulen, der er einmal gewesen war, mit der Erzählung von der großstädtischen Transvestitennutte, die er werden sollte, verflochten hatte. Diesmal taten sich ziemlich schwierige technische Probleme auf, denn die zwei Ausgangstexte gehörten ganz unterschiedlichen, ja gegensätzlichen Genres an. Der über Mettray ist realistisch, detailliert, soziologisch erschöpfend, und der andere ist abstrakt (wir erfahren fast nichts über den Häftling Harcamone), lyrisch, feierlich, eher ein Gedicht als ein Roman. Indem er die beiden Texte miteinander verschweißte, überbetonte Genet den Aspekt der Kontinuität und legte den Gedanken nahe, daß viele Ereignisse in Mettray Vorwegnahmen von denen in Fontevrault seien, so wie Bibelexegeten das Alte Testament als Vorahnung des Neuen betrachten. Das ganze Buch hindurch berauscht Genet sich an der poetischen Sprache und einer Metaphorik, die üblicherweise religiös und aristokratisch ist. Er ästhetisiert auch moralische Fragen. So gibt er zwar zu, daß Harcamones Verbrechen (die Ermordung eines kleinen Mädchens und eines Gefängnisaufsehers) »idiotisch« gewesen sein mögen, doch läßt er durchblicken, daß seine eigene Reaktion darauf immer poetisch sein werde: »Ich bin Dichter angesichts seiner Verbrechen, und ich kann nur eines sagen, nämlich, daß diese Verbrechen solche Rosendüfte freisetzen, daß die Erinnerung an ihn wie an seinen

Aufenthalt hier bis an den Jüngsten Tag davon parfümiert bleiben werden.«[41] Hat diese Stelle einen biblischen Ton, so klingt, was folgt, entschieden wie eine Erzählung von der höfischen Pracht des Rittertums. Als Genet auf den Gefängniskorridoren Harcamone begegnet, ist dieser so gerührt, seinen alten Freund aus Mettray wiederzusehen, daß ihn Genet vergleicht mit dem »Herzog von Guise oder einem Ritter aus Lothringen, von denen die Geschichte berichtet, daß sie niedersanken, hingestreckt vom Duft und Anblick einer Rose.«[42]
Um in einem niedrigen, prosaischen Ton beginnen zu können, erklärt Genet, daß er sich nicht mehr zu virilen Männern oder zu »Kindern des Unglücks«[43] hingezogen fühlt, und auch nicht mehr für den Zauber von Abenteuerromanen empfänglich ist. Er hat das Gefühl, für die Welt tot zu sein. Diese Aufkündigung und Enthüllung ist eine rhetorische Strategie, ein Vorgriff auf die stärksten Einwände gegen diese Welt durch den Leser. Recht bald gibt Genet diese Pose auf und beginnt einmal mehr seine Heiligen zu feiern. An einer Stelle unterbricht er sich sogar und stellt fest: »Wieder von der Heiligkeit des lebenslang Verurteilten zu reden, wird Ihnen das Zahnfleisch zusammenziehen, das saure Kost nicht gewohnt ist. Aber das Leben, das ich führe, erfordert diese Abkehr von irdischen Dingen, die die Kirche und alle Kirchen von ihren Heiligen verlangen. Denn diese Heiligkeit öffnet, ja bricht eine Tür auf, die zum Wunderbaren führt. Und die Heiligkeit erkennt man auch daran, daß sie über den Weg der Sünde zum Himmel führt.«[44] Bald ist Genet in vollem Schwung und vergleicht das Theaterhafte des Lebens in Mettray mit der Unabhängigkeit von der gewöhnlichen Welt, deren sich die Prinzen in Stücken von Racine erfreuen. Wenn er über seine Träume von Bulkaen spricht (der im Verlauf des Romans stirbt, im Gegensatz zum realen Vorbild Guy), schlägt der Erzähler einen Ton an, der einen Augenblick an Villon gemahnt: »Wenn er wüßte, wie ich leide, verließe er den Tod und käme, denn seine Grausamkeit war gut.«[45]
Dieser Tonfall wechselt sich mit einer Analyse à la Proust ab. In einer Szene führt der Erzähler Bulkaen vor, wie der einen Mitgefangenen in Mettray beleidigt, indem er ihn eine Tunte nennt, wo er selber doch allen als ein Junge bekannt ist, der sich ficken läßt. Genet schreibt: »Es gibt also Leute, die freiwillig und aus eigenem Antrieb in ihrem intimsten Innern das sind, was sich in der ärgsten Beleidigung ausdrückt, die sie benutzen, um ihren Gegner zu demütigen.«[46]
Trotz des manchmal mystischen Tons ist *Wunder der Rose,* strukturell gesehen, realistischer als *Notre-Dame-des-Fleurs.* In seinem ersten Roman

spielt der Erzähler »Genet« nur eine Nebenrolle als Häftling, der auf seinen Prozeß wartet. Die Hauptfiguren – Divine, Notre-Dame und Mignon – werden entweder als rein masturbatorische Erfindungen oder, im Gegensatz dazu, als reale Menschen dargestellt, die in Phantasiebilder verpackt sind, weil der Erzähler zu wenig von ihnen weiß, um sie mit Tatsachen aus dem realen Leben auszustatten. In *Wunder der Rose* dagegen tritt »Genet« als eine Hauptfigur auf. Er ist kein Träumer mehr, der sich für andere Menschen phantasievolle Lebensläufe ausdenkt. Während Genet in seinem ersten Roman dem Transvestiten Divine seine eigene Kindheit zuschreibt, erhebt er in seinem zweiten in eigenem Namen Anspruch auf seine Jahre in Mettray.

Außerdem ist die Schilderung von Mettray selbst viel lebendiger als die Beschreibung des Dorfes der Kindheit in dem früheren Roman. Während das typische Dorf das eigentliche Zentrum der überkommenen katholischen Werte in Frankreich ist, stellt Mettray in Genets eigener Sicht ein System feudaler Werte und einen Ort dar, den er nie verleugnen, sondern dem er immer seine Anhänglichkeit bewahren sollte. Mettray blieb stets Genets Ideal, zumindest in der Erinnerung, die nahezu militärische, rein männliche Welt, die er sich immer und immer wieder neu zu erschaffen suchte. Da Mettray mit seinem eigenen sexuellen Erwachen verbunden ist, durchtränkt er die Beschreibungen dieses Ortes mit berauschender Sinnlichkeit.

In *Wunder der Rose* entwickelt Genet seine Ästhetik besonders klar. Zum Beispiel erklärt er uns, daß Häßlichkeit ruhende Schönheit ist, daß Schönheit die Projektion von Häßlichkeit ist, und wir durch die Entwicklung gewisser Ungeheuerlichkeiten uns die reinsten Empfindungen verschaffen. Er gibt zu verstehen, daß der Künstler durch die Kunst in seinen Beziehungen zum alltäglichen Leben geschwächt werden kann – von Baudelaire entlehnte Gedanken. Genet versichert uns wiederholt, daß er selbst tot ist und die Notwendigkeit spürt, Mettray zu feiern – das Tote in ihm. Wie die Spätromantiker sieht er keine Möglichkeit, Leben und Kunst miteinander zu versöhnen. Wie sie erhebt er die Kunst über das Leben.

Wunder der Rose ist auch ein Beispiel für Erbauungsliteratur. So wie das Leben eines Heiligen den Verzicht auf normale menschliche Werte darstellt, so haben die großen Verbrecher, die Genet porträtiert, nichts Praktisches oder Weltliches an sich. Beständig vergleicht er sie mit den Mönchen und Nonnen, die vordem Fontevrault bewohnten.

Diese im 11. Jahrhundert gegründete königliche Abtei nahm später die sterblichen Reste von Eleonore von Aquitanien, Richard Löwenherz und Isabella von Angoulême, der Witwe Johann Ohnelands auf (»Jean Sans Terre«

– ein hübscher Spitzname für Genet selber). Im 15. Jahrhundert diente sie als Wohnstatt der Bourbonenprinzessinen (Ludwig XV. zum Beispiel vertraute die Erziehung seiner vier Töchter dieser Institution an). Nach der Französischen Revolution wurden alle religiösen Orden abgeschafft. Napoleon befahl, aus der Abtei eine Strafanstalt zu machen, das Schicksal, das auch anderen Sakralbauten wie etwa Eysses und Clairvaux widerfuhr. 1814 war Fontevrault, von einem überspannten Architekten umgestaltet, als Gefängnis eröffnet worden. Im 19. Jahrhundert beherbergte das Gefängnis zudem zwischen zweihundert und dreihundert Kinder als Sträflinge (vielleicht der Ausgangspunkt für Genets recht unplausible Phantasievorstellung von den eingekerkerten Jungen in Mettray, die sich nach erwachsenen Häftlingen aus dem nahegelegenen Fontevrault sehnen – das, wie wir gesehen haben, gar nicht in der Nähe liegt). Da die Gefangenen in Fontevrault gezwungen wurden, ständig zu schweigen, wurden sie von vielen Besuchern mit den Klosterbewohnern früherer Jahrhunderte verglichen. Das Gefängnis wurde 1963 geschlossen.

Genet ignoriert den größten Teil dieser Geschichte, wählt nur wenige interessante Details aus und baut aus ihnen seine »goldene Legende« zusammen. Seine Feinde, die der Meinung waren, er sei in *Wunder der Rose* mit seiner verzückten Schilderung von Häftling-Mördern zu weit gegangen, hängten ihm den Spitznamen »*la Scudéry du bagne*« an (»die Knast-Scudéry«).[47]

Genets Haftstrafe hätte am 25. Dezember 1943 enden sollen. Doch vor allem aus politischen Gründen, aber auch, um die Probleme zu lösen, die Kleindiebe, Vielfachtäter und Obdachlose darstellten, war während der Okkupation ein neues Gesetz erlassen worden. Dieses Gesetz vom 15. Oktober 1941 erlaubte es dem Staat, jeden einer »administrativen Internierung« zu unterstellen, der als Bedrohung der nationalen Sicherheit betrachtet wurde oder der nicht nachweisen konnte, daß er oder sie einen Beruf, eine feste Wohnung oder legale Mittel zur Verfügung hätte, für den eigenen Lebensunterhalt zu sorgen.

Genet fiel in die zweite Kategorie der unerwünschten Personen und wurde ins Pariser Gefängnis Tourelles verlegt, um dort für unbestimmte Zeit festgehalten zu werden. Das Camp des Tourelles, das sich am Boulevard Mortier 141 im 20. Arrondissement befand, war ein autonomes Lager, das von der Regierung und der französischen Miliz unter der Kontrolle der deutschen Polizei betrieben wurde. Dort internierte man vor allem *résistants* und politische Gefangene, aber es gab auch eine kleine Abteilung, die normalen Kriminellen vorbe-

halten war. Es handelte sich um einen Sammelplatz, von dem aus Gefangene in die Todeslager geschleust wurden. Genet brauchte nicht lange, um das zu begreifen, was seine Entschlossenheit erklärt, hier unter allen Umständen herauszukommen. Diese neue Gefahr löste eine ganze Flut von Briefen und Hintergrundmanövern aus. Am 28. Dezember schrieb er an Barbezat: »Ich bin in einer unerhörten Unruhe. Ich hoffe, Sie spätestens heute morgen zu sehen, als Freigelassener. Ich bin direkt zum Polizeirevier gebracht worden, wo ich ins Depot überstellt wurde, um darauf zu warten, daß mich der Polizeipräfekt als unerwünschte Person ins Konzentrationslager schickt.«[48] Genet drängte Barbezat, Cocteau zu bitten, mit dem Polizeipräfekten Amédée Bussière und mit Maurice Toesca Kontakt aufzunehmen. Barbezat schickte ein Telegramm nach Finistère in der Bretagne, wo Cocteau sich im Château de Fal-Noor aufhielt. Cocteau antwortete, daß er sich mit Bussière in Verbindung setzen werde, einem Mann, der Cocteau derart bewunderte, daß er ihn ständig mit »Meister«[49] anredete. Gleichzeitig schlug Cocteau vor, daß Barbezat selbst mit André Dubois und Maurice Toesca Kontakt aufnehmen solle, und fügte hinzu: »Toesca wird aus Liebe zur Literatur alles tun«, und »Dubois ist wie mein eigener Bruder.«[50]
Toesca war von Amédée Bussière, den er schon länger kannte, in die Polizeipräfektur geholt worden. Er hatte eine solche Leidenschaft für Literatur, daß er diese oft seiner Polizeiarbeit vorzog. Er schickte ein (nie publiziertes oder aufgeführtes) Theaterstück an Cocteau, der es in seinem Tagebuch höflich als »unglaublich (drei Akte)« bezeichnete.[51] Cocteau schreibt: »Statt den Bericht von Bussière am Telefon anzuhören, sagt er [Toesca] (er hat die Grippe) zu Dubois: ›Hat Cocteau mein Stück erhalten?‹ Man versucht, ihm von der Bombardierung zu berichten. ›Hat Cocteau mein Stück gelesen?‹ Man insistiert weiter. ›Wissen Sie, was er davon hält?‹ Er hat vier Tage hinter verschlossenen Türen bei sich zu Hause verbracht und mit Buntstiften die Kostüme für sein Stück gezeichnet. Theaterbesessen denkt Toesca an nichts anderes mehr als daran, daß er aufgeführt wird. ›Das Kriegstheater‹ existiert für ihn nicht mehr. Für ihn zählt nur sein Theater.«[52]
Als Toesca im Jahr 1988 interviewt wurde, hatte er über Genet wenig Positives zu sagen, der, wie er meinte, »eine kleine Kanaille, trotz allem« blieb.[53] Seiner Ansicht nach verdankte Genet den literarischen Erfolg dem »Schwulenmilieu«, und vor allem Cocteau und Dubois, der vor seiner Ehe mit der Schauspielerin Carmen Tessier praktizierender Homosexueller gewesen war. Es muß betont werden, daß Toesca nie Genets Prosa richtig gelesen hat, er räumte allerdings ein, einen flüchtigen Blick auf ein paar von Genets Gedich-

ten geworfen zu haben. Nach dem Krieg sah er Genet einige Male flüchtig, und Genet war jedesmal sehr höflich zu ihm. Toesca lud ihn sogar einmal zu sich nach Hause ein, wo Genet sich umsah und sagte: »Ich suche was zum Mitnehmen.«[54] Dubois half Genet und dessen Freunden gern aus ihren diversen Kalamitäten mit dem Gesetz. Einige Jahre später, von 1947 bis 1950, war er Präfekt des Bezirks Seine-et-Marne, und von Juli 1954 bis 1955 war er Präfekt von Paris. 1955 wurde er zum Botschafter in Marokko ernannt. Er war Genets erster Freund, der wirklich politischen Einfluß besaß, aber er sollte nicht der letzte sein.

Genet suchte stets freundlichen Umgang mit Mächtigen, und dadurch, daß die meisten von denen, die er kannte, eine Schwäche für die Künste hatten und auf seine Anziehungskraft reagierten, bekam er einen schiefen Begriff von Politik. Die äußerst theatralische Sicht der politischen Welt von *Der Balkon* oder sogar von *Die Wände*, wo Rollen austauschbar, Machtsymbole wichtiger als wirkliche Macht und alle bestechlich sind, entstand in Genets Vorstellungskraft, nachdem er die ersten Male mit für künstlerische Eindrücke empfänglichen, oftmals homosexuellen Polizeichefs, Armeeoffizieren und Politikern in Berührung gekommen war.

Nach dem Krieg, als Genet in einem Hotel auf dem Montmartre wohnte und nicht nur ein berühmter Autor war, sondern auch der Mittelpunkt eines Ringes kleiner Diebe, die Ausweise fälschten und Hehlerei betrieben, kam Dubois oft zu ihm zu Besuch, wegen der Vergehen drückte er ein Auge zu. Als Dubois während des Interviews, das er 1986 gab, bemerkte, daß er den Fragesteller schockiert hatte, sagte er: »Sie dürfen nicht überrascht sein. Ich habe immer abseits gestanden, in die Welt der Präfektur bin ich nie ganz eingebunden gewesen. Und außerdem war ich immer am Marginalen interessiert.«[55] Genet, so erinnerte er sich, war immer vollkommen natürlich im Umgang mit ihm und kam bei ihm in der Dienststelle vorbei, um ihn zu bitten, Freunden aus dem Gefängnis zu helfen, die geschnappt worden waren. Diese Welt steht der der Romanze Balzacs sehr nahe, wo ein Erzkrimineller, der homosexuelle Vautrin, zum Polizeichef ernannt wird. Sowohl dieser literarische Vorläufer als auch Genets persönliche Freundschaft mit Dubois mögen das Bild des Polizeichefs in *Der Balkon* geformt haben.

Mit Dubois' Ehefrau, der Schauspielerin Carmen Tessier, kam Genet nicht gut aus, aber er mochte Dubois' Freund, einen Schauspieler, dem er in seinem Stück *Unter Aufsicht* eine Rolle (einer der Häftlinge) gab.

An diese Männer also – Cocteau, Barbezat, Bussière, Toesca, Dubois und

Cocteaus Freund, den Arzt und Mallarmé-Biographen Henri Mondor – wandte Genet sich hilfesuchend, um dem Camp des Tourelles zu entkommen. Ende Dezember 1943 bat er Marc Barbezat, sich für ihn direkt bei Toesca zu verwenden, verzweifelt setzte er hinzu: »Sagen Sie mir, was Sie wegen *Notre-Dame-des-Fleurs* beschlossen haben. Drucken Sie es so bald wie möglich. Ich akzeptiere Ihre Bedingungen, ganz gleich, wie sie sind. Nur anständig sollten sie sein.«[56] (Genet hoffte, Barbezat würde den Roman in einer handelsüblichen, jedermann zugänglichen Ausgabe herausbringen. Seinen Vertrag mit Morihien sah er als leicht zu umgehen an, ebenso seine Verpflichtung, weitere Werke zu liefern. Ja, im Falle von *Notre-Dame-des-Fleurs* meinte er sogar, der Vertrag räume Morihien nur das Recht zu einer einzigen Auflage ein. Genet war überzeugt, er habe sich das Recht vorbehalten, die Rechte an folgenden Ausgaben zu verkaufen – wogegen Morihien später zu Felde zog.) Er stellt *Wunder der Rose* in Aussicht. Der Roman solle, wie er schreibt, besser werden als *Notre-Dame-des-Fleurs*, das er »ein bißchen aufgedonnert und oft unecht«[57] findet: »Ich wünsche *Wunder* alles Gute. Ich tue meine ganze Seele und mein ganzes Talent hinein.« Er bittet Barbezat, für ihn an Guy Noppé, der noch in der Santé einsaß, zu schreiben. Und schließlich bittet er für sich um ein Päckchen mit Lebensmitteln, Seife, Tinte, Briefmarken und zwei dicken Schulheften.

Einen oder zwei Tage später war er noch besorgter, weil er drauf und dran war, »als unerwünschte Person in ein Konzentrationslager« geschickt zu werden. Er erklärte: »Man wirft mir vor, ich hätte keinen legalen Lebensunterhalt. Ich antworte vergeblich, daß ich schreibe, man glaubt mir nicht, und man glaubt mir nicht, daß ich davon leben kann.«[58] Erneut drängte er Barbezat, sich zu entschließen, *Notre-Dame-des-Fleurs* neu aufzulegen und den Polizeichef Bussière persönlich aufzusuchen und ihm zu versichern, daß er mit seinem »Buch einiges Geld verdienen werde«. Und er stellte Barbezat die »dreihundertfünfzig Seiten«, die er von *Wunder der Rose* bereits fertig habe, als Köder in Aussicht.

Am 30. Dezember 1943 machte Barbezat Genet endlich einen Besuch im Gefängnis. Von Jean Decarnin begleitet (von dem Genet schon drei Wochen nichts mehr gehört hatte), brachte Barbezat ein Päckchen von Olgas Schauspielerkollegen Jacques François mit, der in Genet ein bißchen verliebt gewesen zu sein schien oder ihn zumindest ungeheuer bewunderte. (Genet schrieb ihm: »Ich bin Freunde nicht gewohnt, und ganz gleich, wie übertrieben Ihr Brief ist, er ist nicht lächerlich, weil er hochherzig ist.«[59]). Barbezat erinnert sich, daß er Genet in einer Halle traf, die groß wie ein Refektorium und voller

Häftlinge mit ihren Familien war. Genet erschien und errötete, wobei die Farbe durch seinen weißen Rollkragenpullover noch gesteigert wurde. Später äußerte Barbezat: »Ich war beeindruckt von seinem Aussehen als Mann der Literatur. In der Folgezeit pflegte Genet uns oft zu fragen: ›Sehe ich aus wie ein Schriftsteller?‹ Wir fanden es nicht. Aber bei dieser Begegnung hatte ich einen sehr starken Eindruck.«[60] Genet schenkte ihm ein Exemplar von »Der zum Tode Verurteilte« mit der Widmung: »Für meinen Freund, der mein einziger Verleger sein wird, weil er jung ist.« Offensichtlich hatte Genet, über Denoëls Feigheit verärgert, die dieser bei der mißlungenen Verbreitung von *Notre-Dame-des-Fleurs* an den Tag gelegt hatte, Barbezat als zuverlässiger eingeschätzt: einen ernsthaften, protestantischen, bürgerlichen Heterosexuellen und Kunstliebhaber.

Kurz vor dem Treffen mit Genet hatte Barbezat seinetwegen Toesca und danach Bussière aufgesucht. »Von Posten der berittenen Sicherheitskräfte flankiert, stieg ich eine riesige Treppe zum Büro des Polizeichefs hinauf.«[61] Dort erfuhr er, daß er für Genets Fähigkeit, seinen Lebensunterhalt zu verdienen, bürgen müsse. Am 27. Dezember garantierte Barbezat auf dem Briefpapier seiner pharmazeutischen Firma, daß er Genet eine Stellung verschaffen, oder, sollte das nicht gelingen, eine monatliche Unterstützung zahlen werde. Diese Garantie wurde schließlich der entscheidende Faktor für Genets Freilassung, die allerdings erst drei Monate später erfolgte. Marcs Vater war wütend, als er erfuhr, daß sein Sohn ein Dokument unterschrieben hatte, zu dessen Erfüllung er weder das Geld noch die Position hatte.

In der Zwischenzeit setzte Genet alles daran, sein neues Buch fertigzustellen und dem Abtransport in ein Konzentrationslager zu entgehen; Mitte Januar 1944 erfuhr er, daß Ende des Monats ein Kontingent Gefangener in ein Lager verlegt werden würde, und er schrieb an André Dubois und bat ihn, sich für ihn zu verwenden (und sich bei Cocteau über dessen Schweigen zu beklagen).[62] Er war zu allem bereit, um aus dem Camp des Tourelles herauszukommen, und hätte sich der Organisation Todt angeschlossen, einem Baukorps der Wehrmacht, das unter anderem die Blockhäuser an der französischen Atlantikküste errichtete.

Genet schrieb oft an Barbezat, wobei er ihm die Publikationsrechte sowohl für *Notre-Dame-des-Fleurs* als auch für *Wunder der Rose* in Aussicht stellte, vorausgesetzt, daß *Notre-Dame-des-Fleurs* als erstes erschiene (was bestätigt, daß Genet seine Bücher als Sequenz sah). Er bat um die Gedichte von Jehan Rictus, *Selbstgespräche eines Armen (Soliloques du pauvre)*, als Quelle für Argotausdrücke, bei denen er sich nie sehr sicher fühlte.

Rictus' *Soliloques* waren zwar schon 1897 erschienen, aber der Argot vom Montmartre veränderte sich so langsam, daß selbst ein Buch, das vierzig Jahre alt war, von Nutzen sein konnte. Rictus war mit Apollinaire, Max Jacob und Francis Carco sowie mit Léon Bloy befreundet gewesen. Seine Gedichte, in denen sich das in äußerster Armut geführte Leben der Bohemiens um ihn herum widerspiegelte, hatte er in den Cafés auf dem Montmartre vorgetragen.[63] Es ist seltsam, daß Genet eine literarische Quelle für Argotausdrücke brauchte. Er scheint vergessen zu haben, daß er in einem früheren Brief Céline wegen dessen unidiomatischer Benutzung von schmutzigen Wörtern kritisiert hatte, wobei er argumentierte, daß er, Genet, Wörter wie *»bite«* (»Schwanz«) und *»enculer«* (»arschficken«) in das Gefüge seiner Prosa integrierte, während Céline lediglich mit Zoten *(»gauloiseries«)* herumspiele. Genet forderte Barbezat auf, als Verleger so mutig zu sein, wie er, Genet, es als Schriftsteller sei.[64]
Am 14. Januar 1944 bat Genet Barbezat, seine Gedichte »Der zum Tode Verurteilte« und »Trauermarsch« unter dem Obertitel *Heimliche Gesänge* zu veröffentlichen. Für die neue Fassung von »Der zum Tode Verurteilte« schlug er vor, die Sternchen zwischen den Abschnitten durch Blumen zu ersetzen – symbolisch, als Veränderung weg von Cocteaus berühmten Sternen zu seinem eigenen Erkennungszeichen. Er bat auch um ein erstes Treffen mit Olga Barbezat, die ihn schließlich am 21. Januar 1944 im Camp des Tourelles besuchte. Genet wünschte sich, daß sie die Rolle der Elvira in seinem Stück *Don Juan* spielte oder irgendeine andere Rolle, die er für sie schreiben würde. Er fand sie »nett« *(»gentille«)*, allerdings sollten ihre feurigen Charaktere bald aufeinanderprallen.
Die erste Begegnung verlief jedoch äußerst höflich. Genet »empfing« Olga, als betrete sie seinen Salon. Sie war mit Jean Decarnin gekommen, der einen Koffer voller Sachen für Genet mitbrachte. Genet stellte den Koffer hochkant und bestand darauf, daß Olga darauf Platz nehme. In dem großen, überfüllten Raum war sie die einzige, die saß. Genet fragte sie (eine seiner bevorzugten Eingangsfragen): »Sie sind Lesbierin?« Olga verneinte. »Schade. Sie sehen ganz so aus.«[65] Decarnin trug eine breite Krawatte zu einem weißen Zweireiher. Genets Gesicht wurde sehr finster. Ihm gefiel nicht, wie die Krawatte gebunden war, und er knotete sie neu. »Er benahm sich wie ein Kammerdiener«, erinnerte sich Olga.[66]
Als Genet erfuhr, daß Olga Montenegrinerin war, ließ er ein paar kräftige Flüche los, die er im Gefängnis in Jugoslawien gelernt hatte. Ihm fiel auch ein Lied ein, das er im Gefängnis gehört hatte, ein bekanntes Lied aus jener Zeit (auf französisch *»Une nuit seulement«)*; Olga kannte es und sang es ihm vor,

und Genet, entsann sie sich, war »tief gerührt«. Sie sagte, er war zu sehr leidenschaftlichen Gefühlen imstande, die ihn recht hübsch erscheinen ließen.

Die beiden wurden augenblicklich Freunde, und gegen Ende Januar schrieb Genet Olga einen Brief in das Theaterhotel (das Racine neben dem Odéon), wo sie in Paris wohnte, und beklagte sich, daß Marc ihm immer noch nicht alles Geld, das er ihm schuldete, gebracht habe (und das Genet brauchte, um sich Lebensmittel zu kaufen): »Meine liebe Freundin«, schrieb er, »Sie wissen nicht hinreichend, was Hunger ist. Ich habe nie gespaßt, und heute, wo mich der Zorn hinreißt, am allerwenigsten.«[67] Genet drohte, wenn Marc ihm nicht sofort ein dickes Freßpaket bringe, habe er nicht mehr das Recht, irgendeinen von seinen Texten zu veröffentlichen. Wie er sich später erinnerte, waren die Gefängnisrationen während der deutschen Besetzung äußerst karg: nur ein Viertel Laib Brot pro Tag und eine sehr wässerige Suppe, in der sich nie Fleisch fand.

Olga persönlich brachte ihm zu essen, und Genet sorgte dafür, daß er durch einen Bekannten, den er über François Sentein kennengelernt hatte, Jean-François Lefèvre-Pontalis, mit weiteren Lebensmittelpaketen versorgt wurde. Sie wurden von dem freigebigen Besitzer eines damals populären Nachtclubs, Chez Tonton an der Place Blanche, spendiert, und Tonton stellte sie selber zusammen. Pontalis, ein reicher junger Mann, der mit der Automobilfamilie Renault verwandt war, schrieb auch einen (wahrscheinlich von Cocteau diktierten) Brief an Maurice Toesca, in dem er ihn bat, sich für Genet zu verwenden. Pontalis war der erste Mensch, dem Genet die Erstfassung von *Wunder der Rose* zeigte – und er war offensichtlich jemand, dessen Meinung Genet respektierte. Zu dieser Zeit bat Genet Olga, nicht nur die erste Fassung von *Unter Aufsicht* zu lesen (er nannte das Stück immer noch *Pour la belle*), sondern auch seinen *Heliogabal* und seinen *Don Juan*. Marc erinnert sich, daß Genet sich schon zu diesem frühen Zeitpunkt ein Stück ausgedacht hatte, dem er später den Titel *Splendid's* gab (damals nannte er es noch *Le Toupet célèbre*). Es handelte von Gangstern, die ein Hotel und eine amerikanische Erbin in ihre Gewalt gebracht haben.
Immer wieder verlangte Genet dringend Lebensmittel. Am 14. Februar 1944 schrieb er an Olga: »J. F. L. P. [Jean-François Lefèvre-Pontalis] hat mir ein Paket von Ihnen gebracht, es war höchste Zeit, ich kam um vor Hunger. Man hat mir auch ein Paket übergeben, das von Dorat [Decarnin] zu stammen scheint. Da war es ebenfalls höchste Zeit. Endlich geht alles besser. Ich bin ruhiger. Aber Sie werden verstehen, daß man in meiner Lage durchaus das

Recht hat zu wünschen, daß alle Spielregeln beachtet werden. Ich bin nicht anspruchsvoll, aber ich bedarf eines Minimums, denn ich gebe keine Mindestrendite ab. Meine Arbeit geht hartnäckig weiter, und das unter solchen Bedingungen, daß die Aufgabe derer, die sie mögen, die ist, sie zu ermöglichen. Marc redet zu mir von *Ruhm*, von *Vermögen*, aber nein, das ist ein Witz, ich pfeife auf das eine wie das andere. Was sucht der da. Nein, man muß einen schönen kleinen Job haben, regelmäßig, seriös. Keine Windbeutelei, kein Schmus, kein Drama.«[68] Im selben Brief schrieb Genet, er habe *Wunder der Rose* fertig. Am 16. Februar schreibt er dagegen, daß er noch »am zweiten Teil von *Wunder*« arbeite.[69] Und am 28. Februar schreibt er wiederum, daß er *Wunder der Rose* soeben vollendet habe.

Zwischen den häufigen Klagen über seinen Mangel an Lebensmitteln (mindestens die Hälfte der Zeit, in der Genet *Wunder der Rose* schrieb, litt er Hunger, was vielleicht zum Teil den exaltierten, halluzinatorischen Ton des Buches erklärt), erinnerte Genet seine Freunde ständig und mit Schärfe an seinen Wert als Schriftsteller. Er wußte, daß er einen echten Beitrag zur französischen Literatur leistete. Indem er für sein Leben stritt, war es ihm möglich, auf sein Talent hinzuweisen.

Vielleicht betonte er sein Talent auch aus einem anderen Grund: Ihm schlug nämlich von den politischen Häftlingen Verachtung entgegen. In Tourelles waren die meisten Gefangenen politische (das heißt kommunistische) Dissidenten, und die Vorstellung, mit gewöhnlichen Kriminellen in einen Topf geworfen zu werden, entsetzte sie. Auf einer Seite, die er später aus *Tagebuch eines Diebes* strich, erwähnt Genet einen Freund, einen spanischen Arzt und Revolutionär, welcher »der einzige politische Gefangene [war], der sich zu Vertraulichkeit mit einem normalen Häftling herabließ«.[70] Dieser Mann spielte Gitarre und brachte Genet mit dem Menuett aus *Don Giovanni* ein Ständchen. Genet hatte erwartet, bei den Dissidenten auf Solidarität zu stoßen, lagen doch seine persönlichen Sympathien besonders seit seiner Freundschaft mit Decarnin bei den Linken. Nun mußte er jedoch feststellen, daß er von den linken Mitgefangenen abgewiesen und außerhalb des Gefängnisses von rechtsgerichteten Ästheten und Kollaborateuren hoch geachtet wurde. Kein Wunder, daß er sich mehr und mehr einer politischen Einstellung näherte, die, im Nietzscheschen Sinne, eher ästhetisch als moralisch war, und Werten, die Randglieder der Gesellschaft achteten. Zwanzig Jahre später erklärte er dementsprechend, er sympathisiere mit Kennedys Mörder Oswald: »Nicht weil ich einen besonderen Haß gegen Präsident Kennedy empfinde: Er interessiert mich überhaupt nicht. Aber dieser einzelne Mann, der entscheidet, sich

einer so stark organisierten Gesellschaft wie der amerikanischen und auch der abendländischen Gesellschaft oder sogar der gesamten Gesellschaft der Welt entgegenzustellen, die das Böse verurteilt, ah ja! da bin ich eher auf seiner Seite. Ich sympathisiere mit ihm, aber auf dieselbe Art, wie ich mit einem sehr großen Künstler sympathisieren würde, der allein gegen eine ganze Gesellschaft steht, nicht mehr und nicht weniger. Ich halte es mit jedem, der allein ist.«[71]
Lange Zeit blieb Genet auf Distanz zur Politik im allgemeinen. Zur Zeit der Befreiung weigerte er sich, sich am allgemeinen Überschwang der Résistance zu beteiligen; im Gegenteil, er blieb bei seiner provozierenden und vieldeutigen Sympathie für die Kollaborateure und die Deutschen. Diese komplizierte Gefühlsmischung inspirierte ihn zu seinem nächsten Buch, *Das Totenfest,* war aber auch die Quelle seines lebenslangen Mißtrauens gegen organisierte linke Politik und seiner Parteinahme für am Rande der Gesellschaft stehende, ja »unmögliche« Gruppen wie die Palästinenser, die Black Panthers und die Leute um Baader-Meinhof.

Mit *Das Totenfest* brachte Genet die meisten französischen Leser der damaligen Zeit gegen sich auf, weil er darin ständig ein Loblied auf die französischen Milizionäre sang, Verräter, die Frankreich die Treue gebrochen hatten. Er nannte die Miliz »den idealen Punkt, an dem sich Dieb und Polizist treffen und vermengen«.[72] Das Camp des Tourelles unterstand der Miliz, der erst 1944 volle Freiheit bei der Unterdrückung aller Formen von Widerstand eingeräumt worden war. In einer anderen, später aus *Tagebuch eines Diebes* gestrichenen Passage erzählt Genet einem Mitgefangenen im Hinblick auf das Schicksal bürgerlicher *résistants* in Dachau: »Stelle dir mein Glücksgefühl vor, das ich beim Anblick dieser Typen empfinde, die einen Scheiß auf mich gaben, als ich hinter drei Meter dicken Mauern saß, und die jetzt einem idiotischen Bewacher ausgeliefert sind, von Kugeln durchsiebt, ausgehungert, inmitten von Stacheldraht.«[73] An einer weiteren gestrichenen Stelle versicherte er, keinen substantiellen Unterschied zwischen der Haft, die er in Frankreich durchgemacht habe, und den deutschen KZs zu sehen. Er behauptet, beide seien Blätter vom selben Baum.

Am Morgen des 14. Februar wurde Genet in das Hôpital Tenon (Rue de Chine 2) gebracht, wo ein Arzt ihn untersuchte und seine Nieren röntgte. Der Arzt entschied, Genet solle in ein Krankenhaus eingeliefert werden, er sagte aber nicht, in welches. Genet fürchtete, ins Hôtel-Dieu (gleich neben Notre-Dame) gebracht zu werden, weil er gehört hatte, daß es in diesem Krankenhaus

Gefangenenzellen gebe. Dann erfuhr er, daß Dr. Mondor ihn zu einer Untersuchung ins Krankenhaus Salpêtrière bringen lassen wolle.

Als am nächsten Tag nichts passierte, schrieb Genet an Cocteau: »Ich bin sehr beunruhigt – ich habe Angst, in ein Lager deportiert zu werden, da Tourelles nur ein Ort zur Überprüfung von Gefangenen ist. Würdest du, Jean, so nett sein, mir mitzuteilen, ob ich mich auf Mondor wirklich verlassen kann? Es ist unbedingt notwendig, daß ich das weiß, damit ich keine Möglichkeit, welche auch immer, auslasse, um hier auf jede nur mögliche Weise herauszukommen.«

Am 23. Februar 1944 erwähnt Maurice Toesca Genet zum erstenmal in seinem Kriegstagebuch: »Cocteau und André Dubois, ehemaliger Chef der Polizei beim Innenministerium und jetzt Leiter des Hilfsdienstes für bombardierte Bezirke, baten mich, [in Genets Fall] zu intervenieren. Sein Dossier ist schwindelerregend. Dieser Dichter ist nicht Teil der Gesellschaft. Ich denke an Villon, der ebenfalls ungesellig gewesen sein muß, an Verlaine, der sein ganzes Leben lang ungesellig, an Rimbaud, der es eine Zeitlang war. In diesen Augenblicken, da Frankreich gezwungen ist, von seinem Ruhm zu zehren, fühle ich, was für ein ungeheurer Jammer es für uns wäre, keinen Villon oder Verlaine oder Rimbaud zu haben.«[75] Nach der Bemerkung, Genet sei es wert, daß man ihm helfe, selbst wenn er nur ein unbedeutenderer Dichter sei, denn unbedeutendere Dichter machten eine große Nation aus, vermerkt Toesca, daß er den Lagerleiter gebeten hat, Genet zu sich zu rufen, mit ihm zu sprechen, und »ihn zu zähmen«. Er fügte hinzu: »Heute habe ich Genet ein Paket leerer Blätter zukommen lassen, auf die er schreiben kann. Sein Roman wird dem Polizeichef übergeben werden, der ihn dann an die von Genets Freunden engagierte Maschinenschreiberin weiterleitet. Einige von Genets Freunden meinen, das ist die beste Lösung, denn, so sagen sie, er kann nur schreiben, wenn er in Haft ist. Ich würde gerne lange genug leben, um den Wert unter anderem dieser meiner Taten beurteilen zu können, bei denen ich zugunsten des Geistes Partei ergreife.« Zum Glück hat der Lagerleiter *Wunder der Rose* nie gelesen, denn der Roman ist ein Lobgesang auf das Verbrechen, eine Glorifizierung des Analverkehrs, eine respektlose Verhöhnung der katholischen Kirche und ein Batzen Spucke ins Gesicht jeder »anständigen Gesellschaft«.

Zwei Tage darauf schrieb Genet an Amédée Bussière persönlich. Er beruft sich auf Cocteau und Dr. Mondor als Freunde, die ihm versichert hätten, auf den Polizeichef könne man sich in einer ernsten Lage verlassen. Er argumentiert, wenn ihm seine Dichtungen auch die Wertschätzung einiger der größten

Geister der Gegenwart eingetragen hätten,»steht gegen mich die Tatsache, daß ich ein mieser Typ bin« *(un mauvais sujet).* Aber die meisten seiner Diebstähle, versichert er, wurden aus großer Not begangen, und nun »bürgt« M. Marc Barbezat »für mich, weil meine Arbeit, meine Bücher mich demnächst reich machen werden.« Leider sei das Camp des Tourelles kein guter Ort zum Arbeiten. Obgleich M. Toesca Vorkehrungen getroffen habe, daß er dort ein wenig schreiben könne, »sind die Aufgaben der architektonischen Komposition eines Romans inmitten von Lärm nicht zu lösen«.[76]
Um dem Lärm zu entgehen (aber wahrscheinlich eher, um darum herumzukommen, in ein Todeslager geschickt zu werden), hatte Genet einen Plan ausgeheckt, wonach er ins Krankenhaus eingeliefert und von Dr. Mondor wegen einer »Nierentuberkulose« behandelt werden solle. »Was das Übrige angeht, so wird mein Buch mir die Türen öffnen, da bin ich sicher. Wenn ich in meinem Vorhaben scheitere, soll niemand mich verspotten, denn ich wollte Frankreich einige seiner schönsten Bücher schenken ... Meine Bücher setzen sich aus meinem Leben zusammen. Cocteau, Mondor, Jouhandeau lieben meine Bücher, was eine freundliche Empfehlung ist, aber nun kommt es darauf an, daß mein Leben nicht verdammt und abgekürzt wird, zumindest noch nicht gleich.« Hier finden sich mehrere Elemente von Genets Persönlichkeit zur damaligen Zeit vereint: das klare Bewußtsein seiner Genialität, die Gewißheit, einen bedeutenden Beitrag zur Literatur zu leisten, der verständliche Drang, jeden denkbaren Namen fallen zu lassen, oder jeden möglichen Hebel in Bewegung zu setzen, der ihm das Leben retten könnte (verbunden mit der natürlichen Redegewandtheit eines Hochstaplers), die schonungslose hohe Ernsthaftigkeit, die Überzeugung, daß sein Leben und seine Kunst miteinander austauschbar sind und daß beide gerettet werden müssen.
Um alle Möglichkeiten auszuschöpfen, schickte Genet auch einen Brief an Toesca, in dem er ihm für das Papier dankte: »Mir Papier zu schenken, ist, als würde der Laden eines Geigenbauers in der Straße sich auftun ..., um einem armen Musiker ein Instrument zum Spielen zu geben. In letzter Zeit habe ich mir Notizen auf Vorsatzblätter, auf Einwickelpapier gemacht ...« Dringender äußerte er die Bitte an Toesca, ihn in die Salpêtrière gehen zu lassen. Es war kein Gefängniskrankenhaus, aber Genet versprach, nicht wegzulaufen. »Da unsere Beziehung nicht die eines Taugenichts zu einem Polizeifunktionär, sondern eher eine von Dichter zu Dichter ist, weiß ich, Sie werden nicht so grausam sein, mein Wort anzuzweifeln oder sich über mich lustig zu machen. Ich bin krank, und ich ersuche vor allem um einen Platz, nicht mehr im Gefängnis, wo ich ein Buch schreiben kann. Es wird *Notre-Dame-des-Fleurs*

abschließen, das Mondor, wie er mir sagt (mein Herr, ich verteidige mich so gut ich kann, mit meinen Waffen, verurteilen Sie mich nicht), wie er mir sagt, sehr bewundert. Ich weiß, es ist nichts als Höflichkeit, aber ich habe das Recht, mich von solcher Höflichkeit bis zur Eitelkeit berühren zu lassen.«[77] Welchen Roman meinte er als Abschluß von *Notre-Dame-des-Fleurs*? Vielleicht *Tagebuch eines Diebes*, das bereits in dem Vertrag mit Paul Morihien geplant war und das in gewisser Weise das autobiographische Projekt, das mit *Notre-Dame-des-Fleurs* begonnen und sich in *Wunder der Rose* fortgesetzt hatte, vervollständigte.

In seinem Brief an Toesca versucht sich Genet noch einmal peinlich in geckenhafter Eloquenz, die, verglichen mit dem unbeschwerten Ton gegenüber Cocteau oder Barbezat, arg gequält erscheint. Am Schluß des Briefes schreibt er: »Nehmen Sie meinen Brief freundlich auf, und glauben Sie mir, als Strolch und Dichter bin ich es doppelt wert, gerettet zu werden.«
Dr. Mondor war offensichtlich davon überzeugt (vor allem durch das Zutun Cocteaus), daß Genet gerettet werden müsse. Er schrieb an den Polizeichef, daß Genet in einem Atem mit Villon, Rimbaud und Verlaine zu nennen sei und Papier und Einsamkeit nötiger brauche als Erholung und Gesellschaft.[78]
Unter der Hand aber gestand er Toesca ein, daß Genet ein »böses Flackern in den Augen« habe und »rachsüchtig« sei.[79]
Genet vertraute Cocteau an, wenn alle Versuche, ihn in ein Krankenhaus zu verlegen, scheitern sollten, würde er ausreißen: »Ich schulde es mir, diesen letzten Versuch zu wagen.« Er setzte hinzu, sollte der Versuch, verlegt zu werden, mißglücken, »bin ich völlig gescheitert, und ich werde die Flucht auf andere, riskantere Weise versuchen«.[80]
Zum Glück gelang der Plan. Genet hatte jetzt einen sicheren Halt im System von Privileg und Macht, und er lernte rasch, wie man darin weiter nach oben gelangt. Selbst die Männer, deren er sich bediente, waren über seine Erfolge erstaunt. Am 14. März vertraute Toesca seinem Tagebuch an: »Wenn Villon, Verlaine in unseren Zeiten gelebt hätten, hätten sie da ein anderes Schicksal gehabt? Da haben wir den gut behandelten Monsieur Genet. Zum erstenmal vielleicht wird ein Mensch nach seinen Gaben (selbst angeblichen Gaben) und ganz und gar nicht nach seiner gesellschaftlichen Unverträglichkeit bewertet.«[81]
Genet spielte Toesca gegenüber weiter seine Trumpfkarte aus, die hieß: Ein Künstler wendet sich an einen anderen. Er erwähnt, daß Pontalis, als er Toesca in seinem Büro besuchte, Rimbauds *Eine Zeit in der Hölle* auf dem Schreibtisch habe liegen sehen. Das »genügte mir, um Vertrauen zu Ihnen zu haben,

und ich danke Ihnen wie ein Dichter dem anderen. Es ist schon wunderbar, daß Dichter einen Verbündeten, selbst unter der Polizei, finden, auch wenn der Dichter ein mieser Kerl ist, den man eingesperrt hat. ... Werden Sie M. Mondor unterstützen, wenn er darum bittet, daß ich in eine Klinik komme? Natürlich bin ich krank, aber außerdem habe ich ein derart dringendes Bedürfnis zu arbeiten, daß ich wirklich glaube, ich leide mehr darunter, daß ich nicht schreiben kann, als an meinen Nieren.«[82]
Mondor schrieb an Bussière, er habe Genet untersucht und festgestellt, daß dieser wirklich etwas an den Nieren habe – in der linken Niere eine dreißigprozentige Verringerung der salzsauren Funktion und in der rechten Anzeichen für eine Zyste. Dieses Nierenproblem hatte Genet sein Leben lang, und er gab aus diesem Grund das Trinken vollkommen auf.»Es bestehen also in der Tat Funktionsprobleme und vielleicht eine organische Schädigung, die eines Tages eventuell operiert werden müßte.« Mondor schließt als echter Mann von Welt, der zu seinesgleichen spricht:»Sie haben sicherlich dieselbe Einstellung wie ich: Wenn dieser labile junge Mann außergewöhnliche Gaben besitzt, würde man ihm gern weniger strenge Arbeitsbedingungen verschaffen. Und es wäre kein ungewöhnlicher juristischer Akt. Wenn seine Fehler verzeihlich sind, werden Sie sie nach Ihrem Gewissen, Ihrem Herzen und unseren bescheidenen Informationen beurteilen.«[83]
Wenn die französischen Beamten so vorsichtig waren, dann zweifellos darum, weil sie fürchteten, von den strengeren Deutschen wegen juristischer Verstöße getadelt zu werden. Toesca war es zum Beispiel gelungen, Picassos Aufenthaltsgenehmigung in Frankreich zu verlängern (trotz der Tatsache, daß Picassos Werk für die Nazis der Inbegriff von »Negerkunst« war), doch bald nach der Genet-Angelegenheit wurde er von Bussière dafür ins Gebet genommen, die Frau des Dichters Robert Desnos informiert zu haben, daß ihr Mann von der Gestapo festgehalten wurde.
Während Cocteau und sein Kreis alles unternahmen, um Genet zu retten, wurden andere prominente Schriftsteller verhaftet und umgebracht. Desnos wurde am 22. Februar 1944 von der deutschen Polizei festgenommen, weil er während des Krieges Gedichte veröffentlicht hatte, die offen antideutsch waren. Er wurde zunächst zur Gestapo in der Pariser Rue des Saussaies gebracht, dann in ein Lager in Compiègne und schließlich, trotz vieler Briefe zugunsten seiner Sache, nach Deutschland. Er starb einen Monat nach Kriegsende an Typhus.[84] Einer von mehreren Versionen zufolge war Desnos im letzten Moment von einem früheren literarischen Gegner, Alain Laubreaux, Herausgeber der faschistischen Zeitung *Je Suis Partout*, denunziert worden.

Desgleichen wurde der Dichter Max Jacob, der zwar als Jude geboren, aber schon lange zum Katholizismus übergetreten war und seit 1921 in einem Kloster lebte, Ende Februar 1944 verhaftet und ins Lager nach Drancy gebracht, wo er am 4. März an einer Lungeninfektion starb, während er »Ich bin bei Gott« flüsterte.[85] Alle Freunde von Jacob hatten getan, was sie konnten, um ihn zu retten – Picasso, Éluard, Mauriac und Cocteau –, aber der Entlassungsbefehl war zu spät eingetroffen.

Ironischerweise wurde in dieser Zeit sogar Marc Barbezats Frau Olga verhaftet. Eines Nachmittags hatte sie François Verney besucht, einen Schauspielerkollegen, der sich gern Freunde zum Tee und zum Plattenhören einlud. Ohne daß Olga etwas davon wußte, war Verney ein Anführer der Résistance. Am 10. Februar 1944 wurden Verney und alle seine Gäste von den Deutschen geschnappt und ins Gefängnis gebracht. Olga verbrachte hundert Tage in Fresnes, was der absolute Tiefpunkt ihres Lebens war. Genet fragte sie, warum sie über ihre Erlebnisse nicht schreibe, aber sie war zu verzagt, um an eine schöpferische Aufgabe zu denken. Schlimmer noch, die plötzliche Verhaftung brachte sie um ein wichtiges Theaterengagement. Sartre hatte *Geschlossene Gesellschaft* für sie geschrieben; sie sollte das Stück mit Wanda Kosakiewicz und Camus spielen. Die Proben hatten Weihnachten 1943 begonnen. Nach ihrer Verhaftung zog sich Camus, der bis Kriegsende damit warten wollte, aus der Produktion zurück, und die ganze Besetzung wurde geändert. Mit der neuen Besetzung kam dann das Stück am 27. Mai 1944 im Théâtre du Vieux-Colombier heraus.

Gegen Ende Februar schrieb Genet an Barbezat: »Ich habe von dem großen Unglück erfahren, daß Olga verhaftet wurde. Es tut mir leid, ihr so strenge Briefe geschrieben zu haben. Das Schlimme ist, daß man nichts ahnt vom Leid der anderen, von den Gefahren, denen sie sich aussetzen. Verzeihen Sie mir.«[86] Er fragt, ob Toesca und Bussière nicht helfen könnten, und übermittelt Olga sein Mitgefühl. All die kommenden Monate, bis Olga freigelassen wurde, erkundigt sich Genet mit echter Anteilnahme nach ihr. Im März schreibt er an Marc: »Sie kennen die Angst, ein Wesen, das Ihnen teurer als Ihr Augapfel ist, lebendig begraben zu wissen. Sie haben meine ganze Freundschaft, Marc, eine Freundschaft, die leider unfähig ist und zu nicht mehr imstande als zu Klagen! Ich hasse dieses Leben, das man uns bereitet, aber auch wir werden noch zum Zuge kommen.«[87]

Zur selben Zeit gab Genet einer gewissen Madame Caquet, die Marc für ihn ausfindig gemacht hatte, Anweisungen, wie sein Manuskript getippt werden solle. Anfang März war er noch im Camp des Tourelles, hoffte aber, die »Mondor-Bussière-Verhandlungen« würden ihm bald die Freiheit bringen.[88] Er schrieb gerade ein Stück, *Die nackten Krieger*, sowie Lieder. Außerdem machte er sich Notizen zu *Das Schreckbild des Herzens*. Dies war der Titel, den er für sein neues Buch benutzte, ehe er ihn zugunsten von *Das Totenfest* verwarf, den ihm Cocteau vorgeschlagen hatte. »*Pompes funèbres*« ist im Französischen der landläufige Ausdruck für »Beerdigungsinstitut«. Dem Frankreichreisenden blitzt Genets Buchtitel öfter entgegen, als es dem Touristen in New York mit »Last Exit to Brooklyn« (*Letzte Ausfahrt Brooklyn*, das Buch von Hubert Selby) oder dem Besucher von New Orleans früher mit der Straßenbahn namens »Desire« passierte *(A Streetcar Named Desire [Endstation Sehnsucht]* von Tennessee Williams). Aber eine *pompe* ist im Argot auch die Fellatio, und so könnte der Titel auch bedeuten »Leichen-Schwanzlutschereien«. Ein anderer Arbeitstitel, den Genet für dieses Buch benutzte, *L'Œil de Gabès*, ist ähnlich obszön und kompliziert: In der tunesischen Stadt Gabès verdecken die moslemischen Frauen offenbar ein Auge mit dem Schleier und lassen das andere unbedeckt. Das »Gabès-Auge« wurde so im französischen Afrikabataillon zum Slangausdruck für das eine »Auge« am Unterleib, den Anus.

Genets Leben nahm nun eine Wendung zum Besseren. Durch die Vermittlung von Cocteaus Freunden Toesca, Dubois und Mondor kam er am 15. März 1944 endlich aus dem Camp des Tourelles frei. Eine Woche später erschien die Nummer 8 von *L'Arbalète*, worin ein Kapitel aus *Notre-Dame-des Fleurs* als erste Auswahl an prominenter Stelle abgedruckt wurde. Da jedermann vor der deutschen oder der Vichy-Zensur Angst hatte, handelte es sich bei dem Kapitel um die relativ harmlose Gerichtsszene am Schluß des Buches. Trotzdem war dies Genets erste allgemein zugängliche Veröffentlichung. Zwar wurden von der Zeitschrift nur tausend Exemplare gedruckt, aber sie fanden weite Verbreitung und wurden überall gelesen. In der gleichen Nummer wurde Sartres Stück *Geschlossene Gesellschaft* unter dem ursprünglichen Titel *Les autres* (Die anderen) veröffentlicht; es mag das erste Mal gewesen sein, daß die beiden Autoren voneinander gehört haben. Unter den übrigen Beiträgen befanden sich drei bekannte Schriftsteller, die besondere Bedeutung für Genet haben sollten: Paul Claudel, der Erzkatholik und große Stilist, der für Genet immer der »rechtschaffene Gegensatz« blieb; Mouloudji, der sehr junge (und bezaubernde) Schriftsteller (später Sänger), der das gesellschaftliche Bindeglied zwischen Genet und Sartre bilden sollte; Michel Leiris, dessen *Tauroma-*

chie (Stierkämpfe), ein Essay, in dem Schriftstellerei und Stierkampf als zwei darstellende Künste miteinander verglichen werden) als Vorbild für Genets *Der Seiltänzer* gedient haben könnte, den Essay, in dem er den Hochseilakt und das Schreiben zueinander in Beziehung setzt.
Plötzlich war im literarischen Paris Genets Name in aller Munde. Der mächtige Gallimard-Verleger Jean Paulhan, der Sartre und Beauvoir publizierte, entdeckte Genet durch *L'Arbalète*, wie das auch andere Leute beim Verlag Gallimard taten, der schließlich Genets Heimat werden sollte. Später schrieb Marc Barbezat: »Genet war mehr als berühmt. Ganz Paris stritt sich seinetwegen.«[89]

Auch Guy Noppé, Genets Gefängnisgeliebter, war inzwischen frei, und Genet hoffte, ihn so schnell wie möglich zu treffen. Jean Decarnin versprach, sie zusammenzubringen. Genet wohnte gerade in der Rue du Dragon in Saint-Germain-des-Prés, doch bald machte er sich auf den Weg nach Süden. Im April besuchte er Barbezats Mutter in Lyon. Nachdem er ihre schönen Möbel betrachtet hatte, schreckte er sie mit den Worten: »Es ist sehr schön hier – ich komme später mit ein paar Freunden wieder und räume alles aus.«
Am 8. April war Genet in Fontevrault, und er schickte Marc Barbezat eine Ansichtskarte vom Refektorium der Äbtissinnen:

Mein lieber Marc,
ich beende mein Buch hier. Der Ort könnte nicht besser gewählt sein. Alles weckt in mir Erinnerungen ...
Haben Sie irgendwelche Neuigkeiten?
Was mich betrifft, keine von Decarnin. Ich drehe durch vor Sorge.
Hier meine Adresse:

                                      Jean Ganetti
                                      Hôtel de la Loire
                                      in Montsoreau
Das ist 4 km von Fontevrault-la-Noble.
Ich drücke Ihnen die Hand.
                                      Jean.[90]

War Genet denn jemals Häftling in Fontevrault? In seiner recht genau dokumentierten Gefängnisakte findet sich dafür kein Anhaltspunkt. Besuchte er das Gefängnis, das Touristen zum Teil offenstand, um seine Schilderungen zu korrigieren? Und dennoch, der Satz auf seiner Postkarte, der übersetzt »ich

beende mein Buch hier« heißt, lautet im Französischen: »*Je termine ici* ...«, und mit *ici* wird üblicherweise auf einen vertrauten Ort Bezug genommen, genauso wie die Worte »Alles weckt in mir Erinnerungen« auf einen früheren Aufenthalt schließen lassen könnte. Wenn Genet in Wirklichkeit gar nicht in Fontevrault inhaftiert war, wäre es aber seinem Verleger gegenüber klug gewesen, dies zuzugeben? Genets Autorität als Erzähler in *Wunder der Rose* hängt in einem hohen Maß von der Glaubwürdigkeit seines persönlichen Berichts ab.
Einen Monat später, am 18. Mai, arbeitete Genet am Drehbuch zu einem Film. Im Juni begann er, die Frühfassung von *Das Totenfest* zu überarbeiten (die immer noch den Titel *Das Schreckbild des Herzens* trug), womit er ein Jahr später fertig war.[91]

Nun, da er frei war, verschickte Genet Dankesbriefe. An Toesca sandte er ein freundliches Briefchen, das mit dem Satz schloß:

»M. Toesca, es ist ein alter Lump voller Dankbarkeit, der es wagt, Ihnen die Hand zu drücken.«[92]

War Genet zu Toesca bald herzlich, bald auf peinliche Art höflich, so verhielt er sich Cocteau gegenüber unverhohlen verärgert. In sein Tagebuch schreibt Cocteau am 15. März 1944:

Gestern rief man mich von der Polizeipräfektur an, daß Genet frei sei. Der Präfekt hat erreicht, daß man ihn hinausläßt. Er wird wieder mit seinen Dummheiten anfangen, und man wird ihn erneut fassen. Und diesmal wird keiner von uns mehr etwas tun können, um ihm aus der Klemme zu helfen.
Heute früh kommt ein Brief von ihm, in dem er noch nicht weiß, daß er frei ist. Er wirft mir vor, ihn fallen zu lassen. Nun, wir haben uns seit einem Monat mit nichts anderem beschäftigt als mit seiner Freilassung.[93]

Gereizt hatte sich Genet auch eine Woche zuvor bei Marc Barbezat beklagt: »Noch immer nichts von Bussière! Cocteau rührt sich auch nicht. Pontalis schickt mir idiotische, wehleidige Briefe. Was mir am meisten fehlt, ist jemand mit Mumm, mit Courage.«[94]
Noch weniger Dank brachte er Roland Laudenbach entgegen, den er nach dem Krieg nie mehr wiedersah. Genet ließ jedermann wissen, daß Laudenbach als Kollaborateur eigentlich verhaftet werden sollte (tatsächlich aber blieb

Laudenbach während der Säuberungsprozesse nach der Befreiung unbehelligt). Diese scharfe Äußerung zeigt, daß Genet sich zwar vor explizit linken Parteigängern wie Sartre wohl einen Spaß daraus gemacht hat, die Miliz zu verteidigen, daß er aber vor echten Kollaborateuren als Mann der Linken wirklich Farbe bekannte. Seine wenig gerechte Ablehnung alter rechtsgerichteter Freunde wird am Undank deutlich, mit dem er François Sentein strafte.

Er hatte Genet oft im Santé-Gefängnis besucht, ihm Päckchen gebracht, sich um verschiedene literarische Aufgaben gekümmert und sich sogar, so scheint es, bei Joseph Darnand für ihn eingesetzt, der Chef der Miliz und somit für das Camp des Tourelles verantwortlich gewesen war. Sentein hatte Anfang 1944 Genet im Camp des Tourelles nicht besuchen können, weil er sich in der Hoffnung, nicht zum Reichsarbeitsdienst in Deutschland eingezogen zu werden, versteckt hielt. Sein Freund Jean Turlais war einberufen worden und in Deutschland gestorben. Aber Sentein erinnert sich, daß er »auf Wunsch von Cocteau und André-Louis Dubois ... ihn [Joseph Darnand] durch jemanden bitten ließ, Genet nicht länger festzuhalten«.[95] Nach dem Krieg wurde Darnand hingerichtet, und Senteins Brief wurde unter seinen Papieren gefunden. Aufgrund dieses Briefs wurde Sentein nach der Befreiung vor Gericht gestellt. Er fiel in Ungnade und wurde »umerzogen«. Da er Schwierigkeiten hatte, Arbeit zu finden, mußte er in die Pyrenäen ziehen, wo er Gymnasiallehrer für Französisch wurde. Genet war das Schicksal seines alten Freundes völlig gleichgültig, und er sagte sogar: »Sehr schade um dich. Du hättest nicht mit solchen Leuten umgehen dürfen« – obwohl er selbst Sentein gebeten hatte, an Darnand zu schreiben. Jahre später, Ende der sechziger Jahre, kreuzten sich ihre Wege noch einmal. Sentein unternahm einen Spaziergang in Paris, als plötzlich jemand hinter ihn trat, ihm die Hände über die Augen legte und fragte: »Wer ist der größte Dichter der Welt?« Sofort erkannte Sentein Genets Stimme wieder, und er erinnerte sich an ihrer beider jugendliche Späße. »Diesmal legst du mich nicht rein«, sagte er. »Es ist Homer.« Genet erwiderte: »Das ist richtig.« Er war sehr freundlich und versprach, sich wieder mit Sentein zu treffen, aber es wurde nichts daraus.[96]

Genet bemerkte einmal, seine Freunde zu hintergehen, sei nicht leicht gewesen, aber letztlich habe es sich gelohnt.

KAPITEL 10

Genet äußerte gelegentlich, im Alter zwischen dreißig und fünfunddreißig habe er den erotischen Zauber des Gefängnisses aufgebraucht.[1] In *Wunder der Rose* schreibt er:

Seiner geheiligten Ornamente entkleidet, sehe ich das Gefängnis und seine grausame Schönheit nackt. Die Häftlinge sind nichts als arme Kerle mit skorbutzerfressenen Zähnen, von Krankheit gebeugt, spuckend, speiend, hustend. Sie gehen vom Schlafsaal zur Werkstatt in gewaltigen, schweren und lärmenden Holzschuhen, sie schleppen sich dahin in löcherigen Leinenfüßlingen, die steif geworden sind von einem Schmier aus Schweiß und Staub. Sie stinken. Sie sind feige vor den Aufsehern, die so feige sind wie sie. Sie sind nur noch die beleidigende Karikatur der schönen Verbrecher, die ich in ihnen sah, als ich zwanzig Jahre alt war, und von dem, was aus ihnen geworden ist, werde ich die Makel und Gemeinheiten nie hinreichend enthüllen, um mich für das Böse, das sie mir angetan haben, für die Langeweile, die mir die Nähe ihrer einzigartigen Blödheit verursacht hat, zu rächen.[2]

Dies ist das Gefängnis »ohne Aura«.[3] Früher hatten Strafanstalten zweifellos einen starken erotischen Zauber auf ihn ausgeübt. Er hat einmal gesagt, er habe das Gefühl, zum Gefängnis verführt worden zu sein, weil er es als den für die Homosexualität günstigsten Ort betrachtet habe. Aus dem Status eines Häftlings und ehemaligen Diebes schälte er bezeichnenderweise das dandyhafte Merkmal der Unnützigkeit heraus. Er war stolz darauf, nie gearbeitet zu haben.

Nachdem er im März 1944 aus dem Camp des Tourelles entlassen worden war, verbüßte er nie wieder eine Haftstrafe. 1956 wurde er zwar zu acht Monaten Gefängnis verurteilt, weil er zwei »pornographische« Werke publiziert hatte, aber er mußte diese Haftstrafe nicht verbüßen. Alles in allem hatte Genet ohne seine Zeit in Mettray und ohne die Zeiten in ausländischen Gefängnissen vierundvierzig Monate und siebzehn Tage – fast vier Jahre – in Erwachsenenstrafanstalten verbracht, die meiste Zeit in den Gefängnissen La Santé oder Fresnes in Paris.

Genets Äußerung, er habe lediglich geschrieben, um aus dem Gefängnis freizukommen, ist zwar nicht wahr, denn er schrieb nur seine ersten beiden Bücher hinter Gittern, doch muß berücksichtigt werden, daß zwischen 1944 und 1947 sein juristischer Status recht unsicher war. Bis er im Jahr 1949 den offiziellen Pardon des Staatspräsidenten erhielt, war Genet ständig von der Möglichkeit bedroht, sich den zwei Jahren Haft unterziehen zu müssen, die er noch nicht verbüßt hatte. Wäre er zum Beispiel wegen eines neuen Vergehens verhaftet worden, hätte diese alte unverbüßte Strafe ans Licht kommen können. Daher hatte er wohl, während er seine drei letzten Romane schrieb, immer noch das Gefühl, der Welt des Gefängnisses anzugehören. Er war noch immer mit dem Gefängnissystem verkettet und ständig von der Gefahr bedroht, wieder eingesperrt zu werden.

Vielleicht war Genet am aufrichtigsten, als er gegen Ende seines Lebens sagte, er habe im Gefängnis geschrieben, weil er sich gelangweilt habe. »Was soll man tun außer träumen? Also, meine ersten Bücher, meine einzigen Bücher überdies, waren Träume, die ein bißchen besser strukturiert waren als die meisten Träumereien.«[4] Des weiteren sagte er, während er schrieb (wahrscheinlich sprach er von seinem ersten Gedicht, vielleicht von *Notre-Dame-des-Fleurs*), habe er nie gedacht, daß die Sachen veröffentlicht würden, folglich habe er sagen können, was er wollte.[5]

Schrieb er als eine Art Tagträumerei, oder schrieb er, um aus dem Gefängnis freizukommen? Beide Erklärungen schließen sich nicht gegenseitig aus, da der *Akt* des Schreibens eine uneigennützige Form von Spiel sein kann, während der *Zweck* des Schreibens von der Jagd nach Geld, Freiheit, Liebe oder Ruhm motiviert sein könnte. Der ältere Genet erinnerte sich an den Akt des Schreibens mit größter Deutlichkeit; er sagte, die Wahl eines Wortes sei der leidenschaftlichste Moment gewesen, gefördert durch das Zeremoniell des Schreibens mit einem Federhalter. (Genet war gegen Kugelschreiber und Schreibmaschinen; das Wort Computer hätte ihn entsetzt.)

Die ständige Gefahr, wieder in Haft zu kommen, und der Übergangszustand der Jahre zwischen 1944 und 1947 bedeuteten, daß Genet ein Doppelleben führte. Er ging bei reichen Gönnern und Bewunderern, Prominenten aus Kunst und Politik, dem Polizeichef und Kabinettministern ein und aus, gleichzeitig jedoch hauste er in kleinen Hotels, stellte sich vor, er werde von den Behörden verfolgt und dürfe sich nicht erwischen lassen. Bezeichnenderweise fertigte er sich falsche Papiere an, für die er sich Namen ausdachte (Jean Gallien oder Jean Graves zum Beispiel) deren Initialen immer die tatsächlichen waren, J. G., da die Taschen seiner teuren Hemden mit diesen Buchstaben bestickt waren. Er bewegte sich hin und her, vom Licht der Öffentlichkeit ins Dunkel und umgekehrt. Vielleicht fand er im literarischen Leben von Paris nach der Befreiung so leicht Eingang, weil die meisten in diesem Milieu seine Ängste, seinen Ehrgeiz, bekannt zu werden, und seine Furcht, verhaftet zu werden, mit ihm teilten, denn zu dieser Zeit ging es praktisch allen so, daß sie entweder das Gefängnis gerade verließen (die *résistants*) oder gerade hineinkamen (die Kollaborateure).

Genet stieg unter falschen Namen auch in Hotels ab, so daß er sie, ohne zu bezahlen, wieder verlassen konnte. Kot Jelenski, ein Übersetzer, der das Werk Gombrowicz' in Frankreich bekannt machte, pflegte zu erzählen, daß er Genet einmal in einem kleinen Hotel besucht habe, aus dem dieser sich verkrümeln wollte. Das Problem war, seine Kleider und Papiere an der Rezeption vorbeizuschmuggeln. Jelenski erklärte sich bereit, in Genets Kleidern, die er in mehreren Schichten übereinanderzog, aus dem Hotel zu gehen und sich dann ein paar Querstraßen entfernt wieder mit Genet zu treffen. Auch andere Freunde leisteten Genet diesen Dienst.[6]

Obgleich Genet oft wütend auf Olga war, gedieh seine Freundschaft mit den Barbezats in der Nachkriegszeit prächtig. Marc Barbezat schreibt: »... wir haben uns oft gesehen, wenigstens in den drei Jahren 1944, 1945 und 1946.«[7]

Marc war äußerst reserviert, zu zurückhaltend, um jemanden zu enger Freundschaft zu beflügeln, aber hübsch, hochgebildet und von Genets Genie überzeugt, dazu in seinem geschäftlichen Gebaren geradezu übertrieben ehrlich. Er mag zwar der Sproß einer reichen Familie gewesen sein, aber er selbst war nicht reich. Folglich konnte er zwar mit Genet Verträge über Ausgaben von *Notre-Dame-des-Fleurs* (die zweite Auflage des Romans erschien erst 1948 und fand weitere Verbreitung als Morihiens limitierte Ausgabe), *Wunder der Rose, Gedichte* und dem Theaterstück *Die Zofen* abschließen, aber die Rechte an *Das Totenfest, Querelle* und *Tagebuch des Diebes*, die allesamt woanders erschienen, konnte er sich nicht leisten. Barbezat verschaffte sich jedoch später die Rechte an Genets drei großen Stücken, *Der Balkon, Die Neger* und *Die Wände*, sowie an dem einaktigen Seitenstück zu *Der Balkon* mit dem Titel *Elle (Sie)*, das erst 1990 erschien. Außerdem brachte er Erstausgaben von Genets zwei wichtigsten Essays heraus »Alberto Giacometti« und »Der Seiltänzer«, er kaufte die Rechte an einem weiteren Theaterstück *(Splendid's)* und erwarb eine Menge Unvollendetes. Kurz, Barbezat publizierte alle Stücke bis auf *Unter Aufsicht*, sämtliche Gedichte und die ersten beiden Romane; im Augenblick ediert er mehrere nachgelassene Werke.

Als Genets Verleger kann Barbezat stolz auf die Schönheit seiner Ausgaben (den Umschlag von *Der Balkon* schmückte zum Beispiel eine Giacometti-Zeichnung) und auf seine Furchtlosigkeit sein. Während Denoël und Morihien Angst gehabt hatten, Genets Werk in Ausgaben mit ihrer Namensnennung zu publizieren, brachte Barbezat die Bücher unter seinem Verlagsnamen heraus. Natürlich war die staatliche Zensur nach dem Krieg weniger streng, als sie es unter der Vichy-Regierung gewesen war, Genets Werk stellte trotzdem noch starken Tobak dar, wie seine spätere Verurteilung wegen Pornographie beweist. Genet nahm, wie vorauszusehen war, Barbezats Rolle nicht sehr ernst, und er wies ihn einmal darauf hin, daß sich heute niemand mehr an den Verleger von Racine erinnere.[8]

Barbezat stand mit Genet auf freundschaftlichem Fuße während der zwei großen Kreativitätsausbrüche des Autors: 1943–1949, als er seine fünf Romane schrieb, und 1955–1957, als er seine drei abendfüllenden Theaterstücke und zwei große Essays verfaßte. Zwischen diesen auffallend produktiven Phasen und nach der zweiten stritten sich Verleger und Autor, und 1966 rauften sie sich ein letztes, entscheidendes Mal. Dennoch sind Marc und Olga Barbezat wichtige Zeugen entscheidender Perioden in Genets Leben, und sie konnten ihn aus nächster Nähe beobachten.

Nach vielen Monaten Freundschaft schenkte Genet Olga seinen kostbarsten Besitz, ein Zeitungsfoto des deutschen Massenmörders Eugène Weidmann, das am Tage seiner Verhaftung aufgenommen worden war. Er schrieb um das Foto herum: »Olga Kechelievitch bringe ich zur Erinnerung an unsere gemeinsamen Erinnerungen, unsere Freundschaften, unsere Verehrungen, unsere Lieben feierlich das Bildnis eines blutig geschlagenen Erzengels dar, geschnappt von irdischen Polizisten. Jean Genet, Nov. 1944.«[9] Nach einem Schußwechsel trägt der verletzte Weidmann blutige weiße Verbände um die Stirn und unter dem Kinn, aber das Blut und die Binden heben seine männliche Schönheit nur um so deutlicher hervor. Lola Mouloudji erinnert sich, daß

Genet, wenn er in ein neues Hotelzimmer zog (oder auch in das Haus der Barbezats in Décines, außerhalb von Lyon, gleich neben der Familienfabrik), sofort dieses Foto an die Wand hängte. Zu ihr hatte Genet gesagt: »Der Engel ist für mich Weidmann.«[10] Ein ähnliches Foto hatte er auch Cocteau geschenkt.
Genet stellte seine Rolle als Literat bei Marc und Olga auf die Probe. Oft wiederholte er belustigt Olga gegenüber: »Ich bin ein Schriftsteller, ich bin ein Schriftsteller.«[11]
Nicht selten wollte er wissen, ob er wie ein Schriftsteller aussehe. Einmal fragte er Olga, ob ihr seine Gedichte gefielen. Sie kochte gerade weiche Eier und konzentrierte sich darauf. »Das ist unlesbar«[12], platzte sie heraus, und er erwiderte: »Sie haben recht.«[13] Aber sie wollte ihre Bemerkung ungesagt machen, weil sie fürchtete, Genet könne seine Gedichte wieder zurückziehen, die Marc gerade zur Veröffentlichung vorbereitete. Sie versicherte ihm daher, Baudelaires *Blumen des Bösen* seien teilweise ebenfalls unlesbar.
Während Marc feststellte, daß Genet ehrlich und realistisch und alles andere als habgierig in geschäftlichen Dingen war, entdeckte Olga, daß Genet in seinen Bedürfnissen, ob es nun um Geld, Essen oder Trinken ging, nie übermäßig war. Tatsächlich blieb Genet stets äußerst bescheiden, und die wenigen Eitelkeiten, die er sich gönnte (auffallende Kleidung, Körperhygiene), legte er bald wieder ab. Olga erinnert sich, daß er tadellose Tischmanieren hatte (»außer wenn er absichtlich flegelhaft aß, um mich zu ärgern.«[14]). Wenn er sie provozieren wollte, stippte er seinen Toast in die Teetasse und kaute das Geschlabber schmatzend. Meistens aber war Genet höflich bis an den Rand der Öligkeit. Dann hatte er geradezu etwas »Kirchliches« an sich.
Er fuhr mit den Barbezats im Auto in den Morvan, um nach den Stätten seiner Kindheit zu suchen. Sie hatten Schwierigkeiten, das Dorf zu finden. Dort angekommen, ließ er seine Freunde in einem Café zurück und ging zu Fuß zu dem Haus, in dem er aufgewachsen war. Als er zurückkam, war er kreidebleich. Er verlor kein Wort über seine Reaktion, die Barbezats drängten ihn auch nicht, etwas zu berichten. Später erzählte er ihnen, daß ihn die an dem Haus vorgenommenen Veränderungen so erschüttert hätten. Wenn man bedenkt, wie vehement er normalerweise alle Spuren seiner Vergangenheit verwischte, läßt diese Fahrt erkennen, wie sehr Genet den Barbezats vertraute.

Obgleich die Barbezats seine Freunde und Gönner waren (vielleicht sogar, weil sie es waren), stellte Genet seine Gewohnheit nicht ab, kleine Diebereien zu begehen. Als er in Décines bei ihnen im Haus wohnte, stahl er ihnen oft etwas. So verschwand er ab und zu in der Bibliothek, ging dann hinauf in sein Zimmer und erschien bald darauf mit einem Päckchen in der Hand, das er zum Postamt trug. Nach einer Weile kamen die Barbezats dahinter, daß er ihnen seltene Bücher stahl, vor allem signierte Erstausgaben des Dichters Éluard und Bücher, die während der Okkupation im Untergrundverlag Éditions de Minuit gedruckt worden waren und die der Redakteur und Schriftsteller Jean Paulhan den Barbezats geschenkt hatte.[15] Er stahl auch ein Buch von Max Ernst. Marc hatte den Eindruck, Genets Hehler für gestohlene Bücher sei Gabriel Pommerrand gewesen, ein Dichter, der sie vermutlich an eine Buchhandlung in der Rue Jacob weiterverkaufte. Marc erinnert sich, daß Genet ihm sogar seine Militärpapiere klaute. Einmal verbrachte Genet eine Nacht in Décines mit einem Ganoven, den er in Lyon kennengelernt hatte. Vor der Abreise öffnete Marc Genets Koffer und brachte ein Dutzend seltener Bücher zum Vorschein, die Genet aus dem Bücherschrank gestohlen hatte; gesprochen wurde nie darüber. Olga erinnert sich, daß Genet sich, wenn sie zu ihm sagte, er sei ein miserabler Schriftsteller, nicht viel daraus machte, aber er wurde stinksauer, wenn man zu ihm sagte: »Sie sind ein kleiner Dieb, erbärmlich, ein Nichts ...«[16]

Er erzählte seinen Freunden nie, daß er beim Militär gewesen war (wo er den größten Teil seiner Lektüre absolviert hatte), auch sprach er nicht über seine Kindheit oder über die Menschen, die ihm als Vorbilder für seine Figuren gedient hatten. Sehr gern sprach er aber von seinen literarischen Plänen – von den Romanen und Theaterstücken, über denen er brütete. Oft las er seinen Freunden die neuesten Seiten vor. Er war ein gewandter Vorleser, wurde aber sofort wütend, wenn jemand flüsterte oder sich bewegte.

Spaßige Bemerkungen oder Witze mochte er nicht, doch liebte er Sticheleien. »Er hatte etwas kindlich Fröhliches, etwas Naives und Gesundes, das gesellschaftliche Anstandsregeln nicht verdorben hatten. Er war absolut nicht verquält. Er war vielleicht asketisch, aber nie abweisend«, erinnert sich Olga. So schnitt er zum Beispiel Grimassen vor dem Spiegel, die dann selbst ihn ängstigten. Manchmal wickelte er sich nur in ein Laken wie in eine Toga und setzte sich zu Olga auf den Rand der Matratze, die sie auf den Fußboden zu legen pflegte. Dann wieder setzte er sich einen perlengeschmückten Kopfputz von Olga auf. Damals arbeitete die Köchin ihrer Schwiegermutter bei ihr, und sie brachte Genet und Olga das Frühstück ans Bett, wo sie dann stundenlang miteinander plauderten. Die Köchin machte ein ziemlich schockiertes Gesicht. »Genet hat gesagt, ich sei die einzige Frau, die er heiraten würde«, erinnert sich Olga, »weil ich die einzige war, die ihm Paroli bot.« Genet fragte sie:

»Würden Sie mich heiraten?« Sie antwortete: »Ich bin schon mit Marc verheiratet.« Und Genet sagte: »Wahrscheinlich halten Sie mich für fies.« Einmal fragte Olga ihn, wie er eigentlich Jungs aufreiße. Sofort stellte Genet die Szene und forderte sie auf, den Jungen zu spielen. Und dann zeigte er ihr seine Methode, jemanden anzumachen. Lola Mouloudji erinnert sich ebenfalls an Genets Anmachedemonstration in Décines: »Genet war ungeheuer verführerisch. Alles, was er tat, tat er auf sehr persönliche Art. Er war auch sehr komisch, ein sehr guter Schauspieler. Ich erinnere mich, daß er uns vorspielte, wie er Jungs anmacht. Er spielte den Freier meisterhaft. Es war wahnsinnig komisch. Er hatte ungeheuer lebhafte Augen, die sich unausgesetzt bewegten.« Er half Lola auch bei Anproben, und Olga beriet er in innenarchitektonischen Detailfragen. Zu den häufigsten Anproben gingen Lola und er acht Kilometer nach Lyon zu Fuß, wo Genet alles bis aufs Tüpfelchen selbst entschied. Als Belohnung bat er Lola, ihn auf beide Wangen zu küssen, aber er bestand darauf, daß sie ihn auf der Place Bellecourt mitten in der Lyoner Innenstadt küßte. »Ich will, daß alle sehen, wie Sie mich küssen«, sagte er.[17]
So wie Genet in seinen Büchern sich an einen heterosexuellen Leser wendet, den er verführt und abblitzen läßt, in homosexuelle Mysterien einweiht und als Sittenrichter einsetzt, den er verhöhnt und an den er appelliert, so stellte er bei seinen neuen Freunden deren Grenzen auf die Probe. Er machte sich an die Frauen als attraktives Rauhbein heran – und als eine andere Frau. Er wagte zaghafte Annäherungsversuche – und zeigte ihnen, wie man sich einen Mann aufreißt. Er genoß ihr Zutrauen und ihre Gastfreundschaft als ihresgleichen – und bestahl sie. Zu Lola Mouloudji sagte er: »Die Bürger sind nicht zufrieden, wenn ich ihnen nicht etwas stehle.«[18]
Einmal, als er mit Marc und Olga durch die Dolomiten reiste, versteckte Olga sich hinter ihrem Mann, um in ihren Badeanzug zu schlüpfen, Genet aber hüpfte unentwegt von einer Seite zur anderen, um sie nackt zu sehen. Ein andermal wollte er, daß sie ihre Kostümjacke aufknöpfte und ihm ihre Brüste zeigte. Sie ließ sich erweichen, und Genet schaute sie an, und sagte: »Nicht schlecht.« In Décines badete er gern in einer alten Badewanne, und danach besuchte er Marc und Olga in ihrem Schlafzimmer mit nichts am Leib als seiner Unterhose. Seine Morgenvisiten im Schlafzimmer des Paares wurden zu einer Angewohnheit, die er überall ausprobierte. Jacques Guérin, ein Kunstmäzen, pflegte Genet Ende der vierziger Jahre zu langen Aufenthalten in sein Landhaus einzuladen. Genet arbeitete dort die ganze Nacht und weckte dann Jacques am Morgen, um ihm vorzulesen, was er geschrieben hatte. Ebenso weckte er 1968, als er über den Wahlkongreß der Demokraten in

333

Chicago berichtete, morgens den Buchverleger Richard Seaver und seine französische Frau Jeannette und las ihnen vor, was er über Nacht verfaßt hatte. Der Eindruck war jedesmal derselbe: Genet, das frühreife Kind, das am Morgen ins Schlafzimmer seiner nachsichtigen Eltern gelassen wurde. In seinem letzten Buch, *Ein verliebter Gefangener*, ist das einprägsamste Bild das einer palästinensischen Mutter, die mitten in der Nacht Genet, der im Bett ihres abwesenden Sohnes schläft, eine heiße Tasse Kaffee bringt. Dabei spielt es keine Rolle, daß alle diese »elterlichen« Gestalten mehr oder weniger im gleichen Alter wie Genet waren.

Derart stilisierte Beziehungen dienten natürlich dazu, sich die Leute vom Leibe zu halten, und wenn diese Schranken durchbrochen wurden, konnte Genet verlegen oder sogar wütend werden. Als Olga einmal verreisen wollte, nahm sie seinen Kopf zwischen ihre Hände, sah ihn ernst an und gab ihm einen Abschiedskuß. Er wurde feuerrot.

Die meisten Freundschaften Genets waren intensiv, ja leidenschaftlich, aber von heftigen Ausbrüchen gekennzeichnet. Dabei war sein Verhältnis zu Leuten aus der Bourgeoisie wohl schwieriger als das zu Leuten aus seinem eigenen Milieu.

Seine Freundschaft mit Cocteau begann um diese Zeit zu welken. Vielleicht hegte Genet immer noch einen Groll über die tatsächliche oder eingebildete Vernachlässigung seitens Cocetau, während er im Gefängnis war. Dabei hatten Cocteaus Aussage vor Gericht und sein Eintreten für Genets Schriftstellerei mehr als alles andere dazu beigetragen, diesen berühmt zu machen und ihm die Freiheit wiederzugeben. Wie die meisten Schriftsteller nahm Genet Hilfe von älteren, etablierten Autoren nur unter größten Schwierigkeiten an. Cocteau zurückzuweisen war daher eine Möglichkeit, seine eigene Unabhängigkeit zu erklären.

Eine der Methoden, diesen Umschwung zu vollziehen, war, den Förderer für einen jungen Schriftsteller zu spielen, den Cocteau abgewiesen hatte. Bei Olivier Larronde handelte es sich um einen frühreifen Dichter aus einer exzentrischen Künstlerfamilie. Seine Eltern wohnten zwar in der Kleinstadt, Saint-Leu-la-Forêt, nicht weit von Paris entfernt, doch hatten sie viele Künstlerfreunde in der Hauptstadt. Einer ihrer regelmäßigen Besucher war der französische, in Litauen geborene Dichter Oscar Vladislas de Lubicz Milosz, ein Mystiker und katholischer Konvertit. Vater Carlos Larronde gehörte einer alten Familie des gehobenen Bürgertums aus Bordeaux an, während Oliviers Mutter sogar eine Phalanstère[19] gegründet hatte. Die Familie hatte oft viele

Gurus und Swamis zu Gast, alle Mitglieder waren leidenschaftliche Leser, und das Haus schien von Büchern aus den Nähten zu platzen. Carlos Larronde war ein Dichter *(Das Stundenbuch* [*Le Livre d'heures*]*),* hatte aber vor allem als Sportjournalist, Rundfunkproduzent und Museumdirektor gearbeitet.[20] In diesem kultivierten Bohemehaushalt schrieben Olivier und seine Schwester Miriam Gedichte, Theaterstücke und Geschichten, auch nahmen sie an den mystischen Übungen ihrer Eltern teil. Olivier freilich zog Dichter den Gurus vor, seine Lieblingsautoren waren Baudelaire, Verlaine, Nerval, Artaud und Cocteau, am tiefsten beeinflußte ihn allerdings der erlesene, hermetische Mallarmé. Das Glück dieser exzentrischen Familie sollte freilich bald ein Ende finden, denn 1939 starb Oliviers Vater, erst fünfzigjährig, an einem Schlaganfall. Mutter und Schwester ließen Olivier bei seinem Großvater in Saint-Leu zurück und zogen nach Paris, wo die Mutter eine Buchhandlung eröffnete.[21] Zwei Jahre später brachte Miriam sich um – vielleicht schluckte sie auch nur eine Überdosis Diättabletten. Auf jeden Fall bedeuteten diese beiden so dicht aufeinanderfolgenden Todesfälle für Olivier einen schweren Schlag.

1943, mit sechzehn, marschierte er, ein lockiger, pausbäckiger, samthäutiger Erzengel, die zweiundvierzig Kilometer zu Fuß von Saint-Leu nach Paris, um Cocteau seine Gedichte vorzulesen. Höflich wie immer hörte sich Cocteau diesen Jungen an, der unangemeldet erschienen war, sagte aber mit Entschiedenheit: »Poesie ist nicht deine Stärke, such dir ein anderes Metier, mein Kleiner!«[22]

Olivier ließ sich nicht sonderlich entmutigen und kam am nächsten Tag wieder zum Palais-Royal. Diesmal öffnete Genet Cocteaus Wohnungstür. Er lud den Jungen zum Mittagessen in ein nahegelegenes Restaurant ein, wo Olivier erneut seine Verse vortrug. Genet weinte. Er war nicht nur von Larrondes Genie überzeugt, er war auch wütend über Cocteau und dessen Fehlurteil und Grausamkeit. (Vielleicht erinnerte sich Genet an Cocteaus anfängliche Ablehnung von *Notre-Dame-des-Fleurs.*) Genet erteilte daraufhin Cocteau vor Larronde einen Rüffel, was den Älteren so aus der Fassung brachte, daß er dem jugendlichen Dichter eine noble Wiedergutmachung zuteil werden ließ. Er bezahlte nämlich die luxuriöse Erstausgabe von Oliviers erstem Gedichtband *Les Barricades mystérieuses (Die geheimnisvollen Schranken),* dessen Titel offenbar keine Anspielung auf Couperins kniffliges Cembalostück ist, das denselben Titel trägt. Larronde war der einzige Mensch, der das Selbstvertrauen und die Lungenkraft besaß, um Cocteaus Monologe zu unterbrechen und mit seinem eigenen fortzufahren. In einer schönen Huldigung schrieb Cocteau über Larrondes Sprache: »In Wahrheit erscheinen uns seine Worte

im eigentlichen Wortsinn. Sie erscheinen wie eine Frau auf einem Ball, wie der Duft von Heckenrosen an einer Straßenecke, wie der König-Vater dem Prinzen Hamlet.«[23]
Genet verliebte sich in Olivier, und das tat auch der Dichter René Char, aber Olivier fühlte sich zu keinem der beiden Männer hingezogen. Er ließ jedoch zu, daß Genet weiter Geld für ihn ausgab und sein Hotelzimmer auf dem Montmartre unweit der Place Pigalle bezahlte. Drei oder vier Monate lang machte nun Genet jeden Morgen einen Besuch im Hotel Eden, scherzte, lachte, versuchte, Olivier zu verführen, und bat (was für ihn selten war) den jüngeren Kollegen um literarischen Rat. Gegen Ende des Jahres 1944 spazierten Barbezat und Genet gerade den Boulevard de Clichy entlang, als ihnen Larronde über den Weg lief. Genet sagte: »Dies hier ist ein sehr bedeutender Dichter, den Sie bald verlegen werden.«[24] Barbezat war beeindruckt von der hinreißenden Unterhaltung mit diesem Jungen, der kaum je eine Schule besucht hatte, aber alles über Mathematik, Ägypten, Rabelais und Jarry zu wissen schien.[25]
In diesem Lebensabschnitt unterschied Genet zwischen Männern, die für ihn sexuell anziehend (»côté vice«) waren, und solchen, die eine platonisch-romantische Macht über ihn ausübten (»côté amour«); Larronde gehörte ohne Zweifel zu den letzteren, wie vor ihm schon Jean Decarnin und wie später Genets Geliebte Lucien, Java und Decimo. Er vermischte die beiden Seiten nicht gern miteinander. Einmal nahm er einen jungen Muskelprotz mit in sein Hotel. Nachdem sie miteinander geschlafen hatten, fragte er: »Wieviel?« Als der junge Mann sagte, er wolle nichts, weil er Sex zum eigenen Vergnügen gemacht habe, war Genet empört und warf ihn hinaus.
Nach dem Krieg ließ Larronde sich auf eine Beziehung mit dem sehr männlichen, gutaussehenden Jean-Pierre Lacloche ein, der bis ans Ende seines Lebens sein Gefährte blieb. Lacloche, dessen Mutter aus den Vereinigten Staaten stammte, war 1939 auf die amerikanische Vorbereitungsschule Philips Exeter gekommen. Doch 1942, als er noch nicht siebzehn war, brannten er und sein Bruder François durch, um sich den Truppen des Freien Frankreich in Montréal anzuschließen. Jean-Pierre belog de Gaulle und sagte, er sei neunzehn, aber als Jean-Pierres Mutter ihre beiden Söhne ausfindig gemacht hatte, beschuldigte sie den General, der ein Freund von ihr war, er habe die beiden entführt, worauf sie auf der Stelle nach Hause geschickt wurden. Die Jungen waren jedoch zum Kämpfen entschlossen und schmuggelten sich an Bord eines Schiffes, das nach Glasgow ablegte, von wo aus sie nach London weiterfuhren. De Gaulle befahl den Jungen, wenigstens zwei Jahre zu warten, ehe sie

Soldaten würden. Ihre Mutter schickte sie dreimal in ein schottisches Internat, aber jedesmal reisten sie heimlich wieder zurück nach London. Schließlich ließ sie sich erweichen und schickte die beiden wenigstens auf eine Kadettenschule. Wieder setzten sich die unbekümmerten Knaben über ihre Pläne hinweg. Sie wurden Fallschirmjäger und nahmen im Sommer 1944 endlich an der Befreiung Frankreichs teil.

Im Januar 1945, als Jean-Pierre Lacloche zwanzig war, lernte er Olivier Larronde kennen. Jean-Pierres Bruder François war Olivier bei Christian Bérard begegnet und hatte ohne Erfolg versucht, den hübschen, faszinierenden Jungen, der geliehene Kleider trug – Picassos Schal, Bérards voluminöses Jackett, Cocteaus Hosen – zu verführen. Da er in der Sache nicht weiterkam, schlug François vor, daß sein Bruder mal sein Glück versuchen solle. Als Jean-Pierre den jungen Dichter zum Abendessen ins Pont-Royal einlud, muß er bei ihm auf eine Zustimmung gestoßen sein, die bis dahin niemand sonst erhalten zu haben schien. Olivier zog in die luxuriöse Wohnung in der Rue de Bac 44 ein, die den Lacloche-Brüdern von einem Engländer, Peter Watson, zur Verfügung gestellt worden war. Einer anderen Version zufolge, wurden beide vom Marquis de Cuevas ausgehalten, der vergeblich versucht hatte, ihren Vater zu verführen.[26]

Genet hatte dem dunkelhaarigen, muskulösen Jean-Pierre Lacloche erfolglos Avancen gemacht, als er ihn in seiner Fallschirmspringeruniform mit dem roten Barett sah, verlor aber das Interesse an ihm, nachdem er ihm in einem Anzug begegnet war. Das Dreigespann Genet, Larronde, Lacloche wurde rasch gewalttätig. Genet war immer noch in Larronde verliebt, Larronde und Lacloche waren das attraktivste Paar in der Stadt, und jeder dieser hinreißenden, stolzen jungen Männer hatte den fünfunddreißigjährigen Genet abgewiesen, der, inzwischen fast kahl, noch älter wirkte. Genet und Larronde gingen mit Fäusten aufeinander los (einmal, weil Larronde meinte, Genet verfolge ein Kind auf der Straße). Ein andermal schlug Lacloche Genet zusammen. »Genet war als Boxer genauso schlecht wie als Dieb«, erinnert er sich. »Er tröstete sich, indem er mit schwarzen amerikanischen Soldaten ins Bett ging, so wie er während des Krieges mit blonden Deutschen geschlafen hatte.«
Genet lehnte auch Drogen ab, während Lacloche und Larronde opiumsüchtig geworden waren. Larronde litt unter heftigen epileptischen Anfällen. Ein Psychiater hatte ihm Opium verschrieben, was zu helfen schien, aber für einen furchtbaren Preis. Die Abhängigkeit der beiden erregte Aufmerksamkeit. Die Polizei filzte ihr Zimmer in einem Hotel in der Rue de l'Université, wo sie eine Zeitlang wohnten. Larronde schrieb wenig und verkam zu einem Wrack, das

sich von Cafés in Bars treiben ließ, literweise Rotwein trank und von zusammengepumpten kleinen Summen lebte. Er, der so gesellig gewesen war, vereinsamte nun durch seine Sucht und litt schrecklich unter dem Alleinsein.[27]

Einmal schneite Genet kurz bei Larronde und Lacloche herein, nachdem sie gerade Opium geraucht hatten. Sie waren zu dieser Zeit in einer teuren Wohnung in der Rue de Lille untergebracht. Genet blieb eine Stunde, ohne ein Wort zu sagen. Nachdem er gegangen war, bedauerte Larronde, daß Genet Zeuge ihres Rausches und dieses Geruchs (den Picasso »das am wenigsten Dumme auf der Welt«[28] genannt hatte) geworden war. Genet stieß auch der Luxus der neuen Wohnung ab, und er besuchte die beiden danach tatsächlich jahrelang nicht mehr. Zu Marc und Olga Barbezat sagte er: »Ich hasse alle diese künstlichen Paradiese.«[29] Larronde erkundigte sich oft nach Genet. Er sagte, er liebe Genet, obwohl er nie mit ihm geschlafen habe. Ja, er behauptete sogar, er sei gar nicht homosexuell, und habe selbst mit Jean-Pierre Lacloche nie geschlafen, in den er allerdings so verliebt war, daß ihn dessen häufige Affären mit Frauen in quälende Eifersucht stürzten.[30]
Genet blieb bei seiner Wertschätzung für die Lyrik Larrondes. Als dieser 1965 starb, sagte er zu Marc Barbezat: »Olivier hat zu lange gelebt. Er hat viel erlebt. Sein Leben ist endlos gewesen. Er ist nie fertig geworden mit dem Leben. Er hat viel gelitten ... Olivier Larronde hatte einen eigenen Tonfall. Es ist gleichgültig, ob er hundert oder drei Gedichte geschrieben hat. Es gibt mehr oder weniger gelungene Gedichte, mehr oder weniger gute. Doch was zählt, ist sein eigener Tonfall.«[31]
Jean-Pierre Lacloche erzählt, daß Genet dem literarischen Urteil von Cocteau oder Sartre nie viel Beachtung geschenkt habe, aber ihm sei sehr viel an dem gelegen gewesen, was Larronde von seiner Arbeit hielt. Das ist vielleicht übertrieben. Dennoch, zwei Tage, nachdem Larronde am 31. Oktober im Alter von achtunddreißig Jahren gestorben und auf dem Friedhof von Samoreau neben Mallarmé beerdigt worden war, stattete Genet Lacloche einen Besuch ab. Er hatte sein Kommen angekündigt und klingelte einfach am Nachmittag bei Lacloche – das erste Mal seit mehreren Jahren, daß er vorbeikam. Lacloche breitete gerade Larrondes Kleider auf dem Bett aus, was Genet rührte, aber er fragte: »Sag mir die Wahrheit: Hatte Olivier Hochachtung vor meinen Werken?«[32]

Boris Kochno und Christian Bérard waren ein anderes schwules Paar, mit dem Genet damals verkehrte. Beide waren sie Freunde von Cocteau. Kochno (1904 in Moskau geboren) hatte von 1921 bis 1929 als Diaghilews Privatsekretär gearbeitet und die Szenarios für mehrere der letzten von den Ballets Russes aufgeführten Werke geschrieben *(Les Fâcheux, Zéphire et Flore, Les Matelos, La Chatte)*. 1945 gründeten er und Bérard die Ballets des Champs-Elysées, die Kochno bis 1950 leitete. Er verfaßte die Handlung zu Henri Saugets Zirkus-Ballett *Les Forains,* das Roland Petit choreographierte. Kochno, dunkelhaarig und drahtig, war der Typ Mensch, der mit seinem starken russischen Akzent ungezwungen von den Zeiten in den zwanziger Jahren erzählen konnte, als Diaghilew einmal mit Kochno, Strawinsky und Cocteau am Rond-Point des Champs-Elysées gestanden hatte und der sich entfernenden Gestalt Picassos nachgeblickt habe. »Seht ihn euch gut an, es ist als sähe man Leonardo in den Straßen von Florenz.«[33] Die Leute hatten das Gefühl, von Kochno gehe ein makabrer »slavischer Charme«[34] à la Boris Karloff aus.[35] Fraglos war er Christian Bérard überlegen.

Bérard, ein Maler und Bühnenbildner, konnte sich einer außerordentlich leichten Pinselführung rühmen, die mit seinem korpulenten Körper, dem zottigen Bart und den schmutzigen Händen schwer zu vereinbaren war. Weil er aussah wie ein übergroßes, unordentliches Kind, hatte er den Spitznamen Bébé nach dem lächelnden, rosa Baby in der Cadum-Seifen-Reklame. Wie Larronde war Bérard opiumsüchtig. Als Hausangestellten engagierte er einen ehemaligen Seemann namens Marcel, hinter dem vor Jahren Cocteau her gewesen war. (Der Typ Seemann, der in Cocteaus *Weißbuch* besungen wird, denn er besaß eine Tätowierung mit der Inschrift *Pas de chance* [»Völlig aussichtslos«].) Dieser mürrische Mann erschien Bérard als idealer Diener, weil er von Cocteau die Geheimnisse des Stopfens einer Opiumpfeife gelernt hatte.[36]

Bébé entstammte einer wohlhabenden Familie (sein Vater war Pariser Stadtbaumeister), doch als er achtundzwanzig war, zog er endlich aus der düsteren Familienvilla aus, um mit Kochno in einem billigen, heruntergekommenen Hotel auf dem Montmartre zusammenzuleben. Sein Vater enterbte ihn. So arm sie waren, hatten Kochno und Bébé doch viele reiche Freunde, und der erstaunte Besitzer ihres Hotels beobachtete, wie der Chauffeur des Barons de Rothschild vor dem Haus hielt und eine Einladung für die zwei genialischen Künstlergäste dalie ß. Modemacher wie Jacques Fath, Coco Chanel und Christian Dior, berühmte Persönlichkeiten wie der Kunstmäzen Charles Graf de Noailles und seine Frau Marie-Laure (eine Nachfahrin von Petrarcas Laura und dem Marquis de Sade), Fotografen wie Horst, Hoyningen-Huene oder Herbert List und Schriftsteller wie Cocteau und Jouhandeau bildeten die geistreich-elegante Clique. Seine erste Dekoration hatte Bérard 1930 für Cocteaus Einakter *Die geliebte Stimme (La Voix humaine)* geschaffen, doch seine erste bedeutende Arbeit für das Theater waren 1934 die Bühnenbilder für Louis Jouvets Inszenierung von Cocteaus *Die Höllenmaschine (La Machine infernale)*. Bérard setzte seine Zusammenarbeit mit Jouvet fort, bis er 1949 starb. Eine ihrer letzten gemeinsamen Arbeiten sollte 1947 Genets *Die Zofen* sein.

Am 22. Dezember 1945 erlebte Paris die Premiere von Jean Giraudoux' *Die Irre von Chaillot,* wofür Bérard das Café Chez Francis an der Place de l'Alma mit nur wenigen an Drähten aufgehängten Fenstern und einem grauen Pinselstrich für die Avenue Montaigne auf die Bühne gezaubert hatte. Dieses Ereignis zog wie so viele andere in Bérards kurzem Leben die Aufmerksamkeit des ganzen eleganten Paris auf sich. Wie Harold Acton scharfsinnig bemerkte: »Seine Bewunderer beklagten für gewöhnlich, daß er sein Talent prostituiere, indem er sich dem Chic unterwerfe, aber er hat sich ihm nicht unterworfen, er hat ihn umgestaltet. Sicherlich steckte hinter seinen leichten, kalligraphischen Entwürfen ein intensives Studium Picassos, Degas und pompejanischer Fresken.« Acton schilderte Bébé auf seine Weise: »Rosig und pummelig, mit melodramatischen Augen, in weichen Samt gekleidet und so stark parfümiert, daß man sein Nahen roch, bevor man ihn sah, wirkte er wie eine bärtige Dame vom Jahrmarkt.«[37]

Bérard war bei der ersten Begegnung zwischen Cocteau und Genet am 15. Februar 1943 dabeigewesen, und auch Kochno kannte Genet seit dessen Pariser Aufstieg. Genet hatte eine Erstausgabe von *Notre-Dame-des-Fleurs* mit einer langen, kunstvollen Widmung an Kochno versehen: »Für Boris Kochno – da die Person, der ich dies Buch gewidmet habe, tot ist, widme ich es Ihnen usw.« Zwei Jahre später bereute Genet diese blumige Erklärung – oder tat zumindest so. Nur zu gern beklagte er sich über all seine Freunde, und auf jeden Fall war er in seinen Empfindungen gegenüber der weltläufigen Cocteau-Clique zutiefst gespalten. Genet erzählte Jean-Pierre Lacloche, daß er sich mit Kochno gestritten habe: »Wenn ich mir überlege, daß ich Boris Kochno *Notre-Dame-des-Fleurs* mit einer drei Seiten langen Widmung geschenkt habe – diesem Müllberg, diesem Scheißhaufen! –, raufe ich mir die Haare.«

Lacloche nahm Genet beim Wort. Er ging mit ihm zu Kochno und Bérard in die Wohnung. Kochno war verreist. Während Genet Bérard in seinem Atelier vollquatschte, suchte Lacloche einen Stapel Bücher im Schlafzimmerschrank durch, bis er das Exemplar von *Notre-Dame-des-Fleurs* gefunden hatte. Mit

einem Rasiermesser trennte er die ärgerniserregende dreiseitige Widmung heraus. Als das Gespann wieder auf der Straße war, reichte Lacloche Genet die Seiten: »*Voilà!*«
»Für meinen Teil war es ein Liebesdienst gegenüber Genet, denn ich mochte Bérard ebenso gern«, erinnerte sich Lacloche später. Als Kochno zurückkam und aus welchem Grund auch immer zu seinem Exemplar von *Notre-Dame-des-Fleurs* griff, drehte er beinahe durch.
»Das Schlimmste war«, fügte Lacloche hinzu, »daß zwei Tage darauf Genet sich mit Kochno wieder versöhnte und ihm erzählte, was ich getan hatte. Genet schob alle Schuld mir zu, als hätte er nichts damit zu tun gehabt. Genet war ein Verräter. In der britischen Botschaft, wo wir beide zum Dinner eingeladen waren, lief ich Bérard in die Arme, der Tränen in den Augen hatte: ›Jean-Pierre, wie konntest du uns nur so etwas *antun!*‹ Auch Cocteau war über mich verärgert.«
Schließlich mußte Genet Kochno eine neue Widmung schreiben (»nach dem unerklärlichen Verschwinden der ersten«), die noch blumiger war, aber auch eine für Jean-Pierre, in der er ihm für alles dankte, was er getan hatte.[38]

Dies war eine gefährliche Welt – frivol, elegant, kapriziös. Proust war aus ihr hervorgegangen, doch nur, um sich von ihr abzusondern, und über *seine* oberen Zehntausend hatte man leichter hinweggehen können, weil sie auf groteske Weise snobistisch und weniger kreativ gewesen waren. Nach seinem kurzen Flirt mit Cocteaus Clique verlagerte Genet von sich aus seine Kontakte bald auf die neu entstehende Szene in Saint-Germain-des-Prés.
Als halb Krimineller und halb berühmter Literat führte Genet ein sonderbar marginales Leben. Die Widersprüche der damaligen Zeit versinnbildlichen sich darin, daß er sich, als die Polizei eines Tages auf seinen Fersen war, im Büro des Chefsekretärs des Innenministers versteckte, auf dessen Briefpapier er eine Mitteilung an Marc Barbezat hinterließ, ehe er zur Hintertür hinausschlüpfte.
Eine andere typische Geschichte ereignete sich in einem Cabaret am linken Seineufer. Jean Marais läuft Genet in die Arme, der sagt: »Du bist natürlich zu versnobt, um dich zu uns an den Tisch zu setzen.«[39] Als Marais Platz nimmt, stellt Genet ihm seinen Begleiter vor: »Gilbert, Einbrecher«, und setzt hinzu: »Er ist überall tätowiert. Gilbert, zeig Jean Marais deine Tätowierungen.«[40] Als Jean Marais sich weigert, ein Auto zu stehlen, damit alle weiterfahren können (Taxen gibt es 1944 in Paris nicht mehr), lädt der Modemacher Jacques Fath sie in seine Wohnung an der Place de l'Alma zu Camembert ein

(eine Rarität in diesen mageren Jahren). Während Fath ihm den Rücken zukehrt, steckt Genet ein mit Smaragden und Diamanten besetztes Kästchen ein, das auf dem Kaminsims liegt. Als Fath alle an der Wohnung von Cocteau absetzt, nimmt Genet das gestohlene Kästchen unter die Lupe und stellt fest, daß die Juwelen falsch sind.« »Oh, so ein Dieb«, sagt er aufgebracht und reicht das Kästchen Marais. »Gib's ihm zurück.«[41] Dieser Gegensatz zwischen literarischem Dandy und abgebrühtem Verbrecher scheint 1946 auch in einem Artikel über Cocteau auf: »Unter all diesen Leuten rückt nur Genet manchmal gegenüber dem Meister mit der Sprache heraus – Jean Genet, der mit dem Flair eines wohlhabenden, aber inspirierten Autoschlossers Gefängnisliebschaften besingt (Kloschmierereien in Alexandrinern auf Seidenpapier).«[42] Harold Acton, der Genet in dieser Zeit begegnete, las *Notre-Dame-des-Fleurs* und beschrieb den Stil als den eines »mephistophelischen Chateaubriand«.[43]

Über den Mann selbst schrieb Acton: »Als ich ihn bei Cocteau kennenlernte, standen sein förmliches Verhalten und seine verbindliche Art zu reden im Widerspruch zu seinem abstoßenden Äußeren. Selbst wenn ich seine Werke nicht gelesen hätte, würden mich seine unsteten Augen über der Boxernase in diesem kleinen, straffen Schädel mit dem kurzgeschnittenen Haar beunruhigt haben. Wen wundert's, daß Häftlinge und ihr Ethos die wichtigste Inspiration für so einen Typ gewesen sind, aber ich denke, er hat sie durch seine päderastische Sicht romantisiert. Zu Cocteau hatte er gesagt, es reiche für einen Autor nicht aus, das Leben seiner Helden zu beobachten, und sie zu bemitleiden: ›Wir sollten ihre Sünden auf uns nehmen und die Folgen erleiden.‹«

Acton räumte ein, er habe vielleicht Genet nicht im Dunkeln begegnen wollen, doch sei er von dessen Vorlieben in der Malerei beeindruckt: Monets Landschaften, Sisley – »und er hatte sogar ein gutes Wort für eine Landschaft von Churchill übrig«.

Eines Tages sagte Genet zu Jean Marais: »Du hast Cocteau großes Leid angetan. Du hast ihn berühmt gemacht. Ein Dichter muß verborgen bleiben.«[44] Genau dieses »Leid« sollte bald auch Genet widerfahren durch den berühmtesten französischen Philosophen und politischen Aktivisten dieses Jahrhunderts, durch Jean-Paul Sartre.

KAPITEL 11

Genet begegnete Jean-Paul Sartre zum erstenmal im Mai 1944, als der junge Autor und Sänger Mouloudji die beiden miteinander bekannt machte. Mouloudji erinnert sich, daß das Café de Flore reizvoll war, weil wenige Deutsche sich dorthin verirrten. Während des kalten Winters, als wenige Hotels oder Wohnungen geheizt waren, verbrachten die Leute, die nicht in einer Schule oder an ihrem Arbeitsplatz waren, ihre Zeit in Cafés, teilweise nur, um sich zu wärmen. Einige der regelmäßigen Gäste des Flore waren Mitglieder der Widerstandsgruppe *Octobre,* zu denen der Theaterregisseur Roger Blin gehörte, der später Genets *Die Neger* und *Die Wände* inszenierte. Auch Maurice Sachs, der halbjüdische Schriftsteller, der sich auf die Seite der Nazis geschlagen hatte und von ihnen umgebracht wurde, besuchte das Café gelegentlich. Alberto Giacometti war dort Stammgast. In der ruhigen, arbeitsamen Atmosphäre schrieben Jean-Paul Sartre und Simone de Beauvoir oft mehrere Stunden, ehe sie es sich mit ihren Freunden behaglich machten. Mouloudji erinnert sich, daß die Beauvoir *(»Le Castor«* genannt, was »Der Biber« bedeutet, weil sie so ungeheuer fleißig war) an ihren Tisch eilte, als ginge sie in ihr Büro.

Beauvoir erzählt, im Flore sei es nicht kalt gewesen, und wenn Stromsperre war, gab es in dem Café starke Azetylenlampen.[1] Die Sartre-»Familie« hatte sehr engen Umgang mit Pablo Picasso und Dora Maar, mit Jacques Prévert und seinem Kreis sowie mit zwei lautstarken antisemitischen Journalisten. Aber nur Sartre und Beauvoir saßen im Flore mit Sicherheit morgens, mittags und abends. Einer von Sartres Studenten, Bourla, äußerte ein wenig verärgert:

»Wenn die einmal sterben, muß man ihnen unter dem Fußboden ein Loch ausheben.«[2]
Beauvoir und Sartre hatten natürlich bereits alles über Cocteaus neuestes Genie vernommen und waren entsprechend skeptisch eingestellt. Beauvoir schreibt:

Die Figur des verkommenen Genies erschien mir ein wenig konventionell. Da ich Cocteaus Vorliebe für das Ungewöhnliche und seine Entdeckerleidenschaft kannte, hatte ich ihn im Verdacht, zu übertreiben. Als jedoch der Anfang (vielmehr der Schluß, Anm. d. Verf.) von *Notre-Dame-des-Fleurs* in *L'Arbalète* erschien, waren wir gepackt. Genet war offensichtlich von Proust, von Cocteau, von Jouhandeau beeinflußt; aber er besaß eine eigene, unverwechselbare Stimme. Es kam damals sehr selten vor, daß eine Lektüre unserem Glauben an die Literatur frische Nahrung gab. Diese Seiten entdeckten uns die Macht des Wortes wieder. Cocteau hatte richtig gesehen: ein großer Schriftsteller war geboren.
Er sei aus dem Gefängnis entlassen, hatte man uns gesagt. Als ich an einem Mainachmittag mit Sartre und Camus im »Flore« saß, kam er an unseren Tisch. »Sind Sie Sartre?« fragte er brüsk. Rasierter Schädel, verkniffene Lippen, mißtrauischer, fast aggressiver Blick – wir sahen einen harten Burschen vor uns. Er setzte sich, blieb aber nur kurz. Doch er kam wieder, und nun sahen wir ihn oft. Hart war er. Mit der Gesellschaft, die ihn von Geburt an ausgeschlossen hatte, verfuhr er schonungslos. Aber seine Augen konnten lächeln, und um seinen Mund spielte noch immer ein Staunen der Kindheit. Es war leicht, sich mit ihm zu unterhalten; er hörte zu, er antwortete. Nie hätte man ihn für einen Autodidakten gehalten; sein Geschmack, sein Urteil verrieten die Kühnheit, die Subjektivität, die Ungeniertheit von Menschen, für die Bildung etwas völlig Selbstverständliches ist, auch besaß er ein bemerkenswertes Qualitätsgefühl. Er konnte emphatisch vom Dichter und seiner Sendung sprechen. Er tat, als imponiere ihm das elegante und aufwendige Treiben der Salons, deren Snobismus er herunterspielte. Er kam jedoch bald wieder davon ab; er war zu neugierig und zu leidenschaftlich. Seine Interessen waren fest umrissen. Er verabscheute die Anekdote, das Pittoreske. Eines Tages waren wir zur Terrasse meines Hotels hinaufgestiegen, und ich zeigte ihm die Dächer. »Was soll ich damit?« fragte er mürrisch. Seine eigene Person beschäftige ihn zu sehr, fügte er hinzu, als daß er sich auch noch mit der Außenwelt abgeben könne. Er war jedoch ein sehr guter Beobachter. Wenn ein Gegenstand, ein Ereignis, eine Person für ihn Sinn hatten, fand er stets die direktesten und treffendsten Worte; nur akzeptierte er die Dinge nicht wahllos. Er brauchte bestimmte Wahrheiten und suchte oft auf bizarren Umwegen den Schlüssel. Er betrieb diese Suche mit einer Art Fanatismus, aber zugleich mit einer Intelligenz, wie ich sie selten in solcher Schärfe kennengelernt habe.

Das Paradoxe war an ihm damals, daß er trotz starrer Haltung, also geringer Aufgeschlossenheit, ein völlig freier Geist war. Mit Sartre verband ihn diese Auffassung von der Freiheit, die sich vor nichts fürchtet, und der Abscheu vor allem, was ihr Fesseln anlegt: die schönen Seelen, die versteinerten Moralbegriffe, die allumfassende Gerechtigkeit, die großen Worte, die edlen Grundsätze, die Institutionen und der Idealismus. In seinen Reden wie in seinen Schriften gebärdete er sich absichtlich als Bürgerschreck. Er behauptete, daß er ohne Zögern einen Freund verraten oder bestehlen würde. Ich habe ihn jedoch nie etwas Schlechtes über irgend jemanden sagen hören. Niemand durfte Cocteau in seiner Gegenwart angreifen. Sein Verhalten sagte uns allerdings mehr zu als seine abstrakten Provokationen. Wir mochten ihn auf den ersten Blick. Als wir ihn kennenlernten, planten wir gerade eine neue *fiesta*. Ich hätte ihn gern dazu eingeladen. Sartre meinte jedoch, Genet würde sich dabei nicht wohl fühlen. Er hatte recht; soliden, in der Welt verankerten Kleinbürgern stand es an, sich ein paar Stunden lang in Alkohol und lärmender Fröhlichkeit zu verlieren. Genet machte sich nichts aus solchen Ausschweifungen, er war verloren gewesen und legte Wert darauf, festen Boden unter seinen Füßen zu spüren.[3]

Sicherlich nahm Beauvoir Genets Intelligenz und Dickköpfigkeit wie auch seinen Abscheu vor bloß Anekdotischem gezielt aufs Korn – einen Abscheu, den er in seinen Romanen zu einem künstlerischen Prinzip erhebt, wenn er oft mit voller Absicht den Erzählfluß zerstört oder die Pointe verschenkt. Sie glaubte auch, daß er, obwohl er sich als Verräter verkaufte, in Wirklichkeit seinen Freunden treu sei. Genet mag mit Freunden gebrochen haben, oft aus Gründen, die er als moralische Schwäche ihrerseits empfand, aber er machte meist einen klaren Schnitt.
Die dandyhaften Seiten an seinem Charakter, die Beauvoir schildert, legten sich später, vielleicht durch Sartres Einfluß, hauptsächlich aber aufgrund seiner Freundschaft mit Giacometti. Diese neue Welt des *Rive-gauche*-Existentialismus verabscheute alle Posen – es sei denn, man betrachtet systematische Einfachheit ihrerseits als Affektiertheit. Genet beschwerte sich ab und zu, daß Beauvoirs Garderobe zu sachlich sei, und alle waren sich einig, daß sie humorlos, verbissen und im Umgang unbeholfen war. Jahrelang wohnten Sartre und Beauvoir wie Genet in kleinen Hotelzimmern. Als die Beauvoir sich nach dem Welterfolg ihres Romans *Die Mandarins von Paris (Les Mandarins)* eine kleine Wohnung, ein Auto (von Genet ausgesucht) und einen Plattenspieler kaufen konnte, kam sie sich sündhaft bourgeois vor. Nach 1946 führte Sartre gleich beim Flore um die Ecke, in der Rue Bonaparte 42, ein komfortables Leben. Er wohnte bei seiner Mutter und spielte mit ihr vierhändig

Schubert-Stücke, doch dieses beschauliche häusliche Leben blieb den meisten Augen verborgen. Cocteaus *Rive-droite*-Zirkel war weit von der *rive gauche* der Sartre-»Familie« entfernt, auch wenn Cocteau bestrebt war, sich mit Sartre und Beauvoir, den aufsteigenden Sternen, anzufreunden. Wie Jean Cau es formulierte, »wollte Cocteau nie einen Zug verpassen«, doch obgleich Cocteau »seine Tentakel auswarf«, blieb Sartre ein wenig reserviert.[4] Sartre und Cocteau hatten nichts gemein außer ihrer Neugier (und eine lebhafte Neugier, was die Homosexualität betraf). Sartre hielt Cocteau für einen Akrobaten und einflußreichen Literaten, der seine Schulden nicht eingelöst hatte. Cocteau seinerseits war sehr eifersüchtig auf Genets Zuneigung zu Sartre.[5] Cocteau schrieb an Beauvoir 1943 einen Brief, in dem er ihr zum Erscheinen ihres ersten Romans gratulierte, doch wenn Beauvoir in dem Zitat oben erwähnt, daß Genet keine Kritik an Cocteau zuließ, offenbart sie unabsichtlich, daß es Versuche in dieser Richtung gegeben haben muß.[6] Ihrem amerikanischen Geliebten, dem machistischen Romanschriftsteller Nelson Algren, beschrieb Beauvoir Genet als »den homosexuellen Einbrecher-Dichter« und Cocteau als »berühmten Dichter und Schwuchtel«.[7] Als die Beauvoir mit Cocteau, Genet und ihrer lesbischen Bewunderin, der Romanschriftstellerin Violette Leduc, diniert hatte, gestand sie Algren ein wenig blasiert, sie sei »die einzige Heterosexuelle am Tisch« gewesen und habe sich als solche »irgendwie unmoralisch« gefühlt.[8] Mehr als einmal sagte sie, sie habe ihrer grundlegenden feministischen Untersuchung *Das zweite Geschlecht (Le Deuxième sexe)* diesen Titel gegeben, weil, »wenn die Schwulen ›das dritte Geschlecht‹ genannt werden ..., das bedeuten muß, daß die Frauen an zweiter Stelle kommen.«[9]

Genet mochte die Beauvoir mehr als sie ihn. Sie erzählte ihrer amerikanischen Biographin kurz vor ihrem Tod, er habe sie für eine »schwierige Zicke« gehalten, und sie zögerte nie, seine »alberne Schwulen-Entourage«[10] zu kritisieren; aber sie fügte hinzu: »Später kamen wir besser miteinander zu Rande, aber wir waren nie gute Freunde.«[11] Genet konnte schrecklich ehrlich gegenüber Beauvoir sein; 1945 kritisierte er ihr Theaterstück *Les Bouches inutiles (Die unnützen Münder)* mit den Worten: »Das ist kein Theater, auf keinen Fall!«[12] Zugleich fand er sie nett und interessant, und er besuchte sie weiterhin gelegentlich bis weit in die siebziger Jahre hinein, als er den Kontakt (und die Geduld) mit Sartre längst verloren hatte.

Als Genet Sartre kennenlernte, stand der Philosoph am Beginn dessen, was seine Biographin Annie Cohen-Solal »die Sartre-Jahre« (»*les années Sartre*«)

genannt hat. In dem Jahrzehnt zwischen 1945 und 1956 trug alles Schwarz, hatte *Das Sein und das Nichts (L'Être et le néant)* unterm Arm, sah sich Sartres Theaterstücke an, las seine Romane und diskutierte seine Ideen. Als er gleich nach dem Krieg einen Vortrag über den Existentialismus hielt, war der Saal dermaßen überfüllt, daß einige Leute verletzt wurden. Doch er war seiner so sicher, daß das leidenschaftliche intellektuelle Gespräch, das er mit sich und seinen engsten Freunden führte, durch diese enorme Nachkriegsberühmtheit kaum unterbrochen wurde. Er produzierte ein Buch nach dem anderen. Kurz vor dem Krieg hatte er seinen Roman *Der Ekel (La Nausée)* geschrieben, und während des Krieges sein gewaltiges philosophisches Werk *Das Sein und das Nichts*, dazu zwei philosophische Romane, die erst veröffentlicht wurden, als der Krieg vorbei war, beide 1945. Im Jahr darauf erschienen seine *Überlegungen zur Judenfrage (Reflexions sur la question juive)*, eine knappe und bündige Untersuchung des französischen Antisemitismus. 1947 veröffentlichte er seine Baudelaire-Studie, die er Genet widmete und in der er beiläufig André Gide dafür lobt, seine Homosexualität angenommen zu haben, und er schließt seinen Baudelaire-Essay mit den Worten:»Die freie Wahl seiner selbst, die der Mensch trifft, ist absolut identisch mit dem, was man sein Schicksal nennt.« Dies ist später auch seine Einstellung zu Genet. Sartre wurde der Ruhm zuteil, 1948 von der katholischen Kirche *und* der kommunistischen Partei verdammt zu werden. Im gleichen Jahr rief er einen noch größeren Meinungsstreit hervor mit seiner Befurwortung eines politischen Engagements des Schriftstellers in *Was ist Literatur? (Qu'est-ce que la littérature?)*; diesen Ton hatte er bereits im Oktober 1945 angeschlagen, als er in der ersten Nummer seiner Zeitschrift *Les Temps Modernes* (benannt nach dem Chaplin-Film *Modern Times)* schrieb, in seinen Augen seien»Flaubert und die Brüder Goncourt verantwortlich für die Unterdrückung im Anschluß an die Pariser Commune, weil sie nicht eine Zeile zu ihrer Verhinderung schrieben«.
Sartres geballte Aktivität ähnelt dem Kreativitätsausbruch Genets, obgleich die zwei Schriftsteller sehr verschieden sind. Genets Romane sind Erfindungen voller Phantasie, Gefühl und von schwer erfaßbarer Intelligenz, wogegen Sartres Romane und Dramen oft melodramatisch sind (mit Ausnahme seines ersten Romans, *Der Ekel)* und stets politische, ethische und ontologische Themen veranschaulichen, die er vorher bereits in seinen philosophischen Betrachtungen herausgearbeitet hat. Sein gelungenstes Buch, *Die Wörter (Les Mots)*, stellt einen schonungslosen Blick auf seine eigene Kindheit dar, während er der in ihn vernarrten Familie den unterwürfigen Hanswurst vorspielte. In seinem Element war Sartre im»Denken gegen sich selbst«, wie

er es nannte. »Ich hasse meine Kindheit und alles, was davon übrig ist«, schreibt er gegen Ende des Buches. Wenn seine Kindheit die eines vergötterten Monstrums war, das am Busen der Familie lebte, dann konnte er das Leben Genets als das eines Einzelgängers beschreiben, eines Opfers der Gesellschaft, eines vom Stamm Verstoßenen, der seine Rache an der Gemeinschaft nimmt, indem er beschließt, zum reinen Sinnbild des Bösen zu werden, das zu verkörpern man ihn bereits beschuldigt hat.

Genet mag zwar in seinen Romanen wiederkehrende Ideen haben und ein Strukturschema erkennen lassen, seine Themen und Schemen mindern jedoch nie das Gefühl beim Leser, daß der Autor Zeile für Zeile, Wort für Wort aus dem Stegreif denkt und linguistische Möglichkeiten neu entdeckt. Die Handlung vollzieht sich in seinen Büchern vor allem auf lokalem, nicht auf globalem Niveau, in der Sprache, nicht im Plot. Dem Interesse an Sartres dichterischem Werk ist dagegen am besten mit einem *précis,* einer Zusammenfassung des jeweiligen Inhalts, gedient. Es macht mehr Spaß, über Sartre zu diskutieren, Genet ist fesselnder zu lesen. Letzteren kann man nicht schnell lesen, ersteren dagegen nicht langsam.

Sehr rasch erkannte Sartre Genets Genie in den Romanen und in *Die Zofen,* in späteren Jahren war er freilich recht skeptisch gegenüber Genets großen Theaterstücken. Er, der Agitprop schrieb, hatte eine Abneigung gegen Genets Paradoxe und dessen Vorbehalte gegen die Effektivität aller Formen von Politik.[13]

Sartre schrieb natürlich schnell und erhob sogar die absurde Idee zum Prinzip, daß Bücher, so wie Bananen am besten schmecken, wenn sie gerade reif gepflückt sind, gleich nach ihrem Entstehen am belangvollsten sind.[14] Angeregt von Aufputschmitteln, Tabak und Koffein, getrieben von seinem Gefühl, ein Schiedsrichter, Guru, Gott und treuer Ernährer zu sein (er hatte einen ganzen Kreis, der von ihm abhängig war), schrieb Sartre sechs Stunden pro Tag (selbst auf seinen häufigen Reisen) und strich nur selten eine Zeile – leider. Für seine treuen Anhänger war er mehr ein bevorzugter Philosophieprofessor als ein pater familias. Auswärts schielend, Brille tragend, voller Aknenarben, klein, teiggesichtig, war er ständig auf Jagd nach Frauen, denen er allen auf seine Weise treu blieb. Simone de Beauvoir lernte er 1929 kennen, als sie beide Philosophiestudenten waren und er in dem gemeinsam besuchten Seminar als Bester und sie als Zweitbeste abschnitt. Die sexuelle Komponente ihrer Beziehung, erzählte sie Nelson Algren, war nach den ersten paar gemeinsamen Jahren schnell erloschen. Früh hatten sie beschlossen, nicht zu heiraten und keine Kinder zu haben, doch diese Entscheidung schwächte in keiner Weise ihre gegenseitige Bindung. Wie Deidre Bair, die Biographin Simone de Beauvoirs, berichtet, konnte sich ab 1949 Sartre vor Frauen und den Versprechungen, die er ihnen gegeben hatte, nicht mehr retten: »Er teilte sich seine Zeit nach einem Stundenplan so streng ein, wie er nur konnte (wenn man seine Nachgiebigkeit bedenkt, was Frauen betraf): zwei Stunden für diese, ein Abend für jene, ein ganzer Nachmittag für eine dritte. Doch ganz gleich, wie viele andere Frauen auf seiner Liste standen, es gab immer irgendeinen täglichen Kontakt mit der Beauvoir. Wenn beide andere Verpflichtungen am Tag hatten, hielten sie sich die Stunden zwischen fünf und acht am Abend frei, an denen sie sich ganz bestimmt sahen.«[15]

Sartres Sekretär Jean Cau zufolge mochte Sartre Männer nicht (»Männer lehren mich nichts!«[16]), obgleich er und Genet mehrere Jahre lang Stunden um Stunden in angeregtester Unterhaltung verbrachten. Und gegen Ende seines Lebens gab Sartre zu, daß er die engsten Beziehungen nach dem Krieg zu Giacometti und Genet gehabt habe: »Nun, die beiden hatten auf jeden Fall eines gemeinsam: sie waren hervorragend, der eine in der Bildhauerei, der Malerei, und der andere in der Literatur. Sie gehörten bestimmt zu den bedeutendsten Leuten, die ich in dieser Hinsicht gekannt habe«[17] und Genet seinerseits war zunächst zumindest geschmeichelt von Sartres Interesse, da auch er hoffte, ein eigenes philosophisches System zu errichten – eine verständlichere Version davon hatte er bereits in seinen Romanen flüchtig entworfen.

Sartre, der verhätschelte Sproß der Schweitzer-Familie (Albert Schweitzer war ein Onkel seiner Mutter), war von dem verfemten und autodidaktischen Genet fasziniert. Während dieser Jahre projizierte Sartre sich unausgesetzt auf den anderen, ob dieser andere nun ein Jude *(Überlegungen zur Judenfrage)*, ein willentlich selbstquälerischer Dichter *(Baudelaire)*, ein Homosexueller (die Gestalt des Daniel in *Zeit der Reife* [*L'Âge de raison*]*)*, ein kommunistischer Killer *(Die schmutzigen Hände)* oder ein Dritte-Welt-Revolutionär war (Sartre war ein begeisterter Förderer von Frantz Fanon). Roger Stéphane hat einmal zu Sartre gesagt: »Du möchtest alles gleichzeitig sein, ein Schwarzer, Jude, eine Frau, ein Kommi und eine Tunte.«[18] Genet war Sartres Lieblingsschwuler. Jedermann und alles diente Sartres Mühle als Mahlgut, auch wenn eine so unfreundliche Formel das enorme Mitgefühl unterschlägt, das er den unzähligen Dingen und Personen, die ihn interessierten, entgegenbrachte. In einem Gespräch mit Marc Barbezat sagte Genet: »Sartre ist intelligent. Wenn man ihm seine Fehler nimmt, alles, was schlecht an ihm ist, wird er schließlich kraft seines Einfühlungsvermögens zu Güte gelangen.«[19] Vielleicht überrascht es nicht, daß Genet, der in seiner Prosa als ein so engagierter Verfechter des Bösen erschien, auf die Frage, was er für die wichtigste menschliche Eigenschaft halte, einmal antwortete: »Güte.«[20] Ganz untypisch räumte Sartre Genet bei ihren langen Unterhaltungen das Recht ein, das Wort zu führen, und Genet vertiefte sich dermaßen darein, Ordnung in seine Vorstellungen zu bringen, daß ihm manchmal die Anwesenheit anderer Menschen um sich herum nicht mehr bewußt war. So mußte er einem Freund einen Brief schreiben und ihn um Verzeihung bitten, daß er ihn Sartre in der Bar des Pont-Royal nicht vorgestellt hatte (wohin die Sartre-Familie emigrieren mußte, nachdem im Café de Flore schließlich allzu viele Touristen an ihren Nerven gezerrt hatten). In seinem Brief schreibt Genet: »Ich war mitten in einer solchen Diskussion – ich habe so große Schwierigkeiten, meine Gedanken zu entwirren –, daß ich sie ohne Unterbrechung fortführen mußte.«[21] Wie Roger Stéphane sich erinnert, war Genet keineswegs ein so gewandter Redner wie Cocteau oder Sartre: »Wenn er redete, geschah das mit viel Mühe, er drückte sich in einer sehr schlichten Sprache aus. Er achtete sehr darauf, was er sagte.«[22] Komischerweise stellte Sartre sich Genet eher als Schauspieler denn als Schriftsteller vor.

Während des Krieges hatte Sartre in der Kollaborations-Kunstzeitschrift *Comoedia* einen Artikel über Melvilles *Moby Dick* veröffentlicht, in dem er schreibt, daß niemand das Absolute klarer sah als Hegel und Melville – ein Absolutes, das »etwas Furchterregendes und Vertrautes« ist und »weiß und glatt wie ein Hammelknochen«.[23] Nun sagte er zu der Buchhändlerin Adrienne Monnier: »Genet ist der Moby Dick der Päderastie.«[24] Sartre vergleicht Genet mit dem Wal, diesem Killer, dieser Ausgeburt der Natur, dieser Primärkraft, und nicht mit dem Schriftsteller und Seher Melville.

Sartre und Genet teilten das Interesse an allen literarischen Formen (Theater, Film, Dichtung), obwohl Sartre kein Dichter und Genet kein Biograph war. Genets poetische Prosa war weit entfernt von der sehr speziellen Art der Biographie, die Sartre aus Marxismus, Psychoanalyse und Existentialismus zusammenbraute. Beide verachteten die Bourgeoisie, beide reisten mit leichtem Gepäck, beide erfanden die Liebe neu, beide sprachen eine gepfefferte Mischung aus Argot und verfeinertem Intellektuellenidiom. Genet war homosexuell, Sartre heterosexuell, keiner von beiden war eine Schönheit und keiner war sich seines Körpers allzu sicher. Vielleicht ließ Genets Homosexualität ihn als eine geringere Bedrohung für den Pascha Sartre erscheinen, denn Sartre behandelte zum Beispiel den ebenso talentierten, aber heterosexuellen Giacometti weniger freundlich. Zumindest Beauvoir erinnert sich, daß die beiden

Männer »fast Feinde« waren und einander verbal ständig in den Haaren lagen. Waren zunächst Giacometti *und* Genet Sartres beste Freunde nach dem Krieg, so wurde durch eine Art Qualifikationsprozeß Genet zu seinem einzigen Freund, zumindest sein wichtigster Gesprächspartner.[25] Die Bewunderung war auf beiden Seiten spontan und beträchtlich. Als *Wunder der Rose* 1946 beim Verlag L'Arbalète erschien, schrieb Sartre einen Text, wahrscheinlich seinen ersten über Genet, in dem er den Roman eine Erforschung der Wirklichkeit mit dem Instrument der Homosexualität nannte. Schon hier besteht Sartre darauf, daß Genet die Homosexualität auf sich genommen hat und daß diese Entscheidung die Form und den Inhalt des Buches bestimmt hat. Es lohnt, den ganzen Text zu zitieren:

»Du bist doch nicht homosexuell, wie können dir dann meine Bücher gefallen?« fragt Genet mit seiner falschen Naivität. Aber eben, weil ich nicht homosexuell bin, liebe ich sie: Homosexuelle fürchten sich vor diesem gewalttätigen und feierlichen Werk, in dem Genet in seinen langen, schönen, verschnörkelten Sätzen an die äußersten Grenzen seines »Lasters« geht; wirklich ist das Buch ein Instrument zur Erforschung der Welt und, im Sinne dieses hochmütigen Bekenntnisses, eine Passion. Proust hat die Homosexualität als ein Schicksal dargestellt, Genet nimmt sie als freie Entscheidung in Anspruch. Alles ist eine freie Entscheidung in *Wunder der Rose*: die Wörter, die Szenen und die überraschende Reihenfolge des Erzählten; der Autor hat Diebstahl und Gefängnis gewählt, er hat die Liebe und das Wissen um das Böse gewählt. Er rauscht vorüber, er spielt sich auf, und doch läßt er sich niemals gehen: Seine Kunst hält seine Leser auf Distanz. Dank dessen stößt man im Innersten dieser entlegenen Welt, in dieser Hölle aus Wächtern, Schlägern und Einzelhaft, auf einen Menschen.

Jean-Paul Sartre[26]

Umgekehrt überließ Genet 1946 Auszüge aus *Tagebuch eines Diebes* Sartre für dessen *Les Temps Modernes,* und er widmete den Roman, der Beauvoirs Lieblingsbuch war, ihr und Sartre. Und obgleich er sich erst Ende der sechziger Jahre aktiv der Politik zuwandte, nahm er sich für seinen politischen Aktivismus Sartre zum Vorbild.
Marc Barbezat war der Meinung, daß Sartre einen negativen Einfluß auf Genets Stil ausübe.[27] Barbezat erinnert sich an Genets geschwätzig-philosophische Einleitung zu *Die Neger* in den fünfziger Jahren, die er, der für kurze Zeit seine Stellung als Genets Verleger wiedergewonnen hatte, ihm mit Erfolg

ausredete. Diesen unglücklichen Text schreibt Barbezat Sartres Einfluß zu. Schon im *Tagebuch eines Diebes* klingt Genet oft wie Sartre: »Der Schöpfer [muß] die Sündenlast seiner Geschöpfe auf sich nehmen ... Jeder Schöpfer [muß sich] das Böse aufbürden, das er ermöglicht und für das sich seine Helden frei entscheiden.«[28] Selbst das, was die beiden unterscheidet, scheint aufeinander abgestimmt und mit Absicht so gestaltet zu sein, daß sie sich voneinander abheben. Genet ist der Dichter, Sartre der Philosoph, eine Unterscheidung, auf die Genet bestand. Sartre erinnert sich: »Er hielt sich für *den* Dichter und mich für *den* Philosophen und ist auf dieser Unterscheidung sehr herumgeritten, die nicht ausgesprochen wurde, aber man spürte sie.«[29] Genet ist der Bauer, Sartre der Bürger. Genet macht sich für die schlichte theologische Moral des Bauern stark, wogegen Sartre eine neue atheistische Moral entwirft.

Jean Cau erinnert sich, daß Genet der Ansicht war, er sei als Schriftsteller ein viel größeres Talent als Sartre. Doch Cau meint, daß Genet wie alle Autodidakten von Sartre fasziniert war, weil auch er Ideen entwickeln wollte, nicht zuletzt Gedanken zur Homosexualität. Genet war besessen von seiner Rolle als Moralist. Wenn es um Argumente ging, konnte Sartre Genet vernichten, aber Genet meinte, Sartre verstehe nichts von Literatur, und Beauvoir, sagte Genet, habe »die Sensibilität einer Gabel«.[30]

Im Laufe dieser Jahre machte Genet Sartre viele vertrauliche Mitteilungen, und Sartre fand zu vielen persönliche Bemerkungen über Genet, die er später in *Saint Genet* aufnahm, seine monumentale Einführung in Genets *Sämtliche Werke*. Manche dieser Bemerkungen müssen Genet verletzt haben, andere sind sicherlich enthüllend, alle aber treffen sie den Nerv. Die Bemerkungen zu Genets Ruf als Verräter in Mettray oder seinem jugendlichen Selbstmordversuch scheinen falsch zu sein, aber vielleicht war es Genet, der sich diese Lügen ausdachte, und wenn, warum?

Bemerkungen zu seiner Kindheit
Eines Tages wird er von dieser Periode seines Lebens sagen, er sei der Fußball gewesen, den Fußtritte vom einen Ende des Feldes zum anderen stoßen.[31]
Er hat an Selbstmord gedacht ... Die Untersuchung hat auf mentale Debilität geschlossen ...[32]

Eine Widmung
Auf ein Exemplar von *Pompes funèbres,* das ich in Händen gehabt habe, hat Genet gekritzelt: »Jean Genet, der Schwächste von allen und der Stärkste.«[33]

Mettray und Verrat
Ehe er überhaupt von Denunziation geträumt hat, wußte bereits alle Welt, daß er ein Verräter war; in Mettray war das die erste Beschimpfung, die man ihm entgegenschleuderte.[34]

Antisemitismus
Genet ist Antisemit. Oder vielmehr spielt er es. Wie man sich vorstellen kann, ist es schwer für ihn, die meisten Thesen des Antisemitismus aufrechtzuerhalten. ... Ein merkwürdiger Antisemit, der sich durch seine Abneigung, Juden auszurauben, definierte. ... Wenn er in die Enge getrieben wird, erklärt er, daß er »nicht mit einem Juden schlafen könnte«. Israel kann beruhigt sein. Ich sehe nur folgendes in dieser Abneigung: als Opfer von Pogromen und jahrhundertelangen Verfolgungen erscheint der Jude als Märtyrer. ... Da dieser [Genet] will, daß seine Geliebten seine Henker sind, kann er sich von keinem Opfer sodomisieren lassen. Was Genet an Juden abstößt ist, daß er in ihnen seine eigene Situation wiederfindet.[35]

Porträt von Genet
Ich kenne ihn als kleinen bartlosen Landru (Landru war ein berüchtigter Pariser Frauenmörder), etwas steif, immer höflich, oft heiter, im ganzen sehr kameradschaftlich. Aber ich kann mir ohne weiteres vorstellen, daß er in dem feudalen Milieu eine recht unheimliche Figur abgab, oft verabscheut und wahrscheinlich heilig ...[36]
Später werden wir sehen, wie Genet in seinen Werken mit Vorliebe abwegige Begriffe konstruiert, deren Ziel es ist, die ruhige Sicherheit der anständigen Leute zu erschüttern. ... Wenn man ihn zu weit in die Enge treibt, wird er in Gelächter ausbrechen und ohne weiteres zugeben, daß er sich auf unsere Kosten amüsiert, daß er nur versucht hat, uns noch mehr zu schockieren ...[37] Er *sieht nicht* die Landschaften, und seien sie die schönsten der Welt; er *amüsiert sich nicht* mitten in einer fröhlichen Schar.[38]
Einer der konstantesten Züge Genets, der sogar in seiner Unterhaltung zutage tritt, ist seine Verachtung der Anekdote. Sein Leben ist ihm sehr früh, tagtäglich, wie eine Folge belangloser Geschichten vorgekommen, aus denen er einfach, ehe er sie in Vergessenheit geraten ließ, das poetische Wesen herausziehen mußte.[39]

Rosen
Genet hat mir anvertraut, daß er Blumen verabscheut: nicht die Rose liebt er, sondern ihren Namen.[40]

Homosexualität
Er scheint sich mit der Veränderung in seinem Sexualleben niemals ganz abgefunden

zu haben. Vor ein paar Jahren sagte er mir noch: »Der sogenannte aktive Päderast bleibt am Höhepunkt seiner Lust unbefriedigt und sehnt sich nach Passivität.«[41]

Seine Romane
»Meine Bücher sind keine Romane«, hat er mir einmal gesagt, »weil keine meiner Figuren von sich aus eine Entscheidung trifft.«[42]

Arbeit
Wenn ihn nach langen Monaten des Müßiggangs die Lust packt, ein Buch zu schreiben, macht er sich sofort ans Werk und ruht weder Tag noch Nacht, bis seine Arbeit beendet ist; oder vielmehr hält er sie dann für beendet, wenn ihm die Lust vergeht: oft macht er vor dem Ende des Werks schlapp und schmiert schnell die letzten Seiten hin. In *Notre-Dame-des-Fleurs* erklärt er plötzlich: »Ich habe es eilig, Divine loszuwerden.« (II, 166); in *Querelle de Brest* schreibt er: »Ein plötzlicher Überdruß ließ uns *Querelle* aufgeben, der bereits zerfloß.« Der Schluß des *Journal du voleur* ist hingepfuscht.[43]

Sein Leben heute
Die neuen Beziehungen dieses Diebes wurden in der »Randgruppe« der Intellektuellen ausgesucht. ... Er verhält sich ihnen gegenüber höflich, treu, hilfsbereit und zuverlässig, aber er empfindet für diese Medizinmänner weder Freundschaft noch Liebe; ihre Anliegen sind nicht die seinen, und er schätzt ihre Werke kaum. Im Umgang mit Snobs ist er launisch, ungestüm und treulos, um seine Macht zu messen, und weil er es ihnen übelnimmt, daß sie nicht ganz einfach anständige Leute sind. Aber dieses Wüten ist gespielt.«[44]

Seine Hingabe
Genau das nannten wir Hingabe. Diese eher feudalistische als bürgerliche Tugend paßt auch deshalb zu ihm, weil er noch der Schwarzen Ritterschaft der Delinquenten angehört. ... Er gibt. Man erwarte jedoch nicht, ihn das Manna seiner Wohltaten über die ganze Welt ausstreuen zu sehen. Erstens ist er gar nicht so reich; er braucht häufig die Hingabe anderer; aus einem Dieb macht er sich zu einem Pumpgenie. ... Anstatt seine Gaben unter möglichst viele Menschen zu verteilen, zieht Genet es vor, wenige Auserwählte damit zu überhäufen.[45]

Aus dieser Sammlung von Zitaten ersehen wir, daß Genet Sartre erzählt hatte, er habe von der sexuellen Passivität zu Aktivität gewechselt – ein Thema, das auch in seinen Romanen auftaucht.
Im Frühjahr 1944 besuchte Genet in Begleitung von Cocteau eine Vorstellung

von Sartres *Geschlossener Gesellschaft*, eine Begebenheit, die symbolisch für diese Übergangsphase steht, in der Genet sich endgültig dem Einfluß Cocteaus entzog und der Sartre-Familie anschloß. War Genet von Sartres Stück fasziniert, so war er plötzlich den Unternehmungen des Cocteau-Zirkels gegenüber weniger tolerant. Jean Marais erinnert sich, daß 1944 seine Freundin Madame Ventura von der Comédie-Française eine Rimbaud-Matinee im Pariser Théâtre Hébertot veranstaltete. Madame beendete ihren Vortrag von Rimbauds »Das trunkene Schiff«, und als Jean Marais auf die Bühne kam, um das nächste Gedicht zu rezitieren, rief ein Mann im Publikum: »Im Namen Rimbauds, verpiß dich!«[46] Der Mann war Genet.

Im Frühjahr 1944, als Genet in der Wohnung in der Rue du Dragon 36 in Saint-Germain-des-Prés wohnte, verglich er die erste Fassung von *Wunder der Rose* mit dem fertigen Manuskript und stellte sicher, daß alle guten Passagen aus dem Original übernommen waren. Er unternahm Ausflüge in eine Kleinstadt in der Nähe von Avignon, Sarrians im Vaucluse, wo er zehn Tage in verschiedenen billigen Hotels blieb. Sein ganzes Leben lang stieg er immer wieder einmal in einen x-beliebigen Zug, um in eine kleine Stadt, oft eine ärmliche, häßliche Stadt ohne jede Bedeutung, zu fahren und sich in ein Zimmer im Hotel gleich neben dem Bahnhof zu verkriechen. Manchmal schloß er Freundschaft mit einem Kellner im Café, und er besuchte dann die gleiche trübe Stadt später sogar wieder, um den Bekannten wiederzusehen. Er kann kein besonders gerngesehener Hotelgast gewesen sein, denn er brannte mit seinen ewigen Zigaretten Löcher in die Matratzen, ließ Essensabfälle unter dem Bett liegen und blieb die ganze Nacht wach, um zu schreiben.[47] Außerhalb von Orange mietete er sich eine Villa, wo er sich mit einem jungen Seemann amüsierte, den er in Lyon kennengelernt hatte. Im April machte er den kurzen Ausflug nach Fontevrault, um an *Wunder der Rose* letzte Hand anzulegen.[48]

Dann fuhr er in den Morvan, und einen Monat darauf war er in Monsoreau, einer Stadt im Loiretal, wo er an einem Drehbuch arbeitete, vielleicht an einer frühen Version von *Mademoiselle*. Als Olga Barbezat Ende Mai aus dem Gefängnis freikam, unterzeichnete Genet seinen Willkommen-zu-Hause-Brief mit einem Satz auf Serbokroatisch (Olgas Muttersprache), den er aus seiner Vagabundenzeit in den dreißiger Jahren in Erinnerung behalten hatte, einen Satz, der bedeutete: »Mit Liebe, Ihr Freund.«[49] Am 30. Juni schrieb er aus Avignon, und bald darauf aus dem Hôtel du Nord im burgundischen Quarré-les-Tombes, wo er von neuem an der ersten Fassung von *Das Totenfest* zu arbeiten begann.[50] Vielleicht hatte der erst kurze Zeit zurückliegende Besuch im Morvan seine Erinnerungen an den Dorffriedhof geweckt, auf dem er als Chorknabe an Beerdigungen teilgenommen hatte und auf dem seine Pflegemutter begraben lag, auf jeden Fall stimmen in der Geschichte von der Beerdigung des toten Kindes einer armen, jungen Frau (das Thema jener Fassung mit dem Titel *Das Schreckbild des Herzens)* die Örtlichkeiten mit der Topographie des Dorffriedhofs überein.

Wie bereits *Wunder der Rose* zwei eigenständige Texte miteinander verband, nahm auch *Das Totenfest,* als es ein Jahr später im Sommer 1945 vollendet wurde, zwei verschiedene Geschichten in sich auf: Die erste betraf das arme Dienstmädchen, dessen Kind stirbt, die zweite wurde aus Genets Trauer um Jean Decarnin entwickelt, der bei der Befreiung von Paris am 19. August 1944 an der Ecke Rue de Parmentier und Rue Oberkampf von Milizionären tödlich verwundet worden war. Er starb abends um sieben Uhr im Hôpital Saint-Antoine im 12. Arrondissement. Registriert wurde er als »Zivilopfer«, das »Buchhandlungsangestellter« gewesen war.[51] Genet nahm an der Beerdigung am 23. August teil. Einen Monat darauf begann er mit der Niederschrift einer neuen Fassung von *Das Totenfest (Pompes funèbres).*

Decarnin war im Leben nicht unwichtig gewesen für Genet, doch nach seinem Tod wurde er verständlicherweise zu einer zentralen Gestalt. Genet stand es nun frei, die Tatsachen umzuschreiben: Er machte Decarnin zu seinem Geliebten, flocht die Geschichte von dem armen Dienstmädchen hinein, indem er es zu Decarnins Geliebter und das tote Baby zu seinem Kind machte, und beleidigte Decarnins Mutter damit, daß er ihr einen Nazigeliebten mit dem Namen Erik verpaßte, dem Namen, den auch Genets Geliebter getragen hatte, ein deutscher Soldat, der an der Ostfront gefallen war. (Genet und Erik waren in Paris von Paule Allard miteinander verkuppelt worden, die unter dem Namen Renée Saurel als Theaterkritikerin arbeitete.) Decarnins Mutter, Léa Roussel, war in ihrem Leben zwar mehrere Male verheiratet und heiratete 1938 Maurice Lucas, von dem sie im November 1945 geschieden wurde, ob sie aber in den Jahren zwischen 1940 und 1944 mit ihrem Mann zusammenlebte, ist nicht bekannt. Sie starb 1980.

Die meisten Romane beschreiben eine reale oder fiktive Wirklichkeit normalerweise im Imperfekt, als handele es sich um eine Erinnerung an tatsächliche Ereignisse. In *Das Totenfest* wird dieser Modus mit dem Hortativ abgewechselt, dem Modus, der die Dinge geschehen läßt. *Das Totenfest* hat die Aufgabe, einen Zauber auszuüben und Decarnin ins Leben zurückzurufen. Das Buch hat aber keinen Mythos zum Inhalt (obwohl es auf die Geschichte von Isis und Osiris und von Orpheus und Eurydike anspielt), sondern eher ein kompliziertes Zauberritual. Jahre später, als Genet über seine frühen Romane interviewt wurde, sprach er von der Macht seiner Prosa, genau das Böse zu exorzieren, das sie zu preisen scheint, so wie eine homöopathische Arznei durch die Nachahmung der Krankheitssymptome heilt. Er war der Ansicht, daß er in *Wunder der Rose* gezeigt habe, daß Verrat paradoxerweise die Einheit der Gruppe fördern kann. Der Gedanke, daß ein symbolischer Akt von Verrat rituell eine neue Gruppeneinheit begünstigt, erklärt besonders gut, wie Genet *Das Totenfest* konstruiert hat.

Gegen Anfang geht der Erzähler »Jean Genet« bald nach der Befreiung von Paris und dem Tod Decarnins (im Roman Jean D. genannt, obgleich er Jean Decarnin gewidmet ist) ins Kino. In der Wochenschau wird ein magerer junger Milizionär festgenommen, und das Publikum schreit seinen Haß heraus. Die rasende Blutgier des Publikums, seine selbstgerechte Verachtung des jungen Verräters, der auf seine eigenen Leute geschossen hatte, bringt den Erzähler dazu, den Jungen zu lieben (den er Riton tauft). Genet liebte immer Unberührbare, und solche, die Frankreich verrieten, waren stets seine Freunde. »Drei Jahre lang hatte ich das köstliche Glück, Frankreich von sechzehn- bis zwanzigjährigen Kindern terrorisiert zu sehen«, schreibt er.[52]

Doch in diesem Roman hat Genet mehr vor, als das Mitleid mit dem Underdog oder die übliche Umkehrung aller normalen Werte vorzuführen. Die spontane Liebe des Erzählers zu dem Bild des jungen Kollaborateurs auf der Kinoleinwand ist so heftig, daß er ihm das wertvollste Geschenk, das man sich vorstellen kann, anbietet: Er wünscht sich, daß Riton Jeans Mörder gewesen sei.

Mein Haß auf den Milizionär war so stark, so schön, daß er der stärksten Liebe ebenbürtig war. Er war es vermutlich, der Jean getötet hatte. Ich begehrte ihn. Ich litt dermaßen unter Jeans Tod, daß ich entschlossen war, jedes Mittel zu ergreifen, um die Erinnerung an ihn loszuwerden. Der beste Streich, den ich diesem mitleidlosen Gelichter spielen konnte, das man Schicksal nennt und das einem Jungen seine Arbeit aufhalst, und der beste Streich, den ich diesem Jungen spielen konnte, wäre, ihn mit der Liebe zu beladen, die ich für sein Opfer empfand. Ich flehte zum Bild des kleinen Burschen: »Ich wünschte, du hättest ihn getötet.«[53]

Einen Augenblick später verbessert der Erzähler seine Beschwörung:

»Töte ihn, Riton, ich schenke dir Jean.«[54]

Zum Teil entspringt diese Handlung natürlich dem, was Freud Wiederholungszwang nannte – dem Verlangen, schmerzliche Ereignisse zu wiederholen, unter denen man gelitten hat, die man diesmal aber selbst in die Hand nimmt, um das ursprüngliche Gefühl der Hilflosigkeit zu überwinden. In einer seltsamen Nachfolge Christi beschließt Genet, seinen ärgsten Feind zu lieben:

Ein ungebrochener Strom aus Liebe ging von meinem zu seinem Körper, der sein Leben, seine Geschmeidigkeit wiedererlangte.[55]

Bald hat Genet beschlossen, Riton zu »heiraten«:

... die Hochzeitsfeier mit meiner Trauer vermischt, und alles wäre gerettet.

Gleich auf der nächsten Seite scheint Genets »Hexerei« zu wirken, denn als er in sich die Erinnerung an einen wirklichen, mit Decarnin verbrachten Augenblick wachruft, bringt er ihn plötzlich ins Leben zurück, ein Wunder, dem er mit Begriffen Ausdruck verleiht, die Religion und Theater miteinander verbinden, jene beiden wichtigsten Stätten der Verwandlung in unserer Kultur:

Wenn die vorangehenden fünfzig Seiten eine Abhandlung über eine Statue aus Eis mit den Füßen eines fühllosen Gottes sind, dann sind die folgenden Zeilen dazu bestimmt, die Brust dieses Gottes, dieser Statue, zu öffnen, um einen zwanzigjährigen Jungen zu befreien. Diese Zeilen sind der Schlüssel, der das Tabernakel öffnet und endlich das Brot zeigt, und die drei Schläge im Theater, die das Aufziehen des Vorhangs ankündigen, die kaum stilisierte Wiedergabe meines Herzklopfens, bevor ich Jean sprechen lasse.[56]

Das Buch schreitet fort als eine Reihe von theaterhaften Verwandlungen. Jean Genet und Jean Decarnin werden mit einem Taschenspielertrick zu dem jungen Deutschen Erik und dessen Geliebtem, dem vierschrötigen Scharfrichter von Berlin. So wird aus Haß Liebe, die Toten beziehen die Körper der Lebenden, ein Überlebender nimmt den Leib seines Feindes in sich auf (so wie es von Kannibalen heißt, sie nähmen den Besiegten ihre Tugenden ab, wenn sie deren edle Körperteile essen). Genet schreibt, ich »kann mit meinen Fingern die besten Stücke von ihrem Fett nehmen, sie ohne Ekel im Mund auf meiner Zunge behalten, sie in meinem Magen fühlen und wissen, daß ihr Wesen das Beste meiner selbst werden wird«.[57] Jean D. kann auch als Zagreus gesehen werden, als Zeus' Sohn von Persephone, den zu schlachten und zu essen die eifersüchtige Hera den Titanen befahl.

Synthetisch, kannibalistisch, theatralisch, magisch und in der christlichen Symbolik wurzelnd, ist die Methodik dieses Buches prälogisch und poetisch. Poetisches Denken gleicht dem egozentrischen Denken des Kindes. An einer Stelle von *Das Totenfest* erklärt der Erzähler: »Ich bin plötzlich allein, weil der Himmel blau ist, der Baum grün, die Straße still, und weil ein Hund, der so allein ist wie ich, vor mir herläuft.« Dieses egoistische Ursächlichkeitsgefühl, der Gedanke, man ist der Mittelpunkt des Universums, ist eine Konstante in Genets besten Arbeiten. Es ist die Art Denken, das der Schweizer Psychologe Piaget Kleinkindern zuschreibt und das bezeichnenderweise die lyrische Dichtung charakterisiert. In *Das Totenfest* wird Genet selbst zum Gefäß für Jean D.s Seele: »Ich werde ihm meinen Körper geben. Durch mich wird er handeln und denken. Durch meine Augen wird er die Sterne sehen, das Halstuch und die Brüste der Frauen. Ich nehme eine sehr schwere Rolle an. Eine Seele leidet, der ich meinen Körper schenke.«[58]

Genets Schmerz ist so ungeheuer groß, daß er sich vorstellen kann, Jean kehre in jeder beliebigen Gestalt wieder, auch als eine »phantastische, stumme Gitarre, die auf einem Bett aus trockenen Gräsern in der Tiefe eines Bretterhäuschens ruht, fern der Welt, und das er nicht verlassen würde, und sei es, um Luft zu schnappen, nicht einmal in der Nacht, nicht einmal am Tage.«[59] Diese schmerzlichen »nicht einmal« (»*même la nuit, même le jour*«) verlagern die Betonung weg aus dem innersten Kern des Ersehnten, den »er nicht verlassen würde«.

Man kann auch sagen, Genet stirbt symbolisch an Jeans Statt. Wie Osiris' Geschlechtsteil wird Genets Penis »ewig von Fischen verschlungen«.[60] Wenn Genet sich hinsetzt, sagt ihm seine Bewegung, daß Jean nicht mehr sitzen kann: »Jede leere Geste, die glauben macht, das Leben gehe weiter, verrät entweder mein Begehren zu sterben, oder sie beleidigt Jean, dessen Tod den meinen aus Liebe herbeiführen muß.«[61] Genet hat in seiner Körperbehaarung noch immer die Filzläuse, die Jean sich bei einer Hure geholt hat. Genet verschwendet seine Liebe auf einen Bernhardinerhund, einen Stellvertreter für Jean, und ein Stechpalmenzweig, ja sogar eine Streichholzschachtel nehmen die Stelle von Jeans Sarg ein. »Dieses Buch [ist] nur Literatur, aber es erlaubt [mir], meinen Schmerz so weit zu verherrlichen, daß er aus sich selbst hervortritt und nicht mehr ist – so wie das Feuerwerk nach seiner Explosion verlischt.«[62]

Im Verlauf des Buches macht Genet mehrere bemerkenswerte Beobachtungen, was seine Kunst betrifft. Er erkennt, daß sein Entschluß, über den Tod des unehelichen Kindes dieses kleinen Dienstmädchens zu schreiben, dem Tod Decarnins voraufging und ihn schicksalhaft vorhersagte: »Es ist verwirrend, daß mir vor langer Zeit ein makabres Thema gegeben wurde, damit ich es heute behandle und gegen meinen Willen in einen Text einfüge, der den hellen Strahl zerlegen soll, der vor allem aus Liebe und Schmerz besteht, den mein untröstliches Herz aussendet.«[63] Ebenso sieht Genet das am Anfang von *Notre-Dame-des-Fleurs* beschriebene Begräbnis als eine Vorahnung von Decarnins Tod.

An anderer Stelle erkennt Genet sowohl die Tiefe als auch die Enge seines Sprachregisters an, welches das des Dichters ist: »Wenn der Romanschriftsteller jedes Thema anschneiden, von jedem Menschen mit strenger Genauigkeit sprechen und Vielfalt herstellen kann, ist der Dichter den Ansprüchen seines Herzens unterworfen, das ihm alle Wesen nahebringt, die vom Bösen oder von Unglück gestreift sind, und alle Figuren meiner Bücher ähneln einander. Sie erleben, kaum verändert, dieselben Augenblicke, dieselben Gefahren, und um von ihnen zu sprechen, sagt meine von ihnen inspirierte Sprache im selben Ton immer wieder dieselben Gedichte.«[64]

In der Mitte seiner Romanphase ist Genet bereits zum Leser seines eigenen Werks geworden, eine reflexive Haltung, die in *Tagebuch eines Diebes* noch viel stärker werden sollte, eine Haltung, die wie eine Schlange, die sich in den Schwanz beißt, das Ende unbefangener Kreativität anzeigt. Roland Barthes sagt, wenn der Roman seinem eigenen Thema einen Namen gibt, muß das Buch enden, so wie Eurydike in die Unterwelt zurückkehren muß, wenn Orpheus sich umdreht, um sie anzuschauen.

Genet ist bereit, andere Eingeständnisse zu machen: daß er Mettray nie gemocht hat, daß er sich in Decarnin erst am Tage seines Todes verliebt hat, und, nachdem man zwei Drittel des Textes hinter sich hat, daß »dieses Buch wahr und geschwindelt zugleich ist. Ich werde es veröffentlichen, damit es Jeans Ruhm dient, aber dem Ruhm welches Jean? Wie eine seidene Fahne, auf deren dunklen Grund ein goldener Adler gestickt ist, schwenke ich den Tod eines Helden über meinem Kopf. Keine Träne fließt mehr aus meinen Augen. Im Gegenteil, ich sehe meinen früheren Schmerz hinter einem Spiegel, in dem mein Herz, auch wenn es sich noch erregt, nicht mehr verletzt werden kann.«

Er stellt seine Technik immer deutlicher aus, ein Verfahren, das die russischen Formalisten »den Kunstkniff bloßlegen« nannten: »Blumen erstaunen mich durch den Nimbus, den ich ihnen in ernsten Fällen und mehr noch als sonst beim Schmerz um einen Toten zugestehe. Ich glaube, sie symbolisieren nichts.«[65]

Aber die erschreckendsten Passagen des Buches sind die über Jean D.s fiktiven Bruder Paulo und Hitler. Hitler hat den Jungen in sein Geheimkabinett gebracht, um mit ihm zu schlafen. Hitler war, behauptet Genet, im Ersten Weltkrieg durch einen Querschläger kastriert worden; nun ist er nichts als ein »trockener Wichser«. Die erste Szene ist aus der Sicht Paulos geschrieben, der Hitler einmal als den Führer sieht (dessen »feuchte Haarlocke quer über die Stirn, die beiden langen Falten, der Schnurrbart, das Wehrgehänge«[66] ihn zum »illustresten« Menschen auf der Welt gemacht haben), dann wieder als »Tunte« (»aber dieser Typ ist doch schließlich bloß ein altes Männlein von fünfzig Jahren«[67]). Der Erzähler wird zu Hitler und stellt sich vor, daß er seinem Opfer (Jean D.s Halbbruder) die Arme leckt, mit seinem Penis spielt und es dann umbringt. In diese Szene werden Beischlafszenen zwischen Riton (Jean D.s Mörder) und Erik (Ritons Nazioffizier in Paris) eingeblendet. Genet macht klar, daß er ohne Schamgefühl und, diese Scham im Auge, mit dem Ehrgeiz schreibt, zu entweihen, was heilig ist. Als er von Paulo spricht, sagt der Erzähler: »Er fühlte die Regung, die ich empfinde, wenn ich sie [diese Dinge] niederschreibe, wie sie mir, glaube ich, durch dieses Gefühl eingegeben werden, das mich seit zwei Tagen nicht verläßt und das ich lediglich wiedergebe: daß man eine Art Scham empfindet, wenn man bei einem Trauerfall an Gesten der Begierde denkt.«[68] Und so kann man das ganze Buch als Beschwörung (oder, wie Literaturkritiker sagen, performativ) in zweierlei Hinsicht lesen: als Ritual, um Decarnin wieder zum Leben zu erwecken, und als Exorzismus durch die Entweihung von Genets Schmerz und Trauer.

Im Jahr 1944 lernte Genet Nico Papatakis kennen, den er in der »Widmung« zu seinem Gedicht »Die Galeere« etwas später »Nico (der griechisch-äthiopische Gott), Direktor des Clubs Rose Rouge in Saint-Germain-des-Prés« nennt. Das Gedicht wurde im April 1945 beendet und von Thierry Maulnier getippt.[69] Sartres Ansicht nach ist »das Gedicht dunkel. Aber nur deshalb, weil Genet, um sich zu täuschen, zur kindlichsten und dämonischsten List gegriffen hat: ›Zu jener Zeit hatte ich zwei Gedichte geschrieben, die überhaupt nichts miteinander zu tun haben. Ich habe sie vermischt in der Absicht, meinen Versen dadurch mehr Dunkelheit, mehr Dichte zu geben.‹«[70] Papatakis, ein gutaussehender Mann mit dunkler Haut und blauen Augen, war in Addis Abeba als Sohn einer äthiopischen Mutter und eines griechischen Vaters geboren worden. Aus Addis Abeba war er während der italienischen Besetzung ausgewiesen worden, er hatte sich nach Athen begeben und war von dort 1939 nach Paris gegangen, wo er blieb, nachdem der Krieg ausgebrochen war. Er studierte Schauspielerei in der Solange-Sicart-Schule in der Rue des Beaux-Arts und lebte mit Mireille Trépel zusammen, die Genet im

Café de Flore kennengelernt hatte. Eines Tages im Jahre 1944 beschlossen die beiden Männer, die pleite und hungrig waren, eine Wohnung auszurauben, deren Mieter Nico kannte. Sie nahmen eine Aktentasche mit, fanden den Schlüssel zur Tür, drangen ein und packten die Aktentasche mit wertvollen Büchern voll, die sie später verkauften. Wenig später lief Nico zufällig Genet in die Arme, der gerade von einem seiner Verleger eine bedeutende Summe ausbezahlt bekommen hatte. Als Nico, der in Geldnöten war, Genet zu zwingen versuchte, mit ihm zu teilen, lief Genet zum Polizeirevier in der Rue l'Abbaye und kam mit einem Polizisten heraus, um den »Erpresser« einzuschüchtern. Von da an sprachen Nico und Genet ein paar Jahre nicht mehr miteinander, doch sollten sie später an einem wichtigen Projekt wieder zusammenarbeiten.

1945 setzte Genet die Arbeit an *Das Totenfest* fort, womit er im Frühjahr fertig war. Im März, als eben sein Gedichtband *Geheime Gesänge* (der lediglich »Der zum Tode Verurteilte« und »Trauermarsch« enthielt) bei L'Arbalète erschien, begann er mit *Querelle,* dem Roman, den er im Januar des nächsten Jahres beendete. Aus *Tagebuch eines Diebes* begannen im Januar 1946 in *Les Temps Modernes* die ersten Kapitel zu erscheinen. Es hat also den Anschein, daß Genet im Laufe des Jahres 1945 gleichzeitig an drei Romanen gearbeitet hat, *Das Totenfest, Querelle* und *Tagebuch eines Diebes,* sowie an dem Theaterstück *Die Zofen* (Ein Titel, der 1945 zum ersten Mal in einer Liste von Werken auftaucht, die er Marc Barbezat versprochen hatte).

Im Frühling 1945 lernte Genet den achtzehnjährigen Lucien Sénémaud kennen. Wie Ginette Chaix, die Frau, die Lucien später heiratete, erzählt, wurde Lucien Genet von Jean Marais vorgestellt, der Lucien beim Militär kennengelernt hatte. Genet allerdings erinnert sich poetischer, Lucien am Strand in Cannes begegnet zu sein. Paul Morihien berichtet dagegen, daß Genet Lucien im Gefängnis kennengelernt hat. Ganz gleich, wo und wie sie sich kennengelernt haben, bald nach ihrer Begegnung schrieb Genet ein Gedicht für Lucien (dessen Name bei der Geburt Marius Lucien gewesen war, der es aber vorzog, den zweiten Vornamen zu führen). Das Gedicht hat den Titel »Der Fischer von Suquet« (»Le Pêcheur du Suquet«), weil Lucien als Kind in eben jenem Hafen von Cannes geangelt hatte. Aber er war nie berufsmäßiger Fischer. In dem Gedicht wird Lucien im Gegensatz zu seinem Porträt in *Tagebuch eines Diebes* als viril dargestellt, ein junger Gott, der Bäume erklettert (die als »erigiert« geschildert werden) und Schiffsmasten. In einer Passage, die an

Wunder der Rose erinnert, stellt Genet sich winzig kleine »Pilger« vor, die Luciens Körper erkunden, als besuchten sie ein Heiligtum:

> Pilger steigen von allen Seiten herab
> Sie bahnen sich ihren Weg über deine Hüften, wo die Sonne untergeht,
> Krabbeln die bewaldeten Hänge deiner Schenkel hinauf,
> Wo selbst am Tage Nacht herrscht.

In dem Gedicht kann der Leib des Geliebten umgekehrt aber auch schrumpfen und sich durch das Nasenloch des Erzählers zwängen. Wenn »Der Fischer von Suquet« trotz mancher Fehler Genets bestes Gedicht ist, dann deshalb, weil es durch und durch dramatisiert ist und im allgemeinen auf Reim und Metrum verzichtet, die Genet nie mit vollkommener Natürlichkeit handhabt. Von den Zwängen des Reims und künstlicher Füllsel befreit, zu denen er sonst häufig Zuflucht nimmt, um die Zeile metrisch zu füllen, ist Genet in der Lage, nahe an der starken lyrischen Aussage zu bleiben. Wie Jean-Bernard Moraly bemerkt hat, »versucht Genet, Dichtung aus Prosa entstehen zu lassen, den Augenblick abzupassen, da Prosa zu einem Gedicht wird. Alles beginnt mit Aussagen, die so banal wie möglich sind, dann steigt der Ton an und verwandelt sich in lyrische Wendungen, die noch keine Verse sind, es aber mit Leichtigkeit werden könnten.«[72] Der Penis des Fischers wird noch als »Er« apostrophiert, dem Genet sich wie einer von den Pilgern mit trockenem Mund und wunden Füßen nähert. Der Dieb (eine von Genets Personifizierungen) befriedigt den Fischer mit dem Mund und erklärt in einem Exzeß an Infantilismus und Masochismus:

> Ich tauche in die Liebe, als ginge ich ins Wasser,
> Die Hände voraus, mit geschlossenen Augen, und meine zurückgehaltenen Seufzer
> Lassen deine Gegenwart schwellen, die in mir ist,
> Wo deine Gegenwart schwer ist, ewig. Ich liebe dich.

Diesem Höhepunkt folgt natürlich, daß »Er« schrumpft und schlaff daliegt. Der Dieb versucht, das müde Organ zu erregen. »Aber das Gewichtigste an dir bleibt in deinen Tiefen. Und dort ist's, wo du untergehst.« Als der Fischer seinen Penis zurückzieht, stellt der Dieb sich vor, ihn zu töten. Konnte Genet in seinem ersten Gedicht über Lucien noch seinen Träumen, beherrscht zu werden, freien Lauf lassen, so modifizierte er bei näherer Bekanntschaft das Bild in etwas Zarteres und Bukolischeres. In seinem zweiten

Gedicht an Lucien, »Ein Liebesgesang« (»Un chant d'amour«), wird der junge Mann in der ersten Zeile als himmlischer Schäfer angeredet: »Schäfer, komm herab vom Himmel, wo deine Schafe schlafen.« (Man vergleiche damit Rimbauds »O Königin der Hirten / Trage das Wasser des Lebens zu den Arbeitern.«) In der dritten Zeile wird bereits die Fellatio angedeutet (vollzogen am »Du« vom »Ich«). Und noch einmal stellt Genet sich winzig kleine Schafe vor, die den Körper des Geliebten erkunden (»Sie werden grasen, meine Lämmer, von deiner Hüfte bis zu deinem Hals«). Ein Psychoanalytiker würde vielleicht einen Konflikt in diesen Rollen erblicken. Der Geliebte ist groß wie das Meer oder Weideland, riesig genug, um dem Erzähler dieselbe überwältigende Ehrfurcht einzuflößen, die er als Kind in Gegenwart erwachsener Männer verspürte. Doch zur gleichen Zeit ist der Geliebte so passiv, wie es der ängstliche Erzähler sich nur wünschen mag – ein fruchtbares Gefilde wie Meer oder Land, eher ein Ort zum Verweilen und Weiden als ein unabhängiges, unberechenbares und daher bedrohliches Individuum mit eigenem Willen. Und obgleich Lucien siebzehn Jahre jünger als Genet ist, ist er unverfälscht (das heißt ein heterosexueller Mann) und gilt daher als älter:

> Schöne Liebesgeschichte: ein Dorfjunge
> Liebt den Wachtposten, der am Strand umherzieht
> Wo das Ambra meiner Hand einen Kerl aus Eisen anlockt![73]

Hier weist Genet sich die Rolle des Dorfjungen aus *Notre-Dame-des-Fleurs* oder aus Rimbauds »Die siebenjährigen Dichter« oder »Eine Zeit in der Hölle« zu. Diese beiden Gedichte bringen also Genets Mischung aus aktiven und passiven Elementen zum Ausdruck, nicht sexuell, sondern auch in seinen nichtsexuellen Träumen von Beherrschung und Unterwerfung. Ständig mit der Versuchung kämpfend, aufzugeben und das unselbständige Kind in den Armen seines strengen, aber liebenden Vaters zu werden, stürzt er sich kopfüber in Orgien pausenlosen Schaffens und machohafter Rollenspiele, die, einmal zum Stillstand gebracht, wieder zum früheren, tieferen Hingezogensein zur kindlichen Passivität einschrumpfen. Aber da er sich als Kind nicht geliebt fühlte, sondern erst als Jugendlicher, ist er jetzt zu alt, zu kahl und zu berühmt, um von einem älteren Mann geliebt zu werden. Er wird seinen Erinnerungen an die Kindheit und deren Schrecken überlassen, die ihn in Anwandlungen von Selbsthaß und Depressionen stürzen, auch die selbstmörderische Depression seiner realen Kindheit.
Das Bild Luciens in *Tagebuch eines Diebes*, 1947 geschrieben, ist längst nicht

so schmeichelhaft, sondern viel nuancierter, individueller und liebevoller. Lucien ist nicht mehr Phallus oder Vater. Wenn Lucien etwa in der Mitte des Textes eingeführt wird, ist Genet der Sadist, der Lucien beißt, bis der blutet: »Ich schimpfe und doch liebe ich, und mit welcher Zärtlichkeit, meinen kleinen Fischer von Suquet.«[74] Jetzt ist er der zarte kleine Bruder, dessen Wimpern gegen Genets Hals flattern: »›Wenn du so bist, so an mich gedrückt, habe ich das Gefühl, dich zu beschützen.‹ – ›Ich auch‹, sagt er.«[75] Das heißt, Lucien überrascht Genet damit, daß er sagt, auch er habe das Gefühl, den anderen zu beschützen. Während Lucien auf der Straße rowdyhaft ist, wo er die Schultern wiegt und den Macho spielt, wird er, wenn sie allein sind, eifersüchtig und ängstlich: »›Wenn du mich verließest, würde ich rasend werden ...‹«[76]
In *Tagebuch eines Diebes* erinnert sich Genet an das erste Mal, als er seinen Geliebten sah: »Lucien kam barfuß von Suquet herunter. Barfuß ging er durch die Stadt, betrat das Kino.«[77] Als Genet einen Freund fragt, ob er jemals etwas über Lucien gehört habe, nennt der Freund ihn »ein kleines Schlitzohr. Der hing immer mit den Typen von der Gestapo herum.«[78] Weit davon entfernt, ihn anzuwidern, repräsentiert die Gestapo für Genet zwei seiner drei Kardinaltugenden: Verrat und Diebstahl. Lucien fügt die dritte Tugend hinzu, Homosexualität, denn obgleich er heterosexuell ist, erregt er doch in Genet homosexuelle Begierden. Genet gesteht: »Wahrscheinlich um mich zu beruhigen, um meine Unbeständigkeit zu stützen, mußte ich unbedingt annehmen, daß meine Liebhaber aus dem härtesten Holz geschnitzt waren.«[79] Lucien zum Beispiel war in Wirklichkeit nie Mitglied der Gestapo – eine von Genet erfundene Kennzeichnung für jemand »Brutalen«.
Als Genet Lucien den Vorschlag macht, er solle mit ihm zusammen stehlen, weigert sich der. Und später, gegen Ende des Buches, räumt Genet ein, daß allein schon Luciens »Unterwerfung unter die sittliche Ordnung« ihn zu einem zärtlichen Liebhaber werden läßt. Genet möchte nicht mehr, daß Lucien die Verbrecherlaufbahn einschlägt, und fühlt sich in Luciens Bann hingezogen zu »einer Moral, die mehr mit deiner Welt übereinstimmt«.[80] Diese Neigung zur Anständigkeit nimmt Genet mit gemischten Gefühlen zur Kenntnis. Wie der Kritiker Arnaud Malgorn bemerkt, pendelt das ganze Buch hin und her zwischen Lucien, der Ordnung, ja Erstarrung repräsentiert, und dem treulosen, kriminellen Stilitano, der sich fortwährend verändert bis hin zum Wahnsinn.[81]
In Genets Träumen wird Lucien gezwungen, Genets äußerst erniedrigende Erfahrungen durchzumachen. Genet stellt sich (mit Mühe) vor, Lucien un-

barmherzig sitzen zu lassen oder aus Frankreich wegzugehen, um sich seiner zu entledigen. Er erinnert sich zärtlich an Seck Gorgui, einen virilen Schwarzen, den er in *Notre-Dame-des-Fleurs* geschildert hatte, und stellt sich Seck als attraktive Alternative zu dem knabenhaften Lucien vor: »Je mehr ich Lucien liebe, desto mehr vergeht mir der Geschmack an Diebstahl und Dieben. Ich bin glücklich, ihn zu lieben, aber eine große Traurigkeit, zerbrechlich wie ein Schatten und schwer wie der Neger, breitet sich über mein ganzes Leben aus, ruht kaum darauf, streift es und erdrückt es, dringt in meinen halboffenen Mund: Es ist das Leid an meiner Legende. Meine Liebe zu Lucien läßt mich die häßliche Süße der Sehnsucht kennenlernen.«[82] Genet rächt sich an Lucien, indem er ihn ohne Essen und Geld drei Tage lang allein läßt. Als sie sich wieder versöhnen, zerfließt Lucien weinend in Genets Armen und spielt mit dessen Wange, Ohr und ganzem Gesicht, so wie ein Kind am Gesicht seines Vaters herumdrückt und -zerrt. Während Genet sich zuerst als das Kind sah und Lucien als den Riesen, tauschen die beiden nun rasch ihre Rollen.

In einer der Passagen, die Genet aus *Tagebuch eines Diebes* strich, beklagte er sich über Luciens Schwäche für Frauen, insbesonders über seine Affäre mit einer Tellerwäscherin in einem Pariser Restaurant. Sich in eine dandyhafte Pose werfend, schreibt er: »Ich schäme mich für ihn und mich, daß ich mir einen Freund erwählt habe, der sich so schreckliche Mädchen aussucht. Mit was für Huren wird er sich noch einlassen?«[83]

Im Jahr 1950 sollte Genet Lucien als Schauspieler in seinem Film *Un Chant d'amour* (Ein Liebesgesang, der mit dem Gedicht gleichen Titels nichts zu tun hat) beschäftigen. In dem fünfundzwanzigminütigen Schwarzweiß-Stummfilm spielt Lucien eine der drei Hauptfiguren, einen Häftling. Er erweist sich als ein hübscher Junge mit vollen Lippen, langen Wimpern und glatt zurückgekämmtem Haar. Er ähnelt niemandem so sehr wie – dem jungen Genet, auch wenn Lucien sichtlich hübscher ist. Er hat als Tätowierung eine Frauenfigur à la Betty Boop auf dem Bizeps, die er ständig streichelt, während er in seinem ärmellosen Unterhemd in der Zelle herumtanzt. In diesem Bild – ein Mann, der das Gesicht einer Frau auf seinem muskulösen Arm liebkost – verschmelzen der schmollende Narzißmus und die heterosexuelle Frustration des Häftlings miteinander. Der Tanz wird unterbrochen, als der Zellennachbar durch ein Loch in der Wand einen Strohhalm schiebt und Lucien Zigarettenrauch in den Mund bläst; selig inhaliert Lucien den Rauch, dann bläst er ihn durch den Strohhalm zurück: ein auf schmerzliche Weise erotisches Versprechen, das sich in einer Traumsequenz erfüllt, während der die beiden Männer (der jugendhaft ausgelassene Lucien und der dunkelhäutige, behaarte

ältere Zellennachbar) sich in einem Wald im abstrakten, sorgfältig ausgeleuchteten Helldunkel ihrer Leiber lieben.
In seinem letzten Porträt, das in den Essays mit dem Titel *Fragments ... et autres textes (Fragmente ... und andere Texte)* erscheint (1954 veröffentlicht, aber mindestens zwei Jahre zuvor entstanden), schreibt Genet:

Merkwürdiger Fehler: Ein Straßenjunge hatte ein Gesicht, in dem ich die Abenteuer zu erkennen glaubte, die man Verbrechern nachsagt. Seine Schönheit harpunierte mich. Ich hielt mich an ihn in der Hoffnung, in ihm das Thema des Ungesetzlichen nachzuerleben. Er kam aber vom Licht her, war in Übereinstimmung mit der Ordnung der Welt. Als ich mir dessen bewußt wurde, war es zu spät, ich liebte ihn. Während ich ihm half, sich aus sich selbst und nicht durch mich zu verwirklichen, veränderte die Ordnung der Welt allmählich und kaum merklich meine Moral. Trotzdem, auch wenn ich dieses Kind in seinem Bemühen, in Harmonie mit der Welt zu leben, unterstützte, ließ ich nicht ab von der Idee einer satanischen Moral, die, nicht mehr mit leidenschaftlichem Zynismus gelebt, zu gekünsteltem Plunder wurde.[84]

Hier verfolgt Genet die Kurve zurück, die seine früheren Porträts von Lucien beschrieben hatten. Er sah ihn zunächst als hartgesottenen Kerl, dann als Zugeständnis an die sittliche Ordnung. Der ganze Abschnitt erinnert an eine frühere Äußerung in *Tagebuch eines Diebes,* daß der »sonnenhafte« Lucien nun als Genets Abgesandter unter den Lebenden dienen will – so wie Christus Gottes Abgesandter ist, könnte man hinzufügen. Natürlich machten Genets theologische Metaphern ihn nie blind für die Wirklichkeit. In einem Interview konnte er Lucien als »Gigolo« bezeichnen, und später erkannte er, wie er Olga Barbezat erzählte, daß Lucien sich zu einem Reaktionär, einem »*poujadiste*«[85] entwickelte.
Genets Freundin Lola Mouloudji aber fand, daß Lucien »ein kleiner anständiger Bursche [war], sehr diskret, sehr anhänglich. Er wich keinen Schritt von Genets Seite.«[86] Eines Tages sagte Lucien zu Lola: »Ich bin gar nicht schwul.«[87] Vor Olga Barbezat prahlte er, er sei in eine Frau verliebt, räumte aber ein, er liebe auch »seinen Jean« (was er, wie Madame Barbezat erzählt, mit dem musikalischen Akzent des Midi sagte). Lucien hatte außerdem eine Affäre mit einer berühmten und schönen Schauspielerin, die er durch Cocteau kennenlernte.
Vielleicht um Lucien einen Gefallen zu tun (ein merkwürdiger Nebeneffekt, wenn man über gegenwärtige Freunde und Geliebte schreibt), bestreitet Genet schwarz auf weiß, daß Lucien ein Dieb war. Tatsächlich aber wurde Lucien

mehrere Male festgenommen, einmal im November 1946, weil er neun Messer und eine silberne Teekanne aus dem Grand Hôtel du Louvre gestohlen hatte. (Lucien gab dabei als Beruf »*cinéaste*« und Cocteaus Adresse als seine an.[88]) Er und Genet wohnten gewöhnlich nicht weit weg, im Hôtel Fleur de Lys an dem kleinen Platz neben dem Eingang zur Bibliothèque National. Lucien erschien nicht zur mündlichen Verhandlung und wurde deshalb am 20. Juni 1947 zu achtzehn Monaten Gefängnis verurteilt. Genet schrieb am 15. Oktober an Marc Barbezat: »Mein kleiner Lulu ... ist verhaftet worden. Ich tue alles, was ich kann, um ihn frei zu bekommen. Im Moment ist er im Gefängnis in Grasse, und dieser Tage soll er in die Santé überstellt werden. Ich werde also Paris nicht verlassen, ehe nicht alles geregelt ist.«[89] Luciens Haftstrafe wurde schließlich auf vier Monate reduziert.

Am 13. März 1945 war Genet mit der Arbeit an *Querelle* schon weit fortgeschritten.[90] Er nannte das Buch damals *Donner von Brest (Tonnerre de Brest)*, was zugleich ein altmodischer Ausruf wie »Donnerwetter!« oder »Sapperlot!« und der Name eines Schiffes ist. »Querelle wurde zu ›Le Querelle‹, gigantischer Zerstörer, Freibeuter der Meere, intelligente und unnachgiebige metallene Masse.«[91] (In Genets Theaterstück *Unter Aufsicht* entsteht eine ähnliche Verwirrung darüber, ob die Figuren über die Namen von Galeeren oder über die Spitznamen von Häftlingen reden.) Später nannte Genet seinen Roman *Die Geheimnisse von Brest (Les mystères de Brest)* als Anspielung auf Eugène Sues berühmten Roman über das Leben in der Pariser Unterwelt, *Die Geheimnisse von Paris (Les mystères de Paris)*. Kurze Zeit nannte er ihn auch *Querelle von Ägypten (Querelle d'Égypte)*. So spricht Cocteau 1946 vom »ägyptischen Querelle«. Es ist ein Titel, der mit der letzten Fassung des Manuskripts nicht mehr besonders viel zu tun hat, allerdings recht sonderbarerweise auf Leben und Tod in Genets dichterischem Vokabular verweist. Ägypten wird mit Leben in einer Szene verknüpft, in der Querelle dem homosexuellen Leutnant Seblon eine wesentliche Seite seines Charakters enthüllt:

Die erstaunlichste Erinnerung, der er [Seblon] an ihn bewahrte – und die er häufig beschwor –, war im ägyptischen Alexandria in der Mittagshitze das Auftauchen des Matrosen an der Bordöffnung des Schiffs. Querelle lächelte still und zeigte dabei alle seine Zähne. Zu dieser Zeit war sein Gesicht braungebrannt, eher golden, wie es immer ist bei der Haut der Blonden. In einem arabischen Garten hatte er fünf oder sechs Zweige voller Mandarinen abgebrochen und sie sich, um nichts in seinen Händen zu halten, die er beim Gehen lieber frei hatte, und um die Schultern besser rollen zu können, in den Ausschnitt seiner weißen Jacke gesteckt, aus dem sie hinter seiner weißen Satinkrawatte bis an sein Kinn ragten und es streichelten. Diese Einzelheit war für den Offizier die unvermittelte und intime Offenbarung Querelles. Dieses aus dem Kragen seiner Jacke ragende Blattwerk war bestimmt das, was der Matrose anstelle von Haaren auf seiner breiten Brust hatte, und vielleicht hingen an jedem dieser intimen und kostbaren Zweige leuchtende, gleichzeitig harte und zarte Eier.[92]

Später kommen wir dahinter, daß Querelle aus derselben Villa, in deren Garten er den Blütenzweig abgebrochen hat, Schmuck *geraubt* hat.

Doch Ägypten ist in Genets *Fragmenten* ... auch mit Tod verknüpft – der mit Homosexualität assoziierten Sterilität: »Ich werde es außerdem so geläutert von allem Leben wie nur möglich darstellen. Von diesem Ägypten, das langsam im Sand versinkt, flüchtig und ernst, werden wir nur ein paar Grabfragmente, ein Stück Inschrift entdecken.«[93]

Der endgültige Titel, den Genet wählte, *Querelle de Brest*, enthält streitsüchtige Wortspiele, die er im Text erklärt: »Se brester. Wahrscheinlich von *bretteur* [der Raufbold, Kampfhahn]: *se quereller* [sich schlagen, streiten].«[94] »Querelle« war aber auch der Name eines von Genets Freunden aus der Kindheit. Wie Cullaffroy war auch der originale Querelle Zögling der Öffentlichen Fürsorge. Die vielgepriesene Solidarität dieser Zöglinge als Erwachsene zeigt sich vielleicht an Genets Namenswahl, so wie ihre Wahl auch ein Treubruch ist, wenn man bedenkt, wie abstoßend das Verhalten dieser Figuren für ihre eponymischen Vorbilder im realen Leben gewesen wäre.

Querelle ist in vieler Hinsicht Genets markantestes Buch. Seine Themen sind Verdoppelung, unterdrücktes homosexuelles Verlangen und Gewalt. Sein Schauplatz, Brest, ruft Genets Faszination von Häfen in Erinnerung, die schon in früher Jugend in Erscheinung getreten war. Viele seiner Erinnerungen an Toulon als Kriegshafen wurden auf Brest übertragen, wo er im Gefängnis gewesen war und das er zweifellos – wie früher schon Fontevrault – wegen seiner historischen Bezüge wählte. Da Brest im Krieg durch Bomben zerstört worden war, konnte es das Objekt für unmittelbare Heimwehgefühle werden. In die Geschichte sind die beiden Brüder Querelle, Georges und Robert, verwickelt. Georges, der Querelle des Titels, ist ein hübscher, amoralischer, gewalttätiger Matrose, der um kleiner Geldsummen willen mordet, aber auch um seine Spuren zu verwischen. Robert wird von Madame Lysiane ausgehalten, der Bordellbesitzerin, einer der ersten von Genets kraftvollen weiblichen Gestalten. So wie Madame Lysiane Robert liebt, so liebt Leutnant Seblon, ein heimlicher Schwuler, Georges, der als Matrose unter seinem Kommando steht. Die Handlung dreht sich um diese und andere Paarungen: um Dédé, einen sechzehnjährigen Spitzel, der den Polizeiinspektor, Mario, liebt; um Madame Lysiane und ihren Mann Nono; um Gilbert Turko, einen polnischen Schiffsarbeiter, und seinen jüngeren Kollegen Roger (dessen Schwester Paulette Gilberts Freundin ist); um Theo, einen älteren, streitsüchtigen Schiffsarbeiter, der heimlich in Gilbert verliebt ist; und um Nono und Mario. *Querelle* ist in der Tat ein Roman über Homosexualität, in dem keine der Figuren homosexuell ist. Sexuelles Hingezogensein zu Männern wird rigoros, erbittert verneint (Seblon und Theo), oder es tritt in Form der Heldenverehrung zutage (Dédé), als Ersatz für verweigertes heterosexuelles Verlangen (Gilberts Gefühle für Roger) oder als Buße einer Schuld. Querelle zum Beispiel möchte sich nach einem Mord, den er begangen hat, von Nono sodomisieren lassen, um sein Verbrechen zu sühnen. Da ein Mord das innerste Wesen eines Menschen verändert, indem er ihn zum »Mörder« macht, könnte passiver Analverkehr diese Transsubstantiation durch die noch mächtigere Konversion in einen »Schwulen« ersetzen: »Er fühlte, wie eine neue *Natur* von ihm Besitz ergriff und sich in ihm ausbreitete, und er war sich äußerst klar darüber, daß er jetzt in einen Lustknaben verwandelt wurde.«[95]

Die Buchhändlerin Adrienne Monnier, Sylvia Beachs Geliebte, schenkte Genet um diese Zeit herum eine sehr schöne Ausgabe von Herman Melvilles *Billy Budd,* die erste französische Übersetzung. Genet verkaufte das Buch bald, aber möglicherweise erst, nachdem er es gelesen hatte. Einige der Themen Melvilles entsprechen auffallend denen von *Querelle*. Ein älterer Marineoffizier ist in einen hübschen jungen Matrosen verliebt, aber der Offizier tut alles, um seine Gefühle zu verbergen. In beiden Büchern wird der Matrose mit Christus verglichen, und Mord, Homosexualität und Sadismus sind als Themen zutiefst damit verflochten. Die beiden Bücher unterscheiden sich natürlich auch. Billy Budd ist engelhaft, auch wenn er in einem Wutanfall unabsichtlich seinen Peiniger tötet, und am Ende muß Billy sich der Todesstrafe stellen. Querelle ist ein Teufel, der aus Gewinnsucht kaltblütig einen anderen Matrosen tötet und ungestraft davonkommt. Seblon, alles andere als ein Sadist, ist in seiner Liebe zu Querelle völlig masochistisch. Billy ist ein Junge, Querelle ein Mann. Dennoch kann *Querelle* als Antwort auf *Billy Budd* gelesen werden.[96]

Da *Querelle* Genets einziger nicht autobiographischer Roman ist, gestattet er ihm paradoxerweise persönlicher (wenn auch weniger vertraulich) zu sein. Er ist nicht mehr nur mit einer oder zwei Figuren verknüpft (»Genet« und Divine zum Beispiel in *Notre-Dame-des-Fleurs),* sondern er kann nun seine Konflikte auf die ganze Bandbreite seiner Figuren verteilen, und entsprechend dramatisieren. Und da er nicht mehr eingeengt wird vom Bedürfnis, einen plausiblen Bericht über sein Leben abzugeben, darf er seine bis dahin verschütteten Obsessionen enthüllen und in Szene setzen. Das strikte männlich-weibliche (oder Vater-Sohn-)Rollenspiel beim Sex wird durch tatsächlich oder potentiell umkehrbare und gegenseitige Sadomasochismen ersetzt. Alle Figuren (bis auf Madame Lysiane und den zerquälten, intellektuellen Seblon) sind Beispiele großspuriger, männlicher Authentizität mit all der tierhaften Anmut, den unartikulierten, doch komplizierten Gefühlen, der Grausamkeit, Tücke und Dummheit, die Männlichkeit für Genet stets enthält. Weiblichkeit ist nichts als eine Frage theatralischer Selbstdarstellung; ohne das üppige Dekor, ihren Schmuck, ihre Kleider und ihre Autorität als Bordellbesitzerin kommt Madame Lysiane sich nur noch klein und dick vor – wie eine Larve.

Die Themen Homosexualität und Mord werden wiederholt miteinander in Beziehung gebracht. Querelle ist zum Beispiel kurz davor, einen anderen Matrosen, Vic, zu erstechen, als er plötzlich an Nono, Madame Lysianes Mann, und an Mario, den Polizeiinspektor, denkt. Er hat Nono und Mario vorher gesehen, und ihre Gesichter, die in seiner Vorstellung ständig ineinander übergehen, lösen eine starke erotische Wirkung auf ihn aus. Dann hänselt er Vic mit der Unterstellung, Vic hätte Lust, mit Robert zu vögeln. Als Vic achselzuckend über diese Behauptung hinweggeht, fragt Querelle: »Aha? Und ich? Ich hätte also auch kein Glück?«[97] Als Vic ihm einen Korb gibt, tötet ihn Querelle und legt seine Leiche mit der Zärtlichkeit eines Liebenden ins Gras. Darauf verliert Querelle seine Persönlichkeit und wird zu einem unbewußten *Ding*, dann ein Geist, schließlich ein Mörder.

Das Doppelgängerthema löst den größten Schrecken in den Figuren aus. Nicht nur ist Querelle erschreckt, als er Marios und Nonos Gesichter sich überblenden sieht, nicht nur ist Gilbert erregt und beunruhigt durch Rogers Ähnlichkeit mit seiner eigenen Schwester, sondern auch Madame Lysiane bringt es zur Raserei, als sie ihren Liebhaber Robert neben dessen völlig gleich aussehenden Bruder Querelle sieht. Sie ruft: »Ihr habt bloß Augen füreinander. Mich, mich gibt's gar nicht mehr.«[98] Die Ähnlichkeit der Brüder bestätigt zur gleichen Zeit ihr Einssein und leugnet Lysianes Identität als Roberts Geliebte (sie leugnet auch energisch ihre Anziehungskraft auf Querelle).

Wie Nabokovs *Lolita* spielt *Querelle* mit der Vorstellung, daß der Roman sowohl vollkommen fiktiv als auch zumindest teilweise real ist. Am Anfang des Buches versichert uns der Erzähler, daß das Ganze frei erfunden sei. »Genet« ist keine Figur mehr oder der Erzähler, der für die historische

Wahrheit der Geschichte bürgt. Statt dessen spricht uns der Erzähler in der ersten Person Plural an, und dieses »Wir« des vorigen Jahrhunderts deutet auf die ganze Maschinerie des traditionellen Romans (Fabel, Spannung, Geheimnis, Entwicklung der Charaktere, die Erzählkriterien des Ebenmaßes und der Sachdienlichkeit, der Wechsel von Dialog und geschilderter Handlung), aber auch auf eine neue Beziehung zum Leser – eher auf das »Wir« der Komplizenschaft, als das Erzähl-»Ich« und das Leser-»Ihr« der früheren Romane in ihrer gegnerischen Beziehung. Dieses »Wir« kann auch von oben herab sprechen und den gewöhnlichen Leser befremden: »Wir wollen noch sagen, daß es [das Buch] sich an die Homosexuellen wendet.«[99] Doch wenn das Buch mit den Konventionen des Realismus spielt, so erinnert es aber auch den Leser daran, daß alles erdichtet, der Tagtraum des Autors ist, oder es lädt auf beängstigende Art den Leser zur Teilnahme ein: »Er spürte sicherlich, daß es eine rasche, direkte Linie gab, welche die Wurzel seines Schwanzes mit dem hinteren Teil seiner Kehle verband und jenem unterdrückten Stöhnen. Uns würde es gefallen, wenn diese Überlegungen, diese Beobachtungen, welche die Figuren des Buches weder vervollständigen noch ausformulieren können, es Ihnen ermöglichen, nicht als Beobachter, sondern als Schöpfer dieser Figuren zu fungieren, die sich nach und nach von Ihren eigenen Handlungen lösen werden.«[100]

Angesichts der Gewalttätigkeit dieser Figuren hat der Leser das Gefühl, aufgefordert zu werden, sich als Assistent von Dr. Frankenstein zu betätigen. Genet besteht auf dem imaginativen Wesen dieser Unternehmung: »Wir mußten Querelles Existenz in uns selber ahnen, denn an einem bestimmten Tag ... erkannten wir allmählich, daß Querelle – schon im Innern unseres Fleisches – in unserer Seele heranwuchs, sich entwickelte, sich vom Besten in uns nährte und vor allem von unserer Verzweiflung, selber nicht in ihm zu sein, während wir ihn in uns hatten. Nach dieser Entdeckung Querelles wollen wir, daß er der Held sogar seiner Verächter wird.«[101] Die Charaktere entwickeln sich nicht. Sie bleiben ihren Kindheitsgefühlen treu. Oder sie empfinden Dinge, die kein normaler Leser so leicht wiedererkennt (das Entsetzen angesichts von Brüdern, die einander gleichen, zum Beispiel).

Den ganzen Text hindurch ereignet sich eine Demontage romanschriftstellerischer Kunstmittel: Zufälle, die obsessive paarweise Anordnung von Figuren, reflexive Erzählweisen (»Um eine Figur in einem Roman zu werden, ließ Querelle ...«), Einmischungen des Autors (»Das Buch geht allzu viele Seiten so weiter, und es langweilt uns«), Anspielungen auf andere Texte (hier auf Prévosts *Manon Lescaut*: »... halte ihn in meinen Armen und tröste ihn, und gehe schließlich ins Gefängnis mit ihm!«), die Art, wie ein Bild in der Vorstellung einer Person zur nächsten wandert – alles »demontiert« die Aufhebung von Zweifeln, das Gefühl von Wirklichkeit, auf deren Steigerung das ganze übrige Buch so große Mühe verwandt hat.

Und dennoch legen der hastige Schluß des Buches und der durchgängige Eindruck unbestrafter und außer Kontrolle geratener Gewalt den Schluß nahe, daß *Querelle* eine Umsetzung von Genets Konflikten und seiner unlösbaren Beklemmung ist. Er enttäuscht den Leser, indem er Romankonventionen erst beschwört und dann mißachtet: Die Klimax kommt zu früh, und das Werk bleibt unschlüssig, als sei es unvollendet liegengelassen worden. Und was Querelle selbst betrifft, so ist er zugleich die Schöpfung von Genets alles umfassender Phantasie und der unerreichbare Mann, das Objekt der Begierde des Autors. Querelle paßt sich nicht sauber in die Handlung oder in den Sinnzusammenhang insgesamt ein. Genet schreibt auf den letzten Seiten: »Er war unter ihnen mit der Plötzlichkeit und Eleganz des Jokers erschienen. Er brachte die Dinge durcheinander, verlieh ihnen aber Sinn.«[102] Querelle ist der erste schurkische Held in Genets Werk, der nicht bestraft wird, der kein Verlierer, kein bezaubernder Feigling, der kein ungeschickter Dieb oder Mörder ist. Weil er der Joker ist, »bringt er die Dinge durcheinander, verleiht ihnen aber Sinn«. Genet hat ein Frankensteinsches Ungeheuer geschaffen, einen Mann, der für homosexuelle Handlungen zu haben, aber durch homosexuelle Schuldgefühle nicht kompromittiert ist, einen Killer jenseits der üblichen menschlichen Skrupel. Vielleicht hat Genet sich vor seiner eigenen Schöpfung gefürchtet; wenn er das Buch »langweilig« nennt, kommt einem in Erinnerung, daß Sigmund Freud die Langeweile als eine milde Form der Angst ansah.

Es scheint, daß Genet 1945 fast gleichzeitig mit der Niederschrift von *Das Totenfest* und *Querelle* beschäftigt war. Im März 1946 brachte Marc Barbezat *Wunder der Rose* in einer hübschen, großformatigen Ausgabe heraus. Sie umfaßte fünfhundertvierundvierzig Seiten und wurde in vierhundertfünfundsiebzig Exemplaren gedruckt.

Barbezat war außerstande, die fünfhunderttausend Franc zu zahlen, die Genet für *Das Totenfest* wollte, und so gab Genet, trotz seiner Freundschaft mit Barbezat und aller Versprechen, die er ihm gegeben hatte, das Buch einem anderen Verleger. Im Mai hinterlegte Genet das Manuskript bei seinem neuen Verlag Gallimard, wo es vorübergehend verlorengegangen zu sein scheint. Genet war rasend und suchte Trost bei Sartre, der Genet an Gallimard, seinen eigenen Verleger, empfohlen hatte. Simone de Beauvoir erinnert sich:

Um zehn Uhr ging ich zu Sartre hinunter. Im Zimmer war es recht dunkel, nur die kleine Lampe über seinem Kopf brannte. Genet und Lucien waren bei ihm. Man weiß nicht, was aus dem Manuskript *Pompes funèbres (Das Totenfest)* geworden ist, das Genet Gallimard anvertraut hatte, und er erklärt, wenn es verlorengegangen sei, werde ein Unglück geschehen.

Dienstag, den 7. Mai. Genet kommt zu mir. Er hat eben wegen seines verschwundenen Manuskripts einen Auftritt mit den Gallimards gehabt. Er hat sie angeschrien und hinzugefügt: »Und eure Angestellten erlauben sich noch obendrein, mich wie einen Strichjungen zu behandeln.« Claude Gallimard wußte nicht mehr, was er tun sollte.[103]

An den Chef des Hauses, Claudes Vater Gaston, schickte Genet einen Brief voller abscheulicher Beschimpfungen. Als das Manuskript schließlich wiedergefunden und gelesen wurde, entschied Gaston Gallimard, es nicht unter seinem Namen zu veröffentlichen.[104] Ein Buch, das auf die französischen Milizen und die Nazis Loblieder sang, war 1946 schwer zu schlucken. Gaston erkundigte sich, wie man so ein Buch im Schleichhandel veröffentlichen könne. Schließlich brachte er es 1947 ohne Verlagsnennung heraus, im gleichen Jahr wie *Querelle*. 1951 und 1952 sollte Gallimard, damals das angesehenste Verlagshaus in Frankreich, damit beginnen, Genets *Sämtliche Werke* in mehreren Bänden zu veröffentlichen. Gaston Gallimard mochte Genet, auch wenn dieser Angestellte seines Hauses mit einem Messer bedroht hatte, als das Manuskript von *Das Totenfest* verschwunden war. Und Genet mochte und vertraute Gallimard schließlich auch – zu seinem Agenten sagte er zum Beispiel, Gaston Gallimard sei der einzige Mensch, mit dem man Geschäfte machen sollte.[105] Gaston, ein Gentleman aus dem gehobenen Bürgertum, hatte einen Hang zu literarischen Grenzfällen wie Genet, dem verschrobenen Céline, dem exzentrischen Autobiographen Paul Léautaud und dem jungen Malraux. Genet gab als seine ständige Adresse stets Rue Sébastien-Bottin 5 an, die Anschrift des Verlags Gallimard. Ihr Vertrauen und ihre Treue kamen Gaston Gallimard (und später seinen Sohn Claude) teuer zu stehen. Sie zahlten Genet regelmäßige Vorschüsse, auch in den Jahren, in denen Genet nicht schrieb. Und Gaston mußte einmal Geld beisteuern, damit ein sündteurer Lotus-Sportwagen für einen von Genets Protegés gekauft werden konnte. Bei dieser Gelegenheit stritt Genet sich stundenlang mit Gaston, bis er schließlich losplatzte: »Sie wissen nicht einmal, was eine Kurbelwelle ist.«[106] Gaston Gallimard erklärte, was eine Kurbelwelle ist, dann zahlte er die Million Franc.

Sartre hatte im Januar 1946 New York einen sensationellen Besuch abgestattet, um für seine neue Philosophie, den Existentialismus, zu werben. Während des Mittagessens mit führenden Köpfen der *Partisan Review,* darunter Hannah Arendt, William Phillips, Philip Rahv und Lionel Abel, sagte er auf eine Frage, Camus betreffend: »Ja, das ist ein Freund, ein begabter Schriftsteller, ein guter Stilist, aber kein wirkliches Genie.« Dann fuhr er fort: »Dagegen haben wir derzeit in Frankreich ein absolutes literarisches Genie: es heißt Jean Genet, und sein Stil, das ist der von Descartes!«[107]
Daraufhin erschienen in der Frühjahrsnummer von *Partisan Review* zwei Skizzen von Genet, und drei Jahre später, im April 1949, schrieb Eleanor Clark (bekannt als Verfasserin eines Buches über Rom, das unangenehme antihomosexuelle Passagen enthält, und als Frau des Dichters Robert Penn Warren) für die *Partisan Review* einen langen Essay mit dem Titel »The World of Jean Genet«. Selbst 1949 konnte sie von Genet noch immer als von einem gut gehüteten Geheimnis einer Pariser Elite sprechen, das dem allgemeinen französischen Publikum unbekannt sei. Zwar zieht Clark über Genets Moral her, doch sie vergleicht ihn mit Proust und Céline: »Er ist der Nachfolger beider und ihr einziger ...« Scharfsinnig bemerkt sie: »Genets schlichtes romantisches Bild vom Leben, sein leidenschaftlicher, auf Mord basierender Schönheitskult, gestattet keine große Entwicklung in der Erwachsenenwelt.« Im Jahr darauf, 1950, veröffentlichte die *Western Review* Auszüge aus *Notre-Dame-des-Fleurs* mit einer Anmerkung von Harry Goldgar, in der er das Buch mit Djuna Barnes' *Nachtgewächs (Nightwood)* und Faulkners *Schall und Wahn (The Sound and the Fury)* verglich.

Doch zuallererst wurde Genet in den Vereinigten Staaten in der Frühjahrsnummer 1946 von Charles Henry Fords eleganter Zeitschrift *View* veröffentlicht, einer Sondernummer über die damalige französische Kultur (praktisch die ersten Äußerungen über die Künste, die seit Beginn des Krieges aus Frankreich zu vernehmen waren). Die Nummer enthielt außerdem Beiträge von Camus, dem Maler Dubuffet, dem Bildhauer Brancusi sowie Sartre. Charles Henry Ford, der amerikanische surrealistische Dichter, hatte vor dem Krieg in Paris gelebt. Nach der Lektüre von *Notre-Dame-des-Fleurs*, das ihm Sartre geschenkt hatte, schickte er Genet ein Lobgedicht, das diesem einen Schmeichelbrief über die »Schönheit und Tiefe« des Poems entlockte. Weiter heißt es: »Sie sind ein großer Dichter, und mit Ihrer schmeichelhaften und unverdienten Zuneigung erweisen Sie mir eine große Ehre.«[108] Genet war sogar so gerissen, die Illustrationen in *View* lobend hervorzuheben, die von Pavel Tchelitchew stammten, Fords Geliebtem. Ford antwortete mit einem

Geschäftsbrief, in dem er für die Sondernummer von *View* um einen Beitrag über Paris bat und Genet einen Vertrag über die englische Übersetzung von *Notre-Dame-des-Fleurs* vorschlug. (Er zahlte Genet sogar einen Vorschuß von fünfhundert Dollar.) Statt eines Essays über Paris legte Genet seinem undatierten Antwortbrief eine Kopie seines Gedichts über Lucien, »Ein Liebesgesang«, bei und schrieb:

Lieber Monsieur Ford,
Ihre Freundlichkeit berührt mich tief. Leider habe ich keinen fertigen Text über Paris greifbar. Alles, was ich tun kann, ist, Ihnen das Recht, »Ein Liebesgesang« zu veröffentlichen, und das Gedicht selbst zu übersenden. Wenn es zu lang ist, um zur Gänze zu erscheinen, kürzen Sie es, wie Sie wollen. Wechseln Sie die Wörter aus, die Sie stören oder Ihnen mißfallen, ohne mich um meine Meinung zu fragen. Ich denke, man muß an Gedichte völlig unbefangen herangehen. Jahrhundertelang hat man sie mit allzu großem Respekt behandelt.

Dies ist meine Bibliographie:
»Der zum Tode Verurteilte«*   *Gedichte
Geheime Gesänge*
»Die Galeere«*
»Ein Liebesgesang« (den ich Ihnen übersende)*
Notre-Dame-des-Fleurs⁺   ⁺ Romane
Wunder der Rose⁺
Das Totenfest⁺
Donner von Brest⁺
Tagebuch eines Diebes (Memoiren) ⁺

Von allen diesen Werken sind bisher erschienen:
Notre-Dame-des-Fleurs
»Der zum Tode Verurteilte«
Geheime Gesänge
»Die Galeere«

Demnächst erscheinen wird (in etwa vierzehn Tagen) *Wunder der Rose*, das ich Ihnen schicken werde. Und danach alle anderen.
Was meine Biographie angeht, so kann ich dazu leider nichts sagen. Und selbst wenn Sie das eine oder andere Detail zufällig erfahren sollten, wäre ich dankbar, wenn Sie darüber nichts verlauten ließen. Präsentieren Sie mein Werk, wie Sie wollen, solange

mein Leben nicht erwähnt wird. Sie selbst sind ein zu reiner und unverfälschter Dichter, um meinen Horror vor jeder Reklame zu verstehen.
Wären Sie so freundlich, mir Ihre Pläne bezüglich *Notre-Dame-des-Fleurs* mitzuteilen? Wäre es möglich, von den Autorenhonoraren, die Sie vorschlagen, in New York einen gebrauchten Wagen zu kaufen?
Ich habe erfahren, daß ich ihn in Frankreich in Empfang nehmen könnte, ohne Zoll zahlen zu müssen. Und ich brauche wahrhaftig ein Auto ...
Ich werde ein Theaterstück schreiben, und ich warte auf einen Produzenten, der mutig genug ist, um mich selbst ein Drehbuch inszenieren zu lassen, das ich bereits geschrieben habe.
Was treibt man so in New York?[109]

Genet wiederholte seine Bewunderung für Fords Gedicht und erinnerte ihn daran, für den Fall, daß er »Ein Liebesgesang« übersetzen lasse, nicht die Widmung an Lucien Sénémaud zu vergessen (die Genet 1951 persönlich aus dem Band seiner *Sämtlichen Werke* tilgte).

Das Gedicht erschien in *View,* aber es wurde nichts aus dem Plan, *Notre-Dame-des-Fleurs* auf englisch zu veröffentlichen, da Fords Verlag absprang. Schließlich wurden in *View* noch zwei Auszüge aus *Das Totenfest* abgedruckt.

Genets »Horror vor jeder Reklame« war wahrscheinlich echt. Schon 1943 hatte er zu Cocteau gesagt, er möge es nicht, wenn über ihn gesprochen werde. Er gab wenige Interviews und war ständig auf Reisen, wobei er in entlegenen Orten blieb, zum Teil, um sich der öffentlichen Aufmerksamkeit zu entziehen. Diese Sprödigkeit, die zur Grellheit seiner Bekenntnisdichtung anscheinend im Widerspruch steht, deckt sich in Wirklichkeit recht gut mit seiner Arbeit. Er hatte kein Interesse daran, eine unanfechtbare Liste biographischer Fakten in die Welt zu setzen, die den Hirngespinsten in seinen Romanen widersprechen oder sie einschränken hätten können. Jahre später, in einem Interview der sechziger Jahre, war er in seiner Antwort sehr viel ehrlicher:

Ohne mir dessen völlig bewußt zu sein, machte ich Reklame für mich selbst, aber ich suchte mir dafür Mittel aus, die alles andere als bequem waren, die mich gefährdeten. Die Tatsache, daß ich mich öffentlich als Schwuler, als Dieb, Verräter, Feigling bezeichnete, entlarvte mich, brachte mich in eine solche Situation, daß ich nicht ruhig schlafen oder ein Werk schaffen konnte, das von der Gesellschaft leicht aufzunehmen war. Kurzum, ich begab mich, indem ich mich offenbar mit einem Reklamebluff wichtig machte, sofort in eine Lage, in der mich die Gesellschaft nicht direkt erreichen konnte.[110]

Er fügte jedoch stolz hinzu:

Nun muß sich mein Werk selber verteidigen, ohne die Hilfe der Werbung.[111]

Das Drama, von dem er in seinem Brief an Ford schreibt, kann *Unter Aufsicht, Splendid's* oder *Die Zofen* gewesen sein, da er sämtliche drei Stücke zu dieser Zeit in Arbeit hatte, und bei dem Film könnte es sich um *Die Revolte der Schwarzen Engel (La Révolte des anges noirs)* handeln, einen Film über seine Kindheit, den er 1947 ankündigte, der aber nie zustande kam. Sein Wunsch, ein eigenes Drehbuch zu inszenieren, sollte erst 1950 mit *Ein Liebesgesang* in Erfüllung gehen.

Als Ford schließlich Genet in Paris kennenlernte, wurde er endgültig erobert, als Genet sagte: »Ich wußte gar nicht, daß Verleger hübsch sein könnten.«[112] 1950 hatte Genet die Hoffnung, Ford würde ihm helfen, Kopien seines Films *Ein Liebesgesang* an reiche Kunstliebhaber zu verkaufen. Umgekehrt hatte Ford Genet bereits seine Fotografien geschickt, weil dieser ein Vorwort zu einer Buchausgabe der Fotos schreiben sollte. Aber als es Ford nicht gelang, Kopien des Films zu verkaufen, verlor Genet das Interesse an dem Fotoband. (Das Vorwort schrieb schließlich Audiberti.) Genet behielt sich nur ein Foto, das eines gutaussehenden Arbeiters.

KAPITEL 12

An Theater war Genet immer schon interessiert, und seine ersten Stücke schrieb er zur selben Zeit wie seine ersten Romane und Gedichte. Bisher war jedoch noch nie die Rede davon gewesen, daß eines seiner Dramen inszeniert werden könnte. Im Sommer 1946 lernte Genet Louis Jouvet kennen, den gefeierten Theater- und Filmschauspieler, der auch der bekannteste französische Regisseur seiner Zeit war. Er hatte den größten Teil der bedeutenden Stücke Giraudoux' uraufgeführt und war während des Zweiten Weltkriegs außerhalb Frankreichs auf Tournee gewesen. 1941 und 1942 zum Beispiel gastierten er und seine Truppe in Rio de Janeiro und Buenos Aires und später in Mexiko und Guadeloupe. Jouvet kannte Cocteau, da er 1934 dessen Stück *Die Höllenmaschine* inszeniert hatte.

Jouvet, der ein Arbeitstier war, verließ Paris am 16. Juli 1946 zu einem seiner seltenen Urlaube – natürlich ein Arbeitsurlaub. Der Sechzigjährige wollte damals unbedingt Molières Stück *Dom Juan* auf die Bühne zu bringen und darin die Titelrolle spielen. Die Gräfin Pastré hatte ihn aufs Château Montredon außerhalb von Marseille eingeladen, aber er brachte seine Notizen zu *Dom Juan* mit und versuchte, mit seinem Bühnenbildner Christian Bérard an seinen Ideen zu dem Stück zu arbeiten. Doch Bérard war nicht richtig bei der Sache, er verbrachte seine Zeit lieber bei seinem Geliebten Boris Kochno in einem Fischerhaus, das sie im nahen Gondres gemietet hatten. Bérard und Kochno redeten die ganze Zeit nur über Genet und *Die Zofen*, obgleich Jouvet keinen Zweifel daran gelassen hatte, daß er das Stück nicht vor seiner Rückkehr nach Paris lesen würde.[1]

Kaum war er wieder in Paris, fielen Jean Cocteau, Christian Bérard und Bérards Freundin Marie-Blanche de Polignac über ihn her und bestanden darauf, daß er das Stück las. Cocteau vertraute Jouvet das Manuskript an, als handle es sich um einen Schatz. Aus verschiedenen Gründen war Jouvet inzwischen eher geneigt, einen Blick auf *Die Zofen* zu werfen. Er sah, daß er weit davon entfernt war, mit seinen Ideen zu *Dom Juan* ins reine zu kommen, und hatte zudem den Verdacht, daß er eine lange Probezeit dafür benötigen würde (über ein Jahr, wie sich herausstellte). Doch als Direktor des Théâtre de l'Athénée mußte er zunächst eine Spielzeit füllen. Molière und Giraudoux waren sichere Tips – allzu sichere, murmelten manche Kritiker. Genet, über den alle sprachen, den aber niemand gelesen hatte, war ein Schriftsteller, der Jouvets Namen sicherlich mit dem nötigen Hauch Skandal und Modernität versehen würde. Außerdem hatte Jouvet es versäumt, seiner Geliebten Monique Mélinand in *Dom Juan* eine Rolle zu geben, was sie sehr nachdenklich wirken ließ. Er hatte sich eine neue Geliebte zugelegt, die zweiundzwanzigjährige Yvette Etiévent, die Tochter von Henri Etiévent, einem der Gründer des Théâtre-Libre. Sie sollte in dem neuen Stück neben Monique Mélinand eine Rolle übernehmen.

Jouvet ließ Genet das Stück völlig umschreiben. Es geht um die Geschichte zweier Schwestern, die ihre Herrin zu ermorden versuchen, am Ende aber sich selbst umbringen. Das Drama war ursprünglich vier Akte lang gewesen, abendfüllend also, und ein großer Teil hatte sich auf dem Treppenabsatz vor dem Zimmer von Madame abgespielt, im Treppenhaus, das hinauf zu den Dienstmädchenzimmern führt. Im Programm wurde das Stück als »Die Tragödie der Mitwisserinnen« (»La Tragédie des confidentes«) bezeichnet, ein ans 18. Jahrhundert erinnernder Titel wie etwa Marivaux' *Die Überraschung durch die Liebe (La Surprise de l'amour)* und *Die falschen Vertraulichkeiten (Les Fausses confidences)*. Jouvet sah das Stück zweifellos als eine durch Jugend und Mitwisserschaft ausgelöste Tragödie, und viele der frühen Kritiker nahmen ebenfalls diesen soziologischen Standpunkt ein.[2] Cocteau half Genet nun, alles auf einen einzigen starken Akt zusammenzustreichen, und Genet traute ihm zu, eine Lösung zu finden. Die neue Fassung spielt, Jouvets Vorschlag folgend, im Schlafzimmer von Madame, das Christian Bérard mit »weiblichen« Louis-quinze-Möbeln im Stil der Jahrhundertwende anfüllte, darunter ein protziges Doppelbett mit verspiegeltem Kopfteil, das sein Freund Jacques Damiot in einem Abbruchhaus gefunden hatte. Genet erinnerte sich später: »Jouvet bat mich, alles ins Schlafzimmer der Herrin zu verlegen, vielleicht weil dies ein konventioneller Ort ist, den das Publikum

leicht akzeptiert. Er drängte mich außerdem, den Text zu kürzen und zu straffen.«[3] Nach Auskunft von Claire Saint-Léon, die eine detaillierte Studie über die verschiedenen Fassungen angefertigt hat, wurde Genet während der Proben von Jouvet gezwungen, das Skript mindestens noch einmal, vielleicht mehrmals umzuschreiben und besonders intensiv an der letzten Szene zu arbeiten.[4] Genet ärgerte sich über Jouvets kommerzielle »boulevardhafte« Sicht, vor allem, was das Milieu anging. Jouvet machte aus *Die Zofen* ein Vorspiel zu Giraudoux' schwächlichem, wenngleich charmantem Stück *Der Apollo von Belac (L'Apollon de Bellac)*, das in Paris noch nicht gezeigt worden war, das Jouvet jedoch im Juni 1942 zusammen mit Alfred de Mussets *Man spielt nicht mit der Liebe (On ne badine pas avec l'amour)* in Rio de Janeiro vorgestellt hatte. Sowohl in Rio als auch in Paris spielte Jouvet im Giraudoux-Stück die Hauptrolle. Genet sah die Bemühungen, aus seinem Stück ein *divertissement* für ein reiches Publikum zu machen, nur ungern, er sagte, Jouvet habe es »verparisert« *(Jouvet l'a parisiennée)*. Eine apokryphe Geschichte berichtet, daß eine Dame, nachdem sie das Stück gesehen hatte, Genet erzählte, sie schenke ihrem Dienstmädchen immer ihre alten Kleider. Er fragte sie kühl: »Und schenkt Sie Ihnen auch ihre?« Später behauptete Genet, die Frau sei Sartres Mutter gewesen.[5]
Genet empfand die Proben als Qual. Jouvet war irritiert und enttäuscht, daß Genet nicht öfter daran teilnehmen wollte, und schickte manchmal seinen Chauffeur mit dem Wagen, um ihn abholen zu lassen. Einmal tauchte Genet für drei Tage unter. Erschien er auf der Probe, bat Jouvet ihn um seine Meinung, aber Genet rückte selten mit der Sprache heraus, nicht einmal dann, wenn Jouvet anstößige erotische oder gewalttätige Stellen strich. Als Genet schließlich einen Durchlauf sah, verließ er, wie er erzählte, »das Theater, entschlossen, Jouvet nie mehr wiederzusehen. Ein paar Jahre später begegnete ich ihm allerdings wieder, und er sagte mir, ich hätte recht gehabt.«[6]
Yvette Etiévent erinnert sich, von Genet ziemlich eingeschüchtert gewesen zu sein, bis er sie gebeten habe, mit ihm einen Spaziergang zu machen. Von seinem Charme völlig überwältigt, kam sie zurück. Er hatte ein merkwürdig direktes und vertrautes Verhältnis zu ihr. Oft kam er in ihre Garderobe, wühlte in ihrer Handtasche herum und bestand darauf, daß sie ihm etwas schenkte, irgend etwas. Einmal schenkte sie ihm eine winzig kleine Madonnenstatue in einem Schächtelchen. Sie fand, Genet sei eine Mischung aus Gewalttätigkeit und Zartheit. Als Jouvet, Genet, Christian Bérard und Kochno eines Tages im Restaurant Berkeley aßen, einem bekannten Schauspielertreff nahe dem Rond-Point des Champs-Élysées, äfften Leute am Nebentisch Bérards Tuntig-

keit nach. Genet wurde so wütend, daß er plötzlich die Geduld verlor, und eine Flasche nach ihnen warf. Jouvet verlangte vom Besitzer, die Beleidiger hinauszuwerfen. Doch so gewalttätig Genet sein konnte, so fürsorglich war er zu Yvette. Als Sartre sie in ihrer Garderobe besuchte und zudringlich wurde, war Genet schockiert und wollte sie beschützen; er flüsterte: »Die Männer sind abscheulich.«[7]
1954 veröffentlichte Genet zwei Fassungen des Stücks, von denen die längere sein zweiter Entwurf und die kürzere das dritte und endgültige Bühnenmanuskript war, das Jouvet benutzt hatte. Genet zog die längere Fassung eindeutig vor, es war die erste, die er unter Jouvets Anleitung geschrieben hatte. Insgesamt scheint Genet zwischen Oktober 1946 und Januar 1947 vier Fassungen erarbeitet zu haben. Er verfaßte an den Verleger Jean-Jacques Pauvert außerdem einen »Brief«, der als Vorwort zur Buchveröffentlichung 1954 diente und in dem er sich verächtlich über Jouvet äußerte und eine ganz andere Sicht ihrer Zusammenarbeit bot: »Mein Stück, in Auftrag gegeben von einem zu seiner Zeit berühmten Schauspieler, wurde aus Eitelkeit, wenn auch im Zustand der Langeweile geschrieben.«[8] Als Genet diese geringschätzige Bemerkung machte, war Jouvet schon drei Jahre tot und immer noch die größte Berühmtheit des französischen Theaters. 1969 hatte Genet seine Meinung zwar geändert, dennoch beharrte er auf dem Standpunkt, *Die Zofen* seien von Jouvet in Auftrag gegeben worden. Genet fügte hinzu:

Es sollte ein Stück für zwei Schauspieler in einem einzigen Bühnenbild sein, theoretisch. Ich meinerseits nahm das Projekt nicht allzu ernst. Aber einen Monat darauf lief ich ihm wieder über den Weg, und er fragte mich, ob ich das Stück schon geschrieben hätte. Ich sah, daß er's ernst meinte, und rief in Cannes an, wo ich eigentlich mit einem Freund zusammentreffen sollte, um ihm zu sagen, daß ich meine Reise verschieben müsse. Dann schloß ich mich zehn Tage lang in einem Hotel ein und schrieb die erste Fassung von *Die Zofen*. Ich las sie Jouvet vor, und er sagte mir, er bringe das Stück auf die Bühne. Ich hatte mit ihm vereinbart, daß er mir drei Schauspieler statt zwei bewilligte. Wir kamen überein, unsere unterschiedlichen Auffassungen während der Proben zu diskutieren.[9]

Ob das Stück nun von Jouvet in Auftrag gegeben oder ihm aufgedrängt worden war, er befand sich zweifellos in der Position des Stärkeren, und seine Entscheidung, *Die Zofen* zu inszenieren, bedeutete einen wichtigen Wendepunkt für Genets Reputation, auch wenn er das später herunterspielte. In den Theaterstücken, die Genet bis dahin geschrieben hatte – *Heliogabal*,

Splendid's, Unter Aufsicht –, war das Thema stets homosexuell geprägt gewesen (mit der möglichen Ausnahme seines *Don Juan*, über den wir nichts wissen). In *Die Zofen* spielte wie auch in seinen drei späteren Stücken die Homosexualität keine Rolle (es sei denn, man hält die Schwestern für Lesbierinnen). Genet erklärte zu diesem Richtungswechsel:

Als nächstes versuchte ich, alles objektiv darzustellen, was bis dahin subjektiv gewesen war, indem ich es vor ein sichtbares Publikum verlegte. Meine Position als Schriftsteller änderte sich an diesem Punkt, denn als ich im Gefängnis schrieb, tat ich es für einsame Leser; als ich mich daran machte, meine Stücke zu schreiben, mußte ich für Zuschauer in einer Gruppe schreiben. Ich mußte mein geistiges Vorgehen ändern und mir klarmachen, daß ich für ein Publikum schrieb, das jedesmal sichtbar war und aus mehreren bestand, wogegen der Leser eines Romans, besonders meiner Romane, ein unsichtbarer Leser ist, der sich manchmal sogar versteckt. Oft traut er sich nicht einmal, meine Bücher zu kaufen, weil das immer noch als etwas anstößig gilt. Meine Bücher haben immer etwas Widerrechtliches und Pornographisches an sich. Die Leute wagen es nicht, in einer Buchhandlung nach meinen Büchern zu fragen, sie verstecken sich ein bißchen, um sie zu kaufen und zu lesen; will man aber meine Werke sehen, gibt es keine andere Lösung, als sich selber sehen zu lassen. Aus diesem Grund änderte sich meine geistige Einstellung beim Schreiben völlig.[10]

Was nichts anderes bedeutete, als daß der persönliche, homosexuelle Gehalt der Romane in die öffentliche, heterosexuelle Ausdrucksweise der großen Theaterstücke übersetzt werden mußte. Dabei sind die Stücke keine verschleierten homosexuellen Geschichten (als die zum Beispiel Tennessee Williams' Stücke bezeichnet worden sind), ja, sie handeln nur selten von sexueller Leidenschaft, Genet fand vielmehr neue Kategorien (die Diener-Herr-Beziehung, Rasse, Revolution, Kolonialismus), in denen er seine Erkenntnisse über Macht, auch den sexuellen Sadomasochismus, dramatisieren konnte. *Die Zofen* stellt einen wirklichen Neubeginn im modernen Theater dar: ein neues Interesse an ritueller, gehobener Sprache und die Darstellung psychischer Gewalt, die vielleicht – vielleicht auch nicht – für einen verhüllten politischen Kampf steht. Bertolt Brecht war weitaus didaktischer, und Eugène Ionesco sollte wie andere Absurde später weitaus satirischer sein. Die wahren literarischen Ahnen von *Die Zofen* waren Racine (die langen, erhabenen Reden, die gebändigten Leidenschaften, das Beachten der klassischen Einheit von Ort, Zeit und Handlung, der durch eine letzte Katastrophe herbeigeführte Schluß) und Strindberg, insbesondere der Strindberg des Einakters *Fräulein Julie* (in dem auch er sich mit dem Thema Herr und Diener auseinandersetzt und den Machtkampf zwischen zwei halbwahnsinnigen Gestalten zeigt). Genet hat zwar stets den Einfluß von Antonin Artaud geleugnet, dennoch gibt es überzeugende Parallelen in ihren Ansichten vom Theater. Beide meinten, ein Theaterstück müsse ein einzigartiges und erregendes Ereignis sein. Beide lehrten, daß die Gestik des Schauspielers sorgsam kontrolliert sein solle, und zwar bis an den Rand der Provokation des Publikums. »Erlauben Sie einem Schauspieler nie, sich zu vergessen«, schreibt Genet, »es sei denn, er treibt seine Selbstvergessenheit so weit, daß er vor dem Publikum pißt«,[11] und Artaud schreibt (nach seinem Auftritt im Vieux-Colombier am 13. Januar 1947 in einem Brief an André Breton), die Selbstvergessenheit des Schauspielers sei wie ein Ausklinken von Bomben im Angesicht des Publikums. Die heilige Berufung des Schauspielers wurde für Genet zu einem wichtigen Gedanken. Nachdem er Jean Marais in Cocteaus *Les Parents terribles (Die schrecklichen Eltern)* gesehen hatte (ein Stück, das Genet als kommerzielles Glitzertheater abtat), äußerte er mißbilligend gegenüber Marais: »Ein Schauspieler muß geheimnisvoll sein, er darf nicht öffentlich sein.«[12] Sowohl Genet als auch Artaud machten einen sorgfältigen Unterschied zwischen Theater und Leben. Beide Autoren zogen Dreck und Gestank des Theaters der Sauberkeit gesellschaftlicher Ordnung vor. Genet schreibt: »Wirklich, beim Hinausgehen sollten die Zuschauer diesen berühmten Geschmack von Asche und einen Geruch von Fäulnis mitnehmen«[13], und Artaud behauptet (in seiner Radiosendung »Die Kranken und ihre Ärzte« [»Les Malades et les médicins«] von 1946), daß er gegen Volksgesundheit und für Dreck und Krankheit ist, die sich gesellschaftlicher Definition entziehen. Schließlich sehen beide Autoren das Theater als eine Arena, in der Tod und rituelle Erneuerung darzustellen seien. Die beiden späten Texte, in denen Artaud diese Gedanken am klarsten darlegt – »Den Schauspieler entfremden« (»Aliéner l'acteur«) und »Theater und Wissenschaft« (»Le Théâtre et la science«) –, erschienen im Sommer 1948 in der Zeitschrift *L'Arbalète*, und zwar in derselben Nummer wie Violette Leducs »Ich hasse Schläfer« (»Je hais les dormeurs«) mit der Widmung für Genet. In einem späten Werk verglich Genet Artaud, der in einer Irrenanstalt festgehalten wurde, mit dem eingekerkerten de Sade und stellte fest, daß beide Autoren in sich selbst die Faktoren suchten, die sie trotz Mauern, Gräben und Wärtern zum Triumph geführt hätten; diese Mission war natürlich auch die Genets gewesen.[14]

Unabhängig von solch literarischen Einflüssen behauptete Genet, seine beiden nichtkünstlerischen Vorbilder für *Die Zofen* seien die katholische Messe und das Spiel von Kindern gewesen:

Ein junger Schriftsteller hat mir erzählt, er habe fünf oder sechs Kinder in einem Park Krieg spielen sehen. In zwei Gruppen aufgeteilt, machten sie sich fertig zum Angriff. Sie sagten, die Nacht breche herein. Es war aber heller Mittag. Sie beschlossen also, daß einer von ihnen die Nacht sei. Der jüngste und zarteste, der dadurch elementaren Rang erhielt, wurde so Herr der Kämpfe. »Er« war die Stunde, der Augenblick, das Unabwendbare. Von weither schien er zu kommen, mit der Ruhe eines Kreislaufs, aber beschwert mit der Traurigkeit und Feierlichkeit der Dämmerung. Wie er näherkam, wurden die anderen, die Männer, nervös, unruhig ... Aber das Kind kam ihrer Ansicht nach zu früh. Es war sich selbst voraus: Sie kamen alle überein, die Truppen und die Anführer, die Nacht abzuschaffen, die wieder zu einem Soldaten auf einer der beiden Seiten wurde ... Nur auf diese Art könnte mich Theater begeistern.[15]

Die Handlung von *Die Zofen* treibt ständig ihr Spiel mit genau dieser Kombination aus katholischer Messe (Ritual, das zur Transsubstantiation führt) und improvisiertem Rollenspiel. In der Eingangsszene stellt das eine Dienstmädchen, Claire, die Herrin des Hauses, Madame, dar, und das andere Dienstmädchen, Solange, spielt wiederum seine Schwester Claire. Beide Figuren drohen aus der Rolle zu fallen und wieder ihre eigene Persönlichkeit anzunehmen – oder die Rollen zu tauschen, denn es gibt auch eine Solange-Madame und eine Claire-Solange. Aus den Dialogen zwischen den beiden Schwestern erfährt das Publikum, daß sie Madames Geliebten, Monsieur, anonym als Verbrecher denunziert haben. In ihrem Wahn schwanken die Dienstmädchen zwischen dem Wunsch, Madame als reale Person, und dem Wunsch, Madame in der Darstellung durch Claire umzubringen. Ein Telefonanruf verrät, daß Monsieur soeben aus dem Gefängnis entlassen worden ist. Madame erscheint. Claire bereitet für sie eine Tasse vergifteten Kräutertee zu. Doch Madame entdeckt, daß Monsieur frei ist und sie erwartet. Sie läßt ihren Tee stehen und eilt fröhlich in die Nacht hinaus. Nun beginnen die Dienstmädchen, die wissen, daß man sie bald für die anonyme Anzeige verantwortlich machen wird, ihren eigenen Tod zu planen. Claire verkleidet sich als Madame und trinkt den Tee; Solange wird die Schande kennenlernen und als Mörderin gebrandmarkt werden.
Heute (wenn auch nicht 1947) nehmen viele Kommentatoren an, daß Genet seine Zofen dem schrecklichen Fall der Schwestern Papin nachempfunden hat. Ursprünglich verleugnete Genet diese Quelle, später, in Briefen, deutete er

allerdings diese Parallele an. Nach einem früheren Bericht von Jacques Lacan, der bald nach dem Vorfall im Jahr 1933 erschien, waren Christine und Léa Papin achtundzwanzig beziehungsweise einundzwanzig Jahre alt und schon lange in einem bürgerlichen Haushalt in der Provinzstadt Mans beschäftigt. Die Familie war außerordentlich streng mit den Hausmädchen, obwohl diese ihren Pflichten vorbildlich nachkamen. Eines Abends versagte die Elektrizität im Haus. Die Familie war nicht da, und die Dienstmädchen trugen die Verantwortung. Als Mutter und Tochter nach Hause kamen, beschimpften sie die Schwestern, die in einem Wutanfall Mutter und Tochter die Augen auskratzten und sie töteten. Dann verstümmelten sie die Leichen und badeten die eine im Blut der anderen. Nach getaner Arbeit wuschen sie ihre Werkzeuge, nahmen ein Bad und legten sich im selben Bett zur Ruhe mit den Worten: »Da haben wir uns aber was geleistet!«[16] Die Schwestern waren immer unzertrennlich gewesen, selbst in ihren Ferien. Bei ihrem Prozeß waren sie außerstande, ein Motiv für ihr Verbrechen zu nennen. Ihr einziges Interesse war, die Schande gemeinsam zu tragen.

Nach fünf Monaten im Gefängnis, während derer sie von ihrer jüngeren Schwester getrennt war, brach Christine zusammen und versuchte, diesmal sich selbst die Augen auszukratzen. Als sie in eine Zwangsjacke gesteckt wurde, machte sie obszöne Verrenkungen, dann fiel sie in Schwermut. Nachdem die beiden Mädchen zur Guillotine geführt wurden, sank Christine auf die Knie.

Genet entlieh aus der realen Geschichte die Verrücktheit und die Abhängigkeit der Dienstmädchen-Schwestern voneinander sowie die Tatsache, daß sie den Mord als eine Art Ritual betrachteten. Alle anderen Einzelheiten jedoch weichen voneinander ab. Das Detail, daß einem Opfer die Augen ausgekratzt werden, kommt in dem Stück nicht vor, doch sonderbarerweise zieh Genet sich selbst mehr als einmal dieses Verbrechens, obwohl er sich dessen in Wirklichkeit nie schuldig gemacht hat. Natürlich fanden sich noch andere derart schauerliche Fälle in der französischen Presse, Violette Nozières zum Beispiel, die ihre Eltern ermordete, und *La Sequestrèe de Poitiers*, die von ihren Eltern eingemauert und mit Hilfe eines Strohhalms ernährt wurde. Genet spielte den kriminologischen Aspekt seiner Geschichte herunter und betonte deren heroische, rituelle und rhetorische Möglichkeiten, was vielleicht die konsternierte und äußerst geteilte Reaktion auf das Stück erklärt, fühlt sich das Publikum doch gern seinen Kriminellen überlegen und erweist ihnen lieber Mitleid als Respekt. In Genets Manuskript sind die Zofen, die schon vierzehn Jahre im Dienstverhältnis stehen, etwa so alt wie die Papin-Schwestern, aber

Jouvet ließ Genet ihre Dienstjahre auf sieben und ihr Alter entsprechend verringern. Jouvet wollte die Rollen natürlich mit seinen jungen Schauspielerinnen besetzen; der Presse erklärte er, es handele sich um ein Stück über die Jugend.[17] *Die Zofen* kamen in einer Atmosphäre politischen Ernstes und linken Heldentums heraus. Demzufolge wußten nur wenige, was sie mit dem Stück anfangen sollten. Einige Kritiker, vor allem Guy Dumur und Thierry Maulnier, erkannten klar die Originalität des Dramas, aber die meisten der etwa fünfzig Besprechungen waren ablehnend. Typisch ist etwa folgende Reaktion: »Wir hören plumpe Ausdrücke, Flüche, unanständige Wörter, die aus irgendeinem unerklärlichen Grund eingeflochten werden ... absolute Unwahrscheinlichkeiten, wirklichkeitsfremde Figuren, der Ton von gotteslästerlicher Predigt und Aufruhr und ein ungesundes Gefühl von Besessenheit.«[18] Den Vorwurf der Unwirklichkeit hatte zum Teil Bérards und Jouvets realistisches Bühnenbild zu verantworten. Sartre sagte zu Beauvoir, Jouvet habe *Die Zofen* vollkommen falsch verstanden, was er in einem Anhang zu *Saint Genet* energisch verteidigte und erläuterte. Die Inszenierung erlebte zweiundneunzig Vorstellungen (mit einer langen Pause im Sommer), und fast jede Aufführung wurde durch Pfeifen, Zischen, Buhrufe und ein paar tapfere Bravos unterbrochen. Genets Freunde verhielten sich loyal, die Ausnahme war Violette Leduc, die zu Genet sagte, sie habe seine Romane lieber. Sie meinte, die schlichte, strenge Fabel von zwei schlampigen Hausmädchen in der Provinz sei in den kunstvollen Bildern und Kostümen ertränkt worden. Sie hatte sicher teilweise recht. Das Bühnenbild, das man für Giraudoux' Stück umbauen können mußte, war derart vollgestopft, daß die Schauspielerinnen Schwierigkeiten hatten, sich darin zu bewegen. Madames Kleider waren von Lanvin. Die Zofen, von Jouvets beiden Geliebten gespielt, waren hübsch und wohlfrisiert, eine dunkel, eine blond, und beide sprachen mit vollkommener Theaterdiktion.
Als Leduc ihrer negativen Reaktion auf Stück und Inszenierung Ausdruck verlieh, sagte Genet kurz angebunden: »Sie haben recht«, und unterdrückte später die Widmung an sie.[19] Für die abträgliche Besprechung in *Le Figaro* versetzte Genet dem Kritiker Roger Lannes einen Kinnhaken.[20]

Im Juli 1947 sorgte Sartre dafür, daß Genet den vom Verlag Gallimard neu geschaffenen Literaturpreis *Le Prix de la Pléiade* gewann, obwohl er streng genommen kein Anwärter war. Zu den Juroren zählten Sartre, Beauvoir, Marcel Arland, Jean Paulhan, André Malraux, Raymond Queneau, Maurice

Blanchot, Jacques Lemarchand und Tual – ein hochkarätiges Preisgericht also. Genet siegte mit sechs Stimmen gegen vier, und das erst nach acht Wahlgängen. Er erhielt den Preis für *Die Zofen*, erstveröffentlicht im Maiheft 1947 von *L'Arbalète*, sowie für *Unter Aufsicht*, im Januar 1947 zum erstenmal öffentlich gelesen und in der März/April-Nummer von *La Nef* publiziert. Als Genet erfuhr, daß er gewonnen hatte, soll er angeblich betont zynisch gesagt haben: »Ich bin völlig aus dem Häuschen.«[21] Einer der Juroren, der gegen Genet gestimmt hatte, war Albert Camus. Mit Lemarchand trat er für Beatrice Becks *Barny* ein, doch gehörte Lemarchand 1966 zu den Befürwortern von Genets umstrittenem Stück *Die Wände*. Camus und Sartre waren schon lange befreundet, hatten sich aber vor allem wegen ihrer politisch unterschiedlichen Meinung auseinandergelebt. Camus behandelte alle Probleme als Moralfragen, wogegen Sartre zwischen Politik und Ethik einen klaren Strich zog. Auch privat waren die beiden ganz unterschiedlich gelagert. Camus zum Beispiel war in seiner Haltung zu Frauen »feudal«, während Sartre Simone de Beauvoir dazu ermutigte, *Das zweite Geschlecht* zu schreiben. Schließlich mußte Camus feststellen, daß Sartre Genets Stil dem seinen offen vorzog. In *Der Fremde (L'Étranger)* hatte Camus über das Gefängnis in einem nackten Stil ohne persönlichen Bezug oder Erklärungen geschrieben, um die philosophische Auffassung von Existenz klar herauszuarbeiten. Seine ausdruckslose moralische Indifferenz und sein Minimalismus waren von Genets barocker Sprache, seiner theatralischen Immoralität und seinen Einmischungen als Autor weit entfernt.

Die Rivalität zwischen Genet und Camus setzte sich fort, angeheizt durch Camus' Eifersucht auf Sartres gigantische Untersuchung über Genet und seine sich verändernde politische Einstellung. Von allen Schriftstellern, die 1948 gebeten wurden, ein Gesuch an den französischen Staatspräsidenten zu unterschreiben, damit Genet endgültig sein Strafregister erlassen werde, waren Camus, Louis Aragon und Paul Éluard die einzigen, die sich weigerten (die beiden letzteren waren Surrealisten und Kommunisten, zwei Gruppierungen, die sowohl Genet als auch die Homosexualität ablehnten). Als Bernard Frechtman Camus um dessen Unterschrift bat, machte der eine verächtliche Handbewegung und sagte: »Ach, mein armer Freund ...« (»*Ah, mon pauvre ami* ...«).[22] 1956 tat Genet in einem Interview seinerseits Camus als einen Schriftsteller ab, der nichts zu sagen habe. Camus, der Résistance-Kämpfer und in Algerien geborene Macho mit dem Hang zum Alkohol, fand seinen Gegenpart in Genet, dem Propheten des Treuebruchs und enthaltsamen Verbrecher und Päderasten.

In *Unter Aufsicht,* dem Stück, an dem Genet schon mehrere Jahre arbeitete und das er noch vor *Die Zofen* begonnen hatte, sind drei Häftlinge in dieselbe Zelle gesperrt. Einer von ihnen, Grünauge, ist zum Tode verurteilt. Die beiden anderen wetteifern um seine Aufmerksamkeit, als machten die Ungeheuerlichkeit seines Verbrechens und die Erhabenheit seines Todes aus ihm eine Heiligenfigur. Der Kampf um die Hackordnung im Gefängnis war vielleicht der Gedanke, der hinter dem früheren Titel *Préséances (Vorrechte)* stand. Der Häftling Grünauge erinnert an Harcamone aus dem Roman *Wunder der Rose.* In einer Manuskriptfassung von *Unter Aufsicht* wird er sogar »Harcamone« genannt.

Dieses Stück ist ein verwirrendes Übergangswerk. Zuweilen scheint es ein naturalistisches Gefängnisdrama zu sein, in dem die reichliche Verwendung von Verbrecherjargon, soziologische Beobachtungen zum Verhältnis zwischen Häftling und Aufseher sowie die mündliche Flüsterpropaganda nicht fehlen, mit der Gefangene sich untereinander über ihre eigenen glorreichen Heldentaten informieren. Doch irgendwann brechen die Figuren plötzlich in wenig überzeugende Arien aus, in denen sie mit der Stimme des Erzählers aus *Wunder der Rose* die poetischen und metaphysischen Auswirkungen ihrer Situation erläutern. So erklärt Grünauge, zuvor als analphabetischer Knurrkopf dargestellt, mit einemmal überraschend wortgewaltig: »Ich bin die Festung! In meinen Zellen verwahre ich Rowdys, Ganoven, Soldaten, Plünderer! Paßt auf! Ich bin nicht sicher, ob meine Wächter und meine Hunde sie zurückhalten können, wenn ich sie auf euch loslasse!«[23] Und die realistische, wenn auch philosophische Ebene wird noch weiter untergraben durch Genets entschieden unnaturalistische Bühnenanweisungen, in denen er von den Schauspielern fordert, sich nach »einer vom Regisseur ersonnenen Geometrie«[24] zu bewegen. Genet setzt hinzu: »Die Schauspieler werden versuchen, Gesten zu vollführen, die schwerfällig sind oder von äußerster Blitzartigkeit und unvorstellbarer Schnelligkeit.«[25] Nach der Hälfte des Stücks schreibt Genet: »Von diesem Moment an werden die drei jungen Männer die Statur, die Bewegungen, die Stimme und die Gesichter von fünfzig- oder sechzigjährigen Männern haben.«[26] Dies sollten nicht die letzten von Genets nahezu undurchführbaren Bühnenanweisungen sein. In seinen späteren abendfüllenden Stücken, besonders in *Die Wände,* verwirrte er Schauspieler und Regisseure mit widersprüchlichen, irrelevanten oder unmöglichen Forderungen, als hoffe er, seinen Text durch diese Instruktionen in letzter Minute vor jeder Andeutung eines Naturalismus zu bewahren. Vielleicht fürchtete er auch alle eindeutigen Interpretationen seines Werks: So oft psychologischen Sondierungen und Kategorisierungen unterworfen, hatte er guten Grund, sich jeder Bemühung, ihn oder sein Werk zu dechiffrieren, zu entziehen.

Seit sie einander zum erstenmal begegneten, standen Genet und Sartre in einem fortlaufenden Dialog über die Verantwortung des einzelnen für alle seine Handlungen, wobei Genet sich im Gegensatz zu Sartre sicher war, daß man sich seine sexuelle Orientierung nicht aussucht. Diese Debatte taucht kurz in *Unter Aufsicht* auf. Grünauge erklärt, daß eine zufällige Geste – ein Mann auf der Straße tippt an seinen Hut, um Grünauge zu grüßen – eine Kette von Ereignissen in Gang setzt, die dazu führten, daß Grünauge ein kleines Mädchen ermordet. »Ich habe es nicht gewollt, verstehst du, ich habe nichts gewollt von dem, was mir passiert ist. Alles ist mir geschenkt worden. Ein Geschenk vom lieben Gott oder vom Teufel, aber jedenfalls etwas, was ich nicht gewollt habe.«[27] Übereinstimmend mit einer weiteren Lieblingsidee von Genet, überlegt eine andere Figur, Georges, warum er die Zeit und seine Taten nicht zurückdrehen und den Mord, den er begangen hat, ungeschehen machen kann. Da keine geringere Tat für sich genommen die Gesamttat Mord ausmacht, könnte ein unbedeutender Aussetzer in der Reihe der Ereignisse theoretisch deren rechtliche Bedeutung zum Einsturz bringen. Zwei Jahrzehnte später spielte Genet in seiner Einleitung zu den Briefen von George Jackson noch immer mit diesem Gedanken.

Ein Theaterstück ist überfordert, wenn es all diese unterschiedlichen Elemente enthalten soll: einen Insiderbericht über das Gefängnisleben, eine philosophische Untersuchung über Zeit, freien Willen und sexuelle Glaubwürdigkeit und eine rein abstrakte Nachbildung der Bewegungen der Gefangenen auf der Bühne. Der Fabel selbst ist schwer zu folgen. Einer der Häftlinge, Maurice, zieht ständig einen anderen auf, indem er ihn beschuldigt, nur ein Schmalspurkrimineller und kein richtiger Mann zu sein; dieser, er heißt Lefranc, rächt sich schließlich und ermordet Maurice. Aber diese Handlungslinie scheint für eine andere, ganz andersartige, welcher der Großteil des Dialogs gewidmet ist, völlig ohne Belang zu sein. Lefranc schreibt für den Analphabeten Grünauge Liebesbriefe. Es wird die Möglichkeit aufgeworfen, daß Lefranc gar nicht Grünauges Worte niederschreibt, sondern selbst dessen Mädchen umwirbt. Dieser Verdacht erhält Nahrung durch die Nachricht, daß Lefranc demnächst entlassen und Grünauge hingerichtet werden soll.

Ein Blick auf die früheren Fassungen zeigt, daß Genet sein Stück per Hand viermal vollkommen umschrieb, jeden Entwurf in ein gesondertes Schreibheft. Die ersten beiden Versionen tragen den Titel *Pour la belle*, ein Wortspiel, das sich sowohl auf die »Freiheit« als auch auf »die schöne« Frau bezieht, die

Grünauge liebt. Das erste Schreibheft trägt kein Datum. Auf dem zweiten steht 1946. Das dritte, mit dem endgültigen Titel *Haute surveillance (Unter Aufsicht)*, trägt das Datum Dezember 1946. Diese Fassung und auch die undatierte vierte (ebenfalls *Haute surveillance* betitelt) sind Lucien Sénémaud gewidmet.[28] Die vierte und letzte Version ist mit der publizierten Fassung weitgehend identisch. Die ersten drei unterscheiden sich von der vierten in einem wichtigen strukturellen Detail: In den früheren Versionen verläßt Grünauge (den der Aufseher »Harcamone« nennt) die Zelle, um seine Frau zu sehen. Während er weg ist, reden Lefranc und Maurice miteinander. Maurice verteidigt Grünauges Ehre als die eines großen Verbrechers und bittet Lefranc, Grünauge nicht mit der Andeutung zu verärgern, daß ein schwarzer Häftling namens Schneeball *(Boule de neige)* größer und abgebrühter sei als er. Maurice sagt: »Du mußt schon woandersher sein, um so was zu sagen. Grünauge hat's dir erklärt: Im Gefängnis gibt es keine richtigen Kerle mehr. Früher stieß man noch auf Gewalttäter, heute verkrümeln sich alle vor den Wachen. Du solltest anerkennen, daß Grünauge ein Mann ist. Zuerst einmal durch sein Verbrechen.«[29]
Lefranc bezweifelt weiterhin, daß sich das Verbrechen überhaupt ereignet hat. In dieser Szene, die in der letzten Fassung dann fehlt, erfahren wir, daß Grünauge angeblich ein zehnjähriges Mädchen getötet hat (genau wie Harcamone in *Wunder der Rose*); ihr Alter wird in der letzten Fassung an keiner Stelle genannt.
Wie in der letzten Version hält sich Lefranc für einen Galeerensklaven, der nach Französisch-Guayana geschickt wurde. Er zeigt die Male an seinen Füßen und Händen, wo er angekettet gewesen zu sein behauptet. Aber in der dritten Fassung fügt Genet in diese Szene ein merkwürdiges Detail ein: Maurice sagt zu Lefranc: »Als er dir die Geschichte vom heiligen Vinzenz von Paul erzählte, sah ich es deinem Gesicht an, daß du beinahe geglaubt hättest, du bist ein Heiliger. Wegen deiner ›Male‹ an den Handgelenken!«[30] Diese Anspielung auf den heiligen Vinzenz von Paul muß für Genet einen besonderen Beiklang gehabt haben, weil der Heilige nicht nur die karitative Einrichtung für Findelkinder gegründet, sondern auch als Kaplan für die Galeerensklaven gedient hatte. Wie wir aus *Wunder der Rose* wissen, bildeten Galeeren und die südamerikanischen Häftlingskolonien den Hintergrund für Genets ständig wiederkehrende erotische Phantasien. Auf den Umschlag der vierten Manuskriptfassung hat Genet sich notiert: »Vinzenz von Paul sollte ein Verbrechen nach der Art eines Galeerensklaven begehen.«[31]

Als Grünauge in die Zelle zurückkommt, erzählt er Maurice und Lefranc, daß seine Frau ihn verlassen hat. Er bricht zusammen, dann bittet er seine Zellengenossen, ihn zu rächen, indem sie seine Frau eines Tages töten. Sie trägt den Namen »Ginette«, den wirklichen Namen von Lucien Sénémauds Geliebter (und späteren Ehefrau). In der letzten Fassung wird dieser Name weggelassen.
Warum strich Genet diese Szene, in der Grünauge abwesend ist? Sie stellt einen echten Wendepunkt dar, denn sie gibt Maurice die Möglichkeit, Lefranc anzugreifen, was das Ende herbeiführt. Außerdem kennzeichnet sie eine dramatische Veränderung in der Einstellung Grünauges zu seiner Freundin. In der letzten Fassung ist Grünauges Entschluß, sie nicht sehen zu wollen, ebensowenig einleuchtend wie sein Wunsch, sie töten zu lassen. Vielleicht sah Genet es lieber, daß die drei Personen wie in Sartres *Geschlossener Gesellschaft* außerstande sind, die Zelle zu verlassen, und einander bis zum bitteren Ende quälen müssen. In den früheren Fassungen ist Grünauge viel weniger wortgewandt und philosophisch; hier äußert Maurice viele jener Gedanken, die in der letzten Fassung, weniger glaubhaft, Grünauge in den Mund gelegt werden. Vielleicht ist das Bemerkenswerteste an den verschiedenen Manuskripten, daß Genet jedesmal nur wenig änderte, es aber vielleicht aus abergläubischen Gründen für nötig erachtete, jedesmal den ganzen Text abzuschreiben.
Am Ende fand Genet, daß er *Unter Aufsicht* nicht mochte, und gegen Ende 1967 verfaßte er eine kurze Anweisung:

Ich möchte, daß dieses Stück als Notiz oder Skizze zu einem Stück ans Ende von Band IV meiner *Sämtlichen Werke* gestellt wird. Und da ich gerade dabei bin, meine Wünsche zu äußern, möchte ich, daß dieses Stück nie wieder inszeniert wird.
Ich erinnere mich nur mit Mühe, wann und unter welchen Umständen ich es geschrieben habe. Wahrscheinlich aus Langeweile und unabsichtlich. Das ist es: Ich werde es gar nicht bemerkt haben.[32]

Doch als eine seiner letzten Unternehmungen vor dem Tod arbeitete Genet im August 1985 in Marokko mit dem Regisseur Michel Dumoulin zusammen, der *Unter Aufsicht* inszenieren wollte. Gemeinsam schrieben sie den Text um – zu einer neuen und letzten Fassung dieses schwierigen Werks, das Dumoulin im Mai 1988 an der New York University herausgebracht hatte und das von Gallimard inzwischen publiziert wurde.
In seinen Romanen hatte es Genet vermocht, durch die Macht seines erzähle-

rischen und beschreibenden Vortrags die Reaktionen seiner Leser auf Mord, Gefängnis und Verrat zu steuern. In *Unter Aufsicht* legt er die dichterische Vision den Häftlingen selbst in den Mund, was nicht überzeugend, ja eher absurd ist, vor allem, weil große Teile des Dialogs das Publikum ein realistisches Drama erwarten lassen. In seinen drei abendfüllenden Stücken machte Genet später den Zuschauern gleich vom ersten Augenblick, nachdem der Vorhang hochgegangen war, klar, daß sie es mit einem stilisierten, rituellen Theater zu tun haben; der hochtrabende Dialog und die philosophischen Spekulationen erscheinen hier nicht mehr fehl am Platz.

Bei einem Besuch in Cannes lernte 1947 Genet Java kennen, der halb Franzose, halb Russe war. Sein wahrer Name war André Babkin, und er arbeitete auf einer Jacht namens *Le Java,* die dem Grafen de Loriole gehörte. Die Crew bestand aus fünf Männern, die Pullover trugen, in die der Name des Schiffes eingestickt war.

Java kam von dem Schiff und begrüßte einen Freund, René, der sich gerade mit Genet unterhielt. René zog Java zur Seite und sagte: »Siehst du diesen Herrn? Er möchte dich gern kennenlernen, er findet dich sehr sympathisch. Wenn du magst, können wir heute abend ein Glas zusammen trinken.«[33] Java fragte René, ob der Herr homosexuell sei, und René versicherte ihm, das sei er nicht. Am Abend tranken und unterhielten sich die drei. Java stach mit der Jacht achtundvierzig Stunden später in See, als er zurückkam, hatte er ein Rendezvous mit einer jungen Frau. Sie gingen mit Genet aus, der sogar mit der Frau tanzte (Genet war ein guter Tänzer). Java und Genet trafen sich nun von Zeit zu Zeit. Dann verpflichtete sich Java 1948 Hals über Kopf beim Militär. Es war etwa um die Zeit, als der Indochinakonflikt ausbrach, so daß Java leicht dorthin geschickt werden konnte. Genet war außer sich. Er hatte einen Draht zu Lucie Faure, der Frau des einflußreichen Politikers Edgar Faure (sie war die Herausgeberin der Zeitschrift *La Nef,* wo *Unter Aufsicht* erschienen war), und sorgte dafür, daß man Java wieder entließ. Sie wurden ein Paar. Java erkannte zwar, daß Genet Lucien lieber hatte, aber er wußte auch, daß er und Genet unbeschwerter zusammenlebten als Genet und Lucien. Obwohl alle ihn »Dédé« riefen, entschied Genet sich, ihn »Java« zu nennen. Durch seine Liebesaffäre mit Java versuchte Genet, erneut mit einer düsteren und gefährlichen Welt in Berührung zu kommen. In *Tagebuch eines Diebes* wird erzählt, Java sei Leibwächter eines deutschen Generals der Waffen-SS gewesen und von der SS mit seiner Blutgruppe tätowiert worden. Jean Cau schrieb eine Kurzgeschichte, »Das Leben eines französischen SS-Mannes«

393

(»Vie d'un français SS«), die er anonym in Sartres *Les Temps Modernes* erscheinen ließ.[34] Es war ein Bericht über Javas Leben, in dem Javas Name nicht genannt wurde. Ein wenig in der Art von Louis Malles späterem Film *Lacombe Lucien*, über den Genet in der Planungsphase mit Malle diskutierte, versuchte Cau, die »Banalität des Bösen« darin darzustellen, wie ein normaler Mensch mit einem kleinen, scheinbar harmlosen Schritt nach dem anderen zum Nazikollaborateur werden konnte. In der Geschichte arbeitet der Junge bei einem Bäcker in Nizza. Er bestiehlt ihn und nachfolgende Arbeitgeber und die Frauen, die er kennt. Einer alten Frau raubt er sogar ihre gesamten Ersparnisse, die sie in einer Milchflasche aufbewahrte. Sein Vater schlägt ihn mit einem Gürtel, und seine Mutter verzeiht ihm. Er wird verhaftet. Der Richter stellt den Jungen vor die Wahl. Er kann entweder für ein Jahr als Arbeiter nach Deutschland gehen oder riskieren, in Frankreich in Haft genommen zu werden. Der Junge wählt Deutschland und fährt während des Sommers dorthin, doch kaum ist er dort, wird ihm die Arbeit in einer Bäckerei rasch zuviel. 1943 besucht er eines Tages in Bayreuth eine Nazikundgebung. Die Uniformen und die Disziplin der Soldaten machen Eindruck auf ihn. Nachdem er nachgewiesen hat, daß er seit vier Generationen rein arisch ist, wird ihm gestattet, sich der SS anzuschließen. Er wird an die Ostfront geschickt und nimmt an dem verhängnisvollen Einmarsch in Rußland teil. Im Chaos des Kriegsendes gibt sich der gerissene junge Mann den Russen gegenüber als Russe, den Deutschen als deutscher Soldat und den Franzosen gegenüber als Franzose aus. Im Herbst 1945 verhaften ihn die Franzosen in der Nähe von Berlin und schicken ihn ins Elsaß. Er sitzt einige Monate im Gefängnis. Im April 1946 wird er mit mehreren anderen Franzosen vor Gericht gestellt, die entweder hingerichtet werden, weil sie Angehörige der Gestapo waren, oder lebenslange Haftstrafen erhalten, weil sie als Spitzel mit den Deutschen kollaboriert haben. Sein Verteidiger argumentiert, er sei erst siebzehn gewesen, als er nach Deutschland geschickt wurde, und durch die Nazipropaganda dazu verleitet worden, in die SS einzutreten. Am Ende bekommt er ein Jahr Gefängnis, das später auf zehn Monate verkürzt wird. Als Java in den achtziger Jahren gefragt wurde, ob er seinen Dienst bei der SS bedaure, sagte er: »Ich find's nur schade, daß wir verloren haben.« In *Tagebuch eines Diebes* fragt der Erzähler: »Bist du stolz, in der SS gewesen zu sein?« Und Java erwidert: »Ja.«[35]
René, der Bekannte, der Java Genet vorgestellt hatte, erscheint unter seinem richtigen Namen in *Tagebuch eines Diebes*, wo er als Gelegenheitsdieb dargestellt ist, der Schwule ausnimmt in den öffentlichen Toiletten »unter den

Bäumen der Champs-Élysées, in der Nähe von Bahnhöfen, an der Porte Maillot, im Bois de Boulogne (immer nachts), mit einer Ernsthaftigkeit, die jede Romantik ausschließt[36]. »Jede Nacht kehrt er um zwei oder drei Uhr in das Zimmer zurück, das er zusammen mit Genet bewohnt, und füllt ein großes Glas mit den Ringen und Uhren, die er erbeutet hat. Genet empfiehlt ihm noch bessere Methoden, Freier auszurauben. Java und René arbeiteten Ende der vierziger Jahre zusammen, Java als der Köder, der einen schwulen Kunden in ein Zimmer lockte, wo René den Mann dann plötzlich überraschte und ausraubte. Die beiden beraubten auch Frauen in der U-Bahn. Während der Proben von *Unter Aufsicht*, erzählt Java, kam André Dubois einmal, um seinen Freund, der zum Ensemble gehörte, zu besuchen. René rutschte unter seinen Sitz und fragte Genet später, wer der Typ gewesen sei. Genet sagte, der Polizeichef. René schluckte und sagte, er habe ihn gerade vor einer Woche im Bois de Boulogne ausgenommen. Java zufolge heiratete René später, hatte fünf Kinder und arbeitete als Polsterer in der Umgebung von Paris.

Java wird in *Tagebuch eines Diebes* kaum sympathischer als René dargestellt. Genet schreibt: »Seine Niedertracht, Schlappheit, die Vulgarität seiner Manieren und Gefühle, seine Dummheit, seine Feigheit hindern mich nicht, Java zu lieben. Ich füge hinzu: seine Liebenswürdigkeit.«[37] Genet schildert Javas Entsetzen und Schmach bei einer Schlägerei mit einem Altersgenossen[38] und seine Arroganz und Grausamkeit gegenüber einer Frau, die schwächer war als er.[39] Während Genet an *Tagebuch eines Diebes* arbeitet, tauchen Java und Lucien immer von neuem in seinem Leben auf und verschwinden wieder daraus, aber der Erzähler des Buches hat, obwohl er zwischen der Liebe zu Lucien und der Furcht vor einer derartigen Verwicklung hin- und herpendelt, nie dieselben hochromantischen Gefühle für Java. Java beobachtet er. Er bewundert seinen starken Körper, den er mit einem Luxusauto vergleicht, er ist fasziniert von Javas einfältiger Amoralität, seinen simplen Verbrechen und der naiven Bisexualität. Und bisweilen liebt er ihn mit einer brüderlichen Zuneigung. Irgendwann einmal droht der Erzähler, Java zu verlassen, doch dann rührt ihn der Anblick ihrer Wäsche, die in ihrem Hotelzimmer kunterbunt zum Trocken aufgehängt ist: »Diese Wäsche – Hemden, Slips, Taschentücher, Socken, Handtücher, Shorts – rühren Seele und Leib der beiden Jungen, die sich das Zimmer teilen. Brüderlich schlafen wir ein.«[40]
Wie Java erzählt, war Genet in seine halbrussische Herkunft vernarrt, und es freute ihn, als Java einmal zu ihm sagte: »Du hast den Kopf eines Polen.« Sie fuhren zu der Klinik, in der Genet zur Welt gekommen war, und sprachen mit jemandem von der Öffentlichen Fürsorge. Sie erfuhren, daß Genets Mutter

gestorben sei (aber nicht ihr Todesdatum) und daß Genet ihr richtiger Name war. Sie besuchten Alligny-en-Morvan und aßen im nahen Saulieu einen Teller *potée* (eine Suppe aus Kohl und Schweinefleisch), an die Genet sich liebevoll erinnerte. Java erzählte er, seine Kindheit sei ein buntes Durcheinander gewesen.

Als er zur gleichen Zeit das Thema Jean Cau gegenüber zur Sprache brachte, vertrat Genet einen ganz anderen Standpunkt. Er und Cau waren die ganze Nacht spazierengegangen und hatten sich darüber unterhalten, daß die meisten Schriftsteller letztlich reichen Familien entstammten und die Literatur schließlich und endlich ein Luxus sei. Cau kam aus einer armen Familie und erzählte Genet, er sei froh, elternlos zu sein, denn auf diese Weise habe er aus sich etwas machen können. Genet erwiderte: »Das ist doch einfach. Ich wäre gern der Sohn eines Rothschild. Als ein Rothschild zu reüssieren – das wäre wirklich schwierig.«[41] Cau verstand ihn, da er fand, daß Genet als Schriftsteller von seinem Leidenskapital zehrte, das aufgrund seines plötzlichen Ruhms rasch abnahm.

Oft schrieb Genet irgend etwas Gemeines über Java, wenn sie sich gestritten hatten, und dann las er es ihm am nächsten Tag vor. Genet arbeitete an *Tagebuch eines Diebes* bis spät in die Nacht. Wie Paul Morihien erzählt, schrieb Genet im Bett, nicht sitzend, mit einem Brett auf dem Schoß wie Cocteau, sondern im Liegen. Er schrieb rasch auf das miserabelste Papier, dann warf er die Blätter auf den Boden. Er pflegte bis Mittag zu schlafen. Wenn Java spät nachts in ihr gemeinsames Hotelzimmer auf dem Montmartre zurückkehrte, trug Genet ihm oft vor, was er geschrieben hatte. Einmal schüttelte er den Kopf und sagte: »Keiner von den Leuten, über die ich schreibe, versteht meine Arbeit.«[42]
Manchmal wurde Genet wütend auf Java und warf ihm vor, nur für das Fressen und die Weiber zu leben. Dem mußte Java zustimmen. Einmal versuchte er, eines von Genets Büchern zu lesen, aber er schlief dabei ein, und es rutschte ihm einfach aus den Händen. Wenn Genet ihm vorlas, achtete er nur auf die Sätze über sich. »Ich habe verstanden«, sagte Genet dann, »du bist ein Schwachkopf. Und vor allem verstehe ich nicht, was du hier tust, du bist zu nichts nutze.«[43] Einst hatte Genet Tag und Nacht Bücher gelesen, vor allem beim Militär, jetzt aber las er Zeitungen, normalerweise vier am Tag, bis zur letzten kleinen Sensationsmeldung.

Lucien lernte 1947 eine Frau kennen, die er bald darauf heiratete, doch diese Beziehung beendete nicht seine Affäre mit Genet. Überdies waren Java und

Lucien keine Rivalen, sondern Freunde. Auf solche Konstellationen stößt man eher in Liebesbeziehungen zwischen Männern als solchen zwischen Mann und Frau, vielleicht weil die männliche Homosexualität vorwiegend auf der Freundschaft als Vorbild beruht (gegenseitige Wertschätzung, freundlicher Wettstreit, doch nur zeitweise Neid oder Eifersucht, wenige Forderungen, lose, aber dauerhafte Bindungen) und nur in zweiter Linie und zeitweilig auf dem Vorbild der Ehe (in der die Rollen voneinander abhängig, nicht identisch sind, und in der die Eifersucht eine amtlich beglaubigte Verbindung schützt, die vor allem da ist, Kinder aufzuziehen und sexuelle Verfügbarkeit und wirtschaftliche Sicherheit zu garantieren). In Genets Romanen funktioniert jeder männliche Liebhaber in einer Paarbeziehung nach verschiedenen Spielregeln. Der »heterosexuelle« Partner betrachtet seinen Geliebten als »Kumpel«, nicht als Konkurrenz für eine richtige Frau, wogegen der »homosexuelle« Partner, während er so tut, als seien sie bloß Kumpels, sich insgeheim vorstellt, daß sie eines Tages heiraten oder bereits verheiratet sind. Diese Nichtübereinstimmung ist die Quelle eines Großteils des Pathos in Genets Romanen.

Luciens Freundin Ginette war anziehend, ausdrucksvoll und lustig. Alles andere als prüde, hatte sie eine offene, doch nie vulgäre Art, Lucien und Genet als Liebespaar zu akzeptieren und mit den Gesetzesübertretungen ihres Mannes und der Kinder umzugehen. Wie Java erzählt, war Genet mit der Heirat einverstanden, weil Ginette von Lucien schwanger war und Genet wollte, daß das Kind einen rechtmäßigen Vater bekomme. Als sie und Lucien heirateten, nahmen nur vier Personen an der routinemäßigen standesamtlichen Zeremonie teil, unter ihnen Genet, und Ginette fand sofort seine Billigung. Wie sie erklärt, mochte er schöne Dinge, und sie war »schmal, schön, von offener Art«.[44] Er unterhielt sich gern mit ihr, weil er ihre Bodenständigkeit und Intelligenz mochte. Ab und zu pflegte er sie mit einem gewissen Mitgefühl zu fragen, wie ihre Ehe denn laufe, und sie sagte dann: »Für den Augenblick geht's.«[45] Er las ihr und Lucien seine Theaterstücke vor, wurde aber ungeheuer ärgerlich, wenn sie hustete (sie hatte einen Raucherhusten). Und als er Marc und Olga Barbezat *Die Neger* vorlas, war er ebenso wütend, wenn Marc mit übergeschlagenen Beinen mit dem Fuß wippte. Kein Wunder, daß Genet später nie öffentliche Aufführungen seiner Stücke besuchte.

Ginette Chaix wurde 1922 geboren und wuchs im Drôme auf, der Region nördlich von Marseille in den Ausläufern der Alpen. Ihre Mutter war unverheiratet. Mit ihrem ersten Mann, einem Sizilianer namens Maglia, hatte Ginette zwei Kinder, Robert (1939 geboren, als Ginette siebzehn war) und

Jacky (1941 geboren). Ihr erster Mann ließ sie und die Kinder sitzen, erzählt Paul Morihien. Mit Lucien hatte sie ebenfalls zwei Kinder, Jean-Luc und Nelly. Genet mochte alle ihre Kinder gern. Als Nelly noch ein Baby war, schrieb er für sie Knittelverse als Gutenachtgedicht – ganz und gar nicht das, was man von dem berüchtigten Dieb, Verräter und Homosexuellen erwarten würde.

Als er saß in dem grünen Gras,
Eine kleine Ratte erzählte ihm was:
Wenn ich's dir erzähl, wirst du sicher kichern,
Aber sie war nicht blöd, kann ich dir versichern.

»Ich sah zwei Hirsche sich einstmals zanken,
Bis unser kleines Häuschen begann zu wanken.
Der eine Hirsch fraß sein Liebchen dann,
Mein Brei ist alles, was ich noch löffeln kann.

Ich sah einen Schakal durchs Dunkel streichen,
Dort wo der Kanal durch den Park tut schleichen.
Heute nacht ist er vielleicht am selben Fleck.

Zwei Blumen bewarfen das Salatbeet mit Steinen,
Und der Salat wurde ganz grün und begann zu weinen,
Und die Schnecke bekam einen furchtbaren Schreck.«

Die kleine Ratte erzählte noch allerlei –
»Aber die Katze riecht einen fetten Bissen,
Wenn's spät ist und Schlafenszeit lange vorbei.«
Und die Ratte kroch schnell in die Kissen.

Als Ginette gefragt wurde, wann genau Lucien in Genets erotischem Film mitgespielt habe, erwiderte sie: »Das muß im Frühjahr 1950 gewesen sein, denn da wurde Nelly geboren, und Lucien tat's leid, daß er nicht dasein konnte.«
Besonders hingerissen war Genet von Jacky Maglia, Ginettes zweitem Sohn von ihrem ersten Mann, der sieben war, als Ginette und Lucien heirateten. Jacky war, wie seine Mutter erzählt, immer ungebärdig (»*farouche*«) wie Genet, was diesem gefiel, der Gefühlsduselei (»*sensiblerie*«) nicht ausstehen

konnte. Genet begann, dem Jungen bei den Hausaufgaben zu helfen, und nach kurzer Zeit sprach Jacky wie Genet, bewegte sich wie er und hatte sogar seine Handschrift der Genets angeglichen. Als er älter war, lernte Jacky Auto fahren, um Genet eine Freude zu machen, und als junger Bursche klaute er sogar Autos, um ihn zu beeindrucken.

Genet kaufte 1946 Land für Luciens Haus in La Canette außerhalb von Cannes, und der Bau begann 1947. Java half gelegentlich mit. Die Arbeit zog sich länger als fünf Jahre hin, weil Genet nie genug Geld hatte, um das Haus in einem Zug fertigbauen zu lassen. Er empfand große Verantwortung für ein Heim und das Wohlergehen von Lucien und dessen Familie. In Briefen an seine verschiedenen Verleger erbittet Genet Geld, um beim Bau mithelfen zu können. Als Lucien im Herbst 1947 verhaftet wurde, schrieb Genet zum Beispiel an Marc Barbezat und bat um fünfzigtausend Franc, mit denen er sich an den Kosten für das Dach beteiligen wollte.[46] 1948 bat Genet Marc erneut um zehntausend Franc für Ginette, weil eines ihrer Kinder Grippe hatte. In einem anderen Brief bittet Genet Paul Morihien, ihm fünfzigtausend Franc als Zuschuß für das Haus zu schicken. (»Ich habe größere Anschaffungen für das Haus gemacht.«[47]) Später erklärt er, die Wände stünden jetzt, und er brauche mehr Geld, um mit dem Bau weiterzukommen. Alle schliefen in einem großen Zimmer im Parterre, außer Genet, der wie üblich in einem Hotel wohnte.[48] Genet übergab Ginette (oder »Ginou«, wie er sie nannte) die erste große Summe, die er jemals erhalten hatte: seine Tantiemen aus den Aufführungen der *Zofen*.

Vielleicht gingen das Haus und die Familie über Genets Verhältnisse, auf jeden Fall erschienen beide wie ein Faß ohne Boden, besonders für einen Vagabunden wie Genet, dem seine Freiheit, auf Reisen zu gehen, wann immer er Lust dazu verspürte, über alles ging – eine an sich schon kostspielige Regung. Dieser Widerstreit zwischen seinem Pflichtgefühl gegenüber Lucien und seinem Verlangen nach Freiheit sollte Genet jahrelang beherrschen. Aber eigentlich dauerte er sein ganzes Leben lang an. Mehrere Male noch baute Genet ein Haus für Freunde, schuf sich darin in einer Ecke ein Nest, samt Büchern und Manuskripten gerade entstehender Werke – und ebensooft entfloh er am Ende dem Käfig, und kam nie mehr zurück. Lucien jedoch blieb Genet fast zwanzig Jahre lang treu (und großzügig), bis er endlich doch die Geduld verlor, wie stets mit Freunden und Geliebten.

Genet wollte, daß Lucien das Haus *Das Haus des Diebes (La Maison du voleur)* nannte, aber Ginette fand, der Name sei zu nahe an der Wahrheit, angesichts der Tatsache, daß Lucien Probleme mit der Polizei gehabt hatte und Genet immer noch stahl und ständig Dinge ins Haus brachte, die er oder seine Freunde gerade »recycelten« – Füllfederhalter, Schmuck oder einfach nur Freiexemplare von Gallimard-Titeln, die er der Werbeabteilung abgeschwatzt hatte. Später verhalf Genet Lucien zum Start als Autoschlosser in der Garage Saint Genet.

Sowohl Sartre als auch Cocteau kamen zu Besuch, und Sartre schließt *Saint Genet* mit einer idyllischen, doch skeptischen Darstellung des gebesserten Verbrechers-Waisenkindes-Künstlers, umgeben von seiner Familie und mit der Welt im reinen. In einem Brief schreib Genet, er werde langsam so »dumm wie Sartre in Cannes«. Sartre hatte, wie Genet seinem amerikanischen Übersetzer erklärte, die Welt um sich herum, die so anders war als seine intellektuelle, geschwätzige Welt der Cafés am linken Seine-Ufer, aus den Augen verloren. Dennoch betrachtete ihn Genet mit Respekt, während er über Cocteau ungehalten war, als er und sein neuer Geliebter Édouard Dermit, ein junger, hübscher ehemaliger Gärtner und Cocteaus späterer Erbe, eine Visite abstatteten. Cocteau war wenigstens charmant, aber Édouard (»Doudou«) versteckte sich fast die ganze Zeit hinter einer Zeitung.

1947 verkaufte Genet noch immer gestohlene Bücher an zwei ganz bestimmte Bücherstände an den Kais. Er steckte mit einem Angestellten bei Gallimard unter einer Decke, der ihn mit neuen Büchern versorgte. André Dubois denkt an einen Besuch bei Genet im Hôtel de la Fleur de Lys zurück. Sein Zimmer war das Warenlager für Genets »Diebesschule«[49], wie Dubios es nannte. Java erinnert sich an einen ganzen kleinen Clan um Genet, an Männer, denen Genet kleine Geldsummen zahlte – und die Namen trugen wie Abdul, Kemal, Jeannot le Martiniquais (ein Schwarzer, der kurz und wild in Genets Film *Ein Liebesgesang* tanzt) und Ali Narbengesicht (Ali le Balafré). Diese Männer wuchsen plötzlich aus dem Boden, wenn Java in eine Kneipenschlägerei geriet, und sprangen ihm bei. Sie kamen auch nach Cannes, um bei Luciens Hausbau mitzuhelfen. Ein anderer Freund Genets, Jacques Guérin, erinnert sich, als er Genet einmal im Hôtel Terrass auf dem Montmartre besuchte, einen Tisch voller Ringe, Feuerzeuge, Armbänder und sogar ein signiertes Foto von Maréchal Foch, dem Oberbefehlshaber der alliierten Streitkräfte im Ersten Weltkrieg, gesehen zu haben. Genet bot Guérin das Foto an (die Unterschrift war, wie sich herausstellte, gefälscht) und sagte, dieses ganze Beutegut habe ihm Java ins Haus geschleppt. Und Roger Stéphane erzählt: »Genet ließ Java alte Schwuchteln schröpfen. Zu der Zeit gab es die sogenannte ›heilige Meile‹, das waren die drei öffentlichen Pinkelbuden in den

Gärten am Ende der Champs-Élysées, in der Nähe des Restaurants Laurent. Dort ging Java seiner Tätigkeit nach.«[50] Genet sah dieses ganze Ausrauben von Schwulen als ungeheuren Witz an und behauptete, mehreren anderen jungen Dieben beigebracht zu haben, wie man das macht. Sein Solidaritätsgefühl für andere Diebe war sicherlich stärker als seine Verbundenheit mit anderen Schwulen, vor allem zu einer Zeit, als Homosexualität noch immer entweder als schamlos oder als lächerlich galt. Da Genet sich nie zu anderen Schwulen hingezogen fühlte und reiche Männer als besonders fremdartig ansah, sind seine Sympathien und Antipathien leicht zu verstehen, wenn nicht gar zu respektieren. Auf lange historische Sicht jedoch ist Genets Beitrag zur schwulen Kultur groß und bedeutsam – vor allem seine literarische Schöpfung der »Queen«, der Superschwuchtel, eines Geschöpfes, das es nur in der Folklore gegeben hatte, ehe Genet sein Porträt von Divine schuf. Man muß aber auch sagen, daß die gesellschaftliche Sphäre, die mit dem Begriff »schwule Kultur« evoziert wird, Genet absurd erschienen wäre, da er seine eigene Homosexualität als etwas betrachtete, was ihn jedermann, selbst anderen Homosexuellen, entfremdete.

In den Jahren 1947 bis 1954, in denen Java und Genet mit kurzen Unterbrechungen zusammenlebten, schliefen sie selten miteinander. Genets Sexualität schien hauptsächlich in seiner Vorstellung zu existieren. War er aber sexuell sehr erregt, traf er sich auch ganz zwanglos mit irgend jemandem oder kaufte sich einen Strichjungen. Er war zu Strichern nie kühl und unpersönlich; wie er einmal bemerkte, hatte er nie Sex mit jemandem, in den er nicht verliebt war, selbst wenn die Liebe nur einen Augenblick währte. Als sie es das erste Mal versuchten, so Java, habe es bei ihm selbst nicht funktioniert. Ein andermal habe Genet versucht, die dominierende Rolle zu spielen, sei aber auch nicht sehr inspiriert gewesen. Als sie einmal ziemlich betrunken miteinander schliefen, sei es dagegen sehr intensiv zugegangen. Es gab noch weitere erfreuliche Momente im Bett, aber sie waren verhältnismäßig selten. Java stand es frei, zu gehen und zu kommen, wann er wollte, doch wenn er sich verspätete, wünschte Genet, daß er anrief. War Java für zwei oder drei Tage fort, gab es immer einen entsetzlichen Krach, wenn er zurückkam. Einmal, als er von Genet die Nase voll hatte und in eine neue Freundin verliebt war, verschwand er aus der Wohnung, die ihm Genet gemietet hatte. Daraufhin alarmierte Genet die von Roger Wybot, einem Freund von Roger Stéphane, geleitete Geheimpolizei. Das Merkwürdige daran war, sagte Java, daß Genet sich damals selbst versteckt hielt. Auch wenn die Polizei nicht ausdrücklich nach ihm suchte, wollte er doch vermeiden, daß irgend jemand sein Strafregister unter die Lupe nahm, weil noch immer fast zehn Monate einer Haftstrafe offen standen, die er nie abgesessen hatte. Aus diesem Grund war er ständig leicht nervös, stieg in Hotels unter falschem Namen ab und benutzte regelmäßig gefälschte Ausweispapiere.

Genet wurde rasend, wenn Java in ihrem gemeinsamen Bett mit einer Frau schlief. Einmal fand er ein Schamhaar auf seinem Kopfkissen und bekam einen Wutanfall. Andererseits wollte Genet, ganz gleich, wie spät Java nach Hause kam, jede Einzelheit wissen. War sie rothaarig? Wo hatten sie gegessen? Was hatten sie gemacht? Und dann fragte Genet: »Bist du zufrieden?«[51] Und wenn Java »Ja« antwortete, erwiderte Genet: »Dann ist's ja gut.«[52] War Genet nicht in Paris, bestand er darauf, daß Java seine Mahlzeiten bei Gala Barbizan, einer reichen russischen Kunstmäzenin, einnahm, die ein Haus in der Nähe des Hôtel Terrass hatte. Gala Barbizan war mit einem französisch-italienischen Geschäftsmann verheiratet, obwohl ihr Bruder eine hohe Position innerhalb der Sowjethierarchie innehatte. Sie freundete sich mit einer ganzen Generation französischer Schriftsteller an und stiftete schließlich den angesehenen, alljährlich verliehenen Literaturpreis *Prix Médicis*. Roger Peyrefitte erzählte sie, sie habe nur zwei Männer geliebt: ihren Vater und Jean Genet.[53]

Java behauptete, daß Genet Männer mochte, mit denen er die Rollen rasch tauschen und sowohl dominant als auch passiv sein konnte. Diese Flexibilität unterscheidet sich von seinen in dem Roman *Wunder der Rose* beschriebenen erotischen Neigungen, wonach er als Jugendlicher in Mettray »passiv« war, während er als älterer Mann aktiv geworden sei. In *Das Totenfest* behauptet er, »Jean D.« sodomisiert zu haben, und in seinem letzten Roman, *Tagebuch eines Diebes*, deutet er an, daß er bei Lucien die Machorolle spielt. Wie Java sich erinnert, sei Genet immer, zumindest als sie ein Liebespaar waren, ob im Bett oder nicht, recht »gamin« (»jungenhaft«) gewesen. Er war zärtlich. Er behandelte Menschen nicht als Gegenstände. »Für mich hatte es in dieser Zeit den Anschein, als sei er überhaupt nicht erwachsen. Erst danach begann er zu altern.«[54]

Genet stellte mit Vorliebe gefälschte Manuskripte seiner eigenen Bücher her. Als sie im Hôtel Méridional am Boulevard Richard-Lenoir wohnten, soll Java angeblich drei vollständige Manuskripte in Genets Handschrift kopiert haben – aber das ist vielleicht übertrieben. Er schrieb in Genets übliche Schulhefte. Eines der Manuskripte war *Das Totenfest*. Er brauchte zwei Wochen, bis er Genets Handschrift nachahmen konnte, und Genet selbst fügte ein paar Striche, Zusätze und Tintenkleckse hinzu, um das Ganze echter aussehen zu lassen. Dieses Manuskript wurde einem Sammler gegenüber als Original ausgegeben. Cau erinnert sich, daß die Frau des ehemaligen Polizeipräsidenten de Carbuccia die Käuferin war. Ein andermal schnitt Java Seiten aus zwei Romanen heraus – *Das Totenfest* und *Querelle* –, mischte sie und klebte sie zu einem neuen Buch zusammen. Er verkaufte es an Pierre Lazareff, den Chefredakteur der Zeitung *Samedi Soir*, dem er es als ein neues Buch vorstellte, dem er den Titel »Bravo« gab, den Namen von Luciens Hund. Er änderte die Namen der Figuren und machte aus den homosexuellen Figuren heterosexuelle. Jean Cau fungierte bei dem Handel als Vermittler. Java mußte die Verantwortung für die ganze Angelegenheit übernehmen. Der Büchersammler Jacques Guérin war es, der bemerkte, daß etwas im Busch war: »Irgendwas an der Sache ist nicht koscher.«[55] Genet und Java aßen mit Simone de Beauvoir in Saint-Jean-Cap-Ferrat gerade zu Mittag, als plötzlich Journalisten vom *Samedi Soir* kamen und Genet Fragen stellen wollten. Genet erwiderte schlicht: »Der Schuldige ist Java. An ihn müssen Sie sich wenden.«[56]

Wenn sie Geld hatten, wohnten Genet und Java im Hôtel Terrass im zweiten Stock, von wo aus man auf den Friedhof blicken konnte – Divines Aussicht in *Notre-Dame-des-Fleurs*. Wenn sie pleite waren, wohnten sie in einem billigeren Hotel wie dem Méridional. In der Regel blieben sie mehrere Tage, ja selbst Monate in ein und demselben Hotel. Ganz gleich, wo sie wohnten, überall hängte Genet sein Foto von Weidmann, dem deutschen Mörder, an die Wand: Es war zu seiner Ikone geworden. Ob reich oder arm, einen Großteil ihrer Zeit verbrachten sie in den kleinen Cafés und Bars auf dem Montmartre. Eine dieser Bars führte die alte Sängerin Damia, die Genet als Junge bewundert hatte, als er in den Diensten René de Buxeuils stand. Jetzt wurden er und Damia dicke Freunde. Genet kannte auch mehrere der damals gefeiertsten Transvestiten, wie etwa Michou, Jacques Dufresney (Coccinelle) und Tony (Madame Arthur). Einmal im Monat ging er ins Graff zum Wettbewerb um den schönsten Fummel.

Etwa 1950 mietete Genet eine Zweizimmerwohnung in der Rue Chevalier-de-la-Barre, einer engen Fußgängerstraße auf dem Montmartre, die von Sacré-Cœur steil zum Château Rouge hinunterführt. Zuerst war Genet glücklich mit der Wohnung. Er suchte die Wandfarben aus und kaufte im Warenhaus Samaritaine die Möbel auf Kredit (bezahlte sie aber nie). Aber er wurde die Wohnung schnell leid, gab sie auf und zog mit Java wieder ins Hotel. Das Wohnen im Hotel paßte natürlich zu einem Leben auf endloser Wanderschaft. Architektur und Malerei begannen Genet zu faszinieren, und später wurden sie zu einer seiner Hauptleidenschaften. Damals machte er sich nach Spanien auf, um sich die Alhambra in Granada und die Gemälde von Velázquez im Prado in Madrid anzusehen. Er und Java besuchten Amboise, um zu sehen, wo Leonardo da Vinci seine letzten Tage verbracht hatte. Sie fuhren nach Italien – Rom, Mailand, Parma –, und zwar fünfmal. Sie fuhren nach Marokko, wo er in der von den Spaniern gehaltenen Stadt Melilla an der Mittelmeerküste sagte, dort wolle er begraben werden. Tatsächlich liegt Genet in Marokko in der früheren spanischen Stadt Larache begraben, etwa sechshundert Kilometer weiter westlich. Es ist merkwürdig, daß die Menschen, die ihn in Larache zu beerdigen beschlossen, von diesem Jahrzehnte vorher geäußerten Wunsch nichts gewußt haben.

Ende der vierziger Jahre besuchte Genet auch Deutschland und sprach eine Zeitlang davon, darüber ein Tagebuch in der Buchreihe zu veröffentlichen, in der 1948 auch Simone de Beauvoirs *Amerika – Tag und Nacht (L'Amérique au jour le jour)* erschienen war. An Paul Morihien schrieb er:»Ich bin jetzt schon drei Wochen in diesem Land, in dem mich alles an einen Alptraum erinnert. Doch da einem ein Alptraum, mit offenen Augen betrachtet, zum Lächeln bringt, wird es glaube ich ein lustiges Buch, das ich gern schreiben möchte.«[57] Er schrieb, wenige von den Deutschen, denen er begegnete, hätten zwei Hände, aber er sage voraus, daß Deutschland seine verlorene Macht in zehn Jahren wiedererlange. Er fügte hinzu:»Ich schwärme für Deutschland, ein Land, das immer spannender wird.«[58] Aber aus dem Buchprojekt wurde nichts.

Hin und wieder wurden er und Java zu reichen Freunden aufs Land eingeladen. Mehrere Monate wohnten sie 1948 bei Evelyne Vidal, die damals mit dem reichen Teppichfabrikanten Henri Vidal verheiratet war; er besaß auf der Île Saint-Louis am Quai d'Orléans 16 ein Haus. Sie war großzügig und hegte nach Javas Ansicht wie viele Frauen, starke mütterliche Gefühle für Genet. Genet hatte bei den Vidals ein eigenes Zimmer. Java schlief beim Dienstmädchen (mit dem er eine Affäre hatte); in einem anderen Zimmer wohnte und arbeitete Mouloudji, und auf der Terrasse hielt sich ein militanter Kommunist verborgen. Madame Vidal (sie wurde später Theateragentin) gab viele glänzende Partys, zu denen sie Schauspieler und Regisseure wie Brigitte Bardot und Roger Vadim empfing.

Im Frühjahr 1947 empfahl ein angesehener Buchhändler namens Saucier, der in der Buchhandlung Gallimard am Boulevard Raspail arbeitete, seinem Freund und Kunden Jacques Guérin zwei Bücher. Er sprach freundlich über

Roger Peyrefittes Erstlingsroman *Heimliche Freundschaften (Les Amitiés particulières,* 1944), in dem die Liebe zweier Internatsschüler besungen wird, die in einer tränenreich-katholischen Atmosphäre erwacht. Die Sexszenen sind gedämpft, die Liebe ist namenlos und unschuldig, und alles endet glücklich in einem Selbstmord. Der Stil, von André Gides *La Symphonie pastorale* beeinflußt, war von dessen Autor persönlich gelobt worden. Selbst Sartre, stets wißbegierig, was die Homosexualität betrifft, lud Peyrefitte im Deux Magots auf ein Glas ein. (Sartre fragte ihn, ob er mal Lehrer gewesen sei, während Genet annahm, er sei »ein ehemaliger Priester«.[59]) Und dann setzte Saucier noch hinzu: »Hören Sie, ich habe noch etwas, das Sie interessieren könnte, es ist längst nicht so gut, aber es ist ein eigenartiges Buch.«[60] Es war *Notre-Dame-des-Fleurs*.

Guérin erkannte sofort Genets Begabung und bat Saucier, ihn dem Autor vorzustellen – eventuell sei er am Kauf eines Manuskripts interessiert. Peinlich berührt antwortete Saucier: »Nein, der Typ ist nicht in Ordnung, er ist ein Dieb, er ist gefährlich.«[61] Guérin aber ließ nicht locker, und schließlich kam man überein, daß Genet und Guérin sich in der Buchhandlung treffen sollten. An diesem Tag, dem 6. März 1947, lud Guérin Genet in ein Restaurant in der Rue Dauphine ein, eines der wenigen im Nachkriegs-Paris, wo man gut essen konnte. Genet war zu Guérin äußerst höflich, geradezu unterwürfig. Sie stellten fest, daß sie beide gemeinsame Vorlieben hatten: für *Die Prinzessin von Clèves, Die gefährlichen Liebschaften (Les Liaisons dangereuses),* Stendhal ...

Einen Monat später kaufte Guérin für fünfzigtausend Franc das Manuskript von *Querelle* (und Genet erwarb für dieses Geld das Land für Lucien Sénémauds Haus). Genet war begeistert – dies war das erste Mal, daß er mit Schreiben wirklich Geld verdient hatte. Er strich die Widmung für Cocteau und setzte eine neue für Guérin ein:

Mein lieber Herr!
Da dies das erste Manuskript ist, für das mir jemand Geld gezahlt hat, meiner Meinung nach einen viel zu hohen Preis, können Sie sich vorstellen, wie stolz ich bin. Das Vertrauen, das Sie mir gezeigt haben, als Sie mich um eine Widmung baten, verpflichtet mich, sie speziell auf Sie zu münzen, aber ich weiß nicht, wie ich meinen Dank besser zum Ausdruck bringen sollte, als durch die Freude, die es mir bereitet zu wissen, daß ich einen Leser habe, dessen Religion ein Fetischismus ist. Möge dieses Manuskript ein Talisman für Sie sein. Ich wünsche nichts mehr, als daß es wohltuende Wirkung ausübt. Sie sind der erste, mein Herr, der *Tonnerre de Brest* liebt. Sie sind der einzige, der es in

seinem Entwurf besitzt. Aber da Sie meine Streichungen kennen, ziehen Sie keinen Vorteil aus dieser Überlegenheit, und erlauben Sie mir, demütig vor Ihnen zu sein. Ich küsse Sie,

Jean Genet.[62]

Die Widmung ist unfreiwillig komisch, denn sie verletzt mehrere Regeln. Da Genet Guérin kaum kennt, hat er kein Recht auf die Anrede *Cher Monsieur;* er hätte nur einfach *Monsieur* schreiben sollen. Die überaus persönliche und leicht scherzhafte Wendung, den Fetischismus betreffend, ging Guérin völlig gegen den Strich, und der ganze letzte Satz kam Guérin einfach komisch vor und erinnerte ihn an Molières *Les Précieuses ridicules* – er war besonders absurd, da ihm der kindliche Schluß »Ich küsse Sie« folgte. Genet konnte sehr wohl die kühnste französische Prosa der vierziger Jahre schreiben, aber wie schon sein Briefwechsel mit Ann Bloch offenbart hatte, überforderte ihn die schlichte Aufgabe, einen Brief auf französisch zu schreiben, völlig. Das fertige Buch trägt die schlichtere Widmung »Für Jacques G.«. Wenn er Fotos und Manuskripte für Guérin signierte, war Genet oft taktlos oder albern. Zum Beispiel schreibt er mehr als einmal »mit all meiner Liebenswürdigkeit«[63], während man natürlich niemals auf seine eigene Liebenswürdigkeit verweist, sondern eher auf die Liebenswürdigkeit des Widmungsträgers. Reine Haarspalterei sicherlich, aber nicht in einem Land mit einer höfischen Tradition wie Frankreich, einer Tradition zudem, auf die Genet sich beruft. Vielleicht unbewußt offenbart er seinem Gönner sein Überlegenheitsgefühl. Andere Male konnte Genet genauso schlicht und großzügig sein, wie er anderswo affektiert und affig war. In ein Exemplar von *Das Totenfest* schreibt Genet als Widmung für Guérin:

Mein lieber Jacques,
ich freue mich sehr, daß Ihnen *Das Totenfest* gefällt. Sie hätten Jean Decarnin gemocht, und Sie hätten ihn geachtet. Verzeihen Sie, daß ich nur von ihm rede. Meine Zuneigung zu Ihnen bemißt sich an der Sorge, die ich trage, zu Ihnen vom Reinsten der Toten zu sprechen.

Genet.[64]

Hier ist der Ton elegant, aber auch nüchtern und ehrlich.
Natürlich mag Genet von Guérin eingeschüchtert gewesen sein, einem reichen, kultivierten Kunstmäzen mit dem Benehmen eines Grandseigneurs, bald anmaßend, bald nobel-zurückhaltend. Trotz ihrer Unterschiede aber hatten

Genet und Guérin vieles gemeinsam. Sie waren zum Beispiel beide unehelich, und sie teilten die Begeisterung für viele künstlerische und literarische Werke.

Jacques Guérin und sein Bruder Jean (der Maler war und ebenfalls homosexuell) waren die unehelichen Söhne eines reichen Schuhfabrikanten. Ihre Mutter hatte mit den Söhnen in einer luxuriösen Wohnung mit Blick auf den Parc Monceau gewohnt. Dort war der berühmte Komponist Erik Satie zu Gast gewesen, der für sie ein Musikstück mit dem Titel »Zärtlich« (»*Tendrement*«) geschrieben hatte. Guérins Bruder Jean war Opiumraucher und Kunstliebhaber, der freundschaftlichen Umgang mit Leuten wie Jean Cocteau, dem Komponisten Georges Auric, der englischen Millionärin und Exzentrikerin Nancy Cunard, der experimentierfreudigen amerikanischen Romanschriftstellerin Djuna Barnes, Autorin von *Nachtgewächs (Nightwood)*, und vielen anderen pflegte. Jacques lernte viele dieser Berühmtheiten durch seinen Bruder kennen.

Ihre Mutter, Jeanne-Louise Guérin, hatte 1890 einen sehr wohlhabenden Mann geheiratet, sich aber im Jahr 1900 wieder von ihm scheiden lassen. Im Scheidungsvertrag wurde ihr ein großes Vermögen zugesprochen, durch das sie unabhängig blieb. Sie war eine berühmte Schönheit, die sich von Paul Poiret einkleiden ließ. In dieser Zeit lernte sie Gaston Monteux kennen, den reichen Schuhfabrikanten und Vater ihrer beiden Söhne. Jacques wurde 1902, Jean 1903 geboren. Monsieur Monteux' Gattin starb schließlich im Jahr 1920, und vier Jahre später heiratete er Madame Guérin. Doch als er 1927 starb, hinterließ er sein Vermögen seinen drei Kindern aus erster Ehe.[65]

Guérin besaß eine Parfümfabrik, als er Genet kennenlernte. Am 14. März 1947 schrieb ihm Genet nach ihrer ersten Begegnung und bedankte sich für das Parfümfläschchen, das Guérin ihm geschenkt hatte. Er verband sein Interesse an den Künsten mit seinen Geschäften, indem er an die Malerin Marie Laurencin und an Schriftsteller wie Colette und Cocteau Aufträge vergab. Zu Ehren Genets nannte er sogar ein Parfüm »Divine«.

Genet machte es Vergnügen, sich stundenlang mit Guérin zu unterhalten, und er verbrachte mehrmals längere Zeit in dessen Haus außerhalb von Paris. Guérin war ein leidenschaftlicher Sammler, der das Manuskript von Rimbauds *Eine Zeit in der Hölle* und das Schlafzimmer besaß, in dem Proust gestorben war, mit allem, was sich darin befunden hatte: unter anderem dreizehn Schreibhefte, viele Druckfahnen und Briefe (die Guérin in den achtziger Jahren dem Musée Carnavalet schenkte). Guérin besaß viele bedeutende Gemälde, insbesondere eine große Zahl Bilder von Soutine, und im

Gegensatz zu den meisten Büchersammlern las er wirklich die seltenen Ausgaben und Manuskripte, die er erwarb. Auch wenn das Aufschneiden der Seiten den Wert eines Buches mindert, hat sich Guérin davon nie abhalten lassen. Vor allem liebte er seltene Ausgaben mit einer Geschichte: Zum Beispiel besaß er das Exemplar von *Die Blumen des Bösen*, das Baudelaire seiner Mutter gewidmet hatte, und später kaufte er das Exemplar von Genets Gedichten mit der Widmung an Sartre und Beauvoir. Guérin sammelte nicht nur Bücher, sondern auch Autoren. Glenway Wescott *(Goodbye, Wisconsin; The Grandmothers* [*Die Towers*]; *The Pilgrim Hawk)* war in den zwanziger und dreißiger Jahren Amerikas bestaussehender Romancier und lange Zeit Guérins Freund; vielleicht versteckt sich ein latenter Besitzanspruch auf Guérin hinter Wescotts genervter und mürrischer Reaktion auf *Notre-Dame-des-Fleurs* in seinen postumen Memoiren, die 1990 erschienen.[66]

Zu den Leuten, die Genet mit Guérin bekannt machen konnte, zählte die junge Schriftstellerin Violette Leduc, die 1946 ein außergewöhnliches Buch veröffentlicht hatte, *L'Asphyxie (Die Bastardin,* wörtlich: *Der Erstickungstod)*. Es handelt von ihrer eigenen Kindheit und der Erfahrung, als uneheliches Kind bei der Mutter und der Großmutter in Valenciennes aufzuwachsen. In dem Buch wird das Kind Zeuge der schrecklichen Szene, in der ihre Mutter erfährt, daß ihr Liebhaber (Violettes Vater) eine andere Frau heiraten wird. Die Mutter weint vor allen Nachbarn, dann führt sie ihr hungriges, verängstigtes Kind zu dem großen Haus, in dem der Geliebte mit seinen Eltern wohnt, hebt das Kind ans Fenster und zeigt ihm all den Luxus: »Das sind dein Tisch, deine Stühle, deine Bilder, deine Sessel, dein Kamin, deine Blumen, dein Kronleuchter, dein Teller, dein Glas ...«[67]

Violette Leduc wurde nach Paris auf ein *lycée* geschickt, arbeitete dann als Sekretärin in einem Verlag und als Journalistin. Während der Kriegsjahre freundete sie sich mit dem antisemitischen jüdischen Schriftsteller Maurice Sachs an. Sie verliebte sich in ihn; obgleich er schwul und sie lesbisch war, ein Muster, dem sie sich von Zeit zu Zeit immer wieder fügte. Sie schmuggelte in einem Koffer Lebensmittel vom Lande nach Paris und verkaufte sie mit Gewinn. Sie verfluchte sich wegen ihrer Häßlichkeit und stürzte sich mit wahrer Verzweiflung in Liebesaffären mit Männern und Frauen.

Die große weibliche Liebe in Leducs Leben war Simone de Beauvoir, die ihrerseits die Leduc kaum ertragen konnte. Zwar sollte die Beauvoir viel später Sylvie Le Bon lieben, mit der sie zusammenlebte und die sie damals, Ende der vierziger Jahre, adoptierte, aber zu dem Zeitpunkt war die Beauvoir in den

amerikanischen Romanschriftsteller Nelson Algren verliebt, einen Mann, in dessen Armen sie erfuhr, wie »wahrhaft leidenschaftlich die Liebe zwischen Mann und Frau sein kann«.[68] Sie war strikt gegen Homosexuelle, Männer wie Frauen, auch wenn sie und Sartre vom Sexualleben anderer Menschen auf voyeuristische Weise fasziniert waren. Der verschwiegene Camus zum Beispiel enttäuschte sie, da er, was seine Liebesabenteuer anging, diskret war, ohne Ende arbeitete, insgeheim seinen Stil perfektionierte und stumm an Tuberkulose litt. Der extravagante Genet und die Leduc befriedigten die Neugier der beiden und berichteten ihnen eindrucksvoll von ihrer erotischen *différence*, obgleich Leduc und Genet sich manchmal gegenseitig mit Lügen darüber quälten, was Sartre und Beauvoir über den jeweils anderen gesagt hatten.[69] Wenn Simone de Beauvoir mit anderen über Violette Leduc sprach, nannte sie diese nie mit Namen, sondern nur »die häßliche Frau«[70]. Wenn sie sah, wie Leduc im Café de Flore auf sie wartete, ging sie woandershin. Wenn Leduc der Beauvoir ihre gefühlvollen schriftlichen Liebesgeständnisse zeigte, behandelte Beauvoir diese Texte als Fiktion. Vor ihrem Engagement für den Feminismus in den sechziger Jahren konnte Beauvoir andere intelligente Frauen nicht ertragen (sie verabscheute zum Beispiel die avantgardistische Schriftstellerin Nathalie Sarraute).[71] Leduc wurde akzeptiert, weil sie unterwürfig war (ihr Roman *L'Affamée* handelt dürftig verschleiert von ihrer Leidenschaft für die Beauvoir), aber die Beauvoir konnte es sich nicht verkneifen, sie lächerlich zu machen und sogar einen Stundenplan für zeitlich streng begrenzte Treffen aufzustellen – eine Hungerdiät für eine Verhungernde. Dennoch sorgte Simone de Beauvoir dafür, daß der verarmten Leduc von Gallimard monatlich ein kleines Gehalt gezahlt wurde, und sie machte die isolierte Jüngere mit ihrem großen Freundeskreis bekannt.[72]
In *La Folie en tête* erzählt Leduc, wie sie Genet kennenlernte.[73] Während des Krieges hatte sie in einem Zeitungsartikel von dem »Dichter-Dieb«[74] gelesen, der dank Cocteaus Fürsprache aus dem Gefängnis freigekommen war, und dieses protzige Etikett machte sie sofort mißtrauisch. Später lieh ihr die Beauvoir die bleischwere Erstausgabe (die Barbezat-Ausgabe) von *Wunder der Rose,* und die Leduc stürzte in einen Fieberschauer der Bewunderung (»Zu seinem Hochamt treffe ich vor allen anderen ein, um in der ersten Reihe zu sitzen.«[75]).
Schließlich begegnet Leduc in dem Buch Genet, ihrem neuen Idol. Nach dem Abendessen lädt Beauvoir Leduc in die Kellerbar des Hôtel Pont-Royal zu einem Drink ein. Dort treffen sie Arthur Koestler und seine Frau. Plötzlich sieht die Leduc den »Dichter-Dieb«, auf den sie in einem Café schon einmal

409

aufmerksam gemacht worden war. Sie saugt jedes Detail in sich ein, seinen weißen Pullover, seine grauen Wildlederhandschuhe, seine kalten, klaren Augen. Sie werden einander vorgestellt, und sie stammelt, daß sie ihn gelesen habe:»Sie sind der Größte!«[76] Er sagt nichts und wird traurig. Sie stottert weiter Komplimente. Er zündet sich eine *Gitane* an, trinkt etwas Cognac und läßt sich so weit erweichen, daß er sagt:»Ich habe Ihren *Erstickungstod* gelesen.«[77] Als er geht, verabreden sie sich zu einem Mittagessen.[78] Sie ist verwirrt darüber, daß er beim Erwähnen ihres Buches den Artikel *Der* weggelassen hat, als habe er ihr psychisches Problem und keinen Buchtitel gemeint. Sie kommt zu dem Schluß, daß er eine Mischung aus »einem Lord und einem Boxer«[79] ist.

Am Tage ihrer nächsten Begegnung steigert sich die vierzigjährige Leduc in Ekstasen der Liebe, des Selbstzweifels und der Angst. Schließlich befindet sie sich in Genets Zimmer im Hôtel de la Fleur de Lys – und betrachtet, als seien sie fast schon Heiligenreliquien, die Zigarettenasche, die Manuskripte, das ungemachte Bett und die schmutzige Wäsche.[80] Als leidenschaftliche Verehrerin der Homosexualität, wie sie in seinen Büchern dargestellt ist, versucht sie ohne Erfolg, den Geruch von Sperma wahrzunehmen. »Keine Spur von einem Schwanz«, sagt sie sich.[81] Sie sieht zu, wie er sich rasiert, und stellt fest, daß sie beide das Gesichtswasser von Elizabeth Arden benutzen. Sie klopfen an eine andere Hotelzimmertür, und Genet stellt vor:»Lucien, mein Sohn.«[82] Sie zähmt ihre Eifersucht und bewundert Lucien:»Lachende Augen. Gebräunte Haut. Klein, muskulös, aus Stahl, aus Fruchtholz. Er schüttelte mir aufrichtig die Hand.«[83]

Leduc bewundert Genets Strenge, die Genauigkeit und Einfachheit seiner Worte und Gesten. Nach dem Essen reicht Leduc ihm einen Text, den sie geschrieben hat und dem noch der Titel fehlt. Es handelt sich um eine Beschreibung von Arbeiterhänden, und Genet schlägt vor:»Schmutzige Hände« (»Les Mains sales«). Dann verschwindet er mit Lucien. Leduc sucht die Beauvoir auf und gesteht ihre neue Leidenschaft für Genet, was ihrer Angebeteten nicht unbedingt Vergnügen bereitet.

Eines Tages versetzt Genet die Leduc damit in Erstaunen, daß er mit einem anderen Mann bei ihr erscheint, mit Jacques Guérin, der *Die Bastardin* gelesen hat und das Buch bewundert. Leduc ist so überrascht, daß sie nichts weiter fertigbringt, als die Manschettenknöpfe ihres Bewunderes anzustarren. Als er sie und Genet in seine prunkvolle Wohnung einlädt, gerät sie außer Fassung über den Diener, der ihr ihren Umhang abnimmt, über den schwarzweißen Steinfußboden, über die Louis-quatorze-Stühle (über die Genet sich insgeheim lustig macht), über das im Eßzimmer hängende Gemälde eines toten Kaninchens von Soutine und über die exquisiten Manieren ihres Gastgebers. Sie ist entzückt, als Guérin das Angebot macht, eine limitierte Luxusausgabe von *L'Affamée,* ihres Buches über die Beauvoir, herauszubringen, das sie Guérin zu widmen beschließt. Durch Genet kommt er mit dem Verleger Jean-Jacques Pauvert überein, das Buch zu publizieren. Er bietet ihr einhunderttausend Franc an (das wären heute etwa dreitausend Mark) und ist verärgert, als sie ihn in seiner Parfümfabrik aufsucht und die Summe in bar verlangt, am liebsten in kleinen Scheinen. Mit Genet laufen die Dinge noch schlechter. Violette Leduc lädt ihn und Lucien zusammen mit einem Freund, Gérard Magistry, in ihr Zimmer zum Abendessen ein. Beim Essen macht sie ein furchtbares Theater um Genet, serviert ihm, sklavenhaft verliebt, die zartesten Stücke. Als er etwas zurückweist, was sie zubereitet hat, sagt sie: »Aha, Sie mögen arme Leute nicht.« Bei diesen Worten gerät Genet in Rage und zerrt an der Tischdecke, worauf sich der Wein über Wände und Fußboden ergießt und der Schokoladenkuchen in Stücke bricht. Genet und Lucien suchen eilig das Weite, Violette und Gérard Magistry verfolgen die beiden in einem Taxi. In Genets Hotelzimmer kriecht sie über den Fußboden auf ihn zu, überhäuft ihn mit Küssen und bettelt *ihn* um Verzeihung an. Nach diesem Vorfall bekommt sie Genet nur noch selten zu Gesicht, und wenn, versetzt sie ihn erneut in Wut, wie etwa auf einer im Winter in Guérins Wohnung stattfindenden Dinnerparty, als sie darauf aufmerksam macht, daß Genet zittere, weil er nur ein Sommerjackett anhabe. Sie vermutet, daß er nicht in der Lage ist, sich warme Sachen zu kaufen, weil er Lucien für den Hausbau sein ganzes Geld gibt. Jacques schenkt Genet ein Cashmere-Sakko und demütigte ihn damit nur noch mehr.

Leduc lernt Cocteau und den gutaussehenden jungen Paul Morihien kennen, den sie wegen seines pomadisierten schwarzen Bärtchens und der fabelhaften Figur mit Errol Flynn vergleicht. Cocteau sagt zu ihr: »Du weißt, Genet ist der größte Moralist unserer Zeit!«[84] Leduc erwidert: »Ich finde ihn streng.«[85] Cocteau: »Er ist nicht streng ... Er ist integer. Du glaubst, daß er mich schonend behandelt? Er beschuldigt mich oft, dumm zu sein, aber ich nehme es ihm nicht übel ...«[86]

In Violette Leducs Memoiren erscheint Genet als kalter, unsentimentaler Mann mit dem klaren, mitleidlosen Blick eines Richters und Moralisten, der alle Menschen um sich herum in Angst versetzt. Stets ist er makellos gekleidet, sein Haar wird grau und schütter, seine Hände sind überraschend klein und weiß. Er ist ein Perfektionist: »Seine Hygiene. Seine Gelassenheit. Sein Stolz.

Seine Ungezwungenheit. Sein herrischer Ton. Seine Erscheinung, vollkommen wie eine gut gebundene Krawatte. Ja, eine maßgebliche Erscheinung. Ein Platzregen, der eure Miasmen wegfegt. Genet hat der Stadt frische Luft zugeführt, der Wohnung, meiner Existenz.«[87] Wie ihre Mutter mag er keine Küsse, und »außer meiner Mutter kenne ich niemanden, der weniger Träumer ist als er.«[88] Er diskutiert nicht gern über Literatur und wird ungeduldig, wenn andere es tun. Lieber würde er sich mit Jacques Guérin über die Pappeln unterhalten, die er auf Luciens Grundstück pflanzen will.

Jean Cau erhärtet diese Schilderung: »Niemand auf dieser so reich bevölkerten Erde redet wie er so gern von ›Moral‹, die auf einem persönlichen, aber unnachgiebig strengen Kodex beruht. Die Moral: ein Feuerkreis, und in der Mitte der Dichter.«[89] Genet achtete sehr darauf, so Jean Cau, daß seine Freunde diesem Kodex gehorchten, wenn nicht, war er zu ungeheuren Wutanfällen imstande. In solchen Rasereien löste er oft Freundschaften für immer. Auch Gérard Magistry erinnert sich, daß Genet »sehr streng zu anderen« war.[90] Diese Härte sei aber seinem Charakter eigentlich wesensfremd, verkörpere vielmehr sein Bedürfnis, zu schockieren und zu überraschen: »Er tat Dinge aus einem Gefühl fürs Theater heraus, aus Lust an der Darstellung.«[91] So habe er bei dem von Violette Leduc veranstalteten verhängnisvollen Abendessen ein Huhn auf den Fußboden geschleudert und im Hinausstürmen geschrien: »Dieses Huhn ist ekelhaft!«[92]

Genet war zwar unglaublich anspruchsvoll mit anderen, erinnerte sich Magistry, aber er selbst war »ungeheuer feinfühlig« und sah sich »von den kleinsten Kleinigkeiten verletzt«.[93] Wenn Genet sowohl sadistisch als auch masochistisch war, so war er auch manisch und depressiv – durch Arbeit verzückt oder in katatonische Schwermut versunken. Von Widersprüchen überschäumend, war Genet grausam und sensibel, ein Moralist, der Freunde bestahl, ein Gelegenheitsdieb, der Abschriften seiner eigenen völlig echten Meisterwerke fälschte. Trotz unerfreulicher Erlebnisse mit ihm, bewunderte Magistry stets Genets großes Talent: »Niemand hat wie er so ein Liebeslied auf die Jugend schreiben können. Das ist keine Literatur mehr. Er schrieb mit seinem Blut.«[94]

Zwischen Genet, Guérin und Leduc kam es zu fast amourösen Eifersüchteleien. Genet hatte Guérin *Die Bastardin* zu lesen gegeben, Jacques gefiel das Buch, und Genet hatte ihn in Leducs Wohnung in der Rue Paul Bert mitgenommen. Guérin war augenblicklich von ihrem Ernst als Schriftstellerin beeindruckt.

»Ich fühlte mich mehr zu ihr als zu Genet hingezogen, und Genet war eifersüchtig. Er hatte etwas Kokettes an sich«, erinnert sich Guérin. Der Leduc gelang es natürlich, eifersüchtig auf Genets Verhältnis mit Guérin und neidisch auf Genets Selbstsicherheit und Begabung zu sein. Obgleich es Genet gewesen war, der sie mit Guérin bekannt machte, zog der galante Guérin fast sofort die Leduc vor. Ja, sie wurde siebzehn Jahre lang jeden Mittwoch zu Guérin zum Abendessen eingeladen. Genet, bereits durch Leducs Verehrung für ihn irritiert, war noch verwirrter, als er erkannte, daß sie ihm diesen reichen, intelligenten und scharfsinnigen Gönner und Freund abspenstig gemacht hatte. Doch die Rivalitäten hörten hier nicht auf. Guérin konnte Lucien nicht ausstehen, den er für einen Schmarotzer und ein kleines Flittchen[95] hielt, und er verachtete Simone de Beauvoir, die seiner Ansicht nach eine humorlose Volksschullehrerin[96] war. Guérin war entsetzt darüber, wie die Beauvoir sich der Leduc gegenüber als Herrin aufspielte und die Macht, die sie besaß, mißbrauchte, nur weil die Leduc in sie verliebt war.

Für Genet war Guérin so etwas wie eine schwule Version von Marc Barbezat, auch wenn sich Guérin schließlich als viel weniger bedeutsam für seinen Werdegang erwies. Mit Guérin war der Umgang unbeschwerter als mit Marc, weil Guérin homosexuell und pariserischer war. Doch Marc Barbezat sprach von Genet stets mit Respekt und Urteilsvermögen, während Guérin zu Genet später ein reserviertes Verhältnis hatte. Guérin fand, daß Genet sogar körperlich ein untergeordneter Vertreter war – schwach, kränklich, aus einem schlechten Stall. Er machte sich über Genets Kleidergeschmack in den vierziger Jahren lustig. Besonders stolz war Genet auf einen rosafarbenen Anzug mit Faltenbesätzen, und er, Guérin, habe ihn furchtbar verwirrt, als er ihm sagte, den könne er doch unmöglich auf der Straße tragen. Ebenso schockiert war Guérin von Genets schwarzem, mit rosa Seide gefüttertem Mantel. Guérins Beziehung zu Genet wurde immer von Geld überschattet – von Geld und von Genets Ruf als Dieb und Betrüger. Als Genet Guérin das erste Mal in seiner wundervollen Pariser Wohnung in der Rue Murillo 8 besuchte, diesen sechshundert Quadratmetern mit ihrem Blick auf den Parc Monceau, ließ Guérin Genet zehn Minuten mit den Schlüsseln zu seiner Bibliothek voller Raritäten allein. Genet gab vor, über diesen Vertrauensbeweis wütend zu sein, und stahl nichts. Er legte den Schlüssel auf den Tisch und sagte mürrisch: »Hier haben Sie Ihren Schlüssel.«[97] Nach Guérins Ansicht war Genet wie ein aufsässiger Hund, den er in nur wenigen Minuten gefügig machen konnte. Aber in den meisten Briefen, die Genet an Guérin schrieb, bat er um Geld oder um einen Gefallen. Er bat Guérin, Schecks für ihn einzulösen. (Wegen seines

Strafregisters dufte Genet damals noch kein Bankkonto führen.) Oder er bat Guérin, einem seiner Freunde, Louis Rigault, der in Poissy gerade drei Jahre Gefängnis abgesessen hatte, Arbeit zu geben. Wiederholt bat Genet Guérin um Darlehen, aus denen dann üblicherweise Geschenke wurden. Doch nahm er Guérins Zustimmung nie als selbstverständlich hin, und in einem seiner Briefe bat Genet Morihien, Guérin für ein Darlehen zu entschädigen, damit er, Genet, ihn wieder besuchen könne. In einem ihrer Briefe an Guérin schreibt Violette Leduc: »Das Geld, das Sie Genet zu geben eingewilligt haben, macht mich krank.«[98] Normalerweise bat Genet lediglich um fünftausend Franc (heute ungefähr hundertfünfzig Mark), einmal aber bat er um zweihunderttausend Franc (sechstausend Mark), und Guérin erwiderte: »Ich bin bereit, Ihnen das Geld zu geben, aber wenn ich es Ihnen gebe, wird unsere Freundschaft nicht weiterbestehen, und ich werde Sie nicht wiedersehen. Wählen Sie meine Freundschaft oder mein Geld.«[99] Am Ende des Abends sagte Genet: »Ich will Ihr Geld nicht mehr.«[100] Und Guérin sagte: »Sie haben die richtige Entscheidung getroffen.«[101] Auch bei ihrem ersten Kontakt spielte das Geld natürlich eine Rolle – als Guérin das *Querelle*-Manuskript kaufte. Im Laufe der Zeit erwarb Guérin dann noch mehrere Manuskripte, oder Genet schenkte sie ihm.[102]

Im Oktober drehte Genet auf dem Grundstück Guérins einen kurzen Amateurstummfilm. Genet hatte ihn sich ausgedacht. Er wollte getauft werden. Violette Leduc, in der Rolle der Mutter, kommt in einem mit Perlen besetzten kniekurzen Kleid aus den zwanziger Jahren herbeigelaufen, eine Straußenfeder im Haar. Der Pfarrer, Jacques Guérins Bruder Jean, erscheint und trägt einen Filzblumentopf auf dem Kopf. Java, als Hauslehrerin gekleidet, erscheint mit dem Baby, Genet, das in ein Bettlaken gewickelt ist und ein richtiges Babyhäubchen auf dem Kopf hat (Leduc meint, er sieht aus wie ein Regenwurm in einem Wäschebündel). Zwischen Java und Leduc bricht ein Streit aus. Schließlich wird das Baby von dem Pfarrer getauft, doch es schlägt während der ganzen Zeremonie seine Mutter mit einer Peitsche und einem Strick. Leduc wies später darauf hin, daß drei der Darsteller in dem Film unehelich waren, ein Ensemble, für das die Taufe ein merkwürdiges, wenn auch unvermeidliches Thema war. Der Kameramann war Jacques Guérins Freund. Guérin selbst nahm keine Notiz von den Dreharbeiten, sah sich aber später den Film mit Vergnügen an.[103]

Nach der Filmerei verbrachten Genet und Java drei Wochen bei Guérin in Lugarches, die längste Zeit, die sie je zusammen zubrachten, und die vernügteste. Oft frühstückte Guérin bei ihnen im Zimmer. Wenn Genet sich nicht in die Defensive gedrängt fühlte, so Guérin, »öffnete [er Guérin] sein Herz«[104] und sprach sehr offen mit ihm. Für Guérin war er ein »verirrtes Kind«[105]. So kam er manchmal zu Guérin ins Schlafzimmer und las ihm vor, was er in der Nacht zuvor geschrieben hatte. Genet war besonders berührt von der familiären Atmosphäre in Lugarches, denn Guérin hatte häufig seinen Bruder und seine Mutter zu Gast, die er sehr verehrte. Genet brachte oft Stunden mit Guérins Mutter zu, und wenn sie eines seiner Bücher lesen wollte, wurde er verlegen, weil er fürchtete, sie zu entsetzen. Zu Java sagte er: »Sie hätte es hingenommen, aber sie hätte es mir nicht verziehen.«[106] In seinen Briefen an Guérin sendete er ihr häufig seine Grüße.

Genet und Guérin stritten sich wegen der *Zofen*, die Guérin ebenso wie Violette Leduc nicht ausstehen konnte, aber als sie 1952 den Kontakt miteinander abbrachen, geschah es wegen Lucien. Während Guérin Java für hübsch und charmant, wenn auch nicht für besonders intelligent hielt, war Lucien in seinen Augen ein »Heuchler, ein betrügerischer, falscher, kleiner Strolch.«[107] Eines Tages kam Lucien ganz allein zu Guérin ins Büro und bat im Namen Genets um etwas Geld. Guérin war sicher, daß Lucien hinter dem Rücken von Genet handelte, gab ihm aber einen Teil dessen, worum er gebeten hatte. Wütend schwärzte Lucien Guérin bei Genet an und sagte, daß Guérin ihm nicht nur nichts gegeben habe, er habe ihn auch zwei Stunden warten lassen. Genet rief Guérin an und sagte, er habe gut daran getan, Lucien nicht viel Geld zu geben, aber er hätte ihn nicht wie einen Pestkranken warten lassen sollen. Guérin versuchte zwar, seine Version der Geschichte loszuwerden, aber Genet wollte nichts hören. Schließlich schickte Genet ihm eine Mitteilung. »Ich glaube, daß es unserer Beziehung gut täte, wenn wir uns weniger sähen.«[108] Etwa ein Jahr später erblickte Genet Guérin auf der Straße und wechselte die Straßenseite.

Eines Abends im Dezember 1956 kam Guérin in die Brasserie Lipp, ein von Politikern und Schriftstellern frequentiertes Restaurant gegenüber dem Café de Flore. Er sah Genet mit einem Matrosen zu Abend essen. Guérin und Genet umarmten einander, und Genet sagte: »Wie bin ich glücklich!« Ein paar Tage später schickte er ihm die besten Wünsche zum neuen Jahr: »Der Zufall wollte es, daß wir einander die Hand schüttelten. Ich habe rasch die Gelegenheit des Neujahrstags ergriffen, um Ihnen ein freundschaftliches Wort zu schreiben. Ich wünsche Ihnen wirklich von ganzem Herzen soviel Glück wie nur möglich. Und Sie lieben Ihre Mutter zu sehr, als daß ich sie in meine Wünsche an Sie nicht einschließen möchte.«[109] Genet sprach in dem Brief von seinem »literarischen Schweigen« und setzte hinzu: »Ich schreibe zwei Wörter und streiche drei. Anspruch oder Unfähigkeit? Man wird es später wissen. Auf alle Fälle aber: Arbeit!«[110] Er teilte Guérin mit, er habe ihn nie so sehr geliebt wie jetzt, da »ich weiß, wir werden uns nie wiedersehen«[111].

Guérin sprach später stets von der hohen Qualität seiner Beziehung zu Genet, obgleich er der Meinung war, daß Genet seine Freunde nie wirklich achtete und sich mit ihnen bei der kleinsten Verärgerung stritt. Genet war isoliert, »der einsamste Mensch auf Erden«[112]. Er meinte, er habe eine göttliche Mission in der Welt zu erfüllen und trage die heiligen Worte in sich – eine Art Jesus Christus.

Das Bild Genets aus dieser Zeit ergänzen vielleicht die Eindrücke von Jean Cau am besten, denn Cau entstammte der Arbeiterklasse und gehörte, als Sartres Sekretär, einem intellektuellen Kreis an, der Genet auf die Nerven ging. Genet gefielen Caus respektlose Haltung und seine proletarischen Manieren. Sie fanden an denselben Pigalle-Restaurants Gefallen, und sie redeten gern über ihre »Puppen und Strolche«[113]. Jahre später jedoch sollte Genet Cau ebenso brutal ablehnen, wie er ihn jetzt hochschätzte.

Cau und Genet gingen oft die ganze Nacht spazieren – Genet sah sich besonders gern Friedhöfe an – und unterhielten sich stundenlang. In seinen Erinnerungen hob Cau vor allem die erfundene Seite an Genet hervor: Dieser habe sich aus dem Nichts erschaffen und sei aus diesem Grund der Vorstellung von Biographie abhold gewesen, die hätte enthüllen können, in welchem Maße er sich durch einen Nietzscheschen Willen zur Macht selbst geschaffen habe. Ebenso, argumentiert Cau, habe Genet nie einen einfachen Satz in klassischem Französisch schreiben können (und war daher außerstande, in seinen Briefen natürlich zu klingen). Ein geborener Schriftsteller wie Queneau konnte Genet nie gutheißen, und Georges Perec, der beste französische Schriftsteller der nächsten Generation, bezog sich kein einziges Mal auf ihn. Genet vermochte nur dieses ihm eigene exaltierte (aber großartige) Französisch zu schreiben: »Er mußte einen hysterischen Ton erreichen und beibehalten. Sein perfektes Französisch kam aus seinem Verlangen, dem Bösen die allerschönste Hülle zu verleihen.« Aber Genet war nicht immer in der Lage, diese Sprache zu meistern: »Er schrieb so, wie ein Akrobat auf dem Hochseil spazierte, als tägliche Herausforderung«, sagt Cau.[114]

Genets Begeisterung für seine Geliebten überstieg jedes rationale Maß. Lucien war nicht nur ein sachkundiger Erbauer seines Hauses – er war Mansard,

Porträt Genets, von Jean Cocteau, 1943. (© VG Bild-Kunst, Bonn 1993)

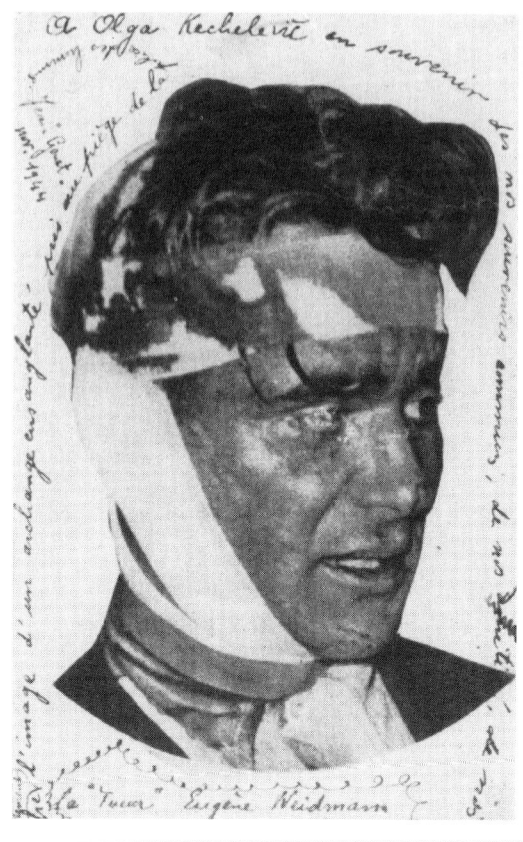

Das Zeitungsfoto des Mörders Weidmann, das Genet im November 1944 Olga Kechelievitch widmete. (Sammlung Marc Barbezat)

Olivier Lerronde 1948. Foto: Douchan Stanimirovitch. (Sammlung Marc Barbezat)

links:
Genet und Olga Barbezat, geb. Kechelievitch, im Juli 1961 bei einem Aufenthalt in Pergine. Foto: Marc Barbezat.

unten:
In der Bar Pont-Royal, von links nach rechts: Dolorès Vanetti, Jacques-Laurent Bost, Jean Cau, Genet und Jean-Paul Sartre. (Brinon-Gamma)

Premiere von 'Adame Miroir 1948, von links nach rechts: Leonor Fini, Roland Petit, Genet, Arletty, Irène Lidova. Foto: Serge Lido.

Genet und Simone de Beauvoir mit einem jungen Begleiter in St.-Jean-Cap-Ferrat. (Vals-Gamma)

et im Jahre 1950. Foto: Brassaï. (© Gilberte Brassaï)

oben:
Lucien Sénémaud 1950 in
Genets Film *Ein Liebesgesa[ng]*

links:
Bernard Frechtman, 1953
in Paris. (Annette Michelso[n])

Alberto Giacometti
und Genet im Atelier.
(Privatsammlung)

Eines der Porträts
Giacomettis von Genet
aus dem Jahr 1955.
(© VG Bild-Kunst,
Bonn 1993)

Genet auf der Île Saint-Louis. (Gallimard: Roger Parry)

Frank Lloyd Wright und Le Corbusier in einem. Später war Abdallah, der Hochseilartist, das Luftgenie aller Zeiten, und Decimo, der italienische Stricher, war ein bedeutender Philosoph. Der einzige, den er nicht auf irgendeinen Sockel hob, war Java; er ließ ihn schließlich fallen, weil er unbegabt war. Neben seinen Geliebten hatte Genet ständig flüchtige Abenteuer. Es machte ihm Spaß, Cau, einem Heterosexuellen, Schnappschüsse von seinen Herzchen zu zeigen, und das erste, was er Cau fragte, war: »Sind Sie schwul?« Er war sich seiner eigenen Fähigkeiten nie sicher und fragte Cau tausendmal, ob er meine, er, Genet, sei ein guter Schriftsteller.»Er wollte der Mallarmé der Homosexualität sein, nicht ihr Jean-Jacques Rousseau«, erinnert sich Cau, was zu Genets Abscheu vor einem offenen Bekenntnis und seinem Hang zu kunstvoller Indirektheit und erzählende Schlüpfrigkeit paßt. Genet befürchtete Zweifel an seinem Status als Schriftsteller. »Die Aufnahme von *Querelle* war nicht berauschend gewesen«, erinnert sich Cau, »und Genet wußte, daß er den Schluß nur zusammengeschustert hatte.« Er hatte sogar eine Fortsetzung von *Querelle* angekündigt, die *Capable du fait (Fähig zur Tat)* heißen sollte.

Genets größte Sorge war, daß er sein Material aufgebraucht haben könnte. Damals beendete er gerade *Tagebuch eines Diebes*, das er beim Erscheinen von *Notre-Dame-des-Fleurs* schon angekündigt hatte. Es war wie die unausweichliche Peripetie in einem gutgebauten Theaterstück: Er kam der Gegenwart allmählich gefährlich nahe. Er war gezwungen, von Lucien und Java zu reden und sogar auf seine veröffentlichten Bücher zu verweisen, ein ungünstiges Eingeständnis für einen Erzähler, der sich als Dieb und Verfemter darstellen mußte und der glaubte, »es gibt nur bespuckte Poeten«[115]. In *Tagebuch eines Diebes* kündigt er seinen Abschied von der Literatur an und verspricht *zugleich* eine Fortsetzung – Sinnbild der ambivalenten Haltung gegenüber seiner Dichtung. Stundenlang las Genet Cau aus seinem neuesten Werk vor, aber er wollte keine Reaktion jedweder Art, nur einen Spiegel, einen Zeugen. Er war in Sorge, nur der »vorübergehende Schwarm«[116] des literarischen Paris zu sein: »Völlig paradox hatte er das Verlangen, von den anderen Schriftstellern anerkannt zu werden, auch wenn er keine Achtung von ihnen hatte.«[117] Obgleich Genet nichts als Lob für sein Werk verlangte, las er nur weniges von seinen Zeitgenossen und ignorierte auch Caus Romane: »Für die Schriftstellerei der anderen hatte er nur äußerste Gleichgültigkeit übrig.«[118]

Wie Violette Leduc erinnert sich auch Cau an Genet als einen Moralisten, einen »heiligen Augustinus seiner eigenen Moral«: »Im Demaskieren anderer war er sehr tüchtig. In seiner Gegenwart wagte man nicht, moralische oder literarische Irrtümer zu begehen.« Er konnte Wutanfälle kriegen und mit Türen schlagen, wenn er nicht glücklich war. Cau meint, er litt an »weiblichen Wutanfällen«[119]. Er war »boshaft, spöttisch«[120].

Zu jener Zeit, es waren die späten vierziger Jahre, war er stets sorgfältig gekleidet, trug elegante, monogrammierte Hemden, dicke, schwere Kamelhaarmäntel, wunderschöne Schuhe. Kaum bekam er etwas Geld aus Jouvets *Zofen*-Inszenierung, machte er sich eine Liste von allen Kleidungsstücken, die er sich kaufen wollte. Darauf standen ein brauner, zweireihiger Anzug, ein grauer Anzug in Fischgrätmuster, ein Regenmantel, Wildlederschuhe, Lederschuhe, ein Wollmantel, eine Wildlederweste und ein Paar schweinslederne Handschuhe.[121] Das Dandytum gehörte immer zu seiner Vorstellung von Zeremonie, und er achtete penibel auf seine Fingernägel und war immer gut rasiert. »Er sah aus wie ein kleiner Gangster mit seinem geraden Rücken und dieser gangsterhaften Art zu gehen«, sagte Cau. »Es war klar, daß er sich feinmachte, um Eindruck auf die Leute am Pigalle zu machen, nicht auf die von Saint-Germain.«

Einmal stellte er Cau einem Sträfling vor, der gerade aus dem Gefängnis gekommen war, einem »merkwürdigen, indolenten Apollo mit kaltblütigem Blick – der hübscheste Kerl, den man sich vorstellen kann«.[122] Wenig später fragte ihn Cau, was mit dem Typ sei. Genet antwortete: »Dieser Idiot! Er hat zwei Nutten laufen. Er konnte sich's nicht verkneifen, sie zu schlagen, als sie nicht genug verdienten. Und eine hat ihn angezeigt.«[123] Nun saß er wieder im Gefängnis. Genets Welt bestand für Cau aus »kleinen Gaunern und ihren Huren«[124]. Einmal aß er mit Genet und dessen Freund Dédé, einem Ringer mit rundem, glattrasiertem Schädel, zu Mittag. Genet begann Dédé zu beschimpfen, der langte nach einem schweren Aschenbecher und sagte: »Wenn ich dich nicht liebte, würde ich dir den Schädel einschlagen.« »Nur zu«, sagte Genet. Beschämt legte Dédé den Aschenbecher weg. Genet drehte sich zu Cau herum und bemerkte, diese »Schläger [seien] unverdorben wie wilde Tiere«.[125] Für sie schien Genet eine Art Sokrates zu sein. Er schenkte ihnen Geld, gab ihnen eine Seele und übte eine Art geistige Anziehungskraft auf sie aus.

Genet war auch mit einem schwulen Marquis befreundet. Eines Abends dinierten der Marquis und Genet bei Lucie Faure, der Herausgeberin der Zeitschrift *La Nef*. Der kinderlose (und mittellose) Marquis sagte: »Mein Stadthaus steht leer.«[126] Und Madame Faure erwiderte: »Warum adoptieren Sie nicht jemanden Reichen? Ich schicke Ihnen jemanden.«

Und so kreuzte eines Tages ein reicher Schlachtersohn auf, ein vulgärer, junger

Mann, froh, einen Teil seines Reichtums gegen den Marquistitel tauschen zu können, der bis ins fünfzehnte Jahrhundert zurückreichte. Der Marquis meinte: »Ich bin geschmeichelt, aber zuerst muß ich Nachforschungen über Ihre Familie anstellen.« Als der Schlachter nach ein paar Tagen wiederkam stellte der Marquis ihm einen riesenhaften Schwarzafrikaner vor. »Tut mir leid, aber ich kann Sie nicht adoptieren. Ich möchte keine Mesalliance und habe mich daher entschlossen, Doudou zu adoptieren – *sein* Vater ist ein König!«[127] Mit Vergnügen erzählte Genet diese Geschichte immer wieder, vor allem, weil sie einen kleinbürgerlichen Franzosen ins Lächerliche zog.

1947 veröffentlichte Gallimard *Das Totenfest* ohne Verlagsangabe (der Kolophon lautete: »Bikini, auf Kosten mehrerer Kunstliebhaber«[128]). Unter seinem eigenen Namen brachte Morihien dann eine zweite Ausgabe mit einer von Cocteau gestalteten Titelseite heraus.

Im Mai des nächsten Jahres wurde *'Adame Miroir,* Genets einziges Ballett, im Théâtre Marigny aufgeführt. Genet hatte die Handlung verfaßt, und Darius Milhaud, unermüdlich schöpferisches Mitglied der Gruppe *Les Six,* hatte die Musik dazu geschrieben. Paul Delvaux, der belgische Surrealist, entwarf die Bühnenbilder, und Leonor Fini, eine von Genets neuen Freundinnen, schuf die Kostüme. Von Janine Charrat stammte die Choreographie, die vom Ballett Roland Petit getanzt wurde. Petit hatte sich kurz zuvor von den von Boris Kochno und Christian Bérard geleiteten Balletts des Champs-Élysées getrennt, der Truppe, die gerade Cocteaus Ballett *Der junge Mann und der Tod (Le Jeune homme et la mort)* aufgeführt hatte; mit der Übergabe seines Szenarios an Petit ging Genet damit auf einen gewissen Abstand zum Cocteau-Clan. *'Adame Miroir* wurde zusammen mit Paul Claudels *Die Frau und ihr Schatten (La Femme et son ombre)* gegeben.

Einer von Genets Tänzern, Serge Perrault, erinnert sich, daß während der Proben »Genet immer vollkommen unerwartet erschien. Er sah uns bei der Probe zu und gab uns Ratschläge, oft nützliche und sehr präzise. Er war schnell von Begriff. Er sah und verstand rasch. Er hatte seine eigene Art, Dinge zu betrachten. Gleichzeitig wirkte er immer etwas nervös, wie jemand, der bedroht oder verfolgt wird. Er fühlte sich nicht sehr wohl in seiner Haut.«[129]

Roland Petit tanzte den Matrosen und Serge Perrault sein Spiegelbild. Ein dritter Tänzer, von Kopf bis Fuß in Schleier gehüllt, stellte den Tod dar. Delvaux' Bühnenbild zeigte ein Zimmer mit klassischen Säulen und Gesimsen und vielen in verschiedenen Winkeln angebrachten Spiegeln. Den Plafond

zierten zwei fliegende Jungfrauen mit Trompeten und zwei sitzende Jungfrauen, langhaarig und nackt – typische Elemente der Bildersprache des Belgiers. Da das Ballett statt zwei Matrosen einen Matrosen und sein Spiegelbild als Protagonisten hatte, kam es um den Vorwurf herum, auf der Bühne Homosexualität offen darzustellen. Am Schluß des Szenarios deutete Genet an, daß ihm die Idee »vor einer Art Spiegelkabinett [kam], in das Schaulustige eingesperrt zu sein schienen, die gegen ihre Spiegelbilder stießen, außerstande, den Ausgang zu finden.«[130] Diese Idee wird auch am Schluß von *Tagebuch eines Diebes* umgesetzt, wo der Gangster Stilitano auf einem Rummel ins Spiegelkabinett geht, aber zu dumm ist, um wieder hinauszufinden, und Roger das Labyrinth betritt, um Stilitano, Minotaurus und unintelligenter Theseus in einem, zu befreien. Hinter der zeremoniösen Fabel von *'Adame Miroir* (»'Adame« ist ein Schachtelwort aus »Madame« und »Adam«) und seiner schwerverständlichen Symbolik aus Tod und Narzißmus steckt also eine andere, gefährliche wie tröstliche Geschichte: Was geschieht, wenn sich ein »männlicher« Mann erlaubt, seinen Doppelgänger zu lieben. Dies ist auch das Thema von *Querelle* (Querelle und Norbert, Querelle und sein ihm fast völlig gleichender Bruder Robert), und es ist ein Thema, das Genet in dem Drehbuch »Die Strafkolonie« *(»Le Bagne«)* noch einmal aufgreifen wird. Gewohnt, zu allem und jedem seine Meinung zu äußern, empfiehlt Genet den Tänzern nie zu springen, sondern sich immer dicht am Boden zu bewegen; er untersagt Ironie – die er in der Kunst verachtete und im Leben liebte – und gestattet ausnahmsweise einmal eine erotische Atmosphäre auf der Bühne: »Die beiden Tänzer vollführen behutsam die Gesten, die Matrosen gewohnt sind: Die Hosen mit der flachen Hand hochziehen, den Daumen in den Ledergürtel stecken, mit einer unvermittelten Drehung das Profil zeigen, sich recken, mit den Muskeln der Schenkel und der Arme spielen, mit den Händen in den Taschen den Hosenstall dehnen, sich an den Armen unterhaken etc.«[131] Den Matrosen schildert Genet so: »Er ist jung und hübsch. Sein Haar ist lockig. Seine Muskeln hart und geschmeidig: kurz, er ist ein idealer Geliebter für uns.« Er trägt eine Rose im Gürtel. Recht geziert besteht Genet darauf, daß die verschleierte Gestalt nicht der Tod ist. »Aber wer ist er?« Der Autor weiß es nicht.
Das Ballett war ein Erfolg. Dem Publikum gefiel es, und die Presse nahm es im großen und ganzen freundlich auf. Eine Zeitung erkannte darin ein »existentialistisches« Ballett und fand es »sehr sinnlich, ziemlich verworren, sehr spannend«.[132] Ein anderer Kritiker warf ihm vor, sich mit »Sartreschem Narzißmus«[133] zu schmücken. Ein Kritiker der Zeitschrift *Arts* nannte es »das

wirkungsvollste Ballett, das wir seit der Befreiung zu Gesicht bekommen haben.«[134] Genet selbst war nicht ganz zufrieden. Milhauds Musik gefiel ihm mehr oder weniger, er wünschte sich aber mehr populäre Melodien (vor allem Walzer) in der Partitur. Auch mit dem Tanz war er nicht ganz glücklich. Ihn verlangte nach etwas überzeugend Originellerem, und er hatte das Gefühl, die ganze Produktion sei nichts weiter als modisch. Besonders enttäuscht war er von Roland Petits Tanz. Später wurde das Ballett in den Vereinigten Staaten mit weitaus größerem Erfolg von Georges Balanchine inszeniert. (Balanchine folgte Genets Wünschen, was die Musik betraf.)[135]

Genet wurde schließlich von seinen verschiedenen Verurteilungen und den nicht abgesessenen Haftstrafen eingeholt. Eine Krise begann sich abzuzeichnen, denn Genet drohte lebenslange Haft. Seine rechtliche Lage war durch eine Verwechslung des Gerichts kompliziert worden, die in die Jahre 1939 und 1940 zurückreichte. Damals war er zweimal kurz hintereinander verhaftet worden und hatte dafür eine Gesamtstrafe von zehn Monaten erhalten. Genet bat um Verkürzung der Strafe, doch als sieben Monate später die Berufung verhandelt wurde, war er – nach Verbüßung eines Großteils der Strafe vorzeitig entlassen – wegen eines neuen Vergehens schon wieder im Gefängnis. Das Gericht, das nicht wußte, warum er sich zu seiner Berufungsverhandlung nicht sehen ließ, belegte ihn mit einer Strafe wegen Nichterscheinens. Anstatt seine zehnmonatige Haftstrafe herabzusetzen, setzte es sie auf zwei Jahre herauf. Es war der nichtverbüßte Teil dieser Strafe, der Genet trotz mehrerer Rechtsbeschwerden seinerseits die Jahre über im Nacken saß.

Im Juli 1948 richteten Sartre und Cocteau einen offenen Brief an Vincent Auriol, den Präsidenten der Republik, einen Radikalsozialisten und *résistant*, der einen Mittelkurs zwischen de Gaulle und den Kommunisten steuerte. Der Brief, datiert vom 15. Juli, wurde einen Tag später im *Combat*[136] abgedruckt mit der Überschrift »An den Präsidenten der Republik«. In einer kurzen Einleitung des Herausgebers wurde mitgeteilt, daß die Literaturredaktion der Zeitung »sich der Position von Jean Cocteau und Jean-Paul Sartre anschließt« in ihrer Bitte an Auriol, Genet zu begnadigen, »dem aufgrund seiner neuesten Verurteilung eine lebenslange Haft drohe«.

Der Brief von Sartre und Cocteau lautet:

Herr Präsident,
wir haben beschlossen, an Ihre hohe Autorität zu appellieren, daß Sie eine Ausnahmeregelung treffen hinsichtlich eines Schriftstellers, den wir alle bewundern und achten:

Jean Genet. Wir wissen durchaus, daß sein Werk am Rande der Literatur steht und nicht jedermanns Sache sein kann. Aber das Beispiel von Villon und von Verlaine veranlaßt uns, Sie um Ihre Hilfe für einen sehr großen Dichter zu bitten.

Außerdem haben wir erfahren, ohne daß Jean Genet mit uns darüber gesprochen hat, daß es zu seiner letzten und endgültigen Verurteilung gekommen ist, weil er beschlossen hat, ein Vergehen von Jean de Carnin [sic], der auf den Barrikaden der Befreiung gefallen ist, auf sich zu nehmen, damit dessen Name unbefleckt bleibt.

Das ist ein weiterer Grund für unsere Wertschätzung, und das ermutigt uns in unserem Vorgehen.

Das ganze Werk von Jean Genet reißt ihn von einer Vergangenheit flagranter Vergehen los, und eine endgültige Verurteilung würde ihn von neuem in das Übel stürzen, von dem ihn dieses Werk hat befreien können.

Wir bitten Sie inständig, Herr Präsident, wenn möglich eine schnelle Entscheidung zu treffen und einen Mann zu retten, dessen ganzes Leben von nun an nur noch Arbeit ist. Nehmen Sie bitte, Herr Präsident, die Versicherung unserer ganzen Dankbarkeit und unserer Gefühle tiefer Achtung entgegen.

Jean Cocteau
Jean-Paul Sartre

Dieser Brief wurde rasch zu einem der Stützpfeiler der öffentlichen Genet-Legende. Er reihte Genet in die große Tradition der »Dichter-Diebe« François Villon und Paul Verlaine ein, eine Ahnenreihe, die Cocteau bereits bei Genets Prozeß während des Krieges beschworen hatte. Die Einleitung legt den Gedanken nahe, daß Genet eine neue Straftat begangen habe und zu lebenslanger Haft verurteilt worden sei, daher die Dringlichkeit des Appells. Schließlich behaupteten Sartre und Cocteau, daß Genet sich diese Strafe aufgeladen habe, weil er die Ehre eines Märtyrers der Résistance habe schützen wollen: Jean Decarnin (dessen Name Cocteau offensichtlich phonetisch wiedergibt, weil er ihn nie geschrieben gesehen hat). Auf diesen offenen Brief hin wurde Genet weithin als edler Gesetzloser betrachtet, dem der französische Staat in seiner einzigartigen Hochachtung für die Künste Pardon gewährt hat.

Die Legende enthält einiges Wahre und einiges Falsche. Da Genet sich nie die Mühe gemacht hat, irgend etwas, was über ihn gesagt wurde, sei es positiv oder negativ, zu berichten, blieb sie unbestritten, vielleicht weil es eine Geschichte war, die die Leute nun einmal glauben wollten.

In Wirklichkeit war Genet 1947 oder 1948 nicht wegen eines neuen Rechtsbruchs verhaftet worden, und nichts beweist, daß er jemals für Decarnin in die Bresche sprang, obwohl François Sentein behauptet, Genet sei es gewesen, der Decarnin zum Bücherdiebstahl angestiftet habe. Da Genet fürchtete, es könnten gestohlene Bücher in seinem Hotelzimmer gefunden werden, versteckte er sie gewöhnlich bei Decarnin (oder bei der freundlichen Concierge im Hôtel de Suède). Es ist freilich möglich, daß Decarnin geschnappt worden war, weil er Bücher aufbewahrte, die Genet gestohlen hatte.

Hat Genet Cocteau und Sartre über Decarnin und die anderen in ihrem veröffentlichten Brief falsch dargestellten Einzelheiten belogen? Oder hat Cocteau, der den Hang hatte, die Wahrheit ein bißchen aufzubauschen, um sie verlockender erscheinen zu lassen, alles ein bißchen umarrangiert?

Cocteau erwähnt den Brief in seinem Tagebuch der fünfziger Jahre, *Le Passé défini (Vollendete Vergangenheit)*: »Dann haben wir beim Präsidenten der Republik interveniert, Sartre und ich, um seine Verschickung zu verhindern. Komisch ist, daß Sartre das Abfassen des Gnadengesuchs mir überließ. Da ich Genet immer ›lebenslange Haft‹ sagen hörte, habe ich ›lebenslange Haft‹ geschrieben. Das Gnadengesuch war illegal, weil es dem Gerichtsurteil vorgriff. Wir sind damit gegen jede Regel und jede Erwartung durchgekommen.«[137]

Das heißt also, daß Genet noch gar nicht zu lebenslanger Haft verurteilt war. Er hatte nur Angst, eines Tages gefaßt zu werden; er wußte, daß er als Vielfachtäter lebenslanger Haft entgegensah, sollte er noch eine Verurteilung erhalten. Der Cocteau-Sartre-Brief war eine Präventivmaßnahme, und der Präsident begnadigte Genet *im voraus*.

Kurz vor Abdruck des Briefes war eine öffentliche Erklärung zugunsten Genets von mehr als vierzig Schriftstellern und Politikern unterzeichnet und der Regierung übergeben worden. Zu den Unterzeichnern gehörten Louis Jouvet, Colette, der Kritiker Thierry Maulnier, der Dramatiker Marcel Achard und der Satiriker und Dramatiker Marcel Aymé. Picasso unterschrieb ebenso wie Paul Claudel, der Genet nicht schätzte. Nicht jedoch, wie erst behauptet, Camus, Éluard und Aragon.

Marc Barbezat schrieb auf Genets Veranlassung hin einen langen Brief an Édouard Herriot, den Präsidenten der Nationalversammlung, in dem er ein überzeugendes Bild von Genet als Dieb und Vagabund malt, der aufgrund seiner literarischen Leistungen »ein echter, durch und durch gebildeter Mann der Literatur geworden ist. Er ist, zum Beispiel, ein persönlicher Freund von Jean-Paul Sartre.« Des weiteren erklärt Barbezat, daß über dem Haupt dieses Genies noch immer ein Damoklesschwert schwebe – lebenslange Haft: »Eine Strafe, die böse enden kann, ein Autounfall, ein harmloses Urteil, da ist er dann für die Haft fällig, und das heißt lebenslänglich. Außerdem ist er

Schriftsteller, er ist Theaterautor. Aufgrund seines Strafregisters darf er dem Verband der Theaterautoren nicht angehören, kann er seine Urheberrechte nicht geltend machen. Die Gesellschaft verweigert ihm also das Brot und schließt unbarmherzig einen Menschen von hohem Rang aus, der sie dennoch mit Gesängen bereichert, die unsterblich sind, wie die von Rimbaud oder Villon.«[138]

Es stimmt, daß Genet erst nach seiner Begnadigung dem Verband der Theaterautoren, der Tantiemen überwachte und eintrieb, beitreten und ein Bankkonto eröffnen durfte (er hatte dann eines in Frankreich und in der Schweiz). Nicht einmal sein späterer Anwalt Roland Dumas konnte sagen, ob Genet jemals, auch nach seiner Begnadigung, das Wahlrecht hatte. Auf jeden Fall unternahm er nie den Versuch zu wählen.

Das Ergebnis all dieser Lobreden seiner Freunde war die vom Präsidenten der Republik in aller Öffentlichkeit vorgenommene »Begnadigung« im Jahr 1949 – ein Datum, das den Endpunkt von Genets erster und wichtigster Schöpfungsphase bezeichnet.

In späteren Interviews versuchte Genet weiterhin zu suggerieren, über seinem Kopf schwebe eine Strafe. Gegen Ende seines Lebens sagte er: »Ich habe Straftaten begangen, die nie amnestiert worden sind, darunter eine Strafe wegen Diebstahls und eine Verurteilung zu zwei Jahren Gefängnis.« Es stimmt, daß die »Begnadigung«, die Genet 1949 erhielt, nicht dasselbe wie eine Amnestie war; sie setzte die lebenslange Strafe aus, anullierte aber nicht das früher gegen ihn verhängte Urteil. Nach französischem Gesetz hat der Präsident zwar das Recht, die Todesstrafe aufzuheben, nicht aber, die Schuld des Gefangenen für nichtig zu erklären.

Auriol verband mit seiner Begnadigung zwei Bedingungen: Genet mußte sich die nächsten fünf Jahre aus Scherereien heraushalten sowie eine Geldstrafe von zwanzigtausend Franc zahlen. An die erste Bedingung hielt sich Genet (wenigstens wurde er in dieser Zeit nicht von der Polizei geschnappt), aber mit der Einlösung der zweiten hatte er es überhaupt nicht eilig. Am 19. Dezember 1950 erklärte Genet sich außerstande, die Strafe zu bezahlen. Vier Monate später, am 27. April 1951, erhielt er die Warnung, die Begnadigung des Präsidenten werde zurückgenommen, wenn er nicht sofort zahle – er tat es am darauffolgenden Tag!

Bis zum Jahr 1948 hatte Genet seine fünf Romane vollendet, sein gesamtes dichterisches Werk und mehrere Theaterstücke, von denen *Die Zofen* das wichtigste war. Nach 1948 fiel er in eine tiefe Depression und Untätigkeit, aus der er sieben Jahre lang nicht herauskam. Hatte die Begnadigung diese lange Krise herbeigeführt? Genets Leben veränderte sich radikal, und seiner Außenseiterstellung, die für seine Dichtung so wesentlich war, wurde er gerade durch seine Erfolge beraubt. Er führte nun kein ungewöhnliches Leben als Verbrecher und Vagabund mehr, über das er hätte schreiben können. Er stahl noch immer, aber es waren eher groteske Aktionen; Gastgeberinnen aus der feinen Gesellschaft erbebten in der Hoffnung, er werde etwas mitgehen lassen, wenn er vorbeischaute. In der »Szene« war er unter den Dieben und Strichjungen als *cave*, das heißt als Bluffer, »falscher Fuffziger« verschrien, wie ein Freund aus jenen Tagen berichtet (der nicht genannt sein will). Seine Bücher wurden zunehmend reflexiv. Er näherte sich inzwischen den Vierzig und war fast völlig kahl. Wenn er auf dem Friedhof Batignolles umherstreifte, machte er nur noch selten eine Bekanntschaft. Er kleidete sich elegant; er wurde von reichen Bewunderern gastlich aufgenommen und verwöhnt; die Verbesserung seines Rechtsstatus war zu einem Sammelruf für viele bekannte Schriftsteller geworden. Mit seinem einzigen Versuch, einen rein imaginativen Roman zu schreiben, *Querelle*, war er in seinen Augen gescheitert. Er war ein Einzelgänger, abseits der Künstlerwelt, aber auch abseits von kriminellen Kreisen.

In *Tagebuch eines Diebes* prahlte er mit seinem sexuellen Rollentausch vom passiven Jungen zum aktiven Mann, aber die zwei Männer in seinem Leben, Lucien und Java, waren Heterosexuelle, die zwar Spaß an seinem Geld und Ruhm hatten und ihn ausreichend mochten, ihn aber nicht liebten und auch seine Bücher nicht lesen konnten. Vergessen wir nicht: Genet war ein elternloser Junge, der arbeitete, um sich eine Familie zu schaffen, der aber jedesmal sofort unruhig wurde, wenn etwas nach häuslichem Glück roch. In den dreißiger Jahren hatte er sich zu Ann Bloch und ihrer Familie hingezogen gefühlt, ging aber einem dauerhaften direkten Kontakt aus dem Weg und zog es vor, in Briefen an sie seine Gefühle zu stilisieren. In den vierziger Jahren hatten ihn Marc und Olga Barbezat für sich eingenommen, aber Olga war zu streitsüchtig und Marc zu reserviert und protestantisch (und bürgerlich), als daß sich Genet vollkommen heimisch gefühlt hätte. Seine finanziellen Beziehungen zu den Barbezats und später zu Jacques Guérin (dessen Mutter und Bruder er gern hatte) konnte er als Mittel benutzen, um seine eigenen aufrichtigen Freundschaftsregungen zu unterdrücken. Da es immer um Geld ging, konnte er sich einreden, seine Liebe sei unecht. Und da er, andersherum, für Lucien und dessen Frau und Kinder und für Java sorgte, konnte er immer einen heimtückischen Egoismus in ihrer Zuneigung sehen. Er entschied sich, die meisten seiner Beziehungen auf das Geld aufzubauen. Seine beiden nicht auf Geld beruhenden Freundschaften – mit Cocteau und mit Sartre – waren weniger leicht zu handhaben, aber auch kühler. Beide waren bürgerlicher Herkunft, und beiden spielte Genet einen brillanten Verbrecher vor. Künstlerisch hatte Genet sich in eine Sackgasse manövriert. Später sollte er schreiben: »Jeder echte Schriftsteller entdeckt nicht nur einen neuen Stil, sondern auch eine Form der Erzählkunst, die ihm allein gehört und die er im allgemeinen ausschöpft, das heißt, er zieht daraus alle nur möglichen Wirkungen.«[140] In seinen vier autobiographischen Romanen hatte Genet nicht nur sein Material ausgeschöpft, sondern auch eine Konstruktionsmethode mittels Montage, sein Vermischen von poetischer Beschreibung und slangigem Dialog, sein Verschmelzen von Mythos und Soziologie vollständig ausgebeutet. Die modischen Pariser Inszenierungen von *Die Zofen* und *'Adame Miroir* hatten ihm nicht gefallen, und 1950 verkündete er, daß er das Theater aufgebe: »Es geschah aus reiner Eitelkeit, daß ich meine Stücke auf der Bühne dargestellt sehen wollte. Stücke schreiben ist ein Riesenspaß.«[141] 1949 begann Gallimard damit, Genet offiziell zu veröffentlichen. Es wurden seine *Sämtlichen Werke* angekündigt, und Sartre erklärte sich bereit, ein Vorwort zu schreiben.

Sanktioniert, begnadigt, mit den höheren Weihen versehen und assimiliert, war Genet nicht mehr die Geißel der Gesellschaft. Er war zu ihrem Liebling geworden.

Genets Romanschriftstellerei lädt ein zu einem Rückblick. Sie war fraglos seine bedeutendste Leistung und stärkster Ausdruck seiner Amoralität. Wie viele andere entscheidende Werke in Lyrik und Prosa sind seine Romane formal überdeterminiert und semantisch unterdeterminiert. In jedem herrscht eine klare Form, die gewöhnlich auf drei miteinander verwobenen Fabeln beruht, die filmisch ineinandergeschnitten werden. Er hat eine Art, seine formale Beherrschung des Materials zu betonen und sich selbst in den Vordergrund zu stellen, die sein ambivalentes Verhältnis zu seinem Material unterstreicht. Das weist ihn sowohl als Verteidiger seiner Figuren als auch als einen Sadisten aus, der gern seine Kontrolle über sich und seine gelegentliche Verachtung für sie zur Schau stellt. Ähnlich schmeichelt und beleidigt er abwechselnd seine Leser. Dieser ständige Wechsel zwischen der Sympathiebehandlung für seine Figuren und dem passiv-aggressiven Hänseln seiner Leser bildet eine gekräuselte, ja gewellte Oberfläche nicht nur der Prosa, sondern auch der Erwartungen des Lesers mit dem Ziel, ein helles Schlaglicht auf

Genets Macht als Schöpfer seines Romanuniversums zu werfen. Er ist ein Meister im Ring, der Mann in der Bühnenmitte. Er hat seine Gestalten erschaffen, und er kann sie auch zerstören, ebenso wie die Realitätsebene (ist dies eine Autobiographie oder ein Roman, Chronik oder erotischer Tagtraum, Soziologie oder Erfindung?). Alles verschiebt sich schwindelerregend je nach den Launen Genets.

Genets Romane – in denen er so unterschiedliche überkommene Erzählstrukturen wie Spannung, Geheimnis, Andeutung, Figurenentwicklung, Effektsteigerung und Herbeisehnen des Schlusses benutzt – versprechen auch ethnologische Information, geistige Verwandlung und sogar eine durchgreifende Nietzschesche Umwertung aller Werte. Dies alles sind dynamische Spannungen, die nach Auflösung schreien. Man könnte argumentieren, daß die psychologischen und moralischen Fragen vor allem formalistischen Zwecken dienen – um einer im wesentlichen statischen Weltsicht Dynamik zu verleihen. Genet ist semantisch unterdeterminiert. Wir wissen nicht, was seine Romane oder Theaterstücke genau bedeuten – wir sind uns ihrer »Botschaft« nie sicher, was um so erstaunlicher ist, als er mit sehr »heißem« Material umgeht – Recht und Ordnung, Treue und Verrat, die miteinander im Wettstreit liegenden Ansprüche von häßlicher Tugend und schönem Laster, Homosexualität, Verbrechen, die Manipulierung öffentlicher Meinung durch Propaganda und das damit verbundene Problem öffentlicher Profilierungssucht gegen private Authentizität. Merkwürdigerweise war Genet Sartre nur in dem Moment nahe, als er eine politisch engagierte Literatur und ein Ende der Kunst um der Kunst willen forderte. Genets größte Originalität, das heißt, seine größte Perversität, besteht darin, daß er sich mit den wichtigsten Tagesfragen mehr als Dandy denn als Moralist auseinandersetzt. Die Bedeutung seines Werks ist hochbrisant, aber nicht leicht zu interpretieren. Dieses ausweichende Verhalten wurde in seinen letzten drei Stücken noch problematischer.

Die übliche Dichotomie von Form und Inhalt ist der Romananalyse nicht sehr von Nutzen, da der formale Reiz gerade durch unsere wechselnden Sympathien für Genet als Erzähler und für Genets Vorstellungen und Gestalten ausgelöst wird. Die Unterscheidung zwischen »Story« und »Plot« könnte uns hier zu besseren Resultaten führen. Die »Story« ist die einfachste geradlinigste Rekonstruktion unausgeschmückter Ereignisse, die chronologisch erzählt werden; der Inhalt, wie man ihn einem Freund nach der Lektüre eines Buches erzählen würde. Der »Plot« dagegen ist die Methode des Autors, die Erzählung oft indirekt und nicht fortlaufend darzubieten, die Chronologie zu verzerren, Sympathien zu gängeln oder den Leser aus streng künstlerischen Gründen absichtlich irrezuleiten. Genets »Story« ist oft wirr, ja verwischt, aber sein »Plot« ist eine wirkungsvolle Apparatur, um die Reaktionen des Lesers zu manipulieren.

Eine der Methoden, mit denen Genet sicherstellt, daß seine Botschaften vieldeutig bleiben, ist das Konstruieren von Plots, die seine Geschichten untergraben. Oft unterläßt er es, uns den Schluß einer Szene zu erzählen, oder er erzählt ihn uns, wenn wir nichts mehr davon wissen wollen – oder er überspringt die obligatorische Szene. Er erzählt uns, daß Riton schließlich eine Katze getötet und verzehrt hat, erst viele Seiten nach seinem Bericht über den Kampf des jungen Mannes, das Tier zu schlachten. Genet entschärft diese Szene, um sie besser in das Vorhergehende und das Nachfolgende zu integrieren. Er mag vielleicht eine Assemblagetechnik anwenden, aber auf jeden Fall will er plötzliche Stilbrüche zwischen Abschnitten vermeiden, könnten sie doch die hypnotische Macht seiner verführerischen Stimme brechen. Die Filme, die auf seinen Büchern basieren, »funktionieren« nicht: Die Brüche werden betont, da es in ihnen nicht gelingt, eine visuelle Entsprechung zu Genets Wortgewalt zu finden. Die einzige Ausnahme bildet Fassbinders Film *Querelle,* der optisch so künstlich und aggressiv ist wie Genets Prosa. Genet bevorzugt das Sichverlieren eines Satzes, die weibliche Endung, das Ersterben der Stimme – wirklich das genaue Gegenteil von Tusch, Knalleffekt und Blackout.

Wenn Genet es umgeht, uns die Szenen zu liefern, die wir erwarten, so hält er uns dadurch auch im Dauerzustand ethischer oder ontologischer Verwirrung. Wir werden ermuntert, feudale Werte wie Lehnstreue, persönliche Loyalität und Ergebenheit zu bewundern, während wir fast zur gleichen Zeit beschworen werden, Treuebruch in den Rang einer Kardinaltugend zu erheben. Oder wir werden gebeten, Genets Bücher als Hagiographien zu lesen, während sie die soziale, gemeindliche Seite der Berufung des Heiligen leugnen. Wir finden Wunder, wir finden Martyrien, wir finden Bußen, wir finden den Verzicht auf weltliches Streben, aber wir finden keine guten Werke, keine selbstlose Liebe, keine Erlösung, es sei denn eine persönliche. Genet möchte, daß wir den Stamm lieben, aber keine Stammestugenden. Genets Heilige sind Parias, Ausgestoßene, die selbst von anderen Unterdrückten zurückgewiesen worden sind, und ihre Einsamkeit, ihre Nichtassimilierbarkeit wird pardoxerweise über die legitimen Forderungen des Klassenkampfes gestellt. Er ist ein verrücktes Exemplar von einem politischen Radikalen, Bakunin näher als Lenin, Elsa Morante näher als Gorki, Frantz Fanon näher als Martin Luther King. Wie Bakunin ist er ein Anarchist, der niemals dazu bereit ist, einen Einzelmenschen als Mittel für einen sozialen Zweck zu benutzen; wie die Morante ist er eher ein fast christlicher Beschützer der Versehrten der Welt als ein selbstgefälliger Sezierer der schlimmen gesellschaftlichen Verhältnisse à la Gorki; und wie Fanon glaubt er, daß die Politik ein reinigendes Gewitter sein muß und keine Versöhnung von Gegensätzen. Genet ist donquichottesk, er liebt Verlierer. Ontologisch ist Genet ebenso ambivalent. Sein Verständnis des Ichs ist neu, zumindest im Roman. Er leugnet das Wesenhafte des Individuums und argumentiert, daß Individuen aus Handlungen bestehen, die wiederum sehr oft von üblicherweise kalkulierten äußerlichen Details wie Kleidung, Umgebung oder einer zufälligen Geste bestimmt sind. Gleichzeitig scheint er einer platonischen Sicht beizupflichten, die nicht essentialistischer sein könnte – eine universale Hydraulik der Liebe, eine Billigung christlicher Askese, ein starres System von Persönlichkeitstypen, so statisch wie das von La Bruyère. Diese Sicht ist unflexibel, undramatisch, entwicklungslos, da sie jeden menschlichen Augenblick als von einer früheren (oder zeitlosen) Form veranlaßt betrachtet. In einem Essay mit dem Titel »SZ« äußert Roland Barthes, eines der unzerstörbaren Kennzeichen des Romans sei dessen Geschwindigkeit, seine Kontinuität; der Leser probiert also keine Häppchen von einem Roman, sondern verschlingt eher das Ganze. Genets Romane sind aus diesem Grund alles andere als im konventionellen Sinne romanhaft, denn sie lassen uns innehalten und alle unsere vorgefaßten Meinungen noch einmal überdenken.

Taten zum Beispiel haben in Genets Romanen soziale Konsequenzen – ein Mord führt zur Verhaftung, die Verhaftung zum Prozeß, die Verurteilung zur Hinrichtung. Doch mit jeder dieser Konsequenzen konfrontiert, reagieren Genet und seine Figuren stets verwundert, da sie sich ihrer Ansicht nach jeder Tat oder Identität entledigen können. Mehr noch, die Geste (oder die Geschichte oder das Geschick) hat einen höheren Realitätsgrad als das Individuum, das nur der Ausführende ist. Menschen sind nur »Möglichkeiten«, die von Geschichten, die erzählt werden müssen, beim Kragen gepackt und in die Enge getrieben werden. In *Wunder der Rose* formuliert es Genet so: »So geschieht es oft, daß einen eine zufällige Geste in die Figur einer berühmten, aus der Geschichte bekannten Szene verwandelt, oder daß ein auf besondere Art plazierter Gegenstand das Bühnenbild wiedererstehen läßt, auf dem sich die Szene abgespielt hat, und ganz plötzlich haben wir das Gefühl, ein durch einen langen Schlaf unterbrochenes Abenteuer fortzusetzen, oder besser noch, es scheint, daß es nur ein begrenztes Repertoire an Gesten gibt, oder daß wir so etwas wie einer Heldenfamilie angehören, in der jedes Mitglied dieselbe

Zeichen ständig wiederholt, oder aber daß wir das zeitliche Spiegelbild eines vergangenen Geschehens sind, so wie das räumliche im Spiegel reflektiert wird: Wenn ich mich bisweilen in der Metro mit beiden Händen an der vertikalen Stange festhielt, die zwischen den Türen befestigt ist, war ich da nicht Jeanne d'Arc bei der Krönung in Reims, die den Schaft ihrer Standarte hielt?«[142]

Für Genet ist das Ich nur ein Knoten in einem Strick aus fließendem Wasser oder eine Kleiderpuppe, die mit verschiedenen Gesten ausgestattet werden kann. Diese Leere des Ichs ließ Genet die Idee postulieren, daß alle Menschen austauschbar sind: Wenn wir keine Unterscheidungsmerkmale haben, wenn wir nur Kleiderpuppen sind, die darauf warten, ausgestattet zu werden, dann sind wir alle imstande, der jeweils andere zu werden. Jede Möglichkeit ist in jedem Leben latent vorhanden und wartet darauf, durch Worte, Gesten, Kleider freigesetzt zu werden. Genau wie der Romancier (oder Onanist) eine Gestalt aus erinnerten Merkmalen und Eigenschaften komponiert, so setzen sich für Genet reale Menschen nur aus solchen Zusammenstößen willkürlicher Elemente zusammen.

Der Primat der Gebärde und die Austauschbarkeit von Individuen sind zwei Themen, die sich durch Genets ganzes Leben und Werk hindurchziehen. Sie beruhen beide auf der Vorstellung des hohlen Ichs, auf die Genet stieß, als er noch ein Kind war. Da er später Schriftsteller und nicht Philosoph wurde, wandte er seine Überlegungen nie mit systematischer Strenge auf seine Romane an. Trotzdem war die Frage des Widerstreits zwischen dem Wesen des Menschen und den Zufällen der Gebärde etwas, womit er sich sein ganzes Leben lang auseinandersetzte und was er nie als erledigt betrachten konnte. Für Genet sind Engel so beunruhigend, weil sie Gebärden ohne Eingreifen des Menschen sind – sie gehören einem Himmel potentieller Gebärden, einem platonischen Reservoir latenter Möglichkeiten, einem reinen »Gestuarium« an. Ähnlich ist der Mord eindrucksvoll, weil er zu einer Art Transsubstantiation zu führen scheint. So wie die Messe Wein in Blut verwandelt, so verwandelt der Mord ein schattenhaftes Individuum in ein absolutes Sein, macht aus ihm ein faßbares Wesen und verleiht ihm Identität. So wie die Heirat den Rechtsstatus und den Namen der Braut ändert, so bedeutet das Wort *Mord* eine neue Identität für den Missetäter: »Mörder. Er spricht das Wort nicht aus, vielmehr höre ich mit ihm in seinem Kopf ein Glockenspiel, das aus allen Maiglöckchen gemacht sein muß, Glocken der Frühlingsblumen, Glocken aus Porzellan, aus Glas, aus Wasser, aus Luft. Sein Kopf ist ein singendes Unterholz. Er selbst ist ein bändergeziertes Hochzeitsfest ...«[143] Der

Kritiker Philip Thody rationalisiert diese Ausführungen: »Ein Mensch, der stiehlt, ist nicht ›Ein Dieb‹ im selben Sinne, wie ein Stein ein Stein ist, und Genets Aussage ... kann man ziemlich banal in Begriffe der gegenwärtigen englischen Philosophie fassen, indem man sagt, daß er es unterlassen hat, den Unterschied zwischen Tätigkeitsverben und Zustandsverben zu beachten.«[144] Mit anderen Worten, Stehlen ist eine Tätigkeit, und nur aus grammatischer Gefälligkeit wird derjenige, der stiehlt, ein Dieb. Nur durch einen Zufall der Sprache scheint das Substantiv »Dieb« einen Zustand zu benennen.

In seinem Versuch, seine unvereinbaren Sichtweisen miteinander zu versöhnen, kommt Genet auf den ziemlich seltsamen Gedanken, daß die Menschen mehr oder weniger freie Agenzien sind, die in einer ziellosen Braunschen Bewegung umhermäandern – um dann zufällig in dramatische Beziehungen zu anderen Leuten eingebunden zu werden. Diese Konfigurationen laden dann eine ewige, sicher präexistente und überpersönliche Form dazu ein, aus Platons Himmel herabzusteigen. Es ist, als ob das reale Leben hin und wieder, zum Teil durch Zufall, die notwendigen Zutaten zusammenbringt, damit der Himmel seine klassischen Rezepte verwirklichen kann. Diese Wechselbeziehung zwischen individueller Freiheit und tragischem Schicksal erfüllt auch Genets Lieblingsdramen von Racine oder den alten Griechen mit Leben. Helden sind zugleich frei Handelnde und Opfer des Schicksals, und ihr sogenannter »Schwachpunkt« ist nur der mathematische Punkt, an dem sich diese beiden Systeme überschneiden, ein Riß, der zeigt, wo der Topf und die Glasur nicht gleichmäßig abgekühlt sind.

Genets Bücher sind nie ziellose Spaziergänge durch Erinnerungen oder Tagträume. Sie sind äußerst beherrschte und reich instrumentierte Erzählungen, vollendet in ihrer formalen Exaktheit. Ein Kennzeichen (oder ein Symptom) eben dieser Reinheit ist Genets gelassene Herrschaft über jede überraschende Wendung der Erzählung und das nie versagende Selbstvertrauen seines Tons sowie seine inspirierte verbale Erfindungsgabe. Nie erzählt er einfach nur eine gute Geschichte oder verkommt zum Genremaler. Und dieser strukturellen Klarheit wird nun die inhaltliche Ambivalenz gegenübergestellt.

Wenn Sartre (wie der Kritiker Gaëtan Picon behauptet) sowohl ein Hippolyte Taine als auch ein Émile Zola war, das heißt sowohl ein rigoroser Denker als auch ein unbarmherziger Beobachter menschlicher Schwächen, dann war Genet zugleich Stéphane Mallarmé, der heilige Johannes vom Kreuz und Gaston Leroux, das heißt ein Dichter mit einem abstrakten Sinn für formale Reinheit und semantische Unbestimmtheit, ein Mystiker mit dem Streben nach Heiligkeit und ein Erzähler ausgelassener Abenteuergeschichten für Jungen.

KAPITEL 13

Im letzten Jahrzehnt seines Lebens nannte Genet einem syrischen Dramatiker als einzigen Grund, weshalb die Leute seine Romane läsen, ihre Neugier auf die skandalträchtige Seite seines Lebens: »Ich habe keine Leser, sondern Tausende von Voyeuren, die aus einem Fenster nach mir spähen, das ihnen einen Blick auf die Bühne meines persönlichen Lebens erlaubt ... Und dieses Interesse, das die Skandalperson, die ich einmal war, wieder zum Leben erweckt, macht mich krank. Ich wollte, man ließe mich in Ruhe. Ich möchte etwas vollkommen Neues beginnen. Ich möchte weder, daß man über mich redet, noch möchte ich, daß Zeitungen irgend etwas über mein Werk veröffentlichen. Ich möchte mit dieser Legende Schluß machen.«[1]

Obgleich er keine Romane mehr schrieb, machte seine Karriere nach 1947 rasche Fortschritte. Sie war nun auch nach außen hin sichtbar, verlangte aber auch mehr Zeit. Im September 1948 unterzeichnete Genet eine Vertrag, in dem er Paul Morihien die englischsprachigen Rechte an *Notre-Dame-des-Fleurs* übertrug. Ein junger Amerikaner namens Bernard Frechtman, der Morihiens Buchhandlung am Palais-Royal oft besuchte, wurde für die Übersetzung des Buches gewonnen; fünfhundert Exemplare erschienen am 30. April 1949 in einer Luxusausgabe mit einer Zeichnung von Cocteau. Morihien verkaufte fünfzig Exemplare an Brentano, eine englischsprachige Buchhandlung in Paris. Den Rest der Auflage übergab er dem Kunsthändler Iolas, der sie am amerikanischen Zoll vorbeischleuste und in New York verkaufte. Annette Michelson, die nach 1950 in Paris mit Bernard Frechtman zusammenlebte, erinnert sich, in ihrem Gepäck einige Exemplare durch den amerikanischen Zoll zu Frances Steloff geschmuggelt zu haben: Die Steloff war zwar Besitzerin des Gotham Book Mart, des Mittelpunkts des literarischen Lebens in New York, aber bisher hatte sie von dem Buch noch nichts gehört. Rasch bestellte sie geschmuggelte Exemplare nach. Michelson, die Alan Ansen kannte, gab ihm *Notre-Dame-des-Fleurs* zu lesen; er wiederum gab das Buch an William Burroughs weiter, der es Allen Ginsberg und Jack Kerouac zukommen ließ.[2] Genets erster Roman wurde zu einem Schlüsseltext für die Beatniks: Seine Verquickung von lyrischer Sprache mit einem ungewöhnlichen Thema – Außenseiter der Gesellschaft – traf den Kern ihres sich eben entwickelnden Stils.

Frechtman war ein New Yorker Jude, der seine Ausbildung in den dreißiger Jahren am City College und an der Columbia University erhalten hatte. Einer seiner Kommilitonen war Alfred Kazin, der einer der einflußreichsten Literaturkritiker seiner Generation werden sollte. Frechtman war ein hochgewachsener, gutaussehender junger Mann mit guter Figur und ein Student der englischen Literatur, der Gedichte und Kritiken schrieb. Schon früh waren der Dichter William Carlos Williams und der Kritiker Kenneth Burke auf ihn aufmerksam geworden; er spielte mit ihnen Krocket und pflegte lebhafte Unterhaltungen. Frechtman konnte Dickens seitenweise auswendig zitieren und entdeckte für sich Kafka, kaum daß er auf Englisch erhältlich war. Als Frechtman Examen machte, standen Juden in bedeutenden amerikanischen Universitäten nur wenige Posten offen: Er war gezwungen, an der Stuyvesant High School in New York zu unterrichten und gelegentlich Kurse an der New School zu geben (die damals von aus Europa geflohenen jüdischen Intellektuellen beherrscht wurde). Er heiratete in den vierziger Jahren, ließ sich aber bald wieder scheiden.

Kurz nach Kriegsende machte sich Frechtman zu einem kurzen Besuch nach Frankreich auf, wo er zum erstenmal von Genet hörte und seine Romane las. Wieder in den Staaten, begann Frechtman, Werke von Gide und Sartre *(Die Imagination)* für einen Verlag namens The Philosophical Library zu übersetzen. Doch Frechtman war entschlossen, nach Frankreich zurückzukehren, und tat dies mit einem Übersetzervertrag für *Notre-Dame-des-Fleurs* in der Tasche.

Kurz darauf gründete Frechtman eine literarische Agentur mit Kompagnons in den Vereinigten Staaten und in England. Seine englische Partnerin war Rosica Colin. Sie lebte getrennt von ihrem Mann Saul Colin, einem rumänischen Intellektuellen, den Frechtman in den Staaten kennengelernt hatte, wo Saul Assistent von Erwin Piscator war. Rosica hatte noch nie als Agentin gearbeitet, aber sie war eine attraktive, wortgewandte, fleißige, ehrgeizige rumänische Emigrantin, die etwas Geld besaß, jedoch mehr brauchte, um Verwandten, die in Rumänien festsaßen, die Freiheit zu erkaufen. Frechtman freute sich, mit ihr ins Geschäft zu kommen, und bald freundete sie sich überaus herzlich mit Genet an.[3] Frechtman wurde nicht nur Genets englischer Übersetzer, sondern auch sein Agent, der sich um Übersetzungen und Inszenierungen seiner Stücke auf der ganzen Welt kümmerte. Obgleich Frechtman heterosexuell, Amerikaner und Jude war, mochte Genet ihn, zumindest zuerst, und vertraute ihm blind. Als Frechtman Genet fragte, was er mit dem Satz »*Les juifs sont immondes*« (wörtlich: »Die Juden sind dreckig«) habe sagen wollen, nahm Genet Zuflucht zu einem Wortspiel mit *immonde* und sagte, der Satz heiße: »Die Juden sind nicht von dieser Welt.« Außerdem fungierte Frechtman als Genets Bankier und gelegentlich auch als sein Vertrauter und künstlerischer Ratgeber. In einem der ersten Briefe an Frechtman, geschrieben im Juni 1949 in Cannes, fragt Genet Frechtman, was er vom Roman *Tagebuch eines Diebes* halte: »Haben Sie das Buch gelesen? Gefällt es Ihnen? Sagen Sie mir doch, was Sie davon halten.«

Bald bittet Genet Frechtman, die Tantiemen für den Abdruck eines Auszugs aus *Notre-Dame-des-Fleurs* in einer englischsprachigen Zeitschrift Lucien zu schicken. Genet schreibt aus Lugarches – er befindet sich im Hause Guérins –, um Frechtman für den Verkauf eines Manuskripts zu danken (»Selbstverständlich zahle ich Ihnen eine Provision«[5]).

1951 erlitt Frechtman – der sich in den Staaten einer Psychoanalyse unterzogen hatte – einen schweren Nervenzusammenbruch. Ein Jahr lang konnte er nicht arbeiten und vertraute seine literarische Agentur für diese Zeit einer anderen Rumänin an, die mit Rosica Colin aber nicht verwandt war. Als Frechtman sich erholt hatte und sein Geschäft wieder übernehmen wollte, weigerte sie sich, den Platz zu räumen. Darüber geriet er nicht sonderlich aus der Fassung, da er erkannt hatte, daß die Agentur und seine Geldängste seine psychische Krise ausgelöst hatten. Ihm wurde klar, daß er ein Intellektueller war, der lebte, um zu denken, zu lesen und zu schreiben, und daß die Pflichten eines Literaturagenten endlos sind. Er übernahm einen Übersetzerjob im Büro einer großen internationalen Agentur. Der einzige Klient, den er behielt (und der einzige, der ihm treu blieb), war Genet. Annette Michelson – die später eine führende amerikanische Filmtheoretikerin wurde und in der Gründungszeit des *October*, der überragenden amerikanischen Kulturzeitschrift, dort Redakteurin war – erinnert sich: »In den folgenden Jahren erfand Frechtman

Genet für die englischsprachige Welt. Jahrelang empfand Genet Frechtman gegenüber tiefes Zutrauen und (obwohl er das nicht zugeben wollte) Dankbarkeit. Genet war jedoch in der Tat entschlossen, vollkommen isoliert zu bleiben. Er sagte einmal: ›Sartre hat viel für mich getan. Sie, Frechtman, haben sehr viel für mich getan. Aber wenn Sie morgen sterben sollten, dächte ich nicht mehr daran.‹«[6]

In seinen Übersetzungen kam es Frechtman darauf an, im Englischen die Hürden der französischen Sprache nicht beiseite zu räumen. Er glaubte, daß Genet von seinen Lesern wollte, daß sie »Wiederleser« seien, und so ließ er die syntaktisch und philosophisch schwierigen Stellen stehen. Da der amerikanische Slang weniger reich ist als der französische Argot, nicht in allen sozialen Klassen gleich verbreitet ist und sich zudem schneller wandelt, hatte Frechtman manchmal seine liebe Not, Genets Delinquenten nicht wie Figuren in einem James-Cagney-Film klingen zu lassen.

Frechtman dachte lange und intensiv über die problematische Übertragung von französischem Argot in amerikanischen Slang nach, denn er übersetzte nicht nur Genet, sondern auch Céline. Beim schwulen Argot verließ er sich auf die Hilfe von Édouard Roditi, einen homosexuellen, in Frankreich geborenen Dichter mit einer englischen Mutter und einem türkischen Vater. Roditi war in vielen Sprachen als Simultanübersetzer auf Konferenzen tätig und wurde mit originellen Gedichten berühmt. Frechtman brachte Roditi seine Übersetzung von *Tagebuch eines Diebes*, ging aber bedauerlicherweise nur auf wenige der Einwände ein, denn Roditi wußte, wie man französische Ausdrücke des Schwulenmilieus im Englischen richtig klingen läßt. Schreibt Genet zum Beispiel »*la grande tragédienne qui est en moi*«, übersetzt Roditi »*your beautiful actress mother*«, ungleich besser als »*the great tragic actress who is in me*«. Roditi hatte zudem den Vorteil, sich im selben Milieu wie Genet zu bewegen. In den vierziger Jahren hatte er Genet in allen schwulen Etablissements gesehen: im Clair de Lune, im Hôtel Madeleine in der Passage de Paris, einem von dem Tunesier Saïd geführten Knabenpuff; im Brotladen an der Place Pigalle, in dem Tunten, die pleite waren, sich ein Butterbrot erstehen konnten, in der Bar du Rugby, wo Edith Piaf für ungehobelte Heteros zu singen pflegte, und im Liberty's an der Place Blanche, das von demselben »Tonton« geführt wurde, der Genet im Krieg Freßpakete ins Gefängnis geschickt hatte. In den fünfziger Jahren ging Roditi ins Reine Blanche, einer Schwulenbar in Saint-Germain, in der auch Genet und James Baldwin verkehrten. An einem Sommerabend saß Roditi einmal in einem Café auf dem Montmartre. Er knüpfte ein Gespräch mit einem hübschen jungen Mann am

Nebentisch an. Sein Name war Pierre. Er sagte zu Roditi, er sehe wie ein Schriftsteller aus. »Sie haben recht – wie haben Sie das erraten?« – »Weil Sie einem Schriftsteller ähneln, den ich kenne, einem Freund, Jean Genet.« Pierre wohnte in einem Zimmer mit Blick auf den Friedhof Montparnasse. Er und Genet hatten mehrere Nächte miteinander verbracht – aber dann hatte Genet ihn unerklärlicherweise fallenlassen. Genet hatte zwar eine Handvoll Geliebter, an denen er sein Leben lang festhielt, aber er hatte Hunderte, ja Tausende derartiger Abenteuer, wobei er stets behauptete, es gebe auch in der beiläufigsten Begegnung einen Funken Liebe. Einmal überraschte Roditi Genet dabei, wie er die Toiletten in der Gare des Invalides abgraste. Auf deren internationale Kundschaft anspielend, sagte Genet: »Ich mache gerade meine Weltreise.«[7]

In den frühen fünfziger Jahren erschien Genets Werk in englischer Übersetzung auszugsweise in der Literaturzeitschrift *Merlin*, die von 1952 bis 1956 in Paris von dem jungen amerikanischen Redakteur Richard Seaver und anderen herausgegeben wurde. Diese Zeitschrift stellte nicht nur Genet, sondern auch Samuel Beckett und Eugène Ionesco groß heraus. In jenen Jahren faßte Seaver auch den Entschluß, Bücher auf Englisch zu publizieren und gründete mit seinen Kollegen den Verlag Merlin Books. Als Ausländer brauchte Seaver aber einen Franzosen als Strohmann, und so kamen seine Bücher unter der Ägide von Maurice Girodias heraus, dem weltbekannten Besitzer von Olympia Press, selbst ein Pionier im Verlegen bedeutender zeitgenössischer Literatur. Jahrelang schmuggelten amerikanische und englische Leser die olivgrünen, kleinformatigen Bücher aus der Reihe »The Traveller's Companion« an ihren Zollbeamten vorbei. Olympia Press brachte die ersten Ausgaben von Nabokovs *Lolita*, William Burroughs *Naked Lunch* und Terry Southerns *Candy* heraus, dazu Übersetzungen von de Sade, Bataille und Apollinaire. In einer älteren Reihe, Les Éditions du Chêne, hatte Girodias Henry Millers *Tropic of Capricorn (Wendekreis des Steinbocks)* veröffentlicht.

Mit den vier *Merlin*-Redakteuren (vor allem Richard Seaver, der die französischen Texte auswählte, und Alexander Trocchi, dem großen schottischen Romanschriftsteller und Verfasser von *Cain's Book*, der die englischsprachigen Titel aussuchte) begann Girodias nicht nur Bücher von Beckett *(Watt*, seinen letzten Roman auf Englisch) und Genet zu veröffentlichen, sondern auch *Die Geschichte der O.* von »Pauline Réage« (ein Pseudonym) und James Patrick Donleavys *The Ginger Man*. Girodias geriet ständig in Konflikt mit dem Gesetz, sowohl in Frankreich, als auch in den Vereinigten Staaten und in England: So wurden am 20. Dezember 1956 fünfundzwanzig von seinen Titeln durch die französischen Behörden beschlagnahmt.[8] 1954 brachte Frechtman bei Merlin/Olympia auf englisch *Tagebuch eines Diebes* und 1957 *Notre-Dame-des-Fleurs* heraus, letzteres in einer Version der englischen Fassung, die 1949 in den Éditions Morihien erschienen war, jedoch korrigiert und revidiert entsprechend den Veränderungen, die Genet nachträglich für Gallimard durch Verbesserung – und Reinigung – seines Originaltextes vorgenommen hatte. Genet hatte bereitwillig viele der Details entfernt, die seinem Buch einen pornographischen Anstrich gegeben hatten. »Zu der Zeit damals«, erinnert sich Seaver, »fällte Frechtman Entscheidungen, ohne Genet zu befragen; Frechtman *war* Genet.« Genet, der sich selten in Paris aufhielt, wollte, daß Frechtman alle anfallenden Geschäfte für ihn durchführte.

Als Seaver Ende der fünfziger Jahre wieder in die Vereinigten Staaten zurückging und sich mit Barney Rosset bei Grove Press zusammentat, beschloß er, pro Jahr ein umstrittenes Buch zu veröffentlichen. Rosset hatte sich bereits Anfang der fünfziger Jahre um Genets Romane bemüht, aber bis 1953 veröffentlichte er außer den *Zofen* nichts. Am 14. Januar 1953 schrieb Frechtman an einen der Grove-Lektoren:

Es klingt vielleicht ein bißchen schwülstig, aber ich möchte Ihnen trotzdem sagen, daß ich Ihnen und Barney und Ihren anderen Kollegen gratuliere, daß Sie das Stück veröffentlichen. Es wird das erste vollständige Werk von Genet sein, das in Amerika erscheint. Und Genet – da habe ich nicht den allergeringsten Zweifel – ist der größte lebende Autor (ich füge Thomas Mann hinzu). Er ist zweifellos die wichtigste Erscheinung in der französischen Literatur seit Proust. Proust und Genet stehen allein; der Rest – Gide, Valéry, Sartre, Camus – sind von ihrer Höhe aus gesehen nicht einmal sichtbar. Bei Männern wie ihnen erhält das Wort Genie seine Frische zurück. Genets größte und reichste Leistung ist natürlich in seinen Romanen zu sehen. Seine Stücke sind sekundär, doch sekundär nur in *seinem* Werk. *Die Zofen* sind ein Meisterwerk des modernen Theaters. Vom richtigen Produzenten, dem richtigen Regisseur und den richtigen Schauspielern gebracht, werden sie ein Klassiker des modernen Repertoires. Aus dem Grund bin ich nicht bereit zu erlauben, daß das Stück in Amerika einfach von jedermann aufgeführt wird. Es hat in den letzten paar Jahren hin und wieder Nachfragen darum gegeben, aber ich war nie überzeugt, daß sie von den Richtigen kamen. *Die Zofen* werden, wenn sie angemessen inszeniert werden, sich der Handvoll bedeutender Dramen des 20. Jahrhunderts zugesellen, zu denen Pirandellos *Sechs Personen [Sechs Personen suchen einen Autor]*, Synges *Held [Der Held der westlichen*

Welt], Sartres *Geschlossene Gesellschaft* und Shaws *Haus Herzenstod* zählen. Vielleicht denken Sie, ich habe eine fixe Idee. Das weiß man natürlich nie, aber ich glaube es nicht.[9]

Für die amerikanische Ausgabe von *Notre-Dame-des-Fleurs* wünschte Seaver sich eine bessere Übersetzung. Frechtman schickte er zehn Probeseiten, die er selbst überarbeitet hatte, flog dann nach Paris und arbeitete mit ihm einen Monat lang jeden Tag an der Übersetzung. Frechtman begrüßte jede Gelegenheit, seinen Text zu verbessern. Als die amerikanische Ausgabe 1963 erschien, waren die Kritiken hervorragend, und es gab keine Prozesse. Vielleicht half dem Roman aber auch die fast zeitgleiche Veröffentlichung von Sartres *Saint Genet* durch George Braziller, ebenfalls von Frechtman übersetzt. Zuvor war in Amerika bereits ein Raubdruck von *Notre-Dame-des-Fleurs* unter dem absurden Titel *Gutter in the Sky (Gosse am Himmel)* erschienen, mit der arroganten, von einem gewissen »André Levy« unterzeichneten Vorbemerkung: »Hier und da haben wir in Mr. Frechtmans untadeliger Übersetzung Wendungen gefunden, die unserer Meinung nach amerikanischen Lesern nicht den genauen Ton eines Genetschen Gaunerstücks vermitteln. Diese Passagen haben wir umgearbeitet. Doch aus Fairneß gegenüber dem Übersetzer haben wir die Änderungen kursiv gedruckt – woran der Leser sie erkennen kann.« Sonderbarerweise werden in den meisten Fällen Anglizismen als Verbesserungen geboten. Ein untypisch kraß-erotischer und vielleicht erfundener Text mit Cocteaus Namen als Verfasser ist dem Roman vorangestellt. Er trägt den Titel »Vorbemerkungen zu einer unbekannten Sexualität« (»Preparatory Notes on an Unknown Sexuality«). Der der offiziellen Ausgabe nachgemachte Buchumschlag enthält zudem auf der Rückseite einen hinreißenden, falls echten, Text von Richard Wright, dem damals in Paris lebenden schwarzen amerikanischen Autor von *Native Son (Sohn dieses Landes)* und *Black Boy (Ich Negerjunge)*: »Genet hat ein Tabuthema aufgegriffen und ... eine Welt geschaffen, die außerhalb dieser Welt ist. Er ist ein Hexenmeister, ein Zauberer erster Ordnung.«

Genets brillante amerikanische Wirkungsgeschichte lag 1948 noch in der Zukunft. In jenem Jahr stellte er endlich das zweiaktige Stück von etwa anderthalb Stunden Spieldauer fertig, das unterschiedliche Titel trug: einmal *Splendid's* oder *Frolic's*, ein andermal *Leurs toupets était célèbres (Berühmt für ihre Dreistigkeit)*. Im selben Jahr stellte Genet fest, daß er das Stück nicht mochte. Später pflegte er ab und zu eine Inszenierung anzukündigen, gab die Idee aber wieder auf. Im Jahr 1952 war zum Beispiel in einer Pariser Zeitung

eine (ungenaue) Zusammenfassung des Inhalts und die Ankündigung zu lesen, das Stück komme bald auf die Bühne[10], aber einen Monat später war an gleicher Stelle zu lesen, daß Genet das Manuskript zerrissen habe. 1956 kündigte er das Stück erneut an, dann zog er es zurück. Das Thema scheint sehr alt gewesen zu sein und Genet behandelte es mehrmals und schrieb es wieder um, vielleicht begann er sogar schon 1942 damit.
Am 12. März 1953 schrieb Frechtman an einen Lektor von Grove Press:

Splendid's existiert leider nicht mehr. Woher haben Sie Ihre Information, daß es 1942 veröffentlicht worden sei? Das ist unrichtig. Tatsache ist: Genet schrieb dieses Stück im Jahr 1949. Als es fertig war, ließ er drei maschinengeschriebene Kopien anfertigen, von denen er eine mir gab. Ich habe das Stück gelesen, war begeistert, sprach ein paar Tage später mit Sartre darüber, dem Genet ebenfalls eine Kopie gegeben hatte, Sartre war gleichfalls begeistert und hielt es für noch bedeutender als *Les Bonnes [Die Zofen]*. Es war ein zweiaktiges, abendfüllendes Stück. Als ich Genet wiedersah und von dem Stück anfing, fiel er mir ins Wort. Er sagte, es sei schlecht, er verwerfe es und weigere sich, darüber zu sprechen. Sartre versuchte, ihn zu überreden, allerdings mit dem gleichen Ergebnis. Ich schnitt das Thema ein paar Monate später nochmals an, aber Genet war unbeugsamer denn je. Im Dezember letzten Jahres lieh ich meine Kopie einer Freundin, die auch eine gute Freundin von G. ist. Sie wurde ganz aufgeregt und sagte, sie wolle dem Meister ein bißchen auf die Sprünge helfen. Ein paar Tage später schneite Genet zufällig bei ihr herein. Er sah ein Manuskript auf dem Flügel liegen, griff gedankenverloren danach, sah, was es war, und riß es ohne zu zögern in Stücke. Angesichts der Tatsache, daß die anderen beiden Kopien schon vor Jahren verschwunden sind, ist das Thema *Splendid's* erledigt, es sei denn, jemand kreuzt nach Genets Tod damit auf. Das wird zweifellos eines Tages geschehen. Dann wird es einer von diesen literarischen Sensationsfunden sein. Ich habe schon so oft über Genet laut herumgetönt, daß Sie sicher auf der Hut sind, aber ich muß noch einmal sagen, daß *Splendid's* ein Meisterwerk war. Daß Genet das Manuskript vernichtet hat, war nicht die geringste seiner verbrecherischen Taten, und wenn Sie mir nicht trauen, gibt's immer noch Sartres Meinung zu dem Stück – aber er ist ein ebenso großer Bewunderer von G. wie ich.

Tatsächlich hatte Barbezat die ganze Zeit eine Kopie von *Splendid's* in seinen Akten – ja sogar einen von Genet unterschriebenen Vertrag, es zu veröffentlichen. Das Stück dreht sich um sieben Mitglieder einer Gang namens *La Rafale* – und einen zu ihnen übergelaufenen Polizisten –, die die sechste Etage eines Luxushotels besetzt halten. Die Gangster haben in Abendkleidung das Hotel betreten und eine amerikanische Erbin als Geisel genommen. Nun ist das Hotel menschenleer, aber von Polizei, Reportern und dem Vater des Mädchens, Sir Crafford, umstellt. (Genet scheint nicht gewußt zu haben, daß Amerikaner nicht geadelt werden können.) Noch stürmt die Polizei das Gebäude nicht, da sie befürchtet, die Geisel dabei zu verletzen. Keiner weiß, daß der Gangster Riton sie bereits getötet hat. Um noch eine oder zwei zusätzliche Stunden Freiheit herauszuholen, zieht sich der Gangsterboß Jean die Kleider des toten Mädchens an und tritt im Licht der Scheinwerfer, die die Polizei von unten auf den Balkon richtet, überzeugend als die Erbin auf. Im zweiten Akt erschießt der abtrünnige Polizist den als Frau verkleideten Gangsterboß vor den Augen des Publikums. Nun hat die Polizei keinen Grund mehr zu zögern. Kurz bevor die Polizisten den Schauplatz betreten, wechselt der verräterische Polizeibeamte erneut die Fronten und rettet seine Haut, indem er die Gangster, seine ehemaligen Kumpel, verhaftet.

Der Stil der Dialoge in Genets charakteristischer Mischung aus philosophischer Wortgewalt und rüdem Argot ist großartig. Viele Sätze rufen Genets beste Dichtungen in Erinnerung: »Vor zwei Jahren beendeten wir unser irdisches Leben. Wir gingen ins Abenteuer, wie man ins Kloster geht.«[11] Solche Sätze wechseln sich mit purem Slang ab: »War die amerikanische Ische geil auf deine Fresse?«[12] Das Stück ist dichter gebaut und psychologisch faßlicher als *Unter Aufsicht*. Im Geiste von *Die Zofen* und Genets drei abendfüllenden späteren Stücken geht es in *Splendid's* um nichts als theatralische Verwandlung: Jean wird zur Erbin, Pierrot verwandelt sich in seinen toten Bruder, um den er trauert, und der Polizist schlüpft in die Rolle eines Gangster. Diese Verwandlungen sind das wahre Thema, doch sind sie nie ermüdend, weil die Spannung keine Sekunde nachläßt. Ein Gangster vermutet, daß der Polizist die Seiten gewechselt hat, weil »Verrat süß ist«.[13] Derselbe Mann appelliert an seine Truppe, einander die größte Höflichkeit zu erweisen.[14] Alle Romane und Theaterstücke von Genet sind zugleich Begräbnisse und *fêtes*, und *Splendid's* ist keine Ausnahme. Die Gangster sind strahlender Laune, während sie den Hotelgästen den Schmuck abnehmen, sich in deren Kleider werfen und die geräumigen Gänge entlangtanzen, doch zugleich vergessen sie keine Sekunde lang den kalten Leichnam der toten Erbin im Nebenzimmer und die Guillotine, die sie erwartet: »Du liebst es, im Hotel umherzuschlendern. Zum allerersten Mal schmiegst du dich an den Luxus. Leider geschieht es am Abend deines Todes. Nur zu. Napoleon auf St. Helena, durchschreite dein Reich.«[15] Der allergrößte Luxus und einer, dem sie schließlich erliegen, ist die Feigheit. Bislang hatten sie stets äußersten Mut an den Tag zu legen. Nun, da sie jeden Moment gefangengenommen und geköpft

werden, versinken sie wollüstig in Feigheit – was den verräterischen Polizisten ekelt. Sie wollen auch keine Helden mehr sein, vielmehr die Polizisten enttäuschen, die eine den Gangstern entsprechend umgekehrte Rolle spielen: »Um ihretwillen sind wir so anmutig gewesen, so selbstsicher. Das dient ihrer Disziplin und ihrem glänzenden Auftreten.«[16]
Vielleicht der Höhepunkt des Stücks ist die Rede des Polizisten:

Hört mich doch an, um Himmels willen. Ihr wißt, ihr seid so weit gegangen, wie ihr wolltet, aber ich nicht. Ich habe gewagt, vom Polizisten zum Gangster zu werden. Die Polizei. Die Polizei! Ich war zwei Jahre bei der Polizei. Und mir hat es dort gefallen, diese Männer, und jetzt liebe ich sie um so mehr, da ich auf sie geschossen habe. Ich habe Männer wie euch verhaftet und gejagt und gegen euch Razzien durchgeführt. Ich habe an Polizeiaktionen teilgenommen. Ich habe spontane Geständnisse entlockt, ich habe gegen euch gekämpft bis an die Grenze meiner Möglichkeiten, bis ich merkte, ich kam nicht mehr weiter – vergeßt nicht, ich war der erste Bulle, der eurem Feuer die Stirn bot – ich kam mit dem unerbittlichen Kampf für die Bürger nicht weiter. Ich ging bis zum äußersten, bis an die Grenze eurer Welt. Wenn ich sie überschritte, wäre ich in eurer Welt. Könnt ihr mir folgen? Nein? So, ihr könnt's nicht. Egal, ich halte den Mund. Ich richte mir's einfach bei euch ein. Aber auch bei euch will ich die Nummer eins sein.[17]

Anders als Balzacs Erzverbrecher Vautrin, den man zum Polizeipräsidenten macht, wird Genets Polizist zum Gangster, doch aus philosophischen Beweggründen. Er war so weit wie möglich gegangen »im unerbittlichen Kampf für die Bürger«, jetzt muß er etwas Neues versuchen: das Verbrechen. Diese so ungewollt komische Referenz an das Klassensystem spiegelt Genets neue politische Interessen wider.
Jean Cau sah bei Genet Ende der vierziger Jahre politische Ansichten aufkommen. Er selbst war damals vom Kommunismus überzeugt und pries ihn in den höchsten Tönen. Genet zog es wie Cau zum Absoluten. Der Kommunismus stellte ein furchtbares Ideal dar, nichts Sanftes und Liberales, sondern einen Machtwillen, der erschreckend und kompromißlos war. Der Kommunismus Genetscher Prägung (worunter nicht der Einheitskommunismus, sondern eher eine Mischung aus Messianismus und Terror zu verstehen ist) versprach, alles zu zerstören, was Genet verabscheute: bürgerliche Ordnung, Konventionen und Spießertum. Im politischen Extremismus sah Genet eine Möglichkeit, seinem Leben und seinem Werk größeren sozialen Widerhall zu verschaffen und aus den narzißtischen Grenzen seiner eigenen Vorurteile auszubrechen. Genet trat der Partei nie bei, doch als Kot Jelenski, Leonor Finis Geliebter,

ihn fragte, warum er die Partei unterstütze, antwortete Genet: »Um den Wurm in die Frucht zu befördern.«[18]

Die Malerin Leonor Fini war eine bohemehafte Mischung aus Konventionalität und heimlicher Rebellion. Genet lernte sie wahrscheinlich 1947 auf dem Bal Nègre kennen, einem Tanzfest für Schwarze aus Afrika und von den Antillen, das regelmäßig auf der Rue Blomet im 15. Arrondissement abgehalten wurde.[19] »Ich bin gegen die Gesellschaft«, erklärte Fini einmal in einer Stimmung, in der auch Genet oft war. »Ich bin im höchsten Grade gesellschaftsfeindlich und, mehr wie eine Hexe als eine Priesterin, der Natur verhaftet ... Ich bin für eine Welt der nicht oder nur wenig differenzierten Geschlechter.«[20]
Sie und Genet wurden miteinander sehr vertraut, und er und Java besuchten sie häufig. Lange Zeit telefonierte sie jeden Morgen mit Genet. Obwohl er sich nichts aus Katzen machte, hatte er für ihre Liebe zu ihnen viel übrig (sie besaß ständig zwischen fünfzehn und zwanzig Katzen), und als einmal eines von den Tieren krank war, kümmerte er sich darum.[21] Sie zog Tiere Menschen vor. Viele Jahre lang lebte sie mit zwei Männern zusammen, die sexuell ambivalent waren: dem italienischen Maler Stanislaus Lepri und dem italienisch-polnischen Schriftsteller Alexandre Constantin (»Kot«) Jelenski. Jelenski übersetzte die Romane von Witold Gombrowicz ins Französische, dem Verfasser von *Ferdydurke*, einem führenden polnischen Schriftsteller, der von Genets Romanen tief beeindruckt war. In seinem Paris-Berlin-Tagebuch schrieb Gombrowicz, daß ihm jemand, als er 1963 das erste Mal nach Paris kam, *Das Totenfest* in die Hand gedrückt habe und er augenblicklich höchst verwundert war. Später schilderte er seine sieben aufeinanderfolgenden Eindrücke.[22] Erstens: Er schmecke das »abscheuliche Aroma« des Krieges. Sein zweiter Eindruck war, daß Genet das Schöne und das Häßliche zu einem einzigen Engel verschmolzen habe. Der dritte Eindruck war, daß Frankreich wieder einmal einen Einbrecher hervorgebracht habe, der verschlossene Türen mit dem Dietrich zu öffnen wisse. Sein vierter Eindruck: der von reiner Poesie. Der fünfte? Daß dieser Dieb ein wundervolles Gespür besitze, daß er wisse, wie man direkt an den Safe gelangt, der so sagenhafte Schätze enthält. Sein sechster Eindruck? Daß dieses Buch eine vielschichtige Mischung sei aus einem Traum, einem Golgatha, etwas Tödlichem und mit dem Schicksal Verbundenem. Sein siebter Eindruck war, daß er selbst irgendwie Genet erfunden habe, diesen Schwulen, der unter einer Straßenlaterne stand und seinen Körper mit einer kalten Hand berührte.

Fini – mit ihrer riesigen zweigeschossigen, mit Jugendstil-Nippes vollgestopften Wohnung an der Place des Victoires, mit ihrem verfallenen Kloster in Korsika, mit ihren Gemälden androgyner Männer und Frauen, mit ihrem plötzlichen Abgleiten vom Französischen ins Italienische, mit ihren Wutanfällen und zwingenden Absichten, ihren Katzen und Kerzen und ihrer herben Schönheit – Fini mußte Genet faszinieren. Außerstande, an Romanen zu arbeiten, vermied er die völlige Erstarrung, indem er gelegentlich literarische Texte wie seinen »Brief an Leonor Fini« (»Lettre à Leonor Fini«) schrieb, der 1950 veröffentlicht wurde. Dieser Brief wurde für keinen besonderen Anlaß, etwa eine Ausstellung oder offizielle Hommage geschrieben, sondern wurde der Fini einfach eines Tages von Genet überreicht.[23] Trotz seiner Beiläufigkeit ist er aber alles andere als ein harmloses kleines Briefchen. Der Brief ist vielmehr wie ein Prunkstück der Hochrenaissance abgefaßt (»Ich wünsche Ihnen, Madame, ungeheure Schwierigkeiten«[24]) und spricht die Malerin als Sibylle und Pythia an. Die originellste künstlerische Beobachtung birgt der Satz: »Wenn jedoch Ihre Flora *kopiert* ist, dann ist Ihre Fauna erfunden.«[25] Besonders fühlte sich Genet von ihren Gemälden von Gefangenen mit rasierten Köpfen angezogen. Ganz Paris lachte, als es las, Genet sei der Meinung, Leonor Fini sei für die Besserungsanstalt wie geschaffen.

Fini scheute sich nicht, sich an einem von Genets finsteren Geschäften zu beteiligen – bis zu einem gewissen Grade. Sie hatte einen reichen Schweizer Kunden, Renato Wild, der sie ungeheuer bewunderte. Wild, erzählt der Schriftsteller George Hayim, war einen Meter fünfundneunzig groß, gebildet, humorlos, dünkelhaft, drogensüchtig und masochistisch. Sein Haus lag am Comer See, »eine riesige Villa des 19. Jahrhunderts in all ihrer düsteren Pracht«.[26] »Was ist da drin?« wollte Genet wissen, als er von Wilds Haus hörte. »Nur Möbel«, antwortete Fini. »Dann laß einen Lkw kommen!« sagte er.[27]
Als Hayim einen Besuch in dem Haus machte, wurden er und Wild von sieben Dienern in Empfang genommen. Beim Herumschnüffeln entdeckte Hayim fünf Konzertflügel, elf florentinische Marmortische, zahllose griechische Köpfe, chinesische Teppiche, ein antikes römisches Bett und eine Röntgenapparatur zur Messung der Dichte von Diamanten. Hayim lernte Genet in der Villa kennen und fand, er »sah wie ein unförmiger Embryo aus, aber seine stechenden, anklagenden blauen Augen und seine Leidenschaft, die oft voller Humor war, löschten das übrige aus«.[28] Genet machte mit Wild einen Rorschachtest, aber seine einzige Diagnose war: »Sie werden sehr leicht müde.« Als Hayim auf einer Reise mit Wild in Venedig Leonor Fini kennenlernte, war alles, was

443

sie zu ihm sagte, als sie sich am Strand müde von ihrem Handtuch erhob, um sich vorzustellen: »Lassen Sie sich Ihre Nase machen.« Fini malte von Genet ein Porträt, das sie Wild, der ebenfalls homosexuell war, verkaufte. Danach »schenkte« sie Genet Wild als Zueignung (und Goldesel), und Genet und Java legten sich einen raffinierten Plan zurecht, um ihm Geld abzuknöpfen. Genet erzählte Wild, er lasse einen Mörder (Java) in sein Haus kommen, der eben aus einem Armeecamp in Tunesien entflohen sei. Das Ganze war eine ausgekochte Lüge, die Wild in Erregung versetzen sollte. Als Freundschaftsdienst für Genet sollte Wild den »Mörder« in der Villa verstecken, bis ihm die Haare wieder gewachsen seien, und ihm dann eine große Geldsumme schenken, damit er ein neues Leben beginnen könne.[29]
Da Java vom Militär desertiert war und Frankreichs Grenzen nicht gefahrlos überschreiten konnte, zog Genet viele Leute in die Sache hinein, um Java nach Italien zu bekommen. Lucien wurde mit seinem eigenen Paß und in Begleitung von Genet und Cocteau in einem Wagen über die französisch-italienische Grenze gefahren. Java wurde an Bord der Jacht *Orphée II* versteckt, die Cocteaus Freundin Francine Weisweiller gehörte. Er wurde an einem menschenleeren Strand nahe der italienischen Hafenstadt Bordighera unbemerkt abgesetzt. Beide Gruppen trafen sich dann in Italien. Lucien, der Java ähnelte, gab ihm seinen Paß und fuhr auf der *Orphée II* heimlich zurück nach Frankreich. Cocteau fuhr mit dem Wagen nach Frankreich zurück, und Java machte sich mit frisch rasiertem Kopf auf zu Wilds Villa. Genet folgte zwei Tage später und umarmte Java so freudig, als hätten sie sich wirklich Jahre nicht gesehen. Wild tat in dem prickelnden Gefühl, einem Mörder aus der Patsche zu helfen, alles, was ihm gesagt worden war, und Genet und Java teilten sich das Geld. Java wohnte mehrere Monate lang in Wilds Villa und dessen Mailänder Wohnung. Über Wild freundete sich Genet mit dem zauberhaften italienischen Playboy Prinz Dado Ruspoli an.
Eines Tages aber ging Genet zu weit. Wild hatte der Fini das Genet-Porträt zum Restaurieren zurückgegeben. Als Genet das Bild sah, bat er die Malerin, es ihm zu schenken. »Du kannst Wild doch jederzeit sagen, es sei verlorengegangen oder zufällig zerstört worden.« Genet wollte sein Porträt einem anderen Bewunderer verkaufen. Aber die Fini weigerte sich und sagte, Wild habe sie alle doch immer großzügig behandelt. Genet geriet in Wut und brach mit ihr.

Genet rang zwar schwer mit seiner neuen Sympathie für den Kommunismus, im Grunde aber blieb er anarchisch, unsozial und unassimilierbar. Von

Fernand Pouey erhielt er den Auftrag, eine Rundfunksendung für Poueys Programm »*Carte Blanche*« zu schreiben. Ungefähr zur selben Zeit bat Pouey Antonin Artaud, seine Sendung mit dem Titel »Pour en finir avec le jugement de Dieu« (»Um Schluß zu machen mit Gottes Richterspruch«) fertigzustellen. Die Behörden untersagten sowohl Artauds als auch Genets Sendung. Aus Protest gab Pouey im Februar 1948 auf. Im Manuskript für diese Radiosendung sprach sich Genet, daran erinnernd, daß Mettray vor dem Krieg aufgrund öffentlicher Proteste geschlossen worden war, dagegen aus, die Bedingungen in Jugendstrafanstalten zu verbessern, da nur eine wirklich unmenschliche Anstalt ein Kind in einen Dichter verwandeln könne. In diesem Text (von Morihien 1949 unter dem Titel »L'Enfant criminel« [»Das kriminelle Kind«] zusammen mit dem Szenario für '*Adame Miroir*' veröffentlicht) bot Genet eine Verteidigung des Bösen und eine Moral dar, die auf der Ästhetik des Bösen beruhte. Nichts konnte weniger rational und dennoch logischer sein als Genets Argumente. Er sagt, junge Häftlinge in Mettray und anderen Besserungsanstalten begehrten strenge Bestrafung. Während Internate *für* Schüler geschaffen werden, werden Besserungsanstalten *von* den Insassen geschaffen. Weder die Wärter noch der Direktor von Mettray dachten sich die schlimmsten Grausamkeiten aus: »[Die Wärter] waren nur die aufmerksamen wie auch unerbittlichen Zeugen, aber sich ihrer Rolle als Gegner bewußt. Diese Grausamkeiten mußten zwangsläufig aus der Leidenschaft der Kinder für das Böse entstehen und sich entwickeln. (Das Böse: Wir verstehen sehr wohl diesen Willen, diese Kühnheit, ein Schicksal zu leben, das zu allen Regeln im Widerspruch steht.)«[30]
Genet räumt zwar ein, daß er das Böse kaum begreift, aber er sagt, daß es trotz seiner Vagheit etwas Reales ist. Es ist das einzige, was beim Schreiben eine Wort-Begeisterung in ihm erzeugen kann: Zeichen für die Beteiligung seines Herzens. Er setzt die Verbrechen der Kindheit mit Heldentum und Schönheit gleich. Im Hinblick auf die kriminellen Kinder schreibt er: »Ich bitte sie, nie über ihre Taten zu erröten, vielmehr in sich die Auflehnung zu bewahren, die sie so schön gemacht hat. Es gibt hoffentlich kein Heilmittel gegen das Heldentum.«[31]
Im selben Atemzug, in dem Genet die Strenge von Mettray verteidigt, vergleicht er diese Anstalt mit den deutschen Todeslagern (in einer Passage, die er aus *Tagebuch eines Diebes* strich, für diese Sendung aber überarbeitete). Er endet damit, daß er die bürgerliche Kunst verdammt, die das Verbrechen feiert, während das Bürgertum die tatsächlichen Verbrecher zurückweist: »Das Talent Ihrer Dichter hat den Verbrecher glorifiziert, den Sie im Leben

verabscheuen. ... Die wahre Größe geht an Ihnen vorbei. Sie erkennen sie nicht und bevorzugen ihr Trugbild.«[32]
Nach der Begnadigung konnte Genet es sich weder leisten, bei einem echten Verbrechen erwischt zu werden, noch wollte er sich vor anderen Verbrechern oder vor der bürgerlichen Gesellschaft zum Narren machen, denn jeder wußte, er verdiente nun genug, um sich zu ernähren. Gleichzeitig war die Besserungsanstalt, in der er Jahre zugebracht hatte, durch Humanitätsapostel geschlossen worden, ebenso die Strafkolonie, von der er immer geträumt hatte. Die Härte und Strenge der Dritten Republik – Genets ehrenwerter Widersacherin – hatte ein neuer menschenfreundlicher Geist verdrängt. Von den Quellen seiner Identität und Inspiration abgeschnitten, befand Genet sich in der absurden Position, nach härteren Strafbedingungen rufen zu müssen. Doch bald sollte er das Thema Antikolonialismus entdecken, welches ihm eine solidere Plattform verschaffte, von der aus er die französische Gesellschaft attackieren konnte.

Drei Jahre später pries Genet in einem Interview immer noch das Böse, aber mit mehr Raffinement – und größerer Verzweiflung. »Ich bin vor allem am Charakter der moralischen Wirklichkeit interessiert, und ich versuche, mir einen frischen Blick auf alles zu bewahren. Indem ich Klischees systematisch verwerfe, vermeide ich es, in soziale Gewohnheiten zurückzufallen.«[33] Diese sozialen Gewohnheiten (gemeint ist »das Gute«) sah Genet als einlullend, vergiftend an, als ein Schlafmittel, um das moralische (und dichterische) Gewissen einzuschläfern; daraus wird klar: Für Genet *ist* das Moralische das Dichterische, und »das Böse« ist sein Codewort für die Moral des Außenseiters. So weist er auch das Etikett »Rebell« zurück; er sagt: »Ein Rebell kämpft gegen das Böse im Namen des Guten. Er ist der Beschützer der Gesellschaft. Ich vertiefe mich in das Böse ... Aber das sollte man nicht als einen romantischen Teufelskult betrachten, der nur eine andere Form von Rebellion ist, oft parasitär und selbstgefällig.«

1948 schrieb Genet nichts außer gelegentlich einen Essay, und so reiste er ruhelos ausgiebig in Italien, England und Spanien umher – eine Gewohnheit, der er für den Rest seines Lebens treu blieb.
Gallimard veröffentliche 1949 ohne Verlagsnennung *Tagebuch eines Diebes*, das Sartre und Beauvoir gewidmet war. Sartre schrieb für die *Nouvelle Revue Française* und *Les Temps Modernes* Interpretationen, die er später in *Saint Genet* aufnahm. Die Edition der *Sämtlichen Werke* bot Gallimard die Möglichkeit, bereits von Barbezat und Morihien publizierte Texte nachzudrucken.

Barbezat nahm sich 1952 einen Anwalt, der Gallimard ein paar böse Briefe schrieb, zog sich dann aber doch zurück, weil er mit Genet keine Querelen wollte.[34] Dennoch war ein Streit schon ausgebrochen. Genet verabredete sich mit Marc und Olga zu einem Abendessen im Restaurant Les Trois Canettes in der Rue des Canettes, nicht weit von Saint-Germain. (Les Trois Canettes und das nahegelegene Aux Charpentiers waren zwei von Genets Lieblingsrestaurants: In beiden gab es damals für wenig Geld kräftige Mahlzeiten und es herrschte eine zwanglose Atmosphäre.) Olga hatte sich bereit erklärt zu kommen, wenn Genet nicht über Verlagsarbeit spräche, aber Genet, der von Java begleitet wurde, begann sofort über seine Meinungsverschiedenheiten mit Marc zu reden. Es gab Streit, Genet schrie Olga an: »Lassen Sie mich in Frieden.« Und Olga sagte zu Marc: »Entweder er oder ich«, und Marc suchte mit Olga das Weite.[35] Er und Genet sahen sich nicht mehr bis 1954 – die Jahre, in denen Genet nicht zu schreiben vermochte.

Etwa um dieselbe Zeit löste Genet noch einen Skandal in Les Trois Canettes aus. Genet hatte zugesagt, für René Bertelé, dessen Verlag Point du Jour unter anderem den von Genet bewunderten Dichter Henri Michaux publizierte, eine Baudelaire-Studie zu verfassen. Genet stritt sich mit Bertelé und spießte ihm schließlich eine Gabel in den Hintern. Das Restaurant schwamm in literarischem Blut – und bald in Klatschgeschichten. Es hieß, André Breton, der Papst des Surrealismus, habe versucht, die Streithähne zu beruhigen; Max-Pol Fouchet gab eine andere Version, nämlich Bertelé habe das Wurfgeschoß abgekriegt, das eigentlich für Genet bestimmt gewesen sei, geworfen von einem aufgebrachten Schwarzen, der im Nachtclub La Rose Rouge arbeitete. Lise Deharme, bei der viele Schriftsteller aus und ein gingen, bemerkte in ihrem Tagebuch: »Rimbauds Pistolenschuß ist mir lieber.«[36]

Am 26. Februar 1949 hatte *Unter Aufsicht* nach stürmischen Proben am Théâtre des Mathurins Premiere. Genet hatte angeblich von den Schauspielern verlangt, sie sollten sich die Köpfe rasieren lassen, wogegen sie sich sträubten, und irgendwann hatte er gedroht, die Regie selbst zu übernehmen. Schließlich erschien er neben Jean Marchat als Koregisseur auf dem Programmzettel.[37] Die Kritiken waren meistens negativ und bemängelten, daß Genet seine schmutzigen Situationen mit »unaufrichtiger Romantik«[38] verbräme. Mehrere Kritiken reklamierten die stilisierten Posen, die streng symmetrische Schauspielerführung und die gekünstelte Sprechweise; Genet hatte seine antirealistischen Intentionen noch nicht eindeutig umgesetzt, Georges Bataille aber, der für *Critique* schrieb, sprach von seinem »Barockstil«[39] und erkannte, daß der Zorn auf sein Publikum zu seinen Intentionen gehöre. Viele Kritiker behaupteten, weder habe er den Wunsch, sich dem Publikum mitzuteilen, noch erkenne er die Notwendigkeit einer universellen Botschaft in der Handlung seines Stücks an. Dem pflichtete Gaëtan Picon bei, der in *Panorama de la Nouvelle Littérature Française* schrieb, »kein Werk ist so jeder Universalität entkleidet, die doch von allen großen Werken untrennbar erscheint«. Dennoch verteidigte Picon Genet wegen »seiner geschmeidigen Prosa, reich verziert und leicht, zeremoniell und schlicht, feierlich mit Grazie, vertraulich mit Arroganz«, einen Stil, den Picon als »einen der schönsten von heute« bezeichnete.[40] Die Beschuldigung, nicht »universell« zu sein, die feministischen, schwarzen und schwulen Schriftstellern inzwischen nur allzu geläufig ist, ist politisch motiviert: Nur die Belange erfolgreicher Weißer gelten ihren Zeitgenossen als von ewigem und universellem Interesse, Erfahrungen von Minderheiten dagegen werden beharrlich als marginal oder exzentrisch abgetan.

Zu diesem Zeitpunkt trat François Mauriac mit einem packenden Artikel in die Debatte ein, der Genets seriösen literarischen Ruf zu begründen half.[41] Mauriac war damals vierundsechzig Jahre alt und nicht nur als Romancier bewundert, sondern auch als leidenschaftlicher und polemischer Journalist. Erst nach seinem Tod im Jahr 1970 kam ans Licht, daß hinter seinem reservierten, katholischen Äußeren ein starker Hang zur Homosexualität verborgen lag.

Mauriac begann seinen Artikel vom 26. März 1949 im konservativen *Le Figaro Littéraire* – damals eine der besten Kulturzeitschriften – damit, daß er auf den Verriß von *Unter Aufsicht* einging, der unter dem Namen des Hauskritikers des *Figaro* erschienen war, Jean-Jacques Gautier. (Dieser attackierte beständig nicht nur Genet, sondern auch Ionesco, Beckett, Ramón del Valle-Inclán und viele andere progressive Dramatiker der fünfziger Jahre[42].) Gautier war fraglos beleidigend gewesen. In einem Artikel mit der Überschrift »Unverdünnter Dreck« erklärte der Kritiker: »Die Themen des Stücks sind ekelerregend. Der Ton ist widerwärtig ... Ein Wort erregte vorübergehend meine Aufmerksamkeit: ›Müll‹ ... Im Grunde ist das Stück genau dies: zum Status einer Philosophie erhobener Müll.« Gautier schließt: »Wir haben die Schnauze voll von diesen ekelerregenden Ausdünstungen aus dem Küchenausguß, von diesen selbstzufriedenen üblen Gerüchen aus intellektuellen Latrinen.«[43]

Roger Blin, der große Bühnenregisseur, erklärte einmal: »Von allen Kritikern produzierte Jean-Jacques Gautier die gemeinsten Artikel.«[44] Selbst Mauriac äußert nach erneuter Lektüre von Gautiers Attacke gegen *Unter Aufsicht:* »Jean-Jacques Gautiers Urteil entstammt eher einem Ekel als einer objektiven und wohldurchdachten Analyse ...«[45] Mauriac räumt ein, Genets Stück sei »eine Provokation, fast ... ein Mordanschlag«.[46] Er gibt zu, er habe Genet vorher noch nie gelesen und sich deshalb *Notre-Dame-des-Fleurs* am Bücherstand im Theater gekauft. Mauriac erkennt augenblicklich an, daß Genet ein Recht auf die Bezeichnung »Dichter« habe. Er bestreitet, daß Genet so bedeutend wie Proust oder Gide sei, und weist ihm einen Platz in Cocteaus Lager zu: »Dichter der Strafanstalt, Orpheus der Unterwelt, ist er ein inspirierter Onanist: seine verdrießliche Freude nährt sich von Bildern, deren Mechanismus dem Uhrmacherladen Jean Cocteaus entstammt.«[47] In einer elegant vorgetragenen Untersuchung über Laster und literarischen Wert vergleicht Mauriac Genet mit Rimbaud, zieht aber den Schluß, das, was Rimbauds Namen für immer leuchten lassen wird unter diesen »verfluchten Dichtern« *(»poètes maudits«),* ist »diese Berufung zum Schweigen, der er bis zu seinem Tode treu blieb«.[48]

Genet hätte sich keinen schmeichelhafteren Gegner wünschen können: einen intellektuellen Katholiken, der vom Bösen fasziniert war, bereit, Genet literarische Größe zuzubilligen; ein Angehöriger der Académie française, der, erpicht auf die Verteidigung überkommener Moral, über *Notre-Dame-des-Fleurs* spricht mit Verweisen auf Proust, Gide, seine eigenen Romane, Baudelaire und Rimbaud, auch wenn er diese Namen benutzt, um Genet am Ende zu verdammen. Die Empfehlung zu schweigen ließ Genet sicherlich ebenfalls nicht gleichgültig.

Als *Unter Aufsicht* 1958 in New York gespielt wurde, schrieb Jean Cocteau einen Brief, in dem er Genet gegen den amerikanischen Regisseur, Leo Garen, verteidigte:

Genet ist ein Genie mit allem, was das Wort an Wunderbarem, Geheimnisvollem und Unerträglichem in sich schließt. Die Welt liebt nicht, was ihre alten moralischen Grundsätze durcheinander bringt. Genet ist ein Moralist eigener Art, in dem Sinne, daß er seine eigene Moral hat – eine private, und er erhebt den Anspruch, sie uns durch seine Werke aufzuzwingen. Das war auch der Fall bei Nietzsche, und obwohl der Philosoph nur eben das blieb und kein aktiver Bilderstürmer war, wurde er am literarischen Firmament ein Gott.
Ich weiß nicht, ob Genet uns von den normalen Zwängen des Lebens befreit, die immer bedenklicher werden, aber ich weiß bestimmt, daß es keinen Schatten eines Zweifels darüber gibt, ob er ein großer Schriftsteller ist.[49]

Aus Paris schrieb Bernard Frechtman an einen New Yorker Redakteur:

Nach dem, was ich von Leuten gehört habe, die die New Yorker Aufführung gesehen haben, war die Inszenierung vollkommen falsch. Dies wurde durch einige Kritiken bestätigt, die sie gelobt haben! – natürlich unbewußt bestätigt, denn in ihnen war die Rede von »diesem psychologischen Drama« etc. Tatsache ist, daß dieses Stück, wie das ganze dramatische Werk Genets, nicht psychologisch ist. Als Dramatiker ist Genet gerade *gegen* das psychologische Theater. Und das heißt, wenn man seine Stücke realistisch inszeniert, mißversteht man sie radikal.

Vielleicht erklärt dies ihre [der Kritiker] Unzufriedenheit mit der Übersetzung, die versucht hat, den Intentionen des Autors Rechnung zu tragen. Als das Stück in Paris aufgeführt wurde – Genet selbst inszenierte es –, bewegten sich die Schauspieler wie Tänzer. Wogegen die New Yorker Inszenierung vom »method acting«[50] beeinflußt war, was für Genet genau das Falsche ist.[51]

Zwei Jahre später verbot die katholische Fordham University in New York ihren Studenten, Genets *Unter Aufsicht* und Sartres *Geschlossene Gesellschaft* herauszubringen, weil sie als »existentialistische Werke nicht repräsentativ für die römisch-katholische Weltanschauung« seien.[52]

1949 erklärte Genet sich bereit, die Dialoge für einen Film nach Hans Falladas Buch *Wer einmal aus dem Blechnapf frißt* zu schreiben. Pierre Chenal sollte Regie führen. Genet wurde wegen seiner Kenntnis des Gefängnisslangs engagiert, auch wenn seine Sicht des Gefängnislebens viel lyrischer war als die von Fallada. Aber Genet, von Sartre noch nicht heiliggesprochen, war skeptisch, und Geld war für den Film nicht aufzutreiben. Doch Genet hatte bereits einen kleinen Vorschuß von fünfundzwanzigtausend Franc kassiert. Das Buch erzählt die Geschichte eines Mannes, der nach seiner Entlassung aus dem Gefängnis ohne Vorsatz erneut ein Verbrechen begeht. Er ist froh, ins Gefängnis zurückzukehren, weil er dort die Freundschaft wiederfindet, die er hinter Gittern kennengelernt hat.

Dieses gescheiterte Projekt weist auf *Ein Liebesgesang* voraus, den Film, den Genet 1950 schreiben und inszenieren sollte. Die Anfangs- und die Schlußszenen des Drehbuchs nach Falladas Roman zeigen eine Gefängnismauer bei Sonnenaufgang und eine Hand, die sich durch die Gitter eines Zellenfensters streckt und ein weißes, aus zusammengerolltem Papier geformtes Bällchen am Ende eines Bindfadens hin und her schwingen läßt. Dieses Papierbällchen wird schließlich von einer anderen Hand ergriffen, die sich aus der Nachbarzelle

herausstreckt. Genau mit dieser Einstellung beginnt und endet auch Genets Film, auch wenn in *Ein Liebesgesang* die Häftlinge einen Rosenstrauß weiterreichen. In Pierre Chenals Drehbuch öffnet in der letzten Einstellung der Held, eben ins Gefängnisleben zurückgekehrt, das Papierbällchen und findet ein Streichholz, eine Zigarette und die Mitteilung: »Die Kumpels heißen dich willkommen.«[53] Der Held zündet sich die Zigarette an und inhaliert gierig. Daß einem neuen Häftling von seinen bis dahin nicht bekannten Kameraden eine Zigarette in die Zelle geschmuggelt wird, findet sich auch in *Wunder der Rose*, wo »Genet« in Einzelhaft kommt, ihm von seinen zukünftigen Zellengenossen aber eine Zigarette zugesteckt wird.
Ein Liebesgesang wurde zwischen April und Juni 1950 gedreht. Den Inhalt hat vielleicht am besten Jane Giles in ihrem Buch *The Cinema of Jean Genet* zusammengefaßt:

Un Chant d'amour. Als ein Aufseher auf ein Gefängnis zugeht, wird sein Auge von dem seltsamen Anblick eines Blumenstraußes gefangengenommen, der wiederholt von einem vergitterten Zellenfenster zu einem anderen hinübergeschwenkt wird, wobei jedesmal eine zum Vorschein kommende Hand ihn verfehlt. Er geht nachsehen, und als er in eine Reihe von Zellen späht, sieht er in jeder einen Häftling onanieren. Das erregte Auge des Aufsehers saugt sich am stummen Dialog zwischen einem aufgewühlten nordafrikanischen Häftling und seinem Nachbarn fest, einem jungen, desinteressierten, tätowierten Sträfling ... Auf erotische Weise tauschen die beiden Männer durch einen Strohhalm in einem Loch in der Wand Zigarettenrauch aus. Dieser Anblick befeuert die helldunkel beleuchteten Phantasien des Aufsehers, einen anderen Mann zu ficken, wozu eine Hand das Zeichen gibt, die nach pendelnden weißen Blumen greift. Verwirrt betritt der Aufseher die Zelle des älteren Häftlings und verprügelt ihn brutal, wodurch er eine Träumerei des Häftlings auslöst von einem Liebesakt im Wald mit dem jungen Häftling, der Blumen vor seinen Hosenschlitz hält. Der Aufseher verläßt die Zelle, kommt aber wieder zurück und steckt dem älteren Häftling seine Pistole in den Mund. Der Aufseher verläßt das Gefängnis, doch als er sich noch einmal umblickt, sieht er den unablässig baumelnden Blumenstrauß. Er geht weg und sieht deshalb nicht, daß die Blumen schließlich ergriffen werden.[54]

Der Film wurde in Nico Papatakis' Nachtclub La Rose Rouge in Saint-Germain-des-Prés gedreht, in dem Juliette Gréco und Les Frères Jacques sangen und sich die Existentialisten jeden Abend versammelten. Nach einem früheren Streit waren Genet und Papatakis wieder Freunde geworden: Genet hatte ihn zur Premiere von *Die Zofen* eingeladen, und Papatakis war begeistert. Er hatte

Genet angerufen, um ihm zu gratulieren, und der alte Streit war beerdigt worden. Papatakis sagte mit Freuden ja, als Genet ihn bat, einen kurzen, erotischen, stummen Schwarzweißfilm zu produzieren.

Die Kosten für den Film wurden mit fünfhunderttausend Franc veranschlagt (nach heutigem Geld, 1993, etwa zweiunddreißigtausend Dollar oder zweiundfünfzigtausend Mark). Kameramann war Jacques Natteau: Er hatte 1938 Jean Renoirs *La Bête humaine (Bestie Mensch)* aufgenommen und arbeitete später mit Marcel Carné, Jules Dassin *(Sonntags nie)* und Claude Autant-Lara zusammen.[55] Für Autant-Lara stand Natteau zum Beispiel 1953 bei dem Softporno *Le Blé en herbe* an der Kamera, der nach Colettes Novelle über jugendliche Liebe und Sexualität gedreht wurde. Natteau bewunderte Genet, und Genet mochte dessen Arbeit. Dies, so glaubt Papatakis, habe Louis Malles Film *Les Amants (Die Liebenden)* aus dem Jahr 1958 inspiriert: Die nächtlichen Liebeszenen in einem auf einem Fluß treibenden Ruderboot rufen Genets lyrischen und abstrakten Erotizismus in Erinnerung. Genet wiederum mag von Kenneth Angers Film *Fireworks* (1947) beeinflußt worden sein, den er 1949 auf dem Festival des Films Maudits in Paris sah.[56]

Die Gefängniszenerie, die sehr kunstvoll gearbeitet war, wurde im Erdgeschoß des Rose Rouge aufgebaut, das normalerweise eine Brasserie enthält; der Nachtclub befand sich im Untergeschoß. Die Bauten blieben einen Monat stehen, weil das Team nicht jeden Tag drehte. Natteau begann mit 16-mm-Material, aber nach einer Woche kamen er und Genet zu dem Entschluß, auf das qualitativ höhere 35-mm-Format umzusteigen. Die Rohfassung war fünfundvierzig Minuten lang, aber Genet schnitt den Film auf rasantere fünfundzwanzig Minuten zusammen.[57]

Die Dreharbeiten schleppten sich zudem hin, weil der Film heimlich hergestellt wurde. Da er damals als pornographisch gegolten hätte, mußten die Schauspieler geschmiert werden, und sie erkannten, daß sie die Situation in der Hand hatten. Sie kamen und gingen, wann es ihnen paßte. Einer der Stars jedoch war natürlich vollkommen treu ergeben – Lucien Sénémaud. Die Hand, die am Anfang und am Schluß des Films die Blumen schwenkt, gehört Java, der sich erinnert, daß Natteau zum Filmen der Außenmauern des Gefängnisses von Fresnes und des Aufsehers, der davor umherlief, am Fenster der Wohnung eines befreundeten Schauspielers Stellung bezog. (Eine offizielle Erlaubnis, das Gefängnis zu filmen, war abgelehnt worden.) Ein Berufstänzer, der in den Cabarets auf dem Montmartre auftrat, »Jeannot le Martiniquais«, führte einen erotischen Tanz auf. Jane Giles zufolge wurde der ältere Häftling von einem afrikanischen Zuhälter gespielt, der außerdem als Friseur auf dem

Montmartre arbeitete. Die Identität des Aufsehers ist unbekannt, Java erinnert sich allerdings, daß er auf dem Montmartre wohnte und den Spitznamen »Bravo« trug. Der große Penis, der logischerweise dem älteren Häftling gehört, ist in Wirklichkeit der »Gast«-Auftritt eines bekannten heterosexuellen Schauspielers, André Reybaz.

Im Vorspann wird keiner der Darsteller noch irgend jemand aus dem technischen Team genannt; die erste Einstellung zeigt nur den Text: UN CHANT D'AMOUR PAR JEAN GENET. Das letzte Bild zeigt eine Zellenwand, in die zehn Zahlen und die Datumsangabe »*Avril – Juin 1950*« gekratzt sind, der Zeitraum der Dreharbeiten.

Wie Nico Papatakis erzählt, kam Cocteau ein-, zweimal zu den Filmarbeiten ins Rose Rouge. Die Waldszenen wurden zwar auf seinem Grundstück in Milly-la-Forêt, in der Nähe von Fontainebleau außerhalb von Paris, gedreht, aber Cocteau gab während der Aufnahmen keine Ratschläge. Er hatte einen enormen Nachkriegserfolg mit seinem Film *La Belle et la bête (Die Schöne und das Tier)*, und Papatakis meint, Genet habe gehofft, Cocteau als Regisseur in den Schatten stellen zu können. »Genet hatte phantastische Ideen, poetisch und spontan, wie zum Beispiel das Tauschen von Zigarettenrauch durch einen Strohhalm. So ein Loch in einer Gefängniswand ist realistisch gesehen unmöglich, aber das Bild funktioniert«, sagt Papatakis.

Da er pornographisch war, konnte der Film damals unmöglich öffentlich gezeigt werden. Eine Kopie wurde an einen englischen Kunstmäzen verkauft, eine zweite an Leonor Finis schweizerischen Millionär Renato Wild und eine dritte an Jacques Guérin; jeder war der Meinung, er besitze die einzige Kopie. Ein Bekannter von Guérin lieh sich den Film aus – und ließ mehrere Raubkopien davon ziehen, die er an andere »Kunstliebhaber« verkaufte. So wie Genets Romane anfangs in limitierten Luxusausgaben gedruckt worden waren, um die abgestumpften Gaumen anspruchsvoller Homosexueller zu kitzeln, so wurde auch sein Film von der gleichen gutbetuchten Clique in Augenschein genommen. Der südamerikanische Playboy Arturo Lopez arrangierte eine Vorführung, weigerte sich aber, eine Kopie zu kaufen, mit der Behauptung, seine Diener wären schockiert. Die öffentliche Erstaufführung sollte 1954 in der Cinémathèque française stattfinden, nachdem die Szene, in der der Aufseher sich selbst berührt, herausgeschnitten worden war, aber der Direktor der Cinémathèque, Henri Langlois, kniff dann schließlich doch.

1964 verkaufte Papatakis Kopien an die avantgardistische Film-Makers' Co-Operative in New York. Im März des Jahres veranstaltete Jonas Mekas, der Leiter der Co-Operative, eine öffentliche Aufführung. Die Polizei machte

eine Razzia, schlug Mekas zusammen, brachte ihn ins Gefängnis und teilte ihm mit, für »die Beschmutzung Amerikas« müßte er vor der Leinwand erschossen werden. Der Fall wurde schließlich zu den Akten gelegt, und das New Yorker Museum of Modern Art erwarb eine Kopie.
Noch im selben Jahr kam es in Kalifornien zu einem ähnlichen Vorfall. Ein Mann namens Saul Landau hatte eine Kopie für Privatvorführungen gekauft. Er zeigte den Film in Santa Barbara einem Publikum, das im wesentlichen aus Mitgliedern des Center for the Study of Democratic Institutions bestand; dann im State College von San Francisco, in einem Kunstkino in San Francisco und in Berkeley im YMCA, dem Christlichen Verein junger Männer. Der Leiter der Sonderkommission der Polizei in Berkeley gab die Warnung aus, der Film werde, sollte er noch einmal gezeigt werden, konfisziert und alle Verantwortlichen würden verhaftet. Daraufhin strengte Landau, unterstützt von der American Civil Liberties Union in Nordkalifornien, eine Klage an, um den Film ohne polizeiliche Einmischung zeigen zu können.
Fachkundige Zeugen, darunter die Kritikerin Susan Sontag, machten sich für den Film stark, und eine Jury sah ihn sich an. Das Gericht stellte fest, der Film zeige deutlich »Handlungen wie Masturbation, orale Kopulation, das schändliche Verbrechen gegen die Natur (Sodomie), Voyeurismus, Nacktheit, Sadismus, Masochismus und Sex [sic] ...«, eine recht merkwürdige Liste, wenn man bedenkt, wie unbestimmt und abstrakt die erotischen Szenen tatsächlich sind.
Das Gericht befand, daß Filme im allgemeinen leichter als das geschriebene Wort die Grenzen der Verfassungsgarantie der freien Rede überschritten, daß Genets Film (»ein Übergangswerk«) keinen ausgleichenden künstlerischen Wert erkennen lasse (die Fabel sei zusammenhanglos) und daß »ein wichtiger Hinweis auf das Mißlingen des Films« sei, »daß keiner der beigebrachten Zeugen sich auf sein beherrschendes Thema verständigen konnte«. Als Themen wurden genannt: die Situation des isolierten Menschen, die Notwendigkeit der Strafreform, die Auswirkungen der Haft auf Wärter und Häftlinge etc. Das Distrikts-Berufungsgericht in Kalifornien hatte festgestellt: »Die erotischen Szenen rasen mit wachsender Intensität dahin, ohne Richtung auf eine klar umrissene, nützliche Idee zu nehmen.«[58] Mit exemplarischer Gründlichkeit ermittelte das Gericht, daß »Darstellungen sexueller Perversionen mehr als die Hälfte der Filmmeter einnehmen«.
Dieser Fall wurde ein Markstein in der Auslegung der Entscheidung, die das Oberste Bundesgericht der Vereinigten Staaten in der Frage der Obszönität getroffen hatte. Das Strafgesetzbuch besagt: »›Obszön‹ bedeutet, daß für den

Durchschnittsmenschen, heutige Maßstäbe angewandt, das vorherrschende Anliegen der Sache als Ganzes das eines lüsternen Interesses ist, das heißt, eines anstößigen oder krankhaften Interesses an Nacktheit, Sexualität oder Exkretion, welches übliche Grenzen der Freimütigkeit in der Beschreibung oder Darstellung solcher Dinge erheblich überschreitet, und eine Sache, welche vollkommen ohne ausgleichende soziale Bedeutung ist.« Die soziale Bedeutung, so war interpretiert worden, umfasse den »literarischen oder wissenschaftlichen oder künstlerischen Wert«. Daß *Ein Liebesgesang*, eine der ersten und leidenschaftlichsten Darstellungen homosexueller Erotik im Film als künstlerisch wertlos beurteilt wurde, erstaunt nicht, wenn man Ort und Zeit bedenkt, aber ein solcher Irrtum stellt den ganzen Prozeß in Frage, mittels dessen man zu solchen Urteilen gelangt. Als gegen die Entscheidung in Kalifornien Berufung eingelegt wurde, bestätigte eine hauchdünne Mehrheit der Richter am Obersten Gerichtshof das Urteil, das den Film als obszön verwarf. Der Oberste Richter William Brennan stimmte bezeichnenderweise dafür, das Verbot des Films aufrechtzuerhalten, obwohl er zuvor Louis Malles *Die Liebenden* nicht obszön gefunden und selbst die Entscheidung verfaßt hatte. Als Genet nach dem Urteil befragt wurde, sagte er der Zeitschrift *Life* in einem Interview: »Ich glaube, ich habe irgend so was in der Zeitung gesehen. Aber wenn diese Herren mir etwas zu sagen hätten, hätten sie sich eigentlich mit mir direkt in Verbindung setzen sollen. So macht man das unter Männern von Welt.«[59]

1971 gelangten Kopien des Films nach London und wurden dort gezeigt. Der Komponist Gavin Bryars schrieb eine Filmmusik dazu. Von 1971 bis heute wurde der Film regelmäßig in Londoner Repertoirekinos gezeigt. In Paris wurde er 1972 beim Underground-Festival des Collectif Jeune Cinéma aufgeführt, und auf Initiative desselben Teams erneut 1974 und 1977. 1978 lief er auf dem Schwulenfilm-Festival im Cinéma Pagode. Der Film gilt inzwischen weithin als kleines Meisterwerk.

Genet selbst haßte den Film schließlich und verurteilte ihn durchweg: vielleicht, weil er als sein einziger Film ein mageres Ergebnis seiner lebenslang außerordentlichen Ambitionen in Richtung Kino darstellt; vielleicht, weil er ihn an eine unfruchtbare, unglückliche Zeit in seinem Leben und seiner inzwischen erloschenen Liebe zu Lucien erinnerte, oder vielleicht, weil er ein weiteres Beispiel für sein Geschachere zwischen Kunst und Pornographie auf einem undurchsichtigen Gelände darstellte, über das er nie glücklich war. Die meisten seiner besten Werke könnten auf diesem Gelände angesiedelt werden, aber die außerkünstlerischen Reaktionen auf sein Werk – die gerichtlichen, die moralischen, die aus einem sexuellen Kitzel heraus – irritierten ihn. Zu Papatakis sagte er, ihm gefalle der Film nicht, weil er zu bukolisch und nicht brutal genug sei. Er ist überdies Genets letzter Versuch, homosexuelle Begierde darzustellen. Schob er in seinen späteren Theaterstücken, vielleicht unbewußt, die Homosexualität zur Seite, um jene »universellen Themen« anzupacken, die bei der Premiere von *Unter Aufsicht* so heftig diskutiert worden waren, vor allem durch Mauriac? Oder war er zu dem Schluß gelangt, er könne das, was er über Sexualität, Phantasie und Macht gelernt hatte, auf der Bühne in andere, einer öffentlichen Kunstform angemessenere Begriffe umgießen (Rassismus, Totalitarismus, Kolonialismus)? Auf jeden Fall war die Zeit zwischen 1948 und 1955 eine Phase, die er später als ein langes, schmerzliches Nachdenken bezeichnete, das schließlich zu seinen wichtigen Arbeiten fürs Theater führte.

Ein falscher Schritt in diesem Nachdenken war das Drehbuch *Mademoiselle*, dessen erste Fassung Genet 1951 schrieb und als Hochzeitsgeschenk der Filmschauspielerin Anouk Aimée überreichte, als sie im Sommer 1951 Nico Papatakis heiratete und er Nicos Trauzeuge war. Ursprünglich hieß es *Verbotene Träume* oder *Die andere Seite des Traums*; es handelt von einer nervösen, gehemmten Volksschullehrerin (die schließlich von Jeanne Moreau in dem katastrophalen Tony-Richardson-Film gespielt wurde, der beim Filmfestival in Cannes 1966 zum ersten Mal gezeigt – und ausgebuht – wurde), die in einem Dorf wohnt, das Alligny-en-Morvan sehr ähnlich sieht. Sie öffnet heimlich Schleusentore, vergiftet Kühe und setzt Scheunen in Brand, weil sie sexuell frustriert ist. Sie möchte den Verdacht auf einen umherziehenden polnischen Holzschnitzer lenken, nach dem sich in schamvoller Gier verzehrt. Das Drehbuch birst von Verweisen auf Genets Kindheit auf dem Dorf.

In Genets Drehbuch sind die besten Seiten die, in denen die Liebesnacht im Wald geschildert wird, die Mademoiselle mit dem Polen Manou verbringt. Genet ist offensichtlich entschlossen, in diese Schilderungen heterosexueller Liebe Originalität – keine abnorme, sondern künstlerische Originalität – hineinzubringen. Selbst die Rhythmen sind vielschichtig synkopiert, und die Gebärden sind poetische Huldigungen an Natur und Leidenschaft. Wenige erotische Passagen sind so merkwürdig wie diese faszinierende Meditation eines schwulen Schriftstellers über das Thema der Liebe zwischen Mann und Frau. Ihre Übereinstimmung mit gängiger heterosexueller Praxis in Frage zu stellen, hieße, ihre Verwandlungskraft zu übersehen. Tony Richardsons verhängnisvolle Umsetzung wurde Genets Vision untreu. Vielleicht lag es daran, daß Film an sich ein Medium ist, das banalen Kaffeetassen-Realismus verlangt, es sei denn, ein Regisseur legt von der ersten Klappe an fest, daß alles, von der Beleuchtung über die Bauten bis hin zur Darstellung, stilisiert werden soll – und genau das gelang Fassbinder in seiner meisterlichen Verfilmung von *Querelle*.

KAPITEL 14

Als Genet Ende der vierziger Jahre in eine Depression zu fallen begann, wurde er für die Menschen um ihn herum immer unleidlicher. Einmal wartete Roger Stéphane in der Brasserie Lipp auf Genet. »Er verspätete sich. An einem Tisch saß Gide mit zwei Freunden. Ich ging sie begrüßen und sagte, daß ich auf Genet warte. Gide hatte ihn gelesen oder auf jeden Fall die Leute über Genet reden hören. Er sagte: ›Sein Stil gefällt mir nicht so sehr. Er ist sehr aufgeblasen.‹ Und er setzte, auf Genet gemünzt, hinzu, ich erinnere mich sehr gut daran: ›Er ist der Arno Breker der Literatur.‹ Er war trotzdem einverstanden, daß ich ihn ihm vorstellte. Aber als Genet kam, war er es, der Gide nicht vorgestellt werden wollte, und er sagte zu mir: ›Seine Amoralität ist zweifelhaft. Ich kann Richter nicht ausstehen, die sich liebevoll über den Angeklagten beugen.‹«[1] Vielleicht war Genet verärgert, daß Gide sich an ihre Begegnung vor fast zwanzig Jahren nicht mehr erinnerte.

Cocteau blieb von Genets schlechter Laune zunächst verschont. 1950 schrieb Genet für eine Sondernummer der belgischen Zeitschrift *Empreintes*, die Cocteau gewidmet war, sogar eine Huldigung auf den Älteren. Wenn Genet Leonor Fini in seinem Brief als Double von Dionysos gezeichnet hatte, so machte er Cocteau zu einem modernen Apoll. Eines von Genets Lieblingsbüchern, das einen entscheidenden Einfluß auf seine Vorstellung vom Theater ausübte, war Nietzsches *Die Geburt der Tragödie*, in dem Apollo unter dem Zeichen des »Traums« und Dionysos unter dem der »Trunkenheit« dargestellt werden. Genet stellt die Idee der Individualität (Apollo-Cocteau) der Idee der Menge, des Chors (Dionysos-Fini) gegenüber. Im Grunde baut sich Genets ganzer Essay um das Wort *Grec* (»griechisch«) herum auf, das, wie Genet behauptet, Cocteau mit seiner strengen Eleganz und Schroffheit heraufbeschwöre. Cocteaus besten Stil imitierend, ist er eine hübsche, wenn auch etwas kühle Huldigung an den Mann, der ihn entdeckt hat. Indirekt ist er auch eine Verteidigung Cocteaus gegen den Vorwurf, frivol, modisch und oberflächlich zu sein. Genet zeichnet das Porträt »eines äußerst vielschichtigen und leidenden Herzens«[2], das sich hinter einem Stil verbirgt, der unglücklicherweise von der Elite gepflegt wird. Und so wie Cocteau Genet stets einen Moralisten genannt hat, erwidert Genet den Gefallen nun, »indem er ihn auf dem »strenge[n] – parallele[n] – Weg der Reinheit des Schreibens und der moralischen Aufrichtigkeit« verweist.[3]

Gleich nach der Befreiung verteidigte Genet Cocteau als den größten lebenden Dichter – als Reaktion auf eine Äußerung des frankoamerikanischen Kunstkritikers Patrick Waldberg, der mit den französischen Surrealisten in Beziehung stand und auf einer Dinnerparty im Hause von Michel Leiris, dem surrealistischen Schriftsteller und Ethnologen, Cocteau kritisiert hatte.[4] Genet wußte sehr genau, daß die Surrealisten Homosexualität ablehnten und besonders Cocteau verachteten. Doch wenn Genet in den vierziger und fünfziger Jahren seinen Mentor noch verteidigte (Anfang der fünfziger Jahre war er noch immer regelmäßig Gast in Cocteaus Wohnung), so lehnte er ihn später rundweg ab.

In seinem Tagebuch erinnert sich Cocteau, daß Genet ihm am 5. August 1952 geschrieben habe, ihre Lebenssysteme paßten nicht mehr zueinander, und wenn sie nicht imstande wären, eine neue ernsthafte Freundschaft zu beginnen, werde er mit Cocteau brechen müssen. Er machte Cocteau zum Vorwurf, daß er die Widmung für *Das Totenfest* zurückgewiesen habe. Cocteau aber sagte, er habe abgelehnt, damit die Widmung Jean Decarnin zuteil werden könne. Genet setzte hinzu: »Du wirst mich undankbar finden. Ich hatte Dir viel zu verdanken. Ich schulde Dir nichts mehr.«[5] Genet warf Cocteau außerdem vor, am »Kommerzkino«[6] allzu interessiert zu sein.

Im Laufe desselben Monats stattete er Cocteau einen wütenden, erregten Besuch ab:

Ein jansenistisch-strenger Genet, der mir vorwirft, seit zehn Jahren meine Moral der Freundschaft geopfert zu haben – der mir sagt, er habe nichts mehr zu sagen – daß die Literatur ihn anwidere – daß er die Arbeit von fünf Jahren verbrannt (zerrissen) habe. All das ist voller Widersprüche. Wenn ihm die Literatur wirklich egal ist, weshalb dann seine Texte verbrennen? Dann sollte er sie teuer verkaufen und nachgelassene Werke nennen. Außerdem sagt er, er habe sie verbrannt, dann korrigiert er sich und sagt, er habe sie zerrissen. Weil ihm plötzlich einfällt, daß im Sommer sicher kein Feuer brennt. Und letzten Endes müßte die Freundschaft ihm höher stehen als die Literatur. ... Genets tadelloser grauer Anzug. Beim Aufbrechen (Doudou bringt ihn nach Villefranche zurück) hat er wieder den alten Ausdruck voller Schalk und Großherzigkeit.[7]

Als er in Cocteaus Haus kam, liefen ihm Olivier Larronde und Jean-Pierre Lacloche über den Weg, die er kaum grüßte. Cocteau vermutete, daß Genet jedem Menschen gram war, der in der Zeit, während der er selbst schwieg, etwas geschrieben und veröffentlicht hatte, von Sartre abgesehen. Der mitfühlende und welterfahrene Cocteau begriff, daß Genets jansenistische Verurteilungen in seiner Frustration begründet lagen. Olivier Larrondes künstlerischer Verfall muß Genet besonders Angst gemacht haben. Sah Genet sich aber einer geradezu unmenschlichen Produktivität wie der Cocteaus gegenüber, war er ebenso bestürzt wie über Larrondes schöpferische Unfruchtbarkeit.

Zwei Tage später fand Cocteau den Mut, genau die Worte niederzuschreiben, die Genet ihm an den Kopf geworfen hatte. »Seit zehn Jahren bist Du nur noch damit beschäftigt, ein Star zu sein.«[8] Nachdem Cocteau über seine Werke der vergangenen zehn Jahre nachgedacht hat, kommt er zu dem Schluß, daß Genets Schuldspruch ungerecht ist und er wiederholt seine These, Genet sei auf jeden schlecht zu sprechen, der produktiv geblieben sei. Er glaubt auch, das »Scheitern« von *Ein Liebesgesang* müsse Genet verletzt haben.

Schließlich schrieb Genet Cocteau einen keineswegs reumütigen, doch zärtlichen Brief, in dem er erklärte, er habe nicht so böse reden wollen. Sicher habe er sich schroff geäußert, das aber, weil Cocteau ihn immer ermuntert habe, mit seiner Meinung nicht hinter dem Berg zu halten. Genet erkennt ja, daß andere nicht gezwungen sind, seiner Richtschnur zu folgen. Genet schließt: »Dennoch, mein lieber Jean, wenn du mich schätzt, so sei versichert, daß ich Dir immer eine sehr herzliche Zuneigung bewahren werde.«[9]

Genet ging Cocteau auch während der nächsten zwei Jahre nicht aus dem Kopf. Cocteau war fasziniert von der Art, wie Mauriac, sein alter Gegenspieler, auf Sartres Verherrlichung von Genet reagiert hatte. Mauriac nannte Genet in einer Besprechung ganz einfach einen »Scheißhaufen« (»*un étron*«). Als Cocteau wenig später mit Sartre zu Abend aß, äußerte er die Vermutung, daß Mauriac eine ganze Schriftstellergruppe attackiere, weil er sich von ihr ausgeschlossen fühle – darunter Sartre, Genet, Éluard und Henri Pichette, der surrealistische Dichter und Freund Artauds. Genet schrieb Cocteau einfache, sehr herzliche Bewunderungsbriefe, nachdem dessen Gedichtband *Le Chiffre*

sept (»Du verstehst, wie glücklich es mich macht, zu sehen, daß Du der Dichter geblieben bist, der Du immer warst«[10]) und seine autobiographische Prosaarbeit *Journal d'un inconnu (Tagebuch eines Unbekannten)* erschienen waren. Genets Brief zu diesem zweiten Buch, den er Anfang 1953 schrieb, ist nicht nur ein schlichter Glückwunsch, er spiegelt auch Genets eigene Ängste wider: »Ich schreibe Dir rasch und schlecht, mein lieber Jean, denn ich bin trunken von Schlaflosigkeit. Meine Nerven sind ein einziger Knoten.«[11] Er fügt hinzu, seine Hand sei müde, seine Sätze seien idiotisch, aber er endet mit einer Geste voller Zuneigung, deren Direktheit seine Unfähigkeit entschuldigen sollte: »Und ich werde Dich immer lieben.«[12]
In den folgenden Monaten kündigte Genet wiederholt neue Projekte an, aus denen dann zwangsläufig nichts wurde. Er litt schrecklich. 1950 hatte er einen Gallenstein und mußte ins Krankenhaus. Er war alles andere als reich, aber weder zum Stehlen noch zum Schreiben imstande. Er lebte in einer dumpfen, teilnahmslosen Niedergeschlagenheit, die das ganze Gegenteil der angeregten Heiterkeit war, die er in seinen Ruhmesjahren zwischen 1942 und 1947 erlebt hatte, als er mit höchstem Tempo schrieb. Später sagte er, sechs Jahre habe er »in diesem elenden Zustand [zugebracht], in diesem Schwachsinn, der den Kern des Lebens ausmacht: eine Tür zu öffnen, sich eine Zigarette anzuzünden ... Es gibt nur wenige Lichtblicke im Leben eines Menschen. Der Rest ist grau in grau.«[13] Er nannte seinen Zustand »eine Art psychische Entartung«. 1954 schrieb er: »Der Gedanke – nicht die Verlockung –, sondern der Gedanke an Selbstmord kam mir deutlich so um das vierzigste Lebensjahr, ausgelöst, scheint mir, durch Lebensüberdruß, durch eine innere Leere, die anscheinend nichts als das schließliche Fortgleiten verdrängen konnte.« Er hielt daran fest, daß er das Gefühl habe, nicht mehr autobiographisch über diese »jämmerlichen Abenteuer« schreiben zu können, die er einst »in Gedichte verwandelt« hatte. Außerdem meinte er, am Schicksal der Welt nicht interessiert zu sein, und er glaubte, sein eigenes bereits vollendet zu haben. Er war zum Schweigen verurteilt, und »logischer- und natürlicherweise dachte ich an Selbstmord«[14].

Genets Bild aus jener Zeit zeigt ihn uns als kleinen, glatzköpfigen Mann mit eingeschlagener Boxernase, strahlend blauen Augen und blitzschnellen Vorstößen im Gespräch, denen viele lange Pausen folgten, als jemanden, der ständig auf Reisen war, meist in Bahnhofsnähe in drittklassigen Hotelzimmern wohnte, oft in elenden, völlig uninteressanten Provinzstädten, und seinen ganzen weltlichen Besitz in einem kleinen Koffer mit sich herumtrug. Er war gepflegt, trug aber fast immer dieselben Sachen – eine Lederjacke oder einen

461

schwarzweißen Tweedmantel und dunkle Cordhosen. Sein Geld hatte er bar bei sich, normalerweise in dicken Bündeln. Wurde er beraubt, stimmte er keine große Klage darüber an. Die Entbehrungen der ersten fünfunddreißig Jahre seines Lebens hätten ihn leicht materialistisch oder geizig werden lassen können, aber in Wirklichkeit hatte er so wenige Bedürfnisse oder Wünsche wie ein buddhistischer Mönch, und selbst seine Diebstähle hatte er nur begangen, weil er entweder Hunger hatte oder bürgerlichen Bekannten einen Schock versetzen wollte.

Zwei zusätzliche Hiebe trafen ihn im Jahr 1952 – einer wurde ihm von einem römischen Stricher versetzt, und der andere von Frankreichs größtem Philosophen.

In einem rätselhaften Text mit dem Titel *Fragments ...*, der 1954 erschien, aber bereits 1953 unter dem Titel *Lettre ouverte à Decimo (Offener Brief an Decimo)* angekündigt worden war, schreibt Genet: »Im April 1952 lernte ich in X. einen zwanzigjährigen Herumtreiber kennen.« Er verliebt sich in den jungen Mann und gibt ihm Geld, aber der weist ihn zurück und schreit: »Meine Küsse? Du interessierst mich einen Scheißdreck.«
Decimo Cristiani ist der Mann, den Genet am meisten geliebt hat, und doch ist fast nichts über ihn bekannt. Offensichtlich war er ein hübscher römischer Strichjunge (manche sagen, effeminiert), das zehnte Kind einer armen Familie (*»decimo«* bedeutet »der Zehnte«), homosexuell und völlig gleichgültig gegenüber Genet, seiner Seele, seinem Geld, seinem Ruhm und seiner Intelligenz. Nico Papatakis erinnert sich, daß Genet sich wegen Decimo umzubringen versucht habe: »Es war das einzige Mal, wo er wirklich verliebt war.« Genet war so tief (und für immer) verletzt, daß er später, als er eine Liste seiner Liebschaften aufstellte, Decimo nicht aufnahm und nur die Namen von Decarnin, Lucien, Java und Abdallah eintrug.[15] Java beschrieb Decimo als elegant im Valentino-Stil, bisexuell, nicht besonders hübsch oder intelligent und habgierig. Einmal sagte Decimo zu Genet, daß Java doch nur des Geldes wegen bei ihm bleibe – was Java natürlich in Wut versetzte. Laut Java hat Genet bei Decimo sexuell die aktive Rolle gespielt.
Nicht alle diese Selbstmordversuche hingen mit seiner Depression wegen Decimo zusammen. Weil er bereits depressiv war, hatte Genet wenig Widerstandskraft. Java berichtet: »Ich überraschte ihn, wie er sich mitten in der Nacht ganz eigenartig im Badezimmerspiegel betrachtete. Er begann, sich zu übergeben. Ich wischte es auf. ›Ekelt dich das nicht?‹ fragte er mich. Ich antwortete: ›Nein, das hättest du auch für mich getan.‹ Am nächsten Tag war

alles vergessen.«[16] Ebenso erinnert sich Lucien Sénémauds Frau Ginette, daß Genet ein starkes Beruhigungsmittel zum Schlafen verschrieben worden war und daß er das Medikament in ein Glas tropfen ließ, ohne die Tropfen zu zählen – was die Sénémauds entsetzte und ihr wie eine halbgewollte Form von unüberlegtem Selbstmord vorkam.

In dem Drehbuch *Die Strafkolonie*, in dem Genet für Decimo eine Rolle vorgesehen hatte, findet sich diese Beschreibung:»Er wird zweiundzwanzig oder dreiundzwanzig Jahre alt sein. In der Umgebung von Krakau kann man Hirten begegnen, die diese Haltung und dies Gesicht haben. Blondes Haar, sehr helle Augen, mandelförmig, eine natürliche Anmut, die man in Frankreich nicht findet, es sei denn vielleicht bei manchen Pariser Arbeitern, deren Gesichter leider abstoßend sind. Natürlich ist er sehr schön. Entspannt, sollte sein Gesicht an nichts denken lassen. Außer Lächeln und Traurigsein wird es nichts auszudrücken haben. Wenn er Ausländer ist, sehr gut. Er wird die Sätze, die ich ihm zu sprechen gebe, so gut aussprechen, wie er kann. Um so besser, wenn seine Aussprache langsam und mühsam ist. Seine Stimme wird dumpf sein.«[17]

Alberto Moravia, der Decimo einmal in Rom begegnete, beschrieb ihn als »eine dürre, kleine Tunte mit O-Beinen und ohne Reize«.[18] Genet bat Moravia, damals Italiens bekanntesten Schriftsteller, ihm zu helfen, Decimos Bruder aus dem Gefängnis freizubekommen. Er saß dort wegen eines, wie Genet es nannte,»kleinen Vergehens«, das sich als bewaffneter Raubüberfall entpuppte.

Genets Essay *Fragments ...*, obwohl alles andere als anekdotisch, gestattet einen überaus schmerzlichen Blick auf seine von Decimo verursachten Seelenqualen. Der Leser begegnet zunächst einem jungen Mann, der auf die Straße spuckt, doch nicht nur, weil er schlechte Manieren hat, er hat auch Tuberkulose. (Als Genet diesen Text schrieb, war er der Meinung, auch er habe Tuberkulose und bewege sich parallel zu Decimo auf den Tod zu.) 1952 fand Genet, das Italien der Nachkriegszeit sei

ein gigantischer Puff, wo sich die Schwulen der ganzen Welt für eine Stunde, für die Nacht, die Dauer der Reise einen Knaben oder Mann mieteten. Mein Junge kam mir gleichermaßen zart und kostbar vor. Weder seine Fremdartigkeit noch seine Schönheit wurden mir sofort offenbar. Seine Züge waren wie mit Talkum bepudert. Bei unserem zweiten Treffen gab ich ihm als Provokation, als spielerische Herausforderung zu verstehen, daß mir sein Metier zuwider sei. Verärgert bot er mir an, mich zu verlassen. Ich stimmte zu. Er wollte gehen, blieb, ging. Ich war verliebt.[19]

Genet war stolz auf Decimos Schönheit. Cocteau erzählte er 1953, daß Sartre, als er Decimo in Rom zum ersten Mal begegnet sei, aus Ehrfurcht vor der Schönheit des Jungen seine Pfeife aus dem Mund genommen und weggelegt habe (obwohl diese Ehrfurcht Sartre später nicht davon abhalten sollte, an Decimo ernste Kritik zu üben).[20] Genet vergleicht Decimo oft mit Marguerite Gautier, sowohl was seine Schwindsucht als auch was seine bleichen, gepuderten Gesichtszüge betrifft. Einem Journalisten beschrieb Genet ihn als »einen jungen Italiener mit einem Mädchengesicht und Mongolenaugen«[21] – wirklich weit entfernt von den Schlägertypen, die Genet immer bewundert hatte.

Doch andererseits, wie von Prousts Swann bereits demonstriert, empfindet niemand große Leidenschaft für seinen »Typ«: In Anwesenheit unseres Typs sind wir zu gut vorbereitet und zu gut gepanzert, um verletzbar zu sein. Genet versuchte ohne Erfolg, Decimo dazu zu überreden, aus Rom weg und mit ihm nach Paris zu gehen; während er der Frau des Romanciers Jean Dutourd später erzählte, daß Decimo ihn abgewiesen habe, blickte er sein Bild in einem Spiegel an und fragte sie, ob er noch gut aussehe.[22]

Vielleicht sah Genet in dem jungen Mann den stolzen, einsamen Vagabunden und Stricher, der er selber einmal gewesen war. Dieses »kriminelle Kind«, wie er früher Decimo nennt, war die Quelle seines Genies und ist die Person, die er begraben oder verloren hat, bis er sie in diesem tuberkulosekranken Verlierer wiederfindet.

Oder vielleicht war Genet einfach überwältigt von der Kälte und zugleich von der Armut dieses Jungen, seinem freudlosen Professionalismus und seinen sichtbaren Zeichen von Sterblichkeit, seinem stillschweigenden Ruf nach Hilfe und deren unverblümter Zurückweisung. Genet beginnt sogar Spekulationen darüber anzustellen, daß, sollte Lucien sein Botschafter bei den Lebenden sein (solar, fruchtbar), Decimo dann sein Abgesandter bei den Toten ist (lunar, unfruchtbar).

Genet gibt zu, daß er sich auch schon umbringen wollte, ehe er Decimo kannte. Aber die Gegenwart des Jungen verschärfte Genets selbstmörderische Neigungen nur noch weiter.

Diese unglückliche Leidenschaft erzeugte bald eine katastrophale Stimmung, die mich in einem Taumel zu ich weiß nicht welch sinnloser Tat verleitet hätte: Selbstmord, Mord oder Wahnsinn. Ich bin dem durch die Dichtkunst entronnen.... Bevor ich dieses kranke Kind kennenlernte, hatte ich mich umbringen wollen: Er ist es, dieser kostbare und unbezähmbare Todkranke, der mein versäumter Tod sein wird.[23]

Java erzählt:

Genet machte mehrere tiefe Depressionen durch. Die schrecklichste befiel ihn nach einer Reise mit Decimo nach Venedig. Er bekam schließlich mit, daß Decimo ihn hinterging. Sobald er konnte, ließ er Genet wegen eines anderen, der mehr Geld hatte, fallen. Genet unternahm mehrere Selbstmordversuche. Einmal hätte er sich beinahe im Hôtel Terrass aus dem Fenster gestürzt. Ich mußte ihn zurückhalten und sagte zu ihm, ich würde ihm die Fresse polieren, wenn er das noch mal probieren sollte. Genet hatte an jenem Abend ein bißchen getrunken.[24]

Genet weigert sich standhaft, Decimos Bild zu zeichnen, dennoch wird er zweimal in kurzen unvergeßlichen Eindrücken festgehalten. Einmal belauschen wir ihn zufällig in einer trotzigen Unterhaltung, in der er Genet um einen neuen Anzug bittet, weil er seine einzigen guten Kleider einem jungen schwulen Freund geschenkt hat, der gestorben ist. Genet nennt Decimo »meine zarte Antigone«[25].

Der andere flüchtige Eindruck zeigt Decimo nackt auf allen vieren, den Kopf nach vorn ins Kissen gedrückt, der kindliche Nacken zart und verletzlich, während er sein Hinterteil »dem Henker« hinhält. Genet sieht ihn als Knienden vor einem Gott – aber welchem? Oder er sieht ihn als jemanden, dessen Hals symbolisch durchgeschnitten wird, wenn ein Kunde ihn sodomisiert. Genet sagt uns, daß von Decimo nichts bleibt als »sein Gedicht. Äußerstenfalls ein Zeichen: der beispielhaft gewordene Name. Sollen der Name und das Beispiel ihrerseits verlöschen und ›eine Vorstellung unendlichen Elends‹ bleiben.«[26] Diese Idee ist alles, was Genet uns zu bewahren gestattet. Ob sie auf ihn oder auf Decimo zurückgeht, bleibt ein Geheimnis. »Es ist der Gedanke unendlichen Elends, den ich wiederfinden will. Wenn das das Wesen des Ruhms selbst ist, soll allein dieser Gedanke mit meinem Namen verbunden bleiben.«[27]

Im selben Jahr, in dem Genet Decimo kennenlernte, 1952, erschien endlich Sartres *Saint Genet, Komödiant und Märtyrer (Saint Genet, comédien et martyr)*. Es handelt sich dabei um eine sehr lange »existentielle Psychoanalyse« Genets, die sich ihrer Form nach allerdings mehr auf seinen dichterischen Werdegang als auf seine biographische Entwicklung konzentriert. Das konkret Biographische könnte auf dreißig Seiten zusammengefaßt werden. Der Großteil des Buches besteht aus Sartres brillanter Neuschöpfung von Genets Innenleben. In der Literaturgeschichte finden sich nur wenige ähnliche Fälle

– die Heiligsprechung eines Schriftstellers im Alter von nur zweiundvierzig Jahren, die öffentliche Erforschung der intimsten Geheimnisse eines Freundes, die Durchführung einer imposanten philosophischen Untersuchung auf dem Rücken eines Mannes, der nach dem zwölften Lebensjahr nie mehr regelmäßig zur Schule ging, die Analyse eines Romanschriftstellers als höchst spezieller Fall zum einen, nämlich als Schöpfer eines exzentrischen, phantasiegeladenen Werkes, *und* als allgemeinster Fall zum anderen, als ein Mensch, der sich gegen falsche Beschuldigungen und abträgliche Benennungen durchsetzt, die ihm von der feindseligen Masse angeheftet werden. Sartre gründete seine Spekulationen auf endlosen Gesprächen, die er auf einer abstrakten Ebene mit dem kooperativen Genet geführt hatte. Im Laufe seines langen Schriftstellerlebens machte Sartre sich auch an die psychoanalytische Deutung anderer Schriftsteller wie Baudelaire, Mallarmé und Flaubert, aber Genet war kein seit langem verstorbener Klassiker, der für eine neue Deutung reif gewesen wäre. Er war noch immer relativ jung, verletzlich, nach ungeheuren dichterischen Anstrengungen ausgelaugt, der einen Hälfte des gebildeten Paris unbekannt und von der anderen als *enfant terrible* der Literatur bezeichnet, als Cocteaus neuester Genius, als Pornograph, Knastbruder, Schwuler. In seinen Romanen verband Genet das Bedürfnis, seine schändlichsten Geheimnisse zu beschreiben, mit dem strengen Sinn für Geheimhaltung. Er machte sein Leben zu seinem Thema, verschleierte aber die Tatsachen. Sartres Buch über Genet und Genets Dichtung selbst sind exakte Gegensätze, und das eine hebt das andere auf. Genets Sprache ist, wie Sartre selbst aufzeigt, mit Lügen, Verzerrungen, Erfindungen und Provokationen angefüllt, während Sartres Sprache analytisch, enthüllend und objektiv ist. Sartre legt genau die Tatsachen fest, die Genet zweideutig als Täuschung oder Verführung darbietet. Sartre schreibt eine Prosa, die sich selbst genügt; Genet schreibt Einladungen zu Mißverständnissen oder Liebesbriefe.

Sartre selbst gibt eine hervorragende Zusammenfassung seines angestrebten Zieles:

Die Grenzen der psychoanalytischen Interpretation und der marxistischen Erklärung aufzuzeigen, darzulegen, daß allein die Freiheit über eine Person in ihrer Totalität Aufschluß geben kann, sichtbar zu machen, wie diese Freiheit, im Kampf mit dem Schicksal zunächst von ihren Verhängnissen erdrückt, sich dann auf sie zurückwendet, um sie nach und nach zu steuern, zu beweisen, daß Genie keine Begabung ist, sondern der Ausweg, auf den man in hoffnungslosen Fällen kommt, die Wahl herauszufinden, die ein Schriftsteller von sich selbst, seinem Leben und dem Sinn des Universums trifft bis hinein in die formalen Merkmale seines Stils und seiner Komposition, bis hinein in die Struktur seiner Bilder und in die Besonderheit seiner Neigungen, die Geschichte einer Befreiung im Detail nachzuzeichnen: das ist es, was ich gewollt habe. Der Leser wird entscheiden, ob es mir gelungen ist.[28]

Die Heiligkeit Genets (an die Genet selbst halbwegs glaubte) wurde vom Atheisten Sartre zurückgewiesen, der lediglich eine Anspielung auf den im dritten Jahrhundert nach Christus lebenden römischen Schutzpatron der Schauspieler, den heiligen Genesius, machte oder eine marxistische Deutung des katholischen Begriffs versuchte. Wenn Sartre damit auch zeigen wollte, daß Genet ebenso unerbittlich nach dem Bösen strebte wie ein Heiliger nach dem Guten, so lehnte er doch jedwede Form von Mystizismus ab. Das Buch geht den aufeinanderfolgenden Verwandlungen nach, die nach Sartres Meinung bis in die Gegenwart hinein reichten, jenen Metamorphosen, die es einem Dorfburschen aus dem Morvan gestatteten, einer von Frankreichs größten Schriftstellern zu werden.

Er beginnt mit einer Betrachtung über Genets Kindheit. Zwar sind die Fakten nicht immer genau (Genet war sieben Monate, nicht sieben Jahre alt, als er in das Dorf kam), aber Sartre hat ein starkes dramatisches Gespür für die Zwänge, denen der Junge ausgesetzt war. Er zeigt, wie Genet ständig daran erinnert wird, daß er seinen Pflegeeltern für alles zu Dank verpflichtet ist; man erwartet von ihm ständig ein Gefühl der Dankbarkeit. An sich *ist* er nichts und *hat* er nichts. Genet ist religiös, doch nur, um gewöhnliche menschliche Werte zu verneinen. Er bewundert Kinder, die ihre Eltern verlassen, um Christus nachzufolgen. Als Außenseiter einer Konsumgesellschaft konsumiert er im geheimen – das heißt, er stiehlt. In Sartres aufregendem, aber ungenauem Bericht wird Genet im Alter von zehn Jahren erwischt und angezeigt (in Wirklichkeit wußten die Leute, daß Genet seine ganze Kindheit hindurch gestohlen hatte, er wurde jedoch nie öffentlich gerügt). Bis zu diesem Zeitpunkt war Genet nach Sartres Version ein Schlafwandler; plötzlich ist er gebrandmarkt. Das Etikett *Dieb*, das ihm angeheftet wird, ist etwas, das er nicht in Frage stellt, woran er zutiefst glaubt und das ihn vollkommen verwandelt. *Dieb sein* wird seine neue Natur. Für Genet bezeichnet das Wort keine Handlung, sondern eine Seinsweise. Die Bauern haben Genet deformiert, um einen Sündenbock zu haben. Aber für das Kind sind die Auswirkungen nachhaltiger und heftiger. Das Böse wird immer anderen Menschen zugeschrieben, es wird immer projiziert, nie in einem selbst erfahren. In Genets Fall jedoch wird der Junge für die Menschen um ihn herum zur Verkörperung des Bösen selbst, zum einzigen Menschen, der weiß, daß das Böse *in* ihm ist. Weil er zum Dieb *ernannt* worden ist, ist er in seinen Augen etwas *Heiliges* geworden.

Der erste freiwillige Schritt, den Genet tut, ist seine Entscheidung, das zu werden, was andere ihn zu sein beschuldigen. Sartres denkwürdige Formel lautet: »Ich habe beschlossen, der zu sein, den das Verbrechen aus mir gemacht hat.«[29] Für Genet ist das Verb »sein« transitiv. Es ergreift einen Gegenstand, es veranlaßt etwas, sich zu ändern. Als Notre-Dame und Querelle jemanden ermorden, verwandelt sich ihr ganzes Wesen. Wie eine Braut, die mit dem Akt der Heirat ihren Namen, ihren Familienstand, ihr ganzes Sein ändert, wird der Verbrecher, indem er eine simple Tat begeht, jemand vollkommen anderer, ein Mörder. Nach Sartres Lesart entschließt sich Genet daraufhin, ein Homosexueller zu sein, um seine Außenseiterstellung als Dieb zu vertiefen und zu bestätigen. Sartre ist der Ansicht, die Homosexualität sei ein Symbol von Genets *invertierter,* auf den Kopf gestellter Weltsicht und seiner Angreifbarkeit als Dieb, *hinterrücks* geschnappt zu werden.

Was das Böse in ihm angeht, so versucht Genet zunächst, es zu lokalisieren, es zu sehen. Aber schließlich nimmt er hin, daß er es nie direkt wird anschauen können. Es wird wie Gott für den Gläubigen – immanent, real, aber unsichtbar. Für Genet ist es das »Heilige« in ihm. Mit dem Wunsch, vollkommen böse zu sein, bejaht Genet die schlimmste Tat, die er kennt: Treuebruch. Er verpfeift seine Freunde bei der Polizei. Diese Vollkommenheit macht Genets »Heiligkeit« aus, eine Berufung, die Sartre mit marxistischen Begriffen als Selbstverleugnung inmitten der Fülle, als Ausschweifung der Konsumgesellschaft, eine Form von Potlatch, als ins Auge springende Zerstörung definiert: »Aristokraten haben das Gold dadurch nutzlos gemacht, daß sie es an den Wänden der Kirchen anbrachten. Der Heilige macht symbolisch und in seiner Person die Welt nutzlos, weil er es ablehnt, sich ihrer zu bedienen.«[30] Genet erniedrigt sich, wird niederträchtig, tritt in einem Akt der Ablehnung auf allen menschlichen Werten herum; mit der Zurückweisung des Menschlichen transzendiert er die normale Welt und gelangt zum Heiligen. Der Tribut für diese geistige Verwandlung ist, daß Genet zu Kain dem Verfluchten wird.

War Genets erste Bekehrung die zum Bösen, so ist seine zweite Metamorphose die von Kain zum Ästheten. Sein neuer Ehrgeiz ist nicht mehr, das Böse zu verkörpern und dazustellen, sondern, subtiler, seinen Gegner, den guten Bürger, innerlich zu zersetzen, indem er ihn in einen Ästheten verwandelt. Mit seinem verführerischen, subversiven Schönheitsbild ausgerüstet, ist Genet imstande, den guten Menschen einzuschätzen und ihn davon zu überzeugen, daß sein gutes Verhalten wertlos, weil häßlich ist. Genets Schönheitsdoktrin ist um so verwirrender, als sie Schönheit nur darin findet, was andere als häßlich ansehen – im nachgemacht Falschen, im Billigen, Kriminellen, Feigen. In seiner ersten Verwandlung hatte er einfach die gesellschaftliche Definition akzeptiert, die ihm angehängt worden war. Entsprechend denkt er sich bei dieser zweiten Verwandlung keine neue Phantasiewelt der Zerstreuung aus. Nein, wieder einmal wählt er die Wirklichkeit, aber er stellt die übliche Werthierarchie, die diese Wirklichkeit beherrscht, um. Diese zweite Verwandlung setzt Sartre zu zwei anderen Veränderungen in Beziehung – Genets Entschluß, ein Dieb zu sein, und sexuell die dominierende Rolle zu übernehmen.

Genets Ästhetizismus, seine Entdeckung der gefährlichen Macht der Schönheit, führt ihn zu einer dritten Verwandlung – er wird Schriftsteller. In der Untersuchung Genets als Schriftsteller geht Sartre mit größter Sensibilität vor und beweist einen ungeheuren Einfallsreichtum – nicht so sehr in der Darlegung von Ideen als vielmehr in der Beschreibung der Stilqualitäten. Genet wird als ein Schriftsteller gezeigt, der aus der Inspiration heraus arbeitet wie ein Dichter und sich nicht Tag für Tag sein Pensum abverlangt wie der typische Prosaschriftsteller. Das ist der Grund für die oft zusammengeschusterten Schlüsse seiner Bücher: Seine Phantasie hat schon vor Erreichen der letzten Seiten nachgelassen. Alle Bücher Genets gelten als Gedichte, abgesehen von *Tagebuch eines Diebes,* das eher ein Kommentar zu seinen Werken ist. Mit großem Scharfblick greift Sartre das Thema von Kunst und Pornographie in Genets Werk auf:

Der pornographische Roman entspricht wie der erbauliche Roman einer gesellschaftlichen Nachfrage, befriedigt die Bedürfnisse einer bestimmten Kundschaft. Alle anstößigen Schriften sind nach demselben Muster und nach erprobten Rezepten angefertigt; abgesehen von den Orten und Personennamen ändert sich nichts; und wenn die Handlung die gleiche bleibt, so deshalb, weil der Kunde keine Abwechslung wünscht: er will träumen, wenn er immer wieder dieselbe Lust in derselben Reihenfolge genießt. All das ist nicht weiter beunruhigend: diese Erzeugnisse schmeicheln den Manien einiger Sonderlinge, und ihre stereotype Dürftigkeit langweilt den angepaßten Bürger. Genets Werke sind nicht langweilig, und doch richten sie sich, weit davon entfernt, einer spezialisierten Kundschaft gefallen zu wollen, an alle und wollen allen mißfallen. Mit allen Mitteln der Kunst verfaßt, bestimmt ihr Wert sie dazu, sich dem objektiven Geist zu integrieren, während ihre Obszönität sie zwingt, verboten zu bleiben. Schön und abstoßend, von der Polizei verfolgt und von der Kritik gefeiert, gehören sie weder zur

»Spezialliteratur« noch zur offiziellen Literatur: öffentlich verboten, sind diese Paradoxe unklassifizierbar und beunruhigen gerade durch ihre Einzigartigkeit.[31]

Darüber hinaus dringt Genet mit seinen Romanen darauf, daß der heterosexuelle Leser (an den er sich normalerweise richtet) sich in einen homosexuellen Dieb *verwandelt*, zumindest für die Dauer der Lektüre (»lesen heißt eine gesteuerte Erfindung machen«[32]). Wenn der Autor schuldig ist, dann auch der Leser. Sartre zitiert eine der bekanntesten Äußerungen Genets: »›Poesie ist die Kunst, Scheiße zu benutzen und sie euch fressen zu lassen.‹«[33] In diesem Zusammenhang greift Sartre besonders Mauriac an, der zwar in *Thérèse Desqueyroux* eine Giftmischerin dargestellt haben mag, aber in seinen Romanen immer genau zur rechten Zeit zum Rückzug bläst, um christliche Nächstenliebe zu empfehlen und die göttliche Weisheit zu preisen. Noch nüchterner stellt er Genet den Surrealisten gegenüber. Während sie sich der automatischen Schreibweise hingeben, verachtet Genet »alle Formen von Laisser-aller ...: Sie passen nicht zu seiner Asketik des Bösen, zu seinem Puritanismus eines Diebs. ... Die Surrealisten machen den toten Mann und treiben dahin; Genet, aufrecht, steif, störrisch, bemüht sich, den Kopf über Wasser zu halten.«[34] Und wo André Breton im Umgang mit dem Leser gradlinig ist, ist Genet immer verschlagen.

Mit *Querelle* versucht Genet zwar einen »richtigen« Roman zu schreiben, aber das wahre Thema des Buches sind nicht die Abenteuer des Helden, sondern die allmähliche Auflösung der äußeren Welt im Kopf des Dichters. Denn wirklich, kaum hat er in allen seinen Romanen eine Figur erschaffen – Divine, Erik, Querelle –, schon mischt er sich ein, um den Leser daran zu erinnern, daß der Autor alles manipuliert. Mit dieser Spannung zwischen der Autonomie der Gestalten und der Allgegenwart des Autors wird ein Parallelkonflikt zwischen Genets Heiligungs- und Profanisierungswünschen inszeniert. Zwei Gefangene tauschen als Zeichen ihrer Liebe Filzläuse aus; die Läuse setzen die Liebe herab, und gleichzeitig erhöht die Liebe die Läuse. Die *Zeremonie* ist edel, der *Inhalt* ist schmutzig.

Ein bestimmter christlicher Homilienverfasser, führt Sartre aus, versuchte von der Sinnlichkeit abzuschrecken, indem er die Frage stellte, wie jemand denn ein anderes menschliches Wesen, einen Sack Exkremente, lieben könne. Genets Beitrag zur christlichen Apologetik ist, daß man sich zum ersten Mal des Kothaften voll bewußt sein *und* es lieben kann; Genet liebt die Seele durch den Körper.

In seinen Überlegungen zu Genets schöpferischem Dilemma zu der Zeit, als

Saint Genet geschrieben wurde, äußert Sartre die Ansicht, daß Genet zunächst in einer Art Traumzustand schrieb, dann mit der Absicht, die herkömmliche Gesellschaft (»die Gerechten«) durch die Zerstörung gewohnter Werte zu unterjochen, und das immer im Gefängnis oder in dessen Schatten. Doch jetzt hat er gesiegt. Er ist begnadigt worden, er ist aufgewacht, ihm ist vom Feind Beifall gespendet worden. Warum sollte er weiter schreiben? Um ein Mann der Literatur zu werden? Außerdem glaubt er nicht mehr an die Heiligkeit oder das Böse, und trotzdem hat er nichts anderes, über das er schreiben könnte. Mit diesem beunruhigenden Ton – zweifellos bedrohlich für Genet – schließt Sartre seine Studie.

Als Genet zum ersten Mal davon hörte, daß Sartre über ihn schrieb, war er entzückt. Zu Java sagte er, er finde es außergewöhnlich, daß ein berühmter Philosoph über ihn schreibe, der er nach seinem zwölften Lebensjahr nie mehr eine Schule besucht habe. Wie Java erzählt, sagte Genet lachend: »Weißt du, was gerade passiert ist? Sartre hat mir eben gesagt, daß er einen Essay über mich geschrieben hat. Ist dir klar, was das heißt? Ich, der ich kaum mein Abgangszeugnis bekommen habe? Einen Essay!«[35] Der Legende nach hatte Sartre Genet das Manuskript von *Saint Genet* gezeigt und ihn angewiesen, damit zu verfahren, wie er wolle. Genet las es offenbar und warf es ins Feuer, aber dann riß er es aus den Flammen und erlaubte die Veröffentlichung. Jean Cau behauptet, Sartre habe ganz genau gewußt, daß Genet den Text nicht vernichten würde.

1953 erzählte Genet Bernard Frechtman in einem Interview voll falscher Prahlerei, daß Sartre ihn *nicht* lebendig begraben habe:

Sartres Studie gründet sich auf mein Werk, und seit seiner Veröffentlichung habe ich mich weiterentwickelt. Sartre hat mein Werk in großartiger Weise untersucht. Sein Buch ist beachtlich. Es ist also keine Kritik, wenn ich sage, daß er mir über mich nichts beigebracht hat. Du hast alle meine Bücher gelesen und weißt, daß mein ganzes Leben eine unentwegte und schmerzliche Suche nach mir selbst gewesen ist. Ich habe bei Sartre nichts gefunden, was ich nicht schon wußte. Außerdem gehört jenes Ich, von dem ich weiß, daß ich es war, der Vergangenheit an.[36]

In arrogantem Ton teilte Genet 1953 Cocteau mit: »Sein Buch über mich ist sehr intelligent, tut aber nichts weiter als zu wiederholen, was ich sage. Es trägt nichts Neues über mich bei.«[37] In der gleichen Stimmung sagte er: »Man sieht Sartre gern, weil er an den Menschen, mit dem er spricht, sehr nahe

herangeht und über ihn nachdenkt«[38], eine Feststellung, die mit Sartres eigener Äußerung übereinstimmt: »Welche Irrtümer mir auch immer über ihn unterlaufen, ich bin sicher, ihn besser zu kennen, als er mich kennt, denn ich habe die Leidenschaft, die Menschen zu verstehen, und er hat die, sie zu ignorieren. Ich erinnere mich nicht, daß wir seit unserer ersten Begegnung über etwas anderes als ihn gesprochen hätten: das kommt uns beiden gelegen.«[39]
Zorn und Ernüchterung über *Saint Genet* wechselten sich mit diesen Prahlereien ab. Zu Cocteau sagte Genet: »Du und Sartre, ihr habt aus mir eine Statue gemacht. Ich bin ein anderer geworden. Nun muß dieser andere etwas zu sagen finden.«[40] Die Feststellung: »Ich bin ein anderer geworden« bezieht sich sowohl auf eine der Kapitelüberschriften in *Saint Genet* als auch auf Rimbauds berühmte Formel »*Car JE est un autre*«, allerdings sah Rimbaud die Selbstverfremdung als eine notwendige Station auf dem Weg zu geistiger Klarheit an und weniger als Verlust künstlerischer Identität. An anderer Stelle sprach Genet von der »psychischen Kastration«, der er sich durch Sartre unterzogen habe.
Genet sah sich als eines von Sartres Spekulationsobjekten; 1964 sagte er: »Sartre setzt die Freiheit des Menschen voraus, und daß jedem Menschen alle Möglichkeiten zur Verfügung stehen, sein Schicksal selbst in die Hand zu nehmen. Ich bin die Illustration einer seiner Freiheitstheorien. Er hat einen Menschen kennenlernen können, der, statt hinzunehmen, gefordert hat, was ihm zusteht, es gefordert hat und entschlossen war, damit bis zur letzten Konsequenz zu gehen.«[41] So formuliert, hören sich Sartres Freiheitstheorien an wie ein bourgeoiser Wahn, der grausam und gedankenlos den Massen aufgezwungen wird – Menschen, die so arm sind und so wenig Chancen haben, daß solch ein Gedanke blanker Hohn ist.
Des weiteren sagte Genet, daß er Sartre gern habe, weil er lustig und amüsant sei und weil er alles verstehe. »Und es ist ziemlich angenehm, einem Typ gegenüberzusitzen, der alles lachend versteht, nicht urteilend. Er akzeptiert nicht alles von mir, aber er findet es lustig, wenn er anderer Meinung ist. Er ist ein äußerst sensibler Mensch. Vor zehn oder fünfzehn Jahren habe ich ihn zwei-, dreimal rot werden sehen. Und Sartre errötend, das ist goldig.«[42] Aber als er 1964 gefragt wurde, was er bei der Lektüre von *Saint Genet* empfunden habe, antwortete er: »So etwas wie Abscheu – denn ich sah mich nackt und von jemand anderem als mir entblößt. In allen meinen Büchern ziehe ich mich nackt aus, und gleichzeitig bekleide ich mich mit Worten, Dingen, Haltungen, mit Magie. Ich arrangiere alles so, daß ich nicht allzusehr beschädigt werde.«[43]

Als Genet gegen Ende seines Lebens gefragt wurde, ob ihn das, was Sartre über ihn geschrieben hatte, verändert habe, sagte er mit absolutem Hochmut: »Ich habe nie ganz gelesen, was er geschrieben hat, es langweilte mich ... Es ist ermüdend.«[44] Die meisten Leser fanden *Saint Genet* weitaus aufregender. Das Buch wurde in viele Sprachen übersetzt und gilt als eines der vier oder fünf Hauptwerke Sartres. Andere Kritiker und Literaturwissenschaftler hat es dermaßen eingeschüchtert, daß sie fast zwanzig Jahre lang verstummten.

In der Zeit, als *Saint Genet* veröffentlicht wurde, trat Genet mit Sartre – in Gesprächen und Briefen – in eine lebhafte Debatte über Sexualität ein. In seiner Deprimiertheit sah er in der Homosexualität nichts als einen Fluch. Weil er unproduktiv war, führte er dies auf die Homosexualität selbst zurück. Er glaubte, daß ein Mensch, den er liebte, Decimo, an Tuberkulose sterben werde und daß er selber tuberkulös (und selbstmordgefährdet) sei. (In Wirklichkeit ist Decimo nicht gestorben und ist heute glücklicher Besitzer eines Restaurants in einem italienischen Dorf.) Genet hatte den Eindruck, daß es den Heterosexuellen um ihn herum, Lucien und Java, prächtig gehe.
Die fünfziger Jahre waren in Frankreich eine Zeit homosexueller Apologien. Der neu gegründete Homophilenverband »Arcadian« nahm sich vor, die Leitbilder beim großen Publikum zu verbessern; wie der Name »Arcadian« schon andeutet, war eines dieser Leitbilder bukolischer Art, wie es André Gide mit seinem Titel *Corydon* beschworen hatte, dem in Alexis verliebten Hirtenknaben in Vergils *Georgica*. Doch diese Bitten der Homosexuellen um Mitgefühl fanden damit noch nicht ihr Ende. Anthropologische und zoologische Beweise für die »Normalität« der Homosexualität wurden angeführt, ebenso historische Argumente (Listen berühmter Homosexueller der Vergangenheit zum Beispiel). Der *Kinsey Report* hatte gezeigt, wie weitverbreitet zumindest gelegentliche homosexuelle Betätigung selbst in der breiten Bevölkerung ist. Theorien von Sexualwissenschaftlern wie Freud legten dar, daß Homosexualität, wenn auch anomal und neurotisch, doch unfreiwillig sei, die Folgen unbewußter Kräfte, über die der einzelne keine Kontrolle habe; die homosexuelle Orientierung sei eine Rekombination von Elementen, die in jedem vorkomme, oder aber das Ergebnis einer gehemmten Entwicklung.
Genet war von dem ganzen Thema fasziniert und plante lange eine theoretische Abhandlung über die Homosexualität – eine Idee, die er mehr als einmal kundtat, aber nie verwirklichte. Eine Zeitlang wollte er das Buch »L'Enfer« (»Die Hölle«) nennen, eine Anspielung auf Dantes *Inferno* und ein Wortspielreim auf *envers* in Inversion, vielleicht aber auch als Hommage auf Clément

473

Marot, den Dichter aus dem 16. Jahrhundert, der ein satirisches Werk, *L'Enfer*, über das Gefängnis und die Ungerechtigkeit der Gerichte geschrieben hatte. Marots, dessen Werk den Beginn der modernen französischen Dichtkunst markierte, war ein Liebling Genets: Er war Häftling gewesen und sogar zum Tode verurteilt worden.[45] »Die Hölle« wurde 1954 dem Verleger Jean-Jacques Pauvert in Aussicht gestellt, jedoch nie geliefert.

Sartres Darlegungen über Genets Homosexualität forderten diesen zu einer Antwort heraus. Sartre, wie bereits gezeigt, betonte das Element der freien Entscheidung: »... er wurde Päderast, weil er ein Dieb war. Man ist nicht homosexuell oder normal geboren; jeder wird das eine oder das andere, je nach den Vorfällen seiner Geschichte und seiner eigenen Reaktion auf diese Vorfälle. Ich halte daran fest, daß die Inversion weder das Ergebnis einer pränatalen Wahl noch das einer endokrinen Mißbildung ist, noch gar das passive und bestimmte Resultat vom Komplexen: es ist ein Ausweg, den ein Kind im Moment des Erstickens entdeckt.«[46] Diese Definition, die Sartres Genie-Definition merkwürdig ähnelt, stimmte mit Genets Erfahrungen nicht überein. 1964 stellte er sehr deutlich klar:

Was die Homosexualität betrifft, so verstehe ich davon überhaupt nichts. Was weiß man schon darüber? Weiß man, warum ein Mensch diese oder jene Stellung beim Beischlaf wählt? Die Homosexualität war mir gegeben wie die Farbe meiner Augen, die Zahl meiner Füße. Schon als Kind war ich mir des Reizes bewußt, den andere Jungen auf mich ausübten, Frauen haben auf mich nie anziehend gewirkt. Erst als ich mir dieser Anziehung bewußt war, *entschied* ich mich, *wählte* ich meine Homosexualität frei im Sartreschen Sinne des Wortes »*wählen*«. Anders und einfacher gesagt, ich mußte mich drein schicken, obwohl ich wußte, daß die Gesellschaft es verurteilt.[47]

Ehe Genet zu dieser neutralen Ansicht kam, hatte er Sartre in einem undatierten Brief, der vielleicht um 1952 geschrieben wurde, eine frühere Theorie zu erläutern versucht. Genets *schöpferische* Unfruchtbarkeit mag seine Ideen über die »Unfruchtbarkeit« der Homosexualität angeregt haben; umgekehrt ist seine einzige Idee, wie er dieser Unfruchtbarkeit entkommen könnte, die »Fruchtbarkeit« der Kunst.

Mein lieber Sartre,
wir hatten keine Zeit zu reden. Was die Homosexualität angeht, so habe ich hier eine Theorie, die ich Ihnen vortragen möchte. Sie ist noch sehr roh. Sagen Sie mir, was Sie dazu meinen.

Man muß nicht gleich von sexuellem Trieb reden, aber von einem Gesetz, das an die Fortsetzung des Lebens gebunden ist. Von diesem Gesetz ausgehend, lenkt uns ein *Trieb* unterschwellig von Kindheit an zur Frau. Die Erotik ist diffus, zuerst auf einen selbst gerichtet, dann auf ganz gleich welches Lebewesen (oder beinahe), dann differenziert sie sich nach und nach und lenkt uns in Richtung Frau. In der Zeit der Pubertät hat sich die sexuelle Begierde, vom Trieb geleitet, endgültig auf die Frau fixiert. Sie macht sich an weiblichen Merkmalen fest. Sie läßt männliche Eigenschaften sein und weist sie zurück. Sie erkennt sie als Zeichen der Unfruchtbarkeit.

Ist dieser Augenblick erreicht, oder ist er dabei, sich zu vollenden, stellt die Seele eine Reihe von Themen zur Verfügung, die hinsichtlich ihrer Verwirklichung symbolisch bleiben. Diese Themen sind Themen des Lebens, das heißt des Handelns. Und nur sozialen Handelns. Die schließliche Wahl der Frau enthält nicht nur eine gesellschaftliche Übereinstimmung, sondern begründet, ausgehend von dieser Wahl, eine soziale Ordnung. Die Seele legte dem Mann Handlungen nahe, die er unternehmen soll, und ... der Mann ist aktiv.

Doch von Kindheit an lastet ein Trauma auf der Seele. Ich meine, es geschieht da folgendes: Nach einem gewissen Schock weigere ich mich zu leben. Weil ich aber außerstande bin, meinen Tod in klaren, rationalen Begriffen zu denken, sehe ich ihn symbolisch und weigere mich, die Welt fortzusetzen. Der Trieb lenkt mich da zu meinem eigenen Geschlecht. Mein Vergnügen wird *endlos* sein. Es wird nicht das Prinzip der Fortsetzung enthalten. Dies ist eine Schmollhaltung. Stück für Stück wird mich der Trieb zu den männlichen Attributen hinführen. Aber Stück für Stück wird mir meine Seele Trauerthemen nahebringen. Tatsächlich weiß ich um meine Schuld, die Welt, in der ich lebe, nicht fortzusetzen, und dann fahre ich ewig fort mit den Gesten des Todes. Die Trauerthemen verlangen auch, *aktiviert, vollendet* zu werden, sonst käme es zu Verklemmung und Verwirrung. Die vorgebrachten symbolischen Themen des Todes werden also sehr begrenzt sein (die außerordentliche Eingegrenztheit der päderastischen Welt) (Selbstmord, Mord, Diebstahl, alle asozialen Handlungen, die imstande sind, mir einen wenn nicht realen Tod zu geben, so doch wenigstens einen symbolischen oder gesellschaftlichen – das Gefängnis).
Ist eines dieser Themen *aktiv*, wirklich vollbracht, wird es meinen realen Tod bewirken. Ich muß es also in der *Vorstellung* vollbringen. Aber in der Vorstellung bedeutet entweder auf der Ebene des erotischen Lebens (unentwegt neu begonnen und vergebens) oder in Tagträumen, die zu nichts führen.
Es bleibt mir also, diese Trauerthemen in der Vorstellung zu aktivieren und in einer Handlung zu vollbringen. Dem Gedicht. Die Funktion des Gedichts ist also:

1. mich von einem Trauerthema zu befreien, das mich umtreibt,
2. es in eine Handlung umzuformen (imaginär),
3. ihm zu nehmen, was die reale Tat an Einzigartigem und Begrenztem hätte, und ihm eine universelle Bedeutung zu geben,
4. meine auf Trauer gerichtete Seele wieder in die gesellschaftliche Wirklichkeit zu integrieren,
5. die Kindheit hinter mich zu bringen und in die männliche, also soziale Reife einzutreten.

Das ist, glaube ich, die einzige Lösung für die Päderastie. Aber jedes dieser Themen muß überwunden werden, das heißt, wirklich bis an die Grenze zur Tat gelebt werden. (Aber darüber werden wir noch sprechen.)

Jedenfalls ist die Bedeutung der Homosexualität folgende: Eine Weigerung, die Welt fortzusetzen. Dann, die Sexualität zu ändern. Das Kind oder der Jugendliche, der die Welt ablehnt und sich seinem Geschlecht zuwendet, wissend, daß er selber ein Mann ist, *wird aus Groll gegen diese unbrauchbare Männlichkeit versuchen, sie aufzulösen, sie abzuändern;* es gibt nur ein Mittel, nämlich sie zu einem pseudoweiblichen Verhalten zu pervertieren. Das ist die Bedeutung der femininen Gesten und Betonungen der Transvestiten. *Es ist nicht, wie man meint, die Sehnsucht nach der Vorstellung der Frau,* die man hätte sein können, die verweiblicht, es ist das bittere Bedürfnis, sich über die Männlichkeit lustig zu machen. Es kommt folgendes hinzu, in übrigens derselben Anwendung: das Leben verweigern beinhaltet, eine dienende und passive Haltung annehmen: die Frau sein, die in der Gesellschaft fügsam ist und auf den Mann wartet, der ihr ihren Platz zuweist.

Bedeutung der päderastischen Liebe: Das ist das Besitzen eines Objekts (des Geliebten), das kein anderes Schicksal hat als das des Liebenden. Der Geliebte wird zum Objekt, das bestimmt ist, den Tod (den Liebenden) im Leben »darzustellen«. Deshalb will ich, daß er schön ist. Er hat die *sichtbaren* Attribute, [die ich habe,] wenn ich *tot sein* werde. Ich beauftrage ihn, an meiner Statt zu leben, sichtbar. Der Geliebte liebt mich nicht nur, er »*reproduziert*« mich. Doch auf diese Weise mache ich ihn unfruchtbar, ich schneide ihn von seinem Schicksal ab.

Sie sehen, ich möchte die Schwuchtel gar nicht so sehr mit Begriffen der Sexualität erklären, sondern mit Begriffen von Leben, von Tod. Wenn ich Sie treffe, werde ich versuchen, Ihnen zu sagen, was ich über Eunuchen und Kastraten denke. Es ist genauso. Außer daß ihr Tod das Datum ihrer Operation trägt. Aber mir scheint klarzusein, daß die asozialen Akte des Schwulen notwendig sind, weil sein Leben im Tod ist, oder vielmehr in einem falschen Tod, also prinzipiell in einem *Klima des Verrats*.

Und alle diese Trauerthemen werden im Verhalten der Schwulen wiederkehren. Dafür werde ich Ihnen massenhaft Beispiele geben.

Was das Auftreten der Päderastie in bestimmten Momenten im Leben eines normalen Mannes angeht, so wird sie durch einen unvermittelten (oder langsamen) Abfall an Lebenskraft hervorgerufen. Eine Ermüdung. Eine Angst zu leben: *eine plötzliche Verweigerung der Verantwortung* zu leben. Nicht wichtig der Erotizismus unterschiedlicher Begierden. Und ...
Das alles ist natürlich zu schnell gesagt, aber ich fahre aufs Land. Ich werde Sie nicht treffen. Aber sagen Sie mir Ihre Meinung.

Wenn ein Schwuler manchmal intelligent über ein soziales Problem spricht, dann, weil er seinen fragmentarischen Verstand (Sie wissen, was ich meine) den Fähigkeiten eines Verstandes auf der Höhe inhaltlicher Kontinuität nachbildet. Aber zur Politik kann der Homosexuelle nichts *Neues* beitragen ... Er kann das soziale Problem nicht eigenständig *denken*. (Gide und der Kommunismus!) Ja, da ist Walt Whitman (aber Sie wissen sehr wohl, daß das lyrischer Erguß ohne positiven Inhalt ist).
usw. ...
Meine Freundschaft an Michelle.

Ihr Genet

Über den Haß der Schwulen: Sie sagen mir, daß der andere eine Karikatur ist. Sie haben recht. Aber nennen Sie mir die Bedeutung der Karikatur: Wenn ich eine sehe, lebe ich dann nicht haßerfüllt, böse durch einen Mangel, der in mir ist und den ich hasse? Ein Gedicht ist nichts als *die Bestätigung* eines Trauerthemas. Das ist (eindeutig) seine Sozialisation. Ein Kampf gegen den Tod. Die Themen des Lebens legen die Handlung nahe und verbieten das Gedicht.[48]

In diesem Brief nähert sich Genets Denken den Lehren Freuds und den Ideen über die Familie und deren Kontinuität an, auf die er in Fustel de Coulanges' *La Cité antique (Der antike Stadtstaat)* gestoßen war. Diese Ansichten passen exakt zu seiner statischen und pessimistischen Auffassung von der menschlichen Natur und Gesellschaft – Ansichten, die eng mit seinen damaligen Gefühlen des Isoliertseins zusammenhängen.

Ende der vierziger oder Anfang der fünfziger Jahre übersetzte Genet Gedichte von Straton aus Sardes, einem griechischen Schriftsteller des zweiten Jahrhunderts nach Christus, der eine Sammlung erotischer und obszöner Epigramme über die Knabenliebe zusammengestellt hatte, von denen einige in der *Antho-*

logia Graeca und andere in der *Musa paidikē (Knabenmuse)* enthalten sind, einer Anthologie päderastischer Gedichte, die Straton herausgab und unter die er seine eigenen Verse mischte. Genet, der kein Griechisch konnte, erhielt eine wörtliche, akademische Klatsche, aus der er dann seine eigenen, kesseren Fassungen bastelte, die er aber nicht veröffentlichen wollte. So lautet zum Beispiel die wörtliche Übersetzung eines der Epigramme: »Wenn meine Küsse dich kränken und gar dir Beleidigung dünken, räch dich genau so an mir, straf mich doch: küsse mich auch!«[49], Genet jedoch überträgt in: »Wenn mein Kuß dich beleidigt, räche dich und küss' mich.«[50]
Im Vorwort zu seiner Übersetzung macht Genet seiner Animosität gegen den ganzen modernen Kult der Knabenliebe Luft, wie er von pädophilen Zeitschriften wie *Pan, Cercle, Der Kreis* und *Freundschaft* gepflegt wurde. Genet zielt mit seiner Attacke besonders auf Gide, macht aber in einer weiten Gebärde alle lächerlich, »die affektiert durch die Gegend trippeln«[51]. Wahr ist, daß der Protestant Gide in *Corydon* kaum jemals von Begierde oder Besessenheit spricht, sondern die Ansicht äußert, daß die Knabenliebe pädagogisch wertvoll, eine Form der Geburtenkontrolle und eine Methode zur Erhaltung der Keuschheit junger Frauen sei. Wie Genet es formuliert: Unter diesen Schriftstellern »knöpft keiner dem Briefträger oder dem Bäcker die Hose auf, keiner betastet jemanden mit zitternder, aber gieriger Hand oder Zunge, ohne daß nicht die ganze soziale Ordnung, die auf dem beruht, was das Paar und seine Liebe implizieren, erneut in Frage gestellt wird.«[52] Der einzige Homosexuelle der Vergangenheit, der vor Genets Augen Gnade findet, ist Michelangelo, weil er »seine Strenge allein in der Päderastie gesucht hat«[53].
Diese letzte Äußerung gibt einen Hinweis darauf, inwiefern sich Genet von allen anderen homosexuellen Autoren vor ihm unterscheidet. Während sie fast immer zu einer Ätiologie der Homosexualität Zuflucht nehmen, die als Bitte um Verständnis fungiert, präsentiert Genet die Figuren in seinen Romanen ohne jede Entschuldigung oder psychoanalytische Erklärung. Während in den meisten homosexuellen Romanen der Zeit dem Protagonisten langsam bewußt wird, daß seine Liebe mit einem Fluch behaftet ist, zweifeln Genets schwule Charaktere (wie zum Beispiel Leutnant Seblon in *Querelle*, »Genet« in *Das Totenfest* oder Divine in *Notre-Dame-des-Fleurs*) keinen Augenblick an der Art ihrer Begierden. Unsentimental, unsozial, nicht auf eigene Rechtfertigung aus, suchen sie weder nach ihren Vorläufern noch nach einem tieferen sozialen Sinn ihrer Taten. Wenn Genet manchmal der Christusmeta-

phorik des homosexuellen Märtyrers unterliegt, verwandelt er sein Opfer stets in einen Antichristen. Seine Seiten riechen nach Höllenfeuer.

Nicht unter den Meisterwerken, sondern unter den ganz normalen Schwulen-Romanen, die in der Zeit erschienen, als Genet seine Attacke ritt, finden sich beispielsweise Bücher wie *Jean-Paul* (1953) von »Marcel Guersant«, Pseudonym eines Schweizer Schriftstellers. Jean-Paul versucht mit Geneviève zu schlafen, doch er versagt. Nur wenn er an seine Liebesabenteuer mit viel jüngeren Knaben denkt, bringt er eine Erektion zustande. In einem melodramatischen Ton sagt er sich: »Betrüg dich nicht, mein Lieber, mach damit weiter. Dein Schicksal ist völlig klar: Du mußt auf verbotenem Gelände spielen.«[54] Er bemüht sich, seine Homosexualität zu unterdrücken, aber seine Bemühungen führen zu seinem Tod. René Étiembles *L'Enfant de chœur (Der Chorknabe,* 1937) erzählt von den ersten sexuellen Abenteuern zwischen älteren und jüngeren Jungen. Wim Gérards *Chvoul* (1953) – eine exzentrische französische Schreibweise des Wortes *schwul* – handelt von einem französischen Schüler im Nachkriegsdeutschland, der unter erheblichen Qualen den erschreckenden Charakter seiner Sexualität erkennt. Dieser Schüler, Raoul, ist entsetzt über die Annäherungsversuche eines älteren Deutschen namens Schopenhauer, dem günstigerweise wenig später die Kehle durchgeschnitten wird. Ein Onanierer, Strudelmayer, wird von der Schule gejagt, weil er sein Laster im Klassenzimmer praktiziert hat; Raoul findet sich wider seinen Willen zu »Strudi« hingezogen, der ihn schließlich im Wald in seine Arme schließt. Raoul denkt: »Er träte in eine riesige Geheimgesellschaft ein und lebte im Schatten des anderen, woraus er seine Kräfte und Freuden zöge, ein hartnäckiger Parasit, unüberwindlich. In den Reihen dieser unsichtbaren Armee erführe er unsägliche Freuden und unbekannte Triumphe, die ihn für seine Qual und Erniedrigung entschädigen würden. Er wäre groß auf seine Weise.«[55]
Genets Figuren stellen sich ins Licht, statt sich in den Schatten zu ducken: seine Sprache ist so direkt, wie die anderer schwuler Autoren ausweichend und »edel« ist.

Genets Kreativität hatte etwa fünf Jahre, bevor *Saint Genet* erschien, zu versickern begonnen; dennoch mag Sartre ihn mit seinem Rat, er solle nach neuen Wegen des Schreibens Ausschau halten, beunruhigt haben. Bis jetzt, so Sartre, habe Genet Moral durch Ästhetik ersetzt, doch »heute, da er vom Bösen befreit ist, hat sich die Bewegung umgekehrt: da ihn gerade das Wort durch seine Pracht gerettet hat, da sich das böse Kind, als es seinem Ästheti-

zismus bis ans Ende folgte, in einen Mann verwandelt hat, müssen die ästhetischen Werte bis zu einem gewissen Grad die Werte der Ethik umfassen und enthüllen.«[56]
Nach einer Andeutung, Genets nächstes Werk werde »eine Abhandlung über das Schöne [sein], die eine Abhandlung über das Gute wäre«, schließt Sartre:

Geht es darum, *drei* Bücher zu schreiben, eines über die universelle Symbolik, das andere über seinen Fall, und das dritte über die Ethik der Kunst? Eine Dichtung, eine Autobiographie und eine philosophische Abhandlung? Gewiß nicht. Genet träumt davon, *ein einziges Werk* mit diesen drei Themen zu machen, ein Werk, das von Anfang bis Ende eine Dichtung wäre. Ist das möglich? In einer Hinsicht ist der Versuch beispiellos; das Werk müßte eine Mischung aus *Un coup de dés [Ein Würfelwurf]* von Mallarmé, *The Seven Pillars of Wisdom [Die sieben Säulen der Weisheit]* von T. E. Lawrence und *Eupalinos ou l'architecte [Eupalinos oder Der Architekt]* von Valéry sein. Aber andererseits hat Genet schon immer die Dichtung, das Tagebuch der Dichtung und eine Art infernalischen Didaktismus miteinander vermischt; sollte das Werk jemals geschrieben werden, wird es die Vollendung seiner Kunst sein: keine Revolution, aber ein Bis-an-die-Grenze-Gehen.[57]

Von den drei Schriftstellern, auf die Sartre anspielt – Mallarmé (»ein Gedicht«), T. E. Lawrence (»eine Autobiographie«) und Paul Valéry (»ein philosophischer Traktat«) – war Mallarmé der wichtigste für Genet. Genet betrachtete Lawrence als eine Art Scharlatan. Valérys Essay »Eupalinos oder Der Architekt« von 1923 ist ein Dialog zwischen Sokrates und Phaidros über die abstrakten ästhetischen und philosophischen Probleme, die eine Diskussion über Architektur beleben.
Mallarmés Gedicht aus dem Jahr 1897, »Un coup de dés jamais n'abolira le hasard« (»Ein Würfelwurf niemals auslöschen wird den Zufall«) kann nicht nur als das extremste und rätselhafteste Experiment in der französischen Literatur gelesen werden, sondern auch als ein Fragment von »Le Livre« (»Das Buch«) als Teil von »L'Œuvre« (»Das Werk«), an dem Mallarmé seit 1866 gedanklich arbeitete. Dieses große Werk, das Mallermé nie schrieb, sollte nicht nur die Synthese aller anderen Bücher sein, sondern auch eine endgültige Erklärung der Welt selbst. Mit einem Wort, Mallarmé glaubte, daß es nur ein einziges Buch gebe, »ohne sein Wissen in Angriff genommen von jedem, der schreibt, selbst von Genies. Die orphische Deutung der Erde, welche die einzige Pflicht des Dichters und das literarische Spiel der Spiele ist.«[58]
Mallarmés Projekt wurde zu dem Genets. Am Anfang der *Fragments...*, zuerst

im August 1956 in Sartres Zeitschrift *Les Temps Modernes* erschienen (von Genet aber bereits 1953 unter dem Titel »Offener Brief an Decimo« in der Presse erwähnt), schreibt der Autor: »Die folgenden Seiten sind nicht einem Gedicht entnommen: sie sollten dazu führen. Es wäre die – noch entfernte – Annäherung daran, wenn es sich nicht um einen der vielen Entwürfe zu einem Text handelte, der langsam, gemäßigt auf das Gedicht zugeht, Rechtfertigung für diesen Text, wie der Text es für mein Leben sein wird.«[59] Kein Schriftsteller könnte sich eine unlösbarere und lähmendere Aufgabe gesetzt haben.

Dieser Prosatext – den Genet in Nachahmung Cocteaus ein »Gedicht« nennt – gehörte zu einem ungeheuren, nie vollendeten Werk, das Genet »La Mort« (»Der Tod«) zu nennen beabsichtigte. Marc Barbezat besitzt etwa vierhundert sich in großer Unordnung befindende Manuskriptseiten, die Genet je nachdem mit »Le Bagne« oder mit »La Mort« betitelte.

Fragments ... ist genau das, was der Titel besagt: allerlei Stücke aus diesem großen Werk, bestehend aus Autobiographischem, ästhetischen Überlegungen und abstrakten, allgemeinen Spekulationen. In »Der Tod« beabsichtigte Genet, seine Theorie über die Homosexualität zu erörtern, die er als Fluch ansah – oder schlimmer noch, als ein Urteil, das nicht aufgehoben werden kann: »Das Urteil über Diebe und Mörder kann aufgehoben werden, nicht aber das Urteil über uns.«[60]

Nie hatte Genet der Homosexualität solche Bitterkeit entgegengebracht wie in den *Fragments* .... Kein religiöser Fanatiker hätte die Hölle der Homosexualität mit größerer Strenge und Gereiztheit angreifen können. Genet teilt uns mit, daß die Homosexualität »als ein Thema der Schuld empfunden«[61] wird. Es gebe keine Möglichkeit, sich daran zu gewöhnen, mit ihr zu leben. Die Homosexualität schneide jeden Homosexuellen von der Welt ab – selbst von der Welt anderer Schwuler. Da die »Sprache« selbst auf einem menschlichen Gemeinschaftsgefühl errichtet sei, könne der Schwule nichts weiter tun, als sie nachzuäffen – »sie zu verändern, zu parodieren, aufzulösen«. Die Homosexualität bilde eine »Zivilisation«, jedoch eine, die ihre Bürger isoliere, statt sie zu vereinen.

Angesichts dieser extremen Einsamkeit geht Genet daran, sich – ohne viel Überzeugung – mehrere Auswege daraus vorzustellen. Ein Weg ist für den älteren Schwulen gedacht, der einen jungen Geliebten finden will, vielleicht einen, der in die Welt hinausgeschickt werden könnte, um das Leben des Schwulen statt seiner zu führen. Genets Geliebter wird sein »Stellvertreter auf Erden« oder »mein zarter Botschafter unter den Lebenden«.[62] Genau diese Wahl hatte Genet bei Lucien Sénémaud getroffen. In *Tagebuch eines Diebes* hatte Genet geschrieben: »Lucien, den ich übrigens als meinen Botschafter auf Erden bezeichnet habe, stellt eine Verbindung zu den Sterblichen her.«[63] Doch kaum hatte Genet für Lucien ein ganzes Familienleben erschaffen, schien er sich durch das »Meisterwerk« selbst, das er aus ihm gemacht hatte, ausgeschlossen zu fühlen. In den *Fragments* ... deutet er an, daß er Lucien um die Fähigkeit beneidete, Kinder zu zeugen. Er erkennt, daß *seine* einzigen Nachkommen seine Bücher sein werden, vor allem »Das Buch«, daß er aber zu »erschöpft« (oder deprimiert) ist, um daran zu arbeiten. Lily Pringsheim, seine deutsche Freundin aus den dreißiger Jahren in Brünn, begegnete ihm 1951 zufällig wieder und äußerte über Genet und Lucien: »Er ist sehr stolz auf die drei Kinder seines ehemaligen Freundes. Davon abgesehen aber hält er sich für tot, schreibt nichts mehr; auch weil die Wunder der Freiheit außerhalb der Gefängnismauern nebst der Welt der Bourgeoisie ihm nichts mehr zu bieten haben.«[64]

Ein zweiter Weg, der Unfruchtbarkeit der Homosexualität zu entrinnen, führt geradewegs über die Kunst, einer besonderen Kunst jedoch, einer dem Tod geweihten, Genets ständig wiederkehrendem Thema. Genets Plan ist es, ein Totenbuch für eine geisterhafte Zivilisation zu erdenken, ein homosexuelles Ägypten der Phantasie. Hier werden seine Ausführungen verschlungener und schwieriger nachvollziehbar. Sie laufen auf seine Hoffnung hinaus, seine Worte, wenngleich absichtlich ungenau, werden sich mit seiner Qual vollsaugen und, wie leere Gräber, eine abstrakte Konstruktion bilden. Diese ständige Betonung des Abstrakten, wie auch diese neue Verachtung für das rein Anekdotische scheinen aus Genets Mallarmé-Lektüre herzurühren, desgleichen die komplizierte, stockende Syntax der ersten Seiten der *Fragments*... . Sartre spielt zwar auf Mallarmés »Würfelwurf« an, aber er hätte ebensogut mehrere andere Werke nennen können. In Mallarmés Prosastück *Igitur* (1869 entstanden, jedoch erst postum veröffentlicht) ist der Haupttext so »rein«, so dem »Absoluten« verschrieben, daß das bloß Anekdotische (ein aristokratischer Junge besucht trotz der Warnungen seiner Mutter die Familiengruft, wo er sich tötet) in Randbemerkungen verbannt ist. Ähnlich verwendet Genet in *Fragments*... Fußnoten, eingezogene Passagen in kleinerer Drucktype, häufige Zäsuren, Untertitel und Randbemerkungen, um ein kontradiktorisches Gefühl der Unterordnung und des völligen Zusammenbruchs in der Hierarchie literarischer Elemente sichtbar zu machen. Später entwickelte Genet diese Gestaltung aus Haupttext und Randbemerkungen weiter. Noch 1956 war er mit »Der Tod« und einer neuen Präsentationsform beschäftigt:

Ich werde ein großes Gedicht über den Tod schreiben. Ein Mensch wie ich sieht den Tod überall, er lebt ständig mit ihm. Dies wird ein überraschendes Buch werden, auf große Seiten gedruckt, in deren Mitte sich kleine Seiten befinden werden, der Kommentar zum Text, der zugleich mit dem Text gelesen werden muß. Am Schluß wird eine lyrische Explosion stehen, die gleichfalls »Der Tod« heißen wird.[65]

Sogar Genets Titel, *Fragments* ..., ist so zögerlich wie die Untertitel in *Igitur*: »Vier Stücke« (»4 morceaux«) und »Mehrere Skizzen« (»Plusiers ébauches), ganz zu schweigen von der Ähnlichkeit mit dem Titel, den Mallarmé einer Sammlung seiner literarischen Beobachtungen gegeben hat: *Fragmente und Anmerkungen (Fragments et notes)*.
Der Ton der Eingangsseiten von Genets *Fragments* ... – dunkel, abgezirkelt, ruhelos – erinnert an den Ton von Mallarmés »Quand au Livre« (»Was das Buch betrifft«), seine Reflexionen über das große Werk, das er eines Tages zu schreiben hoffte. Zu der Vision des »Buches« scheint er zum Teil durch seine Hegel-Lektüre inspiriert worden zu sein, und *Igitur* kann in der Tat als dichterische Entsprechung zu philosophischen Prozeduren Hegels, wie etwa Widerspruch und Synthese, gelesen werden. Nach den ersten Plänen zu »Das Buch« verzweifelte Mallarmé und war jahrelang depressiv, davon überzeugt, daß er seine dichterische Kraft eingebüßt habe. Um sich zu entkrampfen, versuchte er beispielsweise, sich sein großes Werk als Theaterstück vorzustellen. Eine andere Methode war das Schreiben leichter Verse *(vers de société)* – Gedichte auf die Fächer verschiedener Damen etwa – oder flüchtiger Artikel wie zum Beispiel die für seine kurzlebige Modezeitschrift.
Es gibt viele schlagende Parallelen zu Genets Erfahrungen in den späten vierziger und frühen fünfziger Jahren. Auch er verachtete inzwischen das Anekdotische, das Herzblut der Romanschriftstellerei, und sehnte sich nach dem Absoluten. Er verkündete, er wolle eine Untersuchung über »das Schöne« schreiben. Auch er war unter den Einfluß der Philosophie geraten – Nietzsche, Sartre und schließlich Heidegger. Auch er fühlte sich ohnmächtig vor seinem Projekt »Der Tod«. Er beschloß, es in zwei Abteilungen zu gliedern, von denen die eine aus sieben Theaterstücken bestehen sollte. (*Die Wände* erwies sich als das erste und letzte dieser Reihe; sein ursprünglicher Titel lautete *Der Tod*.)

Seine letzte Antwort auf die Homosexualität während dieser Zeit gab Genet indirekt: mit dem Drehbuch *Le Bagne (Die Strafkolonie)*, das er 1952 für Decimo Cristiani schrieb. *Die Strafkolonie* ist ein einhundertdreiunddreißig Seiten starkes Skript, das Genet hastig in eine Erzählung umzuschreiben versuchte, indem er Hinweise auf Kameraeinstellungen wegließ und beschreibende Passagen hinzusetzte. Viele dieser eingeschobenen Passagen enthalten einige seiner originellsten Äußerungen über das Gefängnis, die Kunst, die Phantasie und den schöpferischen Geist. Es finden sich Ähnlichkeiten in Handlung, Thema und äußeren Details zwischen *Die Strafkolonie*, *Ein Liebesgesang* und *Unter Aufsicht*. So tanzt etwa in *Die Strafkolonie* ein einsamer Häftling ganz allein in seiner Zelle, wobei er es mit seinem eigenen tätowierten Körper treibt, ganz wie Lucien Sénémaud in *Ein Liebesgesang*. Oder es tauschen in *Die Strafkolonie* zwei Häftlinge gegenseitig ihre Filzläuse aus, indem sie sie auf ein Stück Strohhalm setzen, den sie in ein Loch in der Mauer zwischen ihren Zellen schieben; in *Ein Liebesgesang* bläst ein Gefangener durch einen Strohhalm dem Mann in der Nachbarzelle Zigarettenrauch in den Mund. Entsprechend ist in *Die Strafkolonie* eine Gruppe von Häftlingen bei der Arbeit zu sehen und einer von ihnen, der Rauch aus einer fast unsichtbaren Zigarettenkippe gesaugt hat, küßt einen von den Männern, während er den Rauch ausstößt, und dieser Mann wiederum bläst den Rauch dem nächsten in den Mund. In *Ein Liebesgesang* bespitzelt ein Gefangenenaufseher ständig die Gefangenen durch das Guckloch in den Zellentüren; in *Die Strafkolonie* erreicht die Situation ihren kritischen Höhepunkt, als ein Gefangener mit einer langen Nadel durch das Guckloch sticht und den Aufseher Marchetti (ein bereits in *Notre-Dame-des-Fleurs* verwendeter Name, der fast wie *marchetta* klingt, das italienische Wort für Stricher) blendet und tötet – ein Bild, das an Genets Behauptung erinnert, er habe als Jugendlicher jemanden geblendet. Eine Figur namens Rocky läßt er an Tuberkulose leiden, woran er selbst damals zu sterben meinte.

In *Unter Aufsicht* ermordet ein Feigling seinen Zellengenossen, um seinem Idol seine Wichtigkeit zu beweisen. In *Die Strafkolonie* wird ein Mord inszeniert, um einen frisch eingetroffenen Gefangenen mit einer Gloriole zu umgeben. Ein alter Häftling bemerkt: »Unser Land war das Verbrechen.«[66] »Du wolltest ihn schmücken, deinen Forlano, ihn schmücken mit einem Verbrechen. Du wolltest dein Land, unser Vaterland, wieder zum Leben erwecken. Aber das ist unmöglich. Wir sind für immer im Exil, weil wir außerstande sind, Böses zu tun.«[67]

Wie in *Unter Aufsicht* dreht sich die Handlung um drei Männer, die in Begriffen wie Mut, Härte, Freundschaft, Rivalität und Ruhm aneinander denken, in denen aber ein homosexueller Beobachter eifersüchtige Liebende sehen könnte. Immer wieder werden wir von Genet daran erinnert, daß diese Handlungen, in denen er keine unmittelbare Rolle spielt, zu seinem eigenen perversen Ergötzen inszeniert werden. Die Gefangenen werden nackt in ihren Zellen gehalten. Alles ist starr, sachlich, tragisch – nichts pittoresk.

In einer langen Nebenbemerkung teilt Genet uns mit:

Ich habe mich entschlossen, zweifellos allzu willkürlich, meiner Strafkolonie einen Platz mitten in einer Wüste zu geben und sie von Frauen völlig freizuhalten, weder die Aufseher noch die schwarzen Soldaten sind berechtigt, ihre Ehefrauen mitzubringen. Mogele ich? Ja, wenn das Publikum sich darüber wundert, wenn es die Frage stellt, und ich weiß nicht, wie ich darauf antworten soll. Die Fiktion muß sich diesen realistischen Forderungen unterwerfen. Sie richtet sich nicht nach dem Überkommenen, sondern nach einer geheimeren Wahrscheinlichkeit. Die Erzählung mit dem Titel »Die Strafkolonie« ist also ein homosexuelles Drama und sonst nichts. Trotzdem frage ich mich: Werden die Wahrheit und die lyrische Wucht der Bilder eine poetische Kraft erzeugen, die groß genug ist, um auch den Zuschauer, der einer so fremden Vorstellung ziemlich fern ist, gefangenzunehmen?[68]

Genet räumt ein, daß seine Helden miteinander Sex haben könnten, aber er besteht darauf:

Der einzige Homosexuelle in dieser Geschichte bin ich. Ich versuche nur, ein spezielles erotisches Thema zu unterbreiten und es so vorzutragen, daß es, ohne Zögern, ohne unnötige Aufregung und ohne abgewiesen zu werden, in ganz gleich welches bewußte Hirn hineinpaßt.[69]

Diese Passage ist bemerkenswert, weil sie andeutet, daß er zwei Ziele hat: sich mit einem homosexuellen Drama zu ergötzen, in dem keine Homosexuellen vorkommen (wie in *Querelle*), und auch den widerwilligsten Heterosexuellen zu zwingen, dieses Skandalon zu akzeptieren, die Herausforderung, der er sich unausgesetzt in seinen Romanen stellte.
Er legt auch eine ganze Theorie der Schauspielkunst dar – zu der er vielleicht nach seiner Enttäuschung mit *Die Zofen* gelangt war. Im Zusammenhang mit einer der drei Hauptrollen, Rocky, beharrt Genet darauf, daß es keine expressive Gestik geben darf. Die Figuren sollen sich durch ihre Handlungen definieren, nicht durch ihre Worte, ihre Mimik oder ihre Gedanken: »Das Abenteuer, in das ich sie stürze, erstaunt sie nicht, sondern sie überleben es durch Handlungen, durch Gesten, nicht, indem sie darüber nachdenken. Auf die Weise kann ich der Gefahr entgehen, eine realistische Erzählung nach den üblichen Verfahren zu konstruieren, wonach jede Figur in jedem Augenblick,

wenn sie etwas ausdrückt, *weiß,* was sie ausdrückt und die Zwischentöne kennt, die ihr Ausdruck auf den Protagonisten und auf uns haben *sollte.*«[70] Wie auch die Figuren in seinen Romanen *enthüllen* uns seine Filmgestalten durch Gesten, was sie fühlen und was ihnen selbst nicht immer bewußt ist. Doch wenn die Figuren im allgemeinen nicht die Bedeutung der Handlung begreifen, so tut es das Publikum durchweg: »Der Zuschauer darf nicht darüber im unklaren gelassen werden, was vor sich geht. Er muß über alles auf dem laufenden sein. Ich begebe mich sicherlich eines der Mittel des klassischen Films, der Spannung, aber mir liegt daran wie an meinem Augenlicht.«[71] Der Leser steckt mit dem allwissenden Autor unter einer Decke. »Ich will, daß der Zuschauer ohne jeden denkbaren Zweifel weiß, was er gerade sieht. Ich will, daß es ihn trifft wie ein Schuß zwischen die Augen.«[72] Da Gesten verräterisch sind, achtet Genet darauf, sie zu kontrollieren:

Wenn meine Gestalten die richtige Größe haben, die richtige Schulterbreite, den richtigen Blick und das richtige Lächeln, dann kümmere ich mich um den Rest und verlange von ihnen nichts, als eine Reihe von Gesten zu vollziehen, die jeder machen könnte, aber eine Reihe von Gesten, die von mir minuziös festgelegt sind. Es ist übrigens nicht ausgeschlossen, daß diese Arbeitsmethode der Erzählung jegliche Spontaneität nimmt. Ich ziehe Strenge der blöden kunstlosen und einfallslosen Natürlichkeit vor.[73]

Genet nimmt einen Standpunkt ein, der Stanislawski und dessen »Methode« genau entgegengesetzt ist. In Genets Film braucht sich ein Schauspieler nicht zu quälen oder zu spielen, was er angeblich empfindet. Er braucht nur die richtigen Gesten auszuführen, und beim Zuschauer wird die richtige Reaktion ausgelöst. Genet greift Berufsschauspieler wegen ihrer Verlogenheit und ihrer klischeehaften Ausdrucksweisen an: »Ihre Gesichter, ihre blank geschrubbten Mienen sind langweilig wie die alter Kellner oder Butler«[74], und schlägt vor, Laien zu engagieren – was Pasolini in seinem Film *Das erste Evangelium – Matthäus* (1964) tatsächlich tat. Genets obsessive Betonung der Geste hängt mit seinen ambitiösen Bestrebungen zusammen, im Film eine gewisse »subjektive Komplexität« zum Ausdruck zu bringen. Eine der spezifisch filmischen Methoden, die Genet zur Objektivierung des Subjektiven anzuwenden gedenkt, ist die Nahaufnahme:

Der Film ist von seinem Wesen her schamlos. Da er diese Fähigkeit, Gesten zu vergrößern, hat, wollen wir davon Gebrauch machen. Die Kamera kann einen Hosenschlitz öffnen und seine Geheimnisse ergründen. Wenn ich es für notwendig halte, werde ich mich dessen nicht enthalten. Ich werde es benutzen, um das Zittern einer Lippe zweifelsfrei festzuhalten, aber auch die ganz eigentümliche Stofflichkeit von Schleimhäuten, ihre Feuchtigkeit. Das vergrößerte Erscheinen einer Speichelblase in einem Mundwinkel kann dem Zuschauer im Verlauf einer Szene ein Gefühl vermitteln, das diesem Drama neues Gewicht, eine neue Dichte verleiht.[75]

Genet möchte nicht nur Gesten vereinzeln und vergrößern, sondern auch Geräusche, die zudem nicht immer die passenden sind – um die antinaturalistische Wirkung zu verstärken. So sehen wir zwei Gefangene marschieren, aber wir hören nicht ihre Schritte, sondern nur die gebrüllten Kommandos, die von weither kommen.

Der Schwachpunkt des Drehbuchs ist seine Psychologie, wonach die Empfindungen zu weit von normalen menschlichen Gefühlen entfernt sind, um verständlich zu sein. Ein neuer Häftling, eine christusartige Gestalt namens Santo Forlano, trifft mit einem Kometenschweif an Ruhmestaten in der Strafkolonie ein; alle wissen, daß er in Frankreich abscheuliche, das heißt Kapitalverbrechen begangen hat. Aber in der Strafkolonie ist der Spielraum für das Böse ungeheuer eingeengt. Der philosophisch denkende Anstaltsdirektor, der weiß, daß das Böse anarchisch ist, hofft es dadurch zu unterbinden, daß er jedem Detail des Gefängnislebens starre Regeln auferlegt. Die Männer – vor allem Rocky und Ferrand – müssen durch ein ruhmvolles Verbrechen versöhnt werden, kein zurückliegendes, in Frankreich begangenes Verbrechen, sondern eine neue, im Gefängnis ausgeführte Tat. Santo Forlano spielt Rocky eine Nadel zu, der damit einen Wärter blendet und tötet. Die Nadel fällt auf den Boden – gleich weit von den drei Zellentüren entfernt, hinter denen Rocky, Ferrand und Forlano sitzen. Roger, ein Polizeispitzel, erzählt dem Direktor, sie habe Forlano gehört. Forlano wird zur Guillotine verurteilt. Ferrand ist der Scharfrichter. Doch nichts wird durch dieses Opfer erreicht. Beunruhigender als das vermeintliche Verbrechen Forlanos ist für das resignative Gefühl der Häftlinge Rogers Frische und Schönheit, denn Rogers Verrat erinnert sie an eine Welt, in der das Böse – und Jugend, Schönheit, Freude und alles andere Lebensvolle – möglich ist. Am Ende sitzen alle in der Falle. Genet bemerkt: »Sie sind Gefangene dieses geschlossenen Universums: meines Traums und dieser Strafkolonie.«[76] Rocky und Ferrand, Todfeinde, kämpfen weiter. Schließlich taumelt Rocky, tuberkulosekrank und voll Trauer über Forlano, unter der mörderischen Sonne davon, bricht zusammen und stirbt; in seinen Gedanken ist er mit dem toten Forlano bereits vereint. Forlano hat gesiegt, ohne jemals etwas gesagt oder getan zu haben.

Ein solches Drehbuch ist ähnlich schwer zu verstehen wie ein spätes Stück von Ibsen, *Wenn wir Toten erwachen* etwa oder *John Gabriel Borkman* und ebenso schwer zusammenzufassen. Ist sein psychologischer Aufbau auch etwas schwach, so besticht seine Atmosphäre, die Konzentration auf das sichtbare Detail und die Beschränkung der Handlung auf nur wenige Orte – die Zellen, die Werkstatt, das Büro des Direktors und vor allem den *mitard*, den Strafhof, in dem die Gefangenen endlos ihre Kreise ziehen wie auf dem berühmten Bild von van Gogh. In seinem Text hat Genet alles *gesehen*, bis hin zur Verzierung an einer Mütze, dem Schmutzfleck an einem Nachttopf und der frommen Art, in der junge Häftlinge für die zahnlosen Alten zähes Fleisch vorkauen. Roger hängt mit anderen Gefangenen die Wäsche auf: »Der Häftling schubst Roger, der, noch immer lächelnd, mit dem Rücken gegen ein stramm gezogenes Laken fällt. Wir hören das ›Zisch‹ des nassen Stoffes, und wir sehen den Abdruck, den Rogers runder Kopf zurückgelassen hat.«[77] Genet transkribiert offensichtlich einen Film, den er in seiner Phantasie schon gesehen hat.

In diesem Drehbuch befinden wir uns im innersten Kreis von Genets Obsessionen. Seine stete Faszination von der Strafkolonie, dieser Teufelsinsel, die jenseits von Mettray, Fontevrault und Brest liegt, dieser Hölle ohne Wiederkehr, hat endlich konkrete Form angenommen. In *Tagebuch eines Diebes* klagt er, daß die letzten Gefangenen aus Guayana nach Frankreich zurückgebracht würden.

Der Film enthält Elemente, die Genet aus Mettray kannte, so den Strafhof, das zeremonielle Begräbnis eines Mitglieds des Personals, die Werkstätten, die rasierten Schädel, tätowierten Körper, die miteinander geteilten Zigaretten, das Feiern einer Messe. Zu diesen vertrauten Einzelheiten hat er eine tropische Sonne, eine Wüste und grausame Negeraufseher hinzugefügt, und in dieses Milieu hat er eine tragische Geschichte über die *Notwendigkeit* ruhmreicher Taten in einer Welt der bereits Gestorbenen hineingestellt.

Denn das Herz der *Strafkolonie* ist kalt, kalt und tot. Genet äußert in seinen Anmerkungen mehrere Male, daß ein intensives Sich-Konzentrieren auf Einzelheiten seine imaginierte Welt zum Leben erwecken wird, aber er gibt einem Wunschdenken nach, da der ganze Text unter dem Zeichen des traurigen Lächelns von Häftlingen ohne Hoffnung, ohne Freunde, ja ohne Wünsche verfaßt ist. Wenn den Gefangenen erlaubt wird, sich Fotos ihrer Geliebten anzusehen, verzichtet Rocky, da für ihn alles, auch in seiner Vergangenheit, tot und vergessen ist.

Das Drehbuch ist in vielem ein Vorgriff auf Genets spätere Stücke und deren

Themen, die um Macht, Kolonisierung und Rassenbeziehungen kreisen. Die »Nigger« in *Die Strafkolonie* zeigen gewisse Ähnlichkeiten mit den Figuren in *Die Neger*. Genet hatte schwarzhäutige Gestalten schon in seinen Romanen geschaffen: Seck Gorgui ist besonders ansprechend, der virile, dandyhafte Mann, um den der Transvestit Divine und der knabenhafte Mörder Notre-Dame kämpfen. In einer der lyrischsten Szenen Genets wandern die drei Gestalten nach einem Tuntenball im Morgengrauen in ihren Kostümen durch die Straßen vom Montmartre. Solch eine Figur eines Schwarzen gibt es in *Die Strafkolonie* nicht, wo die farbigen Gefängnisaufseher eine afrikanische Sprache sprechen und einen bedrohlichen Chor bilden. Statt auf rassistische Stereotypen zu verzichten, untersucht Genet sie in diesem Drehbuch eingehend und gestattet seinen Schwarzen, sich in ihnen zu sonnen. In *Die Strafkolonie* werden die Schwarzen als tückische Schauspieler dargestellt, die alles sagen, um ihren weißen Herren zu gefallen, jedoch kein Fünkchen Treue für sie empfinden. Vor Forlanos Hinrichtung spielen sie mit einer kopflosen weißen Sträflingspuppe ein Voodoo-Spiel. In den Anmerkungen (mehr als in der geschilderten Handlung) betrachtet Genet Schwarze als einen ästhetisch notwendigen Kontrast zu den weißen Gestalten. Am Vorabend von Forlanos Hinrichtung tanzen und singen die Schwarzen fröhlich und essen ein Schaf, als vertrete es die Stelle Forlanos. Später setzt Genet hinzu, daß die Schwarzen die umgekehrte Rolle der Weißen spielen – sie sind »der Schatten, wenn Sie so wollen, von zuviel Licht«[78] und stellen die Angst vor einer anderen Rasse und einer anderen Sexualität dar. Wie die Frauen gehören die Schwarzen der Nacht an, sie umfassen und umgeben die Weißen. Genet fügt hinzu: »Selbstverständlich gebe ich hier nur eine Deutung, die meine geheimen Träume erfüllt.«[79] In *Die Neger* kehrte Genet seine Strategie dann um und stellte die Weißen in den Hintergrund, die Schwarzen in den Vordergrund, aber er sah weiterhin die Rassen umgekehrte Rollen spielen. Diese auf Rassenzugehörigkeit aufgebaute Darstellung seiner Vorstellungen von gesellschaftlicher Macht sollte zu einem neuen schöpferischen Ausbruch führen.

Genets höchst idiosynkratische Vorstellungen fanden in den Werken anderer Autoren einen Widerhall, und sogar Sartre ließ sich durch Beschäftigung mit Genet zu einer dichterischen Umsetzung anregen: In dem Theaterstück *Le Diable et le bon Dieu (Der Teufel und der liebe Gott)*, fungiert die Hauptgestalt, der deutsche Renaissancekrieger Götz, als Sprachrohr für Sartres Auffassung der Genetschen Psychologie und Moral. *Der Teufel und der liebe Gott* wurde am 7. Juni 1951 am Théâtre Antoine in Paris uraufgeführt, stand bis

März 1952 auf dem Spielplan und war Sartres bevorzugtes Stück unter seinen Dramen. Es wurde von Jouvet inszeniert, der zwei Monate später starb und zu dessen Beerdigung Genet stellvertretend Java schickte. Götz steigt in seiner Suche nach dem Absoluten bis in die tiefsten Tiefen des Bösen hinab. Wie Genet verkündet Götz, daß er Verräter »anbetet«, außerdem ist er wie dieser ein Bastard: »Natürlich begehen Bastarde Verrat: Was sollen sie denn sonst tun? Ich bin ein geborener Doppelagent: Meine Mutter hat sich einem armen Schlucker hingegeben, und ich bestehe aus zwei Hälften, die nicht zusammenpassen: Jeder Hälfte graut vor der anderen. ... Wir haben keinen Platz in dieser Welt! Pfeif auf sie, die dich nicht will! Tu das Böse: du wirst sehen, wie leicht man sich dann fühlt.«[80] Götz fragt auch: »Begreifst du nicht, daß das Böse meine Existenzberechtigung ist?«[81]
Schließlich gibt Götz sein Streben nach dem Bösen auf und faßt den Entschluß, Gutes zu tun. In einem wiederkehrenden Anfall des Bösen jedoch sieht er in Gott den einzigen seiner Gaben würdigen Feind, den es zu bekämpfen gilt. Die Handlung des Stücks ist äußerst kompliziert und enthält viele unverständliche Brüche. Götz predigt seinen Leuten das Gute und Gewaltlosigkeit, was zu ihrer Vernichtung führt. Im letzen Akt gibt er sich als Asket, wird aber in den letzten Szenen erneut zum Soldatsein überredet, gemäß der Theorie, daß es für jeden einzelnen je nach seinen Talenten, seinem Alter und Schicksal eine angemessene Wirkungsmöglichkeit gebe. (Eine ähnliche Theorie wird in der *Bhagavadgita* Arjuna gegenüber geäußert.) Götz ruft aus: »Unhold oder Heiliger, das war mir schnurz, ich wollte unmenschlich sein.«[82]
Saint Genet brachte dem Werk Genets in vielen Ländern zahllose neue Bewunderer ein, löste aber auch einige Empörung aus. Céline, der über Genet zuvor höchst anerkennend geschrieben hatte, er sei »verfault vor Genie«[83], wandte sich nun gegen ihn, eine Reaktion, die vornehmlich dem Umstand zuzuschreiben ist, daß Céline Sartre als Feind betrachtete. Die gewichtigste negative Reaktion kam von dem Romancier Georges Bataille, der vielleicht einige persönliche Gründe hatte, Genet zu beneiden und gegen Sartre eine Abneigung zu hegen. Bataille hatte alle seine wichtigen Romane in den dreißiger Jahren und kurz danach geschrieben, und Sartre hatte ihn zweifellos beleidigt, als er in *Saint Genet* schrieb: »Bataille martert sich ›zu seinen Stunden‹, die übrige Zeit ist er Bibliothekar.«[84] Überdies warf er Bataille mit anderen bürgerlichen Schriftstellern wie Michel Leiris (Ethnograph), Francis Ponge (Versicherungsagent) und Brice Parain (Verleger) in einen Topf.
Batailles Romane – *Histoire de l'œil (Geschichte des Auges), Le Bleu du ciel (Das Blau des Himmels)* und *Madame Edwarda* – sind gewalttätig, provozie-

rend und poetisch auf eine Weise, die mit Genets Romanen vieles gemeinsam zu haben scheint, wenn Genet auch viel mehr kommentiert, weniger spontan und barocker ist. Aber Batailles Einwände gegen Genet (und gegen Sartres Verteidigung) sind nicht stilistischer, sondern ethischer Art. Während das Verbrechen bei Bataille selbstlos und grundlos geschieht, wird es bei Genet (zumindest nach Batailles Auffassung) systematisch, ja eine Form der Sklaverei. Für Bataille ist das Böse die Ausnahme von der Regel, doch bei Genet ist das Böse zur Regel selbst geworden, daher eine Art Pflicht – was eigentlich das *Gute* ist. Zweitens beschuldigt Bataille Genet, ihm sei Kommunikation gleichgültig, und diese Gleichgültigkeit, erklärt er, »steht am Anfang eines bestimmten Faktums: seine Geschichten interessieren uns, aber sie *packen* uns nicht. Unter der blendenden Parade seiner Worte gibt es nichts Kälteres, nichts weniger Berührenderes als die berühmte Passage, in der Genet vom Tod Harcamones berichtet. Die Schönheit dieser Passage ist edelsteinartig, sie ist zu prächtig und zeigt einen recht kalten, schlechten Geschmack.«[85]
Batailles schärfster Vorwurf gegen Genet ist der, sich zu weigern, mit seinem Leser in Kontakt zu treten. Während Leidenschaft nach Batailles Ansicht notwendigerweise immer Ehrlichkeit nach sich zieht, erzeuge Genets Art der Indifferenz gegenüber seinem Thema (und Feindseligkeit gegenüber seinem Leser) einen Stil, der heftig und unklar sei. Doch Bataille tut nichts anders als Sartres Charakterisierung von Genets Entfremdung von der Sprache gegen Genet zu wenden. Er zitiert nur einen einzigen Satz als Beweis für Genets Unaufrichtigkeit. In *Wunder der Rose* fragte Genet, ob es einen Jugendlichen gebe, der »so ehrlich ist, sich zu erinnern, daß Mettray ein Paradies war«[86], während Bataille feststellt, es sei allgemein bekannt, daß Mettray eine Hölle war. Was Bataille nicht zu sehen vermag, ist, daß ein Häftling wie Genet, der seine Nacktheit in prächtige Worte kleidet, niemanden betrügt, nicht einmal sich selbst, den Leser aber mit Sicherheit überrumpelt.
Bataille kommt zu dem Schluß, daß Genets Streben nach dem *grenzenlosen* Bösen, gepaart mit seiner Einsamkeit und seinem Unvermögen zu kommunizieren, ihn einer wirklichen Souveränität beraube, die notwendigerweise bestimmte Grenzen akzeptiert, besonders jene, die den Akten der Kommunikation innewohnen. Bedauerlicherweise hatten er und Genet so vieles gemeinsam (die Liebe zu de Sade, Gilles de Rais und Nietzsche, einen Hang zu Gewalt, harter Erotik und katholischem Pomp), daß sie einander hätten schätzen müssen, aber es gibt Beweise persönlicher Animosität. Sie hatten sich einmal in der Brasserie Lipp in Saint-Germain-des-Prés über Mittag mit anderen Leuten getroffen, und zwar recht lange, bevor Bataille seinen Essay über Genet

schrieb. Bataille hatte eines seiner Manuskripte bei sich und legte es auf einen leeren Stuhl. Genet verließ die Gruppe als erster. Als Bataille gehen wollte, stellte er fest, daß das Manuskript verschwunden war, und gab auf der Stelle Genet die Schuld – mag sein, zu Recht. In den fünfziger Jahren hatte er indessen das Gefühl, er habe Genets Werk zu hart beurteilt. Genet besaß außerdem den Anstand, sich über Bataille und diese Angelegenheit nie zu äußern, weder schriftlich noch mündlich. Als Bataille die Edition einer Enzyklopädie über die zeitgenössische Kunstszene plante (aber nie realisierte), teilte er Patrick Waldberg, dem aus Amerika stammenden und mit den Surrealisten verbundenen Kunstkritiker mit, er habe Genets Talent unterschätzt, und forderte einen wohlwollenden Artikel über ihn.[87]

Paradoxerweise war Genets innere Einsamkeit, die Bataille geschildert hatte, im Begriff, dramatisch zu Ende zu gehen. Wenn Genet in den Jahren nach der Fertigstellung seiner Romane so heftig litt, dann zum Teil deshalb, weil er das Gefühl hatte, er lebe von der menschlichen Rasse verbannt im Exil. In *Tagebuch eines Diebes* schreibt er: »Ich laufe Gefahr, mich zu verlieren, indem ich Heiligkeit und Erhabenheit mit Einsamkeit verwechsle.«[88] Einige Seiten vorher sagt er: »Ausgehend von den elementaren Prinzipien der Moralsysteme und Religionen erreicht der Heilige sein Ziel, wenn er sich von ihnen löst. Wie die Schönheit – und die Poesie – mit der ich sie verwechsle, ist die Heiligkeit einzigartig. Ihr Ausdruck ist ursprünglich.«[89]
Dieses Ethos mag Genet sehr zugute gekommen sein, als er autobiographische Romane schrieb; dies ist schließlich die typische Form einer ausgedehnten Selbstbeobachtung. Aber in den Jahren 1947 bis 1955 verkam diese Einzigartigkeit zu verschärfter Einsamkeit und Isolierung, bisweilen gar zu unerfreulicher Gereiztheit. Anfallsweise war er verkommen, stumpf, ja selbstmordgefährdet, und dann wieder gesellig, herausgeputzt, pariserisch. Er ging mit Leonor Fini, Gala Barbizan, Cocteau oder Sartre essen oder schröpfte, den feinen Mann markierend, reiche Mäzene wie Renato Wild oder Jacques Guérin, aber er erkannte, daß er eigentlich nicht dazugehörte zu diesen ineinander verflochtenen, so kapriziösen, so bürgerlichen, so alleswisserischen Cliquen, die Interesse für den Künstler zeigten, weniger aber für dessen Kunst. Java und Lucien leisteten Genet Gesellschaft, aber er wußte, daß sie sein Werk nicht begriffen und ihr Leben schließlich mit Frauen verbringen würden. Die größte Katastrophe war seine Affäre mit Decimo, dem einzigen Schwulen, zu dem er sich je hingezogen fühlte. Er erlitt eine demütigende Niederlage, als Decimo ihn offenbar wegen eines reicheren Freiers verließ. Zum erstenmal in

seinem Leben – nach der Zeit der Haftstrafen – war es Genet nicht möglich gewesen, einen Geliebten mittels Geld oder Prestige zu halten. Genet hatte angenommen, er habe Macht über Decimo – doch dann hatte der Italiener ihn schlagartig kalt zurückgewiesen, was um so schmerzlicher war, als Genet eine väterliche Zärtlichkeit für ihn empfunden hatte.

1952 hatte Genet einem Gerücht zufolge daran gedacht, sich der Kommunistischen Partei anzuschließen, und war abgelehnt worden; wenigstens schrieb eine Zeitung, *Paris-Presse,* daß die Partei Genet mißtrauisch gegenüberstehe, weil sein Werk unmoralisch sei.

Genet teilte mit, daß er sich von dieser Ablehnung nicht entmutigen lasse und plane, für die *Nouvelle Revue Française,* die Literaturzeitschrift von Gallimard, einen »Versuch den Kommunismus zu verstehen« (»Tentative de compréhension du Communisme«) zu schreiben.[90] Dieser Artikel wurde nie verfaßt. Vielmehr erscheint es unwahrscheinlich, daß Genet je den Wunsch gehabt haben sollte, fest eingeschriebenes Mitglied der Partei zu werden. Dazu war er ein viel zu großer Anarchist, viel zu mißtrauisch gegenüber der organisierten Politik. In den frühen sechziger Jahren dann schrieb er einen Brief über seine politischen Überzeugungen: »Ich bin kein Typ der Rechten, ich bin kein Typ der Linken. ... Ich bleibe ein Rumtreiber, das heißt, daß ich keine gegebene, schon fix und fertig ausgearbeitete Moral akzeptieren kann, und sei sie noch so edel.«[91]

KAPITEL 15

Ein Krimineller, der offiziell begnadigt worden war, ein Schriftsteller, der nicht mehr schrieb – Genet sah zu, wie sein Ruhm wuchs, obwohl seine Produktivität dahinschwand. Später schrieb er: »Das ist eines der bewegendsten Geheimnisse: Nach einer glänzenden Phase wird jeder Künstler einmal verzweifelt in ein Tief geraten, in dem er Gefahr läuft, seinen Verstand und seine Meisterschaft zu verlieren. Wenn er daraus als Sieger hervorgeht ...«[1] Der zweite Band seiner *Sämtlichen Werke* erschien 1951 und enthielt *Notre-Dame-des-Fleurs*, *Wunder der Rose* und zwei Gedichte, »Der zum Tode Verurteilte« und »Ein Liebesgesang«. Der erste Band war Sartres *Saint Genet* vorbehalten. 1953 wurde Band Drei mit der für diese Ausgabe von Genet stark überarbeiteten Fassung von *Das Totenfest*, mit *Querelle* und »Der Fischer von Suquet« veröffentlicht. Tania Balachova unternahm 1954 eine Neuinszenierung der *Zofen* im Théâtre de la Huchette, aber die Produktion, die eine frühere, geschwätzigere Fassung des Stücks als die von Jouvets Inszenierung benutzte, erhielt größtenteils feindselige Kritiken.

Genets geistige Krise verschärfte sich. Um 1953 herum hatte er ein einschneidendes Erlebnis, das er erst vierzehn Jahre später, 1967, in einem Essay über Rembrandt beschrieb, »Was bleibt von einem Rembrandt, der in kleine, gleich große Quadrate zerrissen und durch den Lokus gespült wird« (»Ce qui est resté d'un Rembrandt déchiré en petits carrés bien réguliers, et foutu aux chiottes«). Dies ist einer von zwei Essays über den Künstler, die als Reste eines Buches über Rembrandt verwertet wurden, das Genet nie vollendete. Er besteht aus zwei Kolumnen. In der schmaleren auf der rechten Seite wird über Rembrandt in einer sehr persönlichen Weise gesprochen, die linke Kolumne aber erzählt die Geschichte von Genets Bekehrung. Zunächst, als wolle er den Leser von der richtigen Spur ablenken, verkündet Genet, die einzigen, den Kunstwerken angemessenen »Wahrheiten« seien diejenigen, die absurd erscheinen oder verborgen bleiben und auf keinen Fall angewandt werden. Dann erzählt er seine Geschichte.

Etwas, das mir wie verfault vorkam, war dabei, mir meine gesamte frühere Weltsicht brandig zu machen. Als ich eines Tages in einem Eisenbahnabteil beim Betrachten des Reisenden, der mir gegenüber saß, plötzlich die Erkenntnis hatte, daß jeder Mensch einen anderen *wert ist*, ahnte ich nicht – oder eher doch, ich wußte es dunkel, denn unvermittelt breitete sich über mich ein Netz aus Traurigkeit, die mich, mehr oder minder erträglich, aber spürbar, nicht mehr verließ –, daß diese Erkenntnis einen so methodischen Zerfall mit sich führen würde. Hinter dem, was von diesem Mann erkennbar war, oder weiter weg – weiter weg und gleichzeitig wunderbar und zum Verzweifeln nah – an diesem Mann – Körper und Geist ohne Anmut, häßlich in einzelnen Details, ja eklig: dreckiger Schnurrbart, was noch wenig wäre, aber hart, steif, die Roßhaare oberhalb des winzigen Mundes beinahe horizontal eingesetzt, ein verwöhnter Mund, Auswurf, den er zwischen seinen Knien hindurch auf den Boden spuckte, der bereits von Kippen, Papier, Brotresten, kurz dem, was zu jener Zeit die Schmutzigkeit eines Abteils dritter Klasse ausmachte, verdreckt war, an dem Blick, den er dem meinen entgegensetzte, entdeckte ich, es war wie ein Schock, eine Art universelle Identität aller Menschen.

Aber nein! Das ging nicht so schnell vor sich und nicht in dieser Reihenfolge: zuerst stieß (kreuzte ihn nicht, sondern stieß) mein Blick an den des Reisenden, oder zerfloß vielmehr in diesem Blick. Dieser Mann hatte soeben die Augen von seiner Zeitung gehoben und hatte sie, vermutlich ohne darauf zu achten, auf meine gerichtet, die ihn auf dieselbe zufällige Art betrachteten. Erfaßte ihn auf der Stelle dieselbe Emotion – und schon die Verwirrung – wie mich? Sein Blick war nicht der eines anderen: es war mein eigener, dem ich in einem Spiegel begegnete, *durch Unaufmerksamkeit und in der Einsamkeit und Vergessenheit meiner selbst*. Was ich empfand, konnte ich nicht anders als in dieser Form ausdrücken: Ich floß aus meinem Körper, und zwar durch die Augen, in die des Reisenden, *zur selben Zeit, wie der Reisende in meine floß*. Oder eher: *Ich war geflossen*, denn der Blick war so kurz, daß ich mich seiner nicht anders erinnern kann als mit Hilfe dieser Wort-Zeit. Der Reisende hatte sich wieder an seine Lektüre gemacht. Betäubt von dem, was ich soeben entdeckt hatte, dachte ich erst jetzt daran, den Unbekannten zu mustern, und gewann daraus den Eindruck von Abscheu, den ich oben beschrieben habe: unter seinen zerknitterten, abgetragenen, farblosen Kleidern mußte sein Körper verdreckt und faltig sein. Der Mund war weich und durch einen schlecht geschnittenen Schnurrbart geschützt, ich sagte mir, daß dieser Mann wahrscheinlich schlaff sei, vielleicht feige. Er war über fünfzig. Der Zug fuhr weiterhin gleichgültig durch die französischen Dörfer. Der Abend kam. Die Vorstellung, die Dämmerungsminuten der Komplizenschaft mit diesem Partner zu verbringen, störte mich sehr.

Was war denn aus meinem Körper geflossen – ich floß – und was floß diesem Reisenden aus dem Körper?

Dies unerfreuliche Erlebnis wiederholte sich nicht, weder in seiner frischen Plötzlichkeit noch in seiner Intensität, doch seine Auswirkungen schwangen unaufhörlich in mir weiter. Was ich in dem Waggon erfahren hatte, schien mir einer Offenbarung ähnlich: abgesehen von den – hier abstoßenden – Zufälligkeiten seiner Erscheinung verbarg dieser Mann etwas, das er mich entdecken ließ und das ihn mit mir identisch machte. (Ich schrieb zuerst diesen Satz, aber ich habe ihn durch den folgenden ersetzt, der genauer und betrüblicher ist: Ich erfuhr, daß ich mit diesem Mann identisch bin.)

War das so, weil alle Menschen miteinander identisch sind?

Während der Fahrt dachte ich ohne Unterlaß und mit einer Art Selbstekel nach und kam sehr schnell zu der Ansicht, daß es diese Identität sei, die es jedem Menschen ermöglicht, geliebt zu werden, *nicht mehr und nicht weniger* als jeder andere, und die es ermöglicht, daß auch noch die widerlichste Erscheinung gemocht, das heißt angenommen und anerkannt – geliebt – werden kann. Damit nicht genug. Meine Überlegung sollte mich auch noch zu folgendem führen: Die Erscheinung, die ich zuerst als abscheulich bezeichnet hatte – das Wort ist nicht zu stark –, war von dieser Identität (dieses Wort kehrte hartnäckig immer wieder, aber vielleicht nur, weil ich noch über keinen sehr reichhaltigen Wortschatz verfügte), die unentwegt zwischen den Menschen umging und von der ein Blick in seiner Zufälligkeit Zeugnis ablegte, gewollt. Aber dieser reine und beinahe leere Blick, der vom einen zum anderen Reisenden wechselte, womit ihr Wille nichts zu tun hatte, den ihr Wille womöglich unterbunden hätte, er dauerte nur einen Moment lang, und das genügte, daß mich eine tiefe Traurigkeit erfaßte und nicht mehr verließ. Ich lebte ziemlich lange mit dieser Entdeckung, die ich absichtlich geheimhielt und deren Erinnerung ich von mir fernzuhalten trachtete, aber immer hielt sich in einem Teil von mir ein Fleckchen Traurigkeit, die oft, wie von einer Bö gebläht, alles in Finsternis tauchte.[2]

Genet besteht darauf, daß diese Erkenntnis alles andere als analytisch ist und, einmal erlangt, nie mehr vergessen werden kann. Von der Kenntnis, daß jeder Mensch *wie* jeder andere Mensch ist, geht er weiter zu der Gewißheit, daß jeder Mensch jeder andere Mensch *ist.* Es gibt nur ein einziges menschliches Wesen, das unteilbar in jedem von uns existiert, aber ein unerklärliches Phänomen macht uns für die anderen zu einem Fremden. Genet schreibt, er empfinde keine Zärtlichkeit für dieses andere *Ich*, das in einem anderen Körper wohnt; im Gegenteil, er glaubt sich ihm gegenüber so streng wie gegenüber sich selbst. Tatsächlich widerte Genet diese Entdeckung an, sie widerte ihn an und machte ihn traurig. In einem Dritter-Klasse-Abteil zwischen Salon und Saint-Rambert-d'Albon verlor die Welt ihre Buntheit und ihren Zauber. Als Dichter wußte er, daß er aus dieser Entdeckung Nutzen ziehen mußte, auch wenn ihm klar war, daß jeder, so er austauschbar ist, seiner ganzen erotischen Explosivkraft verlustig geht, die zwangsläufig von der *Einzigartigkeit* des Individuums abhängt. Wenn auch nach dieser Offenbarung schöne Männer noch Macht auf ihn ausübten, so nur aus Gewohnheit:

So erschien mir jeder Mensch nicht mehr in seiner Totalen, als Absolutes, in seiner großartigen Individualität, sondern als bruchstückhafte Erscheinung eines einzigen Wesens, und ekelte mich somit um so mehr an. Dennoch war ich beim Schreiben des Vorangehenden stets beunruhigt, umgetrieben von erotischen Themen, die mir vertraut waren und die mein Leben beherrschten. Ich meinte es ernst, als ich von einer Untersuchung sprach, die von dieser Entdeckung ausgehen sollte, »daß jeder Mensch jeder andere Mensch ist und ich wie alle anderen« – aber ich wußte, daß ich das auch schrieb, um die Erotik loszuwerden, um zu versuchen, sie mir auszutreiben, sie auf alle Fälle auf Distanz zu halten. Ein aufgerichteter Penis, geschwollen und zitternd, steifstehend in einem Busch schwarzer, kräuseliger Haare, dann das nächste: die kräftigen Schenkel, dann der Torso, der ganze Körper, die Hände, die Daumen, dann der Hals, die Lippen, die Zähne, die Nase, die Haare, schließlich die Augen, die wie zur Rettung oder Vernichtung im Furor der Liebe rufen, und das alles im Kampf gegen den so zerbrechlichen Blick, der vielleicht fähig ist, diese Allmacht zu zerstören?

Diese Erfahrung war so mächtig, daß er sie zweimal schilderte, einmal in diesem Essay über Rembrandt, und einmal zehn Jahre zuvor in einem Essay über Giacometti, beide Male in den gleichen Worten. Für Genet war Rembrandt (dessen Werke er eigens 1952 in London und im September 1953 in Amsterdam studierte) der Maler, der die eigentliche Schwere und Fleischlichkeit menschlicher Wesen zeigt, die riechen, die scheißen und deren Körper warm sind. Genets singulärer Ansicht zufolge entkleidet Rembrandt seine Gestalten jedes auch nur annähernd anekdotischen Details. Je mehr er jedes erkennbare Merkmal entfernt, desto mehr Gewicht und Realität nehmen seine

Gestalten an. Das Problem, ein menschliches Wesen zu sein – austauschbar mit allen anderen, an einen verweslichen Körper gefesselt –, auf das Genet in der Eisenbahn gestoßen war, wird gelöst: »Aber Rembrandt mußte sich erst erkennen und akzeptieren als ein fleischliches Wesen – was sage ich, fleischlich? – als ein Wesen von Schlachtfleisch, von Aas, von Blut, von Tränen, von Schweiß, von Scheiße, von Intelligenz und von Zärtlichkeit, von mehr noch, bis ins Unendliche, von denen aber keines die anderen verleugnet, oder besser: jedes verneigt sich vor dem anderen.«[3] Wenn Rembrandt der Künstler der Fleischlichkeit ist, dann hat Giacometti »diesen erlesenen Punkt [gefunden], wo der Mensch zurückgebracht wird auf das, was nicht mehr zu verkürzen ist: seine Einsamkeit des Seins, das ebenso viel wert ist wie jedes andere.«[4] Ein Leben ändert sich durch eine Erkenntnis selten über Nacht. Die meisten Veränderungen des Menschen sind gletscherartig, nicht vulkanisch. Wenn diese quasi religiöse Offenbarung auf Genet auch nicht die elektrisierende Wirkung hatte, wie er behauptet, so ist sie dennoch als Symbol einer radikal neuen Orientierung zu werten. Vor diesem Moment war er Romancier, danach Dramatiker. Vorher war er ein Dandy, danach verlor er das Interesse an seinem Äußeren. Vorher war sein geistiger Ziehvater Cocteau, *le prince frivole*, danach Giacometti, der schwer geprüfte, staubbedeckte Bildhauer menschlicher Einsamkeit. Vorher machte Genet mit Decimo seine unglücklichste Liebesaffäre durch, danach die glücklichste mit dem Hochseilartisten Abdallah – vielleicht genau deshalb, weil seine Bedürfnisse weniger tyrannisch waren, er seinen Griff lockerte. Vorher waren seine Geliebten Strolche oder Stricher, danach waren sie Künstler (Pierre Joly, ein Schauspieler, und Abdallah). Vorher schrieb er über sich, den dämonischen Einzelgänger, danach wurde er zum Dichter der Enteigneten dieser Welt.

In einem essayartigen Brief an Jean-Jacques Pauvert verurteilt Genet, auf seine neue Vorstellung vom Drama vorausweisend, die Vulgarität des zeitgenössischen französischen Theaters und kritisiert die Leute vom Theater wegen ihrer »Trivialität«, »Kulturlosigkeit« und »Albernheit«.[5] Im Gegensatz dazu schlägt Genet ein Theater des Rituals, des Symbols und der ernsten Unpersönlichkeit vor. Diese Ästhetik ist Nietzsche entlehnt, aber auch vom orientalischen Theater, vom griechischen Theater, von den Riten der Kirche und schließlich von den Spielen der Kinder inspiriert. Genet fragt sich, was für das Theater jetzt noch übrig bleibe, nachdem der Realismus dem Film und dem Fernsehen zugewiesen worden sei, und präsentiert nur eine einzige Antwort: Mythos und Ritual.

Genets zweite schöpferische Phase begann 1955. Wie all seine Romane, die er zwischen 1942 und 1947 geschrieben hatte, entstanden auch seine drei abendfüllenden Theaterstücke und seine zwei besten Essays, »L'Atelier d'Alberto Giacometti« (»Alberto Giacometti«) und »Le Funambule« (»Der Seiltänzer«), innerhalb weniger Jahre, nämlich zwischen 1955 und 1957; allerdings arbeitete er die Stücke auch nach diesen zwei Jahren weiter um. Seine Romane hatte er weder so ausgiebig noch auf dieselbe Weise revidiert wie seine Theaterstücke. Er korrigierte die Originalausgaben der Romane, als Gallimard sich zu Neuauflagen entschloß, aber diese Korrekturen veränderten den Text nur unwesentlich. Die Stücke aber arbeitete er unaufhörlich um und brachte es so zu vielen Ausgaben – eine verständliche Praxis, denn ein Dramentext ist stets eine Annäherung, mehrere Schritte von einer Inszenierung entfernt, während der Text eines Romans das Endprodukt *ist*. Selbst ein Schriftsteller mit reicher Bühnenerfahrung weiß nie genau, wie sich sein Text spielen läßt (wie auch ein Komponist nie genau weiß, wie seine Partitur klingen wird). Ein Stück Theater anzuschauen ist immer ein öffentliches Geschehen, das einen gruppendynamischen Prozeß durchläuft.

Wenn Genet also zum ständigen Korrektor seiner eigenen Werke wurde, so mag ihn dazu teilweise das Beispiel seines neuen Freundes Alberto Giacometti angeregt haben. Olivier Larronde und Jean-Pierre Lacloche waren eng befreundet mit Giacometti, der sogar den Umschlag zu Larrondes zweitem Buch entwarf. Doch vermutlich war es Sartre, der Giacometti 1954 einen größeren Essay widmete und Genet im Laufe jenes Jahres dem Bildhauer vorstellte. Genets Essay *Fragments ...* war im August 1954 veröffentlicht worden, und Giacometti hatte ihn mit Sorgfalt gelesen. Ebenso von Belang war Genets Glatze: Giacometti bewunderte sie. Er betrachtete Haare als eine Lüge, die die Realität des Schädelbaus verwischt, und er hatte seine Frau vergeblich zu überreden versucht, sich den Kopf kahlscheren zu lassen. Als Giacometti, in einem Café sitzend, aus der Ferne Genets Rowdygesicht sah, seine intensiven Augen, die Himmelfahrtsnase und den prächtig gewölbten Schädel betrachtete, beschloß er, Genet zu bitten, für ihn Modell zu sitzen.[6]
Vor dem Krieg war Giacometti der anerkannt führende surrealistische Bildhauer gewesen. Seine Skulptur *Palast um vier Uhr früh* (1932) ist wahrscheinlich das bemerkenswerteste Beispiel dieser Stilrichtung. Michel Leiris und André Breton machten ihn damals zum Gegenstand ihrer bedeutenden Essays. Nach dem Krieg kam ein neuer Giacometti zum Vorschein. Zwischen 1945 und 1950 stellte er zunächst die Menschheit in ihrer unpersönlichen Allgemeingültigkeit in langgezogenen Skulpturen mit großen Füßen, dünnen Lei-

bern und kleinen Köpfen dar. Nach 1950 konzentrierte er sich dann auf die Darstellung der Porträts seiner Frau Annette und seines Bruders Diego, vor allem in Bildern und Zeichnungen. Wie Genet strebte Giacometti nach »der lebenden Wirklichkeit« seines Gegenstandes, so in seinen Porträts des japanischen Professors Yanaihara, Annettes Liebhabers und Giacomettis engen Freundes. Dieser Entwicklungsweg mußte Genet zweifellos interessieren, dem jüngst die traurige und schockierende Offenbarung der Austauschbarkeit aller menschlichen Wesen zuteil geworden war und der trotzdem noch immer versuchte, die erotische Sprengkraft eines bestimmten Individuums dem vernichtenden Blick des schmuddeligen Alten in dem Eisenbahnabteil entgegenzustellen. Eines Tages blickte Giacometti, ganz im Geiste von Genets Offenbarung, diesen verwundert an und sagte:

»Wie schön Sie sind!« – Er macht zwei, drei Pinselstriche auf die Leinwand, ohne, so scheint es, seinen bohrenden Blick von mir zu nehmen. Er murmelt noch einmal wie zu sich selbst: »Wie schön Sie sind.« Dann fügt er folgende Feststellung hinzu, die ihn in noch größeres Staunen versetzt: »Wie jeder, hm? Nicht mehr und nicht weniger.«[7]

Giacometti war für Genet beispielhaft in seiner künstlerischen Integrität. In dem Atelier in der Rue Hippolyte Maindron 46 auf dem Montparnasse, das Giacometti sich 1927 dort eingerichtet hatte, blieb er, obwohl es klein war und alle modernen Bequemlichkeiten entbehrte, bis zu seinem Tode. Es gab kein fließendes Wasser, die Toilette war außerhalb, und geheizt wurde mit einem Kohleofen. Giacometti war zwar praktisch impotent, doch vergötterte er Prostituierte, und seine hohen, langgezogenen weiblichen Figuren könnte man als Huldigungen an diese Frauen verstehen, die er verehrte, wenn er sie auch nie als Modelle engagierte. Er wechselte selten die Kleider, seine Zähne waren braun, feiner Staub hatte sich auf Haaren und Gesicht niedergelassen, und wie Genet sah er viel älter aus, als er war (er war damals Mitte fünfzig). Obwohl er in den fünfziger Jahren durch Verkäufe und Aufträge wohlhabend wurde, lebte er weiter sein stoisch einfaches Leben, dem ein nahezu unveränderlicher Stundenplan zugrunde lag. Er stand am Mittag auf, begann am Nachmittag zu arbeiten, aß gegen Mitternacht zu Abend und arbeitete dann weiter bis zum Morgengrauen. Nicht daß er ein primitiver Naturmensch gewesen wäre. Im Gespräch war er von bizzarem Witz, sprunghaft und überaus intelligent: Es waren wirklich mit die besten Gespräche, die man damals in Paris erleben konnte. Genet wußte, wie leicht Cocteau und Sartre das Schreiben fiel und sah nun Giacomettis mühevollem Ringen um Vollkom-

menheit in den bildenden Künsten zu; dieses Ringen sollte das Vorbild für Genets eigene Arbeit werden. Er ahmte auch Giacomettis abgerissenes Äußeres, den grämlichen Sinn für Humor und seine Gleichgültigkeit gegenüber materiellen Bequemlichkeiten nach. Giacometti wiederum sah in Genet eine Mischung aus Brutalität und Traurigkeit, einen Menschen, der desillusioniert war und sich wünschte, das Leben würde ihn einfach verschlingen – »mit einer Zartheit und Sanftheit gegenüber allen Geschöpfen und einem Verständnis für Geschöpfe und Dinge, das so groß wie nur möglich ist.«[8]
Genets Begeisterung für Giacometti war grenzenlos. Typisch sein in einem Brief hingeworfener Satz: »Giacometti hat zwei hervorragende Plastiken geschaffen. Annette sitzend. Wundervoll.«[9] Später bat er Giacometti um eine Umschlagzeichnung für die Buchausgabe von *Der Balkon*; Giacometti machte mehrere Entwürfe, und zusammen wählten sie die besten aus, darunter eine große, würdevolle Madame Irma (die Bordellchefin), der mit der Mitra geschmückte Bischof (der Genet ähnelt) und der General (der seine Peitsche schwingt). Genet drängte darauf, daß im Buch Giacomettis Name so groß wie seiner gedruckt werde, was aber nicht geschah. Die beiden Männer verbrachten Stunden um Stunden miteinander; saßen sie in Cafés, bestand eines ihrer Spiele darin, daß Giacometti raten mußte, welcher Passant Genet gefiel. Der heterosexuelle Giacometti fand fast immer die Männer heraus, die es Genet angetan hatten.
Giacometti schuf von Genet zwischen 1954 und 1957 vier Zeichnungen und drei Gemälde. Für das große Bildnis von 1955, heute im Besitz des Centre Georges Pompidou in Paris, saß Genet ihm über vierzig Tage. Ein zweites Porträt hängt in der Tate Gallery in London. Während Giacometti Genet beobachtete, beobachtete Genet Giacometti. Genets Notizen führten zu dem Essay »Alberto Giacometti«, den Picasso für den allerbesten Kunstessay hielt, den er je gelesen hatte[10], und der Giacomettis bevorzugter Kommentar zu seinem Werk wurde. Während Genet seinen kurzen Essay über Cocteau in dessen geistreichem Stil verfaßt hatte und sein Brief an Leonor Fini zwischen gewolltem Schwulst und Vergleichen mit früheren Künstlern wechselte, ist der dreißigseitige Essay über Giacometti persönlich und direkt. In einer unkomplizierten Sprache analysiert Genet Giacomettis Kunst oder äußert seine bizarren Ansichten dazu; solche Betrachtungen wechseln mit aufgezeichneten Dialogen zwischen den beiden Männern ab.
Genets Essay erschien zunächst 1957 in dem Katalog *Derriére le miroir (Hinter dem Spiegel)*, den die Galerie Maeght anläßlich einer Ausstellung in Paris herausbrachte. Die Illustrationen zeigen Zeichnungen von Genet oder

dem Atelier. Der Essay beginnt in einem gedämpften, deprimierten – ja verängstigten – Ton, in dem Genet sich zu unserer Machtlosigkeit über die Welt des Sichtbaren äußert, diesen hartnäckigen Widerstand, der für diesen Meister verbaler Fingerfertigkeit um so beeindruckender gewesen sein muß. Er stellt fest, daß Giacometti die Welt des Sichtbaren noch unerträglicher macht, weil er uns zeigt, was vom Menschsein übrig bliebe, wenn alles Falsche abgestreift würde. In einer berühmten Passage verkündet er, daß die Verletzung, die jeder von uns trägt, der Ursprung aller Schönheit ist:

Es gibt keine andere Quelle der Schönheit als die Verletzung – einzigartig, verschieden bei jedem einzelnen, versteckt oder sichtbar –, die jeder Mensch in sich trägt, die er sich bewahrt und in die er sich zurückzieht, wenn er sich von der Welt in eine vorübergehende, doch tiefe Einsamkeit abwenden will.[11]

In dem Essay »Der Seiltänzer«, den Genet um dieselbe Zeit schrieb, erwähnt er erneut, daß diese »Verletzung« »eine Art geheimes und schmerzensreiches Herz«[12] ist.

Neben Giacomettis Statuen fühlt sich Genet der Göttlichkeit ausgesetzt – dasselbe innere Zittern empfindet er, wenn er eine kleine, lächelnde, stehende Figur von Osiris betrachtet.[13] Giacometti stellte Genet in einer Haltung dar, die einer seiner Lieblingsfiguren im Louvre ähnelt, dem Sitzenden Schreiber aus dem ägyptischen Alten Reich, entstanden etwa zweitausendfünfhundert Jahre vor Christus – der Oberkörper ist starr aufgerichtet, der Kopf blickt geradeaus, die Knie sind weit gespreizt, die Hände treffen über dem Schoß aufeinander, die Unterarme ruhen auf den Schenkeln.

Hinsichtlich dieses ägyptischen Kontexts äußert Genet, Giacomettis Skulpturen seien nicht für zukünftige Generationen bestimmt (das übliche banale Schicksal moderner Künstler), sondern für die Toten: »Dem Volk der Toten vermittelt das Werk Giacomettis die Einsamkeit jedes Wesens und jedes Dinges, und daß diese Einsamkeit unser sicherster Ruhm ist.«[14]

Diskussionen zwischen Giacometti und Genet richten sich auf Fragen wie etwa die, ob Gipsfiguren, wenn sie in Bronze gegossen werden, an Qualität gewinnen oder nicht (Genet: »Zum erstenmal in ihrem Leben hat die Bronze soeben gesiegt«[15]), oder warum die lebensgroßen Statuen von Annette göttlich erscheinen, wogegen die Büsten von Albertos Bruder Diego lediglich priesterhaft wirken (Giacometti: »Vielleicht liegt es daran, daß die Statuen von Annette den ganzen Menschen zeigen, während es bei Diego nur die Büste ist. Er ist

abgeschnitten. Also konventionell. Und diese Konvention ist es, die ihn weniger entfernt erscheinen läßt«[16]). Oder als Genet ihn fragt, woher er die Idee für seine Statue eines ausgehungerten Hundes genommen habe und Giacometti antwortet: »Das bin ich. Eines Tages habe ich mich so auf der Straße gesehen. Ich war der Hund.«[17]
Genet preist den taktilen Reiz der Statuen. Er vergleicht Giacomettis Hinken mit der Aura von Gebrechlichkeit, die seine Statuen ausstrahlen. Oder er vergleicht in einer überaus persönlichen Assoziation die Art, wie die Figuren sich emporschwingen, mit der Steigung der Rue Oberkampf. Oder er schwärmt für den weißen Raum in Giacomettis Zeichnungen, den er mit der Typographie und dem Layout von Mallarmés Gedicht »Ein Würfelspiel« vergleicht. Er findet in Giacomettis Werk eine Hochachtung vor allem und jedem, so wie Genet einmal geäußert hat, daß es in seinen Werken keine Geringschätzung, keine Satire und keinen Humor auf irgend jemandes Kosten gebe.
Er erkennt, daß Giacometti seine Gesundheit ruiniert und sein ganzes Sein in seinem Werk aufzehrt: »In diesem Atelier stirbt ein Mann langsam, er verzehrt sich und verwandelt sich unter unseren Augen in Göttinnen.«[18] Seine Kunst ist sozial nur in dem Sinne, daß sie die Einsamkeit eines jeden Wesens und Objekts anerkennt. (Der Gedanke ähnelt einer Äußerung Rilkes in den *Briefen an einen jungen Dichter*, daß man nämlich mit der Idee der Einsamkeit, der Ferne beginnen müsse und dann mit ihr spielen solle.) Das ist es, was Genet »eine Kunst überragender Clochards«[19] nennt.
Mehr als einmal schreibt Genet von Giacomettis Liebe zu Huren, und diese Äußerungen mögen seine eigene Einstellung zu dem Thema in *Der Balkon* beeinflußt haben. Zweimal verweist Genet in dem Essay darauf, daß eine Frau im Bordell all ihrer Nützlichkeit entkleidet wird, indem sie ihre »Verletzung«, ihre Einsamkeit und ihre Reinheit enthüllt. Die Achtung vor jedem Menschen, die Sensibilität gegenüber der Verletzung eines jeden waren Ideen, die Genet in sein Bordell-Stück hineinpackte – ein Thema, dem sonst nur Gelächter, Spott oder Mitleid sicher sind.
In seiner Untersuchung über das Verhältnis zwischen Giacometti und Genet äußert Thierry Dufrêne die Vermutung, daß Genet zu der Entscheidung, einige von den Schauspielern in *Der Balkon* und *Die Neger* auf Kothurne zu stellen, durch die überlangen und schweren Füße von Giacomettis Statuen angeregt worden sein könnte, so, wie man die Kleinaufteilung des Bühnenraums durch Paravents in *Die Wände* auf die Quadrate und Rechtecke im Hintergrund von Giacomettis Gemälden zurückführen kann.

Giacometti war der einzige Mensch von eigenem künstlerischem Format, den Genet wirklich bewunderte. Diese Hochachtung zeigt sich in der Schüchternheit, mit der er in seinem Essay mit ihm verfährt oder eine Meinung über das Werk des Bildhauers zu äußern wagt. 1981 fand folgender Dialog zwischen Genet und dem Regisseur Antoine Bourseiller statt, der fragte: »Können Sie über Giacometti sprechen?«

JG: Ja, schließlich habe ich immer noch das Stroh von seinem Küchenstuhl am Hintern, auf dem er mich über vierzig Tage lang hat sitzen lassen, um mein Porträt zu malen.
Ich durfte mich weder bewegen noch rauchen. Nur ein bißchen den Kopf drehen, aber währenddessen führte er ein so schönes Gespräch mit mir!
AB: Er ist einer der Menschen, die Sie am meisten bewundert haben, sagten Sie mir?
JG: Der einzige.
AB: Der einzige?
JG: Ja.[20]

Durch die Einfachheit seines Auftretens und die Art, wie seine Skulpturen individuelle Unterschiede zu gemeinsamen, universellen Eigenschaften zusammenführen, lehrte Giacometti Genet auch die Schönheit alltäglicher Menschlichkeit. Diese Lektion erlaubte es Genet, seine persönlichen Erfahrungen in allgemeine Begriffe zu übersetzen, oder genauer, seine Wut, die er aufgrund der Jahre der Erniedrigung, Armut und Haft noch immer gegen Frankreich empfand, in ein Verständnis für die Unterdrückten überall auf der Welt umzulenken.

In Genets Theaterstücken werden die Vertreter des weißen Establishments karikiert und verhöhnt, und nur den Schwarzen, den Arabern oder den Rebellen wird Sympathie, Würde und Individualität zugestanden. An seinen Übersetzer Frechtman schrieb Genet, sein Traum sei es, eines Tages ein Stück – oder ein Buch – zu schreiben, das so schön sei wie eine Statue von Giacometti, »gewöhnlich und prachtvoll zugleich, mit dieser eleganten Emphase«[21].

Etwa um die Zeit, als Genet Giacometti kennenlernte, füllte der Bildhauer nur für sich selbst einige Seiten mit Notizen. Er besuchte Bourges, südlich von Paris, mit der Absicht, die Landschaft der Umgebung zu zeichnen. Irgendwann spazierte er über die Schienen neben dem Güterbahnhof, um »all die schönen Landschaften zu schildern, ohne den Ort zu wechseln, die gewöhnlichste, anonymste, banalste und schönste Landschaft, die es zu sehen gibt, aber sie muß man malen oder zeichnen, nicht beschreiben«.[22] Diese ungewöhnliche

Zusammenstellung von Adjektiven (»gewöhnlich, anonym, banal und schön«) stimmt mit Genets neuer Ästhetik überein. Trotz Genets Bewunderung (oder vielleicht auch deswegen) konnte er es sich nicht verkneifen, den Bildhauer zu bestehlen. Während der Zeit, als sie sich sehr nahe standen, erhielt Giacometti vom Französischen Schatzamt den Auftrag, eine Matisse-Medaille zu schaffen. Am letzten Tag im Juni 1954 kam der Bildhauer in Nizza an und stellte fest, daß der greise Maler zwar bereit war, Modell zu sitzen, aber schnell erschöpft war.[23] Als Giacometti im September nach Paris zurückkam, lag Matisse im Sterben, und zwei Monate später war er tot. Giacometti bewunderte Matisse sehr und war von der Bereitwilligkeit des Achtzigjährigen, ihm zu sitzen, äußerst gerührt. Er machte etwa zwanzig Skizzen, meistens im Profil, die er in seinem Atelier in einer besonderen Mappe aufbewahrte. Er hatte auch zwei kleine Tonreliefs bereitliegen, Modelle der Medaille, die aber nie geprägt wurde.

Die beste Zeichnung, das einzige Vollbildnis von Matisse, fehlte eines Tages, und Giacometti war sehr beunruhigt. Es fehlte oft etwas aus seinem Atelier, was ihn nicht weiter störte, auf die Matisse-Zeichnung jedoch war er stolz – ein seltener Augenblick des Stolzes für einen Mann, der sonst so bescheiden war: Als Matisse ihn angeschnauzt hatte, daß niemand zeichnen könne, nicht einmal er, hatte Giacometti sofort zugestimmt. Trotz der Kritik des Meisters war Giacometti mit der Zeichnung recht zufrieden, er zeigte sie sogar mehreren Leuten.

Giacometti fragte seinen Freund, den amerikanischen Schriftsteller James Lord, der ihm Modell saß und später seine Biographie schrieb, ob er die Zeichnung genommen habe. Lord verneinte. Giacometti antwortete, daß die einzigen, die Schlüssel zum Atelier hätten, Lord und Genet seien. Lord sagte: »Dann müssen Sie Genet fragen.« Giacometti: »Das würde ich nicht wagen angesichts seiner Vergangenheit als Dieb.«

Danach, vielleicht aus Furcht, entdeckt zu werden, ließ Genet sich seltener bei Giacometti blicken, den die Vernachlässigung verletzte und der sich die Sache damit zu erklären versuchte, daß Genet das viele Modellsitzen zu sehr angestrengt habe. 1956 sprach Genet indirekt von Giacometti, so als sei dieser bereits tot. Als er gefragt wurde, wen er bewundere, erwähnte er Rembrandt und Sartre und fügte hinzu: »Ja, warten Sie, einen Bildhauer, der vor kurzem gestorben ist ...«[24]

Jahre später, nach Giacomettis Tod im Jahr 1966, erhielt Diego Giacometti Besuch von einem Mann, der ihn fragte, ob er eine Zeichnung seines Bruders kaufen wolle. Es war das Porträt von Matisse. Einige Tage später kaufte Diego es im Auftrag von Pierre Matisse, dem jüngsten Sohn des Malers, der in New York Kunsthändler war und es natürlich haben wollte. Als James Lord Genet erzählte, daß die Zeichnung wieder aufgetaucht sei, sagte Genet: »Ja, Sartre und der Biber haben sich gewundert, wie ich sie überhaupt aus Giacomettis Atelier herausbekommen habe.« Lord sagte, Giacometti habe angenommen, entweder Genet oder Lord müsse sie gestohlen haben. Darauf Genet: »Dann müssen Sie es gewesen sein.«

Am 8. Juli 1954 geriet Genet erneut mit dem französischen Gesetz in Konflikt. Er wurde vor ein Gericht in Paris zitiert, wo ihm ein Verstoß gegen die öffentliche Moral sowie Pornographie zur Last gelegt wurden. Im Januar 1956 entschied das Gericht nach langen Beratungen, er habe 1948 in zwei illegalen Ausgaben zwei Werke veröffentlicht, die »gegen die guten Sitten verstoßen«[25] – sein Gedicht »Die Galeere« und *Querelle*. Das Gericht bezog sich vermutlich auf die Illustrationen Leonor Finis für »Die Galeere«, aber vor allem auf die Zeichnungen Cocteaus für *Querelle*. (Illustrationen wecken offenbar schneller den Zorn von Beamten als das gedruckte Wort.) Cocteaus (unsignierte) Zeichnungen zeigen nackte Matrosen mit riesigen Erektionen, die miteinander Analverkehr haben oder sich lediglich die Socken ausziehen oder eine Zigarette rauchen. Normalerweise ist vorsorglich ein Schleier über das erigierte Glied gebreitet, manchmal ist es aber auch nicht verdeckt. Genet wurde zu acht Monaten Gefängnis und hunderttausend Franc Geldstrafe verurteilt. Die Haftstrafe wurde zur Bewährung ausgesetzt, und die Geldstrafe zahlte er höchstwahrscheinlich nicht. Zur Zeit des Urteils lagen beide Werke bereits seit zwei Jahren in der offiziellen Gallimard-Ausgabe vor und waren in den Buchhandlungen erhältlich.

Einige Leute vermuteten, daß das Gerichtsurteil gegen Genet härter als nötig ausgefallen war, um ihn für sein Eintreten im Jahr 1955 gegen die französische Präsenz in Nordafrika zu bestrafen[26], ein Hinweis auf sein Interesse an der Politik der Linken. Am 16. Mai 1955 war Genet mit der Schriftstellerin Marguerite Duras, dem Soziologen Edgard Morin, Giacometti und Sartre zusammengetroffen, um über einen Protest gegen die französische Regierung zu diskutieren. Er unterschrieb dann ein Manifest, in dem er mit allen Mitteln, die er mit seinem Gewissen vereinbaren könne, gegen die französische Herrschaft in Algerien und Marokko zu kämpfen versprach (Marokko erhielt 1956 seine Unabhängigkeit). Die Eingabe wurde von anderen Schriftstellern unterzeichnet, darunter François Mauriac, Sartre und Françoise Sagan, die im Jahr zuvor im Alter von neunzehn Jahren mit ihrem Roman *Bonjour tristesse* berühmt geworden war. Genet wurde in der Presse erbittert angegriffen als ein »berufsmäßiger Schwuler«, »ein Gewohnheitseinbrecher und Dieb« und als »ein Polizeispitzel«, dessen Name den »Monsieurs-Dames«, die die Eingabe unterschrieben hätten, nur Schande brächte.[27] Und so kam es, daß Genet, als er einige Jahre später gebeten wurde, das »Manifest der 121« gegen die fortgesetzte Unterdrückung Algeriens durch Frankreich zu unterzeichnen, sich weigerte, weil sein Ruf als Dieb und Homosexueller eine derartige Initiative nur in Mißkredit bringe. In einem Brief an Bernard Frechtman erklärte er dazu:

Vor zwanzig Jahren bin ich desertiert, um mir das Geld der Verpflichtungsprämie zu ergattern, danach hatte ich acht oder zehn Verurteilungen wegen Diebstahls. Darum kann ich wohl kaum ein moralischer Garant für Männer und Frauen sein, die aus Idealismus handeln und im übrigen durchaus mein Eintreten ablehnen können. Tatsächlich haben sie dieselbe Moral wie die, die sie verurteilen. Nur daß sie – ich meine die ersteren – diese Moral in die Tat umsetzen. Was sollte denn ein Dieb, Pornograph etc. in ihrer Mitte?[28]

Sein Ruf als böser Junge verfolgte Genet auch weiterhin. Als Cocteau im Oktober 1955 in die Académie française aufgenommen wurde, bat ihn der Ständige Sekretär der Akademie, Genet in seiner Begrüßungsansprache nicht namentlich zu erwähnen. Cocteau nahm die notwendigen Kürzungen vor, aber als die Rede am Tag zuvor für den Rundfunk aufgezeichnet wurde, nannte er Genet ausdrücklich beim Namen. In beiden Fassungen spielte er auf Genet in der poetischsten und anrührendsten Weise an: »Einem Staatenlosen verschaffen Sie Ausweispapiere, einem Vagabunden einen Ruheplatz, einem Gespenst eine Gestalt, einem Ungebildeten den Schutzschirm des Wörterbuchs, einen Sessel dem Ermüdeten, einer wehrlosen Hand ein Schwert.«[29] Als Francine Weisweiller zur Feier von Cocteaus Wahl eine Party gab, wurde Genet der ehemaligen belgischen Königin als »ein sehr großer Dichter«[30] vorgestellt. Edmund Wilson, der berühmteste amerikanische Literaturkritiker jener Zeit, äußerte abfällig, die Tatsache, daß Genet Exkönigin Elisabeth vorgestellt werde, beweise die »Verfaultheit Europas.«[31]
Claude Mauriac, Sohn des Romanciers François Mauriac, Genets ehrenwerten Feindes, vermerkt in seinem Tagebuch zur Wahl Cocteaus:

Ungewöhnliches Gedränge: Die Einführung Cocteaus durch Maurois ist das große literarische und gesellschaftliche Ereignis der Woche. Auch Jean Genet tritt unter »die

Kuppel«: und auch wenn er als Gast kommt, macht das seine Anwesenheit um nichts ungewöhnlicher. Ehe die Sitzung beginnt, steht er einen langen Moment neben den Plätzen der Akademiemitglieder: klein, vierschrötig, wie ein Seemann, der gerade an Land gegangen ist und sich noch nicht wieder an festen Boden gewöhnt hat. Dann setzt er sich, von den Mitgliedern des Instituts durch eine unsichtbare Scheidewand getrennt, als Akademiemitglied, unter sie gemischt, kaum seltsamer als Jean Cocteau.[32]

Am 2. Oktober 1955 dinierte Genet mit William Faulkner im Méditerranée, dem Pariser Restaurant gegenüber dem Théâtre de l'Odéon, das mit einem Wandbild von Christian Bérard geschmückt ist und dessen Tischwäsche Cocteau entworfen hat. Genet machte kaum den Mund auf. Monique Lange, eine Angestellte des Verlags Gallimard, hatte die beiden zusammengebracht, aber das Treffen erinnerte eher an die ebenfalls schweigsame Begegnung zwischen Proust und Joyce.[33]

In den Jahren 1954/55, auf dem Höhepunkt seiner Freundschaft mit Giacometti, hatte Genet eine Affäre mit Pierre Joly, dem er die erste Fassung von *Der Balkon* widmete und den er als Schauspieler in der Filmfassung von *Die Strafkolonie* ankündigte, die nie gedreht wurde. Joly war ein gutaussehender Zwanzigjähriger – groß, schwarzhaarig, mit blauen Augen, blasser Haut, einem fast blauschwarzen Bart, der rasch nachwuchs, und einem schönen Kopf mit regelmäßigen, griechischen Gesichtszügen. Er war Schauspielschüler, recht männlich, sah Marlon Brando ähnlich, gab vor, Fallschirmspringer gewesen zu sein und erging sich später gern in dunklen Andeutungen, daß er 1962 sogar an einer Verschwörung gegen de Gaulle beteiligt gewesen sei. Er hatte einen sehr schönen Körper, erzählte unglaubliche Geschichten über sich und trank wie ein Loch. Er war in allen Nachtlokalen von Saint-Germain anzutreffen, so auch in dem damals berühmten Schwulen-Barrestaurant Le Fiacre. Auch in einem Cabaret in der Rue des Canettes sah man ihn oft. Genet hielt ihn eine Weile aus, bis der Junge sich schließlich abseilte. Damals klagte Joly einem jungen Geliebten gegenüber, er habe von Genet genug, vor allem von seinen sexuellen Bedürfnissen.[34]

Die Abfassung von Genets drei abendfüllenden Stücken – *Der Balkon*, *Die Neger* und *Die Wände* – drängte sich auf einen äußerst kurzen Zeitraum zusammen, eine Rückkehr zu der Intensität früherer Tage, als er seine Romane schrieb. Er hatte die Konzipierung seines Dramenzyklus mit *Der Balkon* begonnen, die Niederschrift aber unterbrochen, als Raymond Rouleau ihn bat, ein Stück für schwarzhäutige Schauspieler zu schreiben, das Ende des Jahres 1955 auf die Bühne kommen sollte; demzufolge skizzierte Genet einen ersten Entwurf von *Die Neger*, ehe er die Arbeit an *Der Balkon* wiederaufnahm. Im Oktober und November schrieb er seinen Einakter über den Papst, *Elle (Sie)*, der im Grunde ein Ableger von *Der Balkon* ist. *Sie* wurde zu Genets Lebzeiten weder veröffentlicht noch aufgeführt. Die erste Fassung von *Der Balkon* und eine erste Fassung von *Die Neger* beendete er im Frühjahr und Sommer 1955. Am 23. September konnte er notieren: »Ich habe *Die Neger* korrigiert. Rouleau möchte sie Ende des Jahres auf die Bühne bringen. Mein Stück *(Der Balkon)* ist fast fertig. Auch das möchte Rouleau herausbringen. M. de Ré habe ich den *Papst (Sie)* versprochen.« (Michel de Ré war der Künstlername eines Schauspielers, der die Hauptrolle übernehmen wollte in diesem Einakter, in dem ein Fotograf beauftragt wird, ein Foto von »Sa Sainteté«, »Seiner Heiligkeit« zu machen. Da »Sainteté« ein weibliches Substantiv ist, wird vom Papst in der Folge als von »ihr«, *elle*«, gesprochen.) Indessen konnte Rouleau *Die Neger* nicht sofort auf die Bühne bringen, weil Genet sich noch eine Zeitlang damit herumquälte. Im Mai 1956 arbeitete Genet den Schluß um und dachte (für einen kurzen Moment) daran, das Stück in *Fuß-Ball* umzubenennen. An dem Einakter *Sie* arbeitete er in Schweden und Dänemark. In Schweden wurde für ihn ein großes Abendessen gegeben, zu dem viele Homosexuelle eingeladen wurden. Genet tat, als sei er schockiert: »Es waren nur Schwuchteln da, stellen Sie sich das vor!«[35]

Zwischen 1956 und 1961 schrieb und überarbeitete Genet *Die Wände* – die er abwechselnd *Les Mères (Die Mütter)* und *Ça bouge encore (Lebt's noch?)* nannte – und die er noch einmal 1976 umarbeitete. Schon am 6. Februar 1956 konnte er voller Optimismus schreiben: »Mit meinem Stück über die Araber bin ich fast fertig.« Trotz seines selbstbewußten Tons hatte Genet beim Schreiben seiner Stücke oft Lampenfieber.

Der Balkon spielt größtenteils in Le Grand Balcon, einem Bordell, in dem die Kunden ihre Phantasien an den Huren ausleben. Die Gestalten auf der Bühne weisen wiederholt auf die Revolution hin, die sich hinter der Bühne ereignet. Die Puffmutter, die dieses Haus der Illusionen leitet, heißt Madame Irma. Sie baut gerade neue Räumlichkeiten, den »Begräbnissalon mit den Marmorurnen, meinen Salon des Feierlichen Todes, die Gruft! Den Mausoleumssalon ...«. Der Polizeipräsident erscheint und verlangt zu wissen, ob ein Kunde ihn schon habe darstellen wollen. Irma erwidert, daß die rechte Zeit dafür noch nicht gekommen sei.

Eine von Madames Prostituierten, Chantal, flieht aus dem Bordell und schließt sich den Aufrührern an, für die sie zum Sinnbild der Freiheit wird. Als sie den Palast stürmen und vermutlich die Königin und ihren Hofstaat töten, ersetzt der Polizeipräsident diese Würdenträger durch ihre Scheinbilder aus Le Balcon: Madame Irma wird die Königin, und der Gasmann, ein Kleinfunktionär und der Gendarm, die dafür zahlen, ihre Phantasien als Richter, Bischof und General ausleben zu können, werden genau zu diesen Würden ernannt. Diese Darsteller ziehen jedoch das Sein dem Tun vor und wollen ihre Verkleidungen nicht in den Dreck des Realen und Alltäglichen ziehen. Die neuen Notablen und Königin Irma erscheinen auf dem Balkon des Bordells und werden von der Menge bejubelt. Die Revolution ist erstickt worden. Chantal wird erschossen, als sie der Königin vorgestellt wird.

Am Ende kann Irma, oder vielmehr die Königin, den Polizeipräsidenten davon informieren, daß endlich jemand gekommen sei, um ihn in dem kürzlich fertiggestellten Salon, dem Mausoleum, darzustellen. Der Kunde ist Roger, der ehemalige Anführer der gescheiterten Revolution. Nachdem aber Rogers Sitzung in der Gruft beendet ist und Irmas Assistentin Carmen ihn zu zwingen versucht, das Haus zu verlassen, kastriert er sich und stirbt, vermutlich um den Polizeipräsidenten symbolisch zu beleidigen. Sein Platz in der Gruft wird vom Polizeipräsidenten selbst eingenommen. Wieder ist Gewehrfeuer auf den Straßen zu hören, als sei die Revolution erneut aufgeflammt. Irma entläßt den Richter, den Bischof und den General, als wären sie schließlich nichts als Kunden, keine echten Würdenträger, und in ihrem Schlußmonolog rechnet sie die Kosten und Mühen zusammen, die es braucht, um ein Bordell am Laufen zu halten. Sie wendet sich sogar ans Publikum, als wären es potentielle Kunden.

Jahrelang hatte Genet ein Stück über Spanien schreiben wollen, und *Der Balkon* entstand aus diesem alten Projekt. »Mein Ausgangspunkt lag in Spanien, Francos Spanien, und der Revolutionär, der sich kastriert, das waren all jene Republikaner, als sie ihre Niederlage eingestanden. Und dann entwickelte sich mein Stück in die eine Richtung und Spanien in die andere.«[36] Verweise auf Spanien sind im ganzen Stück reichlich zu finden, beginnend mit dem riesigen spanischen Kruzifix im Hintergrund des ersten Bildes. Den Polizeipräsidenten kann man als Verweis auf Franco sehen, Roger als Verweis auf die Revolutionäre, Chantal als die kurzlebige Republik und Irma als Spanien selbst. Genet hatte fasziniert zwei verschiedene Zeitungsberichte gelesen, einen über Francos Pläne, ein riesiges Grabmal im Valle de los Caídos (»Tal der Gefallenen«) für sich zu errichten; der andere handelte von Aga

Khans geplantem Grabmal im ägyptischen Assuan. Genet gab sogar dem Vorzimmer des Mausoleums in *Der Balkon* den Namen Valle de los Caídos [sic]; dieses Ehrenmal zur Erinnerung an die »Weißen«, die im Spanischen Bürgerkrieg gefallen waren, wurde von Franco schließlich 1959 feierlich eingeweiht und war noch im Bau, als Genet sein Stück schrieb. Beide Grabmäler waren gigantische Bauten, die von den beiden Führern in Angriff genommen wurden, als sie noch vergleichsweise jung waren. In *Der Balkon* beaufsichtigt der Polizeipräsident den Bau seines eigenen Grabmals, während im Bordell des Ortes gleichzeitig ein Nachbau dieser Gruft errichtet wird, um ihm eine Freude zu machen, da er das ganze Stück hindurch hofft, man möge ihm nacheifern. Am Ende frohlockt er: »Ein Bild von mir wird insgeheim überdauern. Verstümmelt? Dennoch wird man eine stille Messe zu meinem Ruhme lesen.«[37] Dieser Aspekt von *Der Balkon* – der Bau eines Grabmals und die Errichtung eines Begräbniskults um den noch lebenden Polizeipräsidenten – ist das Hauptthema des Stücks, das oft wegen der sensationelleren Themen aus dem Auge verloren wird. Genet selbst schrieb in einer Erklärung, die der ersten veröffentlichten Fassung vorangestellt war:

Dieses Stück hat die Mythologie des Bordells zum Thema. Ein Polizeipräsident stellt voll Wut und Kummer fest, daß in »Le Grand Balcon« viele erotische Rituale von verschiedenen Helden dargestellt werden: dem Priester, dem Helden, dem Verbrecher, dem Bettler – und noch anderen –, aber leider niemals vom Polizeipräsidenten. Er kämpft darum, daß seine eigene Gestalt durch eine erlesene Gnade die erotischen Träume heimsucht und so zum Helden der Mythologie des Bordells wird.[38]

Genets Abneigung gegen Lokalkolorit und Anekdotisches bewirkt, daß in *Der Balkon* Schauplatz und Fabel (zwei Schlüsselelemente des bürgerlichen Theaters) abstrakt, ja verwirrend sind, auf jeden Fall nicht im Mittelpunkt stehen. Die ersten Szenen sind die brillantesten, und sie sind in sich so theatralisch (sie gehen vom Thema der Verkleidung, der Tragikomödie heftiger, wenngleich unerfüllbarer Wünsche und dem Theatertrick des Spiels im Spiel aus), daß keine der nachfolgenden Szenen ihnen den Rang ablaufen kann. Gleich zu Beginn zum Beispiel sitzt der Bischof, prachtvoll in Chorrock und Mitra gekleidet und mit Stelzen von einem halben Meter Länge an den Füßen, auf einem Thron, neben sich eine etwa vierzigjährige, schwarz gekleidete Frau, die sich als Irma entpuppt. Der »Bischof«, ein Bordellkunde mit speziellen Neigungen, feilscht um den Preis. Die junge Hure, die er sich ausgesucht hat, die »Büßerin«, hat ihm nur sechs Sünden gestanden, die »weit davon entfernt

[sind], meine Lieblingssünden zu sein«[39]. Zudem ist er nervös, weil er draußen Gewehrfeuer hört und argwöhnt, daß die Hure ihre Sünden nur erfunden hat. Einen Augenblick später sagt er mit ausdrucksloser Stimme: »Ich hoffe, du hast das alles nicht wirklich getan?«[40] Als Nachklang einer Passage aus *Tagebuch eines Diebes*, in der Genet zugibt, daß er in Nazideutschland außerstande war zu stehlen, weil es eine Nation von Dieben war, äußert der »Bischof«: »Man hat hier keine Möglichkeit, Böses zu tun. Ihr lebt im Bösen, in der Reuelosigkeit. Wie könntet ihr da Böses tun. Der Teufel spielt. Daran erkennt man ihn. Er ist der große Schauspieler. Und das ist der Grund, warum die Kirche die Komödianten verdammt hat.«[41] Der Redeschwulst des Bischofs wird von Irmas prosaischen Mahnungen durchbrochen, daß er schon zwanzig Minuten länger da sei, als er sich zu zahlen verpflichtet habe. Nichts kann den Bischof ablenken, sich vor seinem eigenen Spiegelbild in einer Rede darüber Klarheit zu verschaffen, ob Bischof zu sein eine Frage des Seins oder des Tuns sei, eine Seinsweise oder eine auszufüllende Funktion. Sein und Handeln sind zwei Kategorien, unter denen Sartre Genet selbst diskutierte. Im Hinblick auf Genet hatte Sartre Sein und Handeln charakterisiert als »zwei unreduzierbare Wertsysteme, zwei Kategorietabellen, die er gleichzeitig benutzt, um die Welt zu denken.«[42]

Das zweite Bild zeigt einen Richter (einen Kunden) vor zwei Bordellangestellten, einer jungen Frau, die sich als Diebin ausgibt, und einem Mann, der einen Henker darstellt. Wie in *Die Zofen* sind die Schauspieler in ein Ritual vertieft, das sie häufig unterbrechen, um einander Anweisungen zu geben (»Das kommt erst später«[43]). Und auch hier ängstigt den »Richter« das Knattern der Gewehre draußen und stört ihn in seiner sexuellen Konzentration. Wieder herrscht Unklarheit darüber, ob die Verbrechen real oder erfunden sind. Statt sich in einem Spiegel zu besehen (wie der Bischof), betrachtet der Richter sich in den Augen des Henkers und sieht in dessen Arm die Macht, die ihm körperlich fehlt, die er aber dank seiner Rolle ausübt. In *Die Wände* wird dieser Arm körperlos und nimmt als Symbol der Macht ein Eigenleben an. Der Spiegel des Bischofs und die Selbstreflexion des Richters im Körper des Henkers drücken treffend zwei der philosophischen Themen des Stückes aus. Die Menschen existieren, wie dem Bischof klar wird, entweder aufgrund dessen, was sie *sind* oder was sie *tun*. Was sie *sind*, wird von Spiegeln wiedergegeben: Tausende von Spiegelbildern ergeben schließlich mosaikartig das Ich. Dem unsozialen Narzißmus des Spiegels ist die zwangsläufig soziale Mittlerschaft wechselseitiger Rollen gegenübergestellt. Das Sein wird durch einen Beobachter in wechselseitigen Rollen wahrgenommen. So ist am Schluß, als der Polizeipräsident damit triumphiert, daß er in Roger einen Nachahmer hat, ein subtiler Mechanismus gegenseitiger Beziehungen und Wahrnehmungen hergestellt. Roger spielt den Helden, eine idealisierte Version des Polizeipräsidenten; diese Rolle existiert nur, weil Roger von einem Sklaven begleitet wird, der den Ruhm des Helden besingt. Der Sklave wäre ein Nichts, wenn er nicht den Helden zu loben hätte, aber umgekehrt existiert auch der Held nur durch die Worte des Sklaven. Somit existiert der Held in einer wechselseitigen Rolle mit dem Sklaven, der Polizeipräsident aber existiert nur, weil Roger ihn nachahmt. Wechselseitigkeit und Nachahmung sind die Prinzipien, die Existenz garantieren. Beide, Identität und Differenz, sind nötig, um Authentizität zu garantieren. Zu diesem Thema, der wechselseitigen Abhängigkeit zwischen Held und Sklave, Achilles und Homer, kehrt Genet dann als alter Mann in seinem letzten Buch, *Ein verliebter Gefangener*, zurück.

Im dritten Bild spielt ein Kunde einen General in der Schlacht, und die Prostituierte sein Pferd, sein »schönes spanisches Pferdchen« (»beau genêt d'Espagne«, Cocteaus Name für Genet). Wie der Polizeipräsident ist der General vom Tod und von postumem Ruhm besessen.

In dem fast wortlosen vierten Bild warten eine Hure und ein kleiner alter Mann »hinter den Kulissen« vermutlich darauf, zu einem Kunden gebracht zu werden, um eine sadomasochistische Nummer abzuziehen.

Im fünften Bild macht Madame Irma mit Carmen die Abrechnung. Sie ist jetzt Madames Assistentin, vermißt aber ihre ekstatischen Augenblicke als Hure, wenn sie eine Heilige oder die Jungfrau Maria spielte. Elegante Sprache wechselt mit schmutzigen Apartes: »Also gut. Ich muß dich wohl lassen in deinem geheimen Bordell, deinem kostbaren rosa Puff, deinem sentimentalen Freudenhaus ...«[44] Diese Worte gehörten zu denen, die sich französische Schauspielerinnen auszusprechen weigerten und die Genet in seiner Anmerkung »Wie *Der Balkon* darzustellen ist« gegen stubenreine Ersatzwörter auszutauschen den Schauspielerinnen untersagte; allerdings gestattete er ihnen, die Reihenfolge der anstößigen Wörter umzudrehen. Die Trennungslinie zwischen der Realität und den durch das Bordell inszenierten Hirngespinsten ist so dünn, daß selbst die Beteiligten manchmal in Verwirrung geraten. So fragt Carmen, ob der Klempner, der gerade gegangen ist, der echte oder der falsche sei.

Irma: Der echte.
Carmen: Welcher ist der echte?
Irma: Der die Wasserhähne repariert.[45]

In eine ähnliche Richtung weisend bemerkt Madame Irma, daß sie in die von ihr inszenierten Szenen immer ein echtes Detail (den Ehering einer Nonne zum Beispiel, mit dem sie ihren Status als Braut Christi anzeigt) und ein falsches Detail einbeziehe (den Spitzenslip unter einem kirchlichen Gewand). Später, als ihre Kunden die Rollen eines echten Richters, Generals und Bischofs spielen, bleiben sie in Madame Irmas Kostümen, tragen Kaninchenfell statt Hermelin.

Obwohl Genet den ersten Entwurf mit nur wenigen Streichungen niedergeschrieben hatte, revidierte er den *Balkon* in einem fort, fast wie besessen; zwischen 1955 und 1961 veröffentlichte er fünf verschiedene Fassungen. Nach Ansicht des Verlegers des Stücks, Marc Barbezat, hat er durch seine unentwegten, sich über zehn Jahre erstreckenden Revisionen das Skript zerstört. Eine Szene, in der drei schöne junge Männer Sperma, Tränen und Blut darstellen, wurde gestrichen. Entfernt wurden auch Schlußszenen, die den Bischof, den Richter und den General in den Ruinen ihrer Bordellszenerien zeigten. Viele Veränderungen in den verschiedenen Fassungen betreffen das sechste Bild. In einer Version tritt Roger zum Beispiel allein mit Chantal auf und bittet sie, ihre Popularität in den Dienst der Revolution zu stellen. In einer späteren Fassung begegnen wir anderen Revolutionären – Armand, in Selbstbewunderung versunken, und Marc, der sofortige Exekutionen und einen Propaganda-»Karneval« anordnet, der dem vom Staat geförderten den Rang ablaufen soll. In der Fassung von 1975 strich Genet alle Szenen, die außerhalb des Bordells spielen.[46]

Nie zufrieden war Genet mit dem Schluß: Rogers Selbstkastration erscheint unmotiviert; entscheidender noch erscheinen zwar die Ambitionen des Polizeipräsidenten, daß ihm nachgeeifert und er geopfert werde, recht logisch, psychologisch aber nicht überzeugend. Genets philosophisch determinierte Motivationen entfernen sich zu weit von nachvollziehbaren menschlichen Verhaltensformen, um den einzelnen Zuschauer noch zu interessieren oder gar zu packen. Lautet eine wichtige dramatische Frage des Stücks: »Wird jemand den Polizeipräsidenten im Bordell nachahmen wollen?«, so fällt es uns schwer zu verstehen, warum der Polizeipräsident nachgeahmt werden will oder warum Roger sich am Ende entscheidet, ihm den Gefallen zu tun. Der dem Stück zugrunde liegende Plan ist weder in erforderlichem Maße offengelegt noch ausreichend am Menschlichen orientiert worden.

Da *Der Balkon* sexuell provokant war und eine verschleierte Zustimmung zur antikolonialen Revolution zu sein schien, wurde er bis 1960 in Frankreich nicht aufgeführt. Die Welturaufführung fand im April 1957 in London im Arts Theatre statt, es war eine kleine Theaterclub-Produktion, die Peter Zadek inszenierte, der früher schon bei den *Zofen* Regie geführt hatte. Diese Inszenierung hatte Genet allerdings nicht gesehen. Das Arts Theatre wurde deshalb gewählt, weil es als Club nicht der Kontrolle des Lord Chamberlain unterstand, des Zensors der professionellen Theater, der zuvor bei den *Zofen* viele sinnlose Striche verlangt hatte. Nun bestand der Lord trotz der angeblichen Immunität des Arts Theatre darauf, daß Genet elf Anspielungen auf Christus, die Jungfrau, die Unbefleckte Empfängnis und die heilige Theresia entferne, die für gotteslästerlich angesehen wurden. Entscheidender aber war seine Forderung, die Kastrationsszene zu streichen.

Als Genet Zadeks Inszenierung bei der Kostümprobe sah, geriet er in Wut und löste einen ziemlichen Skandal aus. Er erschien in Begleitung seines Übersetzers Bernard Frechtman mit einer halben Stunde Verspätung; die beiden setzten sich in die dritte Reihe, und fast augenblicklich begann Genet, am Bild, an den Kostümen, an der Interpretation und den Strichen lauthals Kritik zu üben.[47] »Ich bin betrogen worden«[48], ließ er vernehmen. Er ging auf die Bühne und unterbrach die Probe. Er schlug vor, die Premiere um zehn Tage zu verschieben. Er rief nach Sandwiches und verkündete, er sei bereit, Tag und Nacht zu arbeiten, um die Inszenierung umzugestalten. Am nächsten Tag wurde ihm der Zutritt zum Theater verwehrt, und er fuhr zurück nach Paris, wo er eine Pressekonferenz gab:

Mein Stück *Der Balkon* spielt in einem »Haus der Prostitution«, aber die Personen gehören der Wirklichkeit eines Bordells ebensowenig an wie die Personen in *Hamlet* der Welt des Hofes.
Das Universum der strohgedeckten Hütte, der Fabrik oder des Palastes enthält ein moralisches Gewicht und trägt es nach außen. Die Darstellung eines Bordells kann eine Bedeutung von Immoralität vermitteln, die transponiert werden muß. Das wahre Thema des Stücks ist die Illusion.
Alles ist falsch, der General, der Erzbischof, der Polizeipräsident, und alles muß mit äußerster Zurückhaltung behandelt werden.
Doch statt das Stück zu veredeln, ist es vulgarisiert worden.
Die Personen sind grotesk geworden, scheußliche Clowns, die ich nicht wiedererkenne. Der Regisseur, Peter Zadek, hat sogar Mädchen in durchsichtigen Dessous hinzugefügt, die sich in widerwärtiger Weise herumfläzen und deren bloße Anwesenheit mir niemals erforderlich erschien. Ich wollte überlebensgroße Gestalten haben. Was man mir geliefert hat, sind Karikaturen à la »Hellzapoppin.«

Wenn es jetzt von *Die Zofen* oder *Unter Aufsicht* eine schlechte Aufführung gibt, macht das nichts, weil diese Stücke gut inszeniert worden sind und ich weiß, was aus ihnen gemacht werden kann, aber *Der Balkon* ist zum erstenmal gespielt worden, und der Gedanke, daß ich dieses Monstrum geboren habe, hat mich wahnsinnig gemacht.[49]

Genet hatte nicht nur Einwände gegen die halbbekleideten Statistinnen, wütend machte ihn auch, daß das dritte Bild zwischen dem General und der Hure, die sein Pferd spielt, zu einer Satire auf den Krieg umfunktioniert worden war, wofür das Luxusbordell mit Stacheldraht ausstaffiert wurde. Verärgert war Genet außerdem darüber, daß Madame Irma als Königin den Hosenbandorden verleiht. In Frankreich ist eine Königin abstrakt, eine Gattungsbezeichnung, aber in England hätte man jede Vorsichtsmaßregel ergreifen müssen, um *nicht* auf die wirkliche Königin anzuspielen.[50]
Zu jemand anderem von der französischen Presse sagte Genet: »Wo ich eine Tragödie sah, hat man Szenen eingefügt, die der Folies Bergères würdig wären.«[51] Er beklagte sich auch über oberflächliche englische Presseleute, die ihn gefragt hatten, was er zu Abend gegessen habe, statt ihn um eine Stellungnahme zu der Inszenierung zu bitten.[52] Er war so verärgert über Zadek, daß er ankündigte, er werde die Pariser Premiere von *Die Neger* selbst inszenieren – eine Idee, aus der nichts wurde.
In Frankreich hatte *Der Balkon* eine schwierige Geschichte ganz anderer Art. Nach der Londoner Uraufführung im April 1957 und dem ganzen Skandal, den das Stück in der französischen Presse aufwirbelte, erschienen Artikel, in denen fast wöchentlich eine unmittelbar bevorstehende französische Inszenierung angekündigt wurde. Marie Bell, eine der bekanntesten Theaterschauspielerinnen Frankreichs, war entschlossen, Madame Irma zu spielen, nicht so sehr, weil sie die Rolle mochte, sondern weil sie mit einem Avantgardestück in Verbindung gebracht werden wollte. Sie hoffte, mit Genets Stück im Winter 1957 herauszukommen, nachdem sie in Claudels *Der seidene Schuh (Le Soulier de satin)* die Hauptrolle gespielt hatte. Als Regisseur war Peter Brook vorgesehen. Es war jedoch schwierig, für das Stück einen Spielort zu finden. Erst wurde das Théâtre Hébertot in Paris genannt, dann ein privates Clubtheater, das Théâtre de l'Œuvre, weiter das Théâtre Marigny und schließlich das Théâtre Antoine – alle innerhalb von vier Monaten. Ein Produzent wurde genannt, Lars Schmidt, ein Schwede, der in Paris Tennessee Williams' *Die Katze auf dem heißen Blechdach* produziert hatte.
Die Leiterin des Théâtre Antoine, Simone Berriau, erregte jedoch Genets Zorn. Er nannte sie eine Schlampe. Sie hatte das Stück dem Herausgeber von

France-Soir, Pierre Lazareff, dem bekannten Journalisten Hervé Mille sowie einem hohen Beamten des Polizeipräsidiums zu lesen gegeben, und sie rieten ihr davon ab. In einem Zeitungsartikel war zu lesen: »Simone Berriau hat das Manuskript des Stücks dem Polizeipräsidenten anvertraut, der ihr den freundschaftlichen Rat gegeben haben soll, auf ihr Vorhaben zu verzichten.«[53] In einem bedenklichen Akt von Vorzensur warnte das Polizeipräsidium, sollte *Der Balkon* herauskommen, werde das Stück sofort untersagt. Offenbar wurde es als obszön, blasphemisch und politisch gefährlich angesehen. Etwa um dieselbe Zeit lehnte das Berliner Schillertheater das Stück mit der Begründung ab, der Schluß sei zu verwirrend.[54] Bald beklagte sich Genet:

Was den *Balkon* betrifft, da geht nichts mehr ... Brook und Smith [Lars Schmidt] verlieren die Nerven. Ich habe das erwartet. Brooks menschliche Eigenschaften verwirren mich mehr als seine Gaben als Regisseur. Über seine moralische Kraft habe ich mir keine Illusionen gemacht. Nur Marie Bell wird richtig enttäuscht sein. Ich hatte den *Balkon* schon vergessen – ich mag ihn sowieso nicht besonders, er hat mir nur als Ausgangspunkt für schönere Stücke gedient. Sie wissen also, wie sehr ich darauf pfeife. Für mich ist es wichtig zu wissen, was ich schreiben kann, nicht was ich auf die Bühne bringen kann.[55]

Marie Bell verlor nie die Begeisterung für das Stück. Erfolgreiche Inszenierungen in anderen Ländern bestärkten sie nur noch weiter in ihrer Überzeugung und heizten die Neugier des französischen Publikums an. Ermutigt haben muß sie auch der enorme Erfolg der *Neger*, die 1959 in Paris uraufgeführt wurden. Von Marie Bell erfuhr Genet, daß weder Peter Brook noch Lars Schmidt sie für den *Balkon* haben wollten.[56] Sie versuchte ihn dazu zu überreden, einen Vertrag mit ihr zu unterschreiben, in dem ihr für Frankreich das Recht der Erstaufführung eingeräumt würde, aber er weigerte sich.[57] Genet mißfiel sein Text immer mehr; er fand ihn »idiotisch ... Schwerfälliges Stück ohne Folgen. Plumpes Stück.«[58] Jean-Louis Barrault bot ihm an, es mit einem Regisseur seiner Wahl herauszubringen. Sartre las das Stück und schrieb einen Artikel im *France-Observateur*, in dem stand, daß er das Stück nicht möge, weil es nichts zeige als »den ermüdenden Reigen von Bildern und nicht die, wenn auch ziemlich vagen, Umstände eines Aufstandes, der im übrigen insofern recht beruhigend ist, als er scheitert.«[59] Genet schrieb an Frechtman:

Sartre hatte schon immer etwas von einem falschen Fuffziger an sich, was mir immer gefallen hat. Das wird meine Freundschaft zu ihm nicht berühren. Aber ich wüßte gern, was los ist. Rufen Sie ihn an oder treffen Sie sich mit ihm. Ohne daß Sie um Gottes willen sagen, daß das von mir ausgeht. Versuchen Sie, etwas herauszukriegen. Ich mache mir keine Illusionen: *Der Balkon* wird nicht herauskommen. Aber Sartre hat sich die Umstände hübsch zunutze gemacht. Versuchen Sie, über M. Bell etwas herauszubekommen. Sie muß auf dem laufenden sein.[60]

Angesichts Sartres Kritik wegen mangelnder Gewalt und Konflikte in dem Stück äußerte Genet: »Das wahre Theater ist ein Theater der Lösungen, nicht der Konflikte. Konflikte, das heißt Klamotte. Tricks. Komödiantentum.«[61] Im Mai 1960 bekam Paris endlich den *Balkon* zu Gesicht. 1958 war de Gaulle an die Macht gekommen, und mit ihm ein Kulturminister – der Romancier André Malraux –, der grünes Licht für Ionescos *Die Nashörner (Les Rhinocéros)* gab und Marie Bell und Peter Brook den *Balkon* erlaubte. Im Gegensatz zu der vulgären englischen Inszenierung war die Pariser Aufführung elegant. Marie Bell weigerte sich, schockierende Wörter zu sagen und interpretierte die Rolle als Grande Dame. Genet sagte sarkastisch: »Sie zieht sich aus der Affäre, die Mutter Bell.«[62] Brook benutzte eine Drehbühne, womit Genet ganz und gar nicht einverstanden war; seine Bühnenanweisungen verlangten Bilder, die von einer Seite der Bühne zur anderen gleiten sollten. Genet ging auf keine Probe, sondern entnahm alle Informationen den Kritiken. Er nahm Brook übel, daß er eine Szene zwischen den Aufrührern gestrichen hatte, und er gab Frechtman die Schuld, da dieser nicht zu den Proben gegangen und gegen alle Striche eingeschritten war. Roger Blins Inszenierung der *Neger* mit Berichten über Brooks *Balkon* vergleichend, schrieb er an Frechtman:

Nachdem ich eine ganze Anzahl Artikel und Ihre Briefe gelesen und mehrere Fotos von *Der Balkon* gesehen habe, habe ich das unbestimmte Gefühl, daß dies keine gute Aufführung ist. Mir wird klar, daß er [Brook] die satirische Seite des Stückes herausgearbeitet hat, auf der einen Seite, auf der anderen macht er diese Satire zahnlos. Der General zum Beispiel sollte eine stilisierte Uniform tragen, aber eine, die als Uniform eines französischen Generals zu erkennen ist. Aber hier ist eine Operette daraus geworden. Schließlich und vor allem sollte es, wenn Sie so wollen, eine Satire sein, aber auch ein Freudenfest, ein echter Karneval, an dem das Publikum seinen Spaß hat – wie es an Geschichten über Luxus seinen Spaß hat. Das Schauspiel sollte mit Ernst und einem Lächeln inszeniert werden. Hier ist es eine ziemlich steife, ziemlich banale Darbietung, die sich mühsam dahinschleppt wie eine Unterrichtsstunde. Es sollte sein wie eine Bordellgeschichte, die als Wahrheit ausgegeben wird. Blin weiß es – oh, aus den Artikeln über *Die Neger* und aus den Fotos habe ich ersehen können, daß er am besten verstanden hat, was ich meine, dieses erstickte Delirium, bockig wie ein Pferd. Im *Balkon* ist es ein Delirium, das von einem klassischen Ballettlehrer zur Ordnung gerufen worden ist und eine Pose einnimmt. Ich werde das Stück umschreiben, es hat's nötig.[63]

Roland Barthes kritisierte Brook, weil er Genets Stück, das vom Dasein handle, zu einem Stück über »Laster« gemacht habe – im konventionellen Sinn des Wortes; diese Akzentuierung mache aus Genet eine Art schlechten Maupassant. Schlimmer noch, er habe das Gefühl, Marie Bell sei als Irma erlaubt worden, eine derartige Starnummer abzuziehen, daß der *Balkon*, der geschrieben worden sei, um alle gesellschaftlichen Rollen zu demaskieren, das – finale – Opfer der Schauspielerin geworden sei.
Trotz der umstrittenen Inszenierung waren viele Kenner außerordentlich begeistert. Der führende französische Psychoanalytiker Jacques Lacan sah im *Balkon* die Wiedergeburt des Geistes von Aristophanes.[64] Maurice Saillet sagte zu Genet, ihn erinnere *Der Balkon* an Corneilles *Nicomède*. Genet erwiderte: »Das ist eine der schönsten Sachen, die ich im Theater kenne.«[65] Jan Kott, der polnische Theatertheoretiker und Verfasser des Buches *Shakespeare heute*, bewunderte Genets Stück, aber er sagte: »Als ich Genet zum erstenmal sah, konnte ich mir gar nicht vorstellen, daß er der Verfasser seiner Stücke ist. Er sieht aus wie ein verschrecktes Baby.«[66] In der Tat war sich Genet des *Balkons* nie sicher – oder damit zufrieden. Als er im Oktober 1959 die Revisionen für eine zweite Auflage vorlegte, schrieb er: »*Der Balkon* ist korrigiert. Bezeichnen Sie es nicht als ›endgültige Fassung‹, denn ich werde es vermutlich bis zu meinem Tode überarbeiten.«[67]
Waren die Reaktionen auf den *Balkon* in Frankreich kühl, so wurde das Stück in den Vereinigten Staaten begeistert aufgenommen, wo es Anfang März 1960 am New Yorker Off-Broadway Circle im Square (einem Rundtheater) herauskam. Regisseur war José Quintero, der mit Erfolg Eugene O'Neill, Thornton Wilder und Tennessee Williams inszeniert hatte. Zum Ensemble gehörten Nancy Marchand als Irma, eine hocherotische Salome Jens als das Pferdchen des Generals, das »Ponymädchen«, und Sylvia Miles als die Hure, die die Diebin spielt (die Miles wurde später einer der Warhol-Stars). Quintero kürzte das Stück radikal, was vielleicht seinen Erfolg erklärt. Am 16. Oktober 1961 hatte *Der Balkon* mit fünfhundertdreiundachtzig Vorstellungen die längste Laufzeit in der bisherigen Off-Broadway-Geschichte. Das Stück lief noch weiter bis Anfang 1962 und hatte dann insgesamt sechshundertzweiundsiebzig Vorstellungen. Im puritanischen Amerika kam es über den *Balkon* zu

vielen ergrimmten Diskussionen. Zwei Psychiater (einer davon der berühmte J. L. Moreno, der Begründer des Psychodramas, der andere der Verfasser der Untersuchung »The Callgirl: A Social and Psychoanalytical Study«) und ein Soziologieprofessor diskutierten nach einer Vorstellung auf der Bühne miteinander. Bei anderer Gelegenheit verteidigten Annette Michelson und José Quintero den *Balkon* vor dem Drama Desk, einer Berufsorganisation von Theaterjournalisten, von denen viele das Stück als obszön, gotteslästerlich und degeneriert, ja als das Werk eines Geistesgestörten betrachteten.

Als *Der Balkon* zum erstenmal gespielt wurde, erschien das Stück verwirrend, ja rätselhaft; heute freilich liest es sich als eine geradezu schematische Untersuchung jener philosophischen Fragen, die ans Politische grenzen. Zum Beispiel sieht Genet wie Proust die Welt im Bann berühmter oder historischer Namen stehen, doch ist für Genet der Name wichtiger als der Mensch, der ihn trägt. Tatsächlich kann praktisch jedermann einen großen Namen tragen, in Genets Fall keinen aristokratischen Familiennamen, sondern einen eher abstrakten (und leichter übertragbaren) offiziellen Titel, der mit einer Funktion verknüpft ist (Richter, General, Bischof). Diese zynische Auffassung von Politik sollte nicht so verstanden werden, daß Genet sie billigt und hinnimmt: Er schrieb alle drei abendfüllenden Stücke zum Teil auch, um die Mechanismen der Macht bloßzulegen und sie zurechtzustutzen, um zu enthüllen, wie von jedem Regime liturgische, gesetzliche und herrschaftliche Symbole in betrügerischer Absicht übernommen und eingesetzt werden; weiße Europäer sind nur die Gewieftesten in der Benutzung dieser renommierten, aber hohlen Bilder- und Namenwelt. Wenn Genet faschistische Regime in Spanien, Italien und Deutschland nie ausdrücklich anprangert, dann nur deshalb, weil er keinen wesentlichen Unterschied zwischen diesen Regimen und anderen in Europa sieht – vor allem, wenn er sie an ihrer Kolonialpolitik oder ihrer Behandlung der Unterschicht im eigenen Lande mißt. In einem späteren Essay hielt er zum Beispiel das demokratische Experiment im England des 19. Jahrhunderts dessen weltweiter kolonialer Unterdrückung entgegen.[68]
Pirandello hatte gewiß die Auflösung zwischen theatralischer Phantasiewelt und außertheatralischer Wirklichkeit eingehend erkundet, aber er behandelte dieses Thema als rein psychologisches Phänomen (vielleicht mit Ausnahme seines Meisterwerks *Heinrich IV.*, das er 1922 schrieb). Genets Beitrag ist es, das Thema Illusion und Authentizität zu erkunden, um die gesellschaftliche Machtdynamik offenzulegen. Dem französischen Theaterkritiker Bernard Dort zufolge hatte Genet wahrscheinlich keine direkte Berührung mit Piran-

dellos Werk, könnte aber dessen Einflüsse über Jouvet und Sartre aufgenommen haben, die beide glühende Bewunderer des italienischen Dramatikers waren.[69] Es gibt zwei all die Jahre aufrecht erhaltene und tragfähige, jedoch gegensätzliche Methoden, die »Wirklichkeit« in *Der Balkon* zu interpretieren. Entweder findet der Aufstand wirklich statt, und Le Balcon stellt die nächsten Führer des Landes (Königin, Richter, Bischof und General) – oder aber der Aufstand findet lediglich als eine weitere Szene im Bordell statt, der Allegorie für die ganze Welt. Ereignet sich der Aufstand, vor allem die Szene zwischen Chantal (»Freiheit«) und dem Revolutionsführer Roger (eine Szene, die Genet in der letzten Fassung strich), auf einem Schauplatz im Bordell oder außerhalb davon, ist das Grabmal eine Bordellszenerie oder ein echtes Grabmal? Gibt es irgendeinen Unterschied zwischen der Wirklichkeit und ihrer theatralischen Darstellung? Wenn die Wirklichkeit als solche theatralisch ist, dann ist ein Theaterstück über die Realität keineswegs eine beliebige oder vereinfachte Version von ihr. Vielmehr könnte ein Theaterstück die beste Methode sein, die gefährlichen Seiten der Theatralität des alltäglichen Lebens herauszustellen.

Genets Analyse der Macht ist nicht marxistisch, ignoriert sie doch den Einfluß von wirtschaftlichen Kräften, Klasseninteressen und technischer Innovation und konzentriert sich statt dessen auf das wechselseitige Rollenspiel und die Profilierungssucht der Medien, in *Der Balkon* und dem Einakter *Sie* repräsentiert durch Fotografen. Dennoch hielt es der Philosoph und Kritiker Lucien Goldmann für möglich, eine subtile marxistische Botschaft in *Der Balkon* hineinzulesen. Er erkennt zwar an, daß Genet nie die Schwierigkeiten aus den Augen verliert, die jeder Revolution entgegenstehen, deutet aber das Verlangen des Polizeipräsidenten, heilig gesprochen zu werden, als das erwachende Selbstbewußtsein eines führenden Beamten, der die Gesellschaft um sich herum lange beherrscht hat. Während vor dem Ersten Weltkrieg Polizeipräsidenten und Staatsminister der allgemeinen Öffentlichkeit unbekannt waren, wurden später Gestalten wie Himmler und Beria ebenso berüchtigt wie Hitler oder Stalin.[70]

Vom allgemeinsten Standpunkt aus betrachtet, führen Genets Theaterstücke Sonden in das kranke soziale Gewebe ein (ohne den Entzündungsherd zu entfernen). Sie lokalisieren Konflikte, ohne sie zu lösen. Als Ergebnis des ambivalenten Tons, den Genet anschlägt, sind seine Stücke, im Gegensatz zu Sartres Thesenstücken, wie etwa *Die Eingeschlossenen von Altona*, wirkungsvoll geblieben. Sie entfachten bei ihren Uraufführungen stürmische Auseinandersetzungen, obwohl niemand, sei er Freund oder Feind, weder damals noch heute, ihre Botschaft in wenige Worte zusammenzufassen vermochte. Als Anarchist konnte Genet erklären: »Ich weiß nicht, was Theater in einer sozialistischen Welt sein wird, besser verstehe ich, was es bei den Mau-Mau wäre.«[71] Er machte absolut deutlich, daß er seine Stücke nicht politisch sah:

Ich habe Theaterstücke schreiben, ein theatralisches und dramatisches Gefühl herauskristallisieren wollen. Wenn meine Stücke den Schwarzen helfen, so ist mir das egal. Außerdem glaube ich das nicht. Ich glaube, daß Handeln, der direkte Kampf gegen den Kolonialismus, mehr für die Schwarzen bewirkt als ein Theaterstück. Genauso meine ich, daß die Gewerkschaft der Hausangestellten mehr für die Dienstboten erreicht als ein Theaterstück.[72]

Im gleichen Sinne sagte er später, seiner Meinung nach könnten Kunstwerke unser Bild von der Welt zwar verschönern, es aber nie so verändern wie eine soziale oder politische Revolution. Auf der anderen Seite behauptete er, daß einem neuen Ausbruch künstlerischer Neuerungen eine Phase allgemeiner politischer Freiheit vorausgehe. Und er merkt an, daß seine Romane keine Befreiung bewirkt hätten, daß vielmehr die allgemeine hitzige Debattierstimmung während der Besetzung Frankreichs durch die Nazis und in der Friedenszeit nach dem Krieg ihn dazu inspiriert habe, sie zu schreiben. Dennoch entstanden Genets letzte drei Stücke in einem äußerst angespannten politischen Klima. Der Algerienkrieg tobte zwischen 1954 und 1962. 1954 führte die französische Niederlage in Dien Bien Phu zur Anerkennung der Unabhängigkeit von Nord- und Südvietnam durch Frankreich. In Ägypten operierte Nasser im Nahostkonflikt mit der Liga der Arabischen Staaten, die sich für einen Panarabismus in der ganzen islamischen Welt stark machte. Die Westeuropäer fürchteten (oder erhofften) einen unmittelbar bevorstehenden Einmarsch der Sowjetrussen, besonders nach deren Niederschlagung des Ungarnaufstands 1956. Während all dieser Jahre las Genet täglich mehrere Zeitungen und diskutierte unentwegt über Politik. Es interessierte ihn eigentlich nichts mehr als internationale Politik, gesellschaftliche Unterdrückung und der Zusammenbruch des Kolonialsystems. Dieses obsessive Interesse traf auf einen entschiedenen Ästhetizismus in seinen Stücken, was eine gespannte Negation, ein geladenes Vakuum erzeugen sollte. Etwa zehn Jahre, nachdem er sie geschrieben hatte, machte er ein paar faszinierende Äußerungen über die Rolle, die Literatur und Kunst in der Schlacht um die Befreiung des Menschen spielen. Er sei der Ansicht, daß sich politische Revolution und künstlerische Revolution nicht immer gegenseitig ausschließen, aber man muß einräumen, eines der Dinge, die alle Revolutionen erstreben, ist, durch den Formalismus glorifiziert zu werden, der beseitigt werden sollte ... Ich glaube fest daran, daß die Arbeit des Künstlers frei bleiben muß. Niemand kann ihm raten. Es ist möglich, daß uns einige Künstler hin und wieder unterstützen werden; es werden nicht die besten sein ... Wenn wir politische Formeln akzeptieren, müssen wir zugeben, daß die Kunst den Linken wie den Rechten angehört. Das heißt, sie ist in einer Tradition verwurzelt und wird in einer Zukunft gespiegelt, oder möchte widergespiegelt werden in einer Zukunft, die sie in sehr geringem Ausmaß selbst geformt haben wird. Diese Ambivalenz künstlerischer Werke macht es in einem politischen Kampf schwierig ... Aber wir können noch weiter gehen. Meiner Ansicht nach ist das Kunstwerk von zweierlei Art, und wenn man diese beiden Arten nach ihren Funktionen definiert, darf Bevorzugung keine Rolle spielen. Auf der einen Seite steht das Werk, das der Revolution dient; dieses ist konstruktiv insofern, als es bürgerliche Werte zerstört. Dann gibt es eine andere Art von Kunstwerk, das ganz besonders ungestüm und aufrührerisch ist insofern, als es sich weigert, sich irgendeinem Wert oder irgendeiner Autorität unterzuordnen. Es stellt selbst die Existenz des Menschen zur Debatte. Dies war die Art, die ich meinte, als ich sagte, daß ein Kunstwerk der Revolution nicht dienen kann, und ich behaupte, daß es alle Werte und jede Autorität zurückweist ... Die Pflicht der Revolution ist es, ihre Gegner zu ermuntern: die Kunstwerke. Und zwar weil künstlerische Arbeit als Ergebnis eines Kampfes des Künstlers in der Isolation zum Nachdenken führt. Dieses Nachdenken kann langfristig in die Zerstörung aller Werte, bürgerlicher oder anderer, münden und sie durch etwas ersetzen, das mehr und mehr dem ähneln wird, was wir Freiheit nennen.[73]

Genets Erfahrungen mit *Die Neger* waren sehr viel befriedigender als die mit *Der Balkon*. Annette Michelson, die mit Bernard Frechtman zusammenlebte und, wenn auch zwanzig Jahre jünger als Genet, ihm eine Freundin geworden war, lud Genet ein, sich mit ihr in einem kommerziellen Pariser Kino, dem Le Pagode, einen kurzen Dokumentarfilm anzusehen. Es handelte sich um *Les Maîtres-Fous*, den Jean Rouch 1954 an der Goldküste gedreht hatte. Dieser Film wurde zur unmittelbaren Inspirationsquelle für *Die Neger*, woran Genet damals gerade arbeitete. In der Nähe der ghanaischen Hauptstadt Accra auf dem Lande aufgenommen, handelte der Film von Schwarzen aus dem Großstadtproletariat von Accra, die in den Busch ziehen, dort ein Ritual feiern, in Trance verfallen und eine Art Exorzismus durchführen. Jean Cau, damals mit Genet noch befreundet, schrieb 1958 in *L'Express* einen Artikel über *Die Neger* einleitend:

Haben Sie *Les Maîtres-Fous* gesehen, die Filmreportage von Jean Rouch? Im Urwald spielen auf einer Lichtung Schwarze Weiße. Einer von ihnen ist der Gouverneur, ein anderer der General, ein dritter die Frau des Arztes und ein vierter die Lokomotive, von der man, obgleich sie eine Maschine ist, glaubt, daß sie rechtmäßig den Weißen gehört – »poetisch« gesprochen. Erstaunt denkt der Zuschauer, er sieht einem Spiel zu. Beunruhigt stellt er bald fest, daß das Spiel eine Zeremonie ist, zu der ein Opfer gehört. Tatsächlich töten die Schwarzen einen Hund, ein Tier, das ihre Sekte vor allen anderen verehrt, womit sie den größten aller möglichen Frevel begehen. Durch dieses Verbrechen werden sie vollkommen auf ihre Hautfarbe festgelegt, sie sind plötzlich Schwarze, die dazu verdammt sind, schwarz zu sein. Nun sind sie bereit, sich zu entmaterialisieren, das heißt, die Welt der Weißen bis zum Absolutesten zu verwirklichen.[74]

Die Beschreibung des zentralen Mechanismus – Schwarze stellen Weiße dar, um ein Verbrechen erneut in Szene zu setzen – trifft auf Genets Stück wie auf *Les Maîtres-Fous* zu, obwohl natürlich auch Techniken eingeführt werden, die Genet bereits in *Die Zofen*, *Splendid's* und *Der Balkon* angewandt hatte: Verkleidung, Nachahmung und Rollenspiel. Genet indessen erkannte rasch an, was er Rouch verdankte. Er schrieb an Frechtman, der sich mit dem Gedanken trug, ein Vorwort zur amerikanischen Buchfassung von *Die Neger* beizusteuern:

Sollten Sie das noch vorhaben, so wäre ich froh, wenn Sie eine möglichst genaue Parallele zwischen meinem Theater und *Les Maîtres-Fous* zögen. Jede Menge Ausführungen, Bezugnahmen, Analogien sind möglich. Stellen Sie sie dar. Aber sagen Sie auch deutlich, daß das ganze Theater des Exorzismus schon tot ist. Vergessen. *Die Wände* sind ein ziemlich genauer Anhaltspunkt für die Richtung, die ich einschlage.[75]

Was Genet das »Theater des Exorzismus« nennt, entspricht recht genau einer der Hauptströmungen, die später in den sechziger Jahren aufkam, dem »Rituellen Theater«. Genets Theater bleibt dabei im wesentlichen wortgebunden, während das Rituelle Theater bisweilen von Schauspielertruppen ohne festgelegten Text um ein halbreligiöses Anbetungsritual herum erarbeitet wurde. »Theater des Exorzismus« umschreibt in der Tat recht genau *Die Zofen*, *Der Balkon* und *Die Neger*, obgleich Genet die letzten beiden Stücke erst schrieb, nachdem er *Les Maîtres-Fou*s gesehen hatte.

Im Sommer 1956 sagte Genet zu einem Interviewer: »Seit zehn Jahren habe ich nichts Neues mehr veröffentlicht. Ein paar Theaterstücke nach *Tagebuch eines Diebes*. Ich werde andere schreiben, andere Stücke: eines über die Neger, und Sie werden sehen, wie man reden wird, die Leute werden sprachlos sein. Danach werde ich ein großes Gedicht über den Tod schreiben. Ein Mann wie ich sieht den Tod überall, er lebt ständig mit ihm.«[76] Was Genet interessanterweise selbst als das Erstaunlichste an den *Negern* bezeichnete, ist die schwülstige Sprache, die er den schwarzen Personen in den Mund legt. Schwarze wurden bis dahin oft gar nicht auf der Bühne dargestellt, und wenn doch, sprachen sie ein komisches Kauderwelsch. Ob dieser gehobenen Sprache befragt, sagte Genet: »Wenn man mir sagte, so reden die Schwarzen nicht, dann würde ich sagen, wenn man sein Ohr an ihr Herz legte, dann würde man ungefähr dies hören. Man muß hören können, was nicht formuliert ist.«[77] Genet nimmt in der Theaterlandschaft seiner Zeit eine merkwürdige Position ein. Lange Zeit wurde er zusammen mit Beckett und Ionesco als einer der »Absurden« angesehen, eine Bezeichnung, die Albert Camus' philosophischem Essay *Der Mythos von Sisyphos* entlehnt worden war. Camus zufolge entdeckt der Mensch mit etwa dreißig, daß er sterben wird, daß der Tod ein unausweichliches persönliches Schicksal ist; diese Entdeckung führt zu einer neuen Auffassung von der Zeit als etwas Zerstörerischem, von der Natur als einem gefühllosen Ganzen, das seinen Bewohnern gegenüber indifferent ist, und von einer Menschheit, die einer Maschinerie ähnelt. Camus sieht das Absurde im Bruch zwischen dem Geist, der begehrt, und der Welt, die enttäuscht.

Ionesco, Genet und Beckett ist die gedankliche Orientierung am Tod gemeinsam, aber ihre Antworten darauf unterscheiden sich erheblich. Ionesco fühlt sich angesichts des Skandalons Tod beleidigt, vor allem aber in Panik versetzt: Alle menschlichen Pläne und Sehnsüchte erscheinen dadurch unsinnig. Immer und immer wieder setzt Ionesco in Stücken wie *Tueur sans gage (Mörder ohne Bezahlung)* und *Les Rhinocéros (Die Nashörner)* dieses Skandalon in Szene, von dem alle wissen und das alle vergessen möchten. Am Schluß von *Mörder ohne Bezahlung* zählt Bérenger, die zentrale Figur des Dramas, voll Leidenschaft und noch von Hoffnung erfüllt einen Grund nach dem anderen auf, weshalb das Leben sich lohne – vor dem hämischen Gelächter und Schulterzucken des Mörders aber schwinden sie alle dahin. In den *Nashörnern* wird die moralische Isolierung des sterbenden Menschen, der sich des Todes bewußt ist, durch eine Allegorie sinnfällig gemacht: Alle anderen Menschen in dem Stück verwandeln sich in Nashörner, nur Bérenger weigert sich und bleibt seiner armseligen und unhaltbaren Menschlichkeit treu. Als Ionesco sich *Die Neger* ansah, verließ er komischerweise die Vorstellung vor dem

Ende, weil, wie er sagte, es ihm unangenehm gewesen sei, daß er der einzige Weiße im Theater war. Vielleicht hatte er wieder einmal das Gefühl, der einzige Mensch unter fremdartigen Kreaturen zu sein. Der Regisseur Roger Blin erinnerte sich: »Ionesco ... war als Weißer schockiert, daß er als Weißer beleidigt wurde.«[78] Genet war verärgert und untersagte es dem Theater, Ionesco nochmals Einlaß zu gewähren. Nichtsdestoweniger las er Ionescos Stücke weiterhin mit Interesse.

Becketts Haltung zum Tod ist die trostlos-humorige Bejahung; da seine Gestalten so sehr leiden und so wenig Sinn im Leben sehen, ist der Tod eine Erlösung, allerdings ist auch er sinnlos. Ionesco selbst hat einmal bemerkt, vieles an Becketts Stil ähnele dem des Buches Hiob. Allen drei Schriftstellern – Ionesco, Beckett und Genet – gemeinsam ist die Betonung der Gattung Mensch als solcher und nicht die individueller Charaktere. Keiner der drei hat eine Figur wie Hamlet oder Lear, oder gar eine Blanche Dubois *(Endstation Sehnsucht)* oder eine Martha und einen George *(Wer hat Angst vor Virginia Woolf?)* geschaffen. Ihnen geht es mehr um Typen, Masken, Gattungen als um voll ausgebildete Individuen.

Der wirkliche Unterschied zwischen diesen drei Dramatikern besteht natürlich im Blick, im Ton und im Vorgehen. Beckett ist Minimalist, seine Figuren tun in jedem folgenden Stück immer weniger und weniger. Genet bezeichnete ihn als »monumentales Sandkorn.«[79] Die Frau in *Happy Days (Glückliche Tage)* steckt bis zum Hals im Sand. Der Dialog ist karg, verzweifelt und ätzend komisch. Politik kommt nicht vor, und die Liebe ist nur noch die Erinnerung an ein körperliches Bedürfnis oder die Abnützungspraxis freudloser wechselseitiger Abhängigkeiten. Genets Theater dagegen ist prall – prall an Ideen, an Gestalten, an Kostümen, an extravaganter Sprache und an Ereignissen. Spricht Beckett für die verdorrte Erde, so bringt Genet die Empfindungen stinkendüppigen Wucherns zum Ausdruck. Ionesco, der einmal als ihnen ebenbürtig galt, erscheint mit der Zeit als eher trivial. Von den dreien ist Ionesco der einzige Satiriker; er läßt spießige Zuschauer sich dazu gratulieren, daß sie über Spießerschwächen lachen. *Die Neger* waren von dem Regisseur Raymond Rouleau in Auftrag gegeben worden, der wiederum von einem schwarzen Schauspieler um ein Stück gebeten worden war, das Schwarze spielen könnten. Rouleau hatte schon mit schwarzen Schauspielern gearbeitet, so mit Darling Legitimus, die später die Rolle der Félicité in den *Negern* kreierte; jetzt wollte Rouleau ein Stück für ein großes, nur aus Schwarzen bestehendes Ensemble haben.[80] Damals war dem französischen Publikum nur ein schwarzer Schauspieler bekannt, Habib Benglia, und der einzige berühmte schwarze Dramatiker war Aimé Césaire, dessen wichtigste Werke noch nicht geschrieben waren *(La Tragédie du roi Christophe [Tragödie des Königs Christoph*, 1964], *Une Saison au Congo* [1965] und *Une Tempête [Ein Sturm*, 1969]). Genet hat immer betont, daß er von schwarzen Schauspielern *gebeten* worden sei, dieses Stück zu schreiben; sicherlich wollte er ihnen seine Gedanken nicht aufdrängen. Zudem, so Genet, sei »dieses Stück ... nicht *für* die Schwarzen geschrieben worden, sondern *gegen* die Weißen.«[81] An anderer Stelle sagte er, er habe es gegen sich selbst geschrieben. Wenn Rouchs Film *Les Maîtres-Fous* die eine Inspirationsquelle war, so war eine kunstvolle Spieldose die andere:

Der Ausgangspunkt, der Auslöser war für mich eine Spieldose, deren mechanische Figuren vier Neger in Livree waren, die sich vor einer kleinen weißen Porzellanprinzessin verneigten. Dieser bezaubernde Nippes stammte aus dem 18. Jahrhundert. Würde man sich in unserer Zeit ohne Ironie eine Entsprechung vorstellen: vier weiße Diener verbeugen sich vor einer schwarzen Prinzessin? Nichts hat sich verändert. Was geht denn in der Seele dieser dunklen Figuren vor, die unsere Zivilisation in ihre Bildwelt aufgenommen hat, wenn auch immer in der etwas albernen Form einer Karyatide eines einbeinigen Tischchens, eines Schleppenträgers oder eines kostümierten Kaffeeservierers? Sie sind aus Stoff, sie haben keine Seele. Wenn sie eine haben, träumen sie davon, die Prinzessin zu fressen.

Wenn wir Neger sehen, sehen wir da etwas anderes als die deutlichen und düsteren Geisterbilder, die unserer Begierde entspringen? Aber was denken diese Geisterbilder von uns? Welches Spiel spielen sie?[82]

Die Neger: Die Fabel ist schwer zusammenzufassen, denn wie in den Stücken von Harold Pinter ist alles verhüllt, vieldeutig, für Deutungen offen – nicht weil die Fabel abstrakt ist, sondern weil wir zu spät ins Theater gekommen sind und von der Exposition zuwenig mitbekommen haben. Das Stück, das sich um einen Scheinprozeß auf der Bühne dreht, während ein richtiger Prozeß hinter der Bühne stattfindet, ist mit greller Sexualität und einem unbekümmerten Transvestismus durchtränkt (Schwarze spielen Weiße, Männer spielen Frauen); Sexualität und Transvestismus zeigen an, daß der Platz »besetzt« ist durch das vollständige Fehlen der Homosexualität. Nicht nur werden Männer gegen Frauen ausgespielt und Schwarze gegen Weiße, auch die Toten werden ständig den Lebenden gegenübergestellt. Das hohe Maß an Energie und die ständige Vieldeutigkeit zeigen an, wie Nabokov es ausgedrückt haben könnte, daß »alles am Rande zu allem schwankt«.

Ein Kritiker, der Genet in der Zeit aufsuchte, als er gerade an diesem Stück schrieb, erzählte, Genet arbeite die ganze Nacht und schwärze große Blätter Papier, die er später an die Wand hefte. Dann sinke er in tiefen Schlaf, aus dem er am Mittag erwache, »klein, dicklich, mit runder Nase, wie ein Winzer, der aus seinem Weinberg kommt, mit feuchten Augen, aus denen eine Schüchternheit dringt, die bisweilen jäh gefriert; und da fühlt man den ›steinernen Blick‹ auf sich lasten, den er seinen unbarmherzigsten Gestalten leiht.«[83] Dem Kritiker Maurice Saillet klagte Genet, bisher habe er immer mit Freuden gearbeitet, die derzeitige Arbeit an den *Negern* (denen er noch den Titel *Fuß-Ball* gab) aber falle ihm schwer. Er schien sich seiner sehr unsicher zu sein, er war voller Zweifel und deprimiert.

Zunächst hatte Genet vor, *Die Neger* selbst zu inszenieren, doch mit der Zeit muß ihm klargeworden sein, daß er weder die Geduld noch die nötige Erfahrung für diese Arbeit hatte, denn das Stück erfordert die allerpräziseste Regie, um die schwarzen Schauspieler, die als Weiße maskiert sind, vom Rest des Ensembles abzugrenzen. Für andere Szenen wie den Abstieg der »Weißen« von der Galerie und ihren Zug durch den Dschungel war große choreographische Klarheit unerläßlich. Er und Raymond Rouleau hatten zudem Schwierigkeiten, ein Französisch sprechendes schwarzes Ensemble zusammenzubekommen.[84]

Roger Blin (der später in der Pariser Inszenierung des *Balkon* den Gesandten spielte) übernahm schließlich die Regie. Eine Gruppe von vier schwarzen Schauspielern trat 1957 an Blin heran und bat ihn, mit ihnen zu arbeiten. Sie nannten sich Les Griots – »*griot*« ist in Schwarzafrika ein Wort für »Geschichtenerzähler«. Blin willigte ein. Mit Erfolg gelang es ihnen, sich einige Ausschnitte aus Aimé Césaires schwierigem und aufwendigem Stück *Et les chiens se taisaient (Und die Hunde schwiegen)* zu erarbeiten. Auch Sartres *Geschlossene Gesellschaft* reizte sie. Sie beschäftigten sich mit Puschkins *Der steinerne Gast* wegen der afrikanischen Herkunft des russischen Dichters. Dann arbeiteten sie an *Die Tochter der Götter*, einer afrikanischen Erzählung von Abdou Anda Ka.[85]

Les Griots wurden zu zwei Theaterfestivals eingeladen, eines in Frankreich und eines in Italien. Ihr Erfolg ermutigte sie, die Proben für *Die Neger* aufzunehmen, sobald sie nach Paris zurückkamen. Den Bühnentext hatte Blin von der Produzentin Lucie Germain erhalten, und Genet hatte er bereits während der Kriegsjahre häufig im Café de Flore gesehen.

Blin war es gewohnt, ohne Rücksicht auf Schwierigkeiten seiner Phantasie zu folgen. 1926 war er Antonin Artaud begegnet und hatte sich mit dem großen

Theaterneuerer rasch eng angefreundet, der aus Blin trotz dessen Stotterns einen Schauspieler gemacht hatte. Und Blin war entschlossen gewesen, diese Schwierigkeit zu überwinden; wie er es ausdrückte: »Wenn man mir die Hände abgehackt hätte, würde ich ohne Zweifel versucht haben, Bildhauer zu werden!«[86] Von Artaud lernte er, sich auf niemanden als auf sich selbst zu verlassen. Blin verglich Artauds »Grausamkeit« mit der Genets: »Artauds Grausamkeit ähnelt religiöser Grausamkeit, wie sie von den Azteken praktiziert wird. Genets Grausamkeit ist klassischer, dem griechischen Theater näher.«[87] Mit anderen Worten, Genet repräsentiert die Grausamkeit, die dem unglücklichen einzelnen von den Göttern oder der Gesellschaft angetan wird. Roger Blin stimmt auch ein Loblied auf Genets inspirierten Wahnsinn an, seinen *furor poeticus*, der in einer Metapher zwei anscheinend unvereinbare Dinge vereint, und setzt ihn vom seiner Ansicht nach trockenen Stil Camus und Sartre ab.[88]

In den dreißiger Jahren hatte Blin einem Zirkel angehört, zu dem der Schauspiellehrer und Regisseur Charles Dullin zählte, ebenso Dullins Starschüler, der Schauspieler und Regisseur Jean-Louis Barrault, sowie der Dichter Jacques Prévert, der für Marcel Carné zahlreiche Drehbücher schrieb und Begründer der Gruppe Octobre war, der auch Blin angehörte. Dies war eine Gruppe von Amateurschauspielern, die gegen das kommerzielle Theater waren und sich für Stücke einsetzten, die sich mit von der Warte des Klassenkampfes aus betrachteten Gegenwartsereignissen befaßten. Kein Wunder, daß Genet Blin bat, aus seinen Stücken keine linksradikalen Traktate zu machen, ein Interdikt, das Blin verstand und respektierte.

Nach dem Krieg leitete Blin La Gaîté-Montparnasse in Paris, eine ehemals für ihre Varieténummern und Tanzshows spärlich bekleideter Mädchen bekannte Music Hall. Hier inszenierte er 1944 Strindbergs *Gespenstersonate*. Drei Jahre später brachte er Adamovs *La Parodie (Die Parodie)* im Théâtre Lancry heraus. Schließlich inszenierte er 1953 mit großem Erfolg Becketts *Warten auf Godot* im Théâtre Babylone. Später bemerkte Blin mit Bezug auf seine Strindberg-Inszenierung: »Wenn mir Beckett sein Stück gab, dann deshalb, weil er keinen kommerziellen Erfolg suchte, und die *Sonate* brachte kein volles Haus.«[89]

Warten auf Godot machte Blin berühmt. Für den jungen Michel Foucault war *Godot* der Wendepunkt seines intellektuellen Lebens, für den Romancier Alain Robbe-Grillet war es eine dramatische Umsetzung der Philosophie Heideggers. Zweifellos war es das renommierteste »intellektuelle« Ereignis im Paris der frühen fünfziger Jahre. 1957 inszenierte Blin auch Becketts *Endspiel*:

erst in London im Royal Court Theatre, dann in Paris im Studio des Champs-Elysées.
In Italien arbeiteten Genet und Blin einen Monat lang am Text der *Neger* und feilten an jedem Wort. Blin erinnerte sich: »Wir sahen uns mit größter Aufmerksamkeit das ganze Stück an. Wir brachten den Text in Ordnung ... strichen alles, was nicht wirklich funktionierte ... machten ihn bühnengerecht.«[90] Regisseur und Schauspieler arbeiteten gleichermaßen ohne Bezahlung. Sechs Monate lang probte das dreizehnköpfige Ensemble jeden Nachmittag in den schwarzkaribischen Tanzsälen.
Die Proben verliefen mühsam und manchmal stürmisch. Viele der Schauspieler erschreckte der Haß auf die Weißen, der in dem Stück lauerte. Sie waren zum größten Teil vollkommen assimilierte Franzosen, die keine Scherereien machen wollten, und so mußte Blin als Psychologe in jedem Schauspieler den Schmerz und Unmut erst hervorgraben – der zumeist nicht schwer zu finden war. Aber als sie dann jeden Abend vor erregtem Publikum spielten, gerieten sie schließlich in Jubelstimmung.
Zu jener Zeit erklärten viele ehemalige afrikanische Kolonien Europas ihre Unabhängigkeit, und die meisten Schauspieler, selbst jene, die nie in Afrika gewesen waren, entdeckten in sich eine ungeheure Sympathie für diese neuen schwarzen Nationen. Später, merkte Blin an, komplizierten die Exzesse schwarzer Diktatoren – etwa Bokassas, der Zentralafrika von 1966 bis 1979 »regierte« – das Bild, aber Ende der fünfziger Jahre war noch alles schwarz und weiß, das heißt, Schwarz war gut und Weiß böse.[91]
Ein Schauspieler, dem Genet die Rolle des Village anbieten wollte, lehnte ab, weil ihn die Sprache schockierte, vor allem der Satz der Weißen Königin: »Stehend hat meine Mutter mich geschissen.«[92] Einige Schauspieler waren Laien, andere Profis. Ein Schauspieler kam aus Guayana, ein anderer aus Guinea, einer stammte aus Kamerun und zwei aus Haiti. Lydia Ewandé, die die Rolle der Vertu spielte, war die einzige Afrikanerin in der Truppe. Alle anderen Frauen und die meisten Männer kamen von den Antillen.[93] Eine der schwierigsten Aufgaben für Blin war es, alle diese Akzente auf einen Nenner zu bringen. Die Afrikaner zum Beispiel rollten ihre Rs, wogegen die Schauspieler von den Antillen eher dazu neigten, sie zu verschlucken.[94] Manche Kritiker monierten, daß sie trotz aller Bemühungen Blins große Schwierigkeiten hätten, die Schauspieler zu verstehen. Auch die langen Sätze Genets und seine kunstvolle Syntax waren von der jungen Truppe schwer zu bewältigen; die richtigen Atempausen zu finden verlangte die Ausarbeitung eines detaillierten Plans, der einer Partitur glich. Wie in jedem Ensemble kam es zu

Rivalitäten. Blin erzählte: »Die zwei Schauspielerinnen aus Martinique (die Afrikanische Königin und die Weiße Königin) haßten sich. Zuerst wußte ich nichts davon. Eines Tages verbrannte die Weiße Königin Weihrauch, um das Unglück zu bannen, das ihr die Schwarze Königin, wie sie behauptete, angehext hatte, damit sie ihren Text vergesse.«[95]
Sarah Maldoror, sie war ursprünglich ein Mitglied von Les Griots und sollte eigentlich eine der zwei Königinnen spielen, trat dann aber in dem Stück nicht auf, erzählte Marguerite Duras und den Lesern von *L'Express* in einem Interview: »Genets Stück wird Ihnen helfen, uns besser zu verstehen. Es ist im Augenblick das einzige Stück, das wir haben, um Sie zu erziehen, ein Versuch, damit Sie erkennen, wie lächerlich Ihre Vorstellungen von uns sind.«[96] Für Sarah Maldoror war das Stück eine Darstellung schwarzen Stolzes, auch wenn es ein Weißer geschrieben hatte, dem die Bedeutung, schwarz zu sein, nur teilweise bewußt war. Robert Liensol, ein weiteres Mitglied von Les Griots, sagte über Genet: »Er könnte selber ein Schwarzer sein.«[97]
Die Bösartigkeit, die Genet seinen schwarzen Personen zuschrieb, erschreckte weiße Linksintellektuelle, die ihren Blick mehr auf die Übel des Sozialismus als auf den Rassismus im allgemeinen gerichtet hielten. In der Aggressivität der *Neger* sah Genet einen heilsamen Gegensatz zur Harmlosigkeit von Katherine Dunhams schwarzen amerikanischen Tänzern. Diese Truppe hatte nach dem Krieg weite Tourneen durch Europa unternommen. Genet war vom höflichen Auftreten der amerikanischen Tänzer entsetzt:

Ich habe mich bis an den Rand der Übelkeit über athletische Schwarze geärgert, die bereit waren, vor einem – vorwiegend amerikanischen – Publikum ein die Zuschauer befriedigendes Schauspiel aufzuführen, in dem sie ihr Talent, ihr Geschick, ihre Schönheit überreich präsentierten, und das alles nur, um sich möglichst harmlos darzustellen. Und dies in einer Zeit, da ihnen die simple Kühnheit, mit einem Yankee-Bürger in Tuchfühlung zu treten, verweigert worden wäre.[98]

In einem Ton, wie von Frantz Fanon inspiriert, schrieb Genet in einem feinen Beispiel heimtückischer Paralipse, er habe nicht »die Kühnheit zu behaupten, daß jede Handlung – und jede Geste –, die aus Demütigung entstanden ist, sich als Auflehnung ausgeben müsse«[99].

Genet war begeistert von den Berichten über Blins zweistündige, pausenlose Inszenierung: »Das Ergebnis war nahezu vollkommen.«[100] Das Stück hatte am 28. Oktober 1959 in dem kleinen Théâtre de Lutèce Premiere; Bühnenbild und Kostüme waren von André Acquart, den die Produzentin Lucie Germain in ihrer Heimat Algerien kennengelernt hatte. Nach der ersten Aktion der algerischen Unabhängigkeitsbewegung hatte Germains Mann seine ausgedehnten Besitzungen dort verkauft und war nach Frankreich gezogen, wo er eine Rolle im Kulturleben zu spielen hoffte. Lucie Germain kaufte das Théâtre de Lutèce, das Acquart für sie völlig umbaute – nach Genets Vorschlägen. Genet wollte auf keinen Fall einen Vorhang haben, der nach oben gezogen werden mußte, und Acquart dachte sich trotz der Enge des Theaters ein raffiniertes kleines Proszenium mit einem sich nach den Seiten öffnenden Vorhang aus. Das Bühnenbild selbst hatte etwas von einer Dschungel-Turnhalle an sich, mit Metallpfosten von statuarischer Wucht, und war überdies eine äußerst verwandlungsfähige Bühnenmaschinerie. Die Schauspieler – Genets ursprünglichem Ausgangspunkt, der Spieluhr aus dem 18. Jahrhundert, getreu – trugen Spitzenjabots, geblümte Westen und leuchtendgelbe Schuhe, und die Schauspielerinnen reich mit Tressen besetzte Seidenkleider. Die Zuschauer wußten kaum, wie sie reagieren sollten: der Schönheit applaudieren, die Feindseligkeit auszischen oder in frostiger Ablehnung das Theater verlassen. Auf jeden Fall aber war das Lutèce jeden Abend ausverkauft, und Genet hatte noch nie so glänzende Kritiken. Am Premierenabend war Genet nicht im Theater. Er war auch nicht in Frankreich. Dem verdutzten Blin schrieb er: »Ich habe es Ihnen gesagt, ich weigere mich, das leibhaftige Gesicht meiner Stücke kennenzulernen .... Um es Ihnen genau zu sagen, ich hatte – ich weiß nicht, wie viele Tage lang – Angst, vor mir selbst vor Schrecken zu erstarren.«[101] Er brauche einen klaren Kopf, schrieb er, um mit den *Wänden* voranzukommen: »Ich will nicht mehr diese schwerfälligen Stücke schreiben. Nein, das ist vorbei. Die Handlung muß unbestimmt genug – aber nicht verschwommen! – sein, um den Zuschauer mit sich selbst zu konfrontieren.«[102]

Doch Genet schickte eine Liste der Leute, die eingeladen werden sollten. Darauf standen: Fernand Lumbroso, der Produzent von *Unter Aufsicht*, Marie Bell, Pierre Lazareff, Leonor Fini, Jacques Guérin, Gaston Gallimard, Java, der Dichter Gabriel Pommerand, Olivier Larronde, Giacometti, der Karikaturist Siné, Florence Malraux, Tochter des Schriftstellers und Journalistin bei *L'Express*, Maurice Garçon, der Anwalt, der Genet während des Krieges verteidigt hatte, André Masson, André Breton, die Kunstmäzenin Gala Barbizan und die Schriftstellerin Monique Lange, die bei Gallimard arbeitete und eine enge Freundin von Genet geworden war.

Vielleicht wurde das Stück wegen der Revisionen am Text, die Genet mit Blin vorgenommen hatte, ein solcher Renner. Die Spannung wird besser gehalten als in all seinen anderen Stücken – von den *Zofen* abgesehen –, die Reden sind zu einer annehmbaren Länge verkürzt, und alles strahlt eine bösartige, drohende Energie aus. Es ist nicht weiter erstaunlich, daß die beiden Stücke *(Die Zofen* und *Die Neger)*, bei denen Genet mit einem großen Regisseur (Jouvet und Blin) zusammenarbeitete, die bühnenwirksamsten sind. Die Originalinszenierung von *Die Neger* war so erfolgreich, daß sie ins Théâtre de la Renaissance übernommen wurde, wo sie ihre ungewöhnlich lange Laufzeit von 169 Vorstellungen beendete. Und als bestes Stück des Jahres 1959 erhielt es den Grand Prix de la Critique.

In Blins Inszenierung kommen die schwarzen Schauspieler, die die weißen Mitglieder des europäischen Königshofes spielen (Missionar, Richter, Gouverneur, Königin, Kammerdiener), in Amtskleidung und mit Halbmasken hinter der Bühne hervor. Sie besteigen ein hohes Podest, von dem aus sie der Handlung zusehen. Gleichzeitig betreten die Schauspieler, die die Schwarzen spielen, den Saal von der Rückseite und schreiten den Gang durch das Publikum hinunter. Sie tanzen zu einem Divertimento von Mozart ein Menuett um einen Katafalk. Als die Königin überlegt, ob »sie sie töten werden« (vermutlich ist eine Weiße für den Katafalk bestimmt), lachen die Schwarzen und bemerken, daß die Weißen ihre Wehleidigkeit und ihren Schmerz wie ein notwendiges Schmuckstück tragen. Der anmutige Zeremonienmeister, Archibald, macht uns sodann nervös, indem er uns versichert, daß nichts auf der Bühne klar sein wird: «... wir werden sogar die von Ihnen erlernte Liebenswürdigkeit haben, jede Verständigung unmöglich zu machen.«[103]
Die Weiße auf dem Katafalk ist angeblich eine Bettlerin, die man unter einer Brücke gefunden hat und die bei einem exorzistischen Ritus getötet wurde. Als der Königliche Hof, der zu Gericht gesessen hat, heruntersteigt, um die Schwarzen zu bestrafen, werden die Weißen abgeschlachtet. Aber natürlich sind sie keine richtigen Weißen: Sie legen ihre Masken ab und nehmen ihre wahre Identität als Schwarze wieder an. Der Katafalk ist, wie sich zeigt, leer. Tatsächlich ist alles, was wir gesehen haben, ein Zeitvertreib gewesen, um uns von der Realität abzulenken, die sich hinter der Bühne ereignet: Ein Schwarzer, der schuldig befunden worden ist, seine Leute verraten zu haben, wurde hingerichtet. Diese wirkliche Bestrafung eines schwarzen Verräters und die imaginäre Opferung einer Weißen geben dem jungen Liebespaar des Stückes, Village und Vertu, die Möglichkeit, ihrer Liebe füreinander in einer neuen, reinen Form ohne irgendwelche Bezüge zur weißen Kultur und zu weißen Konventionen Ausdruck zu verleihen.

Die Sprache ist voller Widersprüche, elegant und feindselig zugleich, was schon beim Titel beginnt – das französische *Les Nègres* übersetzte man vielleicht besser mit *Die Nigger*. Die wiederholte Verwendung des Wortes durch die Personen des Stücks ruft Aimé Césaires Prägung des Wortes *négritude* in Erinnerung, wie Jeannette L. Savona dargelegt hat. Er und Léopold Senghor hatten in den dreißiger Jahren eine neue schwarze Literaturbewegung in französischer Sprache ins Leben gerufen und ihr als herausfordernde, aggressive Bekräftigung eines zuvor entehrenden Wortes den Namen *Négritude* gegeben. Als Frechtman das Stück ins Englische übersetzte (es kam 1961 in New York auf die Bühne), wußte er, daß es einen Aufruhr geben würde, wenn er als Titel *The Niggers* nähme. Folglich wählte er *The Blacks* zu einer Zeit, als die schwarzen Amerikaner sich noch »Negroes« nannten und »Blacks« für leicht herabsetzend hielten. Erst später sagte die Black-Power-Bewegung ja zu diesem ehedem negativen Begriff, so wie Césaire *nègre* bejaht hatte. In einem Brief an Charles Monteith, einen Lektor des Verlages Faber and Faber in England, schrieb Bernard Frechtman:

Wenn's noch nicht zu spät ist, würde ich gern den Titel des Stücks in *The Blacks* ändern, wozu ich mich ursprünglich entschieden hatte ... *The Negroes* ist zu nett und schwammig, hat einen hochmütig liberalen Ton. *The Blacks* hat Biß.
The Niggers ist natürlich unmöglich. Außerdem ist der Begriff zu eingeengt – läßt nicht an Schwarzafrikaner denken. (Ich erinnere mich, Tennessee Williams vor zwei oder drei Jahren von dem Stück erzählt und ihn gefragt zu haben, was er von einigen Titeln hielt, die ich vorschlug. *The Niggers* entsetzte ihn. Er sagte, ihn zu nehmen, wäre Selbstmord.)[104]

Der Dialog ist ebenso aufgeladen. Nachdem Archibald uns mitgeteilt hat, daß die Schauspieler auf der Bühne »mit Ihrem Leben eins geworden sind« als Koch, Wäscherin, Medizinstudent und Vikar, fügt er hinzu: »Heute abend denken wir an nichts anderes, als Sie zu unterhalten: Wir haben also eine weiße Frau getötet. Dort ist sie.«[105] Jeder Satz zündet neue Knallkörper, die immer dichter am Zuschauer explodieren. In diesem Stück kommt Genet einer echten dichterischen Diktion näher als in jedem seiner Gedichte. Die Figuren brechen in Verse aus – manchmal unflätige, gespenstische brechtsche Knittelverse, manchmal in homerische Erhabenheit (»Fürsten der Oberen Reiche, barfüßige Fürsten und Fürsten mit den hölzernen Steigbügeln auf euren schabrackenbedeckten Pferden, tretet ein!«[106]). Der ungeheure Ehrgeiz, alle Werte zu ersetzen, indem Schwarz schön und Weiß blaß oder schal gemacht wird,

durchdringt einige seiner glänzendsten Passagen: »Schwarz war die Farbe der Priester, der Sargträger und Waisen. Aber alles ändert sich. Was sanft ist, gut, liebenswert und zart, wird schwarz sein. Die Milch wird schwarz sein, der Zucker, der Reis, der Himmel, die Tauben, die Hoffnung werden schwarz sein – auch die Oper, in die wir fahren werden, Schwarze in schwarzen Rolls-Royces, schwarze Könige begrüßen, unter Lüstern aus schwarzem Kristall einer Blaskapelle lauschen ...«[107]
Ritual (»Sie haben gut daran getan, den Ritus zu vollziehen wie jeden Abend«), Meta-Theater (»Griechische und keusche Tragödie, meine Liebe. Die entscheidende Geste findet in den Kulissen statt«), Obszönität (»Stehend hat meine Mutter mich geschissen«), Satire auf europäische Kultur (»... Jungfrauen des Parthenon, Portalengel der Kathedrale von Reims, Valérysche Säulen, Musset, Chopin, Vincent d'Indy, französische Küche, Unbekannter Soldat, Tiroler Lieder, kartesianische Prinzipien, Parkpläne von Le Nôtre, Mohnblumen, Kornblumen, ein Hauch Koketterie, Pfarrgärten ...«), knallharte schwarze Weisheit (»Erfinden Sie nicht Liebe, sondern Haß, und machen Sie so in Poesie, denn das ist die einzige Domäne, die zu nutzen uns erlaubt ist«) – aus all diesen Steinchen fügt sich das Stück zusammen, in dem die Einzelteile in leicht voneinander abweichende Winkel gesetzt sind, wie das in byzantinischen Mosaiken der Fall ist, um das Licht besser einzufangen.[108] Die schwarzen Schauspieler fallen einander wiederholt ins Wort, zischen komplizierte Instruktionen, nehmen Bezug auf frühere Darstellungen derselben blutigen Rituale, weisen auf eine noch grausamere Wirklichkeit hin, die dieser angsterregenden äußeren Erscheinung zugrunde liegt, und all diese Belege von Selbstdisziplin, Haß, Täuschung und Komplizenschaft steigern nur noch das mächtige Gefühl der Bedrohung, das von dem Schauspiel ausgeht, dem Genet den Untertitel »Clownerie« gab. Das ist wohl damit zu begründen, daß die Schauspieler Varieté-»Nummern« zeigen, noch schwärzer werden, indem sie sich mit Schuhcreme »als Neger schminken«, und ihre Morde mit grotesken, maskierten, puppenartigen Doubles erneut aufführen, vor allem aber damit, daß die schwarzen Personen mit den weißen Zuschauern spielen.
Einer der merkwürdigsten Aspekte des Stücks geht den meisten heutigen Zuschauern verloren. Genet tut in dem Text so, als hätten alle afrikanischen Länder bereits ihr Unabhängigkeit erhalten und müßten sich nun von nichts anderem mehr befreien als von der kulturellen Kolonisierung. Der italienische Kommunist Antonio Gramsci sah dies als eine der schwierigsten revolutionären Aufgaben an, und in Frankreich hat sich Roland Barthes in seinem Buch *Mythologies* auf ingeniöse Weise mit diesem Thema auseinandergesetzt. In

Wirklichkeit war der Tag der afrikanischen Befreiung noch einige Jahre entfernt, als Genet das Stück schrieb.
Les Nègres von Schwarzen spielen zu lassen, war für Genet von kapitaler Bedeutung. Bernard Frechtman, der auch weltweit die Rechte verkaufte, hatte Genet dazu überredet, es in Polen von weißen Schauspielern spielen zu lassen. Doch dann feuerte Genet ein Telegramm mit seiner Absage hinterher.[109] Frechtman schrieb zurück: »Aus Freundlichkeit gegenüber den beiden Übersetzern, von denen einer ein berühmter Dichter ist, würde ich in meiner Antwort gern den Grund für Ihre Weigerung nennen können.«[110] Genet dachte noch einmal darüber nach und explodierte dann:

Ohne zu überlegen und weil Sie mir dazu geraten haben ... habe ich meine Zustimmung zu den *Negern* in Polen gegeben. Ich sage aber nein. Meine Gründe habe ich Ihnen schon genannt. Raten Sie mir nie wieder, mich einfach nach den Verhältnissen zu richten. Ich habe das satt. Ich habe *Die Neger* nicht geschrieben, damit ich von Polen gekannt werde. Schicken Sie mir die Adresse des Theaterdirektors in Warschau. Ich werde ihm schreiben, ihm meine Gründe nennen, er wird sie verstehen.[111]

An den Mitübersetzer, den polnischen Dichter Jerzy Lisowski, schrieb Genet:

Verehrter Herr,
Herr Bernard Frechtman hat mir mitgeteilt, daß ein Warschauer Theater eine Aufführung der *Neger* plant. Ich bin gegen eine solche Inszenierung aus folgenden Gründen: Sie werden gut verstehen, daß, falls einige Tage vor ihrer Hinrichtung zum Tode verurteilte Männer – real Verurteilte – in Anwesenheit ihrer Richter und Henker im Gefängnishof ein Stück aufführen könnten, das sich mit den tückischen Beziehungen zwischen ihnen selbst und ihren Richtern und Henkern beschäftigt, die dramatische Erregung, die aus so einer Aufführung entstünde, nichts mit dem gemein hätte, was normalerweise im Theater geschieht. Nun passiert es, daß Schwarze – echte Schwarze – zu einer niederdrückenden Strafe verurteilt werden von einem niederdrückenden Tribunal, Weißen – ebenfalls echten. Diese Schwarzen sind also in der Lage, die ich mit dem oben verwendeten Bild angedeutet habe: echte Verurteilte in Anwesenheit von Richtern und Henkern.
Jeder Negerdarsteller kann in meinem Stück, egal wo, ohne meine Erlaubnis auftreten: insoweit gehört es nicht mehr mir. Aber Ihnen ist sicher klar, daß das Drama im Saal zu existieren aufhörte, wenn weiße Schauspieler, die als Schwarze geschminkt sind, auf die Bühne kämen, statt echten Schwarzen, die aus ihren echten Leiden heraus reden. Herr Frechtman hat mir gesagt, daß Sie sich mit der Übersetzung dieses Stücks viel

Mühe gegeben haben, und ich glaube das. Ich ergreife daher die Gelegenheit, um Ihnen meinen tiefen, tiefen Dank auszusprechen. Ich bitte Sie auch, es mir nicht übelzunehmen, daß ich diese Inszenierung nicht autorisiere. Sie verstehen, daß es hier nicht um Kapricen geht. Wenn ich die Erlaubnis erhielte, würde ich wahrscheinlich nach Polen fahren, und dann hätte ich eine Möglichkeit, Ihnen noch herzlicher zu danken und meine Haltung noch deutlicher zu erklären. Noch einmal, verzeihen Sie mir und nehmen Sie meine herzlichsten Grüße entgegen.

Jean Genet

P. S. *Die Neger* sind in Rotterdam von holländischen Schauspielern aufgeführt worden, ohne daß ich vorher darüber informiert wurde. Das war falsch von ihnen. Vor allem, weil es in Holland oder Indonesien genug Neger gibt, die Holländisch können. Von Bergleuten abgesehen, gibt es keine Neger in Polen. Aber dies ist kein Stück über Bergleute.[112]

Genet blieb Blin und dessen Auffassung von den *Negern* immer treu. (Annette Michelson schrieb er : »Um so besser, wenn Ihnen das Stück gefällt. Vergessen Sie nicht, vieles an Ihrer Freude verdanken Sie Blin. Denken Sie, was zum Beispiel ein Brook gemacht hätte. Gott bewahre uns vor ihm!«[113]) Blin selbst fand, daß zum ersten Mal seine Arbeit als Regisseur »sichtbar« wurde – eine Hervorhebung seines Talents, die er amüsant fand.[114] Genet wünschte sich, daß Blin an den Schluß der zweiten Auflage des Stücks eine Beschreibung seiner Inszenierungsarbeit anfügte, aber Blin ging nicht darauf ein. Bald nach der Premiere in Paris inszenierte Blin *Die Neger* in London. Das Stück kam am Royal Court Theatre heraus und reiste später durch ganz England, obwohl die englischen Kritiker klagten, sie hätten bei den meisten der Schauspieler, die aus Liberia, Nigeria und von den Westindischen Inseln kamen, Schwierigkeiten, sie zu verstehen. Genet dagegen gefiel die englische Inszenierung, und er schrieb an Blin: »Die Inszenierung, die Sie noch weiter perfektioniert haben, wie ich Ihnen gesagt habe, hat meinem Stück eine außerordentliche Kraft verliehen, die mir bisweilen ein bißchen Angst macht.«[115]

In den Vereinigten Staaten war das Stück ein rauschender Erfolg und lief Off-Broadway vier Jahre lang, was es noch nie gegeben hatte. Unter der Regie von Gene Frankel kam das Stück am 4. Mai 1961 im St. Mark's Playhouse in New York mit einem Ensemble heraus, das bald zu den hervorragendsten der amerikanischen Theaterwelt gehören sollte: mit dem anmutig-katzenhaften, furchterregenden Roscoe Lee Browne als Zeremonienmeister, dem virilen,

baßstimmigen James Earl Jones als Village, der virtuosen Cicely Tyson mit den markanten Wangenknochen als Vertu, dem dicklichen, humorvollen Godfrey Cambridge als Diouf (dem Mann, der sich als weiße Frau verkleidet) und Maya Angelou als Königin (sie wurde später eine der eloquentesten schwarzen Schriftstellerinnen ihrer Generation). Ebenfalls im Mai veröffentlichte übrigens die *Evergreen Review* die Gerichtsszene aus *Notre-Dame-des-Fleurs* in einer Nummer, die außerdem die Beatdichter Allen Ginsberg und Lawrence Ferlinghetti groß herausstellte.
Bernard Frechtman besuchte in New York für Genet die Proben zu den *Negern*. In der *Showbill* schrieb er, Genet erschaffe ein Theater der Zeremonie, weil er glaube, daß »der Mensch ein Theatertier ist, und sein Hang zum Theater erklärt seine Größe und seine Verrücktheit ... Zum Schluß, wenn der kunstvolle Bau vollendet zu sein scheint, entdecken wir, daß es überhaupt keine Handlung gegeben hat, sondern daß uns der Zauberer mit der Zeremonie als solcher unterhalten hat.«[116] Frechtman war beeindruckt von dem professionellen Niveau des Ensembles, das seiner Ansicht nach dem französischen überlegen war, zu dem, wie er schrieb, der Redakteur einer Gerichtszeitung, ein Anthropologe, mehrere Jazzmusiker und ein Tänzer gehört hatten. Die New Yorker Besetzung dagegen bestand nur aus Profis, wie Louis Gossett zum Beispiel, der gerade in *A Raisin in the Sun* von Lorraine Hansberry gespielt hatte. Die Kritiken waren fast durchweg positiv, ja überwältigend (»Die Off-Broadway-Inszenierung von *Die Neger* ist eines der denkwürdigen Ereignisse der Theatersaison«, schrieb Richard Watts in der *New York Post*), aber die meisten Rezensionen hoben auch hervor, wie schwer dieses rätselhafte Stück zu verstehen sei. Bernard Frechtman wandte sich dem Problem in einem Artikel im *New York Herald-Tribune* zu: »Ein durch und durch originelles Kunstwerk ist immer eine Bedrohung. Im Versuch, unser Empfindungsvermögen zu ändern, unsere Sichtweise zu korrigieren, tut es unseren Gewohnheiten Gewalt an.« Frechtman zufolge war das Pariser Ensemble angesichts Genets gnadenloser Bloßstellung der Weißen verwirrt gewesen und hatte ihn einen »weißen Neger« genannt. Er führt weiter aus, daß in den *Zofen* und im *Balkon* die Personen ein Ritual abhalten, in den *Negern* dagegen der ganze Abend eine Zeremonie ist.[117] Nach einem langsamen Start erhielt das Stück mehrere Auszeichnungen, wurde populär und in New York zu einem »Muß«. Oft waren mehr Schwarze als Weiße im Publikum. Der Regisseur Gene Frankel bemerkte kritisch: »Gelegentlich, wenn zu viele Schwarze im Publikum sitzen, ändert sich die Stimmung der Vorstellung. Es gibt mehr Gelächter und weniger gelähmtes Schweigen.« Der Schauspieler Godfrey Cambridge sagte: »Ich

finde, daß sie [die Theaterbesucher] durch die Oberflächenreize gefesselt sind« und nicht die ätzende Feindseligkeit bemerken, die das Stück ausstrahlt.[118] Der schwarzamerikanische Romancier James Baldwin war von den *Negern* fasziniert. Er hatte jahrelang in Paris gelebt, wo er oft mit Genet allein zu Abend gegessen hatte; sie waren beide oft in La Reine Blanche zu Gast, einer Schwulenbar in Saint-Germain. In New York nun besuchte Baldwin viele Proben. Maya Angelou erinnert sich: »Jimmy war zwar als ausgefuchster Dramatiker bekannt, aber nur wenige wußten, daß er auch ein verhinderter Schauspieler war. Ich hatte eine Rolle in Genets Stück *Die Neger*, und da Jimmy Genet persönlich und das Stück im französischen Original kannte, konnte ihn nichts davon abhalten, mir für mein Spiel Ratschläge zu geben.« Baldwin und Lorraine Hansberry gerieten wegen der *Neger* mit Norman Mailer in einen verbalen Schlagabtausch. Mailer hatte in einem langen Essay Ansichten geäußert, die Baldwin und Hansberry rassistisch fanden. Mailer forderte die beiden zu einer Diskussion in der Carnegie Hall heraus. Er machte auch den Vorschlag, *Die Neger* sollten mit einem weißen und schwarzen Ensemble im tiefen Süden der USA auf Tournee gehen. Baldwin beklagte, daß Mailer Schwarze als »gottverdammte, romantische schwarze Symbole« ansehe.[119]

Als *Die Neger* in New York herauskamen, galt die optimistische Stimmung im Land der Bürgerrechtsbewegung zur Rassenintegration. Im Süden der USA ging die Rassentrennung langsam ihrem Ende entgegen. Das Urteil im Prozeß Brown gegen die Schulbehörde von Topeka, Kansas, im Jahr 1954 hatte, theoretisch, die Rassentrennung an den Schulen beendet. Martin Luther King hatte 1955 in Montgomery, Alabama, erstritten, daß in ein und demselben Bus Menschen jeder Hautfarbe sitzen dürfen, und bald weitete sich die Bewegung auf Restaurants und öffentliche Verkehrsmittel allgemein aus. 1957 schickte Präsident Eisenhower Bundestruppen nach Little Rock, Arkansas, um die Aufhebung der Rassentrennung an den Schulen zu erzwingen. Der Kongreß verabschiedete eine Bürgerrechtsvorlage, die 1960 Gesetz wurde. Dieser Grad an Rassenintegration war auf seiten schwarzer und weißer Protestierer durch Gewaltlosigkeit erreicht worden, oft trotz furchtbarer Strafen. Diese Siege, so wichtig sie waren, stellten nur einen ersten Schritt dar; eine echte rechtliche, wirtschaftliche und politische Gleichheit zwischen den Rassen war noch Jahrzehnte von ihrer Verwirklichung entfernt. In Mississippi beispielsweise war im Jahr 1964 erst eine einzige Schule wirklich integriert. Ebenso war es im selben Jahr in Mississippi nur etwas über sechs Prozent der wahlberechtigten Schwarzen gelungen, die Hindernisse zu überwinden, die der Eintragung in die Wählerlisten unvermeidlich entgegenstanden. Doch im gleichen Jahr noch verabschiedeten der Kongreß und die Einzelstaaten den Vierundzwanzigsten Verfassungszusatz, mit dem die schändliche Kopfsteuer abgeschafft wurde, die vor dem Wählen zu bezahlen war. Ein Jahr später setzte Präsident Johnson das Wahlrechtsgesetz durch, das den Justizminister ermächtigte, Bundesbeamte in die Wahllokale zu schicken, um die Schwarzen zu schützen, die sich in die Listen einzutragen versuchten. Ebenfalls 1965 rief Johnson die »Affirmative Action« ins Leben, ein Programm zur Durchsetzung der Rassenintegration in Firmen mit Geschäftsbeziehungen zur Regierung. Doch diese hoffnungsvollen Zeichen verblaßten bald in der allgemeinen nationalen Agonie angesichts des anhaltenden Vietnamkriegs.

Auf den vorübergehenden Burgfrieden des Jahres 1961 ging Genets Stück als Artikulation schwarzen Stolzes und schwarzer Wut wie ein Hagelschauer nieder – schmerzhaft, furchterregend. Schwarze, die ein, zwei Jahre zuvor allmählich damit begonnen hatten, herkömmliche »weiße« Theater zu besuchen, bildeten jetzt einen wichtigen Teil der allabendlichen Zuschauer. Ihr Lachen, ihr Mitgehen, ihr Spaß an Szenen, in denen schwarze Wut, Verachtung und Rachgier zum Ausdruck kamen, erschreckten die weißen Zuschauer im Publikum. Außerhalb New Yorks lief das Stück weniger gut. Als 1963 eine Tourneetruppe nach Chicago kam, schrieb eine dortige Zeitung, Genet »schenkt dem Menschen keine Hoffnung, er hält ihn für ein Gossentier voller Wollust, Habgier, Erbarmungslosigkeit und vor allem Haß.« Mit der Zeit jedoch wurde das Stück immer bedeutungsschwerer. Die riesige Demonstration am 28. August 1963 in Washington, die Rechte für Schwarze verlangte, zeigte die Direktheit schwarzer Forderungen; es war der Augenblick von Martin Luther Kings berühmter Rede »I have a dream« (»Ich habe einen Traum«). Anfang September 1963 ersetzte James Earl Jones Genets Text »Einhunderttausend Kinder, die im Staub gestorben sind« durch die neuen Worte: »Vier kleine Mädchen, die in einer Kirche in Birmingham gestorben sind«, als Anspielung auf einen Ausbruch von Gewalt und die Beschießung einer Schwarzenkirche kurz zuvor.[120]

Alles in allem brachte es das Stück während seiner Laufzeit zwischen dem 4. Mai 1961 und September 1964 auf den Off-Broadway-Rekord von eintausendvierhundertundacht Vorstellungen.[121] Es spielte etwa eine halbe Million Dollar ein; Genet erhielt von der New Yorker Inszenierung wahrscheinlich nur etwa zwanzigtausend Dollar (seine Tantieme betrug fünf Prozent, abzüglich Agenten- und Übersetzerhonorare). Der Hauptproduzent des Stücks, Sidney Bernstein, brachte des weiteren 1964 *Blood Knot* von Athol Fugard auf die Bühne, ein Drama über Rassenspannungen in Südafrika. Aber auch Blin inszenierte in Frankreich Fugard, wobei er einige von den Schauspielern einsetzte, die in der französischen Inszenierung von *Die Neger* aufgetreten waren.

Als 1965 in Watts, dem Schwarzenghetto außerhalb von Los Angeles, Rassenkrawalle ausbrachen, starben in fünf Tagen gewalttätiger Auseinandersetzungen vierunddreißig Menschen, fünfunddreißigtausend Schwarze plünderten Geschäfte und an die tausend Gebäude wurden zerstört. In den Ruinen von Watts wurde eine schwarze Theatergruppe gegründet, und eine ihrer ersten Antworten auf die Krisensituation war eine erfolgreiche Inszenierung der *Neger*. Als das Stück 1973 im Kennedy Center in Washington erneut von einer schwarzen Truppe auf die Bühne gebracht wurde, äußerte sich ein Kritiker über »den prophetischen Sinn für Geschichte, den das Stück hinsichtlich des schwarzen Nationalismus und des schwarzen militanten Theaters an den Tag legt.«[122] (Im übrigen versuchte Genet diese Produktion zu stoppen, weil sie von seinem Agenten nicht genehmigt worden war.)

Im Laufe der siebziger Jahre waren jedoch nicht mehr alle Schwarzen bereit, auf Genet zu hören, obgleich er inzwischen aktiv die militanten Black Panthers unterstützte. Der schwarze Dramatiker Ed Bullins beispielsweise schrieb 1971 in der Zeitschrift *Black Theatre*:

Die Herausgeber der Zeitschrift *Black Theatre* sind nicht der Meinung, daß überhaupt *irgendein* Schwarzer sich »The Blacks« ansehen sollte. Jean Genet ist ein weißer, erklärter Homosexueller mit überlebten weißen westlichen Vorstellungen – schwulen Ideen von schwarzer Kunst, schwarzer Revolution und schwarzen Menschen. Von seinen nichtssagenden masochistischen Aktivitäten und Platitüden im Namen der Black Panthers sollten sich schwarze Menschen nicht reinlegen lassen. In seinen Schriften hat Genet zugegeben, er sehe sich selbst als ein sogenannter »Nigger«. Schwarze dürfen nicht erlauben, daß weiße Perversion in ihre Gemeinden eindringt, auch wenn sie auf dem Rücken [im Artikel steht der schöne Druckfehler »on the black«] eines Panthers reitet. Hüten wir uns vor Weißen, die sich für die Sache der Schwarzen bei ihren Brüdern und Vätern einsetzen, die uns unterdrücken; hüten wir uns vor Athol Fugard aus Südafrika und vor Jean Genet, einem französischen Perversen – verkleidete weiße Missionare, die den westlichen Kulturimperialismus repräsentieren. Schwarze haben in diesem Stadium des Kampfes keine Verwendung für selbsternannte »Nigger«.[123]

Der schwarze Dramatiker Charles Gordone, Verfasser von *No Place to Be Somebody*, war gemäßigter in seinen Äußerungen, als er 1970 das Problem

541

anschnitt. Er sah Hansberrys *A Raisin in the Sun* (es geht um eine schwarze Familie in Chicago) aus dem Jahr 1959 als wegweisendes Werk im modernen schwarzen Theater an, aber er räumte großzügig ein, daß *Die Neger* »sich mit sehr realen Problemen auseinandersetzten, die mit Schwarzen und Weißen zu tun haben, und sie machten eine Menge begabter, kompetenter schwarzer Schauspieler bekannt, die im folgenden zum Wandel in allen Unterhaltungssparten beitrugen.«

KAPITEL 16

Irgendwann Ende 1955, nachdem Genet *Die Neger* und die erste Fassung von *Der Balkon* beendet hatte, lernte er Abdallah Bentaga kennen, den Geliebten, der das tiefste Mal (man könnte auch sagen: die tiefste Narbe) an ihm zurückließ. Als alter Mann sollte Genet Abdallah und Jean Decarnin als die zwei wichtigsten Menschen in seinem Leben bezeichnen.[1]
Abdallah war ungefähr achtzehn, als er dem sechsundvierzigjährigen Genet begegnete. Sein Vater war ein algerischer Artist, der starb, als Abdallah noch ein Kind war, und seine Mutter war eine füllige, halbgelähmte Deutsche. Genet unterstützte sie vom ersten Augenblick an.[2] Jahrelang schickte er ihr kleine Scheckbeträge und sogar Blumen oder Pralinen am Muttertag. Abdallah war des Lesens und Schreibens nur halbwegs kundig und schrieb Französisch nach der Phonetik: Seine Briefe sind so schwach in der Rechtschreibung, wie sie stark sind im Ausdruck von menschlicher Zuneigung, Taktgefühl und Charme. Seit früher Kindheit schon arbeitete er als Zirkuskünstler, immer am Boden als Jongleur oder Akrobat.[3] Eine Artistin sagte einmal von ihm, er sei »ein echter Könner der Manege«[4] gewesen. Eine Zeitlang war er bei einer reisenden Truppe, dem Zirkus Pinder, beschäftigt. Schon als Kind wohnte er mit Ahmed, einem marokkanischen Freund, in seinem eigenen Zelt, aus dem der Duft von Pfefferminztee und manchmal von *kif* aufstieg. Ahmed erlernte Kunststücke mit Pferden. Abdallah wurde vom Chef der Truppe als Akrobat ausgebildet, wofür er Essen und Wohnung erhielt, aber keine Bezahlung; gelegentlich bekam er ein neues Kostüm. Offenbar mußte er auch die Pferdeställe ausmisten. Während des Fastenmonats Ramadan kamen die beiden

Muslime Ahmed und Abdallah tagsüber ohne Essen und Trinken aus, doch trotz dieser Entbehrungen übten sie ständig, morgens, mittags und abends, ihre akrobatischen Kunststücke. Die Trapezkünstlerin Diane Deriaz, aus Kindertagen eine Freundin von Olivier Larronde, freundete sich mit den beiden an. Sie lernte ein bißchen Arabisch, um sich mit Abdallah und Ahmed in deren eigener Sprache verständigen zu können.

Ende 1956 verkaufte Genet sein altes Filmdrehbuch *Verbotene Träume*, um Abdallah Unterrichtsstunden auf dem Hochseil bezahlen und so die Starthilfe zu einer neuen Karriere geben zu können. Das Hochseil hatte für Genet einen besonderen Zauber, war es doch für ihn ein Sinnbild der Gefahren, denen der Artist ins Auge sieht. In den ersten Monaten des Jahres 1957 schrieb Genet »Der Seiltänzer«, einen an seinen neuen Geliebten gerichteten »Brief«, der im Laufe des Jahres in der Zeitschrift *Preuves* erschien. Es ist ein wortgewaltiger Essay – neben dem Giacometti-Text der wichtigste, den Genet je schrieb – über die »tödliche Einsamkeit, von diesem verzweifelten und blendenden Bereich, in dem der Artist arbeitet.«[5] Darin rät Genet dem Hochseilartisten (oder Seiltänzer), am Tage ungepflegt und zerlumpt herumzulaufen, damit seine Aufmachung, Trikot und unerhörtes Make-up ihn, wenn er abends auftritt, um so gleißender erscheinen lassen. Oft verweist Genet auf den Tod, der auf den Akrobaten lauert. »Wenn du stürzt, verdienst du die konventionellste Trauerrede: eine Lache aus Gold und Blut ... Du darfst nichts anderes erwarten.«[6] Mit seinen malvenfarbenen Lidern, den bemalten Wangen und den vergoldeten Fingernägeln wird der Hochseilartist zu so etwas wie einem heiligen Ungeheuer (einem Transvestiten oder einem Mörder nicht unähnlich, könnte man hinzusetzen, um zwei andere Lieblingsgestalten Genets zu zitieren).

Genet ermutigt seinen Artisten, Narziß zu sein, der auf dem Seil für sich selbst tanzt, nicht für andere. Immer und immer wieder hebt er die Einsamkeit des Artisten hervor, seinen Fluch: »Man ist kein Künstler, wenn kein großes Unglück mit im Spiel ist.«[7] Nur der Augenblick auf dem Seil ist transzendent; hinter der Bühne, vor der Vorstellung, unterscheidet sich der Hochseilartist in nichts von allen anderen, es sei denn durch einen Funken Traurigkeit im Auge. Genet vergleicht ihn mit einem Torero, einem mittelalterlichen Gaukler vor dem Standbild der Heiligen Jungfrau, mit einem Mönch und einem wunderwirkenden Opfer (»Deine kurze Grablegung erleuchtet uns.«[8]).

Fast nichts in diesem überschwenglichen Text bezieht sich *ausdrücklich* auf Abdallah als einen bestimmten Menschen, außer einer kurzen Passage ziemlich am Anfang:

Ohne zu überlegen habe ich seine Brieftasche geöffnet und durchsuche sie. Zwischen alten Fotos, Quittungen, abgefahrenen Busfahrscheinen finde ich ein zusammengefaltetes Blatt Papier, auf das er merkwürdige Zeichen gekritzelt hat: entlang einer geraden Linie, die das Seil darstellt, schräge Striche nach rechts, Striche nach links – das sind seine Füße, oder vielmehr der Platz, den seine Füße einnehmen werden, das sind die Schritte, die er machen wird, und jedem Strich gegenüber eine Zahl. Da er sich bemüht, auf eine Kunst, die nur auf tollkühnem und empirischem Training beruht, Logik, die Disziplin der Zahlen anzuwenden, wird er siegen. Was interessiert es mich dann, ob er lesen kann? Er kennt die Zahlen zur Genüge, um die Rhythmen und die Nummern abzumessen.[9]

Im Frühjahr 1957 vollendete Genet *Die Wände,* aber kaum hatte er eine erste Fassung fertiggestellt, da begann er sie auch schon umzuschreiben. Mit den *Wänden* begann er Anfang 1956; es deutet einiges darauf hin, daß Abdallah bestimmte Einzelheiten beitrug, die in die Darstellung Saïds, der Hauptfigur, einflossen. Paule Thévenin, eine der engsten Freundinnen Genets während der sechziger und siebziger Jahre, hat geschrieben: »Ich werde den Eindruck nicht los, daß Saïd sich mehr als ein Charaktermerkmal von Abdallah leiht. Besonders die Szene, in der die Toten mit solcher Fröhlichkeit und Anmut die Wände zwischen den Lebenden und den Toten durchbrechen, wäre nicht die gleiche, wenn Jean Genet das Leben im Zirkus nicht so gut gekannt und nicht so viele Male voller Angst auf den Augenblick gewartet hätte, in dem der Akrobat seine Maßnahmen gegen den Tod ergreift, um eine Sekunde lang in vollkommener Schönheit zu verharren.«[10]
Als Abdallah von der französischen Armee einberufen wurde, riet ihm Genet zu desertieren, um dem Einsatz in Algerien zu entgehen, da er dort genötigt gewesen wäre, auf Verwandte seines Vaters zu schießen. Auf diesen Entschluß hin lebten Genet und Abdallah nach 1957 außerhalb Frankreichs. Sie reisten unablässig in Deutschland, Österreich, Belgien und Holland umher, und wenn Winter war, machten sie sich nach Griechenland auf, das Genet 1950 zum erstenmal besucht hatte. Nun kehrte er öfter nach Griechenland zurück. Das warme Klima war gut gegen das Rheuma, das er sich in den furchtbaren Kriegswintern im Gefängnis geholt hatte und das sich jetzt endgültig festsetzte. Abdallahs Fahnenflucht war natürlich kein singuläres Ereignis. Von 1959 an unterstützte *Vérité pour,* eine von Francis Jeanson herausgegebene Untergrundbroschüre, nicht nur aktiv die revolutionäre Partei Algeriens, die Nationale Befreiungsfront FLN *(Le Front de Libération Nationale),* sondern rief auch französische Soldaten zur Desertion auf. Jeanson gründete eine weitver-

zweigte Organisation namens *Jeune Résistance* (Junge Résistance), von der mehrere Mitglieder im Februar 1960 verhaftet und in einem spektakulären Prozeß vor Gericht gestellt wurden. Der Großteil der intellektuellen und künstlerischen Linken rief zur Verteidigung Jeansons auf. Jeanson selbst ging in den Untergrund. Er war mit Genet befreundet, der ihn eine Zeitlang außerhalb von Cannes im Haus von Lucien und Ginette Sénémaud versteckte, der Maison de Saint Genet.

Im Frühjahr 1957, noch vor Abdallahs Fahnenflucht, kaufte Genet in Paris eine Wohnung in der Rue Joanès 5 in der ruhigen Wohngegend des 14. Arrondissements, einer kleinen Straße nur wenige Querstraßen von Giacomettis Atelier entfernt, zwischen dem Bahnhof Montparnasse und der Porte de Vanves.[11] Die Zweizimmerwohnung hatte Genet mit Javas Hilfe »ausgeschmückt«. Die Küche hatte er herausgerissen, weil er fürchtete, an den Ausströmungen des Gasherds zu ersticken, und die Wände hatte er mit dunkelbraunen Teppichen verhängt, die Abdallah unentwegt staubsaugte. Als Abdallah desertierte, versteckte er dessen Uniform im Keller. Genet kam wieder in den Sinn, daß er, sobald er sich in dem einen Zimmer aufhielt, das Gefühl hatte, das andere Zimmer sei einsam, und dann lief er ihm rasch zu Hilfe. Gleich rief ihn jedoch das erste Zimmer wieder zurück, damit er sich seiner annehme, und bald war Genet völlig erschöpft. Er und Abdallah wohnten dort nur kurz, denn im November entschloß sich Genet, die Wohnung an Bernard Frechtman und Annette Michelson zu verkaufen.

Eines Nachts wurde die Wohnung im Morgengrauen von der Polizei gestürmt. Sie hatte einen Durchsuchungsbefehl. Frechtman und Michelson wurden gefragt, ob sie irgendwelche Freunde hätten, die in letzter Zeit im Gefängnis gewesen seien. Die beiden Amerikaner fürchteten, damit sei der einundzwanzigjährige Jacky Maglia gemeint, der ihnen kürzlich eine Zeichnung des Surrealisten André Masson gezeigt hatte (Genet hatte das Bild Jackys Stiefvater, Lucien Sénémaud, gegeben). Da Jacky tatsächlich Schwierigkeiten mit der Polizei gehabt hatte – er war am 8. Juni 1960 wegen Raubes zu acht Monaten Gefängnis verurteilt worden[12], und da Genet möglicherweise den Masson gestohlen hatte, waren sich Frechtman und Michelson sicher, daß Maglia erneut verhaftet worden war. Außerdem waren sie besorgt, die Polizei könnte Abdallahs Uniform im Keller finden.

Die Polizei durchsuchte alles, doch Abdallahs Uniform übersah sie schlichtweg. Die Beamten blätterten Adressenbücher und Briefe von etwa zehn Jahren durch, darunter einen Brief von Genet, in dem er geschrieben hatte: »Sie leben in diesem Land, das von diesem dicken weichen Pimmel regiert wird, der sich de Gaulle nennt.«[13] Frechtman und Michelson wurden in ein Geheimdienstbüro geschafft und getrennt acht Stunden lang in die Mangel genommen. Die Amerikaner standen unter Verdacht, weil die Polizei Francis Jeansons Freundin geschnappt und in ihrem Notizbuch die Anschrift Rue Joanès 5 gefunden hatte. Schließlich war die Polizei überzeugt, daß Jeansons Freundin sich die Adresse notiert hatte, als die Wohnung noch Genet gehörte. Als Michelson und Frechtman entlassen wurden, sagte einer der Polizisten verächtlich zu ihnen: »Feine Freunde haben Sie.«

Im Sommer 1957 waren Genet und Abdallah in Wien, um nach einem Hochseillehrer für Abdallah zu suchen.[14] Genet freute sich darüber, daß Abdallah seine eigenen Erwartungen so hoch steckte, er war aber auch sicher, daß der Junge ihn brauchte (»Ich kann Abdallah sich nicht ganz allein durchschlagen lassen.«[15]). In Wien fanden sie niemand Geeigneten, und so fuhren sie nach Kopenhagen, das bekannt für seine Zirkusaktivitäten ist. Dort beschloß Genet, Abdallahs Manager und Chefausbilder zu werden. Das war ein sonderbarer Einfall, denn Genet hatte vom Hochseil keine Ahnung, aber er kniete sich mit absoluter Überzeugung in seine neue Aufgabe. Er war sehr streng mit Abdallah. Wenn der Lehrer eine Übungsstunde auf zehn Uhr morgens angesetzt hatte, rief Genet pünktlich um die Uhrzeit dort an, um sicher zu sein, daß Abdallah auch da war. Wenn er sich auch nur zehn Minuten verspätete, bekam Genet die fürchterlichsten Wutanfälle.[16] Er hatte ungeheuer poetische Vorstellungen, was das Hochseil betraf (die Akrobatenleiter zum Beispiel mußte eine »Jakobsleiter« sein). Eines Abends erörterte Genet Abdallahs Tätigkeit mit zwei professionellen Tänzern. Abdallah war vollkommen stumm, und Genet richtete kein einziges Mal das Wort an ihn.[17]
Auf den Reisen durch Nordeuropa besuchte Genet auch ständig Museen und sah sich Bilder von Rembrandt, Vermeer und Frans Hals an. Im September 1957 war Genet auf Delos und begann inmitten der Ruinen des Apollotempels ein neues Theaterstück, möglicherweise *La Fée (Die Fee)*. Als fordere er das Unglück heraus, stürzte er sich in ein grandioses Projekt, das einen Roman umfaßte, *La Mort I (Der Tod I)*, gefolgt von einem Zyklus von sieben Stücken unter dem gemeinsamen Titel *La Mort II*, von denen *Die Wände* (das eine Zeitlang *La Mère* [*Die Mutter*] hieß) das erste, *Le Bagne (Die Strafkolonie*, ein Stück nach dem Drehbuch gleichen Titels) das zweite und *Die Fee* das dritte sein sollte. Jean Cau schrieb am 5. November 1959 in *L'Express*: »Nach Genets Vorstellung wird *Die Wände* der Eröffnungstext einer Reihe von sieben Theaterstücken sein, die eine Art Zyklus bilden. Ein zugleich offenes

und geschlossenes Werk, in dem jedes Stück ein Ganzes ist, das zur gleichen Zeit seinen Wert nur aus dem Verhältnis zum Gesamten bezieht, wobei Personen von einem Stück zum nächsten mitwandern; Dialoge, ganze Teile werden sich hier wie dort komplett wiederfinden.«[18] Einen Monat zuvor hatte Bernard Frechtman an Genets amerikanischen Verleger geschrieben:

Der endgültige Titel des Stückes, das wir bisher *Les Paravents* und *Les Mères* genannt haben, ist: *La Mère*. In einem Brief von Genet, den ich vor zwei Tagen erhalten habe (er ist in Griechenland), unterrichtete er mich über folgendes:
Das besagte Stück ist Teil eines umfangreichen Werks mit dem Titel *La Mort*.
La Mort wird aus zwei Teilen bestehen: Teil I – *La Nuit* (ein Prosawerk, kein Theaterstück, an dem Genet seit sechs oder sieben Jahren immer wieder gearbeitet hat). Teil II – ein Zyklus aus sieben Theaterstücken, von denen *La Mère* das erste ist. Diese Stücke hängen zwar miteinander zusammen, sind aber auch unabhängig voneinander. Genet arbeitet jetzt gleichzeitig an den zwei nächsten Stücken mit den provisorischen Titeln *Le Bagne* und *La Fée*.[19]

Im März 1958 war Genet mit Abdallah, der seine Nummer probte, auf Rhodos. Genet gab Frechtman gegenüber zu, daß er nie vorgehabt habe, einen neuen Roman mit dem Titel *Les Fous (Die Verrückten)* zu schreiben, und nur einen Vertrag unterzeichnet habe, um von Barbezat Geld zu bekommen. Doch diese Bemerkung mag nur Prahlerei gewesen sein, denn Genet fand es immer schwieriger, neue Werke zu schaffen. Unablässig schrieb er alle seine Stücke um und versah sie mit Einleitungen, regte sich über deren verschiedene Inszenierungen in der ganzen Welt auf und interessierte sich für die Übersetzungen seiner Romane und Theaterstücke – aber mit dem Zyklus der sieben Stücke, von dem er andeutungsweise gesprochen hatte, kam er nicht weiter.[20] An Frechtman schrieb er:

Der Gedanke ans Schreiben ist mir unerträglich geworden. Schreiben ekelt mich immer mehr an. Es ist mir noch nicht gelungen, etwas Gutes zu schreiben. Ich paddle in einem Sumpf dummer Worte herum. Das größte Lob vermag nicht, mir Mut zu machen ... Ich weiß genau, daß ich den echtesten Ton habe, wenn ich für die Toten spreche, wenn ich für sie schreibe. Es ist schwierig, etwas zu machen, das weder Lüge noch Ausflucht ist.[21]

Im April hingegen war Genet in Athen und schrieb mit Begeisterung an der Dramenversion von *Die Strafkolonie* (»Es wird vielleicht mein bestes

Stück«[22]). Im Mai waren er und Abdallah wieder in Wien, hatten aber vor, fast unverzüglich nach Berlin aufzubrechen, um vielleicht dort einen Zirkus zu finden. Enttäuscht vom damaligen Berlin, brachen sie erneut nach Kopenhagen auf.

Im Juni war Genet in Hamburg, wo er die schwierigen Umarbeitungen der *Wände* fortsetzte, während Abdallah in Kopenhagen blieb und Seiltanzen übte. In einem Brief an Frechtman schrieb Genet, er benötige ungefähr dreißigtausend Franc für Abdallahs Kostüm, zehntausend Franc für Geräte, zehntausend für einen Assistenten und noch einmal zehntausend für Musik – alles in allem sechzigtausend Franc (etwa zweitausend Mark nach heutigem Geld).

In dieser Phase seines Lebens begann Genet seinen leichtfertigen Umgang mit Medikamenten. Er nahm immer größere Mengen des Barbiturats Nembutal, um schlafen zu können, und des Aufputschmittels Maxiton, um wach zu werden. Wenn er eine Erkältung hatte, nahm er zwanzig Aspirin am Tag, die er wie Bonbons schluckte, und oft verabreichte er sich in Zäpfchenform acht Optalidon, ein starkes Schmerzmittel, das später vom Markt genommen wurde. Ein Arzt hatte ihm gesagt, wenn er sich in normalem Umfang Bewegung verschaffe, könne er auch ohne Medikamente schlafen, aber wie Proust stand Genet unter dem inneren Zwang, die ganze Nacht zu schreiben und sich im Morgengrauen in einen durch Drogen künstlich herbeigeführten Schlaf zu flüchten. Schließlich hörte er auf, Maxiton zu nehmen, aber von Nembutal blieb er zeitlebens abhängig. Das Barbiturat trug zweifellos zu seinen Depressionen bei.

Trotz all dieser Medikamente blieb seine Konstitution bemerkenswert gut, nur seine Zähne waren schlecht, und er litt fortwährend an Rheuma. Im November 1957 hatte Genet fürchterliche Zahnschmerzen. Monique Lange begleitete ihn in die Klinik, wo man ihm eine Betäubungsspritze gab. Sie fuhr zurück zur Arbeit, aber eine halbe Stunde später war Genet am Telefon und beklagte sich über den Zahnarzt, dem er nicht zutraute, daß er den Zahn ziehen könne: »Komm mich sofort abholen! Dieser Kerl ist ein Idiot!«[23] Sie brachte ihn in sein Hotel zurück. Aber im Laufe des Abends, als sie mit Schriftstellern und Verlagsleuten auf einer Cocktailparty war, rief Genet wieder an: »Kommen Sie sofort. Ich habe furchtbare Schmerzen. Ich muß einen Zahnarzt finden!«[24] Sie suchten überall, schließlich fanden sie einen vertrauenerweckenden Zahnarzt nahe der Bastille. Genet und der Zahnarzt redeten über Bücher, während der Zahn gezogen wurde – und danach wollte Genet zu Abend essen!

Während Genet sich mit Abdallah auf seiner Hedschra durch Europa befand, arbeitete er von Zeit zu Zeit an seinem Buch über Rembrandt. Zwei Teile des Buches wurden schließlich miteinander verbunden und bildeten den Essay »Ce qui est resté d'un Rembrandt déchiré en petits carrés ...« Ein dritter, von der Redaktion stark gekürzter Auszug erschien im September 1958 in *L'Express*. In diesem Essay, »Le secret de Rembrandt« (»Rembrandts Geheimnis«), stellt Genet den Maler als einen Künstler dar, der als junger Mensch zum Luxus neigte, in späteren Jahren dann aber über Alter und Leiden nachsann. In diesen Spätwerken hat sich der frühere Hang zum Luxus mit seiner Wiedergabe prachtvollen Beiwerks zur Darstellung unvermuteter Schönheit verlagert, die, in den Dingen versteckt, auf den ersten Blick am wenigsten reizvoll ist. Auf die gleiche Weise bewegte sich Genet von den demonstrativen Anspielungen auf Kirche und Aristokratie in seinen Romanen weg und in den *Wänden* auf eine verhaltene Darstellung eines Adels zu, der selbst den elendigsten Menschen innewohnt. Einer Freundin sagte Genet, daß der Anblick seines alternden Körpers im Spiegel ihn an Rembrandts *Bathseba* erinnere. Er meinte auch, er habe beim Betrachten von Werken von Frans Hals etwas über die Güte erfahren.

Im Oktober und November 1958 war Genet mit Abdallah, der noch immer an seinem Auftritt probte, in Amsterdam. Monique Lange besuchte die beiden einmal im Oktober und nochmals im November, jeweils für einige Tage. Im Jahr darauf kam sie zu Weihnachten erneut nach Amsterdam, diesmal mit Juan Goytisolo, Spaniens führendem Avantgarderomancier, der in Paris im politischen Exil lebte. Sie reisten mit Florence Malraux. Abdallah und sein Freund Ahmed begleiteten sie in die zwielichtigen Viertel der Stadt, wo die Prostituierten in beleuchteten Fenstern sitzen.

Fünfzehn Jahre lang, von 1947 bis 1962, war Monique Lange Genets »Sklavin«, um ihren Ausdruck zu benutzen. Sie kümmerte sich um seine Korrespondenz, seine jeweiligen Freunde, seine Hotelreservierungen. Sie schickte ihm seine Gitanes und sein Nembutal. Oft kam er ohne vorherige Anmeldung und verbrachte den ganzen Tag bei ihr. So schneite er vielleicht abends um neun herein und verlangte einen Teller Linsen. Er aß nie normale Kost, wahrscheinlich weil seine Zähne nicht gut waren. Politik war eines seiner bevorzugten Themen in Gesprächen mit Monique, Juan Goytisolo und ihren Freunden, zu denen der Karikaturist Siné, der radikale Anwalt Jacques Vergès, Marguerite Duras, Florence Malraux, Giacometti und Odette Laigle gehörten (die ebenfalls bei Gallimard angestellt war und von Genet gezwungen wurde, seine Schmutzarbeit zu tun). Bei Monique lernte Genet im Exil lebende spanische

Studenten, Kommunisten und später Anwälte der extremen Linken kennen. Andere Schriftsteller oder Durchschnittsbürger waren nie eingeladen. Wenn es Genet auch Vergnügen machte, über Politik zu reden, über Literatur sprach er nie. Und er las zwar Zeitungen und philosophische Werke, jedoch niemals zeitgenössische Literatur. Es kam vor, daß er zu einem neuen Roman griff, aber nur, um einen oder zwei Absätze laut vorzulesen und sich dann darüber lustig zu machen. Jede Nacht verbrachte er mit Schreiben, neben seinem Bett stapelten sich die Manuskripte, aber nie sprach er mit jemandem über seine Arbeit – außer mit Juan Goytisolo.

Oft schickten Genet und Abdallah von ihren Reisen kreuz und quer durch Europa Briefe und Postkarten an Monique. Als typisches Beispiel dafür schrieb ihr Abdallah, als sie im Begriff waren, aus Wien abzureisen: »Ich schicke Ihnen ein Andenken an die bezaubernde Stadt, die wir verlassen mit dem Wissen, daß wir nach Kopenhagen fahren, ich glaube, das ist netter, ich hoffe, Sie werden uns schreiben, wie geht es meiner Mutter, wie geht es der kleinen Carole [Moniques Tochter], ich hoffe, sie wird allen einen Kuß von mir geben, viele Küsse. Abdallah.«[25]

Spaßig setzt Genet, auf den in Barcelona geborenen Goytisolo oder vielleicht auch auf ihre Tochter gemünzt, hinzu: »Ich küsse Ihre Barcelonnette, Jean.«[26] (Barcelonnette ist ein französisches Bergdorf, aber auch die französische Schreibweise des Teils von Barcelona mit seiner eindrucksvollen Kolumbussäule, den Genet in *Tagebuch eines Diebes* schildert). Genets Ton ist immer neckisch und herzlich, Abdallahs immer zart und liebevoll: »Ich liebe Sie.«[27] Als Abdallah nach seiner Flucht aus der französischen Armee über die italienische Grenze geschlüpft war, schrieb er an Monique am 3. März 1958 aus San Remo: »Liebe Monique, es ist alles gutgegangen, Italien ist großartig. Heute abend reise ich nach Brindisi ab und werde ganz Italien durchqueren, das wird eine schöne Reise, es sind vierundzwanzig Stunden im Zug bis Brindisi. Ich hoffe, daß es der ganzen Familie gutgeht, ich höre auf mit meiner Sauklaue voller Fehler. Würden Sie bitte bei meiner Mutter vorbeigehen und ihr sagen, daß alles gutgegangen ist und daß sie in keiner Gefahr ist, geben Sie allen einen Kuß von mir, und küsse Sie ganz fest, ich unterschreibe nicht, Sie wissen schon, wer es ist.«[28]

Genet bittet Monique, eine Geldanweisung über fünftausend Franc an den Friedhof in Paris (er meint den Friedhof Pantin) zu schicken, auf dem Abdallahs Vater begraben liegt, wofür die Pacht erneuert werden muß. In Frankreich müssen diese Gebühren regelmäßig bezahlt werden, sonst werden die Gebeine exhumiert und in einem Sammelgrab beigesetzt. Mit der ersten

Gebühr sind normalerweise die Beerdigung und die ersten zehn Jahre abgegolten, danach muß die Pacht alle zwölf bis fünfzehn Jahre erneuert werden. Genet versieht seine Briefe immer mit einer munteren Schlußfloskel: »Ich küsse Sie, als wären Sie noch nicht verheiratet.«[29] Aus Heidelberg peilt er mit phonetischer Schreibweise einen deutschen Akzent an. Aus Istanbul schreibt er: »Zum Glück gibt es *hammams!*«[30] Wenn in Griechenland das Wetter schön ist, schreibt er: »Die Berge sind schwarz. Die Sonne strahlend. Das Meer in der Ferne. Mein Wort, ich lebe in einem Chanson von Bécaud.«[31] Oder er macht ein dreifaches Wortspiel in drei Sprachen (Spanisch, Arabisch und Englisch) aus Goytisolos Namen: »Monique von todos santos, wenn Ihr jefe es erlaubt (el jefe, will sagen, Sid don Juan oder Seat down please), können Sie mir zwanzig Schachteln Supponéryl schicken (aber in drei Sendungen, auch wenn Sie sie alle an einem Tag aufgeben).«[32] Supponéryl war, nebenbei gesagt, ein starkes Schlafmittel in Zäpfchenform, und Genet fürchtete, eine große Packung würde vom spanischen Zoll konfisziert werden. Als er die Supponéryl erhielt, schrieb er, er sei acht Tage lang *Booz endormi* (»Besoffen schläfrig«) gewesen – das ist der Titel eines Gedichts von Victor Hugo. »Vielleicht haben die Zollbeamten gedacht, je mehr ich in Spanien schlafe, desto besser.«[33] Als er später dahinterkam, daß Moniques Tochter seine Briefe an Antiquitätenhändler verkaufte, begann er, sie mit »Paul Claudel« zu unterschreiben. Oder er begann einen Brief: »Madame, Sie sind für mich wie eine Mutter«[34] und unterzeichnete:

                Na

po

                lé

                          Hon!

Einmal nennt er einen Scheck (französisch: *le chèque*), den Monique auf seine Veranlassung hin Abdallahs Freund Ahmed geben soll, *le cheik*, die französische Schreibweise von »Scheich«.

Monique Lange fühlte sich offenbar zu homosexuellen Männern hingezogen. In ihrem Roman *Les Poissons-chats* erzählt sie von einer jungen Frau, die sich in einen älteren Maler verliebt, wobei sie entdeckt, daß er gleichzeitig ein Verhältnis mit einem jungen Mann hat. Eine der Personen ihres Romans geht auf eben jenen Réne zurück, der Java mit Genet bekannt gemacht und den Monique Lange wiederum durch Genet kennengelernt hatte. Juan Goytisolo lebte seine Homosexualität nicht aktiv aus, als sie ihm begegnete, doch Anfang

der sechziger Jahre, nachdem er mit einem arabischen Arbeiter geschlafen hatte, wurde ihm seine wahre sexuelle Orientierung bewußt.[35] Merkwürdigerweise lud Monique Lange Goytisolo, als sie ihn 1955 bei Gallimard – ihrem Arbeitgeber und seinem französischen Verleger – kennenlernte, zusammen mit Genet zum Abendessen ein. Sie fühlte sich zu dem spanischen Schriftsteller sofort hingezogen, fürchtete aber, er würde sich nicht für sie interessieren, wenn sie ihm nicht ihren berühmten Freund vorstellte. Bei diesem ersten Abendessen, es war am 8. Oktober 1955, fragte Genet ihn in seiner üblichen Art geradeheraus, ob er schwul sei. Goytisolo, der als Junge mit seinem Großvater geschlafen und lange nach anderen Männern gelechzt hatte, stotterte, er habe homosexuelle Wunschträume gehabt. Gereizt antwortete Genet, jeder habe Wunschträume, Wunschträume interessierten ihn nicht – und ignorierte den am Boden zerstörten Goytisolo für den Rest des Abends. Ein paar Tage später besuchten Monique und Juan, die rasch ein Paar geworden waren, Genet in einem kleinen Atelier in der Rue Pasquier, wo er wohnte. Genet war krank, hatte aber die Kraft gefunden, einen Text zu schreiben, der an die Leute verteilt werden sollte, die zu Allerseelen die Gräber ihrer Verwandten und Freunde besuchten. Genet las ihn mit einer Stimme vor, die Goytisolo als »feierlich, streng, voller Intensität und verhaltener Wut«[36] charakterisierte. Der Handzettel forderte die Franzosen auf, an anderer Leute Tote zu denken, an die Kinder, Frauen und unwissenden Bauern in Algerien, die von der französischen Armee und Polizei getötet worden waren. Jean Cau überzeugte Genet schließlich davon, daß sein aggressiver Ton eher das Gegenteil bewirke, doch Goytisolo bewahrte seine Hochachtung vor Genets geplanter »poetischer Agitation«. Für Goytisolo, der darum kämpfte, sich von der bürgerlichen Heuchelei seiner konservativen Familie und seiner Erziehung in Franco-Spanien zu befreien, diente Genet in der Tat allmählich als Vorbild, was die künstlerische, politische und persönliche Integrität betraf. Vielleicht auf Genets Beispiel hin entwickelte er sich zu einem furchtlosen Streiter für die Demokratie in Spanien und später für die Kultur der ganzen islamischen Welt. Er übernahm Genets Kritik an den spanischen Schriftstellern, die in einem zu engen Sinne spanisch seien, und befand, Spanien habe seine besten Augenblicke gehabt, als es unter maurischer Herrschaft ein Konglomerat aus jüdischen, islamischen und christlichen Traditionen bildete.
Als Goytisolo Abdallah kennenlernte, war der Akrobat zwanzig Jahre alt. Goytisolo erinnert sich an sein Gesicht als eine Mischung aus männlichen und weiblichen Zügen. »Er hatte eine sanfte Stimme, einen anmutigen Gang, und er äußerte sich immer sehr zartfühlend und bescheiden.«[37] Goytisolo bemerk-

te, daß Abdallah sein Leben danach ausrichtete, Genet zu gefallen:»Um sich dem Bild anzupassen, das er [Genet] sich von ihm macht, legt Abdallah sich dessen Unstetigkeit zu, baut er sein Leben auf ein Unternehmen voller Gefahren auf, spaziert er auf einem Drahtseil ohne Netz und doppelten Boden herum. Aber er ist jung und stark, Genets Wille stützt ihn, er hofft unverzagt, daß ihm das Schicksal zulächeln wird.«[38]
Abdallah und Genet schliefen gelegentlich miteinander, aber vor Freunden klagte Genet, daß Abdallah jedesmal zu lachen anfange, wenn er ihn küsse. Außerdem hatte Abdallah eine recht unscheinbare griechische Freundin namens Erika, die oft mit ihnen unterwegs war. Keiner mochte sie besonders gern, am allerwenigsten Genet. Nico Papatakis erinnert sich, daß Abdallah als Zirkusartist sehr ehrgeizig war und den großen Wunsch hatte, Genet zu gefallen. Alle kleinen Ticks von Genet habe er imitiert.»Genet beeinflußte ihn bis ins tiefste Innere hinein«, sagt Papatakis.»Während Genet auf jemanden wie Java keine Wirkung ausübte, reagierte Abdallah auf Genets Einfluß äußerst sensibel. Aber Abdallah besaß keine echte eigene Kultur, keine Wurzeln, und Genet brachte seinen inneren Mechanismus durcheinander.«[39]
Während eines Besuchs in Gent 1959 lud Genet Annette Michelson und Bernard Frechtman in einen kleinen Saal ein, den er gemietet hatte. Sie sahen Abdallah beim Training zu, und Annette erinnert sich, daß in diesen Stunden »eine sonderbare Diaghilew-Atmosphäre herrschte.«[40] Auch Monique Lange hatte das Gefühl, daß Genet von Abdallah zuviel forderte. Wie Cocteau machte es Genet Freude, Pygmalion zu spielen, doch Cocteau ging es bei der Rolle um Angeberei, während sie bei Genet auf echte Leidenschaft hinauslief. Über eine dieser Übungssitzungen schreibt Goytisolo:

Der junge Mann trägt ein Kostüm, das Genet persönlich entworfen hat und das die Grazie und Schmächtigkeit seines Körpers unterstreicht. Er steigt auf das zwischen zwei Pfählen gespannte Seil und beginnt sich mit unwirklicher Behendigkeit und Leichtigkeit zu bewegen. Seine Füße scheinen das Seil kaum zu berühren, während er zwei Meter über dem Boden balanciert und sich zu den Rhythmen von Calypsomusik bewegt. Als er einen Salto macht, halten wir alle den Atem an und denken über die unglaubliche Herausforderung an das Gesetz der Schwere nach: seine Form der Akrobatik ist ein Akt der Levitation. *Ernst und bleich tanze, und wenn du kannst, mit geschlossenen Augen,* schrieb sein Freund. Der Hochseilartist hält sie geöffnet: Als er zum Ende kommt und unter der Balkendecke des unfreundlichen Bankettsaals, in dem er probt, auf den Teppich springt, sehe ich plötzlich die Spannung und Anstrengung, den Schweiß, der ihm über das Gesicht strömt, die Zerbrechlichkeit seines zarten Lächelns. Genet verbirgt seinen Stolz als Pygmalion und sagt zu Abdallah, daß er seine Technik verbessert habe, die Nummer aber noch nicht fertig sei: er müsse die Zuschauer vergessen, sich allein auf den Tanz konzentrieren, seine Bewegungen leichter vollführen. Abdallah hört zu, erschöpft, aber glücklich; wir warten, während er sich zum Abendessen umzieht.[41]

Noch in Gent, stürzte Abdallah im Sommer 1959 vom Seil und verletzte sich das Knie. Er wurde sofort operiert, aber Genet schrieb an Frechtman: »Es geht Abdallah sehr schlecht. Ich muß ihn zu einer neuen Operation nach London bringen, die weniger schwer als die erste, dennoch sehr ärgerlich ist. Rufen Sie Meyer [Genets deutschen Verleger] an, damit ich sofort Geld bekomme.«[42] In diesem Moment versuchte Genet verzweifelt, Geld aufzutreiben, und verkaufte die englischen Rechte von Notre-Dame-des-Fleurs für fünfhundert Pfund an Anthony Blond, der kurz darauf den umstrittenen Roman mit einem trügerisch harmlosen Schutzumschlag herausbrachte.[43] Die Ärzte in Gent entschieden indessen, daß Abdallah möglicherweise keine zweite Operation nötig habe. Bald konnte Genet aus Gent schreiben: »A. geht es gut, und er hat mit dem Training auf dem Seil wieder angefangen. Sie werden ihn arbeiten sehen, wenn Sie hier durchkommen.«[44]

Im Oktober 1959, als Die Neger in Paris Premiere hatte, reiste Genet allein nach Domodossola in Italien. (»Der Lärm der Vespas hat Italien zur Hölle gemacht.«[45]) Er arbeitete an seinem nächsten großen Bühnenwerk Die Wände. Er fuhr nach Pisa und kehrte dann zu Abdallah nach Belgien zurück, wo er das erste Drittel von Die Strafkolonie fertigzustellen hoffte. »A. geht es gut. Sein Knie schwillt ab. Wir gehen in acht oder zehn Tagen zum Arzt.«[46] Im Dezember begleitete Genet Abdallah nach Amsterdam. Dort gab Abdallah dem italienischen Zirkus Orfei eine Probe seines Könnens und wurde für eine Kuwait-Tournee engagiert, auf der er die Nummer vorführte, die Genet für ihn entworfen hatte.

Am 10. Dezember 1959 feierte Genet seinen fünfzigsten Geburtstag.[47] Ihm war klar, daß er viel älter als fünfzig aussah. Seine Zähne waren morsch und wurden ihm wenig später sämtlich gezogen und durch ein billiges Gebiß vom Öffentlichen Gesundheitsdienst ersetzt. Er bewegte sich kaum, aß wenig, trank nie und nahm viel zu viele Nembutal. Er hatte eine schwache Niere. Auch hatte er inzwischen kein einziges Haar mehr auf dem Kopf. Sein englischer Verleger Charles Monteith sagte, er habe ausgesehen wie »ein ziemlich intelligenter junger Pilz«[48]. Wegen seines Rheumatismus hatte Genet ständig Schmerzen, sobald das Wetter kalt und feucht wurde. Erleichterung fand er in Griechenland, aber selbst dort lockte es ihn im Winter weiter nach Süden, nach Ägypten. Seine Schultern schmerzten dermaßen, daß er mehrere Spezialisten aufsuchte.

Griechenland war für Genet eine wahre Offenbarung, und zwischen 1957 und 1960 verbrache er einen Großteil seiner Zeit dort, natürlich mit ständigen Abstechern nach Italien, Frankreich und Nordeuropa. Als er sich später in einem Interview seine Wanderjahre wieder in Erinnerung rief, sagte er:

Ich wollte reisen, ich hatte Lust, in den Osten zu reisen, in Richtung Katmandu zum Beispiel, lange bevor ihr alle das wolltet. Als ich in Istanbul ankam, hatte ich die Reise schon satt, die Reise nervte mich, ich kehrte nach Griechenland zurück und sah zum erstenmal etwas für mich Überraschendes: Schatten, jedoch mit Licht vermischt. Und die vier Jahre, die ich in Griechenland verbracht habe, waren wahrscheinlich die sonnigsten Jahre meines Lebens. Vermischt mit Schatten. Der Schatten in diesem Fall waren, wenn Sie so wollen, die Schattenzonen der Dampfbäder, die Schattenzonen der Soldatenkinos mit äußerst lebendigen Soldaten darin. Ich habe Griechenland auch deshalb geliebt, weil es eines der einzigartigen Länder ist – neben den arabischen Ländern –, wo die erotische Spannung wohl am intensivsten ist, und vielleicht bin ich gerade deshalb so lange geblieben. Auf jeden Fall hatte ich keine Lust mehr auf das Gefängnis.
Ich habe Griechenland noch aus einem anderen Grund geliebt, den ich Ihnen nennen will. Es war und ist das einzige Land der Erde, in dem das Volk imstande war, seine Götter anzubeten, zu verehren und darauf zu scheißen. Was die Griechen mit dem Olymp gemacht haben, hätten sich die Juden nie getraut, und sie würden es nicht wagen, das mit Jahve zu tun, kein Christ würde wagen, das mit dem Gekreuzigten zu machen, kein Moslem mit Allah. Die Griechen waren imstande, sich gleichzeitig über sich und über ihre Götter lustig zu machen. Mir imponiert das.[49]

Der französischen Presse teilte Genet 1959 mit, er lerne Griechisch: »Seit fünfzig Jahren spreche ich Argot, es war Zeit, daß ich zu den Ursprüngen zurückkehre. Ich konnte schon bald kein Französisch mehr.«[50] Der Wunsch, seiner französischen Identität zu entfliehen, wurde in allem deutlich, was er schrieb. *Der Balkon* spielt in Spanien, *Die Neger* in Afrika, *Die Wände* in Algerien. Er schrieb an einem (nie vollendeten) Buch über Rembrandt. Das antike Griechenland und eine Handvoll Künstler waren alles, was er von Europa retten wollte.

Genet mag zwar die erotische Spannung bewundern, auf die man in Griechenland stoßen kann, aber Papatakis stellte fest, daß Genet über die griechischen

Sitten schockiert oder von ihnen enttäuscht war. Einmal gabelte er einen jungen Polizisten auf und lud ihn in sein Hotel ein. Nachdem alles vorüber war, steckte der nackte Genet dem Polizisten, der sich schon wieder angezogen hatte, eine Handvoll Geld mit den Worten hin:»Du, ein Hüter des Gesetzes, wirst bezahlt, die öffentliche Ordnung aufrechtzuerhalten, und nimmst hier Geld von einem nackten Schwulen *(un pédé à poil)*.« Der Polizist zuckte nur die Schultern, lächelte und nahm das Geld. Der Mangel des Ordnungshüters an schlechtem Gewissen enttäuschte Genet, der immer den *provocateur* spielen mußte.

Einer der besten Freunde Genets in Griechenland war der Theaterregisseur Minos Volonakis, mit dem er im Laufe der Jahre, während er an den *Wänden* arbeitete, viele Gespräche führte. Volonakis inszenierte später in London *Die Zofen* und führte Regie bei der amerikanischen Erstaufführung der *Wände* in New York.

Einen Großteil seiner Zeit verbrachte Genet in Khyffisia, einem Dorf in der Nähe Athens, wo die reichen Athener den Sommer verbringen. In einem undatierten Brief schrieb er Frechtman, daß er den *Balkon* umarbeite und in einem sehr ruhigen Hotel auf einem Berg wohne.»In der Ferne das Meer und andere Berge und Athen. Im Stockwerk über mir wohnt der Patriarch von Jerusalem mit seinem ganzen Hof (zehn oder zwölf Personen) und eine sehr schöne, sehr junge ›Nichte‹, die von Dior oder Balmain eingekleidet wird. Außerdem ist da noch die Kusine des Ministers Tsatzos. Das ist eine lästige Alte, die in mich verliebt ist und will, daß ich sie eine Hure nenne. Im Speisesaal – ich esse am Tisch von Madame Tsatzos – erheben sich alle zum Gebet, wenn der Patriarch kommt und geht. Das ist sehr hübsch. Ich habe viel Spaß. Die Griechen sind dem Tode näher als je zuvor, aber sie ertragen es. Ihr Todeskampf scheint sich in Ewigkeit fortsetzen zu wollen.«[51] Er arbeitete dort nicht nur am *Balkon,* sondern auch an *Die Strafkolonie* und *Die Fee.*»Es ist mühsam. Manchmal möchte ich fast tot sein. So schwierig ist es. Ich schlafe erschöpft ein, nachdem ich eine oder zwei Seiten geschrieben habe. Von der ersten Szene an sollte sich das Stück dem Bewußtsein des Zuschauers *absolut und vollständig enthüllt* haben. So daß der Zuschauer dann auf sich selbst zugeht und nicht auf äußerliche Peripetien. Das anekdotische Hin und Her ist dazu da, das mangelnde Talent des Autors zu verbergen.«[52]

Trotz der entscheidenden Erfolge von *Die Neger* in Paris und *Der Balkon* in New York war für Genet das Schreiben schwieriger denn je. Er versuchte, eine neue Art von Theater zu entwerfen, subjektiv, intim und philosophisch wie seine früheren Romane – vielleicht im Gegensatz zum epischen Charakter der *Neger* –, einen neuen Stil, wie ihn *Die Wände* und die rätselvolle Stille und rituelle Eindringlichkeit von *Die Strafkolonie* verkörperte. Kein Wunder, daß Genet es schwierig fand, mit so einem Projekt voranzukommen. In *Der Balkon* und *Die Neger* hatte er das moderne Theater bereits neu erfunden, jetzt versuchte er, über die Grenzen hinauszuschreiten, die er sich selbst gesetzt hatte.

Eine Möglichkeit dazu sah er in der Dramaturgie der antiken Tragödie, deren Großartigkeit er wiederentdeckte. Ein kurzes Briefchen von damals hat er auf das Inhaltsverzeichnis eines Buches mit den vier Theben-Stücken des Euripides geschrieben.[53] In einem anderen Brief erwähnt er, daß er Sophokles' *Antigone* lese, in der alles wunderbar sei.[54]

Aus Athen (in griechischen Buchstaben geschrieben) teilte Genet Juan Goytisolo mit (den er als »Juana la Maricona« – »Juana die Schwuchtel« anredet): »Die Griechen? Ich lege vier oder fünf pro Tag ins Gras und auf den Bauch. Schöne Ärsche, schöne Schwänze, behaart, schöne Augen, schöne Zungen – die an meinem Schwanz auf und ab gleiten ...«[55]

Genet hielt sich noch in Griechenland auf, als er mit Louis Malle und dessen Bruder, die hofften, mit ihm einen Film machen zu können, den Prinz Napoléon Murat produzieren sollte, herumfeilschte und ihnen die Rechte an seinem alten Drehbuch (aus dem schließlich *Mademoiselle* wurde) verkaufte, um Abdallahs erste Unterrichtsstunden zu bezahlen. (Offensichtlich hatte Genet vergessen, daß er dieses Drehbuch bereits Nico Papatakis und Anouk Aimée zur Hochzeit geschenkt hatte.) Jetzt wurde von ihm erwartet, daß er den Dialog für *Mademoiselle* schrieb, aber er hoffte, die Produzenten hinzuhalten und zu entmutigen, weil er das Drehbuch für »idiotisch«[56] hielt. Das einzige, was ihm an dem Projekt gefiel, waren der Name und der Titel des Prinzen.

Plötzlich kam alles zum Stillstand. In Genets arbeitsame Stille brach die entsetzliche Nachricht ein, daß Abdallah in Kuwait bei einem Salto vom Seil gestürzt sei und sich hoffnungslos das Knie verletzt habe. Genet schrieb an Frechtman: »Der Brief, den ich heute morgen von Abdallah erhielt, ist ziemlich traurig: Er wird wohl nie wieder auf das Seil gehen: das Knie ist in sehr schlechtem Zustand. Auch ich bin sehr unglücklich. Er war ein wunderbarer Artist, das Publikum jubelte jedesmal ... Mit Abdallah auf dem Seil ist mir eine Art Meisterwerk gelungen. Alles in die Luft geballert. Er ist beim Salto gestürzt.«[57] Genet schrieb, Abdallah werde am Bein operiert, möglicherweise werde er nicht hinken, aber ganz ohne Zweifel werde er nie wieder seiltanzen:

Sein Knie war nach seinem ersten Sturz mit zwölf Jahren schon übel zugerichtet. Der englische Chirurg war ebenfalls pessimistisch. Schade. Aber ich werde ihn nicht fallenlassen. Ich will, daß er den Zirkus verläßt und zu mir nach Griechenland kommt. Da ich sehr viel Geld benötigen werde, bleiben Sie mit den Germains [den Produzenten von *Die Neger*] in sehr freundschaftlichem Kontakt, ich werde sie brauchen. Im Augenblick bleibe ich in Athen, aber ich frage mich, ob ich Lust haben werde zu arbeiten. Es widert mich an.
Wir müssen vielleicht über den Verkauf von *Der Balkon* an den Film verhandeln ... Und nun muß ich wohl für Moneten arbeiten. Mein lieber Frechtman, ich öde Sie ständig an, wenn nichts gutgeht, und nun schon wieder. Ich werde mich auf Sie und Rosica [Colin] verlassen müssen.[58]

Die unbewußte Wortwörtlichkeit in Genets Vorstellung (er schreibt »alles ist in die Luft geballert« *[foutu en l'air]* oder »ich werde ihn nicht fallenlassen«) illustriert nur die tragische »Schwere« der Situation für ihn. Genets kindlicher Egoismus und Stolz bei der Vorstellung, daß Abdallah *sein* Meisterwerk sei, ist ein rührendes Zeichen für eine Liebe, die diesen schrecklichen Sturz nicht überstehen konnte. Wenn Genet fürchtete, er habe Abdallah überfordert, dann verlor dieser darüber kein Wort. Ebensowenig überzeugend sind Genets Dankbarkeitsbeteuerungen gegenüber Frechtman. Frechtman sagte seiner Freundin Annette Michelson, er sei sicher, daß keine Beziehung mit Genet wirklich dauern könne.
In seinem nächsten Brief an Frechtman schrieb Genet aus Griechenland: »Abdallah ist hier. Nicht allzu niedergeschlagen.«[59] Bald nach seiner Ankunft in Griechenland stritt Abdallah sich mit Genet und fiel eine Zeitlang in tiefe Mutlosigkeit. Als *Der Balkon* am 18. Mai 1960 in Paris Premiere hatte, war Abdallah verschwunden.[60] Genet schrieb an Frechtman: »Seit zwei Wochen habe ich nichts geschrieben. Ich habe mich an einer Szene des Stücks festgefahren, aber vor allem bin ich sehr beunruhigt wegen Abdallah, den ich vielleicht nie wiedersehen werde.«[61] An Abdallahs Mutter schickte Genet zweieinhalbtausend Franc und eine Eintrittskarte für *Der Balkon*. Zu Sommeranfang war Abdallah wieder da und kehrte zu seiner alten Leidenschaft, dem Reiten, zurück. Genet benötigte immer mehr Geld, etwa dreitausendfünfhundert neue Franc pro Monat, die zu zwei Dritteln für eigene Ausgaben weggingen und zu einem Drittel für Abdallah. Im Oktober 1960 ließ Genet wissen, er wolle Abdallah ein Pferd, Reitkostüm und Geschirr kaufen. Er überlegte sogar, ob er für Abdallah nicht einen kleinen Zirkus mit etwa zwölfhundert Sitzplätzen kaufen solle, obwohl Abdallah nicht mehr auftreten

konnte. Er versuchte, an seinem Buch *La Mort* zu schreiben, kam sich aber verloren vor: »Es ist kein Buch, es ist eine Niederlage.«[62] Genet war zwar der Meinung, daß er sich gegenüber Abdallah, Abdallahs Mutter, Lucien und Luciens Söhne richtig verhielt, aber er selbst war außerstande zu schreiben, und er war es leid, daß sein ganzes Geld für die Unterstützung anderer Leute draufging. Plötzlich hatte er den Wunsch zu fliehen: »Ich würde gern nach Australien gehen, denn Europa kotzt mich an. Ich möchte ein anderes Leben führen.«[63] Er hoffte, in Karachi und Djakarta Zwischenstation zu machen. »Alle klauen mir den Zaster. Ich hab's satt.«[64] Aber Genet floh nicht. Er spielte weiter den von seinen Angehörigen ausgeraubten Räuber, den asozialen Waisenjungen und Homosexuellen, der unter den Pflichten für seine diversen Familien ächzt. Er schickte Geld an einen von Luciens Stiefsöhnen, Robert Maglia, der Soldat in Algerien war.[65] Der andere Stiefsohn, Jacky, inzwischen neunzehn Jahre alt, war zwei Jahre zuvor, im Juni 1958, mit dem Gesetz in Konflikt geraten, als er einen Wagen gestohlen und zu Schrott gefahren hatte; er war zu einer riesigen Geldstrafe (einhundertsechzigtausend Franc, also etwa fünfzigtausend Mark) verurteilt worden, und nun war es an Genet zu zahlen, sonst hätte Luciens Haus beschlagnahmt werden können.[66]

Seit langem hatte Frechtman Genet dazu ermuntert, Kafka zu lesen, da er fand, »Kafka und Genet sind meines Erachtens die einzigen zwei Dichter dieses Jahrhunderts, deren Werk ein hundertprozentiges und gefahrvolles geistiges Abenteuer darstellt ...«[67] Genets Reaktion war typisch. »Welche Traurigkeit! Nichts zu machen mit Kafka. Je mehr ich es mit ihm versuche, je näher ich an ihn herankomme, desto weiter entferne ich mich von ihm. Fehlt mir ein Organ? Seine Unruhe, seine Angst verstehe ich gut, aber ich fühle sie nicht.« Während Kafka Menschen zeigt, die Opfer erratischer Mächte sind, ist Genet bereit, Verantwortung für alles zu übernehmen, was ihm und selbst anderen Leuten widerfährt. Da Genet wegen realer Verbrechen sich vor einem realen Gericht zu verantworten hatte, ergibt das endlose schleichende Schuldgefühl in Kafkas *Der Prozeß* für ihn keinen Sinn. »Wenn dies Werk in unserer Zeit solchen Widerhall findet und so wenig bei mir, heißt das, daß ich dieser Zeit nicht angehöre. Mein persönliches Drama, die ganz einzigartige Beschaffenheit meines Exils und der Fluch, der auf mir lastet, haben mich ihrer enthoben.«[68] Außerdem fand Genet, daß die Gestalt Josef K. ungenügend entwickelt sei, eine »Hohlform«, die jeder Leser füllen müsse. Im Gegensatz dazu seien Kafkas Briefe an Milena und seine Tagebücher so schön und zeigten eine solche Sensibilität, daß man nur bedauern könne, daß Kafkas Intelligenz und künstlerische Meisterschaft eine so fade, aus seinen künstlerischen Überzeugungen erwachsene Literatur hervorgebracht habe.

War Genet in Briefen durchaus fähig, seine Meinung auf zwar dickköpfige, doch intelligente Weise darzulegen, so konnte er sich im Gespräch unglaublich intolerant gebärden – besonders bei berühmten Leuten, die ihn einschüchterten. Am 14. Oktober 1962 begegnete er Igor Strawinsky. Strawinskys Mitarbeiter Robert Craft vermerkte in seinem Tagebuch:

Paris. Mittagessen mit Jean Genet, einem kleinen Mann – aus irgendeinem Grund hatte ich einen großen erwartet – und trotz Lederjacke, offenem Hemd, Krawatte schlaff wie eine Schlinge, unerwartet weichherzig. Seine graubraunen Augen sind schreckerfüllt, doch gleichzeitig zudringlich wie ein Stethoskop. Er mag etwas oder er mag es nicht, und er legt es kurz und scharf dar, oft mit einem »*Ça m'emmerde*« [»Das ödet mich an«] oder »*Ça m'embête*« [»Das langweilt mich«], aber nach einer oder zwei Runden erkennt man es als Schrulle. So sagt er zum Beispiel, als der Name Dostojewski fällt: »*Tout ça m'emmerde beaucoup*« [»Das alles ödet mich ziemlich an«], während seine Reaktion auf Tolstoi »*Connais pas*« [»Kenne ich nicht«] lautet. Er sei außerstande gewesen, Kafkas *Prozeß* bis zum Ende zu lesen, sagt er, »*parce qu'on a trop parlé de ça*« [»weil schon zuviel drüber geredet worden ist«]. Ab und zu lacht er mit uns, aber dann guckt er wieder gefährlich und so, als wolle er gleich beißen. Und wenn die Pointe eines Witzes von jemand anderem bereits serviert ist, hakt er in seiner reizbaren Art nach: »*Eh, alors?*« [»Worum geht's?«]. Er widerspricht, wenn jemand einen Schauspieler als hübsch bezeichnet – »*Même à dix-sept ans il était très moche*« [»Schon mit siebzehn war er sehr häßlich«] – und findet einen Film »*abominable*« [»entsetzlich«], wenn alle anderen gut darüber sprechen. Er schmeichelt I. S. oder versucht es, indem er ihm sagt, seine Stimme sei »wie der Klang der Schlaginstrumente in *L'Histoire du soldat.*« Doch als ihm I. S. harmlos die Frage stellt: »Lesen Sie gern nachts?«, tut er so, als denke er dreißig Sekunden lang tief nach, ehe er tückisch antwortet: »*Oui, peut-être*« [»Ja, vielleicht«].[69]

Strawinsky, der Genet bewunderte, erlaubte später, daß seine *Geschichte vom Soldaten* und das *Oktett* kostenlos in der amerikanischen Verfilmung von *Der Balkon* verwendet wurden. Auch bemühte er sich, andere Genet-Stücke zu sehen, so etwa *Die Wände*, als sie in Berlin gegeben wurden.

Hatte Genet an Kafka herumzunörgeln, so war er von Nietzsche begeistert, »diesem kleinen *boche* von vierundzwanzig Jahren«[70], der *Die Geburt der Tragödie* geschrieben hatte. »Ich verstehe unter Theater genau dasselbe wie er.«[71] 1961 las er den ganzen Nietzsche. Er schrieb:»Auf Korfu habe ich alle seine Werke gelesen. Ich mochte seine Gedanken, sie gefielen mir: Jenseits von Gut und Böse, der Übermensch. Offensichtlich nicht der von Hitler oder Göring. Wenn man denkt, daß Tausende Hektar Land und Schlösser zu besitzen heißt, wie ein Übermensch zu leben. Das ist Schwachsinn. Nietzsche forderte für den Übermenschen eine strengere Moral.«[72] Trotz des Selbstvertrauens, mit dem er über die Werke anderer sprach, blieb Genet, was den Wert seiner eigenen Bücher und Theaterstücke betraf, sehr unsicher. Er zog *Die Neger* von der Pariser Bühne zurück, weil er meinte, sie seien schon zu lange gelaufen. Er fand, *Der Balkon* sei »sehr schlecht und sehr schlecht geschrieben«[73]. Dessen »Geschwätz« zwinge dem Stück »einen karikaturhaften Stil«[74] auf. Über seine im Entstehen begriffenen Werke schrieb Genet:»Ich muß *Le Bagne* noch einmal von vorn beginnen. Ich habe ein bißchen zu gemessen angefangen ... Ich weiß, daß ich den Ton gefunden habe. Aber ich habe nicht den Mut, mich an das Stück zu machen.«[75] *Die Wände* betreffend fragte Genet Frechtman zum erstenmal ernsthaft um seinen Rat:»Sagen Sie mir etwas zu den *Wänden*. Theatermäßig ... Der Stil? Kann man das alles so *sagen?*«[76] Er fügte hinzu, die konventionellen Theater mit ihren Logen und Rängen hingen ihm zum Hals heraus. Er sehne sich danach, für ein Theater mit zwanzigtausend Plätzen zu schreiben, in dem die Sätze geschrien und nicht geflüstert würden. Aber natürlich müsse er Situationen finden, die das Schreien rechtfertigen. Nach diesen Maßstäben bewertete er den *Balkon* als Fehlschlag, *Die Neger* und Becketts *Warten auf Godot* als die einzigen modernen Stücke, die es wert seien, im großen antiken Theater von Epidauros inszeniert zu werden.

Außerdem faßte Genet den Entschluß, Nico Papatakis die Erlaubnis zu einem Film nach den *Zofen* nun doch zu verweigern – sei es, daß er nicht genug Zutrauen in Papatakis' Können hatte, sei es, daß er fürchtete, das Stück sei nicht gut genug (einige seiner Freunde hatten ihn davon überzeugt, daß es »überholt« sei). Mit Genets Zustimmung hatte Papatakis angekündigt, er werde *Die Zofen* verfilmen, aber er befremdete Genet aufs äußerste, als er die Presse aufforderte, die beiden führenden französischen Theaterschauspielerinnen, Jeanne Moreau und Annie Girardot, in Dienstmädchentracht zu fotografieren. Von dieser Reklamemasche schockiert, zog Genet die Rechte zurück.[77] Papatakis beschloß, zu dem ursprünglichen Realereignis zurückzukehren, dem Verbrechen der Schwestern Papin. Daraus entstand der Film *Les abysses (Die Abgründe)*, den Papatakis nach einem Drehbuch von Jean Vauthier 1962 drehte und der erhebliche Auseinandersetzungen heraufbeschwor. Wegen seiner Brutalität angegriffen, fand der Streifen in *Le Monde* mit Sartre, Beauvoir, Jacques Prévert und André Breton hochkarätige Verteidiger. Genet, mit Papatakis seit kurzem wieder versöhnt, schrieb:

Die beiden Schwestern (nur sie zählen in dem Film) sehen wir zum erstenmal mitten in der Glut und vom Feuer bereits angefressen. Möglicherweise wird man Anstoß nehmen an der Hartnäckigkeit, mit der Nico Papatakis diesen Paroxysmus hat fassen und zwei Stunden lang durchhalten können. Aber ich meine, daß man bereit sein muß, die Augen weit aufzumachen, wenn ein Akrobat eine tödliche Nummer vorführt.[78]

Im Januar 1961 wohnten Genet und Abdallah in Palermo im Hôtel des Palmes, in dem sich einst Wagner aufgehalten hatte. Abdallah erholte sich einigermaßen und arbeitete für einen Zirkus, »wo ich [Genet] entweder täglich nachmittags mit ihm probe oder ihn auch während der Vorstellungen anleite«[79]. Kurze Zeit später verkündet Genet: »In ein paar Tagen schlägt er wieder den Salto auf dem Seil. Sein Tanz ist sehr schön ... Seine Arbeit (seine Kraft, seine Disziplin) beeindruckt alle.«[80] Doch im Juni des gleichen Jahres deutet Genet dunkel an: »Abdallah ist noch immer verzweifelt. Ich tue alles, was ich kann, um ihn an einer Rückkehr nach Frankreich zu hindern.«[81] Offenbar hatte der Salto entweder zu einem neuen Unfall geführt oder seine Darbietung war inzwischen in irreparabler Weise unprofessionell. Jedenfalls wurde nach diesem Zeitpunkt über Abdallahs Karriere nie wieder ein Wort verloren. Genet bezahlte Abdallahs alten Zirkusfreund Ahmed, damit dieser ihm beistünde. Nach und nach wurde Abdallah klar, daß er zu den erstaunlichen akrobatischen Leistungen von früher nicht mehr imstande war, und so verzichtete er auf das Hochseil. Sein Verhältnis zu Genet wurde nun noch schwieriger.

Genet eilte indessen von Erfolg zu Erfolg. Er gab Darius Milhaud sein Einverständnis, aus den *Zofen* eine Oper zu machen, obwohl er es ihm zuvor abgeschlagen hatte, für Gian Carlo Menottis Festival zweier Welten in Spoleto daraus ein Ballett zu komponieren (»Was *Die Zofen* [Ballett] angeht, so *lehne ich ab*. Schade, Milhaud etwas abzulehnen, aber sei's drum. Die Idee Festival, Ballett, Buffet [der Maler Bernard Buffet, der für das Bühnenbild vorgesehen war], Menotti etc. ... gefällt mir überhaupt nicht.«[82]. Genet wurde zu einem Auftritt im amerikanischen Fernsehen eingeladen, aber er sagte ab mit der Begründung, Fernsehen sei »ungehörig«. Es ging die Rede, *Die Wände*, die er noch immer umarbeitete, würden in New York und sogar in Algerien inszeniert werden; in Wirklichkeit hatten sie ihre Uraufführung 1961 in Berlin. Die Filmrechte an *Der Balkon* verkaufte er an einen amerikanischen Regisseur, Joseph Strick, der sich Genets Stück erst zuwandte, nachdem er die Rechte an Joyces *Ulysses* und Dürrenmatts *Besuch der alten Dame* nicht erhalten hatte.[83] Die Ausarbeitung des äußerst detaillierten Vertrages nahm Genet außerordentlich in Anspruch. In seinen Briefen über den Film beweist er eingehende filmtechnische Kenntnisse, obwohl er je nach Laune ebenso leicht vorgeben konnte, daß ihm Filme gleichgültig seien (»Kino interessiert mich nicht«[84]). Strick begegnete Genet das erste Mal in Mailand, wo Genet in zwei verschiedenen Hotels Zimmer vorbestellt hatte, »für den Fall, daß er meine Vorstellungen zurückweisen mußte – so sensibel ist er«, sagte Strick.[85] Genet hatte einen von Stricks früheren Filmen gesehen, *The Savage Eye (Das grausame Auge)* von 1959, die Geschichte einer vereinsamten, frisch geschiedenen Frau, die plötzlich die schäbigen Seiten des Lebens in Kalifornien erkennt.[86] Genet wies Frechtman an, an seiner Statt mit Strick zu sprechen: »Sagen Sie ihm, daß mich viele Bilder in seinem Film berührt haben, aber daß mir die Handlung, die Aufhänger dafür, sehr schwach vorgekommen sind. Es ist nicht erwiesen, daß sich diese Frau am Schluß des Films verändert hat. Aber ein nach dem *Balkon* gedrehter Film braucht eine sehr solide Struktur. Wer wird die liefern?«[87]

Als Strick Genet kennenlernte, ließ dieser ihn wissen, daß er sich in erster Linie als Dramatiker und nur in zweiter Linie als Romanschriftsteller betrachte, dennoch versicherte er wiederholt, *Die Wände* seien das letzte, was er überhaupt schreibe. Und er behauptete, daß die Comédie-Française ein neues Theater mit Inszenierungen seiner Stücke eröffnen werde. Strick fand Genet geistig beweglich, wagemutig, urteilssicher und an anderen Kulturen interessiert. Und trotzdem konnte er auch schnippisch, intolerant und auf eine kindische Art antiamerikanisch sein.[88]

Ein kleines Vorkommnis beeindruckte Strick: Als er aus einem Tabakladen kam, streckte ihm ein Bettler die Hand hin. Strick und Frechtman ignorierten ihn, wohingegen Genet ihm Geld gab. Diese Freigebigkeit beim Anblick von Leid verlor Genet nie – Freunde konnten das zeit seines Lebens bezeugen. Genet und Strick trafen sich im November 1961 in Nizza, um am Drehbuch für *Der Balkon* zu arbeiten. Während Strick im luxuriösen Hotel Négresco wohnte, zog Genet ein verlottertes kleines Hotel vor, das er Horresco nannte. Er war sauber und ordentlich gekleidet, trug aber immer dieselben Sachen: seine Cordhosen, den Rollkragenpullover und die schwarze Lederjacke. Genet schrieb ein langes Treatment, einen detaillierten Handlungsablauf ohne Dialog. Schwierigkeiten bereiteten die Selbstkastration Rogers, die im Originaltext grundlos zu sein scheint, und überhaupt das Ende des Films, das sich aus den vorhergehenden Szenen nicht schlüssig entwickelte. In der letzten Fassung wurde die Kastration dann wirklich weggelassen. Genet arbeitete vier Stunden am Tag. Strick wollte von ihm einen detaillierten Drehplan und versprach, jede Einstellung zu befolgen, aber Genet hatte keine Lust, noch mehr Zeit in das Projekt zu investieren, denn er arbeitete noch immer an den *Wänden*. Er akzeptierte aber die Idee, die Geschichte von einem Bordell in ein Filmstudio zu verlegen. Der Dichter und Romanautor Ben Maddow verfaßte dann endgültig das Drehbuch. Der Film wurde mit einem kleinen Budget gedreht, und alle Schauspieler gaben ihre Zustimmung, für eine Minimalgage zu arbeiten. Strick hatte Barbara Jepworth für die Rolle der Madame Irma vorgesehen, aber sie wollte für so wenig Geld nicht arbeiten, und so besetzte er die Rolle mit einer zwar berühmteren, aber weniger geeigneten Schauspielerin: Shelley Winters. Weitere Mitglieder des Ensembles waren die schwarze Schauspielerin Ruby Dee, die in der New Yorker Theateraufführung von *Der Balkon* eine Prostituierte gespielt hatte, Lee Grant als Carmen, Leonard Nimoy als Roger und Peter Falk als der Polizeipräsident, es war seine zweite Filmrolle. Die *New York Times* nannte den Film eine »schwerfällige Farce«[89], die *Los Angeles Times* schrieb, der Film sei lediglich eine »Peep Show«, während das Stück als »Parabel« zu bezeichnen sei. In der Zeitschrift *Time* stand: »Zu oft leider ist der Film hübsch, wo das Stück poetisch war.«[90] Er lief ohne Probleme in New York, dagegen wurde er in London und Frankreich heftig zensiert.

Frechtman schien sich nach einigen früheren Zusammenbrüchen jetzt erneut in einer Phase geistiger Verwirrung zu befinden. Er kam zwar nach Mailand, doch schloß Genet ihn von dem zweiten Arbeitstreffen mit Strick in Cannes aus, wo die beiden über eine dolmetschende Sekretärin konferierten. Immer wieder fragte Genet Strick, ob Frechtmans Übersetzungen denn überhaupt gut seien. Obgleich ihm Strick versicherte, das seien sie, sagten ihm andere Amerikaner, das seien sie nicht, was Genets Vertrauen schwächte. Frechtman wurde unsicher und wichtigtuerisch. Genet warf ihm vor, eine korrigierte Fassung von *Der Balkon* verbummelt zu haben. Noch wütender war er, als Peter Brook in der Pariser Inszenierung von *Der Balkon* eine Szene strich und Frechtman es unterließ, ihn von dieser Änderung in Kenntnis zu setzen.[91] Er maulte, wenn Frechtman sich von berühmten Namen übermäßig beeindruckt zeigte. Er verhöhnte ihn sogar, als er und Annette im Sommer 1960 aus der

Zweizimmerwohnung, die ihnen Genet verkauft hatte, in eine Vierzimmerwohnung in der Rue Jean-Jacques Rosseau im 1. Arrondissement umzogen. Schließlich wurde Genet 1961 wirklich schroff. Er ging in die Luft, als Frechtman im Januar keine exakte Abrechnung über die Gelder liefern konnte, die er in Genets Namen kassierte. Gallimards Rechtsberater, Laurent Boyer, zu dem Genet sehr großes Vertrauen hatte, bemerkt dazu: »Genet vertraute Frechtman so lange, wie er meinte, er schulde Frechtman Geld. Doch kaum kam Genet dahinter, daß Frechtman in seiner Schuld war, drehte er den Spieß um.« In beißendem Ton teilte Genet Frechtman nun mit: »Sie waren einverstanden, sich um meine Angelegenheiten zu kümmern: Tun Sie das gut, nein, *sehr gut,* oder *gar nicht!* Wenn es Ihnen nicht paßt, wenn das, was ich verlange, über Ihre stillschweigend vorausgesetzten Möglichkeiten geht, sagen Sie es mir, dann werde ich ohne Sie zurechtkommen.«[92] Typischerweise ignorierte Genet die fünfzehn Jahre, in denen Frechtman ihm ein begabter Übersetzer und kompetenter, bedachtsamer Agent gewesen war und in denen kein Tag verging, an dem dieser sich nicht für Genets Interessen eingesetzt hatte.[93]

Und im August 1961, als Genet in den Verhandlungen mit Strick steckte und mit dem verzweifelten Abdallah zurechtzukommen versuchte, schrieb er Frechtman abermals einen barschen Brief. Zunächst nahm er ihn ins Gebet, da er wohl die gegenwärtigen französischen Währungsgesetze nicht begreife. Dann schlug er einen drohenderen und unbestimmteren Ton an: »Ich bezweifle nicht Ihre guten Absichten – das habe ich Ihnen schon gesagt, aber Ihre Fähigkeiten als Geschäftsmann bezweifle ich in der Tat – auch das habe ich Ihnen gesagt. Rosica scheint mir unbefangener zu sein …« Und erneut die Stoßrichtung wechselnd, beschuldigt er Frechtman der Eitelkeit:

In mehreren Ihrer Briefe haben Sie sich selbst gelobt: dank Ihrer Übersetzung spiele man *Die Neger* etc. in Amerika. Ja. Das ist richtig, und es ist falsch. In England spielt man *Die Neger* nicht in Ihrer Übersetzung. Es ist nicht Ihre Übersetzung, die in Berlin gespielt wird. Es gibt also andere Gründe für den Erfolg oder Mißerfolg meiner Stücke, andere als Ihre Übersetzungen. Doch wenn man Sie liest, möchte man manchmal wirklich glauben, daß ich Ihnen alles verdanke. Ihre Eitelkeit und Ihre Anmaßungen übertreffen die meinen noch, und zwar bei weitem.[94]

Genet räumt sodann ein, daß ihn seine Arbeit erdrücke – die Umarbeitung von *Der Balkon* und *Die Neger* sowie die Beendigung von *Die Wände.* Allein der Gedanke, *Die Strafkolonie* zu schreiben, ängstige ihn, da er glaube, die Richtung verloren zu haben. »Sie haben zu mir oft von Ihrer Freundschaft

gesprochen, es wäre an der Zeit, daß sie wieder zu dem würde, was sie vor zwei oder drei Jahren war.«[95]
Nach einem erneuten für Frechtman unvorteilhaften Vergleich mit Rosica Colin schließt Genet:

Ich halte mich nicht für außergewöhnlich, wissen Sie, Frechtman, vielmehr bin ich ein Schriftsteller, der sich sehr viel Mühe gibt. Ich bin nicht auf Erfolg aus. Ich möchte schwierige Dinge auf einfache Art sagen. Und sagen Sie mir nichts Schlechtes über Rosica, ich verehre sie. In Freundschaft, wirklich, Frechtman, weiter in Freundschaft, aber machen Sie mir nicht das Leben schwer.[96]

Genet hielt Frechtman für den Moment zwar die Treue, aber er fühlte sich mehr und mehr zu Rosicas sonnigem, tüchtigem, mütterlichem Wesen hingezogen. Und sie war ihrerseits so glücklich über den Umgang mit ihm, daß sie viele seiner Ausgaben aus der eigenen Tasche bezahlte. Genet mußte sie zwingen, die Erstattungen anzunehmen. Rosicas Spezialität war die Betreuung von Dramatikern – Harold Pinter, Beckett und Ionesco waren darunter –, und Genet war ihr Liebling. Sie arbeitete viele Stunden am Tag, oft bis drei Uhr morgens, um seine Stücke bekannt und in aller Welt geschätzt zu machen. Ihre Hingabe entsprach ihrer Rücksichtslosigkeit bei der Durchführung einer geschäftlichen Transaktion. Ihre Sekretärinnen schuftete sie in Grund und Boden, denn sie stellte an sie dieselben Forderungen wie an sich.[97]
Und ganz ähnlich wie Rosica zu Genet, fühlte sich dieser, obwohl er Abdallah zur Seite stehen wollte, immer stärker zu dem zwanzigjährigen Jacky Maglia hingezogen. Genet gab Abdallah Geld und engagierte sogar den Staranwalt Roland Dumas, der die Rechte von Abdallahs Mutter wahren sollte, als sie auf die Straße gesetzt wurde. Wenn ihn sein Pflichtgefühl auch nötigte, sich um Abdallah zu kümmern, so entflammte doch eine neue Lust sein Verhältnis zu Jacky.
Jacky war Genets Geschöpf. Genet hatte ihn kennengelernt, als der Junge erst acht oder neun Jahre alt war. Er ahmte Genets Handschrift nach, seinen politischen Radikalismus, seine Liebe zur Gefahr, sein In-Frage-Stellen von Autorität. Vielleicht war Jacky sogar noch weniger kompromißbereit als der eh schon eiserne Genet. Weil Jacky Autos gestohlen hatte, verfiel Genet auf die Idee, der Junge solle Rennfahrer werden. Mit einem riesigen Darlehen von Gaston Gallimard kaufte Genet für Jacky einen Lotus.
All die Kraft, die Genet darauf verwendet hatte, Abdallah bei der Arbeit auf dem Hochseil Instruktionen zu geben, widmete er jetzt der Beaufsichtigung

von Jackys Training. Er sprach nicht mehr von Zirkussen, sondern von Autos, und eine Stoppuhr hatte das Megaphon ersetzt. Eine italienische Freundin Genets ließ ihre Beziehungen spielen, um Jacky die Aufnahme in einen italienischen Rennclub zu verschaffen. Genet dinierte mit dem Schauspieler Jean-Louis Trintignant, weil auch er von Autorennen fasziniert war.[98] Wenn Genet und Jacky vom Autorennen sprachen, wurde es zu einer Angelegenheit von Leben und Tod, einem großen Risiko, einer Herausforderung.[99] Der amerikanische Schriftsteller und Redakteur Robert Phelps erinnerte sich 1964 an seine Begegnung mit Genet und Jacky:

Vor ein paar Jahren, eines milden Morgens in London, trank ich gerade Kaffee mit einer Dame namens Mrs. Rosica Colin, als plötzlich aus völlig heiterem Sommerhimmel Jean Genet auftauchte. Er kam ins Zimmer gestürmt, beklagte sich über den Taxifahrer, der ihn zum Narren gehalten habe, über einen Pub, in dem er tags zuvor am Nachmittag aufgefordert worden war, den Laden zu verlassen, und über die Briten im allgemeinen. Doch Mrs. Colin, seine literarische Agentin, behandelte ihn voll Selbstbewußtsein. Sie versicherte ihm, daß alle Pubs in London am Nachmittag zumachten, daß sehr wenige Taxifahrer Französisch verstünden und daß es sich dabei weder um eine persönliche Beleidigung noch um befremdliches Verhalten handle.
Genet hörte höflich zu und wurde sofort ruhig. Er schien Mrs. Colins Erklärung weder zu glauben noch nicht zu glauben, ja nicht einmal aufzunehmen. Es war, als hätten beide Vorfälle ihrem Zweck gedient und seien nun unwichtig. Wie die Verbrechen, die er sich in *Tagebuch eines Diebes* selbst zuschreibt, hatten sie sein ihm unentbehrliches Gefühl, ein Außenseiter zu sein, erhöht – »noch einmal die teuren Bande der Bruderschaft zerstört« und »seine Einsamkeit noch vollkommener gemacht. ...«
Es war Anfang Juli und recht warm, aber Genet behielt seinen Mantel an und bat sogar darum, das Fenster zu schließen. Bei ihm war ein schlanker, wendiger, braunhäutighübscher junger Mann, der mühelos jedem seiner Romane hätte entstiegen sein können und der mir erzählte, daß sie eigens nach London gekommen seien, um einen auf Bestellung gefertigten Lotus-Sportwagen abzuholen. Eifrig und ohne jede Hemmung zeichnete er Schaubilder von dessen Chassis, und wir tauschten die englischen und französischen Bezeichnungen für Getriebe, Zündkerzen, Bremsen und so weiter miteinander aus. Er war darauf erpicht, nach Amerika zu fahren und sich die Rennen in Sebring und Indianapolis anzusehen, und während er redete, saß Genet ruhig da und nippte an seinem Kaffee, wachsam und zustimmend. Als ich ihn etwas später fragte, ob er vorhabe, irgendwelche neuen Romane zu schreiben, verneinte er so entschieden, daß ich das Thema wechselte. Statt dessen sprachen wir über Colettes Grab auf dem Père Lachaise, das ich zu meinem Entsetzen ohne Blumen vorgefunden hatte, und Genet

brachte gewissenhaft seine Hochachtung vor ihrem ungeheuren Wortschatz zum Ausdruck. Fast eine Stunde lang ließ er meine zaghafte und plumpe Benutzung seiner Sprache derart taktvoll über sich ergehen (wobei er stets das Wort fand, an das ich mich nicht erinnern konnte), daß ich, als er gegangen war, das Gefühl hatte, ich sei einem in erster Linie sanften, sehr intelligenten und freundlichen Mann begegnet.[100]

Genet redete auch Jacky zu, aus der französischen Armee zu desertieren, was dieser Ende Dezember 1961 auch tat, so daß sie nun außerhalb Frankreichs leben mußten.

Am 2. Juni 1963 gewann Jacky den ersten Preis bei einem Rennen im belgischen Chimay. Juan Goytisolo wohnte der ganzen Szenerie bei: »Genet ist aufgeregt wie ein Vater am Vorabend einer Prüfung, die für die Zukunft seines Sohnes entscheidend sein wird: Er achtet auf dessen Ruhe, sein Essen, deckt ihn mit Ratschlägen ein. Er bleibt bei ihm auf der Piste bis zum Startzeichen, und als sein Lotus das Rennen gewinnt, strahlt sein Gesicht vor übergroßer Freude.«[101] Genet war dort, um mit seinem jungen Schützling zu feiern. Bald gewann Jacky noch einen Preis, und zwar in Monza, doch kurz darauf absolvierte er den einjährigen Militärdienst, um in seine Heimat zurückkehren zu können.

Trotz all der Veränderungen in seinem Leben fand Genet viel Zeit zum Arbeiten. Da er auf seiner Flucht mit Jacky außerhalb Frankreichs bleiben mußte, verbrachte er das Ende des Jahres 1962 in England, zuerst in London, dann in einem kleinen Hotel in Norwich. Genet mochte stets entlegene und unelegante Orte. Kurz zuvor hatte Jacky eine junge Engländerin namens Jacqueline kennengelernt, die sein Interesse an Autos teilte und in die er sich verliebte.[102] Offenbar hat Genet ihm zugeredet, die Frau zu heiraten, doch ist wenig über dieses Ereignis bekannt. Sie war die Tochter eines Dorfpolizisten und ließ seinen Beruf so ins Kirchenregister eintragen. Jackys Trauzeuge, Genet, setzte neben diese Berufsbezeichnung als seine: *voleur* – »Dieb«. Die Hochzeit fand in Norfolk statt, und Genet nahm an der Feier teil. Er baute Jacky und Jacqueline in England ein Haus, aber die Ehe, aus der eine Tochter hervorging, hielt nicht lange. Genet stritt sich oft mit der halsstarrigen Jacqueline, aber er achtete ihre Entschlossenheit. Genet hatte England nie gemocht, da sein erster Besuch 1952 mit dem berüchtigten Craig-Bentley-Mordfall zusammengefallen war. Zwei junge Burschen, Christopher Craig und Derek Bentley, waren nach einem Einbruch von einem Polizisten über die Dächer verfolgt worden. Der Polizist hatte den

Älteren, Bentley, ergriffen, der dem Jüngeren, Craig, angeblich zugerufen haben soll: »Gib's ihm.« Der Polizist wurde erschossen, und die beiden Jungen wurden gefaßt. Im Prozeß kam Craig, der geschossen hatte, um die Todesstrafe herum, weil er unter achtzehn war, und erhielt »lebenslänglich«, aber der neunzehnjährige Bentley wurde am 28. Januar 1953 gehenkt. Beide Jungen behaupteten, Bentley, der leicht zurückgeblieben und Epileptiker war, habe nichts gesagt, aber selbst wenn er »Gib's ihm« gesagt hätte, könnte es bedeutet haben: »Gib ihm die Pistole.« Die Öffentlichkeit war gleichermaßen außer sich, weil der sechzehnjährige Mörder mit dem Leben davonkam und weil der Neunzehnjährige, wenn auch Mordkomplize, vielleicht unschuldig war. Wie auch immer, dieser Fall gab einen gewichtigen Anstoß dazu, daß die Todesstrafe in England schließlich 1965 abgeschafft wurde. Genet war über die Hinrichtung so entsetzt, daß er keinen einzigen Schritt vor das Regent Palace Hotel setzte.[103] Der Fall Craig-Bentley hat zufällig Ähnlichkeit mit dem Plot von *Splendid's*, während die Jagd über die Dächer an *Das Totenfest* erinnert – ein Beispiel für die Nachahmung der Kunst durch das Leben, denn beide Texte entstanden vor dem Craig-Bentley-Fall.

Dieser neuerliche Aufenthalt in England im Jahr 1962 brachte ihn darauf, für die Farbbeilage der *Sunday Times* einen Artikel zu schreiben, und zwar in einer Nummer, die dem Thema »Wie andere uns sehen« gewidmet war. Während Rudolf Augstein, der Herausgeber des Nachrichtenmagazins *Der Spiegel*, Englands Freiheit der Rede pries, und ein indischer Dichter, Dom Moraes, die schlechte Behandlung der mittellosen Alten anprangerte, äußerte Genet in vernügtem Ton: »Was ich an den Engländern mag, ist, daß sie solche Lügner sind.« Des weiteren führte er aus, es würde ihm zwar Spaß gemacht haben, die Engländer auszutricksen, aber »sie waren mir jedesmal über, diese stehlenden, lügenden, schlauen und gerissenen, aber reizenden, fraglos respektablen Engländer.«[104]

Genet mag abgelegene Orte geliebt und sich danach gesehnt haben, unbekannt zu sein, aber seine internationalen Erfolge hielten seinen Namen in den Zeitungen. In Deutschland übten seine Romane gar eine nachhaltige Wirkung auf die deutschen Gesetze aus. Anfang der fünfziger Jahre hatte der Rowohlt Verlag *Querelle* veröffentlicht, und alle Exemplare waren von der Polizei beschlagnahmt worden. Im Juli 1962 gab ein Gericht in Hamburg den Verkauf von *Notre-Dame-des-Fleurs* frei, das 1960 gedruckt, aber nicht ausgeliefert worden war, weil der Verleger der »Verletzung der öffentlichen Moral« bezichtigt worden war. Jetzt machte die Staatsanwaltschaft einen Rückzieher und verkündete: »Jean Genet ist ein großartiger Künstler. Sein Werk ist obszön nur im Sinne bürgerlicher Moral, doch nicht für den Leser, ›der gewarnt ist‹.« Diese Entscheidung war ausschlaggebend für die weitere Lockerung der Nachkriegszensur in Deutschland. Der deutsche Verlag Merlin, der bereits die Theaterstücke, *Notre-Dame-des-Fleurs* und *Tagebuch eines Diebes* veröffentlicht hatte, kündigte nun das Erscheinen von *Wunder der Rose* an. Als der Richter seine Entscheidung verkündete, sagte er: »Die Verbreitung dieses Buches wird nun allein durch die Tatsache eingeschränkt, daß es mühsam ist, es ganz durchzulesen.«[105]

1962 schrieb Genet einen ergreifenden Brief an Java. Dieser hatte fünf Jahre zuvor eine Bardame aus Nizza geheiratet, die Genet zu überreden versucht hatte, von einer Heirat mit Java Abstand zu nehmen. Aber die beiden waren verliebt und machten mit ihren Plänen ernst. Nach der Hochzeit lebten sich Genet und Java auseinander, doch in diesem Brief gesteht Genet nicht nur seine anhaltende Zuneigung, sondern offenbart auch seine äußerst zwiespältigen Ansichten über das Altern:

Oft denke ich an dich. Wenn wir uns wiedersehen, werden wir uns wahrscheinlich nichts Wichtiges sagen, nur die ganz kleinen, sehr banalen Dinge, die man Menschen sagt, für die man sehr viel empfindet. Ich möchte mit dir reden, als hätten wir uns erst vor acht Tagen gesehen.

Ich führe ein Leben, das nach außen hin sehr kompliziert erscheint wegen meiner Reisen, Hindernisse, Umwege, Heimkehren, aber es ist ein im Grunde einfaches Leben. Ich bewahre mir die Erinnerung an ein paar sehr liebevolle Jungen, und du weißt, wie wichtig mir die Erinnerung an dich ist.

Glaube nicht, ich hätte mich nicht verändert. Ich bin ein kleiner alter Mann, knitterig und verhutzelt, der von einem Land ins andere zieht, ohne eines zu finden, wo er bleiben will. Ich beklage mich nicht. Ich bin als Vagabund geboren. Eigentlich bin ich vielleicht mehr Slawe als du, meine wirklich Heimat ist irgendein x-beliebiger Bahnhof. Ich habe einen Koffer, Wäsche und vier Fotos: von Lucien, Jean Decarnin, Abdallah und dir. Nach Paris komme ich so selten wie möglich, weil ich es nicht mag, daß man um mich herum Französisch spricht. Morgen bin ich in München; der Bahnhof ist voller Griechen, Itaker, Araber, Spanier und Japaner.

Und deine Eltern? Erzählst du mir nichts von denen?

Wie alt bist du? 36? 37? Ich für mein Teil geniere mich nicht, 50 zu sein und wie 60 auszusehen, das gibt mir Ruhe. Vielleicht sind wir uns begegnet, ohne uns zu erkennen. Wenn ich nach Paris zurück muß, wird es nur für ganz wenige Tage sein, aber ich werde dir kurz schreiben, vielleicht können wir uns sehen.

Java, ich habe dich gern. Versuche, glücklich zu sein. Küß deine Tochter von mir. Ich umarme dich ganz fest, mein Kleiner.

Jean

Ist deine Frau immer noch böse auf mich? Dieser Brief ist länger geworden, als er werden sollte. Je mehr ich dir schreibe, desto vertrauter werden meine Gedanken an dich. Ich habe meinen Brief noch mal aufgemacht, um dir das zu sagen. Es ist, als hätten wir uns erst gestern gesehen. Heißt deine Tochter Sonia? In deinem Brief stehen Worte, die ich nicht entziffern kann. Gib ihr einen Kuß von mir, Dédé.«[106]

Abdallah war dazu erniedrigt worden, Besorgungen für den siegreichen Jacky zu erledigen. Oder vielmehr meinte Genet, Abdallah könnte Jacky beim Training helfen, aber nach einer kurzen, rührenden Schwärmerei zog Abdallah sich zurück. Gar zu gern hätte er einen eigenen Paß gehabt, um reisen zu können. Der Anwalt Jacques Vergès half ihm. Vergès hatte Frankreich zwangsweise verlassen und nach Marokko gehen müssen, nachdem er das »Manifest der 121« gegen den Krieg in Algerien unterschrieben hatte. Die französische Anwaltskammer hatte ihn wissen lassen, daß er in Frankreich dem Juristenberuf ein Jahr lang nicht nachgehen dürfe. In Marokko sorgte Vergès dafür, daß Abdallah einen marokkanischen Paß erhielt. Abdallah fuhr nach Casablanca und unternahm dort einen Selbstmordversuch. Genet verkaufte sein Porträt von Giacometti und gab Abdallah das Geld für eine Weltreise. Vielleicht könne er in China neue akrobatische Kunststücke erlernen, die auszuführen er in der Lage sei. Als Abdallah nach Europa zurückkam, wollte er eine ehrenhafte Entlassung aus der französischen Armee. Er hoffte auch, man werde ihm seinen französischen Paß zurückgeben. Genet wandte sich hilfesuchend an eine Bekannte, Judy del Carrel, ein amerikanisches Chanel-Mannequin, das sich Abdallahs annahm.[107] Genet bat sie, in Abdallahs Angelegenheit den prominenten Anwalt (und späteren Außenminister Mitterands) Roland Dumas aufzusuchen. »Roland liebt schöne Frauen«, sagte Genet, doch der Anwalt ging auf Judy nicht ein. Sie war sich sicher, er würde Genet selbst viel ernster genommen haben, und meinte, Genet könnte sich eingeschaltet haben, wenn er nur gewollt hätte. Doch Genet bemühte sich wirklich für Abdallah. Er bat Nico Papatakis, über die Freundin einer Freundin ein Abendessen mit Georges Pompidou zu arrangieren, der am 14. April 1962 Ministerpräsident geworden war. Gastgeberin war Brigitte Beyer, und die Gäste waren Genet, Papatakis, Pompidou und dessen Frau. Genet und Pompidou mühten sich gegenseitig, ihre Belesenheit vorzuführen. Sie tauschten Zitate aus der griechischen Literatur der Antike aus, und beide waren voneinander entzückt, obwohl Genet später meinte, Pompidou »ging mit Schuhen, die eine Tonne wogen.«[108] Trotzdem sorgte Pompidou dafür, daß Abdallahs Ausweispapiere in Ordnung gebracht wurden. Es machte Genet Freude, Abdallah mit Geld und Gefälligkeiten aushelfen zu können, aber Abdallah war nicht mehr der Gegenstand seiner Träume. »Es war, als habe er ein schlechtes Gedicht zerrissen«, sagte Papatakis.

Während dieser Zeit war Genet ungewöhnlich gelassen und sich seiner Fähigkeiten als Schriftsteller sicher. Anfang 1964 gab er dem *Playboy* ein langes Interview. Solchen Interviews ging er eigentlich fast immer aus dem Weg, aber diesmal überredete ihn Simone de Beauvoir, sich mit Madeleine Gobeil, einer jungen kanadischen Studentin, zu treffen. Genet stellte allerdings zwei Bedingungen – daß er sich die zweitausend Dollar Honorar mit Madeleine Gobeil teilte, und daß das Interview in Frankreich nie veröffentlicht werde.[109]

Er sagte, seine Romane habe er aus einer *gegnerischen* Haltung zur Gesellschaft heraus geschrieben, aber seine Stücke schreibe er nicht mehr aus Verärgerung: »Ich bin jetzt weder für Sie noch gegen Sie, ich bin in derselben Situation wie Sie, und mein Problem ist nicht mehr, mich zu Ihnen in Gegensatz zu stellen, sondern etwas zu machen, das uns beide, Sie wie mich, ergreift.«[110] Er betont, daß die Mühe, die er sich mit seiner Schriftstellerei gebe, seinen grundsätzlichen Sinn für Moral belege (»In jeder Ästhetik liegt Moral«). Er rückte von den erotischen und autobiographischen Aspekten seiner Romane ab: »Ich versuche nicht, ein abstoßendes oder faszinierendes oder statthaftes Bild von mir zu geben. Ich arbeite schwer.« Ein Teil seiner Arbeit sei, so Genet, Jacky Maglia zu »erziehen«, denn für ihn sei Pädagogik immer ein Aspekt der Päderastie:

Im Moment bin ich mit einem jungen Rennfahrer beschäftigt, Jackie *[sic]* Maglia. Von ihm kann ich folgendes sagen: Angefangen hat er mit dem Stehlen von Autos, dann ist es mit ihm gewissermaßen abwärts gegangen, und er stahl alles. Ich habe sehr schnell verstanden, daß Wettrennen sein Lebensausdruck sein müsse. Ich habe ihm Autos gekauft. Jetzt ist er einundzwanzig Jahre alt. Er ist Rennfahrer, er stiehlt nicht mehr. Er ist Deserteur gewesen, er ist es nicht mehr. Diebstahl, Fahnenflucht und ich sind die Faktoren, die aus ihm einen Rennfahrer gemacht und ihn der Gesellschaft zurückgewonnen haben. Er ist zurückgewonnen, indem er sich verwirklichen konnte, indem er den Kern seines Ichs in die Tat umsetzt.

Ich begleite ihn überallhin, wo er Rennen fährt, nach England, nach Italien, nach Belgien und nach Deutschland. Ich messe seine Zeiten, ... Was mir zu Anfang ziemlich albern vorkam, erscheint mir heute wichtig und recht schön. Ein gut gefahrenes Rennen hat seine dramatischen und ästhetischen Qualitäten. Der Rennfahrer ist allein wie Oswald [Lee Harvey Oswald, Kennedys Attentäter]. Er riskiert den Tod. Es ist schön, wenn er als erster ankommt. Man muß ein extremes Feingefühl besitzen, und Maglia ist ein sehr guter Fahrer. Die groben Klötze fahren sich tot. Maglia wird allmählich ziemlich bekannt. Er wird berühmt werden.

Als Genet gefragt wurde, ob er Maglia liebe, wiederholte er die Frage: »Liebe ich ihn? Ich liebe das Wagnis. Ich liebe, was er tut, und was ich für ihn tue. ... Wenn man sich um jemanden kümmert, sollte man es ernsthaft tun. Als wir Ende letzter Woche von Chartres nach Paris zurückfuhren, habe ich nicht geraucht, damit er mit voller Konzentration und mit einer Durchschnittsgeschwindigkeit von hundertsiebzig Stundenkilometern fahren konnte.« Gefragt, ob er sich nicht jemand anderem auf weibliche Art und Weise hingebe, erwiderte Genet: »Das Weibliche in der Päderastie umgibt den jungen Knaben und erlaubt ihm, sich weiterzuentwickeln und zu erblühen.« Und wenn die Männlichkeit in einer weltweiten Krise stecke, so höre er dies ohne Bedauern:

Männlichkeit ist immer ein Spiel. Die amerikanischen Schauspieler spielen die Männlichkeit. ... Für mich wäre Männlichkeit eher die Fähigkeit zu beschützen, als Mädchen oder Frauen zu entjungfern. Aber natürlich bin ich der Falsche, darüber zu urteilen. Wenn man die übliche Komödie ablehnt, bricht die Schale auf, und der Mann kann eine Empfindsamkeit zeigen, die sonst nicht zutage träte. Möglicherweise zwingt die Emanzipation der modernen Frau den Mann dazu, frühere Ansichten aufzugeben und eine Haltung zu entdecken, die bei einer weniger unterwürfigen Frau eher funktioniert. Sie haben Jackie gesehen, er hat überhaupt nichts Weibliches an sich, und doch ist er einer von denen, die mich wegen ihrer Sensibilität am stärksten interessieren. Als ich ihm seinen ersten Rennwagen schenkte, habe ich ihn gefragt, was er empfindet: »Ich schäme mich ein bißchen«, sagte er, »weil er schöner ist als ich.«

Als Genet gefragt wurde, wie lange er Maglia schon kenne, antwortete er:

Seit er ein kleiner Junge war. Auf jeden Fall muß ich mir bei jungen Leuten etwas ausdenken, das ihrem Temperament, ihrem Charakter und ihrem Geschmack Rechnung trägt, und das kommt jedesmal einem schöpferischen Akt gleich ... es ähnelt ein bißchen dem, was ich mir von den Richtern wünsche, wenn sie ein Urteil fällen: daß der Richter schöpferisch ist und daß er in seinem Leben nicht mehr als vier oder fünf Urteile fällt, weil jedes von ihnen schöpferisch sein sollte.[111]

Unterdessen war sich Abdallah bewußt geworden, daß Genet von seinem Interesse an Jacky total in Anspruch genommen wurde. Judy kümmerte sich noch um ihn, und sie bekamen von Monique Lange Gallimard-Bücher, die sie an die Buchhändler am Seineufer verkauften. Judy fand Abdallah seltsam, einsam, ausgestoßen, keineswegs habgierig oder eigensüchtig. Daß er zur Hälfte deutsch und zur anderen Hälfte algerisch war, ließ ihn nur um so durchschnittlicher erscheinen. »Nie sagte er ein bitteres Wort gegen Genet«, erinnert sich Judy. »Genet hatte ihm gesagt, er sei wunderbar – und ihn dann fallenlassen. Natürlich gab es nichts Hinfälligeres als Abdallahs Beruf.« Um nicht verbittert zu werden, wurde Abdallah melancholisch. Als Genet einmal heftige Zahnschmerzen hatte, Monique Lange mitten in der Nacht anrief und von ihr verlangte, zu ihm zu kommen, sah sie Abdallah am Fußende des Bettes liegen, zusammengerollt schlafend wie ein kleines Hündchen.[112]
Abdallah stritt sich mit seiner Freundin Erika, und auch sie verschwand aus seinem Leben. Sein Freund Ahmed, der ebenfalls aus der französischen Armee desertiert war, lebte noch immer im Ausland. Durch Edmonde Charles-Roux kam Genet mit der Tänzerin Nathalie Philippart in Kontakt[113], die ein Dienstmädchenzimmer zu vermieten hatte, das Genet für Abdallah nahm. Das Zimmer lag oben unter dem Dach, es gab keine Verbindung zu ihrer Wohnung. Immer seltener kam Genet zu Besuch, im Laufe der Zeit dann gar nicht mehr.
Abdallah geriet mit seiner Miete in Verzug und fragte Nathalie, ob sie warten könne. Für Nathalie war Abdallah ein verlassenes Kind, und sie sagte ihm, er solle sich keine Sorgen machen – doch sie sorgte sich, daß Genet ihm vielleicht kein Geld mehr gäbe.[114] In Wirklichkeit zahlte Genet ihm weiterhin eine feste Summe, aber möglicherweise teilte Abdallah sie sich nicht gut ein.
Eines Abends besuchten Monique Lange und Juan Goytisolo Abdallah, der krank war. Genet wohnte im Hôtel Lutetia, einem luxuriösen Etablissement am linken Seineufer, das während des Krieges das Hauptquartier von Naziofizieren gewesen war. Er kam nicht an Abdallahs Krankenbett, hatte aber versprochen, Abdallah anzurufen, der dem Anruf mit großer Angst entgegensah. Aber das Telefon klingelte nicht. Schließlich standen Monique und Juan auf, um zu gehen. Da sahen sie, daß Abdallah den Telefonstecker aus der Dose gezogen hatte. Von zu Hause rief Monique Genet an, der sagte, er habe den ganzen Abend anzurufen versucht. Als sie ihm sagte, der Stecker sei heraus-

gezogen gewesen, sagte Genet: »Er hatte Angst, ich würde nicht anrufen, da hat er den Stecker lieber herausgezogen.«[115]

Plötzlich wollte Abdallah sterben. Zu Monique und anderen Freunden hatte er oft vom Tod gesprochen (»Abdallah war grüblerisch«, erinnert sich Monique. »Er hatte ein Gefühl für den Tod.«[116]). Zu der Zeit war Nembutal (Genets Schlafmittel) in Frankreich nicht mehr frei im Handel zu haben, aber in Spanien konnte man es noch ohne Rezept kaufen. Abdallah bestieg einen Zug nach Spanien, um es sich dort zu besorgen und dann Selbstmord zu begehen. Der Schaffner jedoch lochte seine Fahrkarte nicht, was Abdallah als ein Zeichen Allahs nahm. Er fuhr nach Paris zurück und ließ sich die unbenutzte Hälfte der Fahrkarte erstatten.

Genet hatte Java gebeten, sich um Abdallah zu kümmern, und tatsächlich kam Java Abdallah zweimal besuchen. Er war krank und schien nicht wieder auf die Beine kommen zu wollen. »Wenn es mir nicht bald bessergeht«, sagte er, »bringe ich mich um.« Java versuchte es mit Schroffheit und antwortete: »Entweder tust du's, oder du tust es nicht.«[117] Drei Wochen später, am 27. Februar 1964, kam Abdallah zu Monique in den Verlag Gallimard und bat sie um eine Schachtel Nembutal, vorgeblich für Genet. Dann ging er nach Hause. Er klingelte bei Nathalie Philippart und sagte ihr, er könne sie diesen Monat wieder nicht bezahlen. Sie erwiderte, das sei absolut kein Problem, und lud ihn ein, ihr beim Abendbrot Gesellschaft zu leisten, aber er wollte nicht einmal eintreten. Er lehnte ab und ging. Er wirkte elend. Er ging hinauf in sein Dienstmädchenzimmer, schluckte die Nembutal und schnitt sich obendrein die Pulsadern auf.

Den Toten fand man erst am 12. März. Der Geruch der verwesenden Leiche hatte sich im ganzen Haus ausgebreitet. Nathalie Philippart rief die Polizei und Genet an. Er kam mit Monique Lange. Als die Polizisten die Tür aufbrachen, wurden sie von dem Gestank überwältigt. Das Blut war im Zimmer überallhin geflossen. Die Leiche war von Genets Büchern und Sartres *Saint Genet* umgeben, gelesen, wiedergelesen und sorgsam mit Anmerkungen versehen – Bücher, die Abdallah in den glücklichen Zeiten mit Genet ignoriert hatte. Die Seiten waren von Blut durchtränkt. Nathalie Philippart hatte den Eindruck, Genet altere in dem Augenblick um zehn Jahre. Seine Schultern sanken herab, und sein Gesicht wurde grau. Ein paar Tage später bat Nathalie zwei Schauspieler, die sie kannte, Pierre Tabard und Jean-Pierre Kalfon, ihr zu helfen, die blutgetränkte Matratze wegzuschaffen. Sie schleiften sie mitten in der Nacht die Treppe herunter wie einen Leichnam und warfen sie in die Seine.[118]

In den achtziger Jahren erinnerte sich Genet an den letzten Blick, den er auf Abdallah geworfen hatte. »Im Leichenschauhaus in Paris – als ich den offenen Sarg sah, der am Boden stand, blickte ich auf den toten Abdallah. Der Abstand zwischen seinem Gesicht und meinem schien sich zu bewegen, unausgesetzt zu bewegen. Er war ein Stein, den ich hätte aufheben und in meinen Händen halten können, und er war gleichzeitig ein Mineral, weit weg im Raum und selbst in der Zeit, gleichgültig gegen meinen Blick oder vielmehr sich der Welt vollkommen unbewußt. Während ich auf das Gesicht des toten Abdallah blicke, erkenne ich aus der Nähe und unvorhersehbar, schockierend aus der Ferne die Skulpturen Giacomettis wieder.«[119] Das Nembutal hatte Abdallahs Haut dunkel gefärbt. Genet hatte das Gefühl, er sei zu seinen afrikanischen Ursprüngen zurückgekehrt.

Die Beerdigung fand am 20. März auf dem islamischen Friedhof in Thiais außerhalb von Paris statt. Abdallahs Zirkusfreund Ahmed Lahoussine, der wegen Fahnenflucht immer noch von der französischen Polizei gesucht wurde, kam heimlich ins Land, um am Begräbnis teilzunehmen. Im leichten Regen sah man Ahmed sich in einiger Entfernung zur Trauergesellschaft zwischen den Gräbern herumdrücken. Genet selbst spielte die Rolle des Vaters bei der islamischen Beerdigungszeremonie. Abdallahs Mutter und der Familie schien er die Schau zu stehlen.

Am 2. April 1964 verließ Genet Paris. Am 7. April rief er aus Nizza an. Am 9. April war er in Mailand. Er rief Monique an und sagte ihr, er habe alle Manuskripte zerrissen und die Schnipsel ins Klo geworfen, darunter auch sein Buch über Rembrandt und die beiden Theaterstücke, die den *Wänden* folgen sollten *(Die Strafkolonie* und *Die Fee)*. Den Überresten des Rembrandt-Essays gab er schließlich den Titel »Was bleibt von einem Rembrandt, der in kleine gleich große Quadrate zerrissen und durch den Lokus gespült wird«. Er legte ein Gelübde ab, nie wieder zu schreiben. Es war fast so, als habe Genet wie seine klassische Lieblingsheldin Antigone das Gefühl, er müsse sich töten, nachdem er seinen Bruder begraben hatte. Am 24. August setzte er sein Testament zugunsten von Abdallahs Zirkusfreund auf: »Ich vermache die Gesamtheit meiner Literatur-, Film- und Theaterrechte einschließlich aller sich auf mein Werk beziehenden Rechte Monsieur Ahmed Lahoussine.«[120] Mittlerweile sprach Genet von Abdallah, als habe er mit seinem Selbstmord eine mystische Handlung vollzogen. Aus Sorge, auch Genet könne Selbstmord begehen, zogen Goytisolo und Lange Sartre zu Rate, der meinte, Genets Zerknirschung sei weniger auf seine Trauer zurückzuführen als auf seine

Unfähigkeit, Trauer zu empfinden. Sartre war auch der Ansicht, wenn Genet seine Werke vernichtet habe, sei das kein Opfer für Abdallah, sondern Genet habe sie als minder gut eingeschätzt. Genet stritt sich mit Jacky und sah ihn eine Weile nicht, und Java beschuldigte er, Abdallah nicht getröstet zu haben. Abdallahs Grabstätte hatte Genet für zweiundzwanzig Jahre bezahlt. Immer hatte er vorgehabt, eine weitere Rate zu zahlen, aber dann vergaß er es. In einer Schicksalsverkettung, die aus einem seiner leidenschaftlichen und artifiziellen Texte stammen könnte, wurden am gleichen Tag im Frühjahr 1986, als Genet in Marokko beerdigt wurde, Abdallahs Gebeine in Paris exhumiert und in ein Sammelgrab geworfen.

KAPITEL 17

Nach Abdallahs Tod 1964 hörte Genet auf zu schreiben. Er konnte nicht einmal mehr einen Füllfederhalter in der Hand halten. In der Hoffnung, Genet möge sein Schweigegelübde brechen, drückte ihm Juan Goytisolo eines Tages einen Füller in die Hand. Genet schleuderte ihn quer durchs Zimmer und weigerte sich die nächsten zwei Jahre, mit Goytisolo oder Monique Lange zu sprechen.

In dieser Zeit befreundete er sich eng mit Paule Thévenin, einer etwa fünfzehn Jahre jüngeren Frau, die es sich zu ihrer Lebensaufgabe gemacht hatte, die Schriften von Antonin Artaud zu edieren (1992 war das Projekt auf über zwanzig Bände angewachsen und hatte Paule Thévenin bereits mehr als vierzig Jahre Arbeit gekostet). Ihre Gewissenhaftigkeit und Hingabe bei der Niederschrift mehrerer wichtiger Texte, die Artaud ihr noch diktiert hatte, und der Transkription und Kommentierung seiner sämtlichen Werke nach seinem Tod im Jahr 1948 müssen Genet beeindruckt haben. Er verließ sich immer mehr auf sie, zuerst während der mühsamen Erarbeitung der Schlußfassung der *Wände,* die er noch ein Jahrzehnt später ständig umarbeitete, und später – nachdem sie sich nach einem heftigen Streit wieder versöhnt hatten – wegen ihrer Sympathien für politisch linksorientierte Überzeugungen und ihrer Kontakte zu radikalen Zirkeln und Künstlerkreisen.

Marc Barbezat will Genet mit Paule Thévenin etwa 1965 bekannt gemacht haben; sie aber meint, Genet in Monique Langes Büro bei Gallimard begegnet zu sein. Den ersten gemeinsamen Abend verbrachten sie, als Thévenin Genet zu einem Abendessen mit dem Komponisten und Dirigenten Pierre Boulez einlud. Glühend loyal gegenüber ihren Freunden und unversöhnlich streitbar gegenüber ihren Feinden, muß die Thévenin den aalglatten Genet von Anfang an fasziniert haben. Sie war die Tochter eines französischen Vaters und einer algerischen Mutter, hatte eine Ausbildung als Psychiaterin erhalten und sich selbst mit glänzendem Erfolg das Lektorieren beigebracht, sie war theaterbegeistert und sie hatte eine einundzwanzigjährige Tochter – in der Tat war sie den imponierenden algerischen Frauen in den *Wänden* nicht unähnlich. Mütterlich und wissenschaftlich, loyal und gerissen, dem Auserwählten bis zur Selbstverleugnung ergeben und zu allen anderen abweisend, verband Paule Thévenin das ungezügelte Temperament einer Olga Barbezat und die Aufopferungsfähigheit einer Monique Lange mit einer seltenen Urteilskraft und Bildung. Sie war befreundet mit Artaud und Boulez, dem Philosophen Jacques Derrida und dem Theaterkritiker Bernard Dort. Genet betäubte sich früh am Abend mit Schlaftabletten und war morgens um sechs dementsprechend munter und bereit, den Tag zu beginnen. Im Morgengrauen rief er die Thévenin aus seinem Hotel am Boulevard Richard-Lenoir oder aus einem anderen Hotel in der Nähe der Gare de Lyon an. Und da sie in der Nähe der Bastille wohnte, war er schon Minuten später bei ihr und erwartete, bewirtet und den ganzen Tag bemuttert zu werden. Sie begab sich schließlich völlig in seine Hand. Wenn sie versuchte, an ihren Artaud-Texten zu arbeiten, versank Genet in eifersüchtiges Gemaule.[1] Vielleicht empfand er sich mit Artaud in einer gewissen Konkurrenz um Thévenins Aufmerksamkeit.

Eines Tages lief Genet Monique Lange über den Weg und erfuhr von ihr, daß Juan Goytisolo die homosexuelle Ader in sich entdeckt habe. Goytisolos neue sexuelle Orientierung amüsierte Genet und machte ihn neugierig. Doch selbst als Goytisolo und Lange ihre Besuche bei Genet wieder aufnahmen, verbat er ihnen, in seiner Gegenwart jemals den Namen Abdallah auszusprechen; er fühlte sich sogar hintergangen, als Monique Lange in einem ihrer Romane mit einem schlichten »A.« auf Abdallah anspielte; er untersagte Marc Barbezat, den »Seiltänzer« neu aufzulegen: Genet hatte Abdallah inzwischen zur selben Heiligkeit erhoben wie Jean Decarnin.

Auch wenn Genet nicht mehr schrieb, gedieh seine Karriere wie nie zuvor. *Notre-Dame-des-Fleurs* und *Saint Genet* kamen 1963 in den Vereinigten Staaten heraus, und obwohl der Verlag sich Sorgen machte, ob der Roman nicht vielleicht zensiert werden würde, gab es keine Probleme. In einer bemerkenswerten Rezension schrieb die Kritikerin Susan Sontag: »Nur einer Handvoll Schriftstellern des 20. Jahrhunderts, wie etwa Kafka und Proust, ist ein so bedeutender, maßgeblicher und unabänderlicher Ton und Stil zu eigen.«[2] Die wichtigeren Theaterstücke waren bereits erschienen, und im Laufe der nächsten fünfzehn Jahre kamen alle Romane in den USA heraus. *Tagebuch eines Diebes* erschien 1964. Für jedes Buch erhielt Genet einen Vorschuß von fünfzigtausend Dollar. Auch in England verkauften sich seine Bücher über die Maßen gut. Von der Taschenbuchausgabe von *Notre-Dame-des-Fleurs* zum Beispiel, im Mai 1966 erschienen, waren bis Januar 1972 über fünfzigtausend Exemplare verkauft, und *Tagebuch eines Diebes*, im Mai 1967 veröffentlicht, erreichte bis Juni 1972 eine fast ebenso hohe Auflage.[3] Die Romane hatten ihm in Frankreich eine Kultgemeinde geschaffen, seine Stücke aber machten ihn zu einer internationalen Berühmtheit. *Die Neger*, von dem amerikanischen Regisseur Gene Frankel inszeniert, wurden Ende 1964 in Berlin, dann in Venedig gezeigt. Anfang der sechziger Jahre gehörte Genet ohne Zweifel zu den meistgespielten zeitgenössischen Dramatikern auf den deutschsprachigen Bühnen, ähnlich präsent waren nur noch Eugène Ionesco, Jean Anouilh, Samuel Beckett, Harold Pinter und Jacques Audiberti.[4]

Als *Die Wände*, die Genet 1956 begonnen hatte, im Februar 1961 erschienen, war den meisten französischen Kritikern klar, daß das Stück in Frankreich nicht ohne weiteres aufzuführen war. Zu offensichtlich handelte es vom Algerienkrieg, der immer noch tobte und erst am 3. Juli 1963 mit der Errichtung eines unabhängigen algerischen Staates sein Ende fand. Wenn der Krieg nun auch endlich vorbei war, es blieben bittere Gefühle zurück; vor allem bei den *pieds noirs,* den Nachfahren französischer Siedler in Algerien, die zum größten Teil gezwungen waren, die ehemalige Kolonie nach ihrer Unabhängigkeit zu verlassen, sowie bei den französischen Soldaten, denn die von den Siedlern und den Armeeangehörigen gebildete OAS *(Organisation de l'Armée Secrète)* hatte mit Terrorkampagnen vergeblich versucht, die Loslösung Algeriens von Frankreich zu verhindern. Das Stück mochte zwar im Ausland auf die Bühnen kommen (1961 in Berlin, 1963 in Wien, 1964 in London und Stockholm), aber jeder wartete darauf, daß die Bombe in Paris hochging.

Die Wände wurden also 1961 in Berlin uraufgeführt, allerdings in einer gekürzten Fassung: Zwei Szenen waren völlig herausgenommen, eine dritte war stark gekürzt, und der Schluß war zu einem einzigen langen Monolog der Gestalt namens Ommou zusammengestrichen worden.[5] Die Sprache war gereinigt, und heikle Anspielungen auf die französische Kolonialpolitik waren, teilweise um die französische Besatzungsmacht in Berlin nicht unnötig zu verärgern, eliminiert worden. Die Übersetzung strotzte nicht nur von Fehlern, sondern war auch sprachlich geglättet worden. In London inszenierte Peter Brook nur die ersten beiden Drittel des Stücks in einer Übersetzung von Bernard Frechtman; das Ergebnis wurde 1964 in den Donmar Rehearsal Rooms, einer Probebühne, gezeigt. Brook hatte eigentlich das ganze Stück inszenieren wollen, gab den Plan aber schließlich auch deshalb auf, weil ihm Frechtmans Übersetzung mißfiel. 1965 spielte das radikale, von Julian Beck und Judith Malina geleitete Living Theater *Die Zofen* in Berlin und später auf einer Tournee, und zwar in einer Fassung, in der die drei Frauenrollen von Männern gespielt wurden. Da die Produktion nicht autorisiert war, versuchte Genet sie zu untersagen. Er schrieb Frechtman einen ungewöhnlich freundlichen und beruhigenden Brief, in dem er ihm die Vollmacht erteilte, über alle Inszenierungen des Stücks zu entscheiden (»Ich habe volles Vertrauen in Sie«[6]).

1965 verfilmte Tony Richardson *Mademoiselle* – Genets altes Drehbuch, das einmal die Titel *Verbotene Träume* beziehungsweise *Die andere Seite des Traums* gehabt hatte – mit Jeanne Moreau in der Titelrolle. Sie hatte sich dieses Projekt selbst ausgesucht: »Es war ein etwa hundert Seiten langer Text; ich fand ihn großartig. Damals wohnte Genet nicht weit weg von mir. Wir sahen uns oft, und er sprach mit mir über sein Drehbuch in poetischen Bildern.«[7] Richardson war von der Moreau als Schauspielerin dermaßen gebannt, daß er mit ihrer Wahl nicht nur dieses Drehbuchs, sondern auch ihres gemeinsamen nächsten einverstanden war, Marguerite Duras' *Le marin de Gibraltar (Der Matrose von Gibraltar;* in den deutschen Kinos lief der Film unter dem schönen Titel *Nur eine Frau an Bord).* Genet war an den Dreharbeiten von *Mademoiselle* nicht beteiligt und traf Richardson vor Drehbeginn nur kurz in London. Bei den Filmfestspielen in Cannes 1966 wurde der Film ausgebuht. Die Ablehnung mag ihre Ursache haben in der mißglückten Verquickung der von Richardson in plumper Weise benutzten Freudschen Symbole mit Genets melodramatischer Geschichte über eine Dorfschullehrerin, die sich gegen ihren Willen zu einem polnischen Holzfäller hingezogen fühlt.

Der Film wurde in einer Geisterstadt im Departement Corrèze gedreht, das östlich an die Dordogne anschließt. In einem Artikel in *Le Monde* war zu lesen, es habe den Anschein, »als habe ein merkwürdiger Masochismus oder ein tragisches Verhängnis den Drehbuchautor, den Regisseur und die Hauptdarstellerin dazu getrieben, ... jeweils eine schlechte Parodie ihres Talents abzuliefern.«[8]

1966 entstand unter der Regie von Vic Morrow aus dem Stoff von *Unter Aufsicht* ein amerikanischer Film, in dem Paul Mazursky und Leonard Nimoy die Hauptrollen spielten (wie komisch, daß der allen vertraute, gestelzte Mr. Spock mit seinem *Star-Trek*-Ruhm seine Karriere mit zwei Genet-Filmen begonnen hat). Die Schauspieler lebten sechs Monate lang neben echten Häftlingen im Staatsgefängnis von Nevada, um sich seelisch auf ihre Rollen vorzubereiten. Der Film wurde dort dann auch gedreht.[9]

Jacky Maglia hatte im Jahr zuvor seinen Militärdienst abgeleistet und war folglich nicht in Form. Dennoch nahm er seine Karriere sogleich wieder auf und beteiligte sich am 18. Juli 1965 an einem Rennen in der Nähe von Stuttgart – und hatte einen schweren Unfall. Genet und Jackys Mutter und Stiefvater, Ginette und Lucien Sénémaud, waren sofort an Ort und Stelle und warteten, während Jacky operiert wurde. Genet band sich sogar eine weiße Maske um und betrat den Operationssaal.[10] Zweifellos versuchte er die Operation zu leiten. Paule Thévenin besitzt ein Foto, auf dem er die Maske trägt. Charles Monteith erinnert sich an eine Äußerung Rosica Colins, Genet habe ganz gegen seine Art zu Gott gebetet und seinen Körper angeboten, wenn nur Jackys verschont bliebe.[11] Nach der Operation blieb Jackys rechter Arm gelähmt, und er gab seine Rennfahrerkarriere auf. Trotz dieses Handicaps steuerte er später einen Sportwagen von Frankreich nach Asien. Ehe er losfuhr, schrieb Genet einen formellen Brief an die chinesische Regierung, in dem er um die Erlaubnis bat, daß Jacky überall in China herumfahren dürfe (Genet und Monique Lange, die den Brief tippte, starben fast vor Lachen über ihre eigenen blumigen Fomulierungen). Der Brief wurde vermutlich nie gelesen.[12]

Genet muß allmählich die Furcht beschlichen haben, auf die Menschen in seiner nächsten Umgebung einen tödlichen Einfluß auszuüben. Dasselbe Szenarium, das Abdallah vernichtet hatte, schien sich zu wiederholen. Abdallah war im März 1964 gestorben, Jacky verunglückte im Juli 1965; im Mai 1967 unternahm Genet einen Selbstmordversuch.

1965 beantragte Genet ein Visum für die Einreise in die Vereinigten Staaten. Im November schrieb William Kane, Leiter des amerikanischen Konsulats in Frankreich, für die Ablehnung von Genets Antrag stünden drei Gründe zur Auswahl: »moralische Verworfenheit«, »Verbindung zu einer ›verbotenen‹ Organisation‹« und schließlich »sexuelle Abweichung, ›vorbehaltlich einer ärztlichen Untersuchung‹«.[13] Somit hatten sein Strafregister, seine Homosexualität und seine angebliche Mitgliedschaft in der Kommunistischen Partei sämtlich gegen ihn gesprochen.

Genet war verwundert, daß dasselbe Land, das so begeistert seine Stücke aufführte und seine Bücher verlegte, ihm ein Visum verweigern konnte.

Die Spannungen, die schon jahrelang zwischen Genet und Frechtman bestanden hatten, kamen schließlich im September 1965 heftig zum Ausbruch. Genet war Frechtmans Unfähigkeit oder Aufgeblasenheit schon seit längerem leid gewesen, aber er hatte nie daran gedacht, ihn zu feuern. Doch inzwischen war er immer mehr davon überzeugt, daß Frechtman ein schlechter Geschäftsmann, ein schlechter Übersetzer und ein schlechter Mensch sei. Frechtman hatte bereits mehrere Anfälle geistiger Erschöpfung erlitten. In seinen Geschäften mit Verlegern war er imstande, vier- oder fünfseitige handschriftliche Briefe loszuschicken, in denen er abwechselnd Genet als den besten Dramatiker seit Pirandello pries und den Verleger als unehrlichen Gauner attackierte. Sein Temperament war eher das eines Künstlers als eines Agenten, und er wollte die Hoffnung nicht aufgeben, daß er eines Tages das Übersetzen an den Nagel hängen könnte, um eigene Gedichte und Romane zu schreiben. Zeitweise kämpfte er gegen lähmende Depressionen an. Am 14. November 1958, außerstande an seiner Übersetzung von *Die Neger* zu arbeiten, schrieb er an Genets amerikanischen Verleger Barney Rosset:

Ich bin schon seit mehreren Monaten krank. Ich erinnere mich, auf meinen Gesundheitszustand hingewiesen zu haben, als ich Sie in diesem Sommer sah. Einer tiefen körperlichen Erschöpfung folgte eine nervöse Erschöpfung mit den klassischen ekelhaften Symptomen: Depression, Konzentrationsschwäche etc. ... Ich habe Ihnen die Übersetzung für Ende November versprochen, aber ich fürchte, daß ich aus gesundheitlichen Gründen nicht in der Lage sein werde, mein Versprechen einzuhalten. ... In geschäftlichen Dingen, gleich welcher Art, setzen Sie sich mit Rosica in Verbindung. Bis es mir wieder gutgeht, möchte ich gern, daß sie sich um alles kümmert.[14]

Frechtman war, wie seine Briefe zeigen, ein äußerst gebildeter Mann. Er erkannte den Wert von Becketts ursprünglich auf französisch geschriebenem Stück *Warten auf Godot* und empfahl Barney Rosset, Beckett zu überreden, selbst eine Übersetzung ins Englische vorzunehmen – was Beckett natürlich tat und so einen Klassiker der englischen Sprache schuf. Frechtman bewunderte (und übersetzte) Ionesco, war aber dennoch davon überzeugt, daß *Der Balkon* ein wichtigeres Stück war als *Die Stühle*. Annette Michelson entschloß sich endlich, mit Frechtman zu brechen. Sie wählte einen günstigen Augenblick, als er sich, zwischen zwei psychischen Krisen, stabil fühlte. Doch bald erlitt er erneut einen Zusammenbruch und begab sich wieder in eine Klinik. Michelson kehrte zurück und sorgte für ihn, bis er aus der Klinik entlassen werden konnte, dann verließ sie ihn wieder. Später verliebte er sich in eine Frau, die sich der Seidenmalerei widmete, zwei Kinder hatte und eine Wohnung in Paris sowie ein Haus auf dem Lande besaß. Sie lebten eine Weile glücklich zusammen. Frechtman fühlte sich erneut verpflichtet, genug Geld zu verdienen, um seine »fünfköpfige Familie«[15] zu unterhalten.

Die Probleme, die die Schlußkatastrophe auslösten, begannen Ende 1963, als Bantam Books in Amerika Grove Press die damals erstaunlich hohe Summe von fünfzigtausend Dollar für die Taschenbuchrechte an *Notre-Dame-des-Fleurs* bot.[16] Genets Anteil an der ersten Rate betrug lediglich viertausendsiebenhundertfünfzig Dollar. Genet verstand die Berechnung der entsprechenden Abzüge durch den Verleger nicht und explodierte zunächst einmal bei Rosica Colin. Statt daß Frechtman sie nun verteidigte (sie wußte nichts von dem Handel, zu dem Frechtman seine Zustimmung gegeben hatte), wandte er sich gegen sie und teilte Genet mit, daß ein amerikanischer Agent für Genet inzwischen bereits ein Vermögen zusammengebracht haben würde.[17]
Als Genet schließlich dahinterkam, daß Rosica in der Angelegenheit vollkommen hintergangen worden war und Frechtman in gewisser Weise eine viel größere Schuld traf, stellte er sich kompromißlos gegen ihn. Genet verstand nichts von amerikanischen Verlagsprozeduren (Auszahlungslisten, Teilung der Taschenbuchvorschüsse mit dem Verleger der gebundenen Ausgabe etc.). Bis zum September 1965 hatte Rosica Colin sein Vertrauen so weit wiedergewonnen, daß er beschloß, Frechtman völlig auszuschalten. Genet schrieb am 20. Oktober 1965 an Barney Rosset:

Lieber Monsieur Rosset,
von heute an bitte ich Sie, das ganze Geld – *ich sage, das ganze Geld* – zurückzuhalten, das Sie mir gemäß unseren Verträgen für meine Autorenrechte schulden. Mit diesem Geld meine ich die Beträge, die mir als Autor zustehen, und die möglichen Prozentanteile meiner Agenten und meines Übersetzers.
Die zurückgehaltenen Beträge werden diejenigen sein, die Sie mir für das erste Halbjahr 1965 und die folgenden zu zahlen haben, sobald ich es für nötig erachte.
Wollen Sie also bitte meine Anweisungen für die Bezahlung meiner Rechte abwarten.

Gezeichnet Jean Genet.[18]

Frechtman war tief verletzt und empört. Er schrieb sofort eine Reihe langer, aufgeregter Briefe an Faber and Faber und Grove, in denen er seine Position als Genets Agent und Übersetzer abzusichern versuchte. Er engagierte sogar einen eigenen Agenten für sich in England und einen in den USA. Er drohte, die englischsprachigen Produktionen von Genets Stücken zu stoppen. Er versuchte, Faber dazu zu bringen, sich mit dem berühmtesten Schauspieler der Welt, Laurence Olivier, in Verbindung zu setzen, und ihn zu überreden, in Genets Stücken aufzutreten – ein Schachzug, um sich selbst für Genet wieder wichtig zu machen. (Olivier hatte in einem Ionesco-Stück gespielt und war, Kenneth Tynan zufolge, von Genets Stücken fasziniert.) Frechtman machte Rosica Colin schlecht. An Barney Rosset schrieb er:

Genets Brief vom 20. Oktober an Sie war gemein. Ohne viele Worte darum zu machen, hat er Ihnen den Eindruck zu geben versucht, daß ich mit seinem Geld unredlich umgegangen bin. Die einzige Entschuldigung für ihn ist, daß R. Colin, die schon seit Jahren versucht, mir die Genet-Agentur abspenstig zu machen, ihm in letzter Zeit mit Lügen und versteckten Andeutungen in den Ohren gelegen hat. Genet beging den Fehler, ihr ohne weitere Nachfrage zu glauben.

In einem späteren Brief setzte er hinzu: »Genets Verhalten war erschreckend kleinlich.«[20]
Es stellte sich jedoch heraus, daß Genet sich weigerte, über den Fall Frechtman noch einmal nachzudenken. Der Gallimard-Anwalt Laurent Boyer setzte für alle ausländischen Verleger Genets neue Verträge auf, die sie ohne Ausnahme unterschrieben. Nach den Bedingungen dieser Verträge liefen Genets Einnahmen aus dem Ausland über Rosica Colin, die ihre Provision einbehielt, an Genet dessen Anteil auszahlte und für Gallimard einen Scheck ausstellte. Gallimard wiederum zahlte dann an Frechtman dessen Anteil als Übersetzer der englischen Fassungen von Genets Texten.[21]
Frechtman beschuldigte Genet, ihn zu berauben, und Rosica Colin, ihn zu hintergehen, aber nichts, was er unternahm, tat Wirkung bei Genet. 1967 überredete Frechtman Paul Morihien, der mit Genet schließlich die allerersten Verträge über mehrere seiner Bücher geschlossen hatte, Genet wegen Vertragsbruchs zu verklagen.[22] Frechtman schrieb Barney Rosset, daß Morihiens Verträge denen mit Gallimard zeitlich vorausgingen und daß Morihien (dessen Verlag an den Club Méditerranée und seine Verlagsabteilung, Le Trident, verkauft worden war) Klage eingereicht habe. Optimistisch schrieb Frechtman: »Morihiens Anwalt hat meinem Anwalt Kopien von Genets Abmachun-

gen mit Morihien überlassen, und es ergibt sich aus einer Überprüfung dieser und der Gallimard-Verträge, von denen ich Kopien habe, daß Morihiens Position unangreifbar ist.« Statt dessen aber legte Genets Anwalt Georges Kiejmann vor Gericht dar, daß Morihiens Buchausgaben schon lange vergriffen seien und daß eine derartige Vernachlässigung der Eigentumsrechte des Autors Morihiens Ansprüche unwirksam mache. Der Richter fand beide Positionen angreifbar, und es wurde keine Übereinkunft erzielt.[23]
Im Sommer 1966 war Frechtman endgültig vor allen weiteren Kontakten mit Genet ausgeschlossen worden. Seine Übersetzung von *Querelle*, mit der er fast fertig war, wurde abgelehnt, obwohl er noch immer als Übersetzer von *Das Totenfest* vorgesehen war. Er war nicht mehr Genets Theateragent. Und alle persönlichen Verbindungen zwischen ihm und Genet waren beendet worden, ohne daß die Möglichkeit einer Versöhnung in Sicht war. Frechtmans neue Freundin war nicht darauf gefaßt gewesen, einen Geliebten zu haben, der von Zeit zu Zeit geistig kollabierte (er hatte drei Zusammenbrüche in den vergangenen fünfzehn Jahren). Als er 1967 in tiefe Depression fiel, ließ seine neue Geliebte ihn einfach in eine Anstalt für Geisteskranke einweisen. Er weigerte sich, dort zu bleiben und, so erzählt Annette Michelson, kehrte in das Landhaus seiner Freundin zurück. Doch nach ein, zwei Tagen sagte sie ihm, daß er nicht bleiben könne. Sie ging ins Dorf, um Einkäufe zu machen, und als sie zurückkam, fand sie ihn erhängt an einem Baum im Garten. Bei den Angestellten von Faber and Faber wurde am 20. März 1967 ein Brief in Umlauf gesetzt, in dem es hieß, Bernard Frechtman sei gestorben – »vor etwa vierzehn Tagen – halten Sie alle Zahlungen zurück«[24].
Als Annette Michelson, die nach zwei Jahren in New York in Paris auf der Durchreise war, am 22. Oktober 1967 an Genet schrieb und ihm anbot, die Übersetzung von *Das Totenfest* fertigzustellen, wie Grove das vorgeschlagen hatte, reichte er den Brief an Grove weiter und kritzelte an den Rand: »Ich habe diese Frau niemals autorisiert, *Das Totenfest* zu übersetzen ... Ich bin gegen diese ehemalige Geliebte Frechtmans.«[25]

Im Frühjahr 1966 kamen endlich *Die Wände* in Paris auf die Bühne. Die Inszenierung rief einen der größten Skandale in der französischen Theatergeschichte hervor, vergleichbar mit dem Wirbel, den die Uraufführung von Victor Hugos *Hernani* 1830 oder 1913 die Premiere von Strawinskys Ballett *Le Sacre du printemps* gemacht hatten.
Genet erklärte, er hätte, als er *Die Wände* schrieb, nie erwartet, daß sie inszeniert werden könnten, und in einem Interview gegen Ende seines Lebens

sagte er: »Das einzige Mal, daß ich wirklich Spaß hatte, war, als ich *Die Wände* schrieb. 1957, kurz bevor es mit de Gaulle losging. Ich dachte nicht, daß das Stück auf die Bühne käme. Ich dachte nicht über das Theater nach, nicht über eine Inszenierung. Ich schrieb das Unmögliche nieder: ein Stück gegen Frankreich ... Und schließlich wurde es nicht nur inszeniert, nein, viel besser, es kam auf die Bühne eines französischen Nationaltheaters.«[26] Nach dieser französischen Erstinszenierung untersagte Genet bis 1983 eine Wiederaufführung in seinem Lande, und noch 1975 ließ er nicht zu, daß es gedruckt erschien.[27] Roger Blin, der *Die Neger* so erfolgreich inszeniert hatte, war sofort damit einverstanden, auch bei den *Wänden* Regie zu führen. »Ich erhob Anspruch auf dieses Stück, weil ich meinte, ich hätte das Recht, es zu inszenieren, schließlich bin ich einer der Unterzeichner des berühmten ›Manifestes der 121‹ gewesen.«[28] Alle Schauspieler und Regisseure, die diese Erklärung, nach der die Unterdrückung der algerischen Unabhängigkeitsbestrebungen durch Frankreich schärfstens zu verurteilen sei, unterschrieben hatten, durften ein Jahr lang weder beim französischen Rundfunk noch beim Fernsehen arbeiten. Selbst die Filme, die sie früher gedreht hatten, durften im Fernsehen nicht gezeigt werden. Für Blin war die Inszenierung des Theaterstücks also auch ein politischer Akt der Herausforderung, obwohl Genet darauf bestand, daß er aus dem Stück keinen politischen Traktat mache. Genet sollte später sagen: »Alle meine Stücke, von den *Zofen* bis zu den *Wänden*, sind doch in gewisser Weise – zumindest will ich das gerne glauben – ein bißchen politisch, insofern, als sie sich indirekt auf die Politik beziehen. Sie sind politisch nicht neutral.«[29] Insbesondere räumte er ein, daß seine Homosexualität seine Ansichten geformt habe: »Vielleicht war es die Homosexualität, die mich hat begreifen lassen, daß die Algerier Menschen wie alle anderen sind.«[30] Wenn die Kolonie in dem Stück auch nie beim Namen genannt wird, so wird aus den Redewendungen der Kolonisierten deutlich, daß ihre Muttersprache Arabisch ist. (Hanan Kasab Hassan hat in seiner Examensarbeit diese Beziehungen detailliert untersucht. Wie Genets späteres Drehbuch *La Nuit venue [Abenddämmerung]* zeigt, besaß er detaillierte Kenntnisse der marokkanischen und algerischen Sitten, Gesten und sprachlichen Gewohnheiten sowohl auf arabisch als auch auf französisch, die er sich in Frankreich sowie in Nordafrika erworben hatte.)

Eine Anekdote war der Keim zu Genets Stück. Einem algerischen Maurer, der am Haus eines von Genets Freunden arbeitete (Lucien Sénémauds Haus?), wurden seine Ersparnisse gestohlen, wodurch er so arm wurde, daß er sich in

Algerien nur eine sehr unscheinbare Frau leisten konnte.[31] Diese Geschichte mit ihrem allusiven Unterton von Erniedrigung und sozialem Scheitern und ihrer Hoffnung auf eine trotzige Liebe zwischen verzweifelten Menschen brachte das ausladende Stück hervor, das in seiner letzten Druckfassung zweihundertsechsundsiebzig Seiten lang war. Auf der Bühne nimmt es, ungekürzt, etwa fünf Stunden in Anspruch und enthält sechsundneunzig Rollen plus Statisten (eine Anweisung lautet: «Jeder Schauspieler muß die Rollen von fünf oder sechs Personen spielen, Männern wie Frauen.»[32]) Allein schon sein Umfang sollte wohl aus dem Stück ein Ereignis machen, das wahrscheinlich nicht oft wiederholt wird, wie Wagners *Ring* etwa.

Die »Botschaft« des Stücks, wenn es eine gibt, ist sicher schwer erfaßbar. Paule Thévenin, die in enger Zusammenarbeit mit Genet an dem Text gefeilt hat, meint, es sei »in etwa« Verrat.[33] Die Geschichte ist einfach. Saïd, ein armer Arbeiter in einer nicht mit Namen genannten Kolonie, hat eine Frau, Leila, die so häßlich ist, daß sie eine Kappe tragen muß, die ihr Gesicht bis auf Augen und Mund vollkommen verdeckt. Leila und Saïd wohnen bei seiner Mutter, und diese drei Mitglieder der Familie Brennessel sind, wie ihr Name sagt, Schmerzen verursachendes, unerwünschtes Unkraut, das auf Ödland wächst. Saïd kommt mit seinen Arbeitskollegen auf Sir Harolds Gut nicht aus. Sie hänseln ihn wegen seiner häßlichen Frau, und dies führt zu Schlägereien, die er immer verliert. Er spart jeden Sou, den er verdienen – oder stehlen – kann, um in einen Puff gehen zu können, der von Warda regiert wird, einer gealterten Hure mit prunkvollen Kleidern, schweren Röcken und verfaulten Zähnen, in denen sie mit goldenen Nadeln herumstochert. Als Saïd dabei ertappt wird, wie er einem anderen Arbeiter die Jacke stiehlt, kommt er ins Gefängnis. Um zu ihm zu gelangen, läßt sich Leila ebenfalls beim Stehlen erwischen. Die Dorfbewohner verhöhnen Saïds Mutter, weil sie einen Außenseiter zum Sohn hat, und es wird ihr sogar verwehrt, mit den anderen Frauen zu trauern, als sie einen toten Dorfbewohner zu seinem Grab geleiten.

Die Szenen im Bordell oder im Dorf wechseln sich mit Szenen unter den europäischen Siedlern ab: Franzosen, Deutschen, Italienern und Engländern. Um seine arabischen Knechte zu beeindrucken, stopft einer der Siedler, Mr. Blankensee, seine Kleidung mit einem imposanten falschen Bauch und falschen Arschbacken aus, und wenn Sir Harold seine Arbeiter nicht beaufsichtigen kann, läßt er an seiner Statt einen riesigen körperlosen Handschuh über ihren Köpfen schweben, um sie einzuschüchtern. Die Europäer sind jedoch dermaßen mit sich selbst beschäftigt, daß sie den Ausbruch einer Rebellion nicht bemerken, die sich bald zur Revolution auswächst. Sie plaudern zufrieden miteinander, während die Araber insgeheim den Orangenhain in Brand setzen. Langsam löst sich alles in einer Art moralischer Entropie auf. Die Europäer verlieren ihre Macht und flüchten sich in berauschende Rhetorik. Saïds Mutter erdrosselt – beinahe ungewollt – einen französischen Soldaten in einer parodistischen Liebesumarmung. Ein französischer Leutnant stirbt; da seine Männer ihn nicht mit angemessenen Ehren in französischer Erde bestatten können, verabschieden sie ihn in einer Wolke gemeinsamer Fürze, der Luft der verschiedenen Regionen Frankreichs, die sie lange in ihren Gedärmen hatten reifen lassen. Die geheimnisvolle Aura, die das Bordell umgibt und durch die Ablehnung angesehener Araberfrauen noch gesteigert wird, geht während der Revolution langsam in die Brüche; die Prostituierten werden Frauen wie alle anderen auch. Immer mehr Personen sterben. Wir sehen jeden neuen Toten durch eine Wand steigen, um in die andere Welt zu gelangen, wo alle gesellschaftlichen und politischen Unterschiede sich in einem Meer aus Gelächter auflösen. Immer wenn eine Figur bemerkt, daß sie tot ist, ruft sie: »Und man macht so ein Gewese darum!«[34]

Am Schluß des Stückes findet eine Gerichtsszene statt, eben der Prozeß gegen einen Verräter, der in den *Negern* hinter der Bühne stattfindet. In den *Negern* kann man sich vorstellen, daß der schwarze Verräter in einer neuen schwarzen Nation bestraft werden *könnte*, in den *Wänden* jedoch zeigt Genet, der große Apostel des Verrats, daß die wahre Gefahr darin besteht, daß die Revolutionäre ihren ehemaligen Herren allzu erfolgreich nacheifern; daß sie, statt ihre eigene Kultur und ihre eigenen Werte zu schaffen oder wiederzuentdecken, das europäische System einfach beibehalten und nur die Lücken mit neuen arabischen Namen ausfüllen. Als Beweis gegen diesen unstatthaften Drang, die Unterdrücker zu imitieren, ist nichts so unschätzbar wie der Egoismus, die Hinterhältigkeit und leidenschaftliche Unangepaßtheit der Familie Brennessel. Genet hat einmal gesagt, er habe *Die Wände* geschrieben, um die rettende Bedeutung »eines kleinen Abfallhaufens«[35] aufzuzeigen.

In der Gerichtsszene wollen die revolutionären Soldaten Saïd dafür bestrafen, daß er sie an den Feind verraten hat, aber eine der stärksten Frauen aus dem Dorf, Ommou, selbst dem Tode nahe, verteidigt Saïd.

Ommou: Die Herren von gestern werden es den Herren von heute sagen, daß nichts so geschützt werden muß wie ein Häufchen Unrat ... Daß ja niemand jemals seinen Kehricht wegwirft ...
Lalla: Ich stecke immer eine Prise unters Radio.

Chigha: Ich in meine Westentaschen ...
Aziza: Und ich ins Salzfaß, um die Suppe zu salzen ...[36]

Die Toten, die sich Ommous Argumente anhören und wissen, daß die Suppe Salz braucht, feuern sie an, bis einer der revolutionären Soldaten sie anschreit: »Genug. Ihr habt nicht über diesen Sieg zu bestimmen, auch nicht darüber, welchen Sinn er haben soll. Uns, den Lebenden, kommt es zu, zu entscheiden.«[37] Der Soldat steht für Tüchtigkeit in der Schlacht, für kartesianische Logik, für glänzende Paraden und für die neue Ordnung. Ommou bemerkt trocken: »Du und deine Kameraden, ihr seid der Beweis, daß wir einen Saïd nötig haben ...«[38] Am Ende unternimmt Saïd den Versuch zu fliehen und wird dabei von den Soldaten niedergeschossen. Doch von allen Leuten, die in diesem Stück gestorben sind, geht allein er nicht hinüber in die andere Welt. So wie ihn zuvor die anderen Arbeiter isoliert haben, so isoliert er sich jetzt selbst. Er weigert sich, an der großen Party teilzunehmen, die bei den Toten im Gange ist. Er ist die irrationale Zahl, die nicht in die runden Summen der Gesellschaft zerlegt werden kann, die schwache Hoffnung auf eine stetige – oder endlose! – Revolution.

Genets beharrlichstes Thema, die Verworfenheit, erfährt seine ausführlichste Behandlung in *Die Wände*, werden hier doch die politischen und gesellschaftlichen Begleiterscheinungen breiter dargestellt. Verworfenheit wird nicht mehr wie in den Romanen als eine Form satanischen Zaubers gezeigt. Hier ist sie nackt, ohne die verwandelnde Magie von Genets Sprache. Sie wird in all ihrer Verkommenheit, ihrem Gestank, ihrer Häßlichkeit und Kleinlichkeit bloßgelegt. Keine religiösen oder aristokratischen Metaphern retten sie. Doch mittels eines neuen Tricks wird gezeigt, daß genau die unsozialen Eigenschaften der verfemten Familie Brennessel sozialen Zwecken dienen; sie sorgen dafür, daß die Revolution ehrlich bleibt. Eine Liebe wie die, die zwischen den Bettlern »Genet« und Salvador auf den ersten Seiten von *Tagebuch eines Diebes* angedeutet wird, bindet die häßliche Leila an ihren nichtswürdigen Mann Saïd. Der sprachmächtigste Moment im ganzen Stück ist denn auch Leilas Rede:

Aber ich will, ich will – es spricht meine Häßlichkeit, die ich mir Stunde um Stunde errungen habe, oder wer sonst spricht? –, daß du aufhörst, dich umzusehen. Ich will, daß du mich ohne Widerrede ins Land des Schattens und des Untiers führst. Ich will, daß du in ausweglose Leiden eintauchst. Ich will – es spricht meine Häßlichkeit, die ich mir Minute um Minute errungen habe –, daß du ohne Hoffnung bist. Ich will, daß du das Böse wählst, und immer das Böse. Ich will, daß du nur den Haß und nie die Liebe kennenlernst. Ich will – es spricht meine Häßlichkeit, die ich mir Sekunde um Sekunde errungen habe –, daß du das Leuchten der Nacht, die Weichheit des Feuersteins, den Honig der Disteln zurückweist. Ich weiß, wohin wir gehen, Saïd, und warum wir dorthin gehen. Es ist nicht, um irgendwohin zu gehen, sondern damit die, die uns dorthin schicken, in Ruhe an ihrem ruhigen Ufer bleiben.[39]

Dies ist sicherlich eine der seltsamsten Liebeserklärungen, die je geschrieben wurden, mit ihrer übersteigerten Redeweise, die sich überraschend mit dem Gestammel der Volkssprache verbindet, mit ihrer wilden Umarmung von Dunkelheit und Verzweiflung, die ebenso überraschend der Liebe zweier Dostojewskischer Leidender Ausdruck verleiht, einer Liebe, die so brennend wie würdelos, so possenreißerisch wie tragisch, so heftig wie unsentimental und so hingebungsvoll wie treulos ist. Als Genet in einem 1981 verfaßten Essay über die *Brüder Karamasow* spricht, zieht er bezeichnenderweise den abstoßenden Smerdjakow dem christushaften Aljoscha vor. Blin war der Meinung, daß diese Liebe – eine Liebe, die Worte des Hasses und Worte der Verachtung gebraucht[40] – das wahre Thema des Stückes sei, nicht der Kolonialismus oder die Politik.
In dem späteren Drehbuch *Abenddämmerung* schreibt Genet in einer Anmerkung nach einer Szene: »Auch dieses Mädchen, diese Bordellhure, muß ihr ganz persönliches, ganz sinnliches Leben haben. Sie macht diese Arbeit, aber sie muß auch ein Jemand sein, und die Zuschauer müssen das sehen.«[41] Das ist die gleiche Spezifizierung – sinnlich, vollkommen, einzigartig –, die Genet der aufständischen Bevölkerung in den *Wänden* gibt, den Europäern aber verweigert, die in ihren Rollen einfach auszutauschen sind (der Akademiker, der Bankdirektor, der Richter, der Vamp, der General etc.); ihre Rollen existieren wiederum nur, wenn sie wahrgenommen werden. Daher die Wichtigkeit von Fotografen, die ihnen nachlaufen und noch die kleinste Tat verzeichnen und veröffentlichen.
In *Die Wände* werden die Themen von *Der Balkon* und *Die Neger* zusammengefaßt. Wie in *Der Balkon* steht auch in *Die Wände* ein Bordell im Mittelpunkt, aber mit einem entscheidenden Unterschied. In *Der Balkon* imitieren und erotisieren die Prostituierten die Machtverhältnisse innerhalb der Gesellschaft (Bischof-Sünderin, Richter-Verbrecherin, General-Pferd) und nehmen daher an der gefährlich trügerischen und denaturierenden Verbrei-

tung der Götzenbildnerei teil. Sie sind keine Menschen, sondern Figuren. In dem arabischen Bordell stellen die Frauen dagegen niemanden dar; vielmehr sonnen sie sich in ihrer Nutzlosigkeit, einem Luxuszustand, der der Heiligkeit, den Mysterien der antiken Tempelprostitution nahekommt. In diesem Haus bleiben die Huren in ihre glanzvollen Roben gekleidet und sind stolz auf ihr Alter und ihre Kultiviertheit:

Warda (hochmütig, mit derselben gedehnten, enttäuschten Stimme):
Vierundzwanzig Jahre alt! ... Eine Hure ist man nicht von ungefähr, das muß heranreifen. Ich habe vierundzwanzig Jahre gebraucht. Und ich bin begabt! Ein Mann, was ist das? Ein Mann bleibt ein Mann. Er ist es, der sich vor uns auszieht wie eine Hure aus Toul oder Nancy.[42]

Später sagte Genet:»Ein Bischof oder sogar der gegenwärtige Papst ist ganz in seinem Kostüm enthalten. Arafat ist nicht nur in seinem *kefieh* enthalten. Er ist auch noch anderswo. Aber stellen Sie sich den Papst in den Kleidern vor, wie Sie oder ich sie tragen!«[43]
Die Figuren der Autorität und die Revolutionäre aus *Der Balkon* und *Die Neger* kehren in *Die Wände* wieder, aber Genets letztes Stück, wie bereits angedeutet, zeigt, daß, sobald die Revolution ihr Ziel erreicht hat, die neuen Sieger Gefahr laufen, ihre Vorgänger zu imitieren. In späteren Jahren, als Genet ein Freund des palästinensischen Volkes wurde, war er dennoch imstande zu erklären:»Hören Sie: an dem Tag, an dem die Palästinenser zur Institution werden, werde ich nicht mehr auf ihrer Seite stehen. ... Ich glaube, das ist der Augenblick, wo ich sie verraten werde.«[44] Die Familie Brennessel und Ommou widerstehen der Assimilierung. Sie weigern sich, symbolische Leben zu führen, den Status eines Spruchbandes oder einer Fahne zu übernehmen. Und Warda sagt:»Nein! Nein! Nein! Ich nicht! Nie lasse ich mich treiben, nie werde ich im Winde flattern!«[45] Von den Figuren der Autorität hat nur der französische Sergeant ein authentisches Ich. Wie Roger Blin darlegte, ist der Sergeant Saïds Doppelgänger und erstrahlt in derselben Glut aus Dreck und Fäulnis.[46]

Mit dem Stück *Die Wände* schlägt Genets Stil einen neuen Ton an, eine fragmentarische Musik, die der gesprochenen Sprache näher ist als alles, was er zuvor geschrieben hatte. Als Saïd das erste Mal auftritt, sagt er:»Rosa! *(Pause)* Ich sage euch rosa! Der Himmel ist schon rosa.«[47] Diese Art, rückwärts in einen Satz einzusteigen, den Diamanten zu zeigen und ihn erst dann

in einen syntaktischen Ring einzusetzen, ist ein Merkmal von Genets neuem Stil. Oder Personen geben Reime und Unsinniges von sich, während sie auf einem Wortgelände herumschaufeln, doch zuviel Erde aufhäufen, als daß sie uns zu sehen gestatteten, was sich am Boden der Grube befindet: »Mir brennt der Kopf im Feuer der Glocken, nicht meine Augen in deinen Taschen, der Wind in meinem Schenkelhals und Eis unter meinem Unterrock, tot wollen wir dich, tot, aber es ist lebendig, nicht tot.«[48]
Die Struktur des Stückes ist wuchernd, polyphon, eher episch als wohlproportioniert, und diejenigen, die klagen, es sei zu lang oder mit Ereignissen zu vollgestopft oder habe zuviel Leerlauf, übersehen Genets Intentionen. Während *Die Zofen* eines der ökonomischsten und straffsten Stücke des modernen Repertoires ist, ein direkter Nachfahre von Racines kargen Dramen (ein Kritiker hat sogar nachgewiesen, daß es sich auf Racinesche Art in fünf »Akte« gliedert), verweisen *Die Wände* eher auf Shakespeare als auf Racine mit ihren ineinander verschlungenen Handlungen, ihrer Mischung aus Komödie und Tragödie und ihren politischen und historischen Anspielungen. Die französische Kritikerin Odette Aslan, die *Die Wände* am eingehendsten untersucht hat, deutet auf das »schludrige Gewucher« (*»foisonnement échevelé«*[49]) des Stückes hin - eine treffende Beschreibung dieses unordentlichen Meisterwerks.
Genet hatte sich auch von der chinesischen Oper beeinflussen lassen. 1955 sah er in Paris eine Vorstellung der Peking-Oper während ihres ersten, beifallumtosten Gastspiels in Frankreich. Die Oper präsentierte mehrere Ausschnitte aus weitaus umfangreicheren Werken, glänzte mit ihren großartigen Akrobaten und demonstrierte ihre hochstilisierten Fertigkeiten, eine Reise, Wasser, Krieg und anderes anzudeuten.[50]
Die Familie Brennessel, und zwar alle drei, bezaubern uns auf besondere Weise. Sie haben eine direkte Beziehung zur Natur, die an den heiligen Franz von Assisi erinnert. Saïd spricht mit Steinen, seine Mutter kann die verschiedenen Baumarten im Wald allein schon am Rauschen des Windes in ihren Zweigen erkennen, und Leila setzt das Stroh des Nachbarn in Brand, weil sie das Feuer liebt. (Als Cocteau gefragt wurde, was er retten würde, wenn sein Haus brennen würde, gab er die berühmte Antwort: »Das Feuer«.)
Als Java einmal Jahre zuvor Genet über dessen Herkunft ausfragte, witzelte er über die botanische Bedeutung von *genêt*, dem unkrautartigen Besenginster. »Zunächst mal, Genet, was ist das? Hat man dich in den Brennesseln gefunden?«[51] (Eine Anspielung auf die französische Vorstellung, daß Babys zwischen Kohlköpfen zur Welt kommen.) Wenn Genet zu niemandem gehörte, dann mußte er zwischen den Brennesseln geboren sein, einer Familie, die

seine widerstreitenden Bedürfnisse veranschaulicht, gleichzeitig Menschen (barsch) zu bemuttern, jeden zu hintergehen und seinen vertrauten Freunden zu dienen. Zwischen die Szenen des Stücks streut Genet – für den Leser, nicht für den Zuschauer bestimmte – kurze Essays ein, die einen knappen Einblick in seine Vorurteile, Ideen und Gefühle gestatten. Wir erfahren, daß jede Gestalt eine Wunde verbirgt, die unter dem von den Personen getragenen Schmuck verschwindet – eine Wunde, die auch dank dieser Verkleidung sichtbar wird. Wie in *Der Balkon* tragen die Figuren einen realen Gegenstand bei sich (eine Legionärstasche aus Leder) und einen Gegenstand, der unecht ist (ein angemaltes Holzgewehr) – Genets Verweise auf Realität und Kunstkniff, die Zwillingsgötter seines Theaters. Viele von Genets Bemerkungen sind typisch für ihn, um nicht zu sagen kapriziös: »Wenn dieses Stück aufgeführt wird, ist es unumgänglich, eine Schule des Bebens zu gründen.«[52] Wie in seinen anderen Stücken richten sich seine Anmerkungen gegen alles, was in Handlung und Dialog naturalistisch sein könnte.

Genet formulierte einige seiner in diesem Zusammenhang besonders aufschlußreichen Ansichten über das Theater in dem Essay »L'Étrange mot d'...« (»Das merkwürdige Wort ...«), den er 1967 in *Tel Quel* veröffentlichte. Er schrieb ihn, wie er es nannte, »mit der aktiven Lässigkeit eines Kindes, das die Wichtigkeit des Theaters kennt«[53]. Der Essay beginnt mit einem Blick auf den heutigen »Urbanismus« (das »merkwürdige Wort« des Titels). In einer unkonventionellen Empfehlung nach der anderen dringt Genet darauf, daß das Theater im Schatten eines Friedhofs und seines Krematoriums erbaut wird (der wiederum im Mittelpunkt der Stadt liegen sollte), und daß nach den Proben nur eine einzige Aufführung des Stücks gegeben werden sollte, ein Ereignis von solcher Pracht, daß das Echo seiner Herrlichkeit selbst jene noch berührt, die es nicht gesehen haben. Er meint, Mozarts *Don Giovanni* auf einem Friedhof aufgeführt zu sehen, würde den Tod leichter und die Oper ernster machen. Auf dem Friedhof sollte ein Mime den Toten vor dem Hintergrund seines Sarges und seiner Freunde darstellen. Ein Architekt, der ein Theater entwirft, sollte erkennen, wie es tatsächlich zugeht in der Welt, dann sollte er sein Werk mit priesterhaftem und lächelndem Ernst sorgfältig ausarbeiten. Ein Stück annulliert, zumindest während seiner Dauer, beim Publikum das Gefühl für die historische Zeit und erschafft insgeheim ein Gefühl für die dramatische Zeit – was auf eine schwindelerregende Befreiung hinausläuft. Diese neue Orientierung in der Zeit ist eine nützliche Waffe im Kampf gegen den westlichen Kalender, der mit der Geburt Christi beginnt und den das Abendland anderen Kulturen aufzuzwingen ständig versucht.

So wie die Fotografie die Malerei von der Aufgabe befreite, eine Ähnlichkeit einzufangen, so haben Film und Fernsehen das Theater von der Aufgabe befreit, Geschichten zu erzählen, und es ihm gestattet, sich auf seine wesentliche Domäne zu besinnen: den Mythos. In Genets Theater sind schmutzige Wörter und schockierende Situationen so zahlreich, weil sie in zeitgenössischen Stücken so selten sind (»Wenn mein Theater stinkt, dann, weil das andere duftet«[54]). Politik, Moral und bloße Unterhaltung sind für das wahre Theater irrelevant. Absolut *jeder* Gegenstand, entsprechend in Fetzen gerissen und ausgestellt, kann ein geeignetes theatralisches Thema sein, doch nur, wenn es uns zuvor mit seinem Feuer *verbrannt* hat.

In einer Schlußfolgerung, die eines Roland Barthes würdig wäre (den Genet kannte und las), schreibt Genet, daß beides, Worte und Handlungen, sich zu einer eigenen Syntax zusammenfügen, die exakt erlernt und gehandhabt werden muß. Wenn der Beerdigungsmime seine Aufgabe wirksam erfüllt, wird er die Worte finden, die den Toten wieder leben und sterben lassen können und die das Leben und selbst »den Tod des Todes«[55] verschlingen werden. Als Beispiel einer Handlung, die so schwer zu erlernen ist wie diese Syntax, nennt Genet den Verrat: »Ich habe mich sehr anstrengen müssen, meine Freunde zu verraten, doch am Schluß hat es sich gelohnt.«[56]

Aus diesem Ideenchaos heben sich einige Vorstellungen heraus, die für *Die Wände* wesentlicher sind als noch für seine früheren Stücke: die Beziehung zwischen Tod und Theater; die Notwendigkeit, ein neues Gefühl von psychischer Dauer zu erschaffen (im Gegensatz zur chronometrischen Zeit), die der Aufführung eines Stückes innewohnt; die Unterordnung oder der Ausschluß politischer und gesellschaftlicher Botschaften zugunsten einer neuen Form, die auf Zersplitterung beruht; und die Erkenntnis, daß es ein Thema sein muß, ganz gleich, welches man auch wählt, das uns tief berührt hat. An anderer Stelle hat Genet betont, er sei gegen psychologische Studien im Theater und gegen bloße Unterhaltung.

Integraler Bestandteil von Genets Konzeption sind die Wände des Titels. In der Pariser Aufführung waren das große weiße Stellwände, von André Acquart entworfen, der bereits *Die Neger* ausgestattet hatte. Acquart ließ siebenundzwanzig Stellwände bauen, die mühelos über die Bühne geschoben werden konnten und so neue Schauplätze bildeten (die Wasserstelle, das Bordell, die

Totenwelt etc.), den Auftritt oder Abgang einer Person verdeckten, mehrere verschiedene Örtlichkeiten gleichzeitig festlegten und die Trennwand zwischen Leben und Tod markierten. Die Figuren selbst bedeckten in bestimmten Augenblicken neutrale Wände mit Graffiti, um Handlungen wie das Niederbrennen von Orangenhainen deutlich zu machen. Kostüme, Maske (von Roger Blin entworfen) und Beleuchtung waren gleichermaßen stilisiert.[57] Acquart war von der Idee einer leeren Bühne ausgegangen, die sich plötzlich verändern und sehr voll werden konnte. Die siebenundzwanzig Wände, die jederzeit auf beiden Seiten der Bühne sichtbar waren, konnten ohne weiteres auf die Bühne gerollt werden. Gleichzeitig konnten drei Podeste aus dem Bühnenboden auf verschiedene Höhen gefahren werden, um verschiedene Orte darzustellen (einen Dorfplatz, ein Haus, ein Bordell etc.). Genet stritt sich mit Acquart über die Zeichnungen auf den Wänden, die Genet sich von Irren in einem Sanatorium angefertigt wünschte, Acquart dagegen von einem professionellen Bühnenbildner (seinem Sohn). Nach einer erregten Debatte gewann Acquart die Schlacht. Als später einmal das Bühnenbild für *Die Wände* von Insassen eines Irrenhauses entworfen wurde, kamen dabei die langweiligen akademischen Zeichnungen braver Studenten heraus. Doch Genet blieb seiner Idee treu, und in einem späteren Filmdrehbuch gibt er erneut an, daß bestimmte Bilder von Irren entworfen werden sollten.

Bereits 1964 begann Genet mit Blin intensiv an den *Wänden* zu arbeiten, denn es hatte den Anschein, als wolle ein italienischer Millionär, Aldo Bruzzichelli, das Stück produzieren, möglicherweise in New York. Bruzzichelli hatte die Kriegsjahre in New York verbracht, wo er Intellektuelle kennengelernt hatte, die mit der *Partisan Review* in Verbindung standen – und zudem als Industrieller ein Vermögen gemacht. Ende der fünfziger Jahre hatte er Jean-Michel Serreaus Inszenierung der *Zofen* im Pariser Odéon finanziert.[58] Genet, Blin und Bruzzichelli flanierten durch die Straßen der italienischen Hafenstadt La Spezia, in der Genet wegen seiner Rendezvous mit Matrosen bekannt war; die Einheimischen nannten die drei »le tre zie« (»die drei Tanten«), was den Produzenten und den Regisseur, beide heterosexuell, amüsierte. Leider ging Bruzzichelli das Geld aus.
André Malraux hatte 1958 Jean-Louis Barrault zum Leiter des Théâtre de France, des französischen Nationaltheaters im Théâtre de l'Odéon, ernannt, und dieser lehnte *Die Wände* schon frühzeitig wegen deren zotiger Sprache ab. Dann endete 1962/63 der Algerienkrieg, Pompidou wurde von de Gaulle zum Premierminister ernannt, und eine neue, liberalere Zeit begann. Eines

Tages begegnete Paule Thévenin zufällig der Dramatikerin und Romanautorin Simone Benmussa, die der von Barrault und seiner Frau, der berühmten Schauspielerin Madeleine Renaud geführten Theatergruppe als Beraterin diente. Benmussa suchte verzweifelt nach einem neuen französischen Stück, das sie Barrault empfehlen könnte. Die Thévenin schlug sofort *Die Wände* vor, die Barrault bereitwillig akzeptierte, wobei er vergaß, daß er sie ja abgelehnt hatte.[59] Genet aber teilte Barrault ziemlich schroff mit, er wolle, daß Blin das Stück inszeniere. Er konnte sich auch nur widerstrebend mit der Idee anfreunden, daß ausgerechnet Madeleine Renaud, bekannt für ihre mondänen Rollen in französischen Komödien des achtzehnten Jahrhunderts, die Prostituierte Warda spielen sollte; am Ende aber war er von ihrer Darstellung begeistert.

Zuerst probte Blin nur mit den drei Mitgliedern der Familie Brennessel, und Genet arbeitete zum ersten und einzigen Mal in seiner Theaterlaufbahn seit *Unter Aufsicht* tagtäglich und eng mit einem Regisseur zusammen. Jacky Maglia war ebenfalls oft dabei und macht sogar eigene Vorschläge. Genet war begeistert von Blins Schauspielerwahl: von Amidou, der den Saïd spielte und dem Blin eine Ähnlichkeit mit dem Akrobaten Abdallah nachsagte, vor allem aber von Maria Casarès – eine draufgängerische, leidenschaftliche Frau, die von spanischen Zigeunern abstammte und über ein endloses, virtuoses Lachen verfügte. Sie war außerdem eine der wenigen Schauspieler, die er persönlich kannte. Seit den Tagen, als sie eng mit Camus befreundet gewesen war, hatte sie sich in den literarischen Kreisen in Saint-Germain bewegt. Genet hatte sie in Claudels *Repos du septième jour (Ruhe am siebten Tag)* gesehen und hinter der Bühne gefragt, ob sie in seinem Stück auftreten wolle.[60]

Während des ersten Probenmonats fühlte die Casarès sich völlig verloren. Sie fand keinen Zugang zu der Figur der Mutter und wollte sogar ihren Vertrag kündigen. Am nächsten Morgen rief Genet sie an und fragte, ob er bei ihr vorbeikommen dürfe. Es war noch nicht lange her, da war er auf einer seiner vielen Kurzreisen in einem Hotelzimmer in England ohnmächtig geworden, nachdem er zu viele Nembutal eingenommen hatte. Er hatte so fest geschlafen, daß er nicht einmal gespürt hatte, daß ihm der Heizkörper ein Loch in den Fuß brannte. Der Schaden war bereits passiert, als er endlich aufwachte, und nun humpelte er an einem Stock herum, was er übrigens noch jahrelang tat. Seine verbrannte Ferse ließ er nie richtig behandeln.

Als Genet bei der Casarès ankam, erklärte er ihr, die Mutter könne wie eine englische, Tee trinkende Lady sein oder wie ein Marseiller Fischweib. Sie erinnert sich: »Seine Konzentration, seine Haltung im Sessel, sein Stock, sein

Blick, seine ganze Erscheinung, die pikaresken spanischen Gestalten, die mir vollkommen vertraut waren, die Fischfrauen aus Marseille, aus jedem Land – alles, jeder lief nur auf eines hinaus, und ich *wußte* bereits, was mir von der anderen Seite der Wand versprochen wurde. Wir hatten schon zusammen gesucht – in mir? in ihm? in der Mutter? –, aber als er ging, hatte ich die Stimme, die Haltung, den Gang dieses Geschöpfs gefunden, das ich darstellen sollte.« Am nächsten Tag war sie wieder an der Arbeit. Als sie einmal während der Proben besonders großartig spielte, kam Genet hinter die Bühne und sagte: »Sie haben mich sehr lieb, nicht wahr?«[61]

Genets Notizen für Roger Blin wurden von Paule Thévenin gesammelt, die Genet schließlich dazu überredete, ein kleines Buch daraus zu machen, *Lettres à Roger Blin (Briefe an Roger Blin)*. Manche seiner Beobachtungen – die er für gewöhnlich abends, nach den Proben am Tag, in seinem Hotel niederschrieb – sind praktischer Art, einige zänkisch, die meisten visionär. Er betrachtet Verrücktheit und Tod als die Schutzgötter dieses Stücks, das »der endgültige Akt«[62] zu sein verspricht. Und er betont dessen Unwirklichkeit. Er hat sich nie entschieden, bis zu welchem Grad er *Die Wände* als ein in sich geschlossenes Werk betrachten wollte, sich nur abstrakten ästhetischen Prinzipien fügend (wie ein Stück Kammermusik), und bis zu welchem Grad er es als provozierende Verlebendigung des Algerienkriegs sehen wollte (wie eine Oper nach einem Geschichtsstoff). Aus dieser dynamischen Spannung entsprang aber Genets unberechenbare und schöpferische Beziehung zu dem Stück. 1966, während der Proben, konnte Genet an Blin schreiben: »Kümmern Sie sich nicht zu sehr um den Algerienkrieg«, doch drei Jahre später konnte er genauso bereitwillig sagen, *Die Wände* seien »nichts weiter als eine lange Meditation über den Algerienkrieg«[63]. Aus einem ähnlichen (wenn auch später gerechtfertigten) Geist des Widerspruchs heraus hatte Genet, als er gefragt wurde, warum er auf der Seite der Algerier stehe, geantwortet, er stehe immer auf der Seite der Stärksten. Von all dem einmal abgesehen, besteht er jedoch darauf, daß er jeden Moment in seinem Stück persönlich erfahren hat, so wie ein Blitzableiter die Elektrizität erfährt: »Niemals habe ich das Leben abgebildet – ein Ereignis oder einen Menschen, den Algerienkrieg oder die Kolonisten –, sondern das Leben hat ganz von selbst in mir die Bilder entstehen lassen, oder sie zum Leuchten gebracht, wenn sie schon da waren, Bilder, die ich übersetzt habe, sei es in eine Person, sei es in eine Handlung.«[64] Diese innere Neuschöpfung des Lebens seiner Gestalten deckt sich mit Genets Abneigung gegen den unvermittelten Realismus im Theater: es sei »einem arabischen Arbeiter zu verbieten, sich eine Zigarette anzuzünden: Da die

Flamme des Streichholzes auf der Bühne nicht *nachgeahmt* werden kann: eine Streichholzflamme im Saal oder anderswo ist dieselbe wie auf der Bühne. Weglassen.«[65] Genets wiederholte Rufe nach Stilisierung – einer orchestrierten Form von Gruppenlachen und -zittern, unnatürlichen, aber ausdrucksstarken Handbewegungen, einer Mischung von Militäruniformen aus verschiedenen historischen Epochen – waren nicht immer praktikabel, aber die meisten wurden vom Regisseur oder dem Ensemble beachtet. Manchmal erfand Blin kleine stumme Handlungen, die Genet in den endgültigen Text aufnahm. So war es Blin, der entschied, daß Leila am Schluß des Stückes nicht sterben, sondern von ihren Kleidern verschluckt werden sollte. Während ihr Kostüm auf der Bühne stehen bleibt, verschwindet die Schauspielerin durch eine Falltür, die durch ihre Röcke verdeckt wird.

Das Stück erlebte im April 1966 nicht einen Premierenabend, sondern fünf, und an allen fünf Abenden waren Journalisten anwesend – eine Kriegslist, um den erwarteten Aufruhr von rechts zu entschärfen. Zunächst schien das Publikum eher gelangweilt als empört von dem dreieinhalbstündigen Spektakel; in einer Zeitung war zu lesen: »Am Samstagabend nahmen die Zuschauer im Odéon die Premiere von *Die Wände* von Jean Genet mit einer gewissen Lauheit auf«, und in einer anderen: »Der Skandal ist, daß es keinen gab!«[66] Dennoch war »tout Paris« zugegen: Françoise Sagan, Marie-Laure de Noailles, Yves Saint-Laurent, Jean Cau und alle führenden Schauspieler und Regisseure Frankreichs.[67] Die Dichterin Louise de Vilmorin, Malraux' Geliebte, rannte am Schluß des ersten Aktes wütend nach draußen: »Ich bin zutiefst entsetzt über die Schmutzigkeit und Dummheit eines Autors, den ich bisher immer bewundert habe.«[68]
Bald jedoch mobilisierte die rechtsgerichtete Presse, angeführt von Jean-Jacques Gautier in *Le Figaro*, Mitglieder der OAS (und andere erbitterte, reaktionäre Gegner von de Gaulles Rückzug aus Algerien 1962), und es kam zu Ausschreitungen. Ein Staatstheater, das mit Steuergeldern subventioniert wurde, brachte ein Stück, in dem einem toten französischen Offizier mit den Fürzen seiner Männer salutiert wird, während die arabischen Revolutionäre in einem sympathischen Licht gezeigt werden. Am 23. April 1966 rief Gautier im *Figaro* aus:

Alles in mir zieht sich voll Abscheu zurück. Seine Gedanken, alles was ihm in den Sinn kommt, der Instinkt, der ihn treibt, die ständige Wahl seiner Bilder, die Vorliebe, die er an den Tag legt für alles, was häßlich, schmutzig, primitiv bis zum Exzeß ist, diese mit Unflat vollgestopfte Mülltonne, die er mit solchem Vergnügen durch die Gegend rollt, die Selbstzufriedenheit, die er empfindet, wenn er sich mißtönende Beschuldigungen ausdenkt, die Freude, die er ausstrahlt, wenn er Ungehörigkeiten aufrührt, sich in Obszönitäten wälzt, Schlüpfrigkeiten ausbreitet und dem Publikum ins Gesicht spuckt, um es voll Bewunderung in Ohnmacht fallen zu sehen, all das riecht entsetzlich schlecht und spiegelt den Wunsch, den Willen, den Ehrgeiz, die Entschlossenheit wider, alles schmutzig, gemein und niedrig zu machen.[69]

Am Wochenende um den 30. April/1. Mai brachen Gewalttätigkeiten aus. Am Freitagabend um elf stürmte ein Kommandotrupp die Bühne, warf mit Flaschen und einem Stuhl, während ein Trupp von zwanzig Leuten den Mittelgang herunterkam und Rauchbomben zündete. Sie schlugen sich mit den Schauspielern und verletzten einen von ihnen sowie einen Bühnenarbeiter. Am nächsten Abend besetzte ein anderer Trupp, fast alles Militärkadetten, während der »Furzszene« erneut die Bühne; etwa sechzehn Leute wurden verhaftet. Bis zum Beginn der Theaterferien, eine Woche später, wurde die Vorstellung jeden Abend unterbrochen, und jedesmal sprach Jean-Louis Barrault: »Im Namen der Freiheit der Menschen bitte ich Sie, Ruhe zu bewahren. Wenn diese Aufführung für manche von Ihnen nicht zu ertragen ist, verlassen Sie bitte das Theater. Das Stück geht weiter.«[70] Und es lief wirklich jeden Abend weiter. Vor dem Theater blockierte eine lautstarke Protestgruppe den Eingang; einer der Anführer war Jean-Marie Le Pen, der gegen den französischen Rückzug aus Algerien agiert hatte und in den achtziger Jahren zum Anführer der antiarabischen extremen Rechten in Frankreich werden sollte. Von Lucien Sénémaud und seinen zwei Stiefsöhnen, Jacky und Robert Maglia, beschützt, hatte Genet Spaß an dem Aufruhr. Roger Blin erinnert sich:

Eines Tages, als er im Odéon war, beobachteten wir zusammen vom ersten Stock aus, wie eine ziemlich eindrucksvolle Gruppe vor dem Theater aufmarschierte. Eine Schar Männer mit Baretten und der französischen Fahne marschierte vorbei und buhte Genet aus. Von unserem Fenster hatten wir einen guten Blick über den Platz, und wir hörten sie skandieren: »Nieder mit Genet! Genet die Schwuchtel!« Genet fiel bald um vor Lachen, wir hatten unseren Spaß, aber eigentlich war die Sache ziemlich mulmig.[71]

Einer derjenigen, die das Odéon *verteidigten*, war Patrice Chéreau, der 1983 an einer Neuinszenierung der *Wände* arbeitete. An die zweihundert linke

Studenten versammelten sich am Eingang des Theaters, um es zu schützen, und riefen: »Der Faschismus kommt nicht durch!«[72]

Genet war indessen noch mit einem persönlicheren Streit beschäftigt – und drohte, Marc Barbezat mit seinem Stock zu verprügeln. Nach Marcs Version: Am Abend der Generalprobe von *Die Wände* spazierte ich eine halbe Stunde vor Beginn in der leeren Arkade vor dem Odéon auf der Seite zur Rue Crébillon umher, als ich plötzlich auf Genet traf, der dort entlanghumpelte. Ich wollte mit ihm sprechen, aber er versuchte brutal, mit seinem Stock auf mich einzuschlagen. Ich wehrte den Schlag ab, ohne mit der Wimper zu zucken, und da eine Diskussion nicht möglich war, ließ ich ihn stehen und ging ins Theater, wo Olga auf unseren Ehrenplätzen auf mich wartete.[73]

Ihr Streit hatte 1959 begonnen, als Barbezat in der Presse entdeckt hatte, daß Genet vorhatte, bei Gallimard ein Stück über Algerien zu veröffentlichen. Es trug zwar einen anderen Titel, aber Barbezat erkannte, daß es sich um dasselbe Stück handelte, über das er 1956 mit Genet einen Vertrag abgeschlossen hatte. Nach scharfen Briefen von beiden Seiten gab Genet schließlich nach und überließ das Stück widerwillig Barbezat. Seither suchte Genet nach einem Grund, mit seinem alten Verleger zu brechen, um dann alle seine Bücher Gallimard zu überlassen.

Vor dem Odéon nun drohte Genet ihm Prügel an, weil er 1966 eine Neuauflage von »Der Seiltänzer« herausgebracht hatte, obgleich Genet dies nach Abdallahs Tod untersagt hatte. Barbezat behauptete, Genet habe dieser Neuauflage in einem Telefonanruf von Lissabon nach Décines zugestimmt[74], aber Genet wie auch Paule Thévenin bestanden darauf, daß er hintergangen worden sei. Barbezat zufolge beschuldigten die beiden das Ehepaar, heimlich mit Gallimard Geschäfte zu machen. Genet rief Olga an und sagte: »Ich bin erstaunt, daß Sie hinter meinem Rücken zu Gallimard gegangen sind.« Olga erwiderte, daß sie über Marcs Geschäfte nicht sprechen wolle, da sie sie nichts angingen. Genet gab den Telefonhörer an Paule Thévenin weiter, die erneut behauptete, Olga habe Genet betrogen, und zu ihr sagte: »Wenn ich zwischen einem Dichter und einem Verleger zu wählen habe, ergreife ich auf jeden Fall immer die Seite des Dichters.« Olga legte auf und sah weder Genet noch Thévenin jemals wieder.

Genet bekam Wind von Marcs Plänen, eine Neuausgabe von *Die Wände* zeitgleich mit der Pariser Premiere und illustriert mit Fotos des Ensembles und der Bühnenbilder und Kostüme von Acquart herauszubringen. Er gab im Theater die Anweisung, Marcs Fotografen Hausverbot zu erteilen, und ließ durch eine einstweilige Verfügung die Neuausgabe beschlagnahmen. Barbezat stellte sich ebenfalls auf die Hinterbeine, aber das Stück erschien in Frankreich erst wieder 1976 im Druck. Die beiden Männer sahen sich schließlich 1980 wieder, als sie sich im Büro von Genets Anwalt Roland Dumas trafen. Sie legten ihre Differenzen bei, und Genet autorisierte Barbezat, nach seinem Tod zwei Stücke zu publizieren, *Sie* und *Splendid's*. Während ihres Treffens war Genet äußerst herzlich und machte Marc Komplimente wegen dessen ewig jungen Aussehens. Drei Wochen bevor Genet starb, bestätigte er zum ersten und einzigen Mal mit einem liebenswürdigen Briefchen den Empfang einer Tantiemenzahlung von Marc. Doch die rührendste Huldigung, die Genet Marc Barbezat je zukommen ließ, stammt vom Juli 1963, als Genet eine Originalausgabe von *Wunder der Rose* mit einer persönlichen Widmung für ihn versah.

Genet schrieb, daß es dieses Buch nur dank Barbezat gebe, erstens, weil er das Manuskript an den Wachen vorbei aus dem Gefängnis geschmuggelt habe, und zweitens, weil er ihm diese publizierte Form gegeben habe – »endgültig, solide, monumental. Da dieses Buch mehr als jemandem sonst Ihnen gehört und es das beste meines Herzens ist, ziehen Sie selbst den Schluß daraus. Jean Genet.«[75]

Bei der letzten Vorstellung der *Wände* vor der Sommerpause wurden um zehn Uhr fünfundvierzig zwei Rauchbomben aus einem der Ränge ins Parkett geworfen, die den Teppich und mehrere Stühle in Brand setzten und unter den Zuschauern eine Panik auslöste, bis schließlich die Flammen gelöscht waren und das Stück weiterging. In diesen letzten Vorstellungen war die berühmte »Furzszene« zum Teil hinter die Bühne verlegt worden (was Genet ursprünglich vorgehabt hatte), um empörte Zuschauer zu beruhigen. Doch nichts konnte die Auswirkungen des Skandals zum Verstummen bringen. In der Nationalversammlung fragte ein gewisser Christian Bonnet, Abgeordneter aus dem konservativen Morbillon in der Bretagne, den Außenminister, ob *Die Wände* mit Geldmitteln aus dem Morbillon subventioniert würden, um eine Tournee durch das Ausland machen zu können und den Ausländern »eine gewisse Vorstellung von Frankreich«[76] zu liefern. Er erklärte, anstatt den Skandal zu schüren, sollten dem Odéon lieber die staatlichen Finanzhilfen entzogen werden, dies sei eine wirksamere Methode, um die Leitung an ihre Verantwortung und den notwendigen Anstand zu erinnern.

Im September waren *Die Wände* erneut im Programm und blieben es über die ganze Spielzeit.
Die Haushaltsdebatte im Parlament fand am 26. Oktober 1966 statt. Monsieur Bonnet leitete erneut den Angriff. Er sei nicht für Zensur, sondern nur gegen staatliche Subventionierung der Niedertracht. Kultusminister André Malraux wies darauf hin, daß auch Goyas Bilder antispanisch und Baudelaires Gedichte schmutzig seien und von Schmutz handelten.»Ich behaupte damit ganz und gar nicht, und es steht mir auch nicht zu zu behaupten, daß Monsieur Genet Baudelaire ist. Wenn er Baudelaire wäre, würden wir es nicht wissen. Fest steht, daß zu seiner Zeit niemand gewußt hat, daß Baudelaire ein Genie war.«[77] Am 13. November, während einer anderen Etatdebatte, tadelte Monsieur Bonnet, daß Genets Stücke »metaphysische Ängste« zum Ausdruck brächten. Malraux erwiderte: »Wissen Sie nicht, daß die beiden größten französischen Dichter neben Victor Hugo Baudelaire und Rimbaud sind? Sind sie nicht die inkarnierte Bitterkeit? Und wird unsere Zivilisation nicht von Düsterkeit beherrscht?«[78]

Roger Stéphane erinnert sich, daß er eines Tages mit Malraux über *Die Wände* sprach: »Ich mochte *Die Wände* nicht sehr, aber ich mochte Malraux sehr gern – der sich für *Die Wände* so einsetzte – und ich sagte zu ihm: ›Offen gesagt, mögen Sie das?‹ Und er sagte zu mir: ›Offen gesagt, sollte ich alle Stücke verbieten lassen, die ich nicht mag?‹«[79]

KAPITEL 18

Die Euphorie um die Pariser Premiere der *Wände* war nur eine kleine Zäsur innerhalb einer neuerlichen depressiven Phase, in der sich Genet befand. Zwar wurden seine Stücke auf der ganzen Welt inszeniert (*Der Balkon* hatte im November 1966 in Boston Premiere, und Roger Blin brachte das Stück im April 1967 in Rotterdam auf die Bühne), zwar hatte der Kulturminister *Die Wände* im Parlament verteidigt, doch ließen Genet diese Erfolge kalt. Während der Proben zu den *Wänden* hatte er sich jeden Tag rasiert und elegante Kleidung getragen, danach aber versank er in Schluderei und Schwermut. Abdallahs Selbstmord lastete noch immer schwer auf ihm.

Im Frühjahr 1967 verbrachte Genet einige Zeit in der Schweiz, die genau das richtige Land sei, um sich umzubringen – so sagte er zu Rosica Colin. Er schrieb ein neues Testament, benannte Paule Thévenin und Gaston Gallimard als Testamentsvollstrecker und schickte es am 17. April 1967 in einem eingeschriebenen Brief an Thévenin ab.[1] Darin untersagte er jede Inszenierung seiner Stücke bis 1997. Er wünschte auch nicht, daß sie so rasch wiederaufgelegt würden. Er ernannte Jacky Maglia zu seinem Haupterben. Jacky war inzwischen von seiner ersten Frau, Jacqueline, geschieden, hatte eine Japanerin geheiratet und war nach Japan gezogen. Nachdem Genet den Brief abgeschickt hatte, verschwand er aus seinem gegenüber vom Bahnhof gelegenen Hotel in Genf, dem Cornavin, ohne die Rechnung zu bezahlen. Drei Wochen lang wußte niemand, wo er war. Gegen Ende Mai setzte sich ein französischer Kulturattaché in Italien mit Gallimard in Verbindung und teilte mit, Genet liege in einem Krankenhaus in Domodossola im Koma. Er hatte einen

Selbstmordversuch unternommen und eine Überdosis Nembutal geschluckt. Paule Thévenin und Jacky Maglia eilten zu ihm. Als sie erfuhren, daß er nicht mehr in Lebensgefahr schwebte, soll Jacky, so Paule Thévenin, gesagt haben: »Ich weiß, ich werde erst richtig leben können, wenn er tot ist.«[2] Genet kam wieder zu Bewußtsein, erholte sich und fuhr mit Paule Thévenin im Zug nach Paris zurück. Während der ganzen Reise richtete Genet nicht ein einziges Mal das Wort an sie, und als sie ankamen, sagte er auf Wiedersehen und ließ zwei Jahre lang nichts mehr von sich hören. Vielleicht war es ihm peinlich, daß sie ihn in so einem verletzlichen Zustand gesehen hatte. Jacky kehrte nach Japan zurück, kam allerdings später wieder nach Frankreich und kümmerte sich um Genet. Die Nachricht drang an die Öffentlichkeit und stand in allen Zeitungen der Welt; die *New York Times* brachte einen Artikel mit der Überschrift: »Genet durch Schlafmittel und Alkohol zerrüttet.«[3] Paule Thévenin behauptet, Genet habe schon einige Zeit vorher in Belgien einen Selbstmordversuch unternommen, aber Informationen darüber bleiben im dunkeln. Als sie gefragt wurde, warum Genet sich in Italien umzubringen versucht habe, nannte sie als Motive Abdallahs Tod, der Genet noch immer bedrückte, und seine Schwierigkeiten mit dem Älterwerden. Frechtmans Tod ging Genets Selbstmordversuch nur um wenige Tage voraus.

Im folgenden November inszenierte Roger Blin *Die Wände* in Essen. Genet nahm kurz an den letzten Proben teil und schlug Blin vor, daß er den französischen Leutnant eine schwarze Augenklappe tragen lassen solle – »wie Moshe Dayan; in Deutschland wäre das lustig, was?«[4] Blin fügte wieder alle schmutzigen Wörter in die zahme deutsche Übersetzung ein, die in Berlin, München und Wien gespielt worden war; diese neue Gossenjargon-Fassung empörte das Premierenpublikum. Die Zuschauer hatten nichts gegen die »Furzszene«, aber die Szene, in der der Leutnant beim »Scheißen« stirbt, veranlaßte die ehrbare Hälfte des Publikums, den Saal zu verlassen, während sie von der radikalen Hälfte ausgebuht wurde. Am nächsten Tag wurden auf Veranlassung des Intendanten des Theaters viele der anstößigen Passagen gestrichen. Trotz des Skandals schrieb der führende deutsche Dramatiker Botho Strauß in *Theater heute*:

Die Sprache von skatologischen Verrichtungen wird nicht zum Jargon eines krankhaft davon Besessenen, sie ist vielmehr die adäquate Verlautbarung, zugleich die Waffe jener ›dreckigen‹ Welt, mit der diese sich gegen die gewaltsame Botschaft der ›sauberen‹ zur Wehr setzt – etwa gegen das pervers-narzißtische Schönheitsideal ...[5]

Der ruhelose Genet reiste nach England und war begeistert von der neuen Karnevalsstimmung dort: »Ich hege eine ziemliche Bewunderung für die Rolling Stones, musikalisch gesprochen, für die anderen Popgruppen nicht, aber für die Rolling Stones. ... In dem Augenblick, in dem England beinahe von einem Tag auf den anderen bis auf wenige Teile das gesamte Commonwealth verlor, alle seine Besitzungen, sein gesamtes Kolonialreich, da verlor es auch seine viktorianische Moral und wurde eine Art Basar, eine Art Fest.«[6] Etwa um diese Zeit hatte Genet flüchtigen Kontakt mit einem anderen Star der englischen Rockmusik, mit David Bowie. Bowie wollte in einer Verfilmung von *Notre-Dame-des-Fleurs* als Divine auftreten. Genet und Bowie waren übereingekommen, sich in einem bestimmten Restaurant in London zu treffen. Die Begleiter Genets blickten sich vergeblich nach Bowie um, aber mit scharfem Blick erspähte Genet eine attraktive Frau, die ganz allein dasaß, trat an ihren Tisch und sagte: »Mr. Bowie, nehme ich an.« Seine Annahme war richtig.[7] Obwohl Genet sich nie zu Transvestiten hingezogen fühlte, bewunderte er sie. (In Griechenland nahm er sich eines Transvestiten an, der als Betty bekannt war, und als Betty in Athen verhaftet wurde, zog er in Paris eine Kampagne zu ihrer Freilassung auf.) In *Ein verliebter Gefangener* stellte er Transsexuelle in eine Reihe mit den wahren Helden des heutigen Lebens. Genet verdiente nun sehr viel Geld mit seinen Stücken. Er wohnte in First-Class-Hotels wie dem Lutetia in Paris und reiste mit großen Summen an Bargeld, das er in seine Hosentaschen stopfte. In Hamburg nahmen ihm zwei Stricher sein ganzes Geld ab, aber da Genet als Strichjunge selbst einmal Schwule geschröpft hatte, tat er die Sache jetzt einfach achselzuckend ab. Als einziges ärgerte ihn daran, daß er Gallimard nun telegrafieren mußte, ihm weiteres Geld zu schicken.[8] Der Verlag Gallimard war Genets einzige feste Adresse, und in nahezu allen praktischen, finanziellen und rechtlichen Angelegenheiten verließ er sich zunehmend auf Laurent Boyer, den Justitiar des Verlages. Boyer, ein solider Familienvater, der alles mit leiser Stimme regelte und für seine Diskretion bekannt war, flößte Genet solches Vertrauen ein, daß er von jedem neuen Manuskript eine Kopie bei ihm hinterlegte. Als die Stücke keine hohen Tantiemen mehr einspielten, streckte Gallimard Genet weiterhin Geld vor, obgleich er zwischen 1961 und 1984 nichts Wesentliches schrieb. Sein Einkommen mochte kleiner werden, aber seine Ausgaben blieben dieselben. Regelmäßig half er Ahmed aus, Abdallahs altem Zirkusfreund; Genet kaufte ihm sogar ein neues Pferd, das Ahmed zu Genets großer Enttäuschung jedoch verkaufte. Er blieb auch Jacky Maglia treu, der sich in Japan in radikale politische Aktivitäten hineinziehen ließ; Jacky malte und schrieb auch, obwohl er mit keiner dieser Tätigkeiten viel Geld verdiente, und er und seine Frau waren von Genets Freigebigkeit abhängig. Gewiß, Wörter wie »Abhängigkeit« und »Freigebigkeit« stammen aus dem bürgerlichen Wortschatz, der Genet und seinen Freunden vollkommen fremd war, andererseits aber ist nicht von der Hand zu weisen, daß es Genet Spaß machte, für mehrere »Familien«, die er geschaffen hatte, den treusorgenden Vater zu spielen.

Am 22. Dezember 1967 trat Genet eine lange Ostasienreise an und verbrachte dabei erhebliche Zeit in Indien und Japan. Paule Thévenin erzählte er, daß ihn die Reise nach Indien sehr beeindruckt, er »eine neue Dimension der Welt«[9] erfahren habe. Seine erste Station aber war Japan. In *Ein verliebter Gefangener* berichtet er, daß außer drei Amerikanern, fünf Deutschen und ihm alle anderen Passagiere des Lufthansa-Fluges schweigsame Japaner waren.[10] Kurz bevor das Flugzeug zum Auftanken in Alaska landete, sagte die Stewardeß etwas auf deutsch und auf englisch, und dann sprach sie den japanischen Abschiedsgruß »sayonara« aus. Als das Flugzeug zur letzten Etappe der Reise nach Japan abhob, blickte Genet aus dem Fenster und spürte, wie das Echo dieses japanischen Wortes in seinem Innern seinen Körper von den zähen, schwarzen Schichten der jüdisch-christlichen Moral befreite. Genet selbst war während dieses Vorgangs nicht einfach völlig passiv, vielmehr fühlte er, daß es wichtig wäre, nichts zu tun, während seine alte Kultur von ihm abfiel. Er meinte, sein Kampf gegen diese Moral habe sich nun schon so lange hingezogen, daß seine Anstrengungen grotesk geworden seien. Für ihn war »sayonara« wie ein Wattebausch, der die Schminke entfernt, die sein Gesicht wie mit einer Maske überzogen hatte. Während der Reise hatten ihn sadistische Phantasien um ein kleines japanisches Mädchen beunruhigt, dessen Zerbrechlichkeit ihm geradezu als Aufforderung zur Gewalt erschien – er fragte sich, wie die Zollbeamten ihrem Gelüst würden widerstehen können, das Kind zu zerquetschen; doch das Mädchen stieg lächelnd und plaudernd aus dem Flugzeug, und Genet fühlte sich wie neugeboren. Lange Zeit glaubte er, diese Wiedergeburt könne ihm den Anfang seines neuen Buches bescheren.

Auf der Rückreise nach Europa 1968 machte Genet oft Station, nicht nur in Indien, sondern auch in Pakistan, Thailand und Ägypten. Das Frühjahr über blieb er in Tanger; es war dies einer der ersten seiner vielen Besuche in dieser marokkanischen Stadt, die so international war wie Genet selbst. Bis in die zwanziger Jahre hinein hatte Tanger sich in dem ummauerten jüdischen Teil (der Medina) und dem noch kleineren angrenzenden islamischen Teil (der Kasbah) zusammengedrängt, doch dann wurden breite, von hohen weißen

Art-Déco-Kaufhäusern, Hotels und Wohngebäuden gesäumte Boulevards gebaut, und die Straßen waren mit Bentleys und Bugattis verstopft. In seiner zwielichtigen Blütezeit, als Spekulanten, internationale Drogenhändler, Aussteiger und Flüchtlinge hineinströmten und das europäische Viertel errichteten, war Tanger ein Stadtstaat ohne Steuern und Abgaben gewesen, praktisch eine gesetzesfreie Zone. Für reiche Europäer und arme Berber und Araber wurde die Stadt zu einem Sündenbabel, das in den Romanen von Paul Morand (*Hécate et ses chiens* [*Hekate und ihre Hunde*]) und Joseph Kessell (*Le Grand Socco*) besungen wird. Daniel Rondeau schreibt über diese Zeit: »Die Händler, Feuerschlucker und Bankiers sind Inder oder Pakistani, die Antiquitätenhändler und Bauunternehmer Spanier, die Playboys und Konditoren Franzosen, die Aristokraten, Spione und Gangster Engländer.«[11]

Nach der marokkanischen Unabhängigkeit 1955 büßte Tanger seinen Reichtum und seinen Schwung ein und wurde Zufluchtsort einer neuen Spezies freiwilliger amerikanischer Exilanten, die auf der Suche nach Drogen oder Jungs oder einem billigen, sonnigen Ort zum Schreiben dorthin kamen. Tennessee Williams, Truman Capote und Gore Vidal verbrachten hier viele Monate. Die Beatniks – Jack Kerouac, Allen Ginsberg, Brion Gysin – kamen, und William Burroughs schrieb in den wachen Augenblicken zwischen seinen Heroininjektionen *Naked Lunch*. Paul und Jane Bowles ließen sich ebenfalls hier nieder. Paul Bowles schrieb seinen bedeutenden Roman *The Sheltering Sky* (*Himmel über der Wüste*), nahm einheimische Musik auf und notierte und übersetzte Geschichten, die ihm sein Liebhaber Mohammed Mrabet erzählte. Bowles suchte Genet nie auf, weil er gehört hatte, daß er weiße, bürgerliche Amerikaner hasse.[12]

In der Tat traf Genet nur mit wenigen Europäern zusammen, abgesehen von denen, die die Buchhandlung La Librairie des Colonnes am Boulevard Pasteur besuchten, ein Tochterunternehmen von Gallimard. Dort kreuzte Genet von Zeit zu Zeit auf und bat um einen Vorschuß. Er erhielt das Geld, und die Geschäftsführerin mußte dann auf die Erstattung aus Paris warten. Der Laden war eng und gemütlich, vollgestopft mit französischen, englischen und spanischen Büchern; an der rückwärtigen Wand hingen Fotos prominenter Literaten, und dazwischen befand sich ein wunderschönes Porträt des hübschen, jungen Genet, als er noch keine Glatze hatte. Zu der Verkäuferin Rachel Mural sagte Genet, er käme nicht wieder, wenn sie es nicht von der Wand nähme: es erinnere daran, wie traurig sein Anblick geworden sei.[13]

Tanger ist eine Stadt der Straßencafés, und Genet saß oft im Claridge gleich neben der Buchhandlung und weigerte sich, mit Europäern zu sprechen, unterhielt sich dagegen französisch und in gebrochenem Arabisch mit Marokkanern. Obwohl er selber wie ein Bettler gekleidet war, blätterte er Hundertfrancscheine für jeden hin, der ihn darum bat. Die Buchhandlung wurde damals von Yvonne Girofli und ihrer ständigen Begleiterin geführt, deren Nachname gleichfalls Girofli lautete, weil sie Yvonnes erbötigen Bruder geheiratet hatte. Wie Yvonne erzählt, hatte Genet sich mit seinem Friseur eingelassen, einem schüchternen jungen Mann, der nicht einmal hübsch war –»einem armen Hund«[14], wie sie sich ausdrückte. Es half nichts, Genet meinte, ihn mit nach Paris nehmen und ihm dort einen Start als Taxifahrer ermöglichen zu müssen. Vor ihrer Abreise gab Genet ihm Unterricht, indem er ihm laut die eigenwilligen, nahezu unergründlichen Gedichte von Stéphane Mallarmé vortrug, auch wenn der »arme Hund« kaum Französisch sprach. Schließlich kam der Friseur hinkend aus Paris zurück nach Tanger, scheuer denn je zuvor. Yvonne Girofli bemerkte:»Es hat mich verwundert, daß Genet, dessen eigene Kindheit so ärmlich war, so unrealistisch sein konnte. Er lebte vollkommen in einem Traum.« Natürlich könnte man sagen, daß sich Genets zerstörerischer Einfluß auf die jungen Männer um ihn herum aus den großen Hoffnungen ergab, die er in sie setzte – er nahm eben an, sie würden sich auf sein Niveau erheben, was Fähigkeiten und Entschlußkraft betraf.

Einige Jahre später erhielt Genet einen Brief von einem Marokkaner in Paris, in dem es hieß:»Ich weiß, du hast meine Geldforderungen satt. Die anderen Marokkaner behandeln mich wie einen Schnorrer. Das ist also der Aziz, der von einem Paschaleben in Frankreich geträumt hat.«[15]

Für gewöhnlich wohnte Genet im El Minzah, einem Hotel mit solidem Luxus, das in den dreißiger Jahren von einem schottischen Lord errichtet worden war. Es war um einen gefliesten Innenhof herum gebaut, in dem ein Springbrunnen verträumt in ein spiegelklares Wasserbecken plätscherte. Von einigen Zimmern aus konnte man zum weiten weißen Sandstrand hinunter und auf das Mittelmeer blicken. An klaren Tagen sah man auf der anderen Seite der Meerenge von Gibraltar die Berge von Spanien. Genet scherzte mit dem Personal auf Arabisch und schlenderte auf Socken aus seinem Zimmer nach unten, um sich Zigaretten und eine Flasche Wasser zu holen: Von Zimmerservice schien er nie etwas gehört zu haben, vielleicht fand er es aber auch nicht richtig, ihn zu beanspruchen. Er mochte den Direktor, der seine Bücher gelesen hatte und freundlich war. Normalerweise werden solche Hotels als weiße Bastionen gegen die einheimische Bevölkerung verteidigt, aber Genet durfte seine marokkanischen Freunde auf ein Glas in den Garten einladen.[16]

Möglicherweise unterhielt Genet auch gelegentliche Sexualkontakte. Einer der Briefe, die man in der Umhängetasche fand, die er während der letzten Jahre seines Lebens bei sich getragen hatte, war von einem Marokkaner unterschrieben und in sehr fehlerhaftem Französisch verfaßt. Der Briefschreiber gedenkt hingebungsvoll der Nacht, als er »Monsieurs *zob*« streichelte, das ist ein arabisches Slangwort für Penis. Er erinnert sich auch, daß es »Monsieur« Spaß machte, einem anderen Jungen dabei zuzusehen, wie er dem Marokkaner in ihrem Eisenbahnabteil den Schwanz lutschte.[17]

Mit seinem Freund, dem Schriftsteller Mohammed Choukri, besuchte Genet ein einheimisches Tanzfest, aber ihm mißfiel, daß noch andere Europäer da waren. Trotz seiner Beziehung zu Abdallah wußte er nur wenig über arabische Literatur und Kultur, und er war lernwillig. In Tanger kleidete er sich in Lumpen und sagte zu Choukri: »Ich bin immerzu traurig, und ich weiß immer, warum.«[18] An jedem Tag seines Lebens denke er an Abdallah. Als ein Araberjunge, der auf ein Sexabenteuer aus war, Choukri bat, Genet auf französisch zu sagen, daß er schöne Hände habe, schnaubte Genet verächtlich und ließ den Jungen durch Choukri fragen, was er denn von seinem Kopf halte. »Sag ihm, auch sein Kopf ist schön.« Choukri übersetzte. »Sag ihm, er ist verrückt«, antwortete Genet. »Mein Kopf sieht aus wie der Arsch eines Pavians.«

Genet verließ Tanger und zog in die alte tunesische Hafenstadt Sfax, wo er schon ein paarmal gewesen war. Eines Tages fragte ihn ein Kellner im Hotel, ob ihm Tunesien gefalle. Genet verneinte. Am Abend brachte ihn der Kellner zu einer arabischen Buchhandlung und übersetzte ihm einige Verse aus den ersten Gedichten, die der Palästinenserorganisation Al Fatah gewidmet waren und in broschierter Form unter der Hand verbreitet wurden. Genet erfuhr, daß junge Männer aus Nordafrika trotz der Mißbilligung durch ihre Regierungen heimlich über die Grenze nach Kairo gingen und dann nach Damaskus oder Amman weiterfuhren, wo sie sich dem palästinensischen Widerstand anschlossen. Dies war Genets erster, indirekter Kontakt mit den Palästinensern.[19]

Genet kehrte gerade in dem Moment nach Paris zurück, als im Mai 1968 zur großen Überraschung des Pariser Establishments die große Studentenrevolte ausbrach. Die französische Wirtschaft expandierte, die Arbeitslosenquote war niedrig und die Kaufkraft im Aufwind. Doch die bereits seit geraumer Zeit bestehenden Probleme innerhalb des konservativen Schulsystems brachen schließlich hervor.[20] An den höheren Schulen waren die Schlafsäle streng nach

Geschlechtern getrennt, und den Jungen war es nach einer bestimmten Uhrzeit nicht mehr gestattet, die Mädchenräume zu besuchen. Andere, tiefergehende soziale Ressentiments kamen rasch an die Oberfläche. In den Hochschulen hatte jahrhundertelang eine nahezu militärische Disziplin geherrscht. In Fabriken und Büros hatten Arbeiter und Angestellte kein Wort mitzureden, und die französische Gesellschaft als Ganzes blieb streng hierarchisch gegliedert. Prüderie kennzeichnete die staatliche Zensur der Künste, die lange Zeit auch das öffentliche Erscheinen von Genets Werk eingeschränkt hatte. Die Unzufriedenheit mit der Kommunistischen Partei Frankreichs hatte die linken Studenten Mao, Trotzki, Gramsci und dem Anarchismus in die Arme getrieben. Im Grunde war der Ton der Studentenrevolte spaßig, ästhetisch, humorig und ganz darauf ausgerichtet, die Massenmedien zu umwerben. Die Slogans des Tages lauteten: »Es ist verboten zu verbieten.« »Taten nein! Worte ja!« »Nimm deine Wünsche für wahr.« »Phantasie an die Macht.« »Freiheit ist das Verbrechen, das alle anderen enthält. Sie ist unsere wichtigste Waffe.« »Unter dem Pflaster der Strand.«[21]

Die Revolte hatte sich über Jahre hinweg zusammengebraut, aber Anfang 1968 wurde sie durch Demonstrationen für Nordvietnam und gegen die Vereinigten Staaten weiter angeheizt. Zwischen dem 17. und 20. März wurden gegen mehrere amerikanische Unternehmen in Paris Bombenanschläge verübt, am 21. März stürmten militante Demonstranten das Pariser Büro von American Express – und einen Tag später wurde in Nanterre die Studentenbewegung aus der Taufe gehoben. Als am Nachmittag des 3. Mai auf dem Boulevard Saint-Michel der erste Pflasterstein gegen Polizisten flog, löste das eine dreistündige Schlägerei zwischen der Polizei und Studenten aus. Die Regierung schloß die Sorbonne, nachdem sie am Tag zuvor bereits an der Universität in Nanterre Lehrveranstaltungen untersagt hatte. Am 5. Mai wurden Demonstranten von der Sorbonne und den höheren Schulen zu Gefängnis verurteilt, und am nächsten Tag wurden die ersten Barrikaden errichtet.

Am 10. Mai gingen die Emotionen hoch. Universitäten und höhere Schulen im ganzen Land befanden sich in vollem Aufruhr. Am Nachmittag um halb fünf versammelten sich an die zwanzigtausend Oberschüler auf der Place Denfert-Rochereau. Bald drangen sie ins Quartier Latin vor, und um halb zehn hatten sie Barrikaden errichtet. Nachdem Verhandlungen zwischen Studenten und der Regierung gescheitert waren, stürmte die Polizei um zwei Uhr früh mit wirbelnden Gummiknüppeln die Barrikaden.[22] Die Polizei warf Tränengas auf die Demonstranten, aber als der Wind es in eine andere

Richtung wehte, begannen die Studenten die »Internationale« zu singen. Autos wurden umgekippt, Reklamewände umgerissen; einer, der dabei war, formulierte es so: »Nie hatte sich die Zerstörungswut schöpferischer gezeigt.« Etwa dreihundertfünfzig Personen wurden verletzt, aber ums Leben kam keiner.

Am 13. Mai marschierten mehr als eine Million Menschen, darunter Mitglieder der größten Gewerkschaften, durch Paris. Das alte Ideal einer Allianz aus Arbeitern und Studenten schien erreicht zu sein, wenn auch nur für einen Augenblick. Die Regierung machte hastig einen Rückzieher – die Polizei zog sich aus der Sorbonne zurück, und die eingesperrten Studenten wurden freigelassen. Sie erklärten, nun sei die Sorbonne eine »freie Universität«, und debattierten darüber, wie das Unterrichtssystem umgestaltet werden könnte. Jahrhundertelang hatten Studenten schweigend in Hörsälen gesessen und Vorlesungen mitgeschrieben, die Professoren aus vergilbten Papieren hielten. Nun machten sie die verlorene Zeit wett, indem sie sich in eine Diskussionsorgie stürzten. Die rote Fahne wehte von der Kapelle der Sorbonne, Studenten füllten Seminarräume mit endlosen Debatten, und im Innenhof wurde an Ständen Literatur zu jedem vorstellbaren Randproblem verteilt. Sogar ein »revolutionäres Schwulen-Aktionskomitee« trat zusammen und löste sich rasch wieder auf, war aber doch ein Vorläufer der schwulen Befreiungsbewegung, die drauf und dran war loszubrechen.[23] In diesem Innenhof sah Genet einen Stand mit Palästinensern, die Literatur über ihren einundzwanzig Jahre währenden Konflikt mit Israel anboten. Und hier auch freundete sich Genet mit dem Philosophen Jacques Derrida an, den er durch Paule Thévenin kennengelernt hatte. Derrida erinnert sich, daß er und Genet im Mai 1968 mehrere Male gemeinsam zu Abend aßen. Paris war wie ausgestorben. Sie schlenderten spätnachts durchs Quartier Latin, wo keine Autos mehr fuhren, und Genet rief jubelnd aus: »Ach, wie schön das ist, wie schön das ist!«[24] Genet sei glücklich gewesen in einem Paris, das durch die wirtschaftliche Lähmung verwandelt war.

Auf die Studentenrevolte reagierte Genet zögerlich, und als er Roger Blin zum Conservatoire d'Art Dramatique begleitete, das von den »Revolutionären« besetzt worden war, weigerte er sich, dort zu sprechen. Als Zögling der Öffentlichen Fürsorge hatte er den Schulbesuch mit zwölf Jahren aufgeben müssen, und so wußte Genet kaum, was er mit diesen revoltierenden bürgerlichen jungen Leuten anfangen sollte; an die Studenten gewandt, verleumdete er seine Theaterstücke und seine Bildung generell, indem er erklärte: »Meine Überlegenheit über Sie ist, daß ich ungebildet bin.«[25]

Von den Studenten an der Sorbonne schließlich in die Enge getrieben, strich Genet die ästhetische Seite der Revolte heraus und rühmte die roten und schwarzen Fahnen einer jungen, fröhlichen Gruppe, mahnte aber, daß diese Fahnen bald eingeholt werden müßten, da jedes Symbol die Menschen ebenso eingrenze, wie es sie erhebe.

Im gleichen Geiste hatte er schon einmal geantwortet, als er von Fidel Castro zu einem Besuch nach Kuba eingeladen worden war: »Ich will gern hinfahren, wenn es wirklich eine Revolution nach meinen Vorstellungen ist, wenn es also dort keine Fahnen mehr gibt, denn die Fahne als Erkennungszeichen, als Emblem, um das man sich schart, ist von einer Theatralität, die einen kastriert, die tötet.«[26] Im Widerspruch zu diesen Bedenken gegenüber Fidel Castro sagte Genet zu Laurent Boyer, wenn der Papst ihn in den Vatikan einlüde, würde er, ohne eine Sekunde zu zögern, hinfahren, so fasziniert sei er von kirchlichem Pomp.

Bezeichnenderweise konnte Genet gegenüber einer marxistischen Revolution äußerst moralisch sein, aber spöttelnd-nachsichtig gegenüber einem Papst oder König. So wie der Revolutionsführer Roger in *Der Balkon* von der Symbolik der Opposition derart eingenommen wird, daß er sich buchstäblich kastriert, und so wie die algerischen Soldaten in *Die Wände* französischen Pomp und Firlefanz nachahmen, genauso könnten die Kubaner, fürchtete Genet, *eine* Bürokratie und repressive Hierarchie durch eine andere ersetzen. Den Studenten an der Sorbonne sagte er, er wolle von ihnen nicht als Idol betrachtet werden, sondern als gewöhnlicher Mensch – was in Genets Fall keine bloß feierlich zur Schau getragene Bescheidenheit war, sondern die echte Überzeugung, daß seine Bücher und die Literatur im allgemeinen überschätzt würden und daß auf alle Fälle der Mensch, der seine Romane und Theaterstücke verfaßt hatte, nicht mehr existiere. Er sagte, daß er alle weiteren Aufführungen seiner Stücke untersagt habe (1968 traf das zu) und daß »es zwei Dinge [gibt], die mich ärgern ... Zwei schreckliche Dinge auf der Welt. Nämlich einen Namen zu haben und Geld zu haben. Es ist notwendig, anonym und arm zu sein.«[27] Er war bereit, seinen Ruhm zu benutzen, um radikale Forderungen zu unterstützen, aber persönlich verachtete er ihn.

Genet begab sich zweimal ins Théâtre de l'Odéon, das am 15. Mai von etwa viertausend Studenten besetzt und in »Revolutionäres Aktionskomitee des Odéon, vormals Théâtre de France« umgetauft worden war. Sein Direktor, Jean-Louis Barrault, wurde etwa ein Jahr später von Malraux aus seiner Stellung entlassen. Malraux hatte Barrault ein Jahr zuvor während des Skandals um *Die Wände* gestützt, diesmal aber zieh er ihn verächtlich der

Führungsunfähigkeit und teilte ihm hochnäsig mit, er sehe nicht aus wie der Leiter eines Nationaltheaters. Genet kritisierte die *Form*, die die Studentenversammlungen im Odéon annahmen. Wie er später sagte, sind alle Formen moderner Regierung *verdeckt* theatralisch, aber »es gibt einen Ort auf der Welt, wo die Theatralität keine Macht verbirgt, das ist das Theater«. Hätten die Studenten die Gerichte besetzt, hätte sich vielleicht wirklich etwas verändert. Im Odéon aber saßen sogenannte Revolutionssprecher auf der Bühne und schickten Botschaften ins Publikum, und das Publikum schickte Botschaften zurück auf die Bühne – und die Botschaften wurden dementsprechend immer dünner und schwächer.[28]
Zur gleichen Zeit erkannte Genet, daß eine wahre Revolution (wie die in China) ihm überhaupt nicht passen würde, denn so wäre er jeder Möglichkeit beraubt, seine private Revolte zu inszenieren: »Ich möchte, daß die Welt sich nicht verändert, damit ich gegen die Welt sein kann.«[29]
Trotz seiner intellektuellen Unschlüssigkeit holte ihn die Revolte im Mai 1968 emotional und ästhetisch ein. Bis dahin hatte er sich politisch nie direkt eingemischt. Er hatte während des Zweiten Weltkriegs nicht Position bezogen und einen Geliebten bei den Nazis *und* einen in der *Résistance* gehabt. Im Algerienkrieg hatte er eindeutig mit den Revolutionären sympathisiert, aber er war so vorsichtig gewesen, nicht das »Manifest der 121« zu unterschreiben, und *Die Wände* waren mehr ein Loblied auf den unverbesserlichen Individualismus als auf den Nationalismus der Dritten Welt. Trotz seines Liebängelns mit dem Kommunismus machen sich seine Romane für keine soziale Sache stark, denn sie stellen im Gegenteil die soziale Ordnung insgesamt in Frage. Seinen Standpunkt vor 1968 könnte man mit den Worten zusammenfassen, die er Roger Blin über *Die Wände* gesagt hat: »Mein Stück ist keine Rechtfertigung des Verrats. Es spielt sich in einem Bereich ab, in dem die Moral von der Bühnenästhetik ersetzt ist.«[30] Die studentische Mai-Revolte war, wenn auch mit marxistischer, althusserianischer und maoistischer Rhetorik befrachtet, beides, politisch *und* ästhetisch. Wie Laurent Joffrin gezeigt hat, führte sie zur *Sexualisierung* des öffentlichen Lebens in Frankreich, zu einem Zusammenbruch der starren gesellschaftlichen Rollen und zu einer stärkeren Betonung der individuellen Freiheit und der eigenen Persönlichkeit.
Der Anführer der rebellischen Studenten – und der oppositionellen Kräfte – war Daniel Cohn-Bendit, ein dreiundzwanzigjähriger Student, der dem Komitee zur Verteidigung der *Wände* beigetreten war und der in der französischen Presse, je nach Stoßrichtung des Artikels, unter anderem als »deutscher Anarchist« (wie Georges Marchais, der Chef der Kommunisten, ihn in

L'Humanité nannte), als Jude, als Kollaborateur in geheimen Machenschaften mit der Regierung (seine Freundin war, wie es hieß, die Tochter eines Ministers für Jugend und Sport) oder dem CIA angegriffen wurde. Genet sah sich veranlaßt, seinen ersten explizit politischen Artikel zu schreiben, in dem er die Absurdität dieser in sich widersprüchlichen und verleumderischen Beschuldigungen aufzeigte; er verglich sie mit den Verunglimpfungen, die sich Anfang der zwanziger Jahre ein Journalist aus den Fingern gesogen hatte, indem er behauptete, Lenin habe kapitalistische Mätressen in jeder europäischen Hauptstadt. Genet überschrieb den Artikel mit »*Les Maîtresses de Lénine*« *(»Lenins Mätressen«)*. Ferner erklärte Genet, er billige Cohn-Bendits Vorschlag, die Universitäten an drei Tagen der Woche jungen Arbeitern zu öffnen, damit sie Kurse besuchen könnten, die sonst nur normalen Studenten offenstünden. Zum Schluß bemerkt Genet:

Cohn-Bendit ist, sei es aus poetischen Gründen oder plan- und absichtsvoll, der Urheber einer Bewegung, die dabei ist, das bürgerliche System zu zerstören, zumindest zu erschüttern, und dank ihm kennt jeder Reisende, der durch Paris fährt, die Anmut und Eleganz einer Stadt, die revoltiert. Die Autos, die ihr Fett bilden, sind verschwunden, Paris wird endlich eine magere Stadt, es verliert ein paar Kilo, und zum ersten Mal in seinem Leben empfindet der Reisende bei der Rückkehr nach Frankreich die Leichtigkeit und Freude, Gesichter endlich freudig und schön zu sehen, die er stumpf gekannt hat.[31]

De Gaulle hatte am 30. Mai über die Protestierenden triumphiert, als er die Nationalversammlung auflöste, als er verkündete, daß er selbst nicht zurücktreten werde, als er an Pompidou als Premierminister festhielt und ein Referendum über die Universitäten und die Wirtschaft verlangte. Genet sah den Geist des Mai '68 durch die Rückkehr reaktionärer Kräfte zerstört. Er war darüber so traurig wie wütend und hoffte, daß dieser Geist im Ausland wiedergeboren werde. Im Laufe des Jahres entdeckte Genet, daß in Nordamerika eine ähnliche Revolte in Gang kam, und sie war mehr nach seinem Geschmack, war sie doch weit entfernt von jenem Frankreich, das er verabscheute. Auf dem Wahlkongreß der Demokratischen Partei in Chicago vom 24. bis zum 28. August machte eine studentische Antikriegsbewegung direkt Front gegen die amerikanische Regierung. Roger Blin erinnerte sich an ein Gespräch mit Genet darüber: »Er sagte zu mir, er sei hingefahren, weil dort die wichtigen Dinge passierten. Das war's, was er wollte: sich wieder lebendig zu fühlen. Es war wie eine sexuelle Verjüngung. Black Power, schwarze

Männlichkeit, die Farbe Schwarz; sie üben eine starke erotische Anziehungskraft auf ihn aus. Zusammen mit einer ständigen Todesbedrohung.«[32]
Die Zeitschrift *Esquire* lud Genet ein, über den Wahlkongreß 1968 zu berichten. Dieses Männermagazin gab Artikel bei Autoren wie Norman Mailer in Auftrag, der über einen früheren Wahlkongreß der Demokraten geschrieben hatte. Der Herausgeber Harold Hayes war im März 1968 nach Paris gekommen, um Genet, Ionesco und Samuel Beckett für eine Mitarbeit zu gewinnen. Beckett lehnte ab, Ionesco wollte nicht mit dem »destruktiven« Genet in Verbindung gebracht werden, und Genet erklärte sich bereit, einen Artikel zu schreiben – über den Vietnamkrieg. Hayes bestand darauf, daß Genet über den Kongreß berichtete. Widerstrebend gab er seine Einwilligung, nachdem er Hayes die Zusage abgerungen hatte, einen zweiten Artikel von Genet zu veröffentlichen, der den Krieg verurteilte, und ihn an keiner Stelle zu zensieren oder zu redigieren. Weitere *Esquire*-Journalisten auf dem Kongreß waren die Schriftsteller Terry Southern (*Candy*) und William Burroughs (*Naked Lunch*). So ein Auftrag entsprach ganz dem Slogan der sechziger Jahre: »Alle Macht der Phantasie.«[33]
Da Genet, wie bereits erwähnt, für die Vereinigten Staaten kein Visum bekommen konnte, weil er ein Strafregister hatte, offen schwul und möglicherweise Kommunist war, kam man überein, daß er über die kanadische Grenze heimlich einreisen solle.
An den Kosten für Genets Besuch beteiligte sich sein amerikanischer Verlag, Grove Press. Richard Seaver, Genets Lektor bei Grove, schlug vor, daß Genet von London (wo er bei seiner Agentin Rosica Colin wohnte) nach Montréal fliegen und sich dann unbemerkt über die amerikanische Grenze ins Land schleichen solle. Diese Idee gefiel Genet ungemein. In Montréal lernte er einen Jungen kennen, der ihm in seinem Wagen eine Rundfahrt durch die Stadt anbot. Während sie die Sehenswürdigkeiten betrachteten, fragte der Junge, ob Genet nicht Lust habe, in Richtung Süden zu fahren und sich ein Stückchen von den Staaten anzusehen. Genet sagte ja, und kaum war er in den Staaten, flog er nach New York, wo er völlig gelassen Seaver anrief und stolz verkündete, er sei schon da.[34]
Im *Esquire*-Büro verlangte er dem Vernehmen nach mehr Geld, als abgemacht war, der Herausgeber Harold Hayes ging in die Luft: »Sie sind ja ein Dieb!« Genet erwiderte: »Na, klar doch, Monsieur«, und erhielt die geforderte Summe.[35] Die Redakteure fragten Genet: »Welches sind Ihre Eindrücke von Amerika?« Genet verweigerte die Antwort mit dem Hinweis, er sei ihr Gast und wolle ihre Gastfreundschaft nicht enttäuschen. Als sie ihm versicherten,

sie seien ja wohl kaum Superpatrioten, wenn sie ihn bäten, über den Wahlkongreß zu berichten, antwortete Genet: »Mein Name ist in der ganzen Welt bekannt. Sie haben mich aus Snobismus gefragt.«[36]
Genet wurde von Seaver und seiner französischen Frau Jeannette, die für ihn dolmetschte, überallhin begleitet. Sie hatte am Pariser Konservatorium und an der Juilliard School studiert und zwölf Jahre lang eine Karriere als Geigensolistin verfolgt, ehe sie bei ihrem Mann eine neue Laufbahn im Verlagswesen begann. Sie war über Genets tiefreichende Musikkenntnisse erstaunt; sie sahen sich nicht nur durch ihre respektlose Haltung miteinander verbunden, sondern auch durch die Tatsache, daß sie beide aus Paris waren. Außerdem fühlte Genet sich sexuell zu Richard Seaver hingezogen und sagte lachend zu Jeannette: »Wenn er doch nur nicht heterosexuell und Sie nicht dabei wären.« Als sie in Chicago waren, arbeitete Genet wie immer nachts und stieg dann am Morgen, mit nichts als einem kurzen Kimono bekleidet, ins Bett zwischen die beiden Seavers und las ihnen vor, was er geschrieben hatte – genau so, wie er es in früheren Jahren bei Olga und Marc Barbezat getan hatte.

Der Wahlkongreß der Demokraten fand in einem kritischen Moment in der Geschichte Amerikas statt (Genet schien immer zur rechten Zeit am richtigen Ort aufzukreuzen). Präsident Lyndon B. Johnson hatte beschlossen, nicht für eine zweite Amtsperiode zu kandidieren, da er der Meinung war, seine Politik stifte Uneinigkeit und sein Verzicht könne die Risse heilen, die sich im Leben Amerikas auftaten. Johnson hatte sich umfassenden inneren Reformen verschrieben, seinem kostspieligen »Great Society«-Programm, und ebenso dem Gedanken, daß Amerika in Vietnam doch noch siegen werde. Weder wollte er die Great Society aufgeben, noch sich aus dem Krieg zurückziehen; als Folge davon hielt er die amerikanischen Kriegsanstrengungen auf einem Niveau, auf dem weder ein rascher Sieg noch eine Begrenzung der Zahl amerikanischer Kriegsopfer möglich war.
Der Kandidat der Republikaner, Richard Nixon, war am 7. August in Miami nominiert worden; später sollte er die Wahl des Jahres 1968 mit einem Vorsprung von nur einem Viertel Prozent der einundsiebzigeinhalb Millionen abgegebenen Stimmen gewinnen. Die drei demokratischen Bewerber waren: Johnsons Kandidat, sein Vizepräsident, der ewig lächelnde Hubert Humphrey, der sich weigerte, zur Kriegsfrage eine entschiedene Haltung einzunehmen; Eugene McCarthy, ein Senator aus Minnesota, ein einzelgängerischer Liberaler, der gegen den Krieg wie auch gegen allzu große Macht-

befugnisse des Präsidenten war; und, nachdem Robert Kennedy am 5. Juni ermordet worden war, Senator George McGovern, der als Antikriegsalternative zu McCarthy aufgestellt wurde.

Doch der Konflikt sollte sich nicht nur auf den Cow Palace in Chicago und die Beratungen offizieller Delegierter beschränken. Entschlossene Antikriegsdemonstranten versammelten sich in der Stadt, dazu eine immer größere Zahl pazifistisch gesinnter Hippies, ebenso viele gegen die Ideologien des Establishments kämpfende Yippies, die alle bestehenden Einrichtungen Amerikas lächerlich machten und die Morgendämmerung einer neuen Zeit heraufziehen sahen.[37] Jüngste Ereignisse, wie die Ermordung Robert Kennedys und des Schwarzenführers Martin Luther King, hatten dem historischen Augenblick einen Beigeschmack von Gewalt gegeben. Der Einmarsch der Truppen des Warschauer Paktes in Prag und die von den Sowjets mit Waffengewalt unterdrückte tschechoslowakische Liberalisierung waren noch eine weitere Mahnung, daß auch eine marxistische Regierung repressiv sein konnte, obgleich viele Neue Linke in Amerika weiterhin unbeirrt das maoistische China, Ho Chi Minhs Nordvietnam und Castros Kuba in den Himmel hoben. Etwa zweihunderttausend Hippies waren nach Chicago unterwegs, von denen viele durch das Nationale Antikriegs-Mobilisierungskomitee, das von David Dellinger angeführt wurde, in Bewegung gesetzt worden waren. Sie reagierten auf die Tatsache, daß in den vergangenen zwei Jahren mehr als zwei Millionen Tonnen Bomben auf Vietnam abgeworfen worden waren und daß die amerikanischen Streitkräfte von fünfundsiebzigtausend Mann 1965 auf fünfhundertdreißigtausend im Jahr 1968 angewachsen waren. Die Tet-Offensive zu Beginn des Jahres 1968, die von dem kommunistischen Regime in Nordvietnam gegen die US-Stützpunkte in Südvietnam gestartet worden war, endete militärisch in einem Fiasko, stellte aber die ungebrochene Kampfkraft der Nordvietnamesen unter Beweis. Nach einer kurzen Kampfpause hatten die Amerikaner am 11. August 1968 die Bombardierung des Feindes wiederaufgenommen – gerade rechtzeitig, um die gegen den Krieg eingestellten Intellektuellen überall in den Staaten in Wut zu versetzen, darunter Studenten, die gegen die allgemeine Wehrpflicht protestierten.[38] Präsident Johnson wagte es nicht einmal, sich auf dem Kongreß der Demokraten blicken zu lassen, aus Angst, seine Anwesenheit würde Humphrey um seine Chancen bringen. Der Bürgermeister von Chicago, Richard Daley, war ein strammer Demokrat und fest entschlossen, sich von keinen Demonstranten das Image des Kongresses in *seiner* Stadt ruinieren zu lassen. Er untersagte allen Dissidentengruppen die Versammlung im Stadtpark und umgab den Cow Palace mit Stacheldraht

und einer Polizeiarmee. Er setzte elftausendfünfhundert Beamte auf Zwölfstundenschicht, mobilisierte fünfeinhalbtausend Mann von der Nationalgarde in Illinois und ließ noch einmal siebeneinhalbtausend Soldaten aus Texas kommen. Die Polizei war mit Tränengas und Knüppeln bewaffnet.
Genet kam am 20. August in Chicago an und traf William Burroughs und Terry Southern im Foyer ihres Hotels, des Sheraton-Chicago. Southern war immer auf Krawall aus und sah mit Freuden einer spaßigen Kongreßwoche entgegen. Burroughs, schmallippig und leise, ähnelte in seinem braunen Anzug, den schwarzen Schuhen und dem Filzhut mit der hochgeklappten Krempe einem Begräbnisunternehmer aus Kansas.[39] Genet mochte sie alle beide und fand besonderen Gefallen an dem Beatnik-Poeten Allen Ginsberg. Genet und Ginsberg hatten sich das allererste Mal in der Hotelgarage getroffen und waren darüber amüsiert, daß ihre Begegnung im »Untergrund« stattfand. Eines Nachts lud Ginsberg Genet in sein Zimmer ein und legte sich mit ihm ins Bett. Ginsberg strahlte Wärme und Zuneigung aus, die möglicherweise hätten zu Sex führen können, aber Genet griff ihm ganz prosaisch zwischen die Beine, und als er merkte, daß Ginsberg keine Erektion hatte, stieg er schnell wieder aus dem Bett und machte sich an seine Arbeit. »Natürlich war ich nicht mehr feucht hinter den Ohren«, erinnert sich Ginsberg. »Ich war vierzig und hatte einen dichten schwarzen Bart, aber wenigstens war er ordentlich gekämmt, denn ein Swami hatte mir gerade gesagt, wenn ich Leuten mit meinem Bart nicht zu nahe treten wolle, dann sollte ich ihn immer sorgfältig striegeln.«[40]
Seit zwanzig Jahren schon waren Genet, Artaud und Céline literarische Vorbilder für die amerikanischen Beatniks – Allen Ginsberg, Jack Kerouac, William Burroughs und Gregory Corso.
William Burroughs hatte Ginsberg 1945 mit Célines *Voyage au bout de la nuit* (*Reise ans Ende der Nacht*) bekannt gemacht. 1961 dann besuchten Burroughs und Ginsberg Céline in Frankreich, und da räumte Céline ein, nur drei französischsprachige Schriftsteller zu mögen – Charles Ferdinand Ramuz, den Paul Morand von *Ouvert la nuit* und Henri Barbusse.
Um 1949 hatte Ginsberg einige Zeit als Patient in einer psychiatrischen Klinik zugebracht, wo Carl Soloman, dem Ginsberg sein Gedicht *Howl* (*Das Geheul*) widmete, ihn mit dem Text von Antonin Artauds verbotener Radiosendung »Um Schluß zu machen mit Gottes Gericht« bekannt machte. (Artauds Sendung war ursprünglich für dieselbe Reihe geplant, für die Genet seinen Text »Das kriminelle Kind« geschrieben hatte, der ebenfalls verboten wurde.) Artauds Text war in Samuel Putnams Anthologie *The European Caravan*

enthalten. Soloman besaß auch ein Exemplar von Artauds Essay über van Gogh und hatte Malcolm de Chazals *Sens-Plastique* und Genets *Notre-Dame-des-Fleurs* in Frechtmans Übersetzung entdeckt, die Paul Morihien 1949 verlegt hatte. Noch vierzig Jahre später konnte Ginsberg auswendig zitieren: »Alle Augen sind klar und sicherlich himmelblau wie die Klinge des Rasiermessers, an dem ein Stern aus transparentem Licht haftet, blau und leer wie die Fensteraugen von Neubauten.« Ehe er Genet und Artaud gelesen hatte, hatte Ginsberg sich als zartes Seelchen gesehen. Jetzt, unter ihrem Einfluß, zog er ein rauheres, aggressiveres Bild des Dichters vor.[41]

Ende der vierziger Jahre macht Ginsberg Jack Kerouac mit Genets Roman bekannt, der durch dessen sich der Dichte von Poesie annähernden Prosa inspiriert wurde. Kerouacs Stil speiste sich nach Ginsbergs Ansicht von Melville (insbesondere seinem Roman *Pierre, or the Ambiguities* [*Pierre oder Die Doppeldeutigkeit der Dinge*]), Thomas Wolfe, Shakespeare und Frechtmans Genet – vier Beispiele »hoher Prosa«, die wegen ihres Tons, ihrer Metaphorik und ihrer Dichte bemerkenswert waren. Auch von Genets Themen waren die Beatniks begeistert: der Außenseiter, die Kriminalität, das Gefängnis. Kerouac hatte in seiner kanadischen Familie als Heranwachsender französisch gesprochen und war nun besonders vom Klang der französischen Texte Genets in ihrer englischen Fassung beeindruckt. Und Kerouac behauptete, als *er* Céline 1950 interviewte, habe Céline behauptet, es gebe derzeit nur zwei echte Schriftsteller in Frankreich – Genet und ihn.[42]

Burroughs sah Genet und Beckett als die zwei Romanciers des zwanzigsten Jahrhunderts an, deren Ruhm sicherlich dauern werde. Burroughs las alles, was Genet schrieb, und sein *The Wild Boys* (*Die wilden Boys*) enthält eine Huldigung an *Wunder der Rose*. Er zitierte gern eine Bemerkung Genets: »Es gab die französische Sprache, und es gab mich. Ich kroch in jene hinein, und damit war die Sache erledigt.« Burroughs versuchte, Genet davon zu überzeugen, daß Frechtman ein schlechter Übersetzer sei und seine Verwendung des Ganovenslangs absurd (»Niemand würde jemals *sagen:* ›Ich würde jemanden umlegen für bloß ein bißchen Zaster‹«, rief Burroughs), aber Genet verteidigte Frechtman, wenn auch mit einer kleinen Verzögerung.

Noch in den frühen neunziger Jahren sollte sich Burroughs von Genet beeinflussen lassen. In den achtziger Jahren, er hatte gerade seine Trilogie abgeschlossen, mußte er sich einer dreifachen Bypass-Operation unterziehen und beschloß, nicht mehr zu schreiben. Er habe dazu nicht mehr die Kraft, außerdem habe er sich ausgeschrieben, und nun wolle er sich der Malerei widmen, dem Scheibenschießen, seiner Katze und dem einfachen Leben in

Lawrence, Kansas. Aber dann las er Genets postum erschienenes Buch *Ein verliebter Gefangener*, das ihn überzeugte, daß er sich für ein Buch keine kunstvolle Form mehr ausdenken müsse, sondern sie, wie Genet es offensichtlich getan hatte, dadurch schaffen könne, daß er sich episodisch durch eine Reihe miteinander verknüpfter Themen bewege – was für Burroughs 1991 zu einem kleinen Buch über Jesus führte. »Entschieden ein heiliger alter Häftling«, sagte Burroughs zusammenfassend über Genet.
Ginsberg wurde durch Genets Gedichte inspiriert, vor allem durch »Der zum Tode Verurteilte«, das er zum Teil übersetzte. Schon als Student an der Columbia University hatte er vergeblich seinen Freund Richard Howard auf die Suche nach einem Exemplar von Genets Gedichten auf französisch geschickt.[43] Noch 1992 wußte Ginsberg die Strophe auswendig:

> Wir hatten das Liebesgespräch nicht beendet.
> Wir hatten unsere Gitanes nicht zu Ende geraucht.
> Man könnte fragen, warum die Gerichte einen Mörder
> Verurteilen, der so hübsch, daß der Tag darüber erbleicht.

Irgendwann wollte Ginsberg Genet, Kerouac, Burroughs und Alan Ansen bei Ace Books publizieren, aber sein Plan fiel ins Wasser. Im Frühjahr 1964 hatte sich Ginsberg energisch für die Verteidigung des Filmgurus Jonas Mekas eingesetzt, nachdem dieser wegen der Vorführung von Genets Film *Ein Liebesgesang* inhaftiert worden war.[44]

In Chicago fanden Ginsberg und Burroughs Genet heiter, anspruchslos und mutig. Ihnen gefiel sein Sinn für Humor. Als Burroughs Genet fragte, was er von Abbie Hoffman halte, einem Berufsrevolutionär, sagte Genet: »Nicht schlecht als Beruf.«[45] In einem Taxi hörte Genet nicht auf, Burroughs wegen dessen an W. C. Fields erinnernde menschenfeindliche und lakonische Äußerungen auf den Arm zu nehmen; die ganze Woche über rief Terry Southern, der ständig betrunken war, alle bei komischen Namen, und Genet nahm es bereitwillig hin, als »Jean-Jacques Genet« angesprochen zu werden. Die anderen wurden »Richard-Dick Seaver« und »William-Bill Burroughs« genannt. Da Southern das Drehbuch zu dem Film *Doctor Strangelove* (*Dr. Seltsam oder Wie ich lernte, die Bombe zu lieben*) geschrieben hatte, nannte Genet ihn nach dem französischen Titel »Folamour«.[46]
Genet hielt Geld an sich für übel, und ihm gefiel die Vorstellung, daß die Hippies es verbrannten. Einige von ihnen kampierten im Park, und er schenkte

ihnen sogar ein Bündel Geldscheine. Sie umarmten ihn und sagten, damit habe er das Abendbrot für die ganze Gruppe bezahlt. Genet bat Jeannette Seaver, ihnen nicht zu sagen, wer er sei. Gegenüber Burroughs tadelte er Seaver als zu materialistisch.[47]
Als Eugene McCarthy auf dem Midway Airport ankam, fuhren Genet, Burroughs und Southern hin. Genet trug einen McCarthy-Button und stand auf einem Pritschenanhänger, der für die Presse reserviert war. »Zum ersten Mal in meinem Leben schäme ich mich nicht, ein Mitglied der Presse zu sein. Niemand weiß, wer ich bin, und ich bekomme wegen meines Namens nicht irgendwelche besonderen Privilegien.«[48] Ein Redaktionsassistent vom *Esquire*, John Berendt, fragte Genet, welche Wirkung es seiner Meinung nach auf einen Politiker wie McCarthy haben müsse, wenn er acht Monate lang jeden Tag von jubelnden Menschenmengen begrüßt werde. Genet sagte, er glaube bereits eine gewisse »Verhurtheit«[49] in McCarthys Gesicht entdeckt zu haben, so sehr er dessen Antikriegshaltung bewundere. Und überdies sei er angesichts der Tatsache, daß Chicago so einen hohen Anteil von Schwarzen in der Bevölkerung habe, sehr erstaunt, daß nur so wenige zur Begrüßung McCarthys erschienen seien.
Humphrey war vom *Esquire* auf der Titelseite als Bauchrednerpuppe auf Johnsons Schoß sitzend abgebildet worden und lehnte es nun ab, sich von Genet oder den anderen *Esquire*-Reportern interviewen zu lassen. McCarthy dagegen, stolz auf seine liberalen, kultivierten Ansichten, stimmte einem Treffen mit den berühmten Schriftstellern vom *Esquire* zu, fand jedoch nie eine freie Minute für sie. Genet hatte ihn fragen wollen, ob er sich geistig und psychisch für geeignet halte, der Präsident eines großen Landes zu sein, und woher er denn wisse, daß er es sei, aber er hatte nie die Gelegenheit, ihm seine Fragen zu stellen.[50]
Das war an einem Sonntag. Am Tag darauf besuchten Ginsberg, Genet und Burroughs eine Yippie-Pressekonferenz, die auf dem Rasen im Lincoln Park abgehalten wurde. Genet sprach, und Ginsberg dolmetschte. Genet verurteilte die Anwesenheit der Polizei, doch später, in seinem Artikel »Members of the Assembly« (»Mitglieder der Versammlung«), der im November 1968 im *Esquire* erschien, pries er zum allgemeinen Entsetzen die »prächtigen« muskulösen Schenkel der Polizisten. Er nannte die Polizeitruppe »göttlich« und »athletisch«, geeignete Objekte für pornographische Fotos. (Richard Seaver schwört im übrigen, Genet habe diese Passage schon in New York geschrieben, ehe er überhaupt nach Chicago gefahren war.)
Am Abend, auf dem Kongreß der Demokraten, verurteilte Genet das ganze

Ereignis als großkotzig und bedeutungslos. Ginsberg stand da, beide Arme in die Luft gereckt, und brüllte: »Hare Krishna!«[51] Er und Genet hielten glimmende Räucherstäbchen in der Hand. Später, nach elf, kehrten Burroughs, Genet und Ginsberg in den Lincoln Park zurück, wo sich etwa dreitausend Yippies weigerten, das Feld zu räumen – trotz der massiven Präsenz an Bereitschaftspolizei, die über Megaphone Warnungen ausstieß, und trotz Bürgermeister Daleys ausdrücklichen Anweisungen. Genet, Ginsberg, Seaver, John Berendt und Terry Southern hakten sich gegenseitig unter und bewegten sich langsam auf die Polizeisperren zu. Während die Jugend schrie: »Hell, no, we won't go!« und auf Abfalltonnen herumtrommelte, begann Ginsberg »Om« zu intonieren, um die Spannung abzubauen. Bald stimmten alle anderen ein. Die Protestierenden erkannten Genet und waren erstaunt über seine Anwesenheit. »Ich dachte, ihn gibt's eigentlich gar nicht«, sagte ein junger Mann. Ein anderer, der meinte, Genet sehe aus wie ein »pensionierter Weltergewichts-Teddybär«, versuchte, seine Bewunderung in Schulfranzösisch herauszustammeln – »und dann grinste er und machte meinen albernen Versuchen ein Ende, indem er mich wie ein dicker Teddy in die Arme nahm.« Auf diesen Studenten, R. D. Eno, machte Genet den »Eindruck, sehr sanft und zynisch« zu sein.

»Die Leute wollten die Bullen provozieren«, erinnert sich Eno, »indem sie über die Absperrungen sprangen und auf die Polizei zurannten. Ich war bei diesem Kriegspielen einmal über die Absperrung hinaus gegangen, vor allem, weil die Presse dort versammelt war. Wir wurden alle nervös und schreckhaft, und einmal hörte ich Geschrei und sah, wie Leute zu rennen anfingen, aber es war falscher Alarm. Schließlich kam ein Polizeiwagen vom Hügel herunter und fuhr langsam an der Absperrung entlang, und jemand warf etwas nach ihm ...«[52]

Um halb eins setzte die Polizei endlich zum Sturm an, schleuderte Tränengas in die Menge und ließ Knüppel auf die Köpfe niedersausen. Hunderte von verängstigten Hippies rannten in wilder Flucht auf die Clark Street zu, wo erschreckte Autofahrer ihre Wagen hatten stehen lassen. Einer der Protestierenden warf Steine und Flaschen auf die Polizisten; sofort fielen sieben Beamte mit ihren Schlagstöcken über ihn her und besudelten sich mit seinem Blut. Als ein Journalist ein Blitzlichtfoto schoß, zerschlugen ihm die Polizisten die Kamera.

John Berendt und Richard Seaver geleiteten Genet sicher aus dem Park. Genet hatte überhaupt keine Angst. Burroughs bemerkte, daß Genet das Tränengas zu gefallen schien.[53] Als Berendt gestand, er habe Angst, beruhigte Genet ihn.

Sie flüchteten sich in die Eingangshalle eines Apartmenthauses. Als ein Polizist wutschnaubend hereingerannt kam und den Knüppel hob, um auf Genet einzuschlagen, rief John Berendt: »Halt, nicht, er ist ein alter Mann«, und der Beamte richtete seine Wut gegen einen kleinen Jungen, der gerade die Halle betreten hatte. »Sie sind doch nicht überrascht, oder?« sagte Genet zu Berendt. »So behandeln sie die Schwarzen schon jahrelang.«[54] Später erzählte Genet Burroughs, er habe einem Nationalgardisten direkt ins Auge geblickt. »Er senkte den Blick nicht, und ich auch nicht. Er konnte sehen, ich bin der Feind.« Burroughs erinnert sich, daß Genet in einem Haus Zuflucht suchte und wahllos bei jemandem an die Wohnungstür klopfte. Der Student, der ihn hereinließ, war völlig aus dem Häuschen: Er schrieb an der Universität von Chicago gerade seine Doktorarbeit über Genet. In seinem *Esquire*-Artikel gibt Genet eine andere Version wieder: »Die Person, die uns die Tür öffnet, um uns hereinzulassen, während wir diesen Untieren in Blau zu entkommen versuchen, ist eine sehr schöne, junge Schwarze.«[55]
Genet war über die nächtliche Polizeiattacke sehr erbost und entwarf am nächsten Morgen einen Protest, den er am Abend auf einer »Nichtgeburtstagsparty« für Lyndon B. Johnson verlas (es war tatsächlich Johnsons sechzigster Geburtstag). Der Zeremonienmeister war Ed Sanders von der Rockgruppe The Fugs, und etwa sechstausend Antikriegsdemonstranten verbrannten ihre Einberufungsbefehle, während Phil Ochs, berühmt für seinen Song »I Ain't Marchin' Anymore«, sang: »The War ist Over.« Zu John Berendt sagte Genet: »Die Hippies sind Engel. Sie sind zu sanft, zu freundlich. Eines Tages werden sie's einsehen.« Manche der jungen Leute waren sicherlich sanft und freundlich, aber Genet scheint die brutale Seite an Jerry Rubin und Abbie Hoffman nicht gesehen zu haben.
Er verlas also seinen Protest auf Französisch, und Seaver dolmetschte. Burroughs hatte vor ihm gesprochen und die Polizei mit »tollwütigen Hunden« verglichen. Genet sagte darauf, es sei nur natürlich, daß diese »tollwütigen Hunde« jetzt weiße Pazifisten angriffen, denn »die vergangenen hundertfünfzig Jahre« haben sie »dasselbe mit noch größerer Brutalität den Schwarzen angetan.«[56] Auch Burroughs und Terry Southern verlasen Erklärungen. Ginsberg, der noch nie so lange gesungen hatte, war nicht mehr bei Stimme, so daß seine Kommentare von Ed Sanders verlesen werden mußten.
Nach der Party eilten Genet und seine Freunde zum Grant Park vor dem Hilton Hotel, also in die nächste Nähe vom Loop, dem Stadtzentrum. Mehrere hundert Geistliche hatten sich den Demonstranten angeschlossen und hielten dort unter einem riesigen Holzkreuz einen Gottesdienst ab, aber um halb eins

warfen blau behelmte Bereitschaftspolizisten aus den Lkws der städtischen Müllabfuhr mit Tränengas, und Motorradstreifen fuhren mit eingeschalteten Scheinwerfern auf die Menge los. Genet suchte Zuflucht in Ginsbergs Hotel auf der anderen Straßenseite.
Am Nachmittag des nächsten Tages richteten Burroughs und Genet das Wort an eine Versammlung im Grant Park. Genet sagte: »Viele Tote waren nötig in Hanoi, um diesen Protest hier auf die Beine zu stellen.«[57] Der große Marsch, den Southern, Burroughs, Ginsberg und Genet anführten, wurde von der Polizei gestoppt. Ein Teil strömte vor das Hilton, wo Fernsehkameras ganz Amerika Szenen von ekelerregender Brutalität zeigten. »Die ganze Welt sieht zu«, skandierten die Hippies.
Noch am gleichen Tag gingen die *Esquire*-Autoren zusammen mit dem Beatles-Fotografen Michael Cooper, der eine Hose mit einem schwarzen und einem weißen Hosenbein trug, zur Wahl des Präsidentschaftskandidaten. Wie die englischen Kolonisten in *Die Wände* erschien der Polizeipräsident, so formulierte Genet, »in Zivil und mit seiner Wampe«.[58] Er kontrollierte alle Pässe, bis auf den von Genet. »Er streckt mir seine Hand entgegen. Ich ergreife sie. Der Dreckskerl.«
Als Humphrey nominiert war, eilte er hinauf zur Fernsehkamera und küßte sie – ein einziger Mund vom Scheitel bis zur Sohle. Genet ekelte es. Er stand auf und wollte gehen, aber Allen Ginsberg lächelte engelgleich und sagte: »Ich bin sehr glücklich. Es ist so grauenhaft, das muß einfach in wenigen Minuten verschwunden sein.« Genet war nicht so optimistisch.[59] Nach all den blutig geschlagenen Schädeln in Chicago und den Toten in Vietnam waren viele Leute entsetzt über den Gleichmut des »Happy Warrior« Humphrey. Schwindelerregende zwanzig Prozent der Wähler, die zuletzt demokratisch gestimmt hatten, kehrten der Partei 1968 den Rücken.

Genet hatte genug von Chicago. In der Hoffnung, ihm eine andere Seite der Stadt zeigen zu können, nämlich Kerouacs Amerika, führte Ginsberg Genet zum Greyhound-Busbahnhof. Hier setzten halbwüchsige Bauernjungen zum erstenmal ihren Fuß auf den Boden der Stadt, um hier ihr Glück zu machen. Genet wollte auch die Umgebung sehen, aber Dick Seaver, der den Wagen steuerte, verfuhr sich und irrte stundenlang durch die Industrieeinöden von Gary in Indiana. Früh um halb zehn verließ die *Esquire*-Mannschaft Chicago und flog nach New York, wo Genet im Hotel Delmonico in der Madison Avenue abstieg, in dem auch Burroughs wohnte.
Esquire hatte in einem New Yorker Atelier ein Titelfoto in Auftrag gegeben:

Southern, Genet und Burroughs sollten so tun, als blickten sie auf einen toten Antikriegsdemonstranten, wahrscheinlich eine Anspielung auf einen jungen Indianer, der von der Chicagoer Polizei getötet worden war. Genet fand die Titelseite geschmacklos und war vor allem ungehalten darüber, daß der Tote auf dem Foto von einem Schauspieler gemimt wurde – »ein falscher Toter«[60] schien ihm exemplarisch für die »mediatisierte« Welt von heute, die er verabscheute.

Genet kamen große Bedenken, und er war ziemlich in Sorge, daß der amerikanische Polizeistaat, den er unmittelbar erlebt hatte, ihm nicht die Rückreise nach Frankreich gestatten könnte. Gleichzeitig sagte er zu Burroughs: »Mich schützt mein Name und mein weißes Haar – das ist nicht recht.« Als Genets Artikel über Chicago, »The Members of the Assembly«, im *Esquire* erschien, verschreckte er linksgerichtete Leser nicht durch seine routinemäßige Verurteilung von Polizeigewalt und amerikanischer Kriegshetze, sondern durch sein unerwartetes Loblied auf die Schenkel der Polizeibeamten. Genet mochte zwar die Hippies unterstützen, aber zu den Bullen fühlte er sich hingezogen. Seine Weigerung, seine Sexualität einem politischen Programm anzupassen, erschreckte seine amerikanischen Bewunderer. Sie verdächtigten ihn »faschistischer« Sympathien.

Von Anfang an hatte der *Esquire* sich bereit erklärt, nicht nur Genets Chicago-Artikel zu bringen, sondern auch den zweiten, eine Verurteilung des Vietnamkriegs. Doch als nun Genet seinen bösartigen zweiten Artikel vorlegte, lehnte ihn Harold Hayes ab. Er war entsetzt, in welch aggressivem Stil Genet schildert, wie amerikanische Soldaten von den Vietkong sodomisiert werden, wie kleine vietnamesische Mädchen tote blonde Amerikaner in riesige Puppen verwandeln und wie eine ganze amerikanische Nation heuchlerisch Gott und Coca-Cola anbetet, während sie gleichzeitig die Atombombe erfindet, die Indianer ausrottet und die Schwarzen versklavt. Außer sich über den Treuebruch des *Esquire* stürmte Genet in dessen Geschäftsstelle und zerriß seine Manuskripte.[61] Aber der Aufsatz über den Wahlkongreß war schon gesetzt, und Richard Seaver hatte noch seine englische Übersetzung der Antikriegstirade in seinem Besitz, die er unter dem Titel »A Salute to 100,000 Stars« im Dezemberheft 1968 in der radikalen Avantgarde-Zeitschrift *Evergreen Review* erscheinen ließ, die mit dem Verlag Grove Press assoziiert war. Und da erregte Genets Essay kaum Aufsehen.

Ehe er die Vereinigten Staaten verließ, schickte Genet Allen Ginsberg einen kurzen Brief:

Ich möchte dieses Land nicht verlassen, Allen, ohne dir zu sagen, daß du nachts mein einziger Sonnenschein warst, mein einziges Licht in Amerika.
Ganz sicher werde ich nicht vergessen, wer du und deine Blumenkinder sind. Mögest du glücklich sein. Und mögest du nie deine dichterische Sprachgewalt verlieren. Und mögen wir uns wiedersehen irgendwo auf der Welt: das sind meine drei Wünsche, in Gestalt eines buddhistischen Fisches. Ich küsse dich.[62]

Zu Burroughs sagte Genet, in Amerika »ist nichts real. Alles ist nur Tonbandgeräte und Fotografen. Die Wirklichkeit in Amerika ist tot, absolut zu Ende.« Als John Berendt Genet ein Foto gab, auf dem Genet, Burroughs, Ginsberg und Southern zu sehen waren, zerriß er es mit den Worten: »Vergiß Chicago! Über die jungen rebellierenden Amerikaner sagte Genet zu Burroughs: »Wenn sie jemals siegen, wende ich mich gegen sie« – der gleiche Gedanke, den er später im Hinblick auf die Palästinenser äußern sollte.
Er sagte auch, so als suche er nach Authentizität: »Ich wollte, ich wäre ein Schwarzer. Ich möchte fühlen, was sie fühlen.«

Von Chicago aus flog Genet zurück nach Tanger, wo er einen Monat blieb. Burroughs schickte einen Empfehlungsbrief an Brion Gysin mit, der in Tanger einen eleganten Nachtclub führte (und auch mit Nico Papatakis befreundet war). Der Kanadier war Maler und Schriftsteller, ein hochgewachsener, selbstsicherer, weltläufiger Mann von internationaler Kultur. Er mochte Genet, und die beiden Männer stürzten sich in lange hitzige Debatten über die Politik, die Kunst und das Leben. »Genet stritt sich gern über die Dinge, die wirklich zählten«, erinnerte sich Gysin.[63] Er war ziemlich beunruhigt über die großen Mengen Nembutal, die Genet schluckte. Genet sagte, er habe kürzlich eine Entziehungskur gemacht und sie überlebt (»Ein Barbiturat-Entzug«, bemerkte Burroughs dazu, »ist schwieriger als ein Heroin-Entzug und kann zu epileptischen Anfällen führen«). Doch kaum war er »clean«, kehrte Genet zu seinen Nembutal zurück. Er hatte eine panische Angst vor Schlaflosigkeit und liebte das garantierte Vergessen, das Nembutal schenkte, ein allnächtlicher Abstieg ins Grab des Schlafes. Gysin blieb besorgt und sagte einem Freund: »Dies Nembutal wird ihn umbringen, wenn er nicht in eine Klinik geht und sich behandeln läßt.«[64]
Genet und Paul Bowles, die bekanntesten Schriftsteller in Tanger, gingen einander aus dem Weg, da Genet ablehnte, was er Bowles' folkloristische Einstellung zu den Arabern nannte. Bowles war Musikwissenschaftler und hatte marokkanische Volksmusik aufgenommen und transkribierte und über-

setzte außerdem mündlich überlieferte Berichte über das Leben in Marokko. Nach Genets Auffassung war das eine im Grunde »orientalistische« Einstellung.
Genet war jedoch arabischen Autoren gegenüber aufgeschlossen. Er sprach mit Mohammed Choukri, den er schon kannte und dem er am 18. November 1968 in einem Café erneut in die Arme lief. Er widmete ihm ein Exemplar des *Balkon* auf französisch und arabisch. Choukri las gerade Stendhals *Rot und Schwarz* und sah Ähnlichkeiten zwischen seinem Leben und dem Julien Sorels, und Genet konstatierte: »Man sollte nicht mit solchen Dingen im Kopf an die Lektüre gehen, mit dem Gedanken, daß das Leben der einen oder anderen Romangestalt etwas mit dem eigenen Leben zu tun hat. Man muß die Dinge trennen. Ihr Leben ist das Leben von niemandem sonst.«[65] Genet blieb der große Apostel der Einzigartigkeit, und seine Romane halten dem Leser ein Schwert vors Gesicht – keinen Spiegel. Als Choukri ihm später erzählte, er lese gerade von Camus *La Plague* (*Die Pest*), knurrte Genet: »Er schreibt wie ein Stier ... Ich habe nie gemocht, was er schrieb. Ich habe ihn auch persönlich nicht gemocht. Ich kam nie mit ihm zu Rande ... Camus fühlte mehr, als er dachte.«[66] Über seinen kürzlichen Amerikabesuch sagte er: »Die amerikanischen Hippies sind wunderbar. Aber ihre Väter sind unerträglich.«[67]
Während er in Tanger war, erschien bei Gallimard der vierte Band seiner *Gesammelten Werke*, in dem *Der Balkon*, *Die Zofen* und *Unter Aufsicht* den größten Raum einnehmen.

Im Februar 1969 fuhr Genet nach Marseille, wo Antoine Bourseiller den *Balkon* inszenierte. Genet rief ihn an und sagte: »Hallo, mein Name ist Jean Genet. Das schreibt sich G-E-N-E-T.«[68]
Bourseiller besetzte die Hauptrollen mit Laien und verlegte die Szenen mit den Revolutionären *in* das Bordell, womit er den Eindruck erweckte, die Revolution selbst sei nur ein weiteres erotisches Schaustück zur Befriedigung perverser Gelüste.
Genet schrieb an Bourseiller viele schwülstige Briefe über die Darstellungskunst im Theater. Er gab kühne Erklärungen ab: »Schauspieler sollten so hervorragend sein, daß das Publikum jedesmal Angst haben müßte, sie könnten getötet werden, wenn sie die Bühne verlassen.«[69] Er schrieb auch an das Ensemble einen Brief über sein Stück, in dem er erklärte: »Sie können es in Stücke brechen und die Stücke wieder zusammenkleben, aber achten Sie darauf, daß sie zusammenhalten.«[70]
Chantal Darget spielte die Rolle der Madame Irma. Sie erinnert sich, daß

Genet nie die Vorstellungen des Stücks besuchte (das er nicht mehr mochte), aber Unmengen Zeit in ihrer Garderobe verbrachte. Er sagte ihr, *Die Neger* seien das Stück, das er am liebsten habe; er verband es mit den glücklichen Tagen seiner Liebe zu Abdallah.

Zu Chantal und ihrer Mutter war Genet äußerst zuvorkommend – er öffnete Türen für sie und half ihnen in die Mäntel, alles recht ungewöhnlich für diesen alten Dieb und Päderasten, meinte die Darget. Eines Tages fielen Genet in Dargets Hotelzimmer in Aix die Streichhölzer auf den Boden, und die Schauspielerin kroch auf allen vieren herum, um sie wieder aufzusammeln. Genet sagte, es sei das einzige Mal gewesen, daß er eine Frau in dieser Haltung vor sich gesehen habe. In einem unveröffentlichten Text, den er fünf Jahre später schrieb, bezeichnet er sich als »stark dank der Tatsache, nie durch eine Frau gegangen zu sein, außer in der Minute meiner Geburt, als ich noch blind und stumm war und vermutlich zuviel Wasser geschluckt hatte.«[71]

Wie es seine Gewohnheit war, faßte Genet augenblicklich eine Zuneigung zu Kindern: Chantal Dargets kleinen Sohn Christophe lud er zu einer gemeinsamen Weltreise ein, als der Junge gerade erst elf war (seine Mutter wies das Angebot energisch zurück). Genet schrieb mehrere Briefe an ihn und für Chantal sogar eine verrückte kleine Geschichte, in der alle menschlichen Gestalten denselben Namen haben (Jean) und alle Gänseblümchen (auf Französisch *marguerite*) Margerite heißen (»Man hat nie von einer Margerite gehört, daß sie Kamelie heißen wollte« – sicherlich eine Anspielung auf die Titelfigur von Dumas' *La Dame aux camélias [Die Kameliendame]*, die Marguerite Gautier heißt).[72] Als Christophe auf die höhere Schule ging, schrieb ihm Genet, daß er allem widerstehen sollte, was die Welt als Kultur bezeichnet. »Alle Kultur ist bürgerlich, doch jeder systematische Versuch, die Kultur zu zerstören, wird selbst rasch zu einer neuen Kultur, folglich zu einer Form von Bürgerlichkeit, und so weiter ... Es gibt jedoch unendlich viele Möglichkeiten, der bürgerlichen Kultur zu entrinnen, und es liegt an dir, diejenige herauszufinden, die am besten zu dir paßt.« Christophe seinerseits schrieb ein Buch, das Manuskript schickte er an den achtungsvoll aufgeschlossenen Genet.[73]

Genet begann sich immer stärker für die Probleme algerischer und marokkanischer Einwanderer in Frankreich zu interessieren. Er nahm an mehreren Demonstrationen in Paris teil, aber nie in seiner Eigenschaft als berühmter Schriftsteller oder Wortführer. Und in der Tat ist auf Fotos in den Zeitungen nie sein Gesicht zu sehen, und er gab keine Erklärungen ab. Vielleicht hatte ihn die exzessive »Mediatisierung« der amerikanischen Kriegsproteste gegen ein derartiges Sich-in-Szene-Setzen argwöhnisch gemacht. Genet war sich inzwischen der Gefahren von Geld und Ruhm noch bewußter.

Im September und Oktober war er in Marokko, wo er radikalen Studenten seine Sympathie bekundete, die von der Regierung verhaftet und eingekerkert werden sollten. Dann fuhr er nach Spanien, wo er eine verblüffend aufregende Aufführung der *Zofen* auf spanisch sah, die Victor Garcia für die Truppe Nuria Espert in Madrid inszeniert hatte. Als die Inszenierung 1970 kurz in Paris zu sehen war, schrieb der Kritiker Matthieu Galey, dies sei eine Version, die Genets Ehrgeiz würdig sei, etwas von sich in Epidauros gespielt zu sehen.[74] Keine überladenen, verspiegelten Paradebetten und Frisierkommoden für die Frauen mehr – Garcia räumte die Bühne leer bis auf die schwarzen Wände, eine Vertiefung als Bett, die einer Grabstelle ähnelte, und Chromstahlplatten, die an Gefängnistore erinnerten. Als Claire Madames Kleid anzieht, wird die Zeremonie liturgisch und das »Kleid« gleicht einem Meßgewand. Außerdem wird sie auf hohe Schuhe mit Plateausohlen gestellt wie eine Giacometti-Göttin. Als sie die Tasse Tee trinkt, wird sie zu Isolde, die den Liebestrank zu sich nimmt.[75]

Genet war von Garcias Neudeutung seines Stücks begeistert. Garcia habe eine Beziehung zwischen seinem Text und Artauds Theorien ausfindig gemacht, die nicht einmal er, Genet, vermutet habe. Während er zehn Jahre zuvor *Die Zofen* als veraltet angesehen hatte, sagte er jetzt, diese »bewundernswerte Deutung« habe seinen Text »verjüngt« und ihm »neue Dimensionen« verliehen.

Im November 1969 flog Genet erneut nach Japan zu Jacky Maglia und seiner Frau Isako, die dort beide an radikal-politischen Aktionen beteiligt waren. Ende der sechziger Jahre lehnten immer mehr Japaner den Krieg der Amerikaner in Vietnam, der zu eskalieren begann, ab. Es gab immer mehr Demonstrationen auf den Straßen. Überdies erschien ihnen die fortgesetzte US-Herrschaft über die eine Million japanischer Einwohner von Okinawa, das vor dem Zweiten Weltkrieg zu Japan gehört hatte, immer unerträglicher; viele Leute machten darauf aufmerksam, daß das von den USA besetzte Okinawa die einzige neue Kolonie sei, die nach dem Krieg auf der Welt geschaffen worden war. Nach massiven japanischen Protesten erklärte Nixon sich schließlich 1970 dazu bereit, Okinawa 1972 den Japanern zurückzugeben. Aber diese Übereinkunft trug nicht zur Mäßigung des militanten Studentenverbandes Zengakuren bei. Der Verband spaltete sich zwar in drei verschiedene Gruppen, aber die meisten Mitglieder waren Kommunisten, die einer weiteren amerikanischen Präsenz in Japan und Vietnam feindlich gegenüberstanden. Studenten protestierten, als verwundete Amerikaner aus Vietnam in japanische Krankenhäuser gebracht wurden; die Studenten setzten Gerüchte in die Welt, wonach die Soldaten tödliche Tropenkrankheiten hätten. Ebenso demonstrierten die Studenten gegen den Bau eines neuen Flughafens östlich von Tokio, der, so argumentierten die Antikriegsaktivisten, von amerikanischen Militärmaschinen benutzt würde.

Der Sicherheitspakt zwischen Japan und den Vereinigten Staaten sollte am 23. Juni 1970 auslaufen, und es wurde vermutet, daß die konservative japanische Regierung das Abkommen erneuern würde. Dieser Tag rückte immer näher und beschleunigte die Gangart der antiamerikanischen Demonstrationen. Genet war nach Japan gekommen, einfach um Jacky zu besuchen, aber da er nun einmal dort war, nahm er auch an einer Zengakuren-Demonstration in Tokio teil, wahrscheinlich wegen ihrer eindeutig gegen die USA gerichteten Zielsetzung. »Die Leute krallten sich aneinander«, erzählt Jacky, »damit sie schwieriger festzunehmen waren. Genet gab sich als ein Offizier aus, der die maskierten Soldaten ›inspizierte‹, die angerückt waren, um die Menge in Schach zu halten. Er blickte jedem Soldaten direkt in die Augen (viele von ihnen waren hübsch). Einigen Soldaten gab er Bonbons, in die er eine Nembutal gesteckt hatte.«[76]

Die japanische Kultur beeindruckte Genet tief. Er sah sich ein No-Stück an und schaute dem Mann, der eine Frau darstellte, mit solcher Konzentration zu, daß der Schauspieler Genet schließlich seinen Fächer schenkte. Genet wiederum schenkte den Fächer Laurent Boyer, dem Rechtsberater von Gallimard, und erklärte ihm die präzise festgelegten Bewegungen, die der No-Spieler mit ihm vollführt hatte.[77]

In einem Brief an Antoine Bourseiller bezog sich Genet auf das No, als er auf die Magie des Theaters zu sprechen kam. Diese Magie, schrieb Genet, sei keine Angelegenheit von Spiegeln, kostbaren Stoffen und barocken Möbeln. »Sie liegt in der Stimme, die mit einem bestimmten Wort umschlägt – wogegen sie das auf einem anderen Wort tun sollte – (aber man muß das richtige Wort und die Stimme finden) ... Sie stellt sich ein, wenn ein No-Schauspieler, der stämmig ist wie ein Droschkenkutscher, vor dem Publikum aufseufzt, den Fächer auf eine bestimmte Weise (falsch) ergreift, *die Schultern nach vorn sinken läßt* und dermaßen überzeugend zur ersten Shintoistin wird, daß ich eine Gänsehaut bekomme.«[78]

Genet machte sich genügend Notizen über Japan, um daraus ein kleines Buch zu machen.[79]

Von einem japanischen Ritual war er besonders beeindruckt – von Obon, dem Totenfest. Statt einer feierlichen Zeremonie war Obon etwas Humorvolles, ja Groteskes (wenigstens in Genets Version). Die Lebenden ahmen die Schwächen der Toten nach, aber diese Darbietungen voller Ironie und Zuneigung verleihen den Toten eine Art Leben, *geben* den Toten das Leben *wieder*, wenn auch nur für einen Augenblick. Wie die homerischen Griechen – mit denen sich Genet in Fustel de Coulanges' *Der antike Stadtstaat* beschäftigt hatte – glaubte er (oder spielte ernstlich mit dem Gedanken, daran zu glauben), daß die Toten nahe bei ihren lebenden Angehörigen bleiben, die sie als Beistand brauchen. Ihm gefiel Obon, es hatte etwas von einem Spiel an sich, in dem es um Abwesenheit geht. Die Lebenden legen Seidenkissen und Zigaretten mit Goldfilter für die Toten hin, die unsichtbar, ja abwesend sind. Diese belebende Abwesenheit (das Gegenteil einer flauen Leere) gefiel Genet. Nietzsche mag ihn beeinflußt haben: Der späte Genet schätzte Leichtigkeit, Heiterkeit, Unerschrockenheit, Eleganz, einen Tanz am Rande des Abgrunds. In den *Wänden* schuf er mit der Familie Brennessel und Ommou Gestalten, die von dieser Art mutigem Nihilismus beherrscht sind. In zunehmendem Alter vertiefte sich sein Verständnis für diese Art von Sphärengelächter, diesen Mut im Angesicht des Untergangs. Er erfand das periodisch wiederkehrende Bild der palästinensischen Soldaten, denen Glücksspiel verboten ist und die zu einem Spiel mit unsichtbaren Karten Zuflucht nehmen. Sie führen alle fürs Kartenspiel notwendigen Gesten aus, und das mit Präzision und Überzeugung – aber die Karten sind nicht da. Die abwesenden Spielkarten in den jordanischen Lagern, die abwesenden Toten bei den japanischen Ritualen werden zu Komplementärsymbolen einer dynamischen Leere.
Diese Weltsicht, verbunden mit Genets unerschütterlichem Glauben an die Hohlheit von Erfahrung, fungierte als Gegengewicht zu seinem politischen Engagement seiner letzten fünfzehn Jahre. Oder vielmehr, er fühlte sich zu Aufgaben hingezogen, die sich ihrerseits um etwas drehten, was nicht da war: die Black Panthers mochten eine Diensthierarchie aufrechterhalten haben, eine Schattenregierung, aber sie hatten kein Land; die Palästinenser waren eine Nation, die ihr Land verloren hatte. Genet, der mit mönchischer Disziplin danach strebte, sich von allem materiellen Besitz zu befreien, zitterte vor Mitgefühl mit der Landlosigkeit dieser zwei auserwählten Völker. Ein Ritual ohne Tote, ein Spiel ohne Karten, ein Mensch ohne Besitz, eine Nation ohne Land – dies alles waren groteske Figuren, die sich im selben kosmischen Tanze drehten.
Nach der Demonstration mit den Zengakuren-Studenten am 17. Dezember

1969 begab sich Genet zurück nach Europa. Er machte kurz in London halt und war dann zu Neujahr in Paris.

Am 10. Januar 1970 nahm Genet mit Marguerite Duras an einer gewalttätigen Protestdemonstration gegen den Tod von fünf afrikanischen Gastarbeitern teil. Diese Arbeiter, die in einem Pariser Vorort in einer elenden Unterkunft ohne Heizung und Strom hausten (das Haus hieß ironischerweise »Franko-afrikanisches Heim«), waren gegen die Kälte angegangen, indem sie in einem Mülleimer ein Feuer gemacht und sich dann daneben zum Schlafen hingelegt hatten. Alle fünf waren erstickt. Eine Untersuchung brachte die empörenden Bedingungen ans Licht, unter denen Gastarbeiter lebten – sechzehn in einem kleinen Raum ohne Lüftung oder Sonnenlicht, und das für eine enorme Miete.[80]

Am Tag der Beerdigung der fünf Arbeiter, am 10. Januar, sprach Jean-Paul Sartre im Leichenschauhaus vor Fernsehkameras[81], während Genet, Duras und zwei- oder dreihundert Leute in der Avenue Pierre 1er de Serbie 31 die Büros einer offiziellen Vertretung der französischen Industriellen und Grundeigentümer besetzten. Anführer der Operation war der Maoist Roland Castro, Mitglied der Gruppe Vive la Révolution und Herausgeber ihres Kampfblattes *Ce que nous voulons: Tout (Was wir wollen: Alles)*. Castro hielt der Menge vom Balkon herab eine flammende Rede. Gewaltsam vertrieb die Polizei die Demonstranten, die die Büros besetzt hatten – Genet bekam einen Schlag mit dem Gummiknüppel ab und wurde eine Treppe hinuntergestoßen (die Polizei behauptete später, Genet habe die Treppe nicht gesehen und sei hinuntergefallen). Hundertsechzehn Leute wurden festgenommen und in Polizeibusse gepfercht. Roland Castro versuchte zu fliehen; er bekam später einen Prozeß und wurde zu einem Monat Haft verurteilt. Bei Castros Vernehmung am 23. Februar 1970 ergriff Genet das Wort. Er führte aus, daß französische Hausbesitzer sich um den Tod von Afrikanern nicht scherten, denn Afrika erscheine ihnen als nahezu unerschöpfliches Reservoir an Arbeitern für Citroën, Simca, die Bergwerke und Fabriken. Aber Genet war überzeugt, am Ende würden Roland Castro und Afrika den Sieg davontragen.[82]

Genet war nie der Ansicht gewesen, daß die Kunst für die Politik von Belang sein könne, und in gewisser Weise mußte er das Schreiben von Romanen und Theaterstücken aufgeben, damit er politisch voll und ganz aktiv werden konnte. Im Januar 1970, am Beginn seiner aktivsten Phase politischer Mitwirkung, schrieb Genet einen Brief an Patrick Prado, einen neuen Bekannten, in dem er nochmals seinen Glauben an die heilende Kraft der Kunst, eine

Gemeinschaft zu erschaffen, beteuerte, sowie seine Überzeugung, daß alle Menschen austauschbar seien. Prado und Genet hatten gerade eine hitzige Diskussion über Paul Claudel als katholischen Apologeten geführt. Nun schrieb Genet: »Als Dichter betrügt Claudel seine Religion. Er läßt sie versauern. Eine Religion kann Dichter nicht in sich fassen. Die Poesie kann nicht als Ideologie dienen. Sie bleibt allen Systemen im Schlund stecken. Die Poesie (jede Tat, auf die sie Anspruch erhebt) einigt die Menschen, ob sie Schweine sind oder nicht. Sie berührt, was in jedem von uns ist, das, was uns einander ähnlich sehen läßt. Die poetischen Stellen bei Claudel sind für die Religion ohne Belang. Sie stoßen tief in das Bewußtsein und die Zeit vor. Hören Sie sich Monteverdis Messe della Beatae Virginis an! Als er sie komponierte, war er nicht gläubig, er war nur ein großer Musiker bei der Arbeit. Ich kenne niemanden, der durch diese Messe bekehrt worden wäre.« Genet fährt fort, daß der späte Rembrandt weder von einem Maoisten noch von einem Priester als Propaganda benutzt werden könne (»er ist für beide da, an einem Schnittpunkt, den er selbst entdeckt hat«). Ähnlich sei Cézanne vielleicht in der Kunst ein Revolutionär gewesen, aber er ging jeden Sonntag zur Messe. Genet verurteilt die religiösen Aspekte bei Claudel ebenso wie Rimbauds Gewettere gegen das Provinzleben. Schließlich, endet Genet, kann die Poesie weiter gehen als die Politik, aber die Politik bereitet manchmal der Poesie den Weg – »und dann herrscht Verständigung zwischen allen Menschen. Alles übrige ist einfach Quatsch; ich sage Ihnen das, weil ich *weiß*, daß ich recht habe.«[83]

Am 25. Februar 1970 traf sich Genet in Paris mit zwei Vertretern der Black Panthers. Die Panthers waren eine unlängst gegründete militante Schwarzenorganisation mit paramilitärischem Gebaren und marxistischem Vokabular. Sie waren in den turbulenten späten sechziger Jahren rasch zu Medienstars geworden.
Nixons Vizepräsident, Spiro Agnew, hatte geschworen, einen Krieg gegen die Panthers zu führen, und er tat dies auch mit voller Überzeugung, bis er 1972 wegen Steuerhinterziehung aus dem Amt gejagt wurde. In Chicago und Philadelphia hatte sich die Polizei auf Schießereien eingelassen – oder vielmehr überraschend bewaffnete Razzien in örtlichen Panthers-Geschäftsstellen durchgeführt. In Chicago zum Beispiel hatte die Polizei am 4. Dezember 1969 die Wohnung des Panthers-Vorsitzenden in Illinois, Fred Hampton, gestürmt. Der Panthers-Chef aus Peoria, Mark Clark, und Fred Hampton kamen dabei um. Vier weitere Panthers und zwei Polizisten wurden verletzt. Die Polizei

nannte den Angriff zwar eine »Schießerei«, aber es wurden keine Einschuß-
löcher gefunden, die ihre Version hätten stützen können.
Tatsächlich befanden sich die Panthers seit der Gründung der Partei in offenem Kampf mit der Polizei, und 1970 waren alle ranghohen Panthers-Funktionäre, einschließlich Bobby Seale und Huey Newton, im Gefängnis, tot oder hielten sich versteckt, außer David Hilliard, dem nationalen Stabschef (der 1992 an einem Buch über Genets Freundschaft mit den Panthers schrieb). Am 2. April 1969 waren in New York einundzwanzig Panthers verhaftet und eines Komplotts zur Sprengung von Geschäften und öffentlichen Gebäuden bezichtigt worden. Sechzehn von ihnen blieben zehn Monate lang mit einer Sicherheitskaution von hunderttausend Dollar pro Kopf in Haft, ehe ihr Prozeß im Februar 1970 begann. Wie Genet später meinte, konnten die Amerikaner eine »rote Ideologie in schwarzer Haut« nicht ertragen und hatten in den vorangegangenen zwei Jahren achtundzwanzig Panthers massakriert. Von seiner ersten Begegnung mit den Black Panthers gab Genet eine Darstellung:

Zwei Mitglieder der Black Panthers Party besuchten mich in Paris und fragten mich, ob ich etwas für sie tun könne. Ich glaube, es ging eher darum, ihnen in Paris zu helfen, aber ich sagte: »Das einfachste ist, nach Amerika zu gehen.« Diese Antwort schien die beiden ein bißchen zu überraschen. Sie sagten: »Na schön, dann kommen Sie. Wann wollen Sie reisen?« Ich sagte: »Morgen.« Sie waren noch erstaunter, aber sie reagierten sofort: »Gut, wir kommen Sie abholen.«[84]

Zwei Tage darauf lag dem FBI bereits ein Bericht vor, daß Genet sich mit Connie Matthews getroffen habe und auf dem Weg in die Staaten sei, wo er in den Fernsehsendungen *Face the Nation* und *The Mike Wallace Show* sich für den inhaftierten Panthers-Anführer Bobby Seale einsetzen zu können hoffte. Genet, der in Frankreich unmittelbaren Zugang zu den Nachrichtenmedien hatte, hatte damals keine Vorstellung davon, wie selten amerikanische Künstler und Intellektuelle im nationalen Fernsehen auftreten. Er wäre erschrocken (oder amüsiert) gewesen, hätte er gewußt, daß das FBI in seinen Geheimberichten seinen und Sartres Namen als »John Genet« und »Jean Paul Sat« führte. In einem FBI-Bericht wurde Genet fälschlich als ein »bekanntes militantes Mitglied der Trotzkistischen Vierten Internationale im Jahr 1967« bezeichnet. Das FBI wußte auch, daß Genet erst nach Kanada flog, wo er eine Pressekonferenz abhalten wollte und sich mit dem Anwalt der Black Panthers zu treffen hoffte, der ihn über den neuesten Stand in Bobby Seales rechtlicher

Situation informieren sollte. Ein in Paris wohnendes Panthers-Mitglied sagte, Genet müsse »ziemlich gut [sein], weil er sich aus dem Gefängnis freigeschrieben hat.«
Im politischen Klima Ende der sechziger und Anfang der siebziger Jahre – dem Vorläufer der Gleichheitspolitik und der radikalen Ausgrenzung der neunziger Jahre – waren Weiße, die mit Angelegenheiten Schwarzer sympathisierten, suspekt, aber Genet war von den Panthers ausdrücklich *aufgefordert* worden, ihnen zu helfen, und dieser feine Unterschied war für ihn entscheidend. Als ihm von den französischen Linken der Vorwurf gemacht wurde, er helfe den amerikanischen Schwarzen statt den Gastarbeitern in Frankreich, wies er darauf hin, daß die Gastarbeiter ihn nicht gefragt hätten.
Resümierend nannte Genet persönliche und intellektuelle Gründe für den Reiz, den die Panthers auf ihn ausübten. Er war ihnen schon im August 1968 in Chicago begegnet und war beeindruckt gewesen, als er las, daß bei den Olympischen Spielen in Mexiko zwei schwarze Athleten vor versammeltem Publikum den Black-Power-Gruß entboten hatten. Obwohl sie im 200-Meter-Lauf die Gold- und die Bronzemedaille gewonnen hatten, mußten sie das Olympische Dorf innerhalb von achtundvierzig Stunden verlassen. Persönlich erinnerte ihn die Verfolgung der Panthers durch das weiße Establishment in Amerika an seine eigene Unterdrückung als Junge in Frankreich, als er ein Zögling des Staates und jugendlicher Delinquent gewesen war, doch mit dem einen Unterschied: Er war damals allein, wogegen die Panthers organisiert waren. Als er erwachsen war, blieb ihm kein anderes Mittel mehr übrig, als die französische Sprache zu »pervertieren.« Intellektuell gesehen, sagte er, respektiere er die Panthers, weil sie eine marxistische, klassenkämpferische Interpretation der Unterdrückung verfochten und nicht nur eine rassenbezogene. Während andere Schwarzengruppen ihre Unterdrückung sehr wohl rassenbezogen definierten, waren die Panthers bestrebt, sich mit der Sache der Linken in der ganzen Welt zu verbünden.[85]
Das jedenfalls sagte Genet 1970 in seiner ersten Begeisterung, als er Unterstützung für die Panthers zusammenzutrommeln versuchte. Jahre später sagte er rückblickend auf diese Zeit: »Zwischen 1966 und 1971 tauchten die Panthers als junge Wilde auf und bedrohten die Gesetze und die Künste im Namen einer marxistisch-leninistischen Religion, die ungefähr so nahe an Marx oder Lenin war wie Dubuffet an Cranach.«[86]
Genet hatte unter Selbstmorddepressionen gelitten, ehe er sich für die Sache der Panthers und Palästinenser einsetzte. Plötzlich fühlte er sich gebraucht. Wenn er schon nicht mehr Romane und Theaterstücke schreiben konnte, so

konnte er doch wenigstens mitreißende politische Reden halten. Ein Satz in einem seiner Notizhefte lautet: »Was für ein Unfug! Ich habe niemals den Palästinensern geholfen. Sie haben mir geholfen zu leben.«[87] Das militärische Gebaren der Panthers und ihr Gefängnis-Background müssen Genet besonders angezogen haben. Während frühere schwarze Bürgerrechtskämpfer aus der Bourgeoisie kamen und oft Geistliche waren, brachten diese Häftlinge sich alles selbst bei – wie Genet auch. Eine Gestalt wie Eldridge Cleaver war sowohl Schriftsteller *(Soul on Ice [Seele auf Eis])* als auch ein legendärer Outlaw – ebenfalls wie Genet. Im Rückblick auf die Panthers schreibt Genet:

Von ihrer Gründung im Oktober 1966 an ist die Black Panthers Party bis Ende 1970 unaufhörlich durch eine ununterbrochene Flut von Bildern über sich selbst hinausgewachsen. Im April 1970 war die Kraft der Panthers noch so ungebrochen, daß den Professoren an den Universitäten die Argumente ausgingen, weil die Revolte der Schwarzen gerechtfertigt war, und die weißen Akademiker oder Nichtakademiker, die dem nichts entgegenzusetzen hatten, sich nur noch in Beschwörungen zu retten wußten. Manche riefen die Polizei. Doch die fröhlich-pathetische Panthers-Bewegung war nie eine Massenbewegung. Sie forderte totale Hingabe, den Gebrauch von Waffen, Sprachphantasie bis hin zu Beleidigungen, die man den Weißen um die Ohren hauen konnte. Ihre Gewaltbereitschaft schöpfte sie allein aus dem Elend der Ghettos. Ihre große innere Freiheit bezog sie aus dem Krieg, den Polizei, Regierung, die weiße Bevölkerung und ein Teil der schwarzen Mittelschicht gegen sie führten.[88]

Da Genet wieder kein Visum für die USA erhielt, flog er mit Jacky Maglia und zwei Panthers (Connie Matthews und Michael Persitz) am 1. März 1970 nach Montréal, wo er erneut erfolglos den Antrag auf ein amerikanisches Visum stellte. Genet traf sich unverzüglich mit Ray »Masai« Hewitt, dem Informationsminister der Panthers, und Clarence Terry, einem Black-Panthers-Mitglied aus San Francisco, die von Kalifornien nach Montréal geflogen waren, um Genet über die Einzelheiten der gegenwärtigen Lage zu instruieren.[89] Die sichere Ankunft Genets berichteten sie Eldridge Cleaver, der in Algerien lebte. Genet war die Einreise nach Kanada verweigert worden, bis er erklärte, er sei auf der Durchreise und fahre bald weiter nach New York. Ein Französisch sprechendes kanadisches Ehepaar fuhr Genet und Jacky über die Grenze. Sie hänselten den amerikanischen Grenzbeamten wegen seines schlechten Französisch und lösten damit ein witziges Wortgefecht aus. Abgelenkt stempelte der Beamte Jackys Visum, das dieser rasch Genet zusteckte. Inzwischen summte der Grenzbeamte die Marseillaise, um seine Französischkenntnisse unter Beweis zu stellen, während er, ohne seinen Fehler zu bemerken, Jackys Paß ein zweites Mal stempelte und Genet zurückgab.[90] Am Abend des 5. März traf Genet sich mit den Panthers in New York. Sie hofften, ihn mit Bobby Seale bekannt zu machen, doch Genet lernte den inhaftierten Panthers-Anführer nie kennen. »Die Panthers mochten Genet ungeheuer«, erinnerte sich Marianne de Pury, eine Schweizerin, die für Genet dolmetschte. »Im allgemeinen wußten sie nicht, wer er war (einige ja), aber sie mochten ihn wegen seiner menschlichen Qualitäten – seines offenen Blickes, seiner Schlichtheit und Aufrichtigkeit. Für Genet spielte seine eigene Bedeutung überhaupt keine Rolle. Im Gegenteil. Er wollte nur lernen, aufnehmen. Er hatte ein unglaubliches Gedächtnis. Er konnte Bakunin auswendig zitieren.«[91] Zuerst wurde Genet bei einem deutschen Fotografen in Brooklyn untergebracht, aber er fühlte sich dort nicht wohl und zog in ein Hotel in Manhattan, wo er sich unter dem Namen »Monsieur Dubois« einschrieb (vielleicht eine Anspielung auf den Pariser Polizeipräsidenten, seinen einstigen Freund). Florence Malraux rief Marianne de Pury an und sagte: »Ich möchte dich um etwas bitten, was so wunderbar wie schrecklich ist – daß du dich um Jean Genet kümmerst und für ihn dolmetschst.« Marianne stimmte mit Freuden zu, weil sie Genets Theaterstücke schon immer bewundert hatte. Sie selbst arbeitete als Assistentin für Joe Chaikin und managte seine Experimentier-Truppe, das Open Theatre, das Erkundungen des Phantastischen und Unbewußten mit einer strikten Ablehnung des Kriegs in Vietnam verband. Zu jener Zeit war Charles Mingus III. ihr Liebhaber, der Sohn des berühmten schwarzen Jazzkomponisten, Bassisten und Schriftstellers (*Beneath the Underdog*). Der Sohn war Theaterautor, Maler und Bildhauer, und er und Genet verstanden sich auf Anhieb. Briefen an Marianne legte Genet immer ein Zettelchen an Mingus bei, und einmal sogar eine Zeichnung von einem »tyrannischen Weißen« und einem »tyrannischen Schwarzen«, die in »Freundschaft« verbunden waren. Gelegentlich wohnte Genet auch bei dem jungen Mingus. Während der zwei Monate, die Genet 1970 in den Staaten war, reiste er überallhin, hielt Vorträge an etwa fünfzehn Universitäten und ließ Aufrufe zur Freilassung von Bobby Seale vom Stapel. Seale war im August 1969 in Kalifornien unter dem Vorwurf festgenommen worden, während des Wahlkongresses der Demokraten in Chicago 1968 einen Aufruhr angezettelt zu haben. Sein Fall wurde zusammen mit dem von sieben Anführern der Neuen Linken verhandelt (darunter Jerry Rubin, Abbie Hoffman, Tom Hayden und David Dellinger), denen »Verschwörung« gegen den Staat zur Last gelegt wurde. Im Gerichtssaal hatte Seale Richter Julius Hoffman dann ein »faschistisches Schwein« genannt, nicht zuständig für den Fall. Außer sich, ordnete der Richter an, daß Seale für den Rest der Verhandlung gefesselt und geknebelt werden solle. Nach Seales eigener Darstellung wurde er am 30. Oktober 1969 mit dem Oberkörper an einen Stuhl gefesselt, und zwar »mit vier schweren, dicken Gürteln, die an den Schnallen mit besonderen Schließvorrichtungen versehen waren«. Ein zweiter Vollzugsbeamter »befestigte meine Handgelenke und Unterarme an dem Stuhl, während ein anderer, Arizona, der medizinische Gummihandschuhe trug, mich knebelte. Arizona nahm sodann so etwas wie eine elastische Stoffbinde und schlang sie mir immer um meinen Kopf herum, über den Mund, den Nacken, die Ohren und unter das Kinn; sie klemmte meine Stimmbänder ein wie ein Schraubstock.« So eingeschnürt wurde Seale von den Vollzugsbeamten auf dem Stuhl in den Gerichtssaal getragen.[92] Der Anblick des gefesselten und geknebelten Schwarzenführers entsetzte viele Schwarzamerikaner, die meinten, schon während des Kongresses habe Chicago seine repressive Willkür zur Schau gestellt.

Wenig später entschied Richter Hoffman, in Seales Fall habe es Prozeßfehler gegeben. Gegen ihn werde später verhandelt. In der Zwischenzeit befand der Richter ihn in sechzehn Fällen der Mißachtung des Gerichts für schuldig und verurteilte ihn zu vier Jahren Gefängnis. Dieses Urteil bedeutete, daß Seale vor seinem zweiten Prozeß keineswegs auf freien Fuß kam, in dem es am 23. April 1970 um Entführung und Mord ging.[93] Er stand unter der Anschuldigung, im Mai 1969 die »Liquidierung« des Panthers-Mitglieds Alex Racley befohlen zu haben, der verdächtig war, dem FBI Informationen zugespielt zu haben. Da Racleys Leiche in einem Sumpf in Middlefield, Connecticut, gefunden worden war, wurde festgesetzt, daß der Prozeß im nahe gelegenen New Haven, dem Sitz der Yale University, stattfinden sollte. Der kalifornische Gouverneur Ronald Reagan hatte Seales Überstellung nach Connecticut (wo die Todesstrafe noch in Kraft war) seine Zustimmung erteilt. Seale wurde schließlich am 25. Mai 1971 freigesprochen, lange nachdem Genet Amerika verlassen hatte. Er kandidierte später für das Bürgermeisteramt von Oakland in Kalifornien.[94]

Während der ersten fünf Tage bei den Panthers hielt Genet drei Reden für sie, die ersten beiden an der Yale University und die dritte in Cambridge, Massachusetts, am Massachusetts Institute of Technology (MIT). Er erkannte, daß die meisten der anwesenden Studenten durch seinen Ruf als Roman- und Theaterautor angelockt worden waren, und so erklärte er am 10. März 1970 der MIT-Zuhörerschaft, da er seine Romane hinter Gittern geschrieben habe,

Abdallah auf dem Hochseil.
Foto: J.G.H. Ter Linden.
(Sammlung Monique Lange)

Genet und Roger Blin
bei den Proben zu
Die Wände 1967 in
Essen. (IMEC)

Genet vor dem Théâtre de l'Odéon am 4. Mai 1966 bei den Protesten gegen die Inszenierung von *Die Wände*. Foto: Patrick Ghnassia. (Sammlung John Edwards)

links:
Genet berichtet für *Esquire* 1968
über den Wahlkongreß der Demokraten
in den USA. Karikatur von David Levine.

unten:
Im August 1968 bei einer Demonstration
gegen den Vietnamkrieg in Chicago.
(Magnum: Raymond Depardon)

Genet mit Jane Fonda und Ray »Masai« Hewitt bei einer Sammlung für die Black Panthers im Haus des Drehbuchautors Dalton Trumbo, Los Angeles 1970.

Genet mit Black Panthers im Mai 1970 in Yale. (Magnum: Leonard Freed)

...it Michel Foucault (kahlköpfiger Mann in der Bildmitte) bei einer Pariser Demonstration im ...hr 1979. (Sygma: H. Bureau)

...net und Angela Davis 1977 bei einer Pressekonferenz. (© Anaïs-Nicole Brunel)

Jeanne Moreau (Madame Lysiane) und Brad Davis (Querelle) in Fassbinders *Querelle*-Verfilmung 1982. (Gaumont)

Genet 1983 mit Azzedine in Rabat.

oben:
Jack's Hotel in Paris, wo Genet in der Nacht vom 14. auf den 15. April 1986 starb. (IMEC)

links:
Mohammed El Katrani, Genets letzte Liebe, mit seinem Sohn Azzedine und dem Schriftsteller Mohammed Choukri an Genets Grab in Larache. (Sammlung Mohammed Choukri)

Nachdem der ursprüngliche Grabstein gestohlen wurde, beschriftete Jacky Maglia von Hand eine neuen. Foto: Edmund White.

gingen sie nur ihn etwas an. Er schilderte, wie er nach Beendigung seiner Theaterstücke (im laufenden politischen Zusammenhang bezeichnete er *Die Wände* als eine Meditation über den Algerienkrieg[95]) in Schweigen gefallen sei, und zwar bis zum Mai 1968, als er mit einem Mal die Partei der Studenten und Arbeiter ergriffen habe.»Im Mai gab es das Frankreich, das ich so gehaßt hatte, nicht mehr, doch nur einen Monat lang war es eine plötzlich vom Nationalismus befreite Welt, eine lächelnde, äußerst anmutige Welt, wenn Sie so wollen.«[96] Diese »Explosion von Freude und Befreiung«, meinte Genet, könne durch die revolutionäre Bewegung in Amerika wieder aufleben. Genet gelobte, für sie dieselbe Hartnäckigkeit und Strenge aufzubringen, die er beim Schreiben seiner Romane im Gefängnis angewandt hatte. Genet war sich nicht zu schade, sein eigenes Leben umzumodeln, um es für den Anlaß politischer erscheinen zu lassen.

Am 13. März nahm Genet in New York an einer von militanten Schwarzenorganisationen veranstalteten Kundgebung teil. Er wandte sich an die Menge mit den Worten:»Die Schwarzen sagen, sie befinden sich mitten in einem faschistischen Land. Ich habe hier Wohnungen gesehen, in denen schwarze Männer und Frauen gezwungen sind, sich gegen weißen Haß zu verbarrikadieren.«[97] Und wirklich war Genet, von Marianne de Pury begleitet, in verbarrikadierten Wohnungen in Harlem gewesen, wo er politischen Theorie- und Strategiediskussionen zugehört hatte. Marianne bemerkte an Genet, daß er zu den Panthers und den Studenten vollkommen ehrlich war, während er die Presse und Angehörige des Establishments nach Strich und Faden belog. Als ein Journalist ihn fragte:»Warum haben Sie *Die Neger* geschrieben?«, antwortete er:»Ich lebte gerade in der Schweiz und hatte alles satt, was weiß war – die Menschen, den Schnee.«[98]

Am 18. März hielt Genet eine Rede an der University of Connecticut in der Form eines »Briefes an amerikanische Intellektuelle«, der später als Broschüre mit dem Titel »Here and Now for Bobby Seale« gedruckt wurde. Genet machte sich den Gedanken zu eigen, daß die amerikanischen Schwarzen ein unterdrücktes Kolonialvolk seien, nicht unähnlich den Nationen der Dritten Welt, die von den USA abgeschlachtet würden. Er behauptete, während weiße liberale Amerikaner vielleicht gegen amerikanische Kolonialkriege im Ausland protestierten, sei ihnen die Ausrottung der Schwarzen im eigenen Land durch Polizeirazzien, Armut und den Drogenhandel gleichgültig. Während der Rede gab es in dem Gebäude eine Bombendrohung, aber die Zuhörer stimmten dafür, die Veranstaltung fortzusetzen, und nichts geschah.[99] Wenn er von schwarzen Revolutionären sprach, benutzte Genet gelegentlich ein Vokabular, das seinen Zuhörern hätte fragwürdig vorkommen können. Er spielte beispielsweise auf das politische Denken schwarzer Amerikaner an, das, wie er meinte, ihrer »poetischen Sichtweise« entstamme. Zu einem radikalen Reporter sagte er: »Die Schwarzen in Amerika scheinen ein angeborenes poetisches Gespür zu haben, und die Entdeckungen, die sie darüber gemacht haben, wie politisch zu kämpfen ist, bauen merkwürdigerweise auf eine poetische Haltung zur Welt.«[100] Für amerikanische Ohren hört sich so ein Gerede von »angeborenem poetischen Gespür« nach Rassismus oder zumindest Bevormundung an, doch für Genet ist diese Art von »Poesie« mit der Fröhlichkeit verknüpft, die ein Volk empfindet, wenn es seine Fesseln abwirft.

Genet achtete darauf, sich nicht in Diskussionen über die Frauen- und die Schwulenbewegung hineinziehen zu lassen. Zu diesem Zeitpunkt begriff er beide Bewegungen noch als *persönlichen* Kampf zur Überwindung einer durch gesellschaftliche Tabus bewirkten *psychischen* Unterdrückung, im Unterschied zur *kollektiven* und *physischen* Unterdrückung, wie sie die Panthers erfuhren. Dennoch war er reichlich irritiert, daß die Panthers immer wieder ihre weißen männlichen Feinde (besonders Nixon) als »Tunten« oder »Schwule« bezeichneten, wogegen er sich heftig verwahrte, was wiederum dazu führte, daß ein Positionspapier von Huey Newton veröffentlicht wurde. Damals saß Newton noch im Gefängnis. Am 28. Oktober 1967 war er beschuldigt worden, den Polizeibeamten John Frey getötet zu haben, als dieser einen von Panthers gesteuerten Wagen anhielt. In diesem Papier mit dem Titel »Die Bewegungen zur Befreiung der Frau und der Schwulen: 15. August 1970.« Darin gestand Newton sein Unbehagen in der Gegenwart männlicher Homosexueller, räumte aber ein, er könnte sich von ihnen bedroht fühlen. Er schrieb, daß er »durch Lesen und durch meine Lebenserfahrung und Beobachtungen« wisse, »daß den Homosexuellen von niemandem in der Gesellschaft Freiheit und Rechte zugestanden werden. Sie sind vielleicht die unterdrücktesten Menschen in der Gesellschaft.« Newton forderte für jeden Menschen die Freiheit, »seinen Körper so zu benutzen, wie er will.« Obgleich einige Homosexuelle nicht revolutionär seien, seien es andere – »vielleicht könnte ein Homosexueller am revolutionärsten sein. Wenn wir revolutionäre Zusammenkünfte, Kundgebungen und Demonstrationen abhalten, sollte die schwule Befreiungsbewegung und die Bewegung zur Befreiung der Frau voll einbezogen werden.« Er verlangte, daß Bezeichnungen wie »Tunte« und »Schwuchtel« aus dem Vokabular der Black Panthers gestrichen würden, und forderte die Panthers auf, die Schwulen- und die Frauenbewegung als Strömungen parallel zur Black Power zu begreifen.[101] Newtons Erklärung lieferte der Schwulenbewegung, die damals noch nicht einmal ein Jahr alt war, unerwarteten Beistand. Während einige andere prominente Schwarzenführer sich auf herabwürdigendes Gerede von »Mösen-Power« (eine *Lysistrata*-artige Technik, mit der schwarze Frauen schwarzen Männern, die nicht genügend radikal genug waren, ihre sexuellen Zuwendungen vorenthalten sollten) oder auf gedankenlose Verleumdungen weißer Männer als geschlechtslos und feige, also »Schwuchteln«, einließen, hatte Newton mit diesen feindseligen Klischees gebrochen – ein erstaunlicher Sprung, wenn man die Zeit in Betracht zieht.

Im Laufe des Abends an der University of Connecticut lernte Genet David Hilliard kennen, den nationalen Stabschef der Panthers. Hilliard wurde zu Genets engstem Freund in der Partei. Später beschrieb Genet sein Verhältnis zu diesem jungen Endzwanziger (Genet war neunundfünfzig):

David Hilliard traf ich zum erstenmal nach einem Vortrag vor Studenten der University of Connecticut. Nach diesem Vortrag luden uns die schwarzen Studenten in ihr Haus auf dem Campus ein. Ich kam nach David dort an. Er saß da und redete mitten unter den Studenten, schwarzen Jungen und Mädchen. Was mich berührte, war das stumme Fragen all der schwarzen Gesichter. Der Gesichter von Söhnen und Töchtern schwarzer Bürger, wie sie einem ehemaligen Lastwagenfahrer zuhörten, der kaum älter war als sie. Er war der Patriarch, der zu seinen Nachkommen sprach und ihnen die Gründe für den Kampf und den Zweck der Taktik erläuterte. Diese Beziehungen waren politisch, und doch ist es nicht allein das politische Interesse, das diesen Zusammenhalt bewirkte, sondern eine völlig unterschwellige und sehr starke Erotik. Sie war so stark, so deutlich und doch so diskret, daß ich zwar niemals irgendeinen einzelnen begehrt hätte, doch von Verlangen nach der ganzen Gruppe erfüllt war. Und mein Verlangen wurde befriedigt durch die Tatsache, daß die Gruppe da war.
Was hatte meine weiße und rosa Anwesenheit unter ihnen zu bedeuten? Folgendes: Zwei Monate lang war ich so etwas wie Davids Sohn. Ich hatte einen schwarzen Vater, der dreißig Jahre jünger war als ich. Wegen meiner Unkenntnis der amerikanischen Probleme, vielleicht auch, weil ich naiv und zerbrechlich war, mußte ich David als Bezugspunkt benutzen, und er verhielt sich sehr vorsichtig, als habe er mich wegen meiner Schwäche liebgewonnen.[102]

Wenige amerikanische Radikale hätten es gewagt, eine so rassenbezogene Metaphorik so offen zu gebrauchen, selbst wenn Genet ihre geheimen Gedanken wiedergab. Obgleich er so vorsichtig ist zu sagen, daß sich seine erotischen

643

Gefühle nie auf einen einzelnen richteten, verliebte er sich dennoch in Hilliard. Am Ende seines Aufenthaltes in den USA weinte Genet, als er einer Freundin von der unerfüllbaren Leidenschaft für den heterosexuellen Hilliard erzählte, der Genet freundlich, doch bestimmt hatte wissen lassen, daß sie nicht miteinander schlafen könnten.
Eines Abends nahm Genet zu viele Nembutal und tanzte in einem rosa Nachthemd für Hilliard und drei andere Panthers. Ein französischer Dolmetscher, der dabei war, war von dem Schauspiel dermaßen angewidert, daß er namentlich lieber nicht genannt werden möchte, aber Hilliard selbst meinte, Angela Davis zufolge, Genet teile etwas Bedeutendes über sexuelle Identität und deren Anpassungsfähigkeit mit.[103] Was immer Genet auch vorgehabt haben mag, dieses gesicherte Vorkommnis zeigt, daß er sich zumindest einmal einer Fummeltrinenlust hingab, die er so oft bewundert und besungen hat.
In dieser Zeit auch veröffentlichte Kate Millett ihre bahnbrechende feministische Untersuchung *Sexual Politics (Sex und Herrschaft)*, in der sie Genets *Notre-Dame-des-Fleurs* ein feministisches Werk nennt, da es zeigt, daß »Weiblichkeit« keine biologische Realität ist, sondern eine gesellschaftliche Rolle, die jeder übernehmen kann, auch ein Mann. Die französische Feministin Hélène Cixous ging so weit, Genet als praktisch den *einzigen* modernen Schriftsteller, sei er männlich oder weiblich, mit einem echten feministischen Bewußtsein auszumachen. Genet selbst ging auf diese Autorinnen nie ein. Als er später gefragt wurde, ob seine Homosexualität die Panthers gestört habe, antwortete er:

Bestimmt hat sie mich mehr gestört als sie. Sie kamen sehr schnell dahinter, daß ich homosexuell bin. Aber nicht ein einziges Mal haben sie irgendeine Bemerkung, eine Anspielung oder einen Witz darüber gemacht. Aber nicht aus Taktgefühl. Ich glaube, sie hatten ganz einfach wenig Zeit, und es hätte ihnen nicht gleichgültiger sein können, was ich bin. Als ein Panther namens Zayd mich in Montréal abholte, hatte er eines der ersten Exemplare von *Das Totenfest* in der Hand, das gerade als Taschenbuch in Amerika erschienen war. Lachend sagte er zu mir: »Ich habe es im Flugzeug gelesen.« Das war alles, was er gesagt hat. Punkt.
Einen Monat später, nach öffentlichen Demonstrationen von amerikanischen Schwulengruppen und der Frauenbewegung, schrieben mir die Black Panthers und baten um einen Artikel über die Homosexualität, weil das ein Thema sei, von dem sie nicht viel verstünden und über das etwas zu sagen ich besser qualifiziert sei als sie. Ich schickte David ganz einfach einen Brief, in dem ich ihm erklärte, daß Homosexualität wie die Hautfarbe eine Glaubensangelegenheit sei; daß es nicht von uns abhänge, ob wir schwul

seien oder nicht. Zufällig oder wahrscheinlich absichtlich veröffentlichte Huey Newton, der gerade aus dem Gefängnis entlassen worden war, einen Artikel in der Parteizeitung, in dem er die Panthers aufforderte, Verständnis für alle Minderheiten aufzubringen, zwischen Minderheiten und einzelnen unterscheiden zu lernen und zwischen einzelnen, die Revolutionäre seien, und denen, die es nicht seien. Newton erklärte, wichtig sei nicht, ob man schwul ist oder nicht, sondern ob man ein Revolutionär ist oder nicht, denn als Revolutionäre könnten Homosexuelle sich als potentielle Freunde erweisen.[104]

Als er gefragt wurde, ob ihm seine Homosexualität geholfen habe, ein Revolutionär zu werden, erwiderte Genet:

Man ist nicht Revolutionär, bloß weil man homosexuell ist. Ich will damit sagen, daß es einige Homosexuelle gibt, die ihr Anderssein und ihre Besonderheit bejahen möchten, und dieses Bedürfnis läßt sie die Willkür und Tyrannei des Systems bloßlegen, in dem sie leben. Aber es gibt andere, die unbemerkt durchgehen und sich in das System einfügen möchten, daher das System stärken. Sagen wir mal, die Homosexualität sollte den Homosexuellen dazu führen, das System anzuklagen; aber in Wirklichkeit ist das System der Grund von solcher Erniedrigung, Angst und Panik, und es ist oft auch viel stärker, so daß es den Homosexuellen zwingt, sich zu verstellen und zu beugen. Wenn ein Schwuler sich die Haare blau färbt, kann er durch sie ein revolutionäres Programm verkünden; doch wenn er, nachdem er sich die Haare blau gefärbt hat, sich mit Hormonen Brüste wachsen läßt und mit einem Mann zusammenlebt, parodiert er bloß das System. Er wahrt den Schein und provoziert überhaupt nichts. Die Gesellschaft ist belustigt. Er wird so etwas wie ein Kuriosum, das vom System rasch verdaut wird.[105]

In Frankreich lieh Genet seinen Namen einer frühen Publikation der Schwulenbewegung, aber der Kampf um Schwulenrechte stand nie sehr weit oben auf seiner Liste. 1983 bestand er in einem Interview darauf, daß er nie Romane geschrieben habe, um Schwulenrechte oder irgendeine andere politische Sache zu fördern: »Ich habe meine Bücher nicht *für* die Befreiung des Homosexuellen geschrieben. Ich habe meine Bücher aus vollkommen anderen Gründen geschrieben – aus Lust am Wort, aus Lust an Kommata, ja der Interpunktion, aus Lust am Satz.«[106] Er merkte auch an, daß künstlerische und politische Revolutionen nicht gleichzeitig stattfänden und daß sich revolutionäre politische Botschaften oft in einem konventionellen, akademischen Stil präsentierten. Des weiteren stellte er fest, der Mann, der am meisten für die Befreiung der Homosexuellen getan habe, obgleich er heterosexuell und keineswegs frei war, sei Freud gewesen, als er die ungeschiedene Sexualität von Kindern enthüllte, ihre Bisexualität.

Am 20. März nahm Genet in Los Angeles an einem Benefiz für die Panthers teil, das Dalton Trumbo gab, ein Drehbuchautor, der während der McCarthy-Ära wegen seiner früheren Mitgliedschaft in der Kommunistischen Partei selbst auf der schwarzen Liste gestanden hatte. Zehn Jahre lang hatte Trumbo seine Drehbücher nicht mit dem eigenen Namen versehen können und war selten beschäftigt und schlecht bezahlt worden. Otto Preminger war der erste Produzent gewesen, der den Mut gehabt hatte, ihn wieder unter seinem richtigen Namen und zum gängigen Tarif zu engagieren, und zwar für die Verfilmung von Nelson Algrens *Man with the Golden Arm (Der Mann mit dem goldenen Arm)*.
Trumbos Party brachte etwa viertausend Dollar für die Panthers ein. Genet lernte Jane Fonda kennen, die ihm ihre Telefonnummer gab; da sie einmal mit Roger Vadim verheiratet und Hauptdarstellerin mehrerer französischer Filme gewesen war (darunter *Barbarella*), sprach sie fließend Französisch. Sie war damals mit dem Aktivisten der Neuen Linken, Tom Hayden, verheiratet, einem der »Chicagoer Sieben«, der die Panthers die »Vietcong Amerikas« genannt hatte. Sie wünschte sich, mit Genet an einem Film zugunsten der Panthers zu arbeiten – ein Plan, der erörtert wurde, aber nie Gestalt annahm. Sie erinnert sich, daß sie und Genet sich prächtig verstanden hätten.
Am nächsten Morgen erwachte Genet strahlend in einer fremden Villa in Hollywood. Es war noch früh, und niemand war wach. Genet konnte jedenfalls nicht mit ihnen reden, also rief er Jane Fonda an. Sie sagte, sie komme sofort und hole ihn da raus – wo er denn sei? Er sagte, er habe keine Ahnung. »Hören Sie zu«, sagte sie, »gehen Sie nach draußen und sehen Sie sich den Swimmingpool an, dann kommen Sie zurück und beschreiben ihn mir.« Das tat Genet, und die Fonda rief: »Ah, Sie sind bei Donald Sutherland, ich bin gleich da.«[107]
Am 21. März erschien Genet auf einer Wohltätigkeitsveranstaltung an der Stanford University unter der Schirmherrschaft des Fachbereichs Französisch.[108] Später gab der Historiker Gordon Wright eine Cocktailparty. Genet pries die *Authentizität* der Panthers, die er mit der des Marquis de Sade verglich. Als der Panther Elmer »Geronimo« Pratt entdeckte, daß Wrights Sohn einen schwarzen Kumpel von der Army mit nach Hause gebracht hatte, beschimpfte Pratt den schwarzen Soldaten und nannte ihn einen »Onkel Tom.«

Dann kreuzte Ken Kesey, der LSD-süchtige Autor von *One Flew Over the Cuckoo's Nest (Einer flog übers Kuckucksnest)*, auf, um Jean Genet kennenzulernen. Er war vollgepumpt bis obenhin. Während eine Übersetzerin von *Ramparts* ihr Bestes tat, ihnen ihre Unterhaltung zu erleichtern, deutete der völlig ekstatische Kesey hinunter auf seine Füße und sagte:»Ich habe grüne Socken an. Grüne Socken. Kapieren Sie das? Grüne Socken. Sehr *heavy* sind die, Mann, sehr *heavy*.« Die Übersetzerin, die nicht wußte, daß »heavy« hier »hervorragend«, »toll« bedeutete, dolmetschte:»*Les chausettes vertes, elles sont très, très lourdes*«, und Genet brachte ein spöttisches, mitleidiges Lächeln für diese beschwerlichen Socken auf. Als nächstes schlug Kesey vor, Basketball zu spielen:»Es gibt nichts Besseres, als mit Negern Basketball zu spielen.« David Hilliard verkündete:»Dieses Arschloch ist verrückt, wir hauen hier ab.« Der bestürzte Kesey fragte seine Gastgeber:»Mögen Sie denn keinen Basketball? Ich dachte, Neger liebten Basketball.«[109]

In Oakland in Kalifornien, dem Geburtsort der Panthers-Bewegung, befanden Genets Freunde, er sei nicht gut genug gekleidet, um ihre Bewegung zu repräsentieren (die Panthers selbst reagierten auf jeden neuen Rückgang ihrer Mittel damit, daß sie sich noch besser kleideten, noch disziplinierter waren). Ein schwarzer Herrenausstatter in Oakland bot freudig neue Hosen und eine Lederjacke an, die Genet dann tagaus, tagein trug, äußerst stolz auf das Geschenk. Er schlief in seinen Sachen, badete selten und lebte von seiner Diät aus Gitanes und Nembutal.[110]

Noch aus Oakland rief David Hilliard Jessica Mitford an, die Autorin von *The American Way of Death* und Ehefrau des angesehenen linksgerichteten Anwalts Bob Treuhaft.»Dieser Typ Jean Genet kommt zu euch in die Stadt, und wir möchten, daß du ihm eine Benefizparty gibst.«

»Wann kommt er?«

»Am Sonntag.«

»Oh! Und wen soll ich einladen?«

»Alle Intellektuellen aus der Bay-Gegend.«

Mrs. Mitford ließ den Ruf erschallen, und eine riesige Meute kam und soff den roten und weißen Billigwein weg, den die Gastgeberin bereitgestellt hatte.[111] Da sie nicht selbst mit Genet gesprochen hatte, hatte sie Sorge, er werde vielleicht gar nicht kommen. Die erste Gruppe von Panthers traf mit dunklen Brillen, Afro-Haarschnitten und militärischer Aufmachung ein und setzte sich, ohne eine Miene zu verziehen, auf die Couch. Schließlich brachte irgend jemand Genet, mit dem die radikale Mitford in ihrer verbindlichen Art französisch plauderte. Sie bemerkte, daß die Party gut zu laufen scheine. Genet

sagte trocken.»Madame, es ist immer nett, sich mit Leuten bekannt zu machen, ehe man über Politik zu reden beginnt.«
Da der Raum überfüllt war, alle standen und Genet sehr klein war, wurde für ihn eine Trittleiter geholt. Ein ortsansässiger Professor streckte die Hand in die Höhe und fragte:»Was können *wir* gegen den Rassismus in Amerika tun? Wir sind hilflos.« Genet platzte heraus:»Ich bin ein Fremder, und Sie haben die Stirn, *mir* diese Frage zu stellen?«
Tom Hayden war dort, und David Hilliard fragte ihn vor aller Ohren:»Sie waren einer von den Chicagoer Sieben. Warum haben Sie zugelassen, daß Bobby Seale gefesselt und geknebelt wurde? Rechtfertigen Sie sich.« Hayden erhob Einwände und sagte, daß die Leute nicht gekommen wären, um ihn zu hören. Bedrängt sagte Hayden schließlich:»Wir müssen eine Kampagne gegen des Rassismus starten, so wie wir bereits eine Kampagne gegen den Krieg gestartet haben.«
Ein linksgerichteter Anwalt hob daraufhin die Hand und formte mit den Fingern das Friedenszeichen. Über die Torheit des Anwalts erbost, holte Hilliard mit einer halb geleerten Weinflasche nach ihm aus. Die Flasche glitt ihm aus der Hand und fiel der zehnjährigen Tochter des Beat-Poeten und Dramatikers Michael McClure (Autor von *Meat Science Essays*) auf den Kopf. Das Mädchen schrie. Bob Treuhaft, der gerade im anderen Raum war und nicht gesehen hatte, was geschehen war, sagte:»Hör auf zu heulen.« Michael McClure brauste auf:»Frauen und Kinder kommen zu Schaden, wenn Leute anfangen, über Politik zu reden.« In bester englischer Manier verkündete Jessica (»Decca«) Mitford:»Ich glaube, die Party ist jetzt zu Ende«, und jagte alle davon.»Genet genoß jede Sekunde«, erinnerte sie sich.
Am 14. April flog Genet zurück an die Ostküste, um bei Bobby Seales Vorverhandlung in New Haven zugegen zu sein. Im Gerichtssaal geriet Genet in Rage, als ein Polizist ihn von seinen schwarzen Freunden fast getrennt hätte, aber wirklich außer sich war er, als diese Freunde, David Hilliard und der Kultusminister der Panthers, Emory Douglas, festgenommen und wegen Mißachtung des Gerichts zu sechs Monaten Gefängnis verurteilt wurden. Bobby Seales Verteidiger hatte Hilliard eine Erklärung überreicht, aber die Gerichtsbeamten hatten sie konfisziert. Als Hilliard und Douglas sich widersetzten, wurden sie festgenommen. Hier ist Genets Darstellung:

> Etwa vor einer Stunde war ich Zeuge eines ziemlich aufschlußreichen Vorfalls. Die Vorverhandlung für Bobby Seale sollte heute morgen stattfinden, und David Hilliard, Emory Douglas und ich fuhren zu dem Gericht, in dem die Vorverhandlung stattfinden

sollte, und sie begann, sobald wir eingetroffen waren. Es gab sichtlich – der Raum war sehr klein – sichtlich für Weiße reservierte Plätze, denn die Plätze waren von Weißen besetzt, und die Plätze hinter uns waren für Schwarze reserviert. Fast augenblicklich führte mich einer von den Polizisten zu dem einzigen noch freien Platz unter den Weißen. Die Schwarzen setzte er zu den anderen Schwarzen. Natürlich wollte ich meine schwarzen Freunde nicht verlassen, ich wollte bei ihnen sein. Es gab eine Diskussion zwischen den Polizisten und den Schwarzen, und schließlich ließ mich David Hilliard nach einem Weilchen neben sich Platz nehmen. Da die Plätze in der vordersten Reihe frei waren, setzten wir uns dort hin.

Wir saßen folgendermaßen: David Hilliard ganz links – an der extremen Linken, möchte ich sagen –, und Emory Douglas zwischen David und mir. Eine Debatte, der ich kaum folgen konnte, weil sie auf Englisch geführt wurde, entspann sich zwischen dem Richter, den Anwälten und dem Ankläger, eine Debatte, die eine Stunde dauerte. David lehnte sich vor, um mit einem schwarzen Anwalt zu sprechen. Er lehnte sich vor, aber ohne irgend jemanden zu stören. Er war nicht einmal zu hören. Sie flüsterten sich gegenseitig ins Ohr. Der Polizist neben ihnen stieß David ziemlich brutal zurück. David sagte einige Worte zu ihm und lehnte sich erneut vor, um sein Gespräch mit dem Anwalt fortzusetzen. Der Polizist stieß ihn noch brutaler zurück. David erhob sich, desgleichen Emory und ich. Emory und David wurden fast augenblicklich umringt. Wenn ich sage: umringt, meine ich, sie konnten sich nicht rühren – sie wurden von der Polizei energisch und unter Körpereinsatz umringt. Ich rief David auf französisch zu, sich nicht zu bewegen, und versuchte, den Polizisten am Ärmel wegzuziehen. Er stieß mich weg.

Ich hatte mich eines Verstoßes im Gerichtssaal schuldig gemacht, aber ich werde Ihnen sagen, was daraus wurde: Sie zogen mich von meinen beiden schwarzen Kameraden weg, sie zogen mich von ihnen weg und brachten sie direkt vor den Richter. Der Richter verhörte sie, David zuerst, fragte ihn nach seinem Familiennamen, seinem Vornamen, wo er wohne ... und ich hörte »sechs Monate Gefängnis«. Was mich angeht, so wurde ich aufgefordert, den Raum zu verlassen.

Ich war direkt neben ihnen. Ich kann nicht sagen, ich hätte dieselben Dinge gesagt, aber ich habe dieselben Dinge getan wie sie. Und was mich vor dem Gefängnis bewahrt hat, ist ganz einfach – das war, weil ich Weißer war, weil ich weiß bin. Für Schwarze gibt es kein Entrinnen.

Vor dem Gerichtsgebäude waren Gruppen junger Schwarzer, junger Männer und Frauen. Sie warteten auf das Ergebnis von Bobby Seales Prozeß. Sie erfuhren von David Hilliards Festnahme. Sie waren sichtlich wütend, aber sie wurden auch von der Polizei beobachtet.

So liegen die Dinge im Augenblick in den Vereinigten Staaten, zumindest in Connecticut.[112]

Am 27. April richtete Genet das Wort an Studenten der University of California in Los Angeles (UCLA). Das Flugblatt zu diesem Ereignis enthielt eine Erklärung von Genet: »Aufgrund des außergewöhnlichen politischen Formats des Vorsitzenden Bobby Seale ist der Prozeß, der soeben gegen ihn begonnen hat, in Wirklichkeit ein politischer Prozeß gegen die Black Panthers Party, und, genereller gefaßt, ein Rassenprozeß gegen alle amerikanischen Schwarzen.«
Die schwarze Intellektuelle Angela Davis, damals sechsundzwanzig Jahre alt, war gekommen, um Genet zu begrüßen.[113] Sie lehrte als Assistenzprofessorin Philosophie an der UCLA, war jedoch kurz zuvor scharf kritisiert worden, weil sie Mitglied der Kommunistischen Partei war, woraus sie jedoch kein Geheimnis machte. Rassisten und Antikommunisten in ganz Kalifornien waren für ihre Entlassung auf die Barrikaden gestiegen, und der Verwaltungsrat der Universität hatte dem Druck nachgegeben und sie schließlich gefeuert. Sie wurde ständig von Leibwächtern ihrer politischen Gruppierung, der Che-Lumumba-Partei, beschützt. Als sie Genet begegnete, lehrte sie noch, aber sie wußte, daß sie zum Ende des Semesters ihren Posten aufgeben mußte.[114] Sie erinnert sich:

Es gab nicht viele progressive Weiße, die bereit waren, eine politische Partei zu unterstützen, die von der Presse und der Regierung als »terroristische« Organisation hingestellt wurde, die dazu bereit sei, Polizisten umzubringen. Obwohl an die fünfzehntausend Professoren und Studenten bereitwillig an einer Antikriegskundgebung teilgenommen hatten, waren in Los Angeles nur etwa zweihundert Leute, meistens Schwarze, zu einem Abend erschienen, der den Soledad-Brüdern [George Jackson, John Clutchette und Fleeta Drumgo, drei schwarzen Häftlingen, denen vorgeworfen wurde, am 16. Januar 1970 im Soledad-Gefängnis einen weißen Aufseher getötet zu haben] und anderen militanten Schwarzen gewidmet war, die im Gefängnis festgehalten wurden. Wir dachten, Genet könne uns helfen, eine multirassische Zuhörerschaft auf die Beine zu stellen. Als das große Publikum aber merkte, daß Genet nur über die Panthers redete, fing man an zu flüstern, und jemand unterbrach ihn mit einer Frage über seine Romane. Genet sagte: »Ich bin nicht hergekommen, um über Literatur zu reden, sondern über die Panthers«, und die Hälfte des Publikums ging raus.

Wieder in New York, zog Genet bei seiner Dolmetscherin Marianne de Pury ein, die Ecke 10. Straße Avenue C in der Lower East Side wohnte. Wenn sie zu Chaikin und in das Open Theater mußte, sorgte sie dafür, daß französischsprachige Freunde Genet Gesellschaft leisteten. Einer davon war Chaikins

Mitarbeiter, der belgisch-amerikanische Dramatiker Jean-Claude van Itallie, und auch Susan Sontag gehörte dazu.
 Jeden Morgen um sechs kam Genet, der auf der Couch schlief, in Mariannes Zimmer und blieb an ihrem Bett stehen. Er rieb seine sehr trockenen Hände aneinander, bis sie aufwachte, dann sagte er: »Ich möchte meinen Kaffee.« Einmal gab Marianne ein Abendessen, zu dem sie zwei Verehrer Genets einlud, zwei junge Männer, die mit dem Open Theatre zu tun hatten. Sie waren, so Marianne, ziemlich viril und bisexuell, aber viel zu fein gemacht (sie waren nervös). Genet signierte ihnen ihre Bücher, mochte sie aber nicht und verletzte sie, als er vor sich hinmurmelte: »*Ah, des tapettes!*« [»Gott, die sind ja schwul.«]
Genet war gegenüber den Panthers sehr freigebig (allerdings stritt er sich darüber, wer den Hin- und Rückflug Paris–Montréal bezahlen solle), und in den Staaten zahlte er stets die Mietwagen für die Panthers. Er hatte von Gallimard einen extragroßen Vorschuß erhalten und bezahlte alles bar.
Marianne erinnert sich, daß sich Genet und Hilliard immer besonders gern über sie verständigten. »Sagen Sie ihm –«, pflegte Genet zu beginnen. »Sagen Sie ihm –«, unterbrach dann Hilliard. Wenn kein Dolmetscher da war, schrieben sie sich gegenseitig Mitteilungen auf Englisch, das Genet besser lesen und schreiben konnte als sprechen und verstehen.[115]

Der Höhepunkt von Genets Tournee war eine riesige Kundgebung am 1. Mai in der Yale University, wo er vor etwa fünfundzwanzigtausend Teilnehmern sprach. Hatten sich die Panthers einmal beklagt, sie würden von weißen Radikalen geschnitten, so galt dieser Einwand jetzt nicht mehr. Seine Rede war Teil einer dreitägigen Protestveranstaltung auf dem Campus, die sich um den bevorstehenden Mordprozeß gegen Bobby Seale drehte. Genet sprach neben Jerry Rubin, Abbie Hoffman, David Dellinger und Ralph Abernathy. Genets französischer Text wurde von Richard Howard, dem berühmten Dichter, Kritiker und Übersetzer, übertragen. Während Genet in Mariannes Wohnung schlief, übersetzte Richard Howard den Text vom Fleck weg. Eine Überprüfung des Manuskripts[116] zeigt, daß Genet aus seiner Rede einen brisanten Verweis auf Albert Schencker gestrichen hatte, einen Journalisten, der für die streikende New Yorker Lehrergewerkschaft eingetreten war, eine vorwiegend jüdische Gruppierung, die mit Führern der New Yorker schwarzen Gemeinde feindselige Kommentare ausgetauscht hatte. Howard wollte nicht genannt werden, als der Text veröffentlicht wurde; City Lights Books in San Francisco brachte ihn im Sommer 1970 zum Preis von einem Dollar

651

unter dem Titel »May Day Speech« heraus. Die Einführung hatte Allen Ginsberg geschrieben; den Reinerlös erhielten die Panthers, die den Text auch in großen Mengen verteilten. City Lights Books hatte sie ihnen zum Selbstkostenpreis überlassen.

Als Genet und Marianne sich bereit machten, zu dem großen Ereignis nach New Haven zu fahren (eine Autostunde nördlich von New York), bemerkte er, daß sie sich Klemmen ins Haar gesteckt hatte, um sich kleine Schmachtlöckchen zu machen. Genet warf ihr einen vernichtenden Blick zu und fragte: »Was sind denn das für kleine Eisenteile in deinem Gesicht?«[117] Beschämt nahm sie sie sofort heraus.

Nach ihrer Ankunft in New Haven wurden sie ziemlich entnervt durch die Tausende und Abertausende von Studenten – und die Tausende *bewaffneter* Nationalgardisten aus Connecticut, die sich rund um den Campus aufgestellt hatten und ihre Gewehre halb im Anschlag hielten. Neben den steinernen Säulen von New Havens neoklassizistischem Gerichtsgebäude war ein Podium errichtet worden. Während sie sich durch diese Armee und die Massen einen Weg bahnten, waren die Panthers um den winzigen Genet besonders besorgt. Sie bildeten einen Kordon um ihn. Marianne blieb, vergessen, hinter ihnen zurück und geriet in Panik, bis »Big Man« (Elbert Howard), der einen Meter neunzig große Informationsminister der Panthers, sich an sie erinnerte, zurückkam und auch sie an die Tribüne geleitete. Genet verlas einige Worte auf französisch, dann bat er Big Man, die englische Übersetzung zu verlesen. Der las sie miserabel, aber der ganze Auftritt war ein ziemliches Theater von seiten Genets: eine auf französisch von einem Weißen geschriebene Rede, die auf englisch von einem Schwarzen zwei gegnerischen Armeen vorgelesen wird. Genets Teilnahme an der Kundgebung war vorher nicht bekanntgegeben worden, weil er illegal im Land war.

In seiner Einleitung zu dem publizierten Text bezeichnete Ginsberg Genet als den »hervorragendsten *prosateur* Europas und frommsten Denker Frankreichs«. Er schilderte, wie Genet flankiert wurde

durch clownshaft-tragische Wirklichkeit der Revolution des Bewußtseins und Körpers in Amerika – Yippie-Heilige Rubin, Hoffman, friedvoll Heiliger Dellinger, viele musikalische und professorale politische Denker, schwarzer Philosoph, Straßentheoretiker und -aktionäre, und der große Big Man-Führer von New Havens Panthers den Tag – tragen seine historisch-psychopolitische *Commencement*-Rede der Akademie und Polis Amerikas vor, jugendlichen Liebenden und aller Länder Rassen, und vor allem den sensiblen geschockten Weißen, versammelt unter dem Auge Metall-gepanzerter maskierter Roboter-Nationalarmeen und Gas-bewehrter Polizisten – wir alle Schwarz und Weiß jetzt Scholaren zur Hölle! auf New Havens Green – verkündend die genauen Bedingungen des ersehnten Barmherzigen-Überlebens-Waffenstillstands und Bundes zwischen schwarzen und weißen Rassen in Amerika, die Frieden bringen könnten der gesamten Welt.

M. Genet erschien, klein, rundköpfig, weißschädlig, rosagesichtig mit brennender Zigarre, gehüllt in amerindisch-artige braune Lederriemen-Jacke, er sprach zuerst auf französisch ins Mikrophon und erklärte (wie ich erinnere, ich selbst saß weit links von der jointfüßigen Eisenpfahlplattform und nahm brennende Gras-Lullenstummel von buntbehemdeten Jugendlichen entgegen, die dickbärtig in der Runde saßen, langhaarige und kurzerhand nacktgesinnte neugeborene Jünger der Polizeistaatwirklichkeit, apokalyptisch-biblische Revolution für ein Jahrtausend unter irdisch Los –) seine Anwesenheit in Amerika und stellte seinen Text vor, der, wie er erklärte, für ihn von Mr. Big Man auf englisch verlesen werde (dessen Name Genet glücklicherweise Beeg Man aussprach) – Und nach einer Seite beugte sich so Mr. Big Man zum Mikrophon und las, sich mühend mit der frischen englisch/amerikanischen Übersetzung, Genets Sätze mit freundlicher und fester Stimme.[118]

Eine von Genets schlagendsten Ideen, an die sich viele von den damals Anwesenden erinnern, war: Da es eine lange Geschichte rassistischer Unterdrückung gibt, müßten Weiße Schwarzen mit einer gewissen Zartheit gegenübertreten. Wenn Weiße mit einer Behauptung nicht nur recht haben, sondern auch noch darauf *bestehen,* recht zu haben, nehmen Schwarze diesen Nachdruck als »brutale Herrschaft oder als kalte, ziemlich verächtliche Bevormundung wahr.«[119] Genet bittet die Weißen, nach vierhundert Jahren rassistischer Unterdrückung achtsam zu sein, nicht geringschätzig.

Erneut warnte Genet, wie er es im Mai 1968 bei der studentischen Besetzung des Odéon getan hatte, vor der Vergiftung durch leere Symbole und Schlagworte: »Es ist besser, wirkliche Aktionen von anscheinend geringer Reichweite durchzuführen, als theatralische und nutzlose Demonstrationen.«[120] Schließlich erinnerte er seine amerikanischen Zuhörer daran, daß in Frankreich um die Jahrhundertwende ein Jude, Alfred Dreyfus, fälschlich der Spionage beschuldigt und als Gefangener auf die Teufelsinsel geschickt worden war. Als Dreyfus nach einem zweiten Prozeß trotz aller gegenteiligen Beweise ein zweites Mal für schuldig befunden wurde, habe der Romancier Émile Zola eine flammende Schmährede, »J'accuse«, gegen die Regierung gehalten, und Dreyfus' Name sei endlich reingewaschen worden. Wenn in Frankreich der Schuldige »Der Jude« gewesen sei, argumentierte Genet, so sei in den Staaten der Schuldige »Der Neger«, allerdings sei dem Schwarzen kein Amerikaner so zu Hilfe geeilt, wie Zola das für Dreyfus getan habe. Genet verglich Bobby Seale mit Dreyfus.

Obwohl Angela Davis an den Black Panthers Kritik geübt hatte, weil sie das Wort *Faschismus* zur Kennzeichnung der Vereinigten Staaten benutzten, kam Genet zu dem Schluß, daß die allgegenwärtige Unterdrückung der Schwarzen durch die Weißen die Verwendung dieses Reizwortes rechtfertige. In einem Zusatz, der später der Druckfassung der Rede angehängt wurde, startete Genet einen Großangriff gegen Amerikas imperialistische Abenteuer in Korea, Vietnam, Laos und Kambodscha, gegen die verlogenen oder vernebelnden Massenmedien, gegen die Kirche, insbesondere die schwarze Auslegung des Evangeliums, die »Höllenfeuer jenen verspricht, die rebellieren«[121], gegen wohltätige Stiftungen, gegen die Gewerkschaften, die den Rassismus fördern, und schließlich gegen die Universität und die Polizei.

Am Tag nach seiner Rede zum 1. Mai traf in einem der Panthers-Büros ein Brief ein mit der Aufforderung an Genet, vor der amerikanischen Einwanderungsbehörde zu erscheinen. Genet hatte ein Ticket für einen Sabena-Flug von New York nach Kanada. Da er kein amerikanisches Visum hatte, schlug Marianne de Pury vor, er solle sich im allerletzten Moment einchecken, um eine längere Überprüfung seiner Papiere zu vermeiden. Ein glatzköpfiger belgischer Steward schrie Genet an: »Beeilen Sie sich«, und brachte ihn auf dem schnellsten Weg ins Flugzeug. Als er zurückkam, sagte er mit ehrfürchtigem Gesicht: »Das war ja Jean Genet!«

In Montréal hielt Genet am 5. Mai eine Pressekonferenz ab[122], in der er einen Vergleich zog zwischen der französischsprachigen Separationsbewegung von Québec und den Bestrebungen der Black Panthers. Er erklärte, er sei mit dieser Parallele jedoch nicht ganz glücklich, weil er denke, der Kampf eines Weißen sei niemals mit dem eines Schwarzen zu vergleichen. Er glaube, daß der Rassismus die koloniale Unterdrückung grenzenlos verstärke. Außerdem verlangte Genet ein internationales Solidaritätskomitee für die Black Panthers Party.

Am 7. Mai war Genet wieder in Paris. Er nahm Kontakt mit einer sympathischen Journalistin auf, es war Michèle Manceaux, und bat sie, ihn zum Thema Black Panthers zu interviewen. Daß Genet jemanden von der Presse um eine Gefälligkeit bat, war neu, aber er war entschlossen, die internationale Aufmerksamkeit auf die Zwangslage der Panthers zu richten. Manceaux' Interview erschien am 25. Mai in *Le Nouvel Observateur*, einer Wochenzeitschrift mit breiter Leserschaft.[123] Dieser Artikel markierte Genets ersten bedeutsamen Auftritt in der politischen Arena Frankreichs (wenn man seine Verteidigung Cohn-Bendits 1968 beiseite läßt); das Manceaux-Interview wurde von den Linken jeder Provenienz im allgemeinen gut aufgenommen. Es wurde von Richard Seaver ins Englische übersetzt, der es in der *Evergreen Review* brachte. Veröffentlichungen in England, Deutschland und Italien folgten rasch nach.

In dem Interview vergaß Genet nicht zu betonen, daß er kein Revolutionär sei; er ziehe die Bezeichnung »Vagabund« vor. Er betonte, daß die Panthers dem mystischen Gefühl der *négritude* ebenso ablehnend gegenüberstünden wie der Eingeschränktheit der »Black Studies«; sie zögen moderne Technologie und den Sozialismus vor. Ihre sozialistische Ausrichtung sei es, argumentierte Genet, was ihren Kampf nicht nur antirassistisch, sondern von Interesse für die Linke auf der ganzen Welt werden lasse.

Jene Kritiker, die Genets große Theaterstücke als *Bekräftigung* der Idee mißverstanden haben, daß das Leben theatralisch ist und die Politik unausweichlich nur ein Betätigen von Symbolen, sollten seiner nächsten Bemerkung während des Interviews Beachtung schenken:

Die amerikanische Linke hat die Möglichkeit, statt leerer Gesten nun vollwertige Handlungen zu vollführen. In gewisser Weise hat sie Handlungsspielraum. Zum Beispiel: Der Kampf um die Befreiung von Bobby Seale hilft der Black Panthers Party. Die Symbole verweisen immer auf eine Aktion, die stattfindet, nicht auf eine Aktion, die irgendwann stattfinden wird, weil jede Aktion, die stattfindet (ich spreche von revolutionären Aktionen), sich nicht ernsthaft an bereits bekannten Beispielen orientieren kann. So haben alle revolutionären Akte die Frische eines Weltbeginns. Aber eine Geste oder eine Reihe symbolischer Gesten sind insofern idealistisch, als sie die Leute, die sie ausführen oder das Symbol übernehmen, belohnen und daran hindern, richtige Handlungen mit der Macht der Unumkehrbarkeit auszuführen. Ich glaube, daß eine symbolische Haltung gleichzeitig das liberale gute Gewissen und die Annahme ist, man habe alles für die Revolution versucht.[124]

In seinen Romanen setzt Genet sich psychologisch mit den Symbolen auseinander; das Ich wird als der Boden betrachtet, auf dem Gesten, Kostüme und Vokabular, dem stereotypen Universum von Kirche oder Aristokratie, Glorie oder Dichtung entnommen, kollidieren und unabsichtlich, aber automatisch, eine Reihe unerwarteter Handlungen in Gang setzen können. In *Der Balkon* und *Die Wände* werden Symbole im politischen Licht gesehen: Er hatte gezeigt, wie revolutionäre politische Bewegungen an Schwung verlieren, sobald sie die Symbolik des Feindes (eine Armee, eine Fahne, eine Hierarchie) übernehmen und vom Establishment eingeholt werden. Diese Vorstellungen waren jedoch in den allgemeinsten Begriffen dargestellt worden, ohne mit einem bestimmten Ort verknüpft zu sein, und gewiß auch nicht an irgendein Programm, für das Genet eintrat. Jetzt, da Genet den Bereich der praktischen Politik betreten hatte, warnte er seine Verbündeten (die Panthers und, allgemeiner gefaßt, die internationale Linke) vor der zerstörerischen Kraft von Symbolen. Er hatte es abgelehnt, Kuba zu besuchen, solange es eine Nationalfahne habe; statt dessen hatte er eine landlose »Nation« adoptiert, die Black Panthers, die seiner Ansicht nach sich selbst erschufen. François-Marie Banier von *Le Monde* sagte er: »Die Literatur, wie ich sie früher praktiziert habe, war zweckfrei. Heute steht sie im Dienst einer Sache. Sie ist gegen Amerika.«[125] Was er dabei natürlich aufgegeben hatte, war die Literatur: Jetzt schrieb er Agitprop. Sein Verhältnis zur Zeit hatte sich gewandelt. Vorher hatte er für die Ewigkeit und die Toten geschrieben; jetzt arbeitete er für die Gegenwart und die Lebenden. Endlich hatte er seine lange Depression nach Abdallahs Tod überwunden. Sein eigensinniges, vom Tod besessenes Wesen konnte sich freilich mit so einem Programm nicht lange zufriedengeben, auch wenn er sich dadurch vital und lebendig fühlte.

Genet hatte bei dem Interview mit Michèle Manceaux konkrete Absichten. Er legte Statistiken vor, um zu zeigen, daß die Regierung Nixon die Verfolgung der Panthers intensiviert hatte. In der siebzehnmonatigen Periode *vor* Nixon, rechnete Genet vor, waren fünfundfünfzig Panthers vor Gericht gestellt, einhundertdreißig verhaftet und fünf getötet worden. In den fünfzehn Monaten *nach* Nixons Amtseinführung waren dreihundertdreiundsiebzig vor Gericht gestellt, siebenhundertfünfunddreißig verhaftet und vierundzwanzig getötet worden – eine siebenfache Steigerung offizieller Repression. Genet versuchte außerdem die Aufmerksamkeit der Welt auf die Verhaftung von zehn Panthers am 30. April zu lenken, denen sämtlich zur Last gelegt wurde, einen Spitzel umgebracht zu haben (alle zehn wurden schließlich 1971 wegen Mangels an Beweisen wieder auf freien Fuß gesetzt).

Im Juni oder Juli fuhr Genet nach Brasilien, wo er Vorstellungen von Victor Garcias Inszenierung des *Balkon* besuchte, die bereits sieben Monate lang am Ruth Escobar Theater in São Paulo lief. Er wohnte bei der energiegeladenen, attraktiven Escobar und spielte bei deren Tochter eine großväterliche Rolle. Er hielt Ruth Escobar bis spät nachts wach und erzählte ihr absurde Geschich-

ten aus seinen Jahren in der Armee. Am Morgen schlüpfte er zwischen sie und ihren Mann ins Bett und bestand auf stundenlangen Unterhaltungen. Als sich die Escobar über den Geruch seiner ungewaschenen Füße beklagte, sagte er, sie röchen wie einer der besten französischen Käse, Port-Salut.[126] Das Bühnenbild von *Der Balkon* bestand aus einem zwanzig Meter langen Tunnel aus Stahl und Plastik, um den herum Emporen aufgebaut waren, auf denen das Publikum hockte.[127] Die Schauspieler stürmten über Metalleitern von einem Podest im Innern des Tunnels zum anderen oder klammerten sich an die Tunnelwände, die hier und da durchbrochen waren, damit die Zuschauer das Geschehen beobachten konnten. Der Gesamteindruck war der verblüffter Zoobesucher, die in einen Käfig blicken, in dem die Tiere außer Rand und Band geraten sind. Die Inszenierung gewann alle dreizehn brasilianischen Kritikerpreise und blieb zwanzig Monate lang auf dem Spielplan. Garcia selbst verglich sie mit einer Wirbelsäule, bei der die Zuschauer die Wirbel und das Stück das Mark waren: »Ich wollte erreichen, daß sich das Publikum in einer Leere ausgeleert fühlt. Vor ihm und hinter ihm gibt es nichts als Abgründe.«[128] Brasilien wurde 1970 von einem Militärdiktator regiert, General Emilio Garrastazú Medici, der nach einem Jahr sozialer und politischer Unruhen 1969 an die Macht gekommen war. Nur die Kirche und ein paar Linke sprachen sich deutlich gegen politische Gewalt, das Fehlen von Bürgerrechten, gegen die Staatsbürgerschaft zweiter Klasse für Indios, die Unterdrückung der Demokratie und die Konzentration des Reichtums (und Grund und Bodens) in wenigen Händen aus.
Die Schauspielerin Nilda Maria, die die Chantal spielte, wurde wegen Aktivitäten gegen die Regierung verhaftet, und ihre Kinder wurden der Staatlichen Fürsorge übergeben. Schäumend vor Wut nahm Genet eine Einladung zum Tee bei der Frau des Gouverneurs von São Paulo an, nur um sie aufzufordern, dafür zu sorgen, daß die Kinder augenblicklich freigelassen würden. In einem Moment, der an Genets Stücke erinnerte, nahmen die Aufständischen einen ausländischen Botschafter als Geisel und machten seine Freilassung von der von siebzig politischen Gefangenen abhängig. Nilda Maria und ihre Kinder flohen nach Algerien.[129]
Während Genet in Rio war, schrieb der das Vorwort zu »Les Frères de Soledad« (»Die Soledad-Brüder. George Jacksons Briefe aus dem Gefängnis«). Jackson war 1960 als Achtzehnjähriger verhaftet worden, weil er den Fluchtwagen für einen Freund gefahren hatte, der eine Tankstelle um siebzig Dollar beraubt hatte. Jackson erhielt eine Strafe zwischen einem Jahr und »lebenslänglich«. Während sein Freund, der Räuber in der Geschichte, 1963 auf freien

Fuß kam, war Jackson zehn Jahre später immer noch im Gefängnis. Jedes Jahr wurde sein Fall überprüft, und jedes Jahr wurde seine Strafe verlängert. Von 1962 bis 1969 war er in San Quentin, danach kam er nach Soledad (beide Strafanstalten liegen in Kalifornien). Er war mehrmals für längere Zeit in Einzelhaft.

Jackson war ein freimütiger Kritiker des Rassismus und der Brutalität innerhalb des Haftsystems geworden. 1966 trat er der Black Panthers Party bei, drei Jahre nach ihrer Gründung. Er hielt sich körperlich bestens in Form, bildete sich, so gut er konnte, und blieb mit seiner Familie in Kontakt, der er die wortgewaltigen Briefe schrieb, die in diesem Buch gesammelt sind.

Obwohl sich in Soledad die Gefangenen unterschiedlicher Hautfarbe untereinander bekriegten, eröffnete die Verwaltung am 13. Januar 1970 einen neuen Bewegungshof und brachte zehn Weiße und sieben Schwarze hinein. Wie leicht vorauszusehen war, brach eine Schlägerei zwischen den Schwarzen und den Weißen aus; ein Aufseher schoß auf sie, tötete drei Schwarze und verletzte einen Weißen. Eine örtliche Anklagejury fand, es sei ein Fall von rechtmäßiger Tötung im Vollzug gewesen. Eine halbe Stunde, nachdem das Urteil über den Rundfunk verbreitet worden war, fand man einen weißen Aufseher tot – von einem Balkon hinabgestürzt. Drei schwarze politische Anführer in dem Gefängnis, unter ihnen George Jackson, wurden beschuldigt, den Aufseher getötet zu haben. Diese drei waren die »Soledad-Brüder«.

Eine Weiße, Fay Stender, wurde Jacksons Anwältin. Um sich auf Jacksons Fall einzustimmen, sammelte und redigierte sie seine Briefe und bat Genet, ein Vorwort zu schreiben. Er willigte sofort ein, hatte aber bis Juni 1970 nicht genügend (übersetzte) Briefe in der Hand, um mit der Ausarbeitung seiner Einleitung beginnen zu können.

Er schrieb sie im Juli in Rio. Sie ist seine tiefgründigste Betrachtung über die Rassen in Amerika. Auf seine eigenen Gefängniserfahrungen zurückgreifend, meint Genet, daß wenige Häftlinge der Versuchung entgehen, sich auf eine psychische Komplizenschaft mit den Aufsehern einzulassen. Genet vermutet, wenn der Aufseher und der Häftling Weiße sind in einem gemischt-rassigen Gefängnis, dann ist die Komplizenschaft um so zwingender. Wenn er über Gefängnisromane nachdenke (als einer, der es wissen sollte), bemerkt Genet, daß sie selten so gewalttätig und geradeheraus sind, wie sie es sein könnten. Wenn sie alles sagten, zum Beispiel über den Entzug an Freiheit und das Ausleben von Sexualität, würden sie den Leser abstoßen, der fast immer keine wie auch immer gearteten direkten Gefängniserfahrungen hat. Was der Gefangene tut (Genet selbst hat wiederholt erklärt, genau das habe er getan), ist nun, die Sprache der Unterdrücker zu übernehmen, sie aber gleichsam von innen geschickt zu zersetzen. Diese Subversion ist jedoch nie hundertprozentig, denn der Schwarze ist sich seiner Richtung nicht sicher. Sein Bewußtsein ist von der weißen Kultur kolonisiert. Genet formuliert es so: »Jeder junge schwarze Amerikaner, der schreibt, sucht sich und prüft sich und trifft manchmal im eigenen Zentrum, in seinem eigenen Herzen einen Weißen, den er vernichten muß.«[130] Diese Passage erinnert lebhaft an Tschechows Aussage, er habe sein ganzes Leben daran gearbeitet, den Leibeigenen in sich zu töten.

Für Jacksons siebzehnjährigen Bruder Jonathan waren die Ungerechtigkeiten, unter denen sein älterer Bruder litt, zur fixen Idee geworden. Am 7. August 1970, noch ehe Georges Prozeßbeginn angesetzt war, besuchte Jonathan die Verhandlung gegen einen anderen San-Quentin-Häftling. Plötzlich stand er auf, zog ein Klappgewehr aus seiner Jacke und warf dem Angeklagten und zwei seiner schwarzen Zeugen, gleichfalls Häftlinge, Pistolen zu. Sie nahmen den Richter, den Staatsanwalt und drei Beisitzerinnen als Geiseln, um mit ihnen die Soledad-Brüder freizupressen. In dem sich anschließenden Feuergefecht wurden Jonathan, der Richter und zwei der Gefangenen erschossen.

Angela Davis wurde in den Fall hineingezogen. Als glühende Bewunderin von George Jackson und Freundin von Jonathan wurde sie beschuldigt, Jonathan die Waffen verschafft zu haben, die er in den Gerichtssaal geschmuggelt hatte. Der warme Ton ihrer Briefe an George Jackson, der als verliebt gedeutet werden konnte, ließ ein Motiv vermuten, so wie auch ihre freimütige Mitgliedschaft in der Kommunistischen Partei Amerikas vielen konservativen Amerikanern ihren verruchten Charakter bewies. Sie tauchte unter und wurde vom FBI auf die Liste der zehn gesuchtesten Personen Amerikas gesetzt. In diesem Augenblick schrieb Genet einen Artikel mit dem Titel »Angela et ses frères« (»Angela und ihre Brüder«), der am 31. August 1970 im *Nouvel Observateur* erschien. Er beginnt seinen Aufsatz mit einem Angriff auf die amerikanische Presse, die jedes Verständnis für eine linksgerichtete Politik unterdrücke, indem sie beharrlich alle *Fakten* im Umfeld eines Ereignisses berichte, nie aber über deren *Bedeutung* nachdenke. Genet schildert die Davis als jemanden, zu deren Vernichtung die amerikanischen Behörden entschlossen seien – allein wegen ihres politischen Ranges.

Mit raschen Strichen setzt Genet den französischen Leser über den politischen Hintergrund ins Bild – die Auswirkungen schwarzer Armut und Arbeitslosigkeit, den Konflikt zwischen weißen Polizisten und schwarzen Bürgern, das Fehlen der grundlegendsten kommunalen Dienstleistungen im Ghetto.

Vor diesen Hintergrund stellt Genet die Gestalten George Jackson, Huey P. Newton (der nach zweieinhalb Jahren Gefängnis im Mai 1970 freigelassen worden war), Eldridge Cleaver, Bobby Seale, David Hilliard – und Angela Davis (»die überzeugendste, die warmherzigste, eine der intelligentesten«[131] unter den Komiteemitgliedern, die sich für die Soledad-Brüder einsetzten). In diesem Essay deutet Genet einen Gedanken an, zu dem er später wieder zurückkehren sollte – daß das weiße Gerichtssystem kein Recht hat, über schwarze Angeklagte zu richten (Genet läßt sogar durchblicken, daß *alle* Rechtssysteme verlogen sind). Genet hatte ursprünglich vorgehabt, seinem Aufsatz den Titel »L'Homme qui se croyait juge« (»Der Mann, der sich für einen Richter hielt«) zu geben.[132]

Genet machte sich Sorgen um Angela Davis (für die er echte Zuneigung empfand), um den Ausgang von Bobby Seales Prozeß in New Haven, um David Hilliard, der seine sechs Monate Gefängnis absaß, und um die Zukunft der Panthers. In seinen Briefen an Marianne de Pury fragte er ständig nach Neuigkeiten, vor allem von Angela Davis. Einem Autor in Frankreich sagte er: »Man muß Angela einfach lieben, wenn man sie kennt.«[133]

Am 13. Oktober 1970, zwei Monate nach ihrem Verschwinden, wurde Angela Davis in einem New Yorker Motel festgenommen. Genet fürchtete, sie könnte zum Sündenbock für die Militanz der Schwarzen ganz allgemein gemacht werden: Er versicherte sich Sartres Beistands zu ihrer Verteidigung und gab selbst im französischen Fernsehen eine Erklärung für sie ab. Genet wurde für das Fernsehen im Hotel Cecil gefilmt, in dem er wohnte. Später sagte er zu *Le Monde*: »Sie baten mich, bestimmte Abschnitte zu wiederholen, weil ich mich verhaspelt hatte. Natürlich verhaspele ich mich, das habe ich schon immer getan. Jetzt passiert es mir immer öfter und öfter. Erstens, weil ich alt bin, dann, weil ich erregt bin, und obendrein bin ich mit Nembutal vollgestopft. Ich stehe unter Drogen. Ich habe ihnen das gesagt. Vielleicht werden sie nicht alles zeigen, was sie aufgenommen haben, aber ich habe ein Video mitlaufen lassen, während sie mich filmten. Und wenn sie nicht alles zeigen, weiß ich, was ich tun werde.«[134] Trotz Genets Furcht vor der Zensur wurde seine Erklärung am 8. November 1970 im französischen Fernsehen ungekürzt gesendet.

Zur gleichen Zeit ließ Genet gemeinsam mit dem schwarzen amerikanischen Romanautor, Essayisten und Dramatiker James Baldwin einen Appell zur Freilassung von George Jackson los. Baldwin lebte schon seit 1949 in Frankreich, und seine Bücher, insbesondere *The Fire Next Time (Hundert Jahre Freiheit ohne Gleichberechtigung)* von 1962, hatten dazu beigetragen, den schwarzen Kampfgeist anzufachen. Im American Center in Paris sprachen Baldwin und Genet über die Notwendigkeit, für George Jackson und die Panthers einzutreten.

Genet blieb den Panthers über die Jahre treu, obgleich sich die Partei rasch auflöste. Selbst aus der Ferne verfolgte er die Innenpolitik der Partei und die äußeren Kräfte, die auf sie einwirkten. Er erinnerte sich seines Versprechens, ein Buch für sie zu schreiben, und schien verletzt, daß David Hilliard sein Versprechen vergessen hatte. Eine Zeitlang, vielleicht weil er seine eigenen Kräfte in Zweifel zog oder wegen eines damals gängigen Kollektivismus in der politischen Philosophie, meinte er, ein Buch mit Essays mehrerer Autoren, vorwiegend Panthers, sei vorzuziehen.[135] Genet war bereit, so ein Buch zu redigieren. Aber trotz seiner Loyalität den Panthers gegenüber kritisierte er ihre Methoden in *Ein verliebter Gefangener*, das er kurz vor seinem Tod, 1986, schrieb:

Die Bewegung der Panthers fand bei den Schwarzen und den jungen Weißen vielleicht deshalb Anklang, weil es ihr an sichtbarer Tiefe mangelte, oder vielleicht wegen des Schneids der militanten Aktivisten und Anführer und wegen ihrer entschieden oppositionellen Symbolik. Die Symbolik: Afro-Look, Eisenkamm, spezieller Händedruck, das hatten auch andere schwarze Bewegungen, die stärker auf Afrika ausgerichtet waren – ein Phantasie-Afrika, in dem sich Islam und Animismus vermengten – die Panthers lehnten diese Embleme nicht ab, sondern fügten hinzu: »All Power to the People«, den schwarzen Panther auf blauem Grund, Lederjacke, Barett, aber vor allem sichtbare Waffen, demonstrativ sichtbar. Zu sagen, die Partei habe keine Ideologie gehabt, weil die »Zehn Punkte« entweder verschwommen oder widersprüchlich waren und ihr Marxismus-Leninismus selbstgebastelt, heißt nicht sehr viel, wenn man zugesteht, daß eine Revolution vor allem die Befreiung des Menschen zum Ziel hat – in diesem Fall des amerikanischen Schwarzen – und nicht die korrekte Deutung und Anwendung einer Ideologie, die sich selbst fast als transzendentale Wahrheit ausgibt. Wenn der Marxismus-Leninismus offiziell atheistisch ist, scheinen das revolutionäre Bewegungen wie die Panthers und die Palästinenser nicht zu sein. Aber vielleicht ist es mehr oder weniger ihr Ziel, Gott zu benutzen, ihn flach zu machen, blutleer, vergessen, durchsichtig bis zur völligen Auslöschung. Das kann eine Taktik sein, sicherlich langwierig, aber wirksam. Das ganze Wirken der Panthers zielte auf die Befreiung der Schwarzen ab. Sie verwendeten bestechende Bilder, sie gaben das »Black is beautiful« aus, das seine Wirkung sogar bei den schwarzen Bullen und den Uncle Toms nicht verfehlte. Von der Macht beschleunigt, schoß die Bewegung über das Ziel der Macht hinaus.

Sie wurde schwach, bekam die Schwäche einer Mode, blieb aber hart, weil sie Bullen abknallte und selber abgeknallt wurde.

Schwach durch ihre irisierenden Ränder, von denen ich schon gesprochen habe, durch die Finanzierungsform der Bewegung, durch die große Anzahl der natürlicherweise flüchtigen Fernsehbilder, durch das gleichzeitig gewalttätige und sanfte Vokabular, das sich auf keinen inneren, strengen Denkprozeß stützte, durch eine gehaltlose Theatralität – Theatralität eben –, durch die rasche Vergänglichkeit der Symbole.

Noch einmal von vorn: Die irisierenden Ränder. Wahrscheinlich stellten die ein Hindernis dar zwischen den Weißen und den Panthers, und abgesehen davon, daß dies Hindernis oberflächlich war, kam es zwischen ihm und den Panthers zu einer gegenseitigen Durchdringung.

Die Finanzierungsform: Die reiche und elegante weiße wie schwarze Boheme dorée war rasch begeistert. Die Schecks liefen zahlreich ein; Jazzbands und Theatertruppen spendeten die Einnahmen mehrerer Abende. Die Panthers kamen in Versuchung, für Anwälte Geld auszugeben, für Prozesse, für die unvermeidlichen Spesen. Sie kamen auch in Versuchung zu verschwenden, und sie gaben nach. ...

Die Symbolik war zu schnell entschlüsselt, als daß sie bestehen konnte. Sie wurde schnell übernommen und schnell wieder verworfen, weil sie zu schnell durchschaut wurde. Obwohl und weil ihr Stand schwach war, wurde sie schnell angenommen, zunächst von den jungen Schwarzen, die von Marihuana auf provozierende Frisuren umstiegen, dann von den jungen Weißen, die sich von einer noch immer viktorianischen Sprache befreiten und sich kaputtlachten, wenn Johnson und später Nixon öffentlich als »motherfucker« bezeichnet wurden, und sie alle unterstützten die Panthers, weil ihre Bewegung *in* war. Diesmal sah man die Schwarzen überhaupt nicht mehr als fügsam an, als Menschen, für deren Rechte man eintritt, sondern als erbitterte, heftige und unberechenbare Angreifer, die letztlich bis zum Tod an ihrem Engagement festhielten, das heißt an der Verteidigung der Schwarzen allgemein.

Vielleicht wurde eine derartige Explosion durch den Vietnamkrieg und den Widerstand der Vietnamesen gegen die Amis ausgelöst. Indem den Führern der Panthers bei den Kundgebungen gegen den Vietnamkrieg das Wort gegeben – oder nicht verwehrt – wurde, räumte man ihnen gewissermaßen ein *Recht* ein, sich in Angelegenheiten des Landes einzuschalten. Danach, und das darf nicht verharmlost werden, wurden einige Schwarze, ehemalige Indochinakämpfer, die mit ihrer Wut, ihrer Gewaltbereitschaft und ihrer Erfahrung im Umgang mit Feuerwaffen ins Land zurückkamen, in die Partei aufgenommen.

Zweifellos der untrüglichste Erfolg der Panthers war, daß die Existenz der Schwarzen ins volle Licht gerückt wurde. Ich habe es sehen können: Beim Wahlkongreß der Demokraten 1968 in Chicago waren die Schwarzen zwar nicht mehr schüchtern, aber immer noch vorsichtig. Sie fürchteten das Sonnenlicht und die eigene Bejahung. Politisch hielten sie sich noch zurück. Doch schon 1970 trugen sie den Kopf hoch und waren wie elektrisch geladen. Die reale und im ganzen gesehen auch tiefgreifende Aktion der Panthers war nahezu am Ende. Als die weiße Regierung vorhatte, sie künstlich aufzublähen, ihr dann die Luft abzudrehen und sie somit zu vernichten, so sah sie sich schnell getäuscht: Die Zeit der Aufblähung wurde von den Panthers zu vermehrten Aktionen genutzt, oder vermehrt für diese Gesten, die zu Bildern wurden, die um so stärker wirkten, als sie schwach waren, das heißt, schnell von allen Schwarzen und den jungen Weißen angenommen wurden: Ein mächtiger Wind fegte durch das Ghetto und kehrte Scham, Unsichtbarkeit und vierhundertjährige Demut fort, und als der Wind sich gelegt hatte, merkte man, daß es nur der Schatten einer Brise, einer fast lieblichen, freundlichen Brise gewesen war.[136]

KAPITEL 19

Als Genet sagte, er habe sich filmen lassen, während er vom französischen Fernsehen gefilmt wurde, sprach er von der Videokamera, die von seinen Freunden Carole und Paul Roussopoulos bedient wurde, zwei Schlüsselfiguren seiner politischen Jahre. Genet hatte Paul Roussopoulos gegen Ende des Jahres 1968 in Paris kennengelernt. Paul, in Griechenland geboren, war Professor für Mathematik und Physik in Paris und Tours (und Gelegenheitsmaler); er faszinierte Genet, denn mit ihm konnte er über die Rolle des Zufalls im Universum diskutieren, eine Frage, die sein letztes Buch beherrschen sollte. Die Existenz des Zufalls war Genets größtes Hindernis, an Gott zu glauben. »Kann ein Gott, der dermaßen allein ist (das ist ja auch sein Name, der Einzige, der Alleinige), mit dem Zufall zusammen existieren? Oder ist das, was Zufall genannt wird, von Gott gewollt und das Ergebnis eines Kartenspiels ein göttliches Zeichen?«[1]

Ein weiterer Punkt gemeinsamen Interesses war die Politik. Als Paul sagte, Griechenland sei unter der Regierung der Obristen nicht schlechter als vorher schon gewesen, hatte Genet spontan gelächelt. Er kannte Griechenland gut und gab zu, daß die Regierung auch in den Tagen vor den Obristen äußerst repressiv gewesen war.[2]

Auch zwischen Genet und Pauls Frau Carole spann sich eine Freundschaft an. Sie war eine geborene de Kalbermatten, Tochter eines Schweizer Bankpräsidenten und in Sion aufgewachsen, aber 1966 schmiß sie ihr Studium in Lausanne hin und machte sich nach Paris auf. Auf einer Tunesienreise lernte sie Paul kennen, der dort lehrte.

Carole arbeitete zu der Zeit für die französische *Vogue*, was ihr alle ihre linken Freunde zum Vorwurf machten, *außer* Genet, der meinte, wenigstens sei die Zeitschrift professionell gemacht, mit schönen Bildern auf gutem Papier. Genet war auf jeden Fall voreingenommen, denn er war ein Freund von Edmonde Charles-Roux, der Romanautorin und früheren *Vogue*-Redakteurin, die ihre offiziellen Verbindungen (sie war die Tochter eines Botschafters und später mit dem Bürgermeister von Marseille verheiratet) benutzt hatte, um seinen Freunden aus der Klemme zu helfen. Sie hatte Abdallah gekannt und sich seiner angenommen.

Doch als Carole 1969 ihren Job bei *Vogue* verlor, sagte Genet: »Hör zu, ich hatte Mitleid mit dir, als du den Job hattest, aber ich werde bestimmt keins haben, jetzt, wo du ihn verloren hast. Wieviel Abfindung haben sie dir gezahlt?«

»Fünfzehntausend Franc.«

»Fabelhaft. Das reicht gerade, damit du dir eine im wahrsten Sinne des Wortes revolutionäre Erfindung kaufst, die dein Leben verändern wird. Damit wirst du nie mehr für jemand anderen arbeiten müssen.«

Genet führte sie und Paul zu einem Geschäft auf dem Boulevard Sébastopol, in dem die ersten tragbaren Schwarzweiß-Videokameras von Sony zu haben waren. Mit ihrer Abfindung kaufte sie sich die zweite Videokamera, die in Frankreich verkauft wurde (Jean-Luc Godard hatte die erste gekauft). Genet, Paul und Carole spielten mit der Kamera stundenlang herum; Paul war jedoch der einzige, der die Bedienungsanleitung verstand.

»Genet war als Mensch absolut *verfügbar*«, erinnert sich Paul. »Einer neuen Erfahrung gab er sich vollkommen hin.« Und in der Tat erinnern sich fast alle Freunde Genets daran, daß er als Freund warmherzig, charmant, phantasievoll sein konnte bis zu dem Tag, an dem sein Stolz oder eines seiner rigiden ethischen Bedenken provoziert wurden. Dann steigerte er sich in einen ungeheuren Wutanfall hinein und brach oft endgültig mit dem unglücklichen Freund.

»Genet war *sehr* visuell begabt«, erinnert sich Carole. »Als er später Filmszenarien schrieb, sah er sie optisch von A bis Z vor sich und beschrieb sie uns Einstellung für Einstellung, Farbe für Farbe. Dem Optischen widmete er viel mehr Aufmerksamkeit als dem Dialog.«

Carole gründete sofort eine Video-Firma, »Video-Out«. Der Name ergab sich aus einem Zufall. Ein Plakat für eine Konferenz kündigte an, daß sie Videoarbeiten für die Kommunistische Partei zeigen werde. Da sie weit links von der Partei stand, kritzelte sie »Out« über das Wort »Kommunistisch«. Verwirrt stellte sie der Veranstalter der Konferenz als Leiterin von »Video Out« vor, und der Name blieb.

Sie beschloß sofort, ihre Kamera denjenigen Menschen zur Verfügung zu stellen, die direkt betroffen waren. Sie wünschte sich eine Art Video, das sowohl seiner Form als auch seinem Inhalt nach politisch wäre. Bill Klein, ein weißer, in Paris ansässiger Fotograf und Filmregisseur, hatte einen Film über Eldridge Cleaver gedreht, und Genet kritisierte, daß Klein Cleaver nie das Endergebnis gezeigt hatte oder eine Kopie des Films den Panthers hatte zugehen lassen. »Radikale Bewegungen sollten Regisseuren nicht auf Gedeih und Verderb ausgeliefert sein«, sagte Genet zu Carole.

Um 1969 freundete sich Genet mit Mahmoud El Hamchari an, dem Pariser Repräsentanten der Palästinensischen Befreiungsorganisation (PLO), den er durch Philippe Sollers und den Redaktionsstab der Intellektuellenzeitschrift *Tel Quel* kennengelernt hatte. Genet besuchte El Hamchari oft, und in seiner gewohnten Art schneite er ganz unerwartet bei ihm herein, ohne sich die Mühe zu machen, vorher anzurufen. El Hamcharis französische Frau erinnert sich, daß Genet mit ihrem Mann intensiv über Politik sprach, vor allem bekundete er seine wachsende Enttäuschung über die internen Kämpfe der Black Panthers und ihre Korrumpierung durch Geld und den Starrummel in den Medien.[3]

Zum erstenmal war Genet 1968 in Tunesien auf Arafats Al Fatah gestoßen, wo er Gedichte in einer blumigen arabischen Schrift gesehen hatte, die der Revolution gewidmet waren. In Paris hatte er im Mai 1968 in der Sorbonne gleich neben dem chinesischen Stand den PLO-Stand bemerkt, an dem Flugblätter verteilt wurden. Schließlich hatten Genet die palästinensischen, von der marxistischen Volksfront für die Befreiung Palästinas inszenierten Flugzeugentführungen erheitert, so wie ihn der Black-Power-Gruß bei den Olympischen Spielen in Mexiko begeistert hatte. Später machten sich viele europäische Intellektuelle die Sache der Palästinenser zu eigen, aber zu diesem Zeitpunkt waren sie praktisch vergessen worden, und zudem hatten sie gerade erst damit begonnen, sich zu einer politisch aktiven Gruppe zusammenzuschließen.

Zu der Zeit, als El Hamchari Genet kennenlernte, war er bestrebt, die internationale Aufmerksamkeit auf eine neue Entwicklung in der tragischen Situation der Palästinenser zu lenken. Als Israel im Mai 1948 gegründet wurde, waren Hunderttausende von Palästinensern geflüchtet und hatten sich in Flüchtlingslagern in Jordanien niedergelassen. Fünfzehn Jahre lang hatten sie kaum eine Stimme, aber im Mai 1964 wurde die PLO ins Leben gerufen

und bald danach eine palästinensische Befreiungsarmee. Nach dem Sechs-Tage-Krieg im Juni 1967 besetzte Israel weiteres palästinensisches Gebiet (darunter den Gaza-Streifen, Ost-Jerusalem und das West-Jordan-Land), womit ein noch größerer Flüchtlingsstrom nach Jordanien ausgelöst wurde (1981 befanden sich von einer Gesamtbevölkerung von viereinhalb Millionen weltweit mehr als eine Million Palästinenser in Jordanien).
Zu einem gefährlichen Zusammenstoß kam es 1970 zwischen den Palästinensern und den Jordaniern. Extremisten in König Husseins Armee drohten, den Monarchen abzusetzen, wenn er die Palästinenser nicht vertriebe. Gleichzeitig bedrängten extremistische Gruppierungen unter den Palästinensern Arafat, die Herrschaft über Jordanien an sich zu reißen. Etwa die Hälfte der jordanischen Streitkräfte sympathisierte mit den Palästinensern, die viele jordanische Schlüsselpositionen innehatten. Der Konflikt spitzte sich immer mehr zu, als palästinensische Extremisten mehrere internationale Flugzeuge entführten, sie in Jordanien landeten und Hunderte von Passagieren als Geiseln festhielten. Der König behauptete, er sei mehr als einem Attentatsversuch knapp entronnen. Von der amerikanischen Regierung erhielt er die Warnung, wenn er sein Volk nicht unter Kontrolle halten könne, müsse jemand anderer die Aufgabe übernehmen. Auf einen amerikanischen Vorschlag hin unterzeichneten Jordanien und Ägypten einen Waffenstillstand mit Israel, der am 7. August 1970 in Kraft trat – und den die Palästinenser als Treubruch ansahen.
Gegen Ende August 1970 zog der König seine Truppen von der israelischen Grenze ab und stationierte sie rund um die Hauptstadt Amman, in der mehrheitlich Palästinenser lebten. Am 17. September brach ein Bürgerkrieg zwischen der königlichen Armee und den Palästinensern aus. Sechs Tage lang setzte die Armee massive Kräfte zur Bombardierung von Amman ein, wo alle normalen Dienstleistungen (Wasser, Elektrizität, Müllabfuhr) eingestellt wurden. Ein Reporter von *Le Monde* schrieb:

Die eingeschüchterte Bevölkerung hat sich verschanzt. Nur wenige Häuser, die nicht durch irgendwelche Einschüsse beschädigt worden wären. Viele sind teilweise zerstört; eine Anzahl von Gebäuden ist abgerissen worden. Die Überlebenden wagen nicht, die Häuser zu verlassen, obwohl sie dringend Wasser und Nahrungsmittel benötigen, und die sanitären Zustände haben sich entschieden verschlechtert.
In bestimmten Vierteln der Hauptstadt vermischt sich der Geruch von Schießpulver mit dem Gestank der Verwesung. Der Ausfall aller Kommunikationsmittel einschließlich des Telefons behindert die Evakuierung von Opfern erheblich. Die Panzerwagen der Armee sind dazu eingesetzt, die Leichen einzusammeln; die Toten werden zu jeweils

fünfzig in Sammelgräbern bestattet, die aus zwei oder drei Hektar großen unbebauten Grundstücken nahe des südlichen Zugangs zur Stadt bestehen.[4]
Etwa dreitausend Palästinenser starben allein in Amman und Zarka, und fünfzehntausend wurden verwundet.
Am 27. September 1970 unterzeichneten Arafat, der Führer der PLO, und König Hussein ein Abkommen, das den Bürgerkrieg offiziell beendete. Die Palästinenser hatten zwar mit militärischer Hilfe von seiten Syriens und des Iraks gerechnet, aber der Irak hatte nichts getan, und Syrien hatte nur eine halbherzige Anstrengung unternommen (Syrien war gerade in einem unblutigen Handstreich von Assad übernommen worden, einem alten Widersacher Arafats). Am Tag, nachdem das Hussein-Arafat-Abkommen in Kairo unterschrieben worden war, starb der ägyptische Präsident Nasser, der Hauptverbündete der Palästinenser, an einem schweren Herzanfall. Weinend verkündete Arafat seinen Truppen: »Wir haben alles verloren.«[5] Tausende von Palästinensern, die Husseins Versprechungen nicht trauen mochten, brachen nach Syrien und in den Libanon auf. Die palästinensische Macht in der jordanischen Hauptstadt war gebrochen. Stark blieb sie nur in den Lagern in der Nordwestecke Jordaniens, in einem keilförmigen Landstück, das im Westen von der israelischen und im Nordosten von der syrischen Grenze gesäumt wird; dort gab es Lager mit Namen wie Irbid, Jerash, Aljoun, Salt und Baqa.

Genet hatte die Ereignisse des »Schwarzen Septembers« aus Paris verfolgt, hatte sie mit El Hamchari erörtert und wollte sich sofort den Palästinensern anschließen, aber er verschob seine Reise, um Angela Davis' mißliche Lage publik zu machen. Schließlich reiste er gegen Ende Oktober ab und flog mit El Hamchari und Paul und Carole Roussopoulos nach Beirut, von wo aus sie nach Jordanien geschmuggelt werden sollten. Dies war der Beginn eines Engagements für die Palästinenser, das fünfzehn Jahre später zu *Ein verliebter Gefangener* führen sollte.
An ihrem ersten Abend in Beirut war Genet drauf und dran, seine wie üblich gewaltige Dosis an Schlafmitteln zu schlucken; Carole bat ihn, es nicht zu tun, weil sie jederzeit während der Nacht aufgefordert werden konnten, sich auf den Weg nach Amman zu machen. Genet kümmerte sich nicht um sie und nahm seine sieben Nembutal. Eine Stunde darauf gab El Hamchari Bescheid, daß er veranlaßt habe, daß sie mit einem Krankenwagen nach Jordanien geschafft würden; sie mußten auf den Tragen Kranke mimen. Genet wachte

einfach nicht auf. Paul Roussopoulos packte ihn unter den Armen und hievte ihn hoch, hielt ihn fest, während er pinkelte, und schleppte ihn in den Krankenwagen. Genet wandelte im Schlaf. Der Krankenwagen fuhr nach Damaskus und dann nach Süden in Richtung Jordanien. Als Genet wach wurde, waren sie bereits in dem ausgebombten Amman. Sie wurden im Krankenhaus der gerade neu gegründeten palästinensischen Niederlassung des Roten Halbmonds untergebracht. Dort machten sie sich an die Arbeit, indem sie dem erschöpften Pflegepersonal beisprangen. Genets Aufgabe war es, Medikamente zu sortieren, die von französischen Sympathisanten gestiftet worden waren (die Palästinenser konnten die französischen Aufschriften auf den Etiketten nicht immer lesen). Genet schrieb an Monique Lange:

> In Amman ist die Lage noch schrecklicher, als man es sich nach der Zeitungslektüre vorstellen kann.
> Ich bitte Sie, und Dr. Hijazi bittet Sie (er ist der Präsident des palästinensischen Roten Halbmonds, Damaskus), alle unsere Freunde auf den Ernst der Lage des palästinensischen Volkes in Jordanien aufmerksam zu machen. Sie finden, an meinen Brief geheftet, einen zweiten, der die Liste dessen enthält, was die palästinensischen Kranken, Verwundeten und Katastrophenopfer benötigen.[6]

Genet freundete sich sofort mit einem spanischen Arzt namens Alfredo Malgar an, der unter seinem Vornamen eine Hauptgestalt in *Ein verliebter Gefangener* werden sollte – er wird dort als Kubaner vorgestellt (er sympathisierte allerdings mit Castros Kuba, und seine Kinder lebten dort). Genet schrieb, Alfredo sei in Kuba aufgewachsen, spreche mehrere Sprachen und sei inzwischen von der westlichen Medizin ernüchtert.[7]
Obwohl Alfredo sehr viel Zeit mit Genet zubrachte und später in den Palästinenserlagern im selben Zelt mit ihm schlief, kam ihm nie der Verdacht, daß Genet homosexuell sei, auch kannte er Genets Werk nicht. Die starken, spontanen Freundschaften, die Genet unter den Panthers und Palästinensern schloß – Beziehungen, die nichts mit seiner literarischen Berühmtheit zu tun hatten, vielmehr aufgrund seiner persönlichen Qualitäten zustande kamen – führten dazu, daß er später die Jahre 1970 bis 1972 als einen der glücklichsten Abschnitte seines Lebens bezeichnete.[8]
In Amman lernte Genet im Garten des Hauses ihrer Mutter Nabila Nashashibi kennen. Nabila – die fließend Französisch und Englisch sprach – war während Genets erstem Aufenthalt seine wichtigste Führerin bei den Palästinensern. Sie

gehörte einer der zwei mächtigsten palästinensischen Familien an. Der Name der anderen Familie ist Husseini, der Arafats Mutter angehörte, wie auch Leila Chahid, die Genets Führerin während seines zweiten Besuchs 1982 in Beirut war. Später stand Genet den palästinensischen »Großen Familien« kritisch gegenüber, aber Nabila und Leila liebte er innig und gab ihnen den Beinamen »die Feurigen«.[9]

Nabila war ausgebildete Ärztin. In Paris heiratete sie einen amerikanischen Chemiker. Sie ging mit ihm nach Oxford, wo sie an einem Krankenhaus arbeitete, und später nach Washington D. C.; das war in den sechziger Jahren, und sie mochte diese Zeit, weil sie spürte, daß soziale Veränderungen möglich waren. Dort hörte sie 1970 im Fernsehen eine Nachricht über den Schwarzen September. Im Oktober flog sie nach Amman. Sie war etwas über dreißig. Bald danach kehrte sie in die Vereinigten Staaten zurück, aber 1973 wurde ihr bewußt, wie sehr sie an ihrem Volk hing. Von 1973 bis 1985 lebte sie in Beirut und arbeitete für das Rote Kreuz. Ihr Mann versuchte mit ihr in Beirut zu leben, aber schließlich wurde ihr klar, »daß es in meinem Leben keinen Platz mehr gab für einen amerikanischen Ehemann«[10], und sie ließ sich 1977 von ihm scheiden.

Als Nabila 1970 in Amman eintraf, war sie von der Veränderung, die sich in den Palästinensern vollzogen hatte, begeistert. »Die früher Sklaven waren, sind jetzt Helden«, dachte sie, und sie stimmte mit Genet darin überein, daß ein neuer Geist der Furchtlosigkeit, Unbeschwertheit und Fröhlichkeit herrsche, den Genet »die Heiterkeit, alles zu wagen«,[11] nannte. Sie war der Ansicht, die Zeit zwischen 1970 und 1982 sei eine eruptive Periode gewesen, in der die Palästinenser vor absolut nichts Furcht hatten.

Mahmoud El Hamchari hatte für Genet und Carole und Paul Roussopoulos nur einen einzigen Paß ausgestellt und ihn Genet anvertraut. Nun reiste Genet mit Alfredo Malgar plötzlich aus Amman ab, nahm den Paß mit und ließ Carole und Paul auf dem trockenen sitzen. In den darauffolgenden drei Wochen hatten sie jede Menge Erläuterungen abzugeben, vor allem, weil die Palästinenser, an das europäische Alphabet nicht gewöhnt, »Carole« als »Cohen« lasen. Außerdem konnte El Hamchari nun doch nicht zu ihnen nach Amman kommen, wie er es versprochen hatte.

Es gelang ihnen trotzdem, ins »Rote Irbid« vorzudringen, das marxistische Palästinenserbollwerk, und weiterzufilmen. Als sie nach Paris zurückkehrten, montierten sie ihren ersten großen Videofilm, »Hussein, der Nero von Amman«. Mit diesem Titel wollten sie darauf hinweisen, daß König Hussein seine eigene Hauptstadt zerstört hatte. Nachdem sie den Film kleinen Gruppen in

Paris vorgeführt hatten, wurden sie von jordanischen Geheimdienstleuten beschattet (der Titel ihres Films hatte den Zorn des Königs erregt).

Genet folgte den *fedajin* (ein arabisches Wort, das »die, die sich opfern« bedeutet und zur Bezeichnung von Freiheitskämpfern in der ganzen moslemischen Welt benutzt wird), die Amman im April 1971 verlassen hatten. Etwa fünftausend palästinensische Soldaten lebten jetzt in den bewaldeten Bergen zwischen Jerash und Aljoun. Über Damaskus fuhr er mit Alfredo zu den Lagern.

Genet wollte eigentlich nur acht oder zehn Tage in Jordanien bleiben, aber er blieb sieben Monate, weil ihn sein Aufenthalt in Amman und in den Lagern bei den Fedajin so berührte.

In den Lagern war normalerweise Nabila bei ihm, die, als er sie kennenlernte, nach seinen Worten schön wie eine Westernheldin war mit ihren Jeans, ihrer Drillichjacke und dem hüftlangen Haar. Er sagte ihr, er könne es nicht ausstehen, von einer Frau angefaßt zu werden, aber ansonsten finde er sie schön und reizvoll, und er machte ihr so viele Komplimente, daß andere Palästinenser schockiert waren: »Sie war sicherlich das schönste junge Mädchen im Königreich.«[12] Sie sagte Genet, daß sie noch nie eines seiner Werke gelesen habe, nur einen Essay über die Black Panthers; er versicherte ihr, es gebe viel wichtigere Dinge als die Literatur.

Durch den Kontakt mit ihr und anderen Frauen bekam Genet eine äußerst positive Einstellung zu palästinensischen Frauen. Dies führte zu seiner überzeugendsten feministischen Erklärung, die allerdings viele progressive Frauen sicherlich nicht akzeptabel fänden:

Es ist undenkbar, daß die palästinensische Revolution nicht einherginge mit der Befreiung der palästinensischen Frau. Ich spreche nicht von bürgerlichen Frauen oder von denen, die sich in den Dienst der Revolution stellen, wenn sie die Universität hinter sich haben – eine europäische oder sonst eine. Ich spreche von der gewöhnlichen Frau aus dem Volk, die, selbst in ihrer gegenwärtigen Lage, ein äußerst dynamisches und revolutionäres Element darstellt. Ich vermute, daß die Freiheit, die sie hat – die Freiheit vor der Befreiung – nicht das Ergebnis von 1970, 1967 oder 1948 ist, sondern viel weiter zurückreicht.
Ich kann wie Rousseau sagen: Die palästinensische Frau ist frei geboren, und es scheint mir, sie ist besser dran als andere, denn sie ist bereit, alle revolutionären Ideen hinzunehmen, obgleich sie gleichzeitig aufgrund ihrer Stellung und ihres Wesens ein konservatives Element ist. Die Frau im allgemeinen – nicht die künstliche, weibchenhafte Frau, die so geworden ist, weil der Mann das so wollte, sondern die Frau, die im

Innersten ihres Herzens glaubt, daß sie dem Mann gleichgestellt ist in dem Sinne, daß sie nicht seine Mutter oder seine Schwester oder seine Geliebte, sondern seine Kameradin ist – diese Frau muß sich am Kampf gegen das System beteiligen, weil sie – neben dem Kind – am stärksten der Unterdrückung ausgesetzt ist. Ich meine damit absolut nicht den bewaffneten Kampf mit Kratzen und Beißen oder hysterischen Ausbrüchen gegen den Mann. Sondern als eine beständige Bekundung ihrer Freiheit und Befreiung.[13]

Diese Frauen werden natürlich oft zu Kriegerinnen. Genet erinnerte sich an eine Geschichte, die ihm Nabila von einem sechzehnjährigen Mädchen erzählt hatte, die ihren Körper mit Sprengstoff umgürtete und so tat, als weine sie, womit sie eine Gruppe israelischer Soldaten anlockte, die sie zu trösten versuchten: Sie sprengte sich zusammen mit ihnen in die Luft.

Als jemand, den Marginalien selbst außerhalb der Randbezirke faszinieren, war Genet von einem armen, namenlosen Stamm beeindruckt, auf den er, Alfredo und Nabila in Jordanien gestoßen waren.[14] Als er vierzehn Jahre nach dem Vorfall darüber schreibt, erinnert Genet sich genauestens einer seltsamen biblischen Zeremonie, bei der das Oberhaupt des Stammes jeden der sechzehn Ältesten küßte, wobei er dem ersten von ihnen sechzehn Küsse gab, dem zweiten fünfzehn und so weiter bis zum letzten, der nur einen einzigen Kuß erhielt.

Bei anderer Gelegenheit fuhren Nabila, Alfredo und Genet gerade die vierzig oder fünfzig Kilometer von Jerash nach Amman, als sie auf der Autostraße in der Nähe von Baqa einen platten Reifen hatten. Sie reckten die Daumen in die Luft und wurden von einem Jeep der jordanischen Sicherheitspolizei mitgenommen, der sie zum Gefängnis in Amman brachte. Alle waren nervös, weil sie heimlich in Flüchtlingslagern aufgenommene Filme bei sich hatten. Genet war besonders besorgt, weil Nabila Palästinenserin war und als Spionin inhaftiert oder gefoltert werden konnte. Sie verlor jedoch nicht eine Sekunde ihre Ruhe und lenkte die Soldaten fröhlich ab, während Genet und Alfredo die Filme verschwinden ließen. Sie wurden etwa eine Dreiviertelstunde lang festgehalten und dann freigelassen.

Anfang November 1970 fand eine Begegnung zwischen Genet und Arafat statt. Da wiederholt Anschläge auf Arafat unternommen worden waren, wechselte er unter strengster Geheimhaltung häufig seine Aufenthaltsorte. Hier und da gab es noch immer Gewaltakte zwischen Jordaniern und Palästinensern, und die Nervosität war groß. Eines Tages wurde Genet gesagt, er solle sich bereit halten, um von einem Moment zum anderen aufbrechen zu können. Plötzlich kam ein Wagen, der ihn ins Lager Wahdate einige Meilen nördlich von Amman fuhr. Genet traf Arafat in einem unterirdischen Büro unter einem kleinen modernen Haus. Von ihrer Begegnung ist sonst wenig bekannt, außer daß Arafat Genet freundlich empfing und sich mit ihm mittels eines bedeutenden Mitglieds der Fatah mit Namen Abu Omar unterhielt, der in Amerika einmal Professor und ein Schüler Kissingers gewesen war; angeblich wurde er später von den Syrern gefangengenommen und an die Phalangisten (eine libanesische christliche Partei) ausgeliefert, die ihn hinrichteten. Die Begegnung dauerte weniger als eine halbe Stunde. Arafat bat Genet, ein Buch über die palästinensische Revolution zu schreiben, und gab ihm einen Paß, der ihm erlaubte, sich in den von der PLO kontrollierten Gebieten ganz nach Belieben zu bewegen.[15]

Marianne de Pury erinnert sich, daß Genet, als sie ihn das nächste Mal in Frankreich sah, voller Stolz seinen von Arafat unterschriebenen Paß herumzeigte. Das Dokument war völlig verdreckt, aber er zeigte es jedem und wies gern auf Arafats arabische Unterschrift hin. Sie fand es beeindruckend, daß Genet, der nichts besaß, was nicht in ein kleines Köfferchen gepaßt hätte, so überaus stolz auf dieses Sesam-öffne-dich war. Später fragte Arafat einmal: »Was ist aus Ihrem Buch geworden?« Als ein anderer Palästinenser Genet fragte, wann er mit seinem Buch fertig sein werde, antwortete der: »Wenn ihr mit eurer Revolution fertig sein werdet.«[16]

Das marxistische Vokabular und der übertriebene Diensteifer palästinensischer Behörden stießen Genet oft ab, aber von der couragierten Fröhlichkeit, auf die er in der Allgemeinheit traf, wurde er vollkommen gefangengenommen.

1972 schrieb er: »Es herrschte eine Art Fröhlichkeit, vielleicht sogar Euphorie, in den Wäldern zwischen Aljoun und Salt, eine Euphorie, die sich aus der Tatsache herleitete, daß es den Kommandos gelungen war, dem Inferno in Amman zu entrinnen. Sie hatten die Fröhlichkeit der Jugend, das Lachen, den Mutwillen, den man in normalen Armeen nicht findet ... Diese Fröhlichkeit verbarg zum Teil die Fehlschläge.«[17] Genet glaubte, daß die Revolution »in der Herausforderung liegt, ein bis ins letzte glückliches Leben zu führen«. Die Fröhlichkeit in den Militärlagern war so etwas wie die Unbeschwertheit vom Mai 1968 in Paris, nur daß die Palästinenser in bewaffneten Auseinandersetzungen steckten.[18] Die Soldaten »lebten in einer Mischung aus Fröhlichkeit und dem Bewußtsein der Gefahr, und die Gefahr ließ das Leben in den Militärlagern zu etwas Schönem und Ernstem werden«.

In einer unvergeßlichen Passage in *Ein verliebter Gefangener* schildert Genet, wie er sich im Freien in der Abenddämmerung die Haare schneiden läßt, während die Soldaten sich um ihn versammeln und auf die fallenden weißen Haare am Boden und die aufsteigenden Sterne am Himmel blicken. An einer anderen Stelle erinnert er sich an einen Singwettstreit mehrerer Wache haltender Soldaten, die über die Berge verteilt waren (eine Szene, die an *Die Meistersinger* erinnert), in dem sie ihre terroristischen Heldentaten vortrugen – ein fröstelnmachendes Gemisch aus Poesie und Gewalt, das auf Genet einen starken Reiz ausüben mußte. Und wirklich begeisterte Genet sich dermaßen für die neue Art menschlicher Beziehung, die er bei den Palästinensern fand, daß er sie »meine Revolution« nannte und gegen den Panarabismus abhob, eine Idee und Bewegung, die er mit tiefem Argwohn betrachtete.[19] Lieber stellte er sich vor, die arabische Welt werde palästinensiert, als daß die palästinensische Revolution arabisiert werde. Für Genet war der einzige positive Blick in die Zukunft sozialistisch, nicht theologisch. Und seine Interpretation des Scheiterns des Zionismus war, daß dieser als sozialistisches Experiment begonnen hatte, dann aber rasch zu einem theologischen Staat verkommen war, in dem die Idee Gott durch eine Vorstellung vom jüdischen Wesen ersetzt wurde.

Aber was dachten die palästinensischen Soldaten von Genet? Es sind natürlich keine Aufzeichnungen überliefert, nur Genets eigene Berichte von einer lockeren Kameradschaft, auch als er die Kämpfer schockierte, nachdem er ihnen gestand, daß er homosexuell und Atheist war, was sie in Gelächter ausbrechen ließ. Er schlief jede Nacht mit dreißig Soldaten in einem Zelt, die zwischen vierzehn und zwanzig Jahre alt waren. Doch einmal, 1973, besuchte Mahmoud El Hamcharis Frau einen militärischen Vorposten. Sie knüpfte eine Unterhaltung mit einem palästinensischen Soldaten an, der Genet nie begegnet war, noch jemals etwas von ihm gelesen hatte (nur *Die Zofen* waren zu der Zeit ins Arabische übersetzt). Aber als sie den Soldaten fragte, was das Ziel der palästinensischen Revolution sei, sagte er: »Einen neuen Menschen zu schaffen.« Sie fragte: »Zum Beispiel?« Der Soldat antwortete: »Wie Jean Genet.«[20] Offenbar war Genets Name bei den Fedajin zu einer Art Schlagwort geworden.

Und Genet erwiderte die Freundlichkeit; 1971 erklärte er in einem Artikel für *Zoom*: »Im Nahen Osten wird möglicherweise ein neuer Mensch geboren, und die Fedajin könnten in bestimmter Hinsicht die Vorwegnahme und der Entwurf dieses Menschen sein.«[21]

Genet wünschte sich, ihr Homer zu werden – er wußte, daß ruhmreiche Taten nur in Erinnerung bleiben, wenn sie ihre *Ilias*, ihre Trajanssäule, ihr *Rolands-*

lied haben.»Der Ruhm der Helden«, schrieb er,»verdankt nur wenig der Größe der Eroberungen, aber alles dem Gelingen der Werke, die ihnen gewidmet sind.«[22]

Als Genets Achilles – und sein Christus – sollte sich Hamza erweisen, ein junger Mann, den er weniger als vierundzwanzig Stunden kannte. Genet lernte Hamza und dessen Mutter im Dezember 1970 in Aljoun kennen. Es war während des Ramadan, der moslemischen Fastenzeit, in der Gläubige tagsüber weder essen noch trinken dürfen. Er schilderte Hamza (den er Hassan nannte) und seine Mutter in einem im September 1972 veröffentlichten Gespräch, das er mit sieben jungen Palästinensern führte:

Nicht jede palästinensische Frau ist wie Umm Hassan, aber alle gleichen ihr in einem wichtigen Punkt: sie anerkennen die Erfordernisse des Kampfes. Als Hassan mich seiner Mutter vorstellte, war Ramadan. Als ich ihr sagte, ich sei kein Moslem und glaubte nicht einmal an Gott, sah sie mich ohne Erstaunen oder Verachtung an. Sie war eine Witwe von fast fünfzig Jahren, und es war etwa Mittag.

»Wenn er nicht an Gott glaubt, muß ich ihm was zu essen holen.« Und sie machte uns zu essen. Die Tatsache, daß ich ein Ungläubiger war, hatte sie im Monat Ramadan zur richtigen Antwort geführt: Mittagessen. Sie selbst aß bis nach sechs Uhr abends nicht. Bei Sonnenuntergang half die ganze Familie Ladestreifen zu füllen. Und ich meine die Familie: die Mutter, Hassan, seine Schwester und ihr Mann. Die jordanische Armee schoß aus einem Krankenhaus, in dem sie stationiert war, auf das Lager Irbid. Sobald es dunkel wurde, bezog Hassan seine Stellung in der Stadt, und ich blieb in seinem Zimmer allein mit drei Kalaschnikow-Maschinenpistolen, die in der Nähe des Eingangs zum Schutzraum bereitlagen, der seinerseits eine Reihe von Waffen enthielt. Um eins hielt das Schießen immer noch an, und ich konnte nicht schlafen. Aber als an die Tür geklopft wurde, tat ich, als schliefe ich, und gab keine Antwort. Kurze Zeit darauf ging die Tür auf, und herein kam Umm Hassan mit einem Tablett, auf dem ein Glas Tee und eine Tasse Kaffee standen. Sie hatte ein Gewehr geschultert. Sie stellte das Tablett neben dem Bett ab und ging hinaus. Ich trank den Tee. Ein paar Minuten später wurde wieder an die Tür geklopft. Ich antwortete nicht. Umm Hassan kam herein, hob das Tablett auf und ging hinaus.

Ich habe das als Beispiel genannt für die einfachen und taktvollen Umgangsformen einer palästinensischen Frau aus dem Volk. Am nächsten Tag sah ich sie auf den Knien Fladen backen. Ich fragte, ob ich hereinkommen dürfe, und nachdem sie mich begrüßt hatte, fragte sie, ob ich hungrig sei. Als ich »nein« sagte, bestand sie darauf, mir ein Glas Tee zu machen; sie selbst weigerte sich zu trinken, weil die Sonne schon aufgegangen war. Dann lächelte sie und sagte: »Allah.« Mir schien bedeutsam, daß die Behörden nicht wissen, in welchem Ausmaß die Frauen sich nicht mehr als Orientalinnen verhalten, in Übereinstimmung mit der Tradition.²³

Als Genet diese Personen und Ereignisse dreizehn und vierzehn Jahre später in *Ein verliebter Gefangener* darstellte, vereinfachte er sie interessanterweise. Die Geschehnisse werden auf ein knappes, strenges Minimum reduziert.

Genet schrieb seinen ersten veröffentlichten Text über die Palästinenser im Mai 1971, etwa einen Monat nach seiner Rückkehr nach Paris. In seinen letzten fünfzehn Lebensjahren schrieb er über seine Erlebnisse im Ausland – in den Vereinigten Staaten und dann im Nahen Osten – gewöhnlich erst, wenn er nach Paris heimgekehrt war. Dieser Artikel mit dem Titel »Les Palestiniens« (»Die Palästinenser«) erschien im August in der vierten Nummer von *Zoom*, einer chic aufgemachten neuen Fotozeitschrift. Genet schrieb ausführliche Bildunterschriften für Fotos aus den Lagern, die Bruno Barbey gemacht hatte, den Genet Ende 1970 in einem Palästinenserlager kennengelernt hatte. Schon in diesem ersten Text kündigte Genet mehrere der Themen an, die er in *Ein verliebter Gefangener* weiter ausführen sollte. Er spricht von der Fröhlichkeit der Lager: »Hatte man die jordanischen Kontrollpunkte an der nördlichen Ausfahrt aus Amman passiert, wußte jeder, nun kam man ins Land der Freundschaft.«²⁴ Er lobt die Flüchtlinge für ihre politische Klugheit und ihre hohe Bildung. Er schlägt in seinem Text einen neuen feministischen Ton an, zu dem ihn sein Aufenthalt in Amerika angeregt haben könnte, ein Lobpreis der gewöhnlichen Palästinenserin, die kochen, nähen, schießen und Mao lesen kann. Diese Sympathie erstreckt sich freilich nicht auf bürgerliche Palästinenserinnen, die er für versnobt, affektiert und feige hält.

In diesem Essay und in einem im Jahr darauf publizierten (nur auf arabisch und englisch in der *Palestine Review*), greift er außerdem das ganze Israel-Problem auf. Genet beginnt den *Zoom*-Artikel mit seiner eigenen, höchst gefärbten Version der jüdischen Geschichte. Nach zweitausend Jahren demütigender Diaspora und zehn Jahren Ausrottung durch die Nazis, haben die Juden die Unmenschlichkeit ihrer früheren Unterdrücker übernommen. Zur gleichen Zeit, da Juden in Europa verfolgt werden, bringen die Zionisten mit Hilfe der Briten die Araber Palästinas um oder setzen sie unter Druck. Obgleich Israel als Zuflucht für europäische Juden gedacht war, ist es zur Bastion des westlichen Imperialismus im Nahen Osten geworden. Genet vergißt jedoch nicht, darauf hinzuweisen, daß die konservativen arabischen Regime gegenüber den Palästinensern genau so feindselig sind wie Israel, und hinter beiden stehen die Vereinigten Staaten, die Genet als den größten Feind brandmarkt (»Der unmittelbare Feind bleibt Israel, doch der absolute Feind ist Amerika«[25]). Später, in *Ein verliebter Gefangener*, bringt ein palästinensischer Wortführer ihre Feinde in eine andere Reihenfolge. Die reaktionären arabischen Regime sind der größte Feind, gefolgt von Amerika und Israel.[26]

Zionisten haben oft argumentiert, daß vor ihrem Eintreffen nur wenige Menschen in Palästina lebten und die ansässige Bevölkerung jedenfalls kein wirkliches Volk bildete, sondern nur recht verstreute arabische Stämme waren. Genet behauptet, daß eben die immer zahlreicher eintreffenden Zionisten die Ursache waren für die Bildung einer palästinensischen Identität. »Obgleich sie immer noch ein homogenes Ganzes, genannt die arabische Nation, waren, begannen die Araber von ›den Palästinensern‹, von ›Palästina‹, zu sprechen und davon, was dort geschah.«[27] Er ist der Ansicht, daß der Verlust ihres Landes die palästinensische Identität weiter festigte. Obwohl viele die palästinensische Zersplitterung mit der jüdischen Diaspora verglichen haben, hebt Genet sie gegeneinander ab. Während die Juden zweitausend Jahre lang wirklich in alle Winde verstreut waren, sind die Palästinenser geographisch und geistig zusammengeblieben. Während die Juden, so behauptet er, von Europa und Amerika Gelder erhalten haben, um einen bürgerlichkapitalistischen Staat aufzubauen, benutzten die Palästinenser arabische Gelder zu weiteren revolutionären Zwecken.

Die *Zoom*-Redakteure weisen zwar ausdrücklich darauf hin, daß Genet Antizionist, aber kein Antisemit sei, doch bleibt diese Frage offen. Genet war sicherlich sein ganzes Leben lang mit vielen Juden befreundet, angefangen mit seinem Schulkameraden Marc Kouscher, der erzählte, daß Genet ihn, im Gegensatz zu anderen Leuten aus dem Dorf, nie verhöhnte, nur weil er Jude war. Später war er in Ann Bloch vernarrt, die Jüdin, die aus Deutschland in die Tschechoslowakei geflohen war, und er schien sich zu ihr und ihrer Mutter als Inbegriff von Kultur, Behaglichkeit und Freundlichkeit hingezogen zu fühlen. Da er selber Flüchtling war, hatte er Mitleid mit ihrer Lage. In den vierziger Jahren schrieb er seine Tagträume auf, die sich um Nazioffiziere drehten, und er hatte sogar eine Affäre mit einem von ihnen. Aber von diesen ausgesprochen erotischen Empfindungen abgesehen, erwuchs seine einzige Begeisterung für die Deutschen aus seiner Freude, sie die Franzosen, seine geschworenen Feinde, schlagen und erniedrigen zu sehen. Er würde *jedes* Regime gutgeheißen haben, das den Franzosen eine Abfuhr erteilte. Wie man weiß, hat er zu Sartre gesagt, er könne niemals mit einem Juden schlafen; aber

Sartre vermutete, daß Genet Juden als Opfer begriff, wie er selbst eines war, und daher als sexuell nicht attraktiv. Nach dem Krieg stand er Monique Lange und anderen Juden, wie etwa Roger Stéphane, nahe, doch manche hegten einen Widerwillen gegen seine Fragen und Bemerkungen. Stéphane erinnert sich an ein zufälliges Zusammentreffen mit Genet 1958. Sie seien in eine Brasserie essen gegangen: »Genet begann, mich mit Dingen zu belästigen, die ich gar nicht gern hatte: Er fragte mich, wie man gleichzeitig Jude und ein Linker sein könne. Natürlich sagte ich zu ihm, das sei doch eine idiotische Frage, die Zahl der Linken, die Juden gewesen seien, sei so groß, daß man sogar von der Russischen Revolution als der jüdisch-bolschewistischen Revolution spreche ... Er sagte zu mir: ›Trotzdem hängt ein Jude immer am Geld.‹«[28] Danach wollte Stéphane Genet nie wiedersehen.

Der Theater- und Filmregisseur Luc Bondy sah Genet oft in den siebziger Jahren, er war damals noch ein junger Mann (Genet kam öfter Lucs Vater besuchen, François Bondy, den Herausgeber einer Kulturzeitschrift). Luc fand, Genet habe, was Juden angehe, ein schlechtes Gewissen. Mit aufreizender Hartnäckigkeit pflegte er zu fragen: »Welche *Klasse* Jude bist du?«[29] Diese Neugier kränkte Bondy indessen nicht, denn er fand, Genet war herzlich und wirklich neugierig. Catherine von Bülow, die mit Genet zwischen 1968 und 1972 zusammentraf, als sie für Gallimard arbeitete und politisch radikal dachte, meinte, er sei Antisemit gewesen:

Ich denke, er verabscheute Juden. Er sagte es nur nicht öffentlich. Und er hätte auch keinen Juden umgebracht oder jemandem den Mord an einem Juden verziehen. Aber ich denke, er verabscheute Juden, weil sie die Homosexualität nicht akzeptierten und zu sehr an der Güte festhielten und den Reiz des Bösen nicht gelten ließen. Umgekehrt war Genet von Hitler fasziniert, weil er die pure Verkörperung des Bösen war. Genet fühlte sich zu den Panthers und den Palästinensern hingezogen, weil sie Ausgestoßene und dem Rassismus und äußerster Armut ausgeliefert waren.[30]

Ihre Ansicht muß durch die Tatsache abgeschwächt werden, daß in Genets gedruckten Werken nicht ein einziges antisemitisches Wort zu finden ist. Eine derartige Unterlassung erwächst nicht aus der Furcht vor öffentlicher Mißbilligung, denn er war bereit, jede Haltung einzunehmen, ganz gleich, als wie unpopulär sie sich bei Rechts oder Links erwies, und wenn er hätte gegen Juden wettern wollen, dann hätte er es getan. In einem Entwurf zu seiner Rede zum Maifeiertag unternahm er einen Ausfall gegen einen Juden, einen Reporter von der *New York Times,* der die streikende New Yorker Lehrergewerkschaft verteidigt hatte, aber er strich die Passage, ehe er die Rede hielt, so wie er schon Jahre zuvor eine antisemitische Passage aus *Tagebuch eines Diebes* gestrichen hatte. Sowohl Daniel Cohn-Bendit als auch Roland Castro waren Juden, und Genet zögerte nicht, sie zu verteidigen oder einen Juden wie Derrida behilflich zu sein, dessen diesbezügliches Erbe eine markante Seite seines Denkens ist.

Genet und Sartre drifteten auseinander, weil Sartre zu Israel hielt, aber der Bruch war nie endgültig, und ihre Streitigkeiten waren nicht allzu heftig. In *Ein verliebter Gefangener* räumt Genet bereitwillig ein, daß er, wäre er als Jude auf die Welt gekommen, alles vom entgegengesetzten Standpunkt aus betrachtet hätte. Er beginnt sogar eine ausgedehnte Träumerei darüber, wie es wohl wäre, Jude zu sein.

Die bösartigste antisemitische Passage (wiederum von Genet selbst vor der Veröffentlichung gestrichen) schrieb er 1982 nach dem Massaker an den Palästinensern in Beirut. Äußerst erregt schrieb Genet, daß die Juden schon lange geplant hätten, zu einer verabscheuungswürdigen irdischen Macht zu werden – so verabscheuungswürdig, daß die Juden jetzt bewußt diese Ungeheuerlichkeit begangen hätten, um wieder ein wanderndes und geschmähtes Volk zu werden.[31]

Einige Leute waren empört, als es hieß, Genet habe einen Brief zur Unterstützung des Anwalts Jacques Vergès geschrieben, der Klaus Barbie verteidigte. Barbie war während des Krieges Nazikommandant von Lyon und für den Tod Tausender französischer Juden verantwortlich gewesen. In Wahrheit war Vergès ein alter Freund von Genet, und der Prozeß drohte, ein Lynchprozeß zu werden. Genets Brief ging auf viele andere Themen ein, und er erhielt nur einen einzigen Satz zu Barbie: »Sie haben nicht unrecht, Klaus Barbie zu verteidigen.«[32] Genet bezog einfach Stellung gegen die öffentliche Hysterie, die dem in den Medien vieldiskutierten Prozeß vorausging.

Einen Augenblick lang hatte es den Anschein, als schlössen sich die beiden Aufgabenbereiche Genets zu einem zusammen. Die Panthers lasen in ihren Kursen über politische Theorie viele Artikel über die Lage der Palästinenser, und beide Bewegungen wurden von ähnlichen Theoretikern beeinflußt – Che Guevara, Giap, Mao.[33] 1970 kam eine Delegation der Panthers nach Beirut, um sich die Palästinenser aus der Nähe anzusehen. Sie lehnten es ab, in ein Hotel zu ziehen, sondern bestanden darauf, bei den Flüchtlingen in einem Lager zu wohnen. Ständig entboten sie mit der gereckten Faust den Black-

Power-Gruß, und innerhalb weniger Tage hatten alle im Lager den Gruß übernommen.

Im Frühjahr 1971 lernten Paul und Carole Roussopoulos einen schwarzen Amerikaner kennen, der einer Videofilmergruppe in New York angehörte. Er erzählte, Eldridge Cleaver habe in Algier eine Videokamera, wisse aber nicht, wie sie funktioniere. Und so boten Paul und Carole an, für ihre Reise von Paris nach Algier selbst aufzukommen, wenn die Panthers ihnen Kost und Logis stellten. Als Gegenleistung würden Paul und Carole sie alles lehren, was sie über Video wüßten.

Algerien war damals ein Zentrum antikolonialistischer Kämpfe, ein Territorium, in dem sich Revolutionäre aus allen Ländern trafen; allerdings waren Eldridge Cleaver und die Panthers, die mit einem Trick dazu gebracht worden waren, Kuba zu verlassen, dort immer weniger willkommen, und bald wurden sie des Landes verwiesen.

Als Genet aus Jordanien zurückkam, erfuhr er, daß Huey Newton kurz zuvor vom Vorwurf der fahrlässigen Tötung auf Bewährung freigesprochen worden war, nachdem er drei Jahre im Gefängnis gesessen hatte. Newton übernahm erneut die Kontrolle über die Black Panthers Party und ließ es fast augenblicklich zum endgültigen Bruch mit Cleaver kommen. Newton wollte das Image der Panthers als pistolentragende Revolutionäre und Atheisten verbessern. Genet mag sich für extremistische Fälle eingesetzt haben, aber hatte er sich ihnen einmal verschrieben, dann favorisierte er Strategien, die wirklich zum Erfolg führen konnten; folglich stellte er sich auf Newtons Seite. Newton hoffte, die Panthers würden sich um öffentliche Ämter bemühen, ihre Waffen ablegen, das Fluchen aufgeben, zu einer gemeinsamen Linie mit religiösen Führern der Schwarzen finden und sich langsam eine größere Gefolgschaft aufbauen. Er drängte darauf, Gemeinschaftshilfe-Programme durchzusetzen. Er glaubte, für ausgeprägte revolutionäre Aktivitäten sei später noch Zeit, so sie denn überhaupt nötig wären. Cleaver dagegen war der Ansicht, bewaffnete Konfrontationen seien wesentlich für die Partei; er war für die Revolution, nicht für Reformen. Am 17. April 1971 beschuldigte Newton Cleaver öffentlich, der Partei »abtrünnig« geworden zu sein.

Nachdem Genet dies erfahren hatte, schrieb er einen langen Brief an Marianne de Pury:

Liebe Marianne,
ich habe dir nicht schreiben können, weil ich bei den Palästinensern in Jordanien war, und es war unmöglich, einen Brief von Amman nach New York aufzugeben. Außerdem

war ich für gewöhnlich in den Militärlagern der Fedajin, wo es überhaupt keinen Postdienst gibt. Erst in Beirut habe ich von der Krise in der BBP [Black Panthers Party] gehört. Es hat mich nicht überrascht. Ich habe es bereits in Amerika gespürt – nicht in dieser Extremform –, aber ich merkte, daß es bereits einen Riß zwischen Algier und Berkeley gab.

Als ich in Paris ankam, wollte Connie [Matthews, die ganz zu Anfang Genet um Hilfe für die Panthers gebeten hatte], daß ich für den Cleaver-Film die Dialoge auf französisch schreibe. Ich verständigte mich mit ihr darauf, daß ich es nicht tue, ohne ihr meine wahren Gründe zu nennen: Newton war noch nicht aus dem Gefängnis freigekommen, und ich stand (schriftlich) lediglich mit Zayd [ein Verbindungsglied zwischen den Panthers und der algerischen Revolution] in Kontakt und nie mit David [Hilliard]. Als ich aus Jordanien zurückkam, drängten mich mehrere Panthers aus Algerien, Cleavers Partei zu ergreifen. Connie hatte sogar die Idee, nach Genf zu kommen und mich dort zu treffen. Ich lehnte ab. Ich habe Yassir Arafat nur sehr selten gesehen, aber lange genug, um zu erkennen, daß er nichts über die Panthers und den internen Kampf weiß – der noch nicht voll entbrannt war, als ich mit ihm sprach. Er hatte den Gedanken gehabt, einen oder zwei Panthers als meine Begleiter nach Jordanien einzuladen, aber ich weiß nicht, für wen er sich entschieden hätte ... Was immer es auch gewesen sein könnte, ich habe stets eine große Hochachtung vor David und Huey gehabt. Mir sagt die Richtung sehr zu, in die sie die Partei lenken möchten. Außerdem war es genau die Richtung, in die, wie ich hoffte, die Dinge sich bewegen würden. Wenn man eine große Partei wird, wäre es kindisch, so zu tun, als sei man der Robin Hood von Algerien, und sinnlos gefährlich, es von Oakland aus zu sein.

Jane Fonda rief mich vor vier Monaten an und bat mich, einen Film zu machen, aber ich fuhr ein paar Tage später nach Jordanien ab. Es wäre unmöglich, nach Kanada zu reisen. Ich bin nicht sicher, ob ich überhaupt hineinkäme. Seit meiner Rückkehr habe ich die Artikel gesammelt, die in englischen, deutschen und französischen Zeitungen über [George] Jacksons Buch und die Soledad [-Brüder] erschienen sind. Ich werde alles tun, um sie den Panthers (in Oakland) zu schicken, die damit nach Gutdünken verfahren können.

Sag auf jeden Fall Huey und David und Big Man und auch Doug Miranda (auch wenn er die Partei verlassen hat), daß ich ihr Freund bin, und das durch und durch. Ich schreibe weiter an dem Buch über die schwarze Nation Amerikas, und ich denke, mein Standpunkt ist auch ihrer.

David hat anscheinend vergessen, daß ich dieses Buch schreibe.

Ist Fay Stender noch Jacksons Anwältin? Sein Buch hat hier viel Aufmerksamkeit erregt, sogar in der kommunistischen Presse (die ihm wohlgesinnt ist). Keine neuen Meldungen über Angela, bis auf einen Bericht in *L'Humanité*.

Wenn ich nicht in die USA fahren kann, wird es mir schon gelingen, in Kontakt zu bleiben.
Ich küsse dich, und ich küsse auch Charles [Mingus III.],

Genet

P. S. Gerade, als ich den Brief abschicken wollte, rief mich jemand an, um mir zu sagen, Connie sei in Paris, um mich zu sehen. Ich habe Paris zehn Minuten später verlassen, ohne sie zu sehen, damit ich nicht in derselben Stadt mit ihr bin. Sie will nur vierundzwanzig Stunden bleiben.

Sie ist ohne Probleme ins Land hereingekommen, hat man mir gesagt, obwohl sie behauptet, ihr sei die Einreise nach Frankreich verboten.

Genauso hat sie mir vor einem Jahr erzählt, die amerikanischen Behörden hätten ihr den Aufenthalt in den USA untersagt, aber du sagst mir, daß sie fünf Monate lang als Hueys Sekretärin bleiben konnte!

Schreib mir nicht mehr. Dein

Genet[34]

Alles andere als ein wohlwollender, doch distanzierter philosophischer Betrachter der Entwicklungen bei den Panthers, war Genet über jede Wendung in ihren internen Auseinandersetzungen informiert. Seine Erwähnung der französischen kommunistischen Presse dient als Erinnerung daran, daß die französische Partei alle Aufstände und Rechtsfälle, die sich ausschließlich auf Rasse oder Nationalität bezogen, als Formen von Abenteurertum betrachtete. Auch hatte Genet nicht seinen Enthusiasmus für die Panthers und den Fall George Jackson verloren. Im März, während er noch in Jordanien war, schrieb Genet einen kurzen Text, »Pour George Jackson« (»Für George Jackson«), der in London bei einer von James Baldwin organisierten Demonstration für die Soledad-Brüder verlesen werden sollte. Später wurde dieser Text gedruckt und im Laufe des Sommers 1971 an mehrere hundert Leute verschickt als ein »Aufruf zu einem Komitee zur Unterstützung politisch militanter Schwarzer im Gefängnis«. Im Juni wurde Genet von der *Nouvelle Critique* über die Soledad-Brüder interviewt. Anfang August 1971, kurz vor Jacksons Mordprozeß, schrieb er einen mutigen Artikel über George Jackson, den er an David Hilliard schickte, der ihn am 11. September 1971 in *The Black Panther* veröffentlichte.

Als der Artikel erschien, war Jackson bereits tot. Er war am 21. August im

Gefängnis San Quentin getötet worden. Nach polizeilicher Darstellung hatte Jackson, mit einem Revolver bewaffnet, die Gelegenheit einer Meuterei unter den anderen Gefangenen im Hochsicherheitstrakt benutzt, um einen Ausbruch zu versuchen. Bei diesem Versuch wurde Jackson von einem Aufseher niedergeschossen. Eine nachfolgende Untersuchung ließ Zweifel an dieser Version aufkommen, da Jacksons Prozeß zwei Tage später beginnen sollte und er gut darauf vorbereitet und optimistisch war, daß er gewinnen würde. Seine zwei Kameraden, John Clutchette und Fleeta Drumgo, wurden tatsächlich kurz darauf für nicht schuldig befunden, den Mord an dem weißen Aufseher im Januar 1970 begangen zu haben.

Genet hatte sich auf seine verschiedenen Essays über Jackson sorgfältig vorbereitet. Er hatte eine detaillierte Zusammenstellung der wichtigsten Fakten aus Jacksons Leben erarbeitet, darunter Informationen über seine Haftstrafen, die Anteile von Schwarzen, Weißen und Chicanos in der Strafanstalt Soledad, sogar eine Zeichnung des Bewegungshofes, in dem ein weißer Aufseher drei schwarze Gefangene erschossen hatte. Genet legte großes Gewicht auf die Gleichung: Ein Weißer tötet drei Schwarze und wird für unschuldig befunden (Notwehr); ein Weißer wird getötet, und drei Schwarze werden des Mordes angeklagt. In derselben Zusammenfassung notierte sich Genet Hintergrundinformationen über Angela Davis und George Jackson. Unmittelbar nach Jacksons Tod schrieb Genet einen Essay, der damals nicht veröffentlicht wurde, »Après l'assassinat« (»Nach dem Meuchelmord«), und einen zweiten Text, »L'Amérique a peur« (»Amerika hat Angst«), der am 30. August 1971, neun Tage nach Jacksons Tod, im *Nouvel Observateur* abgedruckt wurde. Im September schrieb Genet noch einen Aufsatz über den Mord, der am 10. November von Gallimard als Einleitung zu einer kleinen Broschüre veröffentlicht wurde, die außerdem zwei Interviews mit Jackson und drei Essays enthielt, die die GIP, die Groupe d'Information sur les Prisons (Gruppe zur Information über die Gefängnisse in Frankreich), kollektiv verfaßt hatte. Alles in allem gab Genet zwischen Juli 1970 und Dezember 1971 mindestens fünfzehn Erklärungen zu George Jackson ab, sei es gedruckt, im Rundfunk oder auf Demonstrationen.

Als ein Ganzes betrachtet, betonen diese einfach geschriebenen und stark empfundenen Essays, daß die Panthers im allgemeinen und George Jackson und Angela Davis im besonderen die weiße Mittelschicht Amerikas mit der Klarheit ihrer politischen Intelligenz, vor allem mit ihrem Marxismus, erschreckt hatten. »Rote Schwarze« konnte Amerika nicht tolerieren. Genet stellt den kurzen Ausbruch physischer Gewalt, der nötig ist, um jemanden zu töten, dem langfristigen und äußerst revolutionären Projekt, ein Buch zu schreiben, gegenüber. Er argumentiert, daß Jackson einen weißen Aufseher nicht getötet haben könne, ebensowenig wie Angela Davis hätte Waffen kaufen können, da Jackson und Davis mit viel gefährlicheren Tätigkeiten ausgefüllt waren: mit Denken und Schreiben. Genet scheint sich an sein eigenes Schreiben im Gefängnis zu erinnern, wenn er erklärt: »Jackson konnte nicht von der schmerzlichen Analyse der Lage der Schwarzen in Amerika zur physischen Unterdrückung eines einzelnen Menschen übergehen. Wenn man so will, war diese Art Klammer (der Mord) in der langfristigen Unternehmung Jacksons (der Totschlag durch das Buch) ... nicht möglich.«[35] Weiter sagt er, ein wirklicher Mord hätte einen »Akt des Sich-gehen-Lassens« dargestellt, und jede derartige Zügellosigkeit sei Jacksons Leben und Werk fremd. Im Gegensatz zu weißen Amerikanern, die aus Ignoranz und Mangel an Ideen in den Krieg in Vietnam zögen (einen Krieg, den sie verlieren werden), werden die schwarzen Amerikaner ins Gefängnis und in den Tod ziehen, schließt Genet, woraus sie aufgrund ihrer zwingenden politischen Analyse triumphierend hervorgehen werden. Kein Wunder, daß Amerika sich dermaßen fürchte vor diesen schwarzen Bürgern, die zu sterben bereit sind, um ihre Ideen zu verteidigen.

Genet hatte sich gewünscht, daß mehrere französische Autoren Essays zu einem Buch beisteuerten, in dem George Jacksons Freilassung aus dem Gefängnis gefordert werden sollte. Als Jackson tot war, wurde der Plan natürlich aufgegeben. Jacques Derrida war einer von denen, an die Genet herangetreten war.
Genets Freundschaft mit Derrida brachte bedeutsame Ergebnisse; normalerweise hätte Genet so eine elegante Erscheinung des Pariser Literaturlebens gemieden; aber seit 1968 waren sie durch gemeinsame Anliegen verbunden. 1974 veröffentlichte Derrida eine zweibändige Studie über Hegel und Genet mit dem Titel *Glas*, die erste ernsthafte Würdigung von Genets Dichtung seit Sartres Untersuchung von 1952. Genet gefiel *Glas* (das französische Wort bedeutet »Totengeläut«), weil er dessen offene, dekonstruktive Form beweglich fand, nicht so drückend wie die von *Saint Genet*. In Wirklichkeit verdankt die Form – die Untersuchung Hegels auf den linken Seiten und die Genets auf den gegenüberliegenden rechten Seiten – manches der Form der Rembrandt-Aufsätze von Genet, wie sie 1967 in *Tel Quel* abgedruckt waren. Genet hatte zwei Rembrandt-Texte zunächst in der *International Review* in italienischer Übersetzung publiziert (die *Review* war von europäischen, gegen den Alge-

rienkrieg opponierenden Intellektuellen gegründet worden, und zu ihren Herausgebern zählten Autoren wie Günter Grass, Italo Calvino und Roland Barthes). Die Texte sollten eigentlich wenig später auch auf französisch erscheinen, doch nur die italienischen Fassungen kamen in Druck. Einige Zeit später, als Philippe Sollers, der Herausgeber von *Tel Quel*, Genet um einen Beitrag bat, wußte dieser nicht, was er ihm schicken sollte, weil er seit Abdallahs Tod nichts mehr geschrieben hatte. Da schlug Paule Thévenin ihm die beiden Rembrandt-Texte vor, die er nun zum erstenmal auf französisch veröffentlichen könne. Genet stimmte zu, entschied aber, daß sie in parallelen Kolumnen gedruckt werden sollten. Als Thévenin den Einwand erhob, sie seien aber doch verschieden lang, sagte Genet: »Darum kümmerst du dich.«[36] Sie ließ den umfangreicheren Text in einer entsprechend breiteren Kolumne setzen, mußte in die schmalere Kolumne aber trotzdem noch Leerstellen einfügen, um beide gleich lang zu machen. Genet entschied, der kürzere Text solle außerdem kursiv gesetzt werden.

Dieses Layout unverbundener (oder nur zeitweise miteinander verbundener) Texte inspirierte Derrida. Er geht jedoch noch weiter als Genet, indem er verschiedene Schriftgrößen und -arten und unterschiedliche Einzüge und Einrückungen benutzt. Diese Flexibilität der *mise en page* erlaubt es Derrida (der sein zweibändiges Werk mit einem Verweis auf Genets Rembrandt-Essay beginnt), Zitate von Genet, Zitate von anderen Autoren und Derridas eigene Antworten miteinander zu verweben. Bei seiner Erörterung von Batailles Kritik an Genets Romanen druckt Derrida zum Beispiel in einer Kolumne auf der linken Seite die entsprechende Passage aus Batailles Buch *La Littérature et le mal (Die Literatur und das Böse)*, in der dieser polemisiert, die Schilderung von Harcamones Tod in *Wunder der Rose* sei kalter Barock, »zu überladen und von schlechtem Geschmack.«[37] Für Bataille macht das kalte Wortgeklingel »Genets Scheitern« (*»l'échec de Genet«*) aus. Derrida kommentiert in kleinerer Schrift in einer Kolumne auf der rechten Seite: »Genets Scheitern. Was für ein Titel. Eine magische, animistische, angsterfüllte Denunziation. Was ist der angestrebte Effekt? Aber das ›Scheitern‹, plante Genet es nicht ein? Er sagt es immerzu, er wollte im Scheitern erfolgreich sein.«

An anderer Stelle bombardiert Derrida Genets Texte mit Wörterbuchdefinitionen, einem Zitat aus einem Handbuch des Orgelspiels von 1619, einer Erörterung des Fetischismus von Lacan, einem Vergleich vieler verschiedener Stellen aus verschiedenen Werken Genets, einer Sprachanalyse von Genets Wort- und Buchstabenspielen, historischen Zusammenhängen mit der Thora, ausgelöst durch den Anblick des in Binden gewickelten Stumpfs Stilitanos und so weiter. (In Wirklichkeit ist der Talmud ein Vorbild für diese Art von Exegese). Das Wort *Glas* selbst war eines der Beispiele, die der Schweizer Linguist Ferdinand de Saussure anführt für die willkürliche Beziehung zwischen einer Vokabel und dem Gegenstand, auf den sie sich bezieht, und Derrida scheint entschlossen zu sein, alle Assoziationen, die man hinsichtlich ausgewählter Passagen haben könnte, gleichzeitig »enthüllen« *und* die Beliebigkeit der Originaltexte und aller späteren Interpretationen unterstreichen zu wollen.

Die maßgebliche, wohlbegründete Erläuterung eines Abschnitts mit ihrer sauberen Unterordnung weniger wichtiger Themen unter die entscheidenden Punkte und ihrer durch und durch logischen Entwicklung wird in *Glas* aufgegeben zugunsten ganzer Bündel anscheinend wahlloser Antworten. Der Untertitel des Buches lautet: »Was vom absoluten Wissen bleibt«. Diese Methode, sich eher in das Thema hineinsinken zu lassen, als es zu dominieren, machte Genet sich in seinem letzten Buch *Ein verliebter Gefangener* zu eigen. Etwa in der Zeit, als Derrida am Plan von *Glas* arbeitete, besiegelten er und Genet ihre Freundschaft, während sie sich Fußballspiele ansahen. Genet machte einem marokkanischen Fußballstar den Hof, der in einer französischen Mannschaft spielte, und verfolgte aufmerksam dessen Karriere.[38]

Eines Tages war Genet bei Derrida zu Besuch, der mit ihm eine bestimmte Stelle aus einem Roman erörtern wollte. Derrida war schon auf dem Weg zum Bücherregal, als Genet ihn aufhielt.

Und er ging sehr energisch dazwischen, er beendete diesen Auftritt, während dessen ich gehofft hatte, mit ihm über eine Passage aus einem seiner Texte zu sprechen. Also eine totale Weigerung, allgemein über Literatur zu sprechen, aber besonders über seine eigenen Texte. Mit einer Handbewegung, die ein bißchen ironisch war, das heißt, ein bißchen ... kokett: »Nein, nein, all das ... all das ist weit weg von mir, das ist alles vorbei, nichts da ist wert ... behelligen Sie mich nicht damit ...« Es war Koketterie, nur angedeutet, aber so war's nun mal.[39]

Derrida fand, daß Genet auch die allerkleinste Äußerung sehr wichtig nahm. Als Derrida einmal meinte, die Schreibmaschine würde so geläufig werden, daß sie sich gar nicht mehr zwischen den Autor und das Blatt Papier drängen werde, widersetzte Genet sich dieser Vorstellung und bestand darauf, daß man *schreiben* wirklich nur mit der Hand könne. Am selben Tag reisten Genet und Paule Thévenin mit dem Zug aus Fresnes ab. Als sie nachts um eins in Paris ankamen, rief Genet Derrida an und sagte ihm, er habe recht. Und früh um

sieben rief er ihn an, um ihm mitzuteilen: »Nein, endgültig, Sie haben unrecht.«[40]
Genets wacher Verstand machte Derrida – merkwürdigerweise – angst. Obgleich Genet manchmal Unkenntnis vortäuschte und den ungebildeten Wilden spielte, verbarg er damit »eine Wachheit, eine Wachheit im Denken und Kritisieren, eine furchterregende geistige Durchdringung von Literatur und Politik«, und »er machte mir angst, ich hatte in gewissem Maße Angst vor seiner Klarheit. Und da er in meinen Gedanken sehr präsent war, besonders in den Jahren, in denen ich ihn öfter sah – ich sah ihn nicht regelmäßig, aber ziemlich häufig –, hatte ich das Gefühl, ich hätte es letztlich mit dem besten Beurteiler dessen zu tun, was ich sagen wollte, und das ängstigte mich.«[41]
Derrida fand, daß die Verspieltheit und die Ironie, die mit Genets dichterischer Produktion einhergegangen waren, seinem politischen Aktivismus vollkommen fehlten. »Ich will damit nicht sagen, er hätte keine Ironie besessen, aber das lief nach völlig anderen Regeln ab. Ich erinnere mich, ihn gesehen zu haben, wie er in Paris das Wort an eine Versammlung richtete, die er um Geld bat, ich denke, es war für die Black Panthers, und da wandte er sich wirklich sehr leidenschaftlich und erregt und sogar mit einer gewissen Feindseligkeit an die Leute, von denen er Geld forderte – aber da spielte er nicht ... Das war bitterer Ernst.«

Michel Foucault, der Genet zum erstenmal 1970 bei einer politischen Massenversammlung begegnet war, sah ihn vom Frühjahr 1971 an öfter. Genet kam oft mit seinem marokkanischen Fußballstar, der mit Foucault auch befreundet blieb, nachdem Genet beide wieder aus den Augen verloren hatte. Foucault und sein Freund Daniel Defert waren in der GIP aktiv, der Gruppe zur Information über die Gefängnisse. Defert gehörte der Proletarischen Linken *(Gauche proletarienne)* an, einer maoistischen Gruppierung, und Foucault war Anarchist. Die Proletarische Linke hatte Untersuchungen über die Haftbedingungen der etwa hundert politischen Gefangenen in Frankreich angestellt. Defert wollte nun diese Bemühungen auf eine Untersuchung der Gefängnisbedingungen im allgemeinen ausdehnen.[42] Dies war die Kommission, die im Januar 1971 zur GIP wurde und die nach einem Hungerstreik von Häftlingen der Proletarischen Linken öffentliche Aufmerksamkeit fand.[43] Anfang 1971 war Genet eifrig darum bemüht, Mitarbeiter für sein Buch zur Unterstützung George Jacksons bei dessen Prozeß zu gewinnen, der für August angesetzt war. Catherine von Bülow hatte von ihrem Treffen mit den Panthers viele Dokumente mitgebracht, die Genet und Foucault nun als Vorbereitung auf den Prozeß zu studieren begannen. Später, nach dem Tod Jacksons am 21. August 1971, entschloß sich die GIP, eine Broschüre über seine Ermordung herauszugeben, für die Genet die Einleitung schrieb. Die anderen, nicht gezeichneten Essays waren von Deleuze, Foucault, Defert und Catherine von Bülow.

Über eine Zeitspanne von zwei Jahren, 1971/72, kam Genet häufig zu Foucault in die Wohnung. Er traf am Morgen mit seinem Köfferchen ein, das er sich auf die Knie legte und als Schreibtisch benutzte. Er und Foucault lachten viel miteinander, aber ganz gleich, zu welcher späten Stunde sie ihre Unterhaltung abbrachen, immer wollte Genet zum Schlafen in sein Hotel gefahren werden.

Genet mochte auch Daniel Defert, dessen Mutter wie Genet als Kind der Öffentlichen Fürsorge im Morvan aufgewachsen war. Die Gespräche mit Defert und Foucault kreisten um viele Themen. Genet sprach von seiner bleibenden Wertschätzung von Cocteau als Menschen, wenn auch nicht als Schriftsteller, er betonte, daß Cocteau ein aufrechter, großzügiger und lustiger Mensch gewesen sei. Er äußerste, daß er nicht wolle, daß sein eigenes Werk wiederveröffentlicht werde. Als Foucault sagte: »Jean, ich lese gerade *Tagebuch eines Diebes*«, fragte Genet mit verhaltener Gespanntheit und echter Wißbegier: »Nun, und? Hält es stand?« Nie schrieb Foucault über Genets Werke, aber er bewunderte sie. Im Jahr, als er seine *agrégation* abgelegt hatte (den Wettbewerb zur Erlangung einer Professur), war während der Prüfung zum erstenmal eine Frage über Sexualität gestellt worden; Foucault sprach über Genet.

Genets Interesse an seinem früheren Werk fand seinen Niederschlag auch in seinen Gesprächen mit Paule Thévenin, mit der er wieder Kontakt hatte. Mehrere Male fragte er sie, ob sie meine, er sei »ein Dichter, ein wahrer Dichter?« Er benutzte nie das Wort *Schriftsteller*. Während er im Gespräch mit neuen Bekanntschaften vorgab, sein Werk geringzuschätzen, brachte er bei alten Freunden seine Zweifel zur Sprache und gab seiner echten Besorgnis Ausdruck, was den dauernden Wert seines Werkes betraf.

Im Winter 1971 fragte Defert Genet eines Tages, warum er nie einen politischen Text über das Gefängnis geschrieben habe. Genet antwortete: »Man hat mir gesagt, es wäre die Hölle. Ich habe geantwortet, ich mache das Paradies daraus.«[44] Daraufhin schrieb er drei Seiten politischer Reflexionen über das Gefängnis, aber als Defert den Text in einer GIP-Broschüre veröffentlichen wollte, lehnte Genet mit den Worten ab:

Ich möchte nichts über Frankreich veröffentlichen. Ich möchte kein Intellektueller sein. Wenn ich etwas über Frankreich veröffentliche, nehme ich die Haltung eines Intellektuellen an. Ich bin Dichter. Die Verteidigung der Panthers und Palästinenser paßt für mich zu meiner Funktion als Dichter. Wenn ich über französische Fragen schreibe, betrete ich das politische Feld in Frankreich – das möchte ich nicht.

Nach Jacksons Tod machte Genet sich Sorgen um das Leben von Angela Davis, denn sie war noch immer in Haft und wartete auf ihren Prozeß. Er und die anderen Mitglieder der GIP wollten beweisen, daß Jackson entgegen dem, was die amerikanische Presse schrieb, kein Gangster, sondern ein politischer Führer gewesen war. Die Vereinigten Staaten, behauptete die GIP, seien eine Nation, in der politische Meuchelmorde geschähen.
Die GIP geriet in jenem Herbst selbst unter Beschuß. Im Attica-Gefängnis in New York war am 13. September 1971 eine Rebellion ausgebrochen. Schwarze Gefangene hatten weiße Aufseher als Geiseln genommen. Bei der nachfolgenden Schießerei kamen zehn weiße Aufseher und dreißig schwarze Gefangene ums Leben. Kurz nach diesem Vorfall brach in der französischen Strafanstalt Clairveaux ein Aufstand aus. Da die Häftlinge nun dank der Bemühungen der GIP Zugang zu Radios und Zeitungen hatten, meinten einige französische Kritiker, zu dem Aufstand in Clairveaux hätten Berichte über die Unruhen in Attica beigetragen. In Wirklichkeit bestand zwischen beiden Vorgängen kein Zusammenhang – zwei Häftlinge in Clairveaux, Buffet und Bontemps, hatten eine Krankenschwester und einen Unteroffizier der Gendarmerie als Geiseln genommen und später getötet. (Trotz einer von vielen Intellektuellen gestarteten Kampagne gegen die Todesstrafe wurden die beiden Häftlinge am 28. November 1972 hingerichtet.) Bald brachen in anderen Gefängnissen Unruhen aus, so in Lille, Nîmes, Nancy und Fleury-Mérogis, und ein Regierungsmitglied prangerte die GIP an: »Es ist nur zu deutlich, daß sich gegenwärtig bestimmte subversive Elemente bemühen, die Häftlinge, die dafür natürlich die Konsequenzen auf sich zu nehmen haben, zu benutzen, um in verschiedenen Strafvollzugsanstalten eine gefährliche Agitation zu provozieren oder weiterzubetreiben.«[45]

Um französische Inlandsprobleme machte Genet sich jedoch absolut keine Gedanken, es sei denn, sie überschnitten sich mit arabischen Interessen. Ende September 1971 fuhr er erneut für anderthalb Monate in den Nahen Osten. Als er im November zurückkam, wurde Paris durch neue Beschuldigungen eines antiarabischen Rassismus erschüttert.

Am 27. Oktober war ein sechzehnjähriger Algerier namens Djilali Ben Ali von einem gewissen Daniel Pigot getötet worden, der behauptete, Djilali habe Madame Pigot zu vergewaltigen versucht. Pigot erhielt lediglich eine siebenmonatige Haftstrafe. Sechs Jahre später, am 24. Juni 1977, als der Fall endgültig abgeschlossen wurde, wurde er zu zwei Jahren Gefängnis zusätzlich verurteilt, aber 1971 erschienen die anfänglichen sieben Monate Haft als Ungeheuerlichkeit und der Mord als eine antiarabische, rassistische Tat. An die viertausend Menschen demonstrierten im arabischen Viertel der Rue de la Goutte d'Or.
Hinter den Demonstrationen standen zwei Gruppierungen. Die Maoisten argumentierten, der Mord an Djilali sei Teil eines konzertierten rechtsgerichteten politischen und finanziellen Komplotts, um die arabischen Einwanderer aus dem Viertel um die Goutte d'Or zu vertreiben, damit es nobler würde und zu einem profitablen Sanierungsgebiet gemacht werden könne (was dann auch tatsächlich so kam). Dementsprechend wollten sie eine breite antirassistische Bewegung schaffen, in der sich Einwanderer mit französischen Arbeitern gegen die Kräfte des Kapitalismus zusammenschlössen. Das maoistische Djilali-Komitee war demokratisch und gegen Terrorakte. Es bestimmte ein Anwaltsteam und stellte es den Nordafrikanern in Paris zur Verfügung. Die »Comités Palestiniens« dagegen wollten die Araber des Viertels zur Unterstützung des palästinensischen Kampfes in der ganzen Welt mobilisieren. Sie waren weder gegen Terrorakte noch an französischer Innenpolitik interessiert. Sie verlangten auch, das Djilali-Komitee solle Israel an den Pranger stellen. Die meisten Mitglieder der GIP nahmen die erste Position ein, Genet dagegen ergriff die Partei der Palästinenser. Sie erhielt auch die Unterstützung der meisten Einwanderer, die in der Gegend wohnten. Sartre und Foucault waren proisraelisch. In diesem Punkt trennten sie sich von den Maoisten, die zum größten Teil propalästinensisch waren, und hier sagten sie sich auch von Genet los. Genets einziges Interesse an der Djilali-Geschichte war, Unterstützung für die Palästinenser zu gewinnen. Dennoch war er genügend motiviert, einen Brief zu schreiben, den er und Foucault unterzeichneten, nachdem Monique Lange ihn getippt hatte. Er bat darin um Spenden für das Djilali-Komitee, um es von den Kosten für einen Laden zu entlasten, den es in der Rue de la Goutte d'Or gemietet hatte. Als Genet eine Liste von Personen aufstellte, an die der Aufruf geschickt werden sollte, enthielt sie (unter anderem) die Namen des Schauspielers Jean-Louis Trintignant, der Schauspielerin Delphine Seyrig, des Schauspielers Michel Piccoli, von Marc Riboud, den Schauspielerinnen Annie Girardot und Maria Casarès, des Filmemachers Louis Malle, der Schriftsteller

Semprun, Jean-Louis Bory, Michel Leiris, Sartre und Claude Roy, des Verlegers Maurice Nadeau und des Sängers Moustaki. Trotz seiner sorgsam konservierten Randstellung hatte Genet offensichtlich Kontakt zum innersten Kreis des linksgerichteten künstlerischen und intellektuellen Paris. Er selbst stiftete dem Komitee zehntausend Franc, Foucault und Claude Mauriac taten dasselbe.

Catherine von Bülow erledigte vorläufig für Genet die Aufgaben, deren sich früher Monique Lange und danach Paule Thévenin angenommen hatten. Sie fuhr ihn herum, kaufte für ihn ein und half ihm auf jede mögliche Weise aus. Sie fühlte, daß er entsetzlich litt, wenn sie ihn in dem Hotel, das er in ihrer Nähe gefunden hatte, allein ließ, aber sie machte sich keinerlei Illusionen darüber, welche Bedeutung sie als Mensch für ihn hatte.[46] Sie wußte, es war die Funktion, nicht der Mensch, der für Genet zählte.

Roger Grenier erzählte Claude Mauriac (François Mauriacs Sohn und aktiver Teilnehmer bei den Aktionen in der Rue de la Goutte d'Or), daß Genet manchmal ein Hotelzimmer plötzlich aufgebe, ohne wiederzukommen, und alles darin zurücklasse. Die Hoteldirektion würde dann die Schlußrechnung und manchmal sogar Genets Schlafanzug an Gallimard schicken.[47] Als Genet hörte, daß Claude Mauriac für die Rue de la Goutte d'Or (wörtlich: »Goldtropfenstraße«) demonstriere, bemerkte er: »Diese Mauriacs! Sobald es Gold gibt ...«[48] So leidenschaftlich Genet in seinem Eintreten für die Palästinenser und so gleichgültig er gegenüber seiner äußeren Erscheinung war, so höflich blieb er in seinem Umgang mit den großen Namen der Vergangenheit. Er bat darum, Claude Mauriacs Frau, Marie-Claude, vorgestellt zu werden, die eine Nichte Prousts war; sie war beeindruckt von seiner altmodischen Höflichkeit und erinnerte sich, daß er gesagt hatte: »Bitte grüßen Sie Ihre Frau Mutter von mir.«[49]

Sartre besuchte einige Treffen des Djilali-Komitees. Er und Genet sprachen herzlich miteinander, allerdings sagte Genet zu Simone de Beauvoir, sie solle Sartre zu Hause behalten, denn er sei geistesabwesend und fasele dummes Zeug, und seine Gesundheit sei offenbar ruiniert (durch exzessiven Konsum von Alkohol und Aufputschmitteln).[50] Über Sartre sagte Genet wenig später zu Edward Said: »Er ist ein bißchen feige, er hat Angst, daß ihn seine Freunde in Paris beschuldigen, Antisemit zu sein, wenn er was auch immer sagt, um für die Rechte der Palästinenser einzutreten.«[51]

Mit Foucault brach Genet nie, aber sie lebten sich auseinander. Wenn sie sich anfangs aus politischen Gründen, aus Parteinahme für die inhaftierten Panthers, zueinander hingezogen gefühlt hatten, so kühlte sich jetzt ihre Beziehung

aus politischen Gründen langsam ab, nämlich wegen unterschiedlicher Ansichten über die Kommunistische Partei. Foucault war der Partei 1950 für kurze Zeit beigetreten, als die Kommunisten sich für Henri Martin stark gemacht hatten, einen Matrosen, der zu einer Haftstrafe verurteilt worden war, weil er gegen den Krieg in Indochina zu Felde gezogen war und offen seine Sympathie für den vietnamesischen Widerstand zu erkennen gegeben hatte. Er trat 1953 wieder aus, als bekannt wurde, daß Stalin seine (zumeist jüdischen) Ärzte beschuldigt hatte, sich zu seiner Ermordung verschworen zu haben; die ganze Affäre roch nach Antisemitismus.[52]
Genet war auf einem ganz anderen Weg. Er erzählte Foucault und Defert von der Zeit im Camp des Tourelles während des Krieges. Ein Aufseher hatte ihn mit einem politischen Gefangenen, einem Kommunisten, zusammenketten wollen, den die Vorstellung, an einen normalen Kriminellen gefesselt zu werden, beleidigte. Hatte dieser Vorfall Genet auch getroffen, so machten neuere sowjetische Strategien die Partei wieder attraktiv. Die KPdSU verteilte offenbar große Geldsummen an die verschiedenen Kommunistischen Parteien im Nahen und Mittleren Osten. Diese lokalen Parteien wiederum gaben das Geld an die Palästinenser weiter. Genet beurteilte inzwischen alle internationalen Kräfte nur noch danach, was sie für die Palästinenser taten oder nicht taten. Wer immer ihnen half (im Augenblick die Sowjets), der war sein Freund, wer ihnen Schaden zufügte (die Amerikaner), sein Feind. Paule Thévenin bestätigt, daß es Genet zu den Kommunisten zog, weil sie Anfang der siebziger Jahre die einzigen Freunde der Palästinenser waren.
Als Folge davon bekannte Genet sich offen zur *Union de gauche* (Vereinigte Linke), der zeitweisen Allianz zwischen französischen Kommunisten und Sozialisten, wohingegen Foucault sich einer Zusammenarbeit mit den Kommunisten in jeder Form vehement widersetzte. Aufgrund dieser Differenzen wärmte Genet seine Freundschaft mit Simone de Beauvoir wieder auf, die seine Ansichten teilte, und freundete sich mit André Glucksmann und seiner Frau an, die beide zur extremen Linken zählten. Daniel Defert erinnert sich, daß Genet mit echter und schlichter Zuneigung von der Beauvoir sprach, über die er sich zwar lustig machte, die er aber dennoch gern hatte.
Genets Wunsch, sich die Rolle des französischen Intellektuellen vom Leibe zu halten, war vielleicht um so dringlicher, als er plötzlich – in seiner Rolle als propalästinensischer Organisator – von so vielen Intellektuellen umgeben war. Hélène Cixous, Feministin und Schriftstellerin, hatte viele Leute von den GIP-Treffen bei sich zu Gast. Gilles Deleuze, einer der führenden Philosophen Frankreichs, war häufig zugegen, obwohl seine ramponierte Gesundheit ihn

üblicherweise hinderte, an Straßenkampagnen teilzunehmen. Das Djilali-Komitee bestand unter anderen aus Deleuze, Foucault, Genet, Michel Leiris und Sartre, dazu aus »Prominenten« wie Simone Signoret, ihrem Mann Yves Montand, der Anwältin Marianne Merleau-Ponty (Tochter des Philosophen), Genets alter Freundin Monique Lange und der Journalistin Michèle Manceaux.

Der griechische Regisseur Minos Volonakis, mit dem Genet oft über seine Vorstellungen vom Theater in Griechenland diskutiert hatte, inszenierte Ende 1971 *Die Wände* in New York, es war die amerikanische Erstaufführung. Inzwischen hatte Volonakis alle bedeutenden Genet-Stücke inszeniert, die meisten davon in England im Playhouse Theatre in Oxford.

Genets Theaterstücke kamen in den siebziger Jahren immer häufiger auf die Bühne, oft in unorthodoxen Inszenierungen. *Die Zofen* zum Beispiel wurden im April in Turin von drei Männern gespielt, die als Soldaten in Khakiuniformen gekleidet waren und kahlrasierte Köpfe hatten. Genet hatte einmal, Sartres *Saint Genet* zufolge, gesagt, er wünsche sich, daß *Die Zofen* von Männern gespielt würden, was er Ende der vierziger Jahre auch Roger Stéphane gegenüber wiederholt hatte.[53] Aber diese Vorstellung schien ihm nun peinlich zu sein, denn als Derrida aus *Saint Genet* die Passage erwähnte, daß das Stück von Männern gespielt werden sollte, sagte Genet: »Aber nein, das habe ich nie gesagt!«[54]

Im Frühjahr 1972 versuchte Genet erfolglos, ein Buch zusammenzustellen, das der palästinensischen Revolution gewidmet sein und kollektiv von Philippe Sollers, Jacques Henric, Paule Thévenin, Roland Barthes, Juan Goytisolo, Pierre Guyotat und Jacques Derrida geschrieben werden sollte. Genets Plan war, daß alle Autoren in den Nahen Osten fahren, eine Zeitlang bei den Palästinensern leben und dann einen Essay über ihre Erlebnisse und Erfahrungen schreiben sollten. Die Idee eines solchen Kollektivwerkes war völlig aus dem linken Geist der Zeit geboren. Er war gerade an der GIP-Broschüre beteiligt gewesen und hoffte, ein ähnliches Buch in Zusammenarbeit mit den Panthers zuwege zu bringen. Wenn diese Projekte kollektiver Arbeiten auch mit seinen politischen Ansichten und der Zeit im Einklang standen (Gilles Deleuze zum Beispiel schrieb während dieser Jahre in Zusammenarbeit mit Félix Guattari seinen *Anti-Œdipe),* so spiegelten sie gleichzeitig auch seine Unsicherheit, was seine eigene schriftstellerische Arbeit betraf, wider. Seit zehn Jahren schrieb er nichts anderes als politische Abhandlungen.

Im März 1972 schrieb Genet einen kurzen Aufsatz über Derrida, über den

Jean Ristat, der Herausgeber der Zeitschrift *Les Lettres Françaises*, gerade eine Sondernummer zusammenstellte. Genet gestaltete seinen Beitrag in der Form eines Briefes an Ristat. Darin erörtert er Derridas seltsame *magnetische Kraft*, einen Satz sich in den nächsten hineinbeugen zu lassen, was Genet als »horizontalen Taumel«[55] bezeichnet. Genet erinnert sich, daß er dieselbe Kraft beim Lesen von Platon empfunden habe, das Gefühl, daß er sich »von einem Wunder zum nächsten« bewegen werde (genau dieselben Worte, die er an anderer Stelle benutzte, um das Erlebnis seiner ersten Proust-Lektüre im Gefängnis zu beschreiben).

Im April 1972 war Genet in Rom. Er traf mit Alberto Moravia zusammen und lernte Waeel Zouaiter, den PLO-Repräsentanten in Italien, kennen. Im Mai kehrte er in die Palästinenserlager zurück, wo er bis Ende August blieb. Bei seinem Besuch erneuerte er seine Freundschaft mit einem militanten Palästinenser namens Abu Omar (ein *nom de guerre*), dem er zum ersten Mal 1970 in Paris begegnet war und der später zu einer Hauptgestalt in *Ein verliebter Gefangener* werden sollte. Abu Omar starb 1976 unter mysteriösen Umständen. Er hatte in den fünfziger Jahren das Haverford College in Pennsylvanien besucht und war dann auf die Harvard University gegangen, um sein Studium in politischer Wissenschaft und Nahostkunde abzuschließen. Er kam aus einer christlich-palästinensischen Familie und war ein glühender Anhänger des arabischen Nationalgedankens. Er schlug einen Weg ein, der dem Nabila Nashashibis ähnelte: Er ließ sich von seiner amerikanischen Frau scheiden und gab seine gute Stellung an einer amerikanischen Universität auf, um sich 1969 der palästinensischen Revolution anzuschließen. Danach sprach er nie wieder von seiner Vergangenheit in Amerika. Der Fatah trat er mit wahrer Inbrunst bei.[56] Genet legt Abu Omar die Überlegung in den Mund, daß die Fedajin in Gefahr wären, durch die Medien zerstört zu werden:

Die Hilfe der Amerikaner für Hussein hat uns aus der Bedeutungslosigkeit der Stammesfehden, die mit Bogen und Paddel ausgetragen werden, herausgeholfen. Der Strom von Rüstungsgütern nach Amman in diesem Winter 1970, die für Hussein waren, machte uns zu Mitgliedern der großen Familie der Feinde des internationalen Kapitalismus. Das Ergebnis sehen Sie seit Ihrer Ankunft hier bei uns. Es ist uns zu Kopf gestiegen und hat uns in Gefahr gebracht. Zu oft waren unsere Gesichter in Scheinwerferlicht getaucht. Im Moment fürchten wir uns vor einer Überdosis Starrummel. Auftritte, vor allem Auftritte in vollem Kostüm, machen uns zu Revolutionsdarstellern.[57]

Genet fürchtete, die Medien würden den Palästinensern wie den Panthers ihre Authentizität rauben. Der Autor von *Der Balkon* und *Die Wände* wußte, wie Revolutionen ihre Vitalität an Fotografen verlieren können. 1972 hoffte Genet bereits, daß er nach Irbid zurückkehren könne, um Hamza und seine Mutter zu besuchen, die für ihn zur fixen Idee geworden waren.[58] Er hatte das Gefühl, sie hätten sich, als lebende Symbole der Revolution, geradezu seines Körpers bemächtigt. Aber jemand warnte ihn, sie aufzusuchen. Die jordanischen Behörden würden ihn ergreifen und an die syrische Grenze geleiten, aber schlimmer noch: Wenn er in Hamzas Haus ginge, würde Genet dort alle in Gefahr bringen, die schon im Verdacht stünden, zu den Fedajin zu gehören. Zu dieser Zeit, erfuhr Genet, war Hamza von Soldaten der jordanischen Armee gefangengenommen worden. Da er ein Fedajin-Anführer war, wurde er in einer Folterzentrale in der Nähe des Flughafens in Zarka festgehalten, wo ihm Elektrokabel an die Beine geheftet wurden. Genet fürchtete, er sei getötet worden. Erst später kam er hinter die Wahrheit.

Während des Sommers 1972 veröffentlichte Genet in Frankreich einen kurzen Artikel über eine indianische Musiktruppe aus Südamerika, Les Guaranis, die singend und tanzend eine Tournee durch Frankreich machten. In ihrer Darbietung stellte Genet eine tiefe Traurigkeit fest, die aus dem Leiden und der Ausbeutung ihres Stammes zutage trete und die Aufgeblasenheit des westlichen Theaters lächerlich erscheinen lasse. Noch einmal bestätigt er, daß die Hauptthemen großer Dichtung Liebe und Tod sind. Das Festhalten der Guaranis an uralten Ritualen garantiere die Schönheit ihres Tanzes und Gesanges: »Durch sie begreifen wir, daß jeder Mensch singen und tanzen kann, wenn er sich strenger Treue und Disziplin befleißigt und sich keine Gedanken über die Schönheit seiner Stimme oder die Reinheit seiner Gesten macht.« In einer sprachgewaltigen Passage schreibt Genet: »Hochmütig, traurig, geschmückt, ohne gespielte Männlichkeit, sind die Männer am sichtbarsten, dabei findet ihr ganzer Auftritt zu Ehren der Frau statt, leicht vergängliches Phantom und angebeteter Vorwand, fast unsichtbares Zentrum dieser Gravitation dunkler und ernster Gestirne.«[59]

Auf der Heimreise im September machte Genet in Istanbul halt; ihm mißfiel die Stadt. Hier aber wurde ihm erneut eine Offenbarung zuteil, die sein partielles Verständnis für ein früheres Erlebnis revidierte: Damals, in den fünfziger Jahren in einem Eisenbahnabteil, schien seine Seele in den Körper des häßlichen alten Mannes, der ihm gegenübersaß, zu strömen und dessen Seele in seinen Körper. Daraus hatte Genet (voller Entsetzen und Verzweiflung) den Schluß gezogen, daß alle Menschen austauschbar sind. Danach erklärte er, daß die Besonderheit des Verlangens, das Sich-hingezogen-Fühlen zu *einem* Gesicht oder Körper statt zu einem anderen, keinen Einfluß mehr auf ihn habe.

Genet schildert die neue Offenbarung in *Ein verliebter Gefangener*:

> Fünf Jahre habe ich in einem unsichtbaren Schilderhaus gelebt, aus dem man sprechen und jeden sehen kann, während ich oder wer weiß wer ein vom Rest der Welt losgelöstes Bruchstück war. Ich konnte mich in nichts und niemanden mehr verlieren. Die Pyramiden von Ägypten hatten den Wert, die Kraft, die Ausmaße, die Tiefe der Wüste, die wiederum die Tiefe einer Handvoll Sand hatte; ein Schuh oder ein Schnürsenkel bedeuteten auch nichts anderes, außer daß eine Kindheitsgewohnheit mich noch hinderte, mir die Pyramiden oder die Wüste über die Füße zu streifen, die rosige Morgendämmerung um meine Schuhe zu bewundern. Die schönsten Jungs hatten den gleichen Wert und die gleiche Macht wie alle anderen, aber niemand hatte Macht über mich. Oder vielmehr bemerkte ich es nicht. Ich war vollkommen eingetaucht in meine Gattung und mein Reich, und meine individuelle Existenz hatte immer weniger Oberfläche und Volumen. Dennoch erkannte ich seit einiger Zeit, daß ich ein Einzelwesen war. Ich und nicht irgend jemand oder irgend etwas. Um mich herum begann die Welt von Individuen zu wimmeln ..., getrennt oder einzeln, getrennt und also imstande, in Beziehung zu treten.
>
> Es war Nacht und ich hatte mich hingelegt. Beim Nachdenken über diese fünf Jahre – ungefähr fünf, denn wie soll man eine Zeit exakt messen, die vielleicht einen Beginn und ein Ende hatte, deren Verlauf aber durch kein Ereignis markiert war, so wie der Raum, den ich durchschritt, weder Steigung noch Neigung besaß? Hinzu kommt, daß der Beginn dieser Jahre nie mit der Stoppuhr festgelegt wurde, daß dieser Beginn niemals *stattfand* und aus keinem fixierbaren Ereignis heraus entstand, sondern aus etwas, das, wenn auch entschieden, nicht festzulegen war. Beim Nachdenken über diese fünf Jahre sehnte ich mich mit solcher Traurigkeit nach ihnen, daß ich beschloß, zu jener gestaltlosen Vergangenheit zurückzukehren ...[60]

Zwanzig Jahre lang hatte Genet seine Askese kultiviert. Ein Vagabund, dazu ausersehen, unaufhörlich durch die Welt zu fahren wie der Fliegende Holländer, ein Büchernarr, der keine Bücher besaß, geschweige denn ein Regal, um sie hineinzustellen, ein Mönch mit keinem anderen Besitz als den Kleidern, die er am Leibe trug, erfuhr er nun, daß sein Haus, das er so lange abgelehnt hatte, in ihm am Wachsen war:»Der Wunsch, alle äußeren Güter loszuwerden, war das Prinzip des Reisenden, und so muß man an den Teufel glauben, an den Teufel Gottes, wenn sich nach sehr langer Zeit, in der er sich von allen Dingen und Besitztümern frei gewähnt hatte, ihn der Wunsch, man fragt sich, durch welche Öffnung er hereinkam, nach einem Haus befiel, nach einem abgeschlossenen und festen Ort, nach einem umzäunten Obstgarten, und es geschah in fast weniger als einer Nacht, daß er eine Besitzung in sich trug.«[61] Natürlich ist dies genau die unsichtbare Zelle, in der Genet schon immer gelebt hatte. Als er ein Junge war, war es die Zelle des Klohäuschens gewesen, als er erwachsen war, war es die Gefängniszelle gewesen, jetzt war es eine andere unsichtbare kristallene Zelle der Einsamkeit:

Eine durchsichtige und komische Situation. Ich lehnte weiterhin echten Besitz ab, mußte aber den abbauen, der sich in mir befand, wo er sich mit seinen Fluren, seinen Zimmern, seinen Spiegeln, seinen Möbeln breitmachte. Das war noch nicht alles, denn um das Haus herum gab es diesen Obstgarten, Pflaumen an den Pflaumenbäumen, und ich konnte sie nicht zum Munde führen, da bereits alles in mir drin war. Ich war in Gefahr, an einem verdorbenen Magen zu sterben und ohne zu essen die Kerne zu verschlucken, vielleicht sogar bei diesem verkehrten Hungerstreik fett zu werden. ...
Dieser Zustand brachte mich zum Lachen, und mein lautes Lachen brachte mich zum Lachen. Es ging mir besser. Sein Haus und seine Möbel in sich zu tragen, war ziemlich demütigend für einen Menschen, der eines Nachts von seiner eigenen inneren Morgenröte leuchtete ...
Denn die Demütigung klärte mich auf über *mein* Haus, *meine* Möbel, *mein* Licht, *mein* Inneres. War mit diesem letzten Ausdruck das Innere meines Hauses gemeint oder jener ungesicherte und vage Ort, der überdies nur dorthin versetzt war, um ein vollkommenes Nichts zu verbergen: *mein Innenleben*, das manchmal mit derselben Genauigkeit *mein geheimer Garten* genannt wird?
Dieses Haus in meinem Innern machte etwas noch Geringeres als eine Schnecke aus mir, die sich tatsächlich unter ihr wirkliches Gehäuse verkriecht, das sich außerhalb von ihr befindet. Da ich schon weniger als eine Schnecke war, die allein die zur eigenen Fortpflanzung notwendigen zwei Geschlechter besitzt, wie viele besitze ich dann?
Da das alles sich in der Türkei ereignete, da ich meinen Immobilienbesitz, den ich in mir hatte, forttragen konnte, da ich nicht weit von Ephesus entfernt war, wo die Jungfrau Maria, Mutter und achtzigjährig, ein Häuschen bewohnt hatte, das von den Engeln zum Himmel emporgetragen worden war, die tot davongetragen worden war in ihrem Haus aus Quadersteinen, was konnte ich da fürchten?[62]

Genet, der von anderen menschlichen Wesen stets getrennt war durch eine unsichtbare Wand, bildet in sich eine innere Wohnung heran, die sich seltsam ähnlich anhört wie ... ein Buch. Zuerst waren es seine Romane gewesen, durch die er seine erotischen Phantasien detailliert beschrieben hatte, später dann hatte er in seinen Stücken seine Ansichten darüber entwickelt, wie Macht in der Gesellschaft funktioniert, und diese zwei Seiten des Ichs – das Innere und das Äußere, das Mikroskopische und das Makroskopische, das Subjektive und das Objektive – hoffte er nun in ein künstlerisches Bauwerk zu integrieren, das seine persönlichsten Gedanken mit den großen politischen Kräften die er beobachtet hatte, in eine Wechselbeziehung bringen sollte. So ein Buch – eine formale Fassade, um ein Durcheinander von Gefühlen und Intuitionen zu verdecken – ist eine Art Haus. Genet war zu asketisch, um sich ein echtes Haus zu kaufen, aber er konnte für sich einen Wohnort für den Geist errichten.

Auf dem Weg zurück nach Frankreich machte er in Rom Station, wo er erneut den PLO-Vertreter in Italien, Waeel Zouaiter traf, mit dem Genet in naher Zukunft eine Reise in den Nahen Osten zu machen hoffte. Genet mochte Zouaiter und bewunderte dessen hohe Bildung und große Menschlichkeit. In der Zwischenzeit hatten acht palästinensische Terroristen die bis dahin schockierendste Tat in der Revolution begangen. Am 5. September 1972 hatten die Palästinenser neun israelische Sportler bei den Olympischen Spielen in München als Geiseln genommen. Im Austausch verlangten sie die Freilassung von zweihundertvierunddreißig in Israel festgehaltenen politischen Gefangenen. Als sie mit ihren Geiseln ein Flugzeug zu besteigen versuchten, eröffnete die deutsche Polizei das Feuer. Dabei starben insgesamt elf Israelis, fünf Palästinenser und ein deutscher Polizist.
Als Rache für München begannen die Israelis mit einer Reihe von Vergeltungsmaßnahmen. Am 8. September 1972 bombardierten israelische Flugzeuge Palästinenserlager im Libanon und in Syrien, wobei mehr als zweihundert Menschen umkamen, die meisten von ihnen Zivilisten. Ein anderes Flüchtlingslager im Libanon wurde am 17. September bombardiert, und mehr als hundert Libanesen und Palästinenser starben. Am 16. Oktober wurde Waeel Zouaiter in Rom auf dem Heimweg zu seiner Wohnung getötet. Am 8. Dezember wurde Mahmoud El Hamchari, der Genet erstmals in den Libanon eingeladen hatte, in Paris verletzt, als sein Telefon explodierte. Genet hörte die Nachricht im Radio und eilte zu El Hamcharis Wohnung, wo er zwei Stunden im Treppenhaus auf dessen Frau wartete, um sie zu trösten, sobald sie nach Hause kam. El Hamchari starb einen Monat später.[63]
Am 30. Oktober nahm Genet in Paris an einer Demonstration in der Rue de la Goutte d'Or teil, um gegen die Ermordung eines jungen Algeriers, Moham-

med Diab, zu protestieren. Michel Foucault und Gilles Deleuze waren die prominentesten Teilnehmer (Sartre hatte den Protest organisiert, war aber zu krank, um daran teilzunehmen).

Im November flog Genet zurück in den Nahen Osten. Er beantragte ein jordanisches Visum, vorgeblich, um sich die Ruinen von Petra anzusehen, und erhielt es verdächtig mühelos. Als er in Amman am Flughafen durch die Paßkontrolle gewunken wurde, war ihm klar, daß er überwacht wurde. Im Hotelfoyer sagte irgend jemand zu ihm: »Sind Sie nicht der Verfasser von *Die Nonnen*, die ich so sehr bewundere?«[64] Er hatte sein Stichwort verpatzt und *Les Bonnes (Die Zofen)* mit *Les Nonnes (Die Nonnen)* verwechselt, dem französischen Titel eines damals sehr bekannten italienischen Theaterstücks von Edouardo Manet. Ohne darüber nachzudenken, hielt er seine Verabredung mit einem seiner palästinensischen Freunde ein, dann fuhr er wie geplant nach Petra, der »rosenroten Stadt, halb so alt wie die Zeit«. Als er vier Tage später nach Amman zurückkam, erfuhr er, daß der Freund, den er besucht hatte, unmittelbar nach der Begegnung verhaftet worden war. Jetzt riet ihm dieser, das Land sofort zu verlassen. Der Freund

lag im Bett, umsorgt von seinen beiden Frauen. Sein Körper war fast blau von den Schlägen der Polizisten, die von ihm herausbekommen wollten, warum ich in Amman sei.
»Reisen Sie schnell ab, verlassen Sie das Königreich.«
»Morgen«.
»Reisen Sie heute nacht.«

In einer Taxe wurde Genet am nächsten Morgen an die jordanisch-syrische Grenze gebracht, die eigentlich geschlossen war, aber für ihn geöffnet wurde. Der Taxifahrer sagte: »*Is finish for you.*«[65] Und wirklich kehrte Genet zehn Jahre lang nicht in den Nahen Osten zurück.

KAPITEL 20

Genet kehrte nach Paris zurück, das für die nächsten zehn Jahre sein Hauptwohnort sein sollte, und versank in totales Schweigen. Tatsächlich finden sich im Jahr 1973 kaum irgendwelche Spuren seiner Tätigkeit. Er arbeitete an einem Buch mit Betrachtungen über die Black Panthers und die Palästinenser, aber es wurde nichts daraus. Am 30. November 1974 schrieb er an Juan Goytisolo:

Mein lieber Juan,
da Sie in die USA fahren, bitte ich Sie, sich um den Verkauf des Manuskripts des ersten Teils eines Buches zu kümmern, das ich schreibe – hier der Titel: »Beschreibung des Realen« – Selbstverständlich haben Sie mein volles Vertrauen. Tun Sie, was Ihnen am besten scheint. Wenn Sie es verkaufen (wenn Sie das Kapitel verkaufen), dann steht fest – ich bürge dafür –, daß ich dem Käufer auch die folgenden Kapitel überlasse. Merkwürdiges Amerika! das meine Bücher kaufen würde, aber dessen Regierung mir die Einreise verweigert.
                Auf bald
                Ich küsse Sie
                Jean Genet.[1]

Was war das für ein Buch mit diesem hegelschen Titel? Die Erklärung ist kompliziert und hängt mit Genets Finanzen zusammen.
Genet brauchte ständig einen Vorschuß, aber Claude Gallimard (Gastons Sohn, der nun Chef des Hauses war) sagte zu ihm: »Aber wie soll ich glauben,

daß Sie wirklich an etwas schreiben? Schließlich ist es schon lange her.«»Um meine Aufrichtigkeit zu beweisen«, sagte Genet,»werde ich Ihnen Abschriften aller meiner Texte zukommen lassen, und Sie können sie nach meinem Tode veröffentlichen.«[2]
Von nun an hinterlegte Genet alle seine Notizen bei Laurent Boyer, dem Justitiar von Gallimard. Als Genet zum Beispiel von seiner zweiten Amerikareise zurückkam, lieferte er eine Unmenge an Notizen über die Panthers ab, die er zu einer Rolle zusammenband und mit komplizierten Knoten verschnürte – ein Trick, den er in Mettray gelernt habe, sagte er, damit niemand hineinpfuschen kann.
Während seiner Reisen schickte Genet nun handschriftliche Notizen von überall in der Welt an das Pariser Büro von Gallimard, wo sie getippt wurden. Eine Kopie blieb bei Gallimard, und eine wurde an Genet geschickt. Anschließend kam Genet zu Gallimard, um die Seiten zu mischen – manchmal wortwörtlich, als wären sie ein Stapel Spielkarten. Ein Jahr, nachdem er eine bestimmte Passage geschrieben hatte, kam er dann darauf zurück und schrieb sie um, oder er stellte einen alten Text in einen neuen Zusammenhang. *Ein verliebter Gefangener* etwa enthält lange Passagen über die Beziehung zwischen dem Bordellviertel von Amman und dem Palast – eine geradezu surrealistische Beschreibung animierter Geschlechtsorgane, die an William Burroughs' Stil erinnern. In Wirklichkeit gibt es aber in Amman gar kein derartiges *quartier réservé*. Genet nahm eine Beschreibung eines marokkanischen Rotlichtviertels und übertrug sie auf Amman.
Mitte der siebziger Jahre schrieb Genet etwa dreißig großformatige Seiten sorgfältig mit der Hand ab oder ließ sie mit der Maschine schreiben. Er hatte schöne Bücher auf arabisch gesehen, die in verschiedenen Farben geschrieben waren, und nun wollte er diese typographische Schönheit und Vielschichtigkeit zu neuem Leben erwecken. Von dem hervorragenden Typographen Massin ließ er vier Seiten entwerfen, um zu sehen, wie das aussehen würde. Als er die vier Seiten sah, sagte er, er wolle das ganze Projekt noch einmal überdenken. Es stand nie wieder zur Debatte.
Die verschiedenen Wörter wurden schwarz oder in einem blassen Rosa gedruckt, wie er es bei französischen Texten des achtzehnten Jahrhunderts gesehen und bewundert hatte. Manchmal wurden vier Blocks in roten Lettern, die sich über eine Doppelseite erstreckten, um einen ebenfalls in Rot gedruckten Absatz in der Mitte gruppiert. Auf anderen Seiten änderte er dann die Farben: Der Schriftblock links oben war rot, der links unten schwarz, der rechts oben schwarz und der rechts unten rot.

Der Inhalt dieses Textes ist äußerst fragmentarisch und besteht aus Vers- und Prosareflexionen über die Homosexualität, die Black Panthers, die Palästinenser und die Japaner. Es gibt sehr viele obsessive Wortspiele. Viel Wesens wird zum Beispiel über die Verbindung zwischen Palatum (Gaumen) und Palast gemacht (für beide gilt das französische Wort *palais*). Ein Delirium idiomatischer Wendungen mit schwebenden Bedeutungen in einer Art, die an Céline zwischen Auslassungspunkten erinnern, beschwören die Welt des Homosexuellen: »Nacht: Tag voll Phlegma und Smegma ... Rasante frappante Tante ... Wedelnder Hintern türmt nicht Propfen, stürmt nicht Hopfen ... Buche auf Suche nach Stange im Gange – im Gange oder im Gang?«[3] Dieser typographische und linguistische Schabernack zeigt, daß Genet einen äußerst originellen und literarisch dichten Text schaffen wollte. Doch diese Seiten sind weit von dem gedämpften, nüchternen, entspannten Ton von *Ein verliebter Gefangener* entfernt. Genet erkannte, daß ein großformatiges, zweifarbiges Buch für die Leser, die er anzusprechen hoffte, nie erschwinglich wäre, und so beschloß er, seine Vorstellung von einem dekonstruktiven, dezentralisierten Text – vieldeutig, vielstimmig, von zeitlichen und logischen Fesseln befreit – in einem üblichen Format zu präsentieren; diese Konzeption bestimmte schließlich die Anlage von *Ein verliebter Gefangener*. Auf den ersten Blick sieht es wie jedes andere Buch aus, obschon es auf eine radikal neue Art strukturiert ist.

Laurent Boyer meint zu Genets literarischen Bemühungen: »Jean dachte lange über die Form von *Ein verliebter Gefangener* nach. Er wollte keine geradlinige Erzählung schreiben. Bereits zur Zeit der *Wände* und der Essays in *Tel Quel* hatte er eine neue Form des Erzählens gefunden, die von der arabischen Literatur beeinflußt war. Genet war zum Beispiel von *Tausendundeine Nacht* völlig gebannt.«[4]

Aber Schreiben war ein mühsames Stück Arbeit für Genet. Er schrieb zehn Minuten, dann war er erschöpft. Er las ungeheuer viel, darunter die äußerst umfangreichen Memoiren des Herzogs von Saint-Simon, einem Höfling Ludwigs XIV. Der Schriftsteller, den er in seinem letzten Lebensjahrzehnt jedoch am meisten bewunderte, war Gérard de Nerval. Er hoffte, etwas zu schaffen, das der *Leichtigkeit* von Nervals *Aurelia* entsprach, einer schlicht geschriebenen, doch aller Erdenschwere entkleideten Evozierung der Nervalschen Wahnsinnsanfälle.

Im Frühjahr 1974 brach Genet sein Schweigen, um die politische Arena Frankreichs zu betreten, die er seit 1968 ignoriert hatte. Er begann damit recht verblümt, indem er mehreren Autoren aus Nordafrika, darunter dem Marokkaner Tahar Ben Jelloun, sein Lob zollte.

Zunächst sprach Genet am 2. Mai 1974 im nationalen Radiosender *France-Culture* über diese Autoren. Am nächsten Tag veröffentlichte die kommunistische Zeitung *L'Humanité* sein Plädoyer, an das er eine Empfehlung an alle Gastarbeiter – und französischen Arbeiter ganz allgemein – anfügen konnte, in den bevorstehenden Präsidentschaftswahlen für François Mitterand zu stimmen, den Kandidaten der Vereinigten Linken gegen Valéry Giscard d'Estaing. In dem Text mit dem Titel »Sur deux ou trois livres dont personne n'a jamais parlé« (»Zu zwei oder drei Büchern, über die noch nie jemand geredet hat«) griff Genet zum erstenmal Jean-Paul Sartre öffentlich an, der sich weder für die Kandidatur Mitterands noch für die nordafrikanischen Schriftsteller eingesetzt habe (»Sartre zählt nicht mehr«, erklärte Genet kategorisch).

Eine Reihe politischer Ereignisse bildete den Hintergrund für Genets engere Beziehungen zur Kommunistischen Partei und seine Kampagne gegen Giscard. Nach dem arabisch-israelischen Krieg vom 6. bis zum 24. Oktober 1973 verhängten die arabischen Staaten ein Ölembargo, das die westliche Wirtschaft treffen sollte. Um die Araber versöhnlich zu stimmen, drang der Sicherheitsrat der Vereinten Nationen auf neue Verhandlungen zwischen den Israelis und den Palästinensern, und am 6. November erklärten die Außenminister der neun führenden europäischen Nationen, daß eine endgültige Friedensregelung im Nahen Osten die Berücksichtigung »der legitimen Rechte der Palästinenser« erfordere.

Nach Nassers Tod war der Amerika zugewandte Sadat Präsident von Ägypten geworden. Die Sowjetunion machte für sich in Yassir Arafat einen neuen Verbündeten in der Region ausfindig – Anfang August 1974 stattete Arafat Moskau bereits seinen siebenten Besuch ab. Im gleichen Herbst bestand die sowjetische Regierung darauf, die PLO zu einer internationalen Genfer Konferenz als vollwertigen und gleichberechtigten Teilnehmer zuzulassen. Gleichzeitig erkannten die arabischen Staaten, die Vereinten Nationen und die Sowjetunion das ausschließliche Recht der PLO und Arafats an, das palästinensische Volk zu vertreten.

Genet fand, daß die Linken in Amerika den Feind törichterweise unterschätzt hatten – was zum Untergang der Panthers, der Young Lords (einer puertorikanischen Organisation) und der Weathermen (bombenwerfender Extremisten) geführt hatte. In Frankreich, befürchtete er, würde ein Wahlsieg Giscards vierzehn Jahre (zwei Amtsperioden des Präsidenten) rechter Herrschaft bedeuten. (In Wirklichkeit blieb Giscard nur eine Amtsperiode Präsident, und 1981 wurde Mitterand gewählt – für zwei Amtsperioden, wie sich herausstellte.) Sobald die ersten Ergebnisse der Präsidentschaftswahl am 5. Mai bekannt wurden, begab sich Genet in Begleitung von Paule Thévenin ins sozialistische Hauptquartier in der Tour de Montparnasse und bot den sozialistischen Führern Régis Debray, Roland Dumas und Michel Rocard seine Dienste an.[5] Obgleich er bereit war, in Mitterands Büros auf welchem Posten auch immer, zu arbeiten, redeten ihm die Sozialisten zu, Artikel zu ihren Gunsten zu schreiben.

In einem Aufsatz, der am 11. Mai 1974, einen Tag nach einer Fernsehdiskussion zwischen Mitterand und Giscard, in *L'Humanité* erschien, äußerte Genet, Giscards »Image« sei genau das: eine Lüge, die auf die Verführung der Zuschauer berechnet sei. Zu dieser Zeit wurden Giscard und seine Frau häufig mit John und Jackie Kennedy verglichen. Genet nahm diesen Vergleich nur allzu freudig auf und prangerte Kennedy als denjenigen an, der den Vietnamkrieg begonnen, die Invasion in der Schweinebucht verpfuscht, den CIA aufgebaut und Johnson zum Vizepräsidenten bestimmt habe.

Es gab skandalöse Gerüchte, Giscard habe während des Algerienkrieges mit den rechtsradikalen französischen Militärextremisten zusammengearbeitet, ja sei tatsächlich ein OAS-Geheimagent 12B gewesen – eine nie bewiesene Behauptung, die Genet aber glaubte und ihm einen weiteren Grund gab, Giscard zu hassen. Genet analysierte Giscards Wortschatz und griff begierig dessen Verwendung des Begriffs »demokratische Mitte« auf. Wie Genet schrieb, sei Giscard »rechtsradikal durch seine Methoden, sein Einverständnis mit dem OAS-Terrorismus, folglich anti-arabisch, und rechtsgerichtet durch seine großbürgerliche Erziehung.«[6]

In *Der Balkon* und später in *Ein verliebter Gefangener* durchleuchtet Genet die Methoden der Eigenwerbung, mit denen die Rechten arbeiten: Sie bringen sich mit in Ehren stehenden historischen Institutionen in Zusammenhang, nutzen schamlos die Massenmedien aus, ersetzen logische Wortargumente durch optische Reizbilder und Personenkult und gehen sogar so weit, Ereignisse für Fotografen (oder Fernsehkameras) nachzustellen. Nachdem Giscard gewonnen hatte, stellte Genet diesen Sieg in einem weiteren ätzenden Artikel in *L'Humanité* an den Pranger, in dem er in seiner Eigenschaft als Dramatiker den Vorgang nach den Gesetzen eines Schauspiels analysierte. Hier sprach er davon, daß die französische Geschichte zwischen revolutionären Eruptionen und klassischer Ruhe abwechsle, aber er warnte, daß die Geschichte selbst als

Thema in eine semi-religiöse Fabel verwandelt werden könne, um politischen Zwecken zu dienen.[7] Genets Artikel wurden von der gewissenhaften Paule Thévenin sorgfältig vorbereitet und höchstpersönlich in der Redaktion von *L'Humanité* abgeliefert. Sie spielte inzwischen eine bedeutende Rolle in Genets Leben, da sie ihm mit ihren editorischen Erfahrungen und ihren umfangreichen Kontakten zur Welt der Kunst und Politik behilflich sein konnte. Sie selbst war keine Kommunistin, aber sie stand mit der Partei auf bestem Fuße. Ihr Mann war Arzt und Genet gleichfalls gefällig, indem er ihm Nembutal verordnete. Genets Abhängigkeit war so fortgeschritten, daß er ihm Rezeptformulare stahl, um auch auf die Namen von Jacky Maglia, Laurent Boyer und anderen Leuten aus seiner Umgebung Rezepte auszuschreiben.

Als Genets Artikel über die vernachlässigten nordafrikanischen Autoren Anfang Mai 1974 erschienen war, hatte Tahar Ben Jelloun ihm ein kleines Dankbriefchen geschrieben. Ben Jelloun wurde 1944 in Fez geboren, studierte Philosophie und unterrichtete mehrere Jahre, ehe er Marokko verließ und nach Paris ging, wo er Sozialpsychiatrie studierte und ein sehr bekannter Journalist wurde. Sein erstes Gedicht schrieb er 1965. Schließlich wurde er in den achtziger Jahren einer der bekanntesten sozial engagierten Journalisten und Romanschriftsteller französischer Sprache und erhielt 1987 den Prix Goncourt für seinen Roman *La Nuit sacrée (Die heilige Nacht)*. Zwei Tage nach Erhalt des Dankbriefchens war Genet am Telefon und sagte: »Ich heiße Jean Genet. Sie kennen mich nicht, aber ich habe Ihr Buch gelesen und würde Sie gern sprechen.«[8] Er bat Ben Jelloun, sich mit ihm in dem Restaurant gegenüber der Gare de Lyon zu treffen. Genet traf frisch rasiert ein, und seine Wangen leuchteten rosa wie die eines Babys; er hatte eine alte arabische Ausgabe von *Tausendundeine Nacht* bei sich, aus der er die ersten paar Sätze vorlas (er gab sicherlich nie vor, er könne Arabisch fließend lesen). Sie benutzten von Anfang an die vertrauliche Duzform. Als Tahar von Genets Romanen zu sprechen begann, sagte Genet: »Bitte sei so lieb und sprich mit mir nie über meine Bücher. Das ist Scheiße. Das ist eine abgeschlossene Geschichte. Nie wieder.«[9] Bald sahen sie sich beinahe jeden Tag und sprachen von nichts anderem als Politik. Nur einmal, fünf Jahre, nachdem sie sich kennengelernt hatten, stellte Genet dem gutaussehenden Tahar seine übliche Frage: ob er sich jemals zu einem Mann hingezogen gefühlt habe (»Nie«, erwiderte Tahar). Im Sommer 1974 interviewte Ben Jelloun Genet für *Le Monde Diplomatique*, eine von der Pariser Tageszeitung *Le Monde* veröffentlichte Monatsschrift. Es war eigentlich gegen Tahars Grundsätze, ohne direkte Mitarbeit eines palästinensischen Sprechers einen Meinungsaustausch über die Palästinenser abzuhalten, aber er befragte Genet dennoch zu dem Thema. Nie arbeitete Tahar schwerer. Drei Wochen lang machte er sich jeden Tag Notizen, während Genet sprach, bis er mehr als hundert Seiten für einen Artikel zusammen hatte, der nicht länger als fünfzehn Schreibmaschinenseiten sein durfte. Genet sah die Notizen immer und immer wieder durch – denn er fürchtete, etwas gesagt zu haben, was gegen die Palästinenser verwandt werden konnte. Genet zeichnete genaue Pläne der Flüchtlingslager. Manchmal kehrte er nach sechs oder sieben Stunden ununterbrochener Arbeit in sein Hotel zurück und rief Tahar sofort wieder an, um ihm Ergänzungen und Korrekturen durchzugeben. Als das Interview endlich fertig war, wurde es Azzedine Kalak, dem PLO-Vertreter in Paris (der am 3. August 1978 in seinem Büro ermordet werden sollte), vorgelesen und für einen anderen PLO-Führer, der nicht Französisch konnte, ins Arabische übersetzt.

In dem Interview »Jean Genet avec les Palestiniens« (»Jean Genet bei den Palästinensern«) sagte Genet: »Es war ganz selbstverständlich, daß ich mich nicht nur den am stärksten Benachteiligten zuwende, sondern auch denen, die den Haß des Abendlands am heftigsten auf sich ziehen.«[10] Wieder tadelte Genet Sartre wegen dessen politischer Unentschlossenheit. Dies war seine heftigste Attacke gegen Sartre, der ihm doch eigentlich das genaue Vorbild für sein politisches Engagement war. Ohne Sartres Beispiel hätte Genet nicht gewußt, wie man ein »engagierter« Künstler ist. Genet machte auch einen Ausfall gegen die Beauvoir; als Feministin war sie der Ansicht, daß Frauen in Israel besser dran seien als in der arabischen Welt. Noch 1981 kritzelte Genet auf die Rückseite einer Tantiemenaufstellung: »Sartre? Aber ist das denn ein Philosoph?«[11] und prangerte ihn an, sein philosophisches Werk vor Jahrzehnten nicht mit einer ernsthaften Untersuchung über das Wesen der Sprache begonnen zu haben.

Genet behauptete, daß die europäische Presse die Palästinenser durchweg falsch darstelle. Er beschuldigte linksgerichtete Denker, eher ängstlich als vernünftig und eher idealistisch als politisch zu sein – Fehler, die er der jüdisch-christlichen Tradition anlastete. Er meinte, anti-arabische Vorurteile seien nur eine neue, statthafte Form des alten, europäischen Antisemitismus. Der Araber sei der neue Jude.

Neben Tahar Ben Jellouns Interview veröffentlichte Genet eine kurze Skizze über zwei Begegnungen mit palästinensischen Frauen in Jordanien – Szenen, die er in *Ein verliebter Gefangener* weitläufig ausarbeitete, einer Huldigung an den Mut und die Unbeschwertheit von Bauersfrauen, die nichts mehr zu verlieren haben. In seiner zwei Seiten umfassenden kleinen Studie »Les Femmes de Djebel Hussein« (»Die Frauen von Djebel Hussein«) erzählt Genet von Hamzas Mutter und vier alten Frauen, die nach dem Schwarzen September in den Ruinen ihrer ausgebrannten Häuser in Amman fröhlich Tee kochen. Im Mai veröffentlichte Genet ein Interview mit Angela Davis, das er mit ihr geführt hatte, als sie auf der Durchreise in Paris war. Sie war freigesprochen worden. Sie gehörte nicht mehr den Panthers an, weil die Partei niemanden akzeptierte, der einer zweiten Partei angehörte – und sie war Mitglied der Kommunistischen Partei.

Im Sommer 1974 lernte Genet den letzten wichtigen Gefährten seines Lebens kennen, Mohammed El Katrani. Genet war in Tanger und sah einen jungen Mann auf dem Bürgersteig schlafen. Er weckte ihn. Als der junge Mann fragte: »Sind Sie Franzose?«, antwortete Genet: »Nein, ich bin ein Fedaji.« In der Tat identifizierte er sich inzwischen vollkommen mit den Palästinensern – oder jedenfalls so sehr, wie es seine ruhelose, zweifelnde Persönlichkeit eben zuließ. In *Ein verliebter Gefangener* gibt er seinem Zaudern Ausdruck: »Mein Herz war beteiligt, mein Körper war beteiligt, mein Geist war beteiligt. Alles war der Reihe nach beteiligt; der Glaube nie völlig und ich niemals ganz.«[12] Trotz dieser Einschränkungen schrieb Georges Lapassade: »Er ging in die Politik, wie man einer Religion beitritt. Er hatte eine manichäische Auffassung von Politik, so großzügig er auch war. Eine religiöse Auffassung. Für ihn gab es das Gute und das Böse. Schwarz und Weiß. Gott und den Teufel. Nur daß bei ihm der Teufel weiß und Gott schwarz war.«[13]
Mohammed und Genet wurden rasch Freunde. Sie fuhren mit dem Zug nach Rabat. Genet versprach, ihn nach Holland einzuladen. Wenig später bat Genet Tahar Ben Jelloun, ihm bei der Beschaffung eines marokkanischen Passes für Mohammed behilflich zu sein, was angesichts der marokkanischen Gesetze nicht einfach war. Ganz egal. Binnen kurzem wohnten sie in Paris, zuerst in Hotels, schließlich aber in einer Wohnung im Vorort Saint-Denis. Ein Freund von Genet, José Valaverde, der Direktor des Théâtre Gérard Philipe, hatte die Gemeindeverwaltung von Saint-Denis (das kommunistisch war) überredet, Mohammed Wohnraum zu geben. Mit Valaverdes Hilfe bekam Mohammed auch einen französischen Studentenausweis: Er nahm ihn in seine Schauspielschule auf.[14] Um seinen Eifer zu stärken, gaben ihm Chantal Darget und ihr Mann Antoine Bourseiller in einem Stück eine Komparsenrolle; außerdem

waren sie dabei, den *Balkon* zu inszenieren, mit dessen Proben sie Anfang 1975 in Paris begannen. Als Mohammed das erste Mal mit Genet zur Probe kam, sagte Genet: »Das hier ist ein Theater, Mohammed.« Chantal Darget fand den Jungen charmant und hübsch, aber Paule Thévenin haßte ihn – was schließlich zum endgültigen Bruch mit Genet führte. Mohammed war ein wirrer Mensch und hatte nahezu keinerlei Kenntnisse. Er war 1948 als ältestes Kind einer vielköpfigen Familie auf dem Land in der Nähe von Fez zur Welt gekommen. Sein Vater diente vierzehn Jahre in der französischen Armee. Seit seinem zwölften Lebensjahr stand Mohammed jeden Tag um vier Uhr früh mit dem ersten Ruf des Muezzins zum Gebet auf, um mit dem Vater in den Wald zu gehen und Reisig zum Verkaufen zu sammeln. An manchen Tagen aß er nichts außer gekochter Gerste, so arm war die Familie. Mit siebzehn, am 6. Juni 1965, trat Mohammed in die Königliche Marine Marokkos ein, in der er fünf Jahre diente. Er war der erste Junge aus seiner Gegend, der sich verpflichtete. Als Matrose verdiente er tausend Franc im Monat. Mit zweiundzwanzig wurde er aus der Marine ausgestoßen. Plötzlich hatte er keine eigenen Kleider mehr – seine Uniform hatte man ihm abgenommen, und überdies hatte er kein Recht mehr, sie zu tragen. Sein Vetter, ein Polizist, gab ihm eine Hose und ein Hemd, und Mohammed wanderte zurück zu seinem Stammes-*souk*, mit nichts als einem Päckchen Zigaretten in der Tasche. Sein Vater sah ihn gleichgültig an und fragte ihn, warum er nach Hause gekommen sei – ein fürchterlicher Schock für Mohammed. Zwischen seinem zweiundzwanzigsten und fünfundzwanzigsten Lebensjahr wanderte er ziellos umher, rauchte zuviel *kif* und schlief manchmal auf der Straße. Mohammed war sechsundzwanzig, Genet dreiundsechzig, als sie sich begegneten.

Genet brach nun endgültig mit Monique Lange und Nico Papatakis, die er schon seit den vierziger Jahren kannte. Der ganze Streit entzündete sich an guten Absichten, die danebengingen. Als Genet 1975 den Sommer über in Marokko war, hörte Papatakis von einem Preis, den die Regierung für einen neuen Film aussetzte, und war der Meinung, der Augenblick sei gekommen, Genets Zwanzigminutenfilm von 1950, *Ein Liebesgesang,* zur öffentlichen Vorführung freizugeben. Er konnte bislang nur unter besonderen Bedingungen gezeigt werden, weil er als pornographisch galt. Eine Gruppe namens Collectif Jeune Cinéma hatte in Deutschland eine illegal hergestellte Kopie gekauft und zeigte sie ab und zu in Paris. Nico beriet mit Monique Lange, was zu tun sei. Sie schlug vor, da Genet nicht da sei, sollten sie den Film auf eigene Faust beim Centre National de la Cinématographie Française (CNCF) einreichen, um ein Plazet der Zensurstelle zu erhalten und sich um den Produzentenpreis für den besten »neuen« Film des Jahres 1975 zu bewerben. Papatakis gab vor, der Film sei 1972 entstanden, und fälschte Genets Unterschrift auf der Bewerbung.[15] Als der Film neunzigtausend neue Franc gewann (etwa dreißigtausend Mark), wurde das Geld zwischen Filmemacher (Genet) und Produzent (Papatakis) aufgeteilt – nur daß Genet das Geld zurückwies und Papatakis nach einer gerichtlichen Vernehmung angewiesen wurde, seinen Anteil an das CNCF zurückzuzahlen. Mit Nico Papatakis und Monique Lange sprach Genet nie wieder ein Wort. In einem am 13. August 1975 in *L'Humanité* veröffentlichten offenen Brief an Michel Guy, Valéry Giscard d'Estaings Kulturminister, beklagte Genet, daß der Preis (und der Produzent) *Ein Liebesgesang* fälschlich »als neuestes Ergebnis meines Schaffens« dargestellt hätten. Weiter schrieb er, daß »jemand, der weniger nachsichtig ist als ich, hinter dieser besonderen Preisvergabe eine ziemlich zwielichtige politische Maßnahme erkennen würde, die darauf abzielt, einem Schriftsteller, der nicht aufhört, die Liberalität Ihrer Regierung in Zweifel zu ziehen, und der sich gegen deren Zensur ebenso zur Wehr setzt wie gegen deren Beifall, eine Falle zu stellen.« Schließlich tut er den Film selbst als »Entwurf eines Entwurfs« ab. Einige Monate später teilte Genet dem französischen *Playboy* mit, er weigere sich, irgendeinem Verleiher das Recht zur Vermarktung seines Films zu übertragen.

Ende 1975 versuchte Genet, die Notizen, die er sich seit 1968 in Amerika, Frankreich und dem Nahen Osten gemacht hatte, in eine gewisse Ordnung zu bringen. Der *Playboy* kündigte das baldige Erscheinen des Romans an, »einen großen, revolutionären und romantischen Gesang«, aber je mehr Genet seine Notizen mischte, desto entmutigter wurde er. Genau in diesem Moment, als Genet, von den Behörden in Jordanien mit Einreiseverbot belegt und außerstande zu schreiben, sich vollkommen nutzlos vorkam, setzte sich Hubert Fichte über ihren gemeinsamen französischen Verlag, Gallimard, mit Genet in Verbindung und bat um ein Interview. Laurent Boyer arrangierte am 18. Dezember 1975 ein Treffen in seinem Büro. In den darauffolgenden drei Tagen fand in dem Zimmer, das Fichte im Hôtel Scandinavia gemietet hatte, das Interview statt, das auf Tonband aufgezeichnet wurde.[16] Der damals vierzigjährige Fichte – der bekannteste schwule Schriftsteller Deutschlands, Autor von unter anderem *Die Palette* und *Versuch über die*

Pubertät – war als Anthropologe ausgebildet und tätig gewesen, was seine Fähigkeiten als Fragesteller und Gesprächspartner erklären mag. Auf jeden Fall hat er Genet ein reichhaltiges, facettenreiches Interview entlockt, das von Genets Engagement für die Panthers und Palästinenser bis hin zu seinen Ansichten über die Architektur von Brasília, über die Papstfamilie Borgia, Cézanne, Zola, Alban Berg, Homer, das japanische No-Theater, Strindberg, Brecht, Boulez, Dostojewski, de Sade, Hitler, Saint-Just, die Pariser Kommune, Victor Hugo, Sartre, die Sowjetunion, Kuba, Mallarmé, den Mai '68, Nixon, Castro, Allende und Ludwig XVI. jedes Thema berührt – eine ungewöhnliche und außerordentliche Darstellung hoher Bildung.

Was noch bemerkenswerter ist – Genet sprach von seinem eigenen Leben und Dichten mit noch nie dagewesener Offenheit. Er gab zu, daß er zu morden versucht gewesen wäre, den Impetus aber auf das Schreiben umgelenkt habe. Er sprach über seine ersten eigenen literarischen Regungen, die er 1939 im Gefängnis verspürt habe. Er räumte den Einfluß populärer Romane – und den Einfluß Prousts – auf seine Dichtung ein. Er faßte auch seine ersten homosexuellen Erlebnisse in Mettray zusammen. Nach seinem gegenwärtigen Sexualleben gefragt, sagte er: »Der Umgang mit Arabern hat mich ... hat mich meistens glücklich und zufrieden gemacht. Die jungen Araber haben im allgemeinen keine Scham gegenüber einem alten Körper, einem alten Gesicht. Altwerden ist Teil – ich spreche nicht von Religion –, aber ist Teil der islamischen Zivilisation. Ist man alt, ist man eben alt.«[17]

Fichte ließ die Bänder transkribieren, Genet korrigierte das Transkript, und Auszüge erscheinen fast umgehend in der Wochenzeitung *Die Zeit* (am 13. Februar 1976) unter dem Titel »Ich erlaube mir die Revolte«. *Die Zeit* stellte Genet mit den Worten vor: »Wahrscheinlich einer der größten Dichter des Jahrhunderts« und »sicherlich der skandalöseste«.[18] In der ursprünglichen Vereinbarung mit Genet hatte Fichte zugesagt, das Interview niemals in Frankreich und nirgendwo in Buchform zu veröffentlichen. Aber das französische Original samt deutscher Übersetzung kam Anfang 1981 in dem deutschen Qumran Verlag heraus, und der gesamte französische Text erschien in Frankreich im Juni 1981 im *Magazine littéraire*. Genet war wütend auf Fichte, wollte aber keine rechtlichen Schritte gegen einen so kleinen Verlag wie Qumran unternehmen.

Anfang 1976 begann Genet an einem Filmprojekt zu arbeiten, das auf eine Idee seines Geliebten Mohammed El Katrani zurückging. Zu Anfang schrieb er eine kleine Synopse mit dem Titel »Le Bleu de l'œil« (»Das Blau des Auges«),

beschloß dann aber im Sommer, sich mit Ghislain Uhry zusammenzutun – einem Maler und Assistenten von Louis Malle, der an dessen Filmen *Lacombe, Lucien* und *Le Voleur (Der Dieb von Paris)* mitgearbeitet hatte –, um ein ausgewachsenes Drehbuch fertigzustellen. Uhry war der Meinung, die Wahl sei auf ihn gefallen, weil er in der Filmindustrie nur am Rande bekannt war.[19] Während ihrer gemeinsamen Arbeit, die zweieinhalb Jahre währte, brachten sie vier vollständige Fassungen des Textes zustande. Am 17. September 1976 schlossen sie einen Vertrag mit einem bedeutenden Produzenten in Frankreich. Die erste Fassung hieß immer noch *Das Blau des Auges*, eine Anspielung auf das kalte, blaue Auge eines bornierten Eisenbahnschaffners, der einen marokkanischen Einwanderer erwischt, der zum erstenmal nach Paris fährt, und ihn quält (Genet grenzt die Handlung auf die vierundzwanzig Stunden des 8. Oktober 1974 ein, sehr wahrscheinlich das Ankunftsdatum von El Katrani in Frankreich). Die Hauptfigur, »A.« genannt (nach Abdallah, dessen voller Name am Schluß des Drehbuchs genannt wird), ist in einen Erster-Klasse-Waggon gestiegen, weil für ihn »Erster« bescheidener klingt als »Zweiter«. A. macht es sich bequem und scherzt und flirtet mit den anderen Fahrgästen, alles weiße Scheinliberale, bis der Schaffner ihn entdeckt, als sie gerade in Paris einfahren. (Erinnerte sich Genet seines eigenen Entsetzens, als er mit einer gefälschten Fahrkarte erwischt wurde?) Obgleich A. einen ganzen Tag in Paris herumläuft, findet er nichts, was ihm gefällt, und er kann das Gefühl nicht verwinden, durch seine unerfreuliche Begegnung mit dem Zugschaffner beleidigt worden zu sein. Am Ende des Tages steigt A., mit den Segenswünschen eines älteren, ernüchterten Einwanderers versehen, wieder in den Zug und fährt heim in sein Dorf in Marokko.
Das Blau des Auges, dem Genet schließlich den Titel *La Nuit venue (Abenddämmerung)* gab, fügt sich in eine kleine Reihe französischer (meistens ziemlich sentimentaler) Texte ein, in denen ein unschuldiger junger arabischer Mensch, Mann oder Frau, nach Paris kommt, den hassenswerten Europäern vertraut, denen er begegnet, und schließlich vernichtet wird oder als Zyniker endet. Man könnte J. M. G. Le Clézios *Le Désert (Die Wüste)*, Guy Hocquenghems *L'Amour en relief (Liebe im Relief)* und Michel Tourniers *La Goutte d'Or* nennen. Aber Genets Drehbuch ist weniger sentimental, weniger »orientalisierend« als die anderen erwähnten Titel. Dennoch nutzt Genet natürlich den »Lettres Persanes«-Aspekt dieses Themas, um Paris den Parisern unvertraut erscheinen zu lassen. Zum Beispiel denkt sich A., als er die drei Triumphbögen in Paris sieht, daß sie sicher dazu da sind, die Feinde Frankreichs einzuschüchtern und zum Narren zu halten.[20]

Irgendwann bat Genet dann Tahar Ben Jelloun, ihm beim Dialog zu helfen, aber Tahar lehnte ab: Er verstehe nichts vom Film. Zu der Zeit wohnte Genet zunächst im Bouglione-Gebäude in der Rue de Rochechouart 63, nahe der Place Pigalle, später dann in einem Zweisternehotel in der Nähe der Gare de Lyon und arbeitete Tag und Nacht an dem Drehbuch. Eines Morgens kam Ben Jelloun am Hotel vorbei und rief von der Rezeption aus in Genets Zimmer an. Niemand ging an den Apparat. Schließlich rannte Tahar die Treppe hinauf und öffnete die Tür mit einem Nachschlüssel. Genet lag bewußtlos am Boden. Tahar hob ihn aufs Bett, und Genet flüsterte: »Kaffee, Kaffee.« Kurz darauf war Tahar mit Kaffee und einem Croissant wieder da, und eine halbe Stunde später war Genet wieder voll bei Bewußtsein und zur Arbeit bereit.[21]

Das Drehbuch ist extrem optisch komponiert. Der für das Projekt engagierte Kameramann war Tonio delli Colli, der ebenfalls mit Louis Malle gearbeitet hatte. Zu Ghislain Uhry (der als Koregisseur nominiert war) sagte Genet, daß der Film seit der Erfindung des Tonfilms ärmer geworden sei. Genets Devise war: »Nicht sagen, zeigen«, sicher ein ungewöhnlicher Gedanke für einen Romanautor. Genet glaubte an ein Worttheater, ja an ein wortreiches Theater, aber der einzige Film, den er je inszenierte, war ein Stummfilm. In *Abenddämmerung* duldete Genet kein einziges unnötiges Wort.

Manche Einfälle waren ganz und gar nicht »realistisch«, sondern dazu da, sich A.s Perspektive anzunähern – so tragen alle Weißen, die auf den Zug warten, Nylonstrümpfe über den Gesichtern (wodurch wir daran erinnert werden, daß für A. alle Weißen gleich aussehen), und nur die Araber erscheinen mit unverhüllten Gesichtern. Als A. während der Zugfahrt aus dem Fenster schaut, sieht er nichts weiter als französische Kriegerdenkmäler – aus den kolonialen Eroberungskriegen. Mehr noch, die Namen auf diesen Denkmälern sind oft die von Arabern, die in die französische Armee gezwungen wurden (Genet nimmt sogar den Familiennamen von Abdallahs Zirkusfreund Ahmed auf). Alle Fahrgäste haben bunte gestrickte Halstücher um, nur A. nicht, der in einem Sommeranzug zittert. Genet gibt sich beträchtliche Mühe, einen korrekten arabischen Dialog zwischen zwei Einwanderern einzufügen. Auch authentische Details arabischer Kleidung bezieht er ein. In den nordafrikanischen Szenen schiebt er in den gegenwärtigen Zeitrahmen Vorgänge aus der französischen Eroberung Algeriens im Jahr 1830 ein.

In Paris trifft A. eine betrügerische, habgierige Pensionswirtin, die elende, überfüllte Quartiere zu Horrorpreisen an Gastarbeiter vermietet – sie demonstriert sogar auf der Straße gegen Einwanderungsbeschränkungen, weil sie fürchtet, der Nachschub an Mietern könnte knapp werden. Offensichtlich nahm Genet Informationen auf, die er bei Nachforschungen über die Situation in der Rue de la Goutte d'Or gesammelt hatte. Er karikiert nicht nur raffgierige Europäer, sondern auch reiche arabische Öl-Magnaten, denen die Leiden nordafrikanischer Arbeiter gleichgültig sind. Im Laufe des Tages (und des Films) wird die Stilisierung immer stärker. Die Frauen auf der Straße sind größer als die Männer. Gesicht und Hände eines schwarzen Polizisten sind vergoldet. Als A. am Louvre vorbei die Rue de Rivoli entlanggeht, rasen die Statuen in den Nischen an ihm vorbei, obwohl er langsam geht. In der Metrostation machen Schwarze dieselben Dschungelgeräusche, wie sie die Figuren in den *Negern* imitieren. Araber spielen mit unsichtbaren Karten, wie sie es später in *Ein verliebter Gefangener* tun werden. Der Schaffner tritt auf wie der Steinerne Gast in Mozarts *Don Giovanni*. Es findet eine Hochzeit statt, bei der die Braut ein Transvestit ist – ein Verweis auf *Notre-Dame-des-Fleurs*. Einer der Transvestiten sagt zu einem arabischen Arbeiter, der ihn beschimpft: »Ohne uns bekämt ihr kaum Zärtlichkeiten.«[22] In einer Szene machen Touristen Fotos von pittoresken Bettlern – genau wie in *Tagebuch eines Diebes*.

Am Schluß des Film sagt A.: »Nein zur Einwanderung ... Und ab sofort können diese Weiber nur noch ihre Hunde herumkommandieren.«[23] Und in der Tat sagte Genet in seinen letzten Lebensjahren in Gesprächen oft, die Leute sollten nicht verreisen oder sich außerhalb ihrer Heimatländer niederlassen. Das war keine schrullige Äußerung à la Gertrude Stein, sondern eine ernste politische Meinung. Als wolle er sich über die Internationalisierung lustig machen, fügt Genet gegen Ende von *Abenddämmerung* ein »Sit-in« ein, bei dem die weißen Figuren nicht zwei Sätze hintereinander in derselben Sprache sprechen können. »Hello, Daisy! Che fai qui? Ton voyage à Rio?« Die allerletzte Szene zeigt seltsamerweise A. bei seiner Ankunft in Marokko. Ein Kran hievt aus dem Laderaum eines Schiffes die Särge von Gastarbeitern, deren sterbliche Reste zur letzten Ruhe heim nach Marokko gebracht werden – und einige Jahre später geschah eben dies mit Genets sterblicher Hülle. Das Drehbuch ist ereignisarm und politisch berechenbar, aber optisch überreich und menschlich einfühlsam. Genet hatte vieles über die Gefühle und Leiden aller arbeitenden Menschen in Paris erfahren, nicht nur der nordafrikanischen.

Genet lernte seinen Mitarbeiter Ghislain Uhry durch Paule Thévenin kennen. Uhry verschaffte ihnen einen Produzenten, Claude Nedjar, der Genet sechzehn Monate lang ein monatliches Gehalt zahlte. Bis zum 20. Juni 1977 hatten

Genet und Uhry als Vorschuß neunhunderttausend Franc (etwa dreihunderttausend Mark) erhalten, die als staatliche Subvention für den Film gezahlt wurden. Sie arbeiteten noch weitere sechs Monate zusammen. Genet meinte es mit dem Projekt so ernst, daß er in seinen Vertrag setzen ließ: »Im Falle des Todes von Jean Genet wird der Film von M. Uhry allein fertiggestellt.«[24] Uhry und er liefen auf der Suche nach Drehorten Tag und Nacht in Paris herum und flogen sogar nach Spanien, um weitere ausfindig zu machen.
Auch über die Besetzung machte Genet sich Gedanken. Sehr begeistert war er von einer Schauspielertruppe namens TSE (viele unter ihnen waren politische Exilanten aus Argentinien). Sie arbeiteten in der Cartoucherie, einer ehemaligen Munitionsfabrik, die Genet oft besuchte, um sich Proben und Vorstellungen von *24 Stunden* anzusehen, einem Stück, in dem zwölf Schauspieler jeweils mehrere Rollen spielten. Genet mochte das Stück und die Truppe. Er und Mohammed gingen ständig in die Vorstellungen. Genet wünschte sich, daß das ganze Ensemble in *Abenddämmerung* beschäftigt würde, und er hoffte, Facundo Bo, einer der Stars des TSE, würde die Rolle einer Hure von der Place Clichy spielen – im Drehbuch eine der Transvestitenhuren.[25]
Bei einer Gelegenheit kam Genet nach Toulouse, um die Truppe zu sehen, und Facundo meldete ihn in demselben bescheidenen Hotel an, in dem er selber wohnte, doch Genet fand es zu nobel. Im Theater trug er Pantoffeln und war sehr schlicht gekleidet – er fühlte sich vollkommen wie zu Hause. Nach den Vorstellungen in Paris wollte er sich von Facundo nie bis vor die Haustür fahren lassen, immer nur bis zur Endstation der Metrolinie.
Doch trotz zwei Jahren Arbeit, endlosen Änderungen und vollem künstlerischen Einsatz stieg Genet in dem Moment aus, als der Film gerade in die Produktion gehen sollte, und obwohl das Drehbuch fertig war. Plötzlich wollte er von dem Produzenten eine Million Franc (dreihundertdreißigtausend Mark) haben und sagte, er arbeite an dem Projekt nicht weiter, wenn er das Geld nicht sofort bekäme. Aber Genet muß gewußt haben, daß er das Geld nie erhalten würde, weil der ganze Film nur auf zwei Millionen Dollar veranschlagt war, und die waren nur mit Mühe aufzutreiben gewesen. Er fand sich auch nicht zu dem ersten Treffen mit dem technischen Stab ein, den Männern und Frauen, mit denen er als Regisseur zusammenarbeiten sollte. Der Produzent war außer sich und verlangte, daß er von der Regie zurücktrete und zuließe, daß ein Profi engagiert würde. Genet weigerte sich. Genet habe einfach die Nerven verloren, als er sich der riesigen Produktion und dem straffen Drehplan von nur acht bis zwölf Wochen gegenübersah, so Ghislain Uhry, und Genet klagte ihm gegenüber, daß er so schnell nicht arbeiten könne,

daß ihm seine Romane von gierigen, anspruchsvollen Verlegern aus den Händen gerissen worden seien, daß er seine Bücher damit kaputtgemacht habe, als er sich mit ihnen beeilte ... Gleichzeitig versicherte er Uhry, er sei der größte lebende Schriftsteller und Céline sei sein einziger Rivale gewesen – nur um ihn eine Sekunde später zu fragen, ob er meine, sein Werk habe Bestand. Ob es etwas wert sei. Uhry faßt zusammen: »Ich glaube, ihm wurde klar, daß er, obwohl er sich durch Bilder ausdrücken wollte, vor der Realität des Mediums Angst bekam – vor allem, als er sich der komplizierten Maschinerie einer größeren Produktion gegenübersah, zu der *Abenddämmerung* geworden war.«
Oder war Genet einfach mit seinem Drehbuch nicht zufrieden? Am Ende seiner Arbeit an *Abenddämmerung* sagte Genet zu Nabila Nashashibi: »Für mich ist es aus. Ich kann nur noch anderen beim Schreiben zusehen.«[26] Ironischerweise erhielt Genet 1976 einen Eintrag in den Larousse, die höchste Weihe.

Im März 1977, als Genet noch an *Abenddämmerung* arbeitete, hatte er ein anderes Projekt begonnen – ein »audiovisuelles Oratorium«, das auf die Fassade des Centre Pompidou in Paris projiziert und auf dem abgesenkten Platz, der zum Eingang des Museums führt, wie ein mittelalterliches Straßenfest aufgeführt werden sollte. Der Regisseur José Valaverde war zunächst mit der offenen Aufforderung, mit ihm zusammenzuarbeiten, an Genet herangetreten. Genets Idee war eine moderne Fassung von Goethes *Leiden des jungen Werthers*, nur daß die Geliebte jetzt nicht mehr Charlotte, sondern ein Motorrad war. Das ganze Oratorium hört sich wie eine Mischung aus *The Wild One* und *Hair* an. Aber es wurde nichts daraus. Genet verlor das Interesse daran.[27]

Jahrelang hatte Genet darüber gesprochen, daß er mit Pierre Boulez zusammen eine Oper machen wolle. Sie waren sich 1956 zum erstenmal begegnet und hatten sich sofort unsympathisch gefunden (an dem Abend war Genet sehr provozierend gewesen), aber später, zur Zeit der *Neger,* sahen sie sich mit größerem Vergnügen in der Wohnung der Produzentin Lucie Germain, und später trafen sie sich von Zeit zu Zeit. Boulez dirigierte oft in Deutschland, und Genet reiste nach Baden-Baden oder München, um ihn zu sehen. 1963 hörte sich Genet in Deutschland den von Boulez dirigierten *Wozzeck* an.[28] Nachdem Boulez *Die Neger* gesehen hatte, lud er Genet dazu ein, mit ihm Oper zu schreiben. Boulez bewunderte Becketts Stücke ebenso sehr, aber er war der Meinung, Becketts Theater sei in sich geschlossen und rein verbal (»Der Text trägt seine ganze Bedeutung in sich selbst, und es gibt keinen leeren

Raum«), wogegen er, nachdem er sich jedes der abendfüllenden Stücke von Genet nacheinander angesehen hatte, jedesmal in seiner Meinung bestärkt wurde, daß Genets Theater für eine musikalische Deutung offen sei (»Man findet leere Stellen, in die man die Dimension des Klanges einfügen könnte«). Während er *Unter Aufsicht* und *Die Zofen* für geschlossene Formen hielt, bescheinigte er den abendfüllenden Stücken, besonders den *Wänden*, das Gegenteil: »Plötzlich ist da offener Raum für jede Art von Erfindung.« In den *Negern* könne die Szene, in der der weiße Königshof herabsteigt und sich mit lauten Tierrufen den Weg durch den Dschungel bahnt, durch Musik vermutlich erhöht werden, wie auch die sonst stummen Szenen in *Die Wände*, in denen die Araber Graffiti auf die Wände malen, nach Musik riefen. Als Boulez Genet erklärte, wie Berg *Wozzeck* und *Lulu* Gestalt gegeben hatte, wurde Genet enthusiastisch und sagte: »Hören Sie, geben Sie mir das Gerüst, ich kümmere mich um die Geschichte.«[29]

Ernsthaft an ihrer Oper zu arbeiten begannen Genet und Boulez 1977, nachdem dieser von New York – er war Chefdirigent der New Yorker Philharmoniker – nach Paris zurückgekehrt war. Boulez schrieb die ganze Zeit keine einzige Note, verbrachte aber einen Nachmittag pro Woche mit Genet. So wie Giacometti seine Werke immer voller Zweifel den Freunden gezeigt hatte, so legte nun Genet Boulez jede neue Seite mit endlosen Fragen vor: »Meinen Sie, das ist gut? Ach! Wissen Sie, ich kriege es nicht hin.«[30] Genet wollte nicht im voraus ein fertiges Libretto liefern, sondern lieber Szene für Szene auf die Musik reagieren, die Boulez im Laufe der Zeit komponieren würde. Was die Entwürfe für ihre Oper betrifft, die Genet ihm präsentierte, so erinnert Boulez sich:

Nun ja, er hatte da verschiedene Geschichtchen, ich erinnere mich, daß er mit der Geschichte der Zémur-Brüder anfing. Wissen Sie, das waren Brüder aus der Unterwelt in Marseille, die sich einer nach dem andern gegenseitig umbrachten! ... Das war der Ausgangspunkt, natürlich war es noch sehr, sehr vage. Und dann war er sehr gefangengenommen von dem Verschwinden eines Bildes von Manet, das ein Boot bei Nacht zeigt.

Pierre Boulez war mit Patrice Chéreau befreundet (sie hatten in Bayreuth zusammen an Wagners *Ring* gearbeitet), und Boulez war es, der Genet dazu überredete, *Die Wände* von Chéreau neu inszenieren zu lassen, was dieser dann auch 1983 tat, erneut mit Maria Casarès in der Rolle der Mutter. Genet nahm an den Proben teil, und Boulez fuhr ihn oft nach Hause. Boulez ermunterte ihn, die Arbeit an der Marseiller Oper fortzusetzen, deren Leitung Chéreau übernähme. Er könnte sich die gesamte neueste Bühnen- und Musiktechnik zunutze machen. Da Genet immer ein Dramatiker der Illusion gewesen sei, argumentierte Boulez, würde die Technik nur helfen, die Zauberwirkungen zu erhöhen. Genet sagte, er habe *Die Wände* vor fünfundzwanzig Jahren geschrieben und seitdem nichts Wesentliches mehr. Er wirkte vollkommen entmutigt, und das Projekt nahm nie Gestalt an. Und als Paule Thévenin Boulez heimlich das Drehbuch zu *Abenddämmerung* zeigte, war dieser ganz und gar nicht beeindruckt und meinte, über das Opernprojekt solle man noch einmal nachdenken. Während Boulez Genet normalerweise sehr locker fand und den lustigsten Menschen, den er je kennengelernt hatte, bereit, auch über die ernstesten Dinge zu scherzen, bemerkte er, daß Genet sich verkrampfte, sobald das Thema auf seine Schriftstellerei kam, und leicht verwundbar wirkte.[31]

Ein Haus zu bauen, einen »inneren Raum« - dieser Wunsch, der Genet mit so enthüllender Macht überfallen hatte, wurde nun enttäuscht. Er sehnte sich nach Jacky, der schon seit Jahren mit seiner japanischen Frau in Tokio lebte, aber nach Frankreich umziehen wollte, und so kaufte er ihm ein Haus in dem Dorf Lembeye im Südwesten Frankreichs. Es war ein ehemaliges Presbyterium mit römischen Ziegeln auf dem Dach und einem wunderschönen Blick auf die Pyrenäen. Genet erträumte sich ein glückliches Bild von Jacky und seiner Frau, wie sie in dem großen Haus wohnten (das natürlich einen riesenhaften Kamin enthielt, wie ihn sich sein Lieblingsautor Fustel de Coulanges gewünscht hätte), und Genet nahm sich vor, von Zeit zu Zeit hinzufahren. Nach einigen Monaten aber fanden Jacky und Isako, daß sie nicht in den Pyrenäen bleiben könnten. Das Haus war schwierig zu führen, und sie kamen sich allzusehr wie die örtlichen Honoratioren vor, unentwegt eingeladen von allen angesehenen Bürgern - dem Bürgermeister, dem Notar, dem Arzt und so weiter. Schließlich wurde das Haus im Juli 1978 mit Verlust verkauft.[32]

Im Frühjahr 1977 veröffentlichte Genet zwei neue Artikel in *L'Humanité*. Der erste, »La Tenacité des Noirs américains« (»Die Ausdauer der amerikanischen Schwarzen«), erschien am 16. Mai und ist der Geschichte der revolutionären Bewegung der Schwarzen und Angela Davis gewidmet; der zweite, »Cathédrale de Chartres - Vue cavalière« (»Kathedrale von Chartres - Kavalierperspektive«), wurde am 30. Juni veröffentlicht und ist eine halb ästhetische, halb politische Betrachtung. Auch wenn er über das französischste aller französischen Bauwerke schreibt, kommt Genet nicht darum herum, es gegen das

717

japanische Heiligtum in Nara zu halten und darüber Spekulationen anzustellen, ob nicht vielleicht arabische Arbeiter an seiner Errichtung beteiligt waren. Genet feiert die Steinmetze und Bildhauer, die Chartres verziert haben, und vergleicht ihre Aufrichtigkeit mit dem gegenwärtigen Gewäsch von der Schönheit der Handarbeit. In seinem Bemühen, international zu denken, äußert Genet, daß die Menschen, die Chartres bewundern, nicht unbedingt Franzosen sind, sondern aus jedem Land der Erde kommen, so wie einst das Arbeitsteam, das die Kathedrale erbaute, wahrscheinlich ebenfalls, wenn nicht aus allen Teilen der Welt, so doch zumindest aus allen verschiedenen Herzogtümern kam, aus denen Frankreich sich damals zusammensetzte.

Noch einmal kommt er auf den Gedanken zurück, der ihm in den fünfziger Jahren auf der Zugreise gekommen war: Jedes menschliche Wesen ist wie jedes andere. Jetzt generalisiert er diesen Gedanken, um zu behaupten, daß jeder Teil des Planeten, auch der unbewohnteste, wie jeder andere ist. Mit bemerkenswerter Hellsicht legt Genet den Finger auf eines der größten gegenwärtigen Paradoxe: Genau in dem Augenblick, da die ganze Menschheit auf *eine* Welt zustrebt, zerfallen die alten Weltreiche in winzige ethnische Heimatländer. Diese gegensätzlichen, aber gleichen Kräfte sind äußerst bedrohlich – und Genet erkennt, daß sie in vernebelndes offizielles Gequatsche gehüllt sind. Genet witterte die Heuchelei hinter der neuen, rechten, dem Schein nach aber liberalen Anerkennung des »Rechts, anders zu sein«. Er fürchtete, daß dieses »Recht, anders zu sein« Tausende von Menschen verhungern lassen werde. Trotz eines folkloristischen Interesses an den »Unterschieden« aller Völker der Welt, sind diejenigen, die zur Dritten Welt gehören und Hunger haben, einander auf seltsame Weise ähnlich. Wie es für Genet typisch ist, hat er mit einer nachdenklichen Betrachtung über eine Kathedrale begonnen und ist bei einer neuen politischen Erkenntnis gelandet.[33]

Der Aufsatz jedoch, der die meiste Aufregung hervorrief, stand am 2. September auf der Titelseite von *Le Monde*: »Violence et brutalité« (»Gewalt und Brutalität«). Er war Teil eines Vorworts, das Genet für einen Band mit gesammelten Schriften der inhaftierten Mitglieder der deutschen Terrororganisation Baader-Meinhof-Gruppe (so genannt nach ihren führenden Mitgliedern Andreas Baader und Ulrike Meinhof), auch Rote-Armee-Fraktion (RAF), verfaßt hatte. Die RAF war durch die Schriften des südamerikanischen Revolutionärs Marighela, bekannt unter seinem Pseudonym »Carlos«, inspiriert worden. Er befürwortete Gewalt gegen alle Institutionen des Klassenfeinds: gegen Polizeireviere und Verwaltungen, gegen die Zentralen großer

Firmen, aber auch gegen alle Manager und leitenden Angestellten dieser Institutionen, gegen hochrangige Beamte, Richter, Verbandspräsidenten und Politiker.[34] Die RAF hatte im Mai 1973 einen Bombenanschlag auf das Armeehauptquartier der USA in Frankfurt am Main verübt, bei dem ein Offizier getötet und dreizehn Soldaten verletzt wurden. Am 12. Mai explodierte eine Bombe im Polizeipräsidium von Augsburg und verletzte fünf Polizisten. Am 15. Mai wurde die Frau des Bundesrichters Wolfgang Buddenberg, der Haftbefehle gegen Mitglieder der Baader-Meinhof-Gruppe unterzeichnet hatte, schwer verletzt, als ihr Wagen in die Luft flog. Zwei Männer wurden später im Mai 1973 im Obersten Hauptquartier der US-Armee in Heidelberg in Fetzen gerissen, als eine 20-Kilo-Bombe in einem Auto explodierte. Für alle diese Attentate übernahm die RAF die Verantwortung. Wenig später tötete die Gruppe Richter und Vorsitzende von Körperschaften, darunter eine der wichtigsten Persönlichkeiten des westdeutschen Finanzlebens, den Vorstandssprecher der Deutschen Bank, Jürgen Ponto. Ponto wurde am 20. Juli 1977 getötet, als seine eigene Patentochter ihn mit zwei Komplizen besuchte, die ihn mit einer Pistole erschossen, die in einem Rosenstrauß versteckt war.

Genet lernte Mitglieder der Rote-Armee-Fraktion durch Carole und Paul Roussopoulos kennen, die 1976 in die Rue Villa Seurat gezogen waren. Ein junger Deutscher war zu Carole gekommen mit der Bitte, Videofilme zu drehen, um die internationale Aufmerksamkeit auf die Haftbedingungen der RAF-Gefangenen zu lenken. Diese Gefangenen, behauptete die RAF, würden monatelang in Einzelhaft gehalten.[35]

Nach und nach wurden die Beziehungen von Genet und dem Ehepaar Roussopoulos zu den deutschen Extremisten immer enger. Ein junger Mann und eine junge Frau, die vor der Polizei flohen, baten darum, eine Nacht in der Wohnung der Roussopoulos' versteckt zu werden. Ein anderer, der an Krebs zu sterben glaubte, aber Angst hatte, in ein französisches Krankenhaus zu gehen, versteckte sich in der Rue Villa Seurat, bis es ihm gelang, sich nach Jugoslawien schmuggeln zu lassen.

Genet lernte alle diese Leute kennen und war sich über ihre Vorstellungen und Taten im klaren. Zweifellos sympathisierte er mit den Baader-Meinhof-Leuten, weil sie enge Verbindungen zu den Palästinensern hatten. 1970 zum Beispiel flogen Horst Mahler und Hans-Jürgen Becker, die von der West-Berliner Polizei gesucht wurden, weil sie Baader aus dem Gefängnis befreit hatten, in Begleitung mehrerer anderer Mitglieder der Gruppe von Ost-Berlin nach Beirut. Von dort fuhren sie nach Jordanien in ein Lager der Volksfront für die

Befreiung Palästinas (PFLP). Wenig später stießen Ulrike Meinhof, Gudrun Ensslin und Andreas Baader dazu. Sie alle hatten gehofft, von der PFLP zu Stadtguerillas ausgebildet zu werden, aber ihr Verhältnis zu den Palästinensern war nicht besonders gut. Schließlich wurden Baader, Meinhof und ihre Kameraden gebeten abzureisen, und sie kehrten am 9. August 1970 nach Deutschland zurück. Die Baader-Meinhof-Gruppe blieb trotzdem dem Ideal einer weltweiten marxistischen Revolution treu, die die Forderungen des palästinensischen Volkes verteidigen würde.
Klaus Croissant war einer von den Leuten, denen Genet und die Roussopoulos' weiterhalfen. Als Anwalt der Rote-Armee-Fraktion war er immer radikaler geworden, je länger er die Mitglieder der Gruppe vertrat und verteidigte. Er gestattete der Organisation, sein Büro und seinen Kopierer zu benutzen. Die Polizei fand 1972 heraus, daß er nach einer Wohnung für Baader und Ensslin suchte. Croissant und andere radikale Anwälte hatten 1973 sogar einen viertägigen Hungerstreik abgehalten für die kostenlose juristische Vertretung bedürftiger und unterdrückter Gruppen. Sicherlich hatte er sich in seine Arbeit mit den Extremisten tief verstrickt. Es wurde behauptet, daß er Botschaften zwischen den Gefangenen befördert habe. Er hatte Jean-Paul Sartre zu einem Besuch von Baader im Stammheimer Gefängnis eingeladen. Sartre kam und verschaffte den inhaftierten Terroristen viel Publicity.
Am 9. Mai 1976 wurde Ulrike Meinhof in ihrer Zelle erhängt aufgefunden. Die Gefängnisverwaltung behauptete, sie habe Selbstmord begangen, aber Croissant und andere Baader-Meinhof-Vertreter versicherten, sie sei von Gefängnisbediensteten ermordet worden.
Genet traf Croissant, als er vor der deutschen Polizei untergetaucht war. Er war beschuldigt worden, Waffen in das Gefängnis geschmuggelt zu haben, und war nach Frankreich geflüchtet, um sich dort zu verstecken, aber auch um internationale Unterstützung durch die Menschenrechtsorganisation Amnesty International und ähnliche Gruppierungen zu erbitten.
Eine junge Deutsche trat an Genet mit der Bitte heran, zur französischen Ausgabe der Schriften von Baader-Meinhof ein Vorwort zu schreiben. Nachdem er das getan hatte, wollte die Gruppe, daß in der französischen Presse etwas zu ihrer Verteidigung erschiene, und so sorgte Genet über Roland Dumas dafür, daß der Text des Vorworts an Jacques Fauvet von *Le Monde* weitergeleitet wurde, obgleich keiner von beiden den Text bis dahin gelesen hatte. Später wollte Fauvet Kürzungen anbringen und wandte sich schriftlich an Paule Thévenin um Erlaubnis; die *Le-Monde*-Fassung ist kürzer als die in der Baader-Meinhof-Anthologie der Éditions Maspero.[36]

Carole und Paul Roussopoulos drängten Klaus Croissant unaufhörlich, Paris zu verlassen und nach Nordafrika zu gehen, aber er wollte in Paris bleiben, wo er ab und zu und unter äußerster Geheimhaltung Pressekonferenzen geben konnte. Er war entschlossen, ein Sprecher der RAF zu bleiben. Die deutsche Regierung war empört, daß Croissant in Frankreich die Möglichkeit gegeben wurde, frei zu reden.

Als Carole und Paul für einen Monat nach Griechenland gehen mußten, brachte Paule Thévenin Croissant in ihrer Wohnung unter. Über die Unterstützung, die Genet den Baader-Meinhof-Leuten gab, war sie nicht besonders glücklich. Sie war gegen die Bedingungen, unter denen sie in Haft waren, aber sie war absolut nicht für die Art und Weise, wie sie prominente Deutsche umbrachten. »Ich kannte in Algerien während des Krieges Mädchen, die brachten Sprengstoff zur Explosion, den sie selbst hergestellt hatten«, erklärte sie später, »aber sie riskierten ihr eigenes Leben, und es war ein ganzes Volk, das für seine Freiheit kämpfte. Die Baader-Meinhof-Leute dagegen waren technisch auf dem höchsten Stand und gingen selber kein Risiko ein. Außerdem waren sie keine Angehörigen einer unterdrückten Bevölkerung.« Sie und Genet stritten sich über seinen Artikel, obwohl ursprünglich sie es war, die den Textwunsch der Deutschen, die sich Charlotte nannte, an Genet weitergegeben hatte.

Von allen politischen Texten Genets ist »Gewalt und Brutalität« der berüchtigtste, der einzige, der wirklich öffentliche Kontroversen entfachte. Er löste eine solche Flut von Leserbriefen aus, daß der Herausgeber von *Le Monde*, Jacques Fauvet, sich gezwungen sah, in einer Mitteilung darauf hinzuweisen, daß der Artikel in der allen Meinungen offenen Rubrik »Standpunkt« erschienen sei und nicht als die Kolumne eines »regulären Mitarbeiters«. Möglicherweise fühlte Genet sich zu Baader, Meinhof und der RAF gerade aufgrund ihrer Untragbarkeit hingezogen. Wenige Intellektuelle, ganz gleich, wie radikal, waren imstande, die offensichtlich willkürliche Gewalt hinzunehmen, die von dieser Gruppe ausging.

In dem Essay macht Genet einen fragwürdigen Unterschied zwischen der »Brutalität« des Staates (wenn der Staat USA oder Bundesrepublik Deutschland heißt, nicht aber, wenn er die UdSSR ist) und der heilsamen »Gewalt« von Baader-Meinhof, die Genet sich als etwas Biologisches und Gutes vorstellt, der Lebenskraft verwandt. Doch nur Genet ist in der Lage, zwischen der bösen Brutalität, die es verdient, vernichtet zu werden, und der guten Gewalt, die zu begrüßen und zu ermutigen ist, zu unterscheiden. Ein Unterscheidungsmerkmal ist beispielsweise die Sympathiebekundung für die Sowjetunion, Genets neuesten Schwarm. Wenn Genets unlogische, pseudobiologische Differenzierung zwischen Gewalt und Brutalität den meisten französischen Intellektuellen grotesk erschien, so brachte sie sein Lob auf die Sowjetunion als Helferin der Dritten Welt in Zorn. Wieder einmal sind die ruchlosen USA die letzten Schurken in Genets Denksystem.

Die Feindseligkeit gegen Genet wurde durch den Umstand verschärft, daß der Präsident des Bundesverbandes der Deutschen Industrie und der Deutschen Arbeitgeberverbände, Hanns-Martin Schleyer, am 5. September 1977 entführt wurde, gleich nach dem Erscheinen von »Gewalt und Brutalität« in *Le Monde*. Drei Polizisten, die seinen Wagen schützten, und Schleyers Chauffeur wurden erschossen, während Schleyer zu einem wartenden Wagen gezerrt wurde. Es überrascht nicht, daß Genets Artikel, als die Übersetzung am 12. September im Wochenmagazin *Der Spiegel* veröffentlicht wurde, Furore machte, zumal die deutschen Leser nicht wußten, daß er *vor* Schleyers Entführung verfaßt worden war. Als die ganze Geschichte im Oktober nach der Entführung der Lufthansamaschine »Landshut«, die dann gestürmt wurde, an ihr Ende kam (Hanns-Martin Schleyer wurde ermordet, und die nicht freigepreßten Baader, Ensslin und Raspe begingen kollektiven Selbstmord), fand Genet sich extrem isoliert wieder. Er verharrte die nächsten zwei Jahre in Schweigen, und das aus gutem Grund.

Als Schleyer ermordet wurde, hieß es in Deutschland, Croissant habe die Tat organisiert. Fotos von Croissant wurden an französische Polizisten verteilt, die den Auftrag erhielten, ihn um jeden Preis zu finden. Croissant aber wollte *Le Matin* ein letztes Interview geben. Vor der Pressekonferenz fand ein Treffen statt, auf dem Genet und Roland Dumas ihn drängten, die Idee eines weiteren Interviews fallenzulassen und Frankreich sofort zu verlassen. Aber Paul und Carole Roussopoulos billigten Croissants Entscheidung, wie immer sie auch lauten sollte. Schließlich entschloß er sich zu bleiben.

Das Telefon, das in der Redaktion von *Le Matin* benutzt wurde, um Interviewverabredungen mit den Reportern zu treffen, war mit einer Wanze versehen worden, und die Polizei wußte folglich, wo das Interview stattfinden würde. Auf den Dächern aller Wohnhäuser rund um den Interviewort wurden Polizisten verteilt. Croissant wurde festgenommen. Sofort fiel Genet über die Roussopoulos' her und beschimpfte sie als Provokateure. »Ihr nehmt furchtbare Risiken auf euch. Warum habt ihr Croissant nicht daran gehindert, zu diesem letzten Interview zu gehen?« fragte er aufgebracht. Danach wollte Genet Paul und Carole nie wiedersehen. Paul litt anderthalb Jahre darunter und versuchte vergeblich, mit Genet in Kontakt zu kommen. Croissant

indessen gab Paul und Carole keinen Augenblick lang die Schuld. Er nahm die Verantwortung auf sich für das, was er getan hatte.[37]
Nun, da Genet von den sehr wenigen Freunden, die seine radikale Position stützten, zwei weitere aufgegeben hatte, war er noch isolierter. Tahar Ben Jelloun sah Genet in dieser Zeit und hatte das Gefühl, daß er zum erstenmal tief erschüttert war. »Ich sah ihn oft, und nie scherte er sich den Teufel um irgend etwas. Aber damals erschütterte ihn der Haß, der ihm entgegenschlug.« Und so schrieb Tahar Ben Jelloun einen kurzen Text mit dem Titel »Pour Jean Genet« (»Für Jean Genet«), damit er sich wieder besser fühlte. Als Genet ihn vor der Veröffentlichung las, bat er Jelloun, ihn drucken zu lassen. »Es war das einzige Mal in all den Jahren unserer Freundschaft, daß er mich jemals um einen Gefallen für sich selber bat. Sonst war er äußerst auf sich gestellt und bat um Gefälligkeiten höchstens für seine Freunde«, erinnert sich Ben Tahar Jelloun.[38]
Sicher brauchte Genet jede Unterstützung, die er finden konnte. Den ganzen September 1977 hindurch erschienen in allen französischen Zeitungen Artikel, die mit »Gewalt und Brutalität« scharf ins Gericht gingen. Selbst die *New York Times* schrieb am 7. September, die meisten europäischen Linksintellektuellen hätten den Terrorismus verurteilt, mit der bemerkenswerten Ausnahme des Romanciers und Dramatikers Jean Genet. In *Le Monde* selbst fiel Jacques Ellul über Genet her und schrieb, daß seine Unterscheidung zwischen Gewalt und Brutalität seltsamerweise eine Replik des bürgerlichen Gedankens sei, daß der Zweck die Mittel heilige. Er war darüber empört, daß Genet die mehrere hundert Millionen Opfer des Stalinismus als bloße »Anekdoten über den Kreml und andere von Kriminologen erzählte Details« hatte abtun können.[39]
Jacques Henric war in seinem Artikel in *Libération* ebenfalls darüber entsetzt, daß Genet alle sowjetischen Verbrechen als unwesentlich abtat. Er fand es unerträglich, daß Genet den Tod von Millionen von Menschen im Gulag auf das Niveau von Anekdoten herabsetzte, ganz zu schweigen von den Opfern psychiatrischer Anstalten, von den verfolgten Juden, den vernichteten nationalen Minderheiten und anderen unterdrückten Gruppen.[40] Andere Kommentatoren nannten die Gedanken von Baader-Meinhof »roten Faschismus« und sahen in ihren Taten eine beunruhigende Rückkehr zum Nazismus.
Nur Tahar Ben Jelloun schien zu sehen, daß Genet auf der Seite aller Enterbten in der Dritten Welt stand: »Es wird ihm nicht vergeben werden, daß er auf der Seite der Zengakuren in Japan stand, der Black Panthers, der Palästinenser und derer, die ihr Land verloren haben.«[41] Genet war zwar bereit, *innerhalb*

einer Bewegung Unterschiede zu machen und Positionen zu beziehen (die Partei Newtons gegen Cleaver oder die Arafats gegen die palästinensischen Extremisten), aber als er sich an die Welt wandte, erteilte er seinen Anliegen einen Freipaß, eine Entscheidung, die katastrophale Folgen hatte.

KAPITEL 21

Genet wohnte nun in einer kleinen Wohnung am Boulevard Rochechouart in Pigalle, um Alexandre Bouglione nahe zu sein, einem Mitglied der berühmten Zirkusfamilie. Er hatte ihn im Dezember 1976 kennengelernt, als der junge Mann ein Balancierkunststück auf der Place Saint-Germain vorführte. Alexandres Vater war gerade gestorben und hatte ihn zugunsten seiner Schwester enterbt. Diese Enterbung war besonders schmerzlich, weil Alexandre bereits seit seinem fünften Lebensjahr im Zirkus gearbeitet hatte; als Erwachsener hatte er als Löwenbändiger gearbeitet und einen Balanceakt an einer freistehenden Leiter ausgeführt. Genet, den all das an Abdallah erinnerte, wurde Alexandres geistiger Vater. Er hätte es vorgezogen, sein Liebhaber zu sein, aber Alexandre war standhaft heterosexuell. Genet kaufte Alexandre ein gebrauchtes Auto und eine teure Laute und engagierte Roland Dumas als Anwalt zur Vertretung seiner Interessen gegen die Erben des väterlichen Vermögens. Alexandre übte manchmal täglich sechs oder sieben Stunden lang Laute, wobei Genet ihn instruierte, wie er früher Abdallah auf dem Hochseil und Jacky an der Rennstrecke Anweisungen gegeben hatte. Er schuf auch einen Zirkusabend für Alexandre, so wie Cocteau einst einen Zirkusauftritt für Panama Brown kreiert hatte. Er war der Meinung, daß kein existierendes Zirkusprogramm phantasievoll genug sei. Also arbeitete er an einem kunstvollen Szenario für diesen Abend (wobei er für jede Nummer und jede Pause genaue Zeiten angab), aber es wurde nichts aus dem Projekt.
Wie früher in ähnlichen Situationen, befreundete sich Genet eng mit Alexan-

dres Frau, der Dichterin Lydie Dattas. Sie entstammte einem künstlerischen Milieu (ihr Vater war Organist an Notre-Dame, ihre Mutter Schauspielerin), aber Lydie verließ diese Welt, um Alexandre zu heiraten. Sie hielt den Revolver in der Hand, wenn Alexandre den Löwenkäfig betrat. Außerdem veröffentlichte sie zwei Bände Gedichte, verdiente dazu, indem sie Stühle reparierte, und fühlte sich zu einer mystisch-religiösen Sendung berufen. Genet wollte ein Haus für die jungen Bougliones mit Extrazimmern für sich bauen, er arbeitete sogar die Pläne aus, aber alles gedieh nie über bloße Hirngespinste hinaus. Zu der Zeit lebte er in einer Atelierwohnung in ihrem Haus, und dort blieb er von 1977 bis 1981.[1]

Im Mai 1979 erfuhr Genet, daß er Kehlkopfkrebs habe. Ein paar Tage später sagte der Arzt, es sei ihm wohl eine Fehldiagnose unterlaufen, und Genet war euphorisch, doch neue Untersuchungen zwei Tage später bestätigten die Diagnose. Einen Monat lang war Genet äußerst bedrückt. Eine Behandlung lehnte er ab und wollte niemanden sehen. Im August 1979 erklärte er sich dann bereit, sich einer Kobalttherapie zu unterziehen, die ein Jahr dauerte und ihn außerordentlich schwächte, das Wachstum der Geschwulst aber vorübergehend zum Stillstand brachte. Genet weigerte sich, das Rauchen aufzugeben, und schockierte andere Kehlkopfkrebspatienten mit seiner Unnachgiebigkeit, wenn er im Krankenhaus in Paris Villejuif mit einer brennenden Zigarette in der Hand zur Therapie erschien. Im Jahr darauf, gegen Anfang August 1980, unterzog er sich einer mit seiner Krebserkrankung nicht in Zusammenhang stehenden Operation, um sich einen Harnröhrenstein und einen gutartigen Tumor von der Prostata entfernen zu lassen. Diese Behandlungen, aber auch seine fortwährenden Probleme mit den Zähnen, schwächten Genet noch weiter.[2]

Er verbrachte immer mehr Zeit in Marokko, wo er für Mohammed El Katrani und seine junge Frau ein Haus hatte bauen lassen. Laurent Boyers Neffe Philippe, ein Architekt, entwarf die Pläne zu dem Haus in Larache, einer marokkanischen, einstmals unter spanischer Herrschaft stehenden Stadt an der Atlantikküste zwischen Tanger und Casablanca.

Die Straßen von Larache gehen sternförmig von einem Platz in der Stadtmitte aus, auf dem früher jeden Sonntag eine Blaskapelle spielte. An dem Platz liegt das Cafe-Restaurant Central, in dessen Keller sich ein Paella-Restaurant noch aus den dreißiger Jahren befand, mit Stierkampfplakaten aus der Zeit und allem Drum und Dran – alles bernsteinfarben konserviert. Larache ist von römischen Ruinen umgeben, an denen gegraben wird, einem glitzernden Berg aus Salz, das den Butenmarschen industriemäßig entzogen wird, Reihen von Palmen und üppigen Bougainvilleabüschen. Die Stadt selbst ist vollkommen weiß – blendende, kreideweiße Mauern mit kobaltblauen Fensterläden und Türen und schmiedeeisernen Balkonen. Das Haus, das Genet dort errichtete, war bescheiden; es hatte einen Innenhof, ein Wohnzimmer von annehmbarer Größe und eine Küche im Parterre und zwei Schlafzimmer oben.

In den Jahren zwischen 1978 und 1982 war Genet ein von vielen Sorgen heimgesuchter alter Mann. Er hatte Krebs und unterzog sich seinen Kobaltbestrahlungen, die zu wirken schienen. Er war damit beschäftigt, Krankenformulare für Termine und Kostenerstattungen auszufüllen. Er las Gesuche von überallher: Von Athen bis Glasgow wurde darum gebeten, seine Stücke auf die Bühne bringen zu dürfen. Er erhielt Schecks, Verträge und Honorarlisten von Gallimard, seiner englischen Agentin (Rosica Colin war gestorben, und ihre Enkelin Joanna Marston hatte die Agentur übernommen) und dem Verband der Theaterautoren.

Er erhielt Briefe von Häftlingen des Gefängnisses La Santé, die seine Bücher lasen und sich in seinen viele Jahre zurückliegenden Erlebnissen wiedererkannten. Alte palästinensische Freunde, wie Nabila Nashashibi, schrieben ihm. Verschiedene Marokkaner und Algerier, die er kennengelernt, mit denen er sich angefreundet und geschlafen hatte, schrieben ebenfalls, meistens mit der Bitte um Geld.

Dann waren da die Mitglieder seiner »Familie«, Jacky Maglia, Mohammed El Katrani und Ahmed. Er überwies ständig große Geldsummen auf ihre jeweiligen Bankkonten, und die Rückseiten vieler Briefumschläge waren mit Genets Zahlen bedeckt. Er zahlte mehr oder weniger gleich hohe Summen an Jacky und Mohammed. Wie sich herausstellte, war Genet fast ständig pleite, und er kritzelte unablässig Zahlen auf Papierstückchen in dem Versuch, seine Einnahmen (Sozialversicherung, Gallimard, Filmvorschüsse etc.) mit seinen Ausgaben (Jacky, Ahmed, Mohammed, seine eigenen Bedürfnisse) zur Deckung zu bringen.

Genet machte sich Sorgen um Jacky, der inzwischen Ende Dreißig war und immer noch keine Möglichkeit gefunden hatte, für den eigenen Lebensunterhalt zu sorgen. Er malte, aber sein Anspruch war so ungeheuer hoch, daß er die meisten Arbeiten wegwarf. 1978 hatte er nach sechs Jahren Malen nur neun Bilder zum Vorzeigen – und am Ende beschloß er, selbst die niemanden sehen zu lassen. Obwohl er eigentlich seiner Veranlagung nach fröhlich war, hatte Jacky ein tiefsitzendes, ängstliches Unsicherheitsgefühl. Er schien von

Genets Leben und Werk besessen zu sein und nahm jeden Hinweis auf Genet in der Presse übel, so als nähme ihm jede öffentliche Erwähnung ein Stück von Genet weg.

Im Umgang mit den anderen »Familien«-Mitgliedern war Jacky zweifellos voller Umsicht. Er sorgte sich, daß Mohammed zuviel *kif* rauchte, und er war fürsorglich gegenüber Genet selbst. Wiederholt sagte er zu Genet, er solle auf seine Zähne achtgeben und nicht zu viele Nembutal schlucken, und er war rasch bei der Hand, um Genet finanziell beizuspringen, wenn das Bargeld knapp wurde.

Von Mohammed hörte man in der Regel nichts als Klagen. Ihn schien eine Art Untergangsstimmung zu quälen, die durch seine *kif*-Raucherei noch verstärkt wurde. Er wußte, er rauchte zu viel Dope, trank zuviel Bier, arbeitete nicht und trödelte voller Verzweiflung in einem schmutzigen, feuchten Haus herum. Er fühlte sich von seinem Vater, der Mutter und dem Bruder zurückgewiesen, vor allem aber von seiner Frau Amina, deren Familie ihn wegen seiner Homosexualität, seiner *kif*-Raucherei, seines Trinkens und seines mangelnden Ehrgeizes ablehnte.

Mohammed nannte Genet seinen Vater – ob sie noch eine sexuelle Beziehung hatten, ist nicht klar. Er schien zu fürchten, Genet könnte ihn verlassen, und wirklich besuchte Genet ihn manchmal nur widerwillig, allerdings war er, was Geld anging, Mohammed gegenüber immer sehr gewissenhaft. In Frankreich war es einmal zu einem Streit zwischen Mohammed und Genet gekommen. Mohammed hatte in den Tuilerien einen Füllfederhalter »gefunden« – und Genet hatte Mohammed verstoßen. Hatte er ihn im Verdacht, den Federhalter gestohlen zu haben, oder glaubte er, Mohammed sei ihm untreu und der Füller das Geschenk eines Nebenbuhlers gewesen? Für Mohammed wurde dieser Vorfall zur fixen Idee, und noch Jahre später kam er darauf zurück.

Mohammeds Sohn Azzedine kam im Frühjahr 1979 auf die Welt. Genet wünschte sich für ihn den Namen Azzedine, da er ihn als eine Reinkarnation seines Freundes Azzedine Kalak betrachtete, des PLO-Repräsentanten in Paris, der am 3. August 1978 ermordet worden war. Reporter foppte er gerne mit der Auskunft, der kleine Azzedine sei Palästinenser.

1980 ging es dann mit dem Haus in Larache allmählich voran, und Mohammed schrieb Genet, der Schreiner mache die Tür, und er kaufe einen Teppich. Im Laufe der Jahre stritt sich Mohammed immer häufiger mit Amina und ihrer Familie. Sie floh ständig mitten in der Nacht mit ihrem Sohn Azzedine in das Dorf ihrer Familie in der Nähe von Fez, und Mohammed jagte hinter ihnen her, aber die Situation wurde allmählich immer schlimmer. Ab 1982 wohnte sie nicht mehr bei ihrem Mann, sondern war mit Azzedine zu ihrer Familie zurückgekehrt. Mohammed beschloß, sie zu verklagen, um seinen Sohn sehen zu dürfen.

Um alle seine Ausgaben bezahlen zu können, verlangte Genet einen immer höheren Vorschuß von Gallimard. Und Gallimard gewährte ihm jährliche Vorschußzahlungen, die zwischen dreihundert- und achthunderttausend Franc (etwa achtzig- bis hundertneunzigtausend Mark) lagen. Als Genet erfuhr, daß er krank ist, erklärte er, daß er keine Steuern mehr zahlen wolle, doch dann sperrte der Staat seine Tantiemen, und er fürchtete, daß dies Schwierigkeiten für seine Erben nach sich ziehen könnte. Es fand eine Rücksprache zwischen einem Steuerfachmann von Gallimard und einem Beamten der örtlichen Unterpräfektur statt. Nach ihrem Übereinkommen wurde Gallimard ermächtigt, an Genet ungehindert alle ihm zustehenden Tantiemen auszuzahlen, bis auf das Geld, das seine Stücke einspielten und über den Verband der Theaterautoren einlief, und die von Barbezat erzielten Tantiemen. Diese Gelder mußten direkt an den Staat abgeführt werden, um die Steuerschuld abzutragen. Man einigte sich darauf, daß keine Buße verhängt wurde. Genet wurde von der Steuerbehörde gezwungen, in Frankreich ein Bankkonto zu eröffnen; zum erstenmal hatte dieser alte Sträfling ein normales Bankkonto in dem Land, in dem er geboren wurde.[3]

Das System funktionierte eine Zeitlang, aber als es ihm gesundheitlich wieder schlechter ging, beschloß er, noch zu seinen Lebzeiten Ahmed, Jacky und Mohammed ohne Umschweife große Summen zukommen zu lassen und keine Steuern mehr zu zahlen. Nach Genets Tod brauchte es drei Jahre, bis seine Steuerschuld beim Finanzamt abbezahlt war.

Claude Gallimard war Genet gegenüber äußerst fürsorglich, auch wenn er von ihm kein neues Manuskript mehr erwartete. Als er von Genets Krebserkrankung erfuhr, schrieb er ihm:

Mein lieber Jean,

ich war sehr bewegt, als ich von Laurent [Boyer] von Ihren ernsten Problemen mit Ihrer Gesundheit erfuhr. Ich weiß auch, daß Sie entschlossen sind, Ihrer Krankheit mit Klarheit und Mut zu begegnen, während Sie sich einer schmerzlichen Behandlung unterziehen.

Ich respektiere Ihren Wunsch nach Diskretion, doch möchte ich Ihnen sagen, daß ich sehr intensiv über Sie nachdenke.

Wie von Ihnen gewünscht, ist Ihnen ein Paket Manuskripte zugeschickt worden,

nachdem Fotokopien angefertigt und in Laurents Safe deponiert worden sind. Er wird den zweiten Packen fotokopieren, sobald er wieder da ist.
Er hält mich auf dem laufenden über Ihre Pläne, im Rahmen Ihrer *Sämtlichen Werke* die Beobachtungen und Reflexionen zu vervollständigen und zu veröffentlichen, die Sie über die politischen Kämpfe der Black Panthers, Palästinenser und so weiter angestellt haben, denen Sie Ihre eigene Unterstützung haben angedeihen lassen. Ich bin sicher, daß dieses Werk, über das Sie mit mir mehrmals gesprochen haben, ein schönes Buch werden wird.
Sie wissen, daß Sie auf mich zählen können, wenn es darum geht, die Publikation Ihrer unveröffentlichten Werke gemäß Ihren Wünschen fortzusetzen.
In treuer Freundschaft
Claude Gallimard[4]

Trotz der echten Freundschaft zwischen Claude Gallimard und Genet konnte sich dieser seine alten Fiesheiten nicht verkneifen. Zum Beispiel sollte er eines Tages einen Vertrag in doppelter Ausfertigung unterschreiben, doch statt dessen unterschrieb er nur das Original, das er mitnahm, während er für Claude die wertlose, nicht unterschriebene Durchschrift daließ. Oder er verkaufte in echter Banditenmanier an Gallimard die Rechte an einem Buch über Mozart, das er nie zu schreiben vorhatte.
Seiner Krankheit und Mattigkeit ungeachtet, machte sich Genet an eine Reihe von Projekten. 1980 erklärte er sich zu einem Filminterview mit Antoine Bourseiller bereit, das im Jahr danach aufgenommen werden sollte. Produzentin sollte Danièle Delorme sein.
Genet hatte zugestimmt, weil er Geld brauchte. Wie sein Anwalt Roland Dumas es ausdrückte, verachtete Genet das Geld, kannte aber gleichzeitig dessen Wert. Er wollte von niemandem hinters Licht geführt werden. »Er dachte, wenn andere Geld hätten, gäbe es keinen Grund, warum er keines haben sollte, aber in dem Maße, wie er welches hatte, war es zur Umverteilung da ... Sie ist interessant, diese Beziehung, das heißt, er kannte die Wichtigkeit, Geld zu besitzen, aber für ihn war das keine egoistische Möglichkeit, es war eine Art Umverteilung von Reichtum auf seine Art.«[5]
Genet arbeitete viele verschiedene Ideen zu seinem Filminterview aus, doch schließlich übernahm er Paule Thévenins Vorschlag, sich lediglich auf drei Themen zu beschränken, die für ihn wichtig waren: Griechenland, Giacometti und Mettray.
Genet nahm alles selbst in die Hand und entschied eigentlich über alle praktischen Einzelheiten dieses Films. Er wählte die Drehorte aus und legte

sogar die einzelnen Einstellungen fest, die Schnitte und die Fragen, auf die er antworten würde. Nie tat er irgend etwas beiläufig, und seine Arbeit an diesem Filminterview kam einer langen, ernsthaften schöpferischen Leistung gleich. Zuerst wollte Genet nicht auf der Leinwand erscheinen. Zu Danièle Delorme sagte er, daß man ihn weder sehen noch hören werde. Vielmehr würden seine Werke in »eine Art kinematographisches Gedicht« hineingestellt werden.[6] Nach einigen Aufnahmewochen wurden allen klar, auch Genet, daß die Bilder plan- und gewichtlos herumschwimmen würden, wenn er nicht selbst spräche. Zurückhaltend erklärte er sich bereit, vor der Kamera trotz seines Kehlkopfkrebses zu sprechen, der ihm die Diktion ziemlich erschwerte. Ein erstes Interview wurde zu Beginn des Sommers 1981 in Delphi gefilmt, einem der von Genet ausgewählten Orte. Ein zweiter Teil wurde im Moulin de la Guéville aufgenommen, dem Familienbesitz von Danièle Delorme, nahe Rambouillet, wenig außerhalb von Paris. Antoine Bourseiller klebte nun aus den verschiedenen Schnellkopien eine grobe Schnittfassung zusammen, um Genet einen Gesamteindruck zu geben. Das war der Augenblick, in dem Genet beschloß, den Film selbst zu schneiden. Er nahm viele der poetischen Szenen, die bereits gedreht waren, wieder heraus, behielt aber einen kurzen Ausschnitt aus einem Dokumentarfilm über Giacometti und einige Fotos bei, die Bruno Barbey in den Palästinenserlagern aufgenommen hatte. Diese Bilder begleiteten von Genet ausgewählte Ausschnitte aus *Wunder der Rose, Tagebuch eines Diebes,* »Der Seiltänzer« und »Alberto Giacometti«, die von Roger Blin und zwei anderen Schauspielern gelesen wurden.
Als erwarte Genet den Tod, hinterließ er in seinen Arbeitsnotizen zu dem Film zwei Äußerungen über Gott. In der einen sagte er, daß er nicht an Gott, und also auch nicht an präexistente Gesetze und Regeln glaube: »Die Regeln müssen jedes Mal erdacht werden. Sie sind eher ästhetisch als moralisch, und man entdeckt – oder erdenkt – sie in der Unsicherheit. Die Regeln, die mich leiten und die ich mir ausdenke, sind gegen die Regel, ich meine, gegen das Gesetz.«[7] An anderer Stelle schreibt er: »Ich habe Ihnen vor zwei Tagen gesagt, daß Gott in meinem Leben keinen Platz hat. Die Wahrheit ist vielleicht anders: Wenn ich nicht an Gott glaube, so handle ich doch die ganze Zeit, als würde ich von ihm bewegt und als hätte er die ganze Zeit, Tag und Nacht, ein Auge auf mich.«[8] Als er das erste Filminterview fertig hatte, war er dennoch nicht damit zufrieden. Er hatte das Gefühl, er habe von sich ein zu friedfertiges Bild vermittelt, das seine politischen Vorstellungen nicht genügend zum Ausdruck

brachte. Danièle Delorme schlug ein weiteres Interview vor, in dem er auf die Kernfragen eingehen könne, die er im ersten Interview verworfen hatte. Trotz Genets Erschöpfung und seines prekären Gesundheitszustandes wurde am 25. Januar 1982 in Danièle Delormes Haus ein zweites Filminterview mit ihm gemacht – diesmal war Bertrand Poirot-Delpech sein Gesprächspartner, ein bekannter Journalist und Romanautor.

Zwar konnte Genet diese beiden Interviews als Testament seiner Vorstellungen und vollbrachten Taten ansehen, dennoch muß er auch enttäuscht gewesen sein. Schließlich hatte er den Panthers und den Palästinensern immer versprochen, daß er ein Buch über sie schreiben werde, und er hatte jahrelang Notizen zusammengetragen. Ihm wurde klar, daß die Zeit kostbar wurde:

Eines ist heilig für mich – ich benutze bewußt das Wort heilig – heilig, das ist die Zeit. Der Raum zählt nicht. Ein Raum kann kleiner werden oder sich enorm ausdehnen, das hat keine große Bedeutung. Aber bei der Zeit hatte ich den Eindruck und habe ihn noch immer, daß mir bei meiner Geburt eine bestimmte Zeit zum Leben gegeben wurde. Gegeben von wem? Natürlich weiß ich das nicht. Mir scheint sie aber von einem Gott gegeben. ... Der anonymste Mensch hat dieselbe Zeit, oder eine kürzere oder eine längere Zeit, egal, aber diese Zeit ist heilig.[9]

1981 schloß Genet außerdem einen Vertrag über ein neues Filmdrehbuch ab, das ihn das ganze Jahr in Atem hielt: Er schrieb das Skript »Le Langage de la muraille« (»Die Sprache der Mauern«) für einen Film, in dem er die Geschichte der Strafanstalt Mettray von ihrer Gründung bis zur Gegenwart rekonstruierte. Um dieses vierhundertzweiundfünfzig Seiten umfassende Typoskript zu verfassen, stürzte Genet sich in enorm umfangreiche historische Untersuchungen nicht nur über Strafkolonien und Mettray im besonderen, sondern auch über die Geschichte des frühen französischen Kolonialismus und der europäischen Politik des neunzehnten Jahrhunderts. Der Untertitel lautet »Cent ans jour après jour« (»Hundert Jahre Tag für Tag«), aber Genet schuf alles andere als eine genaue historische Dokumentation. Vielmehr brachte er noch einmal sein Lieblingsthema von den Unterdrückern und den Unterdrückten aufs Tapet, nur sind diesmal die Unterdrückten nicht algerische Bauern oder Schwarzafrikaner oder Dienstmädchen, sondern die Kolonisten von Mettray, und die Unterdrücker sind keine englischen und französischen Grundbesitzer in den Kolonien, auch kein weißer Königshof oder die Herrin des Hauses, sondern reiche französische Spekulanten und Aristokraten.[10]
Vielen seiner kauzigen historischen Ansichten läßt Genet freien Lauf. Er

schießt einige eher studentische Injurien auf die katholische Kirche ab. Eine Nonne heißt *Sainte Marie des Cosses de Pois Verts* (Heilige Maria von den grünen Erbsenschoten). Er setzt eine theologische Debatte über die Bedeutung der Masturbation in Szene. Der König lehnt das panoptische Gefängnismodell ab, weil er für den Analverkehr ist, der durch diese Zellenanordnung verhindert wird. Wir erfahren, daß die Beherrscher Frankreichs beschließen, die wohnungslosen und kriminellen Elemente als Kolonisten nach Algerien zu schicken. Ja, Genet weist eine eindeutige Verbindung zwischen Mettray, wo die Jungen zu Soldaten ausgebildet werden, und Algerien nach, wohin eben diese Gefangenen als Kolonisten geschickt werden. Es gelingt ihm sogar, diesen Text mit seinem bleibenden Engagement für die Palästinenser zu verknüpfen:

Tunis
Ein Orangenhain, von tunesischen Soldaten bewacht, wird von seinem französischen Besitzer und zwei Gästen besucht.

Französischer Kolonist:	Sehen Sie doch nur, was durch mich daraus geworden ist! Ich habe dieses Land 1880, gleich nach dem Vertrag von Bardo, gekauft – siebentausend Hektar, aber ... sauber ...
Ein Besucher:	Sauber, was heißt das?
Kolonist:	Von dreißig oder vierzig Beduinenlagern gesäubert. Und sehen Sie es sich nur heute an!
Besucher *(lächelnd)*:	Und die Beduinen, wo sind sie hingekommen?
Kolonist *(lächelnd)*:	Ach, ich glaube, mehr oder weniger nach Palästina!

Zwei der Drehbuchfiguren sterben nie: Sie bleiben die ganze Zeit über gleich alt. Eine von ihnen ist Baron Demetz, der Gründer von Mettray, der in seiner Strafkolonie als deren Schutzgeist lebt. Die andere ist buchstäblich ein Geist – der nackte, unsichtbare Leib eines toten Zöglings aus Mettray. Er ist mit kunstvollen Tätowierungen bedeckt und sucht die Kolonie Jahrzehnt für Jahrzehnt heim.

Die politische Satire ist plump und oft voller Haß. Schon in den *Wänden* sind die Europäer überkarikiert; hier aber werden sie auf groteske Weise unglaubhaft. Ein Handlungsstrang existiert nicht. Genet scheint durch seine Marotten, seine historischen Forschungen, seine Erinnerungen an Mettray und seine politischen Theorien abgelenkt zu sein. Nie gelingt es ihm, sich auf ein Thema, eine Figur oder ein Geschehnis zu konzentrieren. Gerade als der Drehplan zu den Aufnahmen von »Die Sprache der Mauern«

festgesetzt wurde, machte er angesichts der Schwierigkeiten, ein Drehbuch umzusetzen, erneut einen Rückzieher und sagte den Film ab. Dieser Mann, der seit mindestens 1940 immer wieder Filmdrehbücher geschrieben hatte, brachte kein einziges auf die Leinwand, bis auf einen zwanzigminütigen Stummfilm, den er nur flüchtig skizziert hatte. Hunderte und Aberhunderte von Drehbuchseiten blieben nach seinem Tod unveröffentlicht und unrealisiert liegen.

1982 freundete sich der einundsiebzigjährige Genet mit einem sechzehneinhalbjährigen Jungen an, der seiner Meinung nach Mick Jagger ähnelte, obwohl der Junge eher dem jungen Lucien Sénémaud ähnlich sah mit seiner blassen Haut, den tätowierten Bizepsen, den scharfen Gesichtszügen, dem schlanken Körper, seinem breiten Lächeln und der tiefen Stimme, ganz zu schweigen von seinem großspurigen Gang. Vielleicht sah er auch aus wie eine sanftere Version des jungen Genet selbst (und obgleich er sich gern wie ein Strolch kleidete, waren beide Eltern Psychiater).

Sie lernten sich indirekt durch jemanden kennen, der an den Filminterviews mitarbeitete, und bald aßen sie an der Place de Ternes regelmäßig zusammen zu Mittag. Genet baute dann sein gigantisches Szenarium zusammen und sprach mit seinem neuen Freund oft über Mettray.

Die beiden ungleichen Freunde aßen jeden Freitagmittag zusammen in einem Restaurant namens Le Lorraine. Genet trug immer dieselbe khakifarbene Jacke mit dem Schaffellkragen, einen Schal und schmutzige Hosen. Sein Zimmer (nahebei in der Rue des Acasias) war vollkommen verdreckt. Oft schlief er mit der brennenden Zigarette in der Hand ein, die dann Löcher in die Matratze brannte. Oder er pflegte die Zigaretten auf dem Teppich, dem Schreibtisch, dem Bett oder sogar dem Telefon auszudrücken. Genet war krank. Seine Ferse schmerzte ihn ständig und machte ihm das Gehen beschwerlich. Durch den Kehlkopfkrebs war seine Stimme ruiniert. An manchen Tagen jedoch konnte er so klar und heiter sein wie eh und je. Sehr gern gab er sich kühn und provozierend vor seinem jungen Freund. Einmal fuhren sie zusammen Motorrad, und der Junge hätte aus Versehen fast eine Frau überfahren. »Du hättest es tun sollen«, zischte Genet ihm ins Ohr. Ein andermal gingen sie an einer jungen Frau vorbei, die Tauben fütterte, und Genet trat nach den Vögeln. Die Frau fing an, ihn zu beschimpfen, und Genet war begeistert. Er liebte solch kleine Szenen in der Öffentlichkeit.

Dennoch hatte er seine Prinzipien. Dem Jungen schärfte er ein, nicht zu trinken und nicht zu viele Joints zu rauchen. Als er von der Schule flog, fragte er Genet, ob er weiter zur Schule gehen solle. Genet sagte nein, er solle Reisen machen. Ja, er schenkte ihm eine Fahrkarte nach Griechenland und zeichnete kunstvolle Lagepläne aller historischen Stätten, die er besuchen sollte. Auch gab er ihm zwanzig Bücher zu lesen, darunter einen Roman von Dostojewski, Conrads *Der Nigger von der ›Narzissus‹*, Nervals Dichtungen, seine *Reise in den Orient* und einen Roman von Faulkner. In Restaurants aß Genet gewöhnlich Beefsteak Tatare, und für seinen jungen Freund bestellte er eine Flasche Champagner (die Genet nie anrührte). Der Junge hatte den Eindruck, daß Genet ihn oft beschwindelte:

Einfach aus Lust am Lügen erzählte er kleine Lügengeschichten, um Eindruck auf mich zu machen. Er war kein Opatyp. Er erzählte gern Witze. Er hatte lebhafte Augen, er war sehr spöttisch. Nie wollte er über seine früheren Werke reden. Aber das Drehbuch über Mettray, an dem er schrieb, das interessierte ihn. Wenn wir über Sex sprachen, fing er sofort an zu witzeln – die Sexualität schien ein Riesenwitz für ihn zu sein. Er war ein bißchen verliebt in mich, aber auch das war ein Thema zum Witzeln. Er scherzte über seine Liebe. Ich mochte ihn sehr. Ich rief ihn an, und er sagte, ich solle rüberkommen. Ich habe mit ihm sehr viel über meine Schule gesprochen. Ich fand, die Schule ist eine Reise nirgendwohin. Genet fand das auch. Alles an Frankreich ekelte ihn an. Er zog den Libanon vor, da, sagte er, wären die Menschen viel lebendiger.

Genet stellte ihm viele Fragen über seinen Vater – er schien auf das Vater-Sohn-Verhältnis neugierig zu sein. Offen sprach er auch mit ihm über seinen nahen Tod. Er wußte, er würde bald sterben; ja er sprach so, als wäre er bereits tot.
»Er war nicht tuntig, aber daß er schwul war, konnte man an seinen Reaktionen auf Frauen erkennen. Er war herausfordernd, aber nicht feindselig. Wenn über den Lautsprecher des Restaurants eine Frauenstimme drang – Genet konnte Lärm nicht ausstehen – sagte er, es höre sich an, als singe sie aus ihrem Arsch. Das waren so die Bemerkungen, die er immer machte.«
Gelegentlich kaufte ihm sein junger Freund Bücher, die er brauchte. Er erinnert sich, ein Buch über Frankreich, wie es von Amerikanern gesehen wird, gekauft zu haben, ein anderes über Tocqueville und ein drittes über Findelkinder im neunzehnten Jahrhundert.
Ihre Beziehung endete, weil der junge Mann, statt allein nach Griechenland zu fahren und aus der Reise eine Pilgerfahrt zu machen, seine Freundin mitnahm. Genet entdeckte, daß er einem jungen heterosexuellen Paar die Ferien bezahlt hatte, und war wütend. Als der Junge nach Paris zurückkam,

hinterließ Genet eine Nachricht, daß er nach Marokko gefahren sei. Danach sahen sie sich nie mehr wieder, obwohl der junge Mann bei Gallimard mehrere Briefe zur Weiterbeförderung an Genet hinterlegte.

Genet verbrachte wirklich einen großen Teil des Jahres 1982 in Marokko. Doch dann, im September, faßte er den Entschluß, mit seiner palästinensischen Freundin Leila Chahid, die Vorsitzende der Palästinensischen Studentenschaft geworden war, in den Nahen Osten zu fahren. Nach Genets Tod wurde sie als erste Frau in die PLO-Spitze berufen (sie ist Delegierte in Den Haag). Sie erinnert sich:

Während der Bombardierung Beiruts im Juli 1982 bat ich Genet das erste Mal, einen Artikel für uns zu schreiben. Er und ich waren in Rabat. Er sagte, er brauche Lesestoff; er müsse Hintergrundinformationen zum arabisch-israelischen Konflikt haben. Ich gab ihm mehrere Bücher, die ich hatte. Er nahm sie mit nach Larache. Eine Woche später sagte er zu mir: »Wenn ich etwas für euch schriebe, wäre es in so starken Worten abgefaßt, daß ich glaube, es würde mehr schaden als nutzen.« Ich akzeptierte diese Möglichkeit. Jahrelang schon bat ich ihn, wieder zu schreiben (nicht für mich oder die Palästinenser, sondern etwas, irgend etwas). Aber er sagte immer nur: »Ich habe nichts mehr zu sagen.«

Dann kam ich nach Paris und sah Genet im Bett in der Rue des Acasias, sehr schwach und krank, und er trank etwas heiße Milch und aß sonst nichts. Ich sagte: »Warum schreibst du keinen offenen Brief an deine bedrängten Freunde in Beirut?« Er hatte nämlich Freunde dort, darunter Dr. Mahjoub, den Gründer der Kommunistischen Partei Ägyptens, der unter seinem eigenen Namen in *Ein verliebter Gefangener* auftritt. Ich dachte, Genet könnte Mahjoub einen offenen Brief schreiben. Er überlegte, dann sagte er: »Nein, das wäre albern.« Er war sowieso damit beschäftigt, einen Text für eine Ausstellung von Bildern französischer Soldaten in Marokko zu schreiben, und er arbeitete an seinem Drehbuch über Mettray.

Wenig später faßte ich den Entschluß, nach Beirut zu fahren, da ich wußte, die Israelis standen unmittelbar vor den Toren der Stadt. Ich hatte vor, nach Damaskus zu fliegen und mich dann mit einem Taxi nach West-Beirut durchzuschlagen. Plötzlich verkündete Genet: »Ich komme mit.« Ich sträubte mich, ihn mitzunehmen, weil ich dachte, er würde die Reise nie überleben. Aber er ließ nicht locker. Er sagte, er käme mit, in dieser sehr schroffen Art, die er haben konnte. Er wies mich an, dafür zu sorgen, daß er ein syrisches Visum bekäme. Wir fuhren zusammen zur syrischen Botschaft, und ich verlangte den Botschafter zu sprechen. Mit großer Bestimmtheit teilte ich ihm mit, daß ich nach Damaskus führe und daß ich mit M. Jean Genet reisen wolle, der ein Visum brauche. Ich bin sicher, er hatte keine Ahnung, wer Genet war, aber er war sehr zuvorkommend und führte uns in einen großen goldenen Salon. Fünf Minuten später hatten wir ein Visum für Genet.

Mit einem Mal war Jean nicht mehr krank.

In Damaskus nahmen wir ein Taxi (eines von diesen Gruppentaxis, in die jedermann hineingepfercht wird) und fuhren durch die verschiedenen Militärläger hindurch. Ich wies Jean darauf hin, welches den Christen, welches den Phalangisten und welches den Israelis gehörte. Wir langten unter großen Schwierigkeiten an. Der Wagen wurde andauernd angehalten. Immer wieder sahen wir Pfeile an Hausmauern, worauf Jean mich aufmerksam machte. »Wozu sind die da?« wollte er wissen.

Natürlich erfuhr ich später, daß sie da waren, um der kommenden Invasion West-Beiruts durch israelische Soldaten den Weg zu weisen. Jean hatte sehr scharfe Augen.

Wir wohnten in der Wohnung meiner Mutter, dreihundert Quadratmeter im achten Stock eines modernen Gebäudes in der Nähe des französischen Konsulats, mit Blick auf den Hafen und das Meer. Ich gab ihm das Zimmer meiner Mutter und zog in das auf der anderen Seite des Korridors, gleich gegenüber. Jean aß kein Abendbrot. Er aß nie abends, weil das die Wirkung der Nembutal herabsetzte.

Am nächsten Tag sagte Jean, er wolle sehen, was von Beirut noch übrig sei. Er betrachtete alles wie ein Arzt, der sich einen kranken Körper ansieht. Wir gingen überallhin; eine befreundete Journalistin namens Jacqueline erklärte alles. Wir fuhren in die palästinensischen Flüchtlingslager. An dem Abend nahm Genet seine Nembutal mit in sein Zimmer. Normalerweise war er wie ein Toter, wenn er seine Tabletten genommen hatte. Aber an diesem Abend muß er ungewöhnlich aufgeregt gewesen sein, denn eine Stunde später kam er in mein Zimmer. Sein Haar stand hinten in die Höhe, zweifellos vom Kopfkissen hochgeschoben, seine Hosen waren halb offen, ich konnte seine rote Unterwäsche sehen, und er trug keine Schuhe. Er setzte sich in einen Sessel und sagte: »Ich liebe sie.« – »Wen?« – »Die Palästinenser.« Ich wußte, daß dieser Augenblick sehr wichtig für ihn war, und mischte mich in keiner Weise ein. Nachdem er mehrere Jahre lang ein Leichnam gewesen war, schien er zum Leben zurückzukehren, in seinen Augen lag ein neues Glück.[11]

Genet war zehn Jahre lang nicht im Nahen Osten gewesen. Als er im Libanon eintraf, war es in Beirut ruhig. Es war ein kritischer Moment im libanesischen Krieg. Genet und Leila kamen am 12. September 1982 nach Beirut. Nach einer dreimonatigen Belagerung, bei der die israelische Armee vor den Toren der Stadt lag, hatten die palästinensischen Freischärler, die in West-Beirut Zuflucht gesucht hatten, sich schließlich bereit erklärt, das Land zu verlassen und sich nach Tunesien, Algerien und in den Jemen ausschiffen zu lassen. Daraufhin wurden die Palästinenser in den Lagern entwaffnet, und nach der Wahl

vom 23. August wählte die Libanesische Republik einen neuen Präsidenten, Beschir Gemayel. Den palästinensischen Zivilisten, die dablieben, wurde Schutz durch eine Streitmacht italienischer, französischer und amerikanischer Soldaten zugesagt.
Doch bald nachdem Genet und Leila angekommen waren, begannen die Ereignisse eine Wende zum Bösen zu nehmen. Am 13. September beobachtete Genet vom Balkon der Wohnung von Leila Chahids Mutter aus den Abzug der internationalen Streitmacht. Kaum hatten die Schiffe den Hafen verlassen, als am 14. September der neue Präsident (der zugleich Führer der rechtsgerichteten Christen war) ermordet wurde. Am Morgen des 15. September rückte die israelische Armee unter Verletzung aller Vereinbarungen in Beirut ein, um »die Aufrechterhaltung der Ordnung zu gewährleisten«. Die Israelis vertrieben die letzten palästinensischen Soldaten, die noch in der Stadt geblieben waren. Noch am gleichen Abend umzingelte die israelische Armee die Palästinenserlager Sabra und Chatila an der Peripherie von Beirut und schlug ihr militärisches Hauptquartier in einem achtstöckigen Gebäude auf, zweihundert Meter vom Zugang zu den Lagern entfernt.
Genet und Leila erlebten die Ankunft der israelischen Verteidigungsstreitkräfte (IDF) mit. Am Mittwoch, dem 15. September, morgens um fünf rückte die IDF in Beirut ein. Ein Journalist klopfte an Leilas Tür, um sie zu warnen. »Die Israelis kommen!« Genet und Leila rannten – der Strom war abgeschaltet – die acht Stockwerke nach unten in den Luftschutzkeller. Sie hörten Bomben fallen, wovon die Hälfte lediglich Schockbomben waren, um jedermann in Angst und Schrecken zu versetzen.
Genet bestand darauf, auf die Straße zu gehen. Leila stritt sich mit ihm und sagte, er könnte umkommen. »Ich möchte sterben, so geht mir das alles auf die Nerven«, sagte er. Sie begleitete ihn auf die Straße. Israelische Panzer mit sehr jungen Soldaten rollten, kaum fünfzig Meter entfernt, an ihnen vorbei.

Als sie am nächsten Tag aus dem Haus wollten, wurde ihnen von israelischen Straßenposten mitgeteilt, sie dürften ihr Viertel nicht verlassen. In der Nacht sahen sie Leuchtfeuer am Himmel über dem Lager in Chatila. Obwohl es noch niemand wußte, war die IDF unter General Scharon zu einer Einigung mit den phalangistischen Streitkräften gekommen. Die Phalangisten suchten nach Vergeltung für den Tod von Beschir Gemayel, den sie palästinensischen Geheimagenten anlasteten; die Israelis, entschlossen, die letzten Spuren der palästinensischen Besetzung zu tilgen, arbeiteten mit ihnen Hand in Hand. Zwei Tage nach Gemayels Tod wurde vom Israelischen Generalstab der Befehl

Nummer 6 ausgegeben, in dem erklärt wurde, daß »die Flüchtlingslager nicht zu betreten sind. Die Durchsuchung und Säuberung der Lager wird von den Phalangisten und der libanesischen Armee durchgeführt.«[12] Eine kleine Einheit von Phalangisten, wahrscheinlich nicht mehr als einhundertfünfzig Mann, rückten in Chatila ein und metzelten jeden nieder, während der Himmel darüber von der israelischen Armee hell erleuchtet wurde. Israelische 81-Millimeter-Mörser schossen Leuchtraketen ab, und später sorgten darüber hinwegfliegende israelische Flugzeuge ebenfalls für Beleuchtung. Thomas L. Friedman, der Autor von *From Beirut to Jerusalem*, kommt zu dem Schluß:

Niemand weiß genau, wie viele Menschen während des dreitägigen Massakers umkamen und wie viele durch die Phalangisten abtransportiert und woanders getötet wurden. Die einzige unabhängige, von offizieller Seite genannte Opferzahl war die des Internationalen Komitees vom Roten Kreuz, dessen Mitarbeiter einige Tage nach dem Massaker zweihundertzehn Leichen – einhundertvierzig Männer, achtunddreißig Frauen und zweiunddreißig Kinder – in einem Massengrab beerdigten. Da die meisten Opfer schon viel früher von ihren Angehörigen bestattet worden waren, teilte das Rote Kreuz mit, es schätze die Gesamtzahl der Toten auf achthundert bis eintausend.[13]

Da sie ihr Viertel nicht verlassen durften, wußten weder Genet noch Leila von dem Gemetzel. Ja, nicht einmal die Palästinenser, die in den von Menschen wimmelnden Straßen gleich neben dem Lager in Chatila lebten, hatten eine Ahnung von dem Massaker, das sich drinnen ereignete. In der Nacht von Donnerstag auf Freitag, vom 16. zum 17. September, sickerten allmählich Vermutungen durch. Am Freitagmorgen kam eine norwegische Krankenschwester, eine Freundin von Leila, zu ihr und sagte, daß etwas Furchtbares im Gange sei. Sie arbeitete in einem Krankenhaus gleich außerhalb von Chatila und hatte während der Nacht merkwürdige Geräusche gehört, keine Schüsse, sondern eher das Geräusch von Äxten, die auf Körper einhacken. Uniformierte waren am Freitagmorgen in ihr Krankenhaus gekommen und hatten befohlen, einen Arzt und eine Krankenschwester, beides Palästinenser, wegzubringen und zu erschießen.»Sie müssen die Welt warnen«, drängte die Krankenschwester. Leila wollte, daß Genet mit dem französischen Konsulat spräche. Genet weigerte sich. Leila war außer sich. »Es ist nicht meine Aufgabe, mit dem französischen Konsulat zu sprechen«, sagte Genet. Er willigte aber ein, sie dorthin zu begleiten.

Das Konsulat befand sich in der Nähe, doch um ganz sicher zu gehen, fuhren sie im Wagen von Leilas Schwester hin. Dort erläuterte die Krankenschwester dem französischen Konsul die Situation. Er versprach, seiner Regierung ein Telegramm zu schicken. Der Wagen gab ganz plötzlich den Geist auf, und so liefen Leila und Genet nach Hause. Noch am gleichen Tag teilte ihnen der französische Konsul mit, er habe Berichte über »Berge von Leichen« erhalten und seiner Regierung Rapport erstattet. Auch das Rote Kreuz richtete einen Hilferuf an die Welt.

Zwei Tage später, am Sonntag, dem 19. September, gegen zehn Uhr früh konnte Genet, der sich als Journalist ausgab, endlich in Begleitung von Leila und zwei amerikanischen Fotografen das Lager in Chatila betreten. Er war der erste Europäer, der das Gemetzel sah. Die Bulldozer der libanesischen Armee, die die Situation wieder unter Kontrolle hatte, waren dabei, die Toten eilig zu begraben, aber viele Leichen waren noch nicht weggeschafft. Vier Stunden lang wanderte Genet unter der glühenden Sonne die schmalen Straßen hinauf und hinunter.

Als er wieder in Leilas Wohnung zurückkam, hatte er überall Sonnenbläschen. Zwei Tage lang schloß er sich in sein Zimmer ein, dann gab er bekannt, daß er sofort abreisen wolle. Leila versuchte ihm davon abzuraten, weil sie meinte, es sei noch zu gefährlich. Aber er bestand darauf. Einige Tage später brachte ihn ein Freund von Leila zu einem Taxistand. Zusammen mit einer Gruppe Palästinensern fuhr er durch mehr als fünfzig Kontrollpunkte nach Damaskus. Leila bat ihn, ja keine Witze über die israelischen Soldaten zu reißen und seine Notizen nicht mit sich zu führen. »Ich habe sie bereits zerrissen, ins Klo geworfen und hinuntergespült«, sagte Genet. Als er ihren bestürzten Blick sah, sagte er mit vornehmer Verachtung: »Wenn es nicht in meinem Kopf bleibt, ist es nicht wert, geschrieben zu werden.«

Am 22. September nahm er das Flugzeug von Damaskus nach Paris, wo er den ganzen Oktober über an seinem Essay »Quatre heures à Chatila« (»Vier Stunden in Chatila«) schrieb. Als Leila einen Monat später zu ihm in die Rue des Acasias kam, reichte er ihr einen maschinegeschriebenen Text. »Wenn er gut genug ist«, sagte er zu ihr, »veröffentliche ich ihn.« Leila war von dem Essay tief bewegt. Das Beste, was Genet seit zwanzig Jahren geschrieben hatte, wurde allenthalben publiziert und mit Beifall aufgenommen. Im Gegensatz zu seinen früheren politischen Aufsätzen, die in einer durch und durch trockenen Prosa geschrieben waren, um zu überzeugen und Informationen zu vermitteln, war »Vier Stunden in Chatila« die poetische Darstellung eines unerträglichen Ereignisses. Als Paule Thévenin den Essay las, war sie von dessen unerwarteter Fröhlichkeit überrascht – der gleichen Freude im Angesicht des Todes, die sie in *Die Wände* festgestellt hatte. Vielleicht war es ihm in dem Monat, den er zur Niederschrift dieses Essays brauchte, gelungen, seinen Ekel vor der Gewalttat zu überwinden und sich über diese Erfahrung zu stellen. Er setzte seine jüngsten Erinnerungen an Beirut gegen die seiner ersten Reise nach Jordanien. Durch das Nebeneinanderstellen dieser zwei verschiedenen Zeitrahmen verlieh er seinem Essay die gleiche collageartige Wirkung, die für seine Romane charakteristisch gewesen war. Kein Wunder, daß dieser Text für Genet die Rückkehr zur »Tätigkeit des Schreibens« anzeigte. In kühlem, neutralem Ton schildert Genet das Grauen, das er sah:

Von einer Straßenmauer zur anderen, zusammengekrümmt oder aufgestützt, die Füße gegen die eine Mauer gestemmt und den Kopf an die andere gelehnt, waren die schwarzen und aufgequollenen Kadaver, über die ich hinwegsteigen mußte, sämtlich Palästinenser und Libanesen. Für mich und diejenigen, die von den Bewohnern noch übrig waren, sah das Vorankommen in Chatila und Sabra einem Hüpfspiel ähnlich. Manchmal versperrt ein totes Kind die Straßen, sie sind so eng, fast winzig, und die Toten sind so zahlreich. Ihr Geruch ist alten Menschen sicherlich vertraut: mich störte er nicht. Aber wie viele Fliegen. Wenn ich das Taschentuch oder die arabische Zeitung hochnahm, die über einen Kopf gelegt war, störte ich sie. Von meiner Handbewegung aufgescheucht, ließen sie sich dicht an dicht auf meinem Handrücken nieder und versuchten, dort weiterzufressen. Die erste Leiche, die ich sah, war die eines Mannes von fünfzig oder sechzig Jahren. Er hätte einen weißen Haarkranz gehabt, wenn man ihm nicht (mit einem Axthieb, schien mir) den Schädel gespalten hätte.[14]

Zwischen seine Beschreibungen toter Körper streut Genet Überlegungen zu den politischen Hintergründe und Schlußfolgerungen ein. Doch die Schilderungen aus Chatila bleiben das Qualvollste:

In einer schmalen Straße glaubte ich in einem Mauerwinkel einen Boxer am Boden sitzen zu sehen, der überrascht schien, daß er k.o. gegangen war. Niemand hatte den Mut gehabt, ihm die Lider zu schließen, seine vorquellenden Augen, wie aus sehr weißem Porzellan, sahen mich an. Er wirkte enttäuscht, wie er mit erhobenem Arm gegen diesen Mauerwinkel gelehnt dasaß. Es war ein Palästinenser, seit zwei oder drei Tagen tot. Wenn ich ihn zuerst für einen Negerboxer hielt, dann, weil sein Kopf riesig war, geschwollen und schwarz, wie alle Köpfe und alle Leichen, ob sie in der Sonne lagen oder im Schatten der Häuser. Ich ging an seinen Füßen vorbei. Aus dem Staub hob ich den oberen Teil einer Zahnprothese auf, die ich auf die Reste eines Fenstersimses legte. Seine zum Himmel erhobene hohle Hand, sein offener Mund, der Spalt in seiner Hose, der der Gürtel fehlte: alles Fluglöcher, in denen es von Fliegen wimmelte.[15]

Und trotz Schilderungen wie diesen teilt der Essay, wie Paule Thévenin bemerkt hat, eine Erregung mit, die im Widerspruch zu der geschilderten Tragödie steht. Darüber hinaus erinnert sich Genet immer wieder an seine ersten atemberaubenden Monate bei den Fedajin in Jordanien:

Dieses ganze Abenteuer hätte im Untertitel »Ein Sommernachtstraum« heißen sollen, trotz der Schreiereien der vierzigjährigen Anführer. Das alles war möglich aus Jugendlichkeit, aus Freude, unter Bäumen zu sein, mit Waffen herumzuspielen, weg von den Frauen zu sein, also ein schwieriges Problem auszuklammern, der hellste, weil der vorderste, Punkt der Revolution zu sein, das Einverständnis der Lagerbewohner zu haben, fotogen zu sein, egal wobei, und vielleicht vorauszuahnen, daß dieses Feenmärchen mit revolutionärem Inhalt bald zu Ende sein würde: die Fedajin wollten nicht die Macht, sie hatten die Freiheit.
Bei der Rückkehr aus Beirut habe ich auf dem Flughafen von Damaskus junge Fedajin getroffen, die der israelischen Hölle entkommen waren. Sie waren sechzehn oder siebzehn Jahre alt: sie lachten, sie ähnelten ihren Brüdern in Aljoun. Sie werden sterben wie sie. Der Kampf für ein Land kann ein sehr reiches, aber kurzes Leben ausfüllen. Das ist die Wahl, erinnern wir uns, des Achilles in der *Ilias*.[16]

Leila Chahid sagte später:

Genet hatte das Gefühl, sein persönliches Schicksal sei mit dem der Palästinenser verflochten. Und so glaubte er, der Zufall, der ihn zur Zeit des Massakers in Chatila nach Beirut geführt hatte, sei ein Zeichen, daß er ein Buch schreiben solle. Alles, was er über die Palästinenser erfahren hatte – und das er nur aus eigenem Interesse in sich aufgenommen hatte – wurde plötzlich belangvoll und nützlich. Er war stolz, daß er wieder zu schreiben vermochte, und darauf erpicht, noch zu Lebzeiten ein Buch gedruckt zu sehen. War er auch derjenige, der sich aus seinen zwei großen Filmprojekten zurückzog, so wollte er in seinem Leben doch noch ein Buch veröffentlichen, das sein Talent unter Beweis stellte.[17]

Mochte Genet seine Romane und Theaterstücke auch noch so ablehnen, sie wurden weiter veröffentlicht oder gespielt. Seine Rechtsprobleme mit Marc Barbezat beispielsweise waren 1969 auf eine Weise gelöst worden, daß die Romane schließlich ab Mitte der siebziger Jahre bei Gallimard broschiert erscheinen konnten. Man begann mit *Notre-Dame-des-Fleurs* und veröffentlichte im Zweijahresrhythmus die übrigen Romane. Genet hatte immer haben wollen, daß seine *Sämtlichen Werke* in broschierten Ausgaben erhältlich wären, und nun wurde ihm sein Wunsch erfüllt. Einer der Gründe, mit Barbezat zu brechen, war gewesen, daß er den Eindruck hatte, sein alter Verleger wolle, daß er ein Autor mit einer sehr kleinen Leserschaft bliebe. *Tagebuch eines Diebes* war der einzige Titel gewesen, über den Genet von Anfang an die Kontrolle hatte, folglich war er immer lieferbar. Vielleicht ist das auch der Grund, warum er lange Zeit in Frankreich Genets bekanntestes Buch war.[18]

Nach Genets Theaterstücken und Romanen wurden viele Filme gedreht, aber die beste (und bekannteste) Filmadaption eines Genet-Romans ist *Querelle* von Rainer Werner Fassbinder. Die Titelrolle spielte der amerikanische Schauspieler Brad Davis (der 1991 an Aids starb), die Madame war Jeanne Moreau (die ein Lied singt, das auf einer Zeile aus Oscar Wildes *Ballade vom Zuchthaus zu Reading* basiert: »Doch jeder mordet, was er liebt«), und den verliebten Marineoffizier, Leutnant Seblon, spielte der überaus männliche italienische Star Franco Nero.

Der Film sollte ursprünglich von Werner Schroeter nach einem Drehbuch von Burkhard Driest in der Produktion von Dieter Schidor gedreht werden.[19] Aber Schidor bekam das Geld zur Finanzierung eines Schroeter-Films nicht zusammen; deshalb wandte er sich an mehrere andere Regisseure (John Schlesinger, Sam Peckinpah unter anderen), und schließlich an Fassbinder, der kreditwürdiger war. Laut Schidor schrieb Burkhard Driest für Fassbinder ein vollkommen anderes Drehbuch. Dann nahm Fassbinder die geradlinige Story und mischte sie auf. Schidor zufolge »machte Fassbinder etwas völlig anderes, er nahm Genets Text und versuchte, sich über etwas anderes als die Story Gedanken zu machen. Die Story wurde für ihn vollkommen unwichtig. Er sagte auch öffentlich, die Story sei so was Ähnliches wie eine drittklassige Polizeigeschichte, die es nicht wert wäre, darüber einen Film zu machen, ohne ihm eine spezielle moralische Schlagkraft zu verleihen.« Während Schroeter einen Schwarzweißfilm mit Laienschauspielern und Außenaufnahmen hatte machen wollen, beschloß Fassbinder, den Film mit Berufsschauspielern auf englisch in fahlen, expressionistischen Farben und in eigens gebauten Kulissen im Atelier zu drehen. Alles ist in ein künstliches Licht getaucht, und die Architekturelemente sind sämtlich symbolisch.

Nachdem der Film gedreht war, kam Genet auf der Durchreise nach Berlin, und der Produzent Dieter Schidor wollte ihn unbedingt kennenlernen. Schidor fuhr zu dem Berliner Hotel Gerhus und fragte an der Rezeption, ob Genet da sei. Der Hotelangestellte sprach den Namen »Herr Jennett« aus und sagte, da

Genet nicht Deutsch spreche, sollte Dieter Schidor einfach nach oben gehen und an die Tür klopfen. Aber Schidor war zu schüchtern und wartete in der Hotelhalle:

Plötzlich geht die Tür auf, und ein Mann kommt raus und geht die Treppe runter, und ich wußte, es war Jean Genet. Es war vollkommen leer, dieses Hotel, in all dem Wirbel der Berliner Filmfestspiele war absolut niemand im Hotel. Ich stand auf und ging auf ihn zu, und er sagte zu mir: »Sind Sie Monsieur ... Mister Peter ... Mr. Peter Stein?« [Genet war in Berlin, um sich mit Peter Stein, dem Regisseur der Schaubühne zu treffen, der gerade dabei war, *Die Neger* mit weißen, schwarzgeschminkten Schauspielern zu inszenieren – das erste Mal, daß Genet weiße Schauspieler statt schwarzen zuließ.] »Nein, ich bin Dieter Schidor.« Gleichzeitig winkte jemand von weiter hinten, wo zwei Leute saßen, und rief: »Nein, nein, das bin ich!« Aber dann wußte Genet, wer ich war und kam näher, wir setzten uns, weil es ein paar Sekunden dauerte, bis die zwei bei uns waren. Es war ein völliges Durcheinander, weil er nicht richtig begriff, was los war, er dachte, wir gehörten alle zusammen, er war da, weil ihm eine unglaubliche Summe gezahlt wurde, so was wie sechzigtausend Dollar, um ein 10-Minuten-Interview für einen Film zu geben, den Peter Stein über die Theaterinszenierung der *Neger* drehte, und er sagte, ich sollte am nächsten Tag zum Frühstück kommen. Und ich fuhr hin; wir verbrachten drei Stunden miteinander wie geistreiche, intelligente, neugierige Bauern.[20]

Schidor selbst hatte Genet hunderttausend Dollar für die Filmrechte an *Querelle* gezahlt. Während er mit Genet über den Film sprach, entdeckte Schidor, daß Genet keine Erinnerung an das Buch oder dessen Fabel hatte – zumindest tat er so. Er hatte auch den Film nicht gesehen (»man darf ja im Kino nicht rauchen«), und alles, worüber Genet reden wollte, war, wie der sehr jung aussehende Schidor es hatte schaffen können, das Geld für so ein Projekt aufzutreiben.

Der Film wurde 1982 gedreht und kam noch im selben Jahr in die Kinos. Im übrigen hatte *Querelle* in den ersten drei Wochen nach seinem Start in Paris mehr als hunderttausend Zuschauer, erstmals wurde ein Film mit einem schwulen Thema ein solcher Erfolg.[21] Nachdem der Film angelaufen war, gab Dieter Schidor der *New York Times* ein Interview, in dem er sagte: »Ich lud ihn [Genet] ein, die Erzählung im Off zu machen, seinen eigenen Text zu sprechen. Er schrieb mir einen Brief: ›Lieber Herr, dieses Buch ist vor ungefähr vierzig Jahren geschrieben worden. Ich habe es vergessen, so wie ich alle meine anderen Bücher auch vergessen habe. Sagen Sie das Herrn Fassbinder. Er wird es verstehen.‹«[22]

Fassbinder war in vieler Hinsicht das genaue Gegenteil von Genet. Während Genet schon seit vielen Jahren verstummt war, hatte Fassbinder sich in jungen Jahren ausgebrannt. Als er am 10. Juni 1982 in München starb, war er erst sechsunddreißig. Er starb an einem durch Drogenmißbrauch ausgelösten Herzanfall. In siebzehn Jahren als Filmregisseur hatte er zweiundvierzig Filme gedreht. Vor seiner Tätigkeit im Filmgeschäft war er Theaterregisseur, Dramatiker und Schauspieler gewesen. Aber eines hatten Fassbinder und Genet gemeinsam: Beide hatten sie eine katastrophale Wirkung auf die Menschen um sie herum. Viele von Fassbinders Mitarbeitern (unter ihnen Schidor) brachten sich um.

Im Sommer 1983, wahrscheinlich im Juli, begann Genet in Marokko mit der Niederschrift von *Ein verliebter Gefangener* (Genet selbst behauptet in dem Buch, er habe es erst gegen Oktober 1983 begonnen). Genet arbeitete in Larache. Von Mohammeds Sohn Azzedine war Genet völlig hingerissen. Er war jetzt vier Jahre alt, und Genet hatte ihn zum erstenmal als Baby von zwei Monaten gesehen. Später, 1985, erinnerte sich Genet:

Wissen Sie, ich mag Kinder nicht sehr. Er ist der Sohn palästinensischer Freunde, die in Marokko leben. Als er zur Welt kam, war ich gerade auf Reisen, ich weiß nicht mehr, wo. Als ich nach Rabat zurückkam, zwei Monate nach seiner Geburt, wollten sie, daß ich mir ihren Sohn ansehe. Nicht sehr glücklich beugte ich mich über das Bettchen. Ich zog die Stirn kraus. Er war der erste, der lächelte. Seitdem kümmere ich mich um ihn. Jetzt ist er sechs. Ich habe ihn in die beste Schule gesteckt. Ich werde ihn jedes Wochenende sehen, wenn ich in Marokko bin.[23]

Azzedine spielte in Genets Leben schließlich eine solche Rolle, daß er ihn in den Text von *Ein verliebter Gefangener* hineinkomponierte. So spricht er von einem improvisierten Tanz alter Palästinenserinnen im Lager Baqa und nennt ihn »vergleichbar dem, den sich Azzedine zu Ehren seines ersten Fahrrads ausdachte, vor dem er tanzte.«[24]

Das Haus, das Genet für Mohammed in Larache gebaut hatte, erwies sich als das Haus, das er sich in jenem Traum in der Türkei vorgestellt hatte. In *Ein verliebter Gefangener* schreibt er:

Seit langem hatte ich gegen mich und gegen den Besitztrieb Krieg geführt, bis ich die Gegenstände so reduziert hatte, daß ich nur noch je ein Stück von den Kleidern besaß, die ich am Körper trug, Bleistifte und Papier waren zerbrochen, zerrissen, weggeworfen, die Welt der Dinge entdeckte die Leere und stürzte sich hinein. Das Haus kündigte sich mit einem gewaltigem Lärm scheppernder Kochtöpfe an, denn es und der Garten kamen nicht zu mir mit einer schlüsselfertigen Küche, sondern Kochtopf für Kochtopf, Wasserhahn für Wasserhahn und mit verstopften Abflüssen, wie es die kalmückische, hethitische und türkische Tradition verlangen. Sobald ich dem Dämon geopfert hatte, das heißt einem jungen Araber ein Haus bauen ließ, hörten die zweifellos betörten und beruhigten Dinge auf, mich zu quälen.[25]

Doch wenn auch verhexte Gegenstände aufhörten, Genet zu quälen, waren die Nachbarn in Larache Mohammed nicht so freundlich gesinnt. Sie waren erbost darüber, daß er nicht arbeitete, daß er *kif* rauchte und über so lange Zeiten einen schmutzigen, alten, weißen Europäer bei sich aufnahm. Und so warfen sie Müll aus ihren Fenstern in Mohammeds Hof. Genet, der nie wußte, wie man etwas auf normale Weise anging und nur mit Sträflingen oder Staatsministern Umgang pflegte, fiel keine andere Lösung des Müllproblems ein, als Tahar Ben Jelloun darum zu bitten, einen wichtigen Regierungsvertreter in Mohammeds Haus einzuladen. Genet argumentierte, wenn eine eskortierte Limousine vor Mohammeds Haus hielte, wären die Nachbarn so beeindruckt und eingeschüchtert, daß sie ihre Feindseligkeiten einstellen würden. Tahar weigerte sich klugerweise, sich in diesen Plan hineinziehen zu lassen.[26]

Nachdem Genet einen Teil seines Manuskripts fertiggestellt hatte, ließ er ihn im Zeitungsladen, wo er auch französische Zeitungen bekam, fotokopieren. Mit dem Ladenbesitzer freundete er sich ein wenig an; später wurde der Mann von einigen der prüderen Leute der Stadt beschimpft, denen Genet und sein Hausstand mißfiel.

Ab und zu kam auch Jacky nach Larache, und dann wurde das Haus zum Schaufenster für seine Bilder. Genet bestellte nach wie vor Bücher in Frankreich, die bald zwei Regale füllten. Die Titel zeugten von der Vielfalt seiner Interessen – Klassiker der französischen Literatur, Biographien von Mozart, Hitler, Murat, Monographien über das Gefängnis, Sachbücher über die Palästinenser ...

Sobald Azzedine fünf war, meldete Genet ihn in einer sehr strengen Schule an, wo er Unterricht in Latein, Griechisch, Klavierspiel sowie in allen üblichen Fächern erhielt. Die Schule war jedoch von einem Mann gegründet worden, der vehement für die marokkanische Unabhängigkeit eintrat, und so wurde im Lehrplan auch großer Wert auf Arabisch und arabische Geschichte gelegt. Genet war imstande, mit den Armen voll Kuchen und einem Eimer Limonade über die Schule herzufallen, um die Fete zu Azzedines fünftem Geburtstag auszurichten. Natürlich kam Azzedine an den Wochenenden nach Hause. Da seine Schule zweisprachig war, hatte er keine Schwierigkeiten, sich mit Genet auf französisch zu verständigen. Sehr gern spielte Genet mit dem kleinen Jungen – bis er ihm einmal die Schulter verrenkte, als sie an einem Wochenende zusammen rodeln gingen.[27] Manchmal wohnte Genet in dem Hotel am Hauptplatz in Larache, oder er wohnte in Rabat im Hôtel D'Orsay gleich gegenüber vom Bahnhof. Obgleich das Hôtel D'Orsay ein äußerst bescheidenes Haus ist, mochte Genet es, weil er jeden seiner Gäste mit in sein Zimmer nehmen konnte, was in zweitklassigen Hotels in Marokko nicht üblich ist. Der Hotelportier erinnert sich, daß Genet sich tagelang weder anzog noch das Zimmer verließ. Dann blieb er in seinem hellblauen Pyjama, las französische Zeitungen und erhielt Besuche seines Patensohnes Azzedine, mit dem er boxte oder nach Luftballons schlug.[28] Das Orsay war auch ein Hotel, in dem ein älterer Mann einen jüngeren dazu einladen konnte, die Nacht dazubleiben, wenn er wollte.

Genet nahm die Gewohnheit an, sich in den Cafés in der Nähe seines Hotels in Rabat mit Marokkanern zu unterhalten, und er freundete sich auch mit mehreren ehemaligen Sträflingen an. Ein Exhäftling sagte: »Wir hatten einen geradezu philosophischen Gedankenaustausch über das Eingesperrtsein, über die jeweilige Richtung, die ein Mensch einschlagen und die ihn zum Wahnsinn oder Selbstmord führen kann, wenn er keine Verantwortung für seine Schwächen übernimmt, von denen die erste der Wunsch ist, freizukommen.«

Mohammed erinnerte sich an den Tag, an dem Genet aus Frankreich zurückkam, nachdem er »Vier Stunden in Chatila« geschrieben hatte: »Er war alt, aber seine Augen funkelten. Er war glücklich, weil er hingefahren und imstande gewesen war, die Geschichte zu erzählen ... Indem er die Toten zum Sprechen brachte, indem er ihre Leiden ohne Verfälschungen und Vulgaritäten übermittelte, gab er ihnen ihre ganze Würde wieder und machte sie unsterblich.« Als ihn jemand über die Schönheit seines schauerlichen Textes befragte, antwortete er: »Ich werde Ihnen erklären, warum dieser Text schön ist. Er ist schön, weil er wahr ist, und was wahr ist, ist immer schön.«

Einer von Genets marokkanischen Freunden sagte, er sei »nie jemandem begegnet, der sich so leidenschaftlich einer Sache hingab, über die er redete oder auf die er antwortete, wie er, so daß er sogar die Gitane vergessen konnte, die zwischen seinen Fingerspitzen glühte, oder das Glas, das er sich bestellt hatte, so stark war seine Fähigkeit, sich anderen Menschen zu widmen.«

Am 6. und 7. Dezember 1983 war Genet in Wien zur Eröffnung einer Fotoausstellung über das Massaker in Chatila und Sabra. Eingeladen und begleitet wurde er von Leila Chahid. Zunächst hatte er die Reise nicht machen wollen (und bereits eine Einladung nach Oslo zu einem Kolloquium über dasselbe Thema abgesagt), aber er erhielt das Versprechen, daß er überhaupt nicht zu reden oder sich Journalisten zu stellen brauche. Doch kaum war er angekommen, wurde er auch schon von einer ganzen Schar bedrängt, von denen manche meinten, er sei schon vor Jahren gestorben. Schließlich erklärte Genet sich bereit, mit ihnen zu sprechen, allerdings nur über das Palästinenserproblem.

Dieses Problem war in der Tat ernst. Während Genet in Wien Journalisten auszuweichen versuchte, befand sich Arafat in Tripoli im nördlichen Libanon im Belagerungszustand. Zu Lande war er von der syrischen Armee umzingelt, die versuchte, die Kontrolle über die PLO zu gewinnen, und vom Meer her umkreiste ihn die israelische Marine, um ihn daran zu hindern, aus Tripoli zu flüchten. Erst nach langem Widerstand gelang es Arafat schließlich am 20. Dezember, aus dieser Sackgasse zu entkommen und erneut den Auftrag zur Führung der PLO zu erhalten. In dem Augenblick, als Genet in Wien das Interview gab, sah die Lage noch recht düster aus.

Die westliche Presse hatte die Notsituation weitgehend ignoriert, und Genet hoffte, mit seinem Besuch in Wien diese Nachrichtensperre zu durchbrechen. Da Leila Genets schwache Gesundheit bekannt war, hatte sie Angst, daß er sich überanstrengen würde, aber er sagte nur immer zu ihr: »Du mußt mich benutzen – mich *benutzen*.« Als Nachwirkung der Kobaltbehandlung produzierte er große Mengen Schleim, wodurch ihm manchmal das Sprechen schwerfiel. Er ernährte sich hauptsächlich von heißer Milch, manchmal auch tunkte er Brot in Milchkaffee oder aß Couscous. Mit seinen schlechten Zähnen konnte er nicht kauen, doch ab und zu konnte er ein gut durchgebratenes Stück Fisch essen.

Leila und Genet wohnten in Wien im Hotel Imperial, und als sie eintrafen, wurden sie am Flughafen in der VIP-Suite (dem Salon d'Honneur) in Empfang genommen. Dieses ganze Zeremoniell brachte Genet zum Kichern. Als er das erste Mal als Bettler und Vagabund nach Wien gekommen war, hatte er einen Blick auf das Hotel Imperial geworfen und sich geschworen, daß er eines Tages dort wohnen werde.

An einem Tag sprach er von zehn Uhr morgens bis abends um sieben mit einer Gruppe von fünfzig Journalisten, die jedoch seine Regel nicht respektierten, das Gespräch auf die Palästinenser zu beschränken. Außerdem mißfielen

Genet seine eigenen Antworten. Er war ein langsamer, bedächtiger Redner, dem die Gedanken nicht einfach so zuströmten (zum Teil, weil er so ehrlich und originell in seinem Denken war – und Ehrlichkeit braucht Zeit). Schließlich erklärte er sich bereit, mit einem jungen Österreicher zu sprechen, Rüdiger Wischenbart, dem es gelungen war, sein Vertrauen zu gewinnen. Sie hatten bereits einen Tag zuvor in einem weniger oberflächlichen Kontext, als das gewöhnlich der Fall war, miteinander gesprochen, und Genet stimmte einem Interview für den österreichischen Rundfunk am nächsten Tag zu. Bei diesem zweiten Zusammentreffen war Genet weniger nervös und sprach in einer persönlicheren Art. Ein Auszug aus dem Radiointerview wurde schließlich am 23. März 1984 in *Die Zeit* veröffentlicht; übersetzt erschien dieser Auszug sechs Monate später in der französischen Zeitung *Libération*. Ein Transkript des gesamten Wischenbart-Interviews brachte schließlich die *Revue d'études palestiniennes* im Herbst 1986.[29]

Als Genet gefragt wurde, was er damit meine, wenn er sage, er finde die Palästinenser schön, antwortete er:

Diese Schönheit, von der ich spreche und auf der man nicht so insistieren darf – ich habe Angst, daß man aneckt – diese Schönheit liegt in der Tatsache, daß ehemalige Sklaven sich ihrer Sklaverei entledigen, der Unterwerfung, der Knechtschaft, um eine Freiheit zu erlangen gegenüber Frankreich oder, im Fall der Schwarzen, gegenüber Amerika, oder im Fall der Palästinenser würde ich sagen, gegenüber der arabischen Welt überhaupt.[30]

Bezeichnenderweise treffen sittlicher Mut und körperlicher Mut in Genets politischer Ansicht zusammen. Eine noch ungewöhnlichere Behauptung stellte er mit seiner Äußerung auf, daß die Palästinenser das erste Volk in der arabischen Welt seien, das »modern« ist. Dieser Gedanke, wie er ihn in dem Interview entwickelt, ist etwas rätselhaft und schwer zu fassen, aber offensichtlich meint er, die Gesten, die die Palästinenser vollführen, haben Gewicht, Authentizität, weil dieses Volk vollkommen in der Gegenwart lebt und sich vollkommen seiner gegenwärtigen Lage angepaßt hat. Sie haben jahrhundertealte Sitten und Gebräuche abgelegt. Vielleicht hatte Genet den Mut und die Unkompliziertheit im Sinn, die von den Palästinenserfrauen an den Tag gelegt wurden.

Auch wenn Genet sein Interview mit den Palästinensern beginnt und beendet, so spricht er mittendrin doch über seine eigene Kunst. Als Wischenbart »Vier Stunden in Chatila« lobte, war Genet offenbar erfreut und sprach ausnahmsweise einmal mit einem gewissen Stolz über sein Werk. Er erinnerte daran, daß Degas einmal ein Sonett, das er verfaßt hatte, Mallarmé zeigte, das diesem nicht gefiel. Darauf sagte Degas zu Mallarmé: »Und doch habe ich viele Ideen hineingepackt.« Und Mallarmé erwiderte: »Ein Gedicht besteht nicht aus Ideen, sondern aus Worten.« Und Genet setzt hinzu: »Diese Art kleiner Erzählung, die ich verfaßt habe, habe ich nicht mit meinen Ideen gemacht. Ich habe sie mit Worten gemacht, die meine sind. Aber um von einer Wirklichkeit zu sprechen, die nicht meine war.«[31] Bezeichnenderweise erhebt Genet Anspruch auf das sprachliche Gelingen, obwohl er sich vor der Wirklichkeit einer Situation verbeugt, die nicht sein Werk ist. Genau in diesem Sinne sagt er auch, daß in seinen Romanen »ich Herr meiner Vorstellungskraft war. Ich war Herr des Elements, über das ich arbeitete, Denn es bestand nur aus meinen Träumen. Jetzt aber bin ich nicht mehr Herr dessen, was ich gesehen habe, ich bin gezwungen zu sagen: ich habe gefesselte, gebundene Menschen gesehen, ich habe eine Frau gesehen, der hatte man die Finger abgeschnitten! Ich bin gezwungen, mich einer realen Welt zu unterwerfen. Aber immer mit gewohnten Worten, mit Worten, die meine sind.«[32]

Als Wischenbart Genet fragte, ob sein literarisches Œuvre als persönliche Vergangenheit auf ihm laste, sagte Genet: »Natürlich nicht. Nicht dank der Bücher, die ich geschrieben habe, sondern dank der Lage, in der ich mich befand oder in die ich mich begeben habe oder in die das Leben mich versetzt hat, so daß ich vor dreißig Jahren diese Bücher schreiben konnte, war ich in der Lage, vor einem Jahr den kleinen Aufsatz zu schreiben, von dem Sie sprechen.«[33] Die Last seiner künstlerischen Vergangenheit konnte er jetzt ertragen, da er sich in ein anderes wichtiges Projekt gestürzt hatte. Er strahlte eine neue Heiterkeit aus, ein neues Vertrauen in sein Können. Sein nächstes Buch werde er aber nicht in seiner gewohnten Art schreiben, vergaß Genet nicht anzumerken. Er sträubte sich, über seine Romane zu sprechen, weil er fürchtete, in die Vergangenheit und in seinen alten »literarischen« Stil zurückgeholt zu werden.

Im Dezember 1983 erhielt Genet den Grand Prix des Arts et Lettres, eine offizielle Ehrung, die er anzunehmen bereit war, weil sie von einer sozialistischen Regierung verliehen wurde. Er nahm aber nicht persönlich an der Verleihungszeremonie teil: Er schickte einen jungen Freund, den eine Zeitung als »einen bildhübschen fünfzehnjährigen Schwarzen« beschrieb.[34]

Kurz darauf brach Genet mit Paule Thévenin. Er hatte nur noch wenige Freunde, die nicht Palästinenser oder wenigstens in irgendeiner Form mit ihrem Fall verknüpft waren. Thévenin nimmt an, daß Genet negativ auf den

Tod ihres Mannes Yves reagierte, der jahrelang Genets Arzt gewesen war. Bei ihm war zur selben Zeit wie bei Genet Kehlkopfkrebs festgestellt worden, aber er starb Anfang der achtziger Jahre – und sein Tod ängstigte Genet. Yves Thévenin war selbst zu dicht dran, als daß er ihm Mut machen konnte. Es ist aber auch möglich, daß die Spannungen zwischen Paule und Mohammed Genet schließlich veranlaßten, Farbe zu bekennen. Auf jeden Fall war es ein grausamer Bruch, vor allem wenn man bedenkt, welches Maß an außerordentlicher Akribie Paule Thévenin auf seine Texte verwandt hatte – oder vielleicht erschien ihm gerade diese hingebungsvolle Gewissenhaftigkeit als zu mütterlich.

Genet brachte es fertig, mit den meisten seiner engen Freunde zu brechen. 1984 benannte er Lydie Dattas zur Testamentsvollstreckerin, doch bald danach hatten er und Alexandre Bouglione, Lydies Mann, Streit miteinander. Bis dahin war immer Genet derjenige gewesen, der eine Freundschaft beendete, aber diesmal kam Alexandre ihm zuvor. Genet hatte sich stets zurückgezogen, sobald er an seinen Freunden die kleinste Reserviertheit entdeckte; die geringste Vernachlässigung betrachtete er als Hochverrat. Jetzt aber wurde er aus dem Haus der Bougliones geworfen. Genet ließ einen Koffer mit seinen unvollendeten Manuskripten stehen, war aber zu stolz, ihn zurückzuverlangen. Als Alexandre den Koffer zu Laurent Boyer in den Gallimard-Verlag brachte, weigerte sich Genet, ihn anzunehmen, und erklärte: »Was gestohlen ist, ist gestohlen.« Boyer meint, daß vielleicht der »Verlust« dieser alten Notizen Genet befreite und ihn in die Lage versetzte, mit seiner Arbeit an seinem letzten Buch noch einmal ganz von vorn zu beginnen. Endlich war er die Notizen los, die er in zwölf Jahren zusammengetragen hatte und die ihn gelähmt hatten.

Im Frühjahr 1984 reiste Genet in den Nahen Osten, um nach Hamza zu suchen, dem zukünftigen Helden seines neuen Buches:

Der Fixpunkt, diese Art Polarstern, an dem ich mich orientierte, war immer noch Hamza, seine Mutter, Hamzas Verschwinden, seine Folterungen, sein fast sicherer Tod; aber wie sollte ich sein Grab erkennen und wie, ob seine Mutter möglicherweise noch am Leben war, und wie alt? Dieser Fixpunkt mag vielleicht Liebe heißen, aber welche Art Liebe hatte gekeimt, war gewachsen und hatte sich in mir vierzehn Jahre lang ausgedehnt für einen jungen Burschen und eine Alte, die ich alles in allem nur vierundzwanzig Stunden gekannt hatte? Da sie noch immer ihre Strahlung aussandte, hatte sich ihre radioaktive Kraft in Jahrtausenden gesammelt? In vierzehn Jahren, in denen mich meine Reisen in mehr als sechzehn Länder geführt hatten, habe ich, unter welchem Himmel auch immer, die Erdoberfläche ausgemessen, die dieses Strahlen erhellt hatte.[35]

So wie Genet es in *Ein verliebter Gefangener* noch einmal erzählt, wird er in Begleitung einer schönen jungen Frau zum Flüchtlingslager in Irbid gefahren. Er erfährt, daß Hamza verheiratet ist und in Deutschland lebt und arbeitet, daß seine Mutter jedoch noch in Irbid ist.
Zuerst scheint Hamzas Mutter sich zu weigern, mit Genet zu reden, und sich sowieso an gar nichts mehr zu erinnern. Aber nach und nach fällt ihr wieder ein, daß vor vierzehn Jahren wirklich ein Franzose in das Haus gekommen war. Er aß fast nichts (zwei Sardinen, zwei Tomaten und einen kleinen Eierkuchen).
Dann sagte Genet: »Dein Sohn Hamza hat mich in sein Zimmer geführt. Er hat mir ein Loch gezeigt am Kopfende seines Bettes, wo wir uns verstecken sollten, du, deine Tochter und ich, falls die Beduinensoldaten zu nahe herankommen.« Kaum sind Genets Worte übersetzt, steht die Mutter auf und streckt ihm die Hand hin: »Komm mit, das Loch ist noch da, ich werde es dir zeigen.«[36]
Am Abend rief Genet Hamza in Deutschland an, und der Palästinenser gab ihm seine Adresse.
Im September 1984 fuhr Genet noch einmal nach Chatila. Das Haus, in das er damals gegangen war und mit Toten angefüllt gesehen hatte, war abgerissen worden, neu aufgebaut, neu gestrichen. Die Frau des Hauses, ihre Mutter und ihre beiden jungen Töchter waren 1982 verwundet worden, hatten aber überlebt.
Was Genet in *Ein verliebter Gefangener* nicht erwähnt, ist, daß er auf dem Rückweg aus dem Nahen Osten in Deutschland Station machte und Hamza besuchte, der als Gastarbeiter im Ruhrgebiet wohnte. Leila Chahid glaubt, daß die Tatsache, daß Genet Hamza in Deutschland fand, ihm eine Idee für den Aufbau des Buches gab. Er stellte sich vor, daß das ganze Buch als eine Suche komponiert werden könnte – nach jemandem, den er nur kurz gekannt, der aber einen tiefen Eindruck in seinem Leben hinterlassen hatte. Diese Form war nun keine strenge Form. Und wirklich mochte Genet die offene Form von *Ein verliebter Gefangener*, von dem er meinte, man könne es an jeder x-beliebigen Stelle zu lesen beginnen.
Lange bevor Genet damit begann, schrieb er einen kurzen Essay über *Die Brüder Karamasow*, die er als riesigen Spaß versteht, prall von Wider-

sprüchen, sozusagen als ernsten Witz. Genet drückt es so aus: »Nach dieser Lektüre kommt es mir vor, als sei jeder Roman, jedes Gedicht, jedes Bild, jede Musik, die sich nicht selbst zerstört ... ein Betrug.«[37]
Ein verliebter Gefangener ist selbst voller Widersprüche. Man könnte sagen, daß es ein Loblied auf zwei männliche, von Männern beherrschte Gesellschaften ist – die Palästinenser und die Black Panthers –, die in Genets Augen die feudalen, rein männlichen Welten der Jugendlichen in Mettray, der Armee und später der Gefängnisse neu erstehen lassen und gut zu seinen permanenten (in seinen Romanen erzählten) Traumvorstellungen von Piraten, Strafkolonien, Sklavengaleeren und der deutschen Wehrmacht passen. Trotzdem ist *Ein verliebter Gefangener* kein ausgesprochen erotisches Buch, auch wenn fast jede Seite von Genets Bewunderung für den Mut, die Schönheit, Fröhlichkeit und den gedanklichen und sprachlichen Erfindungsreichtum dieser jungen Männer durchdrungen ist.

Doch wenn Genet auch diese reinen Männergesellschaften glorifiziert (sie sind dieselben Wüsten-Desperados, die William Burroughs in *Die wilden Boys* beschwört), so zeigt er auch, weniger voraussehbar, ein neues Interesse an Frauen. Seine Zuneigung richtet sich auf die Mütter, nicht die Töchter, doch trotz dieser Einschränkung ist seine Neugier echt und aufmerksam.

Die Widersprüche gehen weiter. Das Buch wurde beiläufig von Yassir Arafat in Auftrag gegeben, aber der Text folgt allem anderen als der Parteilinie. Genet sagte dem Herausgeber der *Palestinian Review* sogar, daß er nicht wolle, daß sein Buch strikt politisch verstanden werde. Genet ist gegenüber der palästinensischen Elite außerordentlich kritisch. In seinem Interview mit Wischenbart war er sogar so weit gegangen zu sagen: »An dem Tag, an dem die Palästinenser zur Institution werden, werde ich nicht mehr auf ihrer Seite sein. An dem Tag, an dem die Palästinenser eine Nation wie eine andere werden, werde ich nicht mehr dort sein.«[38]
Solche anarchischen Impulse haben ihren Ursprung in Genets eigener Vergangenheit. Er selbst hatte das Gefühl, zutiefst enterbt zu sein, und sein Haß auf Frankreich war ebenso unerbittlich, wie seine Sympathie für Kriminelle und Ausgestoßene unerschütterlich war. In dieser letzten Inkarnation von Manichäertum stellte Genet Israel, die Vereinigten Staaten, Frankreich und die konservativen arabischen Staaten auf die eine Seite und sich, die Panthers und die Palästinenser auf die andere.

Doch für ein Buch über einen der ideologisch hitzigsten Konflikte der heutigen Zeit ist *Ein verliebter Gefangener* merkwürdig kühl und unpolemisch. Wie immer weiß Genet eine Sonde in die politisch schmerzempfindlichste Zone einzuführen, ohne ein Heilmittel oder eine Behandlung vorzuschlagen oder auch nur eine Meinung zu äußern. Es wäre jedoch falsch, wenn man sein hundertprozentiges Engagement herunterspielte. Er ist ein Homer, entschlossen, den Ruhm seines gefallenen Achill zu besingen. Er behauptete, daß eine Revolution – oder zumindest diese Revolution – die freudigste Zeit im Leben sei, der Augenblick, in dem alte Wahrheiten ins Taumeln geraten und stürzen. Aber es wurde ihm auch klar, daß allein schon seine Gegenwart den Aktionen der Panthers und Palästinenser etwas Unwirkliches verlieh, daß er selbst die Funktion »des Träumers im Innern des Traumes«[39] innehatte. Genet besitzt ein starkes Gefühl dafür, wo seine Begabung liegt, und er weiß, es ist eine Begabung, die mit der Ablehnung von Slogans und hochtrabenden Redensarten beginnt. Seine Vorsicht beruht zum Teil auf der Befürchtung, den Panthers oder Palästinensern unabsichtlich weh zu tun. Er erkennt, wie stark beide Gruppen den falschen Darstellungen in der Presse ausgesetzt sind, und das ganze Buch kann als Kritik an den modernen Massenmedien gelesen werden. Aber noch stärker klammert er sich an seine persönliche Skepsis und seinen eigentlichen Status als Einzelgänger und Außenseiter.

Er stellt fest, daß Menschen, sobald sie den kollektiven Notstand ignorieren und das Augenmerk nur auf private Wünsche richten, in Versuchung geraten, jemanden zu hintergehen. Mehr als in jedem seiner früheren Bücher versucht Genet in *Ein verliebter Gefangener*, den kollektiven Notstand zu respektieren. Doch am Ende bleibt er seinem gleicherweise radikalen (und politisch verankerten) Bedürfnis nach Unabhängigkeit treu. Treue zu sich ist Verrat an der Gruppe; künstlerische Eigenart bohrt Löcher in jede politische Rhetorik.

Ein regelmäßig wiederkehrendes Thema ist die Sehnsucht eines alten Mannes nach einem Zuhause, irgendwo auf einem Berg – auf Zypern vielleicht, von wo aus er in vollkommener Geborgenheit eine ferne Seeschlacht beobachten kann, weit weg und spielzeugartig.

Natürlich besitzen weder die Panthers noch die Palästinenser ein Zuhause, ein Land. Sie sind ewige Exilanten, die Scheinbürokratien errichten, jedoch in einer ewigen Diaspora leben. Zu Tahar Ben Jelloun sagte Genet: »Wie Sie wissen, stehe ich auf der Seite derer, die den Besitz eines Territoriums anstreben, auch wenn ich mich weigere, eines zu haben.«[40]

An irgendeinem Punkt beginnt er zu überlegen, warum er von Extremisten hofiert worden ist. Sie müssen ihn offenbar als jemanden betrachten, der so wie sie gelitten hat, und er fragt sich, ob er das Elend seiner Kindheit nicht übertrieben hat, ob er nicht einfach nur ein geborener Heuchler ist.

Abgründe tun sich überall um ihn herum auf. Er fragt sich, ob die Palästinenser nicht einfach ein Medienereignis sind und die Panthers eher »Theater« als eine echte Bedrohung für amerikanische Institutionen. Derartige Äußerungen begehen Verrat an der schlichten, heroischen Rhetorik einer revolutionären Bewegung, aber sie stellen auch eine Möglichkeit dar, einer privaten, facettenreichen Auffassung von Wahrheit »treu« zu bleiben. Sie sind Bestandteil von Genets Untersuchungen über das Wesen von Propaganda und Imagebildung. An irgendeiner Stelle bemerkt er humorig, daß es den Leuten, die wir zwanghafte Lügner nennen, nur nicht gelingt, ihr Image nachdrücklich genug durchzusetzen.

Die Figuren, die Genet vorführt, sind überlebensgroß, mythisch. Nehmen wir zum Beispiel Mubarak, den Leutnant aus dem Sudan, der Französisch spricht wie Maurice Chevalier, der Sandhurst erfolgreich durchlaufen hat, dessen Wangen mit Stammesnarben gezeichnet sind, der Spinoza liest, zu afrikanischer Rockmusik tanzt und der, als Genet ihn nachzuäffen wagt, damit antwortet, daß er den ihn nachäffenden Genet grausam nachäfft – eine *tour de force*, so raffiniert wie schonungslos gegenüber Genets Alter und Hinken (aber natürlich ist Genet es, der das alles berichtet).

Merkwürdigerweise kann Mubarak auch als eine Art Double für Jean Genet betrachtet werden, als seine jüngere Ausgabe, schwarz, männlich, gutaussehend, aber ebenso ausgelassen und sprunghaft, ebenso kosmopolitisch, aufgeklärt, philosophisch und gebildet – ein Mann, der auf einer imaginären Gitarre herumklimpert.

Aber der wahre rote Faden von *Ein verliebter Gefangener* sind die wiederkehrenden poetischen Figuren – Genets Bewunderung für diejenigen etwa, die sich dem Risiko einer Geschlechtsumwandlung aussetzen. Sein rascher Geist erlaubt es ihm, die Verwegenheit einer Geschlechtsumwandlung mit dem selbstmörderischen Mut palästinensischer Soldaten in Beziehung zu setzen – oder mit der Freude im Angesicht des Todes, wie sie in Mozarts *Requiem* zum Ausdruck kommt.

Der Tod war immer schon eines von Genets großen Themen. Er meinte, ein Theaterstück solle nur einmal aufgeführt werden, und dieses eine Mal auf einem Friedhof, er schlug vor, Giacomettis Statuen als Opfergaben für die Toten in der Erde zu vergraben. Sein erstes veröffentlichtes Werk war das Gedicht »Der zum Tode Verurteilte«. Sein erster Roman, *Notre-Dame-des-Fleurs* beginnt und endet mit dem Tode Divines, des Transvestitenhelden, und der Verurteilung von Notre-Dame zum Tode, dem jungen Mörder, der einen alten Mann umgebracht hat.

Alle seine anderen Romane feiern Tod und Morde. In seinen Theaterstücken betritt der Tod in vielerlei Gestalt die Bühne.

Der vielleicht offensichtlichste aller Widersprüche in *Ein verliebter Gefangener* liegt darin, daß das Buch eine religiöse Bekundung eines Nichtgläubigen ist, eine vom Teufel geschriebene Bibel. Sein eigenes seltsames Schicksal verfolgte Genet immer als mystischer Atheist, als Heiliger samt Wundern, Ekstasen, Visionen und Stigmata, aber ohne Gott und mit herzlich wenigen guten Werken. In *Ein verliebter Gefangener* findet sich keine Äußerung über die Heiligkeit, doch nur, weil Genet bereits ein Heiliger zu sein glaubt. Er spricht von seinem völligen Verzicht auf Besitz – er erstrebt nur den Besitz *einer* Hose, *eines* Hemds, *eines* Paars Schuhe, nichts weiter. In Istanbul widerfährt ihm ein Wunder, als sein Körper von innen heraus zu leuchten beginnt. Er spricht von sich selbst geradezu lässig in einem Ton, der gewöhnlich Gott vorbehalten bleibt. Als es um die Frage geht, warum er unter den Palästinensern lebt, schreibt er: »Ebensogut könnte ich eingestehen, daß ich, indem ich bei ihnen lebte, und ich weiß nicht, wie, auf welche andere Art ich es sagen sollte, in meiner eigenen Erinnerung lebte. Mit diesem vielleicht kindlichen Satz behaupte ich nicht, frühere Leben gelebt zu haben und mich an sie zu erinnern, mein Satz sagt so deutlich, wie ich es nur vermag, daß der palästinensische Aufstand zu meinen ältesten Erinnerungen gehört. ›Der Koran ist ewig, unerschaffen, vom gleichen Stoff wie Gott.‹ Abgesehen von dem Wort ›Gott‹ war ihr Aufstand ewig, unerschaffen, aus dem gleichen Stoff wie ich.«[41]
Wie ein Marabut, ein moslemischer Heiliger, scheint Genet zu erwarten, daß sein Grab zu einem bedeutenden Heiligtum wird, und er findet nichts Seltsames an dem Wunsch eines palästinensischen Soldaten, nach Genets Tod dessen Knochen zu bekommen. Er stellt sich vor, daß seine Knochen von den Palästinensern herumgetragen werden, bis diese ihr Heimatland wiedergewonnen haben und sie dann am Ufer des Toten Meeres bestatten können (Abelkebir Khatibi erzählt, daß er einmal Genets Phantasie erregte, als er ihm von dem Kult moslemischer Heiliger erzählte, die als Portugiesen geboren worden waren, aber Verrat an ihren eigenen Leuten übten, um im heiligen Krieg die Marokkaner gegen die Christen anzuführen[42]). An anderer Stelle sieht Genet sich als einen Zwerg, der in Richtung Horizont davonschlurft, ein heruntergekommener alter heiliger Mann, der in die Elemente und einen verzückten Sufi eingeht.
Zu Beginn seiner Laufbahn kultivierte Genet seine Einzigartigkeit. Er war völlig anders als jeder andere, wie er da an den äußeren Randbezirken seiner

Spezies lebte. Dann geschah in den fünfziger Jahren jenes Wunder, und ihm wurde klar, daß das Gegenteil stimmte, daß alle Menschen, leider, gegeneinander austauschbar – ja dieselbe Person sind.

In *Ein verliebter Gefangener* wird die Spannung zwischen dem romantischen Kult des einzigartigen Individuums und dem christlichen Glauben an die Gleichheit im Geiste durch die im Mittelpunkt des Buches stehende Suche aufgelöst. Genet erkennt, daß Hamza und seine Mutter nichts als weitere zwei Menschen auf einem übervölkerten Planeten sind. Sie mag eine seltene natürliche Höflichkeit besitzen und das reinste Arabisch sprechen, aber Genet lobt sie nicht für diese Eigenschaften. Er liebt sie und Hamza. Liebe ist die Form von Gefangenschaft, die uns zu ein und derselben Zeit die Allgemeinheit *und* die Besonderheit eines Menschen zu erkennen erlaubt. Die Liebe versöhnt seine Erkenntnisse miteinander, daß jeder Mensch von gleichem Wert *und* von unschätzbarem Wert ist. Wie Genet sagt, leben die Gefühle weiter, und nur die Menschen, die sie hegen, sterben: »Das Glück meiner Hand im Haar eines Knaben wird eine andere Hand erfahren, kennt sie bereits, und wenn ich sterbe, wird dieses Glück weiterleben.«[43]

Wie die Bibel handelt *Ein verliebter Gefangener* von auserwählten Völkern (Black Panthers, Palästinenser) ohne Heimat. Wie die Bibel ist Genets Buch polyvalent, widersprüchlich, eine Aufforderung zur Exegese. Wie die Bibel ist es ein Buch der Erinnerung, der Namen. In ihm wechseln Heiterkeit und aggressiver Haß, Geschichte und Dichtung, Epik und Lyrik einander ab. Wie die Bibel ist es das »einzige« Buch, eines, das dazu da ist, immerzu wieder gelesen zu werden, und es ist kanonisch gebaut, als habe der allererste Leser es bereits gelesen.

Tatsächlich hat Genet eine vollkommen neue Art Buch erfunden – eine neue Art Prosa und ein neues Genre. Die Prosa ist manchmal grüblerisch, fast raunend, wie die des späten Céline. Wie Céline bewegt er sich rückwärts in seine Themen hinein, beginnt er, um etwas herum zu reden, lange bevor er es identifiziert. Wie Céline erscheint Genet beiläufig und plauderhaft, doch dadurch, daß er ein Thema immer und immer wieder aufgreift, steigert er es, bis es mythisch erscheint.

In *Ein verliebter Gefangener* wird Genets typische filmische Schnittfolge schnell, beständig und schwindelerregend – ein formaler Kunstgriff, um die Entsprechungen zwischen Elementen sichtbar zu machen, zwischen denen zuvor ein Zusammenhang nicht zu vermuten stand. Auf zwei Seiten kann er unerwartete Beziehungen herstellen zwischen Mozarts Skatologie, dem Wunsch nach einem Haus, der prüden Art, in der die frühen Kirchenväter auf die Brüste der heiligen Jungfrau Bezug nehmen, den Worten eines Sufi-Dichters und so weiter.

Der Stil jedoch ist nicht mehr der seiner früheren Werke. In den Romanen der vierziger Jahre ist der Drang des Dichters, Beziehungen zu entdecken, in glänzende Metaphern verschlüsselt. Hier sind die Metaphern durch ein ganz anderes Verfahren ersetzt worden – das enge Aneinanderschneiden verschiedener Themen ohne jeden Übergang. Dies betont die Souveränität des Betrachters – macht ihn zu einem Gott.

Das von Genet begründete Genre ist eine merkwürdige Mischung aus Kunstbiographie, Traktat, stilisiertem, auf einem realen Gespräch basierenden platonischen Dialog, allegorischer Betrachtung und Epik. Da er das Buch schrieb, als er bereits todkrank war, läßt es einen unausweichlich an Chateaubriands *Mémoires d'outre-tombe* (*Erinnerungen von jenseits des Grabes*) denken. Wie Chateaubriand, der über seine Armutsjahre in London schrieb, während er dort als saturierter Botschafter lebte, legt Genet sorgfältig die Bedingungen dar, unter denen er schreibt, um sie gegen die Umstände abzugrenzen, von denen er erzählt. Wie Chateaubriand, der viele verschiedene Regime durchlebte und in der Gunst mehr als einmal aufstieg und stürzte, hat Genet zu politischen Ereignissen eine gebrochene Haltung. Und wie Chateaubriand, der Napoleons wahren Genius von dem Idol trennen konnte, zu dem ihn das Volk nach seinem Sturz machte, läßt Genet sich niemals auf Legenden ein.

Mit Blick auf Napoleon zitiert Chateaubriand eine imaginäre Grabinschrift aus der *Anthologia Graeca:* »Beurteile Hektor nicht nach seinem kleinen Grab. Die *Ilias*, Homer, die Griechen auf der Flucht, das ist mein Grabmal: Unter all diesen großen Taten bin ich begraben.« Homer mag ein blinder, schwacher, alter Dichter gewesen sein, aber der Ruhm selbst des verschlagensten Kriegers hängt von dieser zerbrechlichen Stimme ab. Genet weist oft ausdrücklich auf seine homerischen Fähigkeiten hin.

Genet arbeitete fieberhaft an seinem Buch. Eine Pause legte er im August 1985 ein, um mit dem Regisseur Michel Dumoulin zusammenzuarbeiten. (Dumoulin hatte gerade mit Maria Casarès erfolgreich *Die Zofen* für das französische Fernsehen inszeniert; es war das erste Mal, daß eines von Genets Stücken in Frankreich im Fernsehen gezeigt wurde.) Dumoulin kam nach Rabat, um sich an eine neue und endgültige Fassung von *Unter Aufsicht* zu machen. Genet arbeitete mit ihm und einer Sekretärin drei Wochen lang jeden Tag von früh um neun bis zum Mittag, und dann wieder nachmittags von fünf bis sieben.

Er änderte das Stück an zahllosen Stellen, um es dichter und musikalischer zu gestalten, so daß sein Text durch jedes Wort verschiedene Deutungen zuließ. Manchmal herrschte für lange Zeit Schweigen, während er nach dem *mot juste* suchte. Viele Änderungen hatten den Sinn, das Stück weniger plausibel, weniger realistisch zu machen.

Dumoulin erstaunte die Tatsache, daß Genet trotz seines Kehlkopfkrebses weiterhin täglich zwei Päckchen Zigaretten rauchte und unermüdlich arbeitete. Wenn Dumoulin sich auch nur um eine Viertelstunde verspätete, war Genet wütend. Genet hatte die Arbeit an seinem letztem Buch unterbrochen und Zeit abgezweigt, um die schwächste Arbeit in seinem Opus zu vervollkommnen. Natürlich wollte er nicht eine Sekunde Zeit vergeuden.[44]

Außerdem gab er im Sommer 1985 der BBC ein Fernsehinterview.[45] Es sollte seine letzte öffentliche Erklärung werden. Genet verlangte zehntausend Pfund bar im voraus. Dafür war er bereit, sich zwei Tage lang im Haus von Nigel Williams filmen zu lassen, einem jungen Romancier und Fernsehmoderator, der außerdem *Unter Aufsicht* ins Englische übersetzt hatte (*Deathwatch*). In der Zeit der Studentenrevolte im Mai 1968 hatte Genet sehr kritisch der *Form* gegenübergestanden, die die Studentendiskussionen annahmen, vor allem während der Besetzung des Théâtre de l'Odéon. Als erfahrener Dramatiker wußte er, daß die Form bei einem gefilmten oder einem *live*-Ereignis mehr vermittelt als nur das, was jemand mit Worten sagen kann. Dementsprechend unterbrach er ständig das Schema des Fernsehinterviews. Er war aufrichtig der Meinung, daß er nicht interessanter oder wichtiger sei als das Kamerateam, und er bestand darauf, den Technikern Fragen zu stellen. Diese Umkehrung der üblichen Fernsehnorm brachte viele Zuschauer in Rage, aber keiner vergaß je die Sendung.

Anfang des Sommers 1985 aufgenommen, wurde das Interview in England auf BBC 2 am Abend des 12. November 1985 um zehn Uhr gesendet. Es war achtundfünfzig Minuten lang, trug den Titel »Saint Genet« und bestand aus einem langen Interview, in das Dokumente und Filmausschnitte eingestreut waren (*Ein Liebesgesang, Der Balkon, Die Zofen* etc.). Genet kam zwei Tage lang morgens und nachmittags zu Nigel Williams ins Haus. Er erklärte unumwunden, daß er Kehlkopfkrebs habe und nicht zu Mittag essen könne. Nigel, der vor Genet große Ehrfurcht hatte, war entsetzt, wie winzig und sauber und *ordentlich* der Schriftsteller war.

»Lassen Sie uns gleich anfangen«, meinte Genet, um belanglosem Geplauder aus dem Weg zu gehen. Er mochte Nigels jüngsten Sohn, Harry, und das Kaninchen in seinem Stall im Garten, im übrigen aber war er wenig gesprächig.

Bei der Mittagspause entging Genet keineswegs, daß das technische Team an dem einen Tisch aß und der Produktionsstab an einem anderen. Offensichtlich gefiel ihm diese Trennung nicht. Als er am Ende des ersten Tages auf den Wagen wartete, sagte er, auf Nigels Wohnzimmer gemünzt: »Ich komme mir vor wie in einem Stück mit Miss Marple – in England ist es immer so.«[46] Er gestand, daß er Agatha Christie mochte.

Die BBC wollte das Dorf filmen, in dem Genet seine Kindheit verbracht hatte, aber er wollte weder dessen Namen nennen noch darüber reden. Als Nigel zu Genet sagte, er habe sich bei der Klinik, in der er geboren wurde, in der Hausnummer geirrt, verweigerte Genet das weitere Gespräch. Er mochte es nicht, wenn Leute herumschnüffelten und Fakten, wie er sie in seinen Romanen geschildert hatte, in Frage stellten.

Als Nigel ihn fragte, wie er seine Tage verbringe, antwortete Genet: »Ich gehe ins Restaurant essen und sehe mir die Leute an.«

Genet konnte seltsame Bemerkungen machen. Er zeigte auf eine Truhe in der Ecke von Nigels Wohnzimmer und sagte plötzlich: »Ich wette, all die Manuskripte, die Sie da drüben in der Kiste haben, sind nicht so schlecht wie Sie denken.« Während der ersten Mittagspause sagte er zu Nigel: »Sie haben nicht sehr viele interessante Fragen gestellt.« Am Schluß der Aufnahmen am zweiten Tag bemerkte er: »Alles, was wir hier gemacht haben, ist schlechtes Theater.«

Trotz Genets abfälliger Beurteilung ist das Interview ungemein freimütig und lebendig. Genet sprach über seine Kindheit. Er sagte, als er seine Pflegefamilie verließ, habe er jedes Familiengefühl hinter sich gelassen – seiner Ansicht nach einer der Vorzüge der Öffentlichen Fürsorge. Er sagte, daß in Mettray das Verhältnis zwischen dem »Älteren Bruder« und den anderen Zöglingen sadistisch und theatralisch war und die Aufseher erregte. Als Nigel Williams äußerte, daß Genet ein bahnbrechender Schriftsteller gewesen sei in seiner ehrlichen und direkten Einstellung zur Homosexualität, unterbrach Genet ihn und sagte, er finde es ungewöhnlich, daß ein Engländer so einen Unsinn rede, zumal England Oscar Wilde, Shakespeare, Byron und unzählige andere bedeutende homosexuelle Schriftsteller gehabt habe. Williams hätte darauf hinweisen können, daß diese Schriftsteller die Homosexualität ja nicht als Leitthema in Angriff genommen hatten. Genet sagte, er habe Frankreich immer entfliehen wollen und sei wie elektrisiert gewesen, als er sein Heimatland das erste Mal verließ. Er habe vor allem aus Hunger gestohlen, aber zugegebenermaßen auch, weil er Spaß an der Sache hatte. Was ihm nicht gefallen habe, war natürlich das Gefühl, geschnappt zu werden.« Aber man muß zahlen für die Freude am Stehlen.«[47] Er habe sich immer allein gefühlt und es vorgezogen, sich nicht unter andere Menschen zu mischen. So sei auch sein Verhältnis zur Gesellschaft immer gebrochen gewesen, nie direkt. Über seine Stücke, die er vor so langer Zeit geschrieben habe, wolle er nicht sprechen. Er sagte jedoch, er halte sie für unbeholfen, doch könnten sie durch ihre Unbeholfenheit auch etwas Neues offenbaren. Unvermittelt erzählte Genet, in der letzten Nacht habe er einen Traum gehabt, in dem das technische Team rebelliert habe. An dieser Stelle fragte Nigel, der für Genet dolmetschte, den Toningenieur Duncan Fairs, ob er dazu etwas sagen wolle. Das tat Duncan, und nachdem er seinen Teil beigetragen hatte, fragte Nigel Genet, ob es ihm Spaß mache, die Ordnung der Dinge zu zerstören. Genet erwiderte: »Aber natürlich. Es kommt mir alles so starr vor! Ich bin ganz allein hier, und vor mir sehe ich ein, zwei, drei, vier, fünf, sechs Personen. Klar habe ich Lust, die Ordnung zu zerstören ...«[48] Er habe das Gefühl, er sitze hier auf dem heißen Stuhl und werde von Polizeibeamten verhört.

Im November 1985 kam Genet zurück nach Paris und bezog ein Zimmer im Hôtel Rubens, nicht weit von der Gare de Lyon entfernt. Er lieferte das Manuskript von *Ein verliebter Gefangener* bei Gallimard ab und wies das Lektorat an, es setzen zu lassen. Laurent Boyer sollte Genet die Fahnen kapitelweise zur Korrektur bringen. Genet wollte auch die Leerstellen zwischen die einzelnen Abschnitte einfügen: »Nur ich kann das Layout machen«, sagte er zu Leila. Obgleich in seinem Zimmer immer ein einziges Durcheinander herrschte, waren seine Manuskripte ausnahmslos Meisterwerke der Ordnung. Er schrieb in Notizbücher, die in Leopardenfell gebunden waren, und wenn er ans Ende eines Notizbuches gelangte, numerierte er die Seiten. Das Weiß der Seite war äußerst wichtig für ihn – ein Wert, den er von Mallarmé übernommen hatte.

Doch las er in seinen letzten Lebensmonaten nicht Mallarmé, sondern Claudel und Nietzsche. Leila ging zu Gallimard, um ihm die Bücher zu holen. Er fragte auch nach Aufnahmen von Mozarts *Requiem* und *Così fan tutte*. Und viele Male sagte er zum Ende seines Lebens hin zu Leila: »Weißt du, wie die ersten Worte von Prousts Buch lauten?« Und Leila sagte jedesmal freundlich nein, und er zitierte dann mit großem Behagen: »Longtemps, je me suis couché de bonne heure« (»Lange Zeit bin ich früh schlafen gegangen«).
Während der letzten Wochen, die er an seinem Buch schrieb, hatte er

furchtbare Schmerzen. Aber er wollte keine Schmerzmittel nehmen, weil sie ihn benommen machten. Er bat Leila, sich zu ihm ans Bett zu setzen, manchmal für mehrere Stunden. Er schrieb im Liegen und wies sie an, ihren Finger gegen seinen Kiefer zu pressen, an die Stelle, wo er die größten Schmerzen hatte.
Er konnte aber auch sehr grausam zu ihr sein. Während Genet sein Buch beendete, hatte Leila eine Fehlgeburt. Als sie Genet von ihrem Verlust erzählte, blieb er ungerührt und gleichgültig. Leila war sehr aufgebracht über ihn. Später, als Leila sich diesen Konflikt noch einmal unvoreingenommen vor Augen führte, wurde ihr klar, daß es bedeutsamer sei, sich einen Sohn zu wählen, als einen zu bekommen; Genet hatte sich Azzedine *gewählt*, den Sohn seines Geliebten, wogegen sie »nur« schwanger geworden war und ein Kind verloren hatte. Sie kam zu dem Schluß, sie müsse Genets Beziehung zu Azzedine respektieren, weil sie vollkommen freiwillig war.

Am 14. Dezember 1985 hatte *Der Balkon* unter der Regie von Georges Lavaudant in der Comédie-Française Premiere. Genet besuchte weder die Proben noch sah er sich die Inszenierung an, aber es muß ihn sehr erregt haben (positiv wie negativ), daß sein Werk im selben Tempel der Theaterkunst präsentiert wurde, in dem Molière und Racine ihr Heiligtum hatten.

Im Frühjahr 1986 begann er mit der Korrektur der ersten Fahnen. Seine Krebserkrankung begann wieder fortzuschreiten. Als er sich mit Leila Chahid nach den Ergebnissen der Biopsie erkunden ging, war er zu stolz, um den Arzt nach den Resultaten zu fragen. Genet fragte ihn: »Wie fühlen Sie sich?«, und Dr. Schwob antwortete: »Gut – und Sie sind auch nicht so übel dran.« Da keiner offen redete, zog Leila Dr. Schwob beiseite und fragte ihn, was los sei. Aber Schwob war sehr kühl zu ihr und sagte nur: »Ich schicke die Ergebnisse M. Genet zu.« Einige Zeit später kam per Post die Diagnose, dazu der Vorschlag, sich einer Chemotherapie zu unterziehen.

Genet erklärte sich zu einer Röntgenbehandlung bereit, um für die Arbeit an seinem Buch ein paar Monate mehr herauszuschinden. Die Chemotherapie lehnte er ab (was er auch vorher schon getan hatte), weil er wußte, sie dämpfe seinen Verstand, und er bestand darauf, genau zu erfahren, wie lange er noch zu leben habe. Dr. Schwob hatte ihm gesagt, er werde eine bestimmte Anzahl an Röntgenbestrahlungen brauchen. Als Genet mit der, wie er meinte, letzten Behandlung fertig war, sagte ihm die Schwester, er solle am nächsten Tag zu noch einer Sitzung wiederkommen, dann sprach sie von noch weiteren in der Zukunft – und plötzlich platzte Genet der Kragen. Er entschied, nicht wiederzukommen. Er hatte all seinen Mut und seine Geduld zusammengenommen, um eine festgelegte Zahl von Behandlungen durchzustehen, aber er konnte keine weitere ertragen – und sicherlich mochte er es nicht, belogen zu werden.

Jacky Maglia und Leila waren zum Krankenhaus gekommen, um ihn abzuholen. Genet war so wütend – und so darauf versessen zu arbeiten und in solcher Eile –, daß er vor ihnen hinauslief. Es schneite. Er hatte so abgenommen, daß ihm die Hose zu weit war und herunterrutschte, so daß man die Spalte zwischen seinen Pobacken sehen konnte. Er sagte kein Wort zu Leila oder Jacky, was ihm überhaupt nicht ähnlich sah, ihm, der üblicherweise von Witzchen und guter Laune überschäumte. Leila tat Jacky besonders leid, der verängstigt und verstört wirkte.

Wenig später fiel Genet eines Nachts aus dem Bett, diesmal nicht wegen des Nembutal, sondern weil er an dem Schleim der Krebsgeschwulst und der Behandlungen dagegen fast erstickte. Er hatte immer viel Schleim produziert, aber die Röntgenbehandlung ließ ihn fast daran ersticken.

Als Genet die Behandlung abbrach, verschlechterte sich sein Zustand sehr schnell, so als sei die Krankheit nur vorübergehend in der Schwebe gehalten worden. Leila drängte immer wieder, daß er die Therapie wieder aufnehmen solle, um sein Buch fertig zu bekommen, aber Genet zischte sie nur an:»Das geht dich nichts an.« Eines Tages dann gab sie ihm, als sie gerade gehen wollte, einen Kuß auf die Stirn. Und er tat etwas, was er noch nie getan hatte: Er küßte ihr beide Hände.

Am nächsten Tag erfuhr Leila, daß er mit Jacky nach Spanien gefahren war – der selbst so erschöpft von der Sorge um Genet war, daß er beängstigend dünn geworden war.

Es war Anfang März. Genet und Jacky suchten Ahmed in Spanien auf, dann fuhren die drei zu einer Hafenstadt im Süden und bestiegen ein Schiff nach Tanger. Von Tanger aus fuhren sie nach Rabat und besuchten Azzedine. In Marokko fragte Genet einen Freund von Leila Chahid nach einem moslemischen Friedhof in Rabat:»Meinen Sie, man nimmt auch einen Nichtmoslem auf diesen Friedhof auf?«[50] Er muß den Gedanken gehabt haben, er könnte auf der Reise sterben.

Nach drei Tagen in Marokko, so als habe er alles getan, was er noch tun mußte, und nun sei ihm klargeworden, daß er noch etwas Zeit übrig habe, flog er von Rabat zurück nach Paris.

In Paris fand er diesmal kein Zimmer im Hôtel Rubens, und die Dame an der Rezeption fuhr ihn sogar barsch an:»Sie haben ja nicht vorbestellt«, obwohl er wirklich nie vorbestellte, und sie war zu beschäftigt, um ihm bei der Suche nach einem anderen Zimmer behilflich zu sein. Jacky zog los und fand ein Zimmer in einem schrecklichen kleinen Hotel, dem Jack's. Als er Genet durch die Straßen zum Jack's führte, war der so schwach, daß sie sich alle fünf Meter auf eine Bank setzen mußten. In der ersten Nacht im Hotel ging es Genet befriedigend. Er erhielt den zweiten Satz Fahnen von *Ein verliebter Gefangener* und begann sie zu korrigieren. Ja, er war, wie Jacky erzählt, bereits mit einem zweiten Band dieses Buches beschäftigt. Wie in jedem Buch kündigte Genet in typischer Manier an, dies sei sein letztes, *und* versprach zugleich eine Fortsetzung. Jetzt arbeitete er mit Vergnügen an Band Zwei von *Ein verliebter Gefangener*, den er im ersten Band tatsächlich versprochen hatte.

Jacky, Isako und Leila hielten an Genets Bett Wache. Isako selbst war erfolgreich gegen Unterleibskrebs behandelt worden, doch jetzt ging es ihr nicht gut. Ihr Arzt in Paris fragte sie, ob sie jemanden kenne, der an Krebs leide, und als sie das bejahte, sagte er ihr, sie durchlebe ihren eigenen Krebs noch einmal. Genet wußte davon und bat sie – aus Freundlichkeit – abzureisen. Als Jacky mit Isako Paris verlassen hatte, sagte Genet zu Leila: »Im Grunde zerstöre ich diese Menschen, nicht wahr?« Er spielte auf Abdallah an, dessen Tod ihn noch immer verfolgte. Er fühlte sich verantwortlich für Jackys Verletzung und selbst für Isakos Krebs.

In seinem Interview mit Nigel Williams hatte Genet, den heiligen Augustinus zitierend, gesagt: »Ich erwarte den Tod.«[51] Nun kam er zu ihm, diesem Mann, der sich diesem Thema sein ganzes Leben lang gewidmet hatte. 1982 hatte er zu Bertrand Poirot-Delpech gesagt, er meine, der Tod sollte »entdramatisiert« werden. Er habe das Gefühl, daß alle viel zuviel Theater darum machen. Er selbst sei mit Mallarmé einer Meinung, der den Tod »einen flachen Bach, als Tod verleumdet«[52] genannt habe. In der Nacht vom 14. zum 15. April durchschritt Genet diesen Bach. Er stürzte in dem ihm nicht vertrauten Zimmer, als er vom Schlafzimmer eine Stufe hinauf ins Bad gehen wollte. Als Jacky ihn am nächsten Tag fand, hatte er einen riesigen Bluterguß am Hinterkopf. Jacky und Leila rekonstruierten sich, wie sein Tod sich zugetragen haben mußte. Es gab nur ein kleines WC. War Genet aufgestanden, um auf die Toilette zu gehen? War ihm schwindlig geworden früh um drei, vielleicht von den Schlaftabletten, die er immer nahm? Verlor er das Gleichgewicht? Es war zweifellos kein Herzinfarkt. Er hatte keine Probleme mit dem Herzen. Jacky fand es beziehungsreich, daß Genet im 13. Arondissement gestorben war, dem gleichen Bezirk, in dem das Gefängnis La Santé liegt. Ein Knoten war geknüpft.

Genet hatte einmal zu Jacques Vergès, dem Anwalt der radikalen Linken, gesagt:»Sollte ich einmal nicht mehr da sein, und Jacky hat Ärger, dann, habe ich ihm gesagt, soll er sich an dich wenden.«[53] Sich an diese Instruktion erinnernd, rief Jacky den Anwalt am Tag von Genets Tod an und sagte zu ihm:»Heute morgen ging ich runter, um Jean zu besuchen, wir frühstücken immer zusammen. Er war nicht in seinem Zimmer. Ich ging ins Bad. Er lag nackt da und war tot. Ich habe den Hotelbesitzer gerufen, der die Polizei benachrichtigte.« Als Vergès ihn fragte, was er für ihn tun solle, sagte Jacky: »Die Bullen haben ihn ins Leichenschauhaus geschafft: Ich will nicht, daß seine Leiche bei einer Autopsie aufgeschnitten wird. Und Jean wollte in Marokko begraben werden, wo er sich eine Stelle ausgesucht hat.« Etwas später rief Vergès Jacky wieder an und sagte ihm, Roland Dumas sei Genets Anwalt, und er werde alles in die Hand nehmen.

Genets Leichnam wurde einige Tage im Institut Médico-Legal, dem Gerichtsmedizinischen Institut, aufbewahrt. Zunächst dachten seine Freunde daran, ihn auf dem Friedhof in Thiais beisetzen zu lassen, auf dem Abdallah begraben lag, aber dieser Friedhof war Moslems vorbehalten. Genet hatte gesagt, er würde gern in Larache beerdigt werden. Das Thema wurde ausgiebig von Leila Chahid, Mohammed El Katrani, Jacky Maglia, Roland Dumas und Laurent Boyer erörtert. Schließlich sagte Mohammed, er hätte Jeans Leichnam gern bei sich. Leila versuchte ihn davon abzubringen.»Es wird dich umbringen«, sagte sie. Und ihr Gefühl war richtig. Mohammed ging fortwährend zu Genets Grab, das er von seinem Haus aus sehen konnte. Er wurde immer verzweifelter. Er bestieg einen Zug, um an einer Konferenz über Genets Leben und Werk im Südosten Marokkos teilzunehmen, aber nachdem er ungefähr eine Stunde unterwegs gewesen war, stieg er an der nächsten Station weinend wieder aus und fuhr mit dem Gegenzug zurück nach Rabat. Genet hatte ihm ein Auto gekauft; etwa ein Jahr nach Genets Tod fuhr Mohammed damit nachts gegen einen Baum und starb.

Als man sich entschieden hatte, Genet in Marokko zu beerdigen, nahm Roland Dumas, der das Amt des Außenministers innehatte, Kontakt mit der marokkanischen Regierung auf. Die Marokkaner sagten, sie seien sehr geschmeichelt, daß Genet in ihrem Land beerdigt werden solle, und boten an, eine Militärkapelle ans Flugzeug zu schicken. Aber die Erben wollten weder irgendwelchen Pomp noch eine Zeremonie. Roland Dumas sagte zu den marokkanischen Regierungsvertretern:»Organisieren Sie gar nichts, aber erleichtern Sie bitte alles.«[54]

Als das Flugzeug Paris verließ, waren Claude Gallimard, Laurent Boyer und Roland Dumas am Flughafen, um sich von dem Toten zu verabschieden.

Mohammed El Katrani, Jacky Maglia und Leila Chahid begleiteten den Sarg nach Rabat. Als der Sarg, in einen Jutesack gehüllt, aus dem Flugzeug ausgeladen wurde, hing ein Schildchen daran, auf dem stand: »Gastarbeiter«.[55]
Das Testament benannte Jacky zum Vollstrecker. Er sollte alles Geld in drei Teile teilen. Ein Teil sollte an Ahmed gehen, Abdallahs alten Zirkusfreund; der zweite an Jacky selbst und der dritte an Mohammed, oder sollte Mohammed tot sein, an Azzedine. Seiner englischen Agentin Joanna Marston hinterließ Genet die Anweisung, die Gelder, die durch ihre Hände gingen, in derselben Weise aufzuteilen. Da Jacky der einzige Franzose unter den Erben war, wurde er als Testamentsvollstrecker eingesetzt. Laurent wurde zum literarischen Nachlaßverwalter ernannt. Genets beträchtliche Vorschußzahlungen von Gallimard und seine erneute Weigerung während des letzten Schubs der Krankheit, seine Steuern zu bezahlen, bedeuteten für die Erben, daß sie drei Jahre warten mußten, bis sie die ersten Tantiemen erhielten. Boyer zufolge verhielt Genet sich Jacky gegenüber in der Endphase so tyrannisch, daß dieser über Genets Tod traurig und erleichtert zugleich war.

Genet starb einen Tag nach Simone de Beauvoir, doch während sie in Paris ein gewaltiges Begräbnis erhielt, wurde er in Larache still beerdigt. Da er kein Moslem war, mußte er auf einem alten spanischen christlichen Friedhof begraben werden, wo seit vielen Jahren niemand mehr bestattet worden war. Der Friedhof liegt in der Nähe des Hauses von Mohammed El Katrani, und dorthin ging Genet mit Azzedine jeden Abend spazieren. Die Frau, die sich um den Friedhof kümmert, hat ein Ziege, die sich von dem Unkraut ernährt, das zwischen den verfallenen Gräbern sprießt, und sie hängt ihre Wäsche zwischen dem Pförtnerhaus und einem nahem Grabstein auf. Die Totengräber wußten nicht, wie man einen Christen beerdigt, und so richteten sie das Grab nach Mekka aus. Es blickt auch hinüber auf das alte spanische Gefängnis und ein Bordell – zwei Hauptpfeiler von Genets Vorstellungswelt.

Jacky, vertraut damit, wie Japaner mit Toten umgehen, kam oft mit Mohammed an das Grab und brachte Genet seine Lieblingszigaretten, Gitanes, und sogar französische Zeitungen mit. Dann saßen die beiden Männer an dem Grab und redeten mit ihrem toten Freund. Als ein Souvenirjäger die Marmortafel gestohlen hatte, in die Genets Name und Daten eingemeißelt waren, schrieb Jacky eigenhändig ein neues Schild. Aber da Jackys Handschrift der Genets vollkommen gleicht, sieht es so aus, als habe dieser große Schriftsteller sich sein eigenes Epitaph geschrieben.

ZITIERTE AUSGABEN

Viele von Genets Hauptwerken sind bei Gallimard in den *Œuvres Complètes de Jean Genet* publiziert. Alle seine Romane, mit Ausnahme des *Journal du Voleur (Tagebuch eines Diebes)*, sowie die meisten Gedichte und Theaterstücke sind in diesen *Œuvres Complètes* enthalten. Wenn ich in den Anmerkungen auf einen Text aus den *Œuvres Complètes* verweise, gebe ich die Seitenzahl des entsprechenden Bandes zusammen mit einer Abkürzung des Werktitels an (siehe Liste unten).

Viele Texte sind jedoch nicht gesammelt, zumindest nicht in den sogenannten *Œuvres Complètes*; sie werden nach den ebenfalls angeführten Ausgaben zitiert.

Schließlich gibt es ungedruckte Briefe, Filmskripts, Theaterstücke, Gedichte und andere Texte von Genet, die sich zumeist in der Sammlung Genet im IMEC (Institut Mémoires de l'Édition Contemporaine) in Rue de Lille 25, Paris 75006 befinden. Albert Dichy betreut die Sammlung Genet.

Alle Genet-Zitate sind, wenn nicht anders vermerkt, von Rudolf von Bitter und Benjamin Schwarz aus dem Französischen neu übertragen worden.

Die in den Anmerkungen benutzten Abkürzungen:

(Wenn nicht anders angegeben, handelt es sich um Titel von Jean Genet; in Klammern werden, soweit Übersetzungen vorliegen, die Titel der deutschen Buchausgaben genannt.)

AG »L'Atelier d'Alberto Giacometti« (»Alberto Giacometti«). *Œuvres complètes*, Band V, Paris: Éditions Gallimard, 1979.

BA *Le Balcon* (Der Balkon). *Œuvres complètes*, Band IV, Paris: Éditions Gallimard, 1968.

BO *Les Bonnes* (Die Zofen). *Œuvres complètes*, Band IV, a.a.O.

CA *Un Captif amoureux* (Ein verliebter Gefangener), Paris: Éditions Gallimard, 1986.

CB »Comment jouer ›Les Bonnes‹«. *Œuvres complètes*, Band IV, a.a.O.

CD »Un Chant d'amour« (»Ein Liebesgesang«). *Œuvres complètes*, Band II, Paris: Éditions Gallimard, 1951.

CJ »Comment jouer ›Le Balcon‹«, *Œuvres complètes*, Band IV, a.a.O.

CM »Le Condamné à mort« (»Der zum Tode Verurteilte«). *Œuvres complètes*, Band II, a.a.O.

EC »L'Enfant criminel« (»Das kriminelle Kind«). *Œuvres complètes*, Band V, a.a.O.

ED *L'Ennemi déclaré. Textes et entretiens*, herausgegeben von Albert Dichy. Paris: Éditions Gallimard, 1991.

EM »L'Étrange mot d'...«. *Œuvres complètes*, Band IV, a.a.O.

FR *Fragments ... et autres textes*. Paris: Éditions Gallimard, 1990.

HS *Haute surveillance* (Unter Aufsicht). *Œuvres complètes*, Band IV, a.a.O.

JG *Jean Genet, Essai de chronologie, 1910-1944*, (Jean Genet. Versuch einer Chronologie 1910-1944), von Albert Dichy und Pascal Fouché. Bibliothèque de Littérature française contemporaine de l'Université Paris 7, 1988.

JV *Journal du voleur* (Tagebuch eines Diebes). Paris: Éditions Gallimard, 1949. Folio-Ausgabe.

LF »Le Funambule« (»Der Seiltänzer«). *Œuvres complètes*, Band V, a.a.O.

LM »Le Langage de la muraille: Cent ans jour après jour«. Unveröffentlichtes Filmskript, Sammlung Genet im IMEC.

LN *Les Nègres* (Die Neger). *Œuvres complètes*, Band V, a.a.O.

LO *Lettres à Olga et Marc Barbezat*. Décines: L'Arbalète, 1988.

LP *Les Paravents* (Die Wände). *Œuvres complètes*, Band V, a.a.O.

LV *Jean Genet: La vie écrite*, von Jean-Bernard Moraly. Paris: Éditions de la Différence, 1988.

MR *Miracle de la Rose* (Wunder der Rose). *Œuvres complètes*, Band II, a.a.O.

ND *Notre-Dame-des-Fleurs* (Notre-Dame-des-Fleurs). *Œuvres complètes*, Band II, a.a.O.

NV »La Nuit venue«. Unveröffentlichtes Filmskript, Sammlung Genet im IMEC.

PF *Pompes funèbres* (Das Totenfest). *Œuvres complètes*, Band III, Paris: Éditions Gallimard, 1953.

QB *Querelle de Brest* (Querelle). *Œuvres Complètes*, Band III, a.a.O.

RB *Lettres à Roger Blin* (Briefe an Roger Blin). *Œuvres Complètes*, Band IV, a.a.O.

RD »Ce qui est resté d'un Rembrandt déchiré en petits carrés ...«. *Œuvres complètes*, Band IV, a.a.O.

SG *Saint Genet: Comédien et martyr* (Saint Genet, Komödiant und Märtyrer), von Jean-Paul Sartre. *Œuvres complètes de Jean Genet*, Band I, Paris: Éditions Gallimard, 1952.

GENET IN DEUTSCHEN AUSGABEN

Querelle. Roman. Übersetzt von Ruth Uecker-Lutz. Hamburg: Rowohlt, 1955. Taschenbuchausgabe: Reinbek bei Hamburg: Rowohlt, 1974.
Unter Aufsicht. Tragödie. Übersetzt von Gerhard Hock. Hamburg: Merlin Verlag, 1957. Taschenbuchausgabe: *Alle Dramen.* Reinbek bei Hamburg: Rowohlt, 1982.
Die Zofen. Tragödie. Übersetzt von Gerhard Hock. Hamburg: Merlin Verlag, 1957. Taschenbuchausgabe: *Alle Dramen.* Reinbek bei Hamburg: Rowohlt, 1982.
Der Balkon. Schauspiel. Übersetzt von Georg Schulte-Frohlinde. Hamburg: Merlin Verlag, 1959. Taschenbuchausgabe: *Alle Dramen.* Reinbek bei Hamburg: Rowohlt, 1982.
Fragmente... Übersetzt von Elisabeth Walther. In: augenblick, herausgegeben von Max Bense, Jg. 4, 1960 (Reihe *rot.* Texte 3). Nachdruck als Einzelausgabe: Berlin: Merve, 1982 (Internat. Merve Diskurs, 107).
Wände überall. Feerie. Übersetzt von Hans Georg Brenner. Hamburg: Merlin Verlag, 1960.
Notre-Dame-des-Fleurs. Übersetzt von Gerhard Hock. Hamburg: Merlin Verlag, 1960. Taschenbuchausgabe: Reinbek bei Hamburg: Rowohlt, 1975.
Tagebuch eines Diebes. Roman. Übersetzt von Gerhard Hock und Helmut Voßkämper. Mit einem Vorwort von Max Bense. Hamburg: Merlin Verlag, 1961. Taschenbuchausgaben: München: Deutscher Taschenbuch-Verlag, 1971; Reinbek bei Hamburg: Rowohlt 1982.

Das kriminelle Kind. Ein Rundfunkvortrag. Übersetzt von Manor Griesebach. Hamburg: Merlin Verlag, 1961. Taschenbuchausgabe: *Briefe an Roger Blin* ... Reinbek bei Hamburg: Rowohlt, 1977.
Die Wände. Märchenspiel. Neu übersetzt für die Bühne von Ernst Sander. Hamburg: Merlin Verlag, 1962. Taschenbuchausgabe: *Alle Dramen.* Reinbek bei Hamburg: Rowohlt, 1982.
Die Neger. Clownerie. Übersetzt von Katarina Hock und Ben Poller. Mit Illustrationen von Ali Schindehütte und Arno Waldschmidt. Hamburg: Merlin Verlag, 1965. Taschenbuchausgaben: München: Deutscher Taschenbuchverlag, 1962 [mit 8 Fotos der Pariser Uraufführung]; Reinbek bei Hamburg: Rowohlt, 1982 *(Alle Dramen).* Neuausgabe: Übersetzt von Peter Stein. Gifkendorf: Merlin Verlag, 1983.
Alberto Giacometti. Übersetzt von Marlis Pörtner. Mit 16 Zeichnungen des Künstlers (aufgenommen von Ernst Scheidegger). Zürich: Scheidegger, 1962.
Miracle de la rose. Wunder der Rose. Roman. Übersetzt von Manfred Unruh. Hamburg: Merlin Verlag, 1963 Taschenbuchausgabe: *Wunder der Rose.* Reinbek bei Hamburg: Rowohlt, 1976.
Der Seiltänzer. Ein Gedicht. Übersetzt von Manor Griesebach. Mit Illustrationen von Alexander Camaro. Hamburg: Merlin Verlag, 1963. Taschenbuchausgabe: *Briefe an Roger Blin* ... Reinbek bei Hamburg: Rowohlt, 1977.
Pompes funèbres. Das Totenfest. Roman. Übersetzt von Marion Luckow. Hamburg: Merlin Verlag, 1966. Taschenbuchausgabe: *Das Totenfest.* Reinbek bei Hamburg: Rowohlt, 1976.
Briefe an Roger Blin. Der Seiltänzer. Übersetzt von Gerald und Ute Szyszkowitz bzw. Manor Griesebach. Hamburg: Merlin Verlag, 1967. Taschenbuchausgabe: *Briefe an Roger Blin. Der Seiltänzer. Das kriminelle Kind.* Reinbek bei Hamburg: Rowohlt, 1977.
Der zum Tode Verurteilte. Übersetzt von Gerhard Edler. Mit 5 Lithographien von Hans Anschütz. Hamburg: Merlin Verlag, 1969.
Der Fischer von Suquet. Übersetzt von Gerhard Edler. Mit Illustrationen von Johannes Vennekamp. Hamburg: Merlin Verlag, 1970.
Alle Dramen (Unter Aufsicht. Die Zofen. Der Balkon. Die Wände. Die Neger). Gifkendorf: Merlin Verlag, 1980. Taschenbuchausgabe: Reinbek bei Hamburg: Rowohlt, 1982.
Hubert Fichte – Jean Genet. Interview. Französisch und deutsch. Übersetzt von Hubert Fichte. Frankfurt/Main: Edition Qumran, 1981; Neuausgabe:

korrigierte, mit Varianten und Anmerkungen versehene Fassung, herausgegeben von Bernhard Albers. Mit Fotos von Leonore Mau. Aachen: Rimbaud, 1992.
Ein Liebesgesang. Übersetzt von Gerhard Edler. Mit 10 Zeichnungen von Arno Waldschmidt. Gifkendorf: Merlin Verlag, 1983.
4 [Vier] Stunden in Chatila. Ein Bericht. Übersetzt von Klaus Völker. Gifkendorf: Merlin Verlag, 1983.
Die Parade. Übersetzt von Gerhard Edler. Mit 12 kolorierten Zeichnungen von Markus Vallazza. Gifkendorf: Merlin Verlag, 1985.
Chère Madame. 6 Briefe nach Brünn. Französisch und deutsch. Übersetzt von Willy Dähnhardt, herausgegeben von Friedrich Flemming. Gifkendorf: Merlin Verlag, 1987.
Ein verliebter Gefangener. Palästinensische Erinnerungen. Übersetzt von Thomas Dobberkau. Köln: Kiepenheuer & Witsch, 1988.
La Galère/Die Galeere. Französisch und deutsch. Übersetzt von Gerhard Edler. Mit 18 Transparentlithographien von Johannes Vennekamp. Gifkendorf: Merlin Verlag, 1991.
Jean Genets Haus. Ein Gespräch. Von Jean Genet, Rüdiger Wischenbart und Leila Chahid Barrada. Gifkendorf: Merlin Verlag, 1991.

ANMERKUNGEN

Motto

1 Sören Kierkegaard: *Werke*, Bd. IV: *Die Krankheit zum Tode*. Übersetzt und herausgegeben von Liselotte Richter. Reinbek bei Hamburg: Rowohlt, 1966.

Kapitel 1

1 ND, S. 44 f.
2 Arthur Rimbaud: *Sämtliche Dichtungen*. Französisch und Deutsch. Übersetzt von Walther Küchler, ergänzt durch Carl Andreas. Reinbek bei Hamburg: Rowohlt, 1963, S. 89.
3 Vgl. JG. Dieses bis heute wichtigste Werk der Genet-Forschung diente als Quelle für die Umstände der Geburt und viele andere Fakten aus den ersten vierunddreißig Lebensjahren.
4 Ihr Vater, François Genet, war bei Camilles Geburt sechsundfünfzig, ihre Mutter Claudine (auch Clotilde gerufen) vierzig Jahre alt.
5 JV, S. 46 f.
6 In der 1101 gegründeten Benediktinerabtei, in der sich Gräber von Mitgliedern der Familie Anjou-Plantagenet befinden, war bis 1963 ein Gefängnis untergebracht. (Anm. d. Übers.)
7 JV, S. 217.

8   CA, S. 351.
9   MR, S. 317.
10 JV, S. 46.
11 CA, S. 354.
12 Albert Dupoux: »Sur le pas de Monsieur Vincent (300 ans d'histoire parisienne de l'enfance abandonnée)«, in: *Revue de l'Assistance Publique à Paris*, 1958.
13 »L'enfant qui, né de père ou de mère connus, en est delaissé sans qu'on puisse recourir à eux ou à leurs ascendants (enfant abandonné).« *Loi du 27 juin 1904: Sur le service des enfants assistés*. Erste Fassung. Definitionen.
14 *Rapport sur le service des enfants assistés du département de la Seine pendant l'année 1911*. Montévrain: École d'Alembert, 1912, S. 62.
15 Mündelbüchlein (*Livret de pupille de Jean Genet*). Archiv der École d'Alembert (Öffentliche Fürsorge).
16 ND, S. 181.
17 Zum Stichwort Morvan und zu vielen Details in diesem und dem nächsten Kapitel vgl.:
    Lucien Charrault: *Dans l'ombre de Morvan, Le Canton de Montsauche*. 1937. Neudruck Autun: Éditions de Saint-Seine-l'Abbaye, 1987, bes. S. 113–156; Gautron du Coudray: *Un quarteron de rimes culinaires*. Nevers: Éditions Horvath, 1985; Joseph Bruley: *Le Morvan, cœur de la France*. Autun: Éditions Saint-Seine-l'Abbaye, 1984, bes. Band II, S. 187 ff.; Ders.: *Le Canton de Montsauche en 1900 à travers les cartes postales*. Autun: Éditions Saint-Seine-l'Abbaye, 1986; Marcel Vigrieux: *Paysans et Notables du Morvan au XIXe siècle jusqu'en 1914*. Château-Chinon: Académie du Morvan, 1987, bes. S. 484–591; Jacqueline Bonnamour: *Le Morvan – la terre et les hommes. Essai de géographie agricole*. Paris: Presses Universitaires de France, 1966.
18 Eugen Weber: *Peasants into Frenchmen. The Modernization of Rural France, 1870–1914*. Stanford, Calif.: Stanford University Press, 1976, S. 415.
19 Zitiert nach ED, S. 241.
20 ND, S. 22.
21 Ebd., S. 119.
22 Rüdiger Wischenbart und Leila Chahid Barrada: »Une rencontre avec Jean Genet«, in: *Revue d'études palestiniennes*, Nr. 21, Herbst 1986, S. 10 und 13. Auch in ED, S. 277 und 280 f. (dt. *Jean Genets Haus. Ein Gespräch*. Gifkendorf: Merlin Verlag, 1991).
23 JG, S. 68. Für dieses und das nächste Kapitel wurden mehrere Interviews der Dorfbewohner übersetzt. Außerdem reiste der Autor mit Albert Dichy 1988 nach Alligny, wo sie mit Genets inzwischen verstorbener Patin Lucie Wirtz und

Jean Cortet sprachen. Joseph Bruley und Marcel Batifolier wurden in Paris befragt, Bruley zudem nochmals von Gregory Rowe in Alligny. Interviews mit Genets Kindheitsgefährten filmte ferner Michel Dumoulin für die Fernsehdokumentation *Jean Genet, l'écrivain* (INA/La Sept, 1992). Für die Erlaubnis, aus der unveröffentlichten Rohfassung zu zitieren, dankt der Autor. Die Abschriften sind in der Sammlung Genet IMEC deponiert. (Inzwischen gibt es eine deutsche Ausgabe: *Jean Genet. Versuch einer Chronologie, 1910–1944*. Übersetzt von Rolf Stürmer. Gifkendorf: Merlin Verlag, 1993).
24 AG, S. 42.
25 JG, S. 69.
26 Ebd., S. 71 f.
27 Interview mit Hubert Fichte. ED, S. 149. Dieses Interview mit Hubert Fichte ist, ebenfalls französisch und deutsch, in einer korrigierten, mit Varianten und Anmerkungen versehenen, von Bernhard Albers herausgegebenen Fassung erschienen: *Hubert Fichte – Jean Genet*. Aachen: Rimbaud, 1992 (Erstausgabe: Frankfurt: Edition Qumran, 1981).
28 Lucie Wirtz' Schilderung in JG weicht von der im Interview mit Albert Dichy und dem Autor leicht ab.
29 ND, S. 74.
30 Ebd., S. 75.
31 JG, S. 62.
32 Ebd., S. 65.
33 Ebd., S. 42.
34 Ebd., S. 66.
35 Interview mit Bertrand Poirot-Delpech. ED, S. 241.
36 ND, S. 99 f.
37 Ebd., S. 103

Kapitel 2

1 SG, S. 23 und 57; dt. S. 35 und 89. Alle Zitate folgen, wenn nicht anders vermerkt, dem Wortlaut der deutschen Erstausgabe, in: Jean-Paul Sartre: *Gesammelte Werke. Schriften zur Literatur*, Bd. IV: *Saint Genet, Komödiant und Märtyrer*. Übersetzt von Ursula Dörrenbacher, herausgegeben von Traugott König. Reinbek bei Hamburg: Rowohlt, 1982.

2　Philip Thody: *Jean Genet. A Critical Appraisal.* New York: Stein & Day, 1969, S. 4.
3　Interview mit Madeleine Gobeil. ED, S. 12
4　Interview mit Hubert Fichte (vgl. Kap. 1, Anm. 27). ED, S. 170.
5　JG, S. 63.
6　Ebd., S. 68 f.
7　Ebd., S. 70.
8　Ebd., S. 72 f.
9　Ebd., S. 67.
10　EC, S. 390 f.
11　JG, S. 74.
12　Ebd., S. 52.
13　ND, S. 143.
14　Ebd., S. 189.
15　Ebd., S. 143.
16　Ebd., S. 144.
17　Ebd., S. 145 f.
18　Ebd., S. 92.
19　Ebd., S. 187.
20　Ebd., S. 181.
21　CA, S. 431.

Kapitel 3

1　Broschüre *École d'Alembert à Montévrain*, 5. März 1931, S. 7.
2　Archiv der École d'Alembert (Öffentliche Fürsorge).
3　Ebd.
4　Ebd.
5　ND, S. 43.
6　»Fugue«, in: *Le Petit Niçois*, Nr. 317, 12. November 1924, S. 3 ff.
7　Archiv der École d'Alembert (Öffentliche Fürsorge).
8　SG, S. 395 f.; dt. S. 662 (vgl. Kap. 2, Anm. 1).
9　»René de Buxeuil nous parle de Jean Genet«, in: *Le Populaire de Paris*, Nr. 7578, 1./2. August 1948, S. 4.
10　LV, S. 28.
11　Vgl. Anm. 9.

12	Zu René de Buxeuil vgl. seine Memoiren: *Un Demi-siècle en chantant*. Paris: Éditions René de Buxeuil, 1957.
13	Ebd., S. 174 f.
14	Ebd., S. 179.
15	Gustave Fréjaville: *Au Music-Hall*. Paris: Éditions du Monde Nouveau, 1922, S. 109.
16	Vgl. Anm. 9.
17	Michel Foucault: *Surveiller et punir*. Paris: Éditions Gallimard, 1975, S. 251. Zitiert nach der deutschen Ausgabe: *Überwachen und Strafen. Die Geburt des Gefängnisses*. Übersetzt von Walter Seitter. Frankfurt/M.: Suhrkamp, ^{10}1992, S. 323.
18	PF, S. 180.
19	LP, S. 286.
20	Mikrofilmarchiv des Hôpital Henri Rousselle in Paris.
21	Interview mit Antoine Bourseiller. ED, S. 218 f.
22	Pierre Zaccone: *Histoire des bagnes, depuis leur création jusqu'à nos jours*. Paris: V. Brunel, 1870, S. 243.
23	SG., S. 239; dt. S. 400.
24	Ebd., S. 240; dt. S. 401.
25	ND, S. 111.
26	Ebd., S. 42.
27	Gefangenenregister des Gefängnisses La Petite-Roquette in Paris, 8. März 1926. Archiv der Stadt Paris.
28	Ebd.
29	*Miracle de la Rose*. Décines: Éditions L'Arbalète, 1946, S. 80.
30	Die beste Beschreibung von La Petite-Roquette findet sich in Michel Foucault: *Überwachen und Strafen* (vgl. Anm. 17). Genet war vertraut mit dem maßgebenden Werk von Henri Gaillac: *Les Maisons de correction 1830–1945*. Paris: Éditions Cujas, 1971.
31	MR, S. 308.
32	Michel Foucault: *Überwachen und Strafen*, a.a.O., S. 320 f.
33	Ebd., S. 321.
34	Ebd., S. 257.
35	Zitiert nach Michel Foucault: *Überwachen und Strafen*, a.a.O., S. 305.
36	Ebd., S. 299 f.
37	Zitiert nach Henri Gaillac, a.a.O., S. 65.
38	*Rapport sur le service des enfants assistés pendant l'année 1926*, S. 94. Archiv der Öffentlichen Fürsorge.

39 Henri Gaillac, a.a.O., S. 338.
40 Ebd., S. 75.
41 Ebd., S. 56.
42 Tribunal de Première Instance de Meaux, 25. August 1926. Archiv des Département Seine-et-Marne.
43 *Le Briard* (Ausgabe Meaux), Nr. 66, 27. August 1926, S. 3.
44 MR, S. 305 f.
45 Ebd., S. 318.
46 Ebd., S. 296.
47 LM, S. 155.
48 Ebd., S. 156.
49 Henri Gaillac, a.a.O., S. 78.
50 Zur Geschichte Mettrays vgl.:
L. Bonneville de Marsangy: *Mettray. Colonie pénitentiaire; Maison paternelle.* Paris: Éditions Plon, 1866. Ferner August Cochin: *Mettray en 1848.* Paris: Éditions Plon, 1847. Eine jüngere historische Untersuchung Mettrays bietet das Dossier *La Colonie pénitentiaire agricole de Mettray,* in: *Le Magazine de la Touraine,* Nr. 8, Oktober 1983. Einer der besten Überblicke über die geistige Grundhaltung in Mettray findet sich in Mme. [Henriette] de Witt: *La Charité en France à travers les siècles.* Paris: Éditions Hachette, 1892, Kap. 22. Zu den Grundregeln Mettrays vgl. »Extraits des Status«, in: *Colonie agricole de Mettray,* herausgegeben von der Assemblée Générale des Fondateurs, Tours 1883.
51 Mme. de Witt, a.a.O., S. 25.
52 MR, S. 315.
53 LM, S. 17 u. 19 f.
54 Hier und im folgenden *Dossier des actes insensés* aus dem Archiv von Mettray.
55 Bernard Caffler, zitiert nach einem Artikel von Louis Roubaud, in: *Détective,* Nr. 443, 22. April 1937, S. 12–14.
56 Alan Kerdavid: *Bagne de gosses.* Paris: La Pensée Universelle, 1978.
57 Auguste Le Breton: *Les Hauts murs.* Paris: Presses de la Cité, 1956, S. 61.
58 Ebd., S. 100 ff.
59 Ebd., S. 121.
60 Ebd., S. 192.
61 Vgl. Alexis Danan: *Maisons de supplices.* Paris: Éditions Denoël et Steele, 1936.
62 Interview mit Antoine Bourseiller. ED, S. 223 f.
63 Ebd., S. 223.

64 Zitiert nach Jean-Michel Dubois: *Étude sur la colonie agricole de Mettray.* Unveröffentlichte Dissertation aus dem Jahre 1985. IMEC-Archiv.
65 Zitiert nach Frédéric Chauvad: *Les Jeunes délinquants de Seine-et-Oise et la colonie agricole et pénitentiaire de Mettray.* Unveröffentlichte Rede aus dem Jahre 1985. IMEC-Archiv.
66 LM, Teil II, S. 14.
67 Ebd., S. 345.
68 Ebd., S. 132.
69 Ebd., S. 44.
70 EC, S. 388 f.
71 Interview mit Antoine Bourseiller. ED, S. 224 f.
72 Ebd., S. 225 f.
73 JV, S. 256 f.
74 MR, S. 281.
75 Ebd., S. 320 f.
76 Ebd., S. 390.
77 Ebd., S. 344.
78 LM. Bemerkungen für den Regisseur in Genets Handschrift.
79 Ebd., S. 85 ff.
80 Ebd., S. 428.
81 Interview mit André Clarté 1989.
82 MR, S. 261.
83 Ebd., S. 293.
84 Ebd., S. 294.
85 Ebd., S. 306.
86 *Miracle de la rose.* Décines: Éditions L'Arbalète, 1946, S. 195. In den Œuvres complètes ist diese Stelle gestrichen.
87 MR, S. 344.
88 Ebd., S. 437.
89 Manuskriptseite vom Oktober 1947 zur ersten Fassung von *Journal du voleur.* Abgebildet im Auktionskatalog des Hôtel Drouot für die Versteigerung am 4. Juni 1986.
90 Gefangenenregister des Gefängnisses in Orléans, 6. Dezember 1927. Archiv des Département Loiret.
91 Tribunal de Première Instance pour enfants et adolescents d'Orléans. Urschrift des Urteils. Archiv des Département Loiret.
92 »Dieu te voit.« LM, S. 150.
93 MR, S. 280.

94 Ebd., S. 319.
95 MR, S. 235.
96 Interview mit Bertrand Poirot-Delpech. ED, S. 229.
97 MR, S. 341.
98 Interview mit Hubert Fichte (vgl. Kap. 1, Anm. 27). ED, S. 165.
99 JV, S. 198 f.
100 MR, S. 430.

Kapitel 4

1 JV, S. 50.
2 CA, S. 278.
3 Claude Mauriac: *Les Espaces imaginaires*. Paris: Éditions Grasset, 1974, S. 281 f.
4 CA, S. 450.
5 Interview mit Hubert Fichte (vgl. Kap. 1, Anm. 27). ED, S. 172.
6 Zum Stichwort Syrien und zu den Details in diesem Abschnitt vgl.: *La Syrie d'aujourd'hui*. Paris: Éditions du CNRS, 1980, darin vor allem »Les Populations, L'État et la société« von Michel Seurat, S. 87 ff., und »La Syrie, du royaume arabe à l'indépendance (1914–46)« von André Raymons, S. 56 ff.; Patrick Seale: *Asad*. London: I. B. Tauris, 1988, bes. Kap. 2.; Derek Hopwood: »*The French Legacy« and Syria 1945–1986*. London: Unwin Hyman, 1988.
7 Interview mit Bertrand Poirot-Delpech. ED, S. 228.
8 Rüdiger Wischenbart und Leila Chahid Barrada (vgl. Kap. 1, Anm. 22), S. 12.
9 *La Syrie d'aujourd'hui*, a.a.O., S. 96.
10 CA, S. 449.
11 Dieser Brauch der Türken heißt auf deutsch »Knabenlese«, was Genet sicher gefallen hätte. (Anm. d. Übers.)
12 CA, S. 449.
13 Interview mit Hubert Fichte (vgl. Kap. 1, Anm. 27). ED, S. 172.
14 Ebd., S. 171.
15 CA, S. 451.
16 André Geiger: *Syrie et Liban*. Grenoble: Éditions Arthaud, 1932, S. 165 ff.
17 CA, S. 46.
18 Ebd., S. 451.
19 Ebd., S. 452.

20 Ebd., S. 453.
21 Ebd., S. 455.
22 Interview mit Robert Poulet, in: *Bulletin de Paris*, 19. Juli 1956.
23 Interview mit Hubert Fichte. ED, S. 175.
24 *La Nouvelle Revue Française*, Oktober 1986, S. 72.
25 Jean Cau: »Portrait: Jean Genet«, in: *L'Express*, Nr. 438, 5. November 1959, S. 37–39.
26 CA, S. 453.
27 JV, S. 214.
28 CA, S. 457.
29 André Maurois: *Lyautey*. Paris: Éditions Plon, 1959, S. 166 f.
30 *Les Temps Modernes*, 1. Juli 1946, S. 44 f.
31 JV, S. 48.
32 Jean-Jacques Thierry: *André Gide*. Paris: Éditions Hachette, 1986, S. 150 ff.
33 »Il ne faut pas hésiter à faire ce qui détache de vous la moitié de vos partisans et qui triple l'amour du reste«, aus Paul Valéry: *Regard sur le monde actuel*. Zitiert nach Jean-Jacques Thierry, a.a.O., S. 147.
34 Brief an André Gide. Vier Seiten, faksimiliert. Bibliothèque littéraire Jacques Doucet.
35 Der Gedanke, daß Glück »passend zugeschnitten sein sollte«, bezieht sich auf Ménalques Kommentar in *Der Immoralist*, das »unersetzlichste aller Geschöpfe« ist dem Geleitwort von *Uns nährt die Erde* entlehnt, und die Bemerkung über den Deutschen entstammt einem Essay in *Incidences*. Vgl. dazu die wissenschaftliche Abhandlung von Pierre-Marie Héron: *La Poétique de Jean Genet*, S. 20. IMEC-Archiv.
36 JV, S. 306.
37 Ebd., S. 47.
38 Ebd., S. 26.
39 Ebd., S. 38.
40 Ebd., S. 63.
41 Jérôme und Jean Tharaud: *Cruelle Espagne*. Paris: Éditions Plon, 1937, S. 15 f.
42 JV, S. 68 f.
43 Ebd., S. 185 f.
44 CA, S. 38.
45 Interview mit Georges Bosquet, 1988 in Tanger.
46 CA, S. 50 ff.
47 JV, S. 190.
48 Ebd., S. 74.

49 Ebd., S. 97.
50 Ebd., S. 47 f.
51 Vgl. dazu Pierre-Marie Héron, a.a.O., S. 209 ff. und 223.
52 Der zweiseitige handgeschriebene Brief befindet sich in der Sammlung Richard Anacréon im Museum von Granville.
53 Genet zitierte Suarès' Texte, die zwei Jahre zuvor im November 1933 in der *Nouvelle Revue Française* erschienen waren, offensichtlich aus dem Gedächtnis. Der genaue Wortlaut der entsprechenden Zeile lautet: »*Aime follement la vie, si tu veux follement souffrir.*« Vgl. dazu Pierre-Marie Héron, a.a.O., S. 210.
54 JV, S. 207 f.
55 Ebd., S. 212.
56 Ebd., S. 117.

Kapitel 5

1 Maurice Toesca: *Cinq ans de patience*. Paris: Éditions Émile-Paul, 1975.
2 Tribunal Correctionnel de la Seine. 14. Kammer. Protokoll des 25. November 1937. Archiv der Stadt Paris.
3 Interview des Autors und Albert Dichys mit Olga Barbezat 1988.
4 CA, S. 178.
5 JV, S. 122.
6 Mitte des 13. Jahrhunderts als Stadtpalast errichtet, diente es von 1621 bis 1838 als türkischer Kaufhof. (Anm. d. Übers.)
7 JV, S. 126.
8 Lily Pringsheim emigrierte später nach England und Amerika. 1945 kehrte sie nach Darmstadt zurück, wo sie bis zu ihrem Tode 1954 lebte. Am 15. September 1951 hielt sie an der Volkshochschule in Darmstadt einen Vortrag über Genet, den sie später zur Veröffentlichung umarbeitete. Sie und ihre Töchter versuchten in den fünfziger Jahren, ihre Freundschaft mit Genet wieder aufzufrischen, was aber an Mißverständnissen auf beiden Seiten scheiterte.
9 Auch im folgenden zitiert nach Lily Pringsheim:»Toward the End of 1937«, in: Richard N. Coe (Hg.): *The Theater of Jean Genet: A Casebook*. London: Grove Press, 1970, S. 20 ff. Das Originalmanuskript wurde in abgekürzter Form im *Programmheft des Darmstädter Theaters*, Nr. 15, 1966/67, veröffentlicht.
10 Therese Brondum-Pringsheim:»A Balcony, a Black Woman, a Burial and a Bath«, ebd. S. 28 ff.

11	JV, S. 98 f.
12	Ebd., S. 99.
13	*Chère Madame. 6 Briefe nach Brünn.* Französisch und deutsch. Übersetzt von Willy Dähnhardt, herausgegeben von Friedrich Flemming. Gifkendorf: Merlin Verlag, 1987.
14	JV, S. 104.
15	Ebd., S. 106 f.
16	Ebd., S. 121.
17	Ebd., S. 131.
18	LO, S. 261.
19	Zitiert nach Richard N. Coe (vgl. Anm. 9), S. 25.
20	JV, S. 190.
21	Ebd., S. 191.
22	Ebd., S. 192.
23	Interview mit Hubert Fichte (vgl. Kap. 1, Anm. 27). ED, S. 169 f.
24	JV, S. 181.
25	Ebd., S. 150.

Kapitel 6

1	*Chère Madame. 6 Briefe nach Brünn.* (Vgl. Kap. 5, Anm. 13).
2	Maurice Chevalier, populärer Sänger (1888–1972).
3	Serge Lifar, russisch-französischer Choreograph und Tänzer (1905–1986).
4	Französische Sängerin, 1901 als Sarah Alice Bloch geboren, trat in den dreißiger Jahren häufig in Berliner Cabarets auf.
5	Rachilde (1860–1953), eigentlich Marguerite Vallette, Dramenautorin des Symbolismus; vielleicht meint Genet aber auch die Schauspielerin Rachilde.
6	Französische Schauspielerin und Sängerin (1877–1939), bürgerlicher Name: Émilie-Marie Bouchaud.
7	»*canaux, canards, canailles!*«
8	Möglicherweise spielt Genet hier auf Verlaines Gedicht «Art Poétique« an, in dem es heißt: »*...oh, qui dira les torts de la rime?*« (Oh, wer wird reden von den Fehlern des Reims?«)
9	Schütz war der Gründer der Liga für Menschenrechte in Brno; Nora Lustig und Beate Wiesner, die später nach Auschwitz deportiert wurden, arbeiteten für die Liga. Bergmann konnte nicht identifiziert werden.

10 Georg Plaček (1906–1956), ein Atomphysiker, der später im Auftrag von Genet an den Abgeordneten der Radikalen des Département Seine-et-Oise, Gaston Bergery (1894–1974), schrieb.
11 JV, S. 135.
12 Arthur Rimbaud: Œuvres complètes. Paris: Bibliothèque de la Pléiade, 1954, S. 270.
13 Arthur Rimbaud: Sämtliche Dichtungen (vgl. Kap. 1, Anm. 2), S. 211.
14 Ebd., S. 229.
15 LO, S. 262.
16 Mistinguette, eigentlich Jeanne Bourgeois (1873–1956), berühmte französische Chansonsängerin und Revuetänzerin.
17 Die »Deutsche Woche« auf der Weltausstellung dauerte vom 3. bis 7. September 1937.
18 Harald Kreutzberg, berühmter deutscher Tänzer und Choreograph (1902 bis 1968).
19 Tribunal Correctional de la Seine. 13. Kammer. Protokolle des 18. September 1937. Archiv der Stadt Paris.
20 JV, S. 115.
21 Genet zitiert aus dem Zweiten Gesang von Die Gesänge des Maldoror (1869) von Isidore Ducasse, einem Protosurrealisten, der sich Comte de Lautréamont nannte.
22 ND, S. 144.
23 Genet merkt nicht, daß es Jesus war, nicht Mauriac, der diesen Ausspruch geprägt hat: »Denn der Menschensohn ist gekommen zu retten, was verloren war« (Matth. 18,11). Fast an der gleichen Stelle sagt Jesus: »Wenn ihr nicht umkehret und werdet wie die Kinder, so werdet ihr nicht ins Himmelreich kommen« (Matth. 18,3).
24 IV, S. 50.
25 QB, S. 304.
26 Philippe Henwood: Bagnards à Brest. Rennes: Éditions Ouest-France, 1986, hier und im folgenden bes. S. 13, 18, 35, 41, 50–55, 69 und 91.
27 Ebd., S. 54.
28 Ebd., S. 55.
29 QB, S. 289 f.
30 Ebd., S. 404.
31 Ebd., S. 290 f.
32 Ebd., S. 289.
33 Ebd., S. 290 f.

34 Es dürfte also völlig klar sein, wer bei dem Aperitifdiebstahl entkommen konnte: Genet. (Anm. d. Übers.) Vgl. dazu *La Dépêche de Brest et de l'Ouest*, Nr. 19915, 15. Oktober 1938, S. 2.
35 Zitiert nach dem Interview von Gregory Rowe mit Maurice Reynal 1987.
36 Ebd.
37 PF, S. 64.
38 Ebd., S. 66
39 Vgl. Francis Carco: *Jésus la Caille*. Paris: Mercure de France, 1914.
40 Gilles Barbedette und Michel Carassou: *Paris Gay 1925*. Paris: Presse de la Renaissance, S. 64.
41 Ebd., S. 57.
42 Interview des Autors mit Édouard Roditi 1989.
43 »Les Pourvoyeurs«, in *Détective*, 14. April 1932.
44 »Deux resquilleurs du rail ...«, in: *Le Bourguignon*, Nr. 126, 9. Mai 1939, S. 3.
45 Tribunal de Première Instance en matière de Police Correctionnelle. Auxerre, 13. Juni 1939. Archiv des Département Yonne.
46 »Curieux tandem! ...«, in: *Le Bourguignon*, Nr. 162, 14. Juni 1939, S. 4.
47 *Chaîne d'Amour*, französische Zeitschrift.
48 Jean Cocteau: *Le Passé défini: 1951–1952*. Herausgegeben von Pierre Chanel. Paris: Éditions Gallimard, 1983, S. 318; dt. S. 288. Alle Zitate folgen, wenn nicht anders vermerkt, der deutschen Erstausgabe: *Vollendete Vergangenheit*, Bd. I: *Tagebücher 1951–1952*. Übersetzt von Frieda Grafe und Enno Patalas. München: Piper, 1989.
49 Charles Baudelaire: *Werke*, Bd. IV: *Der Dandy*. Übersetzt und eingeleitet von Max Bruns, Minden: Bruns, o.J. [1906], S. 302.
50 LN, S. 143.
51 ND, S. 9.
52 »Je suis déjà plus loin que cela.« ND, S. 13.
53 »Cela m'est égal, je suis déjà au paradis.« Zitiert nach Roger Colombani: *L'Affaire Weidmann*. Paris: Éditions Albin Michel, 1989, S. 259 (dt. *Die Affäre Weidmann*. Hamburg: Galgenberg, 1992). Dieses Buch ist neben den Artikeln in der Zeitschrift *Détective* die Hauptquelle zum Komplex Weidmann.
54 Tribunal de Première Instance de Chalon-sur-Saône, 30. Juni 1939. Tribunal de Grande Instance de Chalon-sur-Saône.
55 »... qu'il se trouve ainsi en état de récidive légale.« Tribunal Correctionnel de la Seine. 3. Kammer. Protokolle des 18. Oktober 1939. Archiv der Stadt Paris.
56 ND, S. 158.

57	Interview mit Hubert Fichte (vgl. Kap. 1, Anm. 27). ED, S. 165. Leicht verändert zitiert nach der deutschen Übersetzung (Anm. d. Übers.).
58	Interview mit Madeleine Gobeil. ED, S. 19.
59	Bernard Frechtman: »Gespräch mit Jean Genet« (Interview auf holländisch), in: *Litterair Paspoort,* Mai/Juni 1953.

Kapitel 7

1	Interview mit Bertrand Poirot-Delpech. ED, S. 233 f.
2	ND, S. 160.
3	Tribunal Correctionnel de la Seine. 2. Kammer. 23. April 1940. Archiv der Stadt Paris.
4	MR, S. 224 f. 1982 erzählte Genet seinem Interviewer Bertrand Poirot-Delpech (ED, S. 402): »Ich hatte gerade wegen Diebstahls acht Monate Gefängnis ›abgesessen‹ – wenn ich schon Ihre Ausdrucksweise benutzen muß –, und ich ging am 16. Juni zum Palais de Justice vor das Berufungsgericht, das selber nicht erschien. Ich nehme an, es hat am Tag darauf oder zwei Tage später in Bordeaux getagt, aber es war nicht da, als ich hinkam. Ich war in der Nähe des Polizeipräsidiums, als ich sah, wie ein französischer Offizier sich auszog, seine Kleider, seine Uniform ablegte und Zivilkleidung anzog, um sich besser zu tarnen.«
5	Gilles Ragache und Jean-Robert Ragache: *La Vie quotidienne des écrivains et des artistes sous l'occupation.* Paris: Éditions Hachette, 1988, S. 43.
6	ND, S. 168.
7	François Sentein: »Erratum«, in: *Combat,* 21. August 1970.
8	Interview mit François Sentein von Gregory Rowe 1987.
9	Interview mit Antoine Bourseiller. ED, S. 219.
10	LO, S. 18.
11	Ebd., S. 85, 90 und 70.
12	PF, S. 74.
13	Ebd., S. 75.
14	Ebd., S. 76.
15	Tribunal Correctionnel de la Seine. 4. Kammer. Protokolle des 5. Dezember 1940. Archiv der Stadt Paris.
16	Eigentlich John-Antoine Nau.
17	»Monsieur Bombyx«, in: *Aujourd'hui,* 5. Dezember 1940, S. 2.

18 Pierre Béarn: »Paris-sur-Braises«, in: *La Passerelle,* Nr. 5, 1. Trimester 1970, S. 44–48.
19 JV, S. 117.
20 Interview mit Richard Anacréon von Albert Dichy (1987). JG, S. 184.
21 Interview mit Hubert Fichte (vgl. Kap. 1, Anm. 27). ED, 165 f. Hier zitiert nach der Ausgabe der Edition Qumran, Frankfurt/M. 1981, S. 73 ff.
22 Interview mit Rüdiger Wischenbart und Leila Chahid Barrada (vgl. Kap. 1., Anm. 22). ED, S. 277.
23 »Fouillez l'ordure ...«, Interview mit Robert Poulet, in: *Bulletin de Paris,* Nr. 145, 19. Juli 1956, S. 10 f.
24 JV, S. 110.
25 Pierre Béarn, a.a.O., S. 49.
26 Unveröffentlichtes Fragment aus *Tagebuch eines Diebes.* IMEC-Archiv.
27 Tribunal Correctionnel de la Seine. 16. Kammer. Protokolle des 27. Januar 1942. Archiv der Stadt Paris.
28 Auszüge aus *Tagebuch eines Diebes,* in: *Les Temps Modernes,* Nr. 10, 1. Juli 1946, S. 4.
29 Tribunal Correctionnel de la Seine. 10. Kammer. Protokolle des 10. März 1942. Archiv der Stadt Paris.
30 Maurice Girodias: *The Frog Prince.* New York: Crown, 1977, S. 366 (Englische Übersetzung von *Une journée sur la terre.* Paris: Éditions Stock, 1977.
31 David Pryce-Jones: *Paris in the Third Reich.* New York: Holt, Rinehart & Winston, 1981.
32 Robert O. Paxton: *La France de Vichy.* Paris: Éditions du Seuil, 1973, S. 228. (Französische Übersetzung von *Vichy France: Old Guard and New Order, 1940–1944.* London: Barrie & Jenkins, 1972).
33 Gilles Ragache und Jean-Robert Ragache, a.a.O., S. 48.
34 Robert O. Paxton, a.a.O., S. 340 ff.
35 Jean-Jacques Kihm, Elizabeth Sprigge und Henri C. Béhar: *Jean Cocteau, l'homme et les miroirs,* Paris: Éditions de la Table Ronde, 1968, S. 274. (dt. *Jean Cocteau. Sein Leben – ein Meisterwerk.* Übersetzt und bearbeitet von Friedrich Hagen. München: Kurt Desch, 1970).
36 Harry E. Stewart und Rob Roy McGregor: *Jean Genet. A Biography of Deceit, 1910–1951.* New York u.a.: Peter Lang, 1989.
37 Tribunal Correctionnel de la Seine. 16. Kammer. Protokolle des 11. Mai 1942. Archiv der Stadt Paris.
38 *L'Œuvre,* 5. Februar 1939, S. 2.
39 »... mes amants inconnus«. ND, S. 12.

40 Interview mit Olga Barbezat 1989.
41 Interview mit Madeleine Gobeil. ED, S. 20 f.
42 JV, S. 84.
43 Ebd., S. 53 f.
44 SG, S. 396; dt. S. 663 (vgl. Kap. 2, Anm. 1).
45 Ebd., S. 396 f; dt. S. 664.
46 ED, S. 176 f. Das ganze, ungekürzte Interview erschien in französischer Übersetzung 1987 in *L'Autre Journal*.
47 Durch Genets Äußerung gegenüber Sartre ist es leichter, den Zeitpunkt, zu dem er sein Gedicht geschrieben haben könnte, zu bestimmen. Obgleich Genet gegen den Entscheid, der am 11. Mai verkündet worden war, am 14. Mai 1942 Einspruch eingelegt hatte, wurde er als verurteilter (*condamné*) Häftling betrachtet und mußte demzufolge die Zivilkleidung ablegen und die Gefängniskleidung anziehen.
48 Harry E. Stewart und Rob Roy McGregor, a.a.O., S. 116. Zitat aus dem unveröffentlichten Tagebuch François Senteins, Eintrag unter dem 16. Januar 1943.

Kapitel 8

1 Interview mit Albert Dichy. JG, S. 201.
2 Jean-Jacques Kihm, Elizabeth Sprigge und Henri C. Béhar: *Jean Cocteau, l'homme et les miroirs* (vgl. Kap. 7, Anm. 35), S. 274.
3 Jean Cocteau: *Journal: 1942–1945*. Herausgegeben von Jean Touzot. Paris: Éditions Gallimard, 1989.
4 Einige der Bücher, die für dieses Porträt Cocteaus benutzt wurden:
Jean Touzot: *Jean Cocteau*. Lyon: La Manufacture, 1989; Monique Lange: *Cocteau. Prince sans royaume*. Paris: Éditions Jean-Claude Lattès, 1989, Kap. 30 und 31 über Genet (dt. *Jean Cocteau. Prinz ohne Reich*. Übersetzt von Ulrike Schubert. Freiburg i. Br.: Beck & Glückler, 1991); *Album Masques: Jean Cocteau*. Herausgegeben von Milorad und Jean-Pierre Joecker. L'Association Masques 1983, vor allem »Jean et Jean« über Genet; André Fraigneau: *Cocteau*. Paris: Éditions du Seuil, 1983; Roger Lannes: *Jean Cocteau*, Paris: Éditions Seghers, 1945; Pierre Georgel: *Jean Cocteau et son temps*. Katalog für das Musée Jacquemart-André 1965; Jean-Jacques Kihm, Elizabeth Sprigge und

Henri C. Béhar: *Jean Cocteau* (vgl. Kap. 7, Anm. 35); Francis Steegmuller: *Cocteau: A Biography*. Boston: Little, Brown, 1980.
5   Das Porträt der Kaiserin Eugénie ist dem Buch von Jean Cocteau: *Portrait-Souvenirs 1900–1914*. Paris: Éditions Grasset, 1935, entnommen. Die Passage über Proust entstammt »La Leçon des Cathédrales«, in: Jean Cocteau: *Poésie critique*. Bd. I, Paris: Éditions Gallimard, 1959: »Cette pile de papier à sa gauche continuait à vivre comme la montre au poignet des soldats morts.«
6   »Cet élève qui fut mon maître.« Zitiert bei Pierre Georgel, a.a.O., S. 77.
7   »Étonnes-moi!« Zitiert bei Roger Lannes, a.a.O., S. 175.
8   Lucien Rebatet (unter dem Pseudonym François Vinneuil), in: *Je Suis Partout*, 12. Mai 1941.
9   Monique Lange, a.a.O., S. 302.
10 Jean Cocteau: *Journal: 1942–1945*, a.a.O., S. 175.
11 Ernst Jünger: *Strahlungen I* (Das erste Pariser Tagebuch). München: Deutscher Taschenbuchverlag, 1988, S. 275.
12 Robert Phelps: *Professional Secrets: An Autobiography by Jean Cocteau Drawn from His Lifetime Writings*. Ins Englische übersetzt von Richard Howard. New York: Farrar, Straus, 1970.
13 Colette: *Paris de ma fenêtre*. Paris: Éditions du Milieu du Monde, 1944.
14 In den deutschen Kinos lief der Film unter dem Titel *Es war einmal* (Anm. d. Übers.).
15 Jean Cocteau: *Le Passé défini: 1951–1952*, S. 304; dt. S. 271 (vgl. Kap. 6, Anm. 48). »Tu t'es occupé du cinéma industriel«, schrieb Genet in einem Brief, den Cocteau am 5. August 1952 erhielt.
16 Brief von Roland Laudenbach, zitiert bei Jean-Jacques Kihm, Elizabeth Sprigge und Henri C. Béhar, a.a.O., S. 274; dt. S. 238 (vgl. Kap. 7, Anm. 35).
17 Interview mit Paul Morihien von Paul Dichy und dem Autor 1990.
18 Jean Cocteau: *Journal: 1942–1945*, a.a.O., S. 269.
19 Roger Stéphane: *Tout est bien*. Paris: Quai Voltaire, 1989, S. 290.
20 Ebd., S. 114.
21 Claude Mauriac: *Une Amitié contrariée*. Paris: Éditions Grasset, 1970, S. 86.
22 Interview mit Édouard MacAvoy 1988, zitiert in JG, S. 205.
23 Jean Cocteau: *Journal: 1942–1945*, a.a.O., S. 246.
24 Ebd., S. 270.
25 Ebd.
26 Ebd., S. 271 f.
27 Ebd., S. 272, Fußnote 2; zitiert wird aus Roger Lannes' unveröffentlichtem Tagebuch, Eintrag unter dem 23. Februar 1943.

28 Marcel Jouhandeau: *Que la vie est une fête*. Paris: Éditions Gallimard, 1966, S. 101 ff.
29 SG, S. 193–234, Kap. »La Sainteté comme détermination subjective«; dt. S. 321–392, Kap. »Die Heiligkeit als subjektive Bestimmung«, dieses Zitat auf S. 216 f. Fußnote, dt. S. 362, Fußnote (vgl. Kap. 2, Anm. 1).
30 Ebd. S. 219; dt. S. 367.
31 Marcel Jouhandeau: *Que la vie est une fête*, a.a.O., S. 103.
32 Zitiert bei Harry E. Stewart und Rob Roy McGregor: *Jean Genet*, a.a.O., S. 115 (vgl. Kap. 7, Anm. 36).
33 Der Vertrag, am 1. März 1943 unterschrieben, ist in JG, S. 208, reproduziert. Er befindet sich in der Privatsammlung von Paul Morihien.
34 Interview mit François Sentein 1987/88.
35 LO, S. 245. Siehe dort auch S. 40 (»mon Don Juan«), S. 43 (»Pour la Belle«), S. 44 (»Héliogabale«) und S. 45 (»mes pièces«).
36 Interview mit Jean Marais 1987.
37 Jean Cocteau, *Journal: 1942–1945*, a.a.O., S. 284.
38 Interviews mit Paul Morihien, 1987 und 1990.
39 Nach dem Krieg, im Jahr 1946, eröffnete Morihien eine Buchhandlung an der Place du Palais-Royal in der Rue de Beaujolais 11 A, wo er Kunstausstellungen organisierte (Arbeiten von Marie Laurencin, Leonor Fini, Jean Hugo, André Lhote, Marie-Laure de Noailles, Hans Bellmer, Stanislas Lepri und Jean Cocteau und eine Ausstellung von Papiertischtüchern, die von Cocteau, Picasso, André Breton und anderen gestaltet waren). Kurze Zeit war dieser Laden ein internationales Zentrum und ein Treffpunkt, wo sich so disparate Gruppen wie die Cliquen von Jean-Paul Sartre und Cocteau und die Surrealisten begegnen konnten – Gruppen, die sich normalerweise eher feindlich oder gleichgültig gegenüberstanden.
   François Sentein arbeitete ebenso in dem Geschäft wie Raoul Leven, ein Älterer mit einem großen Bekanntenkreis, der bereits Erfahrungen im Verkauf von Büchern hatte.
   Neben Genets Büchern verlegte Morihien Cocteau, den Dichter Olivier Larronde, Jean-Paul Sartre (seine *Betrachtungen zur Judenfrage [Les Reflexions sur la question juive]*, Simone de Beauvoir, Marcel Jouhandeau *(Don Juans Notizbücher [Carnets de Don Juan]*, die 1948 ohne Angabe des Verfassers erschienen), Gertrude Steins ziemlich schlechtes Buch über zwei amerikanische Soldaten, *Brewsie and Willie*, in französischer Übersetzung. Von den Werken Genets veröffentlichte Morihien offiziell »Das kriminelle Kind« und die erste englische Übersetzung von *Notre-Dame-des-Fleurs: Our Lady of the Flowers* (die fran-

zösische Originalfassung war ohne Namen des Verlegers, also Morihien, erschienen).
40   Jean Cocteau: *Journal: 1942–1945,* a.a.O., S. 351 und 356.
41   Ebd., S. 303.
42   Brief in der Sammlung des Humanities Research Center, University of Texas, Austin.
43   »Et parfois en plein jour il s'étrangle avec son bras sculptural.«
44   »sculptural«.
45   »Le bras vivant de tragédienne«.
46   »Il portait le travesti.«
47   »C'est à dire qu'en somme il portait le travesti.«
48   »Divine fut metamorphosée en une de ces bêtes peintées sur les murailles – chimères ou griffons – car un consommateur malgré lui murmura un mot magique en pensant à elle: – Pédérasque.«
49   »Signalement de Mignon. Taille: 1,95 mètres. Poids: 75 kilos. Visage: ovale. Cheveux: blonds. Yeux: bleus-verts. Teint: mat. Dent: parfaits. Nez: rectiligne. Membre: longeur en érection 0,24 m, circonférence: 0,11 m.«
50   Diese unvollständige Fassung von *Notre-Dame-des-Fleurs,* ein Typoskript mit vielen handschriftlichen Korrekturen und Zusätzen, ist 198 Seiten lang. Es befindet sich im Besitz des Harry Ransom Humanities Research Center, University of Texas, Austin.
51   ND, S. 54.
52   Interview mit Madeleine Gobeil. ED, S. 18.
53   ND, 121. Zitiert nach SG, S. 475; dt. S. 800.
54   SG, S. 425; dt. S. 714,
55   »J'avais une photo de Genet jeune avec des cheveux très longs. Il ressemblait à ce dessin de Rimbaud par Fantin-Latour. Un jour quand il était chez moi il l'a vue et il m'a demandé s'il ne pouvait pas me l'emprunter pour en faire une copie. Bien sûr, je la lui ai donnée et je ne l'ai plus revue.« Interview mit François Sentein von Gregory Rowe 1989.
56   Interview mit André-Louis Dubois von Albert Dichy 1988.
57   ED, S. 18 f.
58   »Le *Spectre du Cœur* a été détruit. C'est un grand malheur qui me frappe.« LO, S. 10 und 14.
59   »Mon travail? Je prends des notes pour refaire le Spectre du Cœur.« LO, S. 76.
60   ND, S. 68.
61   Ebd., S. 28.
62   Ebd., S. 36.

63 Ebd., S. 21.
64 Ebd., S. 24.
65 Ebd.
66 Ebd., S. 28.
67 Ebd., S. 15.
68 Ebd., S. 26.
69 Ebd., S. 16.
70 Ebd., S. 66.
71 SG, S. 443 f.; dt. S. 746 ff.
72 Michel Foucault: *Le Souci de soi*. Paris: Éditions Gallimard, 1984. Zitiert nach der deutschen Ausgabe: *Die Sorge um sich (Sexualität und Wahrheit, Teil 3)*. Übersetzt von Ulrich Raulff und Walter Seitter. Frankfurt/M.: Suhrkamp, 1989, S. 59.
73 Interview mit Hubert Fichte (vgl. Kap. 1, Anm. 27). *Hubert Fichte – Jean Genet*. Frankfurt/M: Édition Qumran, 1981, S. 74. (Von Fichtes skizzierter Übersetzung wurde hier unwesentlich abgewichen).
74 »On commence à prononcer son nom. Vitesse terrible avec laquelle un nom circule. Et personne au monde ne connaît une ligne de lui.« Jean Cocteau: *Journal: 1942–1945*, a.a.O., S. 278.
75 Ebd., S. 296.
76 »Allons, ma petite, tiens-toi tranquille.« Ebd.
77 »J'adore les originaux.« Ebd.
78 »Il semble décidé à écrire encore un ou deux livres et ensuite à soigner les lépreux. Je lui ai dit: ›Nous sommes des lépreux.‹ Il faudrait qu'on nous soigne.« Ebd., S. 297.
79 »C'est le réalisme dans l'irréel qui charme. Nous vivons tous dans cette féerie.« Ebd.
80 »... c'est la libération qui est venue et qui coïncide à peu près avec l'occupation de la France par l'Allemagne et ensuite la libération, la paix, etc ... C'est cette espèce de libération des esprits qui m'a permis d'écrire mes livres.« Interview mit Hubert Fichte, S. 22 (vgl. Anm. 73).
81 »Il m'intéresse, parce que, dans cette époque ou règne le ›faux‹, le faux semble pervertir même le bagne. Tout est faux. Tout le monde fait des faux. Faux papiers, fausses déclarations, faux tickets, faux artistes, faux journalistes. Seuls les escrocs peuvent vivre à l'aise.« Jean Cocteau: *Journal: 1942–1945*, a.a.O., S. 343.

Kapitel 9

1 Dritte Gruppe der Verhaftungsprotokolle vom 29. Mai 1943. Polizeikommissar des Bezirks Chaussée-d'Antin (Archiv der Stadt Paris). Die Erwähnung der Rassenzugehörigkeit war unter der Naziverwaltung obligatorisch.
2 Dossier zu Genets zwölfter Verhaftung, 29. Mai – 30. August 1943, das einzige bezüglich Genet, das im Archiv der Stadt Paris noch vorhanden ist.
3 Der volle Titel lautete *Historisches und künstlerisches Wörterbuch der Rose. Samt einem Überblick über die Geschichte der Rose bei allen Völkern der Antike und Gegenwart, ihre Eigenschaften, ihre Vorzüge usw. (Dictionnaire historique et artistique de la Rose contenant un résumé de l'histoire de la Rose chez tous les peuples anciens et modernes, ses propriétés, ses vertus, etc.).*
4 Bericht vom 1. Juni 1943 durch den Polizeikommissar des Bezirks Sorbonne: »Il n'a jamais fait l'objet d'aucune remarque particulière pendant sa présence dans le quartier.«
5 »Mon cher Garçon, je vous confie Genet, qui vole pour se nourrir le corps et l'âme. C'est Rimbaud, on ne peut pas condamner Rimbaud.« Zitiert nach Jean-Jacques Kihm, Elizabeth Sprigge und Henri C. Béhar: *Jean Cocteau, l'homme et les miroirs* (vgl. Kap. 7, Anm. 35), S. 276.
6 »Le génie, c'est le désespoir surmonté à force de rigueur.« Zitiert nach Roger Stéphane: *Tout est bien,* Paris: Quai Voltaire, 1989, S. 290.
7 Psychiatrischer Bericht von Dr. Claude, 19. Juni 1943, Archiv der Stadt Paris, enthalten in dem Dossier, das von Maurice Garçon, Genets Anwalt, im Staatsarchiv, den Archives nationales, abgelegt worden ist.
8 LO, S. 79.
9 MR, S. 293.
10 Maurice Garçons Dossier, Nr. 8785. Staatsarchiv.
11 Jean-Jacques Kihm, Elizabeth Sprigge und Henri C. Béhar, a.a.O., S. 276.
12 Jean Cocteau: *Le Passé défini: 1951–1952,* S. 283; dt. S. 247 (vgl. Kap. 6, Anm. 48).
13 »Drôle de président, hein? Il m'a rendu ridicule. J'étais nerveux, fatigué. L'avais envie de lui cracher à la figure.«
14 *Le Petit Parisien,* Jg. 68, Nr. 34110, 20. Juli 1943, S. 2.
15 Pierre Seghers: »Jean Genet«, in: *Poésie 43,* Nr. 15, Juli – September 1943, S. 74 f.
16 »Une histoire de neveux, peut-être?« in: *Je Suis Partout,* 23. Juli 1943. Zitiert nach Jean-Jacques Kihm, Elizabeth Sprigge und Henri C. Béhar, a.a.O., S. 276 f.

17	Anonymer Artikel in *Notre combat pour la nouvelle France socialiste,* 31. Juli 1943, S. 3 f.
18	Jean Cocteau: *Journal: 1942–1945.* Herausgegeben von Jean Touzot. Paris: Éditions Gallimard, 1989, S. 237 f.
19	LO, S. 70.
20	Ebd., S. 72.
21	MR, S. 240.
22	Ebd., S. 241.
23	JV, S. 258.
24	Ebd., S. 245 f.
25	Ebd., S. 265.
26	»J'ai du talent, non?« Interview mit Monique Lange 1989.
27	Jean Cocteau: *Journal: 1942–1945,* a.a.O., S. 343.
28	MR, S. 244.
29	Ebd., S. 327.
30	Ein unveröffentlichter Brief von Genet an Jean Cocteau. Sammlung des Humanities Research Center, University of Texas, Austin.
31	Interview mit François Sentein 1987.
32	Jean Cocteau: *Journal: 1942–1945,* a.a.O., S. 366.
33	Ebd., S. 367.
34	Ebd., S. 370.
35	Ebd.
36	JV, S. 245.
37	Unveröffentlichter Brief in der Sammlung des Humanities Research Center, University of Texas, Austin.
38	Interviews mit Marc und Olga Barbezat 1987–1990.
39	»Envoyez 100 francs.« LO, S. 237.
40	Ebd., S. 8.
41	MR, S. 256.
42	Ebd., S. 234.
43	»les enfants du malheur«.
44	MR, S. 255.
45	»S'il savait le mal que j'ai, il quitterait la mort pour venir, car sa cruauté était bonne.«
46	»Il existe donc des gens qui, volontairement et par leur choix, sont dans le plus intime d'eux-mêmes, ce qui est exprimé par l'insulte la plus outrageante dont ils se servent pour humilier leur adversaire.«
47	Roger Nimier: *Journées de lectures.* Paris: Éditions Gallimard, 1965. Eine

Anspielung auf die *précieuse* Madeleine de Scudéry aus dem 17. Jahrhundert, die zehnbändige Romane von unwahrscheinlich romantischem Überschwang verfaßte.
48 LO, S. 22.
49 Jean Cocteau: *Journal: 1942–1945*, a.a.O., S. 274.
50 LO, S. 16.
51 Jean Cocteau: *Journal: 1942–1945*, a.a.O., S. 344
52 Ebd.
53 »une petite crapule, tout de même«.
54 »Je cherche quoi emporter.«
55 »Vous ne devez pas vous étonner. J'ai toujours été à part, je n'ai jamais été très intégré dans le milieu de la Préfecture. Et puis j'ai toujours eu de l'intérêt pour la marginalité.« Interview mit André-Louis Dubois 1986.
56 LO, S. 19.
57 »un peu clinquant, et souvent faux«. Ebd, S. 20.
58 Ebd., S. 22.
59 Ebd., S. 24.
60 Ebd., S. 239.
61 Ebd.
62 Ebd., S. 32 und 34.
63 Dieses Buch beginnt mit einer langen Ballade über den Winter, in der er die Heuchelei der Reichen und Mächtigen anprangert, die vorgeben, mit den frierenden Armen Mitleid zu empfinden. Die ersten zwei Verse, phonetisch übertragen, lauten:
»Merd'! V'la l'hiver et ses dur'tés,
V'la l'moment de n'pus s'mett' à poil.«
(»Der Winter ist da mit seinen Härten,
Der Moment ist da, wo man nicht mehr nackt gehn kann.«)
64 LO, S. 11.
65 »C'est dommage. Vous avez bien l'air.« Interviews mit Olga Barbezat 1988 bis 1990.
66 »maître de salon«.
67 LO, S. 42.
68 Ebd., S. 48.
69 Ebd., S. 58.
70 »Le seul détenu politique qui admît l'intimité d'un détenu de droit commun.«
71 Interview mit Madeleine Gobeil. ED, S. 15.
72 PF, S. 153.

73	»Songe au bonheur que j'ai de voir ces types qui se foutaient de ma gueule quand j'étais derrière des murailles de trois mètres d'épaisseur, à la merci d'un gâfe idiot, criblés de balles, dé charnés, au milieu des barbelés.« IMEC-Archiv.
74	Brief vom 15. Februar 1944 von Genet an Jean Cocteau. Archiv der University of Texas, Austin.
75	Maurice Toesca: *Cinq ans de patience,* Paris: Éditions Émile-Paul, 1975, S. 203 f.
76	Brief vom 25. Februar 1944 von Genet an Polizeichef Amédée Bussière. Musée de la Police, Paris.
77	Brief vom 25. Februar 1944 von Genet an Maurice Toesca. Sammlung Maurice Toesca.
78	Brief vom Februar 1944 von Henri Mondor an Polizeichef Amédée Bussière. Musée de la Police, Paris.
79	»une flamme mauvaise dans l'œil« und »un revendicateur«, siehe Maurice Toesca, a.a.O., S. 214.
80	Zitiert in JG, S. 223: »Je me devais à moi-même de faire encore cet essai. S'il loupe, j'aurai tout loupé et je tenterai la fuite par d'autres moyens, plus hasardeux.«
81	Maurice Toesca, a.a.O., S. 219.
82	Brief vom Februar 1944 von Genet an Maurice Toesca. Sammlung Maurice Toesca.
83	Unvollständig zitiert bei Maurice Toesca; a.a.O., S. 219 f. Ein Faksimile dieses Briefes befindet sich in der Sammlung Genet im IMEC.
84	Gilles Ragache und Jean-Robert Ragache: *La Vie quotidienne des écrivains et des artistes sous l'occupation.* Paris: Éditions Hachette, 1988, S. 247.
85	»Je suis avec Dieu.« Jean Cocteau, *Journal: 1942–1945,* a.a.O., S. 486.
86	LO, S. 63.
87	Ebd., S. 74.
88	Ebd., S. 77.
89	Ebd., S. 244.
90	Ebd., S. 90.
91	Ebd., S. 246.
92	Brief von Genet an Maurice Toesca. Sammlung Maurice Toesca.
93	Jean Cocteau: *Journal: 1942–1945,* a.a.O., S. 487.
94	LO, S. 71.
95	Harry E. Stewart und Rob Roy McGregor: *Jean Genet. A Biography of Deceit, 1910–1951.* New York u.a.: Peter Lang, 1989, S. 198.
96	Interview mit François Sentein 1985.

Kapitel 10

1 Interview mit Antoine Bourseiller. ED, S. 217.
2 *Miracle de la rose*. Décines: Éditions L'Arbalète, 1946, S. 26.
3 »sans aura«.
4 »Qu'est-ce que vous voulez faire, sinon rêver? Or, mes premiers livres, mes seuls livres, d'ailleurs, c'étaient des rêves un peu mieux structurés que n'importe quelle rêverie.«
5 Interview mit Rüdiger Wischenbart und Leila Chahid Barrada (vgl. Kap. 1, Anm. 22). ED, S. 277.
6 Interview mit Bernard Minoret 1990.
7 »nous nous sommes beaucoup vus pendant au moins les trois années 1944, 1945 et 1946«. LO, S. 246.
8 Genet erinnerte sich jedoch an den Namen von Baudelaires Verleger: Poulet Malassis. Ebd., S. 256.
9 Genet transkribiert den Namen »Kechelevič«, Barbezat schreibt ihn indessen »Kechelievitch«. Ebd., S. 121.
10 »L'ange, pour moi, c'est Weidmann.« Interview mit Lola Mouloudji 1989.
11 »Je suis un homme de lettres, je suis un homme de lettres.« Interviews mit Olga Barbezat 1987–1990.
12 »C'est illisible.«
13 »Vous avez raison.«
14 »sauf quand il faisait exprès de manger mal pour me narguer.«
15 LO, S. 259. Aber auch in Interviews mit Marc und Olga Barbezat 1987–1990.
16 »Vous êtes un petit voleur, minable, rien de tout.«
17 Interview mit Lola Mouloudji 1989.
18 »Les bourgeois, si je ne leur vole pas quelque chose, ils ne sont pas contents.«
19 Phalanstère oder Phalansterium: Lebens-, Produktions- und Konsumgemeinschaft nach utopisch-sozialistischen Ideen des Philosophen Charles Fourier. (Anm. d. Übers.)
20 Diane Deriaz: *La Tête à l'envers. Souvenirs d'une trapéziste chez les poètes.* Paris: Éditions Albin Michel, 1988.
21 Ebd., S. 44.
22 »Tu n'es pas fort pour la poésie, cherche un autre métier, mon petit.« Interview mit Jean-Pierre Lacloche 1989. Lacloche ist die Hauptquelle der Äußerungen zu Larronde.
23 »En vérité ses mots nous apparaissent dans le véritable sens du terme. Ils

	apparaissent comme une femme dans un bal, comme une odeur d'élegantine au coin d'une route, comme le roi son père au prince Hamlet.« Dossier biographique in: Olivier Larronde: *Les Barricades mystérieuses.* Décines: Éditions L'Arbalète, 1990, S. 76.
24	»Voilà un très grand poète que vous allez éditer.« Ebd., S. 70.
25	»Les mathématiques, l'Égypte, Rabelais, Jarry.«
26	Interview mit André Ostier 1989.
27	Interviews mit Marc Barbezat 1987–1990.
28	»Le moins bête du monde«, nach Aussage von Jean-Pierre Lacloche.
29	»J'ai une horreur de tous ces paradis artificiels.« Interviews mit Marc Barbezat 1987–1990.
30	Interviews mit Marc Barbezat 1987–1990.
31	»Olivier a vécu trop longtemps. Il a beaucoup vécu. Sa vie a été interminable. Il n'en a pas fini de vivre. Il a beaucoup souffert ... Olivier Larronde possédait le ton de voix. Peu importe qu'il ait écrit cent poèmes ou trois. Il y a des poèmes plus ou moins réussis, plus ou moins bien. Mais ce qui compte, c'est son ton de voix.« Olivier Larronde, a.a.O., S. 107.
32	»... de l'estime pour mes œuvres«. Interview mit Jean-Pierre Lacloche.
33	Interview mit Boris Kochno 1988.
34	»charme slave«.
35	Harold Acton: *More Memoirs of an Aesthete.* London: Hamish Hamilton, 1986 (Nachdruck).
36	Boris Kochno: *Christian Bérard.* New York: Panache Press 1988 (Französische Originalausgabe: Paris: Éditions Hersher, 1987).
37	Harold Acton, a.a.O., S. 159.
38	Diese Widmung ist im Sotheby-Katalog der Boris-Kochno-Auktion reproduziert, die im Frühjahr 1991 in Monte Carlo stattfand.
39	»Naturellement tu es trop snob pour t'asseoir à notre table.« LV, S. 204.
40	»Gilbert, cambrioleur; il est tatoué de partout. Gilbert, montre tes tatouages à Jean Marais.« Ebd.
41	»Oh, le voleur, rends-la-lui.« Ebd.
42	»Seul, parmi eux, Jean Genet qui, avec son air de garagiste prospère mais inspiré, chante les amours des prisons (graffiti en alexandrins sur papier Japon), donne parfois la réplique au maître.« Jeannine Delpech: »Jean Cocteau«, in: *Les Nouvelles Littéraires,* Nr. 975, 9. Mai 1946.
43	Harold Acton, a.a.O., S. 164.
44	»Tu as fait beaucoup de mal à Cocteau. Tu l'as rendu célèbre. Un poète doit rester secret.« LV, S. 94.

Kapitel 11

1. Simone de Beauvoir: *La Force de l'âge*. Paris: Éditions Gallimard, 1960, S. 543. Zitiert nach der deutschen Ausgabe: *In den besten Jahren*. Übersetzt von Rolf Soellner. Reinbek bei Hamburg: Rowohlt, 1969, S. 452.
2. »Quand ils mourront, il faudra leur creuser une fosse sous le plancher.« Ebd., S. 548; dt. S. 455.
3. Ebd., S. 594 f.; dt. S. 495 f.
4. »Cocteau ne voulait jamais rater un train«, »lançait ses tentacules«. Interview mit Jean Cau 1988.
5. Interview mit Roger Stéphane 1988.
6. Simone de Beauvoir: *La Force de l'âge*, a.a.O., S. 595; dt. S. 496.
7. Deidre Bair: *Simone de Beauvoir. A Biography*. New York u.a.: Summit Books, 1990, S. 348 und 349 (dt. *Simone de Beauvoir. Eine Biographie*. Übersetzt von Sabine Lohmann u.a. München: Albrecht Knaus, 1990).
8. Ebd., S. 349.
9. Ebd., S. 389.
10. Ebd., S. 402.
11. Ebd., S. 659, Anm. 22.
12. »Le théâtre, ce n'est pas ça! Pas ça du tout«. Simone de Beauvoir: *La Force des choses*. Paris: Éditions Gallimard, 1963, S. 63. Zitiert nach der deutschen Ausgabe: *Der Lauf der Dinge*. Übersetzt von Paul Baudisch. Reinbek bei Hamburg: Rowohlt, 1966, S. 57.
13. Bernard Dort: »Entretien avec Sartre sur le théâtre«, in: *Les Temps Modernes*, Bd. II, Nr. 531–533, Oktober 1990.
14. Jean-Paul Sartre: »Écrire pour son Époque«, in: *Les Temps Modernes*, Nr. 2, 1. November 1945. Wiederabdruck in Jean-Paul Sartre: *Situations II*. Paris: Éditions Gallimard, 1948, S. 260 (dt. *Situationen*. Übersetzt von Hans Georg Brenner und Günther Scheel. Reinbek bei Hamburg: Rowohlt, 1965; Wiederabdruck in *Der Mensch und die Dinge. Aufsätze zur Literatur 1938–1946*. Herausgegeben von Lothar Baier. Reinbek bei Hamburg: Rowohlt Taschenbuch Verlag, 1978, S. 185–191; Zitat S. 188).
15. Deidre Bair, a.a.O., S. 404.
16. »Les hommes ... ne m'apprennent rien!« Jean Cau: *Croquis de mémoire*. Paris: Éditions Julliard, 1985, S. 249.
17. Simone de Beauvoir: *La Cérémonie des adieux* suivi de *Entretiens avec Jean-Paul Sartre août–septembre 1974*. Paris: Éditions Gallimard, 1981, S. 346.

Zitiert nach der deutschen Ausgabe: *Die Zeremonie des Abschieds* und *Gespräche mit Jean-Paul Sartre August–September 1974*. Übersetzt von Uli Aumüller und Eva Moldenhauer. Reinbek bei Hamburg: Rowohlt, 1983, S. 351.

18   Jean Cau, a.a.O., S. 256.

19   »Sartre est intelligent. Si on lui enlève ses défauts, tout ce qui est mal chez lui, il finit à force de compréhension à atteindre la bonté.« LO, S. 263.

20   »La bonté«. Interview mit Leila Chahid Barrada 1990.

21   »J'étais au beau milieu d'une discussion telle – tante j'ai de mal à démêler mes idées – que je devais la poursuivre sans interruption.« Brief von Jean Genet an Pierre Lebas. Sammlung Genet im IMEC.

22   »Quand il parlait, c'était avec beaucoup de recherche, il s'exprimait dans un langage très châtié. Il faisait très attention à ce qu'il disait.« Interview mit Roger Stéphane 1987.

23   »redoutable et familier«, »blanc et poli comme un os de mouton ...« Zitiert nach Annie Cohen-Solal: *Sartre 1905–1980*. Paris: Éditions Gallimard, 1985, S. 244. Hier zitiert nach der deutschen Ausgabe *Sartre 1905–1980*. Übersetzt von Eva Groepler. Reinbek bei Hamburg: Rowohlt, 1988, S. 290. (Der Aufsatz *Moby Dick d'Herman Melville* erschien zuerst in *Comœdia*, Nr. 1, 21. Juni 1941. Wiederabdruck in Michel Contat und Michel Rybalka: *Les Écrits de Sartre*. Paris: Éditions Gallimard, 1970. Deutsch von Lothar Baier in: Jean-Paul Sartre: *Der Mensch und die Dinge* (vgl. Anm. 14), S. 71–94.

24   »Genet, c'est le Moby-Dick de la pédérastie.« Interview mit Maurice Saillet 1987.

25   Deidre Bair, a.a.O., S. 402.

26   Reklamezettel von L'Arbalète 1946.

27   Interviews mit Marc Barbezat 1987–1990.

28   JV, S. 236.

29   Simone de Beauvoir: *La Cérémonie des adieux* suivi de *Entretiens avec Jean-Paul Sartre*, a.a.O., S. 350; dt. S. 355.

30   »la sensibilité d'une fourchette«. Interview mit Jean Cau 1988.

31   SG, S. 48; dt. S. 77 f. (vgl. Kap. 2., Anm. 1).

32   Ebd., S. 50; dt. S. 81 f.

33   Ebd., S. 117; dt. S. 193.

34   Ebd., S. 165; dt. S. 272 f.

35   Ebd., S. 192, Anm.; dt. S. 219 f., Anm. 69.

36   Ebd., S. 193; dt. S. 230.

37   Ebd., S. 224 f.; dt. S. 376.

38   Ebd., S. 241; dt. S. 403.

39	Ebd., S. 281; dt. S. 473.
40	Ebd., S. 365; dt. S. 613.
41	Ebd., S. 385; dt. S. 645.
42	Ebd., S. 421; dt. S. 707.
43	Ebd., S. 448; dt. S. 752 f.
44	Ebd., S. 526; dt. S. 887.
45	Ebd. S. 533; dt. S. 899.
46	»Au nom de Rimbaud, aux chiottes!« Interview mit Jean Marais 1987.
47	LO, S. 88.
48	Ebd., S. 88 ff.
49	Ebd., S. 92.
50	Ebd., S. 92 f.
51	»victime civil«, »employé de librairie«. Acte de décès (Sterbeakte) de Jean Decarnin, Mairie du III. arrondissement.
52	PF, S. 59.
53	Ebd., S. 41 f.
54	Ebd., S. 42.
55	Ebd., S. 44.
56	Ebd., S. 45.
57	Ebd., S. 185.
58	Ebd., S. 57.
59	Ebd., S. 60.
60	Ebd., S. 64.
61	Ebd., S. 76.
62	Ebd., S. 134.
63	Ebd., S. 10.
64	Ebd., S. 74.
65	Ebd., S. 123 und 125.
66	Ebd., S. 96.
67	Ebd., S. 103.
68	Ebd., S. 97.
69	LO, S. 96.
70	SG, S. 413; dt. S. 694.
71	»dressé«.
72	»Genet tente de faire naître la poésie de la prose, de saisir ce moment où la prose devient poème. Tout commence par des constatations aussi banales que possibles, puis le ton monte jusqu'à des phrases lyriques qui ne sont pas encore des vers mais qui pourraient facilement le devenir.« LV, S. 208.

73	»Belle histoire d'amour: un enfant du village / Aime la sentinelle errante sur la plage / Où l'ambre de ma main attire un gars de fer!«
74	»Je râle et pourtant j'aime, de quelle tendresse, mon petit pêcheur du Suquet.« JV, S. 162.
75	»›Quand tu es comme ça, anéanti contre moi, j'ai l'impression de te protéger.‹ ›Moi aussi‹, dit-il.«
76	»›Si tu me laissais, je deviendrais enragé …«. JV, S. 165.
77	»Lucien descendait du Suquet pieds nus. Pieds nus, il traversait la ville, entrait au cinéma.« Ebd.
78	»un petit voyou. Il fréquentait des mecs de la Gestapo.« Ebd., S. 167.
79	Ebd., S. 252.
80	Ebd., S. 265.
81	Arnaud Malgorn: *Jean Genet: Qui êtes-vous*. Lyon: La Manufacture, 1988, S. 58.
82	JV, S. 267.
83	»J'ai honte pour lui et pour moi d'avoir choisi un ami dont le cœur choisit d'aussi horribles filles. Vers quelles pouffiasses va-t-il encore aller?« IMEC-Archiv.
84	FR, S. 86.
85	In den fünfziger Jahren war Pierre Poujade Anführer einer rechtsgerichteten Bewegung von Ladenbesitzern und Künstlern, die sich gegen die Abschaffung der Kolonialherrschaft und gegen das Big Business wandte. Dabei machte sich kleinbürgerliche Enttäuschung über die raschen Veränderungen in der französischen Gesellschaft Luft; Poujade haßte Intellektuelle und sagte, Frankreich sei wie ein Fisch, der vom Kopf her stinkt.
86	»Un petit gars honnête, très discret, très affectueux. Il ne quittait Genet d'un pas.«
87	»Je ne suis pas un pédéraste.«
88	Pierre-Marie Héron: *La Poétique de Jean Genet*. IMEC-Archiv.
89	»Mon petit Lulu … a été arrêté. Je fais tout ce que je peux pour qu'il soit remis en liberté. En ce moment il est à la prison de Grasse et on va ces jours-ci le transférer à la Santé. Je ne quitterai donc pas Paris avant que tout ne soit arrangé.« LO, S. 119.
90	Das Manuskript von *Querelle*, das Jacques Guérin gehört, trägt dieses Datum sowie den früheren Titel, *Tonnerre de Brest*.
91	QB, S. 226.
92	Ebd., S. 305.
93	»C'est aussi purifiée que possible de toute vie que je la présenterai. De cette

	Égypte qui peu à peu s'enfonce dans le sable, futile et grave, on ne découvrira que quelques fragments de tombe, un morceau d'inscription.« FR, S. 79 f.
94	QB, S. 206.
95	Ebd., S. 260.
96	Interview mit Maurice Saillet 1987.
97	QB, S. 248.
98	Ebd., S. 345.
99	»Nous voulons encore dire qu'il s'adresse aux invertis.« Ebd., S. 204.
100	Ebd., S. 216.
101	Ebd., S. 213 f.
102	»Il était apparu au milieu d'eux avec la soudaine promptitude et l'élégance du joker. Il brouillait les figures mais leur donnait un sens.« Ebd., S. 410.
103	Simone de Beauvoir: *La Force des choses*, S. 89 f.; dt. S. 81 (vgl. Kap. 11, Anm. 12).
104	Pierre Assouline: *Gaston Gallimard – un demi-siècle d'édition française*. Paris: Éditions Balland, 1984, S. 415.
105	Ebd.
106	»Vous ne savez même pas ce que c'est qu'un vilebrequin!« Ebd., S. 452.
107	Annie Cohen-Solal, S. 363; dt. S. 431 (vgl. Anm. 23).
108	Undatierter Brief von Genet an Charles Henry Ford. Beinecke Library, Yale University.
109	Undatierter Brief von Genet an Charles Henry Ford. Beinecke Library, Yale University.
110	Interview mit Madeleine Gobeil. ED, S. 11 f.
111	»Je ne savais pas que les éditeurs pouvaient être beaux.« Interview mit Charles Henry Ford 1989.

Kapitel 12

1	Jean-Marc Loubier: *Louis Jouvet*. Paris: Éditions Ramsay, 1986, S. 343.
2	Diese soziologisch ausgerichteten Reaktionen sind zusammengefaßt in: Richard und Suzanne Webb: *Jean Genet and His Critics. An Annotated Biography, 1943–1980*. Metuchen, NJ: Scarecrow Press, 1982, S. 312.
3	Interview mit José Monléon in der spanischen Theaterzeitschrift *Triunfo*, November 1969.
4	Claire Saint-Léon: »*Les Bonnes* de Genet: Quelle version faut-il jouer?«, in:

	Studies in Language and Literature. Zitiert nach Richard und Suzanne Webb, a.a.O., S. 232.
5	Interview mit Annette Michelson 1992.
6	»J'ai quitté le théâtre, décidé à ne plus jamais revoir Jouvet. Je l'ai cependant rencontré quelques années plus tard et il m'a dit, que j'avais raison.« Interview mit José Monléon, a.a.O.
7	»Les hommes sont dégoûtants.« Interview mit Yvette Etiévent 1989.
8	»Commandée par un acteur célèbre en son temps, ma pièce fut donc écrite par vanité mais dans l'ennui.« Brief an Jean-Jacques Pauvert. FR, S. 103.
9	Interview mit José Monléon, a.a.O.
10	Interview mit José Monléon, a.a.O.
11	RB, S. 222.
12	Un acteur doit être secret, il ne doit pas être public.« Interview mit Jean Marais 1987.
13	RB, S. 224.
14	»Introduction à *Les Frères de Soledad*«. ED, S. 64.
15	Brief an Jean-Jacques Pauvert. FR, S. 107.
16	»En voilà du propre!« Dr. Jacques Lacan: »Motifs du crime paranoïque« 1933. Zitiert nach *Obliques,* Band II: *Genet.* Paris: Éditions Borderie, 1972, S. 100 bis 103.
17	Odette Aslan: *Jean Genet.* Paris: Éditions Seghers, 1973, S. 39, Anm.
18	Harry E. Stewart und Rob Roy McGregor: *Jean Genet. A Biography of Deceit, 1910–1951.* New York u.a.: Peter Lang, 1989, S. 156.
19	Interview mit Jacques Guérin 1990.
20	Roger Lannes: »Jean Genet«, in: *Carrefour,* Nr. 142, 4. Juni 1947.
21	»Je suis déchaîné.« »Prix de vertu: Conséquence«, in: *Les Nouvelles Littéraires,* Nr. 1035, 3. Juli 1947, S. 4.
22	Interview mit Annette Michelson 1992.
23	HS, S. 200.
24	»une géométrie prévue par le metteur en scène«. Ebd., S. 183, Anweisung 1.
25	»Les acteurs essayeront d'avoir des gestes lourds ou d'une extrême fulgurité et incompréhensible rapidité.« Ebd., S. 181.
26	»A partir de cet instant, ces trois jeunes gens auront la taille, les gestes, la voix et les visages d'hommes de cinquante ou soixante ans.« Ebd., S. 211.
27	»Je n'ai rien voulu, tu m'entends, rien voulu de ce qui m'est arrivé. Tout m'a été donné. Un cadeau du bon Dieu ou du diable, mais quelque chose que je n'ai pas voulu.« Ebd., S. 213.
28	Margaret Schmidts Anmerkungen zu den verschiedenen Fassungen von *Unter*

     Aufsicht, im Besitz des Humanities Research Center, University of Texas, Austin.
29 »Il faut que tu ne sois pas français pour dire des choses pareilles. Yeux Verts te l'a expliqué: en prison il n'a a plus de vrais mecs. Autrefois on trouvait des violents, aujourd'hui tout le monde disparaît devant les gâfes. Tu devrais reconnaître que Yeux Verts est un homme. D'abord, à cause de son crime.«
30 »Quand il t'a raconté l'histoire de St. Vincent de Paule [sic], pourtant, sur ta gueule on le voyait assez que tu n'étais pas loin de te croire un saint. A cause de »tes« marques aux poignets!«
31 »Vincent de Paule doit commettre le crime du galérien.« In *Tagebuch eines Diebes* äußert er einen ähnlichen Gedanken hinsichtlich des heiligen Vinzenz von Paul (JV, S. 242 f.): »Ich mißtraue Vincenz' von Paul Heiligkeit. Er sollte eingewilligt haben, das Verbrechen anstelle des Galeerensklaven zu begehen, dessen Platz in den Eisen er hätte einnehmen sollen.«
32 HS, S. 179.
33 »Tu vois ce monsieur, il voudrait te connaître, il te trouve très sympathique. Si tu veux, ce soir, on peut prendre un verre ensemble.« Interview mit Java 1988.
34 *Les Temps Modernes,* Mai 1952, S. 2032–2043.
35 »Tu es fier d'avoir été SS?« »Oui.« JV, S. 118.
36 »sous les arbres des Champs-Élysées, près des gares, à la porte Maillot, au Bois de Boulogne (toujours la nuit) avec un sérieux d'où le romantisme est exclu«. Ebd., S. 15.
37 »Sa lâcheté, veulerie, vulgarité de manières et de sentiments, sa bêtise, sa couardise n'empêchent que j'aime Java. J'ajoute sa gentillesse.« Ebd., S. 282.
38 Ebd., S. 125.
39 Ebd., S. 117.
40 »Cette lessive – de chemises, slips, mouchoirs, chaussettes, serviettes de toilette, caleçons – attendrit l'âme et le corps des deux garçons partageant la chambre. Fraternellement nous nous endormions.« Ebd., S. 282.
41 Interview mit Jean Cau 1985.
42 Interview mit Java 1988.
43 »J'ai compris, tu es un imbécile. Et d'abord je ne comprends pas ce que tu fais ici, tu es bon à rien.« Interview mit Java 1988.
44 »mince, belle, avec des manières franches«. Interview mit Ginette Sénémaud 1989.
45 »Ça marche pour l'instant.«
46 LO, S. 123.

47	»J'ai fait pour la maison des achats importants.« Undatierter Brief von Genet an Paul Morihien. Privatsammlung Paul Morihien.
48	Interview mit Java 1988.
49	»école de voleurs«. Interview mit André-Louis Dubois 1987.
50	Genet lui faisait dévaliser les vieilles ›tantes‹. Il y avait à cette époque ce qu'on appelait ›le parcours sacré‹, qui étaient les trois vespasiennes dans les jardins au bas des Champs-Élysées, près du restaurant Laurent. C'était là qu'opérait Java.« Interview mit Roger Stéphane 1988.
51	»Tu es content?«
52	»Ça va, alors.«
53	Roger Peyrefitte: *Propos secrets, II*. Paris: Éditions Albin Michel, 1980, S. 42.
54	»Pour moi, à cette époque, c'est comme s'il n'était pas tout à fait adulte. C'est après qu'il s'est mis à vieillir.« Interview mit Java 1988.
55	»Il y a quelque chose qui n'est pas normal.«
56	»Le fautif c'est Java. Il vous faut vous adresser à lui.«
57	»Il y a près de 3 semaines que je suis dans ce pays où tout relève du cauchemar. Mais comme un cauchemar vu avec des yeux Ouverts fait sourire, je crois que c'est un livre comique que j'aimerais écrire.« Undatierter Brief von Genet an Paul Morihien. Sammlung Paul Morihien.
58	»Je me passionne pour l'Allemagne, pays de plus en plus attachant.«
59	»un curé défroqué«. Zitiert nach Roger Peyrefitte, a.a.O., S. 194.
60	»Tenez, j'ai encore quelque chose qui pourrait vous intéresser, c'est beaucoup moins bon mais c'est un livre curieux.« Interview mit Jacques Guérin 1990.
61	»Non, ce n'est pas un type bien, c'est un voleur, il est dangereux.«
62	Auktionskatalog der Versteigerung der Bibliothek Jacques Guérin im Hôtel Georges V am 20. Mai 1992, Siebte Abteilung, Ms. Nr. 34.
63	»avec toute ma gentillesse«.
64	»Mon cher Jacques, je suis très heureux que vous aimiez *Pompes Funèbres*. Vous auriez aimé Jean Decarnin et vous l'auriez respecté. Pardonnez-moi, Jacques, de ne parler que de lui. Il mesurait mon affection à votre endroit au soin que je prends à vous parler du plus pur des morts. Genet.«
65	Von Jacques Guérin verfaßter Katalog für eine Ausstellung von Gemälden Jean Guérins im Museum von Chartres 1991: »Jean Guérin, 1903–1966«.
66	Vgl. Jerry Rosco: »Glenway Wescott. An American Man of Letters«, in: *Tribe*, Bd. I, Nr. 14, Frühjahr/Sommer 1991, S. 9; vgl. auch Glenway Wescott: *Continual Lessons. The Journals of Glenway Wescott 1937–1955*. New York: Farrar, Straus and Giroux, 1990.
67	»C'est ta table, tes chaises, tes tableaux, tes fauteuils, ta cheminée, tes fleurs,

	ton lustre, ton assiette, ton verre …«. Violette Leduc: *L'Asphyxie*. Paris: Éditions Gallimard, 1946 (L'Imaginaire, Nr. 193), S. 47.
68	Deidre Bair: *Simone de Beauvoir* (vgl. Kap. 11, Anm. 7), S. 333.
69	Ebd., S. 402.
70	Ebd., S. 314.
71	Ebd., S. 315.
72	Ebd., S. 644, Anm. 6.
73	Violette Leduc: *La Folie en tête*. Paris: Éditions Gallimard, 1970, S. 31.
74	»poète-voleur«. Ebd.
75	»À sa grand-messe, j'arrive en avance pour être au premier rang.« Ebd., S. 114.
76	»Vous êtes le plus grand!« Ebd, S. 123.
77	»J'ai lu votre *Asphyxie*.« Ebd., S. 124.
78	Ebd., S. 125.
79	»un lord et un boxeur«. Ebd.
80	Ebd., S. 126.
81	»Pas de traces de bite ici.« Ebd., S. 127.
82	»Lucien, mon fils.« Ebd.
83	»Des yeux rieurs. Une peau bronzée. Petit, musclé. De l'acier, du fruité. Il me donna une franche poignée de main.« Ebd.
84	»Tu sais, Genet, c'est le plus grand moraliste de notre temps!« Ebd., S. 225.
85	»Je le trouve sévère.« Ebd., S. 226.
86	»Il n'est pas sévère … il est intègre. Tu crois qu'il me ménage? Il m'accuse souvent d'être stupide mais je ne lui en veux pas …« Ebd.
87	»Son hygiène. Son aisance. Sa superbe. Sa désinvolture. Son ton péremptoire. Sa présence, achevée comme un noeud bien fait. Oui, une présence définitive. Une averse qui balaie vos miasmes. Genet aérait la ville, l'appartement, mon existence.« Ebd., S. 199.
88	»Sauf ma mère, je ne connais pas moins rêveur que lui.« Ebd.
89	»Personne, sur cette terre pourtant peuplée, ne parle aussi volontiers de ›morale‹ que lui, à partir d'un code personnel mais implacablement strict. La morale: un cercle de feu et, au centre, le Poète.« Jean Cau: *Croquis de mémoire*. Paris: Éditions Juillard, 1985, S. 157.
90	»très sévère à l'égard d'autrui.« Interview von Gregory Rowe mit Gérard Magistry 1988.
91	»Il faisait des choses par théâtre, par représentation.«
92	»Ce poulet est infect!«
93	»d'une sensibilité prodigieuse«, »…blessé par des choses infimes«.

809

94	»Personne comme lui n'a pu écrire un tel chant d'amour pour la jeunesse. Ce n'est pas de la littérature. Il écrivait avec son sang.«
95	»petite salope«. Ein Großteil dieser Darstellung geht auf Interviews mit Jacques Guérin aus dem Jahr 1990 zurück.
96	»une institutrice d'école primaire«.
97	»La voilà votre clef.« Interview mit Jacques Guérin 1990.
98	»L'argent que vous avez accepté de donner à Genet m'a rendu malade.« Interview mit Jacques Guérin 1990.
99	»Je suis prêt à vous donner cet argent mais si je vous le donne, notre amitié ne subsistera pas et je ne vous reverrai plus. Choisissez: mon amitié ou mon argent.«
100	»Je ne veux plus de votre argent.«
101	»Vous avez fait le bon choix.«
102	Guérin besitzt auch einen kompletten Satz Fahnen von *Tagebuch eines Diebes* mit Korrekturen in Genets Handschrift. Er besitzt die korrigierten Fahnen von *Querelle* und Fahnen von Gallimard von deren erster Ausgabe von *Das Totenfest*. Sein kostbarstes Stück unter Genets Originalausgaben ist die allererste Publikation, die Broschüre mit »Der zum Tode Verurteilte« aus dem Jahr 1942, mit einer Widmung an Guérin, gefolgt von Genets Gedichtband *Heimliche Gesänge* mit einer Widmung an Sartre (dieses Buch hat Guérin vor nicht allzu langer Zeit verkauft) und Erstausgaben der Romane, die Guérin in die Seide der bei Charvet (dem Hemdenschneider Prousts) gekauften Krawatten seines Vaters hatte binden lassen. In die Erstausgabe von *Tagebuch eines Diebes* schrieb Genet: »Mein lieber Jacques, liebe es bitte ... Unsere Freundschaft, unsere Zuneigung, Luciens, Javas und meine.« Guérin wußte, daß Genet den verschiedenen Ausgaben seiner Werke keine wie auch immer geartete Aufmerksamkeit schenkte; wie für die meisten Schriftsteller auf der Höhe ihrer Geltung bedeutete für Genet der materielle Gegenstand, das veröffentlichte Buch, nichts, der immaterielle, erdichtete Text alles. In den achtziger Jahren verkaufte Guérin auf einer Auktion für eine gewaltige Summe ein in großer Unordnung befindliches Manuskript von *Tagebuch eines Diebes*, in dem Genet handgeschriebene Seiten zwischen getippte eingeschoben hatte, darunter viele Passagen, die später gestrichen wurden. Das ganze Manuskript umfaßt nur etwa zweihundert Seiten und trägt das Datum Oktober 1947. Eine der gestrichenen Passagen ist die folgende Beschreibung des Barrio Chino in Barcelona: »A peine étais-je entré que des hommes commencèrent le remarquable mouvement du serpent qui se dresse sur sa queue, ondule et se balance à droite et à

gauche, un peu en arrière, afin de voir le morceau que vous sortez de votre braguette. Je réussis à en entraîner un qui me paya bien. Je veux raconter le début d'une nouvelle phase de ma vie dont le nom sera la Criolla. Ce n'était pas qu'une boîte de tantes; quelques garçons dansaient vêtus de robes, mais des femmes aussi y venaient chanter, des putains y amenaient des mecs et leurs clients.«

(»Kaum war ich eingetreten, als die Männer auch schon die bemerkenswerte Bewegung einer Schlange zu vollführen begannen, die sich auf ihrem Schwanz erhebt, sich wellenförmig nach rechts und nach links bewegt, ein bißchen nach hinten, um den Happen zu beäugen, den du aus deinem Hosenschlitz ziehst. Mir gelang es, einen Typen hinzureißen, der mich gut bezahlte. Ich möchte euch den Anfang einer neuen Phase in meinem Leben erzählen, deren Name Criolla sein wird. Das war nicht nur eine Schwulenkneipe; ein paar Jungs tanzten in Frauenkleidern, aber auch Frauen kamen zum Singen her, Nutten brachten ihre Louis' und Kunden mit.«)

Man kann sich gut vorstellen, warum Genet diesen Abschnitt gestrichen hat, denn die erste Hälfte mit ihrer Schlangenmetapher ist zu abgeschmackt, und die zweite Hälfte mit ihrer Beschreibung eines Nachtklubs ist zu folkloristisch und anekdotisch. Genet versuchte ein Register irgendwo zwischen Pornographie und Soziologie zu finden, das vertraulich, ernsthaft und lyrisch sein sollte.

103 Violette Leduc berichtet darüber in *La Folie en tête*, a.a.O., S. 349 f.
104 »ouvrait son cœur.«
105 »enfant perdu«.
106 »Elle l'aurait accepté, mais elle ne me l'aurait pas pardonné.« Interview mit Java 1987.
107 »hypocrite, fourbe, faux, petite frappe«. Interview mit Jacques Guérin 1990.
108 »Je crois que pour la bonne qualité de nos relations il est préférable qu'elles s'espacent un peu.« Undatierter Brief von Genet an Jacques Guérin. Sammlung Jacques Guérin.
109 »Le hasard a permis qu'on puisse se serrer la main. J'ai saisi vite l'occasion du jour de l'an pour vous écrire un mot amical. Je souhaite vraiment de tout mon cœur que vous ayez autant de bonheur que possible. Et vous aimez trop votre mère pour que je ne songe pas à l'associer à vous dans mes vœux.« Undatierter Brief von Genet an Jacques Guérin. Sammlung Jacques Guérin.
110 »J'écris deux mots, j'en rature trois. Exigence ou impuissance? On le saura plus tard. Mais en tout cas, travail!«
111 »Je sais que nous nous reverrons jamais.«

112	»l'homme le plus solitaire du monde«.
113	»gonzesses et voyous«.
114	Interview mit Jean Cau 1988.
115	»Il n'y a de poètes que couverts de crachats.«
116	»coqueluche provisoire«.
117	»Très paradoxalement, il avait envie d'être reconnu par les autres écrivains, même s'il ne les respectait pas.«
118	»Il éprouvait une indifférence souveraine pour la littérature des autres.«
119	»colères féminines«.
120	»sardonique, narquois«.
121	»croisé marron, chevrons gris, gabardine, chaussure daim, chaussure cuir, pardessus, gilet daim, gants pécari«. Undatierter Brief von Genet an Monique Lange. Sammlung Monique Lange.
122	»le plus beau type imaginable«.
123	»Ce con! Il a mis deux putes au tapin. Il n'a pas pu s'empêcher de leur foutre des coups quand elles n'ont pas gagné assez d'argent. Une porta plainte.«
124	»petites frappes, petites marques«.
125	»voyous ont une vraie fraîcheur de fauves.«
126	»Mon hôtel est vide.«
127	»Je ne voulais pa me mésallier.«
128	»À Bikini, aux dépens de quelques Amateurs.«
129	»Genet faisait des apparitions toujours imprévisibles. Il nous regardait jouer et nous donnait des conseils, souvent utiles et très précis. C'était quelqu'un de rapide. Il voyait et comprenait vite. Il avait un regard. Cela dit, il avait toujours l'air un peu inquiet, comme quelqu'un de menacé ou de traqué. Il était un peu mal dans son costume.«
130	»devant une sorte de Palais de miroirs où semblaient emprisonnés des badauds se cognant à leur propre image, et incapables de découvrir la sortie.« FR, S. 43.
131	Ebd., S. 38.
132	»très charnel, très trouble, très attachant.« Zitiert nach Richard und Suzanne Webb, a.a.O., S. 446.
133	»Le narcissisme Sartrien«. Ebd.
134	»le plus puissant ballet que l'on nous ait présenté depuis la Libération«. Ebd.
135	Interview mit Madeleine Milhaud 1990. Nebenbei bemerkt wurde bei den ersten Pariser Proben Merce Cunningham als Tänzer abgelehnt. Die Ironie wollte es, daß Cunningham später Amerikas radikalster Choreograph wurde, vielleicht genau von der Art, die Genet gefallen hätte. An einer Stelle wurde das

	Bild im Spiegel von einem Tänzer dargestellt, der ebenfalls ein berühmter Choreograph werden sollte: Maurice Béjart.
136	*Combat*, 16. Juli 1948. Zitiert nach der deutschen Ausgabe von SG (vgl. Kap. 2, Anm. 1), S. 7.
137	LO, S. 126; Jean Cocteau: *Le Passé défini: 1951–1952*, S. 283; dt. S. 247 f. (vgl. Kap. 6, Anm. 48).
138	LO, S. 127–131.
139	»Il y a des délits que j'ai commis et qui n'ont jamais été amnistiés, dont un pour vol et une condamnation à deux ans de prison entre autres.« Interview von Bertrand Poirot-Delpech. ED, S. 231.
140	»Introduction à *Les Frères de Soledad*«. ED, S. 63.
141	»C'était de la pure vanité, voir mes pièces jouées sur scène. Écrire des pièces est une vaste plaisanterie.« Interview von Roderick MacArthur, in: *Theater Arts*, Januar 1950, S. 43.
142	MR, S. 411.
143	ND, S. 60.
144	Philip Thody: *Jean Genet. A Critical Appraisal*. New York: Stein & Day, 1969, S. 31.

Kapitel 13

1	Interview mit Saadalah Wannous (auf arabisch), in: *Al Karmil*, 1986. Es erschien, ins Französische übersetzt, im Juni 1986 in *L'Autre Journal*.
2	Interview mit Annette Michelson 1992.
3	Interview mit Janine Quet, einer Pariser Geschäftspartnerin von Rosica Colin, aus dem Jahr 1989. Außerdem Interviews mit Annette Michelson 1990–1992, denen die meisten Informationen über Bernard Frechtman entnommen wurden.
4	»L'avez-vous lu? L'aimez-vous? Dites-moi ce que vous en pensez.« Brief 208. Fotokopien der Briefe Genets an Bernard Frechtman sind im IMEC hinterlegt. Da die Briefe nicht datiert sind, habe ich die IMEC-Kopien etwas eigenmächtig numeriert.
5	»Il va de soi que je vous donnerai une commission.«
6	»Sartre a fait beaucoup pour moi. Vous, Frechtman, vous avez beaucoup, beaucoup fait pour moi. Mais si vous mouriez demain, je n'y penserais plus.« Interview mit Annette Michelson 1990.
7	»Je fais mon tour du monde.« Interview mit Édouard Roditi 1988.

8	Interview mit Richard Seaver 1990. Siehe auch: Maurice Girodias: *Une Journée sur la terre*. Paris: Éditions de la Différence, 1990.
9	Die Briefe von Bernard Frechtman werden im Grove Press-Archiv in der George Arents Research Library in der Syracuse University in Syracuse, New York, aufbewahrt.
10	»Jean Genet revient au théâtre avec des gangsters sur un toit« in: *Paris-Presse – L'Intransigeant*, 14. November 1952, S. 6.
11	»Il y a deux ans qu'on a cessé de vivre la vie du monde. On était entré dans l'aventure comme on entre au couvent.« Typoskript von *Splendid's*, S. 16. IMEC-Archiv.
12	»C'est pour ta frimousse que bandait l'Amerloque?« Ebd.
13	»La trahison est douce.« Ebd., S. 5.
14	Ebd., S. 7.
15	»Tu adores te promener dans l'hôtel. Pour la première fois, tu te frottes au luxe. Par malheur, c'est dans la nuit de ton décès. Va. Napoléon à Sainte Hélène, parcours ton domaine«. Ebd., S. 9.
16	»C'est pour eux aussi qu'on se fait si beaux, si sûrs. Ça sert leur discipline et leur belle allure.« Ebd., S. 43.
17	Ebd., S. 36.
18	»Pour introduire le ver dans le fuit.« Anekdote, 1990 von Bernard Minoret erzählt.
19	Interview mit Bernard Minoret 1990.
20	»Je suis contre la société. Je suis éminemment asociale et je suis liée à la nature comme une sorcière plutôt que comme une prêtresse ... Je suis pour un monde de sexes non différenciés, ou peu différenciés.« Constantin Jelenski: *Leonor Fini, Peinture*. Éditions Mermoud, 1968, S. 15. Zitiert nach der deutschen Ausgabe *Leonor Fini*. Starnberg: Josef Keller, 1968, S. 15.
21	Telefoninterview mit Leonor Fini 1989.
22	Witold Gombrowicz: *Tagebuch 1953–1969*. München: Hanser, 1988, S. 834.
23	Telefoninterview mit Leonor Fini 1989.
24	»Je vous souhaite, Madame, d'immenses difficultés.« Brief an Leonor Fini. FR, S. 52.
25	»Cependant, si votre flore est copiée, votre faune est inventée.« Ebd., S. 48.
26	George Hayim: *Thou Shalt Not Uncover Thy Mother's Nakedness*. New York/London: Quartet Books, 1988, S. 137.
27	Interviews mit Guy Dumur 1987–1989.
28	George Hayim, a.a.O., S. 139.

29 Dieses merkwürdige Abenteuer ist rekonstruiert worden aus Interviews mit Java, Leonor Fini und Bernard Minoret.
30 EC, S. 383.
31 Ebd., S. 387 f.
32 Ebd., S. 390 f.
33 Bernard Frechtman, »Gesprek met Jean Genet« (Interview auf holländisch, in: *Litterair Paspoort*, Mai/Juni 1953.
34 LO, S. 248.
35 »Vous, foutez-moi la paix.« »C'est lui ou c'est moi.« Ebd.
36 »Je préfère le coup de revolver de Rimbaud.« Lise Deharme: *Les Années perdues*. Paris: Éditions Plon, 1961, S. 147 f.; Eintrag unter dem 3. Februar 1949.
37 Odette Aslan: *Jean Genet*, Paris: Éditions Seghers, 1973, S. 20.
38 »romanticisme de mauvaise foi«.
39 »baroquisme«. Georges Bataille: »D'un caractère sacré des criminels«, in: *Critique*, Nr. 35, April 1949, S. 371 f.
40 »... aucune œuvre n'est plus dénuée de cette préoccupation de l'universalité qui semble inséparable des grandes œuvres«, »sa prose souple, ornée et légère, cérémonieuse et simple, solennelle avec grâce, familière avec hauteur«, »l'une des plus belles d'aujourd'hui«. Gaëtan Picon: *Panorama de la nouvelle littérature française*. Paris: Éditions Gallimard, 1949, S. 113–117 (dt. *Panorama der modernen Literatur: Frankreich*. Gütersloh, Mohn, o.J. [ca. 1960]).
41 Mauriac, der Literaturnobelpreisträger des Jahres 1952, war als führender katholischer Apologet bekannt: Autor der Lebensgeschichte einer Sünderin *Thérèse Desqueyroux (Die Tat der Therese Desqueyroux)* und des Porträts einer sich gegenseitig erstickenden Provinzfamilie – *Le Nœud de vipères (Natterngezücht)*.
42 Ramón del Valle-Inclán, geboren 1866, starb bereits 1936; die Modernität seiner Dramatik wies allerdings weit über seinen Tod hinaus. (Anm. d. Übers.)
43 Jean-Jacques Gautier, in: *Le Figaro*, 4. März 1949, S. 4.
44 »Mais de tous les critiques, c'est de Jean-Jacques Gautier que j'ai eu les articles les plus ignobles.« Lynda Bellity Peskine: *Souvenirs et propos de Roger Blin*. Paris: Éditions Gallimard, 1986, S. 144.
45 »Le jugement de Jean-Jacques Gautier procédait du haut-le-cœur plus que d'une étude objective et raisonnée.« François Mauriac: »Le Cas Jean Genet«, in: *Le Figaro Littéraire*, 26. März 1949, S. 7.
46 »une provocation, presque ... un attentat«.
47 »Poète de maison centrale, Orphée de la pègre, c'est un onaniste inspiré: sa

délectation morose nourrit d'images dont le mécanisme rejoint l'horlogerie de Jean Cocteau.«
48 »cette vocation de silence à laquelle il est demeuré fidèle jusqu'à la mort«.
49 *New York Herald-Tribune,* 3. Oktober 1958.
50 Auch »Method« genannt: ein realistischer, auf Stanislawski rekurrierender Schauspielstil, der auf der völligen Identifikation des Schauspielers mit der Rolle beruht; vor allem von Lee Strasberg in dessen New Yorker Actor's Studio unterrichtet. (Anm. d. Übers.)
51 Brief an Margaret Schmidt (vgl. Kap. 12, Anm. 28) vom 12. Oktober 1959. Grove Press-Archiv, George Arents Research Library der Syracuse University, Syracuse, New York.
52 *New York Times,* 31. November 1960.
53 »Les copains te souhaitent la bienvenue.«
54 Jane Giles: *The Cinema of Jean Genet.* London: BFI, 1991, S. 17.
55 Ebd., S. 31.
56 Interview mit Rebekah Wood 1990. Interview mit Denise Tual 1990, die sich erinnert, *Fireworks* einem rein männlichen Publikum, unter ihnen Genet, vorgeführt zu haben.
57 Interview mit Nico Papatakis 1989.
58 »Guilt despite Association«, in: *Time,* Jg. 88, Nr. 25, 16. Dezember 1966, S. 82.
59 Jane Giles, a.a.O., S. 26.

Kapitel 14

1 »Il était en retard. A une table se trouvait Gide en compagnie de deux amis. Je vais les saluer et je dis que j'attends Genet. Gide avait lu ou en tous cas entendu parler de Genet. Il a dit: ›Je n'aime pas tellement son style. C'est très gonflé.‹ Et, parlant de Genet, il a ajouté, je m'en souviens très bien: ›C'est l'Arno Breker de la littérature.‹ Mais il était d'accord pour que je le lui présente. Mais quand Genet est arrivé, c'est lui qui n'a pas voulu être présenté à Gide et qui m'a dit: ›Son immoralité est douteuse. Je n'aime pas les juges qui se penchent amoureusement sur l'accusé.‹« Interview mit Roger Stéphane 1987.
2 »un cœur extrêmement complexe et douloureux …«. FR, S. 63.
3 »le cheminement sévère – parallèle – de la pureté d'écriture et de la droiture morale.« Ebd., S. 64.
4 Interview mit Patrick Waldberg 1987.

5	»Tu me trouveras ingrat. Je t'ai beaucoup dû. Je ne te dois plus rien.« Jean Cocteau: *Le Passé défini: 1951–1952*, S. 304; dt. S. 271 (vgl. Kap. 6, Anm. 48).
6	»cinéma industriel«. Ebd.
7	Ebd., S. 318; dt. S. 288.
8	»Tu n'as fait qu'être une vedette depuis dix ans.« Ebd., S. 320; dt. S. 291.
9	»Tout de même, mon cher Jean, si tu as de l'estime pour moi, sois tranquille, je te conserve pour toujours une très tendre affection.« Ebd., S. 331; dt. S. 303.
10	»Tu comprends mon bonheur sachant que tu es resté le poète de toujours.« Ebd., S. 403; dt. S. 383.
11	»Je t'écris vite et mal, mon cher Jean, parce que je suis drogué par l'insomnie. J'ai les nerfs en boule«, Jean Cocteau: *Le Passé défini: 1953*. Paris: Éditions Gallimard, 1985, S. 39.
12	»Et toi je t'aimerai toujours.« Ebd.
13	»dans cet état misérable, dans cette imbécillité qui fait le fond de la vie: ouvrir une porte, allumer une cigarette ... Il n'y a que quelques lueurs dans une vie d'homme. Tout le reste est grisaille.« Interview mit Madeleine Gobeil. ED, S. 22.
14	FR, S. 76 f.
15	Brief an Java. IMEC-Archiv.
16	»Je l'ai surpris en pleine nuit en train de se regarder bizarrement dans la glace de la salle de bains. Il s'est mis à vomir. Je l'ai nettoyé. ›Ça ne te dégoûte pas?‹ m'a-t-il dit. Je lui ai répondu: ›Non, tu l'aurais fait pour moi.‹ Le lendemain, c'était oublié.« Interview mit Java 1989.
17	»Il aura 22 ou 23 ans. Dans les environs de Cracovie on rencontre des bergers qui ont cette allure et ce visage. Des cheveux blonds, des yeux très clairs, en amandes, une grâce naturelle qu'on ne trouve pas en France sauf peut-être parmi quelques ouvriers parisiens dont le visage, hélas, est ingrat. Naturellement, il est très beau. Au repos, son visage ne doit rien évoquer. A part sourire, et faire la tristesse, il n'aura rien à exprimer. S'il est étranger, c'est très bien. Il articulera comme il pourra les phrases que je lui ferai réciter. Tant mieux si sa prononciation est lente et pénible. Sa voix sera sourde.« Maschinenschriftliches, unpaginiertes Manuskript von »Le Bagne«. Sammlung Marc Barbezat.
18	»Une tapette aux jambes arquées et sans attraits.« Interview mit Alberto Moravia 1989.
19	FR, S. 87.
20	Jean Cocteau: *Le Passé défini: 1953*, a.a.O., S. 257.
21	»un jeune Italien à la figure de fille et aux yeux de Mongol«. *Paris-Presse – L'Intransigeant*, 30. Dezember 1952, S. 6.

22	Zitiert nach Edmund Wilson: *The Fifties*. New York: Farrar, Straus and Giroux, 1986, S. 383.
23	FR, S. 89 f.
24	»Genet avait fait plusieurs dépressions graves. La plus terrible eut lieu après un voyage avec Decimo à Venise. Il s'était enfin aperçu que Decimo le prenait pour un con. Il le laissait tomber dès qu'il pouvait pour quelqu'un qui avait plus de pognon. Genet avait fait plusieurs tentatives de suicide. Une fois, il avait failli se jeter par la fenêtre de l'Hôtel Terrass. Je l'avais retenu et lui avais dit que je lui casserais la gueule s'il essayait de recommencer. Genet avait un peu bu, ce soir-là.« Interview mit Java 1989.
25	FR, S. 94
26	Ebd., S. 82 f.
27	Ebd., S. 83.
28	SG, S. 536; dt. S. 905 (vgl. Kap. 2, Anm. 1).
29	Ebd., S. 64; dt. S. 100.
30	Ebd., S. 190; dt. S. 316.
31	Ebd. S. 457, Anm. 1; dt. S. 768, Anm. 243.
32	»lire, c'est faire une invention dirigée«. Ebd. S. 458; dt. S. 770.
33	»La poésie est l'art d'utiliser la merde et de vous la faire bouffer.« Ebd., S. 460; dt. S. 774.
34	Ebd., S. 473 f; dt. S. 797 f.
35	»Tu sais ce qui vient de m'arriver? Sartre vient de me l'annoncer, il vient de faire une thèse sur moi. Tu te rends compte? Moi qui ai à peine le certificat d'études? Une thèse!« Interview mit Java 1989.
36	»L'étude de Sartre est basée sur mon œuvre et depuis la publication j'ai évolué. Sartre a parfaitement sondé mon œuvre. Son livre est remarquable. Ce n'est donc pas une critique si je dis qu'il ne m'a rien appris sur moi. Toi, tu as lu tous mes livres et tu sais que toute ma vie a été une quête permanente et douloureuse de moi-même. Je n'ai rien trouvé chez Sartre que je ne sache déjà. En outre, ce moi que je sais avoir été appartient au passé.« Bernard Frechtman: »Gesprek met Jean Genet« (Interview auf holländisch), in: *Litterair Paspoort*, Mai/Juni 1953.
37	»Son livre sur moi est d'une grande intelligence, mais il ne fait que répéter ce que je dis. Il ne m'apporte rien de neuf.« Jean Cocteau: *Le Passé défini: 1953*, a.a.O., S. 252.
38	»On aime voir Sartre parce qu'il épouse et reflète la personne avec laquelle il parle.« Ebd., S. 357.

39 SG, S. 132; dt. S. 219.
40 »Toi et Sartre, vous m'avez statufié – Je suis un autre. Il faut que cet autre trouve quelque chose à dire.« Jean Cocteau: *Le Passé défini: 1953*, a.a.O., S. 391.
41 Interview mit Madeleine Gobeil. ED, S. 21.
42 ED, S. 21 f.
43 Ebd., S. 22.
44 »Je n'ai jamais lu complètement ce qu'il avait écrit, ça m'ennuyait … C'est assommant.« Interview mit Bertrand Poirot-Delpech. ED, S. 236.
45 Marot (1496–1544), ein Freund Rabelais' und Herausgeber einer neuen Ausgabe der Gedichte von François Villon, war eingekerkert worden, weil er in der Fastenzeit Fleisch gegessen hatte, und wurde sieben Jahre später – für dieses Verbrechen – wegen Ketzerei verurteilt. Ob seiner freimütigen Gedichte hatte er häufig Schwierigkeiten mit Kirche und Staat.
46 SG, S. 80; dt. S. 128 f.
47 Interview mit Madeleine Gobeil. ED, S. 12.
48 Undatierter Brief von Genet an Jean-Paul Sartre. IMEC-Archiv.
49 »Si je te fais tort en t'embrassant, et si tu prends cela pour une injure, à toi de m'infliger un châtiment et de m'embrasser.« Zitiert nach der deutschen Übersetzung in der von H. Beckby herausgegebenen *Anthologia Graeca*, Bd. IV. München 1958, S. 111. Das Epigramm trägt dort den Titel »Beste Strafe«.
50 »Si mon baiser t'offense, venge-toi et me baise.«
51 »… qui font des effets de foulard.« Jean Genet, unveröffentlichtes Vorwort und Übersetzung der *Epigrammes érotiques* des Straton aus Sardes. Vierseitiges handgeschriebenes, mit J. G. signiertes Manuskript des Vorworts und 70 Seiten (davon 27 handgeschrieben) Manuskript der Gedichte.
52 »on n'ouvre pas la braguette du facteur – ni celle du boulanger – on n'y fouille pas d'une main – ni d'une langue – tremblantes mais avides, sans que tout un ordre social élaboré sur ce qu'implique le couple et son amour, ne soit remis en question«.
53 »n'a pas cherché ailleurs que dans la pédérastie sa rigueur«.
54 »Ne te fais plus d'illusion, mon garçon, va. Ton destin est bien marqué; et tu dois jouer dans les zones interdites.« Marcel Guersant: *Jean-Paul*. Paris: Éditions de Minuit, 1953, S. 130.
55 »Il entrerait dans une vaste société secrète, vivant à l'ombre de l'autre, puisant en elle ses ressources et ses joies, parasite tenace, inexpugnable. Dans les rangs de cette invisible armée, il connaîtrait des joies indicibles et des triomphes obscurs qui le paieraient de ses chagrins et de ses humiliations. Il serait grand à sa manière.« Wim Gérard: *Chvoul*. Paris: La Passerelle, 1953, S. 242.

56	SG, S. 531; dt. S. 896.
57	Ebd.
58	»tenté à son insu par quiconque a écrit, même les Génies. L'explication orphique de la Terre, qui est le seul devoir du poète et le jeu littéraire par excellence.«
59	FR, S. 69.
60	Ebd., S. 81.
61	Ebd., S. 77.
62	Ebd., S. 91.
63	JV, S. 275.
64	Lily Pringsheim: »Toward the End of 1937«, in: Richard N. Coe (Hg.): *The Theater of Jean Genet. A Casebook*. London: Grove Press, 1970, S. 27.
65	Robert Poulet: »Jean Genet: Fouillez l'ordure«, in: *Bulletin de Paris*, Nr. 145, 19. Juli 1956, S. 10 f.
66	»notre pays c'était le crime«.
67	»Vous avez voulu l'orner, votre Forlano, l'orner d'un crime. Vous avez voulu rendre vivant votre pays, notre patrie. Mais c'est impossible. On est en exil pour de bon puisqu'on est incapable de faire le mal.« Maschinenschriftliches, unpaginiertes Manuskript von »Le Bagne«. Sammlung Marc Barbezat.
68	»J'ai choisi, sans doute trop arbitrairement, de placer mon bagne au centre du désert et de le priver totalement de femmes; même les gardiens, même les soldats noirs n'ont pas le droit d'y conduire leurs épouses. Est-ce tricher? Oui, si le public s'en étonne, se pose la question, et que je ne sache y répondre. La fiction doit obéir à des exigences. Elle respecte non le monde traditionnel, mais une vraisemblance plus secrète. Le récit, intitulé »Le Bagne« est donc un drame pédérastique, et rien d'autre. Toutefois, je me demande si la vérité et la violence lyrique des images n'arrivera pas à lui donner un pouvoir poétique assez grand pour captiver le spectateur le plus éloigné d'un tel égarement?« Ebd.
69	»Le seul pédéraste de l'aventure, c'est moi. J'essaye seulement de proposer un thème érotique particulier et de l'éclairer de telle sorte qu'il entre sans heurt, sans fracas, et sans refus, dans n'importe quelle conscience.« Ebd.
70	»L'aventure dans laquelle je les plonge ne les étonne pas, mais ils la vivent en actes, et en gestes, non en réflexions. Peut-être ainsi échapperai-je au danger de construire un récit réaliste selon les méthodes habituelles où chaque personnage *sait* ce qu'il exprime au moment qu'il l'exprime, et *sait* la résonance que son expression *doit* avoir sur son protagoniste et sur nous.« Ebd.
71	»Il faudra éviter de laisser le spectateur dans l'ignorance de ce qui se trouve. Il doit être au courant de tout. C'est sans doute me priver d'un des ressorts du

cinéma traditionnel, le suspense, mais j'y tiens, comme à la prunelle de mes yeux.« Ebd.

72 »je veux que le spectateur sache, sans aucun doute possible, ce qu'il voit. Je veux que cela lui crève les yeux.« Ebd.

73 »Si mes personnages ont la taille, la carrure, le regard et le sourire, je me charge du reste, ne leur demandant d'accomplir qu'une série de gestes que n'importe qui pourrait faire, mais une série de gestes minutieusement mis au point par moi. Il n'est pas impossible d'ailleurs que cette façon de travailler enlève toute spontanéité au récit. Je préfère la rigidité au stupide naturel sans art et sans trouvailles.« Ebd.

74 »Leurs faces, les traits savonnés ont l'ennui de ceux des vieux garçons de café ou des maîtres d'hôtel.« Ebd.

75 »Le cinéma est en effet essentiellement impudique. Puisqu'il a cette faculté de grossir les gestes, servons-nous d'elle. La caméra peut ouvrir une braguette et en fouiller les secrets. Si je le juge nécessaire, je m'en priverai pas. Je ne servirai d'elle pour enregistrer, sans doute, les frémissements d'une lèvre, mais aussi la texture très particulière des muqueuses, leur humidité. L'apparition grossie d'une bulle de salive au coin d'une bouche peut apporter, dans le déroulement d'une scène, au spectateur, une émotion qui donnera à ce drame, un poids, une épaisseur nouvelle.« Ebd.

76 »Ils sont prisonnier [sic] de cet univers clos: ma rêverie et ce bagne.« Ebd.

77 »Le forçat pousse Roger qui, toujours souriant, bute du dos contre un drap tendu. On entend le ›floc‹ de l'étoffe mouillée et l'on voit en creux la marque laissée par la tête ronde de Roger.« Ebd.

78 »l'ombre si l'on veut de trop de lumière«. Ebd.

79 »Il va de soi que je ne livre ici qu'une interprétation satisfaisant mes secrètes rêveries.« Ebd.

80 Jean-Paul Sartre: *Le Diable et le bon Dieu*. Paris: Éditions Gallimard, 1951. Leicht abgewandelt zitiert nach der deutschen Neuübersetzung von Uli Aumüller, *Der Teufel und der liebe Gott*, in: *Gesammelte Werke in Einzelausgaben. Theaterstücke*, Bd. 7. Reinbek bei Hamburg: Rowohlt, 1991, S. 41.

81 Ebd., S. 44.

82 Ebd., S. 156.

83 »pourri de génie«. Louis-Ferdinand Céline, in: Pascal Fouché (Hg.): *Lettres à la N. R. F.* Paris: Éditions Gallimard, 1991.

84 »Bataille se supplice ›à ses heures‹, il est le reste du temps bibliothécaire.« SG, S. 259; dt. S. 435.

85 Georges Bataille: *La Littérature et le Mal*. Paris: Éditions Gallimard, 1957, S. 210.
86 »assez honnête pour se souvenir que Mettray était un paradis«. Ebd., S. 207.
87 Interview mit Patrick Waldberg 1986.
88 JV, S. 245.
89 Ebd., S. 237.
90 Pierre Lasalle, in: *Paris-Presse – L'Intransigeant*, 30. Dezember 1952, S. 6.
91 »Je ne suis pas un type de droite, je ne suis pas un type de gauche. ... Je reste un voyou, c'est-à-dire que je ne peux pas accepter une morale donnée, déjà élaborée, aussi généreuse soit-elle.« Zitiert nach Lynda Bellity Peskine und Albert Dichy (Hg.): *La Bataille des Paravents*. Paris: IMEC, 1991, S. 16.

Kapitel 15

1 LF, S. 26.
2 RD, S. 21–31.
3 RD, S. 28.
4 AG, S. 51.
5 »trivialité«, »inculture«, »niaiserie«. Brief an Jean-Jacques Pauvert. FR, S. 101 bis 107.
6 Die Darstellung des Verhältnisses zwischen Genet und Giacometti beruht weitgehend auf einem Interview mit Giacomettis Biographen James Lord, das 1990 geführt wurde.
7 AG, S. 71.
8 Alberto Giacometti: *Écrits*. Herausgegeben von Michel Leiris. Paris: Hermann, 1990, S. 208.
9 »Giacometti a fait 2 statuettes splendides. C'est Annette assise. Miraculeuses.« LO, S. 158.
10 Interview mit James Lord 1990.
11 AG, S. 42.
12 »une sorte de cœur secret et douleureux«.
13 Thierry Dufrêne: *Giacometti: Portrait de Jean Genet, le scribe captif*. Paris: Éditions Adam Biro, 1991, S. 6.
14 »Au peuple des morts, l'œuvre de Giacometti communique la connaissance de la solitude de chaque être et de chaque chose, et que cette solitude est notre gloire la plus sûre.« AG, S. 48.

15	»Pour la première fois de sa vie le bronze vient de gagner.« Ebd., S. 45.
16	»C'est peut-être parce que les statues d'Annette montrent tout l'individu, tandis que Diego c'est seulement son buste. Il est coupé. Donc conventionnel. Et c'est cette convention qui le rend moins lontain.« Ebd., S. 50.
17	»C'est moi. Un jour je me suis vu dans la rue comme ça. J'étais le chien.« Ebd. S. 52.
18	»Dans cet atelier un homme meurt lentement, se consume, et sous nos yeux se métamorphose en déesses.« Ebd., S. 72.
19	»un art de clochards supérieurs«. Ebd, S. 73.
20	Interview mit Antoine Bourseiller. ED, 219 f.
21	»à la fois familier et spendide, avec cette élégante emphase.«
22	Alberto Giacometti: *Écrits*, a.a.O., S. 212.
23	James Lord: *Giacometti*. New York: Farrar, Straus and Giroux, 1986, S. 342.
24	»Oui, tenez, un sculpteur, disparu, depuis peu …« Zitiert nach Robert Poulet: »Jean Genet: Fouillez l'ordure«, in: *Le Bulletin de Paris*, Nr. 145, 19. Juli 1956, S. 10 f.
25	»attentatoires aux bonnes mœurs«.
26	Nicht sehr logisch, wenn der Prozeß bereits 1954 eröffnet wurde. (Anm. d. Übers.)
27	»pédéraste professionnel«, »cambioleur récidiviste«, »indicateur de police«.
28	»J'ai déserté il y a 20 ans et j'ai volé l'argent de la prime d'engagement, puis j'ai eu 8 ou 10 condamnations pour vols. Je ne peux donc pas me porter caution morale pour des hommes et des femmes qui agissent pour idéalisme, et qui d'ailleurs peuvent très bien récuser mon témoignage. En fait, leur morale est celle de ceux qui les condamnent. Sauf qu'eux – les premiers nommés – appliquent cette morale. Que voudrait faire au milieu d'eux un voleur, pornographe, etc. ….?«
29	»C'est-à-dire qu'à un apatride vous procurez des papiers d'identité, à un vagabond une halte, à un fantôme un contour, à un inculte le paravent du dictionnaire, un fauteuil à un fatigué, à une main que tout désarme, une épée.« Jean Cocteau: *Poésie critique*, Bd. II. Paris: Éditions Gallimard, 1960, S. 141.
30	»un très grand poète«.
31	Edmund Wilson: *The Fifties*. New York: Farrar, Straus and Giroux, 1986, S. 383.
32	»Affluence inhabituelle: la réception de Cocteau par Maurois est le grand événement littéraire et mondain de la semaine. Jean Genet entrant, lui aussi, sous la Coupole: et que ce soit en tant qu'invité n'en rend pas sa présence moins insolite. Avant que la séance commence, il se tient un long moment debout aux

lisières des bancs académiques: petit, râblé, l'air d'un marin tout juste débarqué qui ne s'est pas encore réaccoutumé à l'immobilité de la terre. Puis il s'assied, séparé des membres de l'Institut par une invisible cloison, mêlé à eux, académicien à peine plus étrange que Jean Cocteau.« Claude Mauriac: *Une Amitié contrariée*. Paris: Grasset, 1970, S. 219. (Mit La Coupole ist die Académie française gemeint, mit l'Institut das Institut de France, zu dem 5 Akademien gehören, darunter die Académie française; Anm. des Übers.)

33 Interviews mit Monique Lange 1987–1989.
34 Interview mit Daniel Defert 1990.
35 »Il n'y avait que des pédales, vous vous rendez compte!« Interview mit Olga Barbezat 1988.
36 »Mon point de départ se situait en Espagne, l'Espagne de Franco, et le révolutionnaire qui se châtrait c'était tous les républicains quand ils ont admis leur défaite. Et puis ma pièce a continué de son côté, et l'Espagne du sien.« Michel Breitman: »J'ai été victime d'une tentative d'assassinat«, in: *Arts*, Nr. 617, 1. Mai 1957.
37 »Une image de moi va se perpétuer en secret. Mutilée? Une messe basse, pourtant, sera dite à ma gloire.« BA, S. 133.
38 »Cette pièce a pour objet les mythologies du bordel. Un Préfet de Police est affolé, navré, chagriné de constater qu'au ›Grand Balcon‹ sont représentés de nombreux rites érotiques ayant pour héros: l'abbé, le héros, le criminel, le mendiant – d'autres encore – hélas, jamais le Préfet de Police. Il tâchera de faire que son propre personnage enfin par une grâce exquise hante les rêveries érotiques, et devienne ainsi, héros de la mythologie du Bordel.« LO, S. 155.
39 »et loin d'être mes préférés«. BA, S. 41.
40 »J'espère que tu n'as pas réellement fait tout cela?« Ebd., S. 43.
41 »Ici il n'y a pas la possibilité de faire le mal. Vous vivez dans le mal. Dans l'absence de remords. Comment pourriez-vous faire le mal. Le Diable joue. C'est à cela qu'on le reconnaît. C'est le grand Acteur. Et c'est pourquoi l'Église a maudit les comédiens.« Ebd.
42 SG, S. 66; dt. S. 104.
43 »C'est pour plus tard.« BA, S. 48.
44 »C'est juste. Je dois te laisser à ton bordel secret, ton claque précieux et rose, à ton boxon sentimental …« Ebd., S. 68.
45 »Le vrai.« »Lequel est le vrai?« »Celui qui répare les robinets.« Ebd., S. 70.
46 Odette Aslan: *Jean Genet*. Paris: Éditions Seghers, 1973, S. 72.
47 »Jean Genet: Entrée interdite …«, in: *France Soir*, 24. April 1957, S. 6.

48 »J'ai été trahi.« Zitiert nach: »Jean Genet fait scandale à Londres«, in: *Aurore*, 24. April 1957, S. 4.
49 »London en parle: Jean Genet en colère«, in: *L'Express*, 26. April 1957, S. 22.
50 Odette Aslan: *Jean Genet*, a.a.O., S. 68.
51 »Là où je voyais une tragédie on a mis des scènes dignes des Folies Bergères.« Zitiert nach *Arts*, 7. Mai 1957.
52 Zitiert nach »Jean Genet en quittant Londres...«, in: *Le Figaro*, 25. April 1957, S. 12.
53 »Simone Berriau avait confié le manuscrit de la pièce au préfet de police, qui lui aurait conseillé amicalement de renoncer à son projet.«
54 Es kam dennoch 1959 bei den Staatlichen Bühnen Berlin, zu denen auch das Schillertheater gehört, unter der Regie von Hans Lietzau als deutschsprachige Erstaufführung heraus. (Anm. d. Übers.)
55 »Quand au *Balcon*, rien ne va plus ... Brook et Smith se dégonflent. Je m'y attendais. Les qualités humaines de Brook m'inquiétaient plus que ses talents de metteur en scène. Sur sa vigueur morale, j'étais sans illusions. Seule Marie Bell sera vraiment déçue. Moi, j'avais déjà oublié *Le Balcon* – que je n'aime guère, et qui m'aura servi à faire un bond pour réaliser des pièces plus belles. Donc, vous savez comme je m'en fous. Ce qui est important, pour moi, c'est de savoir ce que je peux écrire, non ce que je réussirai à faire jouer.« Brief 224 an Bernard Frechtman.
56 Brief 222 an Bernard Frechtman.
57 Brief 229 an Bernard Frechtman.
58 »idiote ... Pièce lourde et sans prolongements. Pièce épaisse.« Brief 52 an Bernard Frechtman.
59 »la ronde épuisante des reflets et non les circonstances, assez vagues, d'une insurrection d'ailleurs bien rassurante puisqu'elle échoue«. Jean-Paul Sartre, in: *France-Observateur*, Nr. 395, 5. Dezember 1957, S. 15 f.
60 »Il y a toujours eu chez Sartre un côté un peu faux-jeton sur les bords, qui m'a toujours plu. Ça ne touchera pas à mon amitié pour lui. Mais j'aimerais savoir ce qui se passe. Téléphonez-lui ou voyez-le. Sans dire, pardieu, sans dire que c'est de ma part. Tâchez de savoir. Je ne me fais pas d'illusion: *Le Balcon* ne sera pas joué. Mais Sartre a bien profité des circonstances. Tâchez de savoir par M. Bell. Elle doit être au courant.« Brief 14 an Bernard Frechtman.
61 »Le vrai théâtre est un théâtre de solutions, pas de conflits. Conflits, ça veut dire cabotinage. Truquage. Théâtralité.« Ebd.
62 »Elle s'en sort, la mère Bell.« Interview mit Daniel Defert 1990.
63 Unveröffentlichter und undatierter Brief von Genet an Bernard Frechtman.

64 *L'Âne*, Juli/August 1983.
65 »C'est une des choses les plus belles que je connaisse au théâtre.« Interview mit Maurice Saillet 1987.
66 *New York Times*, 2. Februar 1985.
67 »*Le Balcon* est corrigé. Ne portez pas la mention ›édition définitive‹ car j'y retravaillerai sans doute jusqu'à ma mort.« LO, S. 196 f.
68 Erschienen in: *Journal of Palestine Studies*, 1973, S. 3–34, ins Englische übertragen von Meric Dobson. Diese Übersetzung beruht auf Genets (wahrscheinlich verlorengegangenen) handschriftlich fixierten Gedanken zu einem Gespräch mit sieben jungen Palästinensern, das im September 1972 in Paris stattgefunden hatte. Einige Passagen, die den *Palestine Studies* auf französisch nicht zugänglich waren, wurden aus der Beiruter Veröffentlichung in *Shu'un Filastiniya* (Dezember 1972) aus dem Arabischen übertragen.
69 Bernard Dort: »Genet et Pirandello ...«, in: *Lendemains* (Berlin), Nr. 19, August 1980, S. 73–83.
70 Lucien Goldmann: »Le théâtre de Genet et ses études sociologiques«, in: *Cahiers Renaud-Barrault*, Nr. 57, November 1966, S. 90–125.
71 »Je ne sais ce que sera le théâtre dans un monde socialiste, je comprends mieux ce qu'il serait chez les Mau-Mau.« Brief an Jean-Jacques Pauvert. FR, S. 106.
72 »J'ai voulu faire des pièces de théâtre, cristalliser une émotion théâtrale et dramatique. Si mes pièces servent les Noirs, je ne m'en soucie pas. Je ne le crois pas, d'ailleurs. Je crois que l'action, la lutte directe contre le colonialisme font plus pour les Noirs qu'une pièce de théâtre. De même, je crois que le syndicat des gens de maison fait plus pour les domestiques qu'une pièce de théâtre.« Interview mit Madeleine Gobeil. ED, S. 23.
73 *Journal of Palestine Studies*, 1973, S. 31 f. (vgl. Anm. 68).
74 Jean Cau: »*Les Nègres* de Jean Genet«, in: *L'Express*, 20. Februar 1958, S. 24 f.
75 »Si c'est encore votre projet, je serais heureux que vous établissez une parallèle aussi exacte que possible entre mon théâtre et *Les Maîtres-Fous*. Plein de développements, de rapports, d'analogies sont possibles. Montrez-les. Mais dites-vous bien que tout ce théâtre d'exorcisme est déjà mort. Oublié. *Les Paravents* sont une indication assez précise, déjà, de ce vers quoi je vais.« Brief 224 an Bernard Frechtman.
76 »Depuis dix ans, je n'ai rien publié de nouveau. Quelques pièces de théâtre, après le *Journal du voleur*. Je vais en faire d'autres, de pièces; une sur les Nègres, et vous verrez comme ils parleront; les gens en seront sidérés. Ensuite, j'écrirai un grand poème sur la mort. Un homme comme moi voit la mort partout, il vit sans cesse avec elle.« Robert Poulet: »Jean Genet: Fouillez l'ordure«, a.a.O.

77	»Si on me disait que les Noirs ne parlent pas comme cela, je dirais que si on posait son oreille contre leur cœur, on entendrait à peu près cela. Il faut savoir entendre ce qui est informulé.« Interview mit Madeleine Gobeil. ED, S. 23.
78	»Ionesco … était choqué en tant que Blanc, d'être insulté en tant que Blanc.« Bernard Dort: »Une extraordinaire jubilation«, in: *Les Nègres au port de la lune: Genet et les différences.* Bordeaux; Centre Dramatique National/Paris: Éditions de la Différence, 1988, S. 104.
79	»C'est un grain de sable monumental.« Zitiert von Roger Blin nach Lynda Bellity Peskine: *Souvenirs et propos de Roger Blin.* Paris: Éditions Gallimard, 1986, S. 151.
80	Odette Aslan: *Jean Genet*, a.a.O., S. 80.
81	»Cette pièce est écrite non *pour* les Noirs mais *contre* les Blancs.«
82	»Le point de départ, le déclic, me fut donné par une boîte à musique où les automates étaient quatre Nègres en livrée s'inclinant devant une petite princesse de porcelaine blanche. Ce charmant bibelot est du XVIIIe siècle. À notre époque, sans ironie, en imaginerait-on une réplique: quatre valets blancs saluant une princesse noire? Rien n'a changé. Que se passe-t-il donc dans l'âme de ces personnages obscurs que notre civilisation a acceptés dans son imagerie, mais toujours sous l'apparence légèrement bouffonne d'une cariatide de guéridon, de porte-traîne ou de serveur de café costumé? Ils sont en chiffon, ils n'ont pas d'âme. S'ils en ont une, ils rêvent de manger la princesse. Quand nous voyons les Nègres, voyons-nous autre chose que de précis et sombres fantômes nés de notre désir? Mais que pensent donc de nous ces fantômes? Quel jeu jouent-ils?« Jean Genet: »L'Art est le refuge«, in: *Les Nègres au port de la lune*, a.a.O., S. 101.
83	»petit, joufflu, le nez rond, l'air d'un vigneron revenant de sa vigne, avec des yeux liquides où filtre une timidité qui parfois se congèle brusquement; et vous sentez alors peser sur vous le ›regard de pierre‹ qu'il prête à ses personnages les plus inexorables.« Robert Poulet: *Aveux spontanés.* Paris: Éditions Plon, 1963, S. 109–114.
84	»La Semaine: marché noir«, in: *Le Bulletin de Paris*, Nr. 166, 13. Dezember 1956, S. 14.
85	Odette Aslan: *Roger Blin.* Lyon: La Manufacture, 1988, S. 55.
86	»Si j'avais eu les mains coupées, j'aurais sans doute cherché à être sculpteur!« Ebd., S. 34.
87	»La cruauté d'Artaud ressemble … à la cruauté religieuse telle qu'elle est partiquée par les Indiens Aztèques. La cruauté de Genet est plus classique, plus

	proche du théâtre grec.« Bettina Knapp: *Jean Genet*. Boston: Twayne Publishers, 1968, S. 39.
88	Ebd., S. 40.
89	»Si Beckett m'a confié son texte, c'est parce qu'il ne cherchait pas un succès commercial et que la *Sonate* ne faisait pas salle comble.« Odette Aslan: *Roger Blin*, a.a.O., S. 51.
90	»Nous avons revu toute la pièce avec le plus grand soin. Nous avons épuré le texte ... supprimé tout ce qui ne convenait pas vraiment ... nous l'avons dramatisé.«
91	Lynda Bellity Peskine: *Souvenirs ... Roger Blin*, a.a.O., S. 147.
92	»C'est debout que ma mère m'a chiée.« Ebd., S. 130 f.
93	»The Blacks«, in: Richard N. Coe (Hg.): *The Theater of Jean Genet*. London: Grove Press, 1970, S. 118.
94	Lynda Bellity Peskine: *Souvenirs ... Roger Blin*, a.a.O., S. 132.
95	»Les deux actrices martiniquaises (la Reine d'Afrique et la Reine Blanche) se détestaient. Je ne le savais pas au début. Un jour, la Reine Blanche brûla de l'encens pour déjouer le mauvais sort qu'elle accusait la Reine Noire de lui jeter dans le but de lui faire oublier son texte.« Odette Aslan: *Roger Blin*, a.a.O., S. 85.
96	»Cette pièce de Genet vous aidera à nous connaître mieux. C'est la seule pièce que nous avons pour le moment à notre disposition pour vous éduquer, pour essayer de traduire, à vos yeux, le ridicule de votre idée sur nous.«
97	»Il aurait pû être un Noir lui-même.« Zitiert nach Marie Crapeau, in: *France-Observateur*, Nr. 494, 22. Oktober 1959, S. 21.
98	»J'étais gêné, et jusqu'au malaise, par des Noirs athlétiques qui acceptent de proposer au public – américain d'abord – un divertissement qui le comblerait, dans lequel ils apparaîtraient débordants de talent, d'adresse, de beauté, et tels afin de se présenter en posture inoffensive, quand leur serait refusée la simple audace de frôler du coude un citoyen Yankee.« *Les Nègres au port de lune*, a.a.O., S. 100.
99	»l'audace de prétendre que tout acte – et tout geste – nés dans l'humiliation doivent se colorer de révolte.« Ebd.
100	»Sa réussite était de l'ordre de la perfection ...« Jean Genet: »Pour jouer ›Les Nègres‹: in: *Œuvres complètes*, Band V. Paris: Éditions Gallimard, 1979, S. 77.
101	»Je vous l'ai dit, je me refuse à connaître le visage physique de mes pièces ... Pour tout vous dire, j'ai eu peur d'être médusé par moi-même pendant je ne sais combien de jours.« Lynda Bellity Peskine und Albert Dichy (Hg.): *La Bataille des Paravents*. Paris: IMEC, 1991, S. 12.

102	»Je ne veux plus faire de ces pièces épaisses. Non, c'est fini. Il faut que l'action soit assez évasive – mais pas floue! – pour laisser le spectateur face à lui seul.« Ebd.
103	»nous aurons encore la politesse, apprise parmi vous, de rendre la communication impossible.« LN, S. 85.
104	Brief von Bernard Frechtman an Charles Monteith. Faber and Faber-Archiv.
105	LN, S. 86.
106	Ebd., S. 124.
107	Ebd., S. 143.
108	Ebd., S. 130, 129, 122, 107, 93.
109	Brief 175 an Bernard Frechtman.
110	»Par gentillesse pour les deux traducteurs, dont l'un est un poète célèbre, j'aimerais en répondant, pouvoir donner la raison de votre refus.«
111	Undatierter Brief von Genet an Bernard Frechtman.
112	Zitiert nach: *Tulane Drama Review*, Bd. VII, Nr. 3, Frühjahr 1963, ins Englische übersetzt von Bernard Frechtman.
113	»... Pensez à ce qu'aurait fait un Brook par exemple. Dieu nous garde de lui!« Undatierter Brief von Genet an Annette Michelson. Sammlung. Annette Michelson.
114	Marie Craipeau, in: *France-Observateur*, Nr. 494, 22. Oktober 1959, S. 21.
115	»Le spectale que vous avez mis au point, je vous l'ai dit, a donné à ma pièce une force extraordinaire, qui par moments me faisait un peu peur.«
116	Zitiert nach Richard N. Coe (Hg.), a.a.O., S. 127.
117	Bernard Frechtman, in: *Herald-Tribune*, 30. April 1961, S. 3.
118	Richard N. Coe (Hg.), a.a.O., S. 124.
119	W. J. Weatherby: *James Baldwin: Artist on Fire. A Portrait*. New York: Rine, 1989, S. 193 f.
120	*Life*, 27. September 1963.
121	*New York Times*, Juli 1966, Nachruf auf den Produzenten Sidney Bernstein; vgl. auch *New York Times*, 19. März 1967, S. 92.
122	*New York Times*, 30. Mai 1973.
123	Redaktionelle Bemerkung in: *Black Theater*, herausgegeben von Ed Bullins, Nr. 5, 1971, S. 3. Zitiert nach Eric Bentley: »Drama Mailbag«, in: *New York Times*, 30. April 1971.

Kapitel 16

1 Interview mit Antoine Bourseiller. ED, S. 219.
2 Große Teile der Darstellung des Verhältnisses zwischen Abdallah und Genet beruhen auf Briefen von Genet an Monique Lange in deren eigener Sammlung und auf zwischen 1987 und 1989 geführten Interviews mit Monique Lange.
3 Interview mit Nathalie Philippart 1988.
4 »C'était un vrai technicien de la piste.« Interview mit Diane Deriaz 1989.
5 LF, S. 15.
6 Ebd., S. 19.
7 Ebd., S. 21.
8 Ebd., S. 26.
9 Ebd., S. 11.
10 Lynda Bellity Peskine und Albert Dichy (Hg.): *La Bataille des Paravents*. Paris: IMEC, 1991.
11 Interview mit Annette Michelson 1992.
12 Undatierter, unveröffentlichter Brief von Jacky Maglia an Monique Lange. Sammlung Monique Lange.
13 »Vous habitez ce pays gouverné par cette grosse bite molle qui s'appelle De Gaulle.« Undatierter Brief von Genet an Bernard Frechtman.
14 Brief 257 an Bernard Frechtman.
15 »Je ne veux pas laisser Abdallah se débrouiller tout seul.« Ebd.
16 Interview mit Olga Barbezat 1988.
17 Interview mit Nathalie Philippart 1988.
18 »*Les Paravents* devient dans l'esprit de Genet le texte d'ouverture d'une suite de sept pièces de théâtre composant une sorte de cycle. Une œuvre à la fois ouverte et close où chaque pièce constituera un tout en même temps qu'elle ne prendra de valeur que par rapport à l'ensemble, avec des personnages qui passeront d'une pièce à l'autre; des répliques, des fragments entiers qui se retrouveront intacts ici et là.« Jean Cau: »Portrait: Jean Genet«, in: *L'Express*, Nr. 438, 5. November 1959, S. 37 f.
19 Brief vom 26. Oktober 1959 von Bernard Frechtman an Barney Rosset. Grove Press-Archiv.
20 Brief 265 an Bernard Frechtman.
21 »L'idée d'écrire m'est devenue insupportable. Écrire me dégoûte de plus en plus. Mais je n'ai pas encore réussi à faire quelque chose de bien. Je pautage dans une bouillasse de mots cons. Les critiques les plus élogieuses ne sont pas là pour

	me reassurer ... Je sais bien que le ton de voix le plus vrai je l'aurai quand je parlerai, quand j'écrirai pour les morts. C'est difficile de faire quelque chose qui ne soit ni un mensonge ni un faux-fuyant.«
22	»Ce sera peut-être ma meilleure pièce.«
23	»Viens me chercher tout de suite! Ce type est con!«
24	»Venez tout de suite, j'ai très mal. Il faut me trouver un dentiste!«
25	»Je vous envoy un souvenir de la charmante ville, qu'on quitte en sauvent nous alons a Copenhage, je pense sai plus simpathique, j'èsper que vous allez nous écrire, donne moi des nouvelles de ma mère comment vas la môme Carole j'èsper quel va bien embraser tou le monde de ma part bons baiser. Abdallah.«
26	»Je baise votre Barcelonette. Jean.« Postkarte von Abdallah Bentaga an Monique Lange. Sammlung Monique Lange.
27	»Je vous aime.«
28	»Cher Monique, tous ses bien passé, l'Italy est magnifique. Je parts ce soir pour Brindisi je vai traversé tout l'Itali sa va être un beau voyage, j'ai 24 heures de train jusqua Brindisi. J'èsper que tout la familles vas bien, je termine ma movaise écriture et plain de faute. Vous voulez bien passé chez ma mère pour lui dire que tou ses bien passé, et qu'elle ne risque rien, embrasser bien tou le monde pour moi je vou embrasse bien forte, je ne singe pas vous savez qui esse.« Brief von Abdallah Bentaga an Monique Lange. Sammlung Monique Lange.
29	»Je vous embrasse comme si vous n'étiez pas mariée.«
30	»Heureusement il y a les hammams!«
31	»Les montagnes sont noires. Le soleil radieux. La mer au loin. Ma parole, j'habite une chanson de Becaud.«
32	»Monique de todos santos, si votre jefe le permet (el jefe c'est-à-dire Sid don Juan ou Seat down please) pouvez-vous m'envoyer 20 boîtes de Supponéryl (mais en 3 envois, même si vous les faites en un seul jour).«
33	»Les douaniers ont peut-être pensé que plus je dormirais en Espagne mieux cela vaudrait.«
34	»Madame, vous êtes pour moi une mère.«
35	Vgl. Juan Goytisolo: *Coto vedado*. Barcelona: Seix Barral, 1985, und *En los reinos de taifa*. Barcelona: Seix Barral, 1988.
36	»grave, sévère, pleine d'intensité et de colère retenu«. Interview mit Juan Goytisolo 1988.
37	»Il avait une voix douce, un port gracieux, il s'exprimait toujours avec une grande délicatesse et beaucoup de pudeur.«
38	»Pour se conformer à l'image de lui qu'il désire, Abdallah adoptera son nomadisme, construira sa propre vie sur une entreprise pleine de risques,

831

marchera sur sa corde raide de funambule sans harnais ni filet. Mais il est jeune et fort, la volonté de Genet le soutient, il espère courageusement que le sort lui sourira.«

39   Interview mit Nico Papatakis 1989.
40   Interviews mit Annette Michelson 1990–1992.
41   Juan Goytisolo: *En los reinos de taifa,* a.a.O., S. 137 f.
42   »Abdallah va très mal. Je dois l'emmener à Londres pour une nouvelle opération, moins grave que la première, mais très emmerdante tout de même. Téléphonez à Meyer afin que j'aie de l'argent tout de suite.« Brief 24 an Bernard Frechtman.
43   Interview mit Anthony Blond 1992.
44   »A. va bien et il a repris son entraînement sur le fil …« Brief 26 an Bernard Frechtman.
45   »Le bruit des vespas a rendu l'Italie infernale.« Brief 31 an Bernard Frechtman.
46   »A. va bien. Son genou dégonfle. On va voir le médecin dans 8 ou 10 jours.« Undatierter Brief (Nr. 32) von Genet an Bernard Frechtman.
47   Hier mag es sich um einen von Genets geliebten Scherzen handeln: da er am 19. Dezember 1919 geboren wurde, war dies sein um neun Tage zu früh gefeierter 49. Geburtstag. (Anm. d. Übers.)
48   Interview mit Charles Monteith 1990.
49   Interview mit Antoine Bourseiller. ED, S. 218.
50   »Cela fait cinquante ans que je parle argot, il était temps que je retourne aux sources. Je finissais par ne plus savoir parler français.« Yvan Audouard und André Parinaud: »Voyons un peu«, in: *Paris-Presse – L'Intransigeant,* 7. Januar 1959, S. 2.
51   »Au loin la mer et d'autres montagnes et Athènes. A l'étage au-dessus il y a le Patriarche de Jérusalem avec toute sa cour (10 ou 12 personnes) et une ›nièce‹ très belle, très jeune et que Dior ou Balmain habille. Il y a aussi la cousine du Ministre Tsatzos. C'est une vieille femme emmerdante, amoureuse de moi, et qui voudrait que je la traite de putain. Dans la salle à manger – je mange à la table de Madame Tsatzos – tout le monde se lève pendant la prière, pendant l'arrivée et au départ du Patriarche. C'est très joli. Je m'amuse beaucoup. Les Grecs sont plus moribonds que jamais mais tiennent le coup. Leur agonie paraît vouloir se poursuivre éternellement.« Brief 43 an Bernard Frechtman.
52   »C'est dur. Je voudrais presque être mort, par moments. Tellement c'est difficile. Je m'endors épuisé, après avoir écrit une page ou deux. Dès la première scène il faudrait que toute la pièce soit déjà *absolument totalement déroulée* dans l'esprit du spectateur. Que le spectateur aille alors à la rencontre de lui-même et

non de péripéties extérieures. Le remue-ménage anecdotique est là pour masquer la pauvreté de la dramaturgie.« Brief 46 an Bernard Frechtman.

53   Brief 47 an Bernard Frechtman.
54   Brief 137 an Bernard Frechtman.
55   »Les Grecs? J'en allonge 4 ou 5 par jour sur l'herbe et sur le ventre. Beaux culs, belles bites, velus, beaux yeux, belles langues – celle qui va et vient autour de mon nœud, eh con!«
56   Brief 60 an Bernard Frechtman.
57   »La lettre que je reçois ce matin d'Abdallah est assez désolée: il ne remontera probablement plus jamais sur le fil: le genou est en très mauvais état. Moi aussi je suis très malheureux. C'était un merveilleux acrobate, acclamé chaque fois par le public ... Avec Abdallah sur le fil j'avais réussi une espèce de chef d'œuvre. Tout est foutu en l'air. Il est tombé en faisant un saut périlleux.« Brief 67 an Bernard Frechtman.
58   »Son genou était très amoché depuis sa première chute à l'âge de 12 ans. Le chirurgien anglais était d'ailleurs très pessimiste. Dommage. Mais je ne le laisserai pas tomber. Je veux qu'il quitte le cirque et qu'il vienne me rejoindre en Grèce. Comme j'aurai besoin de beaucoup d'argent, restez en contact très amical avec les Germain, j'aurai besoin d'eux. Pour le moment je reste à Athènes, mais je me demande si je vais travailler avec goût. Je suis écœuré.
Il faudra peut-être négocier la vente du *Balcon* pour le film ... Et maintenant il faudra bien que je travaille pour le fric. Mon pauvre Frechtman, je vous emmerde toujours quand ça ne va pas, et encore maintenant. Je vais être obligé de compter sur vous et sur Rosica.« Brief 67 an Bernard Frechtman.
59   »Abdallah est ici. Pas trop abattu.« Brief 71 an Bernard Frechtman.
60   Brief 89 an Bernard Frechtman.
61   »Il y a 15 jours que je n'ai rien écrit. Coincé par une scène de la pièce, mais surtout très inquiet aus sujet d'Abdallah que je ne reverrai peut-être jamais.«
62   »Ce n'est pas un livre, c'est une noyade.« Briefe 127, 129 und 116 an Bernard Frechtman. Der zitierte Satz ist aus Brief 116.
63   »Je voudrais aller en Australie parce que je m'emmerde en Europe. Je veux mener une autre vie.« Brief 89 an Bernard Frechtman.
64   »Tout le monde me pique du fric. J'en ai marre.« Brief 133 an Bernard Frechtman.
65   Brief 40 an Bernard Frechtman.
66   Briefe 5 und 79 an Bernard Frechtman.
67   Brief vom 21. März 1952 von Bernard Frechtman an Barney Rosset. Grove Press-Archiv.

68	»Quelle tristesse! Rien à faire avec Kafka. Plus je l'essaye, plus je m'approche de lui et plus je m'en éloigne. Est-ce qu'il me manque un organe? Son inquiétude, son angoisse, je les comprends bien mais je ne les éprouve pas. ... Si cette œuvre a une telle résonance dans l'époque et si peu en moi, c'est que je n'appartiens pas à l'époque. Mon drame particulier, la nature très singulière de mon exil, et de ma malédiction m'en ont retiré.« Zitiert nach LV, S. 256 f.
69	Tagebucheintrag am 14. Oktober 1962 in: Robert Craft: *Stravinsky. Chronicle of a Friendship, 1948–1971*. New York: Alfred Knopf, 1972, S. 209.
70	»ce petit Boche de 24 ans«.
71	»Je comprends le théâtre exactement comme lui.« Brief 130 an Bernard Frechtman.
72	»J'ai lu à Corfou toute son œuvre. Ce que j'ai aimé, ses idées qui me conviennent: au-delà du bien et du mal: le surhomme. Pas évidemment celui d'Hitler ou de Goering. Penser que posséder des milliers d'hectares, des châteaux, c'était vivre comme un surhomme. Ça, c'est imbécile. Nietzsche exigeait une morale plus dure pour le surhomme.« LO, S. 261 f.
73	»très mauvais, et très mal écrit«. Brief 123 an Bernard Frechtman.
74	»un style caricatural«.
75	»Il faut que je recommence *Le Bagne*. J'ai pris un départ un peu trop digne ... Je sais que j'ai trouvé le ton. Mais je n'ai pas le courage de m'attaquer à la pièce.« Brief 123 an Bernard Frechtman.
76	»Parlez-moi des *Paravents*. Théâtralement ... Le style? Est-ce que cela peut être *dit?*«
77	Interviews mit Annette Michelson 1992 und mit Marc Barbezat 1992.
78	»les deux sœurs (elles seules comptent dans le film), nous les voyons pour la première fois au milieu du brasier, et déjà mordues par le feu. Il est possible qu'on s'indigne de la ténacité avec laquelle Nico Papatakis a su saisir et conduire ce paroxysme pendant deux heures. Mais je crois qu'on doit accepter de garder les yeux grand-ouverts quand un acrobate exécute un numéro mortel.« *Le Monde*, 19. April 1963, S. 15.
79	»où je le fais répéter tous les jours, l'après-midi, où je le dirige aussi pendant les représentations«. Brief 140 an Bernard Frechtman.
80	»Dans quelques jours il refera le saut perilleux sur le fil. Sa danse est très belle ... Son travail (sa vigueur, sa discipline) impressionne tout le monde.«
81	»Abdallah est toujours désespéré. Je fais tout ce que je peux pour l'empêcher de retourner en France.« Brief 156 an Bernard Frechtman.
82	»Pour *Les Bonnes je refuse*. Dommage de refuser à Milhaud, mais tant pis.

L'idée de festival, ballet, Buffet, Menotti, etc. ... ne me plaît pas du tout.« Brief 156 an Bernard Frechtman.
83   Ebd.
84   »Le cinéma ne m'intéresse pas.« Brief 138 an Bernard Frechtman.
85   Interview mit Joseph Strick 1989.
86   Daniel Bates: »The Cool Voyeur«, in: *Sunday Times,* 13. Oktober 1963, S. 17.
87   »Dites-lui que beaucoup d'images de son film m'ont touché, mais que l'affabulation, les prétextes m'ont paru très faibles. La démonstration n'est pas faite que cette femme a changé quand le film se termine. Or, un film tiré du *Balcon* a besoin d'une structure très solide. Qui la donnera?« Brief 153 an Bernard Frechtman.
88   Interview mit Joseph Strick 1989.
89   Bosley Crowther, in: *New York Times,* 22. März 1963, S. 7.
90   *Time,* Band 81, Nr. 13, 29. März 1963, S. 52.
91   Brief 128 an Bernard Frechtman.
92   »Vous avez accepté de vous occuper de mes affaires: faites bien, non, *très bien* ou *pas du tout*. Si cela vous emmerde, si je vous demande ce qui dépasse vos attributions, tacitement acceptées, dites-le moi, je m'arrangerai sans vous.« Ebd.
93   Interview mit Annette Michelson 1992.
94   »Je ne doute pas de votre bonne foi – je vous l'ai déjà dit, mais je doute de vos vertus d'homme d'affaires – je vous l'ai aussi déjà dit. Rosica me semble plus à son aise. ...
Dans plusieurs de vos lettres, vous m'avez fait votre propre éloge: c'est grâce à votre traduction qu'on joue les *Nègres* etc. en Amérique. Oui. C'est vrai et c'est faux. C'est dans votre traduction qu'on ne joue pas les *Nègres* en Angleterre. Ce n'est pas votre traduction qui est jouée à Berlin. Il y a donc d'autres raisons de succès ou d'échec de mes pièces, autres que vos traductions. Mais ma parole, à vous lire, quelquefois, on croirait que je vous dois tout. Votre vanité et vos prétentions dépassent les miennes, et de loin.« Brief 167 an Bernard Frechtman.
95   »Vous m'avez souvent parlé de votre amitié, il serait temps qu'elle redevienne ce qu'elle était il y a deux ans ou trois ans.« Ebd.
96   »Je ne me crois pas exceptionnel, vous savez, Frechtman, mais je suis un écrivain qui se donne beaucoup de mal. Je ne veux pas le succès. Je voudrais dire d'une façon simple, des choses difficiles. Et ne me dites pas du mal de Rosica, je la vénère. Amicalement, vraiment, Frechtman, toujours amicalement, mais ne me compliquez pas la vie. Genet.«
97   Interview aus dem Jahr 1989 mit Janine Quet, einer mit Rosica Colin in Geschäftsbeziehungen stehenden Pariser Agentin.

98   Interview mit Edmonde Charles-Roux 1988.
99   Brief 197 an Bernard Frechtman.
100 Robert Phelps: »Song of Himself for Himself« [eine Besprechung von *The Thief's Journal*], in: *Book Week, New York Herald-Tribune*, 20. Dezember 1964.
101 Juan Goytisolo: *En los reinos de taifa*, op.cit., S. 145.
102 Interview mit Charles Monteith 1991.
103 Interview mit Paul Bailey 1991.
104 Jean Genet: »What I Like About the English is That They are Such Liars«, in: *Sunday Times*, Farbbeilage, 24. Februar 1963, S. 11.
105 Helmuth Boysen: »Genet acquitté«, in: *L'Express*, Nr. 586, 6. September 1962, S. 21.
106 »Souvent je pense à toi. Quand on se reverra on ne se dira probablement rien d'important mais les toutes petites choses très banales qu'on dit aux gens pour qui on a beaucoup d'affection. Je voudrais te parler comme si on ne s'était pas vu depuis huit jours.

Je mène une vie très compliquée d'apparence à cause de mes voyages, des accrocs, des crochets, des retours, mais c'est une vie au fond très simple. Je garde le souvenir de quelques gars très affectueux, et tu sais bien comme le tien compte pour moi.

Ne crois pas que je n'ai pas changé. Je suis un petit vieux, rabougri et fripé, qui traîne d'un pays à l'autre sans en trouver un où s'arrêter. Je ne me plains pas. Je suis né vagabond. Au fond je suis peut-être plus slave que toi, ma vraie patrie c'est n'importe quelle gare. J'ai une valise, du linge et quatre photos: Lucien, Jean Decarnin, Abdallah et toi. Je viens à Paris le moins souvent possible, parce que je n'aime pas qu'on parle français autour de moi. Demain je serai à Munich; la gare est pleine de Grecs, de Ritals, d'Arabes, d'Espagnols et de Japonais.

Et tes parents? Tu ne m'en parles pas?

Tu as quel âge? 36 ans? 37? Moi, je n'ai pas honte d'en avoir 50 et d'en paraître 60, ça me repose. On est peut-être passé l'un près de l'autre sans se reconnaître. Si je dois revenir à Paris, ce sera pour très peu de jours mais je t'enverrai un mot, pour tâcher de te voir.

Java, je t'aime bien. Tâche d'être heureux. Embrasse ta fille pour moi. Je t'embrasse bien fort, mon petit.

Jean

Est-ce que ta femme m'en veut toujours?

C'est une lettre plus longue que je devrais te faire. A mesure que je t'écris, mes idées te concernant deviennent plus familières. J'ai rouvert ma lettre pour te dire ça. C'est donc comme si on se revoyait de la veille. Ta fille s'appelle-t-elle Sonia? Il y a des mots, dans ta lettre, que je ne peux pas déchiffrer. Embrasse-la pour moi, Dédé.«

Undatierter Brief von Genet an Java. Sammlung André Babkin (Java).

107 Interview mit Judy del Carrel 1988.
108 »a marché avec des souliers qui pesaient une tonne«. Interview mit Nico Papatakis 1989.
109 ED, S. 332.
110 Ebd., S. 11–27.
111 Ebd., S. 24 f.
112 Interview mit Monique Lange 1989.
113 Interview mit Edmonde Charles-Roux 1988.
114 Interview mit Nathalie Philippart 1987.
115 »Il a eu peur que je n'appelle pas, il a préféré décrocher.«
116 »Abdallah était profond. Il avait le sens de la mort.«
117 »Tu le fais ou tu ne le fais pas.« Interview mit Java 1990.
118 Interviews mit Monique Lange 1988 und Nathalie Philippart 1987.
119 Ein unveröffentlichter Text von Jean Genet in der Sammlung Pierre Constant.
120 Brief vom 24. August 1964. Sammlung Monique Lange.

Kapitel 17

1 Interviews mit Paule Thévenin 1987–1990.
2 Susan Sontag: »A Voluptuary's Catechism«, in: *Book Week. New York Herald-Tribune*, 6. Oktober 1963, S. 6 und 21.
3 Faber and Faber-Archiv.
4 Ein Artikel in der *New York Times* vom 5. Januar 1962.
5 Odette Aslan: »›Les Paravents‹ de J. Genet«, in: *Les Voies de la création théâtrale*, Bd. III. Paris: Éditions CNRS, 1972, S. 37.
6 »J'ai une confiance totale en vous.« Grove Press-Archiv.
7 Jean-Claude Moireau: *Jeanne Moreau*. Paris: Éditions Ramsay, 1988, S. 129.
8 »comme si un étrange masochisme ou une tragique fatalité avaient poussé le scénariste, le réalisateur et l'interprète principal ... à se livrer chacun de leur côté à une mauvaise parodie de leur talent«. Jean de Baroncelli: »›Mademoiselle‹: une pénible déception«, in: *Le Monde*, 14. Mai 1966, S. 18.

9   Albert Johnson: »Neuf cinéastes souterrains USA«, in: *Cinéma 67,* Nr. 115, April 1967, S. 27–50.
10 Interview mit Ginette Sénémaud 1988.
11 Interview mit Charles Monteith 1992.
12 Interview mit Monique Lange 1988, in deren Sammlung sich eine Kopie des Briefes befindet.
13 Abgedruckt in einer Anmerkung des Herausgebers zu Genets »A Salute to 100,000 Stars« (»*Un Salut aux cent mille étoiles*«) in der *Evergreen Review,* Dezember 1968.
14 Brief vom 14. November 1958 von Bernard Frechtman an Barney Rosset. Grove Press-Archiv.
15 Interviews mit Annette Michelson 1990–1992.
16 Brief vom 10. Januar 1964 von Rosica Colin an Bernard Frechtman.
17 Brief vom 21. Januar 1964 von Rosica Colin an Grove Press. Grove Press-Archiv.
18 »Cher Monsieur Rosset,
À partir d'aujourd'hui je vous demande de retenir tout l'argent – *je dis tout l'argent* – que vous me devez pour mes droits d'auteur selon tous nos contrats. Par cet argent, je veux dire les sommes dues à moi comme auteur et les pourcentages éventuels pour mes agents et mon traducteur.
Les sommes retenues le seront à partir de ce que vous me devez pour le premier semestre 1965 et les suivants si je le juge nécessaire.
Veuillez donc attendre, s'il vous plaît, mes instructions pour les paiements de mes droits.
                                        Signé Jean Genet.

    Brief vom 20. Oktober 1965 von Genet an Barney Rosset. Grove Press-Archiv.
19 Brief von Bernard Frechtman an Barney Rosset. Grove Press-Archiv.
20 Brief vom 14. Mai 1966 von Bernard Frechtman an Barney Rosset. Grove Press-Archiv.
21 Interview mit Laurent Boyer 1991.
22 Vgl. Anm. 20.
23 »Jean Genet et les Éditeurs du Trident«, in: *Le Monde,* 20. Juni 1967, S. 11.
24 Faber and Faber-Archiv.
25 »Je n'ai jamais autorisé cette femme à faire la traduction de *Pompes Funèbres* … Je suis contre cette ancienne maîtresse de Frechtman.« Grove Press-Archiv.
26 Vgl. dazu das Interview mit Bertrand Poirot-Delpech. ED, S. 232.
27 LO, S. 254.

28 »J'ai revendiqué cette pièce parce que j'avais le sentiment d'avoir le droit de la monter, ayant été l'un des signataires du fameux Manifeste des 121.« Zitiert nach Lynda Bellity Peskine: *Souvenirs ... Roger Blin*. Paris: Éditions Gallimard, 1986, S. 178.
29 Interview mit Rüdiger Wischenbart und Leila Chahid Barrada (vgl. Kap. 1, Anm. 22). ED, S. 284.
30 Ebd., S. 24.
31 Nicole Zand: »›Entretien avec Roger Blin à propos des *Paravents* de Jean Genet: ›C'est une tragédie avec le langage du burlesque‹«, in: *Le Monde*, 16. April 1966.
32 LP, S. 162.
33 Interview mit Paule Thévenin 1989.
34 »Et on fait tant d'histoires!«
35 »un petit tas d'ordures«.
36 LP, S. 366.
37 Ebd., S. 371.
38 Ebd., S. 370.
39 Ebd., S. 288.
40 Nicole Zand, a.a.O.
41 »Cette fille aussi, cette putain de bordel, doit avoir sa vie très personnelle, très sensuelle. Elle fait ce travail, mais elle doit être aussi quelqu'un, et les spectateurs doivent le voir.« Jean Genet: *La Nuit venue*, im IMEC hinterlegtes Manuskript, S. 92.
42 LP, S. 173 f.
43 ED, S. 280.
44 Ebd., S. 282.
45 LP, S. 319.
46 Lynda Bellity Peskine: *Souvenirs ... Roger Blin*, a.a.O., S. 189.
47 LP, S. 163.
48 »J'ai la tête en feu et, dans le feu des cloches, pas mes yeux dans tes poches, le vent dans mon fémur, de la glace sous mon cotillon, c'est mort qu'on te veut, mort mais c'est vivant pas mort.«
49 *Les Voies de la création théâtrale*. Bd. III, a.a.O., S. 37.
50 Brief 194 an Bernard Frechtman.
51 »D'abord, Genet, qu'est-ce que c'est? On l'a trouvé dans des orties?« Interview mit Java 1990.
52 LP, S. 283.
53 EM, S. 10.

54 Ebd., S. 13.
55 Ebd., S. 18.
56 Ebd.
57 Interview mit André Acquart 1990.
58 Interview mit Annette Michelson 1992.
59 Interviews mit Paule Thévenin 1988–1990. Vgl. auch Lynda Bellity Peskine und Albert Dichy (Hg.): *La Bataille des Paravents*. Paris: IMEC, 1991.
60 Ein Artikel von Maria Casarès, in: *Masques*, Nr. 12, Winter 1981/82, S. 30–34.
61 »Vous m'aimez beaucoup n'est-ce pas?«
62 »l'acte définitif«. RB, S. 258.
63 Lynda Bellity Peskine und Albert Dichy, (Hg.): *La Bataille des Paravents*, a.a.O., S. 59.
64 RB, S. 259.
65 Ebd., S. 248.
66 »C'est avec une tiédeur certaine que les spectateurs de l'Odéon ont accueilli samedi soir la première des *Paravents* de Jean Genet.« »Le scandale c'est qu'il n'y en ait pas eu!« Zitiert nach Lynda Bellity Peskine und Albert Dichy (Hg.): *La Bataille des Paravents*, a.a.O., S. 29.
67 *Paris-Presse – L'Intransigeant*, 23. April 1966.
68 Edgar Schneider: »›Madame de …‹ contre Genet«, in: *Paris-Presse – L'Intransigeant*, 27. April 1966, S. 3.
69 Zitiert nach Lynda Bellity Peskine und Albert Dichy (Hg.): *La Bataille des Paravents*, a.a.O., S. 65.
70 »Au nom de la liberté humaine, je vous demande le calme. Si ce spectacle est insupportable à certains, je leur demande de s'en aller. La pièce continue.« Zitiert nach *Le Monde*, 2. Mai 1966, S. 30.
71 Lynda Bellity Peskine: *Souvenirs … Roger Blin*, a.a.O., S. 182.
72 »Le fascisme ne passera pas!« Keith Botsford: »Elite Proletarians All«, in: *New York Times*, Magazinbeilage, 11. November 1966, S. 54.
73 LO, S. 254.
74 Ebd., S. 253.
75 Ebd., S. 224.
76 »une certaine idée de la France«. Protokoll der Parlamentsdebatte am 26. Oktober 1966 in der Nationalversammlung. Vgl. Lynda Bellity Peskine und Albert Dichy (Hg.): *La Bataille des Paravents*, a.a.O., S. 85–91.
77 Ebd., S. 88.
78 »Malraux, with a sigh, answers deputy upset by today's plays.« *New York Times*, 15. November 1966.

79 »Je n'aimais pas beaucoup *Les Paravents* et j'ai beaucoup aimé Malraux – qui s'est battu pour *Les Paravents* – et je lui ai dit: ›Franchement, est-ce que vous aimez ça?‹ Et il m'a dit: ›Franchement, est-ce que je dois laisser interdire toutes les pièces que je n'aime pas?‹« Interview mit Roger Stéphane für den Film *Jean Genet, l'écrivain* von Michel Dumoulin (INA/La Sept, 1992). Vgl. das ungekürzte Transkript im IMEC-Archiv.

Kapitel 18

1 Interviews mit Paule Thévenin 1988–1990.
2 »Je sais que je ne pourrai réellement vivre que lorsqu'il est mort.«
3 *New York Times,* 29. Mai 1967, S. 7.
4 »comme Moshe Dayan; en Allemagne, ce serait marrant, non?« Zitiert nach: *Les Voies de la création théâtrale.* Bd. III. Paris: Éditions CNRS, 1972, S. 69.
5 Botho Strauß: Dreckige Dritte Welt«, in: *Theater heute,* Jg. 9, Heft 1, Januar 1968, S. 14.
6 Interview mit Hubert Fichte (vgl. Kap. 1, Anm. 27). ED, S. 162. Die deutsche Übersetzung orientiert sich an Fichtes skizzierter Übertragung in der Edition Qumran 1981, S. 62 ff.
7 Interview mit Paule Thévenin 1989.
8 Interview mit Hubert Fichte. ED, S. 168 (vgl. Anm. 6).
9 »une nouvelle dimension du monde«.
10 CA, S. 64 f.
11 »Les marchands, les cracheurs de feu et les banquiers sont indiens ou pakistanais, les antiquaires et les maçons sont espagnols, les viveurs et les pâtissiers français, les aristocrates, les espions et les gangsters sont anglais.« Daniel Rondeau: *Tanger.* Paris: Quai Voltaire, 1987.
12 Interview mit Paul Bowles 1988.
13 Interview mit Rachel Mural 1988.
14 »un pauvre type«. Interview mit Yvonne Girofli 1988.
15 »… Voilà le Aziz qui rêvait d'une vie de pache en France.« IMEC-Archiv.
16 Interview mit Mohammed Choukri 1988.
17 IMEC-Archiv.
18 Mohammed Choukri: *Jean Genet in Tangier.* Ins Englische übersetzt und eingeleitet von Paul Bowles. New York: The Ecco Press, 1974, S. 37.
19 CA, S. 26 f.

20	Laurent Joffrin: *Mai 68*. Paris: Éditions du Seuil, 1988, S. 313.
21	»Il est interdit d'interdire.« »Assez d'actes, des mots!« »Prenez vos désirs pour des réalités.« »L'imagination au pouvoir!« »La liberté est le crime qui contient tous les autres. Elle est notre arme absolue.« »Sous les pavés la plage.« Laurent Joffrin, a.a.O., S. 170.
22	Ebd., S. 124.
23	*Gai Pied*, Nr. 25, April 1981, S. 34.
24	»Ah! Comme c'est beau! Comme c'est beau!« Interview mit Jacques Derrida 1992.
25	»Ma supériorité sur vous, c'est que je suis inculte.« Nicole Duault, in: *France-Soir*, 31. Mai 1968, S. 3. Vgl. das ungekürzte Transkript von Michel Dumoulins Film *Jean Genet, l'écrivain* (INA/La Sept, 1992), IMEC-Archiv.
26	Interview mit Hubert Fichte. ED, S. 154 (vgl. Anm. 6; Edition Qumran), S. 20 f.
27	Michel Clerc, in: *L'Aurore*, 31. Mai 1968, S. 2.
28	Interview mit Hubert Fichte. ED, S. 155 (vgl. Anm. 6; Edition Qumran), S. 44 f.
29	Ebd., S. 156 bzw. S. 46 f.
30	»Ma pièce n'est pas l'apologie de la trahison. Elle se passe dans un domaine où la morale est remplacée par l'esthétique de la scène.« RB, S. 228.
31	ED, S. 31.
32	Keith Botsford, in: *New York Times*, Magazinbeilage, S. 63, 27. Februar 1972.
33	Interview mit David Berendt 1990; Harold Hayes' Leitartikel im *Esquire*, November 1968, S. 86–89.
34	Interview mit Richard und Jeannette Seaver 1990.
35	»Mais bien entendu, Monsieur.« Interview mit William Burroughs 1990.
36	Vgl. Artikel von John Berendt in: Walter Schneir (Hg.): *Telling It Like It Was. The Chicago Riots*. New York: New American Library, 1969.
37	Kim McQuaid: *The Anxious Years*. New York: Basic Books, 1989.
38	ED, S. 417 f.
39	John Berendt, a.a.O., S. 89.
40	Interview mit Allen Ginsberg 1991.
41	Barry Miles: *Ginsberg. A Biography*. New York: Simon & Schuster, S. 124.
42	Interview mit Jack Kerouac, abgedruckt in: *Céline*. Paris: Lettres Modernes, ³1972, (Cahiers de l'Herne, Nr. 3), S. 423.
43	Interview mit David Bergman 1991.
44	Barry Miles, a.a.O., S. 226, 148, 236 und 336.
45	»Pas mal comme profession.« Interview mit William Burroughs 1990.
46	John Berendt, a.a.O., S. 91.
47	Ebd., S. 94.

48 Ebd., S. 92.
49 »putainisme«.
50 John Berendt, a.a.O., S. 93.
51 Barry Miles, a.a.O., S. 97.
52 Brief vom 6. Mai 1987 von R. D. Eno an Roberta Fineberg.
53 Viele der Beobachtungen von Burroughs entstammen der Burroughs-Biographie von Ted Morgan: *Literary Outlaw*. New York: Holt & Co., 1988.
54 John Berendt, a.a.O., S. 100.
55 ED, S. 313.
56 »Johnson mocked as a ›freak‹ at Unbirthday Party«, in: *New York Times*, 28. August 1968, S. 31.
57 John Berendt, a.a.O., S. 103.
58 ED, S. 316.
59 »Quand ›le pire est toujours sûr‹«. ED, S. 125.
60 »un faux mort«. Interview mit William Burroughs 1990.
61 Interview mit Richard Seaver 1990.
62 Bill Morgan (Hg.): *Best Minds. A Tribute to Allen Ginsberg*. New York: Lospecchio Press, 1986, S. 116.
63 Interview mit Brion Gysin 1987.
64 Mohammed Choukri: *Jean Genet in Tangier*, a.a.O., S. 14.
65 Ebd., S. 7.
66 Ebd., S. 34.
67 Ebd., S. 35.
68 Interview mit Chantal Darget 1987.
69 Brief von Genet an Antoine Bourseiller.
70 »Vous pouvez donc la casser et en recoller les morceaux, mais arrangez-vous pour qu'ils tiennent.«
71 »fort de n'avoir jamais traversé une femme sauf à la minute de ma naissance, encore aveuglé, muet, et sans doute encore noyé.« Unveröffentlichtes Genet-Manuskript in der Sammlung Gallimard.
72 »On n'a jamais entendu parler d'une Marguerite qui voulait s'appeler Camélia.« Zitiert nach: *Masques*, Winter 1981/82, S. 51.
73 Jean Genet: »Deux lettres à un lycéen«, in: *Continent*, Nr. 2, 1987, S. 8.
74 Matthieu Galey, in: *Les Nouvelles Littéraires*, 16. April 1970, S. 13.
75 Matthieu Galey, in: *Les Nouvelles Littéraires*, 9. April 1970, S. 12.
76 Interview mit Jacky Maglia 1991.
77 Interview mit Laurent Boyer 1991.
78 Brief von Genet an Antoine Bourseiller. Sammlung Antoine Bourseiller.

79	Interview mit Laurent Boyer 1991.
80	ED, S. 338.
81	Annie Cohen-Solal: *Sartre 1905–1980* (vgl. Kap. 11, Anm. 23), S. 614.
82	»Français, encore un effort!« ED, S. 39.
83	Unveröffentlichter Brief aus Madrid vom Januar 1970 von Genet an Patrick Prado. IMEC-Archiv.
84	Interview mit Michèle Manceaux. ED, S. 55.
85	Ebd., S. 56 f.
86	CA, S. 48.
87	»Quelle sottise! Je n'ai jamais aidé les Palestiniens. Ils m'ont aidé à vivre.« IMEC-Archiv.
88	CA, S. 47
89	FBI-Dossier über Genet.
90	Interview mit Richard Seaver 1990; vgl. auch ED, S. 344.
91	Interview mit Marianne de Pury 1991. Für die Schilderung dieser Lebensphase Genets verdanke ich vieles Marianne de Purys Berichten und der Einsicht in die Briefe, die Genet ihr schrieb und die in der Bibliothek der Kent State University in Ohio aufbewahrt sind.
92	Bobby Seale: *A Lonely Rage. The Autobiography of Bobby Seale.* New York: Times Books, 1978, S. 194 f.
93	ED, S. 340.
94	Bobby Seale, a.a.O., S. 214.
95	»une longue méditation sur la guerre d'Algérie.« ED, S. 41: »Il me paraît indécent de parler de moi.«
96	ED, S. 41.
97	Paul L. Montgomery, in: *New York Times*, 14. März 1970, S. 40.
98	Interview mit Marianne de Pury 1991.
99	FBI-Dossier über Genet.
100	Mark Feinstein: »Genet«, in: *Helix* (Seattle), 16. April 1970.
101	Dieser Aufsatz, dessen englischer Titel lautet: »The Women's Liberation and Gay Liberation Movements: August 15, 1970«, ist abgedruckt in: *To Die for the People. The Writings of Huey P. Newton.* New York: Vintage Books, 1972, S. 152–155.
102	CA, S. 352 f.
103	Interview mit Angela Davis 1992.
104	Pierre Demeron: »Conversation with Jean Genet«, in: *Oui*, November 1972, S. 100.
105	Ebd.

106	»Je n'ai pas écrit mes livres pour la libération de l'homosexuel. J'ai écrit mes livres pour tout à fait autre chose – pour le goût de mots, pour le goût des virgules, même de la ponctuation, pour le goût de la phrase.« Unveröffentlichtes Interview mit Genet von Edward de Grazia, transkribiert von Thomas Spear.
107	Interview mit Jane Fonda 1992; Interview mit Marianne de Pury 1991. Vgl. auch den Brief von Genet an M. de Pury, in dem er das Filmprojekt mit Jane Fonda erwähnt (Kent State University, Ohio. Sammlung Pury-Thompson).
108	FBI-Dossier über Genet.
109	Peter Collier und David Horowitz: *Destructive Generation. Second Thoughts About the Sixties.* New York: Summit Books, 1989, S. 10 ff.
110	Interview mit Marianne de Pury 1991.
111	Interview mit Jessica Mitford 1991.
112	Aus einem Interview, das der International News Service, New Haven, am 17. April 1970 mit Genet geführt hat; veröffentlicht vom Verteidigungskomitee der Black Panthers an der Yale University.
113	Interview mit Angela Davis 1991.
114	Angela Davis: *An Autobiography.* New York: International Publishers, 1974, S. 218 f. (dt. *Mein Herz wollte Freiheit. Eine Autobiographie.* München: Hanser 1979).
115	Interview mit Michèle Manceaux. ED, S. 61.
116	Kent State University, Ohio. Sammlung Pury-Thompson.
117	»Qu'est-ce que c'est ces petits bouts de fer sur ta figure?«
118	»Description by Allen Ginsberg«, ein Vorwort mit dem Titel »Genet's Commencement Discourse« zu Jean Genet: *May Day Speech.* San Francisco: City Lights Books, 1970.
119	Ebd., S. 14.
120	Ebd., S. 16.
121	Ebd., S. 23. Der französische Originaltext findet sich in ED, S. 47–54.
122	Pierre L. O'Neill, in: *Le Devoir* (Montréal), 5. Mai 1970, S. 3 und 6.
123	Michèle Manceaux: »Jean Genet chez les *Panthères Noires*«, in: *Le Nouvel Observateur,* Nr. 289, 25. Mai 1970, S. 38–41. Wiederabdruck in ED, S. 55–62.
124	ED, S. 57.
125	»La littérature, telle que je la pratiquais autrefois, était gratuite. Aujourd'hui, elle est au service d'une cause. Elle est contre l'Amérique.« François-Marie Banier: »Jean Genet et Angela Davis«, in: *Le Monde,* 23. Oktober 1970, S. 3.
126	Ruth Escobar: *Les Cheveux du serpent.* Paris: Sylvie Messinger, 1987, S. 149.
127	Ruth Escobar (auf englisch), in: *Performance,* Dezember 1971, S. 98–108.
128	»J'ai essayé que le public se sente vraiment dans le vide et vidé. Il n'y a rien

devant lui, ni derrière lui, seulement des précipices.« Zitiert bei Ruth Escobar, in: *Performance*, a.a.O.
129 Ruth Escobar: *Les Cheveux du serpent*, a.a.O., S. 150.
130 »Introduction à *Les Frères de Soledad*«. ED, S. 69.
131 »La plus persuasive, la plus chaleureuse, une des plus intelligentes.« ED, S. 75 f.
132 ED, S. 350.
133 »On ne peut pas ne pas aimer Angela quand on la connaît.« François-Marie Banier, a.a.O., S. 13.
134 Ebd.
135 Brief von Genet an Marianne de Pury. Kent State University, Ohio. Sammlung Pury-Thompson.
136 CA, S. 61–64.

Kapitel 19

1 CA, S. 333.
2 Interview mit Carole und Paul Roussopoulos 1991. Der ganze folgende Bericht beruht auf diesem Interview.
3 Interview mit Marie-Claude El Hamchari 1987.
4 Eric Rouleau: Les *Palestiniens*. Paris: La Découverte/Le Monde, 1984, S. 50.
5 Alan Hart: *Arafat. A Political Biography*. Bloomington, Ind.: Indiana University Press, 1989, S. 323.
6 Brief von Genet an Monique Lange. Sammlung Monique Lange.
7 CA, S. 187.
8 Interview mit Nabila Nashashibi 1989. Brief von Genet an N. Nashashibi, in ihrem Besitz.
9 »les ardentes«. CA, S. 310.
10 »il n'y a avait plus de place pour un mari américain dans ma vie.« Interview mit Nabila Nashashibi.
11 »hilarité d'oser tout«.
12 »Elle fut certainement la plus belle jeune fille du royaume.« CA, S. 341.
13 *Journal of Palestine Studies*, 1973, S. 10 (vgl. Kap. 15, Anm. 68).
14 CA, S. 181–186.
15 Interview mit Nabila Nashashibi 1989.
16 »Quand vous aurez fini votre révolution.«

17	*Journal of Palestine Studies*, 1973, S. 16 und 22.
18	Ebd., S. 29.
19	Ebd., S. 15.
20	»C'est pour créer un homme nouveau.« »Par exemple?« »Comme Jean Genet.« Interview mit Marie-Claude El Hamchari 1989.
21	»Au Moyen-Orient un homme nouveau va peut-être naître, et le feddaï, par certains côtés, en serait pour moi la préfiguration et l'esquisse.« Jean Genet: »Les Palestiniens«, in: *Zoom*, August 1971. Wiederabdruck in ED, S. 89–99. Zitat auf S. 92.
22	CA, S. 14.
23	*Journal of Palestine Studies*, 1973, S. 11.
24	ED, S. 92.
25	»L'ennemi immédiat reste Israël, mai l'ennemi absolu c'est l'Amérique.« ED, S. 96.
26	CA, S. 370.
27	*Journal of Palestine Studies*, 1973, S. 4.
28	»Genet a commencé à m'agresser sur des trucs que je n'aimais pas trop; il m'a demandé comment on pouvait être juif et de gauche. Alors je lui ai répondu que c'était une question idiote, que le nombre de gens de gauche qui avaient été juifs était si considérable qu'on parlait, à propos de la révolution russe, de la révolution judéo-bolchevique … Il m'a dit: ›Mais tout de même, un juif est toujours lié à l'argent.‹« Interview mit Roger Stéphane 1988.
29	»Quel genre de juif est-ce que tu es?« Interview mit Luc Bondy 1988.
30	Interview mit Catherine von Bülow 1988.
31	ED, S. 408, Anm. 30.
32	»Vous n'avez pas tort de défendre Klaus Barbie.« Interview mit Jacques Vergès 1988.
33	Fragen, auf die Elias Samba und Angela Davis bei einer Round-table-Diskussion im Théâtre de l'Odéon in Paris Antwort gaben. Diese Diskussion gehörte zu einer Reihe von ähnlichen Veranstaltungen, die um die Inszenierung von *Der Balkon* 1991 herum organisiert worden waren.
34	Brief von Genet an Marianne de Pury. Kent State University, Ohio. Sammlung Pury-Thompson.
35	»Le Rouge et le Noir«. ED, S. 102.
36	»Tu t'en occupes.« Interview mit Paule Thévenin 1989.
37	»trop riche et d'un mauvais goût«.
38	Interview mit Daniel Defert 1990.
39	Ungekürzte Transkription eines gefilmten Interviews von Derrida in Michel

Dumoulins Dokumentarfilm *Jean Genet, l'écrivain*, (INA/La Sept, 1992). Das Transkript befindet sich im IMEC-Archiv.

40   Interview mit Paule Thévenin 1989.
41   *Jean Genet, l'écrivain*, a.a.O.
42   Interview mit Daniel Defert 1990.
43   Da die GIP sowohl über normale Straffällige als auch über politische Gefangenen Ermittlungen anstellen wollte, beschloß sie, Kontakt mit den Black Panthers und mit der Lotta Continua aufzunehmen, einer italienischen Gruppe, die als eine maoistische Bewegung in Fabriken und Gefängnissen begonnen hatte. Daniel Defert fuhr nach Italien, um Näheres über Lotta Continua zu erfahren. Catherine von Bülow, eine Freundin von Genet und Angestellte bei Gallimard, reiste nach Kalifornien, um Angela Davis und George Jackson im Gefängnis zu besuchen. Bülow hatte in den Staaten gelebt, im Ballett der Metropolitan Opera getanzt und sprach ausgezeichnet Englisch. Sie meinte, Genet sei die beste Empfehlung bei den Panthers, und Genet hoffte, Foucaults Unterstützung für George Jackson zu gewinnen.
44   »On m'a dit que ça sera l'enfer. J'ai répondu que j'en ferai le paradis.«
45   Äußerung von René Pleven, dem Justizminister, zitiert bei Didier Eribon: *Michel Foucault (1926–1984)*. Paris: Flammarion, 1989, S. 246. Hier zitiert nach der deutschen Ausgabe: *Michel Foucault. Eine Biographie*. Übersetzt von Hans-Horst Henschen. Frankfurt/M.: Suhrkamp, 1991, S. 330.
46   Claude Mauriac: *Le Temps immobile*. Bd. III, Paris: Grasset et Fasquelle, 1976, S. 315 ff.
47   Ebd., S. 316.
48   »Ces Mauriacs! Dès qu'il y a de l'or ...« Interview mit Daniel Defert 1990.
49   »Veuillez saluer de ma part Madame votre mère.« Claude Mauriac, a.a.O., S. 324.
50   Deidre Bair: *Simone de Beauvoir* (vgl. Kap. 11., Anm. 7), S. 562.
51   »Il est un peu poltron, il craint que ses amis à Paris ne l'accusent d'antisémitisme, s'il disait quoi que ce soit pour soutenir les droits des Palestiniens.« Interview mit Edward Said 1992.
52   Jean-Pierre Rioux: *The Fourth Republic*. Cambridge: Cambridge University Press, 1987, S. 155; Didier Eribon, a.a.O., S. 76; dt. S. 97.
53   »J'aurais aimé que *Les Bonnes* soient jouées par des hommes ... Jouvet n'a pas eu une seule idée de mise en scène. Regarde le moment où il s'est décidé à monter *Les Bonnes*, il n'envisage pas une seconde que ce soient des hommes qui les jouent. Or c'était à ça que j'avais pensé.«
    (»Es hätte mir gefallen, wenn *Die Zofen* von Männern gespielt würden ... Jouvet

hatte keine Ahnung von Regie. Denk nur an den Moment, wo er beschloß, *Die Zofen* zu inszenieren, da zieht er es nicht eine Sekunde lang in Betracht, daß es Männer sein sollten, die sie spielen. Nun, das war es, woran ich gedacht hatte.«)

Interview mit Roger Stéphane in einer ungekürzten Transkription des Films *Jean Genet, l'écrivain* von Michel Dumoulin (INA/La Sept, 1992). Das Transkript befindet sich im IMEC-Archiv.

54 Ebd.
55 »vertige horizontal«. »Une Lettre de Jean Genet«, in: *Les Lettres Françaises*, 29. März 1972, S. 14.
56 Interview mit Edward Said 1992.
57 CA, S. 390.
58 Ebd., S. 357.
59 Jean Genet: »Faites connaissance avec les Guaranis«, in: *Le Démocrate vernonnais*, 2. Juni 1972. Wiederabdruck in ED, S. 119 f.
60 CA, S. 424 f.
61 Ebd., S. 430
62 Ebd., S. 431 f.
63 Interview mit Marie-Claude El Hamchari 1987.
64 »Êtes-vous l'auteur des *Nonnes*, que j'admire beaucoup?« Claude Mauriac: *Le Temps immobile*. Bd. II. Paris: Grasset et Fasquelle, 1975, S. 283.
65 CA, S. 495 f.

Kapitel 20

1 »Mon cher Juan,
Puisque vous allez aux USA, je vous demande de vous occupper [!] de la vente du manuscrit de la première partie du livre que j'écris – en voici le titre: ›Description du Réel‹ – Il va de soi que je vous fais toute confiance. Faites ce qui vous paraîtra le mieux. Si vous le vendez (si vous vendez ce chapitre), il est sûr – je m'y engage – que je confierai les chapitres qui suivent à l'acheteur. Curieuse Amérique! qui achèterait mes livres mais dont l'Administration me refuse le droit d'entrée.

A bientôt
Je vous embrasse
Jean Genet«

	Brief vom 30. November 1974 von Genet an Juan Goytisolo. Sammlung der Beinecke Rare Book and Manuscript Library, Yale University.
2	Der Bericht über Genets Umgang mit Gallimard beruht auf einem 1991 geführten Interview mit Laurent Boyer.
3	»Nuit: jour de perme et de sperme ... Étonnante et tonnante tante ... Cul qui roule n'ammasse pas zob, n'entasse pas l'herbe ... Derche à la recherche d'une colonne en marche – en marche ou au repos?« Unveröffentlichtes Genet-Manuskript in der Sammlung Gallimard.
4	Interview mit Laurent Boyer 1991.
5	Interviews mit Paule Thévenin 1987–1990.
6	Jean Genet: »Mourir sous Giscard d'Estaing«, in: *L'Humanité*, 13. Mai 1974. Wiederabdruck in ED, S. 131.
7	Jean Genet: »Et pourquoi pas la sottise en bretelles?«, in: *L'Humanité*, 25. Mai 1974. Wiederabdruck in Ed, S. 135–138.
8	»Je m'appelle Jean Genet. Vous ne me connaissez pas mais j'ai lu votre livre et j'aimerais bien vous rencontrer.« Interview mit Tahar Ben Jelloun 1988.
9	»Tu vas être gentil, tu ne me parles jamais de mes bouquins. C'est de la merde. C'est une histoire terminée, plus jamais.«
10	»Il était tout à fait naturel que j'aille non seulement vers les plus défavorisés, mais vers ceux qui cristallisaient au plus haut point la haine de l'Occident.« Zitiert nach Tahar Ben Jelloun: »Jean Genet avec les Palestiniens«, in: *Le Monde Diplomatique*, Juli 1974.
11	»Sartre? Mais c'est donc ça un philosophe?« IMEC-Archiv.
12	»Le cœur y était; le corps y était; l'esprit y était. Tout y fait à tour de rôle; la foi jamais totale et moi jamais en entier.«
13	»Il était entré en politique comme on entre en religion. Il avait une vision manichéenne de la politique, tout généreux qu'il était. Une vision religieuse. Il y avait pour lui le Bien et le Mal. Le Blanc et le Noir. Le Bon Dieu et le Diable. Sauf que lui, le Diable, était blanc et le Bon Dieu, noir.« Georges Lapassade: »Le Diable et le Bon Dieu«, in: *Baraka*, Mai 1986, S. 36.
14	Interview mit José Valaverde 1989.
15	Interview mit Nico Papatakis 1988.
16	Interview mit Laurent Boyer 1991.
17	Interview mit Hubert Fichte (vgl. Kap. 1, Anm. 27). ED, S. 171. Die deutsche Übersetzung orientiert sich an Fichtes skizzierter Übertragung in der Edition Qumran 1981, S. 90 f.
18	ED, S. 372 f.
19	Interview mit Ghislain Uhry 1988.

20   Das unveröffentlichte Drehbuch *La Nuit venue* von Jean Genet und Ghislain Uhry nach einer Idee von Mahommed El Katrani ist im IMEC-Archiv deponiert.
21   Interview mit Tahar Ben Jelloun 1988.
22   »Sans nous, vous n'auriez guère de tendresses.«
23   »Non à l'immigration ... Et maintenant c'est seulement leurs chiens qu'elles pourront dominer.«
24   »En cas de décés de Jean Genet le film sera terminé par M. Uhry seul.«
25   Interview mit Facundo Bo 1988.
26   Interview mit Nabila Nashashibi 1989.
27   Interview mit José Valaverde 1988.
28   Interview in der ungekürzten Transkription von Michel Dumoulins Film *Jean Genet, l'écrivain* (INA/La Sept, 1992). Das Transkript befindet sich im IMEC-Archiv.
29   »Écoutez, donnez-moi la structure et moi, je me charge de l'histoire.«
30   »Est-ce que vous trouvez que c'est bien? Ah! Vous savez, je n'y arrive pas.«
31   Vgl. auch drei Artikel, in denen das Opernprojekt erwähnt wird: »Whither Opera? Part I. Lord Harewood interviews Pierre Boulez«, in: *Opera*, Bd. 20, November 1969 (von Genet ist auf den S. 1026–1030 die Rede); David Gable: »Ramifying Connections: An interview with Pierre Boulez«, in: *Journal of Musicology*, Bd. IV, Nr. 1, Winter 1985/86 (Genet wird auf S. 107 f. erwähnt); und »Opera Houses? – Blow Them Up!« Pierre Boulez versus Rolf Liebermann, in: *Opera*, Juni 1968 (Genet wird auf S. 443 ff. und 448 erwähnt).
32   Jacky akzeptierte diesen radikalen Ortswechsel nur, um Genet einen Gefallen zu tun, obwohl er in Japan sehr glücklich war.
33   Jean Genet: »Cathédrale de Chartres – Vue cavalière«, in: *L'Humanité*, 30. Juni 1977, S. 2. Wiederabdruck in ED, S. 191–198.
34   Yonah Alexander und Kenneth A. Myers (Hg.): *Terrorism in Europe*. New York: St. Martin's Press, 1982, S. 168 f.
35   Das Folgende beruht zum großen Teil auf Interviews mit Paul und Carole Roussopoulos aus den Jahren 1990/91.
36   Interview mit Paule Thévenin 1989.
37   Interviews mit Paul und Carole Roussopoulos 1990/91.
38   Interview mit Tahar Ben Jelloun 1988.
39   Jacques Ellul: »La Violence, c'est la violence«, in: *Le Monde*, 8. September 1977, S. 3. Gekürzter Wiederabdruck in ED, S. 388.
40   Jacques Henric: »Monsieur Jean Genet, nouveau patriote«, in: *Libération*, 21. September 1977, S. 14. Gekürzter Wiederabdruck in ED, S. 391.

41 Tahar Ben Jelloun: »Pour Jean Genet«, in: *Le Monde*, 24. September 1977. Gekürzter Wiederabdruck in ED, S. 392.

Kapitel 21

1 Interview mit Lydie Dattas 1992.
2 Genets Krankenakten im IMEC-Archiv sind von Dr. Isabelle Blondiaux gelesen und zusammengefaßt worden.
3 Interview mit Laurent Boyer 1991.
4 Brief von Claude Gallimard an Genet. IMEC-Archiv.
5 Interview mit Roland Dumas in der ungekürzten Transkription des Films Jean Genet, *l'écrivain* (INA/La Sept, 1992) von Michel Dumoulin. Das Transkript befindet sich im IMEC-Archiv.
6 »une espèce de poème cinématographique«. Zitiert nach ED, S. 397. ED enthält auf S. 396–404 einen detaillierten Bericht über die Entstehung der Filminterviews von Antoine Bourseiller und Bertrand Poirot-Delpech.
7 ED, S. 398.
8 Ebd., S. 399.
9 Interview mit Antoine Bourseiller. ED, S. 220 f.
10 Jean Genets unveröffentlichtes Filmdrehbuch »Le Langage de la muraille« befindet sich im IMEC-Archiv.
11 Dieser Bericht beruht auf einem Interview, das der Autor mit Leila Chahid Barrada 1989 geführt hat, und auf einem Interview mit ihr, das enthalten ist in: Jérôme Hankins (Hg.): *Genet à Chatila*. Paris: Éditions Solin/Le Volcan, 1992, S. 17–68.
12 Thomas L. Friedman: *From Beirut to Jerusalem*. New York: Farrar, Straus and Giroux, 1989, S. 160; Ze'ev Schiff und Ehud Ya'ari: *Israel's Lebanon War*. New York: Counterpoint, 1984.
13 Die PLO schätzte eintausendfünfhundert Tote, und die *Revue d'études palestiniennes* kam nach ausführlichen Zeugenbefragungen auf eine Zahl von fünf- bis siebentausend Toten. Diese Zahlen werden genannt in dem (von Maryse Ricouard verfaßten) Programm zur Schauspielfassung von *Quatre heures à Chatila*, die unter der Regie von Alain Milianti aufgeführt wurde.
14 Jean Genet: »Quatre heures à Chatila« in: *Revue d'études palestiniennes*, Nr. 6, 1. Januar 1983. Wiederabdruck in ED, S. 24–264; das Zitat hier S. 244 f.
15 ED, S. 259 f.

16 Ebd., S. 264.
17 Interview mit Leila Chahid Barrada 1989.
18 Interview mit Laurent Boyer 1991.
19 Telefonbericht von Matthias Brunner 1991. Zu diesem Bericht über die Entstehung des Films *Querelle* vgl. auch:
Gary Indiana: »The Last Days of Rainer Fassbinder«, in: *East Village Eye*, Mai 1983, S. 12 f.; Gregory Solman: »The Wizard of Babylon. An interview with Dieter Schidor«, in: *Cinéaste*, 1983; Dieter Schidor: *Rainer Werner Fassbinder dreht ›Querelle‹*. München: Heyne, 1982; »Ma recontre avec Jean Genet«, Interview mit Dieter Schidor, in: *Masques*, Sommer 1984, S. 151–155.
20 Gary Indiana, a.a.O.
21 Artikel in *Gai Pied*, November 1982.
22 *New York Times*, 29. April 1983, C-8.
23 Serge Sobezynski: »Rencontre au Pays d'Azzedine«, in: *Le Monde*, 20./21. April 1986.
24 CA, S. 122.
25 Ebd., S. 432 f.
26 Interview mit Tahar Ben Jelloun 1988.
27 Serge Sobezynski, a.a.O.; Interview mit Leila Chahid Barrada 1989.
28 Interview mit André Ostier 1990.
29 Vgl. die Anmerkungen zum Interview mit Rüdiger Wischenbart und Leila Chahid Barrada (vgl. Kap. 1., Anm. 22), ED, S. 410 ff.
30 ED, S. 274.
31 Ebd., S. 278.
32 Ebd., S. 279.
33 Ebd., S. 280.
34 »un superbe jeune Noir de quinze ans«. *Le Matin*, 15. Dezember 1983.
35 CA, S. 460.
36 Ebd., S. 473 f.
37 ED, S. 216; »Les Frères Karamazov«, etwa zwischen 1975 und 1980 entstanden, erschien erst nach Genets Tod, im Oktober 1986, in der *Nouvelle Revue Française*.
38 Interview mit Rüdiger Wischenbart und Leila Chahid Barrada. ED, S. 282.
39 CA, S. 206.
40 Interview mit Tahar Ben Jelloun 1988.
41 CA, S. 288.
42 Abelkebir Khatibi: *Figures de l'étranger*. Paris: Denoël, 1989.
43 CA, S. 424.

44 Interview mit Michel Dumoulin 1990.
45 Interview mit Nigel Williams 1989.
46 »Je me sens dans une pièce de Miss Marple – c'est toujours comme ça en Angleterre.«
47 »Mais il faut payer le plaisir qu'on a à voler.« Interview mit Nigel Williams 1989; vgl. ED, S. 301.
48 Vgl. ED, S. 305.
49 »Comment vous vous sentez?« Interview mit Leila Chahid Barrada 1989.
50 Interview mit Leila Chahid Barrada 1989. Genet vertraute auch Lydie Dattas an, daß er nicht in Frankreich, sondern in Marokko beerdigt werden wolle.
51 »J'attends la mort.« ED, S. 306.
52 »un peu profond ruisseau calomnié la mort.« Stéphane Mallarmé: »Tombeau«, in: Œuvres complètes. Paris: Bibliothèque de la Pléiade, 1951, S. 71; Zitat im Interview: ED, S. 233.
53 »Si jamais je suis absent et que Jacky a un pépin, je lui ai dit de s'adresser à toi.« Äußerung von Jacques Vergès, in: Libération, 16. April 1986.
54 Ungekürzte Transkription des Interviews in Michel Dumoulins Film Jean Genet, l'écrivain (INA/La Sept, 1992). IMEC-Archiv.
55 Interview mit Leila Chahid Barrada 1989.

DANKSAGUNG

Dieses Buch hätte nie geschrieben werden können ohne die Mitarbeit von Albert Dichy, dem führenden französischen Genet-Experten, weil ich mit der Abfassung der Biographie überhaupt nicht vorankam, bis ich ihn um seine Hilfe bat. Albert Dichy hatte bereits an die zehn Jahre über Genets Leben und Werk gearbeitet, als wir uns begegneten, und sein Buch *Jean Genet. Versuch einer Chronologie 1910-1944 (Jean Genet, Essai de chronologie, 1910-1944)*, das er gemeinsam mit Pascal Fouché schrieb, bietet einen meisterhaften Überblick über die ersten fünfunddreißig Lebensjahre des Dichters. Während unserer jahrelangen Zusammenarbeit habe ich gelernt, seinem Rat zu vertrauen, über sein Gedächtnis zu staunen und seinen gesunden Menschenverstand, sein ungeheures Wissen und seine analytischen Fähigkeiten zu bewundern. Ihm ist zu danken, daß mir gestattet wurde, alle veröffentlichten und unveröffentlichten Texte Genets zu konsultieren (und daraus zu zitieren).
Jonathan Burnham beim englischen Verlag Chatto & Windus hat, unterstützt von Bobbie Bristol vom New Yorker Verlag Knopf, viele hundert Stunden damit zugebracht, mir bei der endgültigen Textfassung zu helfen. Seine Geduld und Intelligenz sind seltene Gaben in einer Zeit, in der die meisten Bücher nur rasch zusammengeschustert werden. Jenny Uglow redigierte das endgültige Typoskript gekonnt und überzeugend. Sonny Mehta von Knopf und Carmen Callil von Chatto haben mir die ganzen sechs Jahre hindurch, die ich zur Fertigstellung des Buches benötigte, ihre moralische Unterstützung gewährt. In Frankreich hat Jean-Loup Champion bei Gallimard seinen bewährten Geschmack und Perfektionismus auf die Berichtigung unzähliger Fehler ver-

wandt. Weitere mir hilfreiche Lektoren bei Gallimard waren Antoine Gallimard und Eric Vigne.

Der französische Übersetzer, Philippe Delamare, hat mich auf Dutzende kleinerer Irrtümer aufmerksam gemacht und mir geholfen, sie auszumerzen. Frühere Textfassungen wurden gelesen und mit Anmerkungen versehen von Freunden wie James Merrill, Alison Lurie und Forrest Gander. Marie-Claude de Brunhoff ließ mir nicht nur bei fast jeder Seite des Manuskripts ihren Rat zukommen, sondern half mir auch bei der Überarbeitung des endgültigen Textes. Sie und der inzwischen verstorbene Gilles Barbedette waren mir in so vieler Beziehung behilflich, daß ich gar nicht weiß, wo ich mit dem Aufzählen anfangen soll. James Miller las die politischen Passagen des Buches und schlug mir eine Menge kleinerer Akzentverschiebungen vor.

Meine amerikanische Agentin Maxine Groffsky hat mir sowohl praktische als auch geistige Unterstützung gewährt, das gleiche taten meine englische Agentin Deborah Rogers und ihr Assistent David Miller, die darüber hinaus gelegentlich kleinere Nachforschungen für mich anstellten. In Frankreich hat mir meine Agentin Michelle Lapautre ihre fabelhafte Sachkenntnis und Erfahrung zuteil werden lassen. Harlan Lane und Diane Johnson haben mir, während ich recherchierte und schrieb, Gastfreundschaft gewährt.

Gregory Rowe und Roberta Fineburg waren für mich als Rechercheure tätig, wofür ich ihnen zutiefst dankbar bin. James Lord und Bernard Minoret gaben mir nicht nur ausführliche Interviews, sondern machten mich auch mit Dutzenden von Menschen in Paris bekannt. François-Marie Banier hat mir viele Türen geöffnet. Margaret Schmidt hat für mich eine nützliche Zusammenfassung von Genets Stück *Unter Aufsicht (Haute surveillance)* in seinen früheren Entwürfen erarbeitet, die sich im Besitz der University of Texas in Austin befinden. Aus Freundschaft hat Mary Dearborn für mich das Grove-Archiv in Syracuse fotokopiert, und Robert McCrum sowie Joanna Mackle verschafften mir Zutritt zum Faber-Archiv in London. Thierry Bodin öffnete Albert Dichy und mir sein Archiv.

Thomas Spear machte mir ein wichtiges unveröffentlichtes Interview mit Genet zugänglich, das er transkribierte. Dr. Isabelle Blondiaux hat für mich Genets Krankenblätter ausgewertet, während Laurent Ditmann viele Stunden mit dem Entziffern von Genets Handschrift und dem Erstellen von Inhaltsangaben seiner Korrespondenz zugebracht hat. Auch Sylvie Toux war mir bei der Ordnung und Deutung von Genets Briefen behilflich.

Mehrere Personen haben mir Artikel über Genet und andere nützliche Informationen zukommen lassen; für diese unverlangte und hochgeschätzte Hilfe möchte ich danken: Jane Giles, Stephen Barber, David Gable, George Bulet, Harry Goldgar, Bevis Hillier, Jim Haynes, Brian Rieselman und Pierre Passebon. Giorgio Agamben und Ginevra Bompiani verschafften mir Informationen über Genet in Italien.

Alex Jeffers hat das Manuskript getippt und hinsichtlich Ausdruck, Formulierung und Gliederung zahllose Änderungsvorschläge gemacht; er fungierte als erster Lektor, und ich bin ihm für sein Urteil und seine Gründlichkeit dankbar.

Laurent Boyer gab mir ausführliche Interviews über seine Freundschaft und seine beruflichen Beziehungen zu Genet. Außerdem zeigte mir Monsieur Boyer unveröffentlichte Briefe und Manuskripte und sah den gesamten Text auf juristische Probleme durch. Er ist Genets Nachlaßverwalter und Justitiar bei Gallimard; ohne seine Hilfe wäre dieses Buch bei weitem nicht so vollständig.

John Purcell wohnte bei mir, als ich dieses Buch begann, und half mir über die Jahre auch weiterhin, Informationen ausfindig zu machen. Auch Odile Hellier von der Pariser Buchhandlung Village Voice machte mich mit vielen hilfreichen Menschen bekannt und forschte nach Informationen für mich. Geneviève Picon ließ mir ihr ungeheueres Wissen über die Kulturgeschichte von Paris zukommen.

Steven Lowe empfing mich freundlich, als ich nach Santa Fé fuhr, um Marianne de Pury zu interviewen, und Georges Bousquet, damals französischer Kulturattaché in Tanger, begleitete mich während eines Besuches zu Genets letztem Haus und seinem Grab in Larache.

Meine Mutter, selbst als sie schon im Sterben lag, drängte mich, dieses Buch fertigzustellen, was mir unmöglich gewesen wäre ohne die Kraft verleihende Liebe, die sie und Hubert Sorin mir all die Jahre hindurch geschenkt haben. Dieses Buch widme ich Hubert, meinem geliebten Freund, und dem Gedächtnis des Lektors Bill Whitehead, der das Buch 1987 angeregt hat. Er starb wenig später an AIDS, doch die Gedanken an ihn haben mich seither stets geleitet.

Dankbar anerkennen möchte ich die Hilfe des gesamten Personals des IMEC in Paris, des Institut Mémoires de l'Édition Contemporaine, wo der größte Teil des Genet-Nachlasses aufbewahrt wird und wo ich, manchmal tagtäglich, die vergangenen sechs Jahre hindurch immer wieder gearbeitet habe. Der Direktor, Olivier Corpet, war stets besonders entgegenkommend.

Vincent Giroux und Patricia Willis von der Beinecke Rare Book and Manuscript Library in Yale gebührt ein besonderer Dank für ihre Hilfe, ebenso Alec Guildzen, dem Bibliothekar an der Kent State University in Ohio. Léo Maillot von der Militärbibliothek im Château de Vincennes hat Biographien von Offizieren ausfindig gemacht, unter denen Genet gedient hat. Mr. Carlton Lake, Leitender Direktor des Humanities Research Center an der University of Texas, gab mir die Erlaubnis, Genets Briefe an Cocteau und ein frühes Typoskript von *Notre-Dame-des-Fleurs* zu lesen.

Die wichtigsten für dieses Buch interviewten Personen sind: Marc und Olga Barbezat, John Berendt, Lydie Dattas, Daniel Defert, Dr. Friedrich Flemming, Juan Goytisolo, Jacques Guérin, Monique Lange, Jacky Maglia, Annette Michelson, Paul Morihien, Nabila Nashashibi, Nico Papatakis, Marianne de Pury, Édouard Roditi †, Carole und Paul Roussopoulos, Jeanette und Richard Seaver, Leila Chahid und Paule Thévenin. Diese Personen sind viele Male befragt worden und haben mir ihre Papiere und Unterlagen zugänglich gemacht und mich oftmals an andere Bekannte Genets verwiesen.
Weitere Personen, die mir halfen oder interviewt wurden, sind: Barbara und André Acquart, Danielle Baglione, Paul Bailey, Tahar Ben Jelloun, Barry Bergen, David Bergman, Anthony Blond, Anthony Blum, Facundo Bo, François Bondy, Luc Bondy, Alexandre Bouglione, Antoine Bourseiller, Joseph Bruley, Matthias Brunner, Catherine von Bülow, William Burroughs und James Grauerholz, Jean Cau †, Edmonde Charles-Roux, Mohammed Choukri, Giovanna Citi, André Clarté, Annie Cohen-Solal, Pierre Constant, Jean Cortet, Louis Cullaffroy, Chantal Darget, Angela Davis, Judy del Carrel, Bernard Dort, André-Louis Dubois, Michel Dumoulin, Guy Dumur †, Yvette Etievant, Dominique Fernandez, Leonor Fini, Jane Fonda, Charles Henry Ford, Pascal Fouché, Allen Ginsberg, Yvonne Girofli, Madeleine Gobeil, Samuel Gondolo, Brion Gysin †, Marie-Claude El Hamchari, Pierre-Marie Héron, Java, Boris Kochno †, Marc Kouscher, Jean-Pierre Lacloche, Herbert Lust, Gérard Magistry, Arnaud Malgorn, Jean Marais, Claude Mauriac, Madeleine Milhaud, Jessica Mitford, Charles Monteith, Alberto Moravia †, Rachel Mural, André Ostier, Geneviève Page, Serge Perrault, Michel Persitz, Nathalie Phillippart, Jean-François Lefèvre-Pontalis, Jean Querelle, Janine Quet, Maurice Reynal, Nelly Robini, Edward Said, Maurice Saillet †, Elias Sanbar, Ginette Sénémaud, François Sentein, Patti Smith, George Stambolian †, Roger Stéphane, Joseph Strick, Denise Tual, Ghislain Uhry, Jean-Claude van Itallie, José Valaverde, Jacques Vergès, Nigel Williams, Lucie Wirtz † und Wolf Wondratschek.
Viele von ihnen wurden von Albert Dichy allein oder von Gregory Rowe interviewt.

Dafür, daß sie mir gestattet haben, aus bestimmten Texten zu zitieren, möchte ich danken: Éditions Gallimard für die Erlaubnis, aus allen Werken Genets, seien sie veröffentlicht oder unveröffentlicht, zu zitieren; Faber and Faber, Penguin Books in London und Grove Press in New York für die Erlaubnis, Genet in meinen eigenen englischen Übersetzungen zu zitieren; Picador Books in London und Wesleyan University Press (im Hinblick auf die 1992 von der University of New England veröffentlichte Ausgabe) für die Erlaubnis, aus Barbara Brays Übersetzung von *Un Captif amoureux* zu zitieren; Éditions Gallimard für die Erlaubnis, aus *Saint Genet* von Jean-Paul Sartre, aus *La Force de l'âge* von Simone de Beauvoir und aus *Journal 1943 – 1945* und *Le Passé défini* von Jean Cocteau zu zitieren; IMEC für die Erlaubnis, aus Genets Briefwechsel mit Sartre und Frechtman zu zitieren; dem Harry Ransom Humanities Research Center an der University of Texas in Austin für die Erlaubnis, aus Genets Korrespondenz mit Cocteau zu zitieren; dem Department of Special Collections and Archives in der Bibliothek der Kent State University in Ohio für die Erlaubnis, aus Genets Briefwechsel mit Marianne de Pury zu zitieren; Michel Dumoulin und Albert Dichy für die Erlaubnis, aus den Kopien ihrer Dokumentarfilme *Jean Genet, le vagabond* und *Jean Genet, l'ecrivain* zu zitieren; Pascal Fouché und Albert Dichy für die Erlaubnis, eine Übersetzung des Buches *Jean Genet, Essai de chronologie ...* einzubeziehen, das 1988 von der Bibliothèque de littérature française contemporaine veröffentlicht wurde; Maurice Toesca für die Erlaubnis, aus *Cinq ans de patience* zu zitieren; Pierre Béarn für die Erlaubnis, aus »Paris sur Briases« zu zitieren, und Jérôme Hankins für die Erlaubnis, aus seinem Buch *Genet à Chatila* zu zitieren, das 1992 bei Solin veröffentlicht wurde.
Teile dieses Buches erschienen vorab in völlig anderer Form in *Vogue* und *The Bastard Review*.
Es gibt viele brauchbare Aufsätze und Bücher über Genet, aber die gesamte Untersuchung schuldet ungeheuren Dank dem Buch von Richard C. und Suzanne A. Webb: *Jean Genet and His Critics. An Annotated Bibliography, 1943 – 1980*, einem Monument wissenschaftlicher Forschungsarbeit.

Edmund White
Paris 1993

PERSONENREGISTER

A
Abdallah *siehe* Bentaga, Abdallah
Abel, Lionel 375
Abernathy, Ralph 651
Abetz, Otto 240
Achard, Marcel 423
Acquart, André 532, 596 f., 603
Acton, Harold 340, 342
Adamov, Arthur 529
Adeline, Mademoiselle *siehe* Balvet, Claudine Émilie Adélaïde
Agnew, Spiro 635
Ahmed *siehe* Lahoussine, Ahmed
Aimée, Anouk 456, 558
Alain-Fournier 121, 302
Algren, Nelson 346, 348, 409, 646
Ali, Muhammad Kurd 137
Allende, Salvador 710
Amidou 598
Anacréon, Richard 230, 231
Angelou, Maya 538, 539
Anger, Kenneth 452
Anouilh, Jean 581

Ansen, Alan 433, 622
Apollinaire, Guillaume 255, 314, 436
Arafat, Yassir 593, 666 ff., 670, 672 f., 681, 703, 723, 748, 753
Aragon, Louis 241, 273, 305, 388, 423
Arendt, Hannah 375
Aristophanes 519
Arland, Marcel 387
Artaud, Antonin 335, 384, 445, 460, 528 f., 579, 580, 620, 621, 631
Aslan, Odette 594
Audiberti, Jacques 241, 581
Auger, André und Roger 224
Augstein, Rudolf 570
Aumont, Jean-Pierre 240, 257
Aupick, General 194
Auric, Georges 407
Auriol, Vincent 421, 424
Autant-Lara, Claude 452
Aymé, Marcel 423

Azénor, Hélène 213
Azzedine *siehe* El Katrani, Azzedine

B
Baader, Andreas 718-722
Babkin, André (»Dédé«, »Java«) 278, 336, 393-397, 399-404, 414 f., 417, 425, 444, 447, 452 f., 462, 465, 471, 473, 492, 532, 546, 552, 554, 571 f., 576, 578
Bair, Deidre 349
Bakunin, Michail 428, 639
Balachova, Tania 494
Balanchine, Georges 421
Baldwin, James 435, 539, 660 f., 682
Balvet, Claudine Émilie Adélaïde 77
Balzac, Honoré de 196, 206, 311, 441
Banier, François-Marie 656
Barau, Dr. 288
Barbey, Bruno 676, 731
Barbezat, Marc 271, 297, 304, 305, 310-315 *passim*, 319, 320, 322, 324, 325, 329-333 *passim*, 336, 338, 340, 349, 351, 362, 368, 373, 397, 399, 413, 423, 425, 446 f., 481, 514, 548, 579, 580, 602 f., 618, 729, 742 f.
Barbezat, Olga 168, 304, 314 f., 322, 329-334 *passim*, 338, 355, 367, 397, 425, 447, 580, 602, 618
Barbie, Klaus 679
Barbizan, Gala 402, 492, 532
Barbotte (verh. Regnier), Marie-Ernestine 62 f.

Barbusse, Henri 620
Barnes, Djuna 375, 407
Barrault, Jean-Louis 517, 529, 597 f., 601, 614
Barrou, Dr. 204
Barthes, Roland 360, 429, 519, 535, 596, 685, 694
Bataille, Georges 436, 447, 490 ff., 685
Batifolier, Marcel 63
Baudelaire, Charles 160, 193 f., 216, 232, 245, 289, 331, 335, 347, 408, 447, 449, 466, 604
Beach, Sylvia 370
Béarn, Pierre 229, 230, 236
Beauvoir, Simone de 324, 343-346, 348, 350 ff., 373, 387 f., 403, 404, 408-411, 413, 446, 563, 573, 691, 692, 706, 766
Beck, Beatrice 388
Beck, Julian 582
Becker, Hans-Jürgen 719
Beckett, Samuel 436, 448, 525 f., 529, 562, 567, 581, 584, 617, 621, 715
Bell, Marie 516-519, 532
Ben Ali, Djilali 690
Ben Jelloun, Tahar 31, 703, 705 f., 707, 712, 723, 746, 754
Benglia, Habib 526
Benmussa, Simone 598
Benoit, Pierre 241
Bentaga, Abdallah 30, 226, 417, 462, 543-555, 558 ff., 563, 566, 567, 571-578 *passim*, 580, 583, 602, 605, 606, 611, 656, 665, 685, 711, 712, 725, 766
Bentham, Jeremy 98

Bentley, Derek 569 f.
Bérard, Christian (»Bébé«) 31, 259, 264, 284, 337-341 *passim*, 379 ff., 387, 419, 508
Berendt, John 623, 624 f., 628
Berg, Alban 710, 716
Bergery, Gaston 201, 204
Bernstein, Sidney 540
Berriau, Simone 516
Bertelé, René 447
Beyer, Brigitte 572
Blanchot, Maurice 388
Blin, Roger 31, 343, 448, 518, 526, 528-533, 537, 541, 588, 593, 597 ff., 601, 605, 606, 613, 615, 616, 731
Bloch, Ann 174, 175, 178, 181, 187-192, 196-200, 202 ff., 222, 232, 406, 425, 677
Bloch, Erwin 174, 175
Blond, Anthony 555
Blond, Georges 241
Blouet, Abel 97, 99, 104
Bloy, Léon 314
Blum, Léon 142, 176, 181 f., 223
Bo, Facundo 714
Bondy, Luc und François 678
Bonnet, Christian 603 f.
Borgia, Familie 710
Bory, Jean-Louis 691
Bouglione, Alexandre 725, 751
Boulez, Pierre 31, 579, 580, 710, 715 ff.
Bourseiller, Antoine 504, 629, 632, 707, 730 f.
Bowie, David 607
Bowles, Paul 609, 628

Boyer, Laurent 566, 586, 607, 614, 632, 701 f., 705, 709, 726, 729 f., 751, 761, 765, 766
Boylesve, René 87
Brancusi, Constantin 375
Brasillach, Robert 241
Braziller, George 438
Brecht, Bertolt 383, 710
Breker, Arno 258, 458
Brennan, William 455
Brétignières de Courteilles, vicomte 109
Breton, André 384, 447, 470, 499, 532, 563
Brook, Peter 516-519, 565, 582
Brown, Panama Al 256, 725
Browne, Roscoe Lee 537
Bruley, Joseph 56, 61, 76
Brummel, George Bryan 216
Bruzzichelli, Aldo 597
Bryars, Gavin 455
Buddenberg, Wolfgang 719
Buffet, Bernard 563
Buffet, Damia Eugénie 88, 89
Bullins, Ed 541
Bülow, Catherine von 678, 688, 691
Burke, Kenneth 433
Burroughs, William 31, 82, 433, 436, 609, 617, 620-628 *passim*, 701, 753
Bussière, Amédée 310, 311, 313, 318, 321, 322, 325
Buxueil, Lucienne de 86, 88, 174
Buxueil, René de 85-92, 100, 133, 174, 208, 248, 403
Byron, George Gordon Noel, Lord 760

C

Caffler, Bernard 114
Calvino, Italo 685
Cambridge, Godfrey 538
Camus, Albert 271, 305, 322, 344, 375, 388, 409, 423, 437, 525, 529, 598, 629
Capote, Truman 609
Caquet, Madame 322
Carbillet, Hauptmann 138
Carco, Francis 211 f., 314
Carné, Marcel 452, 529
Carrel, Judy del 572, 575
Casarès, Maria 598, 691, 716, 758
Castro, Fidel 614, 619, 669, 710
Castro, Roland 634, 679
Cau, Jean 143, 346, 349, 352, 393 f., 396, 403, 412, 416, 417 f., 441, 471, 523, 547, 553, 600
Céline, Louis-Ferdinand 30, 33, 129, 241, 314, 374, 375, 435, 490, 620, 621, 702, 715, 757
Césaire, Aimé 527, 528, 534
Cézanne, Paul 635
Chahbandar, Dr. Abdarrahman 138
Chahid Barrada, Leila 670, 736-740, 742, 748, 752, 761-765 *passim*
Chaikin, Joe 639, 650
Chaix, Ginette *siehe* Sénémaud, Ginette
Chamberlain, Lord 182, 515
Chambure, Familie 49 f., 76
Chanel, Coco 253, 254, 339
Chaplin, Charlie 258, 347
Char, René 241, 336

Charles-Roux, Edmonde 575, 665
Charrat, Janine 419
Charrault, Abbé Lucien 49, 50, 51, 58, 63 f., 73, 75
Chateaubriand, François-René vicomte de 130, 758
Chemelat, Charles 83
Chemelat, Joséphine 81
Chemelat, Marcel 58, 81
Chenal, Pierre 450 f.
Chéreau, Patrice 602, 716 f.
Chevalier, Maurice 188, 755
Chévrier, Jean-Baptiste *siehe* Buxueil, René de
Choppart, Joséphine 59
Choppart, Pierre 54, 59
Choukri, Mohammed 611, 629
Christie, Agatha 760
Cixous, Hélène 644, 693
Clark, Eleanor 375
Clark, Mark 635
Claude, Dr. Henri 286 f., 291, 292, 294, 296
Claudel, Paul 148, 149, 261, 323, 419, 423, 516, 598, 635, 761
Cleaver, Eldridge 638, 660, 666, 680, 681, 723
Clemenceau, Georges 136
Clutchette, John 650, 683
Cocteau, Jean 31, 38, 39, 155, 166, 196, 215, 235, 236, 241, 247, 251, 252-267, 269, 271, 273 f., 282 ff., 286, 288, 293-296, 299, 302 ff., 310, 311, 313 ff., 318-326 *passim*, 331, 334-340 *passim*, 344 ff., 350, 354 f., 367 f., 377, 379 f., 384, 396, 400, 405, 407, 409, 411,

419, 421 ff., 426, 432, 438, 444, 449, 453, 458-461, 464, 466, 471, 472, 481, 492, 498, 500, 501, 506 ff., 513, 554, 594, 688, 725
Cœur, Jacques 205
Cohen-Solal, Annie 346
Cohn-Bendit, Daniel 615 f., 655, 679
Colette 231, 255, 258, 266, 407, 423, 452, 568
Colin, Rosica 433, 434, 559, 566 ff., 583-586, 605, 617, 727
Colin, Saul 433
Comte, Marie 76
Comte, Solange 76, 248 f.
Conrad, Joseph 735
Contard, Gaston 108
Cooper, Michael 626
Corneille, Pierre 519
Corso, Gregory 620
Cortet, Andrée 63, 90
Cortet, Jean 63, 71
Courtois, Dr. 44, 63, 75
Craft, Robert 561
Craig, Christopher 569 f.
Cremer, Joseph 203
Cristiani, Decimo 278, 336, 417, 462-465, 473, 483, 492 f., 498
Croissant, Klaus 720 ff.
Cuevas, Marquis de 337
Cullaffroy, Louis 52 ff., 57, 69, 71, 369
Cunard, Nancy 407
Curie, Marie 39

D

D'Annunzio, Gabriele 191, 192
Daladier, Édouard 223
Daley, Richard 619
Damiot, Jacques 380
Danan, Alexis 116
Daniel-Rops 241
Dante Alighieri 474
Darget, Chantal 629 f., 707 f.
Darnaud, Joseph 326
Dassin, Jules 452
Dattas (verh. Bouglione), Lydie 726, 751
Davis, Angela 644, 650, 654, 659 f., 668, 682 ff., 689, 707, 717
Davis, Brad 743
Dayan, Moshe 606
Debray, Régis 704
Decarnin, Jean 225-228, 241, 270, 273, 297, 300-303 *passim*, 312, 314, 315, 324, 336, 356-360, 406, 422, 423, 459, 543, 571, 580
Decimo siehe Cristiani, Decimo
Décourcelle, Pierre 130
Dédé siehe Babkin, André
Dee, Ruby 565
Defert, Daniel 687 f., 692
Degas, Edgar 340, 750
Deharme, Lise 447
Deibler, Familie 243 f.
Deleuze, Gilles 688, 693, 694, 699
delli Colli, Tonio 712
Dellinger, David 619, 639, 651, 652
Delmont, Abel 286
Delorme, Danièle 730 ff.

Delvaux, Paul 419
Demetz, Frédéric-Auguste 99, 108 ff., 112, 118, 127, 733
Denoël, Robert 272 ff., 301, 304, 305, 313, 330
Deriaz, Diane 544
Dermit, Édouard 400
Derrida, Jacques 31, 580, 613, 684-687, 694
Descartes, René 87, 375
Desfourneaux, M. 243
Desnos, Robert 266, 321
Diab, Mohammed 699
Diaghilew, Sergej 253, 284, 339
Didier-Pouget 264
Dior, Christian 339, 557
Divert, Pierre 94
Dognon, André du 212
Dongen, Kees van 187
Donleavy, James Patrick 436
Dorange, Baptiste und Joséphine 76
Dort, Bernard 304, 520, 580
Dostojewski, Fjodor 130, 142, 157, 279, 282, 592, 710, 735
Douglas, Emory 648 f.
Dreyfus, Alfred 653 f.
Driest, Burkhard 743
Drieu La Rochelle, Pierre 241
Drumgo, Fleeta 650, 683
Dubois, André-Louis 226, 302, 310 f., 318, 323, 326, 395, 400
Dubuffet, Jean 375, 637
Dufrêne, Thierry 503
Dullin, Charles 305, 529
Dumas, Alexandre 60, 630
Dumas, Roland 424, 567, 572, 603, 704, 720, 722, 725, 730, 765

Dumez, Léon 207
Dumoulin, Michel 392, 758 f.
Dumur, Guy 387
Dunham, Katherine 531
Duras, Marguerite 506, 531, 550, 582, 634
Dürrenmatt, Friedrich 564
Dutourd, Jean 464

E
Eisenhower, Dwight D. 539
El Hamchari, Mahmoud 666, 668, 670, 674, 698 f.
Eliot, T. S. 61
Elisabeth von Belgien 507
El Katrani, Amina 728
El Katrani, Azzedine 728 f., 745 ff., 762, 766
El Katrani, Mohammed 707 f., 710 f., 726 ff., 729, 746 f., 751, 765 f.
Ellul, Jacques 723
Éluard, Paul 258, 266, 305, 322, 332, 388, 423, 460
Eno, R. D. 624
Ensslin, Gudrun 720
Epting, Karl 241
Ernst, Max 332
Escobar, Ruth 656 f.
Escudero 243 f.
Étiemble, René 479
Etiévant, Yvette 380, 381, 382
Eugénie, Kaiserin 255
Ewandé, Lydia 530

F
Fairs, Duncan 761
Falk, Peter 565
Fallada, Hans 450
Fanon, Frantz 349, 428 f., 531
Fantin-Latour, Henri 278
Fargue, Léon-Paul 225
Fassbinder, Rainer Werner 457, 743 ff.
Fath, Jacques 339, 342
Faulkner, William 246, 375, 508, 735
Faure, Lucie 393, 418
Fauvet, Jacques 720 f.
Feisal I., König 134-138
Ferlinghetti, Lawrence 538
Féval, Paul 60, 130
Fichte, Hubert 135, 184, 232, 709 f.
Fields, W.C. 622
Fini, Leonor 31, 259, 419, 441-444, 453, 458, 492, 501, 506, 532
Flaubert, Gustave 196, 206, 347, 466
Fonda, Jane 31, 646, 681
Ford, Charles Henry 375-378
Foucault, Michel 31, 90, 98, 119, 281, 529, 687 f., 690-693 *passim*, 699
Fouchet, Max-Pol 447
Foujita, Tsugouharu 187
Franco, General Francisco 153, 510 f., 553
François, Jacques 305, 312
Frankel, Gene 537, 538, 581
Frechtman, Bernard 30, 388, 432-435, 437, 438, 450, 471, 504, 507, 515, 517 f., 523 f., 534, 536, 538, 546-549 *passim*, 554, 555, 557 ff., 562, 564-567, 582, 584-587, 606, 621
Frères Jacques, Les 451
Freud, Sigmund 258, 473
Frey, John 642
Friedman, Thomas L. 739
Fugard, Athol 540 f.
Fustel de Coulanges, Numa-Dernis 286, 477, 633, 717

G
Gaboriau, Émile 130
Gaillac, Henri 102
Galey, Matthieu 631
Gallimard, Claude 374, 700, 729 f., 765
Gallimard, Gaston 374, 446 f., 493, 532, 567, 602, 605, 700
García Lorca, Federico 305
Garcia, Paul 278, 280
Garcia, Victor 631, 656 f.
Garçon, Maurice 286, 292, 294, 532
Garen, Leo 449
Gaulle, Charles de 336, 421, 508, 518, 547, 588, 598, 600, 616
Gautier, Jean-Jacques 448 f., 600
Gemayel, Beschir 738
Genet, Camille Gabrielle 37 f., 41, 43, 285
Genet, François 37 f.
Genet, Gabriel und Léontine 37
Gérard, Wim 479
Germain, Lucie 528, 532, 559, 715
Giacometti, Alberto 31, 187, 330,

343, 345, 349 ff., 497-506, 508, 532, 550, 572, 577, 631, 716, 730, 755
Giacometti, Annette 500, 501, 502
Giacometti, Diego 500, 502, 505
Gide, André 142, 148-153, 179, 164, 201, 235, 239, 261, 268, 271, 347, 405, 433, 437, 449, 458, 473, 477, 478
Gide, Madeleine 148
Giles, Jane 451, 452
Gilles de Rais 38 f., 491
Ginsberg, Allen 31, 433, 538, 609, 620-628 *passim*, 652
Giono, Jean 241
Girardot, Annie 562, 691
Giraudoux, Jean 241, 261 f., 340, 379 ff. *passim*, 387
Girodias, Maurice 239, 436
Girofli, Yvonne 610
Giscard d'Estaing, Valéry 703 f., 709
Glucksmann, André 692
Gobeil, Madeleine 573
Godard, Jean-Luc 665
Goethe, Johann Wolfgang von 121, 265 f., 715
Gogh, Vincent van 488
Goldgar, Harry 375
Goldmann, Lucien 521
Gombrowicz, Witold 329, 442
Goncourt, Brüder 347
Gordone, Charles 541
Gorki, Maxim 428 f.
Gossett, Louis 538
Goudot, General Victor 136, 144 f.
Gouraud, General Henri 135-138, 140, 146
Gouvello, Marquis de 118
Goytisolo, Juan 31, 550-554 *passim*, 558, 569, 575, 577, 579 f., 694, 700
Gramsci, Antonio 535, 612
Grant, Lee 565
Grass, Günter 685
Gréco, Juliette 256, 451
Grenier, Roger 691
Guattari, Félix 694
Guépin 116
Guérin, Jacques 178, 278, 333, 400, 403, 404-408 *passim*, 410-416, 425, 434, 453, 492, 532
Guérin, Jean 407, 414
Guérin, Jeanne-Louise 407
Guevara Serna, Ernesto (»Che«) 679
Guy *siehe* Noppé, Lucien Guy
Guy, Michel 709
Guyotat, Pierre 694
Gysin, Brion 609, 628

H

Hals, Frans 547, 550
Hampton, Fred 635
Hamza (»Hassan«) 675, 695, 707, 751 f., 757
Hansberry, Lorraine 538, 539, 542
Harcq, Camille 69
Hayden, Tom 639, 646, 648
Hayes, Harold 617, 627
Hayim, George 443
Haynes, Todd 33
Hegel, Georg Wilhelm Friedrich 350, 483
Heidegger, Martin 305, 483, 529

Heliogabalus 271, 286
Héliot, Eugénie Elizabeth *siehe* Regnier, Eugénie
Hemingway, Ernest 246
Henric, Jacques 694, 723
Hérédia, José-Maria de 87
Hériat, Philippe 229
Hérissé, Désiré 126
Herriot, Édouard 423
Heuyer, Dr. Georges 94 f., 237, 238
Hewitt, Ray »Masai« 638
Hijazi, Dr. 669
Hilliard, David 40, 643 f., 647 ff., 651, 660, 661, 681, 683
Hitler, Adolf 142, 171, 176, 181, 182, 183, 218, 224, 240, 258, 521, 678, 710, 746
Ho Chi Minh 619
Hocquenghem, Guy 711
Hoffman, Abbie 622, 625, 639, 651, 652
Homer 710, 758
Howard, Elbert 652
Howard, Richard 621, 651
Hugo, Victor 60, 552, 587, 604, 710
Humphrey, Hubert 618, 619, 626
Hussein II. von Jordanien 667 f., 670, 694
Huysmans, Joris-Karl 217

I
Ibsen, Henrik 488
Iolas, Kunsthändler 432
Ionesco, Eugène 383, 436, 448, 518, 525 f., 567, 581, 584, 586, 617
Itallie, Jean-Claude van 651

J
Jackson, George 390, 650, 657-661, 681-684, 688, 689
Jackson, Jonathan 659
Jacob, Max 247, 314, 322
Jammes, Francis 149
Java *siehe* Babkin, André
Jeanne d'Arc 39, 286
Jeanson, Francis 545 ff.
Jelenski, Alexandre Constantin (»Kot«) 329, 441 f.
Jens, Salome 519
Jepworth, Barbara 565
Joffrin, Laurent 615
Johnson, Lyndon B. 540, 619, 625, 662, 704
Joly, Pierre 498, 508
Jones, James Earl 538, 540
Jouhandeau, Marcel 31, 212, 240, 241, 266-269, 284, 319, 340, 344
Jouve, Jean-Pierre 247
Jouvet, Louis 259, 340, 379-382, 387, 418, 423, 494, 521, 533
Joyce, James 50, 564
Jünger, Ernst 258

K
Ka, Abdou Anda 528
Kafka, Franz 258, 305, 433, 560 f., 580
Kalak, Azzedine 706, 728

Kalfon, Jean-Pierre 576
Kane, William 583
Kazin, Alfred 433
Kechelievitch, Olga *siehe* Barbezat, Olga
Kennedy, John F. 316, 574, 704
Kennedy, Robert 619
Kerdavid, Alan 115
Kerouac, Jack 433, 609, 620 ff., 626
Kesey, Ken 647
Kessell, Joseph 609
Khatibi, Abelkebir 756
Kiejmann, Georges 587
King, Martin Luther 428, 539, 540, 619
Klein, Bill 666
Kleist, Heinrich von 265 f.
Knowles, John 121
Kochno, Boris 284, 338-341, 379, 381, 419
Koestler, Arthur 409
Kosakiewicz, Wanda 322
Kott, Jan 519
Kouscher, Marc 55 f., 677
Kreutzberg, Harald 197

L
La Bruyère, Jean de 429
Lacan, Jacques 92, 386, 519
La Chesnay, Richter de 103
Lacloche, François 337
Lacloche, Jean-Pierre 336 ff., 340 f., 460, 499
La Drôme, Bérenger de 102
La Fayette, Madame de 282
Lahille, Direktor 85

Lahoussine, Ahmed 543 f., 550, 552, 575, 577, 607, 712, 727, 729, 766
Laigle, Odette 550
Landau, Saul 454
Lange, Monique 299, 508, 532, 549, 550-554 *passim*, 575-580 *passim*, 583, 669, 678, 690, 691, 693, 708 f.
Langlois, Henri 453
Lannes, Roger 266, 387
Lanvin 253, 387
Lapassade, Georges 707
Lardet, Direktor 105
Larronde, Carlos 334 f.
Larronde, Miriam 335
Larronde, Olivier 334-338, 460, 499, 532, 544
Laubreaux, Alain 321
Laudenbach, Roland 241, 252, 260, 269, 284, 325
Laurencin, Marie 407
Lautréamont, Isidore Ducasse, comte de 142, 200
Lavaudant, Georges 762
Lawrence, T. E. 134 f., 480
Lazareff, Pierre 403, 517, 532
Le Bon, Sylvie 408
Le Chapelain, Jean 199
Le Clézio, J. M. G. 711
Le Pen, Jean-Marie 601
Lean, David 135
Léautaud, Paul 374
LeDas, Hippolyte 97
Leduc, Violette 346, 384, 387, 408-415
Lefèvre-Pontalis, Jean-François 305, 315, 320

Légitimus, Darling 526
Leiris, Michel 323, 459, 490, 499, 691, 693
Lemarchand, Jacques 388
Lenin 428, 637
Lepri, Stanislaus 442
Lerich, Monsieur 286
Lerouge, Gustave 130
Leroux, Gaston 431
Leuschner, Wilhelm 182 f.
Levêque, Monsieur 103
Liensol, Robert 531
Lifar, Serge 188
Lisowski, Jerzy 536
List, Herbert 340
Lopez, Arturo 453
Lord, James 505, 506
Loriole, Graf de 393
Lorrain, Jean 217
Lorulot, A. 286
Loti, Pierre 146
Louÿs, Pierre 149, 217
Lucas, Maurice 356
Lucien siehe Sénémaud, Lucien
Ludwig XIV. 98, 243, 702
Ludwig XVI. 710
Lumbroso, Fernand 532
Lyautey, Hubert 146

M
Maar, Dora 343
MacAvoy, Édouard 263
Maddow, Ben 565
Magistry, Gérard 411, 412
Maglia, Isako 717, 764
Maglia, Jacky 398 f., 546, 560, 567-575 passim, 578, 583, 598, 601, 605 ff., 631 f., 638 f., 705, 717, 725, 727 f., 746, 763-766
Maglia, Jacqueline 569, 605
Maglia, Robert 397, 560, 601
Mahjoub, Dr. 736
Mahler, Horst 719
Mailer, Norman 539, 617
Maldoror, Sarah 531
Malgar, Alfredo 669-672
Malgorn, Arnaud 365
Malina, Judith 582
Mallarmé, Stéphane 193, 225, 282, 289, 335, 338, 417, 431, 466, 480, 482 f., 503, 610, 710, 750, 761, 764
Malle, Louis 394, 452, 558, 691, 711, 712
Malraux, André 241, 374, 387, 518, 597, 600, 604, 614
Malraux, Florence 532, 550, 639
Manceaux, Michèle 654 f., 693
Manet, Edouardo 699
Mann, Thomas 437
Mao Tse-tung 612, 676, 679
Marais, Jean 38, 256 f., 270 273, 284, 294, 301, 304, 340, 341, 355, 362, 384
Marchais, Georges 615
Marchand, Nancy 519
Marchat, Jean 447
Maria, Nilda 657
Marie Antoinette 38, 39, 65, 86, 286
Marighela, »Carlos« 718
Maritain, Jacques 259
Marivaux, Pierre Carlet de Chambalin de 261, 380
Marot, Clément 474

Marston, Joanna 727, 766
Martin du Gard, Roger 239
Martin, Henri 692
Martin, Maryse 88
Marx, Karl 637
Massin, Typograph 701
Masson, André 532, 546
Matisse, Henri 505
Matisse, Pierre 506
Matthews, Connie 636, 681, 682
Maulnier, Thierry 361, 387, 423
Maupassant, Guy de 519
Mauriac, Claude 134, 262, 322, 507, 691
Mauriac, François 142, 262, 448 f., 456, 460, 470, 506, 507, 691
Maurois, André 507
Mazursky, Paul 583
McCarthy, Eugene 618, 623, 646
McClure, Michael 648
McGovern, George 619
Medici, Emilio Garrastazú 657
Meinhof, Ulrike 718-722
Mekas, Jonas 453 f., 622
Mélinand, Monique 380
Melville, Herman 350, 370, 621
Menotti, Gian Carlo 563
Merleau-Ponty, Marianne 693
Meyer, Andreas 555
Michaux, Henri 447
Michelson, Annette 432, 434, 520, 523, 537, 546 f., 554, 559, 565, 584 f., 587
Miles, Sylvia 519
Milhaud, Darius 419, 421, 563
Mille, Hervé 517
Miller, Henry 436

Millett, Kate 644
Milosz, Oscar Vladislas de Lubicz 334
Mingus III., Charles 639, 682
Miranda, Doug 681
Mirbeau, Octave 217
Mistinguette, La 197
Mitford, Jessica (»Decca«) 647 f.
Mitterand, François 31, 703 f.
Molière 379, 380, 406, 762
Mondor, Henri 225, 266, 312, 319, 320, 321, 323
Monnier, Adrienne 370
Montand, Yves 692
Montaudon, Professor 272
Monteith, Charles 534, 555, 583
Montépin, Xavier de 130
Monteux, Gaston 407
Monteverdi, Claudio 635
Montherlant, Henry de 241, 286
Moraes, Dom 570
Moraly, Jean-Bernard 86, 262, 363
Morand, Paul 241, 609, 620
Morante, Elsa 157, 428 f.
Moravia, Alberto 31, 463, 694
Moreau, Jeanne 456, 562, 582, 743
Moreno, J. L. 520
Morihien, Paul 265, 267, 269, 270 f., 273, 294, 295, 304, 312, 320, 329, 362, 396, 398, 399, 404, 411, 414, 419, 432, 445, 446, 586 f., 621
Morin, Edgar 506
Morrow, Vic 583
Mouloudji, Lola 323, 330, 333, 343, 367, 404
Moustaki, Georges 691

Mozart, Wolfgang Amadeus 595, 713, 730, 746, 755, 757, 761
Mrabet, Mohammed 609
Mural, Rachel 609
Murat, Joachim 746
Murat, Prinz Napoléon 558
Musset, Alfred de 381

N
Nabokov, Vladimir 42, 248, 371, 436
Nadeau, Maurice 691
Napoleon I. Bonaparte 51, 309, 758
Napoleon III. Bonaparte 51, 206, 255
Nashashibi, Nabila 669-672, 694, 715, 727
Nasser, Gamal Abd-an 668, 703
Natteau, Jacques 452
Nau, Antoine 229
Nedjar, Claude 713
Nero, Franco 743
Nerval, Gérard de 193 f., 335, 702
Newton, Huey 636, 642 f., 645, 660, 680 ff., 723
Nietzsche, Friedrich 162, 181, 216, 227, 449, 458, 483, 491, 498, 561 f., 633, 761
Nimoy, Leonard 565, 583
Nixon, Richard 618, 635, 642, 656, 662, 710
Noailles, Charles de 339
Noailles, Marie-Laure de 262, 339, 600
Noppé, Lucien-Guy 262, 296, 298 ff., 303, 312, 324
Nozières, Violette 386

O
Ochs, Phil 625
Olivier, Laurence 586
Omar, Abu 673, 694
O'Neill, Eugene 519
Ophüls, Max 240
Ostwald, Marianne 189
Oswald, Lee Harvey 316, 574

P
Papatakis, Nico 361 f., 451 f., 453, 456, 462, 554, 556, 558, 562 f., 572, 573, 628, 708 f.
Papin, Christine und Léa 385 f., 562
Parain, Brice 490
Pascin, Jules 187
Pasolini, Pier Paolo 486
Patouillard, Richter 294 f.
Paulhan, Jean 266, 324, 332, 387
Pauvert, Jean-Jacques 259, 382, 411, 474, 498
Peckinpah, Sam 743
Péladan, Joséphin 217
Pelta, Léon 214, 220
Perec, Georges 416
Perrault, Serge 419
Persitz, Michael 638
Pestalozzi, Johann Heinrich 107
Petit, Roland 339, 419, 421
Peyrefitte, Roger 402, 405
Phelps, Robert 568

Philippart, Nathalie 575, 576
Phillips, William 375
Piaf, Edith 89, 256, 257, 435
Piaget, Jean 359
Picasso, Pablo 253, 254, 255, 264, 279, 321, 322, 337-340 *passim*, 343, 423, 501
Piccoli, Michel 691
Pichette, Henri 460
Picon, Gaëtan 431, 448
Piécone, Joseph 236
Pigot, Daniel 690
Pilorge, Maurice 243 f., 246, 250, 253
Pinter, Harold 527, 567, 581
Pirandello, Luigi 437, 520 f., 584
Piscator, Erwin 433
Plaček, Dr. Georg 201, 204
Platon 684
Poiret, Paul 253
Poirot-Delpech, Bertrand 137, 732, 764
Polaire 189
Polignac, Gräfin Jean de 283
Polignac, Marie-Blanche de 380
Pommerand, Gabriel 322, 532
Pompidou, Georges 31, 572 f., 598
Ponge, Francis 490
Ponson de Terrail, Paul Alexis vicomte 130
Ponto, Jürgen 719
Pouey, Francis 444 f.
Pouteaux, Jean 70
Prado, Patrick 634 f.
Pratt, Elmer »Geronimo« 646
Preminger, Otto 646
Prévert, Jacques 343, 529, 563
Prévost, L'Abbé 372

Pringsheim, Familie 171, 175
Pringsheim, Lily 171 ff., 177, 182, 189, 197, 200, 202, 204, 215, 482
Pringsheim, Marianne 171
Pringsheim, Therese (»Heidi«) 171, 173
Proust, Marcel 30, 33, 40, 51, 130, 146, 149, 164, 230, 232 ff., 237, 253, 255, 264, 265, 268, 270, 275, 282, 307, 344, 351, 375, 407, 437, 449, 464, 508, 520, 580, 710, 761
Pury, Marianne de 639, 641, 650 f., 652, 654, 660, 673, 680
Puschkin, Aleksandr 528
Putnam, Samuel 620

Q
Queneau, Raymond 387
Quintero, José 519 f.

R
Rachilde 189
Racine, Jean 130, 262, 271, 383, 594, 762
Racley, Alex 640
Radiguet, Raymond 253, 255, 256, 257, 264
Rahv, Philip 375
Ramuz, Charles-Ferdinand 620
Raspe, Jan-Carl 722
Ré, Michel de 509
Reagan, Ronald 640
Rebatet, Lucien 241, 257, 272

Regnier (verh. Renault), Berthe 46, 57 ff., 71, 74 f., 79
Regnier, Charles 46 f., 52, 54, 58, 59, 65, 68, 75, 77
Regnier, Eugénie 44, 46 f., 49, 52, 54, 58, 65, 68 f., 71 f., 74, 76, 77, 291
Regnier, Georges 47, 58, 59, 62, 71, 73, 75
Rembrandt 494, 497 f., 505, 547, 550, 556, 577, 685
Renaud, Madeleine 598
Renault, Antonin 57 f., 59, 62, 74 f., 79
Renoir, Jean 452
Reybaz, André 453
Reynal, Maurice 207-212, 278
Riboud, Marc 691
Richardson, Tony 45, 79, 456, 582
Rictus, Jehan 313 f.
Rigault, Louis 414
Rilke, Rainer Maria 503
Rimbaud, Arthur 36, 64, 160, 188, 191, 193 ff., 245, 248, 255, 278, 286, 296, 318, 320, 355, 407, 424, 447, 449, 472, 604, 635
Ristat, Jean 684
Robbe-Grillet, Alain 529
Robert, Gabriel 59
Robert, Marie-Louise 59, 63, 68
Robert, Philippe 59, 62
Rocard, Michel 704
Roclore, Paul 44
Roditi, Édouard 435 f.
Rollet, Henri 94
Roncin, Félix 73
Rondeau, Daniel 609
Ronsard, Pierre de 129 f., 245

Rosset, Barney 437, 584 f., 586
Rostand, Edmond 286
Roubinovitch, Dr. Jacques 93
Rouch, Jean 523 f., 527
Rouleau, Raymond 508 f., 526, 528
Rousseau, Jean-Jacques 102, 109, 417, 671
Roussel, Léa 356
Roussopoulos, Carole 664 f., 666, 668, 670, 680, 719, 721 ff.
Roussopoulos, Paul 664, 668 f., 670, 680, 719, 721 ff.
Roy, Claude 691
Rubin, Jerry 625, 639, 651, 652
Ruspoli, Prinz Dado 444

S
Sachs, Maurice 235, 343, 408
Sadat, Anwar as- 703
Sade, Marquis de 384, 436, 491, 710
Sagan, Françoise 506, 600
Said, Edward 691
Saillet, Maurice 519, 528
Saint-Just, Louis Antoine Léon de 710
Saint-Laurent, Yves 600
Saint-Léon, Claude 381
Saint-Simon, Herzog von 702
Sand, George 60
Sanders, Ed 625
Sarrail, General 138
Sarraute, Nathalie 409
Sartre, Jean-Paul 31, 32, 39, 52, 66 ff., 71, 86, 143, 146, 164, 238, 248, 249, 250, 268, 276,

277, 281, 282, 286, 305, 322-326 *passim*, 338, 342, 343-355, 361, 373, 375, 381, 382, 387 f., 390, 392, 394, 400, 405, 408, 409, 416, 421 ff., 426 f., 431-439 *passim*, 446, 450, 460, 464, 465-474, 479-483, 489 f., 492, 494, 499, 500, 505, 506, 512, 517 f., 521, 528, 529, 563, 577 f., 634, 636, 677 f., 690, 691, 699, 703, 706, 710, 720
Satie, Erik 407
Saucier, Buchhändler 404 f.
Sauget, Henri 339
Saussure, Ferdinand de 686
Savona, Jeannette L. 534
Scharon, General Ariel 135, 738
Schencker, Albert 651
Scherbach, A. L. 174
Scherbach-Ullmann, Madame 177, 179, 189, 192, 196 ff., 201, 221
Schidor, Dieter 743 ff.
Schlesinger, John 743
Schleyer, Hanns-Martin 722
Schmidt, Lars 516 f.
Schroeter, Werner 743
Schweitzer, Albert 349
Schwob, Dr. 762
Seale, Bobby 636, 639 f., 649 f., 651, 654, 655, 660
Seaver, Jeannette 334, 618, 623
Seaver, Richard 334, 436 ff., 617 f., 623-626 *passim*, 627, 655
Seghers, Pierre 295, 301
Selby, Hubert 323
Semprun, Jorge 691
Sénémaud, Ginette 362, 392, 397 ff., 463, 546, 583

Sénémaud, Jean-Luc 398
Sénémaud, Lucien 336, 362-368, 374, 376 f., 391, 396-400, 402, 405, 410-413, 415 ff., 425, 444, 452, 462, 464, 473, 481 f., 484, 492, 546, 560, 571, 583, 588, 601, 734
Sénémaud, Nelly 398
Senghor, Léopold 534
Sentein, François 225 ff. *passim*, 242, 250, 252, 269, 270, 272, 278, 284, 301, 303, 305, 315, 326, 422
Serreau, Jean-Michel 597
Seyrid, Delphine 691
Shakespeare, William 594, 621, 760
Shaw, George Bernard 216 f., 438
Signoret, Simone 693
Siné, Karikaturist 532, 550
Smith, W. H. 239
Soledad-Brüder *siehe* Jackson, George
Sollers, Philippe 293, 666, 685, 694
Soloman, Carl 620 f.
Sontag, Susan 454, 580, 651
Sophokles 558
Southern, Terry 436, 617, 620, 622, 624-628 *passim*
Soutine, Chaim 407, 411
Spada, Moro Dante 219
Stalin, Jossif 521, 692
Stein, Peter 744
Steloff, Francis 433
Stender, Fay 658, 681
Stendhal 160, 405, 629
Stéphane, Roger 232, 349, 350, 400, 401, 458, 604, 678, 694

Stewart, Harry E. 242
Straton aus Sardes 477 f.
Strauss, Richard 197
Strauß, Botho 606
Strawinsky, Igor 31, 255, 339, 561, 587
Strick, Joseph 564 f.
Strindberg, August 383, 710
Suarès, André 161 f., 164
Sue, Eugène 368
Superrielle, Jules 247
Sutherland, Donald 646
Synge, John Millington 437

T
Tabard, Pierre 576
Taine, Hippolyte 431
Tasso, Torquato 257
Tchelitchew, Pavel 376
Terry, Clarence 638
Tessier, Carmen 310, 311
Tharaud, Jérôme und Jean 156
Thévenin, Paule 545, 579 f., 583, 589, 598, 599, 602, 605 f., 608, 613, 685-694 *passim*, 705, 708, 713, 717, 720 f., 730, 740, 742, 750 f.
Thévenin, Yves 751
Thody, Philip 431
Tocqueville, Alexis de 99, 735
Toesca, Maurice 166 f., 294, 302 f., 310-313, 315, 318-325 *passim*
Tournier, Michel 711
Tréguier, Yves 116
Trépel, Mireille 361
Treuhaft, Bob 647

Trintignant, Jean-Louis 568, 691
Triolet, Elsa 273
Trocchi, Alexander 436
Trotzki 612
Trumbo, Dalton 646
Tsatzos, Konstantin 557
Tschechow, Anton 659
Tual, Denise 302
Tual, Roland 302, 388
Turlais, Jean 241, 242, 284, 326
Tynan, Kenneth 586
Tyson, Cecily 538

U
Uhry, Ghislain 711-715

V
Vadim, Roger 404, 646
Valaverde, José 707, 715
Valéry, Paul 148, 149, 241, 266, 437, 480
Valle-Inclán, Ramón del 448
Valroger, Suzanne 88
Variot, Dr. 44
Vauthier, Jean 562
Vergès, Jacques 550, 572, 679, 764 f.
Vergil 473
Verlaine, Paul 192, 193, 195, 250, 255, 285, 318, 320, 335, 422
Vermeer, Jan 547
Verney, François 322
Vidal, Evelyne 404
Vidal, Gore 609
Vidal, Henri 404
Vidocq, François 206

Vildez, Carmen 88
Villon, François 193, 245, 246, 289, 291, 318, 320, 422, 424
Vilmorin, Louise de 600
Vinzenz von Paul, hl. 43, 391
Vo Nguyen Giap, General 679
Volonakis, Minos 557, 693
Voltaire 191, 192

W

Waldberg, Patrick 459, 492
Wannous, Saadalah 249 f.
Warhol, Andy 216, 519
Warren, Robert Penn 375
Watson, Peter 337
Watts, Richard 538
Weber, Jean 212
Weidmann, Eugène 218 f., 330 f., 403
Weisweiller, Francine 444, 507
Wescott, Glenway 408
Whitman, Walt 477
Wild, Renato 443 f., 453, 492
Wilde, Oscar 149, 150, 216 f., 253, 743, 760
Wilder, Thornton 519
Williams, Nigel 759 ff., 764
Williams, Tennessee 248, 323, 383, 516, 519, 534, 609
Williams, William Carlos 433
Wilson, Edmund 507
Winters, Shelley 565
Wirtz, Lucie 47, 58, 60
Wischenbart, Rüdiger 749 f., 753
Wolfe, Thomas 621
Wright, Gordon 646
Wright, Richard 438
Wybot, Roger 401

Z

Zadek, Peter 515 f.
Zévaco, Michel 130
Zola, Émile 286, 196, 431, 653 f., 710
Zouaiter, Waeel 694, 698